Volkswirtschaftslehre

Renate Neubäumer · Brigitte Hewel ·
Thomas Lenk
(Hrsg.)

Volkswirtschaftslehre

Grundlagen der Volkswirtschaftstheorie und Volkswirtschaftspolitik

6. Auflage

Springer Gabler

Herausgeber
Renate Neubäumer
Abteilung für Wirtschaftswissenschaft
Universität Koblenz-Landau
Landau, Deutschland

Brigitte Hewel
vorm. Frankfurt University of Applied Sciences
Frankfurt am Main, Bad Soden am Taunus,
Deutschland

Thomas Lenk
Institut für Öffentliche Finanzen und Public
Management/Finanzwissenschaft
Universität Leipzig
Leipzig, Deutschland

ISBN 978-3-658-16522-2
ISBN 978-3-658-16523-9 (eBook)
DOI 10.1007/978-3-658-16523-9

Die Deutsche Nationalbibliothek verzeichnet diese Publikation in der Deutschen Nationalbibliografie; detaillierte bibliografische Daten sind im Internet über http://dnb.d-nb.de abrufbar.

Springer Gabler

Gedruckt auf säurefreiem und chlorfrei gebleichtem Papier.

Springer Gabler ist Teil von Springer Nature
Die eingetragene Gesellschaft ist Springer Fachmedien Wiesbaden GmbH
Die Anschrift der Gesellschaft ist: Abraham-Lincoln-Str. 46, 65189 Wiesbaden, Germany

Vorwort zur sechsten Auflage

Die sechste Auflage bleibt dem erfolgreichen Konzept des Lehrbuchs treu. Im Vordergrund steht die Vermittlung gängiger Lehrinhalte anhand greifbarer Beispiele. Für den Lernerfolg bewährt hat sich die Hilfestellung durch Kontrollfragen mit Antwortvorschlägen. Die nutzerorientierte Darstellung stand auch bei der sechsten Auflage im Vordergrund. In diesem Zusammenhang wurden aus der Lehrpraxis gewonnene Hinweise hinsichtlich einer noch studienfreundlicheren Vermittlung umgesetzt.

Abgedeckt werden weiterhin die gängigen Inhalte des wirtschaftswissenschaftlichen Bachelorstudiums durch Einzelbeiträge von Experten aus den jeweiligen Bereichen, die gemeinsam ein schlüssiges Gesamtkonzept ergeben. Durch die medienneutrale Aufbereitung der Inhalte für die sechste Auflage ist es dem Nutzer nun ebenfalls möglich, als E-Book auf einzelne Kapitel zuzugreifen.

Die Einführung bietet einen leichten Einstieg in volkswirtschaftliche Denkweisen und Fachvokabular. Diese werden im Teil „Volkswirtschaftliches Rechnungswesen" um die europäische Praxis des staatlichen Rechnungswesens ergänzt, auf Deutschland angewendet und kritisch hinterfragt. Die klassischen Bereiche der Mikro- und Makroökonomik werden in Teil V und VI um wirtschaftspolitische Fragestellungen und einen vertieften Blick auf den Status Quo der Geldtheorie erweitert.

Die sechste Auflage wurde redaktionell aktualisiert. Das praxisbezogene Lehrbuch bildet somit in den Kapiteln Volkswirtschaftliches Rechnungswesen, Finanz- und Wirtschaftspolitik sowie Geldtheorie und Geldpolitik die neuesten Daten ab.

Vorwort zur fünften Auflage

Die fünfte Auflage des Lehrbuchs wurde vollkommen neu konzipiert und stellt volkswirtschaftliches Grundwissen, wie es in den meisten BA-Studiengängen vermittelt wird, in den Mittelpunkt. Für dieses Vorhaben haben wir den Kreis der Herausgeber erweitert und neue Autoren gewonnen. Das Lehrbuch umfasst jetzt folgende fünf Beiträge:

- In die „Einführung" wurden zusätzliche Grundbegriffe und -zusammenhänge aufgenommen, um neueren Entwicklungen Rechnung zu tragen.
- Der Beitrag „Mikroökonomie" führt in die wesentlichen Grundlagen dieses Gebietes der Volkswirtschaftslehre ein und berücksichtigt dabei auch neuere Ansätze.
- Der Artikel „Volkswirtschaftliches Rechnungswesen" ist mit seiner Darstellung des gesamtwirtschaftlichen Beziehungsgeflechts zwischen den Sektoren der Volkswirtschaft und den Ergebnissen der Volkswirtschaftlichen Gesamtrechnung eine wichtige Grundlage für das Verständnis der makroökonomischen und wirtschaftspolitischen Beiträge des Buches.
- Im Kapitel „Makroökonomie" wird das makroökonomische Grundmodell aus kurz-, mittel- und langfristiger Perspektive dargestellt und abschließend eine umfassende Übersicht makroökonomischer Theorien und ihrer zum Teil kontroversen Aussagen gegeben.
- Der neue Beitrag „Nationale Finanz- und Wirtschaftspolitik" zeigt zunächst aus finanzwissenschaftlicher Perspektive, warum der Staat in einer Marktwirtschaft überhaupt notwendig ist, und erläutert anschließend wesentliche Ansätze dieser Politikbereiche.
- Mit dem vollkommen neu konzipierten Kapitel „Geldtheorie und Geldpolitik" geben die Verfasser einen integrativen Überblick über die wichtigsten Bausteine der monetären Ökonomik. Wegen der internationalen Vernetzung der Geld- und Finanzmärkte nehmen sie dabei eine globale Perspektive ein.

Für die Konzeption der fünften Auflage konnten wir auf viele – auch kritische – Vorschläge und Anmerkungen von Studierenden, Kollegen an Hochschulen und Akademien und weiterer Leserinnen und Leser zurückgreifen. Ihnen allen, die auf diese Weise zur Weiterentwicklung des Lehrbuchs beigetragen haben, danken wir herzlich. Unser besonderer Dank gilt den Mitarbeiterinnen und Mitarbeitern an unseren Hochschulen und beim

Gabler-Verlag. Ohne das große Engagement von Herrn Dipl.-Volksw./Dipl.-Kaufm. Andreas Oelsner, Frau Walburga Himmel und Frau Angela Fromm wären die Neukonzeption des Lehrbuchs und die Fertigstellung des Manuskripts nicht möglich gewesen.

Renate Neubäumer, Brigitte Hewel und Thomas Lenk

Vorwort zur vierten Auflage

Für die vierte Auflage unseres Lehrbuchs haben wir einen Teil der „alt bewährten" Beiträge vollständig überarbeitet und neuere Entwicklungen in der Literatur berücksichtigt. Zum anderen haben wir die für die dritte Auflage überarbeiteten bzw. neu geschriebenen Beiträge kritisch durchgesehen und aktualisiert:

- Der Beitrag „Mikroökonomie" wurde grundlegend überarbeitet.
- Im aktualisierten Artikel „Volkswirtschaftliches Rechnungswesen" wurden die zahlreichen Tabellen, die die Leser/die Studierenden zahlenmäßig mit dem Wirtschaftsgeschehen in der Bundesrepublik Deutschland vertraut machen sollen, auf Euro umgestellt. Eingearbeitet wurden auch einige wichtige Änderungen, die sich aus der Revision der Volkswirtschaftlichen Gesamtrechnungen ab Mai 2005 ergeben.
- Im Kapitel „Einkommen und Beschäftigung" wurden große Teile neu geschrieben und dabei das allgemeine Grundmodell der Einkommens- und Beschäftigungstheorie stärker in den Blickpunkt gerückt. Neu aufgenommen wurde die Analyse mit Hilfe aggregierter Angebots- und Nachfragefunktionen unter Berücksichtigung von Preisniveauveränderungen.
- Der Beitrag „Konjunktur und Wachstum", der die Leser/die Studierenden auch über wichtige institutionelle Rahmenbedingungen in der Bundesrepublik Deutschland informiert, wurde im Hinblick auf neuere wirtschaftspolitische Entwicklungen aktualisiert.
- Die Artikel „Geld und Währung" und „Umweltökonomie und Umweltpolitik" wurden kritisch durchgesehen und ebenfalls aktualisiert.

Wir bedanken uns bei unseren Leserinnen und Lesern, Studierenden und Kollegen an den Hochschulen und Akademien für ihre Anregungen und kritischen Hinweise. Ebenso gilt ein herzlicher Dank unseren Mitarbeiterinnen und Mitarbeitern an unseren Hochschulen sowie Frau Himmel und Frau Hauser-Fahr vom Gabler Verlag, auf deren Unterstützung wir uns bei der Neukonzeption bzw. bei der Fertigstellung des Manuskripts immer verlassen konnten. Bedanken möchten wir uns auch bei unseren Mitautoren, die durch Anregungen und Kritik zur Beseitigung von Fehlern und zu inhaltlichen Verbesserungen beigetragen haben.

Renate Neubäumer und Brigitte Hewel

Vorwort zur dritten Auflage

Für die neue, nunmehr dritte Auflage sind wesentliche Beiträge des Lehrbuchs vollständig überarbeitet bzw. neu geschrieben worden.

- Für den Artikel „Volkswirtschaftliches Rechnungswesen" wird das neue Europäische System Volkswirtschaftlicher Gesamtrechnungen (ESVG 1995) verwendet, das seit 1999 für die amtliche Statistik eingesetzt wird. In einem Anhang werden die alten und neuen Begriffe der Volkswirtschaftlichen Gesamtrechnung aufgelistet.
- Der Beitrag „Geld und Währung" wurde im Hinblick auf die Einführung des Euro und das neue geldpolitische Instrumentarium der Europäischen Zentralbank weitgehend neu verfasst.
- Der Beitrag „Umweltökonomie und Umweltpolitik" wurde nach einem Wechsel in der Autorengruppe völlig neu konzipiert. Der Schwerpunkt liegt nunmehr auf den mikroökonomischen Grundlagen der Umweltpolitik.
- Die Beiträge „Mikroökonomie", „Einkommens- und Beschäftigungstheorie" sowie „Konjunktur und Wachstum" wurden kritisch überarbeitet, ergänzt und aktualisiert.

Auch für die Arbeit an der dritten Auflage konnten wir auf Anregungen und Hinweise von interessierten Leserinnen und Lesern aus verschiedenen Hochschulen zurückgreifen. Wir bedanken uns dafür sehr herzlich, ebenso wie für die Unterstützung unserer Mitarbeiterinnen und Mitarbeiter und des Gabler Verlags bei der Fertigstellung des Manuskripts.

Renate Neubäumer und Brigitte Hewel

Vorwort zur zweiten Auflage

Für die vorliegende zweite Auflage haben die Autoren die Beiträge überarbeitet, aktualisiert und ergänzt. Die wichtigsten Änderungen betreffen die Beiträge

- „Mikroökonomie“:
  In einer Erweiterung dieses Beitrags sind neuere Entwicklungen, wie z. B. der Transaktionskosten- und der Prinzipal-Agent-Ansatz sowie die mikroökonomische Ungleichgewichtstheorie aufgenommen worden.
- „Volkswirtschaftliches Rechnungswesen“:
  Hier wird das empirische Material aktualisiert. In einem Exkurs werden die neuen Bundesländer und der mit dem Umstellungsprozess verbundene Strukturbruch in den Zeitreihen der Volkswirtschaftlichen Gesamtrechnung einbezogen.
- „Konjunktur und Wachstum“:
  Dieser Beitrag wird ergänzt durch einen Überblick über die Entwicklung der Wachstumstheroie. Außerdem sind die angebotstheoretischen Ansätze und Instrumente in die Darstellung der Stabilitätspolitik integriert worden.
- „Geld und Währung“:
  In diesem Beitrag sind sehr umfangreiche Änderungen notwendig geworden, um der bevorstehenden Einführung des Euro Rechnung zu tragen.

Bei der Vorbereitung der zweiten Auflage konnten wir auf viele – auch kritische – Anregungen und Anmerkungen von Kolleginnen und Kollegen, Studentinnen und Studenten zurückgreifen. Ihnen allen, die uns auf diese Weise geholfen haben, danken wir an dieser Stelle sehr herzlich. Unser Dank gilt auch den Mitarbeiterinnen, die uns bei der Fertigstellung des Manuskripts mit Engagement und Geduld unterstützt haben.

Renate Neubäumer und Brigitte Hewel

Vorwort zur ersten Auflage

Das vorliegende Lehrbuch wendet sich an Studierende der Betriebswirtschaftslehre an Fachhochschulen und an Universitäten. Es ist so konzipiert, dass es sowohl ein abgeschlossenes wirtschaftstheoretisches und wirtschaftspolitisches Grundwissen vermittelt als auch als Basis für ein weiterführendes wirtschaftswissenschaftliches Studium dienen kann.

Im Mittelpunkt steht das Verständnis grundlegender ökonomischer Zusammenhänge sowie des Wirtschaftsgeschehens in der Bundesrepublik Deutschland. Dazu wird auf eine stark formale Darstellung verzichtet und oft Grafiken der Vorzug gegeben. Der Lehrstoff, der auch neuere theoretische Entwicklungen berücksichtigt, wird in einem mittleren Schwierigkeitsgrad und auf einem mittleren Abstraktionsniveau vermittelt. Die zur Darstellung quantitativer Zusammenhänge in der Bundesrepublik verwandten Tabellen und Grafiken wurden so ausgewählt, dass sie von den Lehrenden und Studierenden aus allgemein zugänglichen Quellen leicht fortgeschrieben und aktualisiert werden können. Der Sammelband besteht aus sieben Kapiteln, die jeweils auch für sich gelesen und bearbeitet werden können:

- der „Einführung", die eine Übersicht wirtschaftlicher Grundfragen und -begriffe gibt;
- der „Mikroökonomie", die das theoretische Rüstzeug für die Analyse einzelwirtschaftlichen Verhaltens bietet;
- dem „Volkwirtschaftlichen Rechnungswesen", das auch die Analyse einiger quantitativer Zusammenhänge für die Bundesrepublik Deutschland einschließt;
- dem Kapitel „Einkommen und Beschäftigung", das auch die neuere Theoriedebatte aufgreift;
- dem Beitrag „Konjunktur und Wachstum", der den institutionellen Regelungen in der Bundesrepublik Rechnung trägt;
- dem Artikel „Geld und Währung", der theoretische und wirtschaftspolitische Fragestellungen miteinander verknüpft, und
- dem Beitrag „Umweltpolitik", der den großen Stellenwert, den wir dieser Thematik, insbesondere für unsere Zukunft, beimessen, deutlich macht.

Um dem Leser die Erarbeitung des Stoffes zu erleichtern, werden den einzelnen Abschnitten klar formulierte Lernziele vorangestellt. Zudem ermöglichen Fragen und Aufgaben (mit Lösungen) eine laufende Lern- und Verständniskontrolle.

Unser herzlicher Dank gilt Frau C. Fischer, auf die wir uns bei den umfangreichen Schreibarbeiten und Korrekturen stets verlassen konnten, und Frau Ulrike M. Vetter und Frau Gisela Westenburger vom Gabler Verlag. Bedanken möchten wir uns auch bei denjenigen, die durch Anregungen und kritische Hinweise zur Verbesserung des Buches beigetragen haben, und „last, but not least“ bei unseren Mitautoren, mit denen wir gerne zusammengearbeitet haben.

Renate Neubäumer und Brigitte Hewel

Inhaltsverzeichnis

Teil I
Einführung

Systemunabhängige Grundbegriffe und Grundfragen

1

Brigitte Hewel und Renate Neubäumer

Inhaltsverzeichnis

Lernziele
Dieser Beitrag bietet eine Zusammenstellung zentraler volkswirtschaftlicher Grundfragen und Grundbegriffe. Damit wird angestrebt, eine problemorientierte Einführung zu unterstützen.

Im Einzelnen lernen Sie kennen,

- was man unter Bedürfnissen und Bedarf versteht;
- welche verschiedenen Arten von Gütern es gibt;
- wie die Begriffe Produktion, Produktionsfaktor und Produktionsmöglichkeiten definiert sind und welche verschiedenen Einteilungen der Produktionsfaktoren es gibt.

Wären die wirtschaftlichen Hilfsquellen unbegrenzt, gäbe es auch keine wirtschaftlichen Probleme. Die Frage, was, wie und für wen produziert wird, würde nie gestellt. Jedes Gut könnte

B. Hewel (✉)
vorm. Frankfurt University of Applied Sciences
Frankfurt am Main, Bad Soden am Taunus, Deutschland

R. Neubäumer
Abteilung für Wirtschaftswissenschaft, Universität Koblenz-Landau
Landau, Deutschland

R. Neubäumer et al. (Hrsg.), *Volkswirtschaftslehre*, DOI 10.1007/978-3-658-16523-9_1

> in beliebiger Menge produziert werden. Die menschlichen Wünsche könnten voll befriedigt werden. Unter diesen Umständen würde es auch gar nichts ausmachen, wenn von einer Ware zu viel produziert worden wäre. Ebenso wenig würde es schaden, wenn man Arbeitskraft und Material unwirtschaftlich kombiniert hätte. Jeder bekäme trotzdem, was er wollte. Es wäre daher unerheblich, wie die Güter und Einkommen auf die Glieder der Gesellschaft verteilt würden.
>
> Infolgedessen gäbe es auch keine wirtschaftlichen Güter, d. h. knappen Güter, mehr. Es bestände aber auch keine Notwendigkeit eines Studiums der Wirtschaftswissenschaften oder eines Strebens nach „Wirtschaftlichkeit". Alle Güter wären freie Güter, so frei, wie heute nur Wasser und Luft.

Dieses Zitat von *Paul A. Samuelson*, der 1975 den Nobelpreis für Wirtschaftswissenschaften erhielt, vermittelt einen ersten Eindruck, mit welchen Problemstellungen sich die Wirtschaftswissenschaften und insbesondere die Volkswirtschaftslehre auseinandersetzen. In ihrem Mittelpunkt stehen die *Herstellung und Verteilung knapper Güter* und damit verknüpfte Fragen, wie beispielsweise:

- Sollten die Löhne in den unteren Tarifgruppen relativ stärker erhöht und damit eine gleichmäßigere Verteilung der „knappen Güter" erreicht werden oder geht diese Nivellierung zu Lasten der Leistungsbereitschaft und damit der Menge hergestellter Güter?
- Ist der Anteil der gesamtwirtschaftlichen Produktion, der für öffentliche Güter und Dienstleistungen, wie den Bau von Straßen und Brücken, die Unterhaltung von Schulen und Hochschulen, die Zahlung von Sozialhilfe und Renten, verwandt wird, zu hoch?
- Inwieweit gefährden umweltpolitische Auflagen die Wettbewerbsfähigkeit von Unternehmen und führen zu einer Minderproduktion?
- Führen neue Produktionsverfahren und Produkte zu weniger Knappheit oder steigen durch sie gleichzeitig die Bedürfnisse?

Weiterhin bietet sich das Zitat an, um eine Übersicht volkswirtschaftlicher Grundbegriffe zu geben.

1.1 Bedürfnisse, Bedarf und Güter

Bedürfnisse sind Wünsche, die aus einem subjektiv empfundenen Mangel herrühren und die zu befriedigen Menschen anstreben. Folgt man der bekannten *Bedürfnispyramide* des amerikanischen Psychologen *A. Maslow* (vgl. Abb. 1.1)[1], so umfassen sie

- *physiologische Bedürfnisse* oder Grundbedürfnisse, wie vor allem die Wünsche nach Nahrung, Kleidung und einer Wohnung;
- das *Bedürfnis nach Sicherheit*, d. h., es wird angestrebt, die Befriedigung der Grundbedürfnisse auch für die Zukunft sicherzustellen;
- das *Bedürfnis nach Zugehörigkeit zu einer Gemeinschaft*, die mit sozialen Kontakten, Geselligkeit u. Ä. einhergeht;
- das *Bedürfnis nach Wertschätzung*, nach Anerkennung und Bestätigung durch andere und
- das *Bedürfnis nach Selbstverwirklichung*, der Entwicklung der eigenen Persönlichkeit.

Dabei bauen die verschiedenen Bedürfnisebenen aufeinander auf. So lässt eine unzureichende Versorgung mit Nahrung und Kleidung zunächst die Zukunftssicherung in den Hintergrund treten, und erst wenn dieses Sicherheitsbedürfnis befriedigt ist, gewinnen soziale Kontakte, die Wertschätzung anderer und schließlich der Wunsch, „vor sich selbst zu bestehen", an Bedeutung.

Abb. 1.1 Die Bedürfnispyramide nach A. Maslow

[1] Die Klassifikation der Bedürfnisse nach Maslow und vor allem ihr hierarchischer Aufbau sind nicht unumstritten, da eine theoretische Fundierung und ein empirischer Nachweis fehlen.

Wichtig ist, dass die Bedürfnisse nicht unabhängig von den wirtschaftlichen und gesellschaftlichen Rahmenbedingungen gesehen werden können. So entscheidet der Entwicklungsstand eines Landes darüber, inwieweit die Grundbedürfnisse bei der Mehrzahl der Menschen befriedigt werden können. Weiterhin beeinflussen Traditionen und Wertvorstellungen in der Gesellschaft und der sozialen Bezugsgruppe, durch welche Eigenschaften (Erfolg im Beruf; Schönheit; Bildung) der einzelne Anerkennung gewinnt und – eng damit verknüpft – durch den Besitz und Konsum welcher Güter (teure Autos; schöne, moderne Kleidung; Bildungsreisen). Schließlich können die Bedürfnisse nicht unabhängig von den vorhandenen und bekannten Produkten und damit dem technischen Fortschritt und der Werbung gesehen werden, wie die Beispiele „Notebook" und „Smartphone" verdeutlichen.

Auf Grund der bisherigen Ausführungen sollte deutlich geworden sein, dass sich „die" Bedürfnisse nicht objektiv ermitteln lassen; das gilt für jeden Einzelnen und erst recht für die gesamte Volkswirtschaft. Wünsche sind nur insoweit objektivierbar, wie die Menschen bereit und in der Lage sind, für die Güter zur Befriedigung ihrer Bedürfnisse zu bezahlen. Führen Bedürfnisse zu einer kaufkräftigen Nachfrage, so werden sie als *Bedarf* bezeichnet.

Die Mittel zur Bedürfnisbefriedigung werden als *Güter* bezeichnet. Sie umfassen nicht nur Sachgüter (Brot, Kühlschrank), sondern auch Dienstleistungen (Reparaturen, Unterrichtstätigkeit, Transportleistung) sowie die Nutzung eines Patents oder des Internets.

Tab. 1.1 gibt einen Überblick über die verschiedenen Arten von Gütern. Während *freie Güter* von Natur aus in ausreichender Menge zur Verfügung stehen (Luft zum Atmen), sind *wirtschaftliche Güter*, gemessen an den menschlichen Bedürfnissen, *knapp*. Ihre Bereitstellung, wie die Förderung eines Rohstoffs oder die Produktion eines Fernsehgerätes, verursacht Kosten, und sie sind nur gegen Entrichtung eines Preises zu erhalten. Sie stehen in den Wirtschaftswissenschaften im Mittelpunkt.

Produktionsgüter dienen – im Unterschied zu *Konsumgütern* – nur mittelbar der Bedürfnisbefriedigung, indem sie ermöglichen, nutzenstiftende Güter herzustellen. Dabei unterscheiden wir *Vorprodukte* (Stahl), die direkt in das neue Gut eingehen, und *Investitionsgüter* (Maschinen), die längerfristig einen Beitrag zur Fertigung leisten und erst nach mehreren Perioden aus dem Wirtschaftsprozess ausscheiden.

Für *private Güter*, die an Märkten gehandelt werden, gilt das so genannte *Ausschlussprinzip*: Konsumenten, die nicht bereit oder finanziell nicht in der Lage sind, einen bestimmten Preis für ein Gut zu bezahlen, werden von seiner Nutzung ausgeschlossen. Beispielsweise erhält eine Familie keine Vier-Zimmer-Wohnung, wenn sie die monatliche Miete dafür nicht aufbringen kann. Dagegen ist bei *rein öffentlichen Gütern* ein *Ausschluss* von „Nichtzahlern" *nicht durchsetzbar*. Wird beispielsweise ein Deich errichtet, so kann niemand in dem Gebiet von der Inanspruchnahme der Leistung – Schutz vor Überschwemmungen – ausgeschlossen werden; bei innerstädtischen Straßen wäre ein Ausschluss derjenigen, die nicht zu den Bau- und Unterhaltskosten beitragen, zwar technisch möglich, er erforderte aber unverhältnismäßig hohe Erhebungs- und Überwachungskosten. Als Folge der Nichtgültigkeit des Ausschlussprinzips bildet sich für rein

Tab. 1.1 Verschiedene Arten von Gütern

Einteilungskriterien	Gutsbegriff	Beispiele
Verfügbarkeit		
Frei	Freies Gut	Luft zum Atmen
Begrenzt	Wirtschaftliches Gut	Kohle, Fernsehgerät
Bedürfnisbefriedigung/ Nutzenstiftung		
Unmittelbar	Konsumgut	
– Kurzfristig	– Verbrauchsgut	– Wurst, Haarschnitt
– Langfristig	– Gebrauchsgut	– Möbel
Mittelbar	Produktionsgut/ Produktionsmittel	
– Geht direkt in die Produktion ein	– Vorprodukt	– Stahl, Lichtmaschine
– Gibt längerfristig eine Leistung ab	– Investitionsgut	– Maschinen, Gebäude, EDV-Geräte, „Software“
Ausschlussprinzip		
Gilt uneingeschränkt	Privates Gut	Wohnung, Brötchen
Gilt nicht	Öffentliches Gut	
– Weil es technisch und/oder wirtschaftlich nicht durchsetzbar ist	– Rein öffentliches Gut	– Innere Sicherheit, Deich
– Weil es politisch nicht erwünscht ist	– Meritorisches Gut	– Schulbesuch

öffentliche Güter kein Markt; sie werden kollektiv vom Staat bereitgestellt und zwangsweise über Steuern und Abgaben finanziert.[2] Dies gilt auch für *meritorische Güter*, bei denen das *Ausschlussprinzip* zwar *anwendbar* wäre, aber *politisch nicht erwünscht* ist, weil eine privatwirtschaftliche Regelung zu einer als unzureichend angesehenen Versorgung mit diesen Leistungen führte.[3] So wird beispielsweise kein Schulgeld erhoben, um der gesamten Bevölkerung eine gute Bildung und Ausbildung zu ermöglichen und damit zu einer funktionsfähigen Demokratie und einer wettbewerbsfähigen Volkswirtschaft mit gut qualifizierten Arbeitskräften beizutragen.

[2] Zudem gilt für rein öffentliche Güter das so genannte Rivalitätsprinzip (oder Rivalität im Konsum). Was darunter zu verstehen ist, wird in diesem Beitrag in Abschn. 3.3.1 sowie im Beitrag „Nationale Finanz- und Wirtschaftspolitik“ in Abschn. 19.1.2 erläutert.

[3] Vgl. Abschn. 19.2 im Beitrag „Nationale Finanz- und Wirtschaftspolitik“.

1.2 Produktion, Produktionsfaktoren und Produktionsmöglichkeiten

Fast alle wirtschaftlichen Güter müssen erst von Menschen produziert werden. Dabei wird der Begriff der *Produktion* in der Volkswirtschaftslehre sehr weit gefasst. Er beinhaltet alle ökonomischen Aktivitäten von der Urerzeugung über die Be- und Verarbeitung bis zur Verteilung (Distribution) knapper Güter; beispielsweise die Gewinnung von Kohle und Eisenerz, ihre Weiterverarbeitung zu Stahl und einer fertigen Maschine, deren Transport zum Kunden sowie die Einarbeitung der Mitarbeiter an der neuen Anlage.

Die im Produktionsprozess eingesetzten Sachgüter und Dienstleistungen werden als *Produktionsfaktoren* oder Produktionsmittel bezeichnet. Wie Abb. 1.2 zeigt, werden die Produktionsfaktoren unterschiedlich eingeteilt, je nach dem Untersuchungsziel und der Sichtweise des Wirtschaftsprozesses. So stellt die Aufgliederung von E. Gutenberg auf den Leistungsprozess im Betrieb ab[4], während die in der Volkswirtschaftslehre am häufigsten gebrauchte Einteilung in *Arbeit*, *Boden* und *Kapital* auf die Sichtweise der *Klassiker* zurückgeht.

Unter *Arbeit* versteht man jede menschliche Tätigkeit, die zur Befriedigung der Bedürfnisse anderer und in der Regel gegen Entgelt verrichtet wird. Damit zählen Beschäftigungen, die nur zur eigenen Bedürfnisbefriedigung dienen, wie die Tätigkeit im Haushalt oder der Bau einer Gartenlaube als Hobby, nicht als Arbeit.

Der Beitrag der Arbeit zum Produktionsergebnis lässt sich durch Bildung und Ausbildung verbessern und erhöhen. Dabei lassen sich Qualifizierungsmaßnahmen in Schule,

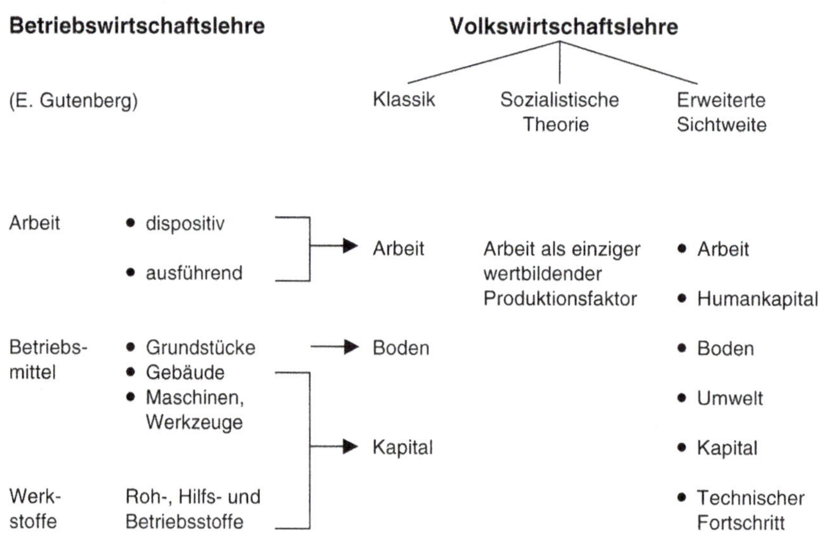

Abb. 1.2 Verschiedene Einteilungen der Produktionsfaktoren

[4] Die Einteilung von E. Gutenberg ist nicht systemunabhängig, da sie an das Privateigentum von Produktionsmitteln anknüpft.

Hochschule und Betrieb ihrerseits als „Produktionsprozess" interpretieren, der zur Bildung von Humankapital führt. Da diesem *Humankapital* zunehmend Bedeutung für die Leistungs- und Wettbewerbsfähigkeit moderner Volkswirtschaften zukommt, wird es inzwischen häufig als *eigener Produktionsfaktor* angeführt.

Umstritten ist bei der klassischen Einteilung der Produktionsfaktoren, dass die Untrennbarkeit von Mensch und Arbeitskraft[5] keine Berücksichtigung findet und – eng damit verknüpft – der Mensch keine besondere Rolle im Produktionsprozess erhält. In diesem Zusammenhang ist auch die sozialistische Interpretation zu sehen, dass nur Arbeit ein wertbildender Produktionsfaktor ist, weil auch Kapital das Ergebnis früher getaner Arbeit ist. Weiterhin stößt die „mechanistische" Sichtweise der menschlichen Arbeit auf Kritik:

Die Leistung eines Menschen lässt sich nicht „durch sachkundige psychologische und organisatorische Behandlung ... wie die einer Maschine" steuern. „Der Mensch hat als ‚Faktor Arbeit' ... einen völlig *anderen Stellenwert* als die materiellen Produktionsfaktoren"[6].

Der Produktionsfaktor *Boden* umfasst alle natürlichen Hilfsquellen der Produktion. Er dient der land- und forstwirtschaftlichen Erzeugung, der Gewinnung von Rohstoffen, wie Erdöl oder Uran, sowie als Standort für Industrien, Verkehrsflächen und private Gebäude. Dabei ist der Gesamtumfang des Bodens praktisch *unvermehrbar*, sodass beispielsweise durch eine wachsende Bevölkerung, einen größeren Wohnraumbedarf, eine stärkere Industrialisierung sowie eine höhere Mobilität von Menschen und Gütern, die den Verkehr ansteigen lässt, Boden *zunehmend knapper* wird. Dies weist bereits auf naturbedingte Grenzen des Wachstums von Bevölkerung und Wirtschaft hin. Sie werden noch deutlicher, wenn mit der Produktion verbundene Emissionen in unsere Umwelt in die Betrachtung einbezogen werden, wie die Verursachung von Müllhalden, das „in die Luft Blasen" von Schadstoffen, die Wärmeemission von Kraftwerken oder die Verschmutzung unserer Gewässer.

Streng genommen ist die Aufnahme von Schadstoffen durch Böden, Luft und Wasser ein „Produktionsbeitrag" des Faktors Boden. Wir sehen jedoch unsere *Umwelt* als *eigenständigen Produktionsfaktor*, der neben den „Aufnahmemedien für Emissionen" alle natürlichen Ressourcen umfasst, und zwar sowohl erneuerbare, wie Wald- und Fischbestände, als auch nicht erneuerbare, wie Erdgas- oder Erzvorkommen.

Bei *Kapital* handelt es sich um *Güter*, die produziert werden, um beim Produktionsprozess an der Herstellung weiterer Güter mitzuwirken. Es umfasst Gebäude, Maschinen, Werkzeuge und Rohstoffe (vgl. Abb. 1.2) und darf nicht mit Geld verwechselt werden, das zur Bezahlung von Kapitalgütern erforderlich ist. Man spricht deshalb auch häufig von Real- und Sachkapital, wenn der Produktionsfaktor Kapital gemeint ist.

Die Bildung von Kapital oder die „Produktion von Produktionsmitteln" bedeutet einerseits, dass bei gegebenem Bestand an Produktionsfaktoren weniger Konsumgüter produ-

[5] Vgl. auch die sich daraus ergebenden Besonderheiten des Arbeitsmarktes im Abschn. 3.1.

[6] Wöhe, G. (1996). *Einführung in die Allgemeine Betriebswirtschaftslehre*, (19. Aufl., S. 96 f.). München: Vahlen.

ziert werden können, d. h., sie erfordert *heute* einen *Konsumverzicht*. Andererseits ermöglicht es *in der Zukunft* eine höhere Gütererzeugung und damit einen *Mehrkonsum*.

Unter Kapital wird häufig auch das Wissen über technisch-organisatorische Zusammenhänge sowie ihre Umsetzung in neue Produktionsverfahren und Organisationsformen eingeordnet, das in der Vergangenheit durch Forschungsanstrengungen und Produktionsumstellungen „erzeugt" wurde. Modernere Einteilungen stufen den *technisch-organisatorischen Fortschritt* auch als *eigenständigen Produktionsfaktor* ein.

Mit den vorhandenen (limitierten) Produktionsfaktoren lässt sich nur eine begrenzte Menge von Gütern und Dienstleistungen herstellen, die als *Produktionsmöglichkeiten* bezeichnet werden.[7] Auf Grund dieser Obergrenze kann *nicht mehr* von einem Gut erzeugt werden, *ohne gleichzeitig* auf einen Teil der Produktion eines anderen Gutes zu *verzichten*. Dies verdeutlicht für den einfachsten Fall, in dem es nur zwei Güter, ein Konsumgut (Nahrungsmittel) und ein Investitionsgut (Maschinen) gibt, Abb. 1.3, die die Produktionsmöglichkeiten in Form der *Transformationskurve* widerspiegelt. Werden zunächst im Punkt A 8.000 Tonnen Nahrungsmittel und 2.000 Maschinen erzeugt, so bewirkt eine Ausweitung der Investitionsgüterproduktion auf 3.000, dass nur noch 6.000 Tonnen Nah-

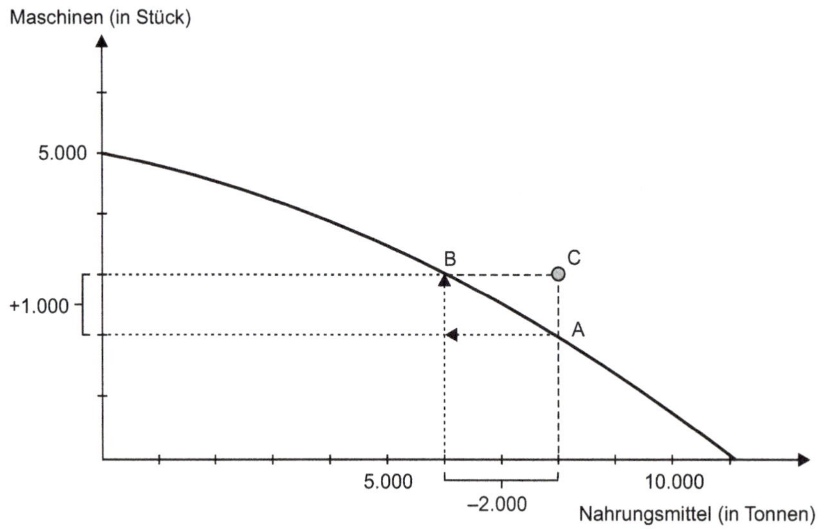

Abb. 1.3 Die gesamtwirtschaftlichen Produktionsmöglichkeiten (Transformationskurve)

[7] Die Produktionsmöglichkeiten einer Volkswirtschaft hängen auch von den rechtlichen und soziokulturellen Rahmenbedingungen ab. Diese umfassen die Gesamtheit der rechtlichen Regelungen (Verfassung, Wirtschafts- und Rechtsordnung u. Ä.) und die gesellschaftlichen Einflüsse (Beziehungen zwischen gesellschaftlichen Gruppen, Religion, Kultur, soziale Werte u. Ä.). Beispielsweise kann bei strengen Arbeitsschutzbestimmungen und/oder Umweltauflagen weniger produziert werden als ohne solche Vorschriften, und gesellschaftliche und religiöse Normen können eine Ausweitung der Produktion verhindern.

rungsmittel hergestellt werden können (B), denn für die Erzeugung von C reichen die Produktionsfaktoren nicht aus. Die Mehrproduktion von 1.000 Maschinen erzwingt also den Verzicht auf 2.000 Tonnen Nahrungsmittel. Die Opportunitätskosten einer Investitionsgütereinheit betragen 2 Konsumgütereinheiten. Allgemein gilt:

$$\text{Opportunitätskosten} = \frac{\text{Verringerung der Menge von Gut 1}}{\text{Erhöhung der Menge von Gut 2}},$$

d. h., die *Opportunitätskosten* für eine Einheit des betrachteten Gutes entsprechen der Einbuße bei einem anderen Gut, die infolge der anderweitigen Verwendung der Produktionsfaktoren auftritt.

Vergrößern sich die Produktionsmöglichkeiten einer Volkswirtschaft, weil die Menge und Qualität der Produktionsfaktoren erhöht wird und/oder der technisch-organisatorische Fortschritt eine effizientere Kombination der Faktoren ermöglicht, so spricht man von *Wirtschaftswachstum.* Es käme in Abb. 1.3 darin zum Ausdruck, dass sich die Transformationskurve nach außen verschieben würde.

1.3 Wirtschaftliche Grundfragen

Auf Grund der begrenzten Produktionsmöglichkeiten ist es in *jeder Volkswirtschaft* – unabhängig vom Wirtschafts- und Gesellschaftssystem – notwendig, Antworten auf eine Reihe von Fragen zu geben, zu denen Tab. 1.2 einen Überblick gibt.

So ist die *Höhe und Struktur der Produktion* festzulegen. Dabei ist neben der Entscheidung zwischen den verschiedenen Arten von Konsumgütern zu überlegen, ob eine bessere Versorgung mit öffentlichen Gütern angestrebt wird, indem mehr Krankenhäuser

Tab. 1.2 Grundfragen des Wirtschaftens

Welche Güter und Dienstleistungen sollen in welchen Mengen produziert werden?	– Wahl zwischen den verschiedenen Konsumgütern – Mehr private oder mehr öffentliche Güter? – Mehr Konsumgüter oder mehr Investitionen, die die zukünftigen Produktions- und Konsummöglichkeiten verbessern?
Welche Produktionsverfahren sollen angewandt werden?	– Wahl zwischen arbeits- oder kapitalintensiven Produktionsweisen – Entscheidung für oder gegen energie- und rohstoffsparende Produktionsverfahren mit möglichst geringen Schadstoffemissionen
Wo soll produziert werden?	– Standortwahl
Wie soll das Produktionsergebnis verteilt werden?	– Verteilen zwischen den Generationen, d. h. zwischen den im Arbeitsprozess Aktiven und Kindern, Jugendlichen und Älteren – Verteilung zwischen verschiedenen Gruppen von Arbeitenden je nach Aufgaben, Qualifikation, Art der Tätigkeit und Region – Aufteilung zwischen den Arbeitenden und den Besitzern der Produktionsfaktoren Arbeit und Kapital

und Hochschulen gebaut oder mehr Richter und Sozialarbeiter eingestellt werden. Die Wahl zwischen Konsum- und Investitionsgütern ist mit der Entscheidung gleichzusetzen, „heute besser zu leben", d. h. mehr zu verbrauchen, oder den Kapitalstock auszubauen und damit die Voraussetzung zu schaffen, um „morgen besser zu leben".

Bei der *Wahl der Produktionsverfahren* ist für die verschiedenen Güter jeweils die Entscheidung zwischen arbeits- und kapitalintensiver Herstellung zu treffen, die nicht unabhängig von der *relativen Knappheit* der beiden Produktionsfaktoren erfolgen kann. So ist beispielsweise ein Entwicklungsland, das über eine relativ geringe Kapitalausstattung verfügt, häufig zu einer arbeitsintensiven Produktionsweise gezwungen: Die Getreideernte wird von vielen Menschen eingebracht und nicht von wenigen Arbeitskräften mit modernen Mähdreschern. Gleichzeitig ist darüber zu entscheiden, ob die Produktion energie- und rohstoffsparend erfolgt und damit zur Schonung der natürlichen Ressourcen beiträgt, und wie stark die Umwelt durch Schadstoffemissionen belastet wird. Eine umweltschonende Produktionsweise wird in vielen Fällen die Produktionsmöglichkeiten senken, muss es aber nicht zwingend. Auch Fragen des Arbeitsschutzes und der Humanisierung der Arbeit sind im Zusammenhang mit den Produktionsverfahren zu beantworten.

Die *Standortwahl* kann nicht unabhängig davon erfolgen, inwieweit dadurch ein Transport von Rohstoffen, Vorprodukten und hergestellten Gütern erforderlich wird, inwieweit eine der Produktion adäquate Infrastruktur (z. B. Verkehrswege, Schulen und Hochschulen, eine gut ausgebaute öffentliche Verwaltung) bereitsteht und ob es genügend und qualifizierte Arbeitskräfte gibt.

Diese drei Fragen sind zu beantworten, wenn über die Verteilung der (begrenzten) Produktionsfaktoren auf alternative Verwendungszwecke, die so genannte *Allokation*, entschieden wird.

Schließlich ist zu beantworten, *wie das Produktionsergebnis* auf die verschiedenen Gruppen der Gesellschaft *verteilt* wird; es ist über die so genannte *Distribution* zu entscheiden. Welchen Anteil sollen Ältere erhalten, die in der Vergangenheit zum Aufbau des Kapitalstocks beigetragen haben, und wie viele Güter und Dienstleistungen werden für die Versorgung und Ausbildung der „nachwachsenden Generation" bereitgestellt? Wie soll die Verteilung zwischen den verschiedenen Gruppen von Arbeitenden erfolgen, beispielsweise zwischen in der Industrie und in den Dienstleistungsbranchen Beschäftigten, zwischen Hochschulabsolventen und Facharbeitern oder zwischen Produzierenden, in der öffentlichen Verwaltung Tätigen und Familienarbeit Leistenden.

Der Verteilung kann zum einen das *Bedürfnisprinzip* zugrunde gelegt werden, d. h., alle Individuen sollen die *gleiche Wohlfahrt*, die gleiche Bedürfnisbefriedigung durch wirtschaftliche und soziale Faktoren, erhalten. Dabei bereitet zunächst die Messung und Vergleichbarkeit der individuellen Bedürfnisbefriedigung Probleme (fehlende Operationalisierbarkeit), vor allem aber ist die zugrundeliegende Norm – weil die Menschen gleich sind, soll auch ihr Wohlfahrtsniveau gleich sein – stark umstritten. Zum anderen kann die Verteilung an der für die Gesellschaft erbrachten Leistung anknüpfen. Das *Leistungsprinzip* kann sich auf die aufgewandte Anstrengung und Zeit (input) beziehen, wird aber in der Regel am Beitrag zum Produktionsergebnis (output) festgemacht. Dabei stellt sich in einer arbeitsteiligen Wirtschaft das Problem, den Beitrag des Einzelnen zur Erzeugung von Gütern und Dienstleistungen zu messen und zu bewerten. Welcher Teil der Produktionsleistung eines Unternehmens lässt sich beispielsweise dem Buchhalter zurechnen und wie sind der Anbau und die Ernte von 10 Zentnern Gemüse im Vergleich zum Schreiben eines Buches einzuordnen? An dieser Stelle ist auch zu fragen, welcher Teil des Produktionsergebnisses den beiden anderen Produktionsfaktoren, Boden und Kapital, bzw. ihren Besitzern zufließen soll.

2 Wirtschaftssysteme als Organisationsformen

Brigitte Hewel und Renate Neubäumer

Inhaltsverzeichnis

2.1 Wirtschaftssystem und Wirtschaftsordnung

Die Lösung der wirtschaftlichen Grundfragen kann auf verschiedenen Wegen angestrebt und organisiert werden. Eine „idealtypische Art und Weise der Lenkung des Wirtschaftsgeschehens" bezeichnen wir als *Wirtschaftssystem*[1], für die die *freie Marktwirtschaft* und die *reine Zentralverwaltungswirtschaft* Beispiele darstellen. In einer umfassenderen Betrachtung ist das Wirtschaftssystem Teil des Gesellschaftssystems, das auch das politische und das kulturelle Teilsystem umfasst.

Im Unterschied dazu verstehen wir unter einer *Wirtschaftsordnung* die realisierte Ausgestaltung des Wirtschaftsgeschehens in einer Volkswirtschaft. Sie umfasst nicht nur eine Vielzahl gesetzlicher Regelungen, die in ihrer Gesamtheit die Wirtschaftsverfassung darstellen (in der Bundesrepublik z. B. das Grundgesetz sowie das Gesellschafts-, Wettbewerbs-, Arbeits- und Sozialrecht), sondern auch die gewachsene kulturelle und

[1] Diese Definition knüpft an W. Eucken an. Zu weiteren zum Teil uneinheitlichen Abgrenzungen des Begriffs Wirtschaftssystem vgl. Gabler Wirtschaftslexikon (2014) (18. Aufl.). Wiesbaden: Gabler.

B. Hewel (✉)
vorm. Frankfurt University of Applied Sciences
Frankfurt am Main, Bad Soden am Taunus, Deutschland

R. Neubäumer
Abteilung für Wirtschaftswissenschaft, Universität Koblenz-Landau
Landau, Deutschland

R. Neubäumer et al. (Hrsg.), *Volkswirtschaftslehre*, DOI 10.1007/978-3-658-16523-9_2

sittlich-moralische Ordnung. So ist beispielsweise das Wirtschaftsgeschehen nicht unabhängig vom Einfluss der Religion, von gesellschaftlichen Vorstellungen über die Rolle der Frau oder die Ehrung des Alters oder von der Zuordnung von Menschen zu bestimmten Klassen, ethnischen Minderheiten oder Kasten. Der Wirtschaftsprozess kann somit nicht unabhängig von einem bestimmten Land, seinen kulturellen Traditionen und seinem Entwicklungsstand gesehen werden.

2.2 Zentralverwaltungswirtschaft und Marktwirtschaften

Kehren wir zu (idealtypischen) Wirtschaftssystemen zurück, so bieten sich als Unterscheidungsmerkmale (vgl. Tab. 2.1) an:

- der *Koordinationsmechanismus*, d. h. das Verfahren zur Abstimmung der Pläne der verschiedenen Wirtschaftseinheiten;
- die *Subordination der Wirtschaftseinheiten unter den Staat* und damit, inwieweit ihnen Spielraum für individuelles wirtschaftliches Handeln bleibt;
- die Eigentumsordnung und – damit eng verknüpft – die *Verfügungsmacht über Produktionsmittel*;
- die Kombination mit einer bestimmten *politischen Ordnung*.

In der *reinen Zentralverwaltungswirtschaft* erstellt der Staat einen Plan, in dem sowohl die Produktionsmengen der Unternehmen als auch der Konsum der Haushalte und ihr Arbeitsangebot festgelegt werden. Mit diesem Plan werden alle Grundfragen des Wirtschaftens beantwortet, d. h. über die zu produzierenden Mengen, die Produktionsverfahren und die Verteilung entschieden. Voraussetzung dafür ist allerdings, dass der Staat sämtliche

Tab. 2.1 Gegenüberstellung der Idealtypen Markt- und Zentralverwaltungswirtschaft. (Bartling, H., & Luzius, F. (2008) *Grundzüge der Volkswirtschaftslehre: Einführung in die Wirtschaftstheorie und Wirtschaftspolitik* (16. Aufl., S. 38). München: Vahlen.)

Hauptunterscheidungselemente der Wirtschaftssysteme	Zentralverwaltungswirtschaft	Marktwirtschaft
Koordination der Wirtschaftseinheiten **in Verbindung mit:** Subordination der Wirtschaftseinheiten unter den Staat (Koordinations- und Subordinationsprinzip)	Einplanwirtschaft mit staatlicher Steuerung **durch:** Gebote (Plansoll-Vorgaben)	Mehrplanwirtschaft mit Wettbewerbssteuerung **begrenzt durch:** Verbote (staatlicher Ordnungsrahmen)
Prinzip der Eigentumsordnung	Staatseigentum („Sozialismus“)	Privateigentum („Kapitalismus“)
Interdependenz von wirtschaftlicher und politischer Ordnung (Interdependenzprinzip)	Diktatur	Demokratie

Produktionsmöglichkeiten der Unternehmen und die Bedürfnisse der Haushalte kennt.[2] Die Einhaltung des Planes wird mit detaillierten Soll-Vorgaben und Kontrollen durchgesetzt. Dieser Zwang im wirtschaftlichen Bereich setzt sich im politischen Bereich in der Staatsform der Diktatur fort. Zudem sind die Produktionsmittel Eigentum des Staates und unterstehen seiner Verfügungsmacht.

In der *freien Marktwirtschaft* werden alle wirtschaftlichen Entscheidungen *dezentral* getroffen, d. h., es gibt eine Vielzahl selbstständiger Produktions- und Konsumpläne, die aufeinander abgestimmt werden müssen. Diese Koordination erfolgt über ein System von Märkten, auf denen sich die Preise solange verändern, bis Angebot und Nachfrage übereinstimmen und somit die Pläne einander angepasst sind. Dieser Vorgang wird als *Preismechanismus* bezeichnet, auf dessen Rolle bei der Beantwortung der wirtschaftlichen Grundfragen wir im nächsten Abschnitt genauer eingehen werden. Der sich auf den Märkten vollziehende *Wettbewerb* verhindert gleichzeitig, dass einzelne Anbieter oder Nachfrager wirtschaftliche Macht ausüben, d. h., ihre wirtschaftlichen Interessen einseitig zu Lasten anderer Wirtschaftseinheiten durchsetzen. Darüber hinaus werden der einzelwirtschaftlichen Aktivität durch allgemeingültige Gesetze Grenzen gesetzt, die vor allem Rechtssicherheit garantieren, sich aber auch auf den Arbeits- und Umweltschutz und eine gewisse soziale Absicherung beziehen können. In den „kapitalistischen" Marktwirtschaften schließt die Eigentumsordnung das Recht auf den privaten Besitz von Produktionsmitteln ein, sodass jede Wirtschaftseinheit frei entscheiden kann, für welchen Zweck, in welchem Umfang und unter welchen Bedingungen sie die Produktionsfaktoren anbietet. Schließlich garantiert die Staatsform der Demokratie auch im politischen Bereich individuelle Wahlmöglichkeiten.

2.3 Verschiedene marktwirtschaftliche Wirtschaftsordnungen

In den realen Wirtschaftsordnungen stehen marktmäßig aufgebaute Teilstrukturen neben zentralistisch organisierten Teilbereichen, z. B. marktmäßige Koordination neben zentraler Koordination, Privateigentum neben staatlichem Eigentum. International gibt es eine Vielzahl unterschiedlicher marktwirtschaftlicher Ordnungen, die verschiedenen wirtschaftspolitischen Konzepten bzw. Leitbildern folgen. Man denke beispielsweise an das Wirtschaftsgeschehen in den Vereinigte Staaten, Japan, Schweden und der Bundesrepublik Deutschland. In diesen Ländern unterscheiden sich die Vorstellungen, inwieweit der Staat in das Wirtschaftsgeschehen eingreifen darf und sollte und inwieweit der Einzelne selbstverantwortlich für sein (wirtschaftliches) Wohlergehen ist. Diese Vorstellungen sind in starkem Maße historisch geprägt und haben sich – und das steht hier im Mittelpunkt – in *impliziten*, d. h. ungeschriebenen, *Regeln und Gesetzen* sowie in *gesellschaftlichen Organisationen*, wie beispielsweise den politischen Parteien und den Kirchen und – im wirt-

[2] Dass der Staat nicht oder zumindest nicht in ausreichendem Maße über diese Informationen verfügt, zählt(e) zu den systemtypischen Mängeln der Zentralverwaltungswirtschaft.

schaftlichen Bereich – Arbeitgeberverbänden, Wirtschaftskammern und Gewerkschaften niedergeschlagen, die unter dem Begriff *Institutionen* zusammengefasst werden.[3]

Institutionen sind implizite Regeln und Gesetze sowie gesellschaftliche Organisationen, die das menschliche Handeln in einer Gesellschaft in starkem Maße beeinflussen und damit auch die wirtschaftlichen Tauschprozesse.

Für eine Volkswirtschaft wesentliche Institutionen sind beispielsweise:

- das Bildungs- und Ausbildungssystem;
- das Steuer- und Sozialsystem;
- das Arbeitsrecht und – eng damit verknüpft – die Arbeitsbeziehungen, die kooperativ oder auf Konfrontation ausgerichtet sein können;
- das Wettbewerbsrecht;
- das Finanz- und Bankensystem;
- die Einstellungen in einer Gesellschaft zur Steuerhinterziehung, zum Sozialmissbrauch und zur Korruption.

Eine in der Literatur (und in diesem Lehrbuch) vertretene Auffassung ist, dass sich *unterschiedliche marktwirtschaftliche Ordnungen* auf eine verschiedenartige Ausgestaltung solcher Institutionen, d. h. auf *unterschiedliche institutionelle Rahmenbedingungen*, zurückführen lassen. Die Diskussion dazu wird im Rahmen der so genannten „*Variety of Capitalism*"-Debatte geführt, die 2001 mit dem gleichnamigen Sammelband von *Peter A. Hall* und *David Soskice* angestoßen wurde und die das Verhalten von Firmen in den Blickpunkt rückt[4]. Sie betont insbesondere die Bedeutung der gesetzlichen Standards für Produkte und Produktionsverfahren, des Bildungs- und Ausbildungssystems, der Ausgestaltung der sozialen Sicherung und des Zugangs zum Kapitalmarkt.

Dabei wird zwischen zwei Formen marktwirtschaftlicher Ordnungen (oder des Kapitalismus) unterschieden:

- *Liberale Marktwirtschaften* („liberal market economies (LMEs)"), die noch in stärkerem Maße einer idealen Marktwirtschaft i. S. des in Abschn. 3.2 dargestellten Referenzsystems gleichen. Als typische Beispiele gelten die Vereinigten Staaten und Großbritannien. Dort besitzen Unternehmen eine große Handlungsfreiheit, weil der Staat verhältnismäßig wenig in die Märkte eingreift und wenig(er) Rahmenbedingungen setzt, was auch den Einstellungen großer Teile der Bevölkerung entspricht. Unternehmen können relativ leicht durch die Ausgabe von Aktien an Kapital kommen, was

[3] Zur Rolle von Institutionen vgl. Neubäumer, R. (2000). Der amerikanische Arbeitsmarkt – ein Modell für die Bundesrepublik Deutschland? Belke, A., & Berg, H. (Hrsg.), *Arbeitsmarkt und Beschäftigung: Deutschland im internationalen Vergleich. Schriften des Vereins für Socialpolitik* (Bd. 272, S. 147–193). Berlin: Duncker und Humblot.

[4] Hall, P. A., & Soskice, D. (2001) *Varieties of Capitalism: The Institutional Foundations of Comparative Advantage*. Oxford: Oxford University Press.

(zusammen mit wenigen Vorgaben für die Standards von Produkten) Innovationen fördert. Die Arbeitsmärkte sind sehr flexibel, und es gibt keine Mitbestimmung. Das Bildungs- und Ausbildungssystem ist sehr heterogen (keine allgemeinen Standards) und setzt auf Eigeninitiative (einschließlich der Finanzierung hoher Studiengebühren). Dafür eröffnen ein College- und insbesondere ein Universitätsabschluss sehr gute Einkommenserzielungsmöglichkeiten. Das System der sozialen Sicherung ist wenig ausgebaut.

- *Koordinierte Marktwirtschaften* („coordinated market economies (CMEs)"), in denen mehr längerfristige (Gewinn-)Überlegungen eine Rolle spielen als kurzfristig hohe Gewinne durch schnelle Reaktionen auf veränderte Marktbedingungen. Als typische Vertreter gelten die Bundesrepublik Deutschland (zumindest bis Mitte der 1990er-Jahre) und Schweden. Hier spielen enge und längerfristig ausgerichtete Kooperationen zwischen den Unternehmen und ihren Hausbanken, den Unternehmen und ihren Arbeitnehmern (Mitbestimmung, längerfristig angelegte Beschäftigungsverhältnisse, Weiterbildung der Beschäftigten) sowie den Unternehmen untereinander eine wesentliche Rolle. Der Staat setzt dafür die Rahmenbedingungen, d. h., die Güter- und Arbeitsmärkte sind relativ stark reguliert (hohe Produktstandards, Kündigungsschutz, gesetzliche Mitbestimmung). Die Folge sind relativ wenig flexible Arbeitsmärkte, aber dafür haben die Unternehmen mehr sehr gut qualifizierte (sowie motivierte) Arbeitnehmer. Dazu trägt in der Bundesrepublik auch das System der Dualen Berufsausbildung bei. Das Sozialsystem ist in Deutschland und Schweden gut ausgebaut, was von der Bevölkerung auch erwartet wird, ebenso wie eine (weitgehend) kostenlose Hochschulausbildung.

Zur Funktionsweise von Marktwirtschaften 3

Brigitte Hewel und Renate Neubäumer

Inhaltsverzeichnis

Im Mittelpunkt stehen hier *marktwirtschaftliche Ordnungen*, die auf einer Vielzahl von interdependenten, d. h. sich gegenseitig beeinflussenden, Märkten basieren. Dabei wird in der Theorie zunächst von vollkommenem Wettbewerb ausgegangen, bei dem es an den Güter- und Faktormärkten sehr viele Anbieter gibt, die um die Gunst einer Vielzahl von Nachfragern konkurrieren. Beispielsweise bieten sehr viele Unternehmen Güter und Dienstleistungen an und sehr viele Arbeitnehmer ihre Arbeitsleistung. Dabei wird unterstellt, dass die Güter und die Arbeitsleistungen eine sehr ähnliche Qualität haben, so dass dem Preis zentrale Bedeutung zukommt. Zudem verfügen die Nachfrager über genaue Informationen, wie hoch die Preise der verschiedenen Anbieter sind, so dass sie bei dem mit dem niedrigsten Preis kaufen. Bietet ein anderer Anbieter preisgünstiger an, so wechseln die Nachfrager sofort zu ihm (vgl. Abschn. 3.1).

Diese Annahmen klingen unrealistisch und sind es auch. Aber nur so lässt sich ableiten, wie Märkte unter idealen Bedingungen die Wirtschaft steuern (und die Grundfragen des

B. Hewel (✉)
vorm. Frankfurt University of Applied Sciences
Frankfurt am Main, Bad Soden am Taunus, Deutschland

R. Neubäumer
Abteilung für Wirtschaftswissenschaft, Universität Koblenz-Landau
Landau, Deutschland

R. Neubäumer et al. (Hrsg.), *Volkswirtschaftslehre*, DOI 10.1007/978-3-658-16523-9_3

Wirtschaftens aus Abschn. 1.3 beantworten). Dies wird als *Referenzmodell* bezeichnet, das wir in Abschn. 3.2 darstellen.

In Abschn. 3.3 gehen wir darauf ein, wie sich Abweichungen von diesen idealen Annahmen auswirken: Märkte führen nicht immer zu dem erwünschten Ergebnis einer möglichst großen Wohlfahrt für die Menschen einer Volkswirtschaft. Es kommt zum so genannten *Marktversagen*. Zudem sind auch die Ergebnisse ideal funktionierender Märkte nicht immer erwünscht. Beispielsweise erhielte ein schwer Erkrankter vom Markt kein Einkommen und damit auch keine Güter und Dienstleistungen, weil er keine Arbeitsleistung erbringen kann. Beides erklärt, warum der Staat in das Wirtschaftsgeschehen eingreift (vgl. den Beitrag „Nationale Finanz- und Wirtschaftspolitik").

3.1 Märkte

Ein *Markt* ist der ökonomische Ort des Zusammentreffens von Angebot und Nachfrage, an dem sich Preisbildung und Tausch vollziehen. Dabei können ganz unterschiedliche „Dinge" gehandelt werden, wie beispielsweise (vgl. Abb. 3.1):

- Güter und Dienstleistungen,
- Produktionsfaktoren, wie die Zurverfügungstellung von Arbeit, Boden, Kapital oder technischem und organisatorischem Wissen,
- Besitzanteile an Unternehmen,
- in- und ausländische Währungen,
- Zertifikate, die zur Emission bestimmter Schadstoffmengen berechtigen.

Gütermärkte	• Güter • Dienstleistungen	Preis
Faktormärkte	• Arbeitsleistung	Lohn, Gehalt, Unternehmerlohn
	• Boden	Pacht
	• Kapital	Zins, Rendite
	• Technisches und organisatorisches Wissen	Patent- und Lizenzgebühren
Aktienmärkte	Besitzanteile an Unternehmen	Kurs
Geldmärkte	Inländische Währung	Zins
Devisenmärkte	Ausländische Währung	Wechselkurs
Nutzungsrechte	• Emissionszertifikate • Fischfangrechte u. a.	Preis

Abb. 3.1 Verschiedene Arten von Märkten

Wir unterscheiden hier vor allem *Gütermärkte*, auf denen die Anbieter Unternehmen und die Nachfrager Haushalte sind, und *Faktormärkte*, auf denen die Haushalte als Anbieter auftreten und die Unternehmen als Nachfrager.

Dabei sehen wir – im Unterschied zu einer Reihe anderer Ökonomen – den *Arbeitsmarkt nicht* als *„Markt wie jeden anderen*", der beispielsweise mit dem Markt für Apfelsinen gleichgesetzt werden kann.[1] Der Grund ist vor allem, dass die Arbeitsleistung nicht von der Person des Arbeitenden getrennt werden kann, was weitreichende Folgen hat:

- Menschen gehen mit ihrer Arbeit soziale Beziehungen ein, die für ihren gesamten Lebenszusammenhang von Bedeutung sind. Von ihrer Berufstätigkeit hängt nicht nur ab, inwieweit sie ihre materiellen Bedürfnisse befriedigen können, sondern auch, inwieweit sie ihre Wünsche nach sozialer Anerkennung und Selbstverwirklichung erfüllen können.
- Die Mobilität der Arbeitnehmer ist eingeschränkt, weil ein Umzug für sie und ihre Familien mit Nachteilen (Aufgabe sozialer Beziehungen) und Kosten verbunden ist.
- Das Betriebsklima, die Identifikation mit dem Unternehmen, die Arbeitsbedingungen sowie Leistungskontrollen haben Einfluss auf Motivation und Leistung der Mitarbeiter.

Im Idealfall sind die Märkte *offen*, d. h., jeder potenzielle Anbieter und Nachfrager kann ungehindert in den Markt eintreten; nur dann herrscht *vollkommener Wettbewerb*. Dagegen ist auf *beschränkten* Märkten der Zugang nur unter bestimmten Voraussetzungen, wie dem Besitz einer Konzession oder eines Befähigungsnachweises, dem Zugang zu bestimmten Rohstoffen, einer hohen Kapitalausstattung oder einem eigenen Netz von Reparaturwerkstätten und Händlern möglich; es gibt so genannte *Markteintrittsschranken*, die den Wettbewerb behindern oder ganz verhindern. Schließlich sind bei *geschlossenen* Märkten eine Nachfrage und/oder ein Angebot nur einem bestimmten Kreis möglich; beispielsweise ist nur der Staat berechtigt, Rüstungsgüter nachzufragen, und früher durfte nur die Deutsche Bundespost Telefone anbieten.

Auf *vollkommenen Märkten*, wie sie das Modell vollständigen Wettbewerbs[2] unterstellt, werden einheitliche oder *homogene Güter* gehandelt, die sich nicht sachlich (Art und Qualität), örtlich (Ort des Tausches), zeitlich (Zeitpunkt des Tausches) oder persönlich (Bevorzugung eines bestimmten Anbieters) unterscheiden, sodass die Kaufentscheidung der Nachfrager *allein vom Preis* abhängt. Es gibt eine *Vielzahl von Anbietern und Nachfragern*, und es besteht *vollkommene Markttransparenz*, d. h., alle Marktteilnehmer sind perfekt über jedes Angebot und jede Nachfrage informiert. Entsprechend *reagieren* sie *„unendlich schnell*" auf jede Veränderung der Angebots- und Nachfrageverhältnisse. Geht beispielsweise die Beliebtheit und damit die Nachfrage eines bestimmten Produktes zurück, so werden alle Anbieter umgehend mit Preissenkungen antworten, denn die Nach-

[1] Diese Sichtweise des Arbeitsmarktes wird von neoklassischen Ökonomen vertreten.

[2] Zum Modell des vollständigen Wettbewerbs, das auch als vollkommenes Polypol bezeichnet wird, vgl. den Beitrag „Mikroökonomie".

frager würden sofort ihren Lieferanten wechseln, wenn sein Preis noch etwas über dem der anderen läge. (Mit dem Wechsel des Marktpartners sind keinerlei Kosten verbunden.)

Bei *unvollkommenen Märkten* ist mindestens eine dieser restriktiven Annahmen nicht erfüllt.

3.2 Marktsteuerung

3.2.1 Selbststeuerung und Funktionen des Preises

Die Auffassung einer *Selbststeuerung von Märkten* wurde bereits von Adam Smith vertreten,[3] der von der „*unsichtbaren Hand des Marktes*“ schrieb. Dabei kommt den *Preisen* zentrale Bedeutung zu: Sie verändern sich solange, bis angebotene und nachgefragte Mengen an den verschiedenen Märkten übereinstimmen, bis beispielsweise am Markt für Mittelklassewagen die Zahl der angebotenen gleich der Zahl der nachgefragten Autos ist (*Koordinationsfunktion des Preises*). Wandeln sich anschließend die Nachfragebedingungen, steigt beispielsweise das „Mobilitätsbedürfnis“ der Bundesbürger, so werden mehr PKWs nachgefragt. Die Verteilung der jetzt knappen Mittelklassewagen erfolgt über den Preis, d. h., nur die Meistbietenden erhalten das Gut (*Verteilungsfunktion des Preises*). Der so gestiegene Preis signalisiert höhere Gewinnmöglichkeiten in der Automobilbranche (*Signalfunktion des Preises*) und veranlasst damit die Unternehmen, ihre Erzeugung auszuweiten oder es kommen neue Anbieter (z. B. aus dem Ausland) auf den Markt. Als Folge werden in der Automobilindustrie mehr Arbeitskräfte eingestellt und der Kapitalstock wird ausgeweitet, d. h., die Produktionsfaktoren werden dorthin gelenkt, wo sie auf Grund der gestiegenen Nachfrage gebraucht werden (*Lenkungs- oder Allokationsfunktion des Preises*).

Bedeutung hat bei dem dargestellten Prozess nicht die absolute Preiserhöhung bei Mittelklassewagen, sondern dass sie gemessen an anderen Gütern teurer geworden sind, dass ihr *relativer Preis* gestiegen ist. Nur so können die Produzenten in der Automobilbranche (relativ) höhere Faktorpreise bieten und so Arbeitnehmer und Kapital aus anderen Branchen „abziehen“. Wären alle Preise in gleichem Ausmaß gestiegen, so hätte das keinerlei Auswirkungen auf die Produktionsstruktur und die Verteilung der Produktionsfaktoren gehabt.

[3] Ein vollständiges mathematisches Modell dieser Selbststeuerung wurde erstmals von Léon Walras in der zweiten Hälfte des 19. Jahrhunderts entwickelt. Es bildet noch heute die Grundlage der so genannten neoklassischen Theorie und wurde vor allem von den beiden Nobelpreisträgern Kenneth Arrow (1972) und Géraud Debreu (1983) weiter verfeinert.

3.2.2 Die Produktionsstruktur

Auf idealen Märkten entscheiden die Konsumenten darüber, welche Güter und Dienste in welchem Ausmaß hergestellt werden. Sie bringen die Dringlichkeit ihrer Wünsche dadurch zum Ausdruck, dass sie als Nachfrager bereit sind, einen entsprechenden Preis zu bezahlen. Nur Unternehmen, die den Verbraucherwünschen nachkommen, erzielen Gewinne; Unternehmen, die „am Markt vorbei produzieren", machen Verluste und werden gezwungen, aus dem Markt auszuscheiden. Man spricht in diesem Zusammenhang von *Konsumentensouveränität*. Allerdings versuchen die Anbieter in zunehmendem Ausmaß, über neue Produkte und vor allem über direkte und versteckte *Werbung* Einfluss auf die Verbraucherpräferenzen zu nehmen.

Der Markt ist mit einer *Wahl* vergleichbar, bei der die Nachfrager über die Zusammensetzung der Produktion entscheiden und die Unternehmen diese Wahl über Werbung („Wahlplakate") beeinflussen. Dabei verfügt allerdings *nicht* jeder Wirtschaftsbürger über die *gleiche Anzahl von (Geld-)Stimmen*. Es werden nur die Bedürfnisse von Menschen berücksichtigt, die über Geld verfügen und bereit sind, es für die Befriedigung ihrer Wünsche auszugeben; es zählt nur die kaufkräftige Nachfrage. Entsprechend sind folgende Ergebnisse des Marktes denkbar: In Indien wird für Arme lebensnotwendiger Reis exportiert, um mit den so erhaltenen Devisen ausländische Luxusgüter für Reiche bezahlen zu können. In einer Großstadt müssen drei Familien mit Kindern ausziehen, weil aus ihren Wohnungen eine Etagenwohnung für ein sehr gut verdienendes Ehepaar geschaffen wird.[4] Somit ist die Zusammensetzung der Produktion nicht unabhängig von der Verteilung der Einkommen (und Vermögen) (vgl. auch Abschn. 3.3.3).

3.2.3 Die Wahl der Produktionsverfahren und der Standorte

Die einzelnen Güter und Dienstleistungen lassen sich häufig mit verschiedenen Produktionsverfahren erstellen, bei denen die Produktionsfaktoren in unterschiedlichen Mengen kombiniert werden.[5] So kann beispielsweise ein Ballen Stoff mit 100 Arbeitseinheiten und einer Kapitaleinheit erzeugt werden (arbeitsintensives Produktionsverfahren) oder mit 30 Arbeits- und 10 Kapitaleinheiten (kapitalintensives Produktionsverfahren). Um einen möglichst hohen Gewinn zu erzielen, werden die Unternehmen versuchen, die kostengünstigste Faktorkombination zu realisieren. Dabei hängt von den relativen Preisen der Produktionsfaktoren und damit von Angebot und Nachfrage an den verschiedenen Faktormärkten ab, welches Produktionsverfahren am billigsten ist. Kostet beispielsweise eine Kapitaleinheit 100 Geldeinheiten und eine Arbeitseinheit 10 Geldeinheiten und damit nur

[4] Einen Mieterschutz gibt es auf freien Märkten nicht.

[5] Wenn bei der Herstellung eines Gutes ein Produktionsfaktor teilweise oder ganz durch einen anderen ersetzt werden kann, spricht man von Substitutionalität der Produktionsfaktoren. Vgl. Beitrag „Mikroökonomie".

Tab. 3.1 Beispiel zur Wahl des Produktionsverfahrens

Bei den beiden möglichen Verfahren zur Erstellung eines Ballen Stoffes sollen sich nur die Einsatzmengen von Arbeit und Kapital unterscheiden

			Fall 1		Fall 2	
	Faktoreinsatzmengen		*Preise*	*Kosten*	*Preise*	*Kosten*
Arbeitsintensives Produktionsverfahren	Arbeit	100	10	1.000	15	1.500
	Kapital	1	100	100	75	75
	Arbeit:Kapital	**100:1**	**1:10**		**1:5**	
	Summe			**1.100**		**1.575**
Kapitalintensives Produktionsverfahren	Arbeit	30	10	300	15	450
	Kapital	10	100	1.000	75	750
	Arbeit:Kapital	**3:1**	**1:10**		**1:5**	
	Summe			**1.300**		**1.200**

Im Fall 1, bei einem relativen Preis von Arbeit von 1:10, ist das arbeitsintensive Produktionsverfahren billiger, im Fall 2, wenn der relative Preis von Arbeit auf 1:5 gestiegen ist, ist das kapitalintensivere Verfahren kostengünstiger.

1/10 des Preises einer Kapitaleinheit, so wird das Unternehmen die arbeitsintensive Produktionsweise wählen (vgl. Fall 1 in Tab. 3.1). Steigt jetzt der Preis von Arbeit auf 15 und der von Kapital sinkt auf 75 Geldeinheiten (Fall 2), so erhöht sich der relative Preis von Arbeit auf das Doppelte (1/5 des Preises der Kapitaleinheit), und es lohnt sich für das Unternehmen, zu der kapitalintensiveren Produktionsweise überzugehen.

Die relative Preiserhöhung von Arbeit kann beispielsweise darauf zurückzuführen sein, dass die Verbraucher mehr arbeitsaufwendige Dienstleistungen wünschen und dafür auf kapitalintensiver produzierte Güter verzichten wollen. Damit wird schon deutlich, dass die *Faktor- und Gütermärkte* nicht isoliert betrachtet werden können, sondern *interdependent* sind, d. h. sich gegenseitig beeinflussen. So wird in umgekehrter Richtung der relative Preisanstieg von Arbeit Dienstleistungen überproportional verteuern und die Nachfrage nach ihnen dämpfen.

Es sei noch darauf hingewiesen, dass in einer Marktwirtschaft auf Dauer nur die Unternehmen im Wettbewerb eine Chance haben, die die billigsten Produktionsverfahren wählen und damit auch den technischen Fortschritt vorantreiben.

Ähnlich müssen die Unternehmen Standorte aussuchen, bei denen ihre Produktionskosten niedrig sind. Sie werden in Regionen mit Standortnachteilen (hohe Transportkosten, schlechte Infrastruktur, wenig qualifizierte Arbeitnehmer) nur dann Produktionsstätten errichten, wenn dem niedrigere Faktorpreise, vor allem für Arbeitsleistung und Boden, gegenüberstehen.

3.2.4 Die Verteilung über Märkte

Die Verteilung über Märkte erfolgt nach dem *„Do-ut-des-Prinzip"*[6], d. h., der Einzelne erhält so viel, wie er selbst zur Erzeugung von Gütern und Dienstleistungen beiträgt, indem er seinen Besitz an Boden und/oder Kapital für den Produktionsprozess zur Verfügung stellt und vor allem indem er seine persönliche Arbeitsleistung einbringt. Den drei klassischen Produktionsfaktoren fließen entsprechend *Einkommen* in Form von Lohn, Gehalt und Unternehmerlohn (Arbeit), Grundrente (Boden) und Zins (Kapital) zu, deren Höhe von ihrer *Knappheit* bestimmt wird, denn danach bilden sich an den Märkten die Faktorpreise. Dies ist unter dem Allokationsaspekt sinnvoll, führt aber zu einer *Relativierung des Leistungsprinzips*, wie die folgenden Beispiele für die Bewertung von Arbeit zeigen: Der Leistungsbeitrag eines Betriebswirts wird als geringer eingestuft, nachdem mehr Studenten einen Bachelor- und Masterabschluss in diesem Fach erworben haben; das Einkommen eines Schriftsetzers geht zurück, weil seine Arbeit von Ungelernten an computergesteuerten Maschinen erledigt werden kann; und die Leistung eines Sportlers „sinkt", wenn das Interesse an seiner Sportart abnimmt und/oder sich weniger für Werbezwecke nutzen lässt. Auch spiegeln die Einkommen verschiedener Personengruppen (und die von ihnen überwiegend ausgeübten Tätigkeiten) gesellschaftliche Einschätzungen und Traditionen wider. Beispielsweise werden in den meisten „typischen Frauenberufen" (z. B. Sprechstundenhilfe, Friseurin) deutlich niedrigere Arbeitsentgelte erzielt als bei vergleichbaren Tätigkeiten und Berufen mit hohem Sozialprestige (z. B. Arzt/Ärztin), die mit einem überdurchschnittlichen Einkommen verbunden sind.

Schließlich sei bereits an dieser Stelle darauf hingewiesen, dass bei fehlendem oder unvollkommenem Wettbewerb das Marktergebnis nicht nur Ausdruck der erbrachten Leistung, sondern auch von *wirtschaftlicher Macht* ist.

Die Einkommensverteilung, die sich aus den Marktprozessen ergibt, wird als *primäre Einkommensverteilung* bezeichnet. Aus ihr resultiert nach der staatlichen Umverteilung über Steuern, Sozialabgaben und Transferzahlungen (z. B. Rente, Wohngeld) die *sekundäre Einkommensverteilung*.

3.3 Nicht erwünschte Ergebnisse von Märkten

Märkte führen zum einen nicht immer zu dem erwünschten Ergebnis einer möglichst großen Wohlfahrt der Bevölkerung eines Landes, weil die idealen Annahmen vollkommener Märkte nicht immer erfüllt sind. Man spricht dann von *Marktversagen*.[7]

---

[6] Aus dem Lateinischen: „Ich gebe, damit du gibst" (altrömische Rechtsformel bei Tauschverträgen).

[7] Die Bedingungen für Marktversagen und wirtschaftspolitische Eingriffe, um einer Wohlfahrtsminderung entgegen zu wirken werden im Beitrag „Nationale Finanz- und Wirtschaftspolitik" ausführlicher dargestellt und diskutiert.

▶ **Marktversagen** liegt vor, wenn bestimmte Bedingungen bewirken, dass ein System von Märkten nicht zum Wohlfahrtsoptimum führt.

Solche Bedingungen sind vor allem:

- *Nicht beliebig teilbare Produktionsfaktoren.* Entsprechend setzt eine effiziente Produktion eine Mindestbetriebsgröße voraus. Beispielsweise wäre es ineffizient (und damit sehr teuer), Autos in kleinen Handwerksbetrieben und nicht mit großen Produktionsanlagen und Robotern herzustellen. Die Folge ist, dass es an einem Markt nur wenige große Anbieter oder sogar nur einen Anbieter gibt, der überhöhte Preise nehmen kann. So kommt es beispielsweise zu so genannten „*natürlichen Monopolen*", wenn wie bei Wasser-, Strom- und Telefonleitungen ein aufwändiges Verteilernetz erforderlich ist.
- *Keine vollkommene Markttransparenz.* Sind Marktteilnehmer nicht oder nur unzureichend über die Eigenschaften der angebotenen Güter und Faktorleistungen informiert, so kann der Marktmechanismus nicht so reibungslos funktionieren wie in Abschn. 3.1 unterstellt. Dann müssen sich die Marktteilnehmer informieren, beispielsweise Lieferanten anschreiben oder Bewerber zu einem Gespräch einladen. Dies ist in der Regel mit Kosten verbunden. Bezieht man solche Kosten und andere so genannte *Transaktionskosten* in die Analyse ein, so führen Märkte nicht immer automatisch zum gesamtwirtschaftlich besten Ergebnis.[8] Dabei ist ein ungleicher Informationsstand der Marktteilnehmer von besonderer Bedeutung, wenn beispielsweise ein Gebrauchtwagenhändler genau weiß, dass das von ihm angebotene Auto erhebliche Mängel hat, aber der Käufer diese Mängel nicht ohne erheblichen Aufwand erkennen kann. In einem solchen Fall spricht man von *Informationsasymmetrien* (vgl. Abschn. 19.1.4 im Beitrag „Nationale Finanz- und Wirtschaftspolitik").
- Das *Ausschluss-* und das *Rivalitätsprinzip gelten nicht.* Die Folge ist, dass bestimmte Güter, die die Menschen haben möchten (wie der schon in Abschn. 1.1 erwähnte Deich), am Markt nicht angeboten werden. Entsprechend stellt der Staat solche *öffentlichen Güter* bereit und finanziert sie zwangsweise über Steuern und Abgaben.
- *Externe Effekte.* Davon spricht man, wenn der Konsum oder die Produktion eines Gutes bei anderen Menschen zu Nachteilen oder Vorteilen führen, ohne dass sie dafür vom Markt einen Ausgleich erhalten. Beispielsweise müssen Autofahrer nicht dafür bezahlen, dass von ihnen verursachte Abgase und Lärm für die Anwohner einer Straße von Nachteil sind und deren Wohlfahrt mindern, und Waldbesitzer erhalten kein Geld dafür, dass Wälder zu sauberer Luft beitragen und als Wasserspeicher dienen und damit die Wohlfahrt in einem Land erhöhen.

Mit Marktversagen lassen sich staatliche Eingriffe in den Wirtschaftsprozess begründen, wie sie in allen realisierten marktwirtschaftlichen Ordnungen stattfinden. Dies wird ausführlicher im Beitrag „Nationale Finanz- und Wirtschaftspolitik" dargestellt. Hier geben wir nur einen Überblick über öffentliche Güter und externe Effekte.

[8] Zum sogenannten Transaktionskosten-Ansatz vgl. Abschn. 7.1 im Beitrag „Mikroökonomie".

Zum anderen können auch die Ergebnisse perfekt funktionierender Märkte gesellschaftlich nicht erwünscht sein, weil beispielsweise *soziale Aspekte* nicht berücksichtigt werden und/oder eine *sehr ungleichmäßige Vermögensverteilung* zu einer extrem ungleichen Einkommensverteilung führt.

Schließlich können zwar die Bedingungen für vollkommenen Wettbewerb an einem Markt erfüllt sein, so dass viele Anbieter um Geschäftsabschlüsse konkurrieren und entsprechend zu niedrigen Preisen anbieten müssten. Um sich diesem „lästigen Wettbewerb" zu entziehen, können sich Anbieter jedoch absprechen, gemeinsam höhere Preise zu nehmen, oder sie können sich mit mehreren anderen Unternehmen zu einem großen Unternehmen zusammenschließen, um anschließend die Preise zu „diktieren". In diesen Fällen spricht man von *Wettbewerbsbeschränkungen.*

3.3.1 Öffentliche Güter

Am Markt würden bestimmte Güter und Dienstleistungen nicht oder nicht in ausreichender Menge angeboten. Als Gründe dafür lassen sich anführen:

- Das Rivalitäts- und das Ausschlussprinzip gelten nicht für alle Güter.
- Bestimmte Bedürfnisse werden von den Individuen zu einem bestimmten Zeitpunkt noch nicht bzw. unvollkommen empfunden.

Das *Rivalitätsprinzip* ist *nicht erfüllt*, wenn ein Gut gleichzeitig von mehreren Personen genutzt werden kann, ohne dass dadurch nennenswerte zusätzliche Kosten anfallen. Man spricht dann auch davon, dass keine „Rivalität im Konsum" besteht. Beispielsweise kann eine Fernsehsendung von einem Zuschauer „konsumiert" werden, ohne dass damit die Möglichkeiten anderer, die gleiche Sendung zu sehen, beeinträchtigt werden. Auch entstehen dem Anbieter, der Fernsehanstalt, keine zusätzlichen Kosten. Dies trifft in ähnlicher Weise für unsere Rechtsordnung, die nationale Verteidigung oder einen Leuchtturm zu; für ein Kino, eine Straße und vor allem die „Nutzung" unserer Umwelt als Aufnahmemedium für Emissionen gilt das Rivalitätsprinzip nur, wenn bestimmte Kapazitätsgrenzen überschritten werden (vgl. Abschn. 1.2 und Abschn. 19.1 im Beitrag „Nationale Finanz- und Wirtschaftspolitik").

Bei vielen der Güter, die gemeinsam genutzt werden können, *„versagt"* gleichzeitig das *Ausschlussprinzip*. So geben beispielsweise einige (oder alle!) Bewohner eines Küstenabschnitts vor, kein Interesse an der Erstellung eines Deiches zu haben, wenn sie um eine Kostenbeteiligung gebeten werden. Sie spekulieren darauf, dass ihre Nachbarn den Bau finanzieren und sie dann unentgeltlich, als „Trittbrettfahrer", vor Flutkatastrophen geschützt werden. Finden sich auf diese Weise nicht genügend Zahlungswillige, so wird ein an sich wünschenswertes und nützliches Gut nicht produziert; der Grund ist nicht ein zu hoher Preis bzw. Kostenanteil, sondern das strategische Verhalten der Nachfrager. In diesem Fall ist es sinnvoll, wenn der Staat das Marktergebnis korrigiert, indem er das Gut selbst bereitstellt und die mutmaßlichen Nutznießer zur Finanzierung heranzieht.

Denkbar ist auch, dass *Bedürfnisse*, deren Befriedigung aus Sicht des vom Volk gewählten Parlaments wünschenswert sind, von den Individuen zu einem bestimmten Zeitpunkt *noch nicht bzw. unvollkommen empfunden* werden, sodass ihre Zahlungsbereitschaft zu gering oder gar nicht vorhanden ist. Dies wird beispielsweise bei der allgemeinen Schulpflicht, der Zwangsmitgliedschaft in der Kranken- und Rentenversicherung und der Subventionierung von Orchestern oder der Bundesgartenschau unterstellt. Umstritten ist dabei allerdings, in welchem Ausmaß die individuellen Präferenzen korrekturbedürftig sind und Eingriffe in die Konsumentensouveränität rechtfertigen. Sollten Studenten die Kosten ihrer Hochschulausbildung teilweise oder ganz übernehmen? Sind sehr aufwendige Opernaufführungen mit großen Orchestern und eigenem Staatsballett notwendig? Wie viele Hallenbäder sollten gebaut und unterhalten werden?

Darüber hinaus werden die *Bedürfnisse zukünftiger Generationen*, vor allem nach einer lebenswerten Umwelt und nicht erneuerbaren natürlichen Ressourcen, an *heutigen Märkten nicht vertreten*. Sie finden bei der Bildung der Preise keine Berücksichtigung und haben damit keinen Einfluss auf heutige Produktions- und Konsumentscheidungen.

3.3.2 Externe Effekte

Wirkungen, bei denen Verursacher und Betroffene nicht übereinstimmen, werden als *externe Effekte* bezeichnet.

► **Negative externe Effekte** oder **externe Kosten** treten auf, wenn die Produktion von Unternehmen oder der Konsum von Haushalten bei anderen Wirtschaftseinheiten zu **Nachteilen** führt.

Verschmutzt beispielsweise ein Chemiewerk am Oberlauf eines Flusses das Wasser (vgl. Produktion ohne Kläranlage in Tab. 3.2), so müssen das Wasserwerk und eine Pa-

Tab. 3.2 Externe Kosten

Produktionsweise	**Betriebswirtschaftliche Kosten**[a] (in Unternehmen anfallende Produktionskosten für 100.000 ME)	**Externe Kosten** (Reinigung des Wassers am Unterlauf)	**Volkswirtschaftliche Kosten** (die gesamten in der Volkswirtschaft anfallenden Kosten)	**Angebotspreis je ME**
Ohne Kläranlage	20 Mio.	6 Mio.	26 Mio.	200
Mit Kläranlage	23 Mio.	–	23 Mio.	230

[a] Die betriebswirtschaftlichen Kosten beinhalten bereits den Unternehmerlohn, die Eigenkapitalverzinsung und einen Risikozuschlag.

pierfabrik am Unterlauf desselben Flusses das Wasser vor seiner Nutzung reinigen und dafür 6 Mio. bezahlen. Dadurch stimmen die *betriebswirtschaftlichen Kosten* (20 Mio.) und die *volkswirtschaftlichen Kosten* (26 Mio.) nicht überein. Das Chemiewerk wird sich für die volkswirtschaftlich teurere Produktion ohne Kläranlage entscheiden, weil die externen Kosten (6 Mio.) nicht in seine Wirtschaftlichkeitsrechnung eingehen, und es wird seine Produkte dem Verbraucher für 200 und damit (aus volkswirtschaftlicher Sicht) zu billig anbieten. Entsprechend wird von dem umweltschädigend hergestellten Gut zu viel nachgefragt und Unternehmen, die sich umweltfreundlicher verhalten, werden vom Markt verdrängt. Es kommt zu einer *Fehlallokation*.

Der Staat könnte dem Chemieunternehmen zunächst die Produktion ohne Kläranlage verbieten oder den Bau einer solchen Anlage vorschreiben. Eine marktwirtschaftliche Lösung wäre die *Internalisierung der externen Kosten*, d. h., das Unternehmen müsste z. B. eine Steuer oder Abgabe in Höhe der von ihm verursachten externen Kosten (6 Mio.) bezahlen.[9] Sie würde zum gleichen Ergebnis führen, einer umweltfreundlicheren Produktionsweise oder der Aufgabe der Produktion, wenn die Verbraucher nicht bereit wären, das Gut zu dem höheren Preis (230) nachzufragen. In der Praxis bereitet allerdings die Bestimmung der korrekten Steuersätze Probleme, weil sich die externen Kosten weder genau ermitteln, noch den verschiedenen Verursachern zurechnen lassen. Wird die Steuer „zu gering" festgelegt, so entsteht kein Anreiz für eine umweltfreundlichere Herstellungsweise. (Dies ist in unserem Beispiel, bei dem wir allerdings die genauen Kostenverhältnisse kennen, bei einer Steuer unter 3 Mio. der Fall.)

Schließlich wäre es – wenn der Staat nicht eingreifen würde – für die Geschädigten, das Wasserwerk und die Papierfabrik, ökonomisch sinnvoll, mit dem Chemieunternehmen Verhandlungen aufzunehmen und es durch Ausgleichszahlungen zu veranlassen, die Wasserverschmutzung zu unterlassen.[10] Eine solche Vereinbarung käme allerdings nur zustande, wenn sich die „Vorteile der Unterlassung" nicht auf zu viele Verursacher und Geschädigte verteilten, sodass eine Einigung zwischen ihnen möglich wäre.

► Bei **positiven externen Effekten** oder **externen Erlösen** führt die Produktion von Unternehmen (oder der Konsum von Haushalten) bei anderen Wirtschaftseinheiten zu **Vorteilen**.

Beispielsweise erhöht die Herstellung von Bienenhonig die Obsternte in dieser Gegend oder die Ausbildung von Jugendlichen in einem Betrieb führt zu einer höheren Produkti-

[9] Zu weiteren Instrumenten zur Internalisierung externer Effekte vgl. Abschn. 19.1.3 im Beitrag „Nationale Finanz- und Wirtschaftspolitik".

[10] Der Vorschlag von Verhandlungen zwischen zwei (oder mehreren) betroffenen Wirtschaftseinheiten wird auf Grund des so genannten Coase-Theorems gemacht. Es definiert externe Effekte nicht einseitig als Wirkung von A (Chemiewerk) auf B (Papierfabrik), sondern bezieht auch Rückwirkungen von B auf A ein. Weil die Papierfabrik am Unterlauf des Flusses produzieren möchte, muss das Chemieunternehmen seine Produktion aufgeben (oder eine Kläranlage bauen) und erleidet damit einen wirtschaftlichen Schaden. Vgl. auch Abschn. 19.1.3 im Beitrag „Nationale Finanz- und Wirtschaftspolitik".

on anderer Betriebe, die gut ausgebildete Mitarbeiter einstellen können. Von Gütern mit externen Erlösen wird am Markt zu wenig angeboten, sodass eine Subventionierung (z. B. für Unternehmen, die ausbilden) sinnvoll wäre, um die externen Erlöse zu internalisieren. Rein öffentliche Güter, bei denen das Ausschlussprinzip nicht gilt, lassen sich auch als Güter mit externen Erlösen interpretieren.

3.3.3 Folgen einer sehr ungleichmäßigen Vermögensverteilung

Die Entscheidung für eine Marktwirtschaft beinhaltet *keine Entscheidung für eine bestimmte Vermögensverteilung*[11], aber umgekehrt ist das Ergebnis der Marktprozesse abhängig von der so genannten *Ausgangsverteilung* des Vermögens.

Beispiel

So sind in einem Entwicklungsland folgende Ergebnisse vorstellbar:

- Bei relativ gleichmäßiger Verteilung des Bodens (und anderer Produktionsmittel) werden überwiegend Nahrungsmittel und einfache Waren und Dienstleistungen für den heimischen Markt erzeugt, die ausreichen, die Grundbedürfnisse der Bevölkerung zu befriedigen, und einigen Bauern, Handwerkern und Händlern zu bescheidenem Wohlstand verhelfen.
- Bei extrem ungleichmäßiger Verteilung des Bodens werden überwiegend Naturrohstoffe für den Export angebaut, um die Wünsche der Grundbesitzer nach ausländischen Gütern erfüllen zu können. Breite Bevölkerungskreise werden nicht ausreichend mit Nahrung und Kleidung versorgt, obwohl sie dem Markt ihre gesamte Arbeitsleistung zur Verfügung stellen.

Dieses Beispiel, das bewusst vereinfachend gewählt wurde, macht deutlich, dass in einer Marktwirtschaft die Ausgangsverteilung darüber entscheidet, welche Güter und Dienste in welchen Mengen produziert werden und vor allem welche Einkommensverteilung sich ergibt.

Eine *extrem ungleiche Vermögensverteilung* führt auch zu einer *extrem ungleichen Einkommensverteilung*, bei der ein Teil der Bevölkerung allein von so genannten „mühelosen" Einkommen leben kann. Dies steht im Widerspruch zum Leistungsprinzip. Denn in einer Gesellschafts- und Wirtschaftsordnung, die ganz entscheidend auf dem Leistungsdenken und dem Leistungswettbewerb beruht, ergibt sich die Notwendigkeit zu einer breiteren Streuung der Vermögensbildungschancen und der Vermögensverteilung.

Eine Politik der Vermögensumverteilung kann ansetzen an

[11] Die Verteilung des Vermögens in einem Land ist das Ergebnis historischer Prozesse. Sie resultiert aus Vermögensübertragungen (Krieg, Enteignung, Schenkung, Erbschaft), Wertänderungen (durch den technischen Fortschritt, durch Rohstofffunde oder Bodenknappheit) sowie Ersparnissen.

- der Übertragung von Vermögen zwischen den Generationen (Erbschafts- und Schenkungssteuer),
- der Umverteilung vorhandenen Vermögens (Privatisierung von Staatsvermögen, Enteignung),
- der Umverteilung von Vermögenszuwächsen (Förderung freiwilligen Sparens, Investivlohn- und Gewinnbeteiligungssysteme, persönliche Umverteilungsabgabe für reiche Bürger).

3.3.4 Der soziale Aspekt

Die primäre Einkommensverteilung über die *Märkte* berücksichtigt den *sozialen Aspekt nicht*, sondern ergibt sich daraus, welchen Beitrag der Einzelne zur Produktion leistet. Sie erfolgt beispielsweise unabhängig davon, ob es sich um eine(n) Alleinverdiener(in) oder eine Familie mit Kindern handelt; und wer über kein Vermögen verfügt und zu krank und/oder alt ist, um zu arbeiten, erhält keinerlei Einkommen. Daher gibt es heute in allen modernen marktwirtschaftlichen Ordnungen *Systeme der sozialen Sicherung*, die vor den wirtschaftlichen Folgen von Krankheit, Invalidität, Alter und Arbeitslosigkeit schützen und Bürger vor Not bewahren. Weiterhin findet eine *Umverteilung* über Steuern, Sozialabgaben und Transferleistungen zwischen den Beziehern höherer und niedriger Einkommen, zwischen Ehepaaren mit einem oder zwei Verdienern und zwischen Familien ohne und mit Kindern statt.[12]

Von den Anhängern einer „Sozialen Marktwirtschaft deutscher Prägung"[13] wird allerdings betont, dass eine *marktwirtschaftliche Ordnung aus sich selbst heraus sozial* sei, weil sie eine bessere Versorgung mit Gütern und Dienstleistungen gewährleistet, d. h. dafür sorgt, dass es für alle mehr zu verteilen gibt: „(Die) beste Sozialpolitik ist Wachstumspolitik, (und die) beste Wachstumspolitik ist Marktwirtschaft"[14]. Vor diesem Hintergrund wird ein zu ausgeprägter Wohlfahrtsstaat abgelehnt, der die individuelle Leistungsbereitschaft beeinträchtige. Bei umfangreichen Sozialleistungen bestehe kaum noch ein Anreiz, die eigene Arbeitskraft anzubieten und eine starke Abgabenbelastung mache mehr Leistung finanziell uninteressant.

---

[12] Häufig wird für die Bundesrepublik übersehen, dass auch die Ausgestaltung der Sozialversicherung Umverteilungselemente beinhaltet. So sind beispielsweise bei gleichen Beiträgen die Leistungen der Arbeitslosenversicherung für Arbeitnehmer mit Kindern höher. Mit der Krankenversicherung erfolgt eine Umverteilung zum einen über von der Einkommenshöhe abhängige Beiträge, zum anderen über eine unterschiedliche Zahl versicherter Personen.

[13] Zur Sozialen Marktwirtschaft im Sinne von A. Müller-Armack und L. Erhard vgl. Abschn. 3.4.

[14] Woll, A. (Hrsg.) (1992). *Wirtschaftslexikon* (6. Aufl., S. 623). München/Wien: Oldenbourg.

3.3.5 Wettbewerbsbeschränkungen und unvollkommene Märkte

Der wirtschaftliche Wettbewerb beinhaltet, dass Anbieter um Geschäftsabschlüsse konkurrieren und damit gezwungen werden, ihre Güter (oder Faktorleistungen) zu niedrigen Preisen und günstigen Konditionen anzubieten. Daher liegt der Versuch nahe, diese „gegenseitige Entmachtung durch Wettbewerb" zu verhindern.

Als *wettbewerbsbeschränkende Maßnahmen* bieten sich erstens vertragliche Absprachen unter den Anbietern eines Marktes, so genannte *Kartelle*, an; beispielsweise können sich die Wettbewerber einigen, welchen (höheren) Preis sie in Zukunft verlangen (Preiskartell) oder wie sie das Absatzgebiet aufteilen werden (Absatzkartell). Denkbar sind dabei auch formlose Übereinkünfte, so genanntes *abgestimmtes Verhalten*. Zweitens kann ein Wettbewerber versuchen, eine *marktbeherrschende Stellung* zu erreichen, indem er andere Wettbewerber *vom Markt verdrängt*, sich mit *Konkurrenten zusammenschließt* oder sie aufkauft (*Fusion*) und gegen neue Anbieter *Markteintrittsschranken* errichtet.

Ohne wettbewerbspolitische Gegenmaßnahmen ist die Gefahr groß, dass ein sich selbst überlassener Wettbewerb bald an Beschränkungen „erstickt". Deshalb wurde in der Bundesrepublik Deutschland 1958 das *Gesetz gegen Wettbewerbsbeschränkungen (GWB)* eingeführt und bereits acht Mal novelliert.[15] Es umfasst:

- Das Verbot von den *Wettbewerb beschränkenden Vereinbarungen*. Dazu zählt zum einen ein *Kartellverbot*, d. h. ein Verbot horizontaler Vereinbarungen, um den Wettbewerb zu beschränken, wie beispielsweise Preis- oder Gebietsabsprachen. (Dabei gibt es zahlreiche Ausnahmetatbestände; beispielsweise sind Mittelstands- oder Rationalisierungskartelle erlaubt.) Zum anderen ist *abgestimmtes Verhalten*, beispielsweise eine Preisabsprache, die nur mündlich bei einem zwanglosen Treffen getroffen wurde, ein so genanntes „Frühstückskartell", verboten.
- Die *Fusionskontrolle*. Eine Fusion wird vom Bundeskartellamt verboten, wenn dadurch eine *marktbeherrschende Stellung* entsteht oder verstärkt wird. Davon kann in zwei Fällen eine Ausnahme gemacht werden: Zum einen kann das Bundeskartellamt eine solche Fusion genehmigen, wenn dadurch an anderer Stelle die Wettbewerbsbedingungen verbessert werden und dadurch die Nachteile der Marktbeherrschung mehr als aufgewogen werden. Zum anderen kann der Bundesminister für Wirtschaft einen vom Kartellamt untersagten Zusammenschluss erlauben, wenn die gesamtwirtschaftlichen Vorteile der Fusion (beispielsweise die Sicherung und/oder Entstehung vieler Arbeitsplätze) die Nachteile der Wettbewerbsbeschränkungen mehr als aufwiegen oder eine „überragendes Interesse der Allgemeinheit" an der Fusion besteht.

[15] Das 1958 in Kraft getretene Gesetz gegen Wettbewerbsbeschränkungen (GWB) löste die Dekartellierungsbestimmungen der Alliierten von 1947 ab und wurde neben dem US-amerikanischen Vorbild durch die ordnungspolitischen Vorstellungen des Ordoliberalismus geprägt. Die achte GWB-Novelle trat im Juni 2013 in Kraft. Zu einem Überblick zum GWB vgl. Gabler Wirtschaftslexikon (2014) (18. Aufl.). Wiesbaden: Gabler unter Kartellrecht sowie im Internet www.bundeskartellamt.de.

- Die *Missbrauchsaufsicht*. Das Bundeskartellamt kontrolliert, ob Unternehmen, die bereits über eine marktbeherrschende Stellung verfügen, diese missbrauchen. Dazu zählt, dass ein marktbeherrschendes Unternehmen tatsächliche oder potentiellen Wettbewerber behindert oder Anbieter bzw. Nachfrager auf vor- oder nachgelagerten Wirtschaftsstufen ausbeutet, beispielsweise die Preise von Zulieferern in der Automobilindustrie „drückt" oder von Autofahrern „zu hohe" Preise für Benzin verlangt.

3.4 Die Soziale Marktwirtschaft

Die seit 1948 in der Bundesrepublik Deutschland realisierte Wirtschaftsordnung der Sozialen Marktwirtschaft ist vor dem Hintergrund der wettbewerblichen Selbststeuerung durch Märkte, aber auch ihrem Versagen bei der Lösung einer Reihe von Problemen zu sehen. Sie basiert auf einem von A. Müller-Armack und L. Erhard entworfenen wirtschaftspolitischen Leitbild, bei dem es sich allerdings nicht um ein streng in sich geschlossenes Konzept, sondern um einen Gestaltungsauftrag handelt.[16] Danach ist es Aufgabe des Staates, das „Prinzip der Freiheit auf dem Markt mit dem des sozialen Ausgleichs zu verbinden"[17] und dazu

- eine funktionsfähige Wettbewerbsordnung zu gewährleisten und
- für die Erreichung sozialpolitischer Ziele zu sorgen, was auch Eingriffe in den Wirtschaftsprozess erfordert.

Die *Rahmenbedingungen*, unter denen sich wettbewerbliche Prozesse vollziehen können, werden mit der Rechtsordnung allgemeinverbindlich festgelegt. Sie umfasst vor allem das Eigentums- und Vertragsrecht, das Unternehmens- und Mitbestimmungsrecht und die Wettbewerbsgesetzgebung, die Konkurrenz als grundlegendes Steuerungsprinzip der Marktwirtschaft sicherstellen soll. Hinzu kommen das Steuer- und Finanzrecht und das Notenbankrecht, das die Geldversorgung der Gesamtwirtschaft der Deutschen Bundesbank überträgt.[18] Die Ausgestaltung dieser Rahmenbedingungen wird als *Ordnungspolitik* bezeichnet.

[16] A. Müller-Armack selbst schreibt von einem „der Ausgestaltung harrenden progressiven Stilgedanke(n)". Müller-Armack, A. (1966). *Wirtschaftsordnung und Wirtschaftspolitik. Studien und Konzepte zur Sozialen Marktwirtschaft und zur europäischen Integration. Beiträge zur Wirtschaftspolitik* (Bd. 4, S. 243). Freiburg: Vahlen.

[17] Ebenda, S. 243.

[18] Mit der Einführung des Euros 1999 ging die Verantwortung für die Geldpolitik auf das Europäische System der Zentralbanken (ESZB) über; das deutsche Notenbankgesetz wurde entsprechend angepasst.

- Die *sozialpolitischen Ziele* werden aus der christlichen Soziallehre, die das Subsidiaritätsprinzip[19] und damit die Selbstbestimmung und Selbstverantwortung des Einzelnen betont, und sozialdemokratischer Programmatik abgeleitet. Dabei ist nicht umstritten, dass eine Politik der sozialen Sicherung und der Einkommensumverteilung notwendig ist, sondern nur, in welchem Umfang. Vor allem Liberale und Christdemokraten betonen, dass nicht die Vermögen und damit die Einkommenschancen umverteilt werden sollten, sondern die Einkommenszuwächse, die durch eine sinnvolle Ordnungspolitik erst möglich werden. Darüber hinaus wird eine sozial orientierte Beeinflussung der Marktprozesse befürwortet, die allerdings marktkonform, d. h., ohne den Preismechanismus zu beeinträchtigen, erfolgen sollte.
- Sozial unerwünschte Marktergebnisse sollen durch indirekte Beeinflussung der privatwirtschaftlichen Initiative korrigiert werden, beispielsweise im Umweltbereich oder bei der Wohnungsversorgung.
- Bei tief greifenden strukturellen Umbrüchen sollen durch staatliche Eingriffe notwendige Anpassungsprozesse beschleunigt oder gebremst und ihre negativen sozialen Folgen gemildert werden (*Struktur- und Arbeitsmarktpolitik*).
- Gravierende gesamtwirtschaftliche Instabilitäten, die zu hoher Arbeitslosigkeit und Inflation, aber auch zu Wachstumsverlusten führen, sollen durch staatliche Maßnahmen vermieden oder abgemildert werden.[20] Dabei besteht allerdings ein starker Dissens über Konzept und Methoden der staatlichen *Stabilisierungspolitik* (vgl. Beiträge „Makroökonomie“ und „Nationale Finanz- und Wirtschaftspolitik“).
- Schließlich soll der Staat eine ausreichende öffentliche Infrastruktur bereitstellen, die auch gute Bildungsmöglichkeiten für alle gesellschaftlichen Gruppen sicherstellt.

Diese Übersicht zu unserer Wirtschaftsordnung zeigt gleichzeitig wesentliche Felder der Wirtschaftspolitik, zu deren Ausgestaltung die Volkswirtschaftslehre Konzepte und konkrete Vorschläge erarbeitet.

Literatur

Bartling, H., & Luzius, F. (2014). *Grundzüge der Volkswirtschaftslehre: Einführung in die Wirtschaftstheorie und Wirtschaftspolitik* (17. Aufl.). München: Vahlen.

Baßler, U., Heinrich, J., & Utecht, B. (2010). *Grundlagen und Probleme der Volkswirtschaft* (19. Aufl.). Stuttgart: Schäffer-Poeschel.

Frey, B. S. (2015). *Ökonomie ist Sozialwissenschaft*. München: Vahlen.

[19] Nach dem Subsidiaritätsprinzip soll der Staat erst dann eingreifen, wenn die Kraft des Einzelnen bzw. der kleinen Gruppe (Familie, Gemeinde) nicht ausreicht.

[20] Das wirtschaftspolitische Leitbild der Sozialen Marktwirtschaft knüpft an Ideen der so genannten Ordoliberalen (unter anderem Eucken, Böhm) an; es teilt aber nicht die ordoliberale These der prinzipiellen Stabilität des privatwirtschaftlichen Sektors.

Mankiw, N. G., & Taylor, M. P. (2016). *Grundzüge der Volkswirtschaftslehre* (6. Aufl.). Stuttgart: Schäffer-Poeschel.

Samuelson, P. A., & Nordhaus, W. D. (2010). *Volkswirtschaftslehre: das internationale Standardwerk der Makro- und Mikroökonomie* (4. Aufl.). München: mi-Wirtschaftsbuch.

Apolte, T. et al. (Hrsg.) (2007). *Vahlens Kompendium der Wirtschaftstheorie und Wirtschaftspolitik*, 2 Bände. München: Vahlen. (Elektronische Ressource)

Woll, A. (2014). *Volkswirtschaftslehre* (16. Aufl.). München: Vahlen.

Woll, A. (2008). *Wirtschaftslexikon* (10. Aufl.). München: Oldenbourg.

Teil II
Mikroökonomie

Einführung in die Mikroökonomie

Lernziele

In diesem Abschnitt werden Sie über die wichtigsten Fragestellungen und Teilgebiete der Mikroökonomie informiert.

In der modernen arbeitsteiligen Volkswirtschaft der Bundesrepublik Deutschland wird das ökonomische Handeln der rund 3,6 Mio. Unternehmen (2015) und 40 Mio. Haushalte (2014) wesentlich durch *den Markt* bzw. durch eine *Vielzahl von Märkten,* im Gegensatz zu dem noch in einigen Zentralverwaltungswirtschaften üblichen Lenkungsmechanismus des *Zentralplans,* koordiniert. Auf den einzelnen Märkten treffen Angebot und Nachfrage aufeinander und es wird über den Preis eines Gutes diejenige Menge dieses Gutes bestimmt, bei der Angebot und Nachfrage übereinstimmen. Dadurch wird es möglich, eine Volkswirtschaft dezentral zu organisieren, d. h., die wirtschaftlichen Entscheidungen den Unternehmen und Haushalten zu überlassen. Die Haushalte treten dabei als Nachfrager auf den Gütermärkten und als Anbieter auf den Faktormärkten auf, während die Unternehmen Anbieter auf den Gütermärkten und Nachfrager auf den Faktormärkten sind.

Diese ökonomischen Einheiten *entscheiden* in einer Marktwirtschaft *autonom* darüber,

- welche Güter,
- in welcher Menge,
- an welchem Ort und
- zu welchem Zeitpunkt

sie anbieten und nachfragen bzw. produzieren und konsumieren.

Entsprechend beschäftigt sich die Mikroökonomie in ihren Teilgebieten (unter anderem) mit folgenden typischen Fragestellungen:

- *Konsum- und Nachfragetheorie bzw. Haushaltstheorie:*
  Welche Güter werden in welcher Menge von den Haushalten nachgefragt und wovon hängt dieser Konsum ab?
- *Produktions- und Kostentheorie bzw. Unternehmenstheorie:*
  Welche Güter werden in welcher Menge von den Unternehmen mit welchen Produktionsfaktoren hergestellt und aus welchen Gründen ändern sich die Produktionsorganisation und das Herstellungsverfahren?
- *Preistheorie:*
  Wie kommt es zum Tausch von Gütern? Wann stimmen Angebot und Nachfrage auf dem Markt überein? Was sind die Ursachen und Folgen, wenn Angebot und Nachfrage nicht zum Ausgleich kommen? Welche Preise ergeben sich bei unterschiedlichen Marktstrukturen?

Im Folgenden soll auf die Grundlagen dieser mikroökonomischen Fragestellungen näher eingegangen werden.

Fragen

1. Wer sind die Entscheidungsträger in einer Marktwirtschaft?
2. Welche Teilgebiete der mikroökonomischen Theorie kennen Sie?
3. Mit welchen Fragen beschäftigt sich die Produktions- und Kostentheorie?

Antworten

1. In einer „reinen" Marktwirtschaft sind die wirtschaftlichen Entscheidungsträger die Unternehmen und Haushalte. Die Haushalte treten dabei als Nachfrager auf den Gütermärkten und als Anbieter auf den Faktormärkten auf, während die Unternehmen Anbieter auf den Gütermärkten und Nachfrager auf den Faktormärkten sind.
2. Die wichtigsten Teilgebiete der Mikrotheorie sind:
   - Konsum- und Nachfragetheorie bzw. Haushaltstheorie,
   - Produktions- und Kostentheorie bzw. Unternehmenstheorie und
   - Preistheorie.
3. Die Produktions- und Kostentheorie beschäftigt sich damit, welche Güter in welchen Mengen von den Unternehmen mit welchen Produktionsfaktoren hergestellt werden und aus welchen Gründen sich die Produktionsorganisation und das Herstellungsverfahren ändern.

Konsumtheorie 4

Thomas Lenk

Inhaltsverzeichnis

Lernziele

In diesem Abschnitt lernen Sie theoretische Grundkenntnisse der Konsumplanung des Haushalts kennen. Sie erhalten Informationen darüber,

- welche Faktoren die Haushaltsnachfrage determinieren;
- was unter Nutzen und Grenznutzen zu verstehen ist;
- wie Indifferenzkurven und Budgetgeraden zu interpretieren und anzuwenden sind;
- wie eine optimale Konsumentscheidung zustande kommt und
- wie die Nachfragekurve eines einzelnen Haushalts und die Gesamtnachfrage abgeleitet werden.

T. Lenk (✉)
Institut für Öffentliche Finanzen und Public Management/Finanzwissenschaft, Universität Leipzig
Leipzig, Deutschland
E-Mail: fiwi@wifa.uni-leipzig.de

R. Neubäumer et al. (Hrsg.), *Volkswirtschaftslehre*, DOI 10.1007/978-3-658-16523-9_4

4.1 Determinanten der Nachfrage einzelner Haushalte

Die Nachfrage der privaten Haushalte nach einem Konsumgut hängt im Wesentlichen von *drei Faktoren* ab:

1. den Güterpreisen (p),
2. dem verfügbaren Einkommen (y) und
3. der Bedarfsstruktur (B).

Mathematisch lässt sich somit die nachgefragte Menge eines Gutes (*q* von *q*uantity) als Funktion dieser Faktoren darstellen:

$$q_{\text{Nachfrage}} = f(p_1, p_2, \ldots p_n, y, B).$$

ad 1 Die nachgefragte Menge eines Konsumgutes ist zunächst abhängig vom **Preis (p)** dieses Gutes. In der Regel gilt: Ist der Preis eines Gutes hoch, wird wenig nachgefragt. Fällt der Preis, so steigt die nachgefragte Menge. Abb. 4.1 zeigt den typischen Verlauf von Nachfragefunktionen (N_1, N_2, N_3) mit ihrer negativen Steigung.

$$\frac{dq}{dp} < 0$$

Die Nachfrage eines Haushalts nach Gut 1 hängt weiterhin von den Preisen anderer Güter ab, die der Haushalt nachfragt. Hier gilt es prinzipiell zwei Arten von Gütern zu unterscheiden:

- *Substitute (= substitutive Güter).* Substitute sind solche Güter, die im Konsum gegeneinander ausgetauscht werden können (z. B. Heizöl *oder* Gas als Brennstoff, Butter *oder* Margarine). Steigt nun der Preis von Heizöl, wird der Haushalt einen Teil seiner Heizölnachfrage durch einen größeren Konsum von Gas substituieren (Abb. 4.2).

Abb. 4.1 Nachfragefunktion

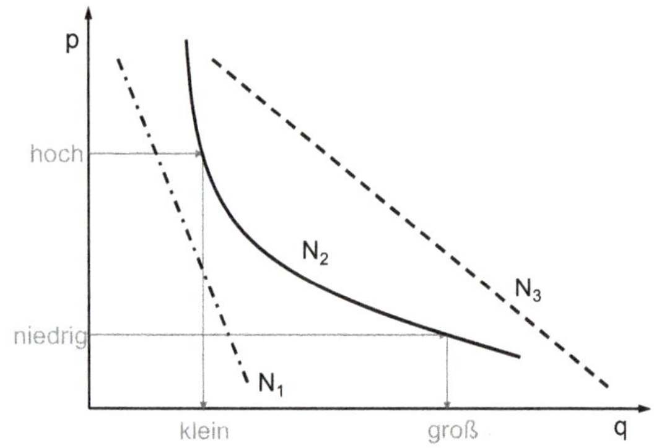

Abb. 4.2 Substitutionsgüter

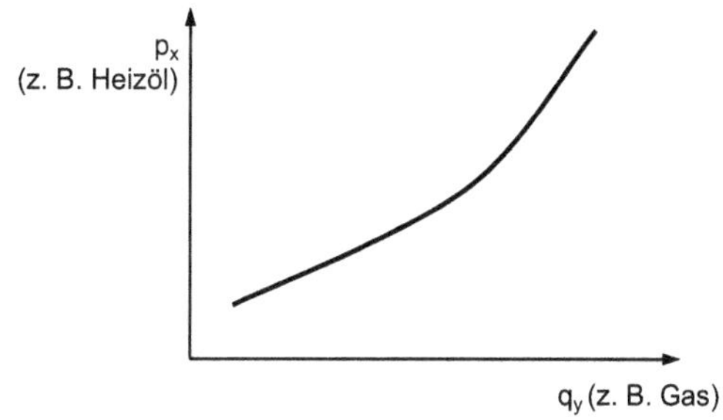

- *Komplemente (= komplementäre Güter)* sind solche Güter, die nur in Kombination sinnvoll verwendet werden können (Strom *und* Glühbirne, rechter *und* linker Schuh). Steigt der Preis für Strom, werden die Haushalte ihn sparsamer verbrauchen und damit auch weniger Glühbirnen benötigen (Abb. 4.3).

Der Verlauf der Nachfragekurven bei Substituten und Komplementären hängt dabei vom Grad der Substituierbarkeit bzw. der Komplementarität ab, d. h., ob ein Gut x das Gut y ganz oder nur teilweise substituieren kann.

ad 2 Die Nachfrage nach einem Gut hängt auch von dem zur Verfügung stehenden **Einkommen** des Haushalts ab. Im Normalfall (Nichtsättigungsgüter, superiore Güter) steigt mit höherem Einkommen der Konsum. Jedoch gibt es davon zwei wichtige Ausnahmen:

- Die Nachfrage nach einem Gut bleibt konstant, auch wenn das Einkommen zunimmt; beispielsweise für Zahnpasta oder Salz (Sättigungsgüter).
- Der Konsum eines Gutes nimmt bei steigendem Einkommen ab, z. B. weil es durch ein hochwertiges bzw. teureres Gut ersetzt wird (z. B. Haferbrei durch Kartoffeln). Solche Güter werden als *inferiore* Güter bezeichnet.

ad 3 Außerdem hat die **Bedarfsstruktur** eines Haushalts, die ihrerseits von dessen Präferenzen abhängt, Einfluss auf die Nachfrage. So bevorzugt der eine Gut 1, während der andere stattdessen lieber Gut 2 konsumiert (vgl. Abb. 4.4).

Abb. 4.3 Komplementärgüter

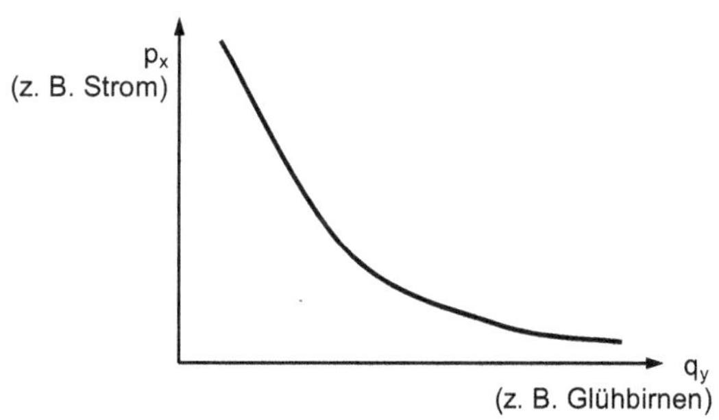

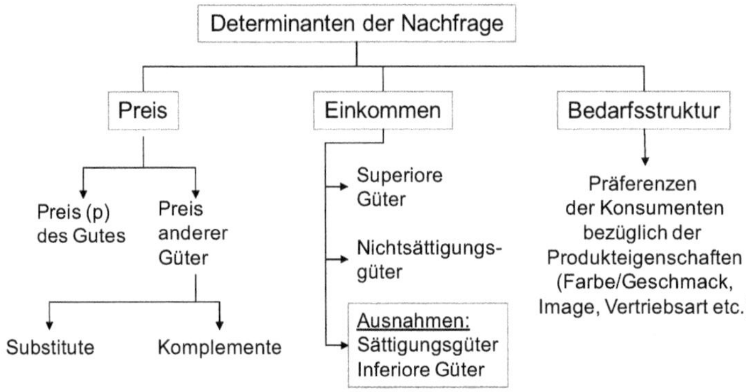

Abb. 4.4 Determinanten der Nachfrage

Welche Auswirkungen hat nun die Änderung eines dieser Faktoren auf den Verlauf der Nachfragekurve, wenn diese, wie allgemein üblich, im Zweidimensionalen die nachgefragte Menge eines Gutes in Abhängigkeit vom Preis wiedergibt?

Ändert sich der Preis des betrachteten Gutes, so wird der Haushalt mit der Konsummenge wie in Abb. 4.5 dargestellt darauf reagieren; man bewegt sich auf der Kurve beispielsweise bei einer Preissteigerung des betrachteten Gutes von Punkt A nach B.

Ändern sich dagegen andere Variablen (Preis anderer Güter, Einkommen oder Präferenzen), führt dies zu einer Verschiebung der Nachfragekurve:

Fällt der Preis eines anderen Gutes (z. B. Heizöl), so wird dies zu einer geringeren Nachfrage des Substitutionsgutes (z. B. Gas) führen. Würde die Nachfrage nach Gas vor der Preiserhöhung von Heizöl und danach in einem solchen Diagramm dargestellt, würde sich die Nachfragekurve insgesamt von N_1 nach N_2, d. h., nach links, verschieben.

Ebenso würde sich die *Zunahme* des Preises eines Komplementärgutes auf die Nachfragekurve auswirken.

Abb. 4.5 Verschiebung der Nachfragekurve

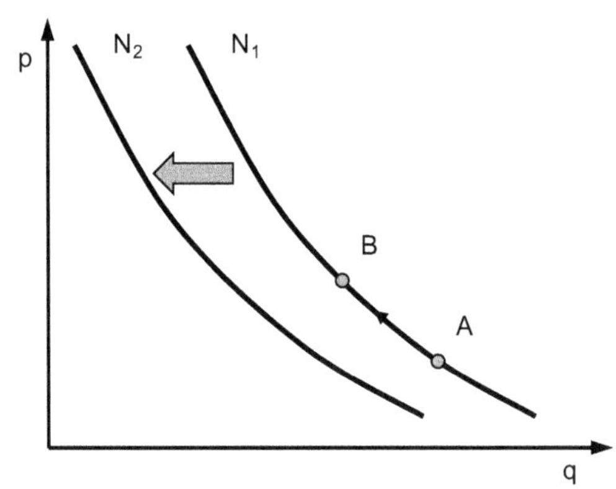

Eine Erhöhung des Einkommens würde dagegen ceteris paribus[1] bei Nichtsättigungsgütern bzw. superioren Gütern eine Rechtsverschiebung der Kurve zur Folge haben, da unter der Annahme, dass dieses zusätzliche Einkommen (oder zumindest ein Teil davon) verkonsumiert wird, zu jedem Preis eine größere Menge als zuvor nachgefragt werden kann.

Eine Änderung der Präferenzen *zugunsten* eines Gutes führt ebenfalls zu einer Rechtsverschiebung der Nachfragekurve.

4.2 Nutzenoptimierung

Die Befriedigung, die ein Haushalt aus dem Konsum eines Gutes zieht, wird als *Nutzen* (*U* von *U*tility) bezeichnet. Normalerweise steigt der Nutzen mit zunehmender Verbrauchsmenge eines Gutes, jedoch mit abnehmenden Grenznutzen (Abb. 4.6). Dies bedeutet, dass mit jeder konsumierten Einheit der Nutzenzuwachs geringer wird, was sich in der abnehmenden Steigung der Nutzenkurve widerspiegelt (1. Gossensche Gesetz)[2]. So hat z. B. die erste Scheibe Brot für einen Hungrigen einen höheren Nutzen als die zweite, dritte, vierte usw.

4.2.1 Indifferenzkurven

Wird die Betrachtung nun auf zwei Güter erweitert, von deren Verbrauchsmengen (q_1 und q_2) der Nutzen des Haushalts abhängt

$$U = f(q_1, q_2)$$

Abb. 4.6 Nutzenkurve

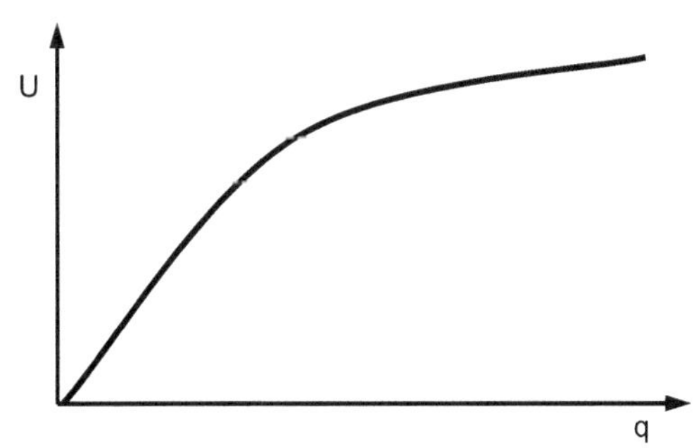

[1] Man spricht bei der Variation einer Variablen unter Konstanthaltung aller weiteren unabhängigen Variablen auch von einer Ceteris-paribus-Bedingung (= c. p.).

[2] Benannt nach H. H. Gossen (1810–1858).

und wird dieser Zusammenhang mithilfe der jeweiligen Nutzenkurve der Güter 1 und 2 in einem dreidimensionalen Diagramm dargestellt, ergibt sich ein *Nutzengebirge* (Abb. 4.7). Die eingezeichneten Höhenlinien (= Grenzen zwischen den verschiedenen Nutzenbändern) geben verschiedene Nutzenniveaus für den Haushalt wieder.

Eine solche Höhenlinie bedeutet, dass die betreffenden Mengenkombinationen dem Haushalt den *gleichen Nutzen* stiften. So sei es z. B. einem durstigen Konsumenten egal, ob er seinen Durst mit

- zwei Gläsern Mineralwasser (Gut 1) oder
- zwei Gläsern Limonade (Gut 2) oder
- einem Glas Mineralwasser und einem Glas Limonade

löscht. Der Konsument bzw. der Haushalt ist dann indifferent bezüglich dieser Gütermengenkombinationen. Deshalb wird eine solche Höhenlinie auch als Indifferenzkurve bezeichnet.

Projiziert man die verschiedenen Höhenlinien in die q_1q_2-Ebene, ergibt sich die in Abb. 4.8 wiedergegebene Schar von Indifferenzkurven, wobei die Kurve mit der größeren Indexzahl den Bereich mit einem höheren Nutzenniveau, der immer rechts von einer Indifferenzkurve liegt, abgrenzt.

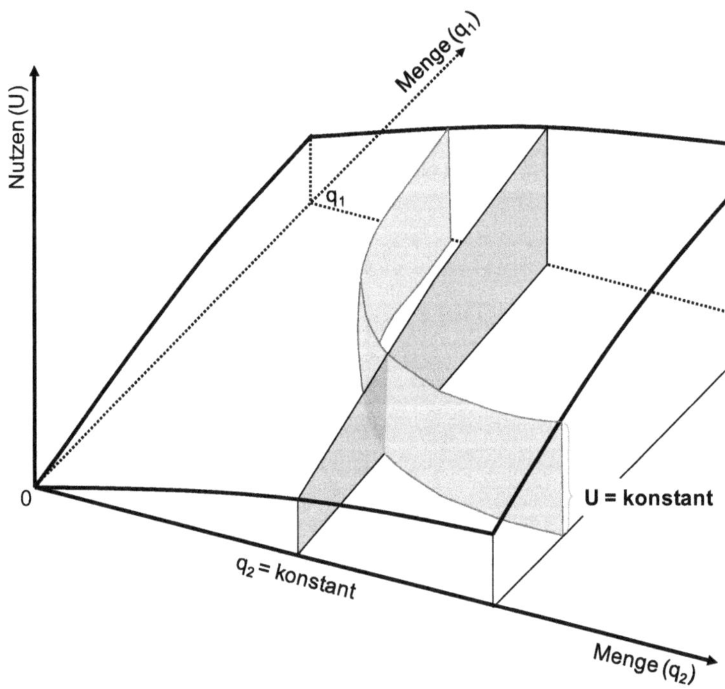

Abb. 4.7 Nutzengebirge

Abb. 4.8 Indifferenzkurven

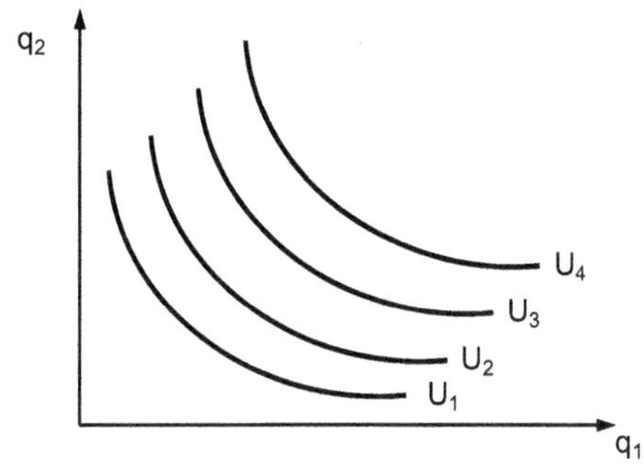

Dies entspricht auch der modernen Nutzenlehre (= *ordinale Nutzenlehre*), die im Gegensatz zur klassischen, kardinalen Nutzenlehre nicht mehr versucht, den subjektiven Nutzen in Zahlenwerten auszudrücken, sondern sich bei der Nutzenmessung auf die *Festlegung von Rangfolgen* beschränkt. Formal lässt sich dies schreiben als:

$$U_1 < U_2 < U_3 < U_4 \ldots U_n.$$

Der Verlauf der Indifferenzkurven gibt Aufschluss darüber, in welcher Beziehung die beiden dargestellten Güter zueinander stehen.

Die Indifferenzkurven vollständiger bzw. perfekter Substitute sind Geraden mit einer Steigung von -1 (Abb. 4.9). Ist es einem Konsumenten z. B. völlig egal, ob er sein Brot mit Butter oder Margarine bestreicht, so interessiert ihn nur, wie viel er in der Summe an Butter und Margarine zur Verfügung hat, um sein Nutzenniveau zu erhöhen.

Perfekte Komplemente können, wie oben erläutert, nur in einem konstanten Verhältnis miteinander konsumiert werden, z. B. ein Paar Schuhe. So nutzt einem Konsumenten z. B. ein linker Schuh recht wenig, wenn ihm der rechte fehlt. Besitzt er ein Paar Schuhe, so nützt ihm in der Regel jeder zusätzliche rechte Schuh nichts. Die Indifferenzkurven sind daher rechtwinklig, mit der Ecke in dem Punkt, in dem die Anzahl der linken und rechten Schuhe gleich ist. Die Steigung der Verbindungsgeraden der Eckpunkte gibt die richtige Kombination bzw. das richtige Einsatzverhältnis der beiden Güter an. Im Beispiel

Abb. 4.9 Indifferenzkurven perfekter Substitute

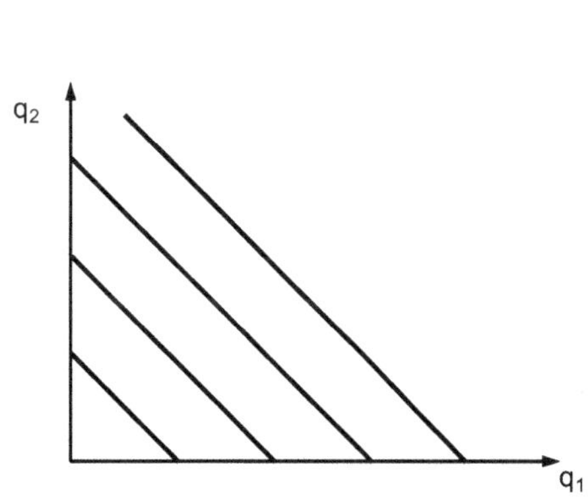

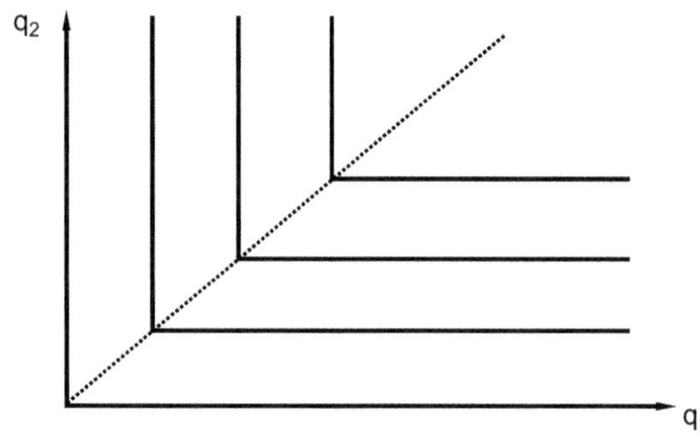

Abb. 4.10 Indifferenzkurven perfekter Komplemente

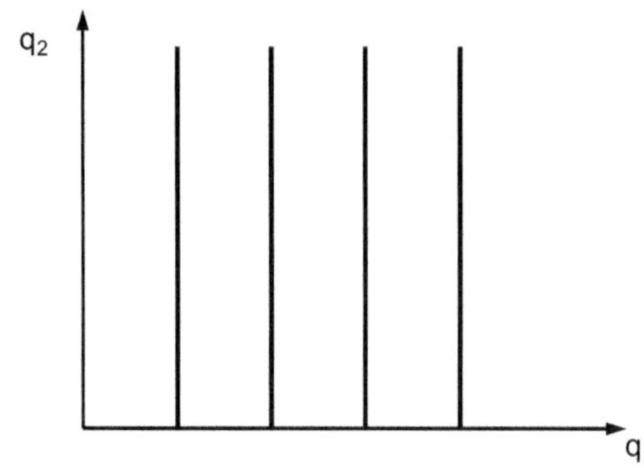

Abb. 4.11 Indifferenzkurven neutraler Güter

ist die Steigung gleich 1, da jeweils ein linker und ein rechter Schuh zusammengehören (Abb. 4.10).

Ein *neutrales Gut* liegt dann vor, wenn ein Konsument es weder mag noch verabscheut. Nehmen wir an, unser Konsument isst sehr gern Eis (q_1), aber ihm wäre egal, wie viel Sahne (q_2) er dazu bekommen würde. In diesem Fall wären die Indifferenzkurven senkrecht verlaufende Geraden (Abb. 4.11).

Ein „Schlecht-Gut" mag unser Konsument normalerweise nicht. Allerdings muss er in der Regel dieses auch konsumieren, wenn er ein anderes von ihm präferiertes Gut

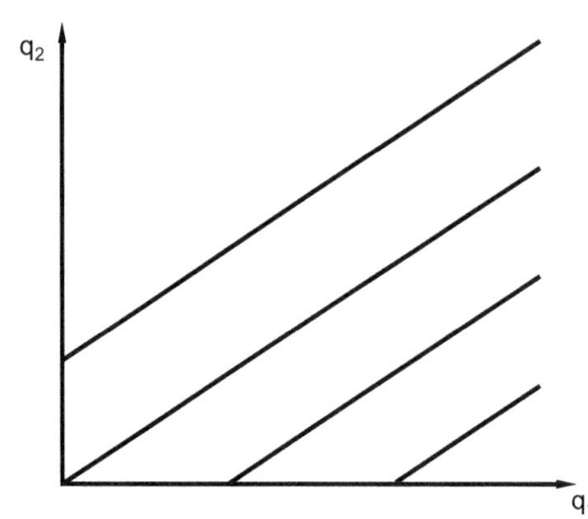

Abb. 4.12 Indifferenzkurven bei einem Schlecht-Gut

konsumieren möchte. Beispielsweise mag er kein Orangeat oder Zitronat (q_2), isst aber gern Weihnachtsstollen (q_1). Die Steigung dieser Indifferenzkurven ist dann positiv (Abb. 4.12).

Im *Normalfall* haben die *Indifferenzkurven* jedoch den in Abb. 4.8 dargestellten konvexen Verlauf.

4.2.2 Grenzrate der Substitution

Auf einer Indifferenzkurve gibt es unendlich viele Mengenkombinationen, die für den Haushalt den gleichen Nutzen stiften. Deshalb kann eine Güterkombination auf dieser Kurve gegen eine zweite Güterkombination, die ebenfalls auf dieser Kurve liegt, *getauscht* werden, ohne dass sich der Nutzen ändert. Dazu muss man einem Konsumenten ausgehend von Punkt A ein wenig von Gut 2 wegnehmen ($\Delta q_2 < 0$) und ihm so viel mehr an Gut 1 geben ($\Delta q_1 > 0$), dass er wieder seine ursprüngliche Indifferenzkurve erreicht (Punkt B in Abb. 4.13). Ihre Steigung kann durch die Mengenänderungen festgelegt werden und wird als *Grenzrate der Substitution* bezeichnet.

Wird die Grenzrate der Substitution diskret mit Hilfe von zwei Punkten berechnet, ergibt dies den Tangens (tan) des Winkels α in der Abb. 4.13. Soll aber die Grenzrate der Substitution z. B. *im* Punkt A bestimmt werden, muss die Ableitung der Funktion gebildet werden. Mit Hilfe der Ableitung können für jeden beliebigen Punkt der Funktion die Steigung und damit auch die Grenzrate der Substitution bestimmt werden. So unterscheidet sich die Grenzrate der Substitution im Punkt A von der über den Tangens berechneten diskreten Grenzrate der Substitution zwischen A und B.

$$\text{Grenzrate der Substitution} = \lim_{\Delta q_1 \to 0} \left| \frac{\Delta q_2}{\Delta q_1} \right| = \frac{dq_2}{dq_1}$$

Würde immer mehr von Gut 2 durch Gut 1 substituiert, nähme die Grenzrate der Substitution (also die Steigung der Tangente) bei einer solchen konvexen Indifferenzkurve ab (*Gesetz der abnehmenden Grenzrate der Substitution*).

Abb. 4.13 Grenzrate der Substitution

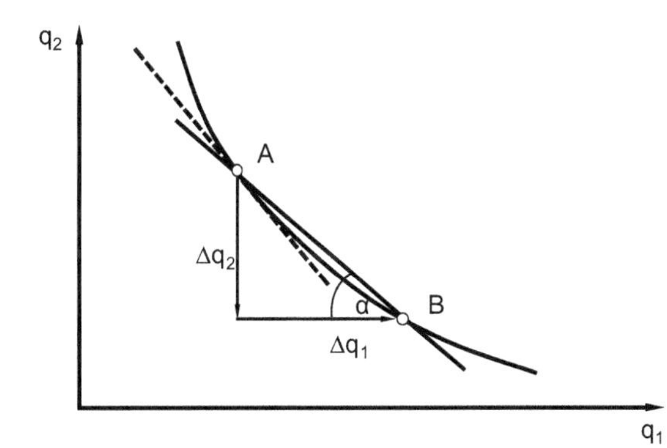

4.2.3 Bestimmung der Budgetgeraden

Geht man davon aus, dass der Haushalt sein gesamtes verfügbares Einkommen (y) für den Konsum (c) von zwei Gütern verwendet, deren Preise (p_1, p_2) aus der Sicht des Haushaltes ebenfalls fest vorgegeben sind[3], so kann er nur bestimmte Mengen dieser Güter (q_1, q_2) konsumieren. Diese (Budget-)Restriktion lässt sich mathematisch wie folgt formulieren:

$$y = c = p_1 q_1 + p_2 q_2.$$

Würde dieser Haushalt nur Gut 1 konsumieren, könnte er für sein zur Verfügung stehendes Budget maximal die Menge $q_1^* = y / p_1$ kaufen, wie man durch Einsetzen und Umformen erkennt. Analog ergibt sich für Gut 2 $q_2^* = y / p_2$.

Stellt man die Budgetrestriktion wieder in einer $q_1 q_2$-Grafik dar, sind damit die Schnittpunkte mit den jeweiligen Achsen festgelegt, die nur noch linear miteinander verbunden werden müssen (Abb. 4.14). Auf dieser Verbindungsgeraden liegen alle weiteren möglichen Mengenkombinationen, die dieser Haushalt mit seinem vorgegebenen Budget bei gegebenen Preisen maximal kaufen könnte, weshalb diese auch als *Budgetgerade* bezeichnet wird. Die Steigung der Budgetgeraden ist definiert als:

$$\frac{-q_2^*}{+q_1^*} = \frac{-\frac{y}{p_2}}{+\frac{y}{p_1}} = -\frac{p_1}{p_2}.$$

Erhöht sich nun der Preis des Gutes 2, so vermindert sich die maximal mögliche Konsummenge auf q_2^{**}, sodass die negative Steigung der Budgetgeraden kleiner wird (Pfeil 1 gestrichelte Linie Abb. 4.14); umgekehrt würde sie bei einer Preiserhöhung des Gutes 1 steiler werden. Eine Einkommenserhöhung führt zu einer Parallelverschiebung der Budgetgeraden nach rechts oben (Pfeil 2).

Abb. 4.14 Budgetgerade

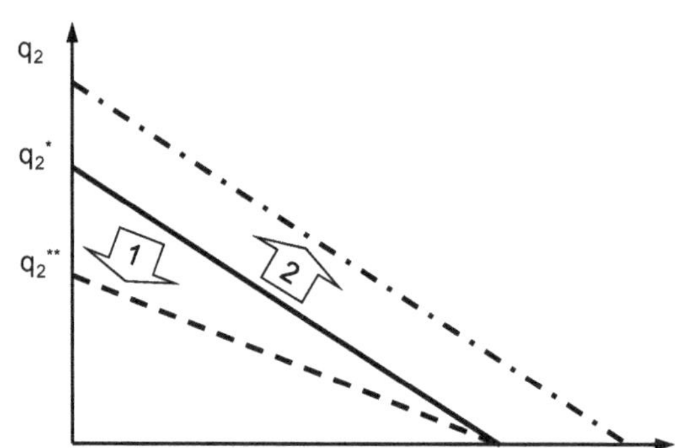

[3] Auf die Preisbildung wird im Kap. 6 näher eingegangen.

4.2.4 Optimale Konsumentscheidung

Für welche Konsummengen wird sich ein Haushalt bei gegebenem Budget entscheiden? Geht man davon aus, dass der ökonomisch rational handelnde Haushalt bei gegebenem Budget die Güterkombination mit dem höchsten Nutzen auswählen wird, so kann diese nur in dem Punkt liegen, in dem die Budgetgerade eine Indifferenzkurve (gerade noch) tangiert.

Diese dann optimale Konsumentscheidung lässt sich im Zwei-Güter-Fall herleiten, indem die Indifferenzkurven und die Budgetgerade in dasselbe Diagramm eingezeichnet werden. Weder die Mengenkombination in Punkt A noch die in Punkt C der Abb. 4.15 sind bei der eingezeichneten Budgetrestriktion optimal, da sie auf einer Indifferenzkurve mit geringerem Nutzen liegen als Punkt B. Eine Mengenkombination, die auf der Indifferenzkurve U_3 liegt, lässt sich bei dem gegebenen Budget nicht realisieren. Deshalb ist die Mengenkombination des Punktes B in diesem Beispiel die mit dem höchsten Nutzen für diesen Haushalt.

Eine Erhöhung des Preises von Gut 2 bzw. eine Ausweitung des Haushaltseinkommens führt dann analog zu den Punkten D bzw. E in Abb. 4.16. Es wird damit evident, dass sich die optimalen Mengenkombinationen unter diesen Bedingungen ändern. Während bei einer Preiserhöhung von Gut 2 ein Teil der konsumierten Menge dieses Gutes durch eine Ausweitung des Konsums des Gutes 1 substituiert wird (Punkt D im Vergleich zu

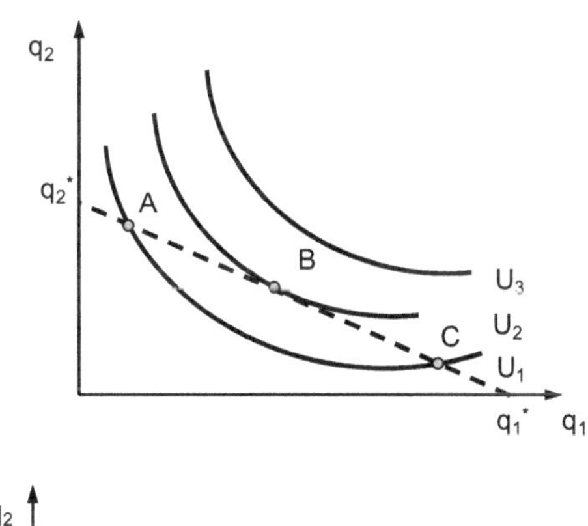

Abb. 4.15 Optimale Konsumentscheidung

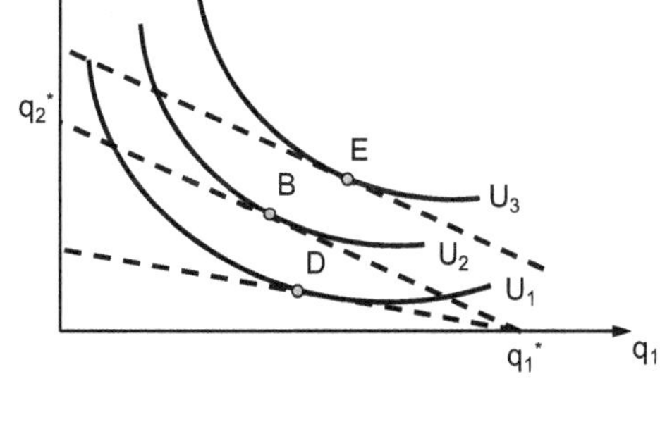

Abb. 4.16 Optimale Konsumentscheidung bei Preis- oder Einkommenserhöhung

Abb. 4.17 Inferiores Gut

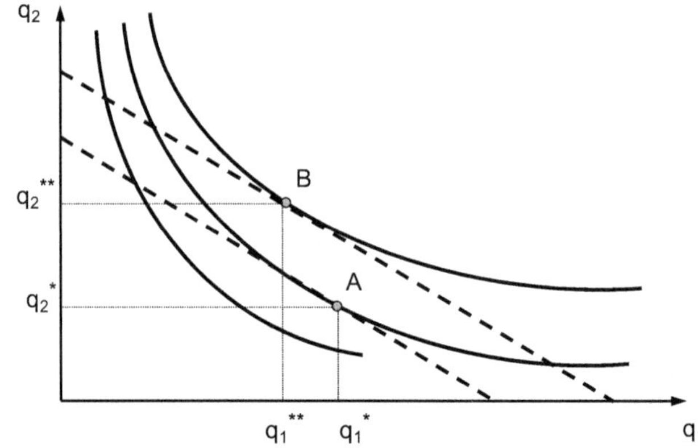

Punkt B), vergrößern sich im Falle einer Einkommenserhöhung beide Konsummengen (Punkt E).

Bei einem inferioren Gut[4] muss bei einer Einkommenserhöhung der Konsum dieses Gutes zurückgehen. Die Indifferenzkurven verlaufen in einem solchen Fall ähnlich wie in Abb. 4.17. Die Konsummenge des inferioren Gutes 1 geht von q_1^* vor der Budgeterhöhung auf die Menge q_1^{**} zurück, während es sich bei Gut 2 um ein normales Gut handelt. Die bisher diskutierte Tangentiallösung ist für die meisten Fälle gültig.[5]

Bei ihr sind die Steigungen der Budgetgeraden und der Indifferenzkurve gleich, sodass in diesem Punkt das Verhältnis der Preise der Güter umgekehrt proportional zur Grenzrate der Substitution sein muss:

$$\begin{aligned} &\text{Steigung der Budgetgeraden} = \text{Preisverhältnis} && = -\frac{p_1}{p_2} \\ &\text{Grenzrate der Substitution} && = -\frac{dq_2}{dq_1} \\ & && \rightarrow \frac{p_1}{p_2} = \frac{dq_2}{dq_1} \end{aligned}$$

4.2.5 Pareto-Kriterium und Pareto-Effizienz

Vielfach befasst sich die Volkswirtschaft mit Fragen der Effizienz. Da Effizienz je nach Fragestellung und Thematik unterschiedlich in ihrer Bedeutung verwendet wird, ist auch für die Volkswirtschaftslehre ein exakter ökonomischer Effizienzbegriff definiert. Dieser

[4] Vgl. Abschn. 4.1, ad 2.

[5] Diese Bedingung für eine optimale Konsumentscheidung ist nur dann nicht erfüllt, wenn die Indifferenzkurve einen „Knick" hat (z. B. bei perfekten Komplementen) oder wenn es sich um ein Randoptimum handelt. Letztere können beispielsweise bei neutralen Gütern oder Schlecht-Gütern auftreten.

geht auf Vilfredo Pareto zurück und ist nach diesem benannt. Danach ist Effizienz wie folgt beschrieben:

► **Pareto-Effizienz** Ein ökonomischer Zustand heißt pareto-effizient, wenn keine Person besser gestellt werden kann, ohne eine andere schlechter zu stellen.

Das Pareto-Kriterium beurteilt, ob bestimmte gesellschaftliche Zustände effizient sind oder nicht. Vielfach wird an Stelle der Frage nach gesellschaftlichen Zuständen auch von Allokationen gesprochen, da gesellschaftliche Zustände, ökonomisch gesehen, im Kontext der Verwendung von (knappen) Ressourcen stehen.

Mittels der oben stehenden Definition ist es noch nicht möglich, unterschiedliche pareto-effiziente Zustände untereinander in eine Rangfolge zu bringen, da mit dieser lediglich die Eigenschaft beurteilt werden kann, ob ein Zustand pareto-effizient ist oder nicht. Jedoch ist es möglich, unter besagter Effizienz-Bedingung für eine Person eine Verbesserung zu erzielen. Dieses besagt das Prinzip der Pareto-Verbesserung:

► **Pareto-Verbesserung** Ein Zustand A heißt pareto-besser als ein Zustand B, wenn in A keine Person schlechter gestellt ist als in Zustand B und mindestens eine Person in A besser gestellt ist als in B.

Ist keine Verbesserung mehr möglich, spricht man vom so genannten Pareto-Optimum. Weiter wird beim Pareto-Kriterium davon ausgegangen, dass ein pareto-ineffizienter Zustand unerwünscht und eine Pareto-Verbesserung immer erstrebenswert bzw. zu verwirklichen ist. Daher wird das Pareto-Kriterium auch als normatives Minimalkonzept bezeichnet, welches als ökonomische Bewertungsnorm weitgehend akzeptiert wird.

Jedoch birgt diese Norm auch Probleme. Da es sich um eine minimale Norm handelt, können nicht immer alle denkbaren Zustände in eine Rangfolge gebracht werden. So kann zwischen zwei verschiedenen pareto-effizienten Zuständen auf Grundlage des Pareto-Kriteriums nicht diskriminiert werden; oft ist dieses auch nicht zwischen zwei pareto-ineffizienten Zuständen möglich.

Abb. 4.18 soll zur Verdeutlichung von Pareto-Effizienz und Pareto-Verbesserung dienen.

Auf den Achsen sind die Nutzenniveaus der Haushalte 1 und 2 abgetragen. In diesem durch die Achsen aufgespannten Raum befinden sich die verschiedenen Nutzenkombinationen der beiden Haushalte, also das Nutzenniveau in verschiedenen Zuständen. Die Kurve stellt dabei die Pareto-Grenze dar. Sie enthält die Menge aller Pareto-effizienten Zustände, d. h., in jedem Punkt auf dieser Kurve ist der Zustand eines Haushaltes Pareto-effizient; der Haushalt erfährt den maximalen Nutzen bei gegebenem Nutzenniveau des anderen. Dabei muss die Kurve streng monoton fallend sein, da es ansonsten möglich wäre, durch eine Bewegung auf der Kurve einen Haushalt besser zu stellen, ohne den anderen schlechter zu stellen. Punkte oberhalb der Pareto-Grenze sind für die beiden Beispielhaushalte nicht erreichbar, weil die dafür zur Verfügung stehenden Ressourcen

Abb. 4.18 Pareto-Effizienz

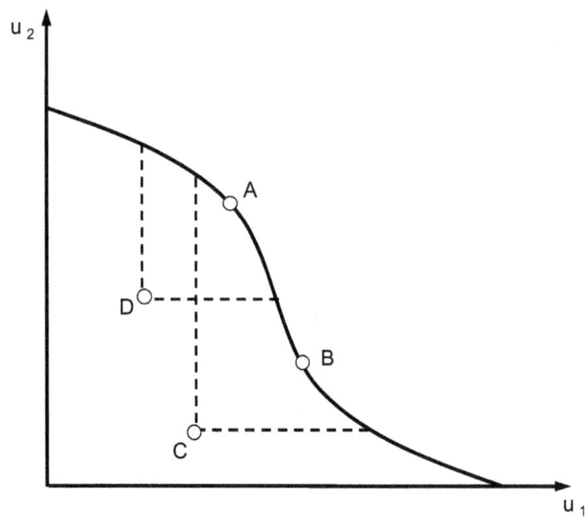

nicht ausreichen. Punkte unterhalb der Pareto-Grenze sind pareto-ineffizient, da mindestens einer der beiden Haushalte besser gestellt werden würde, also einen höheren Nutzen erfahren kann, ohne den anderen Haushalt schlechter zu stellen.

Die Punkte A und B in Abb. 4.18 liegen auf der Pareto-Grenze und stellen damit paretoeffiziente Zustände dar. Hier kann ebenso mithilfe des Pareto-Kriteriums keine Rangfolge festgelegt werden, da zwar der Übergang von Punkt A nach B für Haushalt 1 eine Verbesserung darstellen würde, Haushalt 2 würde sich aber hinsichtlich des Nutzens verschlechtern.

Die Punkte C und D liegen unterhalb der Pareto-Grenze und sind damit pareto-ineffizient. Hier kann es durchaus zu einer Pareto-Verbesserung kommen. So liegen die Punkte A und B jeweils rechts oberhalb des Punktes C. Damit führt ein Übergang von C zu A oder B jeweils zu einer Pareto-Verbesserung, da beide Haushalte in A und B besser gestellt sind als in C. Zudem ist A pareto-besser als D. Jedoch ist B nicht pareto-besser als D, da sich Haushalt 2 bei einem Übergang von D nach B schlechter stellen würde.

Gerade die letzte Feststellung zeigt, dass es einige Punkte auf der Pareto-Grenze geben kann, welche entsprechend der Definition der Pareto-Effizienz als pareto-ineffizient identifiziert werden müssen. Damit zeigt sich weiterhin, dass in obigem Beispiel mithilfe des Pareto-Kriteriums selbst der effiziente Zustand in B nicht in eine Rangfolge zu bringen ist mit dem ineffizienten Zustand in D.

Es zeigt sich also, dass das Pareto-Kriterium oftmals nicht für einen Vergleich verschiedener Zustände verwendet werden kann. Besonders für die normative Theorie der Staatstätigkeit ist dies von wesentlicher Bedeutung, da sich gerade bei der Fülle der Varianten staatlichen Handelns das Konzept als zu eng erweist. Als Beispiel sei hier nur kurz auf mögliche staatliche Formen der Umverteilung verwiesen, bei denen einigen Haushalten oft in Form von Steuern etwas genommen wird und anderen Haushalten in Form von

Transferzahlungen oder der Bereitstellung von Gütern etwas gegeben wird. Diese Steuern stellen Nutzeneinbußen für die einen Haushalte dar (bzw. werden als solche empfunden). Somit kann mithilfe des Pareto-Kriteriums diese Form der Umverteilung nicht begründet werden.

4.3 Einkommens-Konsumkurven und Engel-Kurven

Im ersten Kapitel wurde bereits gezeigt, wie die Nachfrage nach einem Gut auf die Variation der einzelnen Determinanten (Preise, Einkommen und Präferenzen) reagiert. In diesem und dem darauf folgenden Kapitel sollen die Änderungen, die bei einer Variation des Einkommens und der Preise auftreten, genauer untersucht werden.

Wie in Abschn. 4.2 beschrieben, ergibt sich das Haushaltsoptimum in dem Punkt, in dem die Budgetgerade die höchstmögliche Indifferenzkurve tangiert. Steigt das Einkommen, verschiebt sich die Budgetgerade parallel nach außen und ein neues Haushaltsoptimum entsteht. Mit dem neuen Haushaltsoptimum ergibt sich auch ein neues Güterbündel, also eine neue haushaltsoptimale Mengenkombination von Gut 1 und Gut 2. Bei einer weiteren Erhöhung des Einkommens und Parallelverschiebung der Budgetgeraden ergibt sich wiederum ein neues Haushaltsoptimum.

► Die Verbindung der Haushaltsoptima bei unterschiedlichen Haushaltseinkommen wird als **Einkommens-Konsum-Kurve** bezeichnet.

Die Einkommens-Konsum-Kurve zeigt den haushaltsoptimalen Konsum bei einer Variation des Einkommens (und konstanten Preisen) an. Dabei müssen die konsumierten Mengenverhältnisse von Gut 1 und 2 keinesfalls konstant bleiben, denn es ist möglich, dass bei steigendem Einkommen der Konsum von Gut 1 relativ stärker ausgedehnt wird, als der Konsum von Gut 2 und umgekehrt. Die Form der Kurve, also ob sie gekrümmt oder gerade ist, hängt von den individuellen Präferenzen des Haushalts ab. Während bei einer Geraden das Mengenverhältnis der konsumierten Güter konstant bleibt, lässt sich beispielsweise aus der gekrümmten Kurve in Abb. 4.19 ablesen, dass bei einer Erhöhung des Einkommens der Konsum von Gut 2 relativ stärker ansteigt. Dies könnte z. B. darauf hindeuten, dass sich der Konsum von Gut 1 einem Sättigungsniveau annähert. Auch eine negative Steigung der Einkommens-Konsum-Kurve ist denkbar, wenn ein Gut inferior ist und der Konsum desselben bei steigendem Einkommen abnimmt.

Wird der so ermittelte Zusammenhang zwischen Einkommen und Konsum *eines* Gutes in ein Koordinatensystem übertragen, in welchem auf der Abszisse das betrachtete Gut und auf der Ordinate das Einkommen abgetragen ist, so erhält man die so genannte *Engel-Kurve*.

► Die **Engelkurve** beschreibt, wie ein Haushalt seine Nachfrage nach einem Gut bei steigendem Einkommen (und konstanten Güterpreisen) verändert.

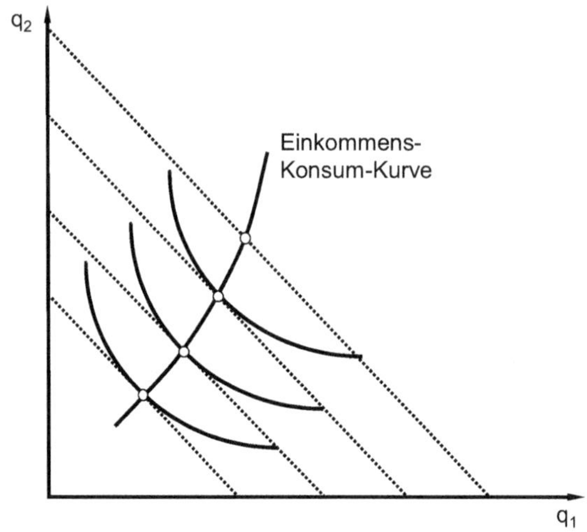

Abb. 4.19 Einkommens-Konsum-Kurve

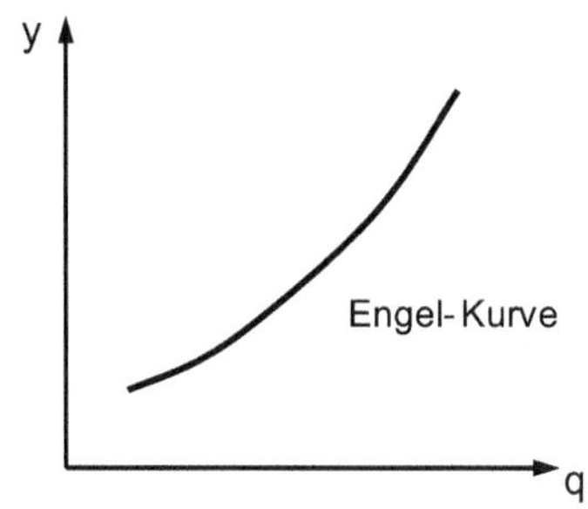

Abb. 4.20 Engel-Kurve

Je nachdem, ob ein Substitut, Komplement, inferiores Gut etc. betrachtet wird, ist auch der Konsumverlauf bei variierendem Einkommen und somit auch der Verlauf der jeweiligen Engelkurve unterschiedlich. Im Beispiel (Abb. 4.20) ist ein normales Gut abgetragen. Der Konsum steigt mit höherem Einkommen, da der Grenznutzen jedoch abnimmt, ist der Kurvenverlauf konvex.

Bei inferioren Gütern ist die Steigung der Engelkurve hingegen negativ. So ist es beispielsweise vorstellbar, dass ein Haushalt bei steigendem Einkommen seinen Brotkonsum einschränkt und stattdessen mehr teureres Fleisch konsumiert.

4.4 Einkommens- und Substitutionseffekt

Im letzten Kapitel haben wir gesehen, wie sich die Veränderung der Konsumentscheidungen bei einer Variation des Einkommens abbilden lässt. Neben dem Einkommen können auch Preise variieren und sich auf die Konsumentscheidungen der Haushalte auswirken. Im Folgenden wird untersucht, wie sich die aus einer Preisänderung resultierende Änderung der konsumierten Mengen in zwei Effekte zerlegen lässt. Punkt A in Abb. 4.21 sei Ausgangspunkt der nachfolgenden Überlegungen.

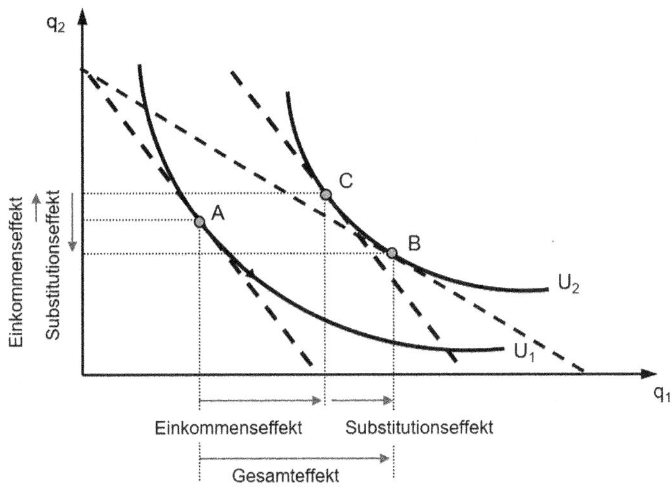

Abb. 4.21 Einkommens- und Substitutionseffekt

Sinkt der Preis eines Gutes 1, so hat dies, wie ähnlich schon in Abschn. 4.2 erläutert, eine Drehung der Budgetgeraden zur Folge. Während bei dieser Preissenkung die maximal mögliche Konsummenge von Gut 2 auf der Ordinate konstant bleibt, vergrößert sich die maximal mögliche Konsummenge von Gut 1. Die neue Budgetgerade tangiert nun eine Indifferenzkurve mit einem höheren Nutzenniveau (U_2) in Punkt B.

In der Grafik wird deutlich, dass sich nicht nur die nach der Preisänderung konsumierte Menge von Gut 1, sondern auch die konsumierte Menge von Gut 2 geändert hat. Beiden Mengenänderungen liegen jeweils zwei Effekte zugrunde: Der Substitutionseffekt, der die Änderung des Konsum*verhältnisses* der beiden Güter 1 und 2 auslöst, und der Einkommenseffekt, der ausgehend vom neuen Preis- und Mengenverhältnis, die durch die erhöhte Kaufkraft vergrößerten Konsummengen beschreibt.

Der gesamte Mengeneffekt kann somit in einen Einkommens- und einen Substitutionseffekt zerlegt werden: Die neue Budgetgerade beschreibt die haushaltsoptimalen Mengenverhältnisse der Güter 1 und 2, die sich beim neuen, durch die Senkung des Preises von Gut 1 ausgelösten Preisverhältnis ergibt. Durch Parallelverschiebung der ursprünglichen Budgetgeraden bis zum Tangentialpunkt C an der neuen Indifferenzkurve wird die Mengenkombination identifiziert, welche die optimale Konsumentscheidung bei altem Preisverhältnis aber neuer realer Kaufkraft repräsentiert (Einkommenseffekt).

Die Differenz zwischen Gesamteffekt und Einkommenseffekt quantifiziert den Substitutionseffekt, also die Ausweitung des Konsums beider Güter von Punkt C auf Punkt B. Der Substitutionseffekt führt demnach zu einer Vergrößerung der konsumierten Menge von Gut 1 und einer Verringerung der konsumierten Menge von Gut 2. Möglich wird der Substitutionseffekt und die Erhöhung des Nutzenniveaus durch die Erhöhung des realen Einkommens, resultierend aus dem sinkenden Preis des Gutes 1 bei gleich bleibendem nominalen Einkommen.

Es ist möglich, dass der Einkommenseffekt (Mengenänderung positiv) einen Teil des Substitutionseffektes (Mengenänderung negativ) kompensiert, so dass, wie in Abb. 4.21 dargestellt, der Gesamteffekt bei Gut 2 kleiner als der Substitutionseffekt ausfällt.

4.5 Ermittlung der Nachfrage eines Haushalts

Um herauszufinden, wie sich die nachgefragte Menge eines Gutes in Abhängigkeit vom Preis dieses Gutes ändert, müssen die Preis-Mengen-Kombinationen der optimalen Konsumentscheidungen, die sich bei einer Drehung der Budgetgeraden auf Grund einer unterstellten Preisänderung des betrachteten Gutes ergeben, in ein Preis-Mengen-Diagramm für das untersuchte Gut übertragen werden.

Nimmt man beispielsweise an, dass sich der Preis des Gutes 1 von p_I auf p_{II} verdoppelt, so könnte der Haushalt, wenn er nur dieses Gut kaufen würde, die Hälfte (q_{II}) der bisherigen Menge (q_I) konsumieren; eine weitere Verdoppelung des Preises ($= p_{III}$) würde eine Vierteilung (q_{III}) der ursprünglichen Konsummenge bewirken usw. (Abb. 4.22).

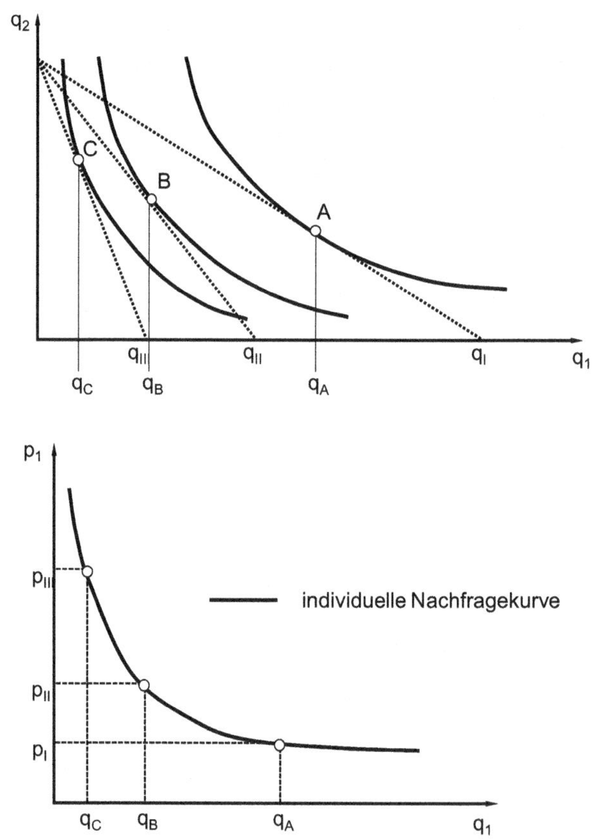

Abb. 4.22 Ermittlung der Nachfragekurve eines Haushalts

Da dieser Haushalt nicht nur von Gut 1 konsumiert, sondern auch von Gut 2, hängt seine von Gut 1 nachgefragte Menge davon ab, in welchem Ausmaß er dieses Gut durch das andere Gut substituieren kann. Dieser Zusammenhang wird bei optimalen Konsumentscheidungen durch die Punkte A, B und C in Abb. 4.22 repräsentiert. Trägt man nun die so gefundenen Mengen von Gut 1 (q_A, q_B, q_C) und die zugehörigen untersuchten Preise (p_I, p_{II}, p_{III}) in einem Preis-Mengen-Diagramm ein und verbindet diese Punkte, so ergibt sich die Nachfragekurve eines Haushalts. Für die Bestimmung des exakten Kurvenverlaufs ist es jedoch notwendig, noch erheblich mehr Preis-Mengen-Kombinationen in der dargestellten Weise zu ermitteln.

4.6 Ermittlung der Gesamtnachfrage

Die so abgeleiteten Nachfragekurven der *einzelnen Haushalte* lassen sich zur *Gesamtnachfrage aller Haushalte* zusammenfassen. Dazu addiert man die zu einem bestimmten Preis nachgefragten Mengen der einzelnen Haushalte auf und erhält damit die Gesamtnachfrage bei diesem Preis. Analog verfährt man für alle anderen Preise und erhält so die *Gesamtnachfragefunktion bzw. -kurve.*

Beispiel

Angenommen in einer Volkswirtschaft existieren nur drei Haushalte, deren jeweilige Konsummengen eines Gutes bei gegebenen Preisen aus Tab. 4.1 zu entnehmen sind, so ergibt die Summe der einzelnen Spalten die jeweilige Gesamtnachfrage bei gegebenen Preisen.

Tab. 4.1 Aggregation der Gesamtnachfrage

Preise (€)	20,00	16,00	12,00	8,00	4,00	0,00
Nachfrage HH I	0	2	4	6	8	10
Nachfrage HH II	0	0	1,2	2,4	3,6	4,8
Nachfrage HH III	0	0	0	0	8	16
Gesamtnachfrage	0	2	5,2	8,4	19,6	30,8

Grafisch erhält man die Gesamtnachfrage analog (Abb. 4.23), d. h., man gibt zunächst einen bestimmten Preis (p_1) auf der Ordinate vor. Von diesem Preisniveau ausgehend, liest man über die Einzelnachfragekurven der Haushalte die entsprechenden Konsummengen auf der Abszisse ab (q_1, q_2, q_3) und erhält durch Addition dieser Mengen die gesamte Nachfrage ($q_{1,2,3}$) zu diesem Preis (p_1). Dieses Verfahren wiederholt man für verschiedene Preisniveaus.

Die so gewonnene Gesamtnachfragekurve gibt für alternative Preise die Nachfragemenge aller Haushalte auf einem Markt wieder. Sie wird im Kap. 6 weiter untersucht.

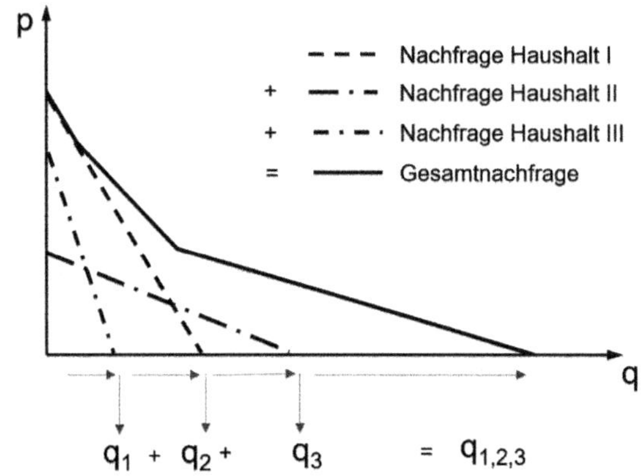

Abb. 4.23 Ermittlung der Gesamtnachfrage

4.7 Elastizitäten der Nachfrage

Lernziele

Sie erhalten in diesem Abschnitt Informationen über

- den Elastizitätsbegriff und
- einzelne Elastizitätsarten und ihre Operationalisierung.

In den vorangegangen Abschnitten konnte gezeigt werden, wie sich die Nachfragemenge eines Gutes vergrößert oder verringert auf Grund einer Änderung des Preises dieses Gutes, des Preises eines anderen Gutes, des Einkommens oder des Bedarfs. Jedoch reichen in der Realität diese bisher eher qualitativen Aussagen nicht aus und es sind in den wenigsten Fällen die Bestimmungsfaktoren für die Kurvenformen ausreichend bekannt. Dennoch ist es für die Planungen der Wirtschaftssubjekte interessant zu wissen, welche quantitativen Ausmaße eine Preis- oder Einkommensänderung auf die nachgefragte Menge von bestimmten Gütern hat. So ist es beispielsweise für eine Mineralölgesellschaft wichtig zu wissen, ob eine Erhöhung des Benzinpreises um 5 Cent zu einem Nachfragerückgang führen wird und falls ja, wie stark die nachgefragte Menge sinken wird.

Um diese oder ähnliche Fragen beantworten zu können, wurde der *Elastizitätsbegriff* in der Ökonomie eingeführt. Mit der Elastizität kann die „Reaktion" einer abhängigen Variablen auf eine Änderung einer unabhängigen Variablen zum Ausdruck gebracht werden. Dabei wird nicht auf absolute Veränderungen abgestellt, sondern nur auf *relative Veränderungen*. Durch diese prozentuale Betrachtungsweise wird es möglich, verschiedene Güter miteinander zu vergleichen.

Allgemein mathematisch formuliert lässt sich Elastizität wie folgt definieren:

$$\text{Elastizität} = \frac{\text{relative Veränderung der abhängigen Variablen [\%]}}{\text{relative Veränderung der unabhängigen Variablen [\%]}}.$$

Bei der Elastizität der Nachfrage wird danach gefragt, um wie viel Prozent sich die nachgefragte *Menge* ändert, wenn beispielsweise der *Preis* des Gutes um einen bestimmten Prozentsatz erhöht oder vermindert wird. Entsprechend den Bestimmungsfaktoren der Nachfrage lassen sich folgende Elastizitäten bestimmen:

1. die direkte Preiselastizität der Nachfrage(-menge),
2. die indirekte Preiselastizität der Nachfrage(-menge), die auch als Kreuzpreiselastizität bezeichnet wird, und
3. die Einkommenselastizität der Nachfrage(-menge).

Dagegen lässt sich eine Bedarfs- bzw. Präferenzelastizität der Nachfrage nicht erstellen, weil sich die Änderungen der Bedarfsstruktur nicht operationalisieren lassen.

ad 1 Die *direkte Preiselastizität der Nachfrage* (ε_{q_1,p_1})[6] gibt an, wie sich die Nachfragemenge eines Gutes 1 relativ ändert, wenn sich der Preis dieses Gutes 1 um einen bestimmten Prozentsatz ändert.

$$\varepsilon_{q_1,p_1} = \frac{\frac{q_1' - q_1}{q_1}}{\frac{p_1' - p_1}{p_1}} = \frac{\frac{\Delta q_1}{q_1}}{\frac{\Delta p_1}{p_1}} = \frac{\Delta q_1 \cdot p_1}{\Delta p_1 \cdot q_1}$$

Der Preis des Gutes 1 erhöht sich von 100 € (p_1) auf 110 € (p_1'); deswegen reduziert sich die konsumierte Menge von 500 Stück (q_1) vor der Preiserhöhung auf 400 Stück (q_1') nach der Preiserhöhung. In die Formel eingesetzt ergibt sich eine *direkte Preiselastizität der Nachfrage* von

$$\varepsilon_{q_1,p_1} = \frac{\frac{400-500}{500}}{\frac{110-100}{100}} = \frac{\frac{-100}{500}}{\frac{10}{100}} = -\frac{20\,\%}{10\,\%} = -2.$$

Betrachten wir eine unendlich kleine (infinitesimale) Preisänderung, so ergibt sich

$$\varepsilon_{q_1,p_0} = \lim_{\Delta p_1 \to 0} \frac{\Delta q_1 \cdot p_1}{\Delta p_1 \cdot q_1} = \frac{dq_1}{dp_1} \cdot \frac{p_1}{q_1}.$$

Die Preiselastizität der Nachfrage in einem Punkt hängt dann von der Steigung der Nachfragekurve und der Relation aus Preis und Menge ab.

[6] Der griechische Buchstabe ε wird epsilon gesprochen.

Die Nachfragefunktion für Gut 1 lautet

$$q_1 = 24 - 4p_1.$$

Bei einem Preis von $p_1 = 4$ wird die Menge $q_1 = 8$ nachgefragt und die Funktion hat die Steigung

$$\frac{dq_1}{p_1} = -4,$$

sodass sich für die Elastizität ergibt

$$\varepsilon_{q_1,p_1=4} = -4 \cdot \frac{4}{8} = -2.$$

Bei dieser Preis-Mengen-Kombination bewirkt eine einprozentige Preissteigerung einen Rückgang der nachgefragten Menge um 2 %. Dagegen führt bei dem niedrigeren Preis von 1 eine einprozentige Zunahme nur zu einem Rückgang der Nachfragemenge um 0,2 %, denn es gilt

$$\varepsilon_{q_1,p_1=1} = -4 \cdot \frac{1}{20} = -0{,}2.$$

In der Regel hat die direkte Preiselastizität der Nachfrage ein negatives Vorzeichen, da sich die Nachfrage normalerweise in die entgegengesetzte Richtung der Preisänderung verändert; steigt der Preis, fällt die Nachfrage et vice versa.

Ist die prozentuale Änderung der nachgefragten Menge größer als die des Preises, so ist der *Betrag der Elastizität größer als 1* und die Nachfrage wird als *elastisch* bezeichnet; fällt dagegen die relative Mengenänderung geringer aus als die relative Preisänderung, so hat die *Elastizität einen absoluten Wert kleiner als 1* und die Nachfrage gilt als *unelastisch*. Der Betrag von ε kann im Allgemeinen Werte im Bereich zwischen 0 und ∞ (unendlich) aufweisen. Formal lassen sich dementsprechend elastische und unelastische Nachfrage wie folgt unterscheiden:

$$|\varepsilon| > 1 \quad \text{elastische Nachfrage,}$$
$$|\varepsilon| < 1 \quad \text{unelastische Nachfrage.}$$

Bei einer Elastizität gegen ∞ reagiert die Nachfrage sehr stark auf eine minimale Preisänderung, umgekehrt erfolgt bei einer Elastizität von Null überhaupt keine Reaktion.[7]

ad 2 Bei der *indirekten Preiselastizität der Nachfrage* bzw. *Kreuzpreiselastizität* wird die relative Mengenänderung von Gut 1 ins Verhältnis zur relativen Preisänderung von Gut 2 gesetzt.

[7] Es sei an dieser Stelle explizit darauf hingewiesen, dass die direkte Preiselastizität nicht identisch ist mit der Steigung der Nachfragekurve, da hier relative, d. h., prozentuale, Änderungen berechnet werden! Siehe dazu auch Aufgabe 14.

Die Kreuzpreiselastizität kann sowohl *positive* als auch *negative* Vorzeichen haben, je nachdem, ob es sich um *Substitute* oder *Komplemente* handelt.

$$\varepsilon_{q_1,p_2} = \lim_{\Delta p_2 \to 0} \frac{\frac{\Delta q_1}{q_1}}{\frac{\Delta p_2}{p_2}} = \frac{dq_1}{dp_2} \cdot \frac{p_2}{q_1}$$

ad 3 Bei der *Einkommenselastizität der Nachfrage* ist das Einkommen die unabhängige Variable und die Mengenänderung wiederum die abhängige, d. h., es wird gemessen, wie stark die Nachfrage des Haushalts in Mengeneinheiten auf eine Einkommensänderung reagiert:

$$\varepsilon_{q_1,y} = \lim_{\Delta y \to 0} \frac{\frac{\Delta q_1}{q_1}}{\frac{\Delta y}{y}} = \frac{dq_1}{dy} \cdot \frac{y}{q_1}.$$

Die *Einkommenselastizität der Nachfrage* hat normalerweise ein positives Vorzeichen, da, wenn das Einkommen zunimmt, auch die Nachfrage steigt (Zähler und Nenner haben ein positives Vorzeichen) bzw. wenn das Einkommen sinkt, nimmt auch die Nachfrage ab (Zähler und Nenner sind beide negativ), sodass das Gesamtergebnis in beiden Fällen positiv wird.

Eine wichtige Ausnahme von dieser Regel sind inferiore Güter, da sie mit zunehmendem Einkommen weniger konsumiert werden. Dadurch nimmt die Einkommenselastizität der Nachfrage einen negativen Wert an. Bei Sättigungsgütern ist sie gleich null.

Weitere Elastizitäten finden z. B. im Rahmen der makroökonomischen Analyse Anwendung (vgl. den Beitrag „Makroökonomie").

Fragen

1. Wie verläuft normalerweise die Nachfragefunktion in einem Preis-Mengen-Diagramm?
2. Welche Gründe können zu einer Verschiebung der Nachfragekurve führen?
3. Wie lautet die Funktionsschreibweise der Budgetgleichung bzw. Budgetgeraden?
4. Was versteht man unter abnehmendem Grenznutzen?
5. Worin sehen Sie den Unterschied zwischen der kardinalen und der ordinalen Nutzenlehre?
6. Was versteht man unter einer Indifferenzkurve?
7. Stellen Sie in einem Mengendiagramm (q_1, q_2) mögliche Indifferenzkurven für Brillengestelle und Brillengläser sowie für Obst und Gemüse dar.
8. Ein Haushalt verfügt über ein wöchentlich zu verausgabendes Einkommen von 400 €. Der Haushalt fragt die beiden Güter 1 und 2 nach, deren Preise $p_1 = 20$ € und $p_2 = 10$ € betragen.

a) Welche Mengen der Güter 1 und 2 könnte der Haushalt kaufen, wenn er jeweils nur eines der Güter nachfragt?
b) Wie lautet die Gleichung der Budgetgeraden des betreffenden Haushalts?
c) Stellen Sie die Budgetgerade grafisch dar.

9. Was gibt die Grenzrate der Substitution an und was besagt das Gesetz der abnehmenden Grenzrate der Substitution?
10. Warum erzielt ein Haushalt sein Nutzenmaximum in dem Punkt, in dem die Budgetlinie eine Indifferenzkurve tangiert?
11. Wie erhält man eine Engel-Kurve?
12. Die Engelkurve für Gut 1 laute $q_1 = y^{1/2}$. Bestimmen Sie die Einkommenselastizität der Nachfrage für ein Einkommen von $y_1 = 4$ und $y_2 = 25$ und interpretieren Sie diese.
13. Was versteht man unter dem Substitutions- und dem Einkommenseffekt einer Preisänderung?
14. Gegeben sei die folgende Nachfragefunktion:

$$q_1 = 10 - 2p_1.$$

Zeichnen Sie die Nachfragekurve in ein Preis-Mengendiagramm und berechnen Sie die direkten Preiselastizitäten der Nachfrage für die Preise

$$p_1 = 0, p_1 = 1, p_1 = 2{,}5, p_1 = 3 \text{ und } p_1 = 5.$$

15. Warum ist es wichtig, insbesondere bei der indirekten Preiselastizität (Kreuzpreiselastizität) der Nachfrage auf das Vorzeichen zu achten?

Antworten

1. In einem Preis-Mengen-Diagramm verläuft eine Nachfragefunktion normalerweise von links oben nach rechts unten, wenn auf der Abszisse die Menge und auf der Ordinate der Preis aufgetragen wird.
2. Zu einer Verschiebung der Nachfragekurven kommt es beispielsweise, wenn
   - sich der Preis eines anderen Gutes verändert oder
   - sich das Einkommen oder
   - sich die Präferenzen der Nachfrager zugunsten eines anderen Gutes ändern.
3. Die Gleichung für eine Budgetgerade lautet:

$$y = c = p_1q_1 + p_2q_2.$$

4. Als Nutzen bezeichnet man die Befriedigung, die aus dem Konsum eines Gutes gezogen werden kann. Als Grenznutzen versteht man denjenigen Nutzenzuwachs, der entsteht, wenn die verbrauchte Gütermenge um eine infinitesimale Einheit erhöht wird. Dementsprechend spricht man von einem abnehmenden Grenznutzen, wenn dieser Nutzenzuwachs mit steigender Konsummenge immer kleiner wird.

5. Die kardinale Nutzenlehre hielt den Nutzen für eine Größe, die sich in Zahlen ausdrücken lässt. Die ordinale Nutzenlehre beschränkt sich auf die Festlegung von *Rangfolgen*, wobei lediglich etwas ausgesagt wird über die Rangposition der verschiedenen Nutzen, nicht aber über die Nutzendifferenz.
6. Als Indifferenzkurve wird die Verbindungslinie der Mengenkombinationen bezeichnet, die für den Haushalt hinsichtlich ihres Nutzens gleichwertig sind. Sie können durch einen Horizontalschnitt durch ein Nutzengebirge gewonnen werden.
7. Bei Brillengestellen und Brillengläsern handelt es sich um Komplemente, da beide zusammen, und zwar in der Kombination zwei Gläser ein Gestell, erst eine Brille ergeben (Abb. 4.10). Bei Obst und Gemüse dürfte ein substitutionaler Charakter vorliegen, der für die Individuen verschieden sein dürfte, sodass hier nur eine qualitative Skizze möglich ist (Abb. 4.8).
8. a) Gut 1: 20 Einheiten (z. B. kg), Gut 2: 40 Einheiten (z. B. kg)
   b) $400 = 20q_1 + 10q_2$

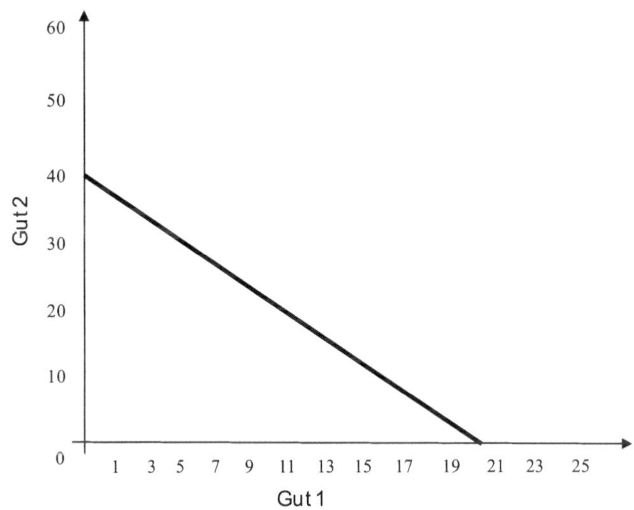

9. Die Grenzrate der Substitution knüpft an der Vorstellung an, dass der *Nutzen* eines Haushalts durch die Substitution von Gut 2 durch Gut 1 *unverändert* bleiben soll. Daher setzt sie die Menge von Gut 2, auf die verzichtet wird ($-\Delta q_2$), in Relation zu der Menge von Gut 1 ($+\Delta q_1$), die zusätzlich notwendig ist, um diesen Verzicht zu kompensieren. Je mehr der Haushalt von Gut 2 besitzt, umso eher kann er einen Minderkonsum davon „verschmerzen" und umso kleiner ist die Menge, die er als Ausgleich von Gut 1 erhalten muss; d. h., mit steigendem q_2 nimmt die Grenzrate der Substitution ab.
10. Im erwähnten Punkt hat der Haushalt keine Veranlassung, eine andere Kombination zu wählen, weil jede andere mit seinem Einkommen realisierbare Kombination auf

einer Indifferenzkurve liegt, die näher beim Ursprung verläuft und damit zu einem geringeren Nutzen führt.

11. Eine Engel-Kurve erhält man, indem man zunächst in einem Mengendiagramm (q_1, q_2) die mengenmäßige Nachfrage eines Haushaltes nach einem Güterbündel aufgrund von Einkommensänderungen durch Parallelverschiebung der Budgetgeraden ermittelt. Den so erhaltenen Zusammenhang zwischen Einkommen und Konsum *eines* Gutes (q_1 oder q_2) trägt man in ein Koordinatensystem ein, indem man auf der Abszisse die Menge des betrachteten Gutes und auf der Ordinate das Einkommen abträgt.
12. Die 1. Ableitung der Engelkurve lautet

$$\frac{dq_1}{dy} = \frac{1}{2} \cdot y^{-\frac{1}{2}}.$$

y	q_1	$\frac{y}{q_1}$	$\frac{dq_1}{dy}$	$\varepsilon_{q_1,y}$
4	2	2	$\frac{1}{2} \cdot \frac{1}{2} = \frac{1}{4}$	$2 \cdot \frac{1}{4} = 0{,}5$
25	5	5	$\frac{1}{2} \cdot \frac{1}{5} = \frac{1}{10}$	$5 \cdot \frac{1}{10} = 0{,}5$

In beiden Fällen bewirkt eine einprozentige Einkommenserhöhung nur eine Zunahme der nachgefragten Menge um 0,5 %, d. h., dass für Gut 1 der Ausgabenanteil am Budget für das untersuchte Gut mit wachsendem Haushaltseinkommen sinkt.

13. *Substitutionseffekt*: Er gibt die Substitution (den Ersatz) des zweiten Gutes durch das erste Gut an, wenn das erste Gut relativ billiger wird. Auf der entsprechenden Indifferenzkurve bedeutet dies eine Bewegung in Richtung einer steigenden Nachfragemenge von Gut 1.

    Einkommenseffekt: Erhöhung des Realeinkommens infolge der Preissenkung von Gut 1. Graphisch lässt sich der Einkommenseffekt durch Parallelverschiebung der Budgetlinie nach rechts darstellen.

14.

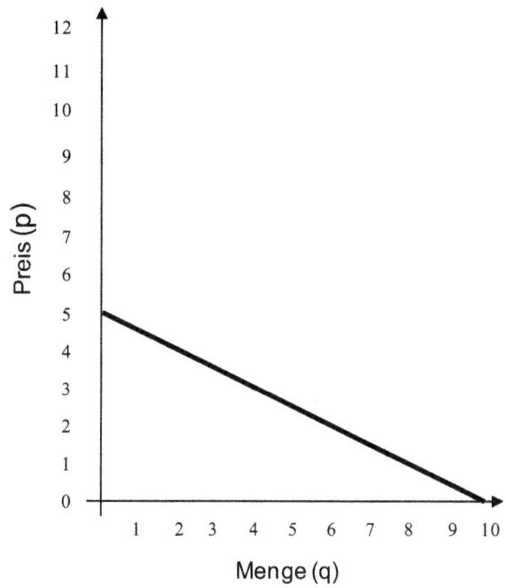

p1	q1	$\frac{p_1}{q_1}$	$\frac{dq_1}{dp_1}$	ε_{q_1,p_1}
0	10	0	−2	0
1	8	0,125	−2	−0,125
2,5	5	0,5	−2	−1
3	4	0,75	−2	−1,5
5	0	∞[48]	−2	−∞

15. Bei der indirekten Preiselastizität (Kreuzpreiselastizität) drückt das Vorzeichen aus, in welcher Beziehung die beiden Güter zueinander stehen. Bei Komplementen ist das Vorzeichen (unter normalen Reaktionsbedingungen) negativ; bei Substituten ist es positiv.

Produktions- und Kostentheorie

5

Thomas Lenk

Inhaltsverzeichnis

Lernziele

In diesem Abschnitt lernen Sie theoretische Grundkenntnisse der Produktionsplanung der Unternehmen kennen. Sie erhalten Informationen darüber,

- welche Faktoren das Unternehmensangebot determinieren;
- was unter einer Produktionsfunktion, insbesondere unter der ertragsgesetzlichen Produktionsfunktion, zu verstehen ist;
- wie man von der Produktionsfunktion zur Kostenfunktion kommt;
- wie sich die Angebotskurve eines einzelnen Unternehmens herleiten lässt;
- wie die Gesamtangebotskurve zustande kommt und
- wie die Elastizität des Angebots gemessen wird.

T. Lenk (✉)
Institut für Öffentliche Finanzen und Public Management/Finanzwissenschaft, Universität Leipzig
Leipzig, Deutschland
E-Mail: fiwi@wifa.uni-leipzig.de

R. Neubäumer et al. (Hrsg.), *Volkswirtschaftslehre*, DOI 10.1007/978-3-658-16523-9_5

5.1 Determinanten des Angebots einzelner Unternehmen

Das Güterangebot der Unternehmen hängt im Wesentlichen von folgenden Faktoren ab:

1. den Güterpreisen (p) und
2. den Kosten der Produktionsfaktoren (k).

Mathematisch lässt sich die Angebotsfunktion schreiben als:

$$q_{\text{Angebot}} = f(p_1, p_2, \dots p_n, k_1, k_2, \dots k_n).$$

ad 1 Die angebotene Menge (q) hängt wie die Nachfrage nach einem Konsumgut zunächst einmal auch vom Marktpreis (p) dieses Gutes ab, jedoch gilt hier im Allgemeinen der gegensätzliche Befund: Steigt der Preis am Markt, so steigt die angebotene Menge. Die Angebotsfunktion gibt demnach die von den Produzenten angebotene Menge bei alternativen Preisen wieder und hat eine positive Steigung. Der Verlauf der Angebotskurve ist dabei von dem betrachteten Zeitraum abhängig: Es ist durchaus möglich, dass das Angebot z. B. von Wohnungen, über einen längeren Zeitraum betrachtet, einen ähnlichen Verlauf wie die skizzierte Angebotskurve A_1 in Abb. 5.1 hat, kurzfristig jedoch der Bestand nicht erhöht werden kann, sodass die angebotene Menge an Wohnungen feststeht (Angebotskurve A_2).

Ebenso hängt das Angebot des Gutes 1 vom Preis aller anderen Güter ab, die das Unternehmen mit seinen Produktionsfaktoren herstellen kann. Produziert ein Unternehmen z. B. das Gut 1 und steigt der Preis für das Gut 2, so wird das Unternehmen versuchen, sofern es auch Gut 2 produzieren könnte, seine Produktion von Gut 2 zu erhöhen und die von Gut 1 einzuschränken, sodass sich die Angebotskurve nach links verschiebt (Abb. 5.2). Dabei ist es wichtig darauf zu achten, wie schnell das Unternehmen die Produktion umstellen kann, es sind in einem solchen Fall die Produktionsbedingungen genau zu analysieren.

ad 2 Viel Beachtung finden in der Produktionstheorie die Kosten der Produktionsfaktoren. Diese werden auf den so genannten Faktormärkten gekauft. Steigt der Preis eines

Abb. 5.1 Angebotsfunktion

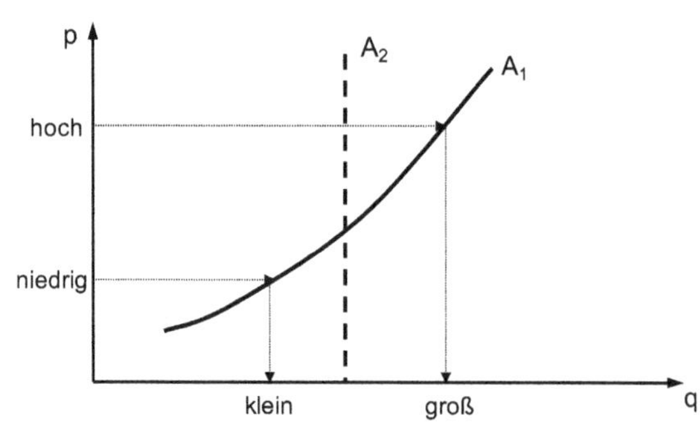

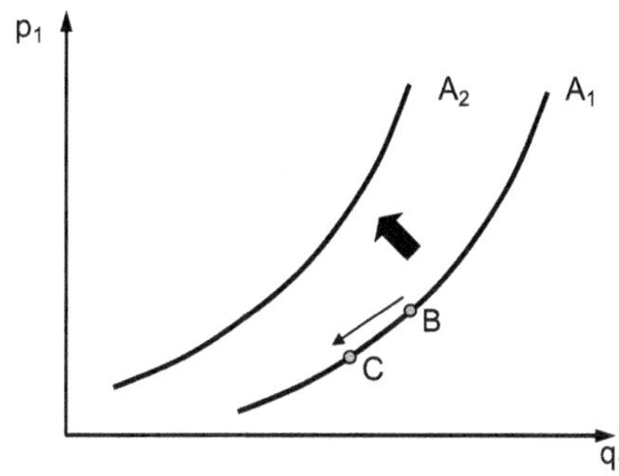

Abb. 5.2 Verschiebung der Angebotskurve

Produktionsfaktors (und/oder seine Einsatzmenge), erhöhen sich die Kosten der Produktion. Steht der Preis, den das Unternehmen für sein hergestelltes Gut (Output) erzielen kann, fest, so wird es seinen Input aufgrund des höheren Faktorpreises und somit höheren Kosten reduzieren müssen und deshalb eine kleinere Menge anbieten (die Angebotskurve verschiebt sich c. p. nach links).

Auch in diesem Fall erfordert die Analyse eine genauere Untersuchung der Produktionsbedingungen, denn für das Verhalten des Unternehmens ist von entscheidender Bedeutung, wie flexibel die Produktionsstruktur ist oder ob ein Produktionsfaktor durch einen anderen substituiert werden kann (substitutionale Produktionsfunktion z. B. Ersetzung von Arbeit durch Kapital) oder die Produktion aus technischen Gründen ein bestimmtes, fixes Einsatzverhältnis von Produktionsfaktoren erfordert (limitationale Produktionsfunktion). Im industriellen Fertigungsprozess herrschen im Allgemeinen (kurzfristig) limitationale Produktionsverfahren vor. Evident wird dies, wenn man an die Fließbandproduktion beispielsweise in der Automobilindustrie denkt. Hier muss jeder Arbeitsplatz an einem Fließband besetzt sein, sonst steht die Produktion still. Umgekehrt kann der Output mit einzelnen zusätzlichen Arbeitskräften nicht sukzessive erhöht werden. Um bei einer solchen Produktion den Output zu erhöhen, müssen entweder alle Fließbandarbeiter länger arbeiten (Überstunden) oder es wird für alle Arbeitsplätze eine zusätzliche (Nacht-)Schicht eingeführt[1] oder es wird ein zusätzliches Fließband errichtet und mit zusätzlichen Arbeitskräften besetzt. Dies zeigt, dass eine Mengenanpassung des Unternehmens bei einem limitationalen Produktionsprozess in gewissem Rahmen (Überstunden oder Kurzarbeit) möglich ist, größere Änderungen jedoch zumindest kurzfristig nicht so einfach zu bewerkstelligen sind.

Im Vergleich dazu kann bei substitutionalen Produktionsprozessen die Angebotsmenge relativ leicht an den Preis angepasst werden; im Einzelnen wird darauf im Abschn. 5.3.1 „Das Ertragsgesetz" näher eingegangen.

Die übliche Darstellung der Angebotsfunktion unterstellt (analog wie bei der Nachfragefunktion), dass sich außer dem Preis des betrachteten Gutes p_1 keine andere Einfluss-

[1] Man denke hier nur an die Diskussion über längere Betriebslaufzeiten bzw. die Diskussion der Abkopplung der Betriebslaufzeiten von den individuellen Arbeitszeiten.

größe verändert, d. h., dass die c. p.-Bedingung erfüllt ist. Bei der Darstellung im Preis-Mengen-Diagramm bewirkt eine Preisvariation eine Bewegung entlang der Kurve, z. B. in Abb. 5.2 von Punkt B nach C. Dagegen führt die Änderung einer der anderen Größen, wie der Preise anderer Güter oder der Kosten, zu einer anderen Angebotskurve, was in einer Verschiebung der Angebotskurve zum Ausdruck kommt (z. B. von A_1 nach A_2).

5.2 Produktionsfaktoren

Die Produktionsmöglichkeiten einer Volkswirtschaft hängen von den rechtlichen und sozio-kulturellen Rahmenbedingungen sowie vom Bestand an Produktionsfaktoren ab. Dabei werden unter den rechtlichen und sozio-kulturellen Rahmenbedingungen die Gesamtheit der rechtlichen Regelungen (Verfassung, Wirtschafts- und Rechtsordnung etc.) und die gesellschaftlichen Einflüsse (Beziehungen zwischen gesellschaftlichen Gruppen, Religion, Kultur, soziale Werte etc.) verstanden.

Die Produktionsfaktoren umfassen:[2]

1. Arbeit (einschließlich Humankapital),
2. Boden (einschließlich Umwelt) sowie
3. Kapital (einschließlich technischem Wissen).

ad 1 Die meisten Ökonomen verstehen unter Arbeit nach der gängigen Auffassung nur die Erwerbsarbeit, d. h., jede menschliche, körperliche oder geistige Tätigkeit gegen Entgelt im Dienst fremder Bedürfnisbefriedigung. Deshalb fällt beispielsweise die Betätigung im Haushalt oder die freiwillige Pflege eines kranken Verwandten nach der allgemein vorherrschenden Interpretation nicht unter den ökonomischen Arbeitsbegriff i. e. S.[3] Die Messung der geleisteten Arbeit ist äußerst problematisch, da es nicht genügt, nur die geleisteten Arbeitsstunden zu registrieren, sondern zumindest auch die Arbeitsintensität erfasst werden müsste. Noch schwieriger stellt sich die Bewertung der Arbeit dar. Wie soll beispielsweise die Leistung von Managern, Politikern und Künstlern im Vergleich zu der von Fabrikarbeitern oder Bankkaufleuten eingestuft werden?[4]

Durch Bildung und Ausbildung von Arbeitskräften lässt sich der Beitrag von Arbeit zum Produktionsergebnis verbessern und erhöhen, weshalb dann auch von Humankapital gesprochen wird.

[2] Vgl. den Abschn. 1.2 im Beitrag „Einführung", in dem die verschiedenen Einteilungen der Produktionsfaktoren diskutiert werden. Wir knüpfen an die dort dargestellte erweiterte Sichtweise der Produktionsfaktoren an.

[3] Eine Ausnahme stellt das Konzept der Sorge- bzw. Carearbeit dar.

[4] Zum Problem der Messung und Bewertung vgl. den Abschn. 1.3 „Wirtschaftliche Grundfragen" im Beitrag „Einführung".

ad 2 Der Produktionsfaktor Boden ist gekennzeichnet durch seine

- räumliche Ausdehnung, zu deren Überwindung Transportkosten entstehen,
- Immobilität,
- geringe Vermehrbarkeit und
- unterschiedlichen Bodenqualitäten, die durch Melioration verändert werden können, sodass manche Ökonomen ihn auch unter Kapital subsumieren.

Er umfasst alle natürlichen Hilfsquellen der Produktion und dient der land- und forstwirtschaftlichen Erzeugung, der Gewinnung von Rohstoffen, als Standort für Industrien, private Gebäude und Verkehrsflächen sowie als „Aufnahmemedium" für Emissionen, bei denen es sich häufig um Schadstoffe handelt.

ad 3 Der dritte Produktionsfaktor ist das Kapital, zu dem alle vorhandenen dauerhaften und nichtdauerhaften Produktionsmittel gezählt werden (Maschinen, Geräte, Werkzeuge, Betriebsstätten, Halb- und Fertigfabrikate, soweit sie nicht für den Konsum bestimmt sind, sondern zur Produktion eingesetzt werden). Kapital in diesem Sinne umfasst nicht das Geld- bzw. Finanzkapital. Um Verwechslungen zu vermeiden, wird deshalb auch oft von Realkapital gesprochen, wenn man Kapital als Produktionsfaktor meint.

Häufig wird das technische Wissen, d. h. alle Kenntnisse über Produktions- und Organisationsmöglichkeiten, auch unter dem Produktionsfaktor Kapital subsumiert. Der Ausbau dieser Kenntnisse wird als technischer Fortschritt bezeichnet. Er kann sich ausdrücken in der Entwicklung neuer Produkte (Produktinnovationen) und in Änderungen des Produktionsprozesses (Prozessinnovationen).

Diese Produktionsfaktoren sind für das Unternehmen die Inputs, die mit Kosten verbunden sind. Deshalb wird das Unternehmen, sofern es nach dem ökonomischen Prinzip handelt, so verfahren, dass

- mit einem gegebenen Aufwand an Produktionsfaktoren (Input) ein maximaler Ertrag (Output) erreicht wird (Maximumprinzip) oder alternativ
- ein bestimmter Output mit minimalem Input erzielt wird (Minimumprinzip).[5]

5.3 Produktionsfunktionen

Eine Produktionsfunktion gibt den Zusammenhang zwischen Input und mengenmäßigem Output wieder, indem sie das maximal mögliche Produktionsergebnis (q) in Abhängigkeit

[5] Dieses sind die beiden klassischen Formulierungen des ökonomischen Prinzips, die jedoch nur auf relativ einfache Sachverhalte anwendbar sind. Im Allgemeinen sind weder Input noch Output vorgegeben. Deshalb kann das ökonomische Prinzip in einer allgemeinen Weise nur als generelles Extremumprinzip formuliert werden: Das ökonomische Handeln ist dadurch bestimmt, dass der Input und der Output so aufeinander abgestimmt werden, dass der durch sie definierte ökonomische Prozess optimiert wird. Dabei ist das Optimalitätskriterium problemindividuell zu definieren.

von den gegebenen Mengen an Produktionsfaktoren darstellt. Arbeit, Boden und Kapital sind somit die unabhängigen Variablen und der Output (q) die abhängige Variable. Formal lässt sich dies wie folgt darstellen:

$$q = f(\text{Arbeit, Boden, Kapital})$$

oder allgemein

$$q = f(x_1, x_2, \ldots x_n)$$

mit

$x_1, x_2, \ldots x_n$ = Faktoreinsatzmenge.

Aufgrund der großen Vielfalt von Produktionsarten gibt es unterschiedliche Produktionsfunktionen, die sich wie in Abb. 5.3 dargestellt systematisieren lassen.

Zunächst kann man danach differenzieren, ob ein Produktionsfaktor substitutiv oder komplementär beim Herstellungsprozess eingesetzt wird.

Bei den substitutiven Produktionsfaktoren kann man zwischen begrenzt und unbegrenzt substituierbar unterscheiden. Bei begrenzt substituierbaren Produktionsfaktoren kann ein Produktionsfaktor x_1 nur in bestimmtem Umfang durch den Produktionsfaktor x_2 ersetzt werden, d. h., dass die Erzeugung eines bestimmten Outputs ein Minimum des Einsatzes von x_1 (et vice versa auch von x_2) erfordert, während bei unbegrenzt substituierbaren Produktionsfaktoren diese sich auch gegenseitig vollkommen substituieren können.

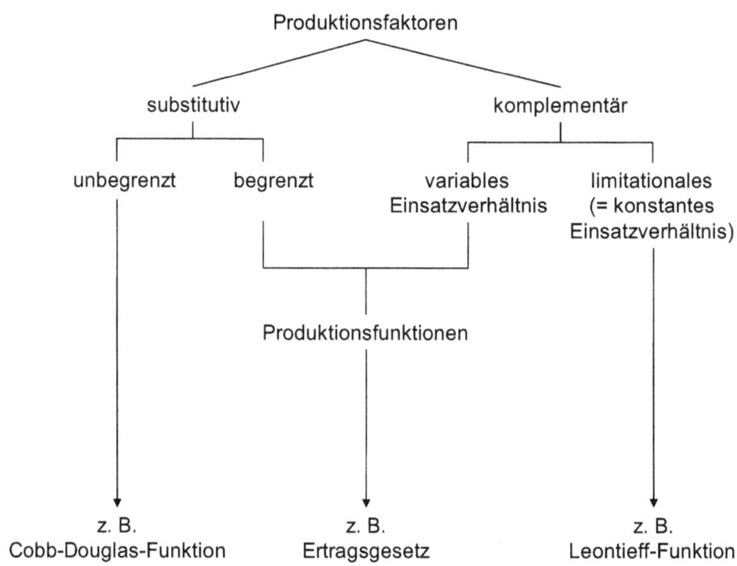

Abb. 5.3 Typen von Produktionsfunktionen

Komplementäre Produktionsfaktoren können ebenfalls in zwei Kategorien unterteilt werden, nämlich Produktionsfaktoren mit konstantem und mit variablem Einsatzverhältnis. Konstante Einsatzverhältnisse liegen beispielsweise bei der Produktion von Fahrrädern vor: 1 Fahrradrahmen, 2 Laufräder etc. Da das Einsatzverhältnis bei einer solchen Produktion nicht variiert werden kann, bezeichnet man diese Produktionsfaktoren auch als limitational oder streng komplementär. Dagegen ist bei komplementären Produktionsfaktoren mit variablem Einsatzverhältnis nur festgelegt, dass diese bei der Produktion zusammenwirken müssen, jedoch in keinem festen (Einsatz-)Verhältnis zueinander stehen. So lässt sich café-au-lait nur mit Milch und Kaffee herstellen, jedoch kann das Einsatzverhältnis verschieden sein. Wenn nun das Einsatzverhältnis nur in gewissen Grenzen variiert werden darf, kann auch von einer begrenzten Substituierbarkeit gesprochen werden, sodass komplementäre Produktionsfaktoren mit variablem Einsatzverhältnis auch als begrenzt substituierbare Produktionsfaktoren kategorisiert werden können.

Diesen Typen von Produktionsfaktoren können verschiedene Arten von Produktionsfunktionen, wie in Abb. 5.3, zugeordnet werden, auf die im Weiteren noch eingegangen wird.

Ausgangspunkt für die folgenden Überlegungen soll aus Vereinfachungsgründen ein Unternehmen sein, das nur ein einziges Gut herstellt (= Einproduktunternehmen), bei dessen Produktion alle Produktionsfaktoren bis auf einen, den Arbeitseinsatz, konstant bleiben:

$$q = f(x_1, \overline{x_2}, \ldots \overline{x_n}).$$

Eine solche (partielle) Produktionsfunktion ist in Abb. 5.4 dargestellt. Dabei nimmt der Output mit zunehmendem Faktoreinsatz zu; die Zuwächse werden jedoch immer geringer.

Alle möglichen Produktionskombinationen liegen unterhalb oder auf der Produktionsfunktionskurve. Zum Beispiel kann bei einem Arbeitseinsatz von x' maximal eine Menge von q' produziert werden (Punkt C); eine Outputmenge von q'' ist mit diesem Faktoreinsatz nicht möglich (Punkt D liegt oberhalb der Produktionsfunktion). q'' kann nur durch einen Input von x'' realisiert werden (Punkt E).

Abb. 5.4 Produktionsfunktion

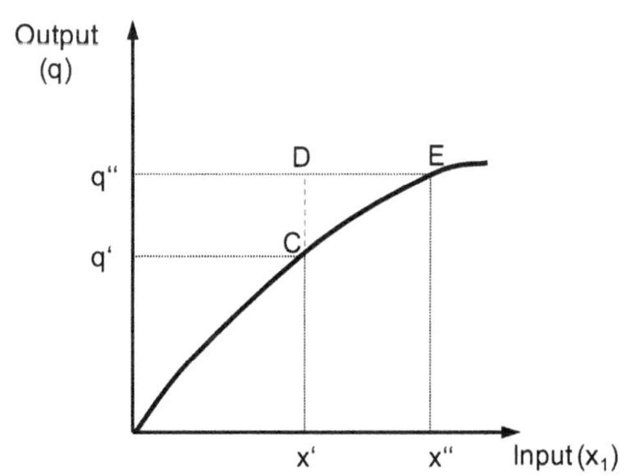

Abb. 5.5 Auswirkungen des technischen Fortschritts auf die Produktionsfunktion

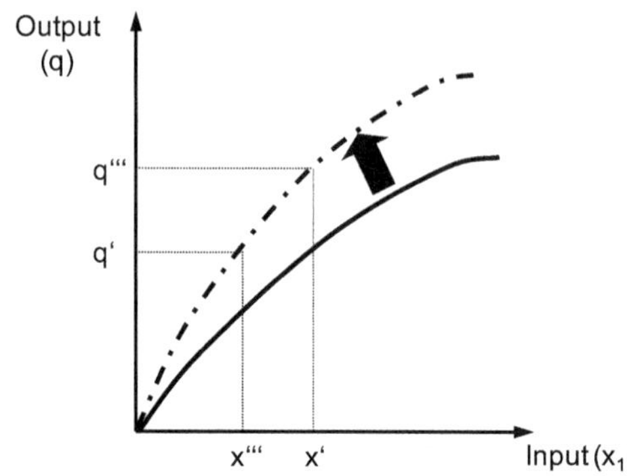

Eine Erweiterung der Produktionsmöglichkeiten durch Prozessinnovationen führt zu einer Verschiebung der Produktionsfunktion nach oben (Abb. 5.5). Mit dem gegebenen Input x' kann jetzt ein höherer Output q''' erzielt werden bzw. die Herstellung des bisherigen Outputs q' erfordert einen geringeren Input x'''.

5.3.1 Ertragsgesetz

Mit den funktionalen Beziehungen zwischen Output und Input setzte sich die Nationalökonomie schon frühzeitig auseinander. Die klassische Produktionsfunktion wurde 1767 von Turgot[6] entdeckt und hat als Ertragsgesetz in die ökonomische Literatur Eingang gefunden. Die ertragsgesetzliche Produktionsfunktion ist ein Sonderfall für eine substitutionale Produktionsfunktion, da hier, anders als bei anderen möglichen Produktionsfunktionen, nur ein Produktionsfaktor, nämlich die Arbeit, variiert wird.[7]

Turgot beobachtete, dass der Ertrag einer landwirtschaftlich genutzten Fläche (= fixer Produktionsfaktor) bei zunehmendem Arbeitseinsatz (= variabler Produktionsfaktorx) c. p. zunächst ansteigt, dann aber wieder abfällt.

Dieser Sachverhalt soll am folgenden Beispiel näher erklärt werden. Dazu ist es zunächst notwendig, die Begriffe Gesamtertrag, Durchschnittsertrag und Grenzertrag zu definieren:

- Gesamtertrag ($= q$): Gesamte hergestellte (geerntete) Menge innerhalb einer bestimmten Zeit (z. B. ein Jahr); z. B. 9.333 t Weizen pro Jahr.
- Durchschnittsertrag ($\bar{q} = q / x$): Dividiert man den Gesamtertrag durch die Menge des eingesetzten Produktionsfaktors (hier: Arbeiter), erhält man den Durchschnittsertrag; werden die 9.333 t Weizen pro Jahr von zwei Arbeitern erzeugt, so ergeben sich 4.666,5 t/Jahr pro Arbeiter.

[6] Französischer Ökonom und Finanzpolitiker (1727–1781).
[7] Es handelt sich somit um eine partielle Produktionsfunktion.

- Grenzertrag ($q' = \Delta q / \Delta x$): Der Grenzertrag ist diejenige Menge, um die der Gesamtertrag steigt (oder fällt), wenn eine Inputeinheit mehr in den Produktionsprozess eingesetzt wird. Werden nun statt zwei Arbeitern drei zur Produktion eingesetzt und der Gesamtertrag steigt auf 18.000 t/Jahr, so ergibt sich als Grenzertrag des dritten Arbeiters: 18.000 t/Jahr – 9.333 t/Jahr = 8.667 t/Jahr.[8] Mathematisch ist der Grenzertrag die 1. Ableitung der (Gesamt-)Ertragskurve und gibt damit ihre Steigung wieder: ist er positiv, steigt der Gesamtertrag noch weiter an; ist er negativ, geht der Gesamtertrag zurück.

Gesamtertrag, Durchschnittsertrag und Grenzertrag sollen nun die in Tab. 5.1 angegebenen Werte annehmen, wobei in der ersten Spalte die Anzahl der eingesetzten Arbeiter als unabhängige Variable aufgeführt ist (vgl. Tab. 5.1 mit folgender partieller Ertragsfunktion: $q = \frac{1}{3}x_1^3 + 3x_1^2$).

Bei der grafischen Darstellung der gefundenen Werte lassen sich vier Phasen erkennen (Abb. 5.6):

- Phase I ist durch einen positiven, überproportional ansteigenden Gesamtertrag gekennzeichnet. Dies spiegelt sich auch in den steigenden Werten für den Grenzertrag wider, der ja der Steigung der Gesamtertragskurve entspricht. Dies bedeutet, dass jeder zusätzliche Arbeiter einen höheren Grenzertrag erbringt als sein Vorgänger. Die erste

Tab. 5.1 Ertragsgesetz

Anzahl der eingesetzten Arbeiter	Gesamtertrag (t pro Jahr)	Grenzertrag (t pro Jahr)	Durchschnittsertrag (t pro Jahr pro Arbeiter)
A	q	q'	$\bar{q}$
1	2.667		2.667,00
		6.666	
2	9.333		4.666,50
		8.667	
3	18.000		6.000,00
		8.667	
4	26.667		6.666,75
		6.666	
5	33.333		6.666,60
		2.667	
6	36.000		6.000,00
		–3.333	
7	32.667		4.666,71

[8] 1. Bei dieser Art der Grenzbetrachtung wird auf absolute Änderungen abgestellt, während sich die Elastizität auf relative Änderungen bezieht. 2. Die Fragestellung nach dem zusätzlichen Ertrag bei einem zusätzlichen Input ist typisch für die so genannte Marginalanalyse in der Volkswirtschaftslehre. Analog werden Grenzkosten, Grenzerlös, Grenzgewinn etc. berechnet.

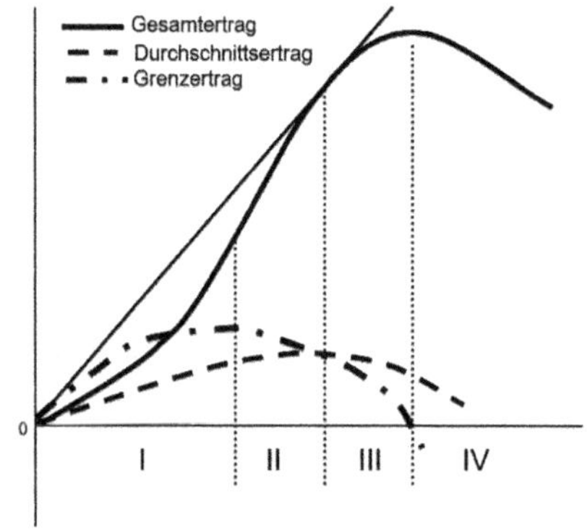

Abb. 5.6 Phasenschema der Ertragsfunktion

Phase endet im Maximum des Grenzertrages. Die Gesamtertragskurve hat dort ihren Wendepunkt. Der Durchschnittsertrag nimmt ebenfalls zu, jedoch ist sein Wert kleiner als der des Grenzertrags, sodass sich in dieser Phase der Einsatz weiterer Arbeiter (bei gegebenem Lohn) lohnt.

- Phase II ist dadurch gekennzeichnet, dass der Grenzertrag abnimmt, aber immer noch über dem weiterhin ansteigenden Durchschnittsertrag liegt. Dies bedeutet, dass jeder zusätzliche Arbeiter auch in dieser Phase einen höheren Grenzertrag erwirtschaftet als die anderen Arbeiter im Durchschnitt. Am Ende der Phase II schneiden sich Grenzertrags- und Durchschnittsertragskurve, sodass der fünfte zum Einsatz kommende Arbeiter gerade so viel zum Gesamtertrag beiträgt, wie seine Kollegen durchschnittlich. Dieser Punkt wird als Optimum bezeichnet, da hier der Durchschnittsertrag sein Maximum erreicht. Legt man vom Ursprung aus eine Gerade an die Gesamtertragskurve, so tangiert diese beim optimalen Input. Die Gesamtertragskurve steigt nach dem Wendepunkt zu Beginn dieser Phase nur noch unterproportional an.
- In Phase III liegen die Durchschnittserträge über den Grenzerträgen, sodass zwar der Gesamtertrag immer noch ansteigt, aber jeder zusätzliche Arbeiter weniger erwirtschaftet als seine Kollegen im Durchschnitt, d. h., es kann für das Unternehmen durchaus sinnvoll sein, mehr Arbeiter einzusetzen, als zur Erreichung des Optimums notwendig wären. Die Phase endet damit, dass der Grenzertrag Null wird und damit die Gesamtertragskurve ihr Maximum erreicht, da
- in Phase IV der Grenzertrag negativ wird, d. h., jeder zusätzliche Arbeiter den Gesamtertrag vermindert.[9] Die Phase IV ist ökonomisch gesehen ebenso wenig interessant für die Produktion wie die beiden ersten Phasen, die auf Grund des stetig wachsenden Durchschnittsertrages zugunsten der Phase III in den Hintergrund treten. Deshalb lässt sich das klassische Ertragsgesetz auf das Ertragsgesetz im engeren Sinne (entspricht Phase III) reduzieren, das besagt, dass der Gesamtertrag mit zunehmendem Einsatz von Produktionsfaktoren steigt, die Ertragszuwächse dabei jedoch abnehmen.

[9] Man kann sich vorstellen, dass dieser zusätzliche Arbeiter bzw. weitere zusätzliche Arbeiter mehr Weizen auf dem Acker niedertrampeln, als sie durch ihre Arbeit den Ertrag steigern können.

5.3.2 Ertragsgebirge und partielle Ertragsfunktionen

Im vorangegangenen Abschnitt haben wir nur einen Produktionsfaktor, die Arbeit, als variabel unterstellt ($q = f(x_1) = f$ (Arbeit)). Nun gibt es aber auch Produktionen und damit Produktionsfunktionen, die von mehreren Inputs ($q = f(x_1, x_2, \ldots x_n)$) abhängig sind. Deshalb erweitern wir die Betrachtung jetzt auf zwei variable Faktoren $q = f(x_1, x_2)$. Es wird nun bei der Weizenproduktion nicht nur die Zahl der Arbeiter (x_1), sondern auch die Menge an Düngemittel (x_2) variiert. Die Ertragsfunktion lautet nun, um im numerischen Beispiel des Abschn. 5.3.1 „Das Ertragsgesetz" zu bleiben:

$$q = -\frac{1}{3}x_1^3x_2^3 + 3x_1^2x_2^2.$$

Bei der Darstellung im dreidimensionalen Diagramm erhalten wir dann ein Ertragsgebirge (Abb. 5.7, analog dem Nutzengebirge), von dem ausschließlich die Oberfläche interessiert, welche die maximalen Erträge wiedergibt, die mit bestimmten Inputkombinationen hergestellt werden können.[10]

Wird die Inputmenge eines Produktionsfaktors konstant gehalten und nur die Einsatzmenge des zweiten Produktionsfaktors variiert, so ergibt sich eine partielle Ertragsfunktion. Grafisch entspricht dies einem senkrechten Schnitt, der parallel zur Ertragsachse und senkrecht zur Achse des konstant gehaltenen Produktionsfaktors verläuft. So ist die im Abschn. 5.3.1 „Das Ertragsgesetz" diskutierte Ertragskurve die partielle Ertragsfunktion, bei der der Produktionsfaktor Dünger gleich eins gesetzt wurde.

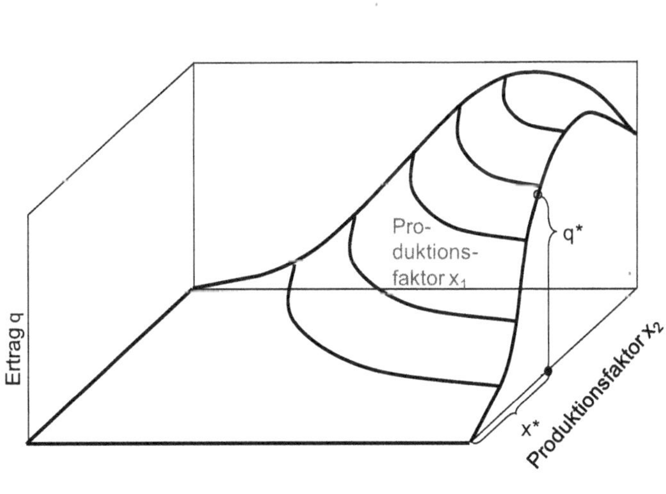

Abb. 5.7 Ertragsgebirge

[10] Vgl. Kap. 4 „Konsumtheorie"; Ertrags- und Nutzengebirge unterscheiden sich allerdings darin, dass die produzierte Menge, der Output, quantifiziert werden kann, während für die Nutzenniveaus nur eine Rangfolge angegeben werden kann (ordinale Nutzenmessung).

Analog lässt sich eine partielle Ertragsfunktion für Dünger erzeugen, indem der Produktionsfaktor Arbeit konstant gesetzt wird.

5.3.3 Isoquanten

Schneidet man ein Ertragsgebirge horizontal durch und projiziert die einzelnen Schnitte in die x_1x_2-Ebene, erhält man so genannte Isoquanten. Sie geben alle Kombinationen der beiden Produktionsfaktoren wieder, mit denen jeweils der gleiche Output erzeugt werden kann. Die Isoquanten sind somit Indifferenzkurven sehr ähnlich, unterscheiden sich von diesen jedoch darin, dass eine Indifferenzkurve ein bestimmtes Nutzenniveau wiedergibt, während auf einer Isoquante eine Outputmenge vorgegeben ist. Da im Abschn. 4.2.1 „Indifferenzkurven" diese ausführlich erläutert wurden, werden an dieser Stelle beispielhaft nur wenige Isoquanten untersucht.

Ist ein festes Einsatzverhältnis der beiden Produktionsfaktoren notwendig (limitationale Produktionsfunktion), so ist der Verlauf der Isoquanten rechtwinklig (Abb. 5.8); ihr Verlauf ähnelt den Indifferenzkurven von Komplementen.[11] Sollen beispielsweise Löcher in ein Brett gebohrt werden und stehen dazu nur Bohrmaschinen und Arbeiter zur Verfügung, so nutzt ein zusätzlicher Arbeiter ohne Bohrmaschine nichts et vice versa. Die Anzahl an Löchern ist dann vom jeweiligen Minimum der Zahl der Arbeiter oder Bohrmaschinen abhängig.

Die Produktionsfunktion lässt sich in diesem Fall schreiben als

$$q = f(x_1, x_2) = \min\left\{\frac{x_1}{a}, \frac{x_2}{b}\right\},$$

wobei für das Beispiel a und b auf Grund des Einsatzverhältnisses – ein Arbeiter und eine Bohrmaschine – beide gleich eins sind. Die Koeffizienten a und b geben also den

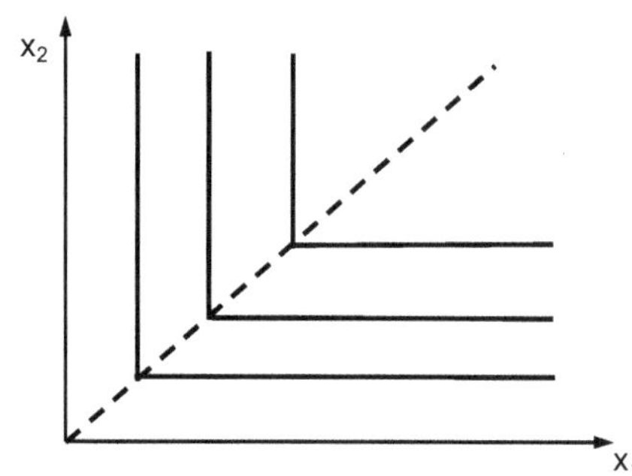

Abb. 5.8 Isoquanten im Fall von Limitationalität

[11] Diese linear-limitationale Produktionsfunktion wurde von dem Ökonomen Wassily W. Leontief entwickelt und hat in der ökonomischen Theorie einen ähnlichen Stellenwert wie die unten dargestellte Cobb-Douglas-Produktionsfunktion. Man achte auf die Achsenbezeichnungen im Vergleich zu den Indifferenzkurven.

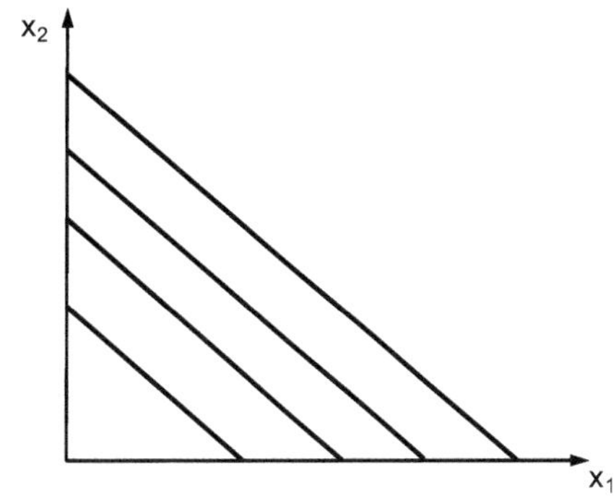

Abb. 5.9 Isoquanten im Fall perfekter Substitute

jeweiligen Verbrauch eines Produktionsfaktors pro Mengeneinheit des Endproduktes an und werden deshalb auch als Input- bzw. Produktionskoeffizienten bezeichnet.

Im Falle perfekter Substitute kann ein bestimmter Output entweder mit dem Produktionsfaktor 1 oder nur mit dem Produktionsfaktor 2 oder einer Kombination von beiden erzeugt werden (Abb. 5.9). Die Produktionsfunktion lautet dann:[12]

$$q = f(x_1, x_2) = ax_1 + bx_2.$$

Bei Cobb-Douglas-Produktionsfunktionen erhält man relativ einfache Beispiele für „normale" Isoquanten (Abb. 5.10). Deshalb stellen sie in der Mikrotheorie eine wichtige Gruppe von Funktionen dar.

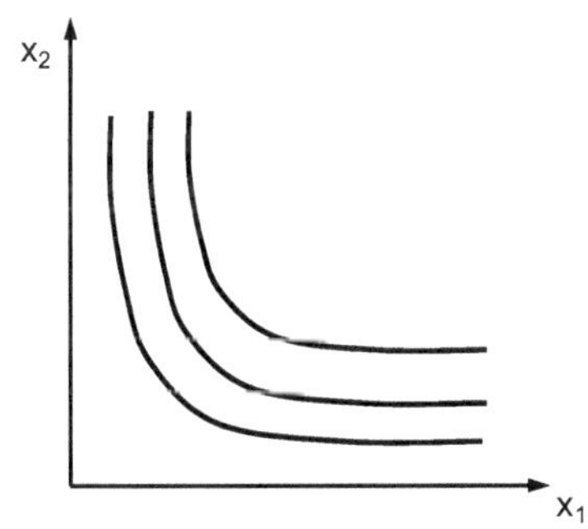

Abb. 5.10 Cobb-Douglas-Isoquanten

[12] Für die dargestellte Funktion ist $a = b = 1$.

Mathematisch haben Cobb-Douglas-Funktionen folgende Form:[13]

$$q = f(x_1, x_2) = a x_1^b x_2^c,$$

$$\text{mit} \begin{cases} 0 < a, \\ 0 < b < 1, \\ 0 < c < 1. \end{cases}$$

- Der Koeffizient a wird als Niveauparameter bezeichnet, da er für die „Höhe" des Ertragsgebirges verantwortlich ist.
- Die Exponenten b und c geben an, wie die Outputmenge auf Veränderungen des Inputs reagiert.

5.3.4 Grenzrate der technischen Substitution

Ähnlich der Herleitung der Grenzrate der Substitution bei Indifferenzkurven kann bei Isoquanten die Frage gestellt werden, wie viel mehr von Produktionsfaktor 1 eingesetzt werden muss, um bei einer Reduktion von Produktionsfaktor 2 den Output unverändert zu halten. Als Ergebnis erhalten wir:[14]

$$\text{Grenzrate der technischen Substitution}: \lim_{\Delta x_1 \to 0} \left| \frac{\Delta x_2}{\Delta x_1} \right| = \frac{-dx_2}{dx_1}.$$

5.4 Kostenfunktionen

Bisher wurden rein mengenmäßige Beziehungen zwischen

- Inputs,
- Outputs oder
- Input und Output

dargestellt. Den Unternehmer interessieren aber vor allem die ökonomischen Größen, welche sich aus der Produktion ergeben. Die im letzten Abschnitt dargestellten Produktionsfunktionen geben an, mit welchen Faktorkombinationen ein bestimmter Output hergestellt werden kann und liefern damit das *Mengengewicht* der Kosten. Die Kosten eines Produktionsfaktors ergeben sich als das Produkt aus Faktorpreis (k_i) und Faktoreinsatzmenge (x_i).

[13] Analog lassen sie sich selbstverständlich auch zur Abbildung „normaler" Indifferenzkurven verwenden, wobei es, auf Grund des ordinalen Charakters der Nutzenfunktion, genügt, die Parameter $a = 1$ und $c = 1 - b$ zu setzen.
[14] Vgl. Abschn. 4.2.2 „Die Grenzrate der Substitution".

sodass sich für die Gesamtkosten (K) ergibt:

$$K = k_1 \cdot x_1 + k_2 \cdot x_2 + \ldots k_n \cdot x_n = \sum_{i=1}^{n} k_i \cdot x_i.$$

Werden die Preise für die Beschaffung der Produktionsfaktoren als gegeben angenommen, d. h., die Unternehmen haben keinen Einfluss auf die Marktpreise, sind die Gesamtkosten zunächst einmal davon abhängig, welche Produktionsfaktoren in welcher Kombination und in welcher Menge zur Produktion des Outputs (Ertrags) eingesetzt werden.

5.4.1 Kostenfunktionen bei substitutionalen Produktionsfaktoren

Zum besseren Verständnis der Zusammenhänge wird zunächst wiederum bei der Darstellung mit einem Produktionsfaktor begonnen. Nehmen wir an, dass unsere Landarbeiter aus dem Weizenanbau (siehe Abschn. 5.3.1 „Das Ertragsgesetz") 20.000 € im Jahr verdienen. Dann sind für die Produktion von 9.333 t Weizen 2 Landarbeiter erforderlich, die Kosten von 20.000 € verursachen, während für 18.000 t Weizen 3 Landarbeiter eingesetzt werden müssten, was Kosten in Höhe von 30.000 € mit sich bringen würde. Die Kosten variieren folglich mit dem Output (q) und werden daher als variable Kosten K_v bezeichent.

$$K_v = f(q)$$

Weitere Beispiele für variable Kosten sind Roh-, Hilfs- und Betriebsstoffe, Akkordlöhne usw.

Normalerweise ist jedoch in der Unternehmenspraxis die Frage genau umgekehrt. Es interessiert nicht der Ertrag in Abhängigkeit von den Kosten (Abb. 5.11), sondern es wird eine gewisse Absatzmenge geplant und es stellt sich die Frage, wie hoch bei dieser Menge die Kosten sein werden. Der Ertrag, als Produktionsmenge, ist demnach die unabhängige, also gegebene Variable, die auf der X-Achse abgetragen wird und die Kosten die abhängige, abgetragen auf der Y-Achse. Die Achsen werden folglich „vertauscht" und die Funktion quasi an der 45°-Linie gespiegelt (Abb. 5.12).[15]

Neben den von der Produktionsmenge abhängigen Kosten (*variable Kosten*) gibt es auch von der Herstellungsmenge unabhängige Kosten, so genannte *fixe Kosten*. Diese können beispielsweise für Fabrikgebäude, Maschinen, leitende Angestellte usw. anfallen. Mathematisch lässt sich dies formulieren als:

$$K_f = \text{konst.}$$

[15] Hingegen war bei der Produktionsfunktion die produzierte Menge q, die (vom Arbeitseinsatz x_1) abhängige Variable und stand deshalb auf der Y-Achse.

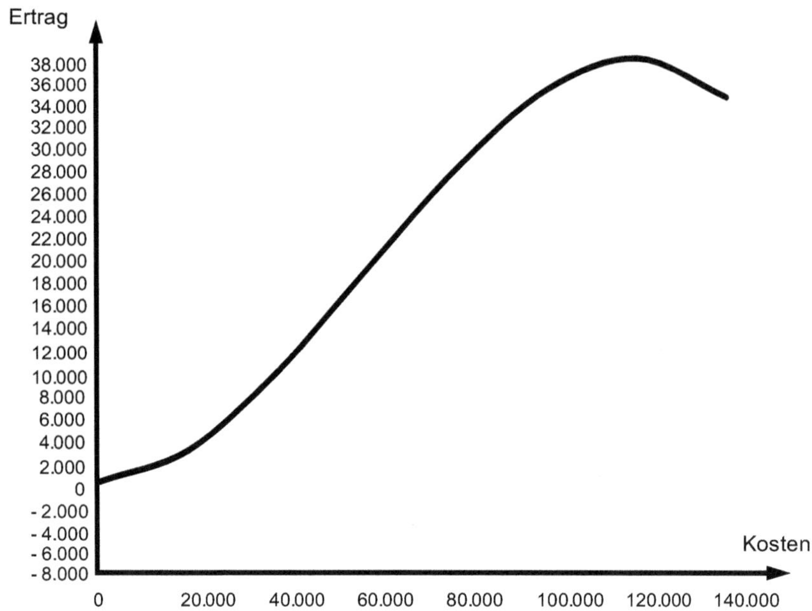

Abb. 5.11 Ertragskurve in Abhängigkeit der variablen Kosten

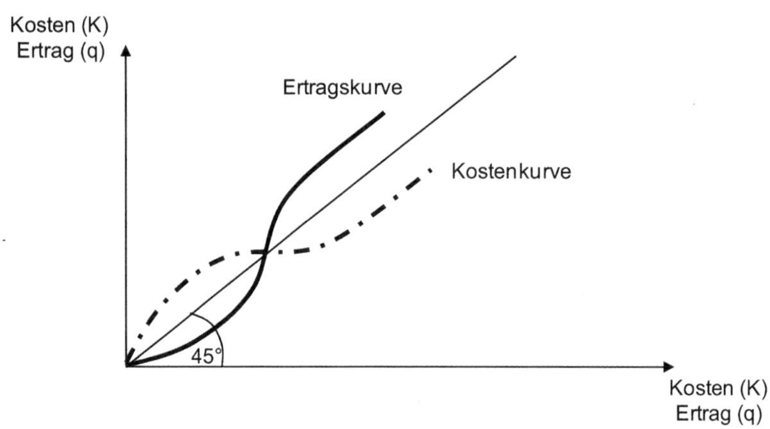

Abb. 5.12 Zusammenhang zwischen Ertrags- und variabler Kostenkurve

Fixe und variable Kosten ergeben zusammen die *Gesamtkosten*:

$$K_g = K_f + K_v.$$

Dieser Zusammenhang wird grafisch in Abb. 5.13 dargestellt. Dabei ist der Abstand zwischen der Gesamtkostenkurve und der Kurve der variablen Kosten konstant und entspricht den fixen Kosten.

Abb. 5.13 Kostenverläufe

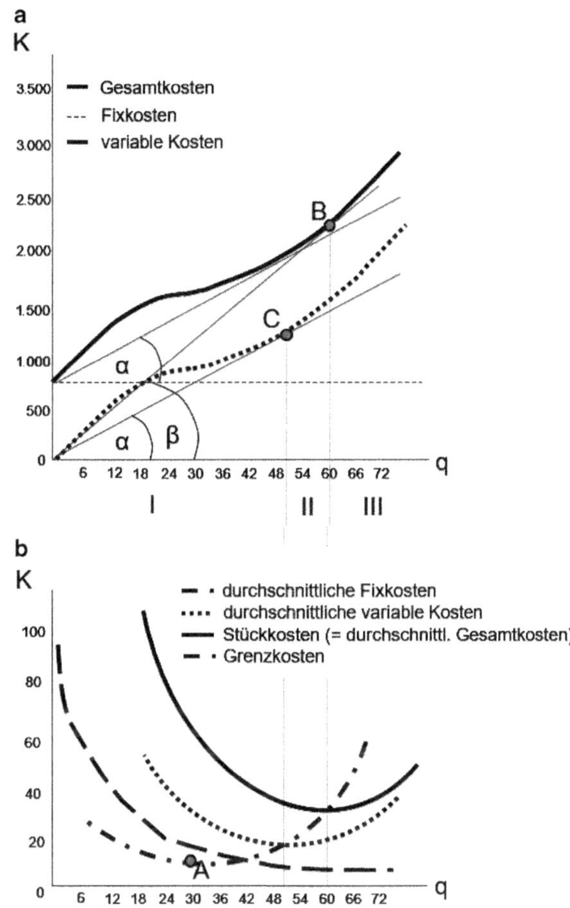

Um den Verlauf der Gesamtkostenkurve diskutieren zu können, müssen die Durchschnittskosten und Grenzkosten definiert werden, ähnlich wie dies beim Ertragsgesetz für den Durchschnittsertrag und den Grenzertrag geschehen ist.

- Die *Stückkosten bzw. die durchschnittlichen Gesamtkosten* ($\bar{K}$) sind definiert als Gesamtkosten (K_g) dividiert durch die ausgebrachte Menge (q):

$$\bar{K} = \frac{K_g}{q}.$$

Grafisch entsprechen sie, wie in Abb. 5.13 verdeutlicht, der Steigung des Fahrstrahls[16] (entspricht dem Winkel β) an die Gesamtkostenkurve. Diese Steigung nimmt bis zum Punkt B ab und nimmt dann wieder zu, sodass sich eine zunächst fallende und dann

[16] Ein Fahrstrahl ist die Verbindung vom Koordinatenursprung zu einem Punkt der Kurve.

wieder ansteigende Durchschnittskostenkurve (Abb. 5.13) ergibt. Die *durchschnittlichen variablen Kosten* sind definiert als:

$$\overline{K_v} = \frac{K_v}{q}$$

und analog die *durchschnittlichen Fixkosten* als:

$$\overline{K_f} = \frac{K_f}{q}.$$

- Die *Grenzkosten* sind definiert als die zusätzlichen Gesamtkosten, die bei einer zusätzlich produzierten Einheit entstehen. Mathematisch handelt es sich um die Ableitung der Gesamtkostenfunktion nach der Ausbringungsmenge:

$$K' = \frac{dK_g}{dq}.$$

Grafisch entsprechen sie der Steigung der Gesamtkostenkurve. Da die Grenzkosten des Fixkostenanteils an den Gesamtkosten gleich null sind – diese ändern sich ja definitionsgemäß nicht in Abhängigkeit der Ausbringungsmenge –, sind die Grenzkosten der Gesamtkostenfunktion gleich den Grenzkosten der variablen Kosten.

Im Punkt A der Abb. 5.13 erreicht die Grenzkostenkurve ihr Minimum.[17] Dieses Minimum wird auch als *Schwelle des Ertragsgesetzes* bezeichnet, da sie – bei nur einem variablen Produktionsfaktor – dem Maximum des Grenzertrages entspricht. Dieses Minimum ist im Bereich der *Phase I* (Abb. 5.13), in der die Grenzkosten immer unter den variablen Durchschnittskosten liegen, d. h., die letzte produzierte Einheit ist billiger hergestellt worden als die anderen zuvor produzierten Einheiten im Durchschnitt. Dies bedeutet, dass die variablen Durchschnittskosten weiter sinken, bis sie ihr Minimum am Ende dieser Phase erreichen. In ihrem Minimum müssen sich demnach die variable Durchschnittskostenkurve und die Grenzkostenkurve schneiden. Man bezeichnet diesen Punkt als *Betriebsminimum* oder *Produktionsschwelle*.[18]

In der nun beginnenden *Phase II* steigen die durchschnittlichen variablen Kosten mit jeder zusätzlich produzierten Einheit, da deren Grenzkosten nun über diesen variablen Durchschnittskosten liegen.

Der Punkt, in welchem die durchschnittlichen Gesamtkosten (Stückkosten) ihr Minimum erreichen, wird das *Betriebsoptimum* oder *Gewinnschwelle* genannt.[19] In diesem Minimum schneidet die Grenzkostenkurve die Stückkostenkurve. In der darauf folgenden *Phase III* sind die Grenzkosten höher als die Stückkosten.

[17] Die Gesamtkostenkurve hat bei dieser Menge ihren Wendepunkt.

[18] Vgl. dazu Abschn. 5.5 „Die Ermittlung der Angebotsfunktion eines Unternehmens". Im Betriebsminimum wird der Fahrstrahl an die Kurve der variablen Kosten zur Tangente (vgl. Abb. 5.13, Punkt C).

[19] Vgl. ebenda.

Da die Gesamtkostenkurve, sieht man vom Fixkostenanteil einmal ab, ein Spiegelbild der *bewerteten* Ertragskurve ist (Abb. 5.13), müssen sich auch die Grenzkosten quasi spiegelbildlich zum Grenzertrag verhalten. Dies bedeutet: steigt der Grenzertrag durch den Einsatz einer zusätzlichen Inputeinheit, so fallen die Grenzkosten für den durch diesen Einsatz zusätzlich erzeugten Output. Da der Grenzertrag eines zusätzlichen Produktionsfaktors beim ertragsgesetzlichen Verlauf i. e. S. (Phase III) jedoch abnimmt, müssen die Grenzkosten eines zusätzlich produzierten Gutes steigen.

5.4.2 Minimalkostenkombination

Kann zur Produktion nicht nur der Input *eines* Produktionsfaktors variiert werden, sondern sind zur Erreichung eines bestimmten Outputniveaus mehrere Kombinationen von Produktionsfaktoren möglich (siehe Abschn. 5.3.3 „Isoquanten“), so ist es für das Unternehmen wichtig zu wissen, bei welcher Faktorkombination die geringsten Kosten auftreten.

So lässt sich bei *substitutiven Produktionsmitteln* die Kostenfunktion in der Regel nicht ohne weiteres aus der Produktionsfunktion ableiten, da nicht feststeht, in welchem Mengenverhältnis die Produktionsfaktoren eingesetzt werden. Lösen lässt sich dieses (Kosten-)Minimierungsproblem analog der optimalen Konsumentscheidungsproblematik bei den Haushalten. Entsprechend der Budgetkurve bei der Konsumtheorie lässt sich hier eine *Isokostenkurve* definieren, die im Falle von zwei Produktionsfaktoren formuliert werden kann als:

$$K = x_1 \cdot k_1 + x_2 \cdot k_2,$$

mit

K = Konsumentenrente
x_i = Produktionsfaktor
k_i = Kosten pro Einheit des Produktionsfaktors

Diese Isokostenkurve stellt den geometrischen Ort aller Faktoreinsatzmengenkombinationen dar, die – mit ihren jeweiligen Preisen bewertet – die gleiche Kostensumme ergeben.

Trägt man diese Isokostenkurve(n) (K_1, $K_2 \ldots K_n$) zusammen mit den Isoquanten (q_1, $q_2 \ldots q_n$) in ein x_1x_2-Diagramm ein (Abb. 5.14), so lässt sich zeigen, dass auch hier der Punkt, an dem die Isokostenkurve die Isoquante tangiert bzw. berührt, zum vorgegebenen Kostenniveau die optimale Produktionsfaktorenkombination (A, B, C, D ...) wiedergibt. Punkt E stellt keine optimale Faktorkombination dar, denn er liegt auf der Isokostengeraden K_2 und auf der Isoquante q_1. Der erzielte Output q_1 ist somit geringer als der Output q_2, der gerade noch zu den Kosten K_2 produziert werden kann, wenn die Produktionsfaktoren entsprechend der Mengenkombination des Punktes B kombiniert werden. Umgekehrt

Abb. 5.14 Minimalkostenkombinationen

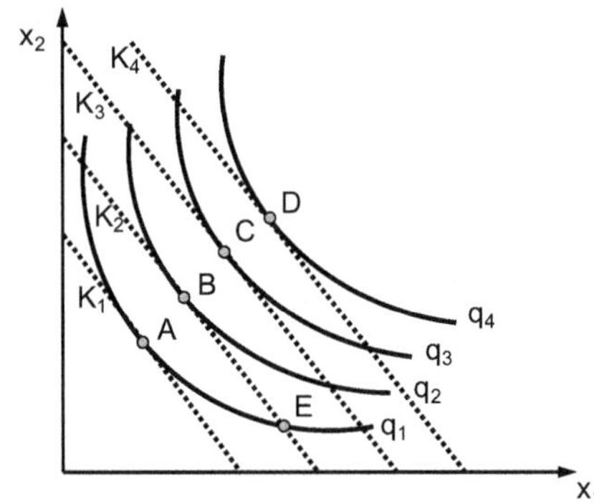

interpretiert: Für eine bestimmte Isoquante, d. h., ein bestimmtes Produktionsniveau, repräsentiert die gerade noch berührende Isokostenkurve die minimal möglichen Kosten (= *Minimalkostenkombination*). Werden mehrere Kostenminima für alternative Kostensummen konstruiert, ergibt sich ein Zusammenhang von Outputniveaus ($q_1, q_2 \ldots q_n$) und Kostenniveaus ($K_1, K_2 \ldots K_n$). Dies ist genau die Kostenfunktion (vgl. Abb. 5.13).

Bei *limitationalen Produktionsfaktoren* existiert das Problem der Minimalkostenkombination nicht. Die effiziente Kombination liegt jeweils in der Ecke der rechtwinklig verlaufenden Isoquante (Abb. 5.15), sodass ein Unternehmer stets die effiziente Kombination der beiden limitationalen Produktionsfaktoren verwirklichen kann, unabhängig von der Faktorpreisrelation k_1 zu k_2. Es existieren also beliebig viele Isokostenlinien für ein vorgegebenes Produktionsniveau. Der Einsatz limitationaler Produktionsfaktoren ist demnach für einen vorgegebenen Output unabhängig von der Faktorpreisrelation.

Abb. 5.15 Istkostenlinien bei limitationalen Produktionsfaktoren

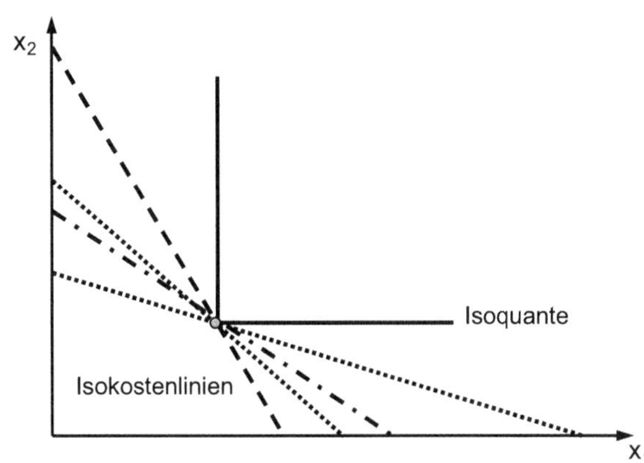

5.4.3 Kostenfunktionen bei limitationalen Produktionsfaktoren

Um die Kostenfunktion bei Limitationalität zu erhalten, sei angenommen, dass der Produktionsfaktor 1 nach der Gleichung $x_1 = a \cdot q$ verbraucht wird, weshalb eine solche Gleichung auch als *Verbrauchsfunktion* bezeichnet wird (Abb. 5.16). Die Verbrauchsfunktion des Produktionsfaktors 2 laute $x_2 = b \cdot q$. Zudem wird von einem dritten Faktor eine fixe Menge $\overline{x_3}$ benötigt, sodass man durch Multiplikation mit den Preisen der drei Produktionsfaktoren (k_1, k_2, k_3) die (lineare) Kostenfunktion erhält:

$$\begin{aligned} K &= aqk_1 + bqk_2 + \overline{x_3}k_3 \\ &= (ak_1 + bk_2)q + \overline{x_3}k_3. \end{aligned}$$

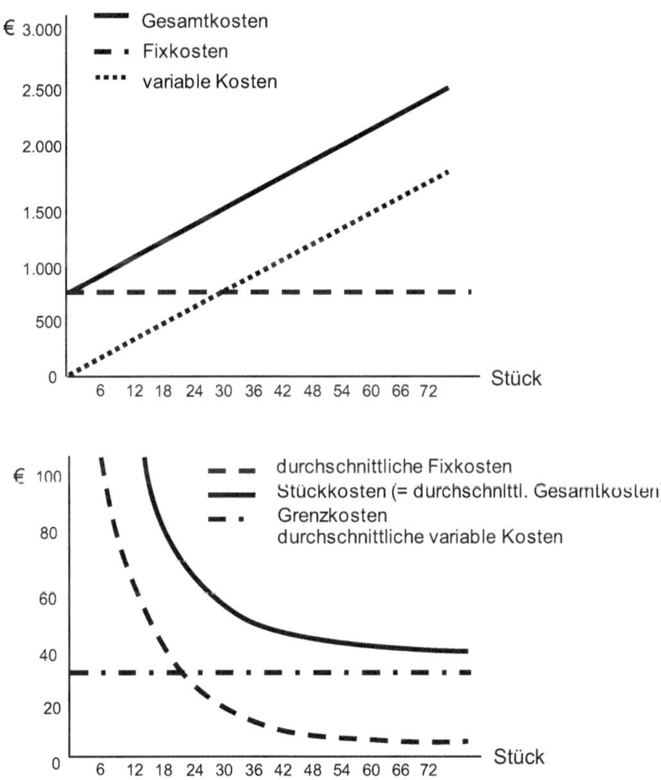

Abb. 5.16 Kostenverläufe bei limitationalen Produktionsfaktoren

Aus dieser Gesamtkostenfunktion ergeben sich die anderen Kostenfunktionen:

- die *Stückkosten* bzw. durchschnittlichen Gesamtkosten

$$\bar{K} = ak_1 + bk_2 + \frac{\overline{x_3}k_3}{q}$$

- die *durchschnittlichen variablen Kosten*

$$\overline{K_v} = ak_1 + bk_2$$

- die *durchschnittlichen Fixkosten*

$$\overline{K_f} = \frac{\overline{x_3}k_3}{q}$$

- die *Grenzkosten*

$$K' = ak_1 + bk_2$$

Es wird evident, dass die durchschnittlichen variablen Kosten identisch sind mit den Grenzkosten und dass beide unabhängig von der produzierten Menge sind. Dagegen sinken die durchschnittlichen Fixkosten mit dem Output, sodass sich insgesamt ein *durchgehend fallender Verlauf der Stückkostenkurve* ergibt; sie nähert sich asymptotisch den durchschnittlichen variablen Kosten bzw. den Grenzkosten. Entsprechend wird ein Unternehmen mit einer limitationalen Produktionsfunktion c. p. seine Produktion bis an seine Kapazitätsgrenze ausdehnen, da dort die Stückkosten am geringsten sind.

5.5 Ermittlung der Angebotsfunktion eines Unternehmens

Nehmen wir für die folgenden Überlegungen an, dass das Unternehmen seinen Gewinn maximieren will und dass der (Verkaufs-)Preis für eine Einheit des produzierten Gutes feststeht, d. h., der Unternehmer keinen Einfluss auf den Preis hat. Man sagt in einem solchen Fall, dass der Marktpreis für das Unternehmen ein *Datum* darstellt.[20] Der Erlös (E) (= Umsatz)[21], den das Unternehmen erzielen kann, ergibt sich als Produkt aus abgesetzter Menge und Preis:

$$E = q \cdot p.$$

[20] Die Annahme des Preises als Datum gilt strenggenommen nur für einen Markt mit vollkommener Konkurrenz bzw. im Polypol, vgl. Kap. 6 „Preistheorie“.

[21] Umsatz und Erlös sind Synonyme und immer monetäre Größen, d. h., beispielsweise in Euro bewertet, während der Ertrag immer mengenmäßig gemessen wird, z. B. in Stück, Kilogramm, Liter etc.

Zieht man davon die Gesamtkosten ab, erhält man den Gewinn (G):

$$G = E - K_g.$$

Welche Menge soll nun das Unternehmen am Markt anbieten?

Ausgehend von der Prämisse, dass das Unternehmen einen maximalen Gewinn anstrebt, wird es seinen Output so lange ausdehnen, solange auch der Gewinn zunimmt. Die Zunahme des Gewinns für eine zusätzlich produzierte bzw. verkaufte Einheit kann auch als *Grenzgewinn* (G′) bezeichnet werden:

$$G' = \frac{dG}{dq}.$$

Der Grenzgewinn errechnet sich als Differenz des Grenzerlöses (E′), also des Erlöses beim Absatz der zusätzlich produzierten Einheit und der Grenzkosten (K′), die die Kosten einer zusätzlich produzierten Einheit darstellen:

$$G' = E' - K' \quad \text{wobei} \quad E' = \frac{dE}{dq} \quad K' = \frac{dK}{dq}.$$

Das Unternehmen wird nun seine Produktion soweit erhöhen, bis der Grenzgewinn null ist, da jede bis dahin zusätzlich verkaufte Einheit den Gewinn erhöht. Eine Mengenausweitung über einen Grenzgewinn von Null hinaus würde bedeuten, dass jede nun zusätzlich verkaufte Einheit den Gewinn wieder schmälert, da die Grenzkosten größer sind als der Grenzerlös. Deshalb kann als Gewinnmaximierungsregel angegeben werden:

$$G' = 0$$

und

$$G'' < 0.$$

Setzt man dies in die Definition des Grenzgewinns ein, erkennt man, dass sich eine Ausdehnung der Produktion so lange lohnt, bis Grenzerlöse und Grenzkosten übereinstimmen:

$$\begin{aligned} G' = E' - K' \quad &\text{mit} \quad G' = 0 \\ \rightarrow E' = K'. \end{aligned}$$

Da die Gewinnmaximierungsregel von grundlegender Bedeutung ist, soll der Zusammenhang nochmals an einem Beispiel erläutert werden:

Der Preis, der als Datum vorliegt, sei 24 €/Stück. Wenn in diesem Fall das Unternehmen eine zusätzliche Einheit verkaufen kann, erhält es dafür also 24 €, d. h., der Grenzerlös ist gleich dem Preis des Gutes. Der Gesamterlös in Abhängigkeit der Menge ergibt sich aus der Multiplikation von Preis und Menge, sodass beispielsweise bei 4 verkauften Einheiten der Erlös 96 € beträgt. Die Kosten setzen sich zusammen aus fixen Kosten in

Höhe von 16 € und variablen Kosten, die aus folgender Formel berechnet werden können: $K_v = q^3 - 9 \cdot q^2 + 30q$. Für die Gesamtkosten ergibt sich $K_g = 16 + q^3 - 9\,q^2 + 30q$, d. h., die 4 produzierten Einheiten hätten insgesamt Kosten von 56 € ($= 16 + 4^3 - 9 \cdot 4^2 + 30 \cdot 4$) verursacht. Die weiteren Werte können Tab. 5.2 entnommen werden.

Wie in Tab. 5.2 außerdem erkennbar wird, liegt die gewinnmaximale Produktionsmenge bei 6 Produkteinheiten, da hier der Gewinn mit 56 € am größten ist. Sieht man sich die Spalten, die den Grenzerlös, die Grenzkosten und den Grenzgewinn wiedergeben etwas genauer an, wird evident, dass die Differenz zwischen Grenzerlös und Grenzkosten zwischen der fünften und der sechsten Einheit am geringsten wird bzw. der Grenzgewinn nahe Null liegt jedoch die Gewinnmaximierungsregel, nämlich dass Grenzertrag gleich den Grenzkosten sein muss ($E' = K'$)[22], an dieser Stelle nicht erfüllt ist. Dies bedeutet, dass man im Falle teilbarer Güter, die eben nicht nur in ganzen Stücken verkauft werden können, den Gewinn nach der fünften Einheit noch steigern könnte.[23]

Tab. 5.2 Ermittlung des maximalen Gewinns

Menge (q)	Preis (p)	Erlös (E)	Kosten (K_g)	Gewinn ($G = E - K_g$)	Grenzerlös ($E' = E_{n+1} - E_n$)	Grenzkosten ($K' = K_{gn+1} - K_{gn}$)	Grenzgewinn ($G' = G_{n+1} - G_n$)
0	24	0	16	−16			
					24	22	2
1	24	24	38	−14			
					24	10	14
2	24	48	48	0			
					24	4	20
3	24	72	52	20			
					24	4	20
4	24	96	56	40			
					24	10	14
5	24	120	66	54			
					24	22	2
6	24	144	88	56			
					24	40	−16
7	24	168	128	40			
					24	64	−40
8	24	192	192	0			

[22] Beziehungsweise der Grenzgewinn gleich Null ist ($G' = 0$).

[23] Die Werte des Grenzerlöses, der Grenzkosten und des Grenzgewinnes sind deshalb zwischen die Zeilen gesetzt, weil sie die diskretionären Schritte darstellen. Bei der stetigen Betrachtung auf Grundlage der Formel ergeben sich die jeweiligen punktbezogenen Werte (vgl. Abschn. 4.2.2 „Die Grenzrate der Substitution“).

Will man sich das mühsame Berechnen und Vergleichen der einzelnen Werte der Tabelle ersparen, lässt sich analytisch die gewinnmaximale Menge wie folgt ermitteln:

$$\begin{aligned} p &= 24, \\ E &= p \cdot q = 24q, \\ E' &= p = 24, \\ K &= 16 + q^3 - 9q^2 + 30q, \\ K' &= 3q^2 - 18q + 30. \end{aligned}$$

Mit der Gewinnmaximierungsregel folgt daraus:

$$\begin{aligned} E' &= K', \\ 24 &= 3(q^*)^2 - 18q^* + 30, \\ 0 &= (q^*)^2 - 6q^* + 2, \\ q^*_{1,2} &= -\frac{6}{2} \pm \sqrt{\frac{6^2}{4} - 2} \\ &= 3 \pm \sqrt{7}, \\ q^*_1 &\approx 0{,}354, \\ q^*_2 &\approx 5{,}646. \end{aligned}$$

Bei einer Produktionsmenge von q^*_1 ist zwar die erste (notwendige) Bedingung $E' = K'$ bzw. $G' = 0$ erfüllt, aber nicht die zweite (hinreichende) Bedingung $G'' < 0$. Diese Bedingung ist nur bei q^*_2 erfüllt, sodass bei dieser Menge das Gewinnmaximum erreicht wird. Bei einer Ausbringungsmenge von q^*_2 kann ein Verkaufserlös von 135,50 € erzielt werden und es entstehen Kosten in Höhe von 78,46 €, sodass ein Gewinn von 57,04 € verbleibt.

Auch in Abb. 5.17 erkennt man, dass das Maximum der Gewinnparabel direkt über dem Schnittpunkt der Grenzerlös- und Grenzkostenkurve liegt; bei dieser Menge ist auch der Abstand zwischen Erlös- und Gesamtkostenkurve am größten und die (nicht eingezeichneten) Tangenten an die Erlös- und Kostenkurve haben die gleiche Steigung.

Schließlich lässt sich der Gewinn auch als Produkt aus (optimaler) Absatzmenge und Stückgewinn darstellen (schraffiertes Rechteck in Abb. 5.18). Dabei ermittelt man den Stückgewinn als Differenz von Stückerlös (= Preis) und Stückkosten, indem man vom Schnittpunkt der Grenzkostenkurve mit der Grenzerlöskurve das Lot auf die Stückkostenkurve fällt.

Mithilfe der Kostenverläufe lassen sich bzgl. des Angebotsverhaltens des Unternehmers mehrere Situationen unterscheiden:

1. Liegt der *Marktpreis über dem Minimum der Stückkosten*, so erzielt der Unternehmer einen Gewinn, wie im Beispiel gezeigt.
2. Ist der *Marktpreis gleich dem Minimum der Stückkosten*, so ist der *Gewinn* bzw. der Verlust gleich Null.

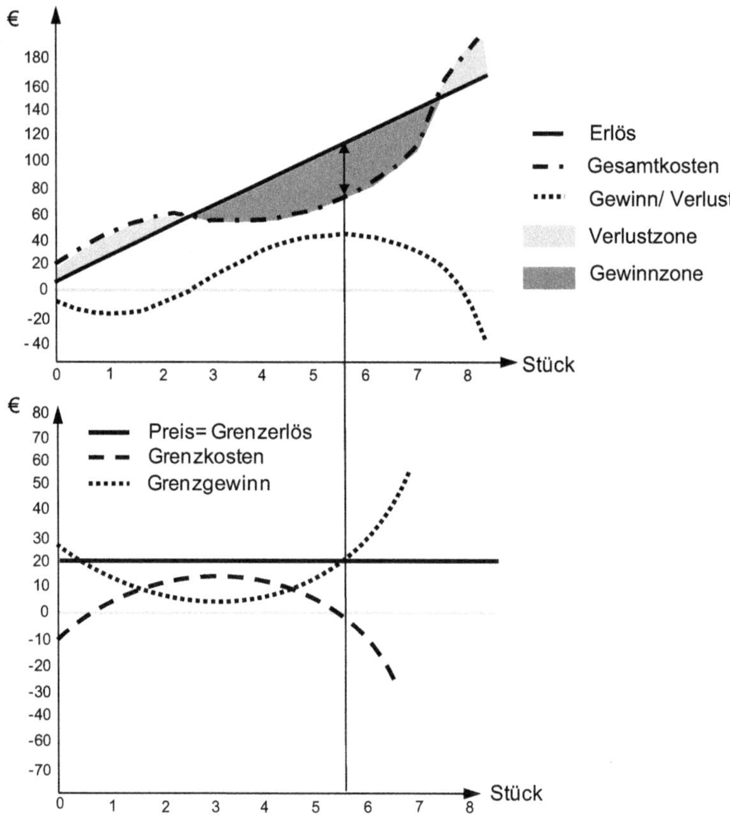

Abb. 5.17 Ermittlung des Gewinnmaximums

3. Kann nur ein *Marktpreis* erzielt werden, der kleiner als die minimalen Stückkosten, aber höher als die durchschnittlichen variablen Kosten ist, erleidet der Anbieter einen Verlust. Dieser ist jedoch geringer als seine fixen Kosten.
4. Ist der *Marktpreis gleich dem Minimum der durchschnittlichen variablen Kosten*, erleidet der Unternehmer einen *Verlust in Höhe der fixen Kosten.*
5. Liegt der *Marktpreis unter dem Minimum der durchschnittlichen variablen Kosten*, erleidet der Unternehmer einen *Verlust*, der sogar *höher* als seine *fixen Kosten ist.*

Auf *Dauer* kann ein Unternehmer nur existieren, wenn sein Grenzerlös größer oder gleich den Stückkosten ist (Varianten 1 und 2). Man bezeichnet deshalb, wie schon erwähnt, das Minimum der Stückkosten auch als *Betriebsoptimum*[24] oder *Gewinnschwelle.*

[24] Die Bezeichnung Betriebsoptimum ist aus volkswirtschaftlicher Sicht deshalb optimal, da das betreffende Gut mit den geringsten Durchschnittskosten produziert wird. Für den einzelnen Unternehmer ist es jedoch immer besser, wenn er zu einem möglichst hohen Preis möglichst weit rechts vom Betriebsoptimum produzieren und hohe Gewinne erzielen kann.

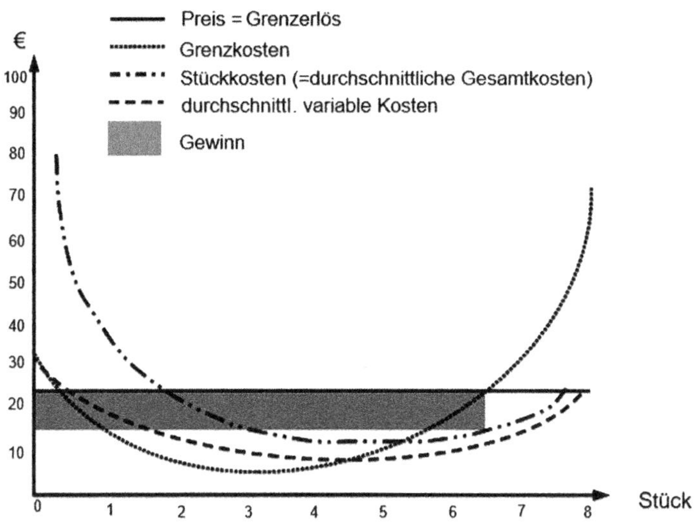

Abb. 5.18 Zusammenhang zwischen Preis und Durchschnitts- bzw. Grenzkostenkurven

Die Verlustsituationen (Varianten 3 und 4) sind auf Dauer für kein Unternehmen tragbar. Eine Aufrechterhaltung der Produktion lohnt allerdings *kurzfristig*, solange die fixen Kosten nicht abgebaut werden können (z. B. längerfristige Leasing- oder Mietverträge, Kündigungsfristen) und der Preis höher als die durchschnittlichen variablen Kosten ist und somit einen Beitrag zur Deckung[25] der (unvermeidlichen) fixen Kosten leistet. Deshalb wird das Minimum der durchschnittlichen variablen Kosten auch als *Betriebsminimum* oder *Produktionsschwelle* bezeichnet. Liegt der erzielbare Preis sogar unter der Produktionsschwelle, würden nicht einmal die variablen Kosten voll gedeckt (Variante 5) und das Unternehmen würde seine Produktion sofort einstellen (müssen).

Erhöht sich nun der auf dem Markt zu erzielende Preis, führt dies zu einer Erhöhung des Grenzerlöses (= Verschiebung der Grenzerlöskurve) und über die Gewinnmaximierungsregel zur Ausweitung der anzubietenden Menge (Abb. 5.19) (et vice versa). Unter den oben genannten Prämissen kann also festgehalten werden,

- dass der über dem Minimum der *durchschnittlichen variablen Kosten* (Punkt A) liegende Abschnitt der Grenzkostenkurve der kurzfristigen Angebotskurve des Unternehmens entspricht,
- während es auf Dauer (*längerfristig*) erst ab einem Preis über dem *Minimum der durchschnittlichen Gesamtkosten* (Punkt B) anbietet.

Im Folgenden gehen wir von der längerfristigen Angebotskurve aus.

[25] Man bezeichnet dies auch als positiven Deckungsbeitrag.

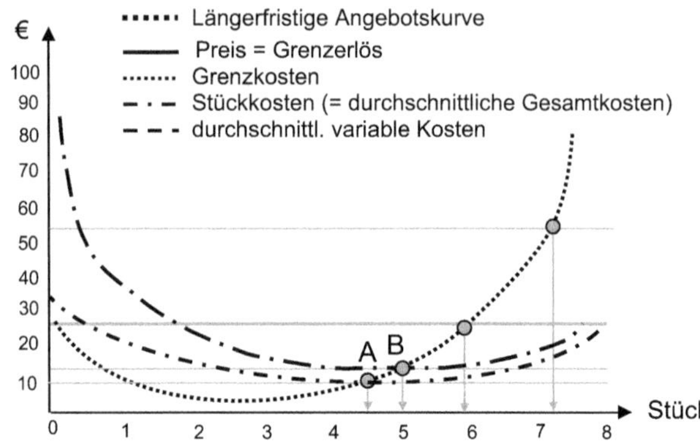

Abb. 5.19 (Längerfristige) Angebotskurve eines einzelnen Unternehmens

5.6 Ermittlung des Gesamtangebots

Analog der Ermittlung der Gesamtnachfrage wird auch bei der Ermittlung des Gesamtangebots verfahren (Abb. 5.20).

Das Angebot aller Unternehmen erhält man auch hier durch Horizontaladdition der Angebotskurven der Einzelunternehmen. Das heißt man addiert die jeweiligen Mengen, die von den einzelnen Unternehmen bei einem bestimmten Preis angeboten werden und erhält so die zugehörige Gesamtangebotsmenge. Dies führt man für alle Preise durch. Es ergibt sich der Verlauf der Gesamtangebotskurve.

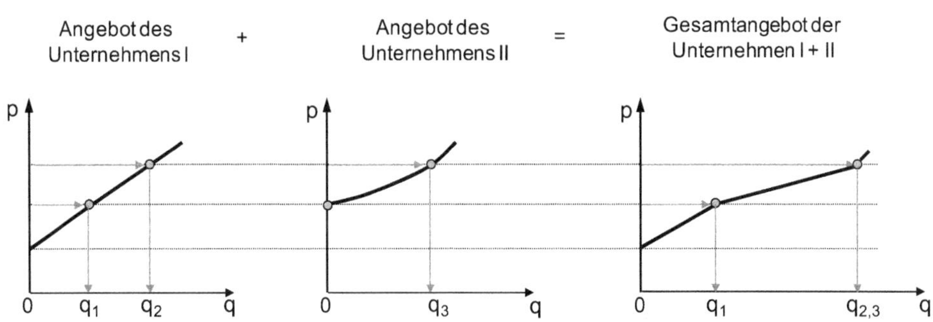

Abb. 5.20 Konstruktion des Gesamtangebots

5.7 Angebotselastizität(en)

Ähnlich wie bei der Nachfrage können auch beim Angebot mehrere Elastizitäten entsprechend den Bestimmungsfaktoren des Angebots konstruiert werden, von denen wir hier nur die direkte Preiselastizität des Angebots kurz betrachten.

Unter der *direkten Preiselastizität des Angebots* versteht man das Verhältnis der prozentualen Angebotsmengenänderung eines Gutes zur prozentualen Preisänderung dieses Gutes:

$$\varepsilon_{q_1,p_1} = \frac{\frac{q_1' - q_1}{q_1}}{\frac{p_1' - p_1}{p_1}} = \frac{\frac{\Delta q_1}{q_1}}{\frac{\Delta p_1}{p_1}} = \frac{\Delta q_1 \cdot p_1}{\Delta p_1 \cdot q_1}.$$

Das Vorzeichen wird bei einer normal verlaufenden Angebotsfunktion positiv sein. Steigt z. B. der erzielbare Preis von 10 € (p_1) auf 12 € (p_1'), steigt in der Regel auch die angebotene Menge, z. B. von 50 Stück (q_1) vor der Preiserhöhung auf 55 Stück (p_1') nach der Preiserhöhung. In die Formel eingesetzt ergibt sich die *direkte Preiselastizität des Angebots*:

$$\varepsilon_{q_1,p_1} = \frac{\frac{55 - 50}{50}}{\frac{12 - 10}{10}} = \frac{\frac{5}{50}}{\frac{2}{10}} = \frac{10\,\%}{20\,\%} = \frac{1}{2}.$$

Auf eine 20-prozentige Preiserhöhung reagieren die Unternehmen mit einer zehnprozentigen Mengenerhöhung, d. h., $\varepsilon = 0{,}5$ und ist damit kleiner 1. Das Angebot ist im Beispiel als unelastisch einzustufen. Auch hier gilt

$$|\varepsilon| > 1 \quad \text{elastisches Angebot,}$$
$$|\varepsilon| < 1 \quad \text{unelastisches Angebot,}$$

wobei die Betragsstriche – im Gegensatz zur direkten Preiselastizität der Nachfrage – hier auf Grund des Vorzeichens nicht notwendig wären.

Betrachten wir eine unendlich kleine (infinitesimale) Preisänderung, so gilt:

$$\varepsilon_{q_1,p_1} = \lim_{\Delta p_1 \to 0} = \frac{\Delta q_1 \cdot p_1}{\Delta p_1 \cdot q_1} = \frac{dq_1}{dp_1} \cdot \frac{p_1}{q_1}.$$

Fragen

1. Von welchen Annahmen wird beim Angebotsplan eines Unternehmens ausgegangen?
2. Von welchen Größen wird die Angebotsfunktion eines Unternehmens in erster Linie beeinflusst?
3. Die Angebotskurve verläuft kurzfristig weniger elastisch als langfristig. Wie lässt sich dieser Sachverhalt grafisch darstellen?

4. Welche Einfluss- oder Bestimmungsgröße der Angebotsfunktion eines Unternehmens hat in der Produktionstheorie die größte Bedeutung?
5. Welche Beziehung wird mittels einer Produktionsfunktion dargestellt?
   a) Geben Sie die Produktionsfunktionen von Substituten und Komplementen in mathematischer Funktionsschreibweise wieder.
   b) Stellen Sie auch eine Cobb-Douglas-Funktion in dieser Schreibweise dar.
6. Was kann aus einer Transformationskurve im Zwei-Güter-Fall abgelesen werden?
7. Was versteht man unter Isoquanten?
8. Warum ist es für die Untersuchung der Produktionsbedingungen wichtig, zwischen substituierbaren und limitationalen Produktionsmitteln zu unterscheiden?
9. Um welche Produktionsfaktoren muss es sich bei der klassischen (ertragsgesetzlichen) Produktionsfunktion handeln?
10. Was versteht man unter den folgenden Begriffen und wie sind sie mathematisch definiert?
    - Grenzertrag
    - Grenzerlös
    - Grenzkosten
    - Grenzgewinn
11. Wie ist der geometrische Zusammenhang zwischen Ertrags- und Kostenkurve?
12. Bei einem gegebenen Preis von 100 € und fixen Kosten von 500 € sowie variablen Kosten, die gemäß Funktion K_v [Euro] $= (1/30)q^3 - 2q^2 + 82{,}4q$ anfallen, möchte ein Unternehmer seinen Gewinn maximieren. Ermitteln Sie auf analytischem Weg den maximalen Gewinn.
13. Wie ist die direkte Preiselastizität des Angebots definiert? Welches Vorzeichen hat der Elastizitätskoeffizient bei einer „normalen" Angebotsfunktion?

Antworten

1. Es wird davon ausgegangen, dass die Unternehmen Gewinnmaximierung anstreben.
2. Die Angebotsfunktion eines Unternehmens wird in erster Linie von folgenden Größen beeinflusst:
   - Preis des angebotenen Gutes,
   - Preise der übrigen Güter,
   - Preise (Kosten) der Produktionsfaktoren.
3. Der Sachverhalt, dass die Angebotskurve kurzfristig weniger elastisch verläuft als langfristig, wird graphisch dadurch wiedergegeben, dass die Angebotskurve kurzfristig steiler verläuft als langfristig.
4. In der Produktionstheorie haben von den drei genannten Einfluss- oder Bestimmungsgrößen der Angebotsfunktion eines Unternehmens (Preis des angebotenen Gutes, Preise der übrigen Güter, Kosten der Produktionsfaktoren, vgl. Frage 2) die Kosten der Produktionsfaktoren die größte Bedeutung.

5. Mittels einer Produktionsfunktion wird die mengenmäßige Beziehung zwischen *Faktoreinsatz* (unabhängige Variable) und *Faktorertrag* (abhängige Variable) dargestellt.
   a) Die Produktionsfunktion lässt sich
      - bei perfekten Substituten schreiben als

$$q = f(x_1, x_2) = ax_1 + bx_2$$

      - bei Komplementen schreiben als

$$q = f(x_1, x_2) = \min\left\{\frac{x_1}{a}, \frac{x_2}{b}\right\}$$

      wobei a und b das Einsatzverhältnis der Produktionsfaktoren wiedergeben.
   b) Cobb-Douglas-Funktionen können wie folgt dargestellt werden:

$$q = f(x_1, x_2) = ax_1^b x_2^c$$

$$\text{mit} \begin{cases} 0 < a, \\ 0 < b < 1, \\ 0 < c < 1. \end{cases}$$

      - Der Koeffizient a wird als Niveauparameter bezeichnet, da er für die „Höhe" des Ertragsgebirges verantwortlich ist.
      - Die Exponenten b und c geben an, wie die Outputmenge auf Veränderungen des Inputs reagiert.
6. Die Transformationskurve gibt für den Zwei-Güter-Fall die maximal produzierbaren Mengen dergestalt wieder, dass auf der Abszisse die jeweilige Menge des einen Gutes und auf der Ordinate die Menge des zweiten Gutes abgetragen wird, die beim Stand der Produktionstechnik und der vorhandenen Menge an Produktionsfaktoren hergestellt werden können. Da diejenigen Produktionsfaktoren, die zur Produktion eines Gutes verwendet werden, nicht für die Herstellung anderer Güter genutzt werden, besteht zwischen ihnen eine *Verwendungskonkurrenz*.

7. In einem Diagramm, in dem auf Abszisse und Ordinate jeweils ein Produktionsfaktor dargestellt wird, gibt eine Isoquante einen *konstanten Output* an, der *bei alternativen Faktorkombinationen* produziert werden kann.

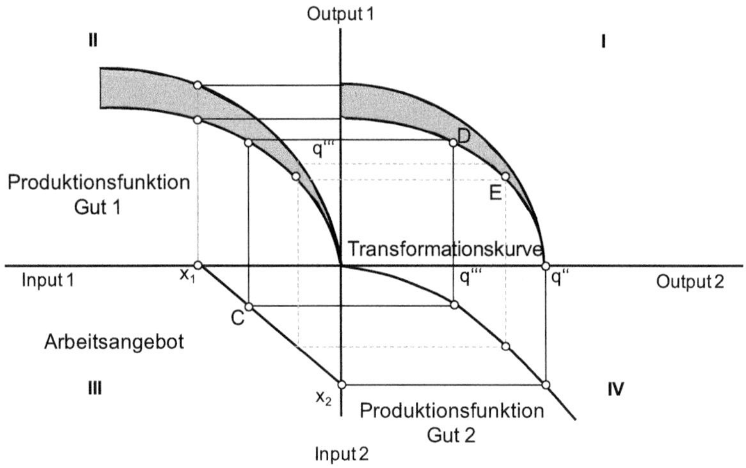

8. Bei begrenzt *substituierbaren* Produktionsmitteln führen verschiedene Faktorkombinationen zur gleichen Ausbringung (Output) pro Zeiteinheit. Bei *limitationalen* Produktionsmitteln ist aus technischen Gründen lediglich eine feststehende Kombination möglich.
9. Bei der klassischen Produktionsfunktion („Ertragsgesetz“) werden stetig teilbare und substituierbare Einsatzfaktoren unterstellt.
10. • *Grenzertrag* ($q' = dq / dx_1$): ist diejenige Menge, um die der Gesamtertrag steigt (oder fällt), wenn eine Inputeinheit mehr in den Produktionsprozess eingesetzt wird.
    • *Grenzerlös* ($E' = dE / dq$): Der Grenzerlös ist die Zunahme des Gesamterlöses beim Absatz einer zusätzlichen Einheit.
    • *Grenzkosten* ($K' = dK / dq$): Die Grenzkosten sind definiert als die Änderung der Gesamtkosten, die bei der Produktion einer zusätzlichen Einheit entstehen.
    • *Grenzgewinn* ($G' = dG / dq$): Der Grenzgewinn gibt wieder, um wie viel sich der (Gesamt-)Gewinn für eine zusätzlich produzierte bzw. verkaufte Einheit verändert.
11. Da die Gesamtkostenkurve, sieht man vom Fixkostenanteil einmal ab, ein Spiegelbild der Ertragskurve ist, lassen sich die Funktionen an der 45°-Linie spiegeln.
12. Da der Preis ein Datum ist, ist er gleich dem Grenzerlös.

$$E' = p = 100$$

Mathematisch kann dies auch über den Erlös hergeleitet werden:

$$\begin{aligned} p &= 100, \\ E &= p \cdot q = 100q, \\ E' &= p = 100. \end{aligned}$$

Die Grenzkosten lassen sich wie folgt ermitteln:

$$\begin{aligned} K &= \frac{1}{30}q^3 - 2q^2 + 82{,}4q + 500, \\ K' &= \frac{1}{10}q^2 - 4q + 82{,}4. \end{aligned}$$

Mit der Gewinnmaximierungsregel folgt daraus:

$$\begin{aligned} E' &= K', \\ 100 &= \frac{1}{10}q^{*2} - 4q^* + 82{,}4, \\ 0 &= q^{*2} - 40q^* - 176, \\ \Rightarrow q^*_{1,2} &= -\frac{-40}{2} \pm \sqrt{\frac{40^2}{4} + 176} = 20 \pm 24, \\ q^*_1 &= -4, \\ q^*_2 &= 44. \end{aligned}$$

Da eine negative Produktionsmenge (ökonomisch) unsinnig ist, muss nur noch überprüft werden, ob für q^*_2 auch die zweite Bedingung, $G'' = 0$ erfüllt ist.

$$\begin{aligned} G' &= E' - K' \\ &= 100 - \left(\frac{1}{10}q^2 - 4q + 82{,}4\right) \\ &= 17{,}6 - \frac{1}{10}q^2 + 4q, \\ G'' &= -\frac{1}{5}q + 4 \\ \Rightarrow \text{ mit } q^*_2 : G'' &= -\frac{1}{5} \cdot 44 + 4 \\ &= -4{,}8, \\ \text{d. h., } G'' &< 0 \text{ ist erfüllt.} \end{aligned}$$

Der Gewinn beträgt:

$$
\begin{aligned}
G &= E - K \\
&= 100 \cdot 44 - \left(\frac{1}{30} \cdot 44^3 - 2 \cdot 44^2 + 82{,}4 \cdot 44 + 500\right) \\
&= 4.400 - \frac{85.184}{30} + 3.872 - 3.625{,}6 - 500, \\
\Rightarrow G_{q=44} &= 1.306{,}93.
\end{aligned}
$$

13. Unter der *direkten Preiselastizität des Angebots* versteht man das Verhältnis der prozentualen Angebotsmengenänderung eines Gutes zur prozentualen Preisänderung dieses Gutes:

$$
\varepsilon_{q_1,p_1} = \frac{\frac{q_1' - q_1}{q_1}}{\frac{p_1' - p_1}{p_1}} = \frac{\frac{\Delta q_1}{q_1}}{\frac{\Delta p_1}{p_1}} = \frac{\Delta q_1 \cdot p_1}{\Delta p_1 \cdot q_1}.
$$

Das Vorzeichen wird bei einer normalverlaufenden Angebotsfunktion positiv sein, während es bei der direkten Preiselastizität der Nachfrage normalerweise negativ ausfällt.

Preistheorie

6

Thomas Lenk

Inhaltsverzeichnis

Lernziele

In diesem Kapitel werden Sie Grundbegriffe und Grundtatbestände der Preistheorie kennen lernen. Dazu erhalten Sie Antworten auf die Fragestellungen,

- worin der Unterschied zwischen vollkommenen und unvollkommenen Märkten liegt;
- wie Märkte nach der Anzahl der Marktteilnehmer differenziert werden können;
- was man unter Marktgleichgewicht versteht und wie es zustande kommt;
- worin die Vorteilhaftigkeit von Markttransaktionen für Konsumenten und Produzenten liegt;
- wie sich Preise in den Marktformen vollkommene Konkurrenz, Monopol und Oligopol bilden können;

T. Lenk (✉)
Institut für Öffentliche Finanzen und Public Management/Finanzwissenschaft, Universität Leipzig
Leipzig, Deutschland
E-Mail: fiwi@wifa.uni-leipzig.de

R. Neubäumer et al. (Hrsg.), *Volkswirtschaftslehre*, DOI 10.1007/978-3-658-16523-9_6

- welche weiteren Strategien Monopolisten und Oligopolisten verfolgen können und
- welche Wirkungen von staatlichen Eingriffen in die Preisbildung ausgehen können.

In den Kap. 4 „Konsumtheorie“ und 5 „Produktions- und Kostentheorie“ wurde der jeweilige Preis eines Gutes als exogene, d. h., von außen vorgegebene, Variable angesehen. In diesem Kapitel wird nun die Preisbildung näher untersucht. Da die meisten Preise in der Marktwirtschaft sich auf den jeweiligen Gütermärkten (z. B. für Kaffee, Gold, Zahnpasta etc.) bzw. Faktormärkten (für Arbeitskräfte, Kapital, Boden) bilden, muss zunächst geklärt werden, was unter einem Markt verstanden werden soll.

6.1 Vollkommene und unvollkommene Märkte

Ein Markt ist definiert als der ökonomische Ort, an dem Angebot und Nachfrage zusammentreffen und an dem sich Preisbildung und Tausch vollziehen. Auf dem Markt werden Informationen darüber ausgetauscht, welche Mengen eines Gutes bei bestimmten Preisen nachgefragt werden und welche Mengen des gleichen Gutes zu welchen Preisen zu einem Zeitpunkt angeboten werden.

6.1.1 Vollkommener Markt

Ein vollkommener Markt ist durch folgende Merkmale charakterisiert:

1. Es handelt sich bei den angebotenen und nachgefragten Gütern um sachlich gleichartige (homogene) Güter, d. h., im strengen Sinne dürften sich die auf einem Markt gehandelten Güter unterschiedlicher Hersteller in nichts unterscheiden. Da dies in den seltensten Fällen möglich sein wird, spricht man von wirtschaftlich homogenen Gütern, wenn diese von den Nachfragern als gleichartig und gleichwertig angesehen werden (z. B. M8-Gewindeschrauben einer bestimmten Länge und Qualität verschiedener Hersteller).
2. Es gibt weder auf der Angebotsseite noch auf der Nachfrageseite personelle, räumliche und zeitliche Präferenzen. So verkaufen beispielsweise die Unternehmen ihre Endprodukte an jeden Nachfrager, der bereit ist, den geforderten Preis zu zahlen, unabhängig von seiner Person. Umgekehrt wird unterstellt, dass auch der Nachfrager beispielsweise beim Kauf von Brötchen nicht davon beeinflusst wird, ob der/die Verkäufer/in beim Bäcker A netter ist als bei Bäcker B. Außerdem kauft unser Konsument seine Brötchen ebenso gern bei Bäcker A, auch wenn er wesentlich weiter von seiner Wohnung

entfernt ist als Bäcker B.[1] Zusätzlich darf es keine unterschiedlichen Lieferzeiten auf einem vollkommenen Markt geben.

3. Anbieter und Nachfrager haben eine volle Marktübersicht, d. h., es herrscht eine vollkommene Markttransparenz. Ist der gesamte Markt für ein Gut nicht an einem Ort zusammengefasst und zu einem Zeitpunkt überschaubar, sind die Marktteilnehmer gezwungen, sich die notwendigen Informationen zu besorgen, um entscheiden zu können, was das günstigste Angebot für sie ist. Dieser Suchprozess verursacht so genannte Informationskosten. Bei vollkommener Markttransparenz sind diese gleich null.
4. Auf Preis- oder Mengenänderungen reagieren die Marktpartner äußerst schnell. Es wird eine unendlich große Reaktionsgeschwindigkeit unterstellt.

Sind diese (Modell-)Bedingungen erfüllt, resultiert daraus, dass auf einem vollkommenen Markt nur ein einheitlicher Preis existieren kann, zu dem alle Umsätze getätigt werden.

6.1.2 Unvollkommener Markt

Ein Markt wird dann als unvollkommen bezeichnet, wenn mindestens eine der obigen Modellbedingungen nicht erfüllt ist. So kann es sich z. B.

- um sachlich heterogene, statt um homogene Güter handeln,
- es können personelle, zeitliche oder räumliche, d. h., nicht das Gut betreffende, Präferenzen vorliegen,
- die Markttransparenz ist nicht gegeben und/oder
- die Marktteilnehmer können nicht so schnell reagieren, da sie beispielsweise nicht so schnell die Produktion umstellen können.

Diese Verletzungen der Prämissen des vollkommenen Marktes führen dazu, dass sich am unvollkommenen Markt für ein Gut unterschiedliche Preise bilden können oder ein anderer einheitlicher Gleichgewichtspreis als bei vollkommener Konkurrenz sich einstellt.

6.1.3 Klassifikation nach der Anzahl der Marktteilnehmer

Um die Marktformen zu charakterisieren, bietet es sich auch an, diese nach der Zahl der Anbieter und der Zahl der Nachfrager zu differenzieren. Eine solche Einteilung führt nach Stackelberg zu einer Neun-Felder-Matrix, die in Tab. 6.1 wiedergegeben ist.

Bei Vorliegen eines Polypols stehen vielen Anbietern viele Nachfrager gegenüber, die beide – in Relation zur Gesamtmenge – kleine Mengen anbieten bzw. nachfragen.

[1] Räumlich gesehen müsste ein vollkommener Markt ein so genannter Punktmarkt sein.

Tab. 6.1 Marktformen nach Stackelberg

		Anzahl der Anbieter		
		Viele	Wenige	Einer
Anzahl der Nachfrager	Viele	Polypol	Angebotsoligopol	Angebotsmonopol
	Wenige	Nachfrageoligopol	Zweiseitiges Oligopol	Beschränktes Angebotsmonopol
	Einer	Nachfragemonopol (Monopson)	Beschränktes Nachfragemonopol	Zweiseitiges Monopol

Als Oligopol bezeichnet man die Marktform(en), bei der (denen) sich auf der Seite des Angebots und/oder der Nachfrage nur wenige relativ große Marktpartner gegenüberstehen. Als Beispiel für ein Angebotsoligopol sei auf den Markt für Autobenzin verwiesen. Hier stehen wenige (große) Mineralölfirmen vielen Autofahrern gegenüber.

Monopol heißt eine Marktform, wenn auf der Seite des Angebots und/oder der Nachfrage einer Ware oder Dienstleistung nur ein Anbieter und/oder Nachfrager vorhanden ist. Ursache hierfür können z. B. bestimmte Kostenstrukturen sein. So wird bei so genannten natürlichen Monopolen von einer Degression der Durchschnittskosten (die im Wesentlichen die anfänglichen Investitionskosten umfassen) über den ganzen Outputbereich ausgegangen. Als klassische Beispiele mit solchen produktionstechnischen Skaleneffekten können die netz- und leitungsgebundenen Infrastruktureinrichtungen angeführt werden, da bei ihnen die Fix- und Gemeinkosten der Kapazitätsvorhaltung dominieren.

6.2 Marktgleichgewicht

In den vorangegangenen Kapiteln wurden in einer isolierten Betrachtungsweise die einzelnen Determinanten von Nachfrage und Angebot erklärt und behandelt, wie eine Gesamtnachfragekurve bzw. Gesamtangebotskurve zustande kommt. Eine entscheidende Determinante für beide Funktionen war der Preis. Stellt sich nun die Frage, wie sich der Marktpreis für ein Gut bildet, muss die Gesamtnachfrage und das -angebot nach diesem Gut gleichzeitig untersucht werden. Dabei wird zunächst ein vollkommener Markt vorausgesetzt.

Angenommen, die nachgefragten und angebotenen Mengen eines Gutes würden sich in Abhängigkeit vom Preis wie in Tab. 6.2 verhalten, so würde beispielsweise bei einem Preis von 400 € nur eine Einheit dieses Gutes nachgefragt, während die Unternehmer zu diesem Preis sieben Einheiten anbieten würden. Auf dem Markt wäre dann ein Überangebot von sechs Einheiten (Angebotsüberhang). Mit anderen Worten: sechs Einheiten ließen sich nicht zu diesem Preis verkaufen. Dagegen wäre die nachgefragte Menge bei einem Preis von beispielsweise 150 € um vier Einheiten höher als die angebotene Menge (Nachfrageüberhang).

Tab. 6.2 Marktgleichgewicht

Preis (in €)	Menge	
	Nachgefragte	Angebotene
0		
50	9	0
100	8	1
150	7	2
200	6	3
250	5	4
300	4	5
350	3	6
400	2	7
450	1	8
500	0	9

Nur beim Preis von 250 € ist die Nachfrage genauso groß wie das Angebot, sodass die vier bei diesem Preis produzierten Einheiten auch alle verkauft werden können, d. h., der Markt wird geräumt. Bei diesem Preis ist der Markt im Gleichgewicht, weshalb er auch als Gleichgewichtspreis (p′) bezeichnet wird; die zugeordnete Menge ist die Gleichgewichtsmenge (q′). In Abb. 6.1 und 6.2 wird evident, dass bei diesem Preis bzw. dieser Menge sich Nachfrage- und Angebotskurve schneiden.

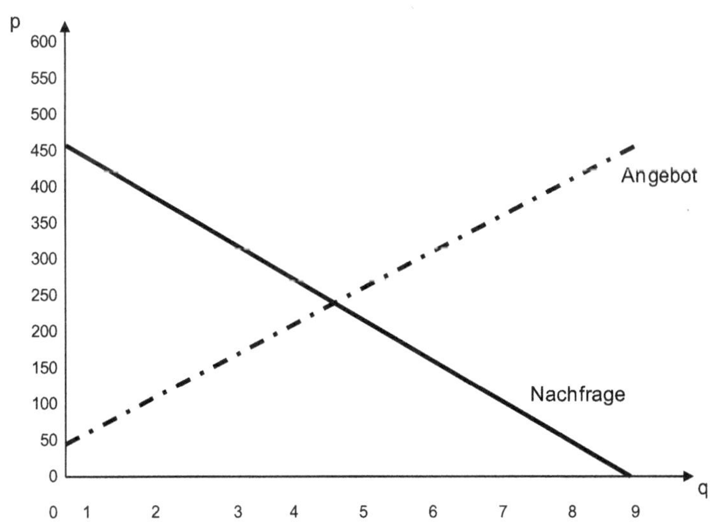

Abb. 6.1 Marktgleichgewicht

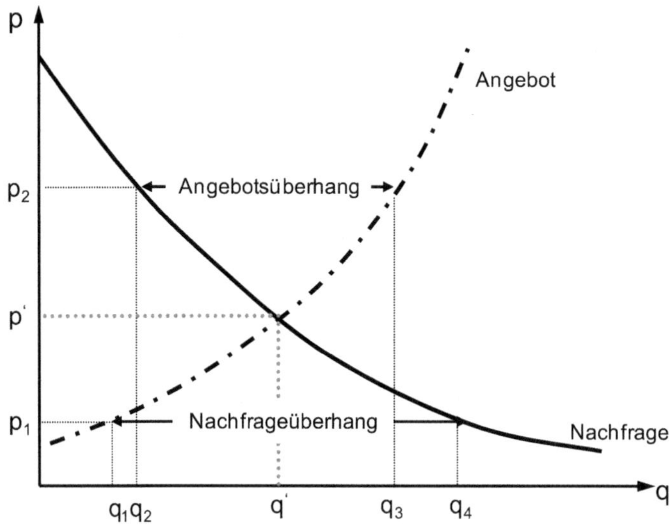

Abb. 6.2 Angebots- und Nachfrageüberhang

Über den Preis werden am Markt die unabhängig voneinander geplanten Mengen in Übereinstimmung gebracht. Deshalb wird in der Ökonomie auch von der Koordinierungsfunktion des Preises gesprochen.

Bei jedem Preis, der über dem Gleichgewichtspreis liegt ($p_2 > p_1$), ist die angebotene Menge größer als die nachgefragte. Dieser Angebotsüberhang beim Preis p_2 lässt sich als Differenz von q_3 und q_2 berechnen. Bei jedem Preis, der kleiner als der Gleichgewichtspreis ist ($p_1 < p'$), entsteht ein Nachfrageüberhang, da die Absichten der Marktteilnehmer auch hier voneinander abweichen; man subtrahiert entsprechend q_1 von q_4, um die zu viel nachgefragte Menge zu berechnen.

6.2.1 Vorteilhaftigkeit von Markttransaktionen

Kein Marktteilnehmer wird freiwillig ein Gut gegen ein anderes (bzw. Geld) tauschen, wenn er nach dieser Transaktion schlechter gestellt wäre als zuvor. Dies lässt sich mithilfe der Abb. 6.3 und 6.4 erklären.

Alle Konsumenten, die bereit wären, einen höheren Preis als den Gleichgewichtspreis für eine bestimmte Nachfragemenge zu zahlen, „sparen" diese Differenz. So spart der Nachfrager, der gemäß Tab. 6.2 eine Zahlungsbereitschaft von 400 € hat, 150 €, da er auf einem vollkommenen Markt nur den üblichen Marktpreis von 250 € zahlen wird. Analog lässt sich für die Konsumenten, die bis zur Gleichgewichtsmenge am Tausch teilnehmen,

Abb. 6.3 Konsumentenrente

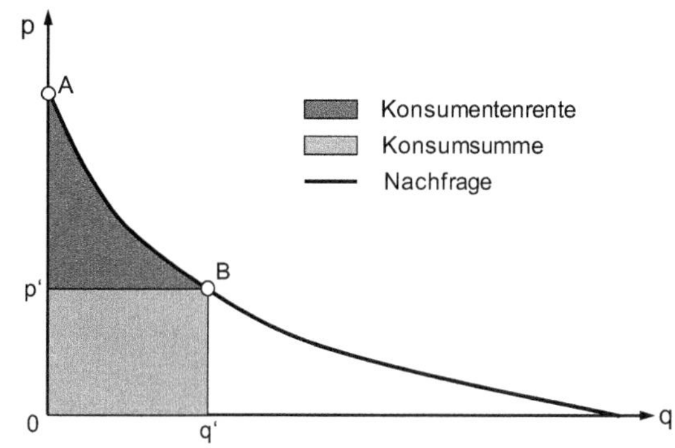

- ihre Zahlungsbereitschaft in Abb. 6.3 als die Fläche zwischen den Punkten 0-A-B-q′ darstellen.
- Zahlen müssen sie für die von ihnen insgesamt konsumierte Menge den Gleichgewichtspreis multipliziert mit der Gleichgewichtsmenge (= Konsumsumme), was der Fläche 0-p′-B-q′ entspricht.
- Subtrahiert man von der Zahlungsbereitschaft die Konsumsumme, so erhält man die Konsumentenrente (p′-A-B), welche die Vorteilhaftigkeit der Markttransaktion für die Nachfrager wiedergibt, die bereit wären, einen höheren Preis als den Marktpreis zu zahlen.

Für die Anbieter kann man eine ähnliche Überlegung anstellen. Alle Anbieter, die bereit wären, für einen niedrigeren Preis als den Gleichgewichtspreis das Gut zu verkaufen, können einen zusätzlichen Betrag einnehmen, der als Produzentenrente bezeichnet wird. Die Produzentenrente lässt sich berechnen, indem vom Erlös ($E = p' \cdot q'$) erst die variablen Kosten[2] subtrahiert und dann von diesem „Bruttogewinn" noch die fixen Kosten abgezogen werden.

Im oben genannten Zahlenbeispiel (Tab. 6.2) hat der Anbieter, der bereit gewesen wäre, eine Einheit des Gutes für 100 € zu verkaufen, zusätzliche Einnahmen in Höhe von 150 €,

Abb. 6.4 Produzentenrente

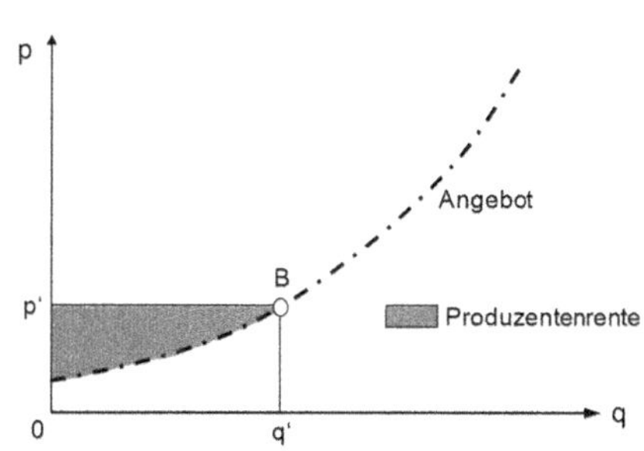

[2] Diese werden durch die Fläche unter der Angebotskurve wiedergegeben.

Abb. 6.5 Konsumenten- und Produzentenrente bei vollkommener Konkurrenz

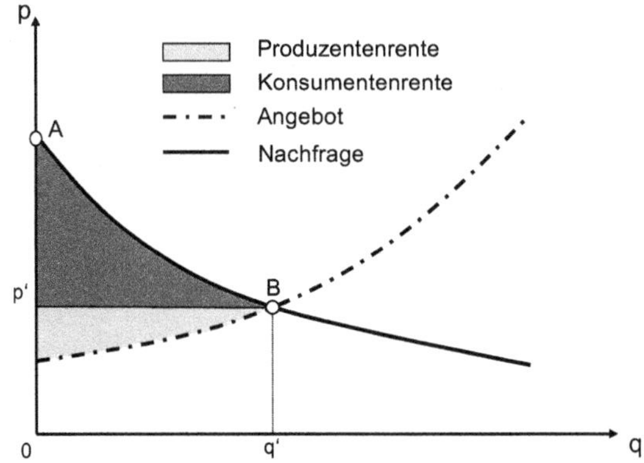

da er nun zum Marktpreis verkauft, d. h., auch für ihn hat die Transaktion einen Vorteil (vgl. Abb. 6.4 und 6.5).

6.2.2 Paretoeffizienz im Marktgleichgewicht

Das beschriebene Marktgleichgewicht ist eine solche paretoeffiziente Situation, wie sie bereits im Abschn. 4.2.5 wurde:

- Bei jeder Menge q^*, die geringer als die Gleichgewichtsmenge q' ist, gibt es mindestens einen Unternehmer, der bereit ist, eine zusätzliche Einheit des betrachteten Gutes zu einem (Anbieter-)Preis anzubieten, der geringer ist als der (Nachfrager-)Preis, den ein Konsument bei dieser Menge q^* für die zusätzliche Einheit zu zahlen bereit ist. Wenn nun diese Einheit produziert und zu einem Preis zwischen dem Anbieter- und Nachfragerpreis getauscht wird, wären beide besser gestellt. Deshalb muss jede Menge unterhalb der Gleichgewichtsmenge pareto-ineffizient sein.
- Bei jeder Menge q^{**}, die größer als die Gleichgewichtsmenge q' ist, ist die Zahlungsbereitschaft immer kleiner als der Preis, der notwendig wäre, damit mindestens ein Unternehmer eine zusätzliche Einheit anbieten würde.

6.2.3 Preiswirkungen von Nachfrage- und Angebotsveränderungen

Im Kap. 4 „Konsumtheorie“ wurde erläutert, warum sich die Nachfragekurve verschieben kann; ebenso wurden im Kap. 5 „Produktions- und Kostentheorie“ mögliche Gründe für eine Verschiebung der Angebotskurve angeführt. An dieser Stelle soll nun erläutert werden, wie sich diese Verschiebungen auf den Marktpreis auswirken.

Geht man zunächst von einer Erhöhung der Nachfrage bei konstantem Angebot aus, was einer Verschiebung von N_1 nach N_3 in Abb. 6.6 entspricht, so erkennt man, dass

Abb. 6.6 Verschiebung der Nachfragekurve bei unverändertem Angebot

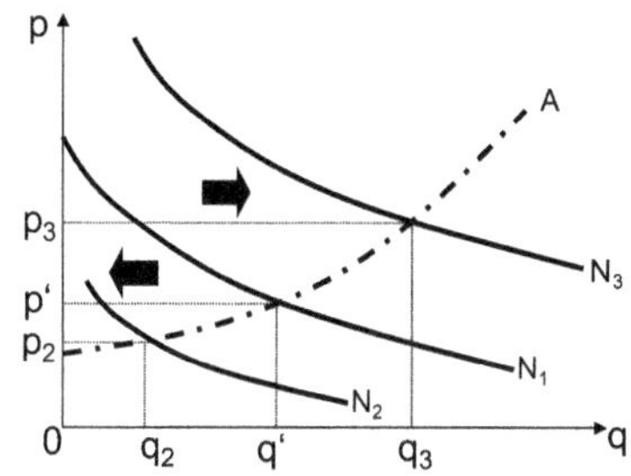

Abb. 6.7 Verschiebungen der Angebotskurve bei unveränderter Nachfrage

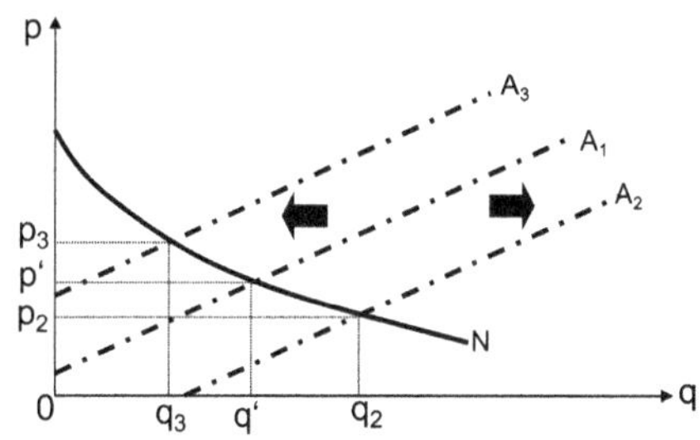

sich ein neues Marktgleichgewicht bei dem Preis p_3 und der Menge q_3 einstellt. Der neue Gleichgewichtspreis p_3 liegt höher als der originäre Gleichgewichtspreis p', ebenso hat sich die Gleichgewichtsmenge auf q_3 vergrößert. Umgekehrt führt ein Rückgang der Nachfrage beispielsweise auf N_2 auf Grund einer Einkommensreduzierung sowohl zu einem niedrigeren Gleichgewichtspreis (p_2) als auch zu einer geringeren Gleichgewichtsmenge (q_2).

Entsprechend führt eine Erhöhung der Angebotsmenge (z. B. auf Grund des technischen Fortschritts) bei unveränderter Nachfrage zu einer Preissenkung (p_2) und einer Verschiebung der Angebotskurve von A_1 nach A_2 (Abb. 6.7). Eine Einschränkung des Angebots (Verschiebung der Angebotskurve nach links) führt zu einer Reduktion der Gleichgewichtsmenge (q_3) und zu einer Erhöhung des Gleichgewichtspreises (p_3).

6.2.4 Anpassungsprozesse: Spinnweb-Theorem

Wenn wie bisher der Zeitfaktor außer Betracht gelassen wird (statisches Modell) und eine sofortige Reaktion der Angebotsseite auf Nachfrageveränderungen (et vice versa) unterstellt wird, dann ergibt sich z. B. bei einer Rechtsverschiebung der Nachfragekurve sofort eine Preiserhöhung, die zu einer Angebotsausweitung und somit zu einem neuen Marktgleichgewicht führt. Diese Unterstellung entspricht jedoch nicht unbedingt der Realität. Unvollkommenheiten des Marktes, wie z. B. mangelnde Information, führen oft zu verzögerten Anpassungen.

Abb. 6.8 Spinnweb-Theorem: Konvergierender Fall

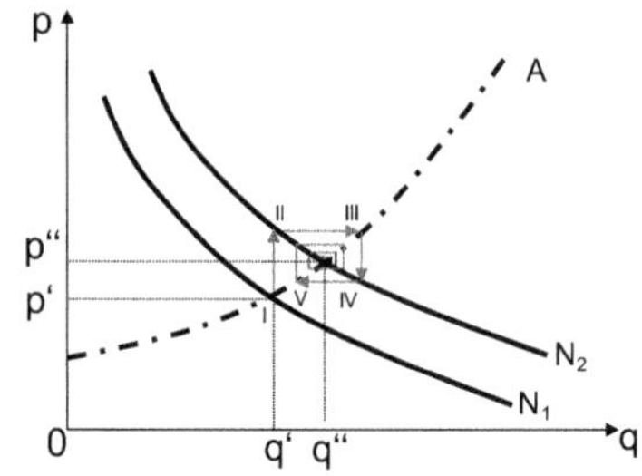

Abb. 6.9 Spinnweb-Theorem: Divergierender Fall

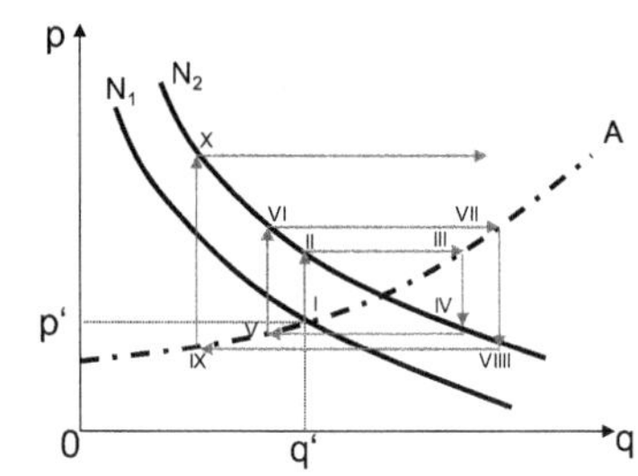

Als dynamisches Modell sei hier das Spinnweb-Theorem (englisch Cobweb-Theorem) erörtert (vgl. Abb. 6.8, 6.9 und 6.10), das von folgenden Annahmen ausgeht:

- das Angebot sei kurzfristig starr, d. h., die Angebotsmenge kann beispielsweise auf Grund längerer Produktionszeiten kurzfristig nicht erhöht werden; dies gilt insbesondere für landwirtschaftliche Erzeugnisse, die erst wachsen müssen;
- die Produzenten orientieren sich bei der Planung des Angebots immer am augenblicklichen Preis und nicht am langfristigen Gleichgewichtspreis;
- die Nachfrage erhöhe sich, beispielsweise auf Grund einer Änderung der Präferenzen der Konsumenten, von N_1 auf N_2;
- vor dieser Nachfrageerhöhung (Periode t_0) war der Markt bei einem Preis von p' und einer Menge q' im Gleichgewicht (Punkt I).

Abb. 6.10 Spinnweb-Theorem: Periodischer Fall

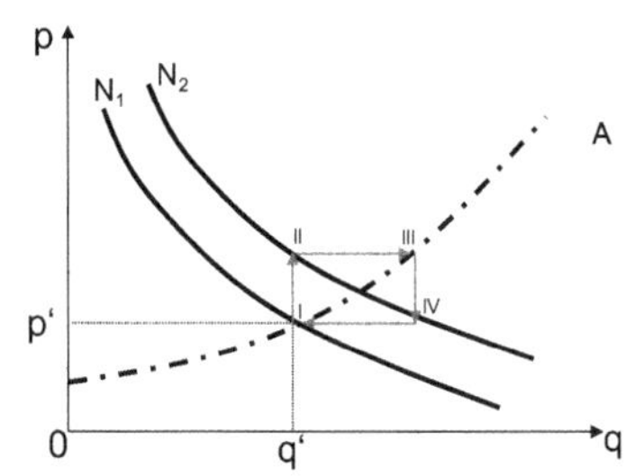

Je nach Elastizität von Angebot und Nachfrage werden drei Fälle unterschieden:

Konvergierender Fall
Auf Grund der Nachfrageerhöhung stellt sich in der Periode t_0, da die Angebotsmenge kurzfristig nicht ausgeweitet werden kann, ein höherer Preis in Punkt II der neuen Nachfragekurve ein. Gehen nun die Anbieter davon aus, dass dieser neue (höhere) Preis auch in der nächsten Periode t_1 gelten wird, dehnen sie entsprechend ihrer (langfristigen) Angebotskurve die Angebotsmenge aus (Punkt III), die größer ist als die ursprüngliche Gleichgewichtsmenge. Die in Periode t_1 angebotene Menge wird von den Nachfragern aber nur zum geringeren Preis abgenommen (Punkt IV), worauf die Unternehmen in der darauffolgenden Periode t_2 die Produktion reduzieren und eine geringere Menge (Punkt V) anbieten, die aber immer noch größer als die ursprüngliche Menge ist.

Der Anpassungsprozess verläuft in gleicher Weise weiter fort, bis sich das neue Marktgleichgewicht (p'', q'') eingestellt hat. Es wird dabei evident, dass die sich gegenseitig auslösenden Preis-Mengen-Ausschläge von Periode zu Periode abnehmen.

Divergierender Fall
Hierbei wird angenommen, dass die Ausschläge sich von Periode zu Periode immer mehr verstärken und damit immer mehr vom Gleichgewicht abweichen. Die Entwicklung führt damit immer weiter vom Schnittpunkt (= erwartetes Gleichgewicht) fort und es dauert nicht lange, bis man ökonomisch sinnlose Preis-Mengen-Kombinationen erhält, die die Gültigkeit des Modells aufheben (Abb. 6.9). Praktische Bedeutung dürfte diesem divergierenden Modell bestenfalls im Bereich von Spekulationen u. Ä. zukommen.

Periodischer Fall
In diesem Fall (auch Karusselmodell genannt) liegt ein periodischer Zyklus vor, bei dem die Anbieter bei steigenden Preisen ihre Angebotsmenge immer im gleichen Maße steigern und sie dann in der nächste Periode auf die Ursprungsmenge zurücknehmen, um sie dann wieder auf die vor zwei Perioden erreichte Menge zu bringen (Abb. 6.10).

Ein Beispiel für einen solchen periodischen Fall ist der für die Zeit vor 1914 in die Literatur eingegangene Zyklus für Schweinefleisch, weshalb er auch bei anderen Produkten als Schweinezyklus bezeichnet wird. Dieser originäre Schweinezyklus war darauf zurückzuführen, dass das Angebot von Mastschweinen mit einer zeitlichen Verzögerung auf Änderungen des Verhältnisses zwischen Schweinefleisch- und Mastfutterpreis reagierte und infolge der Vielzahl der Anbieter eine Absprache unter den Produzenten nicht möglich war.

6.3 Preisbildung in unterschiedlichen Marktformen

6.3.1 Polypolpreisbildung

Der im Abschn. 6.2 „Marktgleichgewicht" dargestellte Prozess entspricht im Wesentlichen der Preisbildung im Polypol (Abb. 6.11). Bei vollständiger Konkurrenz[3] ist der Preis für die Anbieter ein Datum, da sie diesen aufgrund ihrer im Verhältnis zur Gesamtangebotsmenge kleinen Angebotsmenge nicht beeinflussen können. Würde ein Polypolist einen Preis verlangen, der nur minimal über dem Marktpreis läge, so würde (bei homogenen Gütern, vollkommener Markttransparenz und unendlicher Reaktionsgeschwindigkeit) die Nachfrage nach seinem Produkt sofort auf null zurückgehen, weil die Nachfrager das Produkt bei den anderen, günstigeren Anbietern kaufen würden; bei einem Preis unter dem Marktpreis würde er die gesamte Nachfrage am Markt auf sich ziehen und schnell an seine Kapazitätsgrenze stoßen. Polypolisten können dementsprechend keine Preispolitik betreiben, sondern können sich nur über ihre Produktions- bzw. Angebotsmengen am Markt anpassen (Mengenanpasser). Wie in Abschn. 5.5 „Die Ermittlung der Angebotsfunktion eines Unternehmens" gezeigt wurde, ist der Grenzerlös für Unternehmen, die sich an den Preis anpassen müssen, gleich diesem (Markt-)Preis. Deshalb liegt beim Polypol eine Sonderform der Gewinnmaximierungsregel für den einzelnen Unternehmer vor:

$$\text{Grenzerlös} = \text{Preis} = \text{Grenzkosten},$$
$$E' = p = K'.$$

Abb. 6.11 Preisbildung im Polypol

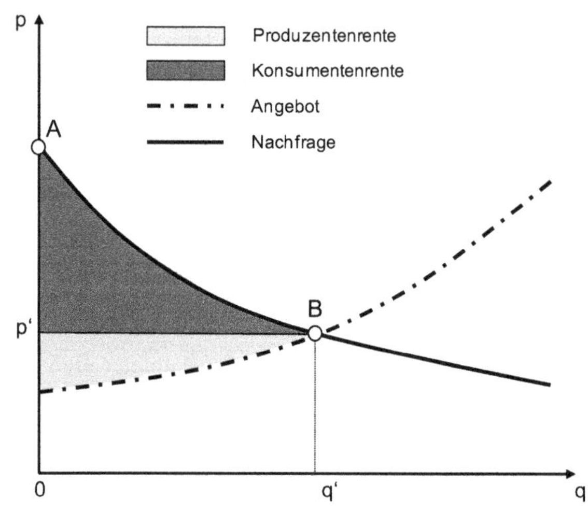

[3] Ein vollkommener Markt im Polypol wird auch als vollständige Konkurrenz oder atomistische Konkurrenz bezeichnet.

Die Zusammensetzung der Gesamtangebotsfunktion im Polypol kann man sich so vorstellen, dass jeder einzelne Punkt auf der Angebotskurve einen Anbieter darstellt. Da die Kurve normalerweise eine positive Steigung aufweist, sind diese Anbieter entsprechend der Höhe ihrer Angebotspreise bzw. ihrer Grenzkosten geordnet.

Analog kann man sich die Nachfragekurve aus einzelnen Haushalten zusammengesetzt vorstellen, die nach der Reihenfolge ihrer Zahlungsbereitschaft geordnet sind.

Der Preis, der sich auf dem Gesamtmarkt ergibt, lässt sich im Polypol, genau wie im Abschn. 6.2 „Marktgleichgewicht" beschrieben, ermitteln, indem die Konstellation gesucht wird, bei der die nachgefragte Menge gleich der angebotenen Menge ist. Auf einem solchen Markt stellt sich ein Gleichgewichtspreis in Höhe von p' bei einer Gleichgewichtsmenge von q' ein.

Wie wirkt sich dieser Marktpreis auf den Output und den Gewinn einzelner Unternehmen aus? Dazu untersuchen wir drei Unternehmen A, B und C mit den in Abb. 6.12 wiedergegebenen Kostensituationen.

Alle drei Unternehmen planen (kurzfristig) ihre Produktionsmengen nach der Gewinnmaximierungsregel ($E' = p = K'$). Unternehmen A kann bei dem Marktpreis von p' einen Gewinn realisieren, der sich aus der Multiplikation des Stückgewinns und seiner Absatzmenge q_A ergibt. Der Stückgewinn ist die Differenz zwischen dem Marktpreis p' (Stückerlös) und den durchschnittlichen Kosten (Stückkosten) bei der Absatzmenge q_A. Dagegen muss der Unternehmer B einen Verlust hinnehmen, da seine Stückkosten bei seiner Absatzmenge q_B über dem erzielbaren Preis liegen. Unternehmen C kann gerade seine Kosten decken und kann c. p. auch langfristig im Markt verbleiben. Es wird als marginaler Anbieter bzw. Grenzanbieter bezeichnet.

Wenn nun die Unternehmen erwarten, dass sich der Marktpreis langfristig nicht ändert, scheiden Unternehmen des Typs B aus dem Markt aus, da sie auf Dauer mit dieser Produktion nicht ihre Stückkosten decken können.[4] Hingegen können Unternehmen des Typs A möglicherweise durch den Ausbau ihrer Produktionskapazitäten ihre Gewinne noch steigern.[5] Zudem kann angenommen werden, dass neue Produzenten angelockt werden, wenn

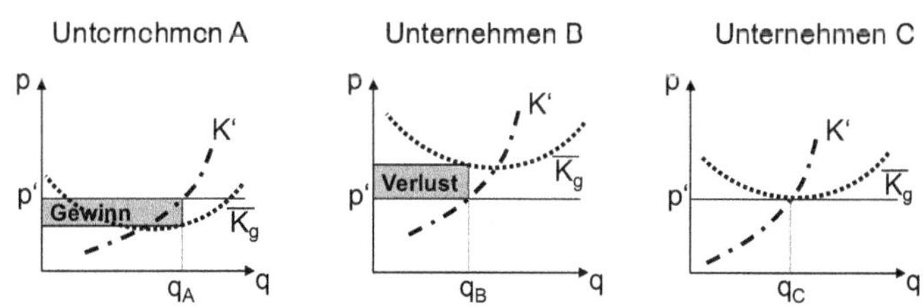

Abb. 6.12 Kurzfristige Auswirkungen auf den Unternehmensgewinn

[4] Liegt der Preis sogar unter den variablen Stückkosten, würde das Unternehmen B sofort die Produktion einstellen.

[5] Bei einer kurzfristigen Betrachtungsweise muss die Produktionskapazität als gegeben angesehen werden, während sie langfristig durchaus variabel sein kann.

bereits anbietende Unternehmen Gewinne erwirtschaften. Durch den Markteintritt mehrerer neuer Unternehmen wird die Gesamtangebotsmenge erhöht, sodass sich ein niedrigerer Marktpreis ergibt. Bisherige Grenzanbieter scheiden aus dem Markt aus und die Gewinne der Unternehmen vom Typ A schrumpfen. Dieser Prozess dürfte solange anhalten, bis alle im Markt verbliebenen Unternehmen Grenzanbieter sind. Das bedeutet, dass auch die Gesamtangebotskurve als Grenzkostenkurve aller Polypolisten gedeutet werden kann.

Nun stellt sich die Frage, wenn im Polypol tatsächlich langfristig keine Gewinne erzielt werden, warum Unternehmer dann überhaupt in einem solchen Markt anbieten. Dabei wird in der Regel übersehen, dass das Unternehmereinkommen nicht mit dem Unternehmergewinn gleichzusetzen ist. Vielmehr ist der Unternehmergewinn neben dem Unternehmerzins, der Unternehmergrundrente und dem Unternehmerlohn nur ein Teil des Unternehmereinkommens.[6] Unternehmerzins, Unternehmergrundrente und Unternehmerlohn sind (kalkulatorische) Kosten für die von ihm selbst zur Verfügung gestellten Produktionsfaktoren in Form von Eigenkapital, eigenen Grundstücken und eigener Arbeitsleistung bei der Unternehmensführung. Somit kann es für einen Unternehmer durchaus lohnend sein, sich in einem Markt als Anbieter zu betätigen, auch wenn sein Unternehmergewinn langfristig gegen Null strebt.

6.3.2 Monopolpreisbildung

Gewinnmaximales Gleichgewicht beim Angebotsmonopol

Im Gegensatz zur vollständigen Konkurrenz ist beim Monopol das Gesamtangebot identisch mit dem Angebot eines Anbieters, dem des Monopolisten. Ebenso stellt die Gesamtnachfrage die individuelle Absatzfunktion des Monopolisten dar, da sein Marktanteil (definitionsgemäß) 100 % beträgt. Deshalb kann der Monopolist sein Angebot dahingehend planen, dass er

- entweder zu einem von ihm festgesetzten Preis (Preisfixierer) über die Nachfragefunktion seine Absatzmenge berechnet oder
- zu einer von ihm festgesetzten Menge (Mengenfixierer) über die Nachfragefunktion den Preis bestimmt.

Während bei der vollständigen Konkurrenz die Unternehmen den Gleichgewichtspreis akzeptieren müssen und sich nur mit ihrer Menge anpassen können (Mengenanpasser), hat der Monopolist die Wahl, ob er den Preis oder die Menge fixiert.

Um seinen Gewinn zu maximieren, plant der Monopolist seine Absatzmenge entsprechend der im Abschn. 5.5 „Die Ermittlung der Angebotsfunktion eines Unternehmens“ entwickelten Regel zur Gewinnmaximierung: Grenzkosten gleich Grenzerlös (vgl. zum Folgenden auch das Zahlenbeispiel in Tab. 6.3 und Abb. 6.13).

[6] Unternehmergewinn + Unternehmerzins + Unternehmergrundrente + Unternehmerlohn = Unternehmereinkommen.

Tab. 6.3 Monopolpreisbildung

Menge	Preis	Gesamterlös	Gesamtkosten	Gewinn	Grenzerlös	Grenzkosten	Grenzgewinn
q	p	$E = p \cdot q$	K	$G = E - K$	$dE/dq = E'$	K'	$G' = E' - K'$
	$p = 200 - 20q$	$E = 200q - 20q^2$	$K = 150 + 4{,}5q^2$		$E' = 200 - 40q$ bzw. $E' = E(q_{n+1}) - E(q_n)$	$K' = 9q$ bzw. $K' = K(q_{n+1}) - K(q_n)$	$G' = 200 - 49q$ bzw. $G' = G(q_{n+1}) - G(q_n)$
0	200	0	150	−150			
					180	4,5	175,5
1	180	180	154,5	25,5			
					140	13,5	126,5
2	160	320	168	152			
					100	22,5	77,5
3	140	420	190,5	229,5			
					60	31,5	28,5
4	120	480	222	258			
					20	40,5	−20,5
5	100	500	262,5	237,5			
					−20	49,5	−69,5
6	80	480	312	168			
					−60	58,5	−118,5
7	60	420	370,5	49,5			
					−100	67,5	−167,5
8	40	320	438	−118			
					−140	76,5	−216,5
9	20	180	514,5	−334,5			
					−180	85,5	−265,5
10	0	0	600	−600			

Entgegen dem Fall der vollständigen Konkurrenz stellt der Preis für den Monopolisten kein Datum dar. Daher ist sein Grenzerlös nicht gleich dem Preis und muss über den Gesamterlös berechnet werden:

Der Gesamterlös ergibt sich aus dem Preis mal der abgesetzten Menge. Da die Nachfragefunktion (= Absatzfunktion des Monopolisten) eine negative Steigung hat, fällt mit zunehmender Absatzmenge der Preis (vgl. Spalte 1 und 2 der Tab. 6.3 und Abb. 6.13). Der Gesamterlös steigt im elastischen Bereich der Nachfragekurve, da die für eine einprozentige Erhöhung der Absatzmenge erforderliche Preissenkung weniger als 1 % beträgt. Er erreicht sein Maximum bei einer Preiselastizität der Nachfrage von 1 und fällt dann bis auf null (beim Preis von 0 € und einer maximal absetzbaren Menge von 10) (vgl. Spalte 3 der Tab. 6.3 und Abb. 6.13a). Dies resultiert daraus, dass der bisherige Erlös zwar um

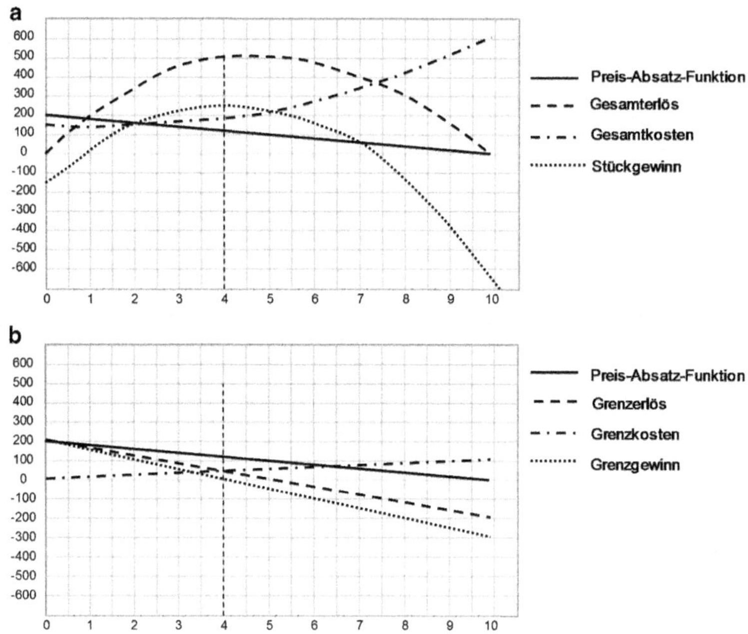

Abb. 6.13a,b Preisbildung im Angebotsmonopol

den Preis für die zusätzliche Einheit erhöht wird, gleichzeitig jedoch für die bisherigen Mengen ein niedrigerer Preis erzielt wird.

Im Falle einer linearen Nachfragefunktion fällt der Grenzerlös doppelt so schnell wie der Preis, d. h., er hat die doppelte negative Steigung im Vergleich zur Nachfragefunktion und schneidet deshalb die Abszisse bei der Hälfte der maximal absetzbaren Menge (Abb. 6.13b). Da der Grenzerlös in diesem Punkt gleich null wird, muss bei dieser Menge der Gesamterlös sein Maximum erreichen (vgl. Spalten 6 und 3 der Tab. 6.3 und Abb. 6.13).

Die Gesamt- und Grenzkosten bzw. der Gewinn und der Grenzgewinn können den Spalten 4 und 7 bzw. 5 und 8 der Tab. 6.3 und Abb. 6.13 entnommen werden.

Handelt es sich bei dem produzierten Gut um ein Produkt, das nicht teilbar ist, so liegt das Gewinnmaximum gemäß Tab. 6.3 bei der Menge 4 Stück und beträgt 258 €. An den Spalten 6 und 7 wird jedoch evident, dass die Werte für den Grenzerlös und die Grenzkosten bei vier verkauften Einheiten sehr nahe beieinander liegen, jedoch nicht identisch sind.

Bei einem teilbaren Gut (z. B. Sand, Zucker, Heizöl etc.) muss der exakte Wert noch berechnet werden. Dazu bietet sich die analytische Methode an:

$$
\begin{aligned}
p &= 200 - 20q, \\
E &= p \cdot q = 200q - 20q^2, \\
E' &= 200 - 40q, \\
K &= 150 + 4{,}5q^2, \\
K' &= 9q.
\end{aligned}
$$

Mit der Gewinnmaximierungsregel folgt daraus:

$$
\begin{aligned}
E' &= K', \\
200 - 40q^* &= 9q^*, \\
\rightarrow q^* &= \frac{200}{49} = 4{,}08.
\end{aligned}
$$

Über die Nachfragefunktion kann nun der Preis berechnet werden

$$p^* = 200 - 20q^* \approx 118{,}37\,€.$$

Bei teilbaren Gütern verkauft unser Monopolist also 4,08 Einheiten zum Preis von 118,37 €/Einheit und erzielt damit einen Erlös von 483,14 € bei Kosten von 224,97 €, sodass ihm ein Gewinn von 258,17 € verbleibt.[7]

In Abb. 6.14[8] ermittelt man den (Monopol-)Preis, indem man vom Schnittpunkt der Grenzerlös- und Grenzkostenkurve (Punkt I) senkrecht nach oben auf die Nachfragekurve geht (Punkt C) und von dort horizontal zur Ordinate (Preisachse) wechselt (p_m). Die so gefundene Preis-Mengen-Kombination C heißt Cournot'scher Punkt.[9]

Der Erlös des Monopolisten, das Produkt aus Absatzpreis und -menge, entspricht gemäß seiner Definition, nämlich Preis mal Menge, der Fläche 0-p_m-C-q_m. Die durchschnittlichen Stückkosten für diese Menge q_m können im Punkt II abgelesen werden, sodass die Gesamtkosten sich aus der Multiplikation dieser durchschnittlichen Stückkosten mit der Menge q_m ergeben und der Fläche 0-$\overline{K_{g,m}}$-II-q_m entsprechen. Die verbleibende Fläche $\overline{K_{g,m}}$-p_m-C-II ist der Gewinn.

[7] Dieses exakte Ergebnis wäre sicherlich durch Berechnen und Vergleichen der einzelnen Werte in einer Tabelle sehr mühsam zu ermitteln und nur sehr ungenau in einer Zeichnung abzulesen.

[8] Analog in Abb. 6.13a.

[9] Die historisch früheste Lösung des Preisbildungsproblems im Monopol sowie im Oligopol (siehe unten) stammt von dem französischen Nationalökonomen Augustin Cournot (1801–1877).

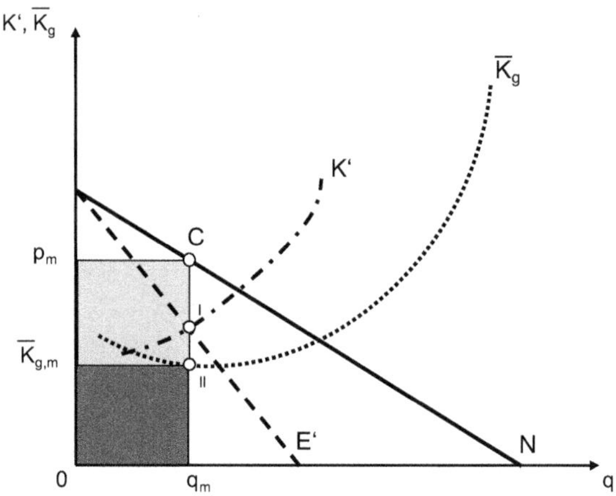

Abb. 6.14 Gewinn im Monopol

In Abb. 6.14 kann man zusätzlich Bestätigung dafür finden, dass bei dieser optimalen Preis-Mengen-Kombination

- der Grenzgewinn 0 ist,
- der Abstand zwischen Erlös- und Kostenkurve maximal ist und
- damit auch der Gewinn maximal ist.

Es zeigt sich, dass der Preis für die optimale Menge höher liegt als die Grenzkosten. Unter der Voraussetzung, dass die Grenzkosten von Unternehmungen, die sich in Konkurrenz befinden, die gleichen sind wie bei einer monopolistischen Unternehmung, ist also der Preis im Monopol höher (die angebotene Menge geringer) als bei vollständiger Konkurrenz, da der Konkurrenzpreis bzw. die -menge durch den Schnittpunkt von Grenzkostenkurve und Nachfragekurve ermittelt würde. Diese Schlechterstellung der Nachfrager reicht jedoch aus ökonomischer Sicht nicht aus, um zu begründen, warum Polypole effizienter sind als Monopole, da gesamtwirtschaftlich betrachtet die Nachteile der Nachfrager zusammen mit den Vorteilen des Anbieters abgewogen werden müssen. Für diese Abwägung bietet sich das Instrumentarium der Konsumenten- und Produzentenrente an (vgl. Abb. 6.15).

Auf Grund des im Vergleich zum Polypolpreis (p) höheren Monopolpreises (p_m) und der im Vergleich geringeren Menge im Monopol (q_m) relativ zum Polypol (q_p) kann sich der Monopolist einen Teil (p_p-p_m-C-II) der polypolistischen Konsumentenrente (p_p-III-IV) aneignen. Der an den Monopolisten übergegangene Teil der ursprünglichen Konsumentenrente erhöht dessen Produzentenrente um den gleichen Betrag, sodass gesamtwirtschaftlich (d. h., für beide zusammen) betrachtet weder ein Gewinn noch ein Verlust insgesamt auftritt. Allerdings geht den Konsumenten im Vergleich zum Polypol zusätzlich die Fläche II-C-IV verloren, da sie bei vollständiger Konkurrenz die zusätzliche Menge ($q_p - q_m$) zum Preis von p_p gekauft hätten.

Abb. 6.15 Vergleich der Renten im Monopol und Polypol

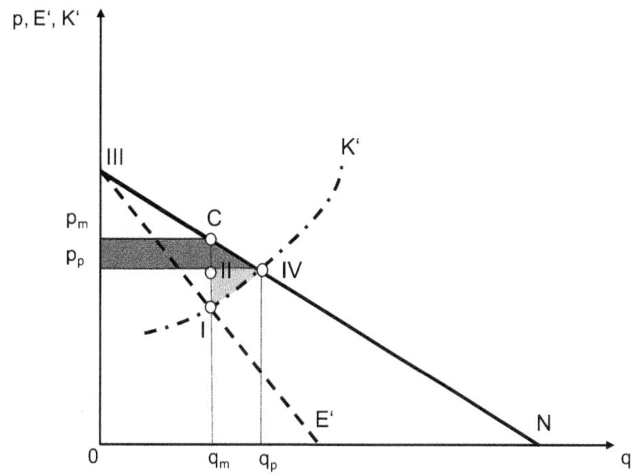

Entsprechend dieser Mengendifferenz hat auch der Monopolist einen Verlust an Produzentenrente, der der Fläche I-II-IV entspricht. Gesamtwirtschaftlich geht also beim Monopol im Vergleich zum Polypol eine (Gesamt-)Rente entsprechend der Fläche I-C-IV verloren.

Festgehalten werden muss jedoch, dass auch ein Monopolist nicht, wie von vielen irrtümlich angenommen, irgendwelche „Mondpreise" realisieren kann. Er ist, wie alle anderen Unternehmen auch, von der Nachfrage abhängig. Außerdem gibt es gute Gründe für ihn, auf eine am Cournot'schen Punkt ausgerichtete Preispolitik zu verzichten, wenn es sich nicht um einen abgeschlossenen Markt handelt, d. h., der Marktzugang auch für zusätzliche Anbieter, die durch hohe Gewinnmöglichkeiten angelockt werden, möglich ist. Treten neue Konkurrenten auf dem Markt auf, wandelt sich die Marktsituation des Monopols in eine des Oligopols oder Polypols. Solche Märkte werden als bestreitbare Märkte bezeichnet. Auch besteht die Möglichkeit einer Substitutionskonkurrenz, die sich durchaus auch erst mithilfe des technischen Fortschritts etablieren kann. So wurde beispielsweise das in den meisten Ländern den Postgesellschaften vom Staat eingeräumte (Leitungs-)Übertragungsmonopol in Bezug auf den Telefonverkehr obsolet, da die Satelliten- und Richtfunktechnik den Aufbau (billigerer) Funknetze ermöglichte, sodass dadurch eine weltweite Privatisierungswelle im Telefonbereich ausgelöst wurde.

Preisdifferenzierung bzw. Preisdiskriminierung

Der Monopolist kann seine Gewinnsituation noch verbessern, wenn es ihm gelingt, einen Teil der Konsumentenrente (in Abb. 6.15 Fläche p_m-III-C) abzuschöpfen. Diese Möglichkeit eröffnet sich ihm nur, wenn er es schafft, den Markt zu teilen und auf den dann unterschiedlichen Märkten verschiedene Preise zu verlangen, wobei er für jeden Einzelmarkt wieder die Gewinnmaximierungsregel anwenden kann. Der jeweilige Verlauf der Grenzerlöskurve ($E'_1, E'_2, \ldots$) hängt entsprechend von der jeweiligen Nachfrage des Einzelmarktes ab. Die Grenzkosten (K') variieren mit der Gesamtproduktionsmenge ($q = q_1 + q_2 + \ldots$).

Da die Grenzkosten nun für alle Teilmärkte gleich sind, müssen auch die Grenzerlöse auf den Teilmärkten gleich groß sein: $K' = E_1' = E_2' = \ldots$

Die Teilung des Gesamtmarktes kann z. B. wie folgt geschehen:

- Verkauft der Monopolist beispielsweise im Inland sein Produkt zu einem anderen Preis als im Ausland, liegt eine räumliche Trennung vor. Je größer die Entfernung ist bzw. je schlechter die Verkehrsverbindungen sind, desto eher ist eine Preisdifferenzierung durchsetzbar.
- Eine zeitliche Trennung erreicht z. B. die Telekom durch die unterschiedlichen Tarife entsprechend der Tageszeit.
- Unterschiedliche Tarife für verschiedene Altersgruppen oder für „Clubmitglieder" und Nichtmitglieder sind als eine personenbezogene Trennung zu kategorisieren.

Monopolistischer Wettbewerb/unvollkommenes Polypol

In vielen Bereichen des täglichen Konsums präferieren wir Produkte gegenüber anderen aufgrund ihrer Eigenschaften. So bestimmen Geschmack, Image oder das Erscheinungsbild unsere Kaufentscheidung. Das im Kern gleiche Produkt wird somit von verschiedenen Nachfragern unterschiedlich wahrgenommen.

Ein Beispiel: Das Angebot an Mineralwasser scheint grenzenlos. Geschmacksbeimischungen, CO_2-Anteil oder Inhaltsstoffe beeinflussen die Produktwahl. Somit hat ein Unternehmen eine monopolistische Stellung, wenn sich Kunden an dieses Produkt gewöhnt haben, dieses Produkt regelmäßig erwerben und/oder sich mit diesem identifizieren. Dies ist jedoch nur solange der Fall, solange der Preis annähernd stabil bleibt. Versucht der Anbieter seine Stellung gegenüber den Nachfragern auszunutzen, werden diese zum Teil zu kostengünstigeren Anbietern wechseln und damit ihre primären Präferenzen zugunsten des Preisvorteils aufgeben. Man spricht bei einer solchen Konstellation, die auf den meisten Märkten von Gütern des täglichen Bedarfs besteht, von monopolistischen Wettbewerbsmärkten.

Diese monopolistischen Wettbewerbsmärkte können wie folgt charakterisiert werden:

- am Markt befinden sich mehrere Anbieter und viele Nachfrager,
- die am Markt befindlichen Unternehmen konkurrieren mit substituierbaren Produkten, die allerdings nicht identisch sind (Produktdifferenzierung),
- die Produkte sind heterogen, da sich seitens der Nachfrager Präferenzen herausgebildet haben,
- neue Unternehmen können leicht auf den Markt gelangen (geringe/keine Markteintrittsbarrieren) bzw. diesen verlassen,
- die Nachfrager sind nicht vollständig über die Preissetzung auf dem Gesamtmarkt informiert.

In der Anfangsphase, d. h., wenn ein Anbieter mit einem neuen, innovativen Gut auf den Markt tritt, entspricht die Preis- und Gewinnbildung dem Monopolfall. Jedes Unternehmen, welches auf den Markt kommt, hat aufgrund der Produktdifferenzierung eine

Monopolstellung. Die Nachfragekurve ist nach unten geneigt. Das Unternehmen kann nach monopolistischem Vorbild Gewinne erwirtschaften, indem es die gewinnmaximale Menge im Schnittpunkt von Grenzerlös- und Grenzkostenkurve ($E' = K'$) wählt und infolge dessen den Preis im Cournot'schen Punkt festlegt. Der Gewinn in der 1. Phase (Abb. 6.16) bestimmt sich mathematisch aus der Menge q_m[10] multipliziert mit der Differenz aus Preis p_m und minimalen Durchschnittskosten $\overline{K_{g,m}}$.

Auf lange Sicht werden allerdings weitere Anbieter von dieser Marktlage partizipieren wollen, was durch die nicht vorhandenen Eintrittsbarrieren möglich ist. Die Zahl der Konkurrenten erhöht sich. Damit verbunden wird sich die Nachfragerkurve des betrachteten Unternehmens abflachen, da aus einem breiteren Produktangebot gewählt werden kann und einige Kunden den Anbieter wechseln werden. Dadurch wird es zum einen zu einer Linksverschiebung und zum anderen zu einer Abflachung der Preis-Absatz-Funktion kommen. Die abgesetzte Menge und der Preis gehen zurück. Flacht sich die Nachfragekurve soweit ab, dass sie die Durchschnittskostenkurve tangiert (Abb. 6.17), wird die gewinnmaximale Situation erreicht, wobei in dieser Situation bzw. in diesem Punkt (p_m, q_m) der zu erzielende Gewinn für das jeweilige Unternehmen null ist ($p_m = \bar{K}$).

Das langfristige Gleichgewicht auf monopolistischen Wettbewerbsmärkten zeichnet sich somit dadurch aus, dass

- analog zum Monopol die Preise oberhalb der Grenzkosten liegen; dies begründet sich darin, dass die Grenzerlöse den Grenzkosten entsprechen und infolge der geneigten Nachfragekurve der zugehörige Grenzerlös unterhalb des Preises verläuft und
- infolge des freien Markteintritts analog zum Wettbewerbsmarkt/Polypol der Preis den Durchschnittskosten entspricht.

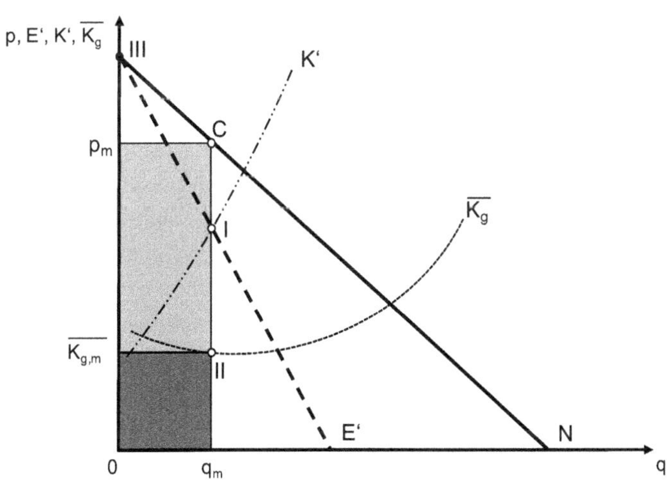

Abb. 6.16 Anfangssituation im monopolistischen Wettbewerb/unvollkommenes Polypol

[10] Der Index „up" steht im Folgenden für „unvollkommenes Polypol".

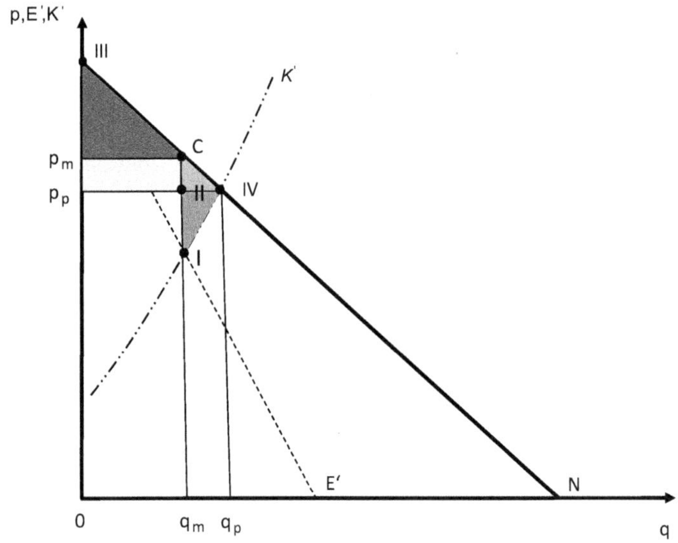

Abb. 6.17 Gleichgewichtssituation im langfristigen monopolistischen Wettbewerb/vollkommenen Polypol

Dennoch besitzt das Unternehmen aufgrund der Produktdifferenzierung weiterhin Monopolstellung.

Vergleicht man die Gleichgewichtssituationen des langfristigen monopolistischen Wettbewerbs und des perfekten Polypols, so lassen sich hinsichtlich des Outputs und der Preisfestsetzung signifikante Unterschiede feststellen.

Der Preis ergibt sich im monopolistischen Wettbewerb im Tagentialpunkt von Nachfragekurve und Durchschnittskostenkurve. Die zugehörige Menge ist allerdings geringer im Vergleich zur Situation im Punkt minimaler Durchschnittskosten. Dies ist ein erster wichtiger Unterschied zum Polypol, in welchem zu minimalen Durchschnittskosten und entsprechend höherem Output (efficient scale) produziert wird.

Zum zweiten besteht ein nennenswerter Unterschied zwischen beiden Marktformen im Verhältnis des Preises zu den Grenzkosten. Im vollkommenen Wettbewerb entspricht der Preis den Grenzkosten. Anders im monopolistischen Wettbewerb: Hier ist der Preis oberhalb der Grenzkosten angesiedelt (vgl. Abb. 6.14 und 6.15).

Zusammenfassend kann man feststellen, dass Unternehmen unter monopolistischen Wettbewerbsbedingungen mit jedem neuen Kunden bzw. jeder zusätzlich veräußerten Gütereinheit ihre Gewinne steigern können (Preis > Grenzkosten). Dies liegt daran, dass die Preis-Absatz-Funktion die Kurve der Durchschnittskosten immer in deren fallendem Bereich tangiert; dies ist unter vollkommener Konkurrenz aufgrund der Übereinstimmung von Preis und Grenzkosten nicht möglich. Dieser Zusammenhang ist wahrscheinlich der Grund für die Anekdote, dass Unternehmer im monopolistischen Wettbewerb Weihnachtskarten an ihre Kunden versenden.

6.3.3 Oligopolpreisbildung

Zwischen den Grenzfällen des Polypols und des Monopols liegt die Marktform des Oligopols, die durch wenige Anbieter gekennzeichnet ist. Ein Oligopolist muss, im Gegensatz zum Monopolisten, neben der Reaktion der Nachfrager auch das Verhalten der anderen Oligopolisten bei seiner Absatzplanung berücksichtigen, da durch das Verhalten seiner Konkurrenten der auf ihn entfallende Marktanteil entscheidend beeinflusst wird.

Die Verhaltensweisen eines Oligopolisten sind vielfältig, sodass im Rahmen dieser Einführung nur auf wenige, zum Teil sehr vereinfachte Modelle eingegangen werden kann.

Preisführerschaft und relative Preisstarrheit

Eine alternative Strategie der Oligopolisten zur Mengenanpassung ist die der Preisstrategie. Bertrand[11] konnte für zwei konkurrierende Anbieter zeigen, dass eine Preisstrategie in einem vollkommenen Markt letztlich zu einem Angebotspreis in Höhe der Grenzkosten führt, d. h., keiner der beiden Anbieter einen Gewinn erwirtschaften kann.

Bei der Preisführerschaft setzt ein Oligopolist den Preis, der auch von den anderen Oligopolisten übernommen wird. Meistens fungiert in solchen Fällen das Unternehmen als Preisführer, das den höchsten Marktanteil hat. Die anderen Unternehmen folgen dieser Preisvorgabe, da sie Angst vor einem Preiskrieg und Verdrängungswettbewerb haben (s. Abschnitt „Verdrängungspolitik").

Eine weitere Strategie der Oligopolisten liegt im Falle der relativen Preisstarrheit vor. Bei diesem Modell wird angenommen, dass ein Anbieter, der in der Ausgangssituation beim Preis p' die Menge q' absetzt, von den anderen Oligopolisten folgende Verhaltensweisen erwartet:

- Wenn er den Preis heraufsetzt, folgen diese ihm in der Preispolitik nicht und sein Marktanteil reduziert sich drastisch, da die Konsumenten von ihm zu den dann billigeren Konkurrenten abwandern. Diese Annahme entspricht dem flacher verlaufenden Ast der Nachfragefunktion in Abb. 6.18 zwischen den Punkten I und II, in dem die Preiselastizitäten der Nachfrage sehr hoch sind.
- Senkt er jedoch seinen Preis, werden seine Konkurrenten nachziehen, da sie ihrerseits Marktanteilsverluste befürchten. Dies bedeutet für das betrachtete Unternehmen, dass eine Preissenkung keine beachtliche Nachfragemengenerhöhung mit sich bringen würde. In Abb. 6.18 entspricht diese Annahme der Nachfragefunktion zwischen den Punkten II und III.

Der Oligopolist sieht sich also einer geknickten Preis-Absatz-Funktion gegenüber. Dies bedeutet für seine Grenzerlöskurve (E′), dass diese an der Knickstelle der Nachfragekurve eine Unstetigkeitsstelle in Form eines Sprunges zwischen Punkt IV und V in Abb. 6.18 aufweist. Verläuft nun seine Grenzkostenkurve (K′) durch die Sprungstelle, dann ist die

[11] Französischer Mathematiker.

Abb. 6.18 Geknickte Preis-Absatz-Beziehung

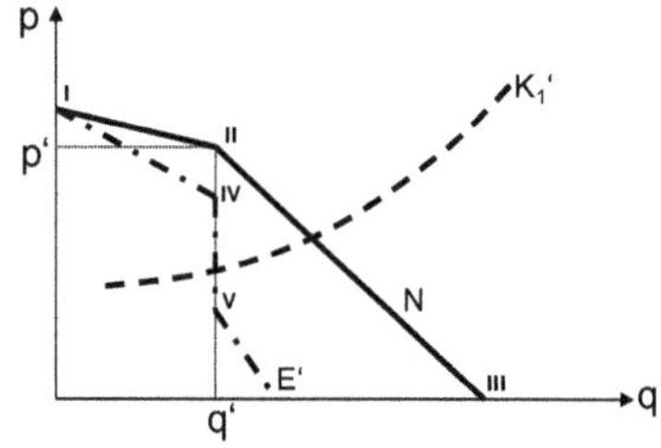

Gewinnmaximierungsbedingung $E' = K'$ erfüllt und er beurteilt daher den Preis p′ und seine abgesetzte Menge q′ als optimal, sodass er keinen Anlass zur Preisänderung hat. Ändern sich seine Kosten für die Produktionsfaktoren, wird der Oligopolist so lange seinen Preis nicht ändern, wie seine Grenzkostenkurve die Grenzerlöskurve noch im Sprungbereich schneidet. Auch wenn sich seine abgesetzte Menge auf Grund einer Nachfrageerhöhung oder eines Nachfragerückgangs ändert, sodass sich seine Nachfragekurve verschiebt, kann der Schnittpunkt von Grenzkosten- und Grenzerlöskurve in der Sprungstelle bleiben, sodass der Preis beibehalten und nur die Absatzmenge angepasst wird.

Mit diesem Modell kann man erklären, warum in Oligopolen seltener Preiskämpfe auftreten und diese nicht immer bzw. nicht so schnell auf Kosten- und/oder Nachfrageänderungen reagieren (= relative Preisstarrheit im Oligopol). Außerdem erscheint es damit einsichtig, warum in Oligopolen schneller auf Preissenkungen reagiert wird als auf Preiserhöhungen.

Zusammenarbeit

Eine weitere Verhaltensweise im Oligopol stellt die Verhandlungsstrategie dar, bei der offene oder versteckte Vereinbarungen über Preise, Lieferquoten, Qualität und andere Parameter getroffen werden. Das Spektrum reicht von den informatorischen Gesprächen über Frühstückskartelle bis zu fest organisierten Kartellen[12] mit vertraglichen Vereinbarungen.[13] Mit diesen Verhaltensformen und ihrer wirtschaftspolitischen Erwünschtheit befasst sich die Wettbewerbspolitik.

Verdrängungspolitik

Als „nichtfriedliche" Verhaltensweise lässt sich die oligopolistische Verdrängungsstrategie anführen, bei der ein Anbieter versucht, durch Preisunterbietung die anderen Anbieter vom Markt zu verdrängen, um anschließend im „Idealfall" als Monopolist den Markt zu beherrschen. Diese Strategie kann auf Dauer nur dann erfolgreich sein, wenn dieser

[12] Kartelle sind vertragliche Zusammenschlüsse rechtlich und wirtschaftlich selbstständig bleibender Unternehmen, um Produktions- und Marktverhältnisse zu beeinflussen und damit letztlich den Wettbewerb einzuschränken. Kartelle mit gemeinsamer Einkaufs- und/oder Verkaufsorganisation werden als Syndikate bezeichnet.

[13] Als Beispiel sei hier das Preiskartell für Rohöl der OPEC genannt.

Abb. 6.19 Verdrängungswettbewerb bei zwei Oligopolisten

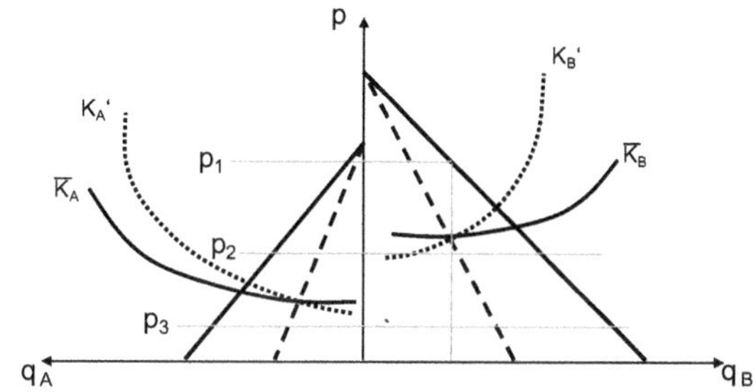

Oligopolist eine günstigere Kostensituation oder größere finanzielle Reserven hat als die Konkurrenten.

In Abb. 6.19 verlaufen die Grenzkosten- und Durchschnittskostenkurven des Anbieters A auf niedrigerem Niveau als die des Anbieters B. Obwohl der Anbieter A einen kleineren Marktanteil hat, kann er auf Grund seiner günstigeren Kosten versuchen, Anbieter B aus dem Markt zu verdrängen, indem er den Angebotspreis unter die Durchschnittskosten von Anbieter B senkt und dabei noch über seinen eigenen Durchschnittskosten verbleibt; z. B. von p_1 nach p_2. Die Dauer eines solchen Verdrängungskampfes hängt dann in erster Linie von den finanziellen Reserven der Gegner ab.[14] Wäre im Beispiel Unternehmen B viel finanzkräftiger als Unternehmen A und wiese damit ein größeres Durchhaltevermögen auf, könnte es dann trotz schlechterer Kostenstruktur mit einer noch größeren Preissenkung auf p_3 reagieren, sodass auch das Unternehmen A unter seinen Durchschnittskosten anbieten müsste und gegebenenfalls, obwohl es selbst den Preiskampf auslöste, aus dem Markt ausscheiden muss.

6.4 Eingriffe in die Preisbildung

Neben den soeben beschriebenen privatwirtschaftlichen Möglichkeiten, durch Absprachen und Kartelle die Preisbildung zu beeinflussen, kann auch der Staat z. B. aus sozialen oder anderen wirtschaftspolitischen Gründen in die Preisbildung in Form von Höchst- oder Mindestpreisen eingreifen.

6.4.1 Höchstpreis

Wenn der Preis für lebensnotwendige Güter als zu hoch angesehen wird oder Gewinne der Anbieter als zu hoch eingeschätzt werden[15], scheint es opportun, einen Höchstpreis

[14] Wenn die Betroffenen ahnen, auf was das Ergebnis dieses Prozesses hinausläuft, geben die Unterliegenden gleich auf.

[15] Es sei dahingestellt, wer, aus welchen Gründen, unter welchen Bedingungen festlegen kann, wann ein Preis bzw. ein Gewinn „zu hoch" ist.

von staatlicher Seite vorzuschreiben; so z. B. Mietpreisbindung, Preisstopp, Lohnstopp etc. Der Höchstpreis liegt sinnvollerweise unter dem Gleichgewichtspreis.

Mit der Festsetzung von Höchstpreisen sind jedoch auch unerwünschte Nebenwirkungen verbunden.[16] So wird auf Grund des relativ niedrigen Preises und damit der geringeren Gewinnaussichten in der Regel der Anreiz für die Unternehmer reduziert, mehr von dem betroffenen Gut zu produzieren und es besteht langfristig gesehen auch nur ein geringer Anreiz, sich (mehr) in diesem Bereich zu engagieren. Eine langfristige Erhöhung der Marktversorgung wird auf Grund kurzfristiger Erfolge mit einer Höchstpreisvorschrift verhindert. Um im Beispiel zu bleiben, steigt die angebotene Menge an Wohnraum nicht, da die Produktionsfaktoren in anderen Bereichen gewinnbringender eingesetzt werden können. Außerdem entsteht bei einem Höchstpreis, wie aus Abb. 6.20 hervorgeht, ein Nachfrageüberhang in Höhe von q_2 minus q_1, d. h., die Anbieter geraten in eine Machtposition. Sie können nun, bildlich gesprochen, die „schlangestehenden" Nachfrager nach anderen Kriterien selektieren. So vermieten die Wohnraumanbieter beispielsweise nur an alleinerziehende, nichtrauchende Väter oder an ruhige Wochenendheimfahrer etc.[17] Zur Abmilderung dieser negativen Folgen kann der Staat weitere Maßnahmen ergreifen:

- Auf der einen Seite kann er versuchen, die Nachfrage z. B. durch ein Bezugsscheinsystem einzuschränken. Da jedoch viele Nachfrager bereit sind, einen höheren Preis für das betroffene Gut zu zahlen, wird sich neben dem offiziellen Markt ein zweiter Markt (Schwarzmarkt) bilden.
- Auf der anderen Seite kann der Staat durch Umverteilungsmaßnahmen die Produktion dieses Gutes subventionieren oder selbst als Produzent tätig werden, um das Angebot zu erhöhen. Allerdings besteht hier die Gefahr, dass die staatlich geförderte Produktion mangels Konkurrenz ineffizient ist.

Abb. 6.20 Höchstpreis

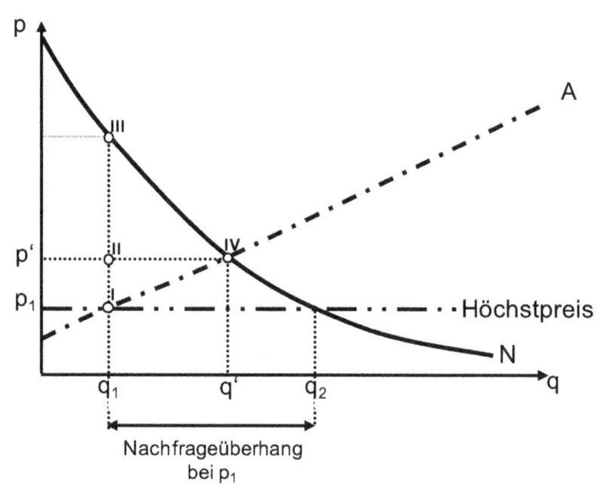

[16] Das Ausmaß solcher Nebenwirkungen hängt von den jeweiligen Elastizitäten ab.

[17] Auch sind dennoch letztendlich auf preislicher Ebene Umgehungen der Höchstpreisvorschrift außerhalb der gesetzlichen Regelungen möglich, wie dies z. B. die „Ablöse" zeigt, die in Österreich fast allgemein üblich an den Vermieter zu zahlen ist.

Gesamtwirtschaftlich gesehen entsteht auf Grund von Höchstpreisvorschriften ein Effizienzverlust entsprechend der Fläche I-III-IV in Abb. 6.20, da die angebotene Menge kleiner ist als die Menge, die sich ohne Eingriff in den Markt ergeben würde. Durch eine staatliche Höchstpreisvorschrift wird allerdings ein Teil der Produzentenrente, nämlich die Fläche p_1-p'-II-I, zugunsten der Nachfrager „umverteilt".

6.4.2 Mindestpreis

Ein Mindestpreis, wie er beispielsweise in der EU für landwirtschaftliche Produkte üblich ist, wird angesetzt, um einer Branche ein bestimmtes Einkommen zu sichern. Dieser Mindestpreis liegt über dem Gleichgewichtspreis und führt (je nach Elastitziät des Angebots) zu einem Angebotsüberhang. Im Weiteren könnte der Staat nun

- die zu viel produzierte Menge aufkaufen und diese lagern (dies führt z. B. zu den berühmten „Butterbergen" in der EU),
- diese gegebenenfalls später zu einem günstigeren Zeitpunkt (z. B. als „Weihnachtsbutter") oder außerhalb des eigenen Marktes (Butter aus den Beständen der EU an arme Länder billig) verkaufen oder
- die Überschussproduktion vernichten.

Es wird evident, dass durch eine staatliche Mindestpreisverordnung Produktionsfaktoren zur Produktion eines Überschussangebotes eingesetzt werden, sodass eine Fehlallokation vorliegt. Langfristig gesehen werden (zumindest einige) Produzenten ihre Produktion auf Grund des garantierten Mindestpreises ausweiten, sodass die Interventionsmaßnahmen und damit die Kosten dieser Politik mit der Zeit zunehmen. Um eine Mindestpreispolitik noch finanzierbar zu gestalten, müssen zusätzliche Maßnahmen ergriffen werden, die der Produktionsbeschränkung dienen, so z. B. Milchquotenregelung in der EU.

Gesamtwirtschaftlich entsteht auf Grund von Mindestpreisvorschriften ohne weitere staatliche Intervention ein Effizienzverlust, der der Fläche I-III-IV in Abb. 6.21 entspricht,

Abb. 6.21 Mindestpreis

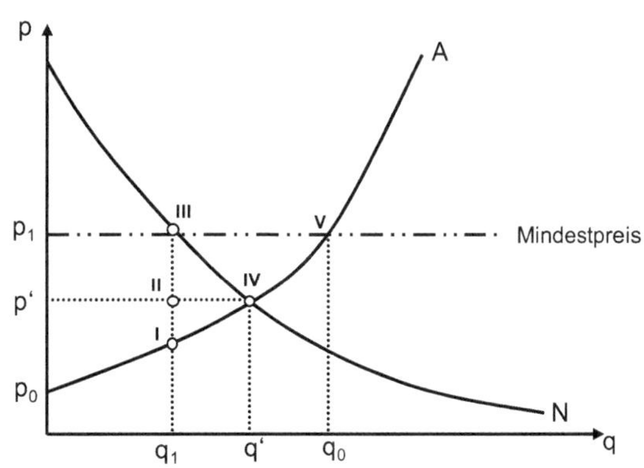

da nun die Nachfrager im Vergleich zum Marktgleichgewicht eine geringere Menge kaufen. Gleichzeitig findet ein Transfer von Konsumentenrente zugunsten der Anbieter im Ausmaß der Fläche p'-p_1-III-II statt. Kauft der Staat hingegen den Angebotsüberschuss auf und veräußert ihn nicht, kann der Effizienzverlust noch größer ausfallen. Im Beispiel würde sich dann die Produzentenrente um die Fläche I-III-V vergrößern, sodass die gesamte Produzentenrente dann p_0-p_1-V beträgt. Für diese Erhöhung der Produzentenrente müsste der Staat jedoch finanzielle Mittel entsprechend der Mengendifferenz $(q_0 - q_1)$ multipliziert mit dem Mindestpreis p_1 (= Fläche q_1-III-V-q_0) aufwenden, sodass sich die Frage stellt, ob ihn eine direkte Subventionierung nicht billiger käme, zumal alle anderen Folgeinterventionen noch nicht berücksichtigt wurden.

6.4.3 Preiseffekt von Steuern

Auch durch die Erhebung von Steuern kommt es c. p. zu einer Verminderung der gesellschaftlichen Wohlfahrt, gemessen an den Verlusten bei der Konsumenten- und Produzentenrente.[18]

Wird ein bestimmtes Produkt pro Mengeneinheit mit einem festen Betrag besteuert, z. B. pro 0,75-Liter-Flasche Sekt 2 €, spricht man von einer *Mengensteuer*. Bei gleichem Verhalten aller Anbieter bewirkt eine Mengensteuer eine Parallelverschiebung der Angebotskurve um den Steuerbetrag (t). Infolge des durch die Steuer von p' auf p'' gestiegenen Preises geht auch die nachgefragte Menge auf q'' zurück. Die Steuereinnahmen des Staates lassen sich berechnen, indem die neue Gleichgewichtsmenge q'' mit dem Steuerbetrag pro Einheit (t) multipliziert wird. Die staatlichen Steuereinnahmen entsprechen somit der

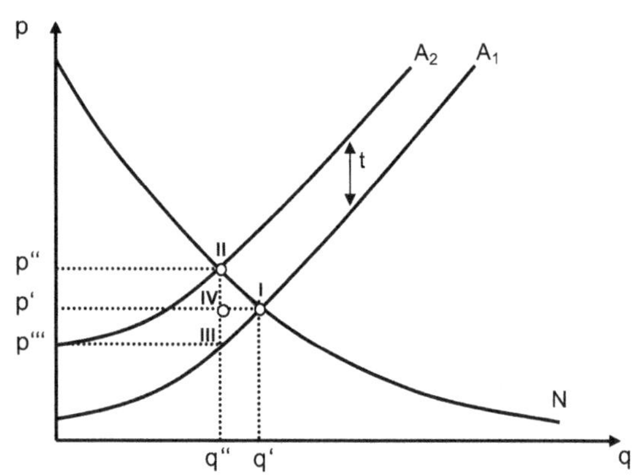

Abb. 6.22 Preiseffekt einer Mengensteuer

[18] Es geht hier im Folgenden um eine reine Partialanalyse, d. h., es wird nicht berücksichtigt, was der Staat mit seinen Steuereinnahmen macht. Stellt er z. B. öffentliche Güter bereit, die mit den Steuereinnahmen finanziert werden, kann eine solche Steuer durchaus nützlich sein. Es bedarf dann einer umfangreicheren Analyse.

Fläche p‴-p″-II-III. In Abb. 6.22 wird gleichzeitig evident, dass die Unternehmer nicht die volle Steuerlast auf die Konsumenten überwälzen können.

Der Anteil an den Steuereinnahmen des Staates, den die Konsumenten auf Grund des höheren Preises tragen müssen, wird durch die Fläche p′-p″-II-IV repräsentiert; analog müssen die Produzenten auf einen Teil ihrer ursprünglichen Produzentenrente, der gleich der Fläche p‴-p′-IV-III ist, verzichten. Wie groß der jeweilige Anteil für die Konsumenten bzw. Produzenten am Steueraufkommen ist, hängt von der Elastizität ihrer Nachfrage bzw. des Angebotes ab.

Auf Grund des Mengenrückgangs erleiden beide Gruppen – Produzenten und Konsumenten – noch einen zusätzlichen Verlust: die Konsumenten entsprechend der Fläche IV-II-I und die Produzenten in Höhe von III-IV-I.

Fragen

1. Wodurch ist der vollkommene Markt gekennzeichnet?
2. Warum handelt es sich beim vollkommenen Markt um ein sehr hypothetisches Modell?
3. Was versteht man unter Konsumentenrente?
4. Wie wird das Marktgleichgewicht im Polypol bei einer statischen Betrachtung grafisch ermittelt?
5. Welcher Sachverhalt wird mithilfe des Spinnweb-Theorems erklärt?
6. Stellen Sie den
   - divergierenden,
   - periodischen und
   - konvergierenden

   Fall des Spinnweb-Theorems bei linearen Angebots- und Nachfragekurven dar und beschreiben Sie mithilfe der Steigungen dieser Geraden, wann welcher der skizzierten Fälle auftritt.
7. Wie verläuft die individuelle Angebotskurve eines Unternehmers bei vollständiger Konkurrenz?
8. Wie kann die relative Preisstarrheit im Oligopol erklärt werden?
9. Welches Verhalten der Konkurrenten wird bei der Cournot'schen Lösung der Oligopolpreisbildung angenommen?
10. Ein Monopolist sieht sich einer Nachfrage gegenüber, die sich durch die Funktion $p = 900 - 40q$ beschreiben lässt. Er habe Fixkosten von 500 und variable Kosten von 20 pro Stück. Ermitteln Sie die gewinnmaximale Ausbringungsmenge, den Angebotspreis und seinen Gewinn.
11. Welches Ziel wird mit der Preisdifferenzierung verfolgt und was ist die Voraussetzung für eine Preisdifferenzierung?
12. Stellen Sie den Sachverhalt einer staatlichen Mindestpreisregelung zunächst grafisch dar und diskutieren Sie weitere Maßnahmen.

Antworten

1. Die Merkmale des vollkommenen Marktes sind:
   - Es handelt sich um homogene Güter.
   - Es existieren keine personellen, räumlichen und zeitlichen Präferenzen.
   - Es herrscht vollkommene Markttransparenz.
   - Die Marktpartner reagieren mit unendlicher hoher Geschwindigkeit auf Preis- oder Mengenänderungen.
2. Weil die oben genannte Merkmale des vollkommenen Marktes in praxi nie alle gleichzeitig erfüllt sind.
3. Die Konsumentenrente ist die Differenz zwischen der Zahlungsbereitschaft eines Nachfragers und dem Marktpreis.
4. Grafisch lassen sich der Marktpreis und die Gleichgewichtsmenge durch den Schnittpunkt der Nachfrage- und Angebotskurve ermitteln.
5. Das Spinnweb-Theorem ist ein dynamisches Marktmodell, das den Zeitfaktor berücksichtigt und je nach Annahmen über die Anpassungsreaktionen der Marktparteien entweder divergiert, konvergiert oder periodisch verläuft.
6. Ist die Steigung der Nachfragegeraden größer als die Steigung der Angebotsgeraden, führt dies zum *divergierenden* Fall. Bei einer geringeren Steigung der Nachfragegeraden im Vergleich zur Angebotsgeraden, kommt es zum *konvergierenden* Fall. Ein „*Schweinezyklus*" lässt sich bei gleichen Steigungen grafisch darstellen.
7. Die individuelle Angebotskurve eines Unternehmens bei vollständiger Konkurrenz muss parallel zur Abszisse verlaufen, da der Preis ein Datum für den Polypolisten darstellt und er nur als Mengenanpasser reagieren kann.
8. Die relative Preisstarrheit im Oligopol kann mit Hilfe einer geknickten Nachfragekurve erklärt werden. Durch den Knick kommt es bei der Grenzertragskurve zu einem Sprung. In diesem Sprungbereich sind viele Schnittpunkte mit der Grenzkostenkurve möglich, sodass daraus immer die gleiche Preis-Mengen-Kombination resultiert. Erst wenn die Grenzkostenkurve (oder die Nachfragekurve) sich so verschiebt, dass der Schnittpunkt von Grenzertrag und Grenzkosten nicht mehr im Sprungbereich liegt, kommt es zu einer Preis- und Mengenänderung.
9. Bei der Cournot'schen Lösung der Oligopolpreisbildung wird davon ausgegangen, dass die Konkurrenten erst in der nächsten Periode auf eine Änderung der Angebotsmenge reagieren.

10.
$$\begin{aligned}
&\text{Nachfragefunktion: } p &&= 900 - 40q\\
&\text{(Gesamt-)Erlös: } E &&= 900q - 40q^2\\
&\text{Grenzerlös: } E' &&= 900 - 80q\\
&\text{Gesamtkosten: } K_g &&= 500 + 20q\\
&\text{Grenzkosten: } K' &&= 20
\end{aligned}$$

$$\begin{aligned}
E' &= K'\\
900 - 80q^* &= 20\\
880 &= 80q^*\\
q^* &= 11
\end{aligned}$$

$$\begin{aligned}
G &= E - K\\
G &= (900 \cdot 11 - 40 \cdot 11^2) - (500 + 20 \cdot 11)\\
G &= 4.340
\end{aligned}$$

11. Der Monopolist versucht, durch Preisdifferenzierung seine Gewinnsituation zu verbessern. Dazu muss es ihm gelingen, den Markt räumlich, zeitlich etc. zu teilen, um dann in den einzelnen Teilmärkten seinen Gewinn zu maximieren.
12. Ein Mindestpreis führt zu einem Angebotsüberhang, da er über dem Gleichgewichtspreis liegt (Abb. 6.21). Anschlussinterventionen des Staates können sein:
    - Aufkaufen und Lagern der zu viel produzierten Menge;
    - Verkaufen dieser Überschussmengen zu einem späteren Zeitpunkt oder außerhalb des eigenen Marktes oder
    - Vernichten der Überschussproduktion;
    - Erlassen von Höchstmengen für die Produktion.

Neuere Ansätze in der mikroökonomischen Theorie 7

Thomas Lenk

Inhaltsverzeichnis

Lernziele
Im diesem Abschnitt lernen Sie einige neuere Entwicklungen in der Mikroökonomie kennen, die auch unter dem Begriff *Neue Institutionenökonomie*[1] zusammengefasst werden. Im Mittelpunkt steht dabei das Infragestellen der neoklassischen Annahmen, insbesondere der des Vorliegens vollkommener Information. Davon ausgehend wird gezeigt,

- dass die Nutzung von Märkten zu Transaktionskosten führt,
- welche Auswirkungen eine asymmetrische Verteilung von Information hat und
- welche Folgen sich aus unvollständiger Information für das allgemeine Marktgleichgewicht ergeben.

[1] Eine Einführung zur Neuen Institutionenökonomie bieten Richter und Bindseil (1995) und Schumann (1992, Kap. VI). Vgl. auch die Übersichtsartikel von Schenk (1992) und Masten (1986).

T. Lenk (✉)
Institut für Öffentliche Finanzen und Public Management/Finanzwissenschaft, Universität Leipzig
Leipzig, Deutschland
E-Mail: fiwi@wifa.uni-leipzig.de

R. Neubäumer et al. (Hrsg.), *Volkswirtschaftslehre*, DOI 10.1007/978-3-658-16523-9_7

Während die traditionelle (neoklassische) mikroökonomische Theorie – sowohl bei vollständiger als auch bei unvollständiger Konkurrenz – stets von einer durch den Preis verursachten Markträumung ausgeht, konstatiert die Neue Mikroökonomie, dass dies nicht zwingend der Fall sein muss. Nach Auffassung der Vertreter dieser moderneren Theorien ist die Nichtübereinstimmung von Angebots- und Nachfragemenge bei einem herrschenden Preis eine durchaus normale Erscheinung und zwar nicht nur auf Grund staatlicher Markteingriffe, sondern auch bei freier Preisbildung.

Folglich ist die zentrale Fragestellung der Neuen Institutionenökonomie auch nicht das Zustandekommen von markträumenden Preisen, sondern es wird viel allgemeiner gefragt:

- Wie beeinflussen Institutionen das individuelle Verhalten und wie bringt umgekehrt individuelles Verhalten Institutionen hervor?
- Wie lassen sich ökonomische Institutionen (beispielsweise der Staat, das Rechts- und Sozialsystem eines Landes, öffentliche Regulierungen, Märkte, Unternehmen, dauerhafte Geschäftsbeziehungen) rational begründen?

Dabei bedienen sich die verschiedenen Ansätze der Neuen Institutionenökonomie im Wesentlichen der neoklassischen Modellierungsmethoden der Optimierung und (mit Einschränkungen) des rationalen Verhaltens. Darüber hinaus wird von unrealistischen Verhaltensannahmen der Neoklassik (wie des Vorliegens vollständiger Information) Abstand genommen; stattdessen werden neue (auch soziale) Verhaltensweisen der Individuen in die Betrachtung einbezogen. Letzteres ist insofern hervorzuheben, da die Marktteilnehmer in den herkömmlichen Modellen eines Marktes ebenso wie die Märkte selbst nur als Daten betrachtet werden und lediglich die Anpassung ihrer individuellen Angebots- und Nachfragemengen an die jeweiligen Marktpreise interessiert.

Als wichtigste Richtungen der Neuen Mikroökonomie können dabei

- der Transaktionskostenansatz,
- der Prinzipal-Agent-Ansatz und
- die Mikroökonomische Ungleichgewichtstheorie

angesehen werden, die im Folgenden näher vorgestellt werden sollen.

7.1 Transaktionskosten-Ansatz

7.1.1 Transaktionskosten als Begründung für die Existenz von Unternehmen

Bereits 1937 stellte Coase[2] die Frage, warum auf vollkommenen Märkten überhaupt Unternehmen existieren und nicht einfach die für jeden Produktionsvorgang erforderlichen Faktoren (Rohstoffe, Arbeitskräfte, Finanzmittel etc.) an den entsprechenden Märkten vom jeweiligen Produzenten zusammengekauft werden. Denn letztendlich passiert in einem Unternehmen nichts anderes als auf einem Markt: die Zuordnung von Produktionsfaktoren auf bestimmte Tätigkeiten und die Steuerung und Koordination von Einzelaktivitäten im Rahmen eines Gesamtprozesses. Nur erfolgt die Faktorallokation im Unternehmen nicht wie beim Markt als Reaktion auf Preisrelationen, sondern als Folge von Anweisungen der entsprechenden Unternehmensinstanzen. Da in einer marktwirtschaftlichen Ordnung zwei Institutionen zur ökonomischen Koordination nebeneinander existieren, ist weiterhin der Frage nachzugehen, wovon die Aufteilung der Faktorallokation auf Märkte einerseits und Unternehmen andererseits abhängt.

Als Antwort auf die erste Frage fand Coase heraus, dass der Marktpreismechanismus keineswegs so reibungslos funktioniert, wie in den Modellen der traditionellen Mikroökonomie unterstellt wird.[3] Vielmehr ist die Nutzung der Preismechanismen mit Kosten verbunden, den *costs of using the price mechanism*, die in dem in den 1970er-Jahren von Williamson[4] entwickelten Transaktionskostenansatz als (externe) *Transaktionskosten* bezeichnet werden. Dabei wurde der Begriff der Transaktion nicht abschließend definiert; in der Regel ist darunter der gesamte Prozess der Klärung, Vereinbarung und Abwicklung eines Leistungsaustausches zu verstehen.

Transaktionskosten entstehen demzufolge

- bei der Beschaffung von Informationen über Marktverhältnisse sowie über potenzielle Vertragspartner und deren Konditionen (Anbahnungskosten),
- beim Aushandeln und Abschluss von Verträgen zwischen Anbietern und Nachfragern (Vereinbarungskosten),
- bei der Überwachung der Einhaltung entsprechender Vereinbarungen (Kontroll- und Durchsetzungskosten),
- wenn Erlöse auf Grund der teilweisen Nichteinhaltung von Verträgen (z. B. schlechtere Qualität oder geringere Arbeitsleistung als vereinbart) niedriger ausfallen (Nichteinhaltungskosten),

[2] Vgl. Coase (1937) sowie die beiden Aufsätze von Bössmann (1981, 1983).

[3] Dort ist der Marktpreis ein Datum, über den alle Marktteilnehmer stets und automatisch vollständig informiert sind, und der jederzeit die Knappheitsverhältnisse von Gütern bzw. Faktoren exakt widerspiegelt, sodass er verschiedene Funktionen (insbesondere Koordination, Allokation, Verteilung) erfüllen kann. Vgl. Abschn. 3.2.1 im Beitrag „Einführung".

[4] Vgl. Williamson (1984, 1990).

- für die nachträgliche Ergänzung und Anpassung von Verträgen (Anpassungskosten) und
- wenn trotz Verhandlungen eine optimale Anpassung an die neue Situation nicht gelingt (Fehlanpassungskosten).

Während Anbahnungs- und Vereinbarungskosten zu den *Ex-ante-Transaktionskosten* gezählt werden, weil sie vor bzw. mit dem Vertragsabschluss anfallen, handelt es sich bei den restlichen Kostenkategorien um *Ex-post-Transaktionskosten*. Letztere treten vor allem deshalb auf, weil es nahezu unmöglich ist, alle während der Vertragsabwicklung denkbaren Ereignisse von vornherein bei der Vertragsgestaltung zu berücksichtigen. Dabei sind die verschiedenen Kosten des Transaktionsprozesses nicht voneinander unabhängig. So lassen sich ex post anfallende Kontroll- und Durchsetzungskosten bzw. Opportunitätskosten, die durch ein „nicht erwartetes" Verhalten der Vertragspartner entstehen, teilweise oder ganz vermeiden, indem ex ante mehr Ressourcen für die Informationsbeschaffung und/oder für das Aushandeln von „Klauseln" aufgewendet werden, durch die unzureichende Vertragsleistungen mit (finanziellen) Nachteilen verbunden sind. Beispielsweise könnte ein Automobilhersteller mit seinem Zulieferer vereinbaren, dass dieser sich an den Kosten einer Rückrufaktion auf Grund von Qualitätsmängeln der von ihm gelieferten Bremsen beteiligt oder der Geschäftsführer eines Unternehmens könnte am Gewinn des von ihm geleiteten Unternehmens beteiligt werden.

Zwar fallen entsprechende (interne) Transaktionskosten[5] auch bei der Koordination in einem Unternehmen an, beispielsweise für den innerbetrieblichen Informationsfluss oder die Kontrolle der Leistung von Arbeitnehmern, doch wird davon ausgegangen, dass Transaktionen innerhalb eines Unternehmens überschaubarer und leichter zu kontrollieren sind als auf einem Markt. So sind die zur Koordinierung aller Aktivitäten benötigten Informationen innerhalb eines Unternehmens in der Regel leichter zu erlangen als auf verschiedenen Märkten. Zudem dürften Menge und Umfang vertraglicher Regelungen innerhalb eines Unternehmens nicht solche Ausmaße annehmen wie bei der Koordination über Märkte. Demzufolge fallen in Unternehmen (zunächst) Transaktionskosten in geringerer Höhe an als auf Faktor- oder Gütermärkten.

Allerdings geht Coase davon aus, dass die *internen Transaktionskosten überproportional* mit der Zahl der übernommenen Transaktionen *steigen*, weil dadurch die Unübersichtlichkeit des Unternehmens zunimmt und die Organisation und der Informationsfluss erschwert werden; zudem wird durch die wachsende Heterogenität der vom Markt übernommenen Aktivitäten die Wahrscheinlichkeit unternehmerischen Fehlverhaltens größer. Umgekehrt steigen die Einsparungsmöglichkeiten bei den *externen Transaktionskosten unterproportional* mit der Zahl der vom Unternehmen übernommenen Transaktionen. Somit sind dem Unternehmen bei der Übernahme immer weiterer Aktivitäten vom Markt organisationstechnische Grenzen gesetzt. Dies begründet die gleichzeitige Existenz von

[5] Statt der Unterscheidung zwischen externen und internen Transaktionskosten werden auch die Begriffe „Transaktionskosten" und „Organisationskosten" verwandt und unter dem Oberbegriff „Koordinations kosten" zusammengefasst.

Märkten und Unternehmen und ergibt ein Kriterium für die optimale Aufteilung auf die beiden Koordinationsinstitutionen: Ein Unternehmen wird so lange Transaktionen vom Markt übernehmen und intern koordinieren, bis die internen Transaktionskosten für die Einbeziehung einer weiteren Markttransaktion deren externen Transaktionskosten entsprechen[6].

Diese zentrale Aussage erweist sich allerdings als Leerformel, solange sich die Transaktionskosten nicht quantifizieren lassen oder zumindest ihre Bestimmungsgrößen nicht näher spezifiziert werden. Vor diesem Hintergrund entwickelte Williamson einen Bezugsrahmen für die Analyse von Transaktionskosten, der gleichermaßen für die Untersuchung von Produktionskosten geeignet ist. Er geht dabei von realistischeren Annahmen sowohl über das menschliche Verhalten als auch über die ökonomische Umwelt aus, als dies in vorhergehenden Modellen der Fall war.

7.1.2 Bezugsrahmen der Transaktionskostenanalyse

Das Bild vom homo oeconomicus[7] wird dahingehend korrigiert, dass die Wirtschaftssubjekte auf der einen Seite zwar den Vorsatz haben, rational zu handeln, aber angesichts einer komplexen, sich schnell wandelnden Umwelt häufig an die Grenzen ihrer kognitiven Leistungsfähigkeit stoßen, sodass ihre Möglichkeiten, sich rational zu verhalten, eingeschränkt sind (man spricht in diesem Zusammenhang von *begrenzter Rationalität*). Auf der anderen Seite versuchen die Individuen, ihren persönlichen Vorteil (auch) „mit List und Tücke" zu erreichen, vor allem, indem sie anderen Individuen Informationen vorenthalten, eine schlechtere Qualität oder Leistung erbringen als vereinbart oder den Tatbestand ausnutzen, dass ihr Transaktionspartner von ihnen abhängig ist. All dies wird unter dem Begriff des *opportunistischen Verhaltens* zusammengefasst.

Darüber hinaus betont Williamson, dass Menschen nicht als „Automaten" gesehen werden dürfen, die nur ihr (Geld-)Einkommen maximieren. Sie haben das Bedürfnis nach Würde, Selbstachtung und sozialer Anerkennung, sodass bei Arbeitsbeziehungen auch Mitbestimmungsfragen und dem Wertesystem der Bezugsgruppe Aufmerksamkeit geschenkt werden muss. Entsprechend ist es wichtig, den sozialen Hintergrund, vor dem Transaktionen ablaufen, in die Betrachtungen einzubeziehen. All diese bisherigen Überlegungen fallen in die Kategorie der *menschlichen Faktoren* (Abb. 7.1).

Daneben existiert mit den *Umweltfaktoren* noch eine weitere Gruppe von Merkmalen, die Auswirkungen auf Transaktionen haben. Auf Grund ihrer begrenzten Rationalität können Wirtschaftssubjekte die Vielzahl der Faktoren in ihrer ökonomischen Umwelt und deren wechselseitige Abhängigkeit nur unvollständig erfassen, sodass sie bereits im

[6] Mit dieser Optimalbedingung kombinierte Coase das Marginalprinzip und das Substitutionsprinzip zum Prinzip marginaler Substitution.

[7] Rational denkender Mensch, bei dem vollständige Information und unbegrenzte Rechenkapazität vorausgesetzt werden und der sich ökonomisch unter gegebenen Bedingungen so verhält, dass er seinen Nutzen bzw. Gewinn maximiert.

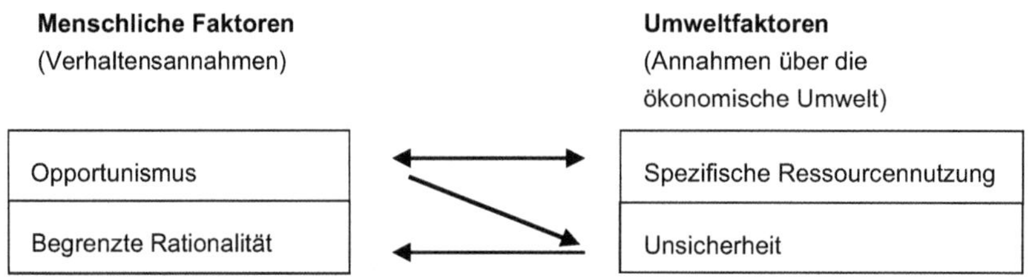

Abb. 7.1 Determinanten der Transaktionskostenanalyse

Entscheidungszeitraum nur über unvollkommene Informationen verfügen. Zudem ist die Entwicklung der Zukunft ungewiss. Beides wird mit dem Begriff *Unsicherheit*[8] umschrieben.

Unsicherheit resultiert daraus, dass die (ökonomische) Umwelt sehr komplex und damit unüberschaubar ist und sich zudem schnell und teilweise in unvorhersehbarer Weise ändert. Dies wird als *objektbezogene Unsicherheit* bezeichnet, zu der im Transaktionskostenansatz noch *verhaltensbedingte Unsicherheit* kommt. Letztere besteht zum einen dahingehend, inwieweit die Transaktionspartner aus strategischen Gründen Informationen vorenthalten, verschleiern oder verzerren und tritt vor allem dann auf, wenn Informationen (ex ante oder ex post) asymmetrisch verteilt sind und/oder unterschiedlich hohe Informationskosten auftreten.[9] Zum anderen ist unsicher, inwieweit sich die Vertragspartner ex post an die ausgehandelten Vereinbarungen halten. Dem kommt vor allem dann Bedeutung zu, wenn die Transaktion in hohem Maße spezifische Investitionen erfordert.

Das Konzept der Spezifität stellt für den Transaktionskostenansatz eine zentrale Annahme dar. Eine *spezifische Ressourcennutzung* ergibt sich durch Entscheidungen, die Produktionsfaktoren auf die Erfüllung einer *bestimmten Aufgabe* festzulegen, d. h., sie in Sachkapital oder immaterielle Produktionsfaktoren umzuwandeln. Als Beispiele lassen sich der Kauf und die Installation einer speziellen Produktionsanlage mit mehrperiodischer Nutzungsdauer, die Ausbildung der Arbeitnehmer, um diese Spezialmaschine bedienen und warten zu können und die Durchführung einer Werbekampagne zur Einführung des so hergestellten Produkts anführen sowie der Aufbau längerfristiger Vertrags- und Lieferbeziehungen mit Unternehmen, die für die Produktion spezielle qualitativ hochwertige Vorprodukte liefern.

Mit solchen spezifischen Investitionen sind zunächst Kosten verbunden, die sich – nachdem die Festlegung auf die Aufgabe einmal erfolgt ist – nicht mehr rückgängig machen lassen. Solche Kosten werden daher auch als „*versunkene Kosten*" (sunk costs) bezeichnet. Dafür können von spezifischen Investitionen in der Zukunft niedrigere Produktions- und Transaktionskosten und/oder höhere Erlöse erwartet werden, die als *Quasi-Rente* bezeichnet werden. So weist die Spezialmaschine eine höhere Arbeitsproduktivität

[8] Unsicherheit unterscheidet sich von Risiko dadurch, dass die Eintrittswahrscheinlichkeiten bestimmter Umweltzustände bei ersterer nicht bekannt sind.
[9] Vgl. dazu Abschn. 7.2.

auf als eine billigere Standardmaschine, weitere Verträge mit dem Zulieferer erfordern kaum noch Verhandlungen und auf Grund des durch die Werbekampagne aufgebauten Images des Produktes lassen sich höhere Absatzpreise erzielen.

Allerdings sind diese Vorteile weitgehend an eine bestimmte Verwendung – Produktion und Absatz des neu eingeführten Gutes – und an bestimmte Transaktionspartner – dazu von dem Unternehmen ausgebildete Arbeitnehmer, spezielle Zulieferer – gebunden. Entsprechend lohnen sich spezifische Investitionen meist nur bei auf längere Dauer angelegten Aufgaben und Vertragsbeziehungen. Williamson modifizierte seinen Bezugsrahmen für die Analyse von Transaktionen später noch dahingehend, dass er die Eigenschaften der Transaktion (und hier insbesondere die Wiederholungshäufigkeit der zu lösenden Aufgabe) in die Betrachtung einbezog. Ein hoher Spezialisierungsgrad erfordert sowohl umfangreiche partner- und transaktionsspezifische Investitionen als auch spezielle Organisationsformen. Beides ist mit hohen „versunkenen Kosten" verbunden, die sich umso eher amortisieren, je höher die später eingesparten Kosten und/oder die zusätzlichen Erlöse je Transaktion sind und je häufiger die Aufgabe wiederholt werden kann.

7.1.3 Ergebnisse des Transaktionskosten-Ansatzes

Unter Berücksichtigung dieser Determinanten ist es besser möglich, eine rationale Erklärung für die Aufteilung von Aktivitäten auf die Institutionen Markt und Unternehmen bzw. auf darüber hinaus existierende, bisher noch gar nicht zur Sprache gekommene Institutionen, zu liefern.[10] In der Praxis existiert nämlich ein ganzes Spektrum von Koordinationsformen, das von langfristigen Verträgen über Beteiligungen bis zu vertikaler oder horizontaler Integration[11] reicht.

Bössmann[12] rückt dazu die Transaktion in den Mittelpunkt der Betrachtung, bildet unter Zuhilfenahme der oben erläuterten Einflussgrößen Kategorien von Transaktionen und ordnet ihnen für ihre Abwicklung geeignete Organisationsform zu. So sind längerfristige Verträge (beispielsweise Beschäftigungsverhältnisse oder Lieferbeziehungen) ökonomisch sinnvoll, wenn es sich um eine Transaktion handelt, die sich durch ein großes Maß an spezifischer Ressourcennutzung, hohe Unsicherheit oder die Gefahr von Opportunismus auszeichnet. Durch die mit hoher Spezifität verbundenen partner- oder transaktionsspezifischen Investitionen findet eine *fundamentale Transformation* statt, d. h., aus anonymen Markttransaktionen, für die sich viele Wettbewerber anbieten, werden spezifi-

[10] Damit kann auch einem weiteren Kritikpunkt an dem Ansatz von Coase (neben dem der mangelnden Quantifizierbarkeit der Transaktionskosten) begegnet werden: der Beschränkung auf die beiden Institutionen Markt und Unternehmen, was eine unzulässige Einschränkung der Realität bedeutet.

[11] Unter vertikaler Integration versteht man den Zusammenschluss von Unternehmen unterschiedlicher Produktionsstufen; im Gegensatz dazu handelt es sich beim Zusammenschluss von Unternehmen derselben Produktionsstufe um horizontale Integration. Für Integration wird synonym der Begriff Konzentration verwendet.

[12] Vgl. dazu Bössmann (1981).

sche Tauschvorgänge, die weder „gesichtslos“ noch Sache eines Augenblicks sind, weil nur noch ein Tauschpartner in Frage kommt. Da die Vorteile aus der transaktionsspezifischen Investition nicht übertragbar sind, entsteht gleichzeitig ein Abhängigkeitsverhältnis zwischen den beiden Marktpartnern, das der Stärkere ausnutzen kann, indem er die oben beschriebene Quasi-Rente weitgehend oder vollständig für sich beansprucht und damit den Schwächeren um dessen Anteil „beraubt“. Dem lässt sich aber durch vertragliche Regelungen entgegenwirken, die beide Partner am Risiko eines Fehlschlags beteiligen, z. B. indem einer transaktionsspezifischen Investition des einen eine Ex-ante-Kompensation des anderen oder ebenfalls eine partnerspezifische Investition gegenübersteht.

Analog macht ein hoher Grad an betriebsspezifischem Wissen Dauerarbeitsplätze sowohl für Unternehmer als auch für Arbeitnehmer wünschenswert. Damit wird deutlich, dass sich eingeschränkte Mobilität und Flexibilität nicht in jedem Falle als Marktunvollkommenheit interpretieren lassen und längerfristige Vertragsverhältnisse durchaus das Ergebnis ökonomisch rationalen Verhaltens sein können. Die Preisfindung findet dann nicht mehr am Markt statt, sondern ist das Ergebnis von Verhandlungsprozessen, sodass es unter Umständen zu nicht markträumenden Preisen kommt.

Bei engeren Kooperationsformen wie der vertikalen oder horizontalen Integration werden die negativen Einflussfaktoren (Opportunismus, Unsicherheit) auf Grund der zunehmenden Angleichung der Interessenslagen der jeweiligen Partner weiter eingedämmt. Bei der Koordination innerhalb eines Unternehmens sind die negativen Einflüsse am geringsten, allerdings hängt es von der Art der zu koordinierenden Aktivitäten (beispielsweise hinsichtlich ihrer Komplementarität bzw. Gleichartigkeit) ab, ob es möglich ist, sie in dieser Institution zusammenzufassen. Zudem sind Unternehmenszusammenschlüssen wettbewerbsrechtliche Grenzen gesetzt.

7.2 Prinzipal-Agent-Ansatz[13]

7.2.1 Asymmetrisch verteilte Information

Im Abschn. 7.1.2 wurde als ein auf Transaktionen Einfluss ausübender Faktor die Unsicherheit der Individuen genannt und dabei zwischen objektbezogener und verhaltensbedingter Unsicherheit unterschieden. Letztere soll im Folgenden näher betrachtet werden und zwar unter dem Blickwinkel, dass zwei Transaktionspartner über einen unterschiedlich hohen Grad an Information verfügen. Man spricht in diesem Falle von *asymmetrischer Informationsverteilung*.

Dieser Begriff bezeichnet den Sachverhalt, dass beispielsweise ein Anbieter genau über die Qualitätseigenschaften des von ihm auf dem entsprechenden Markt angebotenen Gutes informiert ist, während es für den Nachfrager nicht oder nur unter hohen Kosten möglich ist, die Qualität des betreffenden Gutes richtig einzuschätzen. Der Nachfrager ist dadurch

[13] Vgl. Schumann (1992), Kap. VI D 4, Karmann (1992) und Arrow (1985).

nicht in der Lage, sachliche Präferenzen zu bilden. Beispiele für dieses Phänomen lassen sich in der Praxis schnell finden:

- So wird oft auf den Arbeitsmarkt verwiesen, denn das hier gehandelte Gut „Arbeitskraft“ ist kein homogenes Gut. Im Gegenteil: Die Kenntnisse, Fähigkeiten und Fertigkeiten der einzelnen Anbieter von Arbeitskraft können einerseits sehr unterschiedlich ausgeprägt sein; zum anderen stellen die speziellen Tätigkeitsprofile verschiedener Arbeitsstellen die unterschiedlichsten Anforderungen. Für die Nachfrager von Arbeitskraft, die Unternehmen, kann es deshalb sehr kostspielig werden, sich einerseits ausreichende Informationen über die Leistungsfähigkeiten des potenziellen Arbeitnehmers zu verschaffen und andererseits (nach Zustandekommen eines Arbeitsvertrages) dessen Tätigkeit zu bewerten.
- Auch der Gebrauchtwagenmarkt ist ein „klassisches“ Beispiel für asymmetrische Informationsverteilung. Während der Verkäufer die Mängel seines Wagens in der Regel sehr genau kennt, wird es für den Käufer schwierig bis unmöglich sein, vollständige Information über den Zustand des angebotenen Wagens zu erlangen.

Umgekehrt kann auch der Nachfrager einer Leistung über mehr Informationen als der Anbieter verfügen. Dies gilt beispielsweise für den Versicherungsmarkt, bei dem der Nachfrager der Versicherungsleistung das Eintrittsrisiko eines Schadensfalles in vielen Fällen besser kennt als die Versicherungsgesellschaft.

Das Problem der asymmetrischen Informationsverteilung und die Entstehung von Kosten bei der Beschaffung von Informationen sind Grundlage der *Agency*-Theorie, die sowohl in der Volkswirtschaftslehre als auch in der Betriebswirtschaftslehre Anwendung gefunden hat. Ursache ist das Vorhandensein von *Agency*-Beziehungen in vielen Bereichen der Wirtschaft – sei es zwischen den einzelnen Partnern innerhalb eines Unternehmens oder zwischen den Partnern eines Marktes. Ziele des Prinzipal-Agent-Ansatzes („Der Agent weiß oder sieht mehr als der Prinzipal“) sind

- die (möglichen) Folgen asymmetrischer Informationsverteilung zu analysieren und
- Institutionen abzuleiten, die negative Auswirkungen von Informationsasymmetrie überwinden helfen.

Dazu werden die Transaktionspartner zunächst jeweils einer der beiden folgenden Kategorien zugeordnet:

- Der *Prinzipal* ist derjenige, der aus der Handlung des anderen einen bestimmten Nutzen zieht und dafür einen Preis bezahlt. Dieser Preis orientiert sich am vom Prinzipal wahrgenommenen Ergebnis der Handlung, da der Prinzipal die Handlung selbst nicht beobachten kann.
- Der *Agent* ist derjenige, der die Handlung ausführt und dafür vergütet wird. Er kennt handlungsrelevante Sachverhalte, die der Prinzipal nicht wahrnehmen kann. Das Ergebnis seiner Handlung unterliegt auch Zufallseinflüssen.

Tab. 7.1 Beispiele für Prinzipal-Agent-Beziehungen

Prinzipal	Agent	Informationsasymmetrie besteht …	Wirkung
Gebrauchtwagenkäufer	Gebrauchtwagenverkäufer	… vor Vertragsabschluss	Negative Auslese
Versicherungsgesellschaft	Versicherungsnehmer	… vor und nach Vertragsabschluss	Negative Auslese und moralisches Risiko

7.2.2 Ausprägungsformen asymmetrischer Informationsverteilung

Zwischen Prinzipal und Agent besteht ein Vertragsverhältnis (vgl. Tab. 7.1). Bei Zugrundelegen dieser Einteilung lassen sich die Akteure unserer Beispiele in jeweils eine der beiden Kategorien einordnen.

Wichtig für die weiteren Betrachtungen ist, zu welchem Zeitpunkt eine asymmetrische Verteilung von Informationen zwischen den Vertragspartnern vorliegt:

- *Versteckte Informationen (hidden information)*: Auf dem Gebrauchtwagenmarkt besteht die Handlung des Agenten in der Bereitstellung eines Gebrauchtwagens; diese Handlung wird durch den Kaufpreis vergütet. Der Verkaufspreis richtet sich nach dem für den Prinzipal sichtbaren Ergebnis, dem für ihn wahrnehmbaren Erscheinungsbild des Autos. Die wirkliche Qualität kann er auf Grund der für ihn versteckten Information nicht beurteilen; es besteht *Informationsasymmetrie vor Vertragsabschluss*.
- *Versteckte Handlungsmöglichkeiten (hidden action)*: Im zweiten Fall stellt die Zahlung der Versicherungsprämie die Handlung des Agenten dar, aus der der Prinzipal einen Nutzen (Gewinn) zieht. Die Entlohnung besteht in der Gewährung des Versicherungsschutzes durch den Prinzipal. Dabei kann er die Sorgfalt des Versicherungsnehmers zur Schadensverhütung nicht beurteilen; dessen für ihn verdeckte Handlungsmöglichkeiten führen zur *Informationsasymmetrie nach Vertragsabschluss*. (Hinzu kommt noch – wie im ersten Fall – Informationsasymmetrie vor dem Vertragsabschluss, weil der Prinzipal das Risiko, mit dem der potenzielle Versicherungsnehmer behaftet ist, nicht kennt.)

7.2.3 Auswirkungen asymmetrischer Informationsverteilung

Durch die genannten Ausprägungen asymmetrischer Informationsverteilung kann die Funktionstüchtigkeit des Marktes erheblich beeinträchtigt werden; es kann sogar zu einem Marktversagen kommen. Dies soll im Folgenden an zwei Beispielen demonstriert werden.

Wir betrachten als erstes den Fall versteckter Informationen auf dem bereits erwähnten Gebrauchtwagenmarkt:[14]

- Wir nehmen an, dass nur zwei verschiedene Qualitäten des entsprechenden Gutes, „gute" und „schlechte" Autos, angeboten werden. Der Anbieter kennt die Qualität seines Fahrzeugs, teilt dem Nachfrager aber etwaige Mängel nicht mit. Letzterer weiß somit nicht, ob das von ihm gewünschte Auto von guter oder von schlechter Qualität ist. Ihm ist nur bekannt, dass 40 % der angebotenen Wagen „gut" bzw. 60 % „schlecht" sind.
- Zudem nehmen wir an, dass der Besitzer eines „guten" Gebrauchtwagens einen Preis von mindestens 4.000 € zu erzielen beabsichtigt, während der Besitzer eines „schlechten" Wagens diesen bereits für 2.000 € veräußern würde.
- Der potenzielle Käufer sei in diesem Beispiel bereit, für einen Wagen von guter Qualität bis zu 4.200 €, bei schlechter Qualität bis zu 2.100 € zu zahlen.

Da der Käufer aber nicht die Qualität des einzelnen Fahrzeugs, sondern nur die Durchschnittsqualität der angebotenen Wagen kennt, wird er auch nur den Preis für ein „durchschnittliches" Auto zu zahlen bereit sein. Diesen errechnet er mithilfe des Erwartungswertes μ[15], da ihm die Eintrittswahrscheinlichkeiten für die Zustände „gut" mit 40 % bzw. „schlecht" mit 60 % und seine jeweilige Zahlungsbereitschaft bekannt sind. Als Preis, den der potenzielle Käufer zu zahlen bereit ist, ergibt sich:

$$p = \mu = 0{,}4 \cdot 4.200\,€ + 0{,}6 \cdot 2.100\,€ = 2.940\,€.$$

Nun tritt aber das Problem auf, dass das „Durchschnittsauto" nicht existiert und folglich auch nicht am Markt gehandelt werden kann. Die Besitzer der Wagen mit höherer Qualität, die einen Mindestpreis von 4.000 € fordern, werden nicht bereit sein, bei einem Preis von 2.940 € einem Verkauf zuzustimmen. Somit werden zu diesem Preis nur die minderwertigen Wagen angeboten. Andererseits ist aber nun der Käufer, wenn er erfährt, dass nur noch „schlechte" Autos im Angebot sind, nicht mehr bereit, den Preis für ein „durchschnittliches" Auto zu zahlen; entsprechend würde sich der Gleichgewichtspreis auf diesem Markt bei einem Wert zwischen 2.000 und 2.100 € einstellen.

Obgleich der Käufer ursprünglich bereit war, einen „guten" Wagen zu einem Preis zu erwerben, der die Mindestforderung des Verkäufers um 200 € übersteigt, wird es auf diesem Markt zu keiner einzigen Transaktion mit „guten" Gebrauchtwagen kommen. Die Erzeugnisse von geringer Qualität verdrängen die qualitativ hochwertigen vom Markt; man spricht in diesem Zusammenhang von *negativer Auslese (adverse selection)*.

Im verwendeten Beispiel wurden nur zwei Ausprägungen des Kriteriums Qualität unterstellt. Aber auch bei einer beliebig großen Anzahl von Qualitätsstufen ist eine negative

[14] Dieses oft zitierte Beispiel geht zurück auf Akerlof (1970). Er bezeichnet die schlechten Gebrauchtwagen als „Zitronen".

[15] Bei der Berechnung des Erwartungswertes μ werden die mit den verschiedenen Zuständen (Qualität des Wagens) verbundenen Geldbeträge p_i (Wert des Wagens) mit den Eintrittswahrscheinlichkeiten w_i multipliziert und addiert: $\mu = \Sigma w_i \cdot p_i$ mit $i = 1, \ldots, n$.

Auslese möglich, die schließlich zum Zusammenbruch des betreffenden Marktes führt. Die Abb. 7.2 soll dies verdeutlichen. Auf der Abszisse werden dazu die einzelnen Qualitätsstufen des am Markt gehandelten Gutes, beginnend mit der höchsten Qualität, abgetragen, wobei keine Aussage über die jeweiligen Mengen des Gutes getroffen wird. Q_1 steht dabei für Fahrzeuge mit überdurchschnittlicher Qualität im Ausgangszeitpunkt $t = 0$; die Qualitätsstufen Q_2 bis Q_n beinhalten Fahrzeuge unterdurchschnittlicher Qualität. Die Ordinate gibt die jeweiligen Preise an. Der Verlauf der Kurve AB repräsentiert den Preis-Qualitäts-Zusammenhang dergestalt, dass er wiedergibt, welchen Preis p_i der Anbieter für ein Fahrzeug der Qualität Q_i mindestens erzielen will.

Die negative Auslese vollzieht sich hier in mehreren Schritten. Beim Nachfrager besteht – wie im ersten Fall – ein Informationsdefizit bezüglich der Qualitäten der einzelnen Güter, die dem Anbieter hingegen bekannt sind (asymmetrische Informationsverteilung vor Vertragsabschluss). Ersterer bekundet also seine Zahlungsbereitschaft in Höhe von p_1, die sich entsprechend seines Erwartungswertes bezüglich der Qualität des Gutes, das er erwerben will, ergibt und die – aus den oben genannten Gründen – geringer ist als der vom Anbieter geforderte Preis für die Qualität Q_1. Dies führt zum Rückzug der Erzeugnisse dieser Qualitätsstufe vom Markt. Wenn der Nachfrager dies registriert, führt das wiederum zu einem Absinken seiner Zahlungsbereitschaft auf den Wert p_2. Dieser Preis

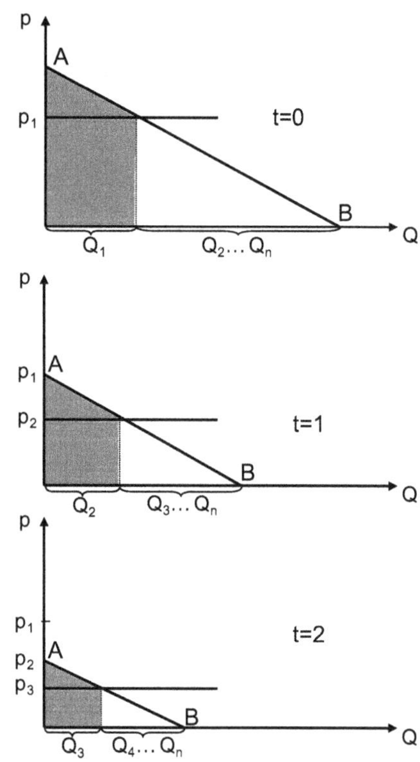

Abb. 7.2 Marktversagen durch negative Auslese

liegt nun wieder unterhalb des Preises der nächstbesten Qualitätsklasse Q_2, sodass auch diese vom Markt gedrängt wird und so weiter. Dieser Prozess setzt sich so lange fort, bis nur noch die Erzeugnisse der niedrigsten Qualität auf dem Markt gehandelt werden; Angebot und Nachfrage gehen gegen null und es kommt im Zuge der fortgesetzten negativen Auslese zu einem weitgehenden *Marktzusammenbruch*.

Ähnlich wirkt der Sachverhalt versteckter Informationen auf dem Versicherungsmarkt. Hier liegt das Informationsdefizit beim Anbieter der Versicherungsleistung, der nicht weiß, mit welchem Risiko der einzelne Nachfrager behaftet ist. Entscheidet sich die Versicherungsgesellschaft, wie im vorherigen Beispiel unser Gebrauchtwagenkäufer, einen Durchschnittswert (z. B. durchschnittliche Krankheits- oder Diebstahlsrate) zugrunde zu legen, wird sie sich nicht lange am Markt behaupten können. Zu einer durchschnittlichen Versicherungsprämie werden sich nämlich vorwiegend jene Nachfrager versichern, die mit einem hohen Risiko behaftet sind. Dies führt zu einer zwangsläufigen Erhöhung der Versicherungsprämie, die wiederum mit einer sukzessiven negativen Auslese verbunden ist. Den vom Markt zurückgedrängten Produkten mit hoher Qualität entsprechen hier die Versicherungsnehmer mit geringem Risiko, die nicht mehr bereit sind, den Versicherungsschutz zu einem solch hohen Preis zu kaufen. Wenn nun die Versicherung nicht mit einem Durchschnittsrisiko, sondern gleich mit einem Worst-case-Szenario ihre Prämien kalkuliert, führt dies in gleicher Weise zu einer Selbstauslese, die noch schneller eintreten wird. Die Vermeidung dieser negativen Auslese dient als Argument für einen Versicherungszwang (z. B. Gesetzliche Krankenversicherung). Damit sind Umverteilungselemente von Versicherten mit geringerem zu Versicherten mit höherem Risiko verbunden und die Versicherungsprämien entwickeln sich moderater.

Als *moralisches Risiko* (*moral hazard*) wird ein in der Versicherungsbranche anzutreffendes Problem bezeichnet, das ebenfalls auf asymmetrische Informationsverteilung basiert. Es ist darauf begründet, dass die Versicherungsnehmer in unterschiedlichem Maße einen Anreiz haben, die nötige Sorgfalt zur Verhinderung des Eintritts bzw. zur Eindämmung eines Schadensfalles walten zu lassen und es tritt genau dann auf, wenn das Eintreten eines Versicherungsfalles nicht vollkommen unabhängig von den Verhaltensweisen des Versicherten ist.

Während das Problem der negativen Auslese in versteckten Informationen (z. B. bezüglich des Eintrittsrisikos) begründet war, handelt es sich hier um versteckte Handlungen: Der Anbieter der Versicherung ist nicht in der Lage, *alle* Handlungen des Nachfragers zu beobachten, um daraus entsprechende Konsequenzen abzuleiten. Somit kennt er auch nicht die Neigung des einzelnen Versicherten, dem Eintritt des Schadensfalles ein wenig „nachzuhelfen“; es entfällt für ihn die Möglichkeit, bei der Festlegung der Versicherungsprämie nach hohen und geringen moralischen Risiken zu differenzieren. Das Versicherungsunternehmen muss also von einem allgemeinen (relativ hoch angesetzten) moralischen Risiko ausgehen, was die Versicherungsprämien in die Höhe treibt.

Die Sorgfalt des einzelnen Individuums, das Eintrittsrisiko eines Schadensfalles (z. B. Krankheit, Unfall, Diebstahl) zu minimieren, wird umso größer sein, je höher die durch den Schadensfall für ihn entstehenden Kosten sind. Im Extremfall (es besteht überhaupt kein Versicherungsschutz) wird er so viel in seine persönliche Sorgfalt investieren, bis deren Grenzkosten den mit der Sorgfalt verbundenen Grenznutzen erreichen. Mit dem Abschluss einer Versicherung verringert sich aber der Grenznutzen der Sorgfalt, dementsprechend weniger wird das Individuum nach der Grenzkosten-Grenznutzen-Regel in die Vorsorge investieren. Der Anreiz zur Sorgfalt wird mit zunehmendem Versicherungsschutz geringer oder anders gesagt eine vollkommene Absicherung erhöht das Problem des *moral hazard*.

Besonders ausgeprägt sind die moralischen Risiken deshalb auch bei Pflichtversicherungen, wie beispielsweise der Gesetzlichen Krankenversicherung (GKV). Wegen des der GKV zugrundeliegenden Solidarprinzips, das eine Zwangsmitgliedschaft vorschreibt und eine beitragsunabhängige gesundheitliche Versorgung garantiert, welche sich ausschließlich am „medizinischen Bedarf" orientiert, entfällt hier weitgehend der Anreiz, das persönliche Risiko zu mindern. Zudem ist der Begriff „medizinischer Bedarf" sehr dehnbar, sodass die Versicherten – meist in Übereinstimmung mit den (finanziellen) Interessen der Ärzte und Krankenhäuser – der Versuchung ausgesetzt sind, durch ausgedehnte Heilbehandlungen ihre Versicherungsbeiträge wieder „hereinzuholen". Dies hat sicherlich – gerade in den letzten Jahren – zu der bekannten „Kostenexplosion" im Gesundheitswesen beigetragen. Während eine Zwangsversicherung geeignet ist, das Problem der Negativauslese zu verhindern, ergeben sich hier umso größere Konfliktpotenziale hinsichtlich des moralischen Risikos.

7.2.4 Vermeidung von Marktversagen durch geeignete Vertragsbeziehungen

Wie gesehen, liegt das Informationsdefizit immer beim Prinzipal. Der Agent besitzt somit einen gewissen Handlungsspielraum, da der Prinzipal vom beobachtbaren Ergebnis auf Grund des Einflusses der Zufallskomponente nicht ohne weiteres Rückschlüsse auf die Handlungen des Agenten ziehen kann. Ein Zustand der vollkommenen Information läge nur dann vor, wenn der Prinzipal kostenlosen Einblick in den Informationsstand und die Handlungen des Agenten besäße. Anliegen der *Agency*-Theorie ist es nun, die vertraglichen Beziehungen zwischen den beiden Partnern so auszugestalten, dass der Verlust, der dem Prinzipal durch die asymmetrische Informationsverteilung gegenüber einem Zustand der vollkommenen Information entsteht – auch *Agency*-Verlust oder *Agency*-Kosten genannt – minimiert wird.

Kernpunkt der Lösung dieses Problems ist das Finden einer Entlohnungsfunktion, bei der der Agent mithilfe der von ihm beeinflussbaren, also zufallsunabhängigen Komponente des Ergebnisses seinen erwarteten Nutzen maximieren kann. Ist diese Funktion gefunden, kann auch der Prinzipal – über die Anreizwirkung für den Agenten, seine Anstrengung zu erhöhen (beispielsweise höhere Sorgfalt walten zu lassen und damit die moralischen Risiken einzudämmen) – seinen eigenen Nutzen maximieren. Zugleich wird damit das durch die für das Ergebnis der Handlung mitverantwortliche Zufallskomponente bedingte Risiko zwischen beiden Partnern aufgeteilt. Die Lösung des *Agency*-Problems beinhaltet einen Anreiz- und einen Risikoverteilungsaspekt.

Für die Verringerung der Informationsasymmetrie und deren Auswirkungen in den von uns betrachteten Fällen lassen sich verschiedene Maßnahmen ableiten. Um die negative Auslese zu verhindern, existieren unter anderem folgende Möglichkeiten:

- Der Nachfrager eines Gebrauchtwagens kann ein Gutachten über die tatsächliche Qualität des Wagens erstellen lassen,
- der Anbieter kann bei guter Qualität gegen einen höheren Preis eine Garantie anbieten,
- Versicherungsnehmern mit vermindertem Risiko können Rabatte eingeräumt werden.

Eine Eindämmung der moralischen Risiken kann erreicht werden, indem der Anreiz des Versicherungsnehmers zur Erhöhung der eigenen Sorgfalt vergrößert wird. Möglich ist dies durch den Verzicht auf eine volle Kostenerstattung im Schadensfall, also eine (finanzielle) Selbstbeteiligung des Versicherungsnehmers:

- So verringert sich z. B. im Rahmen der Kfz-Versicherung die Versicherungsprämie mit zunehmender Höhe der Selbstbeteiligung.
- Auch in der Gesetzlichen Krankenversicherung wurden mit Selbstbeteiligungsregelungen – unter anderem bei Kuren, Zahnersatz und Arzneimitteln – erste Ansätze zur Verringerung der *moral hazard* geschaffen; weitere finanzielle Einschnitte werden angesichts der angespannten Finanzlage der Krankenkassen mit Sicherheit folgen.

Auch für weitere Prinzipal-Agent-Beziehungen (z. B. Anteilseigner und Manager eines Unternehmens) besteht die Möglichkeit, durch geeignete Entlohnungsformen (Gewinnbeteiligung) dafür zu sorgen, dass der Agent seinen Informationsvorsprung nicht gegen den Prinzipal einsetzt. Allerdings ist es relativ kompliziert, die in der Literatur herausgearbeiteten, meist sehr komplexen Entlohnungsfunktionen in die Praxis umzusetzen. Zu den nicht unerheblichen Ex-ante-Transaktionskosten für das Herausfinden der entsprechenden Entlohnungsfunktion und das Aushandeln der mitunter komplizierten Vertragsbeziehungen kämen Ex-post-Transaktionskosten für die Durchsetzung der vertraglichen Regelungen. Außerdem spielen oft soziale und gesellschaftspolitische Aspekte eine Rolle, die die Durchsetzung ökonomisch sinnvoller Regelungen erschweren oder verhindern.

7.3 Mikroökonomische Ungleichgewichtstheorie[16]

7.3.1 Unvollständige Information

Wie bereits im Abschn. 7.1.2 gezeigt, wird auf Grund realitätsnäherer Modellannahmen in der Neuen Mikroökonomie nicht mehr der Zustand vollkommener Information unterstellt, sondern man geht davon aus, dass aus verschiedenen objektiven und subjektiven Gründen die Wirtschaftssubjekte nur unvollständig informiert sind. Dies hat weitreichende Auswirkungen auf deren Entscheidungen, die auf der Grundlage des jeweils verfügbaren Informationsstandes getroffen werden. Die mikroökonomische Ungleichgewichtstheorie stellt deshalb nicht nur Unvollkommenheiten bezüglich des Informationsstandes in den Mittelpunkt, sondern zeigt darüber hinaus, wie sich das Entscheidungskalkül von Wirtschaftssubjekten ändert, wenn sie den *Kosten der Informationsbeschaffung* Rechnung tragen.

7.3.2 Kosten der Informationsgewinnung

Information kann als Produktionsfaktor für die „Produktion" von Entscheidungen angesehen werden; die Informationsbeschaffung ist dann als Nachfrage nach diesem Produktionsfaktor zu interpretieren. Im Vergleich zur älteren neoklassischen Mikroökonomie werden die Erklärungen dahingehend erweitert, dass die Beschaffung von Informationen sowohl auf der Anbieter- als auch auf der Nachfragerseite den Einsatz von ökonomischen Ressourcen erfordert, die damit für alternative Verwendungen (Produktion oder Konsum) dauerhaft nicht mehr zur Verfügung stehen. Daraus folgt, dass Marktgleichgewichte bis hin zur gesamtwirtschaftlichen Ressourcenallokation nicht autonom von den Informationsaktivitäten der beteiligten Wirtschaftssubjekte ermittelt werden können.

Dieser Sachverhalt wird zunächst am Beispiel eines Gemüseverkäufers verdeutlicht, der nicht nur über die Menge, sondern auch über den Preis seiner zu verkaufenden Waren entscheiden kann. Die Absatzmenge eines bestimmten Tages sei zufallsbestimmt und damit für den Verkäufer nicht vorhersehbar. Letzterer hat dann vier Möglichkeiten, mit dieser unvollständigen Information umzugehen:

- Er kann die jeweiligen täglichen Absatzmengen zu einem festgesetzten Preis p mithilfe der Marktforschung ermitteln, um nur die Menge der tatsächlich absetzbaren Waren einzukaufen. Hierbei fallen Informationskosten an. Der „Erlös" dieser Investition in den Produktionsfaktor Information spiegelt sich in der Reduzierung des Verlustes durch nicht abgesetztes Gemüse bzw. in der Minimierung entgangener Umsatzerlöse durch ein zu geringes Angebot wider. Die Beschaffung von zusätzlicher Information lohnt da-

[16] Den „Anstoß" für die Entwicklung einer mikroökonomischen Ungleichgewichtstheorie gab die Arbeit von Phelps (1970).

bei so lange, wie die für die Marktforschung aufzuwendenden Kosten die anderenfalls durch Angebots- oder Nachfrageüberhänge entstehenden Verluste nicht übersteigen.

- Als Zweites hat er die Möglichkeit, eine durchschnittliche Menge der verschiedenen Gemüsesorten einzukaufen und dann eine Markträumung durch Variation des Preises anzustreben. Auch hier fallen Marktforschungskosten für die Bestimmung derjenigen Preise an, bei denen es zu einer Markträumung kommt. Die Verbesserung des Informationsgrades ist für den Anbieter wiederum nur so lange erstrebenswert, wie die Grenzkosten zusätzlicher Information deren Grenzerlös nicht übersteigen.
- Als dritte Alternative kann der Verkäufer eine solche Menge an Waren beschaffen, die in jedem Falle die Nachfrage abdeckt. Hierbei entstehen keine Informationskosten, dafür aber Verluste in Höhe der Menge nicht verkaufter Waren.
- Schließlich existiert für ihn die Möglichkeit, nur so viel Ware anzubieten, wie er mit Sicherheit verkaufen kann. Die darüber hinausgehende, von ihm nicht mehr zu befriedigende Nachfrage, ist für den Verkäufer mit Umsatzeinbußen verbunden.

7.3.3 Folgen für das Marktgleichgewicht

In den letzten beiden Fällen wird es in der Regel zu einer Nichträumung des Marktes kommen, einerseits auf Grund von Angebotsüberhängen (Fall 3), andererseits auf Grund von Nachfrageüberschüssen (Fall 4). In den ersten beiden Fällen ist – bei hinreichend hohem Informationsstand – eine Markträumung theoretisch möglich, allerdings um den Preis der hierbei entstehenden Informationskosten[17]. Für welches Vorgehen sich der Gemüseverkäufer entscheidet, hängt vom genauen Verlauf der Erlös- und Kostenfunktion des Faktors Information ab. Die Kosten der individuellen Informationssuche lassen sich zu einem großen Teil in dafür benötigtem Zeitaufwand ausdrücken; es handelt sich um individuell variierende Opportunitätskosten. Über die mit einer Transaktion verbundene Unsicherheit fließen subjektive Einstellungen und Ziele in die Entscheidung ein. Hinzu kommt die bereits in Abschn. 7.1.2 getroffene Annahme, dass Individuen nur begrenzt rational handeln. Somit ist es – bei Unterstellung einer komplexen, sich schnell wandelnden Umwelt – nahezu ausgeschlossen, dass ein Wirtschaftschaftssubjekt jemals über genügend Information zur vollständigen Anpassung an die jeweilige Situation verfügt. Auch in den ersten beiden Fällen des Beispiels muss es nicht zwingend zu einer Markträumung kommen.

Allgemein lässt sich festhalten, dass die Bereitschaft des Verkäufers (bzw. Produzenten), Angebots- oder Nachfrageüberschüsse in Kauf zu nehmen, zunimmt,

- je häufiger nicht vorhersehbare Zufallsschwankungen der Nachfrage auftreten und/oder
- je höher die Informationskosten und die Kosten schneller Produktionsanpassung ausfallen.

[17] Informationskosten lassen sich im Sinne der Transaktionskostentheorie als Anbahnungskosten interpretieren (vgl. Abschn. 7.1.1).

Schließlich lässt sich der Zustand unvollkommener Information auch für den Nachfrager demonstrieren. So steht dieser – um bei unserem Beispiel zu bleiben – beim Kauf von Gemüse vor der Entscheidung, entweder gleich beim „erstbesten“ Anbieter zu kaufen oder vorher Preisvergleiche bei verschiedenen Anbietern vorzunehmen. Im ersten Fall entstehen keine Informationskosten, jedoch kommt es unter Umständen zu einem Verlust an Konsumentenrente, weil man das gleiche Produkt bei einem anderen Anbieter zu einem geringeren Preis erhält. Im anderen Fall ist der Preisvergleich für den Nachfrager mit Informationskosten verbunden, die umso höher ausfallen, je mehr die Preise auf dem betreffenden Markt variieren.

Wie die angeführten Beispiele zeigen, sehen die Vertreter der Neuen Mikroökonomie Angebots- und Nachfrageüberhänge als langfristige und normale Erscheinungen an. Daher wird in diesem Zusammenhang auch oft von einer so genannten *Ungleichgewichtstheorie* gesprochen. Andererseits würden sich die genannten Erscheinungen aber durchaus in ein Bild des Gleichgewichts einfügen, da die Wirtschaftssubjekte die durch Unsicherheit und Informationskosten bedingte Bildung von Lagern und Warteschlangen im Rahmen ihrer Gewinnmaximierungsstrategie vorausplanen.[18] Die Neue Mikroökonomie verdeutlicht darüber hinaus – im Gegensatz zu den traditionellen Ansätzen –, dass im Rahmen eines totalen mikroökonomischen Gleichgewichts ein Teil der Ressourcen auf den Faktor Information entfallen muss.

In der Informationsökonomik – einer speziellen Richtung, die sich mit Wirkungen von Informationslücken auf das Verhalten ökonomischer Entscheidungsträger auf vielen Einzelmärkten auseinandersetzt –, sind diverse Suchmodelle entwickelt worden, die zu Optimierungskalkülen für verschiedene Fälle von Unsicherheit führen. Daraus lassen sich auch Erklärungen für sonst im Rahmen der Makroökonomie analysierte Phänomene ableiten. So kommt es beispielsweise gesamtwirtschaftlich zu (Such-)Arbeitslosigkeit, weil die Arbeitsanbieter unvollständig über die freien Arbeitsplätze informiert sind. Für sie lohnt es sich, so lange weiter nach einer geeigneten Stelle zu suchen und dafür Arbeitslosigkeit in Kauf zu nehmen, wie die damit verbundenen Informationskosten in Form des ihnen dadurch entgehenden Lohns niedriger sind als die Informationserlöse durch das Finden einer höher bezahlten Stelle. *Sucharbeitslosigkeit* ist somit das Ergebnis rationalen Verhaltens der Arbeitsanbieter und lässt sich *nicht* durch Lohnsenkungen abbauen.

Ein anderer weiterführender Ansatz ist die Erklärung von Marktstrukturen aus der Intensität der Informationsbeschaffung: Lohnt sich für die Nachfrager vor der Kaufentscheidung eine umfangreiche Informationssuche, so ist der Monopol- bzw. Konzentrationsgrad auf diesem Markt tendenziell geringer als auf Märkten mit weniger informierten Nachfragern.

[18] Als praktische Beispiele lassen sich hier Angebotsüberschüsse auf dem Wohnungsmarkt in Form von leerstehenden Wohnungen bzw. Nachfrageüberschüsse bei begehrten Kinofilmen zu bestimmten Vorstellungszeiten anführen. Allerdings ist Lagerhaltung auf Grund spezifischer Produkteigenschaften (z. B. schnelle Verderblichkeit von Obst und Gemüse) nicht immer anwendbar.

7.4 Zusammenfassung

Die in diesem Kapitel vorgestellten drei Ansätze verdeutlichen eindrucksvoll die moderneren Entwicklungsrichtungen der mikroökonomischen Theorie, die unter Anwendung neoklassischer Methoden vor allem mit realitätsnäheren Annahmen arbeiten und zugleich die simultane Existenz verschiedener Institutionen ins Blickfeld rücken und zu begründen versuchen. Insbesondere wird ein Erklärungsbeitrag für das Entstehen von dauerhaften Vertragsverhältnissen als Ausdruck rationalen Verhaltens der Marktpartner geliefert und begründet, wann und aus welchem Grund sich nicht markträumende Preise einstellen bzw. warum es zu einem Marktversagen kommen kann.

Die wichtigsten Erklärungsziele, Annahmen und Ergebnisse sowie die herausragenden Vertreter der jeweiligen Ansätze sind in Tab. 7.2 zusammengefasst.

Tab. 7.2 Wichtigste Ansätze der Neuen Mikroökonomie

Ansatz	Transaktionskosten-Ansatz	Prinzipal-Agent-Ansatz (Vertretungstheorie)	Mikroökonomische Ungleichgewichtstheorie
Erklärungsziel	Erklärung der Existenz von Unternehmen und Märkten als produktions- und transaktionskostenminimierende Institutionen	– Folgen asymmetrisch verteilter Information – Ableitung von Institutionen zur Überwindung dieser Folgen	Erklärung der Folgen von unvollständiger Information für das allgemeine Marktgleichgewicht
Annahmen	– Begrenzte Rationalität – Opportunistisches Verhalten – Unsicherheit – Spezifische Ressourcennutzung	Informationsasymmetrie durch – Versteckte Informationen und – Versteckte Handlungsmöglichkeiten	– Unvollständige Information – Kosten der Informationsgewinnung
Ergebnisse	– Nutzung von Märkten führt zu Transaktionskosten – Langfristige Vertragsverhältnisse können ökonomisch rational sein	– Gefahr negativer Auslese und moralischer Risiken – Vermeidung solcher Auswirkungen durch geeignete Anreizsysteme	– Einstellen nicht markträumender Preise – Im allgemeinen Gleichgewicht wird ein Teil der Ressourcen für Informationsgewinnung eingesetzt
Vertreter	Coase, Williamson; Bössmann, Richter (im deutschsprachigen Raum)	Akerlof, Arrow	Phelps

Fragen

1. Nach welcher Optimierungsregel nimmt Coase eine Aufteilung von Transaktionen auf Märkte und Unternehmen vor? Welches Problem ergibt sich dabei?
2. Begründen Sie, warum nach Ansicht der Neuen Mikroökonomie eingeschränkte Mobilität und Flexibilität infolge langfristiger Verträge durchaus ein Ergebnis ökonomisch rationalen Verhaltens sein können.
3. Wann spricht man von asymmetrischer Informationsverteilung?
4. Welche beiden Probleme können auf Märkten mit asymmetrischer Informationsverteilung auftreten? Beurteilen Sie die Nützlichkeit der Einführung einer Zwangsversicherung unter dem Aspekt der Lösung dieser zwei Probleme.
5. Wo sind Ihrer Meinung nach in der Praxis – außer den im Abschn. 7.2 genannten Beispielen – Prinzipal-Agent-Beziehungen anzutreffen?
6. Welches Merkmal eines vollkommenen Marktes wird in der mikroökonomischen Ungleichgewichtstheorie in Frage gestellt und was ergibt sich daraus für das allgemeine Gleichgewicht?
7. Warum stellen sich – aus Sicht der mikroökonomischen Ungleichgewichtstheorie – auf Güter- und Faktormärkten nicht zwangsläufig markträumende Preise ein?

Antworten

1. Nach Coase ist eine optimale Aufteilung der Transaktionen auf die Institutionen Markt und Unternehmen dann erreicht, wenn die Expansion des Unternehmens den Punkt erreicht hat, an dem die internen Kosten für die Übernahme einer weiteren Transaktion vom Markt deren externen Transaktionskosten entsprechen. Problematisch an diesem Ansatz ist die mangelnde Quantifizierbarkeit von Transaktionskosten.
2. Auf Grund modifizierter Annahmen im Rahmen des Transaktionskosten-Ansatzes (insbesondere spezifische Ressourcennutzung, Unsicherheit und opportunistisches Verhalten) kann es für beide Transaktionspartner ökonomisch sinnvoll sein, sich durch langfristige Verträge aneinander zu binden und so die entsprechenden Risiken (Nichtamortisation transaktionsspezifischer Investitionen, hohe Kosten für Informationsbeschaffung und Ausnutzung von Marktmacht) aufzuteilen.
3. Von asymmetrischer Informationsverteilung spricht man, wenn die Marktpartner einen unterschiedlichen Grad an Information aufweisen, wenn also ein Marktpartner über Informationen verfügt, die sich der Kenntnis des anderen entziehen, die aber für die Transaktion von Bedeutung sind und deren Beschaffung mit Kosten verbunden ist.
4. Auf Märkten mit asymmetrischer Informationsverteilung kann es zu negativer Auslese (auf Grund versteckter Information) und/oder moralischen Risiken (auf Grund versteckter Handlungsmöglichkeiten) kommen. Mit einer Zwangsversicherung kann zwar die negative Auslese verhindert werden, da auch Kunden mit einem geringen Schadensrisiko die Versicherung abschließen müssen, wodurch die Versicherungsprämien in einem gewissen Rahmen gehalten werden können. Dafür wird das Problem

der moralischen Risiken hier umso akuter, da kein ausreichender Anreiz besteht, die notwendige Sorgfalt zur Verhinderung oder Eindämmung des Schadens walten zu lassen.

5. Prinzipal-Agent-Beziehungen treten neben Gebrauchtwagen- und Versicherungsmarkt noch in verschiedenen anderen Bereichen einer Volkswirtschaft auf: beispielsweise zwischen Anteilseigner, Patient, Klient, Gläubiger oder Bauherr (als Prinzipal) auf der einen sowie Manager, Arzt, Anwalt, Schuldner oder Baufirma (als Agent) auf der anderen Seite.
6. Die Annahme vollkommener Markttransparenz (d. h., Informationskosten von null) wird in der mikroökonomischen Ungleichgewichtstheorie aufgehoben. Daraus folgt, dass im allgemeinen Gleichgewicht ein Teil der Ressourcen für die Informationsgewinnung eingesetzt wird.
7. Auf Grund der Annahme unvollständiger Information werden hier – anders als in der herkömmlichen neoklassischen Mikroökonomie – die Marktgleichgewichte nicht autonom von den Informationsaktivitäten der beteiligten Wirtschaftssubjekte ermittelt. Letztere investieren so lange in den Faktor Information, bis die Grenzkosten der Informationsbeschaffung dem Grenzerlös der Information entsprechen. Auf Grund komplexer und dynamischer Umweltbedingungen einerseits und nur begrenzt rational handelnder Individuen andererseits kann es trotz Investitionen in Information dazu kommen, dass kein markträumender Preis gefunden wird, was sich in Angebots- und Nachfrageüberschüssen widerspiegelt.

Literatur

Verwendete Literatur

Akerlof, G. (1970). The Market for "Lemons": Quality Uncertainty and the Market mechanism. *Quarterly Journal of Economics*, *84*, 488–500.

Arrow, K. J. (1985). The Economics of Agency. In J. W. Pratt & R. J. Zeckhauser (Hrsg.), *Principals and Agents: The Structure of Business* (S. 37–51). Boston: Harvard Business School.

Bössmann, E. (1981). Weshalb gibt es Unternehmungen? Der Erklärungsansatz von Ronald H. Coase. *Zeitschrift für die gesamte Staatswissenschaft (ZgS)*, *137*, 667–674.

Bössmann, E. (1983). Unternehmungen, Märkte, Transaktionskosten: Die Koordination ökonomischer Aktivitäten. *Wirtschaftswissenschaftliches Studium*, *12*(3), 105–111.

Coase, R. H. (1937). The Nature of the Firm. *Economica N*, *4*, 386–405. Wiederabdruck in: Stigler, G. J./Boulding, K. E. (Hrsg.): Readings in Price Theory, London 1963, S. 331–351.

Karmann, A. (1992). Principal-Agent-Modell und Risikoallokation. *Wirtschaftswissenschaftliches Studium*, *21*(11), 557–562.

Masten, S. E. (1986). The Economic Institutions of Capitalism: A Review Article. *Journal of Institutional and Theoretical Economics*, *142*, 445–451.

Phelps, S. (1970). *Microeconomic Foundations of Employment and Inflation Theory*. New York: Norton.

Richter, R., & Bindseil, U. (1995). Institutionenökonomik. In N. Berthold (Hrsg.), *Allgemeine Wirtschaftstheorie: Neuere Entwicklungen* (S. 317–341). München: Vahlen.

Schenk, K.-E. (1992). Die neue Institutionenökonomie – Ein Überblick über wichtige Elemente und Probleme der Weiterentwicklung. *Zeitschrift für Wirtschafts- und Sozialwissenschaften (ZWS), 112*, 337–378.

Schumann, J. (1992). *Grundzüge der mikroökonomischen Theorie* (6. Aufl.). Berlin: Springer.

Williamson, O. E. (1984). The Economic of Governance: Framework and Implication. *Zeitschrift für die gesamte Staatswissenschaft (ZgS), 140*, 195–223.

Williamson, O. E. (1990). *Die ökonomischen Institutionen des Kapitalismus: Unternehmen, Märkte, Kooperationen*. Tübingen: Mohr Siebeck.

Weiterführende Literatur

Bössmann, E. (1988). Information. In W. Albers et al. (Hrsg.), *Handwörterbuch der Wirtschaftswissenschaft (HdWW)* (Bd. 4, S. 184–200). Stuttgart: UTB.

Böventer, E. von et al. (1991). *Einführung in die Mikroökonomie* (7. Aufl.). München, Wien: Oldenbourg.

Kreps, D. M. (1990). *A Course in Microeconomic Theory*. Princeton: Princeton University Press.

Ott, A. E. (1991). *Grundzüge der Preistheorie* (3. Aufl.). Göttingen: Vandenhoeck und Ruprecht.

Siebert, H. (1992). *Einführung in die Volkswirtschaftslehre* (11. Aufl.). Stuttgart, Berlin, Köln: Kohlhammer.

Stobbe, A. (1991). *Mikroökonomik* (2. Aufl.). Berlin: Springer.

Varian, H. R. (1989). *Grundzüge der Mikroökonomie*. München, Wien: Oldenbourg.

Teil III
Volkswirtschaftliches Rechnungswesen

Grundlagen des Volkswirtschaftlichen Rechnungswesens 8

Brigitte Hewel und Renate Neubäumer

Inhaltsverzeichnis

Lernziele

Dieser Abschnitt gibt Ihnen einen Überblick darüber,

- welche Aufgaben das Volkswirtschaftliche Rechnungswesen hat;
- wie das makroökonomische Kreislaufmodell den Wirtschaftsprozess darstellt;
- wie die Wirtschaftssubjekte zu Gruppen (Sektoren) zusammengefasst werden;
- welche Transaktionen und Aktivitäten der Wirtschaftssubjekte in der Kreislaufanalyse betrachtet werden;
- wie ein einfaches Kreislaufmodell im Kreislaufbild oder in Kontenform dargestellt wird;
- wie das heute verwendete Kreislaufmodell entstanden ist.

B. Hewel (✉)
vorm. Frankfurt University of Applied Sciences
Frankfurt am Main, Bad Soden am Taunus, Deutschland

R. Neubäumer
Abteilung für Wirtschaftswissenschaft, Universität Koblenz-Landau
Landau, Deutschland

R. Neubäumer et al. (Hrsg.), *Volkswirtschaftslehre*, DOI 10.1007/978-3-658-16523-9_8

8.1 Aufgaben und Bedeutung des Volkswirtschaftlichen Rechnungswesens

Auch in marktwirtschaftlichen Systemen, in denen Haushalte und Unternehmen ihre Wirtschaftspläne eigenverantwortlich aufstellen, werden zahlenmäßige Informationen über den Ablauf und das Ergebnis des Wirtschaftsprozesses benötigt. Die wichtigsten Nutzer dieser Informationen sind:

- Die Träger der Wirtschaftspolitik, vor allem die verschiedenen staatlichen Stellen, die Deutsche Bundesbank und die Europäische Zentralbank. Sie müssen wissen, inwieweit die Ziele des Stabilitäts- und Wachstumsgesetzes (Stabilität des Preisniveaus, hoher Beschäftigungsstand, außenwirtschaftliches Gleichgewicht, stetiges und angemessenes Wirtschaftswachstum) erreicht bzw. verfehlt wurden. In Prognoserechnungen versuchen sie, die zukünftige Entwicklung abzuschätzen und durch aufeinander abgestimmte wirtschaftspolitische Maßnahmen, insbesondere im Bereich der Geld- und Fiskalpolitik, zu einer stetigen Wirtschaftsentwicklung beizutragen. Damit liefern sie auch den anderen Trägern der Wirtschaftspolitik – z. B. den Tarifparteien – Grundlagen für eine sachliche Diskussion und Daten für die eigenen Entscheidungen.
- Das Volkswirtschaftliche Rechnungswesen ermöglicht Aussagen über die zeitliche Entwicklung und Veränderungen der Wirtschaftsaktivität im internationalen Vergleich. In der Europäischen Union (EU) sind die Ergebnisse des Volkswirtschaftlichen Rechnungswesens die Grundlage für die Berechnung der Zahlungen an die EU, in der Europäischen Wirtschafts- und Währungsunion sind sie Maßstab für die Haushaltsüberwachung der Mitgliedsländer, die Ermittlung makroökonomischer Ungleichgewichte und die Grundlage für abgestimmte wirtschaftspolitische Maßnahmen.
- Unternehmen und Verbände, die gesamtwirtschaftliche Zahlen z. B. als Basis ihrer Lohn- und Investitionspolitik benötigen. Sie können die gesamtwirtschaftlichen Zahlen allerdings nicht blindlings übernehmen, sondern müssen zusätzlich differenzierte Untersuchungen für die jeweiligen Branchen und Teilmärkte durchführen.
- Die Wirtschaftsforscher, denen zahlenmäßige Informationen die Aufstellung und Überprüfung von Hypothesen, Erklärungen und Prognosen ermöglichen. Umgekehrt ist aber auch darauf zu verweisen, dass das Volkswirtschaftliche Rechnungswesen stark geprägt ist vom aktuellen Stand der Wirtschaftstheorie, wie man z. B. am Einfluss der keynesianischen Theorie noch auf unser heutiges Konzept der Volkswirtschaftlichen Gesamtrechnung erkennen kann.

Das Volkswirtschaftliche Rechnungswesen ist ein Teil der Amtlichen Statistik. Es vermittelt ein zahlenmäßiges Gesamtbild des Wirtschaftsablaufs in einer Volkswirtschaft in einem bestimmten Zeitraum.

Zum besseren Verständnis ist es sinnvoll, das Volkswirtschaftliche Rechnungswesen in verschiedene Teilgebiete zu gliedern:

- *Die Kreislaufanalyse* ist die konzeptionelle Basis. Sie entwickelt ein Modell des Wirtschaftsprozesses, in dem sie die Geld- und Güterbewegungen in einer Volkswirtschaft in komprimierter Form darstellt.
- *Die Volkswirtschaftliche Gesamtrechnung* füllt das Tableau, das die Kreislaufanalyse vom Wirtschaftsprozess entwirft, mit Zahlen. Sie erfasst die Transaktionen zwischen den Sektoren einer Volkswirtschaft und mit dem Ausland in Form einer *Einnahmen-Ausgabenrechnung* und hat große Ähnlichkeit mit dem System der betrieblichen Buchführung („Nationale Buchführung"). Den Kern bilden die Begriffe des *(Brutto-)Inlandsprodukts* als Ergebnis des Produktionsprozesses in einer Volkswirtschaft und das *(Brutto-)Nationaleinkommen* als Maßstab für das bei der Produktion erzielte Faktoreinkommen.
- In *ergänzenden Rechnungen* werden z. B. die Vermögensbestände einer Volkswirtschaft, die Kreditverflechtungen zwischen den Sektoren, die Geldbestände sowie die Transaktionen mit dem Ausland (Zahlungsbilanz) *vertieft dargestellt.* Für wirtschafts- und gesellschaftspolitisch bedeutsame Fragestellungen gibt es ergänzend so genannte „Satellitenrechnungen", z. B. Umweltökonomische Gesamtrechnungen (UGR) des Statistischen Bundesamtes oder das System sozialer Indikatoren der OECD. Sie definieren und ermitteln Indikatoren, zum Teil auch mit nicht monetären Maßstäben, die in ihrer Gesamtheit die Lebensqualität abbilden sollen, z. B. Gesundheit, Bildung, Entwicklungschancen.

8.2 Das Kreislaufmodell des Volkswirtschaftlichen Rechnungswesens

8.2.1 Grundbegriffe und Elemente der Kreislaufanalyse

Moderne Volkswirtschaften sind durch eine sehr weitgehende Arbeitsteilung in der Produktion und – als Folge davon – durch eine Vielzahl von Tauschvorgängen gekennzeichnet. Diese Tauschvorgänge kann man unter bestimmten Voraussetzungen in einer Kreislaufdarstellung veranschaulichen.

► Die **Kreislaufanalyse** ist Teil der Makroökonomik, die das **Zusammenwirken volkswirtschaftlicher Globalgrößen** betrachtet. Dazu werden die Wirtschaftssubjekte zu Gruppen (Sektoren) zusammengefasst (aggregiert) und ihre Beziehungen zueinander dargestellt.

Die Tätigkeiten einzelner Wirtschaftssubjekte innerhalb der Sektoren und ihre gegenseitigen wirtschaftlichen Verflechtungen werden nicht sichtbar, weil diese Einzelinformationen zu einem zwar vollständigen und genauen, aber nicht mehr überschaubaren Gesamtbild führen würden. Erst durch die *Sektorenbildung* entsteht ein überschaubares Bild der Volkswirtschaft.

Die Art der *Aggregation* ist abhängig von der Fragestellung der Analyse. So ist z. B. die Gliederung der Wirtschaftssubjekte in Haushalte, Unternehmen und öffentliche Verwaltung sinnvoll, wenn es um die Untersuchung der Nachfrageströme Konsum und Investitionen an den Gütermärkten geht. Sie ist jedoch ungeeignet, wenn die Verteilung des Volkseinkommens auf die Produktionsfaktoren oder auf die Wirtschaftssubjekte analysiert werden soll. Für diese Fragestellung werden z. B. die Haushalte in Arbeitnehmerhaushalte und Unternehmerhaushalte eingeteilt. Zusätzliche Informationen über die Struktur einer Volkswirtschaft erhält man z. B. dadurch, dass man die globale Größe „Wertschöpfung der Unternehmen" nach Wirtschaftszweigen, Regionen und/oder Betriebsgrößenklassen aufteilt.

Das *Grundschema der Kreislaufbetrachtung* besteht aus drei Elementen, den Kreislaufpolen, den Kreislaufströmen und dem so genannten Kreislaufaxiom. Das bedeutet für die Darstellung des Wirtschaftsprozesses:

- Die *Sektoren*, das sind im Allgemeinen die Gruppen der Wirtschaftssubjekte, sind die *Kreislaufpole*.
- Die wirtschaftlichen *Aktivitäten* der Sektoren führen zu *Transaktionen*, bei denen Wirtschaftsobjekte (Güter, Faktorleistungen oder Forderungen) zwischen den Sektoren bewegt werden, die durch *Ströme* dargestellt werden.
- Ein lückenloses Bild entsteht nur dann, wenn das *Kreislaufaxiom* erfüllt ist. Es besagt, dass die Summe der *zufließenden* und die Summe der *abfließenden* Ströme für jeden Sektor übereinstimmen muss.

Ein weiteres Merkmal der Kreislaufanalyse ist ihre zeitliche Dimension. Da es sich um Stromgrößen handelt, werden sie für einen bestimmten *Zeitraum* – z. B. ein Monat, ein Quartal oder ein Jahr – erfasst.

Die Kreislaufanalyse kann *ex post* oder *ex ante* erstellt werden, je nachdem, ob die Kreislaufströme vergangenheitsbezogen für eine abgeschlossene Periode oder in Form einer Prognose für eine zukünftige Periode dargestellt werden.

8.2.2 Sektoren und Transaktionen im Wirtschaftskreislauf

Grundsätzlich werden die Wirtschaftssubjekte in der Kreislaufanalyse in vier Sektoren eingeteilt:

- *Unternehmen*, zu denen alle Wirtschaftssubjekte gehören, die Güter und Dienstleistungen produzieren mit dem Ziel, mindestens kostendeckende Erlöse zu erzielen, und dazu Faktorleistungen nachfragen.
- *Private Haushalte*, die Faktorleistungen anbieten und Güter und Dienstleistungen nachfragen.

- Der *Staat*, der in die Gebietskörperschaften (Bund, Länder, Gemeinden) und die so genannten Parafisci (Sozialversicherungen, Hochschulen, Zweckverbände usw.) unterteilt wird. Dieser Sektor erstellt Dienstleistungen für die Allgemeinheit und finanziert sich überwiegend aus Zwangsabgaben.
- Die *Übrige Welt*, die alle Wirtschaftssubjekte außerhalb der eigenen Volkswirtschaft umfasst, ohne dass eine weitere Untergliederung in Sektoren stattfindet. Die Verflechtungen zwischen In- und Ausländern werden detailliert in der Zahlungsbilanz erfasst, die als besonderes Teilsystem des Volkswirtschaftlichen Rechnungswesens anzusehen ist.

Die oben angeführten Sektoren beteiligen sich am Wirtschaftsgeschehen mit unterschiedlichen *Transaktionen*:

- *Güter produzieren*: Die Faktorleistungen Arbeit, Boden und Kapital werden kombiniert, um Güter und Dienstleistungen zu erstellen; nur aus dieser Produktionstätigkeit entsteht die *Wertschöpfung* einer Volkswirtschaft.
- *Einkommen erzielen* und *verwenden*: Aus der Bereitstellung von Faktorleistungen für die Produktion fließt den Sektoren Einkommen zu, das sie für die Zahlung von Steuern, zum Kauf von Konsumgütern (und damit für Zahlungen an den Staat bzw. die Unternehmen) oder zur Vermögensbildung (Sparen) verwenden.
- *Vermögen bilden oder verzehren*: Wird ein Teil der produzierten Güter nicht für Konsumzwecke verwendet, sondern investiert, so führt dies zur Erhöhung des (Real-)Kapitalstocks. Es entsteht also (Produktiv-)Vermögen. Dem stehen in gleicher Höhe Ersparnisse, d. h. nicht für Konsumausgaben verwendete Einkommensteile, gegenüber. Umgekehrt wird Vermögen verzehrt, wenn die Konsumausgaben höher sind als das laufende Einkommen bzw. der Konsum höher ist als die laufende Produktion.
- *Forderungen bzw. Verbindlichkeiten eingehen*: Hier wird erfasst, wie die Sektoren untereinander ihre Aktivitäten finanziert haben, und welche Kreditbeziehungen zwischen ihnen in der Untersuchungsperiode entstanden sind.

Im Allgemeinen werden nur solche Transaktionen erfasst, die über *Märkte* abgewickelt werden, wie der Kauf bzw. Verkauf von Gütern, Dienstleistungen, Faktorleistungen und Forderungen. Sie werden als *zweiseitig* bezeichnet, d. h., jeder *Leistung* (z. B. Lieferung eines Konsumgutes) steht eine *direkte Gegenleistung* (Zahlung des Kaufpreises) gegenüber. Ein zweites Merkmal dieser Transaktionen ist, dass Leistung und Gegenleistung zu *Marktpreisen bewertet* werden. Der Güter- bzw. Leistungsstrom entspricht in seinem Wert genau dem Geldstrom aus der Gegenleistung. Damit reicht es aus, nur einen – und zwar den Geldstrom – zu erfassen (vgl. Abb. 8.1).

Es gibt jedoch auch

- *Transaktionen*, für die es *keine Marktpreise* gibt. Dies gilt z. B. für öffentliche Dienstleistungen, die den Haushalten und Unternehmen im Allgemeinen unentgeltlich zur

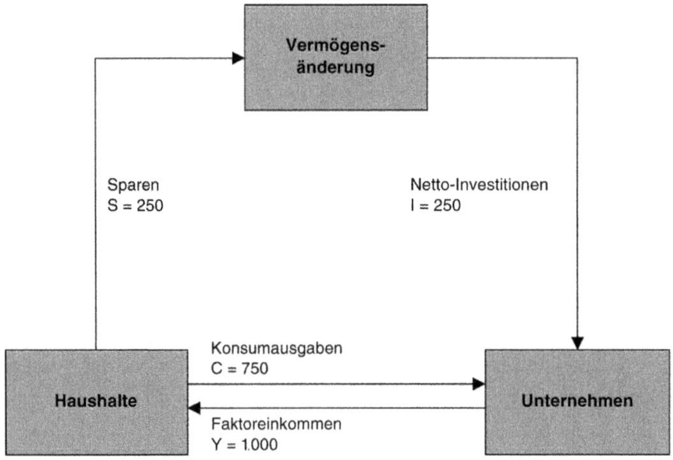

Abb. 8.1 Wirtschaftskreislauf einer geschlossenen Volkswirtschaft ohne staatliche Aktivität mit Vermögensänderung

Verfügung gestellt werden (z. B. Schulen oder Straßen). Hier hilft man sich, indem man sie mit den *Faktorkosten* bewertet, d. h. mit dem Betrag der zu ihrer Herstellung erforderlichen Kosten bzw. Ausgaben.

- *Transaktionen*, die *einseitig* sind, bei denen einer Leistung also keine direkte Gegenleistung gegenübersteht und die nicht über Märkte abgewickelt werden. Dies ist z. B. der Fall bei Steuerzahlungen an den Staat oder bei der Zahlung von Transfereinkommen des Staates an Haushalte bzw. bei Subventionen an Unternehmen.
- *Transaktionen*, die nur *unterstellt* sind, wie z. B. der Eigenverbrauch in der Landwirtschaft oder die Abschreibungen, bei denen es keine Marktvorgänge gibt.
- *Transaktionen*, die *überhaupt nicht erfasst* sind, weil sie nicht über Märkte abgewickelt werden bzw. weil man sie gar nicht erfassen kann, wie die „Schwarzarbeit". Auch die Arbeit in Haushalten ist nicht als Produktion definiert, da sie nicht über Märkte weitergegeben wird und es keine Marktpreise für ihre Bewertung gibt.

8.2.3 Ein einfaches Kreislaufmodell

Für die einfachste Form eines Kreislaufmodells *ohne staatliche Aktivität* und *ohne Beziehungen zum Ausland* benötigt man nur die *zwei Sektoren* Unternehmen und Haushalte mit ihren spezifischen Aktivitäten, der Produktion, der Erzielung und Verwendung von Einkommen sowie der Vermögensbildung.

Die *Unternehmen* kaufen die Leistungen der Produktionsfaktoren von den *Haushalten*, setzen sie ein zur *Produktion* von Gütern und Dienstleistungen und verkaufen diese an die *Haushalte*. Aus den Erlösen können sie dann die Leistungen der Produktionsfaktoren bezahlen.

Die Haushalte verwenden jedoch nicht ihr gesamtes Einkommen für Konsumgüterkäufe, sondern sie *sparen* einen Teil, bilden also Vermögen. Auf der anderen Seite produzieren nicht alle Unternehmen ausschließlich Konsumgüter, sondern sie erstellen auch *Investitionsgüter*, die in den Unternehmen verbleiben, dort den Kapitalstock erhöhen und somit eine Vermögensänderung (-zuwachs) darstellen.

► **Sparen und Investieren** sind somit die zwei Seiten der Medaille Vermögensbildung: Das Einkommen, das bei der Produktion von Investitionsgütern entstanden ist, fließt zwar den Haushalten zu, wird von diesen aber nicht für Konsumgüterkäufe ausgegeben, sondern gespart.

Zur Darstellung des Kreislaufs gibt es mehrere Möglichkeiten:

- Die *grafische Methode* verwendet Rechtecke zur Darstellung der Kreislaufpole, zwischen denen die Kreislaufströme – dargestellt durch Linien – fließen. Die Kreislaufströme sind entweder reale Ströme oder Geldströme als Gegenleistungen für Güter, Dienst- und Faktorleistungen. Wegen der Bewertung der Realströme in Geld reicht es aus, nur einen Strom, den Geldstrom, zu erfassen. Abb. 8.1 zeigt das im vorigen Abschnitt verbal geschilderte Kreislaufbild in einer graphischen Darstellung mit den Polen Haushalte, Unternehmen und Vermögensbildung und den Strömen Faktoreinkommen, Konsumausgaben, Sparen und Investieren. Wir wollen darauf verzichten, die grafische Darstellung durch die Aufnahme weiterer Sektoren und Ströme zu vervollständigen. Man kann sich gut vorstellen, dass die Grafiken sehr schnell unübersichtlich werden und ihr Informationswert nur begrenzt ist.
- In der Wirtschaftstheorie werden vor allem *Gleichungen* eingesetzt, um die Beziehungen zwischen den Aggregaten darzustellen. Aus Abb. 8.1 lassen sich folgende Beziehungen ableiten:
  $Y = C + S$ (Haushalte)
  $Y = C + I$ (Unternehmen)
  $S = I$ (Vermögensänderung)
- Die *Kontenform* ist die übliche Darstellungsform des volkswirtschaftlichen Kreislaufs. Sie folgt dem gleichen Prinzip wie die grafische Darstellung, in der jede Transaktion zwei Sektoren (Pole) berührt. In der Kontendarstellung wird das Prinzip des einzelwirtschaftlichen Rechnungswesens angewendet, nach dem jede Transaktion doppelt verbucht wird, und zwar als abfließender (Geld-)Strom bzw. Werteabfluss auf der Soll-Seite (links) und als zufließender (Geld-)Strom bzw. Wertezufluss auf der Haben-Seite (rechts). Theoretisch könnte auch eine andere Buchungsweise angewendet werden, aber diese Methode stimmt mit der Festlegung der Seiten der Gewinn- und Verlustrechnung im betrieblichen Rechnungswesen überein.

Beispiel

Von den Unternehmen werden Löhne und Gehälter an Haushalte gezahlt. Sie erscheinen als abfließender Strom auf der linken Seite des (Produktions-)Kontos der Unternehmen und als zufließender Strom auf der rechten Seite des (Einkommens-)Kontos der Haushalte:

Produktionskonto Unternehmen

Löhne 100	

Einkommenskonto Haushalte

	Löhne 100

Für ein einfaches Modell reicht ein Kontensystem, in dem die vier Sektoren der Volkswirtschaft und ihre grundlegenden wirtschaftlichen Aktivitäten,

Ökonomische Aktivitäten	**Wirtschaftssubjekte**		
	Unternehmen	**Staat**	**Private Haushalte**
Produktion	1.1	Produktionskonten 1.2	1.3
Einkommens-entstehung, -verteilung und -verwendung	2.1	Einkommenskonten 2.2	2.3
Vermögens-änderung	3.1	Vermögensänderungskonten 3.2	3.3
Finanzierung	4.1	Kreditänderungskonten 4.2	4.3
		Zusammengefasstes Konto der übrigen Welt 5	

Abb. 8.2 Kontensystem der Volkswirtschaftlichen Gesamtrechnung nach dem Grundmodell

- Produktion,
- Einkommensentstehung, -verteilung und -verwendung,
- Vermögensänderung,
- Finanzierung,

aufgezeichnet werden. Ein solches *vereinfachtes Kontensystem* zeigt Abb. 8.2, in dem es für jeden Sektor vier Aktivitätskonten gibt sowie ein Konto der Übrigen Welt. Die Aktivitätskonten der drei Sektoren Unternehmen, Staat und Private Haushalte werden in einem weiteren Schritt zu vier gesamtwirtschaftlichen Konten zusammengefasst („konsolidiert").

8.2.4 Historische Entwicklung der Kreislaufanalyse

Die erste Kreislaufanalyse stammt von dem Franzosen *François Quesnay* (1694–1774), dem Leibarzt König Ludwigs XV. Er übertrug Erkenntnisse aus der Entdeckung des *Blutkreislaufs* durch *W. Harvey* (1578–1657) auf die Darstellung volkswirtschaftlicher Zusammenhänge. Dazu teilte er die *Wirtschaftssubjekte* in *drei Sektoren* (Klassen) ein, *systematisierte* ihre Verflechtungen und wirtschaftlichen Aktivitäten, erstellte mit Hilfe fiktiver Zahlen ein *Abbild des Wirtschaftsprozesses* und ermittelte die *Wertschöpfung* einer Volkswirtschaft.

Bereits bei Quesnay wird die enge Verbindung zwischen *Beschreibung*, *theoretischer Erklärung* und daraus abgeleiteten *wirtschaftspolitischen Empfehlungen* deutlich, die ein wesentliches Merkmal der Kreislaufanalyse ist. Er gehört zu den *Physiokraten*, die in der *Natur*, speziell im Boden, die Quelle allen Reichtums und damit auch der Wertschöpfung sehen. Diese Überzeugung findet ihren deutlichen Niederschlag in seinem „*Tableau économique*":

In diesem Modell bildet der landwirtschaftliche Sektor die produktive Klasse (classe productive). Handel und Gewerbe sind die sterile Klasse (classe sterile) ohne eigenen Beitrag zur Wertschöpfung. Die Klasse der Grundbesitzer (classe des propriétaires – Adel und landbesitzender Klerus) ist ebenfalls nicht produktiv, finanziert aber aus den Pachtzahlungen der produktiven Klasse den Staat. Alle drei Klassen leben von den Erträgen (Wertschöpfung) der Landwirtschaft. Schöpfen die sterile Klasse und die Klasse der Grundbesitzer durch zu hohe Pachten von den Erträgen zu viel ab, führt dies dazu, dass die Landwirte weniger Saatgut kaufen können und so die Erträge der Volkswirtschaft in der folgenden Periode fallen.

Die Vertreter der *klassischen Schule* (*A. Smith*, *D. Ricardo*, *J. St. Mill*), die gegen Ende des 18. Jahrhunderts entstand, führten diese gesamtwirtschaftliche Betrachtung nicht fort, sondern stellten den Tausch als Einzelvorgang sowie den Preismechanismus auf den Märkten in den Mittelpunkt ihrer Betrachtungen.

Erst *Karl Marx* (1818–1883) verwandte (wieder) die makroökonomische Analyse des güter- und geldwirtschaftlichen Kreislaufs zur Darstellung und Analyse des Wirtschaftsprozesses. Er stellt die *Verteilung der Wertschöpfung* zwischen den Klassen (Sektoren) in den Mittelpunkt seiner Kreislaufanalyse. Da die *Kapitalistenklasse* der *Arbeiterklasse* nur einen Lohn in Höhe des *Existenzminimums* zahlt, dieser den *Mehrwert ihrer Arbeit* also vorenthält und zur eigenen Kapitalakkumulation verwendet, kommt es immer wieder zu *krisenhaften Zusammenbrüchen*. Als wirtschaftspolitische Lösung schlug Marx eine radikale *Änderung der Eigentumsverhältnisse* bei den Produktionsmitteln vor.

Das heute verwendete Modell des Wirtschaftskreislaufs wurde entscheidend durch die *keynesianische Theorie* geprägt, nach der die Aufteilung des Volkseinkommens auf Konsum und Ersparnis und die Breite der *Nachfrageströme* an den Gütermärkten, die von den Haushalten, den Unternehmen, dem Staat und dem Ausland ausgehen, entscheidend sind für die Höhe der gesamtwirtschaftlichen Wertschöpfung und der Beschäftigung. Wertschöpfung und Produktion werden nicht mehr nur auf einen Produktionsfaktor zurückgeführt, sondern sind das Ergebnis des *Zusammenwirkens aller Produktionsfaktoren* (Arbeit, Boden und Kapital) in allen Sektoren (Haushalte, Unternehmen und Staat). Für die Wirtschaftspolitik leitete Keynes aus seiner Kreislaufanalyse die Empfehlung ab, durch eine entsprechende *Geld- und Fiskalpolitik* die gesamtwirtschaftliche *Nachfrage zu stabilisieren* und so auch in marktwirtschaftlichen (kapitalistischen) Systemen Depressionen und Massenarbeitslosigkeit zu verhindern.

Bereits Ende der 1930er-Jahre, wenige Jahre nach Erscheinen des keynesianischen Systems, versuchte man, die Nachfrageströme und die Höhe des Inlandsprodukts bzw. des Volkseinkommens *empirisch* zu ermitteln und im Kreislaufzusammenhang darzustellen, und baute in einigen Ländern eine „*Nationale Buchführung*" auf. Nach dem Zweiten Weltkrieg wurden die Arbeiten auf internationaler Ebene fortgesetzt, mit dem Ziel, durch ein *standardisiertes System Ländervergleiche* zu ermöglichen.

1947 veröffentlichte das *Statistische Amt der Vereinten Nationen* ein „System of National Account" (SNA) und 1950 legte die *Organisation für Europäische Wirtschaftliche Zusammenarbeit* (OEEC, seit 1961 OECD) ebenfalls ein System vor. Beide Systeme dienten als Basis für ein europäisches Standardsystem, das „*Europäische System Volkswirtschaftlicher Gesamtrechnungen*" (ESVG), das 1980 vom Statistischen Amt der EG entwickelt wurde. Für die Bundesrepublik Deutschland entwickelte das *Statistische Bundesamt* ab 1960 ein System auf der Basis des SNA, das bis 1998 verwendet wurde.

1999 fand eine erste Generalrevision der Volkswirtschaftlichen Gesamtrechnungen statt. Sie beruhte auf der Verordnung der EU über das „Europäische System Volkswirtschaftlicher Gesamtrechnungen" (ESVG 1995) und einer EU-Richtlinie zur Harmonisierung der Erfassung des Bruttosozialprodukts zu Marktpreisen (BSP-Richtlinie). Dadurch wurden die Gesamtrechnungen innerhalb Europas harmonisiert, sodass die volkswirtschaftlichen Entwicklungen, vor allem Wirtschaftswachstum, Konjunktur und Beschäftigung, weitgehend unverzerrt durch methodische Divergenzen verglichen werden können. (In Deutschland wurde die ESVG 1995 1999 umgesetzt und 2005 erneut leicht modifiziert. Dabei wurden die Sozialproduktsdaten zurück bis 1970 revidiert.)

2014 fand eine zweite Generalrevision der VGR statt, bei der in allen EU-Mitgliedstaaten das ESVG 2010[1] das ESVG 1995 ablöste. Die wichtigste Änderung ist, dass Ausgaben für Forschung und Entwicklung jetzt als Investitionen aufgefasst werden, so dass das Bruttoinlandsprodukt nach der Revision um etwa 2,5 % höher ausfällt.[2] (Dieses Mal wurden die deutschen VGR-Daten nur zurück bis 1991, dem Jahr nach der Wiedervereinigung, revidiert.)

Fragen

1. Nennen Sie die wichtigsten Aufgaben des Volkswirtschaftlichen Rechnungswesens.
2. Was versteht man unter Aggregation und warum wird sie in der Volkswirtschaftlichen Gesamtrechnung angewandt?
3. Zu welchen Sektoren werden die Wirtschaftssubjekte zusammengefasst?
4. Welche Aktivitäten der Wirtschaftssubjekte werden erfasst?
5. Nennen Sie einige wichtige Unterschiede zwischen dem keynesianischen Modell des Wirtschaftskreislaufs und dem Modell von Quesnay.
6. In einer Volkswirtschaft finden folgende Transaktionen statt:
   - Die Unternehmen kaufen von den Haushalten Faktorleistungen im Wert von 1.000 Geldeinheiten (GE).
   - Sie produzieren Güter und Dienstleistungen im Wert von 1.000 GE.
   - Die Haushalte zahlen 200 GE Steuern an den Staat und kaufen für 800 GE Güter von den Unternehmen.
   - Der Staat kauft von den Unternehmen Güter und Dienstleistungen im Wert von 200 GE.

   a) Stellen Sie in einem Kreislaufbild die realen und monetären Ströme dar.
   b) Warum reicht es, nur die monetären Ströme zwischen den Sektoren zu messen?
   c) Worin besteht der Unterschied zwischen der Steuerzahlung und den Konsumgüterkäufen der Haushalte?
   d) Prüfen Sie, ob das Kreislaufaxiom erfüllt ist.
7. Inwiefern entspricht die Kontendarstellung dem Buchungsprinzip des einzelwirtschaftlichen Rechnungswesens?

[1] Grundlage der ESVG 2010 ist das weltweit anerkannte „System of National Accounts 2008" (SNA 2008) der Vereinten Nationen, an dem sich auch außereuropäische Länder wie die Vereinigten Staaten orientieren.

[2] Zur Revision 2014 und ihren Folgen für die ökonomische Analyse vgl. Brümmerhoff, D., & Grömling, M. (2014) Revision der Volkswirtschaftlichen Gesamtrechnungen 2014 – Folgen für die ökonomische Analyse. *Wirtschaftsdienst*, *94*(4/2014), 281–287. Vgl. auch Braakmann, A. (2013) Revidierte Konzepte für Volkswirtschaftliche Gesamtrechnungen – System of National Accounts 2008 und Europäisches System Volkswirtschaftlicher Gesamtrechnungen 2010. *Wirtschaft und Statistik*, *8*(8/2013), 521–527.

Antworten

1. Das Volkswirtschaftliche Rechnungswesen hat vier wichtige Aufgaben:
   a) Es vermittelt ein zahlenmäßiges Gesamtbild des Wirtschaftsablaufs.
   b) Es stellt der Theorie ein Modell des Wirtschaftsprozesses und quantitative Informationen als Grundlage für Hypothesen und deren Überprüfung zur Verfügung.
   c) Es liefert den Entscheidungsträgern der Volkswirtschaft wichtige gesamtwirtschaftliche Daten zur Vorbereitung ihrer Entscheidungen.
   d) In der Europäischen Union (EU) sind die Ergebnisse des Volkswirtschaftlichen Rechnungswesens die Grundlage für die Berechnung der Zahlungen an die EU, in der Europäischen Wirtschafts- und Währungsunion sind sie Maßstab für die Haushaltsüberwachung der Mitgliedsländer, die Ermittlung makroökonomischer Ungleichgewichte und Grundlage für abgestimmte wirtschaftspolitische Maßnahmen.
2. Aggregation bedeutet die Zusammenfassung der Wirtschaftssubjekte nach typischen Merkmalen zu großen Gruppen. Dadurch werden die Darstellung des Wirtschaftsprozesses und die Darstellung der Beziehungen zwischen den Wirtschaftssubjekten übersichtlicher. Allerdings werden die Beziehungen zwischen den Wirtschaftssubjekten innerhalb der Gruppen nicht erfasst.
3. Die Wirtschaftssubjekte werden den folgenden vier Sektoren zugeordnet:
   a) Unternehmenssektor einschließlich öffentliche Unternehmen,
   b) Staatssektor bzw. öffentliche Verwaltung (Gebietskörperschaften und Parafisci),
   c) Private Haushalte und Organisationen ohne Erwerbscharakter,
   d) Übrige Welt (ohne weitere Aufgliederung nach Gruppen).
4. Folgende Aktivitäten werden erfasst:
   a) Güter und Dienstleistungen erstellen (produzieren) und verwenden,
   b) Einkommen erzielen und verwenden,
   c) Vermögen bilden und verzehren,
   d) Forderungen und Verbindlichkeiten eingehen.
5. Man kann drei wichtige Unterschiede zwischen dem keynesianischen Modell und dem Kreislaufbild von Quesnay angeben:
   a) Die Einteilung in Sektoren stimmt nicht überein.
   b) Quesnay bezeichnete den Boden als Quelle der Wertschöpfung (und damit die Bodenpächter als „classe productive“), während nach moderner Auffassung alle Produktionsfaktoren einen Beitrag zur Wertschöpfung leisten.
   c) Quesnay bezeichnet Handel und Gewerbe als „classe stérile“, d. h., die Herstellung von Konsum- und Investitionsgütern ist nach seiner Auffassung keine Wertschöpfung. Dagegen betont Keynes die wichtige Rolle der Nachfrage nach und des Angebots von Konsum- und insbesondere Investitionsgütern für die Wertschöpfung und die Entwicklung der Volkswirtschaften.

6. a)

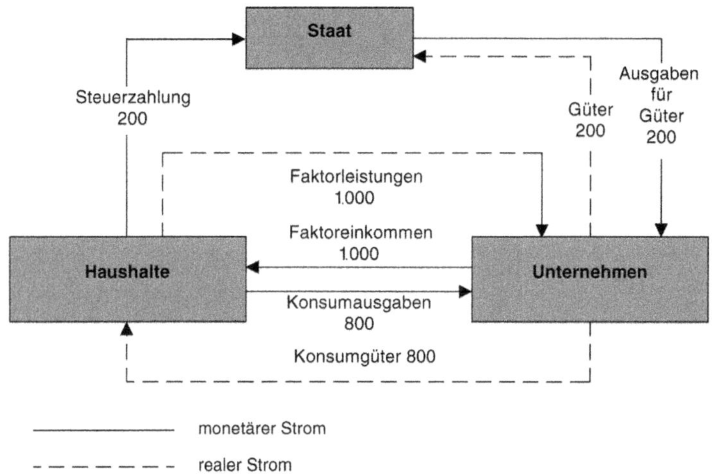

b) Reale Ströme (z. B. Faktorleistungen von Haushalten an die Unternehmen) werden in Geldeinheiten bewertet. Der monetäre Strom, der als Gegenleistung für die Faktorleistungen von den Unternehmen zum Haushaltssektor fließt, ist damit wertgleich dem realen Strom. Deshalb reicht es aus, den monetären Strom zu messen.

c) Die Steuerzahlung an den Staat ist eine einseitige Transaktion. Sie erfolgt ohne direkte Gegenleistung. Der Kauf von Konsumgütern ist dagegen eine zweiseitige Transaktion: dem Geldstrom entspricht in gleicher Höhe ein realer Strom als Gegenleistung.

d) Das Kreislaufaxiom ist dann erfüllt, wenn an jedem Pol (Sektor) des Kreislaufbildes die Summe der zufließenden Ströme mit der Summe der abfließenden Ströme übereinstimmt. Das heißt für unsere Aufgabe:
   - Sektor Unternehmen. Abfließender Strom: 1.000 GE für Faktorleistungen, zufließende Ströme: 800 GE Konsumausgaben der Haushalte + 200 GE Verkäufe an den Sektor Staat.
   - Sektor Staat. Abfließender Strom: Käufe vom Unternehmenssektor 200 GE, zufließender Strom: Steuerzahlung von Haushalten 200 GE.
   - Private Haushalte. Abfließende Ströme: Konsumausgaben 800 GE + Steuerzahlung 200 GE, zufließender Strom: Einkommen aus Faktorleistungen an Unternehmen 1.000 GE.

7. In der Kontendarstellung wird jede Transaktion doppelt verbucht, als abfließender Geldstrom auf der Soll-Seite und als zufließender Geldstrom auf der Habenseite. Damit stimmt die Festlegung der Seiten mit der Verbuchung in der Gewinn- und Verlustrechnung im betrieblichen Rechnungswesen überein.

Die Volkswirtschaftliche Gesamtrechnung der Bundesrepublik Deutschland 9

Brigitte Hewel und Renate Neubäumer

Inhaltsverzeichnis

Lernziele

Nach dem Durcharbeiten der folgenden Abschn. 9.1 und 9.2 wissen Sie,

- welche Sektoren, Wirtschaftsbereiche und Transaktionen nach dem ESVG 2010 unterschieden werden;
- welches Kontensystem das Statistische Bundesamt nach dem ESVG 2010 verwendet;
- dass es drei Berechnungswege gibt, um das Produktionsergebnis einer Volkswirtschaft zu ermitteln;
- wie die Produktionstätigkeit der Unternehmen, des Staates und der Privaten Haushalte auf den Produktionskonten verbucht wird;
- wie die Entstehungsrechnung aus dem Gesamtwirtschaftlichen Produktionskonto abgeleitet wird;

B. Hewel (✉)
vorm. Frankfurt University of Applied Sciences
Frankfurt am Main, Bad Soden am Taunus, Deutschland

R. Neubäumer
Abteilung für Wirtschaftswissenschaft, Universität Koblenz-Landau
Landau, Deutschland

R. Neubäumer et al. (Hrsg.), *Volkswirtschaftslehre*, DOI 10.1007/978-3-658-16523-9_9

- wie das (Brutto-/Netto-)Inlandsprodukt und das (Brutto-/Netto-)Nationaleinkommen errechnet werden;
- welche wichtigen volkswirtschaftlichen Kennzahlen sich aus der Entstehungsrechnung ergeben.

Nach der Darstellung eines einfachen Grundmodells geht es im folgenden Kapitel um die Volkswirtschaftliche Gesamtrechnung nach dem *Europäischen System Volkswirtschaftlicher Gesamtrechnungen 2010* (ESVG 2010) als Basis für die Ermittlung der gesamtwirtschaftlichen Wertschöpfung.[1]

9.1 Sektoren und Transaktionen im Kontensystem des Statistischen Bundesamtes

Die inländischen Wirtschaftseinheiten werden nach dem ESVG zu fünf Sektoren zusammengefasst. Dies sind im Einzelnen:

- *Nichtfinanzielle Kapitalgesellschaften.* Das sind Unternehmen, die Güter und Dienstleistungen in Unternehmen mit eigener Rechtspersönlichkeit produzieren (z. B. AG, GmbH, Genossenschaft). Ferner umfasst dieser Sektor die so genannten *Quasi-Kapitalgesellschaften*, das sind Rechtsformen ohne eigene Rechtspersönlichkeit, aber mit weitgehender Entscheidungsautonomie und einem vollständigen Rechnungswesen. Zu dieser Kategorie zählen die Personengesellschaften (OHG, KG) und abgeleitete Rechtsformen (z. B. GmbH & Co KG), aber auch Krankenhäuser ohne eigene Rechtspersönlichkeit, rechtlich selbstständige Wirtschaftsverbände und Eigenbetriebe der öffentlichen Hand.
- *Finanzielle Kapitalgesellschaften.* Zu diesem Sektor gehören Banken, Versicherungen sowie Unternehmen aus dem Kredit- und Versicherungsgewerbe (Makler, Kapitalanlagegesellschaften, Börsen) einschließlich der Pensions- und Zusatzversorgungskassen als Körperschaften des öffentlichen Rechts.
- *Private Haushalte.* Zu diesem Sektor zählen zunächst Wirtschaftssubjekte, die Güter und Dienstleistungen *konsumieren* und *Faktorleistungen anbieten.* Daneben umfasst dieser Sektor auch alle *Einzelunternehmer* (z. B. Landwirte, Händler, Gastwirte, Kaufleute), *Freie Berufe* und *alle selbstständig Tätigen*, weil bei diesen Unternehmen statistisch nur schwer Produktionstätigkeit und private Lebensführung voneinander getrennt

[1] In der Neuauflage von 2015 des Lehrbuchs von Brümmerhoff, D., & Grömling, M. (2015) *Volkswirtschaftliche Gesamtrechnungen* (10. Aufl.). Berlin/Boston: De Gruyter, werden die Entwicklungen, die sich aus der Generalrevision der Volkswirtschaftlichen Gesamtrechnung nach dem ESVG 2010 ergeben, bereits berücksichtigt. Die Ergebnisse dieser (zweiten) Generalrevision wurden erst im August 2014 vom Statistischen Bundesamt veröffentlicht.

werden können. Diese Unternehmen zählen auch dann zum Sektor Private Haushalte, wenn sie in Kooperationen tätig sind, die nicht zu den Quasi-Kapitalgesellschaften gehören, also z. B. BGB-Gesellschaften, Kanzleigemeinschaften.

- *Private Organisationen ohne Erwerbszweck*. In diesem Sektor werden Wirtschaftssubjekte zusammengefasst, die ihre Leistungen nur zum Teil gegen Entgelt anbieten und die sich im Wesentlichen aus freiwilligen Beiträgen und Spenden finanzieren, wie Kirchen, Parteien, Gewerkschaften sowie kulturellen und sozialen Vereinigungen. In der statistischen Praxis wird dieser Sektor oft mit den Privaten Haushalten zusammengefasst.
- Der *Staat*. Dieser Sektor umfasst die Gebietskörperschaften, d. h. Bund, Länder und Gemeinden, und die Sozialversicherungen. Zu ihm zählen auch wirtschaftliche Unternehmen der öffentlichen Hand, die als Regiebetriebe (Bruttobetriebe) mit ihren Einnahmen und Ausgaben in den Haushalt ihrer Träger integriert sind (z. B. Tourismus-, Messe- und Kurbetriebe).

Die *inländischen Sektoren* werden zu einem Sektor „Gesamte Volkswirtschaft“ zusammengefasst.

- Im Sektor „*Übrige Welt*“ werden Wirtschaftseinheiten mit Sitz im Ausland erfasst. Sie werden je nach ihrem Sitz den Mitgliedstaaten und Institutionen der Europäischen Union zugerechnet oder Drittländern und internationalen Organisationen. Eine weitere Unterteilung findet nicht statt.

Es gibt im ESVG im Unterschied zum Grundmodell der VGR keinen Sektor „Unternehmen“, sondern die *Unternehmen* sind in allen *Sektoren* vertreten. So finden sich z. B. Verkehrsunternehmen in den Sektoren „Nichtfinanzielle Kapitalgesellschaften“ (z. B. als AG oder OHG), „Private Haushalte“ (z. B. als selbstständige Busunternehmer) und „Staat“ als Regiebetriebe für Hilfs- und Nebentätigkeiten einer Gemeinde.

Neben der Zuordnung der Wirtschaftseinheiten zu Sektoren werden die Unternehmen entsprechend ihrem Produktionsschwerpunkt nach Wirtschaftsbereichen gegliedert. Diese Daten sind von besonderer Bedeutung für die Analyse von Konjunkturschwankungen und Strukturveränderungen in der Volkswirtschaft. Die in der folgenden Liste dargestellte deutsche Klassifikation der Wirtschaftszweige (WZ 2008) basiert auf der europäischen Klassifikation der Wirtschaftszweige (NACE).

- Land- und Forstwirtschaft
- Produzierendes Gewerbe (ohne Baugewerbe)
- Baugewerbe
- Handel, Verkehr, Gastgewerbe
- Information und Kommunikation
- Finanz- und Versicherungsdienstleister
- Grundstücks- und Wohnungswesen

- Unternehmensdienstleister
- Sonstige Dienstleister

Die *ökonomischen Aktivitäten der Wirtschaftseinheiten/Sektoren* werden im Kontensystem des Statistischen Bundesamtes auf den Transaktionskonten erfasst, die bereits im Grundmodell vorgestellt wurden:

- *Produktionskonten* für die Abbildung des Produktionsprozesses der Sektoren. Das Gesamtwirtschaftliche Produktionskonto ist Grundlage für die Entstehungsrechnung des Bruttoinlandsprodukts bzw. des Nationaleinkommens.
- *Einkommenskonten* für die Entstehung, Verteilung und Verwendung des Einkommens. Das Nationale Einkommenskonto ist die Grundlage für die Verteilungs- und Verwendungsrechnung des Nationaleinkommens bzw. des Bruttoinlandsprodukts.
- *Vermögensänderungskonten* für die Erfassung der (Rein-)Vermögensbildung durch Sparen, Vermögenstransfers und Sachvermögensbildung.

Das *Gesamtwirtschaftliche Güterkonto*, gibt einen umfassenden Überblick über die Herkunft und die Verwendung der Güter und Dienstleistungen in der Volkswirtschaft und ist die Grundlage für die Verwendungsrechnung des Bruttoinlandsprodukts. Ferner gibt es Konten für die Transaktionen mit dem Ausland (Übrige Welt).

► Nach der Buchungssystematik werden alle Transaktionen, die zu einem Wertzuwachs bzw. einem Geldzufluss führen, auf der rechten Kontoseite (= Aufkommensseite) verbucht. Transaktionen, die zu einem Werteabfluss bzw. einem Geldabfluss führen, werden auf der linken Seite (= Verwendungsseite) erfasst. Das Kontensystem folgt dem Wertefluss in der Volkswirtschaft, d. h., der Saldo eines Kontos wird zur Anfangsgröße des folgenden Kontos.

Für die Veröffentlichungen des Statistischen Bundesamtes werden die Ergebnisse der Konten in so genannten *Standardtabellen* dargestellt, in die weitere Informationen aufgenommen werden, die im sachlichen Zusammenhang mit den Konten stehen.

9.2 Die Entstehungsrechnung des Inlandsprodukts und des Nationaleinkommens

Bereits in dem einfachen Kreislaufmodell wurde deutlich, dass der gesamtwirtschaftliche Produktionsprozess unter drei Aspekten betrachtet und gegliedert werden kann. Man spricht daher auch von drei Berechnungswegen bzw. -arten, in denen die *Entstehung* (Produktion), die *Verteilung* der Güter bzw. des aus der Produktion entstehenden Einkommens und die *Verwendung* der Güter bzw. des Einkommens nachgewiesen werden. Die weitere Darstellung der VGR folgt dieser Gliederung und behandelt die drei Bereiche auf der Grundlage des Kontensystems mit konkreten Zahlen für die Bundesrepublik Deutschland.

Die *Entstehungsrechnung* gibt Antwort auf die Fragen „Welchen Beitrag leisten die einzelnen Sektoren und Wirtschaftsbereiche zum Produktionsergebnis einer Volkswirtschaft?“ und „Wie wird das gesamtwirtschaftliche Produktionsergebnis ermittelt?“

Bei der *Bewertung der Produktion* wird in allen Sektoren zwischen Markt- und Nichtmarktproduktionstätigkeiten unterschieden. *Marktproduktion* liegt vor, wenn Güter und Dienstleistungen für den Markt produziert werden und die Verkaufserlöse mindestens 50 % der Produktionskosten decken. Ist dies nicht der Fall, liegt *Nichtmarktproduktion* vor. Sie kann entweder für die „eigene Verwendung“ erfolgen, so z. B. bei der eigenen Wohnnutzung von Immobilien im Sektor Private Haushalte oder als „Sonstige Nichtmarktproduktion“ der Sektoren Staat und Private Organisationen ohne Erwerbszweck. Wichtig ist, dass diese Unterscheidung für alle Sektoren getroffen wird, sodass auch im Staatssektor Marktproduktion – z. B. in Regiebetrieben mit kostendeckenden Gebühren – stattfindet. Von der Zuordnung als Markt- bzw. Nichtmarktproduktion hängt es ab, ob die Produktion zu *Herstellungspreisen* (Marktproduktion) oder zu *Faktorkosten* (Nichtmarktproduktion) bewertet wird. Da im ESVG 2010 auch die Nettozinsen in die Berechnung der Produktionskosten einbezogen werden, steigt der Anteil der Produktionseinheiten, die dem Staat zuzurechnen sind, mit der Höhe der Staatsverschuldung.

9.2.1 Das Produktionskonto der Unternehmen

Um zu verstehen, wie der *Produktionsprozess* in einer Volkswirtschaft erfasst und sein Ergebnis berechnet werden kann, greifen wir auf die Rechnungslegung der Unternehmen zurück. Ihre Daten sind auch in der Realität Ausgangspunkt der *Wertschöpfungsrechnung*.

Der Produktionsprozess eines Unternehmens schlägt sich in seiner Gewinn- und Verlust-Rechnung nieder, die mit geringen Veränderungen in die Volkswirtschaftliche Gesamtrechnung übernommen und dort als *Produktionskonto* bezeichnet wird.

► Das **Produktionskonto** enthält auf der **Aufkommensseite** (Ertragsseite, rechte Seite) den Produktionswert der produzierten Güter und Dienstleistungen. Auf der **Verwendungsseite** (Aufwandseite, linke Seite) werden die Abflüsse für Vorleistungen und die Wertminderung der Anlagegüter durch Abschreibungen erfasst. Als Saldo ergibt sich der Beitrag des Wirtschaftssubjekts bzw. des Sektors zur gesamtwirtschaftlichen **(Netto-)Wertschöpfung**, für den Faktorentgelte gezahlt werden (vgl. Tab. 9.1).

Im Einzelnen werden auf dem Produktionskonto folgende Positionen erfasst:

- Der *Produktionswert*.
  Die *Bilanzsumme des Produktionskontos* eines Unternehmens wird als *Produktionswert* (4) bezeichnet. Der Produktionswert wird zu Herstellungspreisen bewertet und

Tab. 9.1 Das Produktionskonto eines Unternehmens

Verwendung	Produktionskonto Unternehmen Aufkommen
1. Vorleistungen 2. Abschreibungen 3. Nettowertschöpfung = Summe der Faktorentgelte a) Löhne, Gehälter b) Zinsen c) Mieten, Pachten d) Gewinne	4. Produktionswert (zu Herstellungspreisen)

umfasst den *Umsatzerlös* (ohne Gütersteuern, wie z. B. die Mehrwertsteuer, aber einschließlich der vom Staat gezahlten Gütersubventionen), die *Bestandsänderung an Halb- und Fertigwaren* aus eigener Produktion und die *selbsterstellten Anlagegüter.*

- Die *Vorleistungen.*
  Vorleistungen (1) sind Güter und Dienstleistungen, die ein Unternehmen von anderen Unternehmen im In- und Ausland kauft und im Produktionsprozess der laufenden Periode einsetzt. So zählen beispielweise zu den Vorleistungen eines Automobilherstellers Reifen, Lichtmaschinen, die Leistungen einer Wirtschaftsprüfungsgesellschaft sowie die (unterstellten) Bankgebühren für Bankdienstleistungen. Um den Beitrag des Unternehmens zur gesamtwirtschaftlichen Wertschöpfung zu ermitteln, müssen von seinem Produktionswert die Vorleistungen abgezogen werden. (Würde man dies nicht tun und einfach die Produktionswerte aller Unternehmen aufaddieren, so käme es zu Doppelzählungen, weil beispielsweise die Reifen eines Pkws sowohl im Produktionswert des Reifenherstellers als auch im Produktionswert des Automobilproduzenten erfasst würden.) Die Differenz zwischen dem Produktionswert und den Vorleistungen wird als *Bruttowertschöpfung* bezeichnet.
- Die *Abschreibungen.*
  In dieser Position (2) wird die *Abnutzung der dauerhaften Produktionsmittel* im Produktionsprozess erfasst. Es ist üblich und sinnvoll, im Rahmen der Volkswirtschaftlichen Gesamtrechnung nicht die zulässigen steuerlichen Abschreibungsbeträge aus der Gewinn- und Verlust-Rechnung der Unternehmung zu übernehmen, sondern die Abschreibungen entsprechend der *geschätzten technischen Nutzungsdauer* der einzelnen Gruppen von Anlagegütern zu berechnen. Methodisch ist anzumerken, dass es sich hierbei um eine unterstellte Transaktion handelt, denn es erfolgt kein Abfluss eines entsprechenden Geldstroms.
- Die *Nettowertschöpfung.*
  Die *Nettowertschöpfung* (3) ergibt sich, wenn man von der Bruttowertschöpfung die Abschreibungen als „Ausgleich" für den bei der Produktion auftretenden Verschleiß an Anlagen, Gebäuden u. Ä. abzieht. Sie spiegelt den Beitrag des Unternehmens zur gesamtwirtschaftlichen Wertschöpfung wider. Die Nettowertschöpfung entspricht den Aufwendungen des Unternehmens für den Einsatz der Produktionsfaktoren Arbeit,

Boden, Kapital; dazu zählen neben Löhnen und Gehältern, Zinsen sowie Miet- und Pachteinnahmen auch die Gewinne, die als Restgröße den Saldo der Gewinn- und Verlust-Rechnung bilden. Aus der Sicht der Empfänger stellen diese Beträge Einkommen dar. Damit entspricht der Wert der Nettowertschöpfung in einer Periode der Summe aller Faktoreinkommen in dieser Periode.

Bei der Erfassung und Bewertung der Wertschöpfung gelten folgende Besonderheiten[2]:

- In die *Produktionswerte* gehen auch solche Güter und Dienstleistungen ein, die für die *Eigenverwendung* bestimmt sind oder als *Naturalentgelte* an die Arbeitnehmer weitergegeben werden. Ihre Bewertung orientiert sich am *Herstellungspreis* oder am *Marktwert* vergleichbarer Güter und Dienstleistungen. Beispiele dafür sind die Nutzung eigener Immobilien durch Private Haushalte oder die Produktion von Investitionsgütern für den eigenen Bedarf in Nichtfinanziellen Kapitalgesellschaften.
- Der *Produktionswert von Handels- und Dienstleistungsaktivitäten* wird nur in Höhe des Dienstleistungsentgelts angesetzt. So wird z. B. im Handel nur die Differenz zwischen dem Verkaufspreis und dem Einkaufspreis einer Ware erfasst und bei einem Reisebüro nur die Vermittlerprovision für die Reise. Bei dieser „*Nettostellung*" wird die Handelsware bzw. die Reise zum Einkaufspreis nicht mehr als Vorleistung erfasst, sondern in der Verwendungsrechnung direkt dem Erwerber (z. B. dem Privaten Haushalt) zugerechnet. Diese Bewertungsweise hat insbesondere auch Bedeutung für Energieversorgungsunternehmen, deren Wiederverkaufsumsätze nicht mehr als Vorleistungen erfasst werden, sowie für Versicherungen und Banken, deren Produktionswert nur aus den Entgelten für ihre Dienstleistungen besteht.
- Die Schaffung von *Urheberrechten*, die Selbsterstellung von *Software* und das Anlegen größerer *Datenbanken* wird im Produktionswert erfasst. (Gegenüber dem Nichtansetzen dieser „sonstigen Anlagegüter" oder immateriellen Werte führt dies zu höheren Produktionswerten und geringeren Vorleistungen der Unternehmen und damit zu einer höheren Bruttowertschöpfung.) Die Nettowertschöpfung verringert sich entsprechend den Abschreibungen für diese Anlagegüter.
- *Ausgaben für Forschung und Entwicklung* werden nach Einführung des ESVG 2010 nicht mehr als Vorleistungen erfasst, sondern gehen ebenfalls als Produktionswerte in die Entstehungsrechnung ein. Sie werden als Bruttoanlageinvestitionen verbucht und erhöhen somit das Bruttoinlandsprodukt. Begründet wird diese Neuerung damit, dass FuE-Leistungen ähnlich wie Sachanlagen langfristig in Produktionsprozessen genutzt werden können und damit als Kapitalbildung zu werten sind.

Da Unternehmen oder Produzenten von Gütern und Dienstleistungen mit dem Ziel der Gewinnerzielung (oder zumindest der Kostendeckung) in *allen Sektoren* der Volkswirtschaftlichen Gesamtrechnung anzutreffen sind, ergibt sich die *Brutto- bzw. Net-*

[2] Diese Besonderheiten wurden bei den beiden Generalrevisionen der Volkswirtschaftlichen Gesamtrechnung auf der Basis des ESVG 1995 bzw. des ESVG 2010 eingeführt.

towertschöpfung aller Unternehmen, indem man ihre *Beiträge zur gesamtwirtschaftlichen Produktion* in den verschiedenen Sektoren *aggregiert*.

Um die *gesamtwirtschaftliche Wertschöpfung* einer Volkswirtschaft zu erhalten, muss man zur Wertschöpfung der Unternehmen noch die Wertschöpfung des Staates und die Wertschöpfung der Privaten Haushalte addieren, die auf den Produktionskonten dieser beiden Sektoren erfasst werden.

9.2.2 Die Produktionskonten des Staates und der Privaten Haushalte

Das Produktionskonto des Staates (vgl. Tab. 9.2) gleicht von der Systematik her dem Produktionskonto der Unternehmen. Es gibt jedoch einen wesentlichen Unterschied zu den Unternehmen: Der Staat produziert *öffentliche Güter*, vor allem Dienstleistungen, die er seinen Bürgern *weitgehend unentgeltlich* zur Verfügung stellt (und durch Erhebung von Zwangsabgaben finanziert). Diese Güter und Dienstleistungen werden *nicht für Märkte produziert*, und es gibt für sie *keinen Marktpreis*; es handelt sich um eine sogenannte *Nichtmarktproduktion*.

Der Staat kauft für seine Produktion Vorleistungen von anderen Sektoren (1), nutzt dauerhafte Produktionsmittel, deren Abnutzung mit der Abschreibung (2)[3] erfasst wird und setzt Produktionsfaktoren ein, für die er Faktorentgelte (3) in Form von Löhnen und Gehältern, Zinsen sowie Mieten und Pachten bezahlt. Da es sich um Nichtmarktproduktion handelt, fallen grundsätzlich keine Gewinne an.

Geändert hat sich mit dem ESVG 2010 auch die Verbuchung von militärischen Waffensystemen. Während sie zuvor als Vorleistungen in die Produktion des Staates eingingen, werden sie nun als Investition behandelt, und ihre Nutzung geht jeweils in Höhe der Abschreibung in den Produktionswert ein. Dadurch steigt die Bruttowertschöpfung des Staates und erhöht sich das Bruttoinlandsprodukt.

Tab. 9.2 Das Produktionskonto des Staates

Verwendung	Produktionskonto des Staates — Aufkommen
1. Vorleistungen 2. Abschreibungen 3. Nettowertschöpfung = Summe der Faktorentgelte a) Löhne, Gehälter b) Zinsen c) Mieten, Pachten	4. Produktionswert = Bereitstellung von öffentlichen Gütern

[3] Öffentliche Tiefbauten, wie z. B. Straßen, Brücken, aber auch Talsperren, Sportplätze und Häfen, werden auch abgeschrieben. (Die Abschreibungsdauer für Straßen beträgt z. B. circa 60 Jahre.) Vor der Einführung der ESVG 1999 wurden öffentliche Tiefbauten zwar auch zu den öffentlichen Investitionen gezählt, es wurde aber keine Abschreibung berechnet.

Tab. 9.3 Das Produktionskonto der Privaten Haushalte

Verwendung	Produktionskonto der Privaten Haushalte	Aufkommen
1. Nettowertschöpfung = Löhne und Gehälter	2. Produktionswert	

Diese Güter werden mit ihren *Produktions- oder Faktorkosten bewertet*, d. h., es wird einerseits unterstellt, dass jeder Mehreinsatz von Vorleistungen, Produktionsmitteln und Faktorleistungen den (Produktions-)Wert der öffentlichen Güter (4) erhöht, und andererseits wird angenommen, dass jede Mehrarbeit oder Effizienzsteigerung beim Staat solange nicht zu einer besseren Versorgung mit öffentlichen Gütern führt, solange damit keine höheren Produktionskosten verbunden sind.

Auch die Privaten Haushalte verfügen über ein eigenes Produktionskonto (vgl. Tab. 9.3). Dabei zählt jedoch die *private Erstellung* von Gütern und Dienstleistungen, wie z. B. das Kochen einer Mahlzeit oder das Waschen von Wäsche, nicht als Produktionstätigkeit. Als Folge werden auf dem Produktionskonto der Haushalte die Käufe von Konsumgütern nicht als Vorleistungen berücksichtigt, die eingesetzten Faktorleistungen nicht als Wertschöpfung und die Abnutzung von langlebigen Konsumgütern nicht als Abschreibung. Lediglich die Löhne und Gehälter, die an Hauspersonal gezahlt werden, erscheinen auf der linken Seite des Produktionskontos als Wertschöpfung (1) und bilden den Produktionswert (2). Vom Umfang her ist der Beitrag der Privaten Haushalte zur gesamtwirtschaftlichen Wertschöpfung aus diesen Aktivitäten unbedeutend.

Die *Wertschöpfung der Einzelunternehmen und der Selbstständigen*, die dem Haushaltssektor als Marktproduzenten zugeordnet sind, wird nach den Regeln des Produktionskontos für Unternehmen erfasst.

Für den *Sektor Private Organisationen ohne Erwerbszweck*, der im Allgemeinen mit dem Sektor Private Haushalte zusammengefasst wird, gelten in der Regel die Besonderheiten des Produktionskontos für Nichtmarktproduzenten, wie sie im Zusammenhang mit dem Produktionskonto des Staates erläutert wurden: Der Produktionswert dieser Organisationen ergibt sich aus der Addition der Faktorkosten, Abschreibungen und Vorleistungen, ist also durch die linke Seite des Produktionskontos bestimmt.

9.2.3 Das Gesamtwirtschaftliche Produktionskonto und Ergebnisse der Entstehungsrechnung für die Bundesrepublik Deutschland

9.2.3.1 Brutto- und Nettoinlandsprodukt

Fasst man die Produktionskonten der verschiedenen Sektoren des Kontensystems zusammen, so erhält man das *Gesamtwirtschaftliche Produktionskonto* als *Grundlage der Entstehungsrechnung* (vgl. Tab. 9.4). Es enthält auf der Aufkommensseite den gesamtwirtschaftlichen Produktionswert zu Herstellungspreisen (4). Nach Abzug der Vorleistungen (1) erhält man die Bruttowertschöpfung[4] der Volkswirtschaft in einer Periode.

Tab. 9.4 Gesamtwirtschaftliches Produktionskonto

Verwendung	Gesamtwirtschaftliches Produktionskonto	Aufkommen
1. Vorleistungen		4. Produktionswert (zu Herstellungspreisen)
2. Abschreibungen		5. Gütersteuern – Gütersubventionen
3. Nettoinlandsprodukt (zu Marktpreisen)		

Die Bruttowertschöpfung enthält zwar die *Gütersubventionen*, *nicht* aber die *Gütersteuern*[5]. Zu den Gütersteuern zählen alle Steuern und Abgaben, die für gehandelte Ware oder Dienstleistungen zu entrichten sind. Sie umfassen die nichtabziehbare Umsatzsteuer, Importabgaben (z. B. Zölle, Verbrauchsteuern und Abschöpfungsbeiträge auf eingeführte Güter) und sonstige Gütersteuern (z. B. Verbrauchsteuern, Versicherungsteuer).

Addiert man zur Bruttowertschöpfung zu Herstellungspreisen die Differenz aus Gütersteuern und Gütersubventionen, so erhält man das *– zu Marktpreisen bewertete – Inlandsprodukt*. Wird es einschließlich der Abschreibungen ausgewiesen, wird es als Bruttoinlandsprodukt bezeichnet, ohne die Abschreibungen als Nettoinlandsprodukt.

► Das **Bruttoinlandsprodukt** ist der wertmäßige Ausdruck für die Menge aller Güter und Dienstleistungen, die in einer Volkswirtschaft innerhalb einer bestimmten Periode produziert werden. Mit der Bezeichnung Inlandsprodukt wird ausgedrückt, dass es sich um die Wertschöpfung im Inland, z. B. in Deutschland, handelt.

[4] Dabei wird zwischen der unbereinigten Bruttowertschöpfung und der um (unterstellte) Bankgebühren bereinigten Bruttowertschöpfung unterschieden. Der Hintergrund ist, dass die Banken in größerem Umfang Dienstleistungen für die anderen Wirtschaftsbereiche erbringen, die sie nicht in Rechnung stellen, sodass diese Dienstleistungen nicht als Vorleistungen erfasst werden. Sie werden daher geschätzt und von der unbereinigten Bruttowertschöpfung abgezogen, sodass man die – niedrigere – bereinigte Bruttowertschöpfung erhält. 2003 betrugen die (unterstellten) Bankgebühren immerhin rund 64 Mrd. €. Ab 2005 werden die Bankdienstleistungen den jeweiligen Verwendern zugerechnet, sodass sie – soweit sie nicht als Vorleistungen im Produktionsprozess verwendet werden – in die Konsumausgaben der Privaten Haushalte, des Staates und der Organisationen ohne Erwerbszweck einfließen und das Bruttoinlandsprodukt entsprechend erhöhen.

[5] Das Statistische Bundesamt verwendet hierfür auch den Begriff „Produktions- und Importabgaben“.

Die folgende Aufstellung fasst die Ableitung des Brutto- und des Nettoinlandsprodukts aus dem gesamtwirtschaftlichen Produktionskonto noch einmal zusammen:

	Produktionswert (zu Herstellungspreisen)
–	Vorleistungen
=	Bruttowertschöpfung
+	(Gütersteuern – Gütersubventionen)
=	Bruttoinlandsprodukt (zu Marktpreisen)
–	Abschreibungen
=	Nettoinlandsprodukt (zu Marktpreisen)

In den Standardtabellen zur *Entstehungsrechnung* werden die Unternehmen – unabhängig davon ob Kapitalgesellschaften, Quasi-Kapitalgesellschaften oder Einzelunternehmer und Selbstständige – entsprechend dem Schwerpunkt ihrer Tätigkeit einem Wirtschaftsbereich zugeordnet. Tab. 9.5 zeigt das Bruttoinlandsprodukt als Ergebnis der Entstehungsrechnung und gibt einen zahlenmäßigen Überblick über die Ergebnisse der Volkswirtschaftlichen Gesamtrechnung.

Tab. 9.5 Ergebnisse der VGR der Bundesrepublik Deutschland 2013 und 2014 in Mrd. € in jeweiligen Preisen. (Quelle: Statistisches Bundesamt, Volkswirtschaftliche Gesamtrechnungen 2014; nach dem ESVG 2010, Stand: Mai 2015)

		2013	2014
I.	**Entstehungsrechnung**		
	Produktionswerte (zu Herstellungspreisen)		
–	Vorleistungen		
=	**Bruttowertschöpfung** (zu Herstellungspreisen)	**2.525,6**	**2.611,3**
	• Land- und Forstwirtschaft; Fischerei	21,7	19,6
	• Produzierendes Gewerbe (ohne Baugewerbe)	659,2	677,1
	• Baugewerbe	116,5	124,4
	• Handel, Verkehr, Gastgewerbe	393,4	404,1
	• Information und Kommunikation	118,0	122,2
	• Finanzierung, Vermietung u. Unternehmensdienstleistungen	654,8	679,0
	• Öffentliche Dienstleister	458,4	477,2
	• Sonstige Dienstleister	103,8	107,6
+	(Gütersteuern – Gütersubventionen)	283,9	292,4
=	**Bruttoinlandsprodukt** (zu Marktpreisen)	**2.809,5**	**2.903,8**

Tab. 9.5 (Fortsetzung)

		2013	2014
II.	**Verwendungsrechnung**		
	Konsumausgaben	**2.112,7**	**2.166,7**
	• Private Konsumausgaben	1.571,5	1.604,4
	• Konsumausgaben des Staates	541,2	562,3
+	Bruttoanlageinvestitionen	**555,8**	**581,3**
	• Ausrüstungen	1.773,9	185,6
	• Bauten	279,2	293,6
	• Sonstige Anlagen	98,9	102,1
+	Vorratsänderungen und Nettozugang an Wertsachen	**−22,3**	**−30,6**
+	Außenbeitrag (Export – Import)	**163,3**	**186,5**
=	**Bruttoinlandsprodukt**	**2.809,5**	**2.903,8**
+	Saldo der Primäreinkommen mit der übrigen Welt	72,4	78,0
=	**Bruttonationaleinkommen**	**2.881,9**	**2.981,8**
–	Abschreibungen	–502,1	513,0
=	**Nettonationaleinkommen** (zu Marktpreisen)	**2.379,8**	**2.468,8**
III.	**Verteilungsrechnung**		
	Nettonationaleinkommen	**2.379,8**	**2.468,8**
–	(Produktions- und Importabgaben an den Staat – Subventionen vom Staat)	–279,9	–287,4
=	**Volkseinkommen**	**2.099,9**	**2.181,4**
	• Arbeitnehmerentgelte	1.428,3	1.482,0
	– Bruttolöhne und -gehälter	1.164,4	1.210,3
	– Arbeitgeberbeiträge	263,9	271,7
	• Unternehmens- und Vermögenseinkommen	671,6	699,5

9.2.3.2 Inlandsprodukt und Nationaleinkommen

Während Brutto- und Nettoinlandsprodukt sich auf die Wertschöpfung im Inland beziehen, wird im Nationaleinkommen berücksichtigt, dass an der Erstellung der Wertschöpfung auch *Produktionsfaktoren* aus der *Übrigen Welt* beteiligt sind.

So stellen ausländische Wirtschaftseinheiten z. B. ihre Arbeitskraft oder ihr Kapital zur Verfügung und erhalten als Gegenleistung Faktoreinkommen aus der Bundesrepublik, die als *Primäreinkommen an Ausländer aus dem Inland* bezeichnet werden. Umgekehrt sind inländische Produktionsfaktoren an der Wertschöpfung der Übrigen Welt beteiligt und erhalten von dort ebenfalls Faktoreinkommen, die *Primäreinkommen von Inländern aus der Übrigen Welt.*[6] Addiert man zum Bruttoinlandsprodukt den Saldo der Primäreinkommen aus der Übrigen Welt, so erhält man das *Bruttonationaleinkommen*, die *Wertschöpfung aller Inländer*. (Das Bruttonationaleinkommen wurde deshalb früher auch als Brutto*inländer*produkt bezeichnet.) Je nachdem ob dieser Saldo der Primäreinkommen positiv oder negativ ist, fällt das Bruttonationaleinkommen höher oder niedriger aus als das Bruttoinlandsprodukt. Zieht man vom Bruttonationaleinkommen die Abschreibungen ab, so erhält man das *Nettonationaleinkommen*.

Die Berechnung des Brutto- und des Nettonationaleinkommens fasst die folgende Aufstellung zusammen:

	Bruttoinlandsprodukt
+	Primäreinkommen von Inländern aus der Übrigen Welt
–	Primäreinkommen an Ausländer aus dem Inland
=	Bruttonationaleinkommen
–	Abschreibungen
=	Nettonationaleinkommen

Das Brutto- und das Nettonationaleinkommen sind genauso wie das Brutto- und das Nettoinlandsprodukt zu Marktpreisen bewertet, d. h., sie enthalten den Saldo aus Gütersteuern und Gütersubventionen. Der Begriff „Bruttonationaleinkommen" löst die bisher üblichen Begriffe „Bruttosozialprodukt" und „Bruttoinländerprodukt" ab. Die Zahlenwerte für das Nationaleinkommen ergeben sich in Tab. 9.5.

Das Bruttoinlandsprodukt ist der bei internationalen Vergleichen gebräuchlichste Maßstab für die Wertschöpfung einer Volkswirtschaft. Seine Entwicklung wird vor allem für Konjunkturanalysen herangezogen und ist dafür besser geeignet als das Nationaleinkommen. Dagegen werden das Brutto- und Nettonationaleinkommen für die Analyse der Einkommensverteilung und -verwendung herangezogen, die in Abschn. 9.3 dargestellt wird.

Die Änderungen, die sich aus der Einführung des neuen „Europäischen Systems der Volkswirtschaftlichen Gesamtrechnung (ESVG 2010)" ab 2014 ergeben, führen insgesamt und tendenziell zu einer höheren Wertschöpfung als nach dem ESVG 1995 (+2,5 % im Euroraum). Der Zuwachs ist in den einzelnen Ländern unterschiedlich, je nachdem, wie hoch der Anteil der FuE an der nationalen Wertschöpfung ist (z. B. +2–3 % für Deutschland und +1–2 % in den südeuropäischen Ländern). Demgegenüber fällt der Anstieg des Bruttoinlandsprodukts durch die Berücksichtigung von Waffenkäufen als Investition ebenso wie die Berechnung von Schätzwerten für die Wertschöpfung durch Prostitution oder illegale Aktivitäten wie Drogen- und Zigarettenschmuggel nicht ins Gewicht. Der Anstieg des BIP führt zu einem Rückgang der Staatsschuldenquote, d. h. der Staatsverschuldung in Prozent des BIP (94,0 % nach der neuen Berechnung gegenüber 96,3 % nach dem ESVG 1995).[7]

[6] Die Primäreinkommen von Ausländern aus der Übrigen Welt enthalten neben den Faktoreinkommen von Inländern noch die Differenz aus den Produktions- und Importabgaben an die EU und den von der EU empfangenen Subventionen.

[7] Gleichermaßen sinken andere Quoten, bei denen das BIP im Nenner steht.

9.2.3.3 Volkswirtschaftliche Kennzahlen aus der Entstehungsrechnung

Produktionsstruktur
Betrachtet man die *Anteile* der einzelnen *Wirtschaftsbereiche* an der gesamten Wertschöpfung, so ergibt sich eine *Produktionsstruktur*, wie sie für ein hoch industrialisiertes Land wie die Bundesrepublik Deutschland, bei der inzwischen auch die Produktion von Dienstleistungen dominiert, typisch ist:

Während die *Wertschöpfung* aller Wirtschaftsbereiche im Zeitablauf im Allgemeinen *absolut* betrachtet steigt, sind die *Zuwächse* in den einzelnen Bereichen unterschiedlich hoch, sodass sich ihre Anteile an der gesamten Wertschöpfung im Wachstumsprozess verschieben. So beträgt 2014 der Anteil der Land- und Forstwirtschaft und Fischerei, die häufig unter dem Begriff „Primärer Sektor" zusammengefasst werden, nur noch 0,75 %. Auch der Anteil des (Waren-)Produzierenden Gewerbes („Sekundärer Sektor") entwickelt sich rückläufig – seit 1991 ist er um ca. 5 Prozentpunkte auf ca. 26 % gesunken; damit hat die Bundesrepublik Deutschland allerdings auch weiterhin eine im Vergleich zu anderen Industriestaaten breite industrielle Basis. Dagegen trägt der Dienstleistungsbereich („Tertiärer Sektor") inzwischen fast 70 % zur Wertschöpfung bei. Dabei hat vor allem der Bereich „Finanzierung, Vermietung und Unternehmensdienstleister" stark an Bedeutung gewonnen, während der Anteil der öffentlichen und sonstigen Dienstleister sowie der Anteil von Handel, Gastgewerbe und Verkehr nahezu konstant geblieben ist.

Nominales und reales Bruttoinlandsprodukt
Veränderungen des Bruttoinlandsprodukts und seiner Teilgrößen werden in der Entstehungsrechnung sowohl zu den jeweiligen *Preisen des Berichtsjahres* als auch preisbereinigt dargestellt. Das mit aktuellen Preisen bewertete Bruttoinlandsprodukt wird als *nominales Bruttoinlandsprodukt* bezeichnet. Seine Veränderung im Zeitablauf kann sowohl auf *Mengenänderungen* als auch auf *Preisänderungen* beruhen. Das preisbereinigte Inlandsprodukt wird als *reales Inlandsprodukt* bezeichnet. Seine Veränderung spiegelt das mengenmäßige Wachstum der gesamtwirtschaftlichen Wertschöpfung, das reale Wachstum, wider. Da das Preisniveau fast immer steigt, ist das nominale Wachstum des Bruttoinlandsprodukts in der Regel größer als das reale.

Seit 2005 werden die realen Größen in der VGR nicht mehr in Preisen eines festen Basisjahres angegeben (*Festpreisbasis*), sondern es werden nur noch die Mengenänderungen gegenüber dem Vorjahr ausgewiesen (*Vorjahrespreisbasis*). Um die Mengenänderungen für einen längeren Zeitraum zu erhalten, werden die Mengenindizes mehrerer Jahre „verkettet".

Beispiel

Der Mengenindex für das erste Jahr einer Zeitreihe weist einen Anstieg der Mengen um 15 %, für das folgende Jahr einen Anstieg um 10 % und für das dritte Jahr einen Anstieg um 5 % aus. Der Mengenindex für den gesamten Zeitraum beträgt dann

$1{,}15 \cdot 1{,}10 \cdot 1{,}05 \cdot 100 = 132{,}8$, d. h., die Mengen sind in den drei Jahren insgesamt um 32,8 % gestiegen.

Ein Wert des Kettenindex (2010 = 100) für das reale BIP 2014 von 105,76 gibt an, dass die Menge an gesamtwirtschaftlicher Wertschöpfung seit 2010 um 5,76 % gestiegen ist.

Die Umstellung auf die Vorjahresmethode wird Testrechnungen des Statistischen Bundesamtes zu Folge zu etwas höheren Preissteigerungsraten und damit zu um 0,1 bis 0,2 Prozentpunkte niedrigeren jährlichen Wachstumsraten des realen Bruttoinlandsprodukts führen.

Umgekehrt wird die „Bereinigung" der Preissteigerungen um *Qualitätsverbesserungen* – nach der *hedonischen Methode der Preisbereinigung* – zu einer höheren realen Wachstumsrate führen. Ist z. B. bekannt, dass alle Mittelklassewagen ab 2008 serienmäßig mit einem „airbag" ausgestattet sind, so wird vom Preis des Mittelklassewagens 2008 der (Auf-)Preis für einen „airbag" abgezogen.

Arbeits- und Kapitalproduktivität

Betrachtet man das reale Inlandsprodukt als Ausdruck für das *Produktionsergebnis (output)* der Volkswirtschaft und setzt es ins Verhältnis zu der *Menge der eingesetzten Produktionsfaktoren (input),* so erhält man einen Maßstab für die *Produktivität* einer Volkswirtschaft.

Von besonderer Bedeutung ist die *Arbeitsproduktivität* und ihre zeitliche Entwicklung (vgl. Tab. 9.6). Sie ist definiert als

$$\begin{matrix}\text{Arbeitsproduktivität} \\ \text{je Erwerbstätigen}\end{matrix} = \frac{\text{Bruttoinlandsprodukt in Preisen eines Basisjahres}}{\text{Durchschnittliche Zahl von Erwerbstätigen}}$$

bzw.

$$\begin{matrix}\text{Arbeitsproduktivität} \\ \text{je Erwerbstätigenstunde}\end{matrix} = \frac{\text{Bruttoinlandsprodukt in Preisen eines Basisjahres}}{\text{Zahl der geleisteten Arbeitsstunden (Arbeitsvolumen)}}.$$

Die Arbeitsproduktivität je Erwerbstätigenstunde ist in der Vergangenheit immer stärker gestiegen als die Arbeitsproduktivität je Erwerbstätigen, weil die Zahl der durchschnittlich von einem Erwerbstätigen geleisteten Arbeitsstunden gesunken ist. Dies ist allerdings in den letzten Jahren nicht auf eine Verkürzung der Arbeitszeit zurückzuführen, sondern auf die starke Zunahme von Teilzeitarbeit und geringfügigen Beschäftigungsverhältnissen, den so genannten „Mini-Jobs".

Man kann die Arbeitsproduktivität auch für einzelne *Wirtschaftsbereiche* errechnen. In diesem Fall wird die Bruttowertschöpfung in Preisen eines Basisjahres auf die Zahl der Erwerbstätigen bzw. auf das Arbeitsvolumen in den einzelnen Wirtschaftsbereichen bezogen.

Bei der Interpretation der Zahlenwerte ist zu beachten, dass es sich um eine *statistische Verhältniszahl* handelt, und dass das Bruttoinlandsprodukt von *allen* Produktionsfaktoren

Tab. 9.6 Arbeitnehmerentgelte, Arbeitsproduktivität, Lohnkosten und Lohnstückkosten für die Gesamtwirtschaft[a]. (Quelle: Jahresgutachten des Sachverständigenrates zur Begutachtung der gesamtwirtschaftlichen Entwicklung, Lange Reihen, Mai 2015)

Jahr[b]	Arbeitnehmerentgelte (Lohnkosten)[c]				Arbeitsproduktivität[e]		Lohnstückkosten[f]	
	Insgesamt		Verdienst[d]					
	Je Arbeitnehmer	Je Arbeitnehmerstunde	Je Arbeitnehmer	Je Arbeitnehmerstunde	Je Erwerbstätigen	Je Erwerbstätigenstunde	Je Erwerbstätigen	Je Erwerbstätigenstunde
	€				Index (2010 = 100)			
1991	24.254	16,40	19.886	13,45	83,64	74,82	82,64	81,82
1995	29.643	20,56	24.003	16,65	89,90	81,78	93,96	93,82
2000	31.193	22,94	25.065	18,44	93,96	89,94	94,60	95,22
2005	32.818	24,79	26.505	20,02	98,12	96,63	95,31	95,77
2008	34.145	25,49	27.713	20,69	102,22	100,17	95,20	94,98
2009	34.215	26,54	27.696	21,48	96,37	97,57	101,17	101,52
2010	35.091	26,79	28.388	21,68	100	100	100	100
2011	36.103	27,45	29.320	22,29	102,22	101,98	100,66	100,45
2012	37.014	28,47	30.128	23,17	101,47	102,63	103,95	103,54
2013	37.707	29,21	30.755	23,82	100,99	103,02	106,41	105,80
2014	38.664	29,70	31.578	24,26	101,71	103,11	108,33	107,52

[a] Im Inland; Quelle für Arbeitsstunden: Arbeitszeitrechnung des Instituts für Arbeitsmarkt- und Berufsforschung der Bundesagentur für Arbeit (IAB), Nürnberg.
[b] Ab 2012 vorläufige Ergebnisse.
[c] Arbeitnehmerentgelte je Arbeitnehmer beziehungsweise je Arbeitnehmerstunde.
[d] Bruttolöhne und -gehälter je Arbeitnehmer beziehungsweise je Arbeitnehmerstunde.
[e] Bruttoinlandsprodukt (preisbereinigt, Kettenindex 2000 = 100) je Erwerbstätigen beziehungsweise je Erwerbstätigenstunde.
[f] Lohnkosten (je Arbeitnehmer beziehungsweise je Arbeitnehmerstunde) in Relation zur Arbeitsproduktivität (je Erwerbstätigen beziehungsweise je Erwerbstätigenstunde).

erwirtschaftet wird. Somit kann der Anstieg des Bruttoinlandsprodukts nicht alleine dem Produktionsfaktor Arbeit zugerechnet werden; die Arbeitsproduktivität kann ebenso durch einen höheren Kapitaleinsatz und/oder durch technischen Fortschritt gestiegen sein.

Bezieht man das *Bruttoinlandsprodukt* auf den *Kapitalstock* der Volkswirtschaft, erhält man die *Kapitalproduktivität*. Dabei wird der Kapitalstock in der statistischen Praxis mit dem Bruttoanlagevermögen gemessen, d. h. der Summe aller Bruttoanlageinvestitionen der Vergangenheit, die bis zum Berichtszeitpunkt nicht aus dem Bestand ausgeschieden sind. Der Kapitalstock betrug am Jahresende 2014 einschließlich Wohnbauten 16,8 Billionen € (zu Wiederbeschaffungspreisen) und ohne Wohnbauten etwa die Hälfte.[8] Für die

[8] Durch die zweite Generalrevision der VGR 2014 (auf der Basis des ESVG 2010) ist der Kapitalstock durch die Kapitalisierung von Forschung und Entwicklung sowie von militärischen

Kapitalproduktivität gilt:

$$\text{Kapitalproduktivität} = \frac{\begin{array}{c}\text{Bruttoinlandsprodukt}\\ \text{in Preisen eines Basisjahres}\end{array}}{\begin{array}{c}\text{Jahresdurchschnittliches Bruttoanlagevermögen}\\ \text{in Preisen eines Basisjahres}\end{array}}.$$

Der *Kapitalkoeffizient* gibt an, welches Bruttoanlagevermögen notwendig ist, um eine Einheit Bruttoinlandsprodukt zu erstellen.

$$\text{Kapitalkoeffizient} = \frac{\begin{array}{c}\text{Jahresdurchschnittliches Bruttoanlagevermögen}\\ \text{in Preisen eines Basisjahres}\end{array}}{\begin{array}{c}\text{Bruttoinlandsprodukt}\\ \text{in Preisen eines Basisjahres}\end{array}}$$

Das Verhältnis zwischen dem *Kapitalstock* einer Volkswirtschaft und der Zahl der *Erwerbstätigen* wird als *Kapitalintensität* bezeichnet. Sie kann als Messgröße für die durchschnittliche Ausstattung eines Erwerbstätigen bzw. Arbeitsplatzes mit Produktionsanlagen verwendet werden und betrug 2014 zu Wiederbeschaffungspreisen 210.500 € (ohne Wohnbauten).

$$\text{Kapitalintensität} = \frac{\text{Bruttoanlagevermögen}}{\text{Erwerbstätige}}$$

In der Bundesrepublik Deutschland hat im *langfristigen Trend* ein *kapitalintensives Wachstum* stattgefunden, d. h., die durchschnittliche Ausstattung eines Arbeitsplatzes mit Produktionsanlagen ist gestiegen. Das lässt sich auch daran ablesen, dass zwischen 1991 und 2014 der Kapitalstock schneller gewachsen ist als das Bruttoinlandsprodukt (preisbereinigt um 53 % gegenüber 35 %). Entsprechend ist langfristig die Kapitalproduktivität zurückgegangen.

Waffensystemen erheblich gestiegen. Bereits durch die erste Generalrevision 1999 war der Kapitalstock ausgeweitet worden, weil immaterielle Anlagegüter sowie Nutztiere und -pflanzungen hinzugekommen waren und zivil nutzbare militärische Anlagegüter zusätzlich zu Bauten und Ausrüstungen berücksichtigt wurden.

9.3 Die Verteilungs- und Verwendungsrechnung des Nationaleinkommens und des Inlandsprodukts

Lernziele
Im folgenden Abschnitt wird erklärt,

- welche Einkommensarten in der Verteilungsrechnung unterschieden werden und welche Verteilungskennziffern sich daraus bilden lassen;
- wie die Verwendungsrechnung des Inlandsprodukts aufgebaut ist und welche Kennzahlen daraus abgeleitet werden;
- wie sich die außenwirtschaftlichen Beziehungen auf dem Auslandskonto niederschlagen;
- dass in einer (geschlossenen) Volkswirtschaft Ersparnis und Investition übereinstimmen bzw. unter Berücksichtigung der Außenbeziehungen die Ersparnis der Summe aus Investition und Leistungsbilanzsaldo entspricht.

9.3.1 Ergebnisse und Kennzahlen der Verteilungsrechnung

Ausgangspunkt der Verteilungsrechnung des ESVG ist das *Nettonationaleinkommen* bzw. das *Primäreinkommen* der Gesamtwirtschaft. Es ergibt sich aus dem Bruttonationaleinkommen abzüglich der Abschreibungen. Das Nationaleinkommen ist zu *Marktpreisen* bewertet, d. h., es enthält neben den *Faktorkosten* bzw. -einkommen der inländischen Wirtschaftseinheiten auch die *Nettoproduktionsabgaben* (= Produktions- und Importabgaben abzüglich Subventionen). Die Nettoproduktionsabgaben werden damit in der Verteilungsrechnung als Primäreinkommen des Staates erfasst und nicht als Transfereinkommen.

In den Standardtabellen zur Einkommensverteilung verwendet das Statistische Bundesamt weiterhin den Begriff des *Volkseinkommens*, der im ESVG nicht vorkommt (vgl. Tab. 9.5). Das Volkseinkommen ist das Nettonationaleinkommen, bereinigt um die Nettoproduktionsabgaben:

	Nettonationaleinkommen
−	Produktions- und Importabgaben
+	Subventionen
=	Volkseinkommen

Je nach Fragestellung ergeben sich unterschiedliche Ansätze für die *Gruppenbildung der Empfänger* des Volkseinkommens:

- Fragt man, welchen Sektoren (Kapitalgesellschaften, Staat und Private Haushalte) das Volkseinkommen zugeflossen ist, so spricht man von einer *institutionellen Verteilung*. Diese Gliederung entspricht der Gruppenbildung auf den Einkommenskonten der Sektoren.
- Fragt man, welchen *Produktionsfaktoren* das Einkommen zugeflossen ist, so spricht man von einer *funktionalen Einkommensverteilung* auf die Besitzer bzw. Anbieter von Arbeits-, Boden- und Kapitalleistungen.

In der *Verteilungsrechnung des Statistischen Bundesamtes* werden nur zwei Einkommensarten unterschieden:

	Arbeitnehmerentgelte
+	Unternehmens- und Vermögenseinkommen
=	Volkseinkommen

- Die *Arbeitnehmerentgelte*, d. h. der Teil des Volkseinkommens, der dem Produktionsfaktor (unselbstständige) Arbeit zufließt (vgl. Tab. 9.5). Sie bestehen aus den Bruttolöhnen und -gehältern sowie den Sozialbeiträgen der Arbeitgeber, d. h. deren Anteil an den Sozialversicherungsbeiträgen und bestimmten freiwilligen Sozialleistungen, denn auch diese Sozialtransfers fließen letztlich den Arbeitnehmern zu. Aus Bruttolöhnen und -gehältern erhält man durch Abzug der Lohnsteuer und der Sozialbeiträge der Arbeitnehmer die Nettolöhne und -gehälter.
  In der institutionellen Verteilung fließen die Arbeitnehmerentgelte ausschließlich den *Arbeitnehmerhaushalten* zu.
- Die Unternehmens- und Vermögenseinkommen, die in der funktionalen Verteilung an die Anbieter von (selbstständiger) Arbeit, Boden und Kapital fließen.

Die institutionelle Verteilung zeigt, wie die Unternehmens- und Vermögenseinkommen auf Private Haushalte, Kapitalgesellschaften und den Staat aufgeteilt werden. Dabei fließen zum einen Einkommen aus selbstständiger Arbeit (nur) an Selbstständige und Einzelunternehmer, die zu den Privaten Haushalten zählen. Zum anderen erhalten Arbeitnehmerhaushalte nicht nur Arbeitnehmerentgelte, sondern auch Vermögenseinkommen (insbesondere Zinseinkünfte und Renditen aus dem Besitz von Aktien sowie Zahlungen aus Versicherungsverträgen).

Bei der Diskussion um die sich am Markt ergebende *primäre Einkommensverteilung* geht es häufig darum, inwieweit sich die *Verteilungsposition der abhängig Beschäftigten* verbessert oder verschlechtert hat. Als Maß dafür dient die Entwicklung der so genannten *Lohnquote* (vgl. Tab. 9.7), die den Anteil der Arbeitnehmerentgelte am Volkseinkommen misst:

$$\text{Lohnquote} = \frac{\text{Arbeitnehmerentgelte}}{\text{Volkseinkommen}} \cdot 100.$$

Tab. 9.7 Die Verteilung des Volkseinkommens. (Quelle: Statistisches Bundesamt und Jahresgutachten des Sachverständigenrates zur Begutachtung der gesamtwirtschaftlichen Entwicklung, Lange Reihen, Mai 2015)

Jahr[a]	Volkseinkommen	Lohnquote[b]	Bereinigte Lohnquote[c]	Unternehmens- und Vermögenseinkommensquote	Arbeitseinkommensquote[d]
	Milliarden €	Anteilsätze am Volkseinkommen in %			
1991	1.224,0	70,0	70,0	22,9	77,1
1995	1.426,2	70,9	71,5	21,3	78,7
1999	1.516,1	71,0	71,8	21,0	79,0
2000	1.550,7	72,1	72,7	19,9	80,1
2005	1.715,5	66,7	68,2	24,9	75,1
2008	1.899,8	65,4	66,7	26,5	73,5
2009	1.821,6	68,4	69,8	23,1	76,9
2010	1.923,0	66,8	68,1	25,0	75,0
2011	2.027,3	66,0	67,3	25,9	74,1
2012	2.055,3	67,6	68,8	24,2	75,8
2013	2.099,9	68,0	69,0	24,0	76,0
2014	2.172,9	68,2	69,0	24,0	76,0

[a] Ab 2012 vorläufige Ergebnisse.
[b] Anteil der Arbeitnehmerentgelte am Volkseinkommen in Prozent.
[c] Die Lohnquote, die sich ergeben würde, wenn das zahlenmäßige Verhältnis zwischen selbstständigen und unselbstständigen Erwerbstätigen so geblieben wäre wie 1991 (Berechnung auf der Basis der Arbeitseinkommensquote des Sachverständigenrates).
[d] Gesamtwirtschaftliches Arbeitseinkommen in Prozent des Volkseinkommens.

Zwischen 1991 und 2003 pendelte die Lohnquote zwischen knapp 70 und 72 %. Danach fiel sie bis 2007 um mehr als 7 Prozentpunkte auf nur 63,6 %. Bis 2014 erholte sie sich dann langsam wieder auf 68,2 %.

Aussagefähiger ist die sogenannte *bereinigte Lohnquote*, die sich ergibt, wenn man die Arbeitnehmerquote eines Basisjahres (aktuell 1991), d. h. den Anteil der unselbstständig beschäftigten Erwerbstätigen an allen Erwerbstätigen, konstant hält. Sie ist nicht (wie die Lohnquote) von Veränderungen in der Erwerbstätigenstruktur abhängig, sondern ausschließlich von der Entwicklung des Einkommens je Unselbstständigen in Relation zum Volkseinkommen. Im ehemaligen Bundesgebiet lag die bereinigte Lohnquote 1990 kaum über ihrem historischen Tiefstand von 1960, d. h. wenn man den Gesamtzeitraum von dreißig Jahren betrachtet, so hat nahezu keine Umverteilung des Volkseinkommens zugunsten der Arbeitnehmer stattgefunden. Nach der Wiedervereinigung hatte die bereinigte Lohnquote zunächst (vor allem durch den starken Anstieg der zunächst sehr niedrigen Löhne in den neuen Bundesländern) bis 2003 um 2 Prozentpunkte zugenommen, fiel dann aber in nur vier Jahren um 7 Prozentpunkte. Schließlich lag sie 2014 um 1 Prozentpunkt unter dem Wert von 1991.

Gegen die (bereinigte) Lohnquote werden unter anderem folgende Kritikpunkte vorgebracht:

- Die Arbeitnehmerhaushalte (und der Staat) erzielen einen Teil der Vermögenseinkommen.
- Die Gruppe der „Lohnempfänger“ umfasst auch gut verdienende Manager, während Kleingewerbetreibende mit niedrigem Einkommen zur Gruppe der Selbstständigen zählen.
- Die (bereinigte) Lohnquote *schwankt* im *Konjunkturverlauf*, d. h., sie sinkt in der Aufschwungphase, weil die Unternehmens- und Vermögenseinkommen schneller auf die konjunkturelle Erholung reagieren, und steigt in der Abschwungphase wieder an, weil die Gewinne dann schneller und stärker schrumpfen als die Löhne.

Ergänzend zur Lohnquote wird die *Arbeitseinkommensquote*, bei der die gesamten Arbeitseinkommen – aus unselbstständiger *und* selbstständiger Arbeit – berücksichtigt werden, berechnet. Dabei wird angenommen, dass das Durchschnittseinkommen eines selbstständig Erwerbstätigen (oder eines mithelfenden Familienangehörigen), der so genannte *kalkulatorische Unternehmerlohn*, genauso hoch ist wie das durchschnittliche Arbeitnehmerentgelt eines abhängig Beschäftigten:

$$\text{Arbeitseinkommensquote} = \frac{\begin{array}{c}\text{Arbeitnehmerentgelte} + \text{kalkulatorischer}\\ \text{Unternehmerlohn} \cdot \text{(Zahl der Selbstständigen}\\ \text{und mithelfenden Familienangehörigen)}\end{array}}{\text{Volkseinkommen}} \cdot 100.$$

Die Arbeitseinkommensquote betrug 2000 80,2 %, d. h., rund vier Fünftel aller Einkommen in der Bundesrepublik flossen dem Faktor Arbeit zu.[9] Bis zum Jahr 2014 ist die Quote auf 76,0 % gesunken.

Addiert man zum Nettonationaleinkommen die empfangenen laufenden Transferzahlungen aus dem Ausland und zieht die geleisteten Transferzahlungen an das Ausland ab, erhält man das verfügbare Einkommen der Gesamtwirtschaft. Es kann höher oder niedriger als das Nationaleinkommen sein. Da der Saldo aus empfangenen und geleisteten Transferzahlungen für die Bundesrepublik negativ ist, liegt das verfügbare Einkommen entsprechend unter dem Nationaleinkommen.

Innerhalb der Volkswirtschaft erfolgt eine Umverteilung der Primäreinkommen durch den Staat. Die daraus resultierende sekundäre Einkommensverteilung und damit die verfügbaren Einkommen der Sektoren ergeben sich durch die Berücksichtigung von

[9] Vgl. Jahresgutachten 2000/01 des Sachverständigenrates zur Begutachtung der gesamtwirtschaftlichen Entwicklung, Anhang IV A. (Die Arbeitseinkommensquoten der verschiedenen Jahre erhält man aus den bereinigten Lohnquoten in Tab. 9.7, indem man sie durch 0,9053 dividiert.)

- direkten Steuern,
- Sozialbeiträgen und Transferleistungen.

Zusätzlich zu der Umverteilung der Einkommen nach dem *Ausgabenkonzept* – so genannt, weil nur die monetären Ströme der Umverteilung erfasst werden – gibt es im ESVG auch eine *sekundäre* Einkommensverteilung nach dem *Verbrauchskonzept*. Nach diesem Konzept werden zusätzlich die empfangenen und geleisteten *sozialen Sachtransfers* (= soziale Sachleistungen) erfasst. Darunter versteht man die Leistungen, die den Privaten Haushalten z. B. durch staatliche Erziehungs-, Gesundheits- und ähnliche Leistungen zufließen.

Die Aufteilung des verfügbaren Einkommens auf Konsum und Sparen bildet den Übergang zur Verwendungsrechnung des Inlandsprodukts. Die Privaten Haushalte verwenden einen Teil ihres verfügbaren Einkommens für den Kauf von Konsumgütern, der Rest wird gespart, fließt also nicht in den Kauf von Konsumgütern.

9.3.2 Die Verwendungsrechnung des Inlandsprodukts

In der Verwendungsrechnung wird nachgewiesen, für welche Zwecke die erzeugten Güter und Dienstleistungen in der betrachteten Periode verwendet worden sind. Dabei unterscheidet man zwischen der *inländischen Verwendung*, die sich aus dem Konsum der Privaten Haushalte (einschließlich Privater Organisationen ohne Erwerbszweck), dem Konsum des Staates und den Bruttoinvestitionen der Unternehmen und des Staates zusammensetzt, sowie dem *Außenbeitrag*, der sich als Saldo zwischen Exporten und Importen von Gütern *und* Dienstleistungen ergibt. Somit lautet die Verwendungsrechnung des Bruttoinlandsprodukts:

	Private Konsumausgaben
+	Konsumausgaben des Staates
+	Bruttoinvestitionen der Unternehmen und des Staates
=	Inländische Verwendung
+	Außenbeitrag (Exporte – Importe von Gütern und Dienstleistungen)
=	Bruttoinlandsprodukt (zu Marktpreisen)

Aus der Verwendungsrechnung ergibt sich der Wert der Ausgaben der einzelnen Sektoren und damit die gesamtwirtschaftliche Nachfrage nach Gütern und Dienstleistungen in einer Periode (vgl. Tab. 9.5 in Abschn. 9.2.3.1).

Ermittelt man die prozentualen Anteile der einzelnen Verwendungsarten am Inlandsprodukt, so kann man die Entwicklung der *Verwendungsstruktur* im Zeitablauf erkennen und daraus Erkenntnisse für internationale Vergleiche und wirtschaftspolitische Analysen und Entscheidungen gewinnen.

Privater Konsum

Für die Ermittlung der *Privaten Konsumausgaben* gibt es zwei Konzepte, das *Ausgaben-* und das *Verbrauchskonzept*. Nach dem Ausgabenkonzept sind im Privaten Konsum die Ausgaben der Privaten Haushalte für Waren und Dienstleistungen, aber auch der Eigenverbrauch von Unternehmerhaushalten sowie die Eigennutzung von Wohnungen und Häusern als unterstellte Transaktionen enthalten.

Ferner zählen auch die Ausgaben der Privaten Organisationen ohne Erwerbszweck zu den privaten Konsumausgaben, soweit ihnen keine Verkaufserlöse gegenüberstehen.

Der Anteil der Konsumausgaben am Bruttoinlandsprodukt wird als Konsumquote bezeichnet. Nach dem Ausgabenkonzept lag sie in den neunziger Jahren bei ca. 55 %, in 2013 und 2014 betrug sie ca. 56 %.[10]

Nach dem *Verbrauchskonzept* werden auch diejenigen staatlichen Leistungen zum Privaten Konsum gerechnet, die von den Privaten Haushalten „verbraucht" werden, wie z. B. Gesundheits-, Bildungs- und Erziehungsleistungen. Diese „sozialen Sachtransfers" bilden zusammen mit den privaten Konsumausgaben den Individualkonsum, der um circa 25 % höher ist als die Privaten Konsumausgaben.

Die Güter und Dienstleistungen, die in den *Konsum der Privaten Haushalte* fließen, werden dem Wirtschaftskreislauf endgültig entnommen. Auch wenn sie im Haushalt längerfristig eingesetzt werden – als langlebige Konsumgüter, wie Pkws –, dienen sie nicht mehr der Leistungserstellung im Sinne der Volkswirtschaftlichen Gesamtrechnung und werden daher *nicht* zu den Investitionsgütern gezählt.

Investitionen

Die *Bruttoinvestitionen* der Unternehmen und des Staates setzen sich zusammen aus *Vorratsveränderungen*, d. h. dem Auf- und Abbau von Lagerbeständen, und *(Brutto-)Anlageinvestitionen* (vgl. Tab. 9.5 und 9.9). Nach der zweiten Generalrevision der VGR 2014 gehören zu den Anlageinvestitionen neben Sachanlagen in Form von Ausrüstungen, Bauten und Nutztieren und -pflanzungen auch Geistiges Eigentum, das insbesondere durch Forschung und Entwicklung (FuE) sowie Investitionen in Software und Datenbanken entsteht.[11] Solche Investitionen in Geistiges Eigentum werden jetzt entsprechend ihrer Nutzungsdauer abgeschrieben, während sie vorher überwiegend als Vorleistungen verbucht wurden.

Investitionsgüter können gekauft oder selbst erstellt sein. Sie werden auch als dauerhafte Produktionsmittel bezeichnet. Die Abgrenzung von Investitionen gegenüber Vorleistungen, die in der gleichen Periode, in der sie entstehen, für die Produktion verwendet werden, richtet sich nach den Kriterien des betrieblichen Rechnungswesens. (Vorleistun-

[10] Vor der zweiten Generalrevision der VGR 2014 war die Konsumquote höher, nicht zuletzt weil das BIP um etwa 2–3 % niedriger war.

[11] Computersoftware, Datenbanken und Urheberrechte wurden vor 2014 unter immateriellen Anlagegütern erfasst.

gen haben entsprechend eine Lebensdauer von weniger als einem Jahr und einen Wert von unter 500 €.)

Um Aussagen über den Umfang der Investitionstätigkeit in einer Volkswirtschaft und damit auch die Modernität des Kapitalstocks und die zukünftige Wettbewerbsfähigkeit machen zu können, wird häufig auf die Entwicklung der Investitionsquote zurückgegriffen:

$$\text{Investitionsquote} = \frac{\text{Bruttoanlageinvestitionen}}{\text{Bruttoinlandsprodukt}} \cdot 100.$$

Sie ist seit dem Beginn der neunziger Jahre von ca. 22 % auf 19,3 % zurückgegangen, weil dem Rückgang der Ausrüstungsinvestitionen um 3,4 Prozentpunkte nur ein Anstieg der Bauinvestitionen um 0,6 Prozentpunkte gegenüberstand und die sonstigen Investitionen nahezu unverändert blieben. (Ohne die Revision der VGR 2014, d. h. insbesondere ohne die Einbeziehung von FuE-Investitionen, würde die Investitionsquote 2014 noch um ca. 2 Prozentpunkte niedriger ausfallen.)

Staatsausgaben

Für den *Konsum des Staates* gibt es wie für den Privaten Verbrauch zwei Konzepte für die Berechnung. Der Konsum des Staates nach dem *Ausgabenkonzept* ergibt sich aus den Ausgaben für die Käufe von Vorleistungen und Faktorleistungen, die der Staat benötigt, um seine Dienstleistungen für die Bürger zu produzieren. Nach dem *Verbrauchskonzept* umfasst der staatliche Konsum nur jenen Teil der Ausgaben, der über die sozialen Sachtransfers an die privaten Haushalte hinausgeht, und der als *Kollektivkonsum* bezeichnet wird.

Nicht zu den staatlichen Konsumausgaben zählen selbst erstellte Anlagen und Erlöse aus dem Verkauf von Leistungen gegen Gebühren sowie die bereits erwähnten Ausgaben für Investitionsgüter.

Von besonderem Interesse sind die Anteile des Staates an der Wirtschaftstätigkeit, für die mehrere Messgrößen berechnet werden. Der

$$\text{Anteil des Staatsverbrauchs} = \frac{\text{Konsum des Staates (nach dem Ausgabenkonzept)}}{\text{Bruttoinlandsprodukt}} \cdot 100$$

ergibt sich aus der Verwendungsrechnung des Bruttoinlandsprodukts. Er gibt an, in welchem Umfang der Staat Güter und Faktorleistungen der Volkswirtschaft in Anspruch genommen hat, und lag in den vergangenen Jahren zwischen 19 und knapp 20 %.

Daneben wird die Allgemeine Staatsquote ermittelt:

$$\text{Allgemeine Staatsquote} = \frac{\begin{array}{c}\text{Gesamte Ausgaben des Staates}\\ \text{einschließlich Sozialversicherung}\end{array}}{\text{Bruttoinlandsprodukt}} \cdot 100.$$

Sie drückt aus, welcher Anteil des Bruttoinlandsprodukts über den Staatshaushalt, d. h. die Haushalte der verschiedenen Gebietskörperschaften (Bund, Länder, Gemeinden) und der Sozialversicherungsträger, geflossen ist. Die allgemeine Staatsquote war von 46,5 %

1991 durch die Wiedervereinigung kräftig bis auf mehr als 48 % gestiegen, ist aber bis 2014 auf 44,5 % gesunken. Bei der Analyse ist zu berücksichtigen, dass es sich dabei zu einem großen Teil um Ausgaben zur Umverteilung der Primäreinkommen handelt, denn ein großer Teil davon fließt den Privaten Haushalten als Transferzahlungen wieder zu. Betrachtet man die *Struktur der Staatsausgaben*, so fällt auf, dass insbesondere die Anteile der Ausgaben für monetäre Sozialleistungen und soziale Sachleistungen längerfristig stark gestiegen sind. Sie umfassten 1991 etwa 46 % aller Staatsausgaben, 2004 fast 55 % und 2014 53,5 %. Dagegen sind die Ausgabenanteile für die Arbeitsentgelte öffentlicher Bediensteter und für die Bruttoinvestitionen des Staates deutlich zurückgegangen.

Die Belastung mit Steuern und Sozialbeiträgen wird mit der Abgabenquote erfasst:

$$\text{Abgabenquote} = \frac{\text{Steuern und Sozialbeiträge}}{\text{Bruttoinlandsprodukt}} \cdot 100.$$

Nach einem deutlichen Anstieg in den 1990er-Jahren auf über 41 % ist diese Quote bis 2010 auf 38 % gesunken und danach bis 2014 wieder leicht auf etwas über 38 % angestiegen.

Außenbeitrag

Der Außenbeitrag als Bestandteil der Verwendungsrechnung ergibt sich als Saldo zwischen den Exporten und Importen von Gütern und Dienstleistungen (vgl. Tab. 9.5). Der Export gibt an, in welchem Umfang Güter und Dienstleistungen aus der inländischen Produktion im Ausland verwendet werden. Importierte Güter und Dienstleistungen gehen zum Teil in Form von Vorleistungen in den Produktionswert der inländischen Produktion ein. Der Anteil der Exporte am Bruttoinlandsprodukt, der als *Exportquote* bezeichnet wird, erreichte 2014 42,3 %, während der Anteil der Importe, die *Importquote*, 37,1 % betrug.[12] Diese beiden Quoten sind als Indikatoren für die *außenwirtschaftliche Verflechtung* einer Volkswirtschaft besser geeignet als der Anteil des Außenbeitrags am Bruttoinlandsprodukt.

9.3.3 Die Gleichheit von Investition und Sparen in einer geschlossenen und in einer offenen Volkswirtschaft

Aus der Volkswirtschaftlichen Gesamtrechnung lässt sich ableiten, dass in einer geschlossenen Volkswirtschaft der gesamtwirtschaftlichen Ersparnis immer in gleicher Höhe (Netto-)Investitionen gegenüberstehen (Nettoinvestitionen = Bruttoinvestitionen − Abschreibungen):

[12] Durch die Revision der VGR 2014 ist zum einen das BIP gestiegen; zum anderen sind die Exporte und Importe durch die mit der Revision verbundene umfassende Überarbeitung der Zahlungsbilanzstatistik stark zurückgegangen. Beides hat dazu geführt, dass die Import- und die Exportquote um jeweils 5 Prozentpunkte gesunken sind.

In einer geschlossenen Volkswirtschaft sind das Nettonationaleinkommen (Y) und das verfügbare Einkommen der Gesamtwirtschaft identisch. (Die sekundäre Einkommensverteilung spiegelt lediglich das Ergebnis der Umverteilung des Nationaleinkommens zwischen den inländischen Sektoren wider.) Dieses Einkommen wird laut Einkommensverwendungskonten auf Konsumausgaben (C) und Sparen (S) aufgeteilt, sodass gilt:

$$Y = C + S.$$

In der Verwendungsrechnung werden mit dem (Netto-)Inlandsprodukts zwei Güterarten, Konsumgüter (C) und Investitionsgüter (I_{netto}), produziert.

$$Y = C + I_{netto}$$

Da Nettoinlandsprodukt und Nettonationaleinkommen identisch sind, und der Wert der Konsumgüterproduktion den Konsumausgaben entspricht, muss dem Sparen immer in gleicher Höhe eine Nettoinvestition gegenüberstehen, sodass gilt:

$$I_{netto} = S.$$

In einer geschlossenen Volkswirtschaft stimmen ex post Sparen und Nettoinvestitionen immer überein.

In einer offenen Volkswirtschaft gilt diese Gleichung auf Grund der Transaktionen mit dem Ausland in modifizierter Form. Ein Exportüberschuss bzw. ein positiver Außenbeitrag führt dazu, dass der Teil der Produktion, der nicht konsumiert wird, entweder investiert wird oder ins Ausland fließt. Hier lautet die Beziehung:

$$S = I_{netto} + X - M.$$

Bei einem Importüberschuss ist der Außenbeitrag negativ, das Sparen entsprechend geringer als die Nettoinvestition. Somit stimmt in einer offenen Volkswirtschaft ex post das Sparen mit der Summe aus Nettoinvestitionen und Außenbeitrag überein.

In der Realität begründet nicht nur ein Exportüberschuss sondern auch ein Nettozufluss von Primär- und Transferausgaben aus dem Ausland einen Anspruch auf einen Teil der zukünftigen Produktion der ausländischen Volkswirtschaft, sodass an die Stelle des Außenbeitrags in der Gleichung der Saldo der Leistungsbilanz tritt. Damit gilt:

In einer offenen Volkswirtschaft ist das Sparen gleich der Summe aus Nettoinvestitionen und Saldo der Leistungsbilanz.

Anzumerken ist, dass diese Gleichheit nur *ex post* gilt, d. h., wenn man im Nachhinein die realisierten Größen im Rahmen der Volkswirtschaftlichen Gesamtrechnungen erfasst. *Ex ante*, d. h. bei den Planungen der Wirtschaftssubjekte, stimmen Investitions- und Sparpläne im Allgemeinen nicht überein.

9.4 Vermögensbildung in einer geschlossenen und in einer offenen Volkswirtschaft

Lernziele
In diesem Abschnitt wird erläutert,

- wie eine (Volks-)Vermögensrechnung aufgestellt ist;
- wie das Anlagevermögen der Bundesrepublik erfasst wird;
- wodurch sich die Vermögensrechnung in einer offenen Volkswirtschaft von jener einer geschlossenen Volkswirtschaft unterscheidet;
- wie Vermögensänderungen sich im ESVG niederschlagen;
- wie Investition und Sparen das Vermögen ändern;
- wie sich ein Leistungsbilanzüberschuss bzw. -defizit auf das Vermögen auswirkt.

9.4.1 Das Grundschema der Vermögensrechnung

Bevor die Vermögensänderung der Sektoren dargestellt wird, soll kurz das Grundschema einer Vermögensrechnung erläutert werden. Im Gegensatz zu den bisher verwendeten Konten handelt es sich bei der *Vermögensrechnung* um eine *Bestandsrechnung*, die die Aktiva und Passiva einer Wirtschaftseinheit, eines Sektors oder der ganzen Volkswirtschaft zu einem Stichtag erfasst.

Verzichtet man auf alle Unterteilungen, wie sie z. B. im betrieblichen Rechnungswesen üblich sind, so besteht das *Vermögen* (vgl. Tab. 9.8) aus Sachvermögen und aus Forderungen (zu denen auch das Geld gezählt wird). Dem Vermögen stehen auf der Passivseite die *Verbindlichkeiten* gegenüber. Der Saldo ist, wenn keine Überschuldung vorliegt, das Reinvermögen des Wirtschaftssubjekts.

Der *Saldo aus Forderungen und Verbindlichkeiten* wird als *Geldvermögen*, *Nettoforderung* oder *Nettoposition* eines Wirtschaftssubjekts bezeichnet. Dabei umfasst der Begriff Geldvermögen nicht nur Geld, sondern alle (Netto-)Forderungen, z. B. auch solche aus Bankeinlagen, Wertpapieren und Krediten.

Will man das *Gesamtvermögen* einer *Volkswirtschaft*, das *Volksvermögen*, ermitteln, so muss man zunächst für jeden Sektor eine Vermögensrechnung aufstellen und daraus ein konsolidiertes Vermögenskonto ableiten.

Tab. 9.8 Grundschema der Vermögensrechnung

Aktiva	Vermögensrechnung	Passiva
1. Sachvermögen	3. Verbindlichkeiten	
2. Forderungen	4. Reinvermögen	

Bei der Erfassung des *Sachvermögens* einer Volkswirtschaft steht man vor erheblichen *Bewertungsproblemen*. Zum einen verliert dieses so genannte Anlagevermögen durch Verschleiß und Alterung an Wert. Das Statistische Bundesamt berücksichtigt das, indem es *Abschreibungen* berechnet und diese vom *Bruttoanlagevermögen* abzieht; daraus resultiert das *Nettoanlagevermögen*.[13] Zum anderen müssen die Anlagegüter, die in verschiedenen Jahren gekauft wurden, entweder einheitlich zu den *Anschaffungspreisen* eines Basisjahres (derzeit 2010) oder zu *Wiederbeschaffungspreisen* bewertet werden.[14]

Das Statistische Bundesamt erstellt die *Volksvermögensrechnung* aus den Vermögensrechnungen aller Sektoren (vgl. Tab. 9.9). Danach verfügte die Bundesrepublik Deutschland 2014 über ein Nettoanlagevermögen (zu Anschaffungspreisen von 2010) von mehr als 9,3 Billionen €, von dem 7,6 Billionen € auf Bauten und davon 4,5 Billionen € auf Wohnbauten entfallen.

Tab. 9.9 Brutto- und Nettoanlagevermögen nach Vermögensarten 2014. (Quelle: Statistisches Bundesamt)

	Bruttoanlagevermögen[a]		Nettoanlagevermögen[a]	
	Zu Wiederbeschaffungspreisen	In Preisen von 2000	Zu Wiederbeschaffungspreisen	In Preisen von 2000
	In Milliarden €			
Sachanlagen	**15.864,7**	**15.194,6**	**9.027,9**	**8.821,5**
Nutztiere und -pflanzungen	12,3	12,4	9,6	9,7
Ausrüstungen[b]	2.367,9	2.307,2	1.214,7	1.182,9
Bauten	13.484,6	12.873,1	7.803,6	7.629,7
– Wohnbauten	7.794,5	7.315,4	4.682,4	4.515,3
– Nichtwohnbauten	5.690,1	5.556,7	3.121,2	3.113,8
Geistiges Eigentum	**904,6**	**825,4**	**471,5**	**431,3**
darunter: – Forschung und Entwicklung	755,0	689,3	395,6	361,4
– Software und Datenbanken	120,4	107,0	61,3	55,4
Alle Anlagegüter	**16.769,3**	**16.019,6**	**9.499,4**	**9.252,3**

[a] Bestände am Jahresende.
[b] Einschließlich militärischer Waffensysteme.

[13] Die Abschreibungssätze des Statistischen Bundesamtes stimmen nicht mit den – häufig an steuerrechtlichen Regelungen orientierten – Abschreibungen der Unternehmen überein. Das Statistische Bundesamt schreibt grundsätzlich linear ab. Es ermittelt für die Bruttoanlageinvestitionen verschiedener Jahre, die so genannten Investitionsjahrgänge, unterschiedliche Abschreibungssätze und differenziert innerhalb der Investitionsjahrgänge nach verschiedenen Gütergruppen.

[14] Andernfalls würde z. B. bei zwei Maschinen (gleiches Modell, gleiche Leistungsfähigkeit) die 2010 billiger gekaufte Maschine A mit einem niedrigeren Wert in das Anlagevermögen eingehen als die 2014 gekaufte Maschine B. Das Statistische Bundesamt setzt entweder beide Maschinen zum Anschaffungspreis von 2010 oder zum Wiederbeschaffungspreis des Berichtsjahres an.

Dabei zählen längerfristige Gebrauchsgüter der Privaten Haushalte – wie Haushaltsgeräte, Wohnungseinrichtungen und Pkws – *nicht* zum Anlagevermögen. (Der Grund dafür ist, dass diese Güter dem Konsum der Privaten Haushalte zugerechnet werden und damit unterstellt wird, dass sie nach dem Kauf aus dem Wirtschaftskreislauf ausscheiden.)

Das *Geldvermögen* in einer *geschlossenen Volkswirtschaft*, d. h. einer Volkswirtschaft ohne Auslandsverflechtungen, muss immer gleich Null sein. Denn der Forderung einer Wirtschaftseinheit steht immer in gleicher Höhe die Verbindlichkeit einer anderen Einheit gegenüber.

In einer *offenen Volkswirtschaft* kann es dagegen Forderungen und Verbindlichkeiten gegenüber dem Ausland geben. Das *Reinvermögen* einer offenen Volkswirtschaft besteht demnach aus ihrem *Sachvermögen* zuzüglich der *Nettoposition gegenüber dem Ausland.*

9.4.2 Die Vermögensänderungskonten der Sektoren und der Gesamtwirtschaft

Die Vermögensänderungskonten der Sektoren erfassen alle Transaktionen, die im Laufe einer Periode das Sach- und/oder das Geldvermögen der Sektoren verändern, die also vermögenswirksam sind. Buchungstechnisch nehmen die Konten die Ströme auf, die nicht in den staatlichen oder privaten Konsum fließen, sondern der Vermögensbildung der Sektoren dienen. Zur Vereinfachung sei an dieser Stelle auf die Darstellung der Sektorenkonten verzichtet und stattdessen das Grundschema des gesamtwirtschaftlichen Vermögensänderungskontos abgeleitet (vgl. Tab. 9.10).

Die Aufkommensseite des Gesamtwirtschaftlichen Vermögensänderungskontos nimmt das Sparen auf. Die Ersparnisse erhöhen das Forderungsvermögen der Sektoren. Auf der Verwendungsseite erscheinen die Bruttoinvestitionen der Unternehmen und des Staa-

Tab. 9.10 Gesamtwirtschaftliches Vermögensänderungskonto

Verwendung	Vermögensänderungskonto Aufkommen
1. Bruttoinvestitionen a) der Unternehmen b) des Staates	3. Sparen a) der Privaten Haushalte b) der Unternehmen c) des Staates 4. Abschreibungen a) der Unternehmen b) des Staates
2. Leistungsbilanzüberschuss = Zunahme der Forderungen a) des Inlands an das Ausland (Inlandskonzept) oder b) von Inländern an Ausländer (Inländerkonzept)	5. Leistungsbilanzdefizit = Zunahme der Forderungen a) des Auslands an das Inland (Inlandskonzept) oder b) von Ausländern an Inländer (Inländerkonzept)

tes, sie erhöhen das Sachvermögen der beiden Sektoren. Soweit den Bruttoinvestitionen keine Abschreibungen oder Sparen gegenüberstehen, führen sie zu einem Nettozuwachs an Verbindlichkeiten der Sektoren und damit zu einem Finanzierungsdefizit. Während die Unternehmen regelmäßig ein Finanzierungsdefizit aufweisen, hat der Staat je nach Haushaltslage einen Finanzierungsüberschuss oder ein Finanzierungsdefizit, während die Privaten Haushalte einen Finanzierungsüberschuss haben.

In einer geschlossenen Volkswirtschaft gleichen sich die Zuwächse an Forderungen und Verbindlichkeiten aus. Bezieht man die außenwirtschaftliche Verflechtung ein, so ergibt sich bei einem Leistungsbilanzüberschuss ein Nettoforderungszuwachs gegenüber dem Ausland.

Finanzierungsdefizite und -überschüsse der Wirtschaftseinheiten und -Sektoren schlagen sich in Kreditänderungskonten der Sektoren nieder. Hier ist erkennbar, in welchen Formen die Sektoren ihre Ersparnisse angelegt haben und wie andere Sektoren ihr Investitionen finanziert haben. Auch hier kann auf dem nationalen Konto nur ein Saldo entstehen, wenn es sich um eine offene Volkswirtschaft handelt. Auf die Darstellung dieser Konten wird hier verzichtet.

Fragen

1. Zu welchem Sektor gehören die folgenden Wirtschaftssubjekte nach dem ESVG
   - eine Autovermietung in der Rechtsform der AG,
   - ein Marktforschungsunternehmen in der Rechtsform einer OHG,
   - ein Unternehmensberater, der mit einem Partner eine Bürogemeinschaft unterhält,
   - eine Stadtsparkasse,
   - eine „Gesellschaft der Musikfreunde e. V.", die sich aus Mitgliedsbeiträgen, aus einem städtischen Zuschuss und aus Erlösen für ihre Konzerte finanziert,
   - das Fremdenverkehrsamt eines Heilbades?
2. Wodurch unterscheiden sich Marktproduktion und Nichtmarktproduktion?
3. Im Sektor Nichtfinanzielle Kapitalgesellschaften werden in einer Periode (z. B. ein Jahr) folgende Aktivitäten gemessen:
   - Die Unternehmen erzeugen Güter und Dienstleistungen mit einem Produktionswert von 2.200 Geldeinheiten (GE).
   - Die Abschreibungen auf die Anlagegüter betragen 200 GE.
   - Von anderen Unternehmen beziehen die Nichtfinanziellen Kapitalgesellschaften Güter und Dienstleistungen in Höhe von 800 GE.
     a) Erstellen Sie das Produktionskonto für den Sektor Nichtfinanzielle Kapitalgesellschaften.
     b) Wie hoch ist die Bruttowertschöpfung des Sektors?
     c) Welcher Zusammenhang besteht zwischen der Wertschöpfung des Sektors und den Faktoreinkommen, die der Sektor zahlt?
4. Wir erweitern Aufgabe 3 und berücksichtigen zusätzlich die Produktionstätigkeit des Staates und der Haushalte:

- Der Staat kauft Güter und Dienstleistungen von Unternehmen im Wert von 400 GE.
- Er hat Abschreibungen in Höhe von 20 GE und zahlt 300 GE für Löhne, Zinsen und Mieten ausschließlich an inländische Haushalte.
- Die Haushalte beschäftigen im Umfang von 30 GE Hausangestellte. Erstellen Sie die Produktionskonten der beiden Sektoren.

5. Die Unternehmen erhalten Subventionen in Höhe von 30 GE und zahlen 180 GE Produktions- und Importabgaben.
   a) Fassen Sie nun die Produktionskonten zu einem gesamtwirtschaftlichen Produktionskonto zusammen.
   b) Ermitteln Sie das Bruttoinlandsprodukt zu Marktpreisen und erläutern Sie, worin sich das Bruttoinlandsprodukt und das Bruttonationaleinkommen unterscheiden.
6. Vervollständigen Sie das folgende Schema, indem Sie aus Tab. 9.5 Zahlen für 2014 einsetzen.

	Bruttoinlandsprodukt zu Marktpreisen
–	Saldo der Primäreinkommen aus der Übrigen Welt
=	Bruttonationaleinkommen
–	Abschreibungen
=	Nettonationaleinkommen
–	(Produktions- und Importabgaben – Subventionen)
=	Volkseinkommen

7. Wie wird das reale Inlandsprodukt einer Periode errechnet, und wodurch unterscheidet es sich vom nominalen Inlandsprodukt der gleichen Periode?
8. Welche der folgenden Aussagen ist (sind) richtig?
   - Wenn das Inlandsprodukt stärker steigt als die Zahl der beschäftigten Arbeitskräfte, fällt die Arbeitsproduktivität.
   - Die Erhöhung der Arbeitsproduktivität ist allein auf eine bessere Qualifikation der Arbeitskräfte zurückzuführen.
9. Aus welchen Quellen beziehen Haushalte, Unternehmen und Staat ihre Einkommen?
10. Wie verwenden Haushalte, Unternehmen und Staat die ihnen zufließenden verfügbaren Einkommen?
11. Wie ist die Verteilungsrechnung der Volkswirtschaftlichen Gesamtrechnung aufgebaut?
12. Erläutern Sie kurz folgende Begriffe:
    a) Arbeitseinkommen und Nettolöhne und -gehälter.
    b) Unternehmens- und Vermögenseinkommen.

13. Wie verändert sich die (unbereinigte) Lohnquote in folgenden Fällen:
    a) die Lohnsätze pro Stunde der beschäftigten Arbeitnehmer steigen;
    b) der Anteil der Selbstständigen an den Erwerbstätigen steigt;
    c) in einer Rezession gehen die Gewinne stark zurück;
    d) die Zahl der Arbeitslosen steigt.
14. Wie wirken sich folgende Veränderungen nach den Revisionen der VGR von 1999 bzw. 2014 auf die Höhe des Bruttoinlandsprodukts aus?
    a) Die Ausgaben für Forschung und Entwicklung werden als Investitionen erfasst.
    b) Straßen und andere Verkehrswege, die zu den staatlichen Investitionen zählen, werden jetzt abgeschrieben.
15. Wodurch unterscheidet sich die Vermögensrechnung von den bisher verwendeten Konten?
16. Was versteht man unter
    - Geldvermögen
    - Nettoposition?
17. Wodurch unterscheidet sich die Nettoposition einer geschlossenen Volkswirtschaft von der einer offenen Volkswirtschaft?
18. Wie erfasst das Statistische Bundesamt das Volksvermögen?
19. Welche Transaktionen werden auf den Vermögensänderungskonten erfasst?
20. Leiten Sie die (Ex-post-)Gleichheit von Nettoinvestition und Sparen für eine offene Volkswirtschaft ab.

Antworten

1. Autovermietung und Marktforschungsunternehmen sind Nichtfinanzielle Kapitalgesellschaften, und Unternehmensberater Private Haushalte. Die Stadtsparkasse zählt zu den Finanziellen Kapitalgesellschaften, die Gesellschaft der Musikfreunde zu den Privaten Organisationen ohne Erwerbszweck und das Fremdenverkehrsamt zum Staat.
2. Marktproduktion liegt vor, wenn Güter und Dienstleistungen für den Markt produziert werden und die Verkaufserlöse mindestens 50 % der Produktionskosten decken; andernfalls handelt es sich um Nichtmarktproduktion. Güter und Dienstleistungen der Marktproduktion werden zu Herstellungspreisen bewertet, die der Nichtmarktproduktion zu Faktorkosten.
3. a) Grundlage der Antwort ist Tab. 9.1, aus der auch die Nummerierung der einzelnen Positionen übernommen wurde. In der Aufgabe fehlt die Zahlenangabe für die Nettowertschöpfung. Sie ergibt sich, wenn man vom Produktionswert die Vorleistungen und die Abschreibungen abzieht. Vorleistungen sind die Güter und Dienstleistungen, die von inländischen oder ausländischen Produzenten für die Produktion zugeliefert werden.

Damit erhält das Produktionskonto folgenden Inhalt:

Verwendung		Produktionskonto Nichtfinanzielle Kapitalgesellschaften	Aufkommen
1. Vorleistungen	800	4. Produktionswert	2.200
2. Abschreibungen	200		
3. Nettowertschöpfung	1.200		

b) Die Bruttowertschöpfung beträgt 1.400 GE (Produktionswert abzüglich Vorleistungen).

c) Die Nettowertschöpfung des Sektors in einer Periode entsteht durch den Einsatz der Produktionsfaktoren. Ihr Gesamtwert wird bestimmt durch die Summe der Faktorentgelte (einschließlich der Gewinne), die für den Einsatz der Produktionsfaktoren gezahlt werden.

4. Vgl. Tab. 9.2 und 9.3.

Verwendung		Produktionskonto Staatssektor	Aufkommen
1. Käufe von Vorleistungen	400	4. Produktionswert	720
2. Abschreibungen	20		
3. Nettowertschöpfung	300		

Verwendung		Produktionskonto Private Haushalte	Aufkommen
1. Löhne und Gehälter = Nettowertschöpfung	30	2. Produktionswert	30

5. Vgl. Tab. 9.4.

a)

Verwendung		Gesamtwirtschaftliches Produktionskonto	Aufkommen
1. Vorleistungen	1.200	4. Produktionswert	2.950
2. Abschreibungen	220	5. Produktions- und Importabgaben – Gütersubventionen	150
3. Nettoinlandsprodukt zu Marktpreisen	1.680		

Da der gesamtwirtschaftliche Produktionswert zu Herstellungspreisen bewertet ist, müssen die Produktions- und Importabgaben hinzuaddiert werden und die Gütersubventionen abgezogen werden, um zum Inlandsprodukt zu Marktpreisen zu gelangen.

b)

	Nettoinlandsprodukt zu Marktpreisen	1.680
+	Abschreibungen	220
=	Bruttoinlandsprodukt zu Marktpreisen	1.900

Bruttoinlandsprodukt und Bruttonationaleinkommen unterscheiden sich um den Saldo der Primäreinkommen aus der Übrigen Welt, d. h. die Differenz zwischen den Einkommen, die Inländer im Ausland erzielen, und den Einkommen, die Ausländer im Inland erzielen.

6.

	Bruttoinlandsprodukt	2.903,8 Mrd. €
+	Saldo der Primäreinkommen aus der Übrigen Welt	+78,0 Mrd. €
=	Bruttonationaleinkommen	2.981,8 Mrd. €
–	Abschreibungen	–513,0 Mrd. €
=	Nettonationaleinkommen	2.468,8 Mrd. €
–	Produktions- und Importabgaben abzüglich Subventionen	–287,4 Mrd. €
=	Volkseinkommen	2.181,4 Mrd. €

7. Die produzierten Mengen werden ermittelt und mit den Preisen des Vorjahres bewertet. Das nominale Bruttoinlandsprodukt wird dagegen mit den aktuellen Marktpreisen des Berichtsjahres bewertet.
8. Beide Aussagen sind falsch. Es müsste z. B. heißen:
   - Wenn das Bruttoinlandsprodukt stärker steigt als die Zahl der beschäftigten Arbeitskräfte, steigt die Arbeitsproduktivität.
   - Eine Erhöhung der Arbeitsproduktivität kann nicht nur durch eine bessere Qualifikation der Arbeitskräfte entstehen, sondern auch durch vermehrten Kapitaleinsatz, eine verbesserte Organisation und neue technische Verfahren.
9. Einkommen entstehen erstens aus der Beteiligung am Produktionsprozess in Form von Löhnen, Zinsen, Mieten, Pachten, und Gewinnen (Markt- oder Primäreinkommen). Sie können aus Faktorleistungen im Inland stammen oder aus Faktorleistungen, die im Ausland erbracht wurden.
   Zweitens beziehen die Sektoren Transfereinkommen: Die Haushalte erhalten Transferzahlungen vom Staat, die Unternehmen Subventionen, und der Staat erhält Einkommen- und Vermögensteuer sowie Sozialbeiträge.
10. Die verfügbaren Einkommen werden für privaten und staatlichen Konsum und Sparen verwendet.
11. Die Verteilungsrechnung geht vom Nettonationaleinkommen aus. Nach Abzug der Nettoproduktionsabgaben ergibt sich das Volkseinkommen, das aus zwei Einkommensarten, den Arbeitnehmerentgelten und den Unternehmens- und Vermögenseinkommen, besteht.
12. a) Die Arbeitseinkommen ergeben sich aus Arbeitnehmerentgelten und dem Kalkulatorischem Unternehmerlohn der selbstständig Erwerbstätigen und ihrer mithelfenden Familienangehörigen.

Die Nettolöhne erhält man, indem man von den Arbeitnehmerentgelten die Sozialbeiträge der Arbeitgeber sowie Steuern und Sozialbeiträge der Arbeitnehmer abzieht.

b) Unternehmens- und Vermögenseinkommen fließen aus selbstständiger Arbeit und aus dem Besitz von Vermögen, insbesondere in Form von Zinsen, Pachten und Gewinnen.

13. Die Lohnquote steigt bei a) und c) und fällt bei b) und d).
14. a) FuE-Leistungen werden genau wie Sachanlagen und immaterielle Wirtschaftsgüter in Höhe der Abschreibungen in der Entstehungsrechnung erfasst und erhöhen somit das Bruttoinlandsprodukt (vgl. Tab. 9.5).

    b) Das Bruttoinlandsprodukt steigt, weil durch die Berücksichtigung von Abschreibungen auf Straßen und Verkehrswege auf dem Produktionskonto des Staates die Bruttowertschöpfung dieses Sektors steigt und damit auch das Bruttoinlandsprodukt.
15. Die Vermögensrechnung ist eine Bestandsrechnung, die sich auf einen bestimmten Stichtag bezieht. Die Inlandsproduktberechnung ist dagegen eine Stromgrößenrechnung, die sich auf einen bestimmten Zeitraum bezieht.
16. Als Geldvermögen wird die Summe aller Forderungen eines Wirtschaftssubjekts, einer Sektors oder einer Volkswirtschaft bezeichnet. Die Nettoposition ist der Saldo aus Forderungen und Verbindlichkeiten. Sie ist identisch mit dem Nettogeldvermögen.
17. In einer geschlossenen Volkswirtschaft ist das Nettogeldvermögen immer gleich Null, weil jeder Forderung in gleicher Höhe eine Verbindlichkeit gegenüber steht. In einer offenen Volkswirtschaft kann die Nettoposition dagegen positiv oder negativ sein. Sie ergibt sich aus dem Auslandskonto.
18. Das Statistische Bundesamt veröffentlicht keine vollständige Vermögensrechnung für die gesamte deutsche Volkswirtschaft. Es werden Teilrechnungen zum Anlage- und Vorratsvermögen des Unternehmenssektors (einschließlich der Wohnungsvermietung), für den Staat und die Privaten Organisationen ohne Erwerbscharakter veröffentlicht.
19. Auf den Vermögensänderungskonten werden die Transaktionen erfasst, die das Sach-, Geld- oder Nettogeldvermögen verändern. Das sind
    - Bruttoinvestitionen (Sachvermögensänderung)
    - Abschreibungen
    - Sparen
    - Exportüberschuss als Zunahme der Nettoforderung des Inlands gegenüber dem Ausland
    - Importüberschuss als Zunahme der Nettoforderung des Auslands gegenüber dem Inland
20. Die Gleichheit von Investitionen plus Leistungsbilanzüberschuss und Sparen lässt sich direkt aus dem gesamtwirtschaftlichen Vermögensänderungskonto ablesen ($S = I_{netto}$ + Leistungsbilanzüberschuss).

Probleme und Weiterentwicklung der Volkswirtschaftlichen Gesamtrechnung

10

Brigitte Hewel und Renate Neubäumer

Inhaltsverzeichnis

Lernziele

In diesem Abschnitt geht es um folgende Fragen:

- Welches sind die Hauptkritikpunkte am derzeit gültigen Konzept der Volkswirtschaftlichen Gesamtrechnung?
- Welche Einwendungen ergeben sich gegen das Wertschöpfungskonzept der Volkswirtschaftlichen Gesamtrechnung?
- Ist das Nationaleinkommen ein optimaler Indikator für die Wohlstandsentwicklung einer Volkswirtschaft?
- In welche Richtungen gehen die Weiterentwicklungen der Volkswirtschaftlichen Gesamtrechnung?
- Welche Zielsetzung verfolgen die Umweltökonomischen Gesamtrechnungen?

B. Hewel (✉)
vorm. Frankfurt University of Applied Sciences
Frankfurt am Main, Bad Soden am Taunus, Deutschland

R. Neubäumer
Abteilung für Wirtschaftswissenschaft, Universität Koblenz-Landau
Landau, Deutschland

R. Neubäumer et al. (Hrsg.), *Volkswirtschaftslehre*, DOI 10.1007/978-3-658-16523-9_10

10.1 Die Kritik an der traditionellen Volkswirtschaftlichen Gesamtrechnung

Das zurzeit gültige Konzept der Volkswirtschaftlichen Gesamtrechnung wurde auf der Basis des keynesianischen Modells der Einkommens- und Beschäftigungstheorie sowie den daraus abgeleiteten wirtschaftspolitischen Strategien entwickelt. Zur Sicherung eines hohen Beschäftigungsniveaus ist danach ein ausgewogenes Verhältnis zwischen Produktion/Volkseinkommen und der gesamtwirtschaftlichen Nachfrage anzustreben.

Die zu beobachtenden Größen wurden daher so ausgewählt, dass sie die benötigten statistischen Informationen für die Diagnose, Prognose und die zu ergreifenden wirtschaftspolitischen Stabilisierungsmaßnahmen liefern.

Die Kritik an diesem Konzept lässt sich in drei Hauptströmungen unterteilen:

- die *statistisch-technische Kritik*, die auf Mängel in der Erfassung der Daten hinweist;
- die *konzeptionelle Kritik*, die die Erfassung der Wertschöpfung, also das Produktionskonzept der Volkswirtschaftlichen Gesamtrechnung, kritisiert;
- die *wohlfahrtstheoretische Kritik*, die bezweifelt, dass das Nationaleinkommen bzw. Inlandsprodukt ein adäquater Maßstab für den Entwicklungsstand des wirtschaftlichen und gesellschaftlichen Wohlstands ist.

10.1.1 Statistische Ermittlungsprobleme

Die Zahlen der Volkswirtschaftlichen Gesamtrechnung basieren nicht auf einer lückenlosen Erfassung aller Transaktionen in Primärerhebungen, sondern werden überwiegend aus *Sekundärstatistiken* übernommen. Diese Erhebungen, die ursprünglich für andere Fragestellungen konzipiert wurden, weichen zum Teil in ihren Definitionen und Abgrenzungen von denen der Volkswirtschaftlichen Gesamtrechnung ab.

So ergeben sich z. B. die Unternehmens- und Vermögenseinkommen nicht aus einer Originalstatistik, sondern als reine Restgröße aus der Differenz zwischen dem Volkseinkommen und der Summe der Arbeitnehmerentgelte, die wiederum aus den aus der Lohnstatistik ermittelten Arbeitsentgelten und der Zahl der Erwerbstätigen berechnet werden. Dabei lässt sich die Erwerbstätigenzahl nur durch eine Volkszählung genau ermitteln, die allerdings nur in sehr großen Zeitabständen durchgeführt wird (2011 in Deutschland nach 1987 in Westdeutschland und 1981 in Ostdeutschland). In der Zwischenzeit wird die Erwerbstätigenzahl auf der Basis des jährlich stattfindenden Mikrozensus geschätzt, wobei es zu größeren Fehlern kommen kann. So musste aufgrund der Volkszählung 1987 die Zahl der statistisch erfassten Erwerbstätigen um mehr als 1 Mio. nach oben korrigiert werden und damit auch die Summe der Arbeitnehmerentgelte. Dies erforderte wiederum, die Unternehmens- und Vermögenseinkommen stark nach unten zu korrigieren. (Dagegen bestätigten die in der Volkszählung 2011 ermittelten Erwerbstätigenzahlen im Wesentlichen die Ergebnisse des Mikrozensus des gleichen Jahres.)

Auch durch die Revisionen der VGR 1999 und insbesondere 2014 ergaben sich einige Änderungen, die wiederum zu einem höheren Bruttoinlandsprodukts führten. Damit sanken z. B. auch die Konsum- und die Staatsquote und das öffentliche Finanzierungsdefizit bezogen auf das Bruttoinlandsprodukt.

Solche Revisionen erschweren Zeitvergleiche, auch wenn die revidierten Werte in die Vergangenheit zurückgerechnet werden. Sie sind aber unumgänglich, nicht zuletzt auf Grund internationaler Vereinbarungen zur Vereinheitlichung der VGR.

10.1.2 Das Wertschöpfungskonzept der Volkswirtschaftlichen Gesamtrechnung

Eine der wichtigsten Aufgaben der Volkswirtschaftlichen Gesamtrechnung ist die Feststellung der gesamtwirtschaftlichen Wertschöpfung in einer Periode. Das zurzeit dazu verwendete System von Definitionen und Abgrenzungen ist jedoch nicht unumstritten.

Im Folgenden werden einige wichtige Einwendungen beispielhaft dargestellt:

- Die Entstehungsrechnung wird der realen Bedeutung der *Produktion von Gütern und Dienstleistungen in den Privaten Haushalten* nicht gerecht. Dabei geht es nicht nur um Hausfrauenarbeit, sondern auch z. B. um Reparatur- und „Hobbytätigkeiten". Sie werden nicht in die Entstehungsrechnung einbezogen, weil argumentiert wird, sie hätten keinen Marktpreis. Das trifft aber auch auf andere Aggregate zu, z. B. die Abschreibungen. Schätzungen sprechen von einem Anteil der gesamten Selbstversorgungswirtschaft von 30 bis 50 % der ausgewiesenen Bruttowertschöpfung.
- Umgekehrt steigt die Produktion nach der Definition der Volkswirtschaftlichen Gesamtrechnung, wenn in verstärktem Maß *Tätigkeiten aus dem Haushalt verlagert* werden. Das Inlandsprodukt erhöht sich in dem Maße, in dem die Betreuung von Kindern, alten und kranken Menschen privaten oder öffentlichen Einrichtungen überlassen wird. Es ist zu vermuten, dass dadurch nicht die Versorgung mit Dienstleistungen steigt, sondern lediglich der erfasste Wert der Dienstleistungen.
- Überhaupt nicht erfasst wird die Wertschöpfung in der so genannten *Schattenwirtschaft* oder Untergrundwirtschaft, die gegenüber staatlichen Stellen verheimlicht wird, und die z. B. für die Bundesrepublik Deutschland schon auf über zehn Prozent geschätzt wurde.
- Unstimmig ist die Annahme, dass *dauerhafte Güter* in den Unternehmen eine Investition darstellen, die den Kapitalstock erhöhen, in den Privaten Haushalten aber in der gleichen Periode „verbraucht" sind. Waschmaschinen, Trockner, Mikrowellenherde und Handwerkszeug werden hier wie dort zur Wertschöpfung in den folgenden Perioden eingesetzt, geben also über einen längeren Zeitraum ihre Leistungen ab.

Eine häufig diskutierte Frage ist, ob die *Abgrenzung* zwischen Abschreibungen und Wertschöpfung noch stimmt. Die Massenkarambolage auf der Autobahn, die Beseitigung von Umweltschäden und vieles mehr erfordern den Einsatz von Produktionsfaktoren in Unternehmen, sind also Bestandteil der Wertschöpfung. In Wirklichkeit sind sie aber nur ein Gegenwert für vernichtete Anlagen und „Umweltreparaturen", dürften also nicht als Wertschöpfung bezeichnet werden.

Nun kann man argumentieren, dass diese Mängel in der Konzeption den *Zeitvergleich* der Wertschöpfung in verschiedenen Perioden nicht beeinträchtigen, da die konzeptionellen Mängel ja jeden Wert in gleicher Weise beeinflussen. Dies gilt aber dann nicht mehr, wenn sich die *Relationen* im Zeitablauf verschieben, wenn also z. B. der Anteil der Schattenwirtschaft, der Anteil der langlebigen Güter in den Haushalten oder der Anteil der „Reparaturaktivitäten" an der gesamten Wertschöpfung sich ändert.

10.1.3 Probleme der Wohlstandsmessung

Die Kritik am Nationaleinkommen als Indikator für die Entwicklung des Wohlstands einer Volkswirtschaft begann bereits 1920 mit Pigou, der z. B. kritisch auf die Vernachlässigung der Haushaltsproduktion hinwies. Die Kritik verschärfte sich nach dem Zweiten Weltkrieg, vor allem, als in den 1960er-Jahren immer deutlicher wurde, dass aus einer bestimmten Höhe des Nationaleinkommens und aus den Steigerungsraten nicht zwangsläufig eine bestimmte Wohlfahrt bzw. Wohlfahrtssteigerung resultiert. Die Kritik stützt sich vor allem auf folgende Argumente:

- Wohlfahrt umfasst nicht nur die Versorgung mit *materiellen* Gütern, sondern im Sinne von Lebensqualität auch die Ausstattung mit *immateriellen Werten*, wie sie z. B. mehr Freizeit, längere Ausbildungszeiten, soziale Sicherheit u. Ä. darstellen. Im Grenzfall würden sie zu einer Verringerung der Produktion, zumindest aber zu geringeren Zuwachsraten führen.
- Neben der Höhe des Nationaleinkommens haben auch seine *Struktur*, z. B. das Verhältnis zwischen öffentlichen und privaten Gütern, und seine Verteilung auf die Wirtschaftssubjekte Einfluss auf den Stand der Lebensqualität in einer Volkswirtschaft.
- Das Nationaleinkommen als Messgröße lässt nicht erkennen, mit welchen *volkswirtschaftlichen (externen) Kosten* die steigende Versorgung mit Gütern und Dienstleistungen verbunden ist. Schäden, die für die Umwelt und die Gesundheit entstehen, gehen nicht in die betriebswirtschaftlichen Kosten- und Wertschöpfungsrechnungen ein, d. h., eine steigende Autoproduktion erhöht das Nationaleinkommen, der zusätzliche Zeitbedarf für das Fahren auf überfüllten Straßen und der erhöhte Schadstoffausstoß werden jedoch nicht als wohlfahrtsmindernde Größen erfasst.

Die Kritik am traditionellen Sozialproduktkonzept hat dazu geführt, dass zusätzliche Messziffern entwickelt wurden, mit denen die Entwicklung der Wohlfahrt exakter und realitätsnäher beschrieben werden kann. Die Überlegungen für Erweiterungen und Ergänzungen der Volkswirtschaftlichen Gesamtrechnung gehen in mehrere Richtungen: Das

Nationaleinkommen wird unter dem Aspekt der Wohlfahrtsmessung ergänzt und korrigiert. Ein bekanntes Beispiel für diese Richtung ist das *Wohlfahrtsmaß* (Measure of Economic Welfare, abgekürzt MEW) von Tobin und Nordhaus.

Neben dem Nationaleinkommen wird ein *System sozialer Indikatoren* definiert und zahlenmäßig erfasst, das zur Messung der individuellen und gesellschaftlichen Wohlfahrt dient, unter anderem hat die OECD ein solches System entwickelt. In diesem System werden in einem Katalog die *Bereiche* benannt, die in ihrer Gesamtheit die *Qualität des Lebens* darstellen, z. B. Gesundheit, Entwicklung der Persönlichkeit durch Lernen.

Dieser Ansatz hat den Vorteil, dass auch *nicht-monetäre Maßstäbe* als Messgrößen für den Wohlstand verwendet werden können. Auf der anderen Seite ergibt sich eine so große Vielzahl von Einzelindikatoren, dass allein schon durch deren Auswahl, Zusammenstellung und Gewichtung die Aussagen über die Wohlfahrt eines Landes beeinflusst werden.

Auch die internationale Vergleichbarkeit der Aussagen ist nicht immer gewährleistet, da die Bedeutung einzelner Zielbereiche und Indikatoren in den einzelnen Ländern durchaus unterschiedlich sein kann. So ist es z. B. fraglich, ob bei einem internationalen Vergleich ein Land mit einer langen Ausbildungsdauer auch das Ziel „Entwicklung der Persönlichkeit durch Lernen" besser erfüllt als ein anderes.

10.2 Die Umweltökonomischen Gesamtrechnungen als Satellitensystem zur Volkswirtschaftlichen Gesamtrechnung

Sowohl auf nationaler wie auch auf internationaler Ebene werden zunehmend so genannte Satellitensysteme zur Volkswirtschaftlichen Gesamtrechnung erstellt.

Satellitensysteme sind Datensysteme, die das *Kernsystem* der Volkswirtschaftlichen Gesamtrechnung um Informationen über wichtige gesellschaftliche Themenbereiche *ergänzen*.

Dieser Ansatz hat den Vorteil, dass die Volkswirtschaftliche Gesamtrechnung für ihre bisherigen Verwendungszwecke – vor allem die Analyse und Prognose der kurz- und mittelfristigen Wirtschaftsentwicklung – nach dem traditionellen Konzept weiterhin zur Verfügung steht. Für eine differenziertere Analyse spezieller Bereiche und Fragestellungen werden zusätzliche Datensysteme entwickelt, die einerseits eng mit dem Kernsystem verknüpft sind, andererseits aber zusätzliche Informationen – z. B. über nicht-monetäre Vorgänge – liefern können.

Einsatzfelder für solche Satellitensysteme können z. B. die Haushaltswirtschaft, Forschung und Entwicklung, das Gesundheitswesen oder das Bildungswesen sein.

1992 legte das Statistische Amt der Vereinten Nationen im Zusammenhang mit der Konferenz über Umwelt und Entwicklung in Rio erstmals den Entwurf eines Handbuchs vor, das als Basis für eine „Integrierte Volkswirtschaftliche und Umweltgesamtrechnung" dienen sollte. Unter der Bezeichnung SEEA (System for Integrated Environmental and Economic Accounting) werden in einem Umweltsatellitensystem die Wechselbeziehungen zwischen Wirtschaft und natürlicher Umwelt erfasst. Neben den Ausgangsdaten der traditionellen Volkswirtschaftlichen Gesamtrechnungen werden dazu auch die Empfehlungen und Konzepte der UNO für die Entwicklung von Umweltstatistiken verwendet.

Im Jahr 2003 erschien das neue SEEA 2003, dessen Ziel es ist, die VGR und die Umweltgesamtrechnung durch einheitliche Begriffe und Abgrenzungen vollständig kompatibel zu machen. Typisch für das SEEA ist ein stufenweiser Aufbau, der zunächst an die Angaben der traditionellen Volkswirtschaftlichen Gesamtrechnung anknüpft und daran anschließend Erweiterungen und Ergänzungen vornimmt. Das SEEA wird dabei vor allem mit dem Teil des Kernsystems verknüpft, der die Güterproduktion und die Güterverwendung darstellt. Denn diese Aktivitäten sind unmittelbar mit der ökonomischen Umweltnutzung verbunden und haben daher für die Umweltproblematik eine besondere Bedeutung.

Die Umweltökonomischen Gesamtrechnungen (UGR) sollen zeigen, welche natürlichen Ressourcen durch wirtschaftliche Aktivitäten (Produktion/Konsum) beansprucht, verbraucht, entwertet oder zerstört werden. Dabei werden drei große Themenbereiche unterschieden, in denen umweltbezogene monetäre Angaben aus dem Kontensystem der VGR neben nicht-monetären physischen Informationen stehen[1]:

- Im ersten Themenbereich geht es um statistische Angaben über die *Umweltnutzung und -belastung* durch die Inanspruchnahme von Fläche und Raum, den Verbrauch von Rohstoffen und Energie und um Emissionen.
- Der zweite Themenbereich umfasst Angaben über den *Umweltzustand und Umweltschäden* (z. B. Waldschäden, gefährdete Tier- und Pflanzenarten).
- Im dritten Bereich werden *Umweltschutzmaßnahmen* erfasst, die z. B. in der Abwasserbeseitigung, in der Abfallentsorgung, im Natur- und Landschaftsschutz oder im Verkehr durchgeführt worden sind. Dazu gehören auch die Angaben über öffentliche und private Ausgaben für die Beseitigung bzw. Vermeidung von Umweltschäden.

In Verbindung mit der VGR und ihren sozioökonomischen Satellitensystemen sollen die UGR die notwendige Datengrundlage für die Operationalisierung und Überprüfung des Leitbildes einer *nachhaltigen Entwicklung* bereitstellen. Dazu erscheinen regelmäßig Berichte des Statistischen Bundesamtes mit Indikatoren aus den drei Bereichen.

Veröffentlichungen zu VGR- und Wirtschaftsdaten

Deutsche Bundesbank (www.bundesbank.de):

- Monatsberichte (s. auch aktualisierte Tabellen zum Statistischen Teil des Monatsberichts im Internet unter Statistik/Gesamtwirtschaftliche Rechenwerke),
- Geschäftsbericht (jährlich).

[1] Vgl. Statistisches Bundesamt (Hrsg.), *Umwelt, Umweltökonomische Gesamtrechnungen*. Fachserie 19. Wegen der Vielfalt der Darstellungsbereiche, in denen unterschiedliche statistische Methoden m Anwendung kommen, verwendet das Statistische Bundesamt den Begriff der UGR im Plural.

Europäische Zentralbank (https://www.ecb.europa.eu/ecb/html/index.de.html):

- Monatsberichte (zugehörige Tabellen im Internet unter http://www.bundesbank.de/Navigation/DE/Statistiken/Gesamtwirtschaftliche_Rechenwerke/Volkswirtschaftliche_Gesamtrechnungen/Tabellen/tabellen.html),
- Jahresberichte.

EUROSTAT – Statistisches Amt der EU (ec.europa.eu/eurostat/de):

- Europa in Zahlen – Eurostat Jahrbuch,
- Eurostat Datenbank (http://ec.europa.eu/eurostat/de/data/database).

Sachverständigenrat zur Begutachtung Der Gesamtwirtschaftlichen Entwicklung (http://www.sachverstaendigenrat-wirtschaft.de):

- Jahresgutachten,
- Lange (Zeit-)Reihen (http://www.sachverstaendigenrat-wirtschaft.de/ki_deutschland.html; /Volkswirtschaftliche Gesamtrechnungen).

Statistisches Bundesamt (https://www.destatis.de/):

- Statistisches Jahrbuch für die Bundesrepublik Deutschland
- Statistisches Jahrbuch für das Ausland
- Wirtschaft und Statistik (monatlich)
- Fachserie 18: Volkswirtschaftliche Gesamtrechnungen
- Datenbank des Statistischen Bundesamtes (https://www.destatis.de/DE/ZahlenFakten/Datenbanken/GENESIS_Online.html).

Literatur

Brümmerhoff, D., & Grömling, M. (2015). *Volkswirtschaftliche Gesamtrechnung* (10. Aufl.). Berlin/Boston: De Gruyter.

Frenkel, M., John, K.-D., & Fendel, R. (2016). *Volkswirtschaftliche Gesamtrechnung* (8. Aufl.). München: Vahlen.

Teil IV
Makroökonomie

Gegenstand und Methoden der Makroökonomie 11

Brigitte Hewel und Renate Neubäumer

Inhaltsverzeichnis

Lernziele

In diesem Abschnitt erhalten Sie einen Überblick über

- die Fragestellungen der makroökonomischen Theorie,
- ihren historischen Hintergrund,
- ihre wirtschaftspolitischen Anwendungsgebiete,
- das makroökonomische Grundmodell aus kurz-, mittel- und längerfristige Sicht und
- den Aufbau des Beitrags.

B. Hewel (✉)
vorm. Frankfurt University of Applied Sciences
Frankfurt am Main, Bad Soden am Taunus, Deutschland

R. Neubäumer
Abteilung für Wirtschaftswissenschaft, Universität Koblenz-Landau
Landau, Deutschland

R. Neubäumer et al. (Hrsg.), *Volkswirtschaftslehre*, DOI 10.1007/978-3-658-16523-9_11

11.1 Fragestellungen der Makroökonomie und ein kurzer historischer Überblick

Im Mittelpunkt der Volkswirtschaftslehre steht die Frage nach dem Funktionieren des Steuerungsmechanismus einer arbeitsteiligen Wirtschaft, durch den Verhalten und Ziele der Wirtschaftssubjekte koordiniert werden. Dieses komplexe Problem lässt sich in eine Vielzahl von Teilfragen zerlegen. Durch ihre Zusammenfassung zu mehr oder weniger großen Gruppen gewinnt man die Ausgangsfragen für die verschiedenen Arbeitsbereiche der Volkswirtschaftslehre.

Einer der wichtigsten Arbeitsbereiche ist die makroökonomische Theorie, die insbesondere von den folgenden Fragen ausgeht:

- Wovon hängen die Höhe der Beschäftigung, der gesamtwirtschaftlichen Produktion, des *Volkseinkommens* und des Preisniveaus ab?
- Unter welchen Bedingungen besteht auf allen Märkten der Gesamtwirtschaft, d. h. dem Güter-, Geld- und Arbeitsmarkt, Gleichgewicht, bei dem geplantes Angebot und geplante Nachfrage übereinstimmen?
- Unter welchen Bedingungen wird das Gleichgewicht auf diesen Märkten nach einer Störung automatischer wiederhergestellt, mit andern Worten, wie stabil ist das Gleichgewicht?

Zur Veranschaulichung seien einige Einzelfragen genannt, die innerhalb dieses Problemkomplexes zu beantworten sind:

Welche Bedeutung haben die *Investitionsentscheidungen* der Unternehmen und die *Konsumentscheidungen* der Privaten Haushalte für die Höhe des Volkseinkommens und der Beschäftigung? Wie kann eine lang anhaltende *Über-* oder *Unterbeschäftigung* erklärt werden? Welche Beziehungen bestehen zwischen *Volkseinkommen* und *Beschäftigung*? Welche Auswirkungen haben *Steuern*, *Staatsausgaben*, *Staatsverschuldung*, *Zahlungsbilanzdefizite* oder *-überschüsse* auf die Beschäftigung? Ist *Vollbeschäftigung* ohne *Preissteigerungen* möglich oder führt sie zwangsläufig zu *Inflation*?

Aus diesem Fragenkatalog ergibt sich zugleich der *wirtschaftspolitische Anwendungsbereich* der makroökonomischen Theorien:

► Makroökonomische Theorien sind die Grundlagen für wirtschaftspolitische Entscheidungen, inwieweit Maßnahmen aus dem Bereich der Geld-, Fiskal- und Einkommenspolitik eingesetzt werden, um den Wirtschaftsprozess zu stabilisieren.

Als Beispiel für die konkrete Formulierung dieser Stabilitätsaufgabe sei die Formulierung in § 1 des Stabilitäts- und Wachstumsgesetzes genannt:

> Bund und Länder haben bei ihren wirtschafts- und finanzpolitischen Maßnahmen die Erfordernisse des gesamtwirtschaftlichen Gleichgewichts zu beachten. Die Maßnahmen sind so

zu treffen, dass sie im Rahmen der marktwirtschaftlichen Ordnung gleichzeitig zur Stabilität des Preisniveaus, zu einem hohen Beschäftigungsstand und außenwirtschaftlichem Gleichgewicht bei stetigem und angemessenen Wirtschaftswachstum beitragen.

Primär ist die Makroökonomie eine Theorie *marktwirtschaftlicher Wirtschaftssysteme* mit dezentralen Konsum- und Investitionsplanungen, überwiegend privatem Eigentum an Produktionsmitteln und einer Koordination über Güter-, Dienstleistungs- und Faktormärkte.

Das Grundmodell der makroökonomischen Theorie geht auf *J. M. Keynes*[1] zurück und entstand vor dem Hintergrund der Erfahrungen während der *Weltwirtschaftskrise*. *Keynes* gelang es, ein geschlossenes theoretisches Konzept zu entwickeln, mit dem sich die lang anhaltende Unterbeschäftigung während der Weltwirtschaftskrise erklären ließ. Seiner Lehre nach verursacht eine Marktwirtschaft „aus sich selbst heraus" immer wieder starke Schwankungen im Wirtschaftsablauf, die mit stark steigenden Preisen (Inflation) oder mit hoher Arbeitslosigkeit einhergehen. Vor dem Hintergrund dieses *Stabilitätspessimismus* fordert *Keynes*, dass der Staat zur Stabilisierung der Wirtschaft beitragen soll, indem er in Zeiten hoher Unterbeschäftigung durch zusätzliche Staatsaufträge oder Steuersenkungen die gesamtwirtschaftliche Nachfrage „ankurbelt", und in Zeiten von Inflation durch weniger Staatsausgaben oder Steuererhöhungen die Nachfrage „dämpft".

Dagegen ging die bis dahin geltende klassische Theorie[2] davon aus, dass eine sich selbst überlassene *Marktwirtschaft* nach Störungen von außen immer wieder *automatisch zur Vollbeschäftigung* führt. Ihren *Stabilitätsoptimismus* begründen die Klassiker mit *flexiblen Preisen, Zinsen und Löhnen* und dem *Say'schen Theorem*, dem zu Folge sich jedes Angebot seine Nachfrage schafft. Entsprechend halten die Klassiker staatliche Interventionen für überflüssig und in vielen Fällen so gar für schädlich.

Der Streit zwischen Stabilitätsoptimisten und Stabilitätspessimisten, der die weitere Entwicklung der makroökonomischen Theorien sowie die wirtschaftspolitische Diskussion geprägt hat, ist bis heute nicht entschieden. Einer langen Phase keynesianisch orientierter Wirtschaftspolitik nach dem Zweiten Weltkrieg folgte – nicht zuletzt aufgrund des Problems der „Stagflation", d. h. hoher Inflationsraten bei einer stagnierenden Wirtschaft – eine längere Phase mit monetaristischer Wirtschafts- und vor allem Geldpolitik, die auf den amerikanischen Ökonomen *Milton Friedman*[3] zurückgeht. Diese Spielart der *Neuen klassischen Makroökonomie* setzt wieder stärker auf die „Selbstheilungskräfte" der Märkte und spricht sich gegen eine staatliche Stabilisierungspolitik aus. Das gilt glei-

[1] Das Hauptwerk des englischen Nationalökonomen John Maynard Keynes (1883–1946) ist „The General Theory of Employment, Money and Interest", die 1936 erstmals veröffentlicht wurde. Keynes hat auch in der Wirtschaftspolitik Großbritanniens eine wichtige Rolle gespielt. Ferner war er maßgeblich an den Verhandlungen beteiligt, die 1944 in Bretton Woods zum Abschluss des Abkommens über den Internationalen Währungsfonds führten.

[2] Zu den Klassikern, den Vertretern des wirtschaftlichen Liberalismus, zählen vor allem Adam Smith (1723–1790), David Ricardo (1772–1823) und John Stuart Mill (1806–1873).

[3] Milton Friedman (1912–2006) gilt als Begründer der „Chicagoer Schule" und des Monetarismus, der dem Geld besondere Bedeutung für den Wirtschaftsablauf zuschreibt und deshalb die Geldversorgung einer Volkswirtschaft in den Blickpunkt rückt.

chermaßen für die *Theorie rationaler Erwartungen*, die ebenfalls der Neuen klassischen Makroökonomie zuzuordnen ist.

Nachdem der traditionelle Keynesianismus in den 1980er-Jahren und zu Beginn der 1990er-Jahre schon einmal „tot gesagt" worden war, gewinnt keynesianisches Gedankengut inzwischen – nicht zuletzt aufgrund der hohen Arbeitslosigkeit in vielen Industrieländern sowie als Ergebnis der 2008 einsetzenden weltweiten Finanz- und Wirtschaftskrise – wieder an Einfluss. Dabei knüpfen die „Verfechter" eines Stabilitätspessimismus vor allem an zwei Varianten der *Neuen keynesianischen Makroökonomie* an, der *Ungleichgewichtstheorie* und dem *Postkeynesianismus*.

Dieser kurze historische Überblick soll deutlich machen, dass das im Folgenden ausführlich erläuterte makroökonomische Grundmodell nicht zu einem bestimmten Ergebnis hinsichtlich der Stabilität der Wirtschaft und der Notwendigkeit wirtschaftspolitischer Eingriffe führen muss. Entscheidend ist, von welchen *Annahmen* man hinsichtlich der Flexibilität von Löhnen, Preisen und Zinsen ausgeht und welchen Anpassungszeitraum man unterstellt. Unter bestimmten Annahmen lässt sich eine lang anhaltende Arbeitslosigkeit ableiten, und unter anderen Annahmen lässt sich deutlich machen, dass die Wirtschaft wieder schnell zu gesamtwirtschaftlichem Gleichgewicht und damit zu Vollbeschäftigung zurückkehren würde, wenn man sie nicht durch eine „Überregulierung" daran hindern würde.

11.2 Kreislaufanalytische und mikroökonomische Grundlagen

Bei dem im Folgenden dargestellten Grundmodell handelt es sich um eine *makroökonomische* Analyse. Dabei werden die Wirtschaftssubjekte zu *Sektoren* (Private Haushalte, Unternehmen, Staat und Ausland) zusammengefasst und aus ihren ökonomischen Aktivitäten werden gesamtwirtschaftliche *Ströme* (Produktion, Einkommensverwendung, Veränderung des Vermögens, der Verbindlichkeiten und der Forderungen) gebildet.

Dieses System von Definitionen ist Gegenstand der *Kreislaufanalyse*, die die Transaktionsströme einer Volkswirtschaft nach den Regeln der doppelten Buchführung erfasst und in Konten, Kreislaufbildern oder Tabellen veranschaulicht. Durch die Auffüllung mit statistischem Material in der *Volkswirtschaftlichen Gesamtrechnung* entsteht ein wirklichkeitsnahes quantitatives Bild des Wirtschaftsprozesses (vgl. Beitrag „Volkswirtschaftliches Rechnungswesen").

► **Kreislaufanalyse** und **Volkswirtschaftliche Gesamtrechnung** erfassen **das Ergebnis** der ökonomischen Aktivitäten für eine abgelaufene Periode, also **ex post**. Dieses Ergebnis beruht auf den Entscheidungen einer Vielzahl von Wirtschaftssubjekten. So wird der Private Verbrauch in diesem Zusammenhang als Ausdruck der Konsumgüternachfrage der Privaten Haushalte und als Wert der Konsumgüterproduktion (des Angebots) der Unternehmen interpretiert.

Welche Ströme gemessen werden und welche Wirtschaftssubjekte zu Gruppen zusammengefasst werden, ergibt sich nicht automatisch aus dem Wirtschaftsprozess. Es werden vielmehr nur die gesamtwirtschaftlichen Größen und ihre Veränderungen beschrieben, die für das Stabilitätsproblem der Makroökonomie Bedeutung haben.

Durch die Beschreibung und Erfassung ist jedoch das Zustandekommen des Kreislaufstromes „Privater Konsum" noch nicht erklärt. Diese Erklärung erfolgt durch die makroökonomische Theorie, die Hypothesen formuliert, von welchen *Bestimmungsfaktoren* (Determinanten) die Höhe der privaten Konsumausgaben abhängig ist.

► Diese **Ex-ante-Analyse** beschäftigt sich mit den **Wirtschaftsplänen** der verschiedenen Sektoren. Dazu greift sie auf die mikroökonomische Analyse und ihre Verhaltenshypothesen zurück.

So übernimmt sie z. B. die einzelwirtschaftliche Konsumfunktion, nach der die Höhe der privaten Konsumausgaben durch das verfügbare Einkommen bestimmt wird. Durch *Aggregation* aller einzelwirtschaftlichen Konsumfunktionen entsteht dann die *makroökonomische* Konsumfunktion, nach der der Private Konsum durch das gesamtwirtschaftliche verfügbare Einkommen aller Privaten Haushalte bestimmt wird.

11.3 Das makroökonomische Grundmodell – aus kurz-, mittel- und langfristiger Sicht

Auf die allgemeine Frage, wovon in einer Volkswirtschaft *Beschäftigung*, *Produktion* und *Einkommen* abhängen, lässt sich aus ganz unterschiedlichen zeitlichen Perspektiven beantworten. Damit werden jeweils verschiedene Aspekte in den Blickpunkt gerückt und unterschiedliche Annahmen getroffen.

Langfristig, d. h. über mehrere Jahrzehnte, interessieren insbesondere die *Wachstumsraten des Inlandsprodukts* eines Landes, die von der Entwicklung einer Vielzahl von Einflussfaktoren abhängen:

- den natürlichen Bedingungen der Produktion,
- dem Kapitalstock, d. h. dem Bestand an Gebäuden, Maschinen und EDV-Anlagen,
- dem Umfang und dem Altersaufbau der Bevölkerung,
- dem Humankapital dieser Bevölkerung als Ergebnis des Bildungs- und Ausbildungssystems sowie den Einstellungen in der Gesellschaft gegenüber Neuerungen und – eng damit verknüpft –
- dem technischen und organisatorischen Fortschritt sowie
- dem Wirtschaftssystem und der Wirtschaftsgesinnung.

Mittelfristig, d. h. für einen Zeitraum bis zu zehn Jahren, wird unterstellt, dass das *Produktionspotenzial* einer Wirtschaft *gegeben* ist und sich somit vor allem die Bevölkerung, der Kapitalstock und der technische Stand nicht verändern. Dagegen wird von flexiblen Preisen und Löhnen ausgegangen. Damit wird – neben Inflation und Deflation – die *Konjunkturentwicklung*, das „Auf und Ab“ der Wirtschaft, in den Blickpunkt gerückt.

Kurzfristig, d. h. von Jahr zu Jahr, werden *Preis- und Lohnänderungen ausgeschlossen*, und es wird (wieder) von einem *gegebenen Produktionspotenzial* ausgegangen. Jetzt interessiert insbesondere die Auslastung dieses Produktionspotenzials und – eng damit verknüpft – die *Entwicklung der Arbeitslosigkeit*. Beides wird vor allem durch die *gesamtwirtschaftliche Nachfrage* nach Gütern und Dienstleistungen bestimmt.

Vor diesem Hintergrund ist der Beitrag wie folgt aufgebaut.

- In Kap. 12, 13 und 14 wird das allgemeine *makroökonomische Grundmodell* bei *konstanten* (und damit vernachlässigbaren) *Preisen und Löhnen* abgeleitet (*kurzfristige Sicht*). Damit stehen die Determinanten der Güternachfrage, die über die Höhe der Produktion und Beschäftigung entscheiden, im Mittelpunkt (Kap. 12). In Kap. 13 wird dargestellt, wie sich der Zins am Geldmarkt bildet und in Kap. 14 wie Güter-, Geld- und (vereinfachter) Arbeitsmarkt zusammenspielen und es zu gesamtwirtschaftlichem Gleichgewicht kommen kann.
- Kap. 15 bezieht Preis- und Lohnänderungen in die Analyse ein und gibt eine ausführlichere Darstellung des Arbeitsmarktes (*mittelfristige Sicht*).
- Kap. 16 knüpft an den historischen Überblick zu Beginn des Beitrages an. Es ordnet die verschiedenen volkswirtschaftlichen Schulen den Stabilitätsoptimisten und den Stabilitätspessimisten zu und zeigt, welche wirtschaftpolitischen Annahmen zu den unterschiedlichen Ergebnissen hinsichtlich der Stabilität eines marktwirtschaftlichen Systems und zu abweichenden wirtschaftpolitischen Empfehlungen führen. Zudem stellt Kap. 16 verschiedenen Fortentwicklungen des makroökonomischen Grundmodells dar.
- Kap. 17 gibt einen Überblick über verschiedene Wachstumsmodelle (*langfristige Sicht*).

Fragen

1. Nennen Sie Vor- und Nachteile des Arbeitens mit makroökonomischen Modellen.
2. Warum führt das makroökonomisch Grundmodell nicht zu eindeutigen Ergebnissen hinsichtlich der Stabilität der Wirtschafts und der Notwendigkeit wirtschaftspolitischer Eingriffe?
3. Erklären Sie den Unterschied zwischen „ex post“ und „ex ante“.

Antworten

1. Vorteile der Modelle sind ihre Einfachheit und Übersichtlichkeit. Sie lassen wesentliche Elemente und Zusammenhänge erkennen. Nachteilig wirkt sich aus, dass zahlreiche Faktoren der Realität unberücksichtigt bleiben müssen.

2. Die Ergebnisse des makroökonomischen Grundmodells hinsichtlich der Stabilität der Wirtschaft und der Notwendigkeit wirtschaftspolitischer Eingriffe hängen von den hinsichtlich der Flexibilität von Preisen, Zinsen und Löhnen getroffenen Annahmen sowie von dem unterstellten Anpassungszeitraum ab. Unter bestimmten Annahmen lässt sich eine lang anhaltende Arbeitslosigkeit ableiten, und unter anderen Annahmen kommt man zu dem Ergebnis, dass die Wirtschaft wieder schnell zu Vollbeschäftigung zurückkehren würde, wenn sie nicht „überreguliert" wäre.
3. Die in einer Periode *realisierten* Größen, wie die (realisierte) Konsumgüternachfrage der Haushalt und die (realisierte) Konsumgüterproduktion der Unternehmen, werden *ex post* (oder im Nachhinein) erfasst. (Dies geschieht im Rahmen der Volkswirtschaftliche Gesamtrechnung.) Dagegen planen die Wirtschaftssubjekte *ex ante* (oder im Vorhinein) ihre ökonomischen Aktivitäten. z. B. planen die Haushalte, wie viele Konsumgüter sie in der nächsten Periode kaufen möchten (aber u. U. nicht kaufen können, weil die Unternehmen zu wenig Konsumgüter produziert haben).

Der Gütermarkt

12

Brigitte Hewel und Renate Neubäumer

Inhaltsverzeichnis

12.1 Vorbemerkungen

In diesen und den beiden folgenden Kapiteln wird das *allgemeine makroökonomische Grundmodell* bei *kurzfristiger Perspektive* dargestellt. Bei diesem Denkmodell handelt es sich um eine stark vereinfachte Darstellung der Realität. Es wird unterstellt, dass sich *Preise und Löhne nicht verändern* und damit aus der Analyse ausgeschlossen werden können, und dass insbesondere Bevölkerung, Kapitalstock und die Produktionstechnologie unverändert bleiben und damit das *Produktionspotenzial konstant* ist.

Im Mittelpunkt steht die *Auslastung* dieses *Produktionspotenzials*, die durch die *gesamtwirtschaftliche Nachfrage* (N) nach Gütern und Dienstleistungen bestimmt wird. Sie setzt sich aus der Nachfrage der Privaten Haushalte (C), der Unternehmen (I), des Staates (G) und des Auslands (X) zusammen:

$$N = C + I + G + X. \tag{12.1}$$

B. Hewel (✉)
vorm. Frankfurt University of Applied Sciences
Frankfurt am Main, Bad Soden am Taunus, Deutschland

R. Neubäumer
Abteilung für Wirtschaftswissenschaft, Universität Koblenz-Landau
Landau, Deutschland

R. Neubäumer et al. (Hrsg.), *Volkswirtschaftslehre*, DOI 10.1007/978-3-658-16523-9_12

Den *Nachfrageplanungen* der Sektoren stehen die *Angebotsplanungen* der Unternehmen gegenüber.[1] Nachfrage nach und Angebot von Gütern und Dienstleistungen treffen sich auf dem Markt für das Inlandsprodukt,[2] der auch als *Gütermarkt* bezeichnet wird.

Aus der Kreislaufanalyse ergibt sich die gegenseitige Abhängigkeit (Interdependenz) zwischen Inlandsprodukt, Nationaleinkommen, Volkseinkommen und Nachfrage:

► Ist die Nachfrage nach Inlandsprodukt geringer als das Angebot an Inlandsprodukt, so sinkt die Produktion (und vice versa). Dadurch sinkt auch das Volkseinkommen, aus dem nachgefragt werden kann. Nur im Gleichgewicht stimmen Angebot und Nachfrage ebenso überein wie das bei der Produktion entstandene Volkseinkommen mit dem für Nachfragezwecke eingesetzte Volkseinkommen.

Die Beziehungen zwischen Produktion und Beschäftigung werden durch die gesamtwirtschaftliche Produktionsfunktion bestimmt:

► Bei konstantem Kapitalstock und gegebener Produktionstechnologie steigt in einer Volkswirtschaft die Beschäftigung mit steigendem Inlandsprodukt.

Dies gilt allerdings nur solange, bis *Vollbeschäftigung* erreicht ist, d. h. bis alle, die ihre Arbeitskraft anbieten, eine Stelle gefunden haben. Das bei Vollbeschäftigung produzierte Inlandsprodukt, das so genannte *Vollbeschäftigungseinkommen*, stellt die „Kapazitätsgrenze einer Volkswirtschaft" dar.

Bei kurzfristiger Perspektive steht der gesamtwirtschaftliche Gütermarkt, den wir in diesem Kapitel darstellen, im Mittelpunkt.

► Auf dem **gesamtwirtschaftlichen Gütermarkt** wird entschieden, wie viele Güter insgesamt für Konsum- und Investitionszwecke sowie durch den Staat und das Ausland nachgefragt werden und wie viele Güter produziert und angeboten werden.

Er setzt sich aus einer großen *Vielzahl* verschiedener *Märkte* für einzelne Konsum- und Investitionsgüter zusammen. Diese Vielfalt wird in dem Modell des Gütermarktes nicht berücksichtigt; es wird nur *ein* Gut unterstellt, das sowohl investiert als auch konsumiert werden kann. Zudem handelt es sich bei den *Nachfrage-* und *Angebotsplänen* um das *Durchschnittsverhalten* der Nachfrager und Anbieter.

Darüber hinaus umfasst das makroökonomische Grundmodell noch:

[1] Vereinfacht wird unterstellt, dass nur die Unternehmen produzieren, während die Produktionstätigkeit der Privaten Haushalte und des Staates nicht berücksichtigt wird.

[2] Seit der Umstellung auf das Europäische System Volkswirtschaftlicher Gesamtrechnungen (ESVG 1995) wird der Begriff „Sozialprodukt" nicht mehr gebraucht. Er wird durch den Begriff Nationaleinkommen (Inländerprodukt) ersetzt bzw. es wird der Begriff Inlandsprodukt gebraucht. Im Folgenden werden die Begriffe Nationaleinkommen, Inlandsprodukt, Volkseinkommen und Einkommen als Synonyme für die volkswirtschaftliche Wertschöpfung verwendet. Vgl. dazu den Beitrag „Volkswirtschaftliches Rechnungswesen".

- den *Arbeitsmarkt*, auf dem das Angebot von und die Nachfrage nach Arbeit zusammentreffen (Kap. 14 und 15);
- den *Geldmarkt*, auf dem das durch das Bankensystem bestimmten Geldangebot der Geldnachfrage, d. h. der Kassenhaltung von Unternehmen, Haushalten und Staat, gegenübersteht (Kap. 13).
- Auf jedem dieser Märkte wird der Frage nachgegangen, unter welchen Bedingungen das *geplante* Angebot und die *geplante* Nachfrage übereinstimmen, d. h. auf dem jeweiligen Markt *Gleichgewicht* herrscht. Bei dem makroökonomischen Grundmodell handelt es sich um ein *Allgemeines Gleichgewichtsmodell.*

12.2 Die gesamtwirtschaftliche Nachfrage

Zunächst wird vereinfachend angenommen, dass es sich um eine *geschlossene Volkswirtschaft* ohne staatliche Aktivität handelt, in der nur die *Haushalte* und *Unternehmen* als *Nachfrager* auftreten.

Die gesamtwirtschaftliche Nachfrage (N) ist dann die Summe aus geplanter Konsumgüternachfrage (C) und geplanter Investitionsgüternachfrage (I):

$$N = C + I. \tag{12.2}$$

Welche Faktoren bestimmen das Verhalten der Privaten Haushalte bei ihrer Nachfrage nach Konsumgütern und die Entscheidungen der Unternehmen bei ihrer Nachfrage nach Investitionsgütern? Darum geht es in diesem Abschnitt.

12.2.1 Die Konsum- und Sparfunktion der Privaten Haushalte

Lernziele

Im folgenden Abschnitt erfahren Sie,

- wie Konsum- und Sparfunktion das Verhalten der Haushalte erklären;
- wie die marginale Konsum- und Sparquote sowie der autonome Konsum und die autonome Ersparnis ökonomisch zu deuten sind;
- welche Probleme eine Prognose des Konsumentenverhaltens aufwirft.

12.2.1.1 Die Konsumfunktion

► Die **Güternachfrage** der Privaten Haushalte wird durch die gesamtwirtschaftliche Konsumfunktion erfasst. Sie ergibt sich aus der Aggregation (Zusammenfassung) der mikroökonomischen Konsumfunktionen und betrachtet die Konsumausgaben C in Abhängigkeit vom Volkseinkommen Y:

$$C = C(Y, \bar{Z}). \tag{12.3}$$

Alle anderen *subjektiven* und *objektiven* Faktoren (Z), die außer dem Volkseinkommen die Konsumausgaben beeinflussen, werden als *konstant* angesehen ($\bar{Z}$). Dies sind z. B. die *Preise*, die *Einkommensverteilung*, die *Zinshöhe*, *Einkommens-* und *Preiserwartungen* sowie die psychologische Einstellung zum Verbrauch („Konsumgesellschaft"). Sie werden unter dem Begriff *Verbrauchsneigung* zusammengefasst, sodass die oben angeführte Gleichung wie folgt gelesen werden kann:

► Bei gegebener Verbrauchsneigung ist die **Konsumgüternachfrage** in einer Periode durch das **Volkseinkommen** der gleichen Periode bestimmt.

Nach einer gebräuchlichen Hypothese über die Art des Zusammenhangs zwischen Konsum und Volkseinkommen lautet die Konsumfunktion:

$$C = c_0 + c_1 Y \quad (\text{z. B. } C = 100 + 0{,}8Y). \tag{12.4}$$

Abb. 12.1 zeigt die grafische Darstellung der gesamtwirtschaftlichen Konsumkurve.

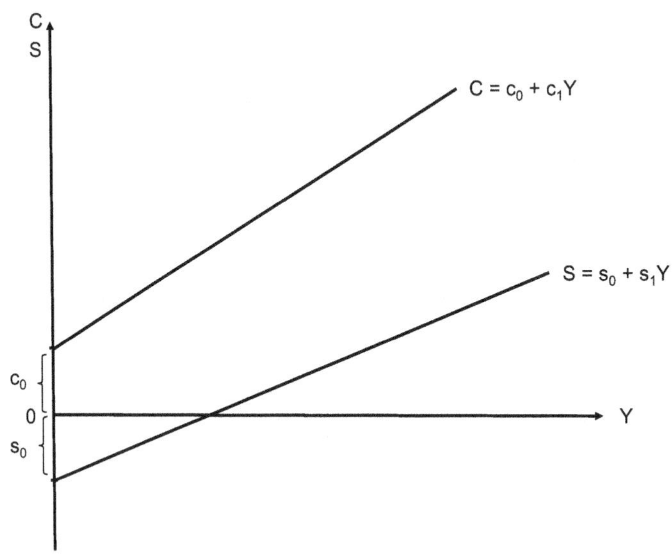

Abb. 12.1 Gesamtwirtschaftliche Konsumfunktion

Für Lage und Verlauf der Konsumkurve sind folgende Größen von Bedeutung:

▶ Der **autonome Konsum** (c_0) ist jener Teil der Konsumgüternachfrage, der nicht vom Einkommen abhängig ist.

Es ist nicht sinnvoll, c_0 als Konsumausgaben bei einem Volkseinkommen von 0 zu interpretieren. Eine solche gesamtwirtschaftliche Situation ist nicht vorstellbar, sodass dieser Bereich der Konsumkurve keine ökonomische Bedeutung hat. Dennoch ist c_0 notwendig, um das *Verhalten* der Haushalte zu erklären, denn in dieser Größe drückt sich der Einfluss der *Faktoren* aus, die *außer* dem gesamtwirtschaftlichen Einkommen die Konsumgüternachfrage bestimmen. Dabei gilt $c_0 > 0$.

▶ Die **marginale Konsumquote** (c_1) gibt an, um wie viel Euro die Haushalte ihre Konsumausgaben erhöhen (senken), wenn das Volkseinkommen um einen Euro steigt (sinkt).

Beispielsweise geben die Haushalte 80 Cent (oder 80 % ihres zusätzlichen Einkommens von einem Euro) mehr für Konsumgüter aus, wenn $c_1 = 0{,}8$ gilt (wie in Gl. 12.4).

$$\frac{dC}{dY} = c_1; \quad 0 < c_1 < 1 \tag{12.5}$$

Diese marginale Konsumquote ist gleich der Steigung der Konsumfunktion und hat einen Wert zwischen 0 und 1, d. h., bei steigendem Einkommen konsumieren die Haushalte mehr, aber sie geben ihr zusätzliches Einkommen nicht vollständig aus, sondern sparen einen Teil davon.

c_1 gibt die durchschnittliche marginale Konsumquote aller Haushalte wieder. Für einzelne Haushaltsgruppen sinkt die marginale Konsumquote mit steigendem Einkommen. Beispielsweise konsumieren Arbeitnehmerhaushalte mit niedrigem Einkommen 90 % einer Lohnerhöhung zusätzlich und Mittelverdienerhaushalte nur 70 %. Als Folge würde bei einer Einkommensumverteilung zu Gunsten von Haushalten mit niedrigem Einkommen die marginale Konsumquote steigen und bei einer Umverteilung zu Gunsten Besserverdienender die marginale Konsumquote sinken.

Der autonome Konsum c_0 und die marginale Konsumquote c_1 sind *Parameter* der Konsumfunktion. Sie werden von den oben aufgezählten subjektiven und objektiven Faktoren (Z) bestimmt, die außer dem Volkseinkommen den Konsum beeinflussen und konstant gesetzt werden. Deshalb bezeichnet man diese Faktoren auch als ceteris paribus oder c. p.-Größen.[3]

Eine Erhöhung des Konsums kann demnach zwei Ursachen haben:

- Das Volkseinkommen (Y) steigt (c. p. oder bei unveränderten sonstigen Faktoren). In der grafischen Darstellung führt das zu einer *Bewegung entlang* der gegebenen *Konsumkurve*.

[3] Ceteris paribus (c.p.) (lateinisch) = unter sonst gleichen Umständen.

- Eine der c. p. gesetzten Größen ändert sich und damit steigt eine der beiden Parameter der Konsumfunktion c_0 oder c_1 (bei unverändertem Volkseinkommen). In der grafischen Darstellung verändert sich dann die *Lage der Konsumkurve*: Wenn der autonome Konsum steigt, verschiebt sich die Konsumkurve nach oben; wenn die marginale Konsumquote steigt, dreht sich die Konsumkurve nach oben.

▶ Unter der **durchschnittlichen Konsumquote** versteht man die Konsumausgaben der Haushalte im Verhältnis zum Volkseinkommen:

$$\frac{C}{Y} = \frac{c_0 + c_1 Y}{Y}. \tag{12.6}$$

Die durchschnittliche Konsumquote nimmt mit steigendem Volkseinkommen ab.

▶ Setzt man die relative Änderung des Konsums (dC/C) zu der sie auslösenden relativen Einkommensänderung (dY/Y) in Relation, so erhält man die **Einkommenselastizität des Konsums** ($\varepsilon_{C,Y}$):

$$\varepsilon_{C,Y} = \frac{dC}{C} : \frac{dY}{Y} = \frac{dC}{dY} : \frac{C}{Y}. \tag{12.7}$$

Sie gibt an, um wie viel Prozent der Konsum steigt, wenn das Volkseinkommen um ein Prozent steigt.

12.2.1.2 Die Sparfunktion

Die Haushalte können ihr Einkommen nur entweder konsumieren oder sparen.

$$Y = C + S \tag{12.8}$$

Entsprechend ist mit der Höhe des Konsums auch die Höhe der Ersparnis bestimmt:

$$\begin{aligned} S &= Y - C \\ &= Y - c_0 - c_1 Y \\ &= -c_0 + (1 - c_1) \cdot Y \\ &= +s_0 + s_1 \cdot Y. \end{aligned} \tag{12.9}$$

Die sich aus der Konsumfunktion ergebende Sparfunktion setzt sich wiederum aus einem einkommensunabhängigen Teil, der autonomen Ersparnis (s_0), und einem einkommensabhängigen Teil, der marginalen Sparquote (s_1), zusammen.

- Die autonome Ersparnis entspricht dem autonomen Konsum mit negativem Vorzeichen oder – inhaltlich – der autonome Konsum wird durch „Entsparen“ gedeckt.

- Die marginale Sparquote ergibt sich, indem man von 1 die marginale Konsumquote abzieht. Der Teil eines zusätzlichen Euros Einkommen, der nicht konsumiert wird, wird gespart. Beispielsweise werden bei einer marginalen Konsumquote von 0,8 80 % des zusätzlichen Einkommens konsumiert und 20 % gespart.

12.2.1.3 Empirische Konsumfunktionen und die Prognose des Konsumverhaltens

► **Empirische Konsumfunktionen** werden auf der Basis von (Vergangenheits-)Daten aus der Volkswirtschaftlichen Gesamtrechnung geschätzt.

Dazu werden für einen längeren Zeitraum für die verschiedenen Jahre Wertepaare aus den Konsumausgaben der Privaten Haushalte und dem Volkseinkommen (bzw. dem

Tab. 12.1 Verfügbares Einkommen, Konsum und Sparen der Privaten Haushalte[a]. (Quelle: Sachverständigenrat zur Begutachtung der gesamtwirtschaftlichen Entwicklung, lange Reihen, Stand: 04.05.2015)

Zeitraum[b]	Verfügbares Einkommen	Private Konsumausgaben[c]	Zunahme betrieblicher Vermögensansprüche	Sparen[d]	Sparquote[e]
	in Mrd. €				in %
	Früheres Bundesgebiet				
1980	512,88	452,10	7,67	68,45	13,1
1985	629,32	561,99	7,23	74,56	11,7
1991	881,23	770,50	9,55	120,28	13,5
	Deutschland				
1991	1.007,86	889,12	15,14	128,82	12,7
1995	1.194,14	1.073,42	17,82	132,05	11,0
2000	1.307,35	1.207,60	28,94	118,61	8,9
2005	1.458,48	1.327,45	26,12	148,21	10,0
2010	1.575,48	1.445,71	44,69	159,34	9,9
2011	1.636,53	1.506,80	45,93	159,21	9,6
2012	1.668,88	1.539,48	47,05	159,48	9,4
2013	1.699,27	1.571,51	47,20	156,97	9,1
2014	1.740,87	1.604,71	48,20	165,65	9,4

[a] Einschließlich Privater Organisationen ohne Erwerbszweck.
[b] Ab 2012 vorläufige Ergebnisse.
[c] Ausgabenkonzept.
[d] Verfügbares Einkommen abzüglich Private Konsumausgaben zuzüglich Zunahme betrieblicher Versorgungsansprüche.
[e] Sparen in % des verfügbaren Einkommens einschließlich der Zunahme betrieblicher Versorgungsansprüche.

verfügbaren Einkommen der privaten Haushalte Y_d) gebildet. Mit Hilfe einer *Regressionsschätzung* werden anschließend die beiden Parameter der Konsumfunktion, c_0 und c_1, so festgelegt, dass die Konsumlinie die verschiedenen Wertpaare, die sich in Abb. 12.1 als Punkte darstellen lassen, möglichst gut abbildet.

So erhält man beispielsweise für den Zeitraum 1993 bis 2002 folgende Konsumfunktion (in Milliarden Euro):[4]

$$C = 71{,}02 + 0{,}83\,Y_d. \tag{12.10}$$

Die Entwicklung des Privaten Verbrauchs, der Ersparnis und der Sparquote zeigt Tab. 12.1. Will man auf Grund der vorliegenden Konsumfunktion Prognosen über den Konsum für zukünftige Jahre aufstellen, so ist zu beachten, dass sich die Parameter der Konsumfunktion im Zeitablauf ändern können. c_0 und c_1 können sich auf Grund *exogener* Ursachen ändern. Ein Beispiel hierfür war der Transformationsprozess in den neuen Ländern, der eine wesentliche Ursache für den starken Rückgang der Sparquote in den 1990er-Jahren war (vgl. Tab. 12.1). Zwischen 2000 und 2005 hat dann die allgemeine Unsicherheit über die wirtschaftliche Entwicklung sowie eine Vielzahl von Entlassungen zum einem (Wieder-)Anstieg der durchschnittlichen Sparquote geführt. Ab 2010 nahm die Spartätigkeit bei sinkender Arbeitslosigkeit leicht ab.

12.2.1.4 Weitere Hypothesen über die Beziehungen zwischen Konsum und Einkommen

Neben der bisher besprochenen *absoluten* Einkommenshypothese – der Konsum ist eine Funktion des *laufenden* Einkommens – gibt es noch andere Annahmen über den Zusammenhang zwischen Einkommen und Konsum. Zu nennen sind insbesondere die folgenden Hypothesen:

Die Habit-Persistence-Hypothese

Nach dieser Hypothese hängt der Private Konsum in einer Periode vom Einkommen dieser Periode und vom *Konsum der Vorperiode* ab. Die Haushalte reagieren also nur *verzögert* auf Einkommenserhöhungen, weil sie zunächst das Konsumniveau der Vorperiode beibehalten.

Tests dieser Hypothese für die Bundesrepublik ergaben, dass die Haushalte auf eine Einkommenserhöhung um 1 Mrd. € in der gleichen Periode nur mit einer Konsumerhöhung von etwa 0,4 Mrd. € reagierten und erst dann ihre Konsumausgaben weiter erhöhten, wenn das höhere Einkommen auch in den folgenden Perioden erhalten blieb.

[4] Für die Regressionsschätzung wurden die Konsumausgaben und die verfügbaren Einkommen in Preisen von 1995 verwandt. (Jahresgutachten des Sachverständigenrates zur Begutachtung der gesamtwirtschaftlichen Entwicklung, verschiedene Jahre, www.makroo.de, 3.1.2.2 Die empirische Konsumfunktion).

Die relative Einkommenshypothese
Sie beruht auf der empirischen Beobachtung, dass die Konsumausgaben im Konjunkturabschwung nicht so stark sinken wie sie im Aufschwung gestiegen sind, d. h., es tritt ein so genannter „Sperrklinken-Effekt“ oder „ratchet-effect“ auf.

Nach der relativen Einkommenshypothese von *J. S. Duesenberry* ist das darauf zurückzuführen, dass die Konsumausgaben eines Haushalts nicht nur von seinem laufenden Einkommen abhängen, sondern von seinem höchsten in der Vergangenheit erzielten Einkommen. Der Haushalt ist bestrebt, seine einmal erreichte – relative – Position in der „Einkommenspyramide“ nicht aufzugeben.

Die permanente Einkommenshypothese
Sie sieht die Konsumausgaben als Funktion des Einkommens, das einem Wirtschaftssubjekt während seines Lebens durchschnittlich aus seinem Vermögen zufließt und geht auf *Milton Friedman* zurück. (Dieses Vermögen umfasst nicht nur das Finanz- und Sachvermögen, sondern auch das Arbeitsvermögen und damit die individuellen Kenntnisse und Fertigkeiten, über die ein Individuum verfügt und die es zur Einkommenserzielung einsetzen kann.) Dieses so genannte permanente Einkommen ändert sich bei vorübergehender Einkommensausfällen oder -erhöhungen – z. B. durch Arbeitslosigkeit oder Steuersatzänderungen – nur unwesentlich, sodass die Konsumnachfrage nicht auf jede Einkommensschwankung reagiert, sondern wesentlich stabiler ist als bei der absoluten Einkommenshypothese (vgl. Abschn. 16.2.2).

Wir fassen die wichtigsten Bestimmungsfaktoren der Konsumausgaben noch einmal in Abb. 12.2 zusammen.

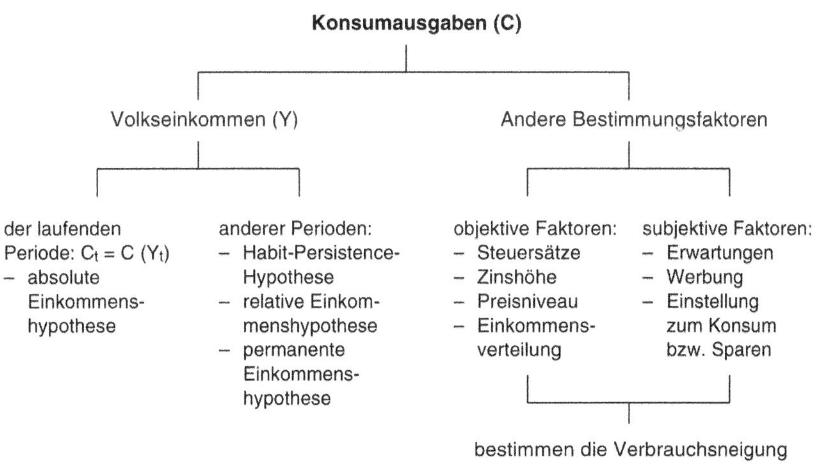

Abb. 12.2 Bestimmungsfaktoren der Konsumausgaben

12.2.2 Die Investitionsfunktion

Lernziele
Achten Sie in diesem Abschnitt vor allem auf die methodischen Übereinstimmungen zwischen Investitions- und Konsumfunktion.

Im Einzelnen geht es um folgende Begriffe:

- einzelwirtschaftliche und gesamtwirtschaftliche Investitionsfunktion,
- interner Zinsfuß,
- marginale Investitionsquote,
- Änderung der Investitionsneigung,
- Einkommens- und Kapazitätseffekt von Investitionen.

12.2.2.1 Der Investitionsbegriff

Die Investitionsgüternachfrage stellt vom Umfang her den zweiten großen Block der Gesamtnachfrage. Dabei handelt es sich um

- *Anlageinvestitionen*, die aus Ausrüstungsinvestitionen, Bauinvestitionen und sonstigen Anlagen, wie beispielsweise Computersoftware und Forschung und Entwicklung, bestehen. Sie erreichten in der Bundesrepublik 2014 einen Betrag von gut 580 Mrd. € und damit einen Anteil von 20 % des Bruttoinlandsprodukts.
- *Vorratsinvestitionen*, also Vorratsänderungen bei Roh-, Hilfs- und Betriebsstoffen sowie Halb- und Fertigfabrikaten. Sie betrugen 2011 +2 Mrd. € und 2014 −33 Mrd. €, d. h., die Lager wurden 2011 aufgebaut und 2014 abgebaut.

In der makroökonomischen Theorie werden nur Sachinvestitionen berücksichtigt, die den Kapitalstock, den Bestand an Realkapital, erhöhen.[5] Unberücksichtigt bleiben dagegen Finanzinvestitionen (Käufe von Ertrag bringenden Forderungen, wie z. B. Wertpapieren).

Obwohl der Anteil der Investitionsgüternachfrage an den Gesamtausgaben mit ca. 20 % erheblich niedriger ist als der des Konsums der Privaten Haushalte, der zwischen 55 und 60 % liegt, hat die Investitionsgüternachfrage eine große Bedeutung für die *Stabilität* des Wirtschaftsprozesses. Die Veränderungsraten der Anlage- und Vorratsinvestitionen zeigen z. B. sehr viel stärkere *zyklische Schwankungen* als die des Privaten Konsums. Diese Schwankungen der Investitionstätigkeit beruhen vor allem auf der Investitionsgüternachfrage des Unternehmenssektors. Auf die Öffentlichen Haushalte entfällt dagegen nur ein kleiner Anteil der gesamten Anlageinvestitionen.

[5] Der Kapitalstock steigt entsprechend den Nettoinvestitionen, die sich aus den Bruttoinvestitionen durch Abzug der Abschreibungen ergeben.

Wenn im Folgenden die Bestimmungsfaktoren der Investitionsgüternachfrage analysiert werden, gelten diese wiederum für eine *geschlossene Volkswirtschaft ohne staatliche Aktivität.*

In der Realität haben Investitionen eine doppelte Wirkung:

- Sie sind ein **Bestandteil der Gesamtnachfrage** und haben somit Einfluss auf die Höhe des Inlandsprodukts, des Volkseinkommens und der Beschäftigung (**Einkommenseffekt**).

Sie **erhöhen den Kapitalstock** einer Volkswirtschaft und erhöhen so die Produktionskapazität, das Produktionspotenzial (**Kapazitätseffekt**).

Da die Analysen der makroökonomischen Theorie sich auf einen *kurzen* (bzw. mittleren) Zeitraum beschränken, wird der Kapazitätseffekt der Investitionen vernachlässigt und *nur* der *Einkommenseffekt berücksichtigt.* Dies ist nicht unrealistisch, weil man annimmt, dass der Kapazitätseffekt erst nach einem längeren Zeitraum eintritt bzw. der Kapazitätszuwachs in der betrachteten Periode im Verhältnis zur bereits vorhandenen Kapazität relativ gering ist.

12.2.2.2 Bestimmungsfaktoren der einzelwirtschaftlichen Investitionsentscheidung

Ähnlich wie für die Konsumfunktion werden auch für die gesamtwirtschaftliche Investitionsfunktion zunächst die *Bestimmungsfaktoren* der Investitionsgüternachfrage einer *einzelnen* Unternehmung ermittelt. Die so gewonnenen mikroökonomischen Investitionsfunktionen werden dann *aggregiert.*

Die Analyse der Investitionsgüternachfrage erfolgt unter der Annahme, dass die Unternehmen *rational* und mit der Zielsetzung der *Gewinnmaximierung* über die Durchführung von Investitionen entscheiden. Das heißt, eine Investition wird nur dann vorgenommen, wenn sie als rentabel angesehen wird.

Für die Ermittlung der *Rentabilität* einer Investition müssen folgende Größen ermittelt bzw. geschätzt werden:

- Die erwarteten Nettoeinnahmen (E_n), die während der erwarteten Lebensdauer der Anlage (n Jahre) dem Unternehmen zufließen. In der Schätzung dieses Einkommensstroms liegen beträchtliche Unsicherheiten. Das Unternehmen muss die ökonomische *Lebensdauer* einer Anlage abschätzen, ferner die erwarteten *Umsatzerlöse* aus dem Verkauf der erhöhten Produktion sowie die erwarteten *Kosten* für Arbeitskräfte, Roh-, Hilfs- und Betriebsstoffe.
- Die Anschaffungs- oder Herstellungskosten einer Anlage (K_I). Sie sind als *Anlage-* oder *Anschaffungsbetrag* anzusehen. Das Unternehmen steht vor dem Entscheidungsproblem, den Betrag K_I im *Unternehmen* zu investieren oder ihn am *Kapitalmarkt* anzulegen.
- Der Marktzins (i), zu dem sich der Betrag K_I bei einer Anlage am Kapitalmarkt verzinst. Dieser Marktzins wird in den Modellbetrachtungen meist durch die durchschnittliche *Effektivverzinsung langfristiger* festverzinslicher Wertpapiere repräsentiert. Da

ein Unternehmen diesen Zinsertrag am *Kapitalmarkt* erwirtschaften kann, wird es eine Investition im Unternehmen nur vornehmen, wenn sich der Anschaffungsbetrag K_I bei dieser Investition mit einem Satz (r) verzinst, der mindestens so hoch ist wie der Marktzins (i).

Daraus ergibt sich das folgende – stark vereinfachte – Investitionskalkül:

Unter Benutzung des Marktzinssatzes (i) lässt sich der *Gegenwartswert* (B) der erwarteten Nettoerträge bei einer Nutzungsdauer von n Jahren wie folgt errechnen:

$$B = \frac{E_1}{(1+i)} + \frac{E_2}{(1+i)^2} + \ldots + \frac{E_n}{(1+i)^n} = \sum_{t=1}^{n} \frac{E_t}{(1+i)^t}. \qquad (12.11)$$

Vergleicht man den *Barwert* mit den *Anschaffungskosten* der Anlage, ist die Investition dann rentabel, wenn $B > K_I$ ist bzw. wenn mindestens $B = K_I$. gilt. Bei $B > K_I$ erwirtschaftet das Unternehmen einen Gewinn, der über dem Ertrag bei Anlage am Kapitalmarkt liegt, bei $B = K_I$ entspricht sein Gewinn dem Ertrag bei Anlage am Kapitalmarkt.

Nach einem anderen Verfahren wird statt des Marktzinssatzes (i) ein *Diskontierungsfaktor* (r) verwendet, der die Reihe der erwarteten Erträge der Investition den Beschaffungskosten gleich macht:

$$B = K_I = \frac{E_1}{(1+r)} + \frac{E_2}{(1+r)^2} + \ldots + \frac{E_1}{(1+r)^n} = \sum_{t=1}^{n} \frac{E_t}{(1+r)^t}. \qquad (12.12)$$

► r wird als **interner Zinsfuß** bezeichnet. Diese Größe gibt an, wie hoch die Verzinsung des Anschaffungsbetrags bei einer **Investition im Unternehmen** ist, während der **Marktzins** i angibt, wie hoch die Verzinsung bei einer **Anlage am Kapitalmarkt** ist.

Ist $r < i$, so wird die Investition unterbleiben, weil das dafür eingesetzte Kapital geringer verzinst wird als bei einer Anlage am Kapitalmarkt. Unter der Voraussetzung der Gewinnmaximierung wird ein Unternehmen nur dann investieren, wenn $r = i$ oder $r > i$ gilt.

Diese Zusammenhänge verdeutlicht das folgende Rechenbeispiel.

Beispiel

Eine Maschine mit einer Lebensdauer von 1 Jahr koste 10.000. Sie erbringe in diesem Zeitraum einen Nettoertrag von 11.000. Der Marktzinssatz betrage $i = 5\,\%$.

Berechnet man mit Hilfe von i den Barwert des Ertrags, so ergibt sich

$$B = \frac{11.000}{1 + 0{,}05} = 10.476.$$

Der Barwert des Nettoertrags übersteigt die Anschaffungskosten in Höhe von 10.000, d. h., die Investition erweist sich als vorteilhaft. Dies lässt sich gleichermaßen aus dem Vergleich von internem Zinssatz und Marktzins ableiten:

$$B = K_I = 10.000 = \frac{11.000}{1 + r}$$
$$10.000 \cdot (1 + r) = 11.000$$
$$r = 0{,}10 \text{ bzw. } 10\,\%.$$

Der *interne Zinssatz* (10 %) ist *höher* als der *Marktzins* (5 %), sodass sich die Investition lohnt.

Die hier dargestellten Elemente eines Investitionskalküls sind stark vereinfacht. In der *Realität* sind zusätzliche Erwägungen zu berücksichtigen, so z. B. Risikoeinschätzungen, Finanzierungskosten, Finanzierungsmöglichkeiten, Restwerte aus dem Verkauf einer Anlage. Vor allem ist zu bedenken, dass die Nettoerträge *geschätzte* Größen sind und dass je nach *Risikoeinschätzung* eine mehr oder weniger große *Sicherheitsmarge* in den Schätzungen der Erlöse und Kosten berücksichtigt wird oder aber eine entsprechend große *Differenz* zwischen *Rendite* und *Marktzinssatz* als *Risikoentschädigung* vorhanden sein muss.

12.2.2.3 Einzel- und gesamtwirtschaftliche Investitionsfunktionen

Mit der Investitionsfunktion wird unterstellt, dass die Investitionsgüternachfrage – einzel- und gesamtwirtschaftlich – vom Marktzinssatz (i) und vom internen Zinssatz (r) abhängt. Ist der interne Zinssatz gegeben ($r = \bar{r}$), so lautet die Investitionsfunktion:

$$I = I(i, \bar{r}); \quad \frac{dI}{di} < 0. \tag{12.13}$$

Bei *hohem Marktzinssatz* werden nur Investitionen mit einem hohen internen Zinssatz durchgeführt, bei *niedrigen Zinsen* kommen auch Investitionen mit einer niedrigeren Rendite zum Zuge. Entsprechend hat die gesamtwirtschaftliche Investitionsfunktion bei graphischer Darstellung einen fallenden Verlauf.

Eine *geschätzte* Investitionsfunktion für die Bundesrepublik Deutschland von 1970–2005 lautet[6]:

$$\begin{aligned} I &= I_0 + b \cdot i \\ I &= 94{,}59 - 12 \cdot i. \end{aligned} \tag{12.14}$$

[6] Diese langfristige empirische Investitionsfunktion, die die preisbereinigten privaten Ausrüstungs- und Bauinvestitionen (ohne Wohnungsbau) schätzt, enthält zusätzlich noch eine Trend-Variable und eine „dummy"-Variable für die Veränderung der Gebietsabgrenzung durch die Deutsche Einheit. Der Einfluss des Marktzinses auf die Investitionen ist zwar negativ, aber nicht signifikant. Vgl. Hardes, H.-D., & Uhly, A. (2007). *Grundzüge der Volkswirtschaftslehre* (9. Aufl.). München, Wien: Vahlen.

Die Zahlenwerte dieser Funktion mögen dazu dienen, die Begriffe zu veranschaulichen, die Lage und Verlauf der Investitionsfunktion bestimmen:

- Selbst bei einem Zinssatz von 0 steigt die Investitionsgüternachfrage nicht über einen bestimmten Betrag – hier 94,59 Mrd. € – hinaus, da auch dann nur solche Investitionen zum Zuge kommen, bei denen die Summe der Nettoerträge (mindestens) die Anschaffungskosten deckt.
- Eine Situation, in der der Zinssatz so hoch ist, dass die Investitionstätigkeit in einer Volkswirtschaft auf 0 zurückgeht, ist nicht vorstellbar, da immer bestimmte Investitionen durchgeführt werden, beispielsweise weil Unternehmen ohne den Ersatz wichtiger Maschinen die Produktion einstellen müssten oder weil sie andernfalls auf technische Neuerungen, die zu hohen Einsparungen führen, verzichten müssten. Daher ist es nicht sinnvoll, den Schnittpunkt der Investitionsfunktion mit der Ordinate dahingehend zu interpretieren. (In makroökonomischen Modellen werden Finanzierungsgrenzen der Investitionen häufig vernachlässigt, weil für die Gesamtwirtschaft unterstellt wird, dass das Bankensystem durch die Möglichkeit der Geldschöpfung diese Grenzen im erforderlichen Umfang hinausschieben kann.)
- Der Zahlenwert −0,12 kann als *marginale* Investitionsquote interpretiert werden. Sie gibt an, um wie viel die Investitionsnachfrage steigt, wenn der Zins fällt (und vice versa). Allerdings ist zu berücksichtigen, dass Lager-, Anlage- sowie Erweiterungs- und Rationalisierungsinvestitionen in der Realität *unterschiedlich* auf Zinsänderungen reagieren. Als besonders *zinsempfindlich* gelten langfristige Wohnungsbauinvestitionen (die bei der hier geschätzten Investitionsfunktion nicht berücksichtigt wurden), während Lagerinvestitionen von Zinsänderungen kaum berührt werden.

Änderungen der *Investitionsneigung* bewirken, dass bei jedem Zinssatz mehr bzw. weniger investiert wird. Sie äußern sich in einer *Änderung der Parameter* I_0 und b bzw. in einer *Verlagerung der Investitionsfunktion* in der grafischen Darstellung. Von den Einflussfaktoren, die den internen Zinsfuß und damit die Investitionsneigung beeinflussen, seien nur einige genannt:

- Die *wirtschaftlichen Erwartungen*: In einer Rezession herrschen teilweise psychologisch zu erklärende pessimistische Ertragserwartungen, sodass die Nachfragekurve nach Investitionsgütern sich nach links verschiebt.
- Der *Stand der Technik*: Bahnbrechende technische Neuerungen bewirken eine Verlagerung der Investitionsfunktion nach rechts.
- Das Ausmaß der *Unsicherheit*: Je größer die Unsicherheit über die weitere wirtschaftliche Entwicklung ist, umso größer ist der Sicherheitszuschlag, der entweder in den erwarteten Erträgen und Kosten berücksichtigt wird oder in der Forderung nach einer höheren Rendite seinen Niederschlag findet.

► Die Stärke der Reaktion der Investitionsgüternachfrage auf Zinsänderungen kann mit dem Begriff der **Zinselastizität der Investitionsgüternachfrage** erfasst werden. Sie ist das Verhältnis zwischen der relativen Änderung der Investitionsgüternachfrage und der sie auslösenden relativen Zinsänderung.

Die Zinselastizität der Investitionen ($\varepsilon_{I,i}$) beträgt:[7]

$$\varepsilon_{I,i} = \frac{dI}{I} : \frac{di}{i} = \frac{dI}{di} : \frac{I}{i}. \qquad (12.15)$$

Führt eine Zinssenkung von 1 % dazu, dass sich die Investitionen um 1 % oder mehr erhöhen, so bezeichnet man die Investitionsnachfrage als *zinselastisch*; steigen die Investitionen dagegen um weniger als 1 % oder gar nicht, so gilt die Investitionsnachfrage als *zinsunelastisch.*

Je nach Schule der makroökonomischen Theorie (vgl. Kap. 16) werden unterschiedliche Hypothesen über die Zinselastizität der Investitionen aufgestellt:

- Die erste Hypothese lautet, dass die Zinselastitzität der Investitionen von der Konjunktursituation abhängt. Während die Investitionen bei einer günstigen Wirtschaftsentwicklung zinselastisch sind, reagieren sie in einer tiefen Rezession (z. B. während der Weltwirtschaftskrise von 1929 oder nach der weltweiten Finanzkrise von 2008) kaum oder gar nicht auf Zinssenkungen. Der Grund ist, dass die Unternehmen bei stark unterausgelasteten Anlagen von einer Erweiterung ihrer Kapazitäten keine oder kaum zusätzliche Erträge erwarten.
- Die zweite Hypothese geht dagegen von einer durchgehend hohen Zinselastizität der Investitionsnachfrage aus.

Diese unterschiedlichen Annahmen hinsichtlich der Zinselastizität der Investitionen führen – wie wir noch zeigen werden – zu *unterschiedlichen wirtschaftspolitischen Empfehlungen.*

► Darüber hinaus gibt es eine weitere **Hypothese**, nach der die **Investitionen** von der **Höhe des Volkseinkommens abhängig** sind:

$$I = I(Y); \; \frac{dI}{dY} > 0. \qquad (12.16)$$

Begründet wird das mit der Überlegung, dass ein steigendes Volkseinkommen zu mehr Nachfrage führt und damit die Ertragserwartungen der Unternehmen verbessert. Entsprechend lohnt es sich für die Unternehmen, ihren Sachkapitalbestand auszuweiten, d. h. (zusätzliche) Nettoinvestitionen zu tätigen.

[7] Vgl. zum Elastizitätsbegriff im Beitrag „Mikroökonomie" Abschn. 4.7.

▶ Bei einer speziellen Form dieser Hypothese, dem **Akzeleratorprinzip**, wird unterstellt, dass jede Veränderung des Nationaleinkommens in bestimmtem, von der Produktionstechnik abhängigem Umfang, zu Investitionen führt:

$$I = a \cdot \Delta Y; \; a > 0. \tag{12.17}$$

Dabei wird der Faktor a als *Akzelerator* bezeichnet.

Entsprechend nehmen die geplanten Investitionen zu, wenn das Nationaleinkommen gegenüber der Vorperiode steigt; sie bleiben gleich, wenn das Nationaleinkommen stagniert, und sie sinken in einer schrumpfenden Wirtschaft.[8]

Zahlreiche *empirische Tests* finden die Akzelerator-Hypothese für die Bundesrepublik (und andere Länder) bestätigt.[9] Besonders in Phasen der Unterbeschäftigung bzw. bei normaler Auslastung der Kapazitäten richten die Unternehmen ihre Investitionsentscheidungen nach der erwarteten Entwicklung der gesamtwirtschaftlichen Nachfrage. (Nur in Phasen überwiegender Voll- und Überbeschäftigung, wie in den 1960er-Jahren in der Bundesrepublik, galt eher eine Investitionsfunktion vom Typ I(i), bei der der zur Verfügung gestellten Geldmenge und den Zinskosten größere Bedeutung zukommt.)

Für die Anwendung der Investitionsfunktion in der *Wirtschaftspolitik* gilt ähnlich wie für die Konsumfunktion: Die *Parameter* der Investitionsfunktion können sich kurzfristig ändern, ohne dass diese Änderungen in einer Prognose zahlenmäßig erfasst werden können.

Eine *vollständige* Behandlung der *gesamtwirtschaftlichen Nachfrage* müsste an dieser Stelle zusätzlich die geplante Nachfrage des Staates nach Gütern und Dienstleistungen (G) und die Nachfrage des Auslands (X) berücksichtigen. Die Wirkungen dieser Nachfragekomponenten werden in Abschn. 12.5 analysiert.

12.3 Das gesamtwirtschaftliche Angebot

Lernziele

Ein Marktmodell ist durch die Zusammenführung von Angebot und Nachfrage gekennzeichnet. Nach der Nachfrage sollen Sie sich nun mit der Angebotsseite des Marktmodells vertraut machen.

[8] Das Akzeleratorprinzip spielt zusammen mit dem Multiplikatorprinzip eine wichtige Rolle in der Konjunkturtheorie.

[9] Vgl. Teichmann, U. (1997) *Grundriß der Konjunkturpolitik* (5. Aufl., S. 49). München: Oldenbourg.

Sie erfahren,

- von welchen Bestimmungsfaktoren das gesamtwirtschaftliche Angebot abhängt;
- wie die gesamtwirtschaftliche Produktionsfunktion lautet;
- was man unter dem Produktionspotenzial einer Volkswirtschaft versteht.

Die Angebotsmenge an Konsum- und Investitionsgütern wird in jeder Periode durch die *produktionstechnischen Möglichkeiten* einer Volkswirtschaft begrenzt. Bei kurzfristiger Betrachtung werden *Produktionstechnik* und *Ressourcen als konstant* angesehen, sodass die Höhe des *Kapitalstocks* und die Menge an *Arbeitsleistung* in einer Volkswirtschaft die Höhe des Nationaleinkommens begrenzen. (Dabei wird vereinfachend unterstellt, dass nur der Sektor Unternehmen produziert; der Produktionsbeitrag der Privaten Haushalte und des Staates wird vernachlässigt.) Der Zusammenhang zwischen dem realen Nationaleinkommen und dem Faktoreinsatz an Arbeit (A) und Kapital (K) wird durch die *Produktionsfunktion* erfasst. Sie lautet in ihrer allgemeinsten Form:

$$Y = Y(A, K). \tag{12.18}$$

► Kurz- und mittelfristig wird vereinfachend unterstellt, dass der Kapitalstock gegeben ist und die Investitionen keinen Kapazitätseffekt haben. Dann zeigt die Produktionsfunktion die Abhängigkeit der gesamtwirtschaftlichen Produktion (Y) von der eingesetzten Arbeitsmenge (z. B. in Stunden):

$$Y = Y(A, \bar{K}). \tag{12.19}$$

Im Allgemeinen wird eine *neoklassische Produktionsfunktion*, meist in der speziellen Form einer *Cobb-Douglas-Produktionsfunktion*[10], verwandt, für die gilt:

- Werden die Einsatzmengen aller Faktoren (Arbeit und Kapital) verdoppelt oder verdreifacht, führt dies zu einer Erhöhung des Nationaleinkommens im gleichen Umfang („linear-homogene Produktionsfunktion").
- Wird nur die Einsatzmenge *eines* Faktors – hier die *Arbeitsleistung* – bei Konstanz des Kapitalstocks erhöht, steigt das Nationaleinkommen mit *abnehmenden Zuwachsraten*. Anders ausgedrückt: Der *Grenzertrag* (bzw. das *Grenzprodukt*) des Faktors Arbeit *fällt* mit steigender Einsatzmenge. Das Gleiche gilt für das mit konstanten Preisen bewertete Grenzprodukt, das *Grenzwertprodukt* des Faktors Arbeit.

[10] Die Cobb-Douglas-Produktionsfunktion lautet: $Y^r = a \cdot A^b \cdot K^c$ mit $a > 0$, $0 < b < 1$, $0 < c < 1$. Wir betrachten hier eine linear-homogene Cobb-Douglas-Produktionsfunktion, für die gilt: $b + c = 1$. Vgl. dazu auch Abschn. 5.3.1 im Beitrag „Mikroökonomie".

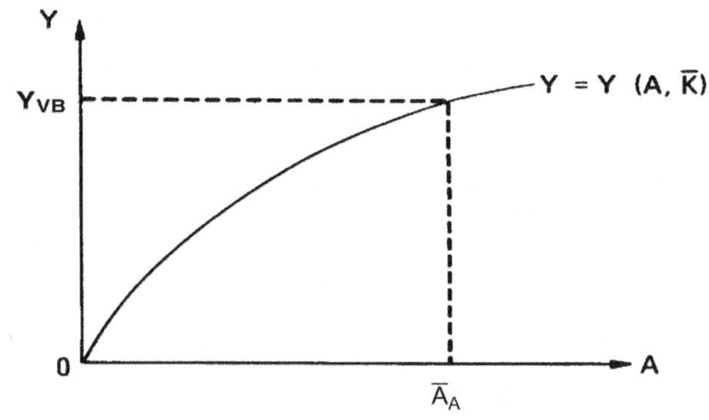

Abb. 12.3 Die gesamtwirtschaftliche Produktionsfunktion

Abb. 12.3 zeigt den Verlauf der gesamtwirtschaftlichen Produktionsfunktion. Sie endet im Punkt $\bar{A}_A$, in dem das gesamte Arbeitsangebot der Haushalte genutzt wird und somit *Vollbeschäftigung* herrscht. Statt von einer *Produktionsfunktion* kann man auch von einer gesamtwirtschaftlichen *Angebotsfunktion* sprechen, da die Faktoreinsatzmenge an Arbeit (oder die Arbeitsnachfrage) die Ausbringungsmenge und damit das Güterangebot bestimmt.

Über welche *Kapazitäten* eine Volkswirtschaft verfügt und wie stark diese *ausgelastet* sind, lässt sich mit Hilfe der Begriffe Vollbeschäftigungseinkommen, Produktionspotenzial und Auslastungsgrad erklären:

- Unter dem **Vollbeschäftigungseinkommen** (Y_{VB}) versteht man das Nationaleinkommen, das bei Einsatz des gesamten Arbeitsangebotes der Haushalte $\bar{A}_A$ erstellt werden kann.

Für empirische Untersuchungen wird anstelle des Vollbeschäftigungseinkommens das gesamtwirtschaftliche Produktionspotenzial verwendet[11].

- Unter dem **Produktionspotenzial** versteht man das Bruttoinlandsprodukt, das mit Hilfe des Kapitalstocks (Sachkapazität) einer Volkswirtschaft bei voller Auslastung erstellt werden kann.

Es ergibt sich nach den Berechnungen des Sachverständigenrats aus dem Produktionspotenzial der *Unternehmen*, der Privaten *Haushalte* und des *Staates*. Für den Staat, die Privaten Haushalte und die Wohnungsvermietung wird unterstellt, dass sie ihr *Potenzial* stets *voll auslasten,* sodass es mit ihrem *Beitrag* zum *Bruttoinlandsprodukt* identisch ist. Lediglich bei den *Unternehmen* kann der *Auslastungsgrad* des Produktionspotenzials unter 100 % liegen. Ist dies der Fall, ist das tatsächlich realisierte Bruttoinlandsprodukt geringer als das mögliche.

[11] In einer anderen Abgrenzung hängt das Produktionspotenzial von der Auslastung des Kapitalstocks $\bar{K}$ und des Arbeitsangebots $\bar{A}_A$ ab.

► Der **Auslastungsgrad des Produktionspotenzials** wird demnach bestimmt durch die Relation Produktionspotenzial/Bruttoinlandsprodukt in Prozent.

12.4 Gleichgewicht im einfachen Gütermarktmodell

In diesem Abschnitt und in Kap. 15 wird abgeleitet, unter welchen Bedingungen am *Gütermarkt Gleichgewicht* besteht, d. h. die Pläne der Wirtschaftssubjekte „aufgehen", sodass für sie kein Anlass besteht, ihr Verhalten zu verändern. Dies wird erst erforderlich, wenn *Gleichgewichtsstörungen* auftreten, weil sich grundlegende Daten in der Volkswirtschaft verändert haben.

So kann beispielsweise eine optimistischere Einschätzung der zukünftigen Wirtschaftsentwicklung die Unternehmen veranlassen, ihre Investitionsnachfrage auszuweiten, der Staat kann seine Ausgaben erhöhen oder das Ausland kann mehr inländische Produkte nachfragen. Nach solchen Datenänderungen wird ein neues Gleichgewicht, ein neuer „Ruhezustand", am Gütermarkt erst nach einem *längeren Anpassungsprozess* erreicht, in dessen Verlauf die Wirtschaftssubjekte ihr Verhalten mehrfach ändern müssen.

Die Analyse dieser Zusammenhänge wird hier zunächst für das bisher betrachtete einfache Gütermarktmodell durchgeführt, das nur Konsumausgaben und von der Höhe des Zinssatzes unabhängige Investitionen berücksichtigt. In Abschn. 12.5 erfolgt dann eine schrittweise Annäherung an die Realität, indem die Staatstätigkeit, Außenhandelsbeziehungen und schließlich zinsabhängige Investitionen in die Betrachtung einbezogen werden.

12.4.1 Die Bestimmung des Gleichgewichtseinkommens

Lernziele
Nach dem Durcharbeiten dieses Abschnitts sollen Sie in der Lage sein,

- zu erkennen, dass eine statische Analyse die Bedingungen für eine Gleichgewichtssituation nennt;
- das Gleichgewichtseinkommen für das einfache Gütermarktmodell algebraisch und grafisch zu bestimmen;
- die Ex-post-Gleichheit von Investitionen und Ersparnissen von einem Ex-ante-Gleichgewicht zwischen Investitionen und Ersparnissen zu unterscheiden;
- die Merkmale eines Ungleichgewichts auf dem Gütermarkt zu nennen und Expansions- bzw. Kontraktionslücken zu erkennen.

Aus der Mikroökonomie ist bekannt, wann sich ein Markt im Gleichgewicht befindet:

► Auf einem Markt herrscht **Gleichgewicht**, wenn die zu einem bestimmten Preis geplante Angebotsmenge gleich der zu diesem Preis geplanten Nachfragemenge ist.

Von einem *gesamtwirtschaftlichen* Gleichgewicht kann man in einer zweifachen Bedeutung sprechen:

- Erstens kann darunter verstanden werden, dass jedes *einzelne* Wirtschaftssubjekt seinen Angebots- bzw. Nachfrageplan realisieren kann. Dann liegt ein gesamtwirtschaftliches *Mikro*gleichgewicht vor.
- Zweitens liegt ein gesamtwirtschaftliches Makrogleichgewicht vor, wenn die in dem Modell betrachteten *Aggregate* übereinstimmen. Man geht dann davon aus, dass positive und negative Abweichungen zwischen den Einzelplänen sich ausgleichen.

Gemäß der zweiten Definition befindet sich der gesamtwirtschaftliche Gütermarkt im Gleichgewicht, wenn geplantes Angebot (Y = Nationaleinkommen) und geplante Nachfrage (N = C + I) übereinstimmen:

$$Y = C + I. \tag{12.20}$$

Im Folgenden geht es darum, das Nationaleinkommen bzw. das Volkseinkommen zu bestimmen, das diese Gleichgewichtsbedingung für den Gütermarkt erfüllt, das so genannte *Gleichgewichtseinkommen*.

Dabei wird die Konsumgüternachfrage durch die bereits bekannte Konsumfunktion erfasst:

$$C = c_0 + c_1 Y = 100 + 0{,}8Y$$

und (zunächst) vereinfachend unterstellt, dass die Investitionen autonom sind:

$$I = I_0 = 90.$$

Die Gleichung für die Bestimmung des Gleichgewichtseinkommens Y_0 lässt sich dann wie folgt ableiten:

$$\begin{aligned} Y &= c_0 + c_1 Y + I \\ Y - c_1 Y &= c_0 + I \\ Y \cdot (1 - c_1) &= c_0 + I \\ Y_0 &= \frac{1}{1 - c_1} \cdot (c_0 + I). \end{aligned} \tag{12.21}$$

Entsprechend gilt für unser Zahlenbeispiel:

$$Y_0 = \frac{1}{1 - 0{,}8} \cdot (100 + 90) = 950. \tag{12.22}$$

Wenn die *marginale Konsumquote* c_1 steigt (fällt), gehört zu den gegebenen Werten von c_0 und I ein höheres (niedrigeres) Gleichgewichtseinkommen. (Für $c_1 \leq 0$ und $c_1 \geq 1$ ergibt sich kein ökonomisch sinnvoller Wert für Y_0.)

Zur grafischen Bestimmung des Gleichgewichtseinkommens werden auf der Abszisse die Werte für die Höhe des Einkommens abgetragen (vgl. Abb. 12.4). Auf der Ordinate steht die geplante *Nachfrage* nach Konsum- und Investitionsgütern ($N_{gepl} = C + I$). Das geplante *Angebot* A_{gepl} entspricht der tatsächlichen Produktion, mit der wiederum Einkommen in gleicher Höhe verbunden ist; es kann somit durch die 45°-Linie abgebildet werden. Das Gleichgewichtseinkommen liegt entsprechend im Schnittpunkt der Angebots- mit der Nachfragekurve und beträgt in unserem Beispiel $Y_0 = 950$. Bei diesem Einkommenswert ist die Gleichgewichtsbedingung $Y = C + I$ erfüllt.

Das Gleichgewichtseinkommen kann auch unter Verwendung der *Sparfunktion* bestimmt werden. Den *Privaten Haushalten* fließt das gesamte Einkommen aus der Pro-

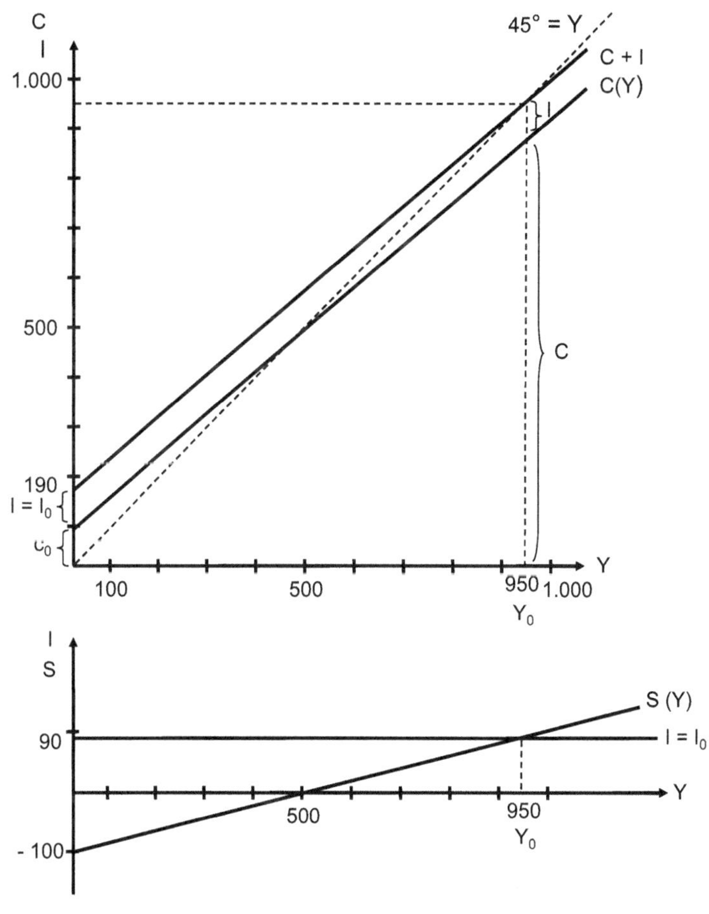

Abb. 12.4 Die Bestimmung des Gleichgewichtseinkommens

duktion von Gütern und Dienstleistungen (einschließlich der Gewinne) zu. Sie können es entweder für Konsumgüterkäufe verwenden oder sparen ($Y = C + S$). Im Fall von Ersparnissen ist die Konsumgüternachfrage geringer als das gesamtwirtschaftliche Angebot; es besteht eine *Nachfragelücke* oder *Kontraktionslücke.* Damit Gleichgewicht auf dem Gütermarkt erreicht wird, müssen die Unternehmen diese Nachfragelücke durch Investitionsgüterkäufe füllen, d. h., es muss gelten:

$$\begin{aligned} I = S &= s_0 + s_1 Y \\ 90 &= -100 + 0{,}2Y. \end{aligned} \tag{12.23}$$

Daraus ergibt sich für das Gleichgewichtseinkommen:

$$\begin{aligned} Y_0 &= \frac{1}{s_1} \cdot (-s_0 + I) \\ &= \frac{1}{0{,}2} \cdot (-(-100) + 90) = 950. \end{aligned} \tag{12.24}$$

Grafisch ergibt sich das Gleichgewichtseinkommen aus dem Schnittpunkt von Sparfunktion und Investitionsfunktion (vgl. Abb. 12.4). Hier stimmen *geplante* Ersparnisse und *geplante* Investitionen überein, d. h., sie sind bereits *ex ante* gleich.

Davon ist streng zu unterscheiden, dass Investitionen und Ersparnisse in einer Volkswirtschaft *ex post* immer übereinstimmen (müssen). Entscheidend ist, dass es sich hier um *realisierte* Ersparnisse und *realisierte* Investitionen handelt, wie sie z. B. im Rahmen des Volkswirtschaftlichen Rechnungswesens erfasst werden, und eben nicht um geplante Ersparnisse und geplante Investitionen.

► Stimmen geplante Ersparnisse und geplante Investitionen und damit auch geplantes Angebot und geplante Nachfrage ex ante nicht überein, so wird die ex post beobachtbare Gleichheit von realisierten Ersparnissen und realisierten Investitionen durch **ungeplante** Investitionen und/oder **ungewollte Ersparnisse** herbeigeführt.

Gehen wir zunächst von dem Fall aus, dass die geplante Nachfrage nach Konsum- und Investitionsgütern in einer Periode größer als das geplante Angebot ist, sodass $I_{gepl} > S_{gepl}$ gilt. Dies ist in Abb. 12.5 bei Y_1 der Fall. Das – gemessen an der Nachfrage – zu kleine Angebot hat dann zur Folge:

- Die Haushalte *müssen mehr sparen* als sie geplant hatten, d. h. zusätzlich ungeplant sparen. So kann es sein, dass sie ein Produkt aufgrund von Lieferfristen nicht mehr in dieser Periode erhalten und damit – ungeplant – mehr sparen. Lassen wir Preisänderungen zu, so ist auch denkbar, dass die Unternehmen aufgrund der unerwartet hohen Nachfrage die Preise erhöhen. Als Folge erhalten die Haushalte zwar nominal für den

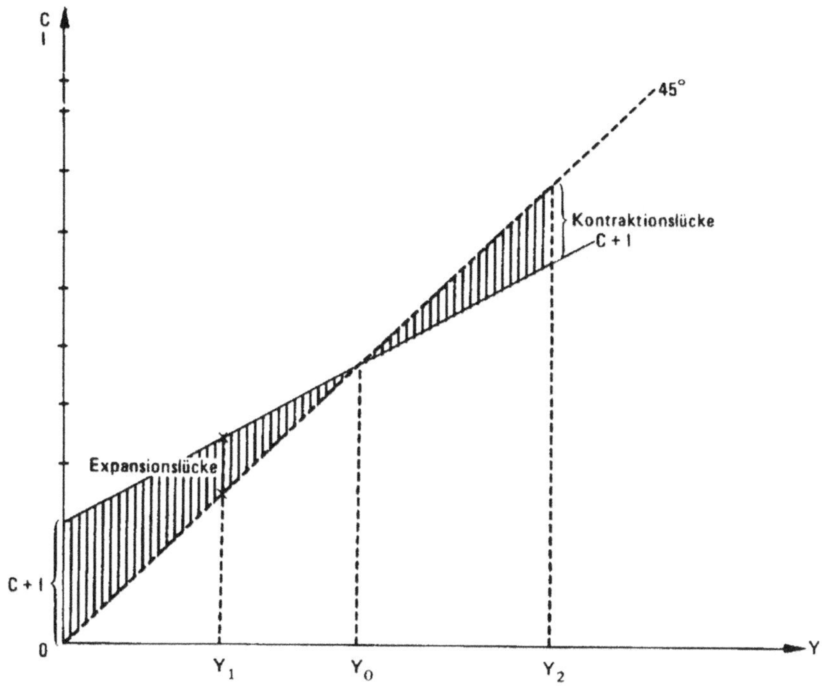

Abb. 12.5 Gleichgewichtseinkommen, Expansions- und Kontraktionslücke

geplanten Betrag Konsumgüter, aber real bekommen sie weniger.[12] In beiden Fällen gilt:

$$I_{gepl} = S_{gepl} + \underset{(+)}{S_{ungepl}}. \tag{12.25}$$

- Die Unternehmen können *weniger investieren* als sie *geplant* hatten. Weil ihnen die Konsumenten und die Investoren die Ware „aus den Händen reißen", werden sie ihr Lager stärker abbauen (oder weniger aufbauen) als geplant und damit eine negative ungeplante Investition vornehmen. Entsprechend gilt:

$$I_{gepl} + \underset{(-)}{I_{ungepl}} = S_{gepl}. \tag{12.26}$$

Das Auftreten ungeplanter Größen veranlasst die Wirtschaftssubjekte, ihre Planung zu verändern. In unserem Beispiel bewirkt die unerwartet hohe Nachfrage (und der damit einhergehende Lagerabbau) eine *Ausdehnung der Produktion* und der *Beschäftigung*, d. h. eine *Expansion*.

[12] Das macht das folgende Beispiel deutlich: 1 Liter Diesel kostet 0,80 €, sodass die Haushalte für 1.250 Liter Konsumausgaben von 1.000 € planen. Nachdem der Dieselpreis um 25 % auf 1 € erhöht wurde, erhalten die Haushalte zwar nominal für 1.000 € Diesel, aber real bekommen sie nur noch 1.000 Liter.

▶ Daher spricht man von einer **Expansionslücke**, wenn die geplante Nachfrage größer als das geplante Angebot ist. Sie beträgt z. B. $(C+I)-Y_1$ (vgl. Abb. 12.5).

▶ Eine **Kontraktionslücke** tritt auf, wenn die geplante Nachfrage kleiner ist als das geplante Angebot. Sie beträgt z. B. $Y_2-(C+I)$ (vgl. Abb. 12.5).

In diesem Fall wird die Ex-post-Gleichheit von Investitionen und Ersparnissen dadurch erreicht, dass die Unternehmen einen Teil ihres Angebots nicht absetzen können und damit ungeplante (Lager-)Investitionen tätigen, sodass gilt:

$$I_{gepl} + \underset{(+)}{I_{ungepl}} = S_{gepl}. \tag{12.27}$$

Das wird die Unternehmen in den folgenden Perioden zu weniger Produktion und Beschäftigung veranlassen, was gesamtwirtschaftlich zu einer Kontraktion führt.

Um die Aussage des Gütermarktmodells richtig zu verstehen und zu verwenden, sind einige Anmerkungen notwendig.

▶ Alle Funktionen des Modells sind statisch, gelten also nur für eine Periode. Gefragt wird, welche Höhe das Einkommen haben muss, damit bei einem bestimmten Nachfrageverhalten der Haushalte und Unternehmen ein Gleichgewicht auf dem Gütermarkt vorliegt.

Das Gleichgewichtseinkommen ergibt sich *zwangsläufig* aus den *Definitionen* und *Annahmen* des Modells. Aussagefähig für die *Realität* ist es nur dann, wenn die *Verhaltensgleichungen* das Verhalten der Wirtschaftssubjekte zutreffend beschreiben und wenn *Vereinfachungen*, wie z. B. die Vernachlässigung der Staatstätigkeit und des Außenhandels, aufgehoben werden.

Ein umfassendes Modell könnte dann dazu benutzt werden, eine bestimmte Höhe des Nationaleinkommens bzw. Volkseinkommens als *Zielvariable* vorzugeben und die anderen Variablen, z. B. Konsum- und Investitionsgüternachfrage, zur Erreichung dieses Gleichgewichts einzusetzen.

Zur Beseitigung einer Kontraktionslücke wäre es demnach erforderlich, die private Konsum- und Investitionsgüternachfrage mit Hilfe geld- und fiskalpolitischer Maßnahmen zu erhöhen (oder durch außenwirtschaftliche Maßnahmen den Export anzuregen und/oder durch höhere Staatsausgaben eine verbleibende Lücke in der Gesamtnachfrage zu schließen).

Zusammenfassung
In Abb. 12.6 wird noch einmal deutlich, wie die verschiedenen Verhaltensannahmen Angebot, Nachfrage und Gleichgewicht am Gütermarkt bestimmen.

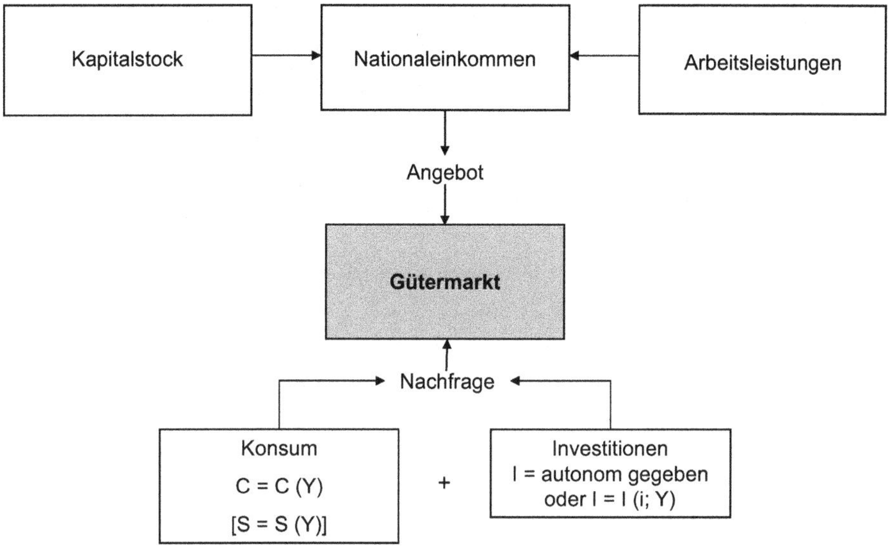

Abb. 12.6 Angebot und Nachfrage bestimmen das Gleichgewichtseinkommen

12.4.2 Störungen des Gleichgewichts

Lernziele
Durch das Studium dieses Abschnitts erhalten Sie Informationen, wie sich Änderungen von autonomen Investitionen und autonomem Konsum auf das Gleichgewichtseinkommen auswirken. Sie erfahren im Einzelnen,

- wie der Anpassungsprozess nach dem Multiplikatorprinzip abläuft;
- wie sich Verzögerungen auf den Anpassungsprozess auswirken.

12.4.2.1 Komparativ-statische Analyse

In diesem Abschnitt werden Änderungen exogener Größen eingeführt, um festzustellen, wie sich dadurch das Gleichgewichtseinkommen verändert.

► Eine Analyse, die die Gleichgewichtswerte vor und nach einer Datenänderung vergleicht, wird als **komparativ-statische Analyse** bezeichnet.

In unserem einfachen Modell sind nur zwei *Verhaltensänderungen* denkbar:

- die Unternehmen planen höhere (oder niedrigere) Investitionsausgaben,
- die Haushalte planen höhere (oder niedrigere) Konsumausgaben.

Wir analysieren hier zunächst, wie sich eine Erhöhung der autonomen Investitionen um einen Betrag ΔI auf das Gleichgewichtseinkommen auswirkt, wenn alle anderen Größen (c_0 und c_1) unverändert bleiben. Dazu gehen wir von der im letzten Abschnitt abgeleiteten Gleichung für das Gleichgewichtseinkommen (Y_0) aus:

$$Y_0 = \frac{1}{1 - c_1} \cdot (c_0 + I). \qquad (12.28)$$

Um das neue Gleichgewichtseinkommen (Y_1) zu ermitteln, setzen wir die erhöhten Investitionsausgaben in die Gl. 12.28 ein.

$$Y_1 = \frac{1}{1 - c_1} \cdot (c_0 + I + \Delta I) \qquad (12.29)$$

Bildet man die Differenz zwischen dem alten und dem neuen Gleichgewichtseinkommen, erhält man die Einkommenserhöhung, die auf Grund der zusätzlichen Investitionen entsteht. Sie beträgt:

$$\Delta Y = Y_1 - Y_0 = \frac{1}{1 - c_1} \cdot \Delta I = \frac{1}{s_1} \cdot \Delta I. \qquad (12.30)$$

Beispiel

In einer Volkswirtschaft betrage das Gleichgewichtseinkommen (wie bisher) $Y_0 = 950$ ($c_0 = 100$; $c_1 = 0{,}8$; $I = 90$). Erhöhen die Unternehmen ihre autonomen Investitionen um $\Delta I = 20$, so erhöht sich das Gleichgewichtseinkommen um

$$\Delta Y = \frac{1}{1 - 0{,}8} \cdot 20 = \frac{1}{0{,}2} \cdot 20 = 100. \qquad (12.31)$$

Wir stellen fest, dass eine Erhöhung der Investitionsausgaben um $\Delta I = 20$ das Gleichgewichtseinkommen um 100 und damit um das Fünffache von ΔI erhöht. (Eine Senkung der Investitionsausgaben um 20 hätte entsprechend ein um 100 niedrigeres Gleichgewichtseinkommen zur Folge.)

▶ Die Größe $1/(1 - c_1) = 1/s_1$ wird als **(Investitions-)Multiplikator** bezeichnet, der angibt, um das Wievielfache der Zunahme (Abnahme) der autonomen Investitionen sich das Gleichgewichtseinkommen erhöht (verringert).

Der Multiplikator ist umso größer, je höher die marginale Konsumquote ist bzw. je niedriger die marginale Sparquote ist. So beträgt der Investitionsmultiplikator beispielsweise für $c_1 = 0{,}5$ nur 2 und steigt für $c_1 = 0{,}9$ auf 10.

Aus Formel für den Multiplikator lassen sich zwei Grenzfälle ableiten (die allerdings mit der Vorgabe des Wertebereichs für die marginale Konsumquote $0 < c_1 < 1$ ausgeschlossen wurden):

- Der Multiplikator wird unendlich groß, wenn die marginale Konsumquote 1 ist (und entsprechend die marginale Sparquote 0 beträgt), d. h. wenn der gesamte Einkommenszuwachs, der durch ΔI entsteht, konsumiert wird.
- Der Multiplikator wird zu 1, wenn $c_1 = 0$ ist und $s_1 = 1$ beträgt, d. h. wenn der gesamte Einkommenszuwachs gespart wird.

Der Multiplikator lässt sich auch grafisch ableiten. Wir gehen dazu von der Bestimmung des Gleichgewichtseinkommens in Abb. 12.7 aus. Eine Erhöhung der autonomen Investitionen um $\Delta I = 20$ führt zu einer Parallelverschiebung der Nachfragekurve um ΔI. Diese neue Nachfragekurve schneidet die Angebotskurve (45°-Linie) bei dem neuen Gleichgewichtseinkommen $Y_1 = 1.050$.

Wir finden den Einfluss der marginalen Konsum- bzw. Sparquote auf den Multiplikator und damit das Gleichgewichtseinkommen bestätigt: Je größer c_1 ist, umso steiler verläuft die Nachfragekurve (C+I) und bei einem umso größeren Wert schneiden sich die neue Nachfragekurve und die neue Angebotskurve (45°-Linie).

In analoger Weise können wir ableiten, wie sich das Gleichgewichtseinkommen verändert, wenn die Haushalte einen zusätzlichen autonomen Konsum in Höhe von Δc_0 planen:

$$\Delta Y = \frac{1}{1 - c_1} \cdot \Delta c_0 = \frac{1}{s_1} \cdot \Delta c_0. \tag{12.32}$$

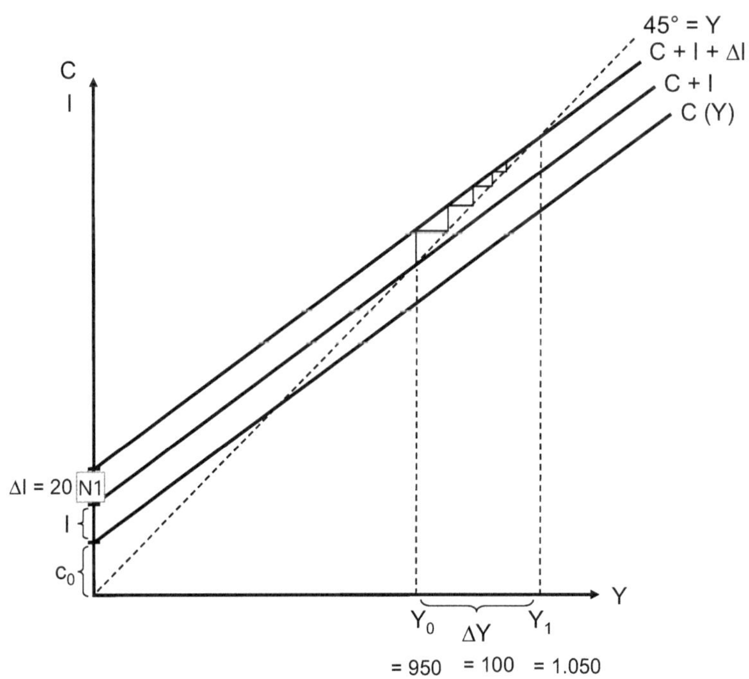

Abb. 12.7 Auswirkungen einer Investitionssteigerung auf das Gleichgewichtseinkommen

Die Erhöhung des Gleichgewichtseinkommens beträgt wieder das $1/(1-c_1)$- bzw. das $1/s_1$-fache der Konsumänderung, d. h. Investitions- und Konsummultiplikator sind – wie Gl. 12.28 bereits vermuten lässt – gleich hoch.

12.4.2.2 Verlaufsanalyse

Erkenntnisse über den Ablauf des Multiplikatorprozesses lassen sich nur in einer dynamischen Analyse gewinnen. Wir fragen also, wie Haushalte und Unternehmen im Zeitablauf auf eine Änderung (hier eine Erhöhung) der Investitionsausgaben reagieren. Da ihre Anpassungsreaktionen Zeit beanspruchen, müssen wir Verzögerungen in das Modell einführen. Vereinfachend wird angenommen, dass der Konsum mit einer zeitlichen Verzögerung von einer Periode auf Einkommensänderungen reagiert,[13] während alle anderen Reaktionen, insbesondere die der Produktion, ohne zeitliche Verzögerung erfolgen.

Tab. 12.2 zeigt den Anpassungsprozess nach einer Erhöhung der Investitionsausgaben in einer Volkswirtschaft um 100. Das Ausgangs-Gleichgewichtseinkommen in der Periode 0 beträgt $Y_0 = 1.000$, davon entfallen nach der Konsumfunktion ($C = 100 + 0{,}8Y$) 900 auf Konsumausgaben und 100 auf die Investitionsgüternachfrage.

In *Periode 1* steigen die Investitionsausgaben um $\Delta I = 100$ auf 200. In den folgenden Perioden bleibt die Investitionsgüternachfrage auf dieser Höhe. Die Erhöhung ist also von Dauer. Die Produzenten erhöhen ihre Produktion in Periode 1 entsprechend ebenfalls um 100. Das Einkommen steigt um 100 auf 1.100.

In *Periode 2* veranlasst die Erhöhung des Volkseinkommens die Privaten Haushalte, ihre *Konsum*ausgaben um $c_1 \cdot \Delta Y_1 = 80$ auf 980 auszuweiten. Entsprechend erhöht sich die

Tab. 12.2 Multiplikatorprozess nach einer autonomen Investitionserhöhung

Variable	Investitionen I_t	Konsum $C_t = c_0 + c_1 \cdot Y_{t-1}$	Ersparnis $S_t = s_0 + s_1 \cdot Y_{t-1}$	Volkseinkommen $Y_t = C_t + I_t$
Periode	$I + \Delta I$	$C + \Delta C$	$S + \Delta S$	$Y + \Delta Y$
0	100	900	100	1.000
1	200	900	100	1.100
2	200	980	120	1.180
3	200	1.044	136	1.244
4	200	1.095,2	148,8	1.295,2
5	200	1.136,2	158,8	1.336,2
•	•	•	•	•
•	•	•	•	•
•	•	•	•	•
∞	200	1.300	200	1.500

[13] Es könnte auch angenommen werden, dass die Unternehmen mit einer zeitlichen Verzögerung von einer Periode auf die Nachfrageänderung reagieren, während alle anderen Reaktionen ohne zeitliche Verzögerung erfolgen. Eine solche Verzögerung würde zu einem etwas anderen Verlauf des Multiplikatorprozesses als dem in Tab. 12.2 dargestellten führen.

geplante *Ersparnis* um $s_1 \cdot \Delta Y_1 = 20$ auf 120, und das Einkommen steigt auf $Y_2 = 1.180$. (Von der Einkommenserhöhung um 180 (gegenüber Periode 0) sind 100 auf die Investitionserhöhung in Periode 1 und 80 auf die Konsumsteigerung in Periode 2 zurückzuführen.)

In *Periode 3* führt der Einkommensanstieg (aus Periode 2) zu einer Erhöhung der Konsumausgaben um $0{,}8 \cdot 80 = 64$ und zu einer Erhöhung des Einkommens um den gleichen Betrag. Die (kumulierten) Änderungen gegenüber der Periode 0 betragen für den Konsum jetzt $80 + 64 = 144$ und für das Volkseinkommen $100 + 80 + 64 = 244$.

Der Prozess endet bei einem Gleichgewichtseinkommen von 1.500. Es hat sich damit um 500 gegenüber dem Ausgangseinkommen erhöht. Diese Werte ergeben sich auch, wenn man den Einkommenszuwachs mit Hilfe der Multiplikatorformel berechnet.

$$\Delta Y = \frac{1}{1 - c_1} \cdot \Delta I = \frac{1}{s_1} \cdot \Delta I = \frac{1}{0{,}2} \cdot 100 = 500 \tag{12.33}$$

Auch wenn das neue Gleichgewichtseinkommen theoretisch erst nach *unendlich* vielen Perioden erreicht wird, sind die Einkommenssteigerungen in den ersten Perioden am höchsten, und der *Endwert* ist dadurch bereits nach *wenigen* Perioden nahezu erreicht.

Vergleicht man die Zahlenwerte für die *geplante Investition* und die *geplante Ersparnis* während des Multiplikatorprozesses, so ist festzustellen, dass die Gleichgewichtsbedingung $I_{gepl} = S_{gepl}$ nur am Anfang und Ende des Multiplikatorprozesses (bei den Gleichgewichtseinkommen 1.000 und 1.500) erfüllt ist. In den anderen Perioden übersteigt die Investition jeweils die Ersparnis, d. h., es liegt in jeder dieser Perioden eine *Expansionslücke* vor (vgl. Abschn. 12.4), die durch eine *ungeplante Ersparnis* geschlossen wird.

Beispiel

In der 1. Periode planen die Haushalte eine Ersparnis von 100 und Konsumausgaben in Höhe von 900. Da ihnen aber auf Grund der zusätzlichen Investition ein Volkseinkommen von 1.100 zufließt, beträgt die Ersparnis 200 (zu S_{gepl} von 100 kommen S_{ungepl} von 100). Damit ist die Ex-post-Gleichheit von Investitionen und Ersparnis hergestellt.

Sowohl Tab. 12.2 als auch Abb. 12.7 lassen erkennen, dass die Expansionslücke im Verlauf des Multiplikatorprozesses immer kleiner wird. Denn in jeder Periode wird ein Teil des zusätzlichen Einkommens (für $s_1 = 0{,}2$ 20 %) nicht für einen höheren Konsum genutzt, sondern „versickert“ in der Ersparnis.

Abschließend sei betont, dass der Multiplikatorprozess mit der Annahme „steht und fällt“, dass der Konsum vom laufenden Einkommen abhängig ist. Nur dann führt eine Erhöhung der Produktion und des Einkommens zu einer höheren Konsumnachfrage, die dann wiederum eine weitere Ausweitung von Produktion, Einkommen und Konsumnachfrage bewirkt. Wird dagegen – wie bei der permanenten Einkommenshypothese – unterstellt, dass sich der Konsum am längerfristig erzielbaren Einkommen orientiert, so „verpuffen“ höhere Investitionen (oder höhere Staatsausgaben) schnell. Denn die Erhöhung von Produktion und laufendem Einkommen lassen das permanente, einem Wirtschaftssubjekt während seines Lebens durchschnittlich zufließende,

Einkommen kaum steigen; es kommt allenfalls zu einer geringfügig höheren Konsumnachfrage und „in der nächsten Runde“ steigen Produktion und Einkommen nur noch marginal.

12.5 Erweiterungen des einfachen Gütermarktmodells

12.5.1 Staat und Ausland

Lernziele

In diesem Abschnitt geht es darum, die Methodik des Multiplikatorprinzips auf eine Volkswirtschaft mit Staatstätigkeit und auf eine offene Volkswirtschaft anzuwenden.

Entsprechend sollten Sie nach der Bearbeitung dieses Abschnitts in der Lage sein,

- das einfache Gütermarktmodell um zusätzliche Verhaltensannahmen zu erweitern und jeweils das neue Gleichgewichtseinkommen zu berechnen;
- die verschiedenen Multiplikatoren auf Zahlenbeispiele anzuwenden und zu interpretieren;
- den Einfluss einer einkommensabhängigen Besteuerung sowie einkommensabhängiger Importe auf die verschiedenen Multiplikatoren zu analysieren.

Im Rahmen des Beitrages zum „Volkswirtschaftlichen Rechnungswesen“ wurde dargestellt, dass der *Staat* in vielfältiger Weise in den Gütermarkt eingreift:

- Er fragt Güter und Faktorleistungen nach, um seine Dienstleistungen für die Bürger zu produzieren.
- Er leistet Transferzahlungen, z. B. in Form von Sozialhilfe oder Wohngeld, aber vor allem in Form von Sozialversicherungsleistungen, wie Rente und Arbeitslosengeld, an die Privaten Haushalte.
- Er zahlt Subventionen an die Unternehmen.
- Er erzielt Einnahmen, insbesondere in Form von indirekten und direkten Steuern sowie Sozialversicherungsbeiträgen. Hinzu kommen Faktoreinkommen aus der Beteiligung an Unternehmen.

Des Weiteren leben wir in einer *offenen Volkswirtschaft*, d. h., wir *exportieren* in großem Umfang Güter, Dienstleistungen und Faktorleistungen in das Ausland und *importieren* von dort.

Dies lässt sich alles durch geeignete *Verhaltensgleichungen* in das makroökonomische Grundmodell „einbauen“ und führt dann zu sehr komplizierten Gleichungssystemen, die

die wirtschaftlichen Zusammenhänge in der Bundesrepublik Deutschland wesentlich realitätsnäher abbilden. So umfasst beispielsweise das ökonometrische Modell der Deutschen Bundesbank für die Bundesrepublik Deutschland mehr als 200 Gleichungen.[14]

Wir zeigen hier nur anhand einiger Beispiele, wie das einfache Gütermarktmodell erweitert wird und welche Auswirkungen das auf das Gleichgewichtseinkommen und die verschiedenen Multiplikatoren hat. (Eine etwas detailliertere Übersicht gibt Tab. 12.3; Abb. 12.8 zeigt das Gleichgewichtseinkommen bei staatlicher Aktivität.)

Dazu gehen wir (wie beim Multiplikatorprozess) von der Konsumfunktion $C = 100 + 0{,}8Y$ sowie einer autonomen Investitionsnachfrage von $I = 100$ aus. Das Gleichgewichtseinkommen beträgt dann in unserem Grundmodell:

$$Y_0 = \frac{1}{1 - c_1} \cdot (c_0 + I) = \frac{1}{1 - 0{,}8} \cdot (100 + 100) = 1.000. \tag{12.34}$$

Erweitern wir dieses Grundmodell um Aktivitäten des Staates, direkte Steuern ($T_{dir} = 80$), Transferleistungen ($Tr = 30$) und autonome Staatsausgaben ($G = 50$), so wird das *Angebot* am Gütermarkt davon nicht berührt und entspricht weiterhin dem Einkommen.

Bei der Ermittlung der Nachfrage ist zunächst zu berücksichtigen, dass das verfügbare Einkommen der Privaten Haushalte (Y_d) jetzt nicht mehr mit dem Volkseinkommen (Y) identisch ist, sondern sich von ihm durch die direkten Steuern und die Transfereinkommen unterscheidet:

$$Y_d = Y - T_{dir} + Tr. \tag{12.35}$$

Die Konsumfunktion in Abhängigkeit vom verfügbaren Einkommen lautet:

$$C = c_0 + c_1 Y_d = c_0 + c_1 \cdot Y - c_1 \cdot T_{dir} + c_1 \cdot Tr. \tag{12.36}$$

Verwendet man diese erweiterte Konsumfunktion und berücksichtigt die Staatsausgaben, so ergibt sich für die Nachfrage am Gütermarkt:

$$c_0 + c_1 \cdot Y - c_1 \cdot T_{dir} + c_1 \cdot Tr + I + G. \tag{12.37}$$

[14] Ökonometrische Modelle erhält man, wenn man ökonomische Modelle (wie das hier dargestellte makroökonomische Grundmodell) auf der Basis empirischer Daten numerisch konkretisiert. So wurde beispielsweise mit Hilfe empirischer Schätzungen ermittelt, dass die marginale Konsumquote für die Bundesrepublik 0,84 betrug oder die autonomen Investitionen in der Bundesrepublik einen Wert von 94,59 Mrd. € hatten (vgl. Abschn. 12.2.1.3 bzw. 12.2.2.3). Mit Hilfe solcher ökonometrischer Modelle lassen sich Prognosen machen, wie sich bestimmte wirtschaftspolitische Maßnahmen, z. B. eine Reform der Unternehmensbesteuerung, auf Wirtschaftswachstum und Beschäftigung auswirken, oder exogene Änderungen, z. B. eine starke Erhöhung des Ölpreises am Weltmarkt.

Tab. 12.3 Erweiterungen des einfachen makroökonomischen Grundmodells

	Konsumfunktion	Gesamtwirtsch. Nachfrage	Gesamtwirtsch. Angebot	Gleichgewichtseinkommen
Grundmodell				
	$C = c_0 + c_1 \cdot Y$	$c_0 + c_1 \cdot Y + I$	Y	$Y_0 = \frac{1}{1 - c_1} \cdot (c_0 + I)$
Erweiterungen um den Staat				
– Autonome Staatsausgaben G	$C = c_0 + c_1 \cdot Y$	$c_0 + c_1 \cdot Y + I + G$	Y	$Y_0 = \frac{1}{1 - c_1} \cdot (c_0 + I + G)$
– Autonome Staatsausgaben G – Erhebung direkter Steuern T_{dir} (Y_d = verfügbares Einkommen)	$C = c_0 + c_1 \cdot Y_d$ $= c_0 + c_1 \cdot (Y - T_{dir})$	$c_0 + c_1 \cdot (Y - T_{dir}) +$ $+ I + G$	Y	$Y_0 = \frac{1}{1 - c_1} \cdot (c_0 + I + G)$ $- \frac{c_1}{1 - c_1} \cdot T_{dir}$
– Autonome Staatsausgaben G – Erhebung direkter Steuern T_{dir} – Leistung von Transfers Tr	$C = c_0 + c_1 \cdot Y_d$ $= c_0 + c_1 \cdot (Y - T_{dir} + Tr)$	$c_0 + c_1 \cdot (Y - T_{dir} + Tr) +$ $+ I + G$	Y	$Y_0 = \frac{1}{1 - c_1} \cdot (c_0 + I + G) -$ $- \frac{c_1}{1 - c_1} \cdot T_{dir} + \frac{c_1}{1 - c_1} \cdot Tr$
– Autonome Staatsausgaben G – Erhebung einer einkommenabhängiger Steuer $T = t \cdot Y$ – Leistung von Transfers Tr	$C = c_0 + c_1 \cdot Y_d$ $= c_0 + c_1 \cdot (Y - t \cdot Y + Tr)$	$c_0 + c_1 \cdot (1 - t) \cdot Y +$ $+ c_1 \cdot Tr + I + G$	Y	$Y_0 = \frac{1}{1 - c_1 \cdot (1 - t)} \cdot (c_0 + I + G) +$ $+ \frac{c_1}{1 - c_1 \cdot (1 - t)} \cdot Tr$

Tab. 12.3 (Fortsetzung)

	Konsumfunktion	Gesamtwirtsch. Nachfrage	Gesamtwirtsch. Angebot	Gleichgewichtseinkommen
Erweiterungen um das Ausland				
– Exportnachfrage X – Importangebot IM	$C = c_C + c_1 \cdot Y$	$c_0 + c_1 \cdot Y + I + X$	$Y + IM$	$Y_0 = \frac{1}{1 - c_1} \cdot (c_0 + I + X) - \frac{1}{1 - c_1} \cdot IM$
– Exportnachfrage X – Einkommensabhängiges Importangebot $IM = m_1 \cdot Y$	$C = c_0 + c_1 \cdot Y$	$c_0 + c_1 \cdot Y + I + X$	$Y + m_1 \cdot Y = (1 + m_1) \cdot Y$	$Y_0 = \frac{1}{1 - c_1 + m_1} \cdot (c_0 + I + X)$

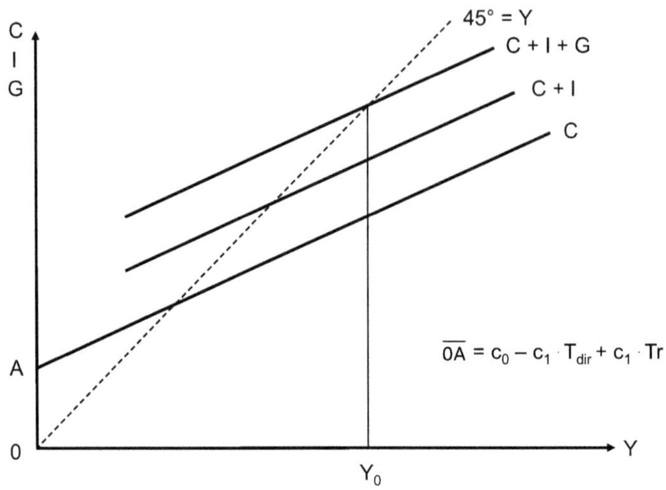

Abb. 12.8 Gleichgewichtseinkommen bei staatlicher Aktivität

Das neue Gleichgewichtseinkommen lautet dann:

$$\begin{aligned} Y_0 &= \frac{1}{1-c_1} \cdot (c_0 + I + G) - \frac{c_1}{1-c_1} \cdot T_{dir} + \frac{c_1}{1-c_1} \cdot Tr \\ &= 5 \cdot 250 \quad - \quad 4 \cdot 80 \quad + \quad 4 \cdot 30 \\ &= 1.250 \quad - \quad 320 \quad + \quad 120. \end{aligned} \tag{12.38}$$

Daraus ergeben sich verschiedene Multiplikatoren:

- Der *Staatsausgabenmultiplikator* $\left(\frac{1}{1-c_1}\right)$. Er ist genauso groß wie der Investitionsmultiplikator und der Multiplikator des autonomen Konsums im Grundmodell, sodass durch die Einführung autonomer Staatsausgaben das Gleichgewichtseinkommen steigt um:

$$\Delta Y_0 = \frac{1}{1-c_1} \cdot \Delta G = 5 \cdot 20 = 100. \tag{12.39}$$

- Der *Transferausgabenmultiplikator* $\left(\frac{c_1}{1-c_1} = \frac{0{,}8}{1-0{,}8} = 4\right)$. Er ist geringer als der Staatsausgabenmultiplikator, weil eine Variation der Transferausgaben in der 1. Periode nur das verfügbare Einkommen ändert und erst ab der 2. Periode zu zusätzlichen Konsumausgaben in Höhe von $c_1 \cdot Tr$ führt.
- Der Steuermultiplikator $\left(-\frac{c_1}{1-c_1} = -\frac{0{,}8}{1-0{,}8} = -4\right)$. Er ist – allerdings mit umgekehrtem Vorzeichen – identisch mit dem Transferausgabenmultiplikator, denn auch die Steuerzahlung führt in der 1. Periode nur zu einem niedrigeren verfügbaren Einkommen und reduziert erst in der 2. Periode die Konsumausgaben entsprechend der marginalen Konsumquote.

Findet eine weitere Annäherung an die Realität statt, indem unterstellt wird, dass die direkten Steuern von der Höhe des Einkommens abhängig sind ($T = t \cdot Y = 0{,}25 \cdot Y$), so hat das Konsequenzen für die in Tab. 12.3 abgeleiteten Multiplikatoren. Sie werden auf Grund der Erweiterung im Nenner um $(1 - t)$ kleiner.

Beispiel

Bei einer marginalen Konsumquote von $c_1 = 0{,}8$ und einem Steuersatz von $t = 0{,}25$ steigt der Nenner der verschiedenen Multiplikatoren von $(1 - c_1) = 0{,}2$ auf $1 - c_1 \cdot (1 - t) = 1 - 0{,}8 \cdot 0{,}75 = 0{,}4$. Entsprechend fallen der Investitions- und der Staatsausgabenmultiplikator von 5 auf 2,5. Der Grund dafür ist, dass von dem zusätzlichen Einkommen, das durch die zusätzlichen Investitionen oder Staatsausgaben entsteht, jeweils nicht nur ein Teil gespart wird, sondern ein weiterer Teil durch höhere Steuern „abfließt".

Bei der Erweiterung um das Ausland „blenden" wir den Staat wieder aus, damit das Modell nicht zu kompliziert wird. Wie Tab. 12.3 zeigt, erhöhen Exporte (X) die gesamtwirtschaftliche Nachfrage, während Importe (IM) zu einem höheren Angebot führen. Ob durch den internationalen Handel eines Landes mit Gütern und Dienstleistungen sein Gleichgewichtseinkommen (und damit seine Beschäftigung) steigt, hängt davon ab, ob es mehr (oder weniger) exportiert als importiert und ob damit sein Außenbeitrag $(X - IM)$ positiv (oder negativ) ist.[15]

Beispiel

Bei einer marginalen Konsumquote von $c_1 = 0{,}8$ betragen die Exporte eines Landes $X = 80$ und seine Importe $IM = 100$. Auf Grund dieses negativen Außenbeitrags von 20 ändert sich das Gleichgewichtseinkommen um

$$\frac{1}{1 - c_1} \cdot X - \frac{1}{1 - c_1} \cdot IM = 5 \cdot (80 - 100) = 5 \cdot (-20) = -100.$$

An dieser Stelle sei betont, dass die Ex-Post-Identität von Investitionen und Ersparnissen nur für eine geschlossene Volkswirtschaft zutrifft. Für eine offene Volkswirtschaft gilt dagegen:

$$S + (X - IM) = I.$$

Das heißt, ein Land kann mehr investieren als es selbst spart, wenn es die so entstehende Angebotslücke durch ausländische Güter und Dienstleistungen deckt. (In diesem Fall muss sozusagen das Ausland für das Inland mitsparen.) Umgekehrt muss ein Land mehr sparen als es investiert, wenn es einen positiven Außenbeitrag hat.

[15] Als Außenbeitrag wird der Saldo der Leistungsbilanz bezeichnet. Das bedeutet, dass die Begriffe Exporte und Importe sehr weit gefasst sind; sie enthalten neben Gütern auch Dienstleistungen, Erwerbs- und Vermögenseinkommen und laufende Übertragungen.

Wird davon ausgegangen, dass die Importnachfrage einkommensabhängig ist, d. h., $IM = m_I \cdot Y$ gilt, so sinken die verschiedenen Multiplikatoren (analog wie durch die Annahme einer einkommensabhängigen Steuer; vgl. Tab. 12.3). Der Grund ist, dass ein Teil des Konsumanstiegs in das Ausland „abfließt", d. h. im Inland nicht nachfragewirksam wird. So steigt durch ein Konjunkturprogramm z. B. auch die Nachfrage nach japanischen oder französischen Autos. Daraus resultiert die Forderung nach international abgestimmten Konjunkturprogrammen.

An dieser Stelle sind einige Kritikpunkte zu nennen, die eine Rolle spielen, wenn es um die Verwendung des Multiplikatorprinzips zur Lösung konkreter wirtschaftspolitischer Aufgaben geht. Die Darstellung der Einkommensmultiplikatoren könnte zu der Ansicht verleiten, dass in der Bundesrepublik bei einer marginalen Konsumquote von 80 % des verfügbaren Einkommens jede Änderung des Außenbeitrags bzw. der Staatsausgaben und -einnahmen einen exakt berechenbaren Expansions- bzw. Kontraktionsprozess auslöst.

In der Realität können diese Effekte jedoch nicht so exakt angegeben werden wie im Modell. Das hat verschiedene Gründe, von denen einige kurz erwähnt werden sollen:

- Der Multiplikatorprozess beansprucht Zeit. Die zeitlichen Verzögerungen können in der Realität größer oder kleiner sein als im Modell; abgesehen davon, dass die Bestimmung der Periodenlänge schwierig ist. Ferner kann sich die Zeitspanne, mit der z. B. ein Konjunkturprogramm wirksam wird, von Aufschwung zu Aufschwung ändern. Dies gilt insbesondere, wenn auch die tertiären Wirkungen der Staatsaktivität auf die Investitionen (Akzeleratorprinzip) berücksichtigt werden.
- In der Realität können sich die Parameter der Verhaltensfunktionen ändern. So kann z. B. in einer Rezession die marginale Konsumquote kurzfristig stark absinken, sodass der Multiplikatoreffekt eines Konjunkturprogramms entsprechend geringer ist.
- In einer Volkswirtschaft laufen ständig, bedingt durch autonome Änderungen im Nachfrageverhalten der Haushalte, der Unternehmen, des Staates und des Auslands, mehrere Multiplikatorprozesse gleichzeitig. Sie können sich in ihrer Wirkung gegenseitig verstärken, aber auch gegenseitig kompensieren. Dabei ist es jedoch kaum möglich, die multiplikative Wirkung einer Parameteränderung isoliert zu ermitteln.

12.5.2 Zinsabhängige Investitionen

Lernziele

In diesem Abschnitt sollte Ihnen deutlich werden, dass es bei zinsabhängigen Investitionen „das" Gleichgewichtseinkommen am Gütermarkt nicht mehr gibt.

Sie sollten anschließend das güterwirtschaftliches Gleichgewicht mit der IS-Kurve abbilden und ihren Verlauf erklären können.

In Abschn. 12.2.2 wurde abgeleitet, dass Unternehmen nur dann investieren, wenn sie davon eine Rendite erwarten, die über dem Marktzinssatz liegt. Für die Gesamtwirtschaft ergibt sich daraus, dass umso weniger Investitionsprojekte lohnend sind, je höher der Marktzinssatz (i) ist. Dieses Verhalten der Unternehmen wird durch die Investitionsfunktion

$$I = I(i) \text{ mit } \frac{dI}{di} < 0 \tag{12.40}$$

erfasst und das der Haushalte durch die Konsumfunktion

$$C = C(Y) \text{ mit } \frac{dC}{dY} > 0. \tag{12.41}$$

Ein Gleichgewicht auf dem Gütermarkt liegt vor, wenn die geplante Nachfrage für Konsum- und Investitionszwecke und das geplante Angebot, das Nationaleinkommen, übereinstimmen:

$$Y = c_0 + c_1 \cdot Y + I(i). \tag{12.42}$$

Aus dieser Gleichgewichtsbedingung geht hervor, dass es bei zinsabhängigen Investitionen „das“ Gleichgewichtseinkommen (und „den“ Gleichgewichtszins) nicht gibt, sondern nur noch Kombinationen von Volkseinkommen und Zins, bei denen das geplante Angebot und die geplante Nachfrage in einer Volkswirtschaft gleich sind (und damit auch die geplante Ersparnis und die geplanten Investitionen).

Dies wird besonders deutlich, wenn wir das Gleichgewichtseinkommen zunächst in seiner allgemeinen Form schreiben:

$$Y_0 = \frac{c_0}{1 - c_1} + \frac{I(i)}{1 - c_1} \tag{12.43}$$

und dann fiktive Zahlenwerte benutzen:

$$Y_0 = \frac{100}{1 - 0{,}8} + \frac{1}{1 - 0{,}8} \cdot \frac{180}{i} = 5 \cdot 100 + \frac{5 \cdot 180}{i} = 500 + \frac{900}{i}. \tag{12.44}$$

Durch Einsetzen verschiedener Werte für i erhalten wir die folgenden Kombinationen von Volkseinkommen und Zinssatz, bei denen Gleichgewicht am Gütermarkt besteht:

i	Y
1	1.400
1,5	1.100
2	950
3	800

Tragen wir diese Wertepaare in ein Koordinatensystem ein, so erhalten wir die so genannte IS-Kurve, die sich durch Gl. 12.43 beschreiben lässt (vgl. Abb. 12.9).

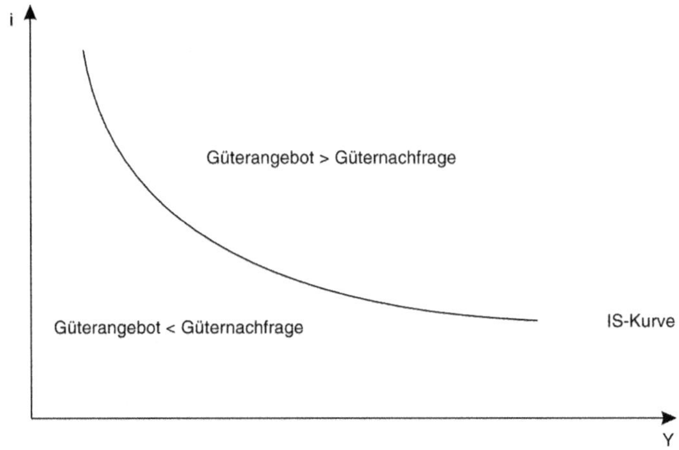

Abb. 12.9 Gleichgewicht am Gütermarkt

► Die **IS-Kurve** stellt alle Kombinationen von Volkseinkommen und Zinssatz dar, bei denen **Gleichgewicht am Gütermarkt** herrscht, d. h. geplantes Angebot und geplante Nachfrage übereinstimmen bzw. geplante Ersparnisse und geplante Investitionen.

Ihr Verlauf von links oben nach rechts unten beinhaltet, dass bei hohem Zins (und damit geringerer Investitionsnachfrage) das Volkseinkommen niedrig sein muss, damit Gleichgewicht am Gütermarkt herrscht (und umgekehrt).

Bei Zins-Einkommens-Kombinationen, die nicht auf der IS-Kurve liegen, geht die Planung der Wirtschaftssubjekte am Gütermarkt nicht auf. So ist bei einem Punkt rechts bzw. oberhalb der IS-Kurve das geplante Angebot größer als die geplante Nachfrage und die Unternehmen werden einen Teil ihrer Produktion nicht absetzen können (unfreiwillige Investitionen) und für die nächste Periode eine geringere Produktion planen.

Insgesamt sollte deutlich geworden sein, dass bei zinsabhängigen Investitionen das Gleichgewichtseinkommen nicht alleine am Gütermarkt bestimmt werden kann. Erst die Einbeziehung des Geldmarktes (Kap. 13) ermöglicht es, einen Einkommenswert und einen Zinssatz zu ermitteln, bei denen güterwirtschaftliches *und* monetäres Gleichgewicht herrscht (Kap. 14).

Fragen

1. Gegeben ist eine Konsumfunktion $C = 50 + 0{,}6\,Y$.
   a) Wie hoch ist der Konsum bei einem Einkommen von 100 und einem Einkommen von 500?
   b) Zeichnen Sie diese Konsumfunktion in ein Koordinatensystem.
2. Wie lautet die zu der vorigen Aufgabe gehörende Sparfunktion? Stellen Sie sie ebenfalls grafisch dar.

3. Wie verändert sich die Lage der Konsumkurve in folgenden Fällen:
   - die Einkommensverteilung wird gleichmäßiger,
   - das Geldvermögen der Haushalte steigt,
   - die Zinsen sinken,
   - die zukünftige Entwicklung des Einkommens wird pessimistisch eingeschätzt?

   Begründen Sie Ihre Antworten.
4. Unterscheiden Sie zwischen marginaler Konsumquote und Einkommenselastizität des Konsums.
5. Ein Unternehmer erwartet bei einer Investition einen Netto-Ertrag (nach Abzug der Kosten, die sich aus der Nutzung ergeben) von $E = 600$, der sich auf 2 Jahren verteilt:
   - $E_1 = 400$
   - $E_2 = 200$.

   a) Wie hoch ist der Gegenwartswert der Investition bei einem Kalkulationszinssatz von $i = 4\,\%$?
   b) Die Anschaffungskosten des Investitionsgutes betragen 550. Lohnt sich die Investition für den Unternehmer?
6. Welche Beziehung besteht zwischen i und r, wenn $B > K_I$ ist?
   a) $i = r$
   b) $i > r$
   c) $i < r$

   Begründen Sie das Ergebnis!
7. Wie wird aus den individuellen Investitionsfunktionen die gesamtwirtschaftliche Investitionsfunktion I(i) ermittelt?
8. Erläutern Sie für eine Investitionsfunktion $I = I_0 - b \cdot i$ folgende Begriffe:
   - abhängige und unabhängige Variable,
   - autonome Investition,
   - Investitionsneigung und Parameter der Funktion.
9. Welche Beziehung wird durch die gesamtwirtschaftliche Produktionsfunktion dargestellt?
10. Warum liegt bei der hier dargestellten kurzfristigen Analyse das Schwergewicht nicht auf der Angebotsseite?
11. Welche Beziehungen bestehen in der Kreislaufanalyse zwischen dem Angebot an und der Nachfrage nach Gütern und Dienstleistungen und was gilt für das Angebot und die gesamtwirtschaftliche Nachfrage in der makroökonomischen Theorie?
12. In einer geschlossenen Volkswirtschaft ohne staatliche Aktivität beträgt der autonome Konsum der Privaten Haushalte 80. Außerdem geben sie 80 % ihres Einkommens für Konsumgüter aus. Wie hoch ist das Gleichgewichtseinkommen, wenn die Unternehmen autonome Investitionen in Höhe von 100 planen? Ermitteln Sie Ihre Lösung algebraisch und grafisch mit Hilfe der Konsum- und Investitionsfunktion sowie algebraisch mit Hilfe der Spar- und Investitionsfunktion.
13. Liegt in dem Beispiel der letzten Aufgabe bei $Y = 150$ eine Expansions- oder eine Kontraktionslücke vor? Begründen Sie Ihre Antwort.

14. Worin kann sich in der Realität die Differenz zwischen geplantem Angebot und geplanter Nachfrage bei einem Einkommen rechts vom Schnittpunkt der Gesamtnachfragekurve mit der 45°-Linie äußern?
15. Die Konsumfunktion einer Volkswirtschaft lautet $C = 60 + 0{,}75Y$. Die autonomen Investitionen der Unternehmen betragen 30.
    a) Die Unternehmen senken ihre Investition dauerhaft um 10. Berechnen Sie das alte und das neue Gleichgewichtseinkommen.
    b) Wie hoch ist der Investitionsmultiplikator?
    c) Stellen Sie für die ersten drei Perioden (0, 1, 2) des Multiplikatorprozesses eine Rechnung nach dem Muster in Tab. 12.2 auf.
16. Die Wirtschaftspolitiker streben in einer Volkswirtschaft eine Erhöhung des Volkseinkommens um 300 an. Die marginale Sparquote beträgt 0,10. Um wie viel müssten dazu die Investitionsausgaben der Unternehmen steigen?
17. Analysieren Sie grafisch, wie sich ein Rückgang der autonomen Konsumausgaben auf das Gleichgewichtseinkommen auswirkt.
18. In einer geschlossenen Volkswirtschaft mit staatlicher Aktivität sind folgende Größen autonom bestimmt:

Staatsausgaben für Güter- und Dienstleistungen	$G = 25$
Steuern	$T_{dir} = 60$
Transferzahlungen	$Tr = 15$
Private Investitionen	$I = 75.$

    Die Konsumfunktion lautet $C = 80 + 0{,}75Y_d$.
    Das verfügbare Einkommen ist $Y_d = Y - T_{dir} + Tr$.
    a) Berechnen Sie das Gleichgewichtseinkommen.
    b) Ist der Staatshaushalt im Gleichgewicht ausgeglichen oder weist er einen Überschuss bzw. ein Defizit aus?
    c) Die wirtschaftspolitischen Instanzen streben eine Erhöhung des Gleichgewichtseinkommens um 40 an. Um wie viel müssten
        - die Staatsausgaben für Güter und Dienste steigen,
        - die Transferausgaben steigen,

       um dieses Ziel zu erreichen?
19. In einer Volkswirtschaft lautet die Konsumfunktion $C = 80 + 0{,}7Y$, die Importfunktion $IM = 0{,}2Y$. Die Exporte betragen 20, die Investitionen 60.
    a) Berechnen Sie das Gleichgewichtseinkommen.
    b) Liegt beim Gleichgewichtseinkommen ein positiver oder negativer Außenbeitrag vor?
20. In einer geschlossenen Volkswirtschaft ohne staatliche Aktivität lautet die Konsumfunktion $C = 50 + 0{,}75 \cdot Y$ und die Investitionsfunktion $I = \frac{80}{i}$.
    a) Bestimmen Sie einige Einkommens-Zins-Kombinationen, bei denen am Gütermarkt Gleichgewicht herrscht. Gehen Sie dabei für den Zinssatz von den Werten 1, 2, 4 und 8 aus.

b) Welche Folgen hat es, wenn an diesem Gütermarkt ein Volkseinkommen von 200 mit einem Zinssatz von 4 zusammentrifft?

Antworten

1. a) $C = 50 + 0{,}6\,Y$

   $Y_1 = 100 \quad C_1 = 50 + 0{,}6 \cdot 100 = 110$

   $Y_2 = 500 \quad C_2 = 50 + 0{,}6 \cdot 500 = 350$

   b) Grafische Darstellung der Konsumfunktion:

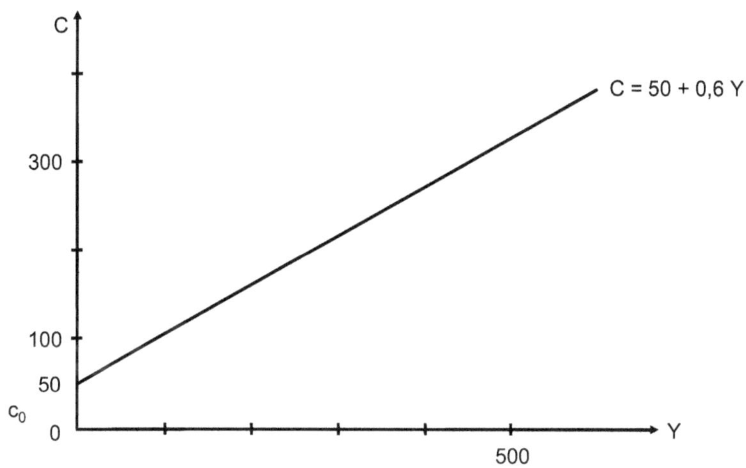

2. $S = -50 + 0{,}4\,Y$

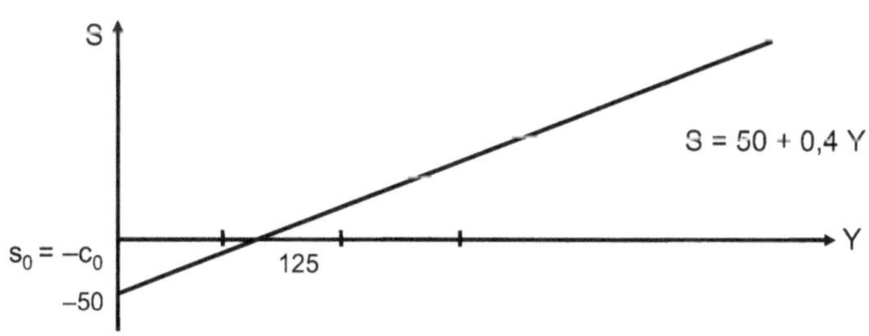

3. • Die Konsumkurve dreht sich nach oben, weil die Bezieher relativ niedriger Einkommen – die durch die neue Einkommensverteilung begünstigt werden – eine größere Konsumneigung haben.
   • Mit steigendem Geldvermögen sinkt die Sparneigung. Die Konsumneigung steigt entsprechend und die Konsumkurve dreht sich nach oben.

- Die Konsumausgaben steigen, weil Kredite billiger werden. (Auf der anderen Seite könnte man argumentieren, dass fallende Habenzinsen die Zinseinkommen reduzieren und damit zu sinkenden Konsumausgaben führen.)
- Die Konsumausgaben sinken, weil die Haushalte verstärkt sparen.

4. Die *marginale Konsumquote* gibt an, um wie viel Euro die Haushalte ihre Konsumausgaben erhöhen, wenn ihr Einkommen um einen Euro steigt.
   Die *Einkommenselastizität* gibt an, um wie viel Prozent sich die Konsumausgaben ändern, wenn sich das Einkommen um 1 % ändert.
5. a) Der Gegenwartswert (B) der Netto-Erträge ergibt sich aus Gl. 12.11:

$$B = \frac{400}{1{,}04} + \frac{200}{1{,}04^2} = 569{,}53.$$

   b) Die Investition lohnt sich, da der Gegenwartswert der Netto-Erträge höher ist als die Anschaffungskosten.
6. Antwort c) ist richtig. Wenn bei einem gegebenen Marktzinssatz (i) der Gegenwartswert (B) der Netto-Erträge höher ist als der Anlagebetrag (K_I), muss der interne Zinsfuß und damit die Rendite der Investition (r) höher sein als i.
7. Die *individuelle* Investitionsfunktion beschreibt, welche Investitionsausgaben ein Unternehmen bei alternativen Zinssätzen plant. Durch Addition aller geplanten Investitionsausgaben einzelner Unternehmen bei unterschiedlichen Zinsniveaus erhält man die *gesamtwirtschaftliche* Investitionsfunktion.
8. Abhängige Variable: I
   unabhängige Variable: i
   autonome Investition: I_0
   marginale Investitionsneigung: b
   Parameter: I_0 und b
9. Die gesamtwirtschaftliche Produktionsfunktion erfasst den Zusammenhang zwischen dem Faktoreinsatz (Arbeit, Kapital) und dem Faktorertrag (Nationaleinkommen).
10. Bei einer *kurzfristigen* Analyse wird angenommen, dass das Produktionspotenzial unverändert bleibt bzw. sich nur unwesentlich ändern kann. Schwankungen in der Produktion und in der Beschäftigung werden daher auf Nachfrageschwankungen zurückgeführt.
11. In der Kreislaufanalyse entsteht in Höhe der realisierten Produktion Einkommen, das Haushalten und Unternehmen (in der Realität auch dem Staat und dem Ausland) zufließt, und das diese Sektoren vollständig für die Nachfrage nach Konsum- und Investitionsgütern verwenden.
    Dagegen hängen in der makroökonomischen Theorie das geplante Angebot (und damit die Produktion) und die geplante Nachfrage entsprechend den bekannten Funktionen von jeweils unterschiedlichen Bestimmungsfaktoren ab, sodass sie *nicht* „automatisch" übereinstimmen.

12. Die Nachfrage besteht aus den Konsumgüterkäufen der Privaten Haushalte und den autonomen Investitionen der Unternehmen:

$$C + I = 80 + 0{,}8Y + 100.$$

Ein güterwirtschaftliches Gleichgewicht liegt vor, wenn Angebot und Nachfrage übereinstimmen.

$$Y = c_0 + c \cdot Y + I = 80 + 0{,}8Y + 100$$

Das Gleichgewichtseinkommen beträgt dann

$$Y_0 = \frac{c_0}{1 - c_1} + \frac{I}{1 - c_1} = \frac{80}{0{,}2} + \frac{100}{0{,}2} = 900.$$

In der grafischen Darstellung wird die Nachfragefunktion (C+I) mit der Angebotsfunktion (45°-Linie) zum Schnitt gebracht.

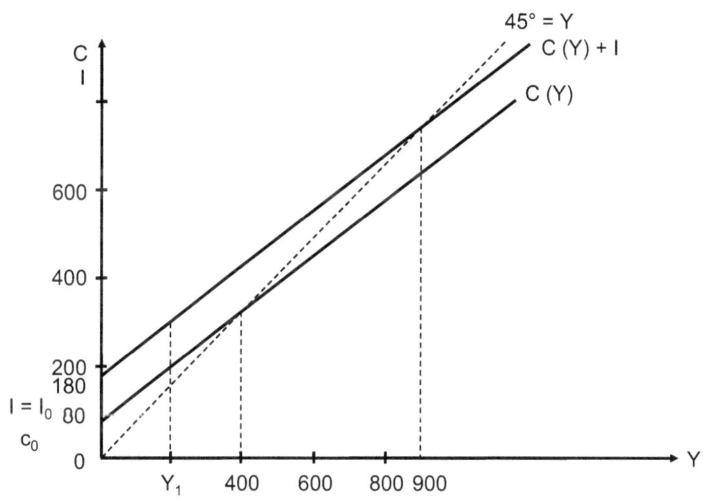

Unter Verwendung der Spar- und Investitionsfunktion gilt:

Gleichgewichtsbedingung	$I = S$
	$100 = -80 + 0{,}2Y$
Gleichgewichtseinkommen	$Y_0 = 900.$

13. Bei einem Nationaleinkommen bzw. Volkseinkommen von 150 planen die Haushalte gemäß ihrer Konsumfunktion Käufe von $C = 80 + 0{,}8 \cdot 150 = 200$ und die Unternehmen Investitionen in Höhe von 100. Die gesamte Nachfrage beträgt demnach 300. Da die Nachfrage das Angebot übersteigt, liegt eine Expansionslücke vor.

14. Ist das realisierte Einkommen höher als das Gleichgewichtseinkommen, so liegt eine Kontraktionslücke vor: Die geplante Nachfrage aus diesem Einkommen ist geringer als das geplante Angebot. In der Realität kommt es zu einer ungeplanten Erhöhung der *Lagerbestände*, sodass die Investitionen (geplante und ungeplante) sich der höheren Ersparnis anpassen.
15. a) Das ursprüngliche Gleichgewichtseinkommen (Y_0) beträgt:

$$Y_0 = \frac{1}{1 - 0{,}75} \cdot (60 + 30) = 360.$$

Das neue Gleichgewichtseinkommen (Y_1) bei einer verminderten Investitionsgüternachfrage beträgt:

$$Y_0 = \frac{1}{1 - 0{,}75} \cdot (60 + 30 - 10) = 320.$$

b) Der Investitionsmultiplikator beträgt

$$\frac{1}{1 - c_1} = \frac{1}{s_1} = \frac{1}{0{,}25} = 4.$$

c)

Periode	Investition $I + \Delta I$	Konsum $C + \Delta C$	Ersparnis $S + \Delta S$	Volkseinkommen $Y + \Delta Y$
0	30	330	30	360
1	20	330	30	350
2	20	322,5	27,5	342,5

16. Die Lösung ergibt sich aus der Multiplikatorformel. Die Änderung des Gleichgewichtseinkommens ist das Produkt aus der Änderung der Investitionen und dem Investitionsmultiplikator:

$$\Delta Y = \frac{1}{0,1} \cdot \Delta I = 10 \cdot 30 = 300.$$

17. In der grafischen Darstellung verlagert sich die Konsumkurve um den Betrag Δc_0 parallel nach unten, sodass sich im Schnittpunkt der Nachfragekurve (C+I) mit der Angebotskurve (45°-Linie) ein neues, niedrigeres Gleichgewichtseinkommen ergibt (Y_1).

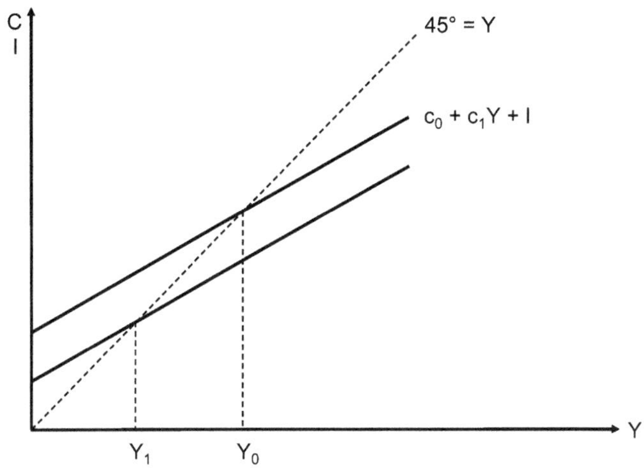

18. a) Durch die staatliche Aktivität ändert sich die Gleichung für die Nachfrageseite des Gütermarkts. Zusätzlich sind die Staatsausgaben für Güter und Dienstleistungen zu berücksichtigen (G). Ferner bezieht sich die Konsumfunktion auf das verfügbare Einkommen ($Y_d = Y - T_{dir} + Tr$). Damit lautet die Gleichgewichtsbedingung:

$$Y = C(Y - T_{dir} + Tr) + I + G$$
$$Y = 80 + 0{,}75(Y - 60 + 15) + 75 + 25$$
$$Y = 180 + 0{,}75Y - 0{,}75 \cdot 45 = 585.$$

b) Die Differenz zwischen Staatseinnahmen T_{dir} und Staatsausgaben ($G + Tr$) ergibt

$$D = 60 - 25 - 15 = 20.$$

Der Staatshaushalt weist demnach einen Überschuss von 20 aus. Das wird auch deutlich, wenn man die Gleichgewichtsbedingung $I = S$ überprüft. Bei einem Gleichgewichtseinkommen $Y = 585$ beträgt die Ersparnis

$$S = s_0 + s_1 \cdot (Y - T_{dir} + Tr)$$
$$S = -80 + 0{,}25 \cdot 540$$
$$S = 55 < I = 75.$$

Erst durch den Überschuss des Staatshaushaltes ist die Gleichgewichtsbedingung erfüllt:

$$S + D = I$$
$$55 + 20 = 75.$$

c) Für die Änderung der Staatsausgaben gilt:

$$\Delta G = (1 - c_1) \cdot \Delta Y = 0{,}25 \cdot 40 = 10.$$

Bei $c = 0{,}75$ ($s = 0{,}25$) ist eine Erhöhung der Ausgaben um $\Delta G = 10$ notwendig. Demgegenüber müssen die Transferausgaben stärker steigen, um das Gleichgewichtseinkommen um 40 zu erhöhen, da gilt:

$$\Delta Tr = \frac{1 - c_1}{c_1} \cdot \Delta Y = \frac{0{,}25}{0{,}75} \cdot 40 = 13{,}\bar{3}.$$

19. a) Exporte stellen genau wie Investitionen in unserem Modell eine autonome Nachfragegröße dar. In Höhe der marginalen Importquote ($m_1 = 0{,}2$) wird das Volkseinkommen nicht zur Konsumgüternachfrage verwendet. Die Gleichgewichtsbedingung lautet daher:

$$Y = \frac{1}{s_1 + m_1} \cdot (c_0 + I + X)$$
$$Y = \frac{1}{0{,}3 + 0{,}2} \cdot (80 + 60 + 20) = 320.$$

b) Die Importe betragen bei einem Gleichgewichtseinkommen von 320
$IM = 0{,}2 \cdot 320$, sodass gilt: $X - IM = 20 - 64 = -44$
Es liegt ein *negativer Außenbeitrag* vor.

20. a) Die Gleichgewichtsbedingung lautet:

$$Y = 50 + 0{,}75 \cdot Y + \frac{80}{i}$$
$$Y_0 = \frac{1}{0{,}25} \cdot 50 + \frac{1}{0{,}25} \cdot \frac{80}{i} = 200 + \frac{320}{i}.$$

Durch Einsetzen erhalten wir die folgenden Zins-Einkommens-Kombinationen

i	Y
1	520
2	360
4	290
8	240

b) Bei dieser Zins-Einkommens-Kombination, die *links unterhalb* der IS-Kurve liegt, reicht die Produktion nicht aus, um die Nachfragewünsche der Unternehmen und der Haushalte zu erfüllen. Es kommt zu Lieferengpässen und Lieferfristen, die die Unternehmen veranlassen werden, für die nächste Periode eine höhere Produktion zu planen.

Der Geldmarkt

13

Brigitte Hewel und Renate Neubäumer

Inhaltsverzeichnis

Lernziele
Sie haben die Lernziele dieses Abschnitts erreicht, wenn Sie die folgenden Fragen beantworten können:

- Was ist Geld und was wird im makroökonomischen Grundmodell für das Geldangebot unterstellt?
- Welche Faktoren bestimmen die Nachfrage nach Geld als Tauschmittel und als Wertaufbewahrungsmittel?
- Wann ziehen Wirtschaftssubjekte vor, ihr Vermögen in Geld und nicht in zinsbringenden Wertpapieren anzulegen?
- Unter welcher Bedingung herrscht Gleichgewicht am Geldmarkt und wie lässt sich der steigende Verlauf der LM-Kurve erklären?

B. Hewel (✉)
vorm. Frankfurt University of Applied Sciences
Frankfurt am Main, Bad Soden am Taunus, Deutschland

R. Neubäumer
Abteilung für Wirtschaftswissenschaft, Universität Koblenz-Landau
Landau, Deutschland

R. Neubäumer et al. (Hrsg.), *Volkswirtschaftslehre*, DOI 10.1007/978-3-658-16523-9_13

13.1 Das Geldangebot

Jede Form von *Geld*, über die so genannten Nichtbanken – Unternehmen, Private Haushalte und öffentliche Haushalte –, verfügen, stellt eine *Forderung* dar. Besitzen die Nichtbanken Bargeld, so besitzen sie eine Forderung gegenüber der Zentralbank. Bei Sicht-, Termin- und Spareinlagen handelt es sich um Forderungen an die Geschäftsbanken.

Die makroökonomische Theorie geht von dem engen *Geldmengenbegriff* M_1 aus, der nur den *Bargeldumlauf* und die *Sichteinlagen der Nichtbanken* bei der Zentralbank und den Geschäftsbanken umfasst (vgl. Beitrag „Geld und Währung").

Diejenige Institution, gegenüber der eine Forderung besteht, wird als *Geldanbieter* bezeichnet. So bringt beispielsweise die Zentralbank Bargeld in Umlauf – sie „bietet Geld an" –, indem sie den Geschäftsbanken Kredite auf der Basis von Refinanzierungsgeschäften gewährt, oder die Geschäftsbanken schaffen Sichteinlagen, indem sie den Nichtbanken Kredite einräumen und den entsprechenden Betrag auf deren Girokonto gutschreiben.

Im makroökonomischen Grundmodell wird vereinfachend unterstellt, dass das Geldangebot (M) *exogen* vom *Bankensystem* bestimmt wird (vgl. Beitrag „Geld und Währung").

13.2 Die Nachfrage nach Geld

Als Nachfrager von Geld treten die Nichtbanken auf. Ihre „Kassenhaltung"[1] entspricht genau dem exogenen Geldangebot (M) des Bankensystems. Fraglich ist dabei, ob diese realisierte Kassenhaltung auch erwünscht ist. Denn die Kassenhaltung wird – analog zur Konsumgüter- und Investitionsgüternachfrage – von den Wirtschaftssubjekten *geplant* und kann damit größer oder kleiner als das Geldangebot sein. Nur wenn die *geplante* Geldnachfrage (L) mit dem *exogene* vorgegebenen Geldangebot (M) übereinstimmen, befindet sich der Geldmarkt im Gleichgewicht. (Unter dem Geldmarkt wird hier ganz allgemein der Markt für Bargeld und Sichteinlagen verstanden.)

Im Folgenden gilt es, das Verhalten der Unternehmen und Haushalte am Geldmarkt zu erklären und daraus *Bestimmungsfaktoren der Geldnachfrage* abzuleiten. Dazu wird von den Funktionen von Geld in einer Wirtschaft ausgegangen: Geld dient insbesondere als *allgemein anerkanntes Tauschmittel* und als *Wertaufbewahrungsmittel.* Entsprechend wird zwischen der Nachfrage nach Geld für Transaktionszwecke (oder für die Abwicklung von Tauschprozessen) und der Nachfrage nach Geld für Anlagezwecke unterschieden.

[1] Unter „Kasse" versteht man im Allgemeinen nur den Bestand an Noten und Münzen (= Bargeld). Hier wird der Begriff – in Anlehnung an die in der Literatur übliche Verwendung – für den Geldbestand (Bargeld plus Sichtguthaben) benutzt.

13.2.1 Die Geldnachfrage für Transaktionszwecke

► Die Wirtschaftssubjekte brauchen Geld als Zahlungsmittel, um während der Planungsperiode ihre Zahlungsverpflichtungen erfüllen zu können. Diese Zahlungsverpflichtungen ergeben sich aus den Käufen von Gütern, Dienst- und Faktorleistungen, also aus den Transaktionen am Güter- und Faktormarkt. Dieser Teil der Geldnachfrage wird daher auch als **Geldnachfrage für Transaktionszwecke**, als **Transaktionskasse** oder als **„aktive" Kasse** bezeichnet, denn sie wird im Verlauf der Planungsperiode zu effektiver Nachfrage und wirkt somit einkommensbildend.

Man kann davon ausgehen, dass die Geldnachfrage der Unternehmen für Transaktionszwecke mit steigenden Umsätzen, steigenden Ausgaben für Investitionsgüter, Vorleistungen und Faktorleistungen zunimmt. Gleichermaßen wird die Transaktionskasse der Privaten Haushalte bei höheren Einkommen und höheren Konsumausgaben ansteigen.

Ein wichtiger *Bestimmungsfaktor* für die Höhe der Geldnachfrage für Transaktionszwecke ist demnach der *wertmäßige Umsatz* in einer Volkswirtschaft, das *Transaktionsvolumen*. Da es statistisch nur schwer zu ermitteln ist, benutzt man als Hilfsgröße das *Nationaleinkommen*, sodass die Hypothese für die Geldnachfrage für Transaktionszwecke (L_T) lautet:

$$L_T = L_T(Y) \quad \text{mit} \quad \frac{dL_T}{dY} > 0. \tag{13.1}$$

Für die nähere Bestimmung des Zusammenhangs zwischen *Transaktionskasse* und *Nationaleinkommen* ist ausschlaggebend, wie *lange* eine Geldeinheit im Durchschnitt in der Kasse eines Wirtschaftssubjekts bleibt, bevor sie am Güter- oder Faktormarkt wieder zu Käufen eingesetzt wird.

Beispiel

In einem Zwei-Sektorenmodell (mit Unternehmen und Haushalten) erhalten die *Haushalte* zu *Beginn* einer Planungsperiode (von einem Monat) ein *Einkommen* (Y) von 100. Das Nationaleinkommen bestehe nur aus Konsumgütern. Die Haushalte geben ihr *Einkommen* vollständig für *Konsumgüter* aus, sodass sich am *Ende* der Planungsperiode die gesamte *Geldmenge* wieder im *Unternehmenssektor* befindet. Die Unternehmen verwenden die Geldmenge von 100 zu Einkommenszahlungen an die Haushalte, der Kreislauf beginnt von neuem.

Im *Durchschnitt* eines Monats verfügen dann Haushalte und Unternehmen über eine Transaktionskasse von je $100 \cdot 1/2 = 50$ Einheiten und halten gemeinsam die vorhandene Geldmenge von 100. Läuft dieser Kreislauf über ein Jahr, so kann mit einer *Geldmenge* von 100 Geldeinheiten ein *Nationaleinkommen* von $12 \cdot 100 = 1.200$ Geldeinheiten abgewickelt werden.

Der Zusammenhang zwischen Geldnachfrage für Transaktionszwecke (L_T) und Nationaleinkommen (Y) lässt sich durch folgende Gleichung darstellen:

$$L_T \cdot U_Y = Y \quad \text{oder} \quad U_Y = \frac{Y}{L_T} = \frac{1.200}{100} = 12. \tag{13.2}$$

▶ Die Größe U_Y gibt an, wie häufig eine Geldeinheit innerhalb einer Periode durchschnittlich verwendet wird, um wirtschaftliche Transaktionen, wie Einkommenszahlungen oder Konsumausgaben, zu finanzieren. Sie wird als **(Einkommens-)Umlaufgeschwindigkeit des Geldes** bezeichnet und beträgt in unserem Beispiel 12. Für die Geldnachfrage für Transaktionszwecke ergibt sich aus Gl. 13.2:

$$\begin{aligned} L_T &= \frac{1}{U_Y} \cdot Y && \text{oder wenn man} \\ \frac{1}{U_Y} &= k && \text{setzt:} \\ L_T &= k \cdot Y. \end{aligned} \tag{13.3}$$

▶ Die Größe k wird als **(durchschnittlicher) Kassenhaltungskoeffizient** bezeichnet, der angibt, wie lange eine Einheit der Geldmenge im Durchschnitt von einem Wirtschaftssubjekt gehalten wird, bevor sie ausgegeben wird.

k verändert sich, wenn sich die Zahlungsgewohnheiten in einer Volkswirtschaft verändern, z. B. mehr mit Kreditkarten oder Schecks bezahlt wird. Aber auch Veränderungen der gesamtwirtschaftlichen Arbeitsteilung und des Konzentrationsgrades beeinflussen k und damit die Transaktionskasse.

13.2.2 Die Geldnachfrage für Anlagezwecke

Die Nachfrage nach Geld als *Wertaufbewahrungsmittel* steht im Zusammenhang mit den Entscheidungen der Wirtschaftssubjekte über die *Anlage ihres Vermögens*. Dabei wird stark vereinfachend angenommen, dass für die Vermögensanlage nur die Wahl zwischen der Anlage in *Geld* oder in langfristigen festverzinslichen *Wertpapieren* als Prototyp einer *Ertrag bringenden* Vermögensanlage zur Wahl stehen.

Warum wird nun Geld, das keinen Zinsertrag erbringt, überhaupt einer *Ertrag bringenden* Forderung vorgezogen? Die Antwort liegt in der *Ungewissheit* der Erträge aus der Anlage in Wertpapieren.

Beispiel

Ein Wertpapier wird zum Kurs von 100 und mit einer festen Nominalverzinsung von 8 % angeboten. Ist nach Ablauf eines Jahres der Kurs auf 90 gesunken, so hat der Anleger netto trotz der 8-prozentigen Verzinsung einen Verlust erlitten.

Wenn die Wirtschaftssubjekte Kurssenkungen erwarten, die über den Zinsertrag hinausgehen, ist es für sie vorteilhafter, ihr Vermögen in liquider Form zu halten bzw. Wertpapiere zu verkaufen.

Dieses Verhalten der Wirtschaftssubjekte kann auch durch die Entwicklung des *Effektivzinssatzes* erklärt werden. Zwischen dem *Kurswert* eines Wertpapiers, der Nominalverzinsung und dem *Effektivzins* (Marktzinssatz, Rendite des Wertpapiers) besteht folgender Zusammenhang:

$$\text{Effektivzins} = \frac{\text{Nominalzins}}{\text{Kurswert}}. \tag{13.4}$$

Beispiel

Ein Wertpapier mit einem Nennwert von 100 und einer Nominalverzinsung von 8 % erbringt nur dann eine Effektivverzinsung von 8 %, wenn auch der Kurs 100 beträgt. Sinkt der Kurs auf 80, so steigt die Effektivverzinsung auf 10 %; steigt der Kurs auf 120, sinkt der Effektivzins auf 6,7 %.

Unter Berücksichtigung dieses Zusammenhangs können wir auch sagen, dass die *Nachfrage nach Geld für Anlagezwecke* vom *Effektivzins* (i) abhängig ist.

Bei einem *gegebenen Vermögensbestand* ist eine *zusätzliche Nachfrage nach Geld für Anlagezwecke* gleichbedeutend mit einem *Verkauf von Wertpapieren*. Eine zusätzliche *Nachfrage nach Wertpapieren* ist umgekehrt gekoppelt mit *weniger Vermögenshaltung in Form von Geld*.

► Im Unterschied zur Transaktionskasse ist die **Kasse für Anlagezwecke „passiv"**. Sie wird in der Planungsperiode weder auf dem Wertpapier- noch auf dem Güter- oder Faktormarkt zu Nachfrage. Eine Zunahme der Geldnachfrage für Anlagezwecke wird auch als Horten bezeichnet und eine Abnahme der Geldhaltung für Anlagezwecke entsprechend als Enthorten.

Für die Abhängigkeit der geplanten Geldnachfrage für Anlagezwecke (L_S) vom Effektivzins (i) gilt:

$$L_S = L_S(i) \quad \text{mit} \quad \frac{dL_S}{di} < 0. \tag{13.5}$$

Es wird angenommen, dass die Geldhaltung für Anlagezwecken bei einem hohen Zinssatz geringer ist als bei einem niedrigen Zinssatz.

Eine besondere Bedeutung in der theoretischen und der wirtschaftspolitischen Diskussion spielt die Geldnachfrage für Anlagezwecke im Bereich *sehr niedriger Zinsen*, wie sie sich insbesondere in einer tiefen Rezession beobachten lassen, wenn die Geldpolitik die Wirtschaft mit „billigem Geld" „anzukurbeln" versucht. Bei Erreichung eines bestimmten sehr niedrigen Zinses (i_{min}) gehen die Wirtschaftssubjekte davon aus, dass die Zinsen in Zukunft nur noch steigen können und entsprechend die Wertpapierkurse fallen werden.

Deshalb verkaufen sie ihre Wertpapiere und halten ihr gesamtes Vermögen in Form von Geld („Flucht ins Geld"). Erhöhen jetzt die Geldpolitiker (der Zentralbank) das Geldangebot, so fließt diese zusätzliche Liquidität vollständig in die Kasse für Anlagezwecke, die damit zur „Liquiditätsfalle" wird. Im Fall einer solchen „Liquiditätsfalle" ist die Zinselastizität der Geldnachfrage unendlich.[2]

13.2.3 Die Gesamtnachfrage nach Geld

► Die Gesamtnachfrage des privaten Nichtbankensektors nach Geld (L) ergibt sich aus der Addition der Nachfrage nach Geld für Transaktionszwecke und zur Vermögensanlage:

$$L = L_T + L_S = L_T(Y) + L_S(i) = L(Y, i). \tag{13.6}$$

Außer dem Einkommen und dem Zinssatz können noch weitere Faktoren die Nachfrage nach Geld als Tausch- und Wertaufbewahrungsmittel beeinflussen (vgl. dazu die Auffassungen der verschiedenen „Schulen" der ökonomischen Theorie in Kap. 16).

13.3 Gleichgewicht am Geldmarkt

Ein *Gleichgewicht am Geldmarkt* liegt vor, wenn die geplante Geldnachfrage für Transaktionszwecke und für Vermögenshaltung (L) mit dem exogenen Geldangebot (M) übereinstimmt:

$$M = L_T(Y) + L_S(i) = k \cdot Y + L_S(i). \tag{13.7}$$

Durch das Einsetzen fiktiver Zahlenwerte in die Gleichgewichtsbedingung erhalten wir:

$$280 = 0{,}2 \cdot Y + \frac{90}{i}$$

und aufgelöst nach Y:

$$Y = 5 \cdot 280 - 5 \cdot \frac{90}{i} = 1.400 - \frac{450}{i}.$$

Das Gleichgewicht am Geldmarkt lässt sich wieder mit einer Gleichgewichtskurve, der so genannten LM-Kurve, grafisch abbilden (vgl. Abb. 13.1).

► Die **LM-Kurve** stellt alle Kombinationen von Einkommen und Zinssatz dar, bei denen Gleichgewicht am Geldmarkt herrscht, d. h. die geplante Geldnachfrage L mit dem exogen gegebenen Geldangebot M übereinstimmt.

[2] Die Zinselastizität der Geldnachfrage (L) ist definiert $\varepsilon_{L,i} = \frac{dL}{L} : \frac{di}{i} = \frac{dL}{di} : \frac{L}{i}$. Sie gibt an, um wie viel Prozent sich die Geldnachfrage verändert, wenn der Zinssatz um 1 % (z. B. von 3 % auf 3,03 %) steigt.

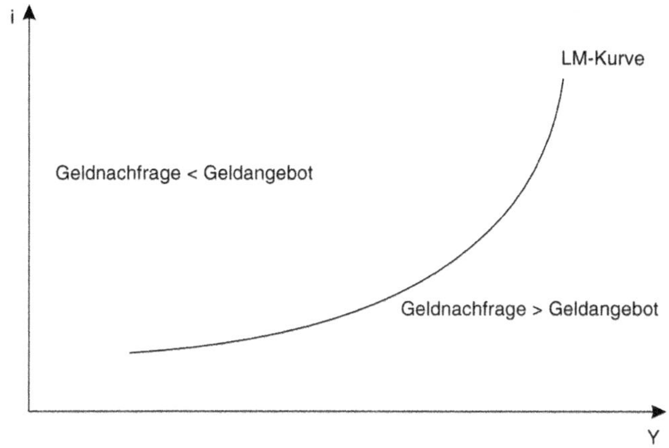

Abb. 13.1 Gleichgewicht am Geldmarkt

Wertepaare, für die die Gleichgewichtsbedingung erfüllen sind:

i	Y
1	950
1,5	1.100
2	1.175
3	1.250

Der Verlauf der LM-Kurve von links unten nach rechts oben beinhaltet, dass bei niedrigem Zins (und damit hoher Geldhaltung für Anlagezwecke) das Nationaleinkommen (und damit die Geldhaltung für Transaktionszwecke) ebenfalls niedrig sein muss, damit Gleichgewicht am Geldmarkt herrscht (und umgekehrt). Links oberhalb der LM-Kurve wünschen die Wirtschaftssubjekte weniger Kasse zu halten als durch das Bankensystem zur Verfügung gestellt wird, d. h., die Geldnachfrage ist kleiner als das Geldangebot; damit werden Verhaltensänderungen ausgelöst. (Das gilt analog für Punkte rechts unterhalb der LM-Kurve, bei denen die Geldnachfrage das Geldangebot übersteigt.)

Fragen

1. Nennen Sie Gründe dafür, dass Unternehmen und Haushalte Kasse halten.
2. Unterscheiden Sie zwischen Sparen und Horten.
3. Warum wird nach Unterschreiten eines Mindestzinses alles Vermögen in liquider Form gehalten?
4. Welche Beziehung besteht zwischen dem Kassenhaltungskoeffizienten und der (Einkommens-)Umlaufgeschwindigkeit des Geldes?
5. Die Geldnachfrage in einer Volkswirtschaft beträgt $L_T + L_S = 0{,}2\,Y + \frac{70}{i}$ und das Bankensystem stellt exogen ein Geldangebot von $M = 120$ zur Verfügung.

a) Bestimmen Sie den jeweiligen Gleichgewichtszinssatz für $Y_1 = 100$, $Y_2 = 250$ und $Y_3 = 500$.
b) Wie verändern sich diese Gleichgewichtszinssätze, wenn das Geldangebot auf $M = 110$ sinkt, und was bedeutet das für die LM-Kurve?

Antworten

1. *Geld- oder Kassenhaltung für Transaktionszwecke*: Weil die Zahlungseingänge und -ausgänge in den Beträgen und in den Terminen nicht übereinstimmen und der Tausch von Geld in zinstragende Forderungen (und umgekehrt) Kosten verursacht.
   Geldhaltung als Form der Vermögenshaltung: Wenn Wirtschaftssubjekte erwarten, dass bei Finanzanlagen die Verluste durch sinkende Kurse größer sind als die Erträge.
2. Die Ersparnis einer Periode ergibt sich aus der *Differenz* zwischen *Einkommen* und *Konsum*. Wenn dieser Betrag nicht zum Kauf von Wertpapieren oder anderen Forderungen verwendet wird, sondern in liquider Form gehalten wird, wird er *gehortet*. Horten ist demnach *eine* Form des Sparens.
3. Ein sehr niedriger Zins bietet keinen Ausgleich mehr für den Verzicht auf Liquidität. Geld als Anlageform wird dann allen anderen, weniger liquiden Vermögensanlagen – auch wenn sie ohne Kursrisiko sind, wie z. B. Spar- und Termineinlagen – vorgezogen. Zudem erwarten die Wirtschaftssubjekte bei einem extrem niedrigen Zins – der nicht mehr als „normal“ angesehen wird – keine weiteren Zinssenkungen (bzw. Kurssteigerungen) mehr. Um Kursverluste zu vermeiden, werden Wertpapiere verkauft und das Vermögen in Form von Geld gehalten.

Maßnahme	Betroffene Nachfrage-komponente	Veränderung der Gesamt-nachfrage	Verschiebung der IS-Kurve	Veränderung des Gleichge-wichtseinkom-mens	Veränderung des Gleichge-wichtszinssat-zes
a) Herabsetzung der Einkommen- und Körperschaft-steuer	$C(Y_d)$, I	Steigt	Rechts	Steigt	Steigt
b) Erhöhung der Transferzahlun-gen	$C(Y_d)$, I	Steigt	Rechts	Steigt	Steigt
c) Einschrän-kungen von Staatsausgaben	G	Sinkt	Links	Sinkt	Sinkt

4. Der Kassenhaltungskoeffizient

$$k = \frac{L_T}{Y}$$

ist der reziproke Wert der (Einkommens-)Umlaufgeschwindigkeit

$$U_Y = \frac{Y}{L_T} \quad \left(\frac{1}{U_Y} = \frac{L_T}{Y} = k\right).$$

Je größer k wird, umso geringer ist die Umlaufgeschwindigkeit des Geldes.

5. a) Die Bedingung für Gleichgewicht am Geldmarkt lautet:

$$120 = 0{,}2\,Y + \frac{70}{i}$$
$$120\,i - 0{,}2\,Y \cdot i = 70.$$

Durch Auflösen nach dem Zinssatz i erhält man

$$i = \frac{70}{120 - 0{,}2\,Y}$$

und durch Einsetzen

$$i_1 = \frac{70}{120 - 0{,}2 \cdot 100} = 0{,}7; i_2 = 1; i_3 = 3{,}5.$$

b) Die nach i aufgelöste Gleichgewichtsbedingung lautet dann:

$$i = \frac{70}{110 - 0{,}2\,Y},$$

sodass sich durch Einsetzen ergibt:

$$i_1 = 0{,}778; i_2 = 1{,}167; i_3 = 7.$$

Auf Grund des gesunkenen Geldangebots verläuft die LM-Kurve jetzt weiter oben. Bei unverändertem Einkommen ist eine Zinssteigerung nötig, die bei höheren Einkommen größer ausfallen muss. Dies wird besonders deutlich, wenn man eine Grafik anfertigt.

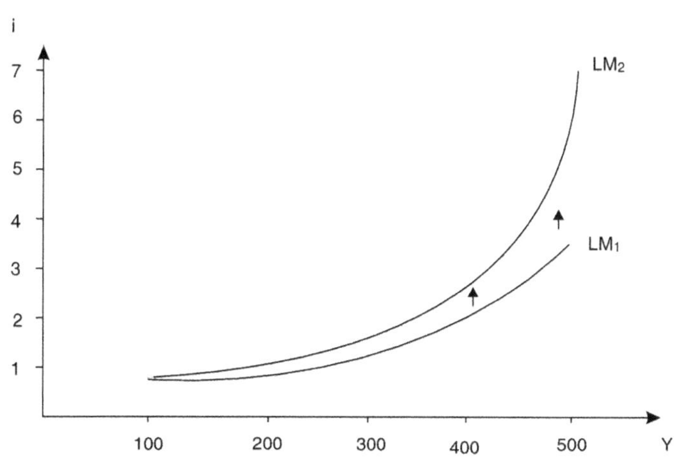

Gesamtwirtschaftliches Gleichgewicht und wirtschaftspolitische Maßnahmen – die kurzfristige Sicht

14

Brigitte Hewel und Renate Neubäumer

Inhaltsverzeichnis

Lernziele
Nach der Erarbeitung dieses Kapitels sollten Sie

- das Gleichgewicht auf dem Güter- und Geldmarkt verbal, grafisch und algebraisch bestimmen können;
- Gleichgewicht bei Unterbeschäftigung und bei Überbeschäftigung und gesamtwirtschaftliches Gleichgewicht erklären können;
- die Auswirkungen von Verhaltensänderungen und gezielten wirtschaftspolitischen Maßnahmen auf Gleichgewichtseinkommen, Gleichgewichtszinssatz und gesamtwirtschaftliches Gleichgewicht analysieren können;
- den Zusammenhang herstellen können, der zwischen der Effizienz der Fiskal- bzw. Geldpolitik und den verschiedenen Annahmen über die Zinselastizität der Investitionsnachfrage und der Geldnachfrage besteht.

B. Hewel (✉)
vorm. Frankfurt University of Applied Sciences
Frankfurt am Main, Bad Soden am Taunus, Deutschland

R. Neubäumer
Abteilung für Wirtschaftswissenschaft, Universität Koblenz-Landau
Landau, Deutschland

R. Neubäumer et al. (Hrsg.), *Volkswirtschaftslehre*, DOI 10.1007/978-3-658-16523-9_14

14.1 Vorbemerkungen

Die Teilanalysen, die in den vorhergehenden Abschnitten für den Güter- und Geldmarkt durchgeführt wurden, können nun zu einem *Gesamtsystem* zusammengefasst werden. Die Notwendigkeit dazu ergibt sich aus der *Interdependenz*, der gegenseitigen Abhängigkeit, der beiden Teilmärkte. So bestimmt die Höhe der geplanten Investitionen und Ersparnisse das Gleichgewichtseinkommen. Dieses determiniert am Geldmarkt einen Teil der Geldnachfrage und damit bei gegebener Geldmenge die Zinshöhe. Die Zinshöhe wiederum ist ein Bestimmungsfaktor der Investitionsgüternachfrage.

Wir fragen daher zunächst in einer *statischen* Analyse, welche Werte das Volkseinkommen und der Zinssatz annehmen müssen, damit güterwirtschaftliches *und* monetäres Gleichgewicht herrscht. Bei einem solchen Gleichgewicht stimmen an beiden Teilmärkten *geplantes Angebot* und *geplante Nachfrage* überein, sodass die Wirtschaftssubjekte *keine Veranlassung* haben, ihre *Wirtschaftspläne zu ändern*. Sie behalten ihr Verhalten bei, solange in der Wirtschaft keine Datenänderungen auftreten, d. h., keine exogene Größe einen anderen Wert annimmt.

Anschließend beziehen wir den Arbeitsmarkt in die Analyse ein und machen deutlich, dass Gleichgewicht am Güter- und Geldmarkt *nicht automatisch* auch *Vollbeschäftigung* bedeutet. Nur wenn die Zahl der Arbeitskräfte (Arbeitsnachfrage) mit der Zahl derjenigen, die zu den herrschenden Arbeitsbedingungen arbeiten wollen (Arbeitsangebot), übereinstimmt, ist darüber hinaus Gleichgewicht am Arbeitsmarkt und damit *gesamtwirtschaftliches Gleichgewicht* erreicht. Andererseits ist Gleichgewicht am Güter- und Geldmarkt sowohl mit *Unterbeschäftigung* – das Arbeitsangebot übersteigt die Arbeitsnachfrage – als auch mit *Überbeschäftigung* – das Arbeitsangebot deckt nicht die Nachfrage von Unternehmen und Staat nach Arbeitskräften – vereinbar.

Damit Gleichgewicht am Arbeitsmarkt erreicht wird, kann es notwendig sein, dass sich das Gleichgewichtseinkommen ändert. Daher analysieren wir im Rahmen einer *komparativ-statischen* Betrachtung, wie sich das Gleichgewichtseinkommen und der Gleichgewichtszinssatz verändern, wenn verschiedene exogene Größen am Güter- und Geldmarkt andere Werte annehmen. Die betrachteten Datenänderungen können sowohl auf autonome Verhaltensänderungen von Wirtschaftssubjekten zurückzuführen sein, als auch auf gezielte wirtschaftspolitische Eingriffe des Staates (Fiskalpolitik) oder der Zentralbank (Geldpolitik).

Abschließend verdeutlichen wir, dass es von – verschiedenen – Verhaltensannahmen abhängt, ob finanzpolitische oder geldpolitische Maßnahmen stärkeren Einfluss auf das Gleichgewichtseinkommen (und damit Unter- bzw. Überbeschäftigung) haben, d. h. ob die Fiskalpolitik oder die Geldpolitik effizienter ist.

14.2 Bestimmung des güterwirtschaftlichen und monetären Gleichgewichts

Die Analyse des Gütermarktes (vgl. Abschn. 12.5.2) bzw. des Geldmarktes (vgl. Abschn. 13.3) hat ergeben, dass die *IS-Kurve* alle Kombinationen von Volkseinkommen und Zinssatz darstellt, bei denen *Gleichgewicht am Gütermarkt* herrscht, und die *LM-Kurve* das *Gleichgewicht am Geldmarkt* abbildet. Entsprechend ergeben sich das Gleichgewichtseinkommen (Y_0) und der Gleichgewichtszinssatz (i_0) aus dem Schnittpunkt beider Kurven (vgl. Abb. 14.1).

Gleichgewichtseinkommen und -zinssatz lassen sich auch algebraisch aus den beiden Gleichgewichtsbedingungen für den Güter- und Geldmarkt bestimmen:

$$\begin{aligned} \text{Gütermarkt} \quad Y &= C(Y) + I(i) \\ Y &= 100 + 0{,}8\,Y + \frac{180}{i} \\ \text{Geldmarkt} \quad M &= k \cdot Y + L_S(i) \\ 280 &= 0{,}2\,Y + \frac{90}{i}. \end{aligned} \tag{14.1}$$

Dieses Gleichungssystem lässt sich z. B. dadurch lösen, dass beide Gleichungen nach Y aufgelöst und danach gleichgesetzt werden. In dem Beispiel beträgt das Gleichgewichtseinkommen $Y_0 = 1.100$ und der Gleichgewichtszinssatz $i_0 = 1{,}5$.

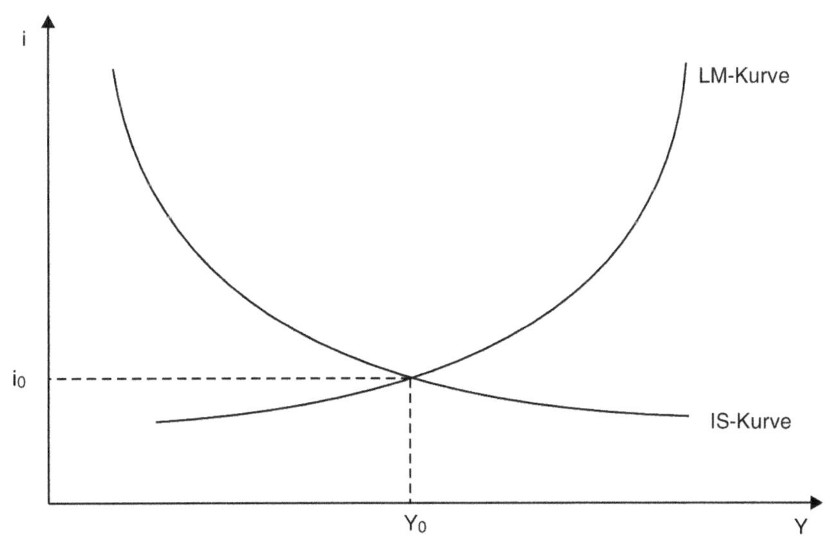

Abb. 14.1 Güterwirtschaftliches und monetäres Gleichgewicht

14.3 Arbeitsmarkt und gesamtwirtschaftliches Gleichgewicht

Ausgangspunkt für die *Nachfrage nach Arbeit* (N_A) ist das Einkommen bzw. die Produktion, bei der Gleichgewicht am Güter- und Geldmarkt herrscht, sowie die gesamtwirtschaftliche Produktionsfunktion $Y = Y(A, \bar{K})$ (vgl. Abschn. 12.3).

► Die Unternehmen fragen gerade so viele Arbeitskräfte nach, dass sie mit ihnen bei gegebenem Kapitalstock ($\bar{K}$) das Gleichgewichtseinkommen (Y_0) produzieren können.

$$N_A = N_A(Y_0, \bar{K}) \tag{14.2}$$

Damit resultiert die *Arbeitsnachfrage* aus unserem Güter- und Geldmarktmodell. Wir sagen dazu auch, die Arbeitsnachfrage wird *endogen* bestimmt, weil sie von einer der beiden unabhängigen Variablen unseres Modells, dem Einkommen, abhängt.

Dagegen ist das *Arbeitsangebot* ($\bar{A}_A$) *exogen* bestimmt. Die Zahl der Menschen, die in einer Volkswirtschaft ihre Arbeitskraft anbieten, hängt *nicht* von einer der abhängigen Variablen unseres Modells, dem Einkommen oder dem Zinssatz, ab, sondern vom Umfang und Altersaufbau der Bevölkerung, d. h. von Größen außerhalb unseres Modells. Zudem spielt eine Rolle, welcher Anteil der Bevölkerung im erwerbsfähigen Alter seine Arbeitskraft am Arbeitsmarkt anbietet. Diese Erwerbsneigung hängt insbesondere von der Dauer von Bildung und Ausbildung, dem Renteneintrittsalter und dem Anteil von Familienarbeit leistenden Männern und Frauen ab (vgl. Abschn. 15.2).

► Unter dem **Vollbeschäftigungseinkommen** (Y_{VB}) versteht man das Nationaleinkommen, das bei Einsatz des gesamten Arbeitsangebots der Haushalte ($\bar{A}_A$) erstellt werden kann:

$$Y_{VB} = Y(\bar{K}, \bar{A}_A). \tag{14.3}$$

Diesen Zusammenhang hatten wir bereits bei der Analyse des gesamtwirtschaftlichen (Güter-)Angebots in Abschn. 12.3 abgeleitet und dort auch deutlich gemacht, dass bei empirischen Untersuchungen das Vollbeschäftigungseinkommen durch das Produktionspotenzial ersetzt wird, d. h. das Inlandsprodukt, das mit Hilfe des Kapitalbestandes einer Volkswirtschaft bei ausgelasteten Kapazitäten erstellt werden kann.

► **Gesamtwirtschaftliches Gleichgewicht** herrscht, wenn sich der Güter-, Geld- **und** Arbeitsmarkt im Gleichgewicht befinden. Das ist der Fall, wenn die Nachfrage der Unternehmen nach Arbeitskräften beim Gleichgewichtseinkommen mit dem exogen gegebenen Arbeitsangebot übereinstimmt.

$$N_A(Y_0) = \bar{A}_A \tag{14.4}$$

oder wenn das Gleichgewichtseinkommen und das Vollbeschäftigungseinkommen übereinstimmen:

$$Y_0 = Y_{VB}(\bar{K}, \bar{A}_A). \tag{14.5}$$

In Abb. 14.2 herrscht bei $Y_{VB\,2} = Y_{0+}$ *Vollbeschäftigung*.

Denkbar ist aber auch, dass das Gleichgewicht am Güter- und Geldmarkt mit Unterbeschäftigung einhergeht. In Abb. 14.2 ist das für $Y_{VB\,3} > Y_0$ der Fall.

► Ein **Unterbeschäftigungs-Gleichgewicht** liegt vor, wenn bei Gleichgewicht am Güter- und Geldmarkt das Arbeitsangebot größer als die Arbeitnachfrage ist. Die realisierte Beschäftigungshöhe wird dann durch die Nachfrage nach Arbeit bestimmt.

Weil in dieser Situation die Planung der Wirtschaftssubjekte am Güter- und Geldmarkt aufgeht, haben sie keinen Anlass, ihr Verhalten zu verändern. Die Arbeitslosigkeit hält deshalb länger an. Sie kann nur durch Änderungen von außen, insbesondere durch wirtschaftspolitische Maßnahmen, die das Gleichgewichtseinkommen erhöhen, abgebaut werden (vgl. Abschn. 14.4).

Ein solches Unterbeschäftigungs-Gleichgewicht lässt sich allerdings *nur* für die *kurze Frist* ableiten, wenn Preis- und Lohnänderungen ausgeschlossen werden (bzw. für die mittlere Frist, wenn die Preise und insbesondere die Löhne aufgrund von Marktunvollkommenheiten nicht flexibel sind).

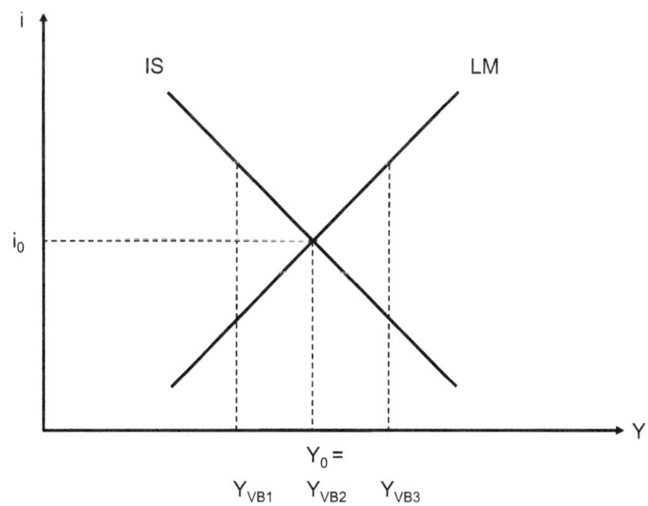

Abb. 14.2 Gesamtwirtschaftliches Gleichgewicht sowie Unter- und Überbeschäftigung im Grundmodell

Umgekehrt herrscht für $Y_{VB\,1} < Y_0$ Überbeschäftigung, d. h., das angestrebte Gleichgewichtseinkommen kann mit den vorhandenen Kapazitäten nur mit Überstunden, Sonderschichten oder gar nicht produziert werden.

Ein **Überbeschäftigungs-Gleichgewicht** liegt vor, wenn bei Gleichgewicht am Güter- und Geldmarkt die Arbeitnachfrage größer als das Arbeitsangebot ist. Die realisierte Beschäftigungshöhe wird dann durch das Angebot an Arbeit bestimmt.

Auch hier geben die Verhältnisse am Güter- und Geldmarkt keinen Anlass zu Verhaltensänderungen, so dass der Arbeitskräftemangel länger anhält, wenn nicht durch Änderungen von außen das Gleichgewichtseinkommen gesenkt wird (oder das Arbeitsangebot, z. B. durch Arbeitskräfte aus dem Ausland, erhöht wird).

14.4 Störungen des Gleichgewichts

Die Analyse erfolgt hier nur mit Hilfe des IS-LM-Diagramms; auf eine mathematische Ableitung wird verzichtet. Die IS- und die LM-Kurve werden dabei vereinfachend als Geraden und nicht als gekrümmte Kurven abgebildet. Störungen des Gleichgewichts kommen in Verlagerungen der IS- bzw. LM-Kurve zum Ausdruck, und die Veränderungen der Gleichgewichtswerte des Systems lassen sich aus dem Vergleich von altem und neuem Schnittpunkt von IS- und LM-Kurve ablesen.

14.4.1 Expansions- und Kontraktionsprozesse am Gütermarkt

Auf die *Steigung der IS-Kurve*, von der – wie wir noch sehen werden – die Wirksamkeit fiskal- und geldpolitischer Maßnahmen abhängt, haben die marginale Konsumquote und die Zinselastizität der Investitionen Einfluss.

- Eine *hohe marginale Konsumquote*[1] führt zu einem *flachen* Verlauf der *IS-Kurve*. Aus einer starken Erhöhung des Volkseinkommens resultiert dann nur eine relativ kleine Ausweitung der geplanten Ersparnisse, sodass bereits eine geringe Zunahme der geplanten Investitionen und damit auch eine bescheidene Zinssenkung ausreicht, damit wieder Gleichgewicht erreicht wird.
- Eine *hohe Zinselastizität der Investitionen*[2] bewirkt ebenfalls eine *flache* IS-Kurve. Eine geringe Zinssenkung hat dann eine starke Ausweitung der Investitionen zur Folge,

[1] Für die marginale Konsumquote sind nur Werte größer als Null und kleiner als 1 ökonomisch sinnvoll.

[2] Die Zinselastizität der Investitionen ($\varepsilon_{I,i}$) ist definiert als $\varepsilon_{I,i} = \frac{dI}{I} : \frac{di}{i} = \frac{dI}{di} : \frac{I}{i}$. Sie gibt an, um wie viel Prozent sich die Investitionen ändern, wenn der Zinssatz um 1 % steigt. Vgl. Abschn. 12.2.2.

sodass das Volkseinkommen stark steigen muss, um eine entsprechende Zunahme der geplanten Ersparnisse – und somit wieder Gleichgewicht – zu erreichen.

- Schließlich trägt die Erweiterung um eine *einkommensabhängige Steuer* (bzw. um *einkommensabhängige Importe*) zu einem *steileren Verlauf* der IS-Kurve bei. Ein höheres Volkseinkommen führt dann nicht nur zu höheren Ersparnissen, sondern auch zu höheren Steuerzahlungen (bzw. zu mehr Importen), sodass für ein neues Gleichgewicht eine stärkere Ausweitung der Investitionen und eine größere Zinssenkung nötig ist. Dieser Effekt tritt umso stärker auf, je höher der Steuersatz t (bzw. die marginale Importquote m_1) ist.

Dagegen hat der Umfang folgender exogener Größen Einfluss auf die *Lage der IS-Kurve*: der autonome Konsum und die autonomen Investitionen und – bei erweiterter Betrachtung – die Exporte, die Staatsausgaben, die Transferleistungen und die zu zahlenden Steuern sowie Exporte und Importe.

► Änderungen von exogenen Größen, die eine **Erhöhung der gesamtwirtschaftlichen Güternachfrage** bewirken, werden als **expansiv** bezeichnet. Denn sie führen zu einem **höheren Gleichgewichtseinkommen**.

In Abb. 14.3 verschiebt sich die *IS-Kurve* durch eine solche Erhöhung der Güternachfrage nach *rechts oben*. Um dies zu verdeutlichen, gehen wir von Punkt A auf der IS_0-Kurve aus, auf der definitionsgemäß geplantes Güterangebot und geplante Güternachfrage übereinstimmen. Erhöhen die Unternehmen jetzt ihre autonome Nachfrage nach Investitionsgütern um ΔI, so kommt es zu dem in Abschn. 12.4.2 ausführlich beschriebenen Multiplikatorprozess. Gütermarktgleichgewicht wird (bei unverändertem Zinssatz) erst wieder erreicht, wenn das Volkseinkommen um $\Delta Y_0 = \frac{1}{1-c_1} \cdot \Delta I$ gestiegen ist (Punkt B in Abb. 14.3).

Auch in dem um Staat und Ausland erweiterten Modell ergibt sich die Verschiebung der IS-Kurve aus der multiplikativen Erhöhung des Einkommens durch die Veränderung der jeweiligen autonomen Größe. Sie beträgt beispielsweise bei einer Steuersenkung $\Delta Y_0 = \frac{-c_1}{1-c_1} \cdot (-\Delta T_{dir})$.

Bisher haben wir die Wechselwirkungen zwischen Güter- und Geldmarkt bei *zinsabhängigen Investitionen* unberücksichtigt gelassen. Eine Nachfrageausweitung am Gütermarkt, durch die die Produktion und das Volkseinkommen steigen, ruft eine höhere Geldnachfrage für Transaktionszwecke und damit ein Ungleichgewicht am Geldmarkt hervor (Punkt B in Abb. 14.3 liegt rechts unterhalb der LM-Kurve). Dieses Ungleichgewicht lässt sich nur über höhere Zinsen und damit einen Rückgang der Geldnachfrage zur Vermögenshaltung beseitigen, was am Gütermarkt wiederum weniger zinsabhängige Investitionen zur Folge hat und damit eine Dämpfung des Volkseinkommens. Bei Einbeziehung des Geldmarktes sowie zinsabhängiger Investitionen führt eine Nachfrageausweitung zu einem neuen Gleichgewicht im Punkt C, d. h. zu einer geringeren Ausweitung des

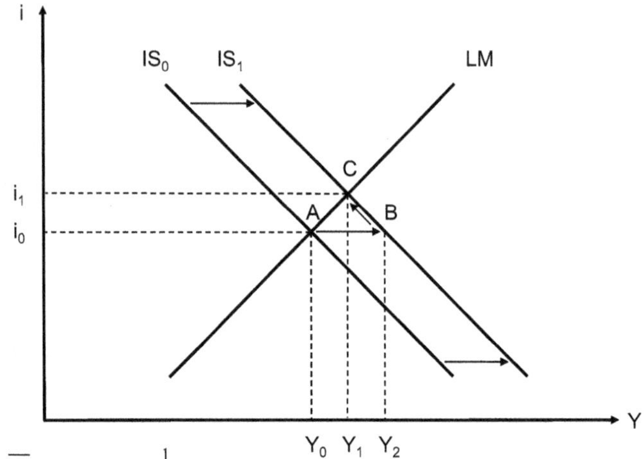

$$\overline{AB} = Y_2 - Y_0 = \frac{1}{1-c_1} \cdot \Delta I$$

Abb. 14.3 Auswirkungen einer Erhöhung der Güternachfrage

Gleichgewichtseinkommens (von Y_0 auf Y_1 und nicht auf Y_2) und zu einem Anstieg des Gleichgewichtszinssatzes (von i_0 auf i_1).

► Änderungen von exogenen Größen, die einen **Rückgang der gesamtwirtschaftlichen Güternachfrage** bewirken, werden als **kontraktiv** bezeichnet. Denn sie führen zu einem **niedrigeren Gleichgewichtseinkommen**.

Die Wirkungen eines solchen Nachfragerückgangs am Gütermarkt lassen sich in analoger Weise analysieren. Er kann sowohl durch autonome Verhaltensänderungen (weniger Exporte, weniger autonome Investitionen) als auch durch gezielte fiskalpolitische Maßnahmen (Steuererhöhungen, Einschränkungen der Staatsausgaben und Transferzahlungen) hervorgerufen sein. Die *IS-Kurve* verschiebt sich dann nach *links unten*, und es ergeben sich ein niedrigeres Gleichgewichtseinkommen und ein niedrigerer Gleichgewichtszins. Dabei wird der Rückgang des Gleichgewichtseinkommens wieder durch die Wechselwirkung mit dem Geldmarkt gedämpft, denn die Zinssenkung lässt mehr Investitionen rentabel werden.[3]

Insgesamt bleibt festzuhalten, dass in dem erweiterten Modell die multiplikative Verstärkung von Nachfrageänderungen geringer ausfällt. Um die *gleiche Ausweitung des Gleichgewichtseinkommens* und damit der Beschäftigung zu erzielen wie ohne zinsabhängige Investitionen, müsste der Fiskus in *größerem Umfang* seine Ausgaben erhöhen oder die Steuern senken. Man spricht in diesem Zusammenhang davon, dass die *Fiskalpolitik weniger effizient* ist. Das gilt gleichermaßen, wenn der Staat durch restriktive Maßnahmen

[3] Zur grafischen Darstellung vgl. die Antworten zu den Fragen.

(Steuererhöhungen, Einschränkungen der öffentlichen Ausgaben) das Volkseinkommen reduzieren und zum Abbau von Überbeschäftigung beitragen möchte.

14.4.2 Wirkungen von Variationen der Geldmenge

Die *Steigung* der LM-Kurve hängt davon ab, wie stark die Geldnachfrage auf Zinsänderungen reagiert, d. h. wie zinselastisch sie ist.[4] Bei *hoher Zinselastizität* verläuft die LM-Kurve sehr *flach*, weil dann bereits eine kleine Zinserhöhung die Geldnachfrage zur Vermögenshaltung stark zurückgehen lässt, sodass die Geldnachfrage für Transaktionszwecke (und damit das Einkommen) stark steigen muss, damit wieder Gleichgewicht am Geldmarkt herrscht.

In der Theorie werden zwei Extremfälle unterschieden:

- Die *Geldnachfrage* ist *vollkommen zinsunelastisch*. Dies kann zunächst auf die Annahme zurückzuführen sein, dass Geld nur für Transaktionszwecke gehalten wird. Zudem kann zwar eine Geldnachfrage zur Vermögenshaltung unterstellt werden, diese Geldnachfrage sich aber in der Empirie als weitgehend zinsunelastisch herausstellen. In beiden Fällen verläuft die *LM-Kurve senkrecht* (vgl. Abb. 14.4). (Da die Klassiker von einer vollkommen zinsunelastischen Geldnachfrage ausgingen, wird der senkrechte Ast der LM-Kurve auch als „klassischer Bereich" bezeichnet.)

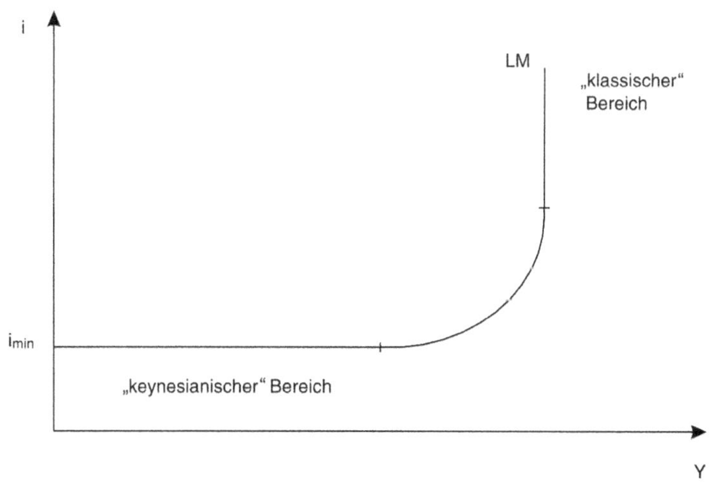

Abb. 14.4 Gleichgewicht am Geldmarkt bei unterschiedlichen Annahmen über die Zinselastizität der Geldnachfrage

[4] Die Zinselastizität der Geldnachfrage ($\varepsilon_{L,i}$) ist definiert als $\varepsilon_{L,i} = \frac{dL}{L} : \frac{di}{i} = \frac{dL}{di} : \frac{L}{i}$. Sie gibt an, um wie viel Prozent sich die Geldnachfrage ändert, wenn der Zinssatz um 1 % steigt (z. B. von 4 % auf 4,04 %). Vgl. Abschn. 13.2.3.

- Die *Geldnachfrage* ist *vollkommen zinselastisch*. Dies wird für den Bereich sehr niedriger Zinsen, wie sie sich insbesondere in einer tiefen Rezession beobachten lassen, unterstellt. Gehen die Wirtschaftssubjekte bei einem Zinssatz nahe Null davon aus, dass die Zinsen in Zukunft nur noch steigen können und deshalb die Wertpapierkurse fallen werden, so verkaufen sie Wertpapiere und halten u. U. ihr gesamtes Vermögen in Form von Geld. Dann verläuft die *LM-Kurve waagerecht* (vgl. Abb. 14.4). (Da Keynes für eine tiefe Rezession eine solche „Liquiditätsfalle“ (vgl. Abschn. 13.2.2) unterstellt hatte, wird der waagerechte Ast der LM-Kurve auch als „keneysianischer Bereich“ bezeichnet.)

► Eine **Erhöhung des Geldangebots** durch den Einsatz geldpolitischer Instrumente wird als **expansive Geldpolitik** bezeichnet.[5] Sie führt i. d. R. zu einem **höheren Gleichgewichtseinkommen**.

Durch eine *expansive Geldpolitik* verschiebt sich die *LM-Kurve* nach *rechts unten*. Denn durch ein höheres Geldangebots wird das Geldmarktgleichgewicht in Punkt A (vgl. Abb. 14.5) gestört und (bei unverändertem Volkseinkommen) ein neues Gleichgewicht erreicht, wenn der Zinssatz auf i_2 fällt und somit die zusätzliche Geldmenge zur Vermögenshaltung genutzt wird (Punkt B).

Diese Zinssenkung wird allerdings durch *Rückwirkungen vom Gütermarkt* gedämpft. Auf Grund höherer zinsabhängiger Investitionen kommt es zu einer Ausweitung des Volkseinkommens und damit auch zu einem Anstieg der Geldnachfrage für Transaktions-

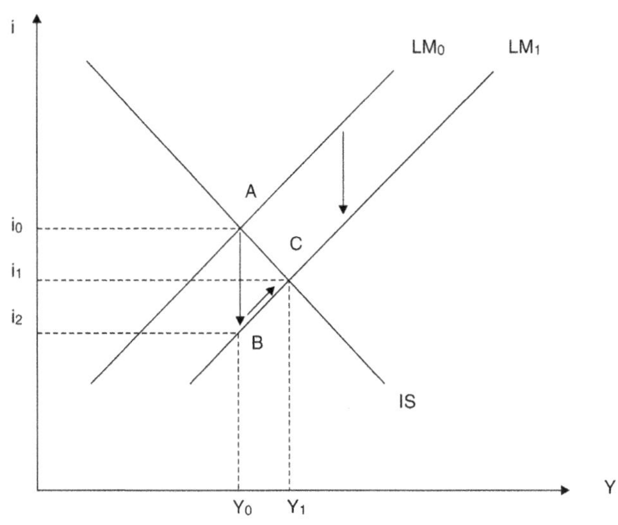

Abb. 14.5 Auswirkungen einer Geldmengenerhöhung

[5] Zu den geldpolitischen Instrumenten vgl. den Beitrag „Geld und Währung“.

zwecke. Insgesamt führt eine Ausweitung der Geldmenge zu einem Rückgang der Zinsen (von i_0 auf i_1) und zu einem höheren Volkseinkommen (Y_1 gegenüber Y_0).

▶ Eine **Senkung des Geldangebots** durch den Einsatz geldpolitischer Instrumente wird als **restriktive Geldpolitik** bezeichnet. Sie führt i. d. R. zu einem **niedrigeren Gleichgewichtseinkommen**.

14.4.3 Vergleich der Effizienz fiskal- und geldpolitischer Maßnahmen

Bereits in der Einleitung zu diesem Beitrag sollte deutlich geworden sein, dass in der makroökonomischen Theorie umstritten ist, ob wirtschaftpolische Maßnahmen zur Stabilisierung der Wirtschaft und zum Abbau von Arbeitslosigkeit (bzw. zur Vermeidung von Inflation) notwendig und sinnvoll sind (vgl. Abschn. 11.1). Die „Stabilitätsoptimisten" gehen davon aus, dass eine sich selbst überlassene Marktwirtschaft nach Störungen von außen immer wieder automatisch zu Vollbeschäftigung führt, so dass staatliche Interventionen überflüssig und in vielen Fällen sogar schädlich sind. Dagegen vertreten die „Stabilitätspessimisten" die Auffassung, dass eine Marktwirtschaft „aus sich selbst heraus" starke Schwankungen des Wirtschaftsablaufs verursacht. Deshalb müsse der Staat in Zeiten fehlender gesamtwirtschaftlicher Nachfrage und hoher Arbeitslosigkeit die Wirtschaft „ankurbeln" (bzw. in Zeiten von Inflation die Wirtschaft „dämpfen"), um starke Konjunkturschwankungen und lang anhaltende Arbeitslosigkeit zu vermeiden.

Darüber hinaus ist umstritten, welche wirtschaftpolitischen Maßnahmen besser geeignet sind, um die Wirtschafts- und Beschäftigungssituation zu beeinflussen, die *Fiskalpolitik* oder die *Geldpolitik*.

▶ Unter **Fiskalpolitik** werden alle Maßnahmen des **Staates** verstanden, mit denen er Einfluss auf die **gesamtwirtschaftliche Güternachfrage** nimmt, um die Wirtschaft zu stabilisieren, insbesondere Veränderungen der Staatsnachfrage, der Steuern und der Transferleistungen.

▶ Unter **Geldpolitik** werden Maßnahmen der **Zentralbank** verstanden, mit denen sie das **Geldangebot** (bzw. die Zinsen) variiert und damit indirekt Einfluss auf den Gütermarkt nimmt.

Uneinigkeit besteht insbesondere darüber, ob in einer *Rezession* fiskalpolitische oder geldpolitische Maßnahmen *effizienter* sind. Kann das Gleichgewichtseinkommen (und die Beschäftigung) stärker durch eine expansive Fiskalpolitik oder eine Erhöhung der Geldmenge ausgeweitet werden?

Die unterschiedlichen Antworten auf diese Frage und damit die konträren wirtschaftspolitischen Empfehlungen verschiedener makroökonomischer Theorien lassen sich auf unterschiedliche Hypothesen hinsichtlich

- der Zinselastizität der Investitionsnachfrage und
- der Zinselastizität der Geldnachfrage

zurückführen.

Für unterschiedliche Ergebnisse unseres makroökonomischen Grundmodells sind somit abweichende Verhaltensannahmen entscheidend. Salopp formuliert kann der Zauberer aus dem Hut nur herausholen, was er vorher – in Form von Annahmen – hineingesteckt hat.

- Eine vollkommen *zinsunelastische Investitionsnachfrage* in einer schweren Rezession lässt sich damit begründen, dass Unternehmen auch bei extrem niedrigen Zinsen keine zusätzlichen Maschinen anschaffen werden, wenn ein großer Teil ihrer Kapazitäten nicht ausgelastet sind. In diesem Fall verläuft die *IS-Kurve senkrecht*, sodass eine *Geldmengenausweitung*, durch die sich die LM-Kurve nach rechts unten verschiebt (siehe a in Abb. 14.6), nur zu einer Zinssenkung (von i_0 auf i_1) führen kann. Das Gleichgewichtseinkommen am Gütermarkt und damit auch die Produktion und die Beschäftigung bleiben unverändert, d. h. die *Geldpolitik* ist *vollkommen unwirksam.* Dagegen ist eine *Erhöhung der Staatsausgaben sehr effizient*, weil sie direkt auf den Gütermarkt einwirkt, sodass das Volkseinkommen um $\frac{1}{1-c_1} \cdot \Delta G$ steigt (von Y_0 auf Y_1; siehe b in Abb. 14.6).
- Geht man dagegen von sehr zinsreagiblen, im Extremfall *unendlich zinselastischen Investitionen* aus, so verläuft die *IS-Kurve waagerecht* (vgl. Abb. 14.7) und die *Fiskalpolitik* erweist sich als *ineffizient.* Zusätzliche kreditfinanzierte Staatsausgaben führen

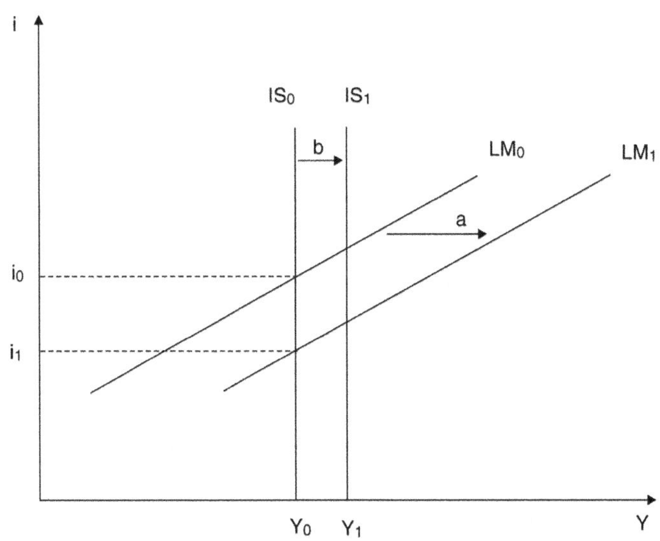

Abb. 14.6 Geld- und Fiskalpolitik bei zinsunelastischen Investitionen

dann zwar (zunächst) zu einer Erhöhung der Gesamtnachfrage, aber auf Grund der damit einhergehenden Zinssteigerung werden genau im gleichen Umfang private Investitionen verdrängt; es gilt $\Delta G = -\Delta I(i)$. Auf Grund dieses so genannten „Crowding-out"-Effekts bleibt die Nachfrage insgesamt unverändert und damit auch das Gleichgewichtseinkommen. (In Abb. 14.7 verschiebt sich die IS-Kurve in sich selbst.)

- Eine vollkommen *zinselastische Geldnachfrage* wird damit begründet, dass bei extrem niedrigen Zinsen die Vermögenshaltung in Wertpapieren nicht mehr lohnt, weil die (zu erwartenden) Kursverluste höher als die Zinserträge sind. Entsprechend fließt das zusätzliche Geldangebot vollständig in die Vermögenshaltung, d. h., es wird zur „passiven" Kasse. In diesem Fall verläuft die *LM-Kurve waagerecht* und verschiebt sich bei einer *Geldmengenerhöhung* in sich selbst (keynesianischer Bereich in Abb. 14.8). Als Folge kommt es nicht zu einer Erhöhung der Investitionen und des Volkseinkommens. Die *expansive Geldpolitik* ist *vollkommen unwirksam.* Dagegen ist die *Fiskalpolitik* in dieser Situation *sehr effizient*; sie führt zu einer starken Erhöhung des Volkseinkommens (von Y_0 auf Y_1).
- Dagegen legen empirische Untersuchungen nahe, dass die Geldnachfrage auf Zinssatzvariationen kaum reagiert (vgl. Abschn. 16.2.2.2). Dann verläuft die *LM-Kurve nahezu senkrecht.* In diesem „klassischen" Bereich der LM-Kurve (b in Abb. 14.8) ist die *Geldpolitik sehr effizient* (das Volkseinkommen steigt von Y_2 auf Y_3), während eine Erhöhung der *Staatsausgaben* (wieder) auf Grund des „Crowding-out"-Effekts *ohne Wirkung* auf das Volkseinkommen bleibt.

Insgesamt ist festzuhalten, dass die *Fiskalpolitik* besonders *effizient* ist, wenn die Investitionsnachfrage auf Zinsänderungen kaum reagiert und die Geldnachfrage sehr zins-

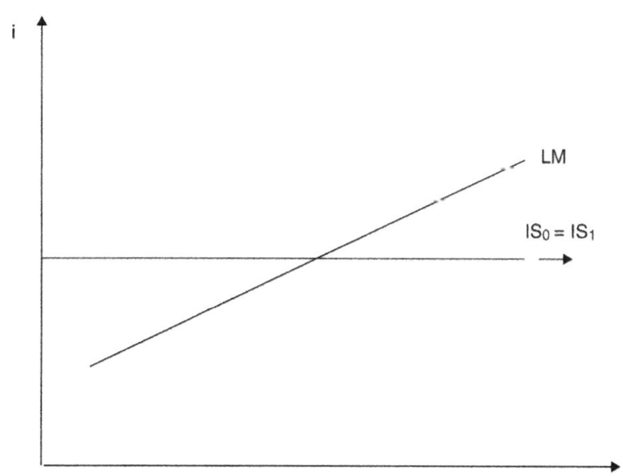

Abb. 14.7 Fiskalpolitik bei vollkommen zinselastischen Investitionen

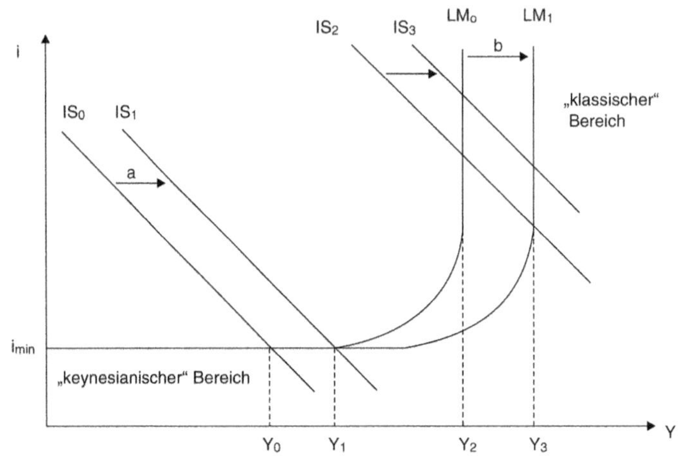

Abb. 14.8 Geld- und Fiskalpolitik im Bereich einer vollkommen zinselastischen (**a**) und einer zinsunelastischen (**b**) Geldnachfrage

elastisch ist. Dies wird von den „Stabilitätspessimisten“ vor allem für den Fall einer tiefen Rezession angenommen. Umgekehrt erzielt man mit *Geldmengenvariationen* eine *große Wirkung*, wenn – wie von den „Stabilitätsoptimisten“ unterstellt – die Geldnachfrage kaum zinsreagibel ist, aber die Unternehmen im Fall von Zinssenkungen ihre Investitionsnachfrage stark erhöhen.

Fragen

1. In einer Volkswirtschaft sind die folgenden Funktionen und exogenen Größen gegeben:

$$C = 20 + 0{,}8 \cdot Y_d; \quad T_{dir} = 50; \quad G = 60; \quad I = \frac{80}{i} \quad \text{(Gütermarkt)}$$

$$M = 100; \quad L_T = 0{,}25 \cdot Y; \quad L_S = \frac{100}{i} \quad \text{(Geldmarkt).}$$

   Geben Sie die Gleichgewichtsbedingungen für den Güter- und Geldmarkt an und bestimmen Sie das Volkseinkommen und den Zinssatz, bei dem an beiden Märkten Gleichgewicht herrscht.
2. Wie wirkt sich ein Rückgang der Exportnachfrage auf die IS-Kurve und das Gleichgewicht am Güter- und Geldmarkt aus? Legen Sie Ihrer Antwort bitte ein IS-LM-Diagramm zugrunde, und erläutern Sie auch, wie sich die Geldnachfrage für Transaktionszwecke und zur Vermögenshaltung sowie die zinsabhängigen Investitionen verändern.

3. Welche Auswirkungen haben die folgenden fiskalpolitischen Maßnahmen?

Maßnahme	Betroffene Nachfrage-komponente	Veränderung der Gesamt-nachfrage	Verschiebung der IS-Kurve	Veränderung des Gleichge-wichtseinkom-mens	Veränderung des Gleichge-wichtszinssat-zes
a) Herabsetzung der Einkommen- und Körperschaft-steuer					
b) Erhöhung der Transferzahlun-gen					
c) Einschrän-kungen von Staatsausgaben					

4. Analysieren Sie die Auswirkungen einer restriktiven Geldpolitik.
5. Was können die Gründe dafür sein, dass im makroökonomischen Grundmodell eine expansive Geldpolitik in einer tiefen Rezession nicht zu einer Erhöhung des Volkseinkommens führt?
6. Was versteht man unter „Crowding out“?

Antworten

1. Die Gleichgewichtsbedingung für den Gütermarkt lautet:

$$Y = 20 + 0{,}8 \cdot (Y - 50) + 60 + \frac{80}{i}$$

und nach Y aufgelöst

$$Y = \frac{1}{0{,}2}\left(20 - 0{,}8 \cdot 50 + 60 + \frac{80}{i}\right) = 200 + \frac{400}{i}.$$

Die Gleichgewichtsbedingung für den Geldmarkt ist:

$$100 = 0{,}25 \cdot Y + \frac{100}{i}$$

und nach Y aufgelöst

$$Y = 400 - \frac{400}{i}.$$

Durch Gleichsetzen der beiden Gleichgewichtsbedingungen erhält man:

$$200 + \frac{400}{i} = 400 - \frac{400}{i}$$

und die beiden Gleichgewichtswerte $i_0 = 4$ und $Y_0 = 300$.

2. Ein Rückgang der Exportnachfrage um ΔX führt zu einer Verschiebung der IS-Kurve nach links unten um

$$\Delta Y = \frac{1}{1 - c_1} \cdot \Delta X.$$

Im Punkt B wäre zwar wieder Gütermarktgleichgewicht erreicht, aber durch den Rückgang der einkommensabhängigen Transaktionskasse übersteigt das Geldangebot die Geldnachfrage. Dieses Ungleichgewicht am Geldmarkt lässt sich durch niedrigere Zinsen und damit eine höhere Geldnachfrage zur Vermögensanlage beseitigen. Dies hat am Gütermarkt mehr zinsabhängige Investitionen und damit einen per Saldo geringeren Rückgang des Volkseinkommens zur Folge. Insgesamt führt der Rückgang der Exporte zu einem niedrigeren Gleichgewichtseinkommen und einem niedrigeren Gleichgewichtszins.

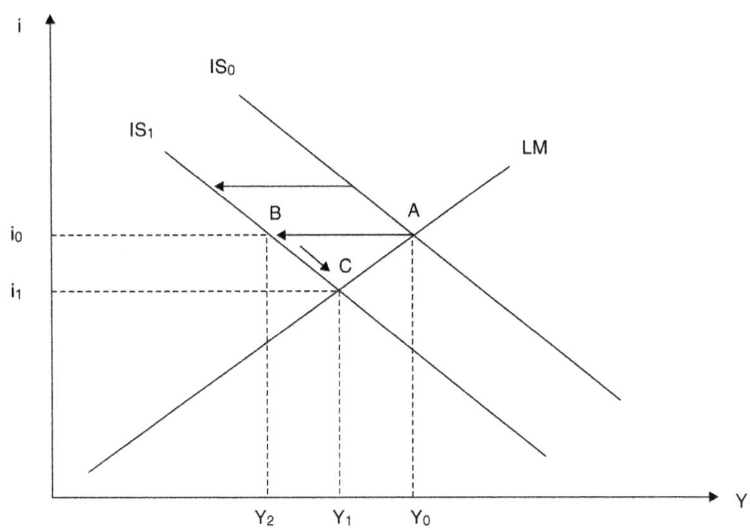

3.

Maßnahme	Betroffene Nachfrage-komponente	Veränderung der Gesamt-nachfrage	Verschiebung der IS-Kurve	Veränderung des Gleichge-wichtseinkom-mens	Veränderung des Gleichge-wichtszinssat-zes
a) Herabsetzung der Einkommen- und Körperschaft-steuer	$C(Y_d)$, I	Steigt	Rechts	Steigt	Steigt
b) Erhöhung der Transferzahlun-gen	$C(Y_d)$	Steigt	Rechts	Steigt	Steigt
c) Einschrän-kungen von Staatsausgaben	G	Sinkt	Links	Sinkt	Sinkt

4. Durch eine restriktive Geldpolitik verschiebt sich die LM-Kurve nach links oben und hat einen höheren Zinssatz und (über weniger zinsabhängige Investitionen) ein niedrigeres Volkseinkommen zur Folge.
5. Im makroökonomischen Grundmodell führt eine Geldmengenerhöhung zu niedrigeren Zinsen und damit zu einer höheren Investitionsnachfrage, die das Volkseinkommen multiplikativ erhöht. Diese „Kette“ kann zum einen unterbrochen sein, weil die Zinsen bereits so niedrig sind, dass alle Wirtschaftssubjekte steigende Zinsen (und fallende Wertpapierkurse) erwarten und jedes zusätzliche Geldangebot nur die Geldhaltung zur Vermögensanlage (und damit die „passive Kasse“) erhöht, die damit zur „Liquiditätsfalle“ wird. Zum anderen können zusätzliche Investitionen trotz sehr niedriger Zinsen nicht rentabel sein, weil die Kapazitäten stark unterausgelastet sind (zinsunelastische Investitionen).
6. Zusätzlich kreditfinanzierte Staatsausgaben führen zu einem Anstieg der Zinsen. Dadurch wird ein Teil der Investitionen, bei denen vorher der interne Zinsfuß über dem Marktzins lag, unrentabel. Diese Investitionen werden durch die zusätzlichen Staatsausgaben verdrängt.

Die Erweiterung des Grundmodells um flexible Preise und Löhne – die mittelfristige Sicht 15

Brigitte Hewel und Renate Neubäumer

Inhaltsverzeichnis

15.1 Vorbemerkungen

Mittelfristig, d. h. für einen Zeitraum bis zu zehn Jahren, wird unterstellt, dass das *Produktionspotenzial* einer Wirtschaft *gegeben* ist und sich somit die Bevölkerung, der Kapitalstock und der technische Stand nicht verändern. Dagegen werden *Änderungen* des *Preisniveaus* und der *Löhne* in die Analyse einbezogen.

Unter dem *Preisniveau* versteht man den Durchschnitt der Preise in einer Volkswirtschaft. Veränderungen des Preisniveaus werden mit *Preisindices* gemessen, die die Entwicklung der Preise für eine Vielzahl von Gütern und Dienstleistungen zusammenfassen. So bedeutet z. B. ein Anstieg des Verbraucherpreisindex um 3 %, dass der „typische" Private Haushalt für die von ihm gekauften Güter und Dienstleistungen (den so genannten Warenkorb) im Durchschnitt 3 % mehr bezahlen muss.

Preisniveauänderungen erfordern, zwischen der Entwicklung des nominalen und realen Inlandsprodukts zu unterscheiden:

B. Hewel (✉)
vorm. Frankfurt University of Applied Sciences
Frankfurt am Main, Bad Soden am Taunus, Deutschland

R. Neubäumer
Abteilung für Wirtschaftswissenschaft, Universität Koblenz-Landau
Landau, Deutschland

R. Neubäumer et al. (Hrsg.), *Volkswirtschaftslehre*, DOI 10.1007/978-3-658-16523-9_15

► Die Veränderung des **nominalen** Inlandsprodukts gibt an, wie sich der **Wert** aller Güter und Dienstleistungen, die in einer Volkswirtschaft in einer Periode produziert wurden, gegenüber der Vorperiode verändert hat. Sie ist das Ergebnis von **Preis- und Mengenänderungen**.

► Dagegen gibt die Veränderung des **realen** Inlandsprodukts (ΔY^r) an, wie sich die **Menge** der produzierten Güter und Dienstleistungen entwickelt hat. Sie ergibt sich, indem man die Änderungsrate des nominalen Inlandsprodukts (ΔY) um **Preisänderungen bereinigt**: $\Delta Y^r = \Delta Y / \Delta P$.[1]

Allgemein erhält man reale Größen, indem man die nominalen Größen durch das Preisniveau dividiert. Entsprechend unterscheiden wir z. B. zwischen nominaler Geldmenge (M) und realer Geldmenge (M/P) und zwischen Nominallohn (W) und Reallohn (W/P).

Die Einbeziehung flexibler Preise und Löhne in die Analyse erfolgt hier in zwei Schritten:

- In Abschn. 15.2 stellen wir ein erweitertes Arbeitsmodell dar, das insbesondere Lohnänderungen und Wettbewerb am Arbeitsmarkt berücksichtigt und darüber hinaus die exogenen Determinanten des Arbeitsangebots thematisiert.
- In Abschn. 15.3 erweitern wir das makroökonomische Grundmodell um flexible Preise und leiten die aggregierte Angebotskurve (aus dem Arbeitsmarkt) und die aggregierte Nachfragekurve (aus dem Güter- und Geldmarkt) ab. Damit lässt sich simultan mit dem *Gleichgewichtseinkommen* das *Gleichgewichtspreisniveau* bestimmen. Auf dieser Grundlage kann analysiert werden, wie sich *Gleichgewichtsstörungen*, d. h. exogene Datenänderungen oder gezielte wirtschaftspolitische Maßnahmen, auf das Einkommen und die Beschäftigung sowie das Preisniveau auswirken. Schließlich machen wir deutlich, von welchen Annahmen abhängt, ob mit diesem Gleichgewicht auch Vollbeschäftigung erreicht wird.

15.2 Der Arbeitsmarkt

Lernziele

Die folgenden Abschnitte informieren Sie darüber,

- wie sich eine vom Reallohn abhängige Nachfrage der Unternehmen nach Arbeitskräften ableiten lässt;

[1] Wir kennzeichnen reale Größen durch ein hoch gestelltes r. Für nominale Größen benutzen wir Symbole ohne Index.

- welche Annahmen über das von den Haushalten angebotene Arbeitsangebot getroffen werden und von welchen exogenen Größen das Arbeitsangebot einer Volkswirtschaft determiniert wird;
- unter welchen Bedingungen Gleichgewicht am Arbeitsmarkt, d. h. Vollbeschäftigung, herrscht.

15.2.1 Merkmale des Arbeitsmarktmodells

Auf dem Arbeitsmarkt wird entschieden, wie viel Arbeitsleistungen in einer Volkswirtschaft von den Unternehmungen nachgefragt und von den Haushalten angeboten werden. Wie bereits in der Analyse des Geld- und Gütermarktes deutlich wurde, stellen auch hier Angebots- und Nachfragefunktionen als Bestandteile des makroökonomischen Modells nur das *Durchschnittsverhalten* von Haushalten und Unternehmungen dar. Es sind – je nach Theorie – unterschiedliche Annahmen über das Verhalten der Anbieter und Nachfrager von Arbeitsleistungen möglich, die Auswirkungen darauf haben, ob und wie es zu Vollbeschäftigung kommt.

Zur Vereinfachung wird unterstellt, dass auf dem Arbeitsmarkt *vollständige Konkurrenz* herrscht. Das heißt im Einzelnen:

- Die angebotenen Arbeitsleistungen und Arbeitsplätze sind *homogen*. Es gibt keine Unterschiede der Arbeitnehmer, insbesondere hinsichtlich ihrer Kenntnisse und Fertigkeiten und ihrer Leistungsmotivation, und der Arbeitsplätze, z. B. hinsichtlich Arbeitsbedingungen, Aufstiegsmöglichkeiten und Betriebsklima.
- Es bestehen *keine persönlichen Präferenzen* auf der Anbieter- oder Nachfragerseite.
- Die Arbeitnehmer sind vollkommen mobil, d. h., sie sind jederzeit bereit, umzuziehen, um eine Stelle an einem anderen Ort anzunehmen.
- Es herrscht vollkommene *Markttransparenz*, d. h., sowohl die Unternehmen wie die Arbeitnehmer kennen die von allen anderen Arbeitgebern gezahlten Löhne.
- Löhne, Arbeitszeit und andere Bedingungen des Arbeitsvertrages werden zwischen dem einzelnen Unternehmer und dem einzelnen Arbeitnehmer ausgehandelt. Es gibt weder Gewerkschaften noch Arbeitgeberverbände und auch keine Großunternehmen und damit *keinerlei Marktmacht*.

Ein solches Modell unterstellt zunächst, dass Arbeit „ein Gut wie jedes andere" ist, und trägt damit den Besonderheiten des Arbeitsmarktes, die in Abschn. 3.1 der „Einführung" dargestellt wurden, keine Rechnung.[2]

[2] Die Besonderheiten des Arbeitsmarktes sind Gegenstand einer Vielzahl neuerer Arbeitsmarkttheorien, über die z. B. die beiden folgenden Bücher einen Überblick geben: Franz, W. (2013).

Zudem „muss" das Modell zu dem Ergebnis führen, dass der Lohn eine herausragende Rolle für die Höhe der Arbeitsnachfrage, des Arbeitsangebots und für die Erreichung von Gleichgewicht, d. h. von Vollbeschäftigung hat, weil keinerlei Unterschiede zwischen den verschiedenen Arbeitnehmern und zwischen den verschiedenen Arbeitsplätzen „zugelassen" werden. (Dies gilt analog zum Modell vollkommener Konkurrenz am Gütermarkt, bei dem der Preis aufgrund vollkommen homogener Güter zentrale Bedeutung hat.)

15.2.2 Die Nachfrage nach Arbeit

Im auf die kurzfristige Sicht ausgerichteten makroökonomischen Grundmodell, das von konstanten Löhnen und Preisen ausging, wurde die *Arbeitsnachfrage* (N_A) allein durch das – durch den Güter- und Geldmarkt determinierte – Gleichgewichtseinkommen (Y_0) bestimmt (vgl. Abschn. 14.3):

$$N_A = N_A(Y_0, \bar{K}). \tag{15.1}$$

Dagegen werden bei mittelfristiger Sicht Lohn- und Preisänderungen in die Analyse einbezogen, was eine vom Reallohn abhängige Arbeitsnachfrage zur Folge hat, wie im Folgenden abgeleitet wird.

Den Ausgangspunkt bildet eine *neoklassische Produktionsfunktion*, z. B. in der speziellen Form einer Cobb-Douglas-Produktionsfunktion (vgl. Abschn. 12.3).[3] Dabei wird wieder ein gegebener Kapitalstock ($\bar{K}$) und ein gegebener Stand der Technik unterstellt.

$$Y = (N_A, \bar{K}) \tag{15.2}$$

► Charakteristisch für diese neoklassische Produktionsfunktion ist, dass der Grenzertrag der Arbeit, das **Grenzprodukt** GP_A, mit **steigender Einsatzmenge abnimmt**, d. h. die (partielle) Produktionsfunktion hat eine abnehmende Steigung:

$$GP_A = \frac{\partial Y(N_A, \bar{K})}{\partial N_A} \text{ mit } \frac{\partial^2 Y(N_A, \bar{K})}{\partial N_A^2} < 0.$$

In Abb. 15.1 kommt das darin zum Ausdruck, dass bei Y_1 das Inlandsprodukt durch den Einsatz einer zusätzlichen Arbeitskraft weniger erhöht wird als bei Y_2.

Im nächsten Schritt wird das *Grenzprodukt* mit dem *durchschnittlichen Preis* P am (Absatz-)Gütermarkt bewertet. Dadurch erhält man das *Grenzwertprodukt* (GWP_A):

$$GP_A \cdot P = GWP_A. \tag{15.3}$$

Arbeitsmarktökonomik (8. Aufl.). Berlin: Springer und Sesselmeier, W., Funk, L., & Waas, B. (2010) *Arbeitsmarkttheorien: eine ökonomisch-juristische Einführung* (3. Aufl.). Heidelberg: Physika 2010.

[3] Eine ausführlichere Darstellung von Produktionsfunktionen bietet Abschn. 5.3 im Beitrag „Mikroökonomie".

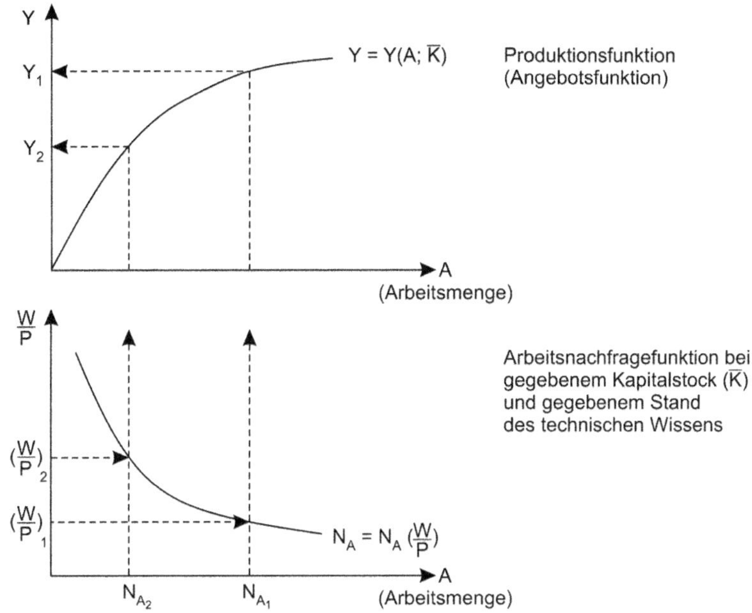

Abb. 15.1 Der Zusammenhang zwischen Produktions- und Arbeitsnachfragefunktion

Unter der Annahme der *Gewinnmaximierung* werden die Unternehmen die Arbeitsnachfrage bis zu dem Punkt ausdehnen, an dem das Grenzwertprodukt der Arbeit gleich dem (gesamtwirtschaftlichen) Nominallohn (W) ist:

$$\begin{aligned} W &= GP_A \cdot P \quad \text{oder} \\ \frac{W}{P} &= GP_A. \end{aligned} \tag{15.4}$$

▶ Das **Gewinnmaximum** ist erreicht, wenn der **Reallohn** und das **Grenzprodukt der Arbeit übereinstimmen**. (Gesamtwirtschaftlich müssen der Reallohn und der Zuwachs des realen Nationaleinkommens übereinstimmen.)

Daraus folgt, dass die Nachfrage nach Arbeitsleistungen (N_A) mit sinkendem Reallohn steigt und bei steigendem Reallohn zurückgeht:

$$N_A = N_A\left(\frac{W}{P}\right) \text{ mit } \frac{dN_A}{d\left(\frac{W}{P}\right)} < 0. \tag{15.5}$$

In der grafischen Darstellung der Arbeitsnachfragefunktion in Abb. 15.1b bewirkt demnach eine *Veränderung* des *Reallohns* eine Bewegung *entlang* der Kurve. Steigt z. B. der Reallohn von $(W/P)_1$ auf $(W/P)_2$, so sinkt die Arbeitsnachfrage von N_{A1} auf N_{A2}. Entsprechend geht die gesamtwirtschaftliche Produktion von Y_1 auf Y_2 zurück.

Änderungen der *Ceteris-paribus-Größen* bewirken dagegen, dass sich die Arbeitsnachfragekurve verlagert. So verschieben z. B. eine erhöhte *Kapitalausstattung* oder der *technische Fortschritt* und damit eine erhöhte *Arbeitsproduktivität* die Nachfragekurve nach rechts oben, d. h., für die gleiche Arbeitsleistung kann ein höherer Reallohn gezahlt werden. Dies kann entweder über einen steigenden *Nominallohn* oder über sinkende *Preise* bzw. über eine entsprechende Veränderung beider Elemente des Reallohns geschehen.

In den 1980er und 1990er-Jahren wurde die höhere Arbeitsproduktivität auch häufig in Form von „Arbeitszeitverkürzungen ohne Lohnverzicht" an die Beschäftigten „weitergegeben", d. h., der Minderverdienst durch weniger Arbeitsstunden wurde durch einen Anstieg der (realen) Stundenlöhne kompensiert (oder sogar überkompensiert). Umgekehrt führte eine Arbeitszeitverlängerung ohne Einkommenserhöhung, wie sie während der hohen Arbeitslosigkeit zu Beginn des neuen Jahrtausends des Öfteren vereinbart wurde, zu niedrigeren Stundenlöhnen.

15.2.3 Das Arbeitsangebot

Eine häufig vertretene Hypothese ist, dass das *Angebot an Arbeitsleistungen* A_A eine *steigende Funktion des Reallohns* W/P_1 ist:

$$A_A = A_A\left(\frac{W}{P}\right) \text{ mit } \frac{dA_A}{d\left(\frac{W}{P}\right)} > 0. \tag{15.6}$$

Dies wird damit begründet, dass die Haushalte den Nutzen von Freizeit gegen den Nutzen von Konsumgütern, die sie mit dem durch ihre Arbeit erzielten Einkommen kaufen können, abwägen. Bei steigendem Reallohn erhalten sie für eine Einheit Arbeit mehr Konsumgüter und werden deshalb bereit sein, mehr Arbeitsleistungen anzubieten.[4]

Weiterhin wird häufig die Hypothese vertreten, dass das *Angebot an Arbeitsleistungen* A_A vom *Nominallohn* W (und nicht vom Reallohn W/P) abhängt:

$$A_A = A_A(W) \text{ mit } \frac{dA_A}{dW} > 0. \tag{15.7}$$

[4] Die Haushalte substituieren somit Freizeit durch Konsumgüter, wenn durch die Lohnerhöhung der Preis von Konsumgütern relativ zu dem von Freizeit sinkt. Dies entspricht dem in Abschn. 3.4 des Beitrags „Mikroökonomie" abgeleiteten Substitutionseffekt. Ein steigender Reallohn hat aber auch zur Folge, dass der Lebensstandard des Haushalts steigt (ohne dass er seine Arbeitsleistung erhöht), d. h., er hat einen Einkommenseffekt zur Folge. Dabei ist denkbar, dass dem Haushalt sein bisheriger Lebensstandard ausreicht, sodass er bei steigendem Reallohn seine Arbeitsleistung sogar senkt. (Der Einkommenseffekt ist dann größer als der Substitutionseffekt.) Tun das viele Haushalte in einem bestimmten Reallohnbereich, so verläuft die gesamtwirtschaftliche Arbeitsangebotskurve in diesem Bereich invers, d. h., die gesamtwirtschaftlich angebotene Arbeitsleistung sinkt mit steigendem Reallohn.

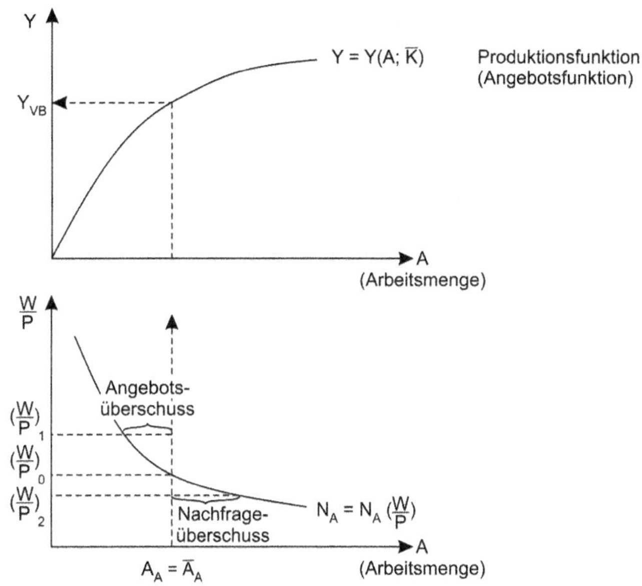

Abb. 15.2 Gleichgewicht am Arbeitsmarkt und Vollbeschäftigungseinkommen

Diese Hypothese ist häufig mit der Annahme verknüpft, dass es einen Mindestlohn W_{min} gibt, unterhalb dessen kein Arbeitsangebot erfolgt.

Schließlich wird häufig vereinfachend angenommen, dass das *Arbeitsangebot exogen* gegeben ist, d. h. auf Real- bzw. Nominallohnänderungen nicht reagiert. (Bei der Mindestlohnannahme wird die exogen gegebene Arbeitsleistung allerdings erst ab W_{min} angeboten.) Für $A_A = \bar{A}_A$ erhält man eine senkrechte Arbeitsangebotskurve (vgl. Abb. 15.2).

Der Umfang dieses *exogenen Arbeitsangebots* in einer Volkswirtschaft hängt zunächst vom Umfang und Altersaufbau der *Bevölkerung* ab. Die Personen der Wohnbevölkerung im Alter zwischen 15 und 65 Jahren bilden das so genannte *Erwerbspersonenpotenzial*, das in der Bundesrepublik Deutschland 2013 58,5 Mio. betrug (vgl. Abb. 15.3). Allerdings möchten nicht alle diese *Erwerbsfähigen* ihre Arbeitskraft am Arbeitsmarkt anbieten, vor allem weil sie noch eine Schul-, Hochschul- oder Berufsausbildung absolvieren, Familienarbeit leisten oder im vorgezogenen Ruhestand sind. Dieses Arbeitsangebots- und Erwerbsverhalten wird durch *Einstellungen* in einer Gesellschaft, z. B. zur Berufstätigkeit von Frauen, zum Wert von mehr Bildung und Ausbildung oder zur Erwerbstätigkeit und -fähigkeit Älterer geprägt, die sich z. B. in der Bereitstellung von Kinderbetreuungseinrichtungen und der Ausgestaltung der Bildungs- und Alterssicherungssysteme niederschlagen. Dies kommt statistisch in je nach Geschlecht, Familienstand und Alter ganz unterschiedlichen *Erwerbsquoten* zum Ausdruck, die messen, welche Anteile der verschiedenen Bevölkerungsgruppen eine Erwerbstätigkeit ausüben bzw. eine Erwerbstätigkeit ausüben möchten. So beträgt beispielsweise 2013 die Erwerbsquote von Männern im

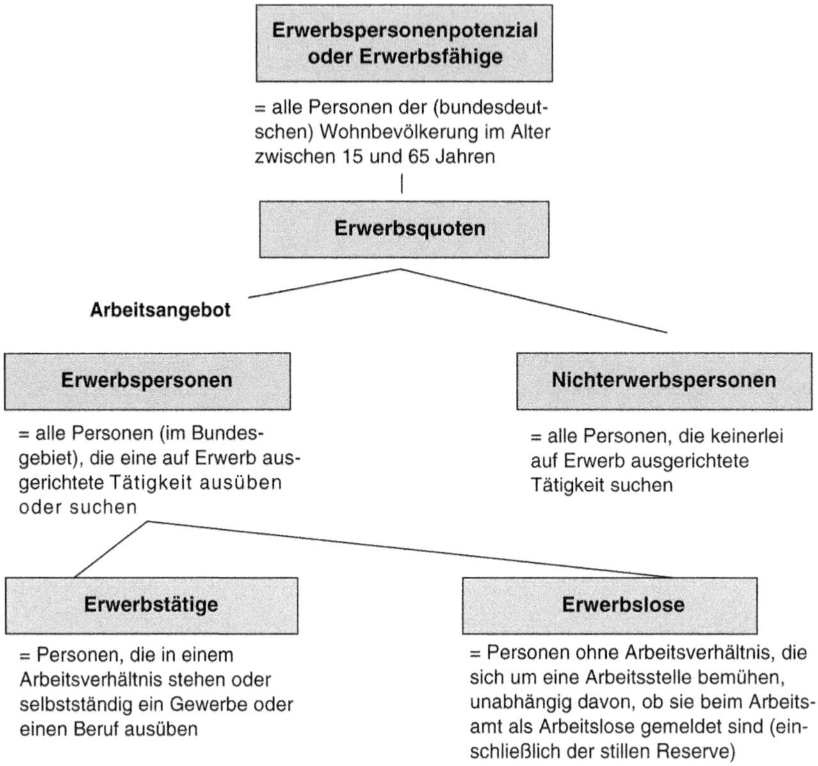

Abb. 15.3 Determinanten des Arbeitsangebots

Alter von 30 bis 35 Jahren 93,5 %, während die von verheirateten Frauen in dieser Altersgruppe nur 72,5 % erreicht oder die von männlichen Jugendlichen im Alter von 15 bis 20 Jahren nur 31 %.

Dabei finden nicht alle Erwerbspersonen eine geeignete unselbstständige oder selbstständige Arbeit. 2014 gab es neben knapp 42,6 Mio. Erwerbstätigen 2,1 Mio. Erwerbslose bzw. 2,9 Mio. (registrierte) Arbeitslose.[5] Damit tritt die Frage auf, unter welchen Bedingungen am Arbeitsmarkt Gleichgewicht besteht (vgl. Tab. 15.1).

[5] Der Unterschied zwischen der Zahl der Erwerbslosen und der Zahl der Arbeitslosen ist auf ihre unterschiedliche statistische Erfassung zurückzuführen: Während die Zahl der Erwerbslosen durch Befragungen ermittelt wird, wird die Zahl der Arbeitslosen aufgrund ihrer Arbeitslosenmeldung bei der Bundesagentur für Arbeit erfasst.

Tab. 15.1 Die Entwicklung am Arbeitsmarkt. (Quelle: Jahresgutachten 2014/15 des Sachverständigenrates zur Begutachtung der gesamtwirtschaftlichen Entwicklung)

Jahr[a]	Erwerbs-personen[b]	Erwerbsquoten der Wohnbevölkerung		Erwerbstätige[e]		Erwerbslose[f]		Nachrichtlich	
		Insgesamt[c]	15- bis 65-Jährige[d]	Insgesamt	Darunter Arbeit-nehmer	Insgesamt	Erwerbs-losenquote[g]	Registrierte Arbeitslose[h]	Sozialversiche-rungspflichtig Beschäftigte[i]
	Tausend Personen	%		Tausend Personen			%	Tausend Personen	
1991	41.023	51,3	72,6	38.790	35.227	2.172	5,3	2.602	29.932
1995	41.090	50,3	71,9	37.958	34.161	3.205	7,8	3.612	28.102
2000	42.906	52,2	72,1	39.917	35.922	3.114	7,3	3.890	27.889
2005	43.726	53,0	73,7	39.326	34.916	4.506	10,3	4.861	26.347
2010	43.804	53,6	76,5	41.020	36.533	2.821	6,4	3.239	28.030
2011	43.921	53,7	77,1	41.570	37.024	2.399	5,5	2.976	28.719
2012	44.203	54,0	77,0	42.033	37.489	2.224	5,0	2.897	29.361
2013	44.408	54,1	77,4	42.281	37.824	2.182	4,9	2.950	29.728
2014	44.674	54,2	77,5	42.638	38.238	2.090	4,7	2.898	30.220

[a] Ab 2011 vorläufige Ergebnisse.
[b] Summe aus Erwerbstätigen (Inländerkonzept) und Erwerbslosen nach den Volkswirtschaftlichen Gesamtrechnungen (ESVG 2010).
[c] Anteil der Erwerbspersonen (Erwerbstätige und Erwerbslose) an der Wohnbevölkerung insgesamt.
[d] Anteil der Erwerbspersonen im Alter von 15 bis 65 Jahren an der Wohnbevölkerung in diesem Alter.
[e] Arbeitnehmer, Selbstständige und mithelfende Familienangehörige (nach dem Inlandskonzept).
[f] Abgrenzung gemäß Definition der Internationalen Arbeitsorganisation (ILO). Ab 2005 Ergebnisse der ILO-Telefonerhebung. Angaben für frühere Zeiträume basieren auf Schätzungen unter Einbezug verschiedener Quellen.
[g] Anteil der Erwerbslosen an den Erwerbspersonen.
[h] Ab dem Jahr 2000: im Jahresdurchschnitt.
[i] Quelle: Bundesagentur für Arbeit (BA).

15.2.4 Gleichgewicht auf dem Arbeitsmarkt

Es sei daran erinnert, dass im auf die *kurze Frist* ausgerichteten makroökonomischen Grundmodell *Vollbeschäftigung nur* durch Veränderungen der *gesamtwirtschaftlichen Nachfrage* erreicht werden kann, der damit eine „Schlüsselrolle" zukommt. Der Grund dafür ist, dass die Löhne und Preise als konstant unterstellt werden. Entsprechend kann Unterbeschäftigung nur durch eine Erhöhung der gesamtwirtschaftlichen Güternachfrage abgebaut werden, die zu höherer Produktion und damit zu mehr Arbeitsnachfrage führt. Überbeschäftigung kann nur durch eine Dämpfung der Güternachfrage, durch die die Produktion und die Arbeitsnachfrage sinken, verringert werden.

Bei der *mittelfristigen Sicht* werden *Lohnänderungen* (und Preisänderungen) in die Analyse eingezogen. Insbesondere wenn man von der (wenig realistischen) Annahme vollkommener Konkurrenz am Arbeitsmarkt ausgeht, hat der (Real-)Lohn zentrale Bedeutung für die Erreichung des Gleichgewichts (vgl. Abschn. 15.2.1).

► Der **Arbeitsmarkt** befindet sich im **Gleichgewicht**, wenn die von den Unternehmen nachgefragte Arbeitsleistung, die vom Reallohn abhängig ist, mit dem exogenen Arbeitsangebot übereinstimmt:

$$N_A\left(\frac{W}{P}, \bar{K}\right) = \bar{A}_A. \tag{15.8}$$

Dann herrscht **Vollbeschäftigung**.

In Abb. 15.2 wird bei dem Reallohn $(W/P)_0$ Vollbeschäftigung erreicht, bei dem die Arbeitsnachfragekurve der Unternehmen die (senkrechte) Arbeitsangebotskurve der Haushalte schneidet. Entsprechend wird $(W/P)_0$ als Gleichgewichts-Reallohn bezeichnet.

► **Unterbeschäftigung** kann nur bei einem Reallohn, der **über** dem Gleichgewichtslohn liegt, auftreten (z. B. bei $(W/P)_1$ in Abb. 15.2). Es kommt dann zu einem **Angebotsüberschuss** am Arbeitsmarkt.

Solche nicht markträumenden Reallöhne werden allerdings bei vollkommener Konkurrenz (und bei isolierter Betrachtung des Arbeitsmarkts) nicht für längere Zeit bestehen. Denn der Wettbewerb unter den Arbeitslosen und mit den Beschäftigten führt dazu, dass der (Real-)Lohn so lange sinkt, bis alle Arbeitssuchenden einen Arbeitsplatz gefunden haben.

Entsprechend kann es in der Realität nur dann zu einer länger anhaltenden Unterbeschäftigung kommen, wenn die *Nominallöhne nach unten nicht flexibel* sind. Es gibt dann einen Mindest-Nominallohn W_{min}, unterhalb dessen die Haushalte nicht bereit sind, ihre Arbeitskraft anzubieten. Liegt dieser Mindestlohn bei gegebenem Preisniveau oberhalb des Gleichgewichtslohns $(W/P)_0$, so kommt es zu Arbeitslosigkeit.

Ursachen für nicht flexible Nomianllöhne können zunächst *Wettbewerbsbeschränkungen am Arbeitsmarkt* sein, die aus staatlicher Eingriffen (z. B. Kündigungsschutz, hohe

Transferleistungen für Arbeitslose) resultieren oder einer starken Stellung der Gewerkschaften, die dann auf Kosten der (der meist nicht gewerkschaftlich organisierten) Arbeitslosen nicht markträumende (Nominal-)Löhne vereinbaren. Es kann sich allerdings auch für viele Unternehmen aus einzelwirtschaftlicher Sicht lohnen, Löhne zu zahlen, die über dem Gleichgewichtslohn liegen. Damit können diese Unternehmen z. B. erreichen, dass sich besonders qualifizierte und motivierte Arbeitnehmer bei ihnen bewerben, dass sich ihre Beschäftigten stärker engagieren und dass ihre Fluktuationsrate sinkt (und damit weniger Einarbeitungskosten anfallen). Dies thematisieren neuere Arbeitsmarkttheorien.

Betrachtet man schließlich den *Arbeitsmarkt nicht isoliert*, sondern bezieht Wechselwirkungen zwischen dem Arbeitsmarkt und dem Güter- und Geldmarkt in die Analyse ein, so kann es auch bei nach unten flexiblen Nominallöhnen zu Unterbeschäftigung kommen. Sinken z. B. die Preise am Gütermarkt in gleichem Maße wie die – nach unten flexiblen – Nominallöhne, so bleibt der Reallohn unverändert und die Arbeitslosigkeit bleibt bestehen. Sinken die Preise stärker oder schneller als die Nominallöhne, so können die Reallöhne sogar steigen, obwohl die Arbeitnehmer zu Nominallohnverzicht bereit sind. (Wir greifen das am Ende dieses Kapitels in Abschn. 15.3.3 wieder auf.)

► **Überbeschäftigung** tritt auf, wenn der Reallohn **unter** dem Gleichgewichtslohn liegt (z. B. bei $(W/P)_2$ in Abb. 15.2). Es kommt dann zu einem **Nachfrageüberschuss** am Arbeitsmarkt bzw. zu einem Arbeitskräftemangel.

Bei isolierter Betrachtung des Arbeitsmarktes und vollkommener Konkurrenz führt hier – in analoger Weise wie bei Unterbeschäftigung – der Wettbewerb der Unternehmen um Arbeitskräfte solange zu einem Anstieg des Reallohns, bis wieder Vollbeschäftigung erreicht ist. Dagegen ergibt sich wieder ein komplizierteres Bild, wenn man den Güter- und Geldmarkt in die Betrachtung einbezieht. Dann sind auch Preissteigerungen am Gütermarkt und damit die Gefahr von Inflation zu berücksichtigen.

15.3 Die Erweiterung des Grundmodells um flexible Preise

Lernziele

In diesem Abschnitt lernen Sie, wie sich das makroökonomische Grundmodell um flexible Preise erweitern lässt.

Dabei sollte Ihnen deutlich werden,

- dass die aggregierte Angebotskurve, die AS-Kurve, insbesondere die Wettbewerbsverhältnisse am Arbeitsmarkt widerspiegelt und ihr Verlauf entsprechend von der Flexibilität der Löhne abhängig ist;
- dass die aggregierte Nachfragekurve, die AD-Kurve, von den Verhältnissen am Güter- und Geldmarkt abhängt, da dort über die gesamtwirtschaftliche Nachfrage (und den sie beeinflussenden Zinssatz) entschieden wird;

- dass der Verlauf der AS- und der AD-Kurve darüber entscheidet, ob gesamtwirtschaftliches Gleichgewicht bei Vollbeschäftigung erreicht wird;
- wie sich bei unterschiedlichem Verlauf der AS- und der AD-Kurve exogene Nachfrageänderungen und gezielte wirtschaftspolitische Maßnahmen auf Einkommen und Beschäftigung und das Preisniveau auswirken.

In unserem erweiterten Modell werden Änderungen des Preisniveaus explizit berücksichtigt. Es basiert auf der aggregierten Angebotskurve, die den Zusammenhang zwischen gesamtwirtschaftlichem Güterangebot und Preisniveau abbildet, und der *aggregierten Nachfragekurve*, die den Zusammenhang zwischen gesamtwirtschaftlicher Güternachfrage und Preisniveau darstellt.

Mit Hilfe dieses erweiterten Modells lassen sich das *Gleichgewichtseinkommen* und das *Gleichgewichtspreisniveau* in einer Volkswirtschaft *gemeinsam* bestimmen. Weiterhin kann analysiert werden, wie sich exogene Datenänderungen (z. B. ein steigendes Arbeitsangebot, höhere Investitionen der Unternehmen oder eine höhere Nachfrage aus dem Ausland) und wirtschaftspolitische Maßnahmen (z. B. eine expansive Fiskalpolitik oder eine expansive Geldpolitik) auf die gesamtwirtschaftliche Produktion *und* das Preisniveau auswirken.

In der älteren makroökonomischen Theorie wurde zunächst unterstellt, dass Preissteigerungen keinen Einfluss auf Produktion und Beschäftigung haben. Inzwischen ist allerdings nicht mehr umstritten, dass insbesondere starke Preisänderungen zu realwirtschaftlichen Effekten führen. Als Gründe dafür werden vor allem angeführt:

- Viele Wirtschaftssubjekte unterliegen der Geldillusion, d. h., sie setzen bei Inflation Nominaleinkommenssteigerungen irrtümlich mit Realeinkommenssteigerungen gleich oder berücksichtigen zumindest nicht den vollen Preisniveauanstieg.
- Eine Inflation hat (ungewollte) Umverteilungseffekte, z. B. wenn Kreditgeber ihre Zinsen oder Arbeitnehmer ihre Löhne nicht schnell genug den gestiegenen Preisen anpassen können.
- Hohe Preisniveausteigerungen lösen eine „Flucht in die Sachwerte“ aus, d. h., die Besitzer von Geldvermögen kaufen verstärkt Sachgüter, wie Häuser, Wohnungen oder Maschinen, damit ihr Gesamtvermögen nicht sinkt, weil sie die Preissteigerungen nicht durch entsprechend höhere Zinsen auf ihr Geldvermögen kompensieren können.

15.3.1 Die aggregierte Angebotskurve

► Die **aggregierte Angebotskurve**, die **AS-Kurve**, gibt an, welche Gütermengen die Gesamtheit der Unternehmen einer Volkswirtschaft bei verschiedenen Preisniveaus anbietet.

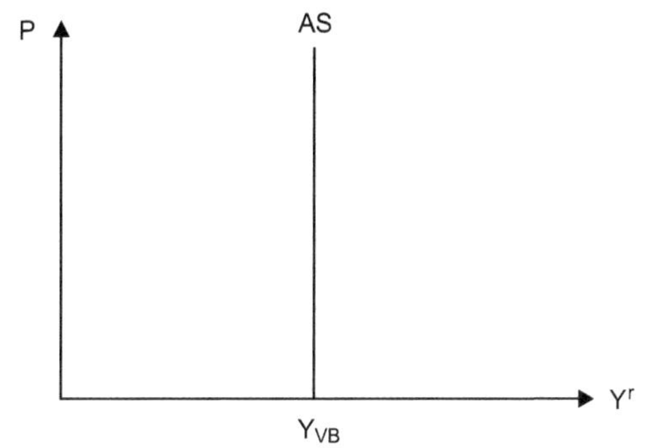

Abb. 15.4 Die AS-Kurve bei vollkommen flexiblen Löhnen

Die von den Unternehmen angebotenen Gütermengen hängen von den Kosten der Produktionsfaktoren und den Absatzpreisen der Produkte ab. Die Absatzpreise werden (neben den Wettbewerbsverhältnissen am Gütermarkt) vom Preisniveau bestimmt. Die Kosten hängen von den produktionstechnischen Zusammenhängen, die die Produktionsfunktion[6] widerspiegelt, sowie von den eingesetzten Mengen und den Preisen von Kapital und Arbeit ab. Da der Kapitalstock als gegeben unterstellt wird, sind die Verhältnisse am Arbeitsmarkt entscheidend für die Kosten der Unternehmen. Entsprechend hängt der Verlauf der AS-Kurve davon ab, welche Annahmen über den Wettbewerb am Arbeitsmarkt und damit die Flexibilität der Löhne getroffen werden.

Wird *vollkommener Wettbewerb am Arbeitsmarkt* unterstellt, so stellt sich dort automatisch der markträumende Reallohn W/P ein, der mit dem Grenzprodukt der letzten Einheit des exogenen Arbeitsangebots ($\bar{A}_A$) übereinstimmt. Als Folge fragen die Unternehmen immer genau das vorhandene Arbeitsangebot nach und produzieren das Vollbeschäftigungseinkommen Y_{VB}. Dieses Vollbeschäftigungseinkommen bieten sie unabhängig von der Höhe des Preisniveaus an, sodass die AS-Kurve, die das gesamtwirtschaftliche Angebot widerspiegelt, senkrecht verläuft (vgl. Abb. 15.4).

Dagegen kommt dem Preisniveau für die Höhe des gesamtwirtschaftlichen Angebots Bedeutung zu, wenn von *unvollkommenem Wettbewerb am Arbeitsmarkt* ausgegangen wird, der zu nach unten *nicht flexiblen Nominallöhnen* führt, die sich an einem Mindest-*Nominal*lohn W_{min} festmachen lassen. Unterhalb dieses Mindestlohns erfolgt kein Arbeitsangebot, während darüber die gesamte Arbeitsmenge angeboten wird (vgl. Abb. 15.5). Betrachten wir die Arbeitsnachfrage ebenfalls in Abhängigkeit vom Nominallohn, so bewirkt ein Anstieg des Preisniveaus (von P_1 auf P_2, P_3 oder P_4) eine Rechts-oben-Verschiebung der Nachfragekurve (unten rechts in Abb. 15.5). Sie schneidet entsprechend die Arbeitsangebotskurve bei höheren Werten, d. h., die Unternehmen werden bei höherem Preisniveau mehr Güter herstellen und zwar so lange, bis die Kapazitätsgrenze

[6] Hier wird weiterhin eine neoklassische Produktionsfunktion mit abnehmendem Grenzertrag der Arbeit unterstellt.

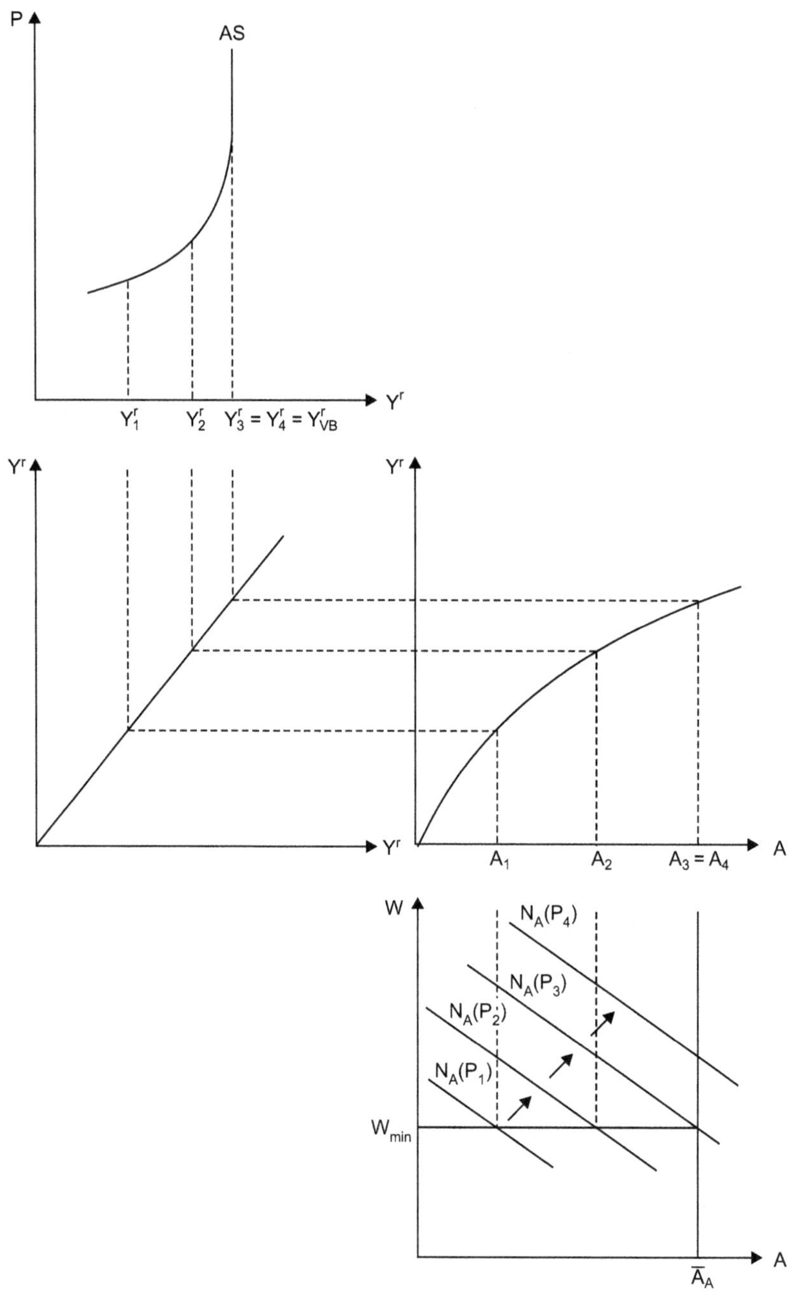

Abb. 15.5 Die AS-Kurve bei einem Mindestlohn

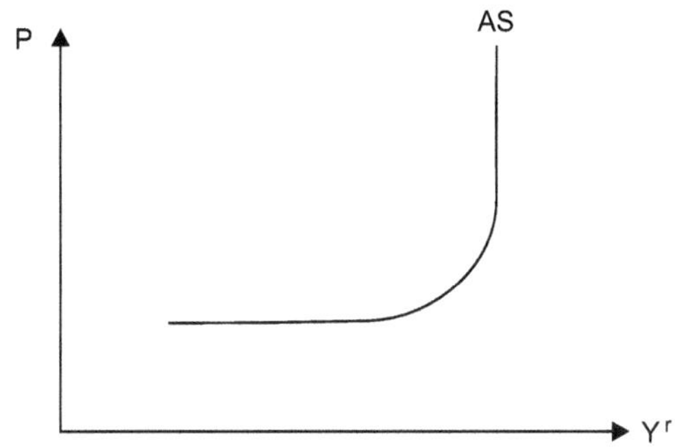

Abb. 15.6 Die allgemeine AS-Kurve

erreicht ist. (Danach entspricht die Produktion wieder dem Vollbeschäftigungseinkommen.) Das Ausmaß der Produktionssteigerung der Unternehmen hängt dabei vom Verlauf der Produktionsfunktion ab: Je weniger das Grenzprodukt der Arbeit sinkt, umso mehr werden die Unternehmen bei höherem Preisniveau ihr Angebot ausweiten und umso flacher verläuft die AS-Kurve.

Schließlich wird z. B. von O. Blanchard[7] eine allgemeine AS-Kurve verwandt (vgl. Abb. 15.6), die die verschiedenen Annahmen vereint und bei der sich drei Bereiche unterscheiden lassen: Ein senkrechter Teil, der mit einem wettbewerblich funktionierenden Arbeitsmarkt begründet wird und ein waagerechter Teil, der insbesondere für eine tiefe Rezession unterstellt wird. Dann ermöglichen stark unterausgelastete Kapazitäten den Unternehmen, ihr Güterangebot auszuweiten, ohne dass ihre Grenzkosten und damit ihre Preise steigen. Der Bereich zwischen diesen beiden Extremfällen verläuft je nach *technisch-organisatorischen* und *institutionellen* Rahmenbedingungen unterschiedlich steil. Die technisch-organisatorischen Bedingungen, – z. B. das vorhandene Wissen über naturwissenschaftliche und technische Zusammenhänge und der Einsatz von Gruppenarbeit oder anderer neuerer Formen der Arbeitsorganisation – bestimmen den Verlauf der gesamtwirtschaftlichen Produktionsfunktion, und die institutionellen Rahmenbedingungen – z. B. der Zentralisierungsgrad der Lohnverhandlungen, die Art der Arbeitsbeziehungen und die Ausgestaltung des Steuer- und Sozialsystems – determinieren die Verhandlungssituation am Arbeitsmarkt.

Diese allgemeine aggregierte Angebotskurve wird oft auch nicht mehr aus der gesamtwirtschaftlichen Produktionsfunktion und den Verhältnissen am Arbeitsmarkt abgeleitet, sondern aus einer Funktion für das *Lohnsetzungsverhalten* der Arbeitnehmer und einer Funktion für das *Preissetzungsverhalten* der Unternehmen. Die Lohnsetzung hängt dabei von der Arbeitslosenquote und den institutionellen Rahmenbedingungen des Arbeitsmarktes sowie von der erwarteten Inflationsrate ab. Der Gewinnaufschlag der Unternehmen und

[7] Vgl. Blanchard, O. (2003) *Macroeconomics* (3. Aufl., S. 135 ff.). Prentice Hall: Upper Saddle River, New Jersey.

damit ihr Preissetzungsverhalten hängt von der Intensität des Wettbewerbs auf den verschiedenen Gütermärkten der Volkswirtschaft ab. Damit wird die Steigung der AS-Kurve auf die Wettbewerbsverhältnisse am Arbeitsmarkt *und* am Gütermarkt zurückgeführt.

15.3.2 Die aggregierte Nachfragekurve

► Die **aggregierte (oder gesamtwirtschaftliche) Nachfragekurve, die AD-Kurve**, gibt alle Kombinationen von Preisniveau und Volkseinkommen wieder, bei denen sowohl am Güter- als auch am Geldmarkt Gleichgewicht herrscht, d. h. das Gleichgewichtseinkommen erreicht ist.

Dieses Gleichgewichtseinkommen wird wiederum durch die *gesamtwirtschaftliche Nachfrage* nach Konsumgütern, öffentlichen Gütern, Exporten und Investitionsgütern (und den sie beeinflussenden Zinssatz) bestimmt und ergibt sich in der grafischen Darstellung aus dem Schnittpunkt von IS- und LM-Kurve.

Berücksichtigen wir Veränderungen des Preisniveaus, so hat das keine Auswirkungen auf die IS-Kurve. Dagegen führen Preiserhöhungen (oder Preissenkungen) zu einer Verschiebung der LM-Kurve, weil sie das reale Geldangebot M/P verändern.

► Bei gegebenem nominalem Geldangebot M führen **steigende Preise** dazu, dass das **reale Geldangebot M/P sinkt**.

Man kann sich das daran verdeutlichen, dass bei höheren Preisen mit dem gleichen Geldangebot weniger Güterkäufe und -verkäufe (und andere wirtschaftliche Transaktionen) abgewickelt werden können. Als Folge des niedrigeren realen Geldangebots entsteht ein Ungleichgewicht am Geldmarkt. Es kann durch ein niedrigeres Volkseinkommen, bei dem die Geldnachfrage für Transaktionszwecke sinkt, beseitigt werden, und/oder durch höhere Zinsen, die zu einer niedrigeren Geldnachfrage für Anlagezwecke führen. Entsprechend verläuft bei höheren Preisen die LM-Kurve weiter links oben und schneidet die IS-Kurve bei einem niedrigeren Gleichgewichtseinkommen (vgl. Abb. 15.7a). Das Ergebnis ist, dass die *AD-Kurve* eine *negative Steigung* hat.

Die Steigung der AD-Kurve hängt von den gleichen Determinanten ab wie die ihr zugrunde liegende IS- und LM-Kurve(n). Somit verläuft die gesamtwirtschaftliche Nachfragekurve umso steiler,

- je niedriger die marginale Konsumquote ist,
- je zinsunelastischer die Investitionen sind,
- je höher der durchschnittliche Kassenhaltungskoeffizient k ist und
- je zinselastischer die Geldnachfrage ist.

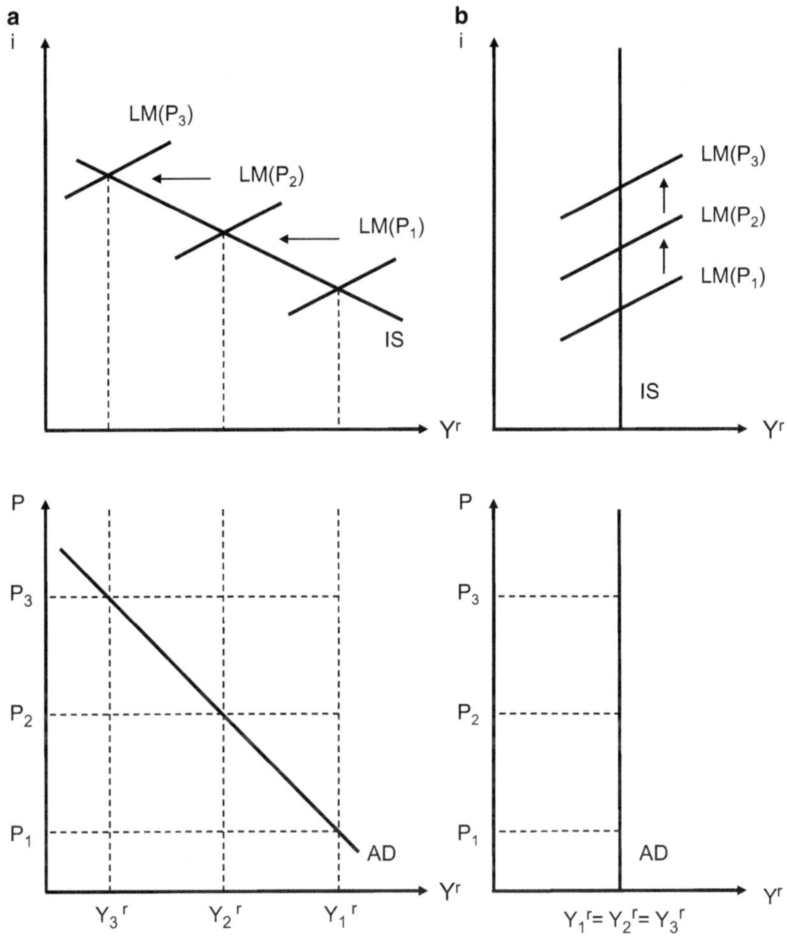

Abb. 15.7 Die AD-Kurve bei zinselastischen (**a**) und zinsunelastischen Investitionen (**b**)

Bei *vollkommen zinsunelastischen Investitionen* erhält man eine senkrechte IS-Kurve und damit auch eine *senkrechte AD-Kurve*, d. h., die gesamtwirtschaftliche Nachfrage ist unabhängig vom Preisniveau (vgl. Abb. 15.7b). Dies gilt gleichermaßen bei vollkommen zinselastischer Geldnachfrage. (In diesem Fall verschiebt sich die waagerechte LM-Kurve bei Preisniveauänderungen nur in sich selbst.)

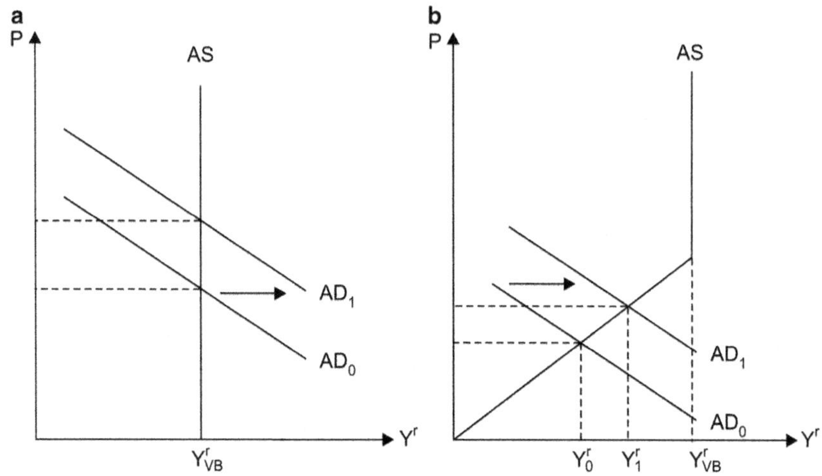

Abb. 15.8 Gesamtwirtschaftliches Gleichgewicht bei vollkommen flexiblen Löhnen (**a**) und bei einem Mindestlohn (**b**)

15.3.3 Gesamtwirtschaftliches Gleichgewicht bei flexiblen Preisen

Mit Hilfe der AS- und der AD-Kurve lässt sich *simultan* mit dem Gleichgewichtseinkommen das Gleichgewichtspreisniveau bestimmen. Dabei hängt die Erreichung von Vollbeschäftigung davon ab, welche *Annahmen* man hinsichtlich der *Flexibilität der Löhne* trifft.

► Im Schnittpunkt von AS- und AD-Kurve herrscht **Gleichgewicht an allen Märkten**, d. h. dem Güter-, dem Geld- und dem Arbeitsmarkt.

In diesem Schnittpunkt herrscht nur dann *Vollbeschäftigung* – und damit *gesamtwirtschaftliches Gleichgewicht i. e. S.* –, wenn vollkommener Wettbewerb am Arbeitsmarkt zu *vollkommen flexiblen (Real-)Löhnen* führt und die *AS-Kurve senkrecht* verläuft (vgl. Abb. 15.8). Vollbeschäftigung wird in diesem Fall allein am Arbeitsmarkt erreicht. Am Gütermarkt wird die gesamte angebotene Arbeitsleistung für die Produktion des Güterangebots genutzt, dem eine entsprechende Güternachfrage gegenübersteht.

Bei einem *Mindest-Nominallohn* herrscht dagegen im Schnittpunkt von AS- und AD-Kurve ein Unterbeschäftigungsgleichgewicht, d. h., ein Teil der Arbeitsanbieter findet keinen Arbeitsplatz, weil beim herrschenden Reallohn die Arbeitskräftenachfrage der Unternehmen nicht ausreicht.

Schließlich kann Unterbeschäftigung auch auftreten, ohne dass die Nominallöhne nach unten starr sind, wie Abb. 15.9 zeigt. Obwohl die AS-Kurve senkrecht verläuft, kommt es erst gar nicht zum Gleichgewicht, weil die AD-Kurve ebenfalls senkrecht verläuft. Die Gründe dafür können vollkommen zinsunelastische Investitionen oder eine vollkommen zinselastische Geldnachfrage sein.

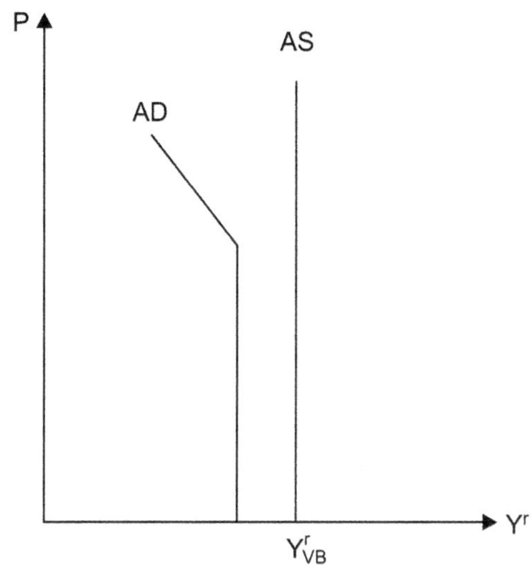

Abb. 15.9 Unterbeschäftigung bei flexiblen Löhnen und zinsunelastische Investitionen und/oder vollkommen zinselastischer Geldnachfrage

15.3.4 Gleichgewichtsstörungen

Im Folgenden wird analysiert, wie sich Gleichgewichtsstörungen durch exogene Datenänderungen, z. B. durch eine höhere Investitionsneigung, fiskal- und geldpolitische Maßnahmen oder einen Rückgang des exogenen Arbeitsangebots, auf das Einkommen und die Beschäftigung *und* das Preisniveau auswirken. Dazu nutzen wir das AS-AD-Diagramm, in dem Änderungen von exogenen Größen zu Verschiebungen der AD- oder der AS-Kurve führen.[8]

► Eine **Zunahme der gesamtwirtschaftlichen Nachfrage** durch eine **expansive Fiskalpolitik** (oder Änderungen sonstiger die Nachfrage beeinflussender Faktoren) führt zu einer **Rechts-oben-Verschiebung** der **AD-Kurve**.

► Eine **expansive Geldpolitik**, d. h. eine Ausweitung der nominalen Geldmenge, führt gleichermaßen zu einer **Rechts-oben-Verschiebung** der **AD-Kurve**.

Bei der Analyse der Auswirkungen dieser exogenen Änderungen muss zwischen der *Vollbeschäftigungssituation* bei vollkommenem Wettbewerb am Arbeitsmarkt und *Unterbeschäftigung* als Folge der Mindestlohn-Annahme oder einer senkrechten AD-Kurve (aufgrund vollkommen zinsunelastischer Investitionen bzw. einer vollkommen zinsunelastischen Geldnachfrage) unterschieden werden.

[8] Aus Vereinfachungsgründen unterscheiden wir hier nicht zwischen einer Verschiebung der Kurve und einer Drehung der Kurve.

In der *Vollbeschäftigungssituation bei flexiblen Löhnen*, wenn die AS-Kurve senkrecht verläuft, kann bei einer Zunahme der gesamtwirtschaftlichen Nachfrage nicht mehr produziert werden. Entsprechend führt die Rechts-oben-Verschiebung der AD-Kurve nicht zu einem höheren Gleichgewichtseinkommen, sondern *nur* zu *höheren Preisen* (vgl. Abb. 15.8a). Dieses Ergebnis gilt gleichermaßen für eine expansive Fiskalpolitik, ein gesamtwirtschaftliche Nachfrageausweitung aus anderen Gründen (z. B. mehr Auslandnachfrage) sowie für eine expansive Geldpolitik.

Bei *Unterbeschäftigungs-Gleichgewicht* führt dagegen eine expansive Wirtschaftspolitik oder eine Nachfrageausweitung aus sonstigen Gründen, durch die sich die AD-Kurve nach rechts oben verschiebt, zu einem *höheren Gleichgewichtseinkommen* und *mehr Beschäftigung* sowie zu einem *Anstieg des Preisniveaus* (der im Vergleich zur Vollbeschäftigungssituation aber geringer ausfällt) (vgl. Abb. 15.8b). Denn bei höherem Preisniveau entspricht der Mindest-Nominallohn W_{min} einem niedrigeren Mindest-Reallohn W_{min}/P, so dass die Unternehmen ihre Arbeitsnachfrage ausweiten und mehr produzieren.

Wie viel der Nachfrageausweitung durch eine expansive Wirtschaftspolitik in „die Mengen“ und wie viel „in die Preise geht“, hängt von der von der Kapazitätsauslastung (und damit von den Produktionsverhältnissen je nach Konjunktursituation) ab. Sind z. B. in einer *tiefen Rezession* die Kapazitäten derart unterausgelastet, dass die Unternehmen ihr Angebot ausweiten können, ohne dass ihre Grenzkosten steigen, so verläuft die AS-Kurve waagerecht und eine expansive Wirtschaftspolitik führt nur zu einem höheren Volkseinkommen und mehr Beschäftigung und nicht zu Preissteigerungen. Im Boom bei einer Produktion nahe der Kapazitätsgrenze ist dagegen mit stark steigenden Preisen und nur mit einer geringen Produktionsausweitung zu rechnen.

Für die *Effizienz* einer expansiven *Fiskalpolitik* bzw. einer expansiven *Geldpolitik* sind wieder die zugrunde gelegten Verhaltensannahmen und die daraus resultierende Zinselastizität der Investitionen und der Geldnachfrage entscheidend. Dies wurde in Abschn. 14.4.3 bereits für das IS-LM-Diagramm abgeleitet, auf dem die AD-Kurve basiert.

► Wenn die **Investitionen wenig auf Zinsänderungen reagieren** und/oder die **Geldnachfrage sehr zinselastisch** ist, erweist sich eine **expansive Fiskalpolitik** als **besonders wirkungsvoll** und eine **expansive Geldpolitik** ist weitgehend **ineffizient**.

Bei gleichem Preisniveau lässt sich dann durch *fiskalpolitische Maßnahmen* ein deutlich höheres Gleichgewichtseinkommen für den Güter- und Geldmarkt erreichen, d. h., die AD-Kurve verschiebt sich weit nach rechts oben. Entsprechend ergibt sich ein deutlich höheres gesamtwirtschaftliches Gleichgewicht (als Schnittpunkt der neuen AD-Kurve mit der AS-Kurve). Der ökonomische Hintergrund ist, dass z. B. zusätzliche Staatsausgaben einen Multiplikatorprozess auslösen, aufgrund dessen die Produktion ausgeweitet wird. Dadurch steigt die (einkommensabhängige) Geldnachfrage, aber die Zinsen müssen – aufgrund der sehr zinsunelastischen Geldnachfrage – kaum steigen, damit wieder Gleichgewicht am Geldmarkt herrscht. Zudem führen diese höheren Zinsen kaum zu einem Rückgang der nahezu zinsunelastischen Investitionsnachfrage.

Dagegen führt eine *Geldmengenausweitung* bei sehr zinsreagibler Geldnachfrage dazu, dass sich die (fast waagerechte) LM-Kurve weitgehend in sich selbst verschiebt und die AD-Kurve kaum weiter rechts oben verläuft. Entsprechend liegen Produktion und Beschäftigung im gesamtwirtschaftlichen Gleichgewicht kaum höher. Begründen lässt sich das damit, dass sich die Geldmengenausweitung in einem nur wenig niedrigeren Zinssatz niederschlägt, der wiederum die Unternehmen nur zu einer sehr geringen Ausweitung ihrer Investitionsnachfrage veranlasst.

Bei zinsunelastischen Investitionen und sehr zinselastischer Geldnachfrage verläuft die *AD-Kurve sehr steil*. Im Extremfall verläuft sie – wie in Abb. 15.9 – *senkrecht*. Der einzige Weg aus dem Unterbeschäftigungsgleichgewicht ist hier eine expansive Fiskalpolitik, durch die die gesamtwirtschaftliche Nachfrage steigt und sich die AD-Kurve in Richtung auf die AS-Kurve verschiebt.

► Wenn die **Investitionen stark auf Zinsänderungen reagieren** und/oder die **Geldnachfrage weitgehend zinsunelastisch** ist, erweist sich eine **expansive Geldpolitik** als besonders **wirkungsvoll** und eine **expansive Fiskalpolitik** ist weitgehend **ineffizient**.

Unter diesen Annahmen verschiebt sich durch ein *höheres Geldangebot* die AD-Kurve (die jetzt ziemlich flach verläuft) weit nach rechts oben und führt zu einem deutlich höheren gesamtwirtschaftlichen Gleichgewicht. Ökonomisch lässt sich das damit erklären, dass durch die Geldmengenausweitung die Zinsen stark sinken und die Unternehmen veranlassen, deutlich mehr zu investieren und damit einen Multiplikatorprozess auszulösen.

Dagegen führt eine *expansive Fiskalpolitik* nur zu einer geringfügigen Verschiebung der AD-Kurve, so dass das neue Gleichgewichtseinkommen kaum höher liegt. Der ökonomische Grund ist, dass durch die zusätzlichen kreditfinanzierten Staatsausgaben die Zinsen stark steigen und damit in großem Umfang private Investitionen verdrängt werden („crowding-out“).

► Durch einen **Rückgang der gesamtwirtschaftlichen Nachfrage**, z. B. durch eine geringere Konsum- oder Investitionsneigung aufgrund einer pessimistischeren Einschätzung der zukünftigen Entwicklung oder durch eine **restriktive Fiskalpolitik**, verschiebt sich die **AD-Kurve** nach **links unten**. Eine **restriktive Geldpolitik**, d. h. eine Verknappung des Geldangebots, hat ebenfalls eine **Links-unten-Verschiebung der AD-Kurve** zur Folge.

Daraus resultiert – je nach der über die Flexibilität der Löhne getroffenen Annahme – im AS-AD-Diagramm nur ein *niedrigeres Preisniveau* oder ein *niedrigeres Preisniveau und* ein *niedrigeres Einkommen*.

Schließlich lässt sich mit Hilfe des AS-AD-Diagramms analysieren, wie sich eine Ausweitung oder eine Reduktion des *exogenen Arbeitsangebots*, insbesondere aufgrund von Wanderungsbewegungen und durch die demographische Entwicklung, auswirkt.

▶ Bei vollkommenem Wettbewerb am Arbeitsmarkt führt ein **höheres Arbeitsangebot** zu einer **Reallohnsenkung** und zu einer **höheren Produktion** und einem **niedrigeren Preisniveau.**

Die Zuwanderung von Arbeitskräften macht unter der Annahme *vollkommen flexibler Löhne* keinerlei Probleme. Die daraus – zunächst – resultierende Arbeitslosigkeit (der Angebotsüberschuss in Abb. 15.2) wird durch schnell sinkende Reallöhne beseitigt. Es kommt zu einem *höheren Vollbeschäftigungseinkommen*, das bei *niedrigerem Preisniveau* vollständig nachgefragt wird.

▶ Bei **inflexiblen Löhnen** führt das zusätzliche Arbeitsangebot zu **mehr Arbeitslosigkeit**.

Durch die Zunahme des Arbeitsangebots ändert sich der Verlauf der AS-Kurve sich erst ab dem alten Vollbeschäftigungseinkomen (sowohl in Abb. 15.5 als auch in Abb. 15.8b). Das neue Vollbeschäftigungseinkommen und damit der senkrechte Teil der AS-Kurve liegt weiter rechts, und es ergibt sich eine höhere Arbeitslosigkeit zwischen dem unveränderten Gleichgewichtseinkommen im AS-AD-Diagramm und dem neuen Vollbeschäftigungseinkommen.

Die Auswirkungen einer Abnahme des Arbeitsangebots, wie sie in der Bundesrepublik Deutschland längerfristig aufgrund der demographischen Entwicklung zu erwarten ist, lässt sich analog ableiten.

Insgesamt stellt das AS-AD-Diagramm eine Fortentwicklung des IS-LM-Diagramms dar. Es ermöglicht, zu analysieren, wie sich Datenänderungen (z. B. autonomen Nachfrageänderungen der Unternehmen und des Auslands sowie Veränderungen des exogenen Arbeitsangebots) und gezielte fiskalpolitische und geldpolitische Maßnahmen auf das Einkommen und die Beschäftigung *und* auf das Preisniveau auswirken.

Fragen

1. Erläutern Sie die Begriffe
   a) Grenzprodukt der Arbeit,
   b) Grenzwertprodukt der Arbeit.
2. Unter welchen Prämissen gilt die Arbeitsnachfragefunktion $N_A = N_A(W/P)$?
3. Geben Sie die Kombinationen von Nominallohn- und/oder Preisniveauänderung an, die zu einem höheren Reallohn führen können.
4. Welche Hypothesen gibt es zum Arbeitsangebot?
5. Von der Entwicklung welcher Größen hängt es ab, wie hoch das Arbeitsangebot in der Bundesrepublik Deutschland im Jahr 2020 sein wird?
6. Wann herrscht Gleichgewicht am Arbeitsmarkt und was versteht man unter dem Vollbeschäftigungseinkommen?

7. Nennen Sie Gründe dafür, dass hohe Inflationsraten Auswirkungen auf den güterwirtschaftlichen Bereich haben, d. h., die Höhe und die Struktur der Produktion verändern.
8. a) Welche Einflussgrößen bestimmen den Verlauf der AS-Kurve?
   b) Was wird bei einer senkrechten AS-Kurve unterstellt?
   c) Welche Folgen hat die Annahme eines Mindestlohns für den Verlauf der AS-Kurve?
9. Warum haben steigende Preise (bei gegebenem nominalem Geldangebot M) die gleiche Wirkung wie ein Sinken der nominalen Geldmenge (bei konstanten Preisen)?
10. Analysieren Sie mit Hilfe des AS-AD-Diagramms, wie sich ein Rückgang der Exporte oder der Investitionsnachfrage bei flexiblen Löhnen und bei der Mindestlohnannahme auf Einkommen, Beschäftigung und Preisniveau auswirkt.
11. Erklären Sie vor dem Hintergrund von Abb. 15.8 und 15.9, was man unter „Stabilitätsoptimisten" und „Stabilitätspessimisten" versteht.

Antworten

1. a) Das Grenzprodukt der Arbeit gibt an, um wie viel sich die Ausbringungsmenge (Y) ändert, wenn bei Konstanz des Kapitaleinsatzes nur die Einsatzmenge des Faktors Arbeit (N_A) verändert wird.
   Mathematisch ist das Grenzprodukt die (partielle) Ableitung der Produktionsfunktion:
   $$GP_A = \frac{\partial Y(N_A, \bar{K})}{\partial N_A}.$$
   b) Das Wertgrenzprodukt der Arbeit ergibt sich aus der Multiplikation des Grenzprodukts mit einem Preisindex für den (Absatz-)Gütermarkt:
   $$GP_A \cdot P = GWP_A.$$
2. Es wird von einer neoklassischen Produktionsfunktion mit abnehmendem Grenzertrag der Arbeit ausgegangen, bei der der Kapitalstock und der Stand des technischen Wissensexogen gegeben sind. Zudem wird gewinnmaximierendes Verhalten der Unternehmen unterstellt.
3. Zu einem steigenden Reallohn kann führen:
   - wenn der Nominallohn steigt, und die Preise konstant bleiben oder fallen;
   - wenn der Nominallohn stärker als die Preise steigt;
   - wenn der Nominallohn konstant bleibt und die Preise sinken;
   - wenn der Nominallohn weniger stark fällt als die Preise zurückgehen.
4. Eine Hypothese ist, dass das Arbeitsangebot vom Reallohn abhängt, eine andere, dass der Nominallohn das Arbeitsangebot bestimmt. Vereinfachend wird zudem oft davon ausgegangen, dass das Arbeitsangebot exogen gegeben ist.
5. Das Arbeitsangebot in der Bundesrepublik Deutschland im Jahr 2020 hängt ab:

- von der Entwicklung der Wohnbevölkerung, die durch Zu- und Abwanderung sowie durch Geburten und Todesfälle bestimmt wird;
- von Veränderungen des Altersaufbaus dieser Wohnbevölkerung, denn nur Personen im erwerbsfähigen Alter (15 bis 65 Jahre) zählen zum so genannten Erwerbspersonenpotenzial;
- von der Entwicklung der verschiedenen geschlechts- und altersspezifischen Erwerbsquoten, die messen, welche Anteile der verschiedenen Bevölkerungsgruppen eine Erwerbstätigkeit ausüben bzw. eine Erwerbstätigkeit ausüben möchten, und die insbesondere von den Einstellungen zur Erwerbstätigkeit von Frauen, dem Bildungs- und Ausbildungssystem und dem System der Alterssicherung bestimmt werden.

6. Gleichgewicht am Arbeitsmarkt herrscht bei dem Reallohn, bei dem die (geplante) Arbeitsnachfrage der Unternehmen mit dem (geplanten) Arbeitsangebot der Haushalte übereinstimmt.
7. Hohe Preissteigerungsraten haben insbesondere Auswirkungen auf den güterwirtschaftlichen Bereich, weil viele Wirtschaftssubjekte der Geldillusion unterliegen, weil Inflation zu (ungewollten) Umverteilungseffekten führt und weil sie eine „Flucht in die Sachwerte" auslöst.
8. a) Der Verlauf der AS-Kurve hängt von den (Arbeits-)Kosten der Unternehmen und entsprechend vom Verlauf der Angebots- und Nachfragekurve am Arbeitsmarkt sowie vom Verlauf der Produktionsfunktion ab.
   b) Bei einem senkrechten Verlauf der AS-Kurve wird unterstellt, dass aufgrund von vollkommenem Wettbewerb am Arbeitsmarkt die Löhne vollkommen flexibel sind, sodass der Gleichgewichtslohn erreicht wird. Die Unternehmen produzieren dann genau die Menge, deren Herstellung das exogene Arbeitsangebot erfordert – unabhängig davon, wie hoch das Preisniveau ist.
   c) Bei niedrigem Preisniveau führt der Mindestnominallohn zu einem (Mindest-)Reallohn, bei dem die Unternehmen keine Arbeit oder nur einen Teil des Arbeitsangebots nachfragen. Steigen die Preise, so sinkt der Reallohn und die Unternehmen fragen mehr Arbeit nach und erhöhen ihre Produktion und damit das gesamtwirtschaftliche Angebot. (Dabei unterliegen die Arbeitnehmer der Geldillusion, sodass sie bei steigenden Preisen keinen höheren Mindestnominallohn fordern.)
9. In beiden Fällen sinkt das reale Geldangebot M/P, sodass mit dem vorhandenen Geldangebot weniger Güterkäufe und -verkäufe abgewickelt werden können.
10. Ein Rückgang der Exporte oder der Investitionsnachfrage führt zu einer Links-unten-Verschiebung der AD-Kurve. Bei flexiblen Löhnen hat das nur eine Preisniveausenkung zur Folge; es wird weiterhin das Vollbeschäftigungseinkommen produziert.
    Unter der Mindestlohnannahme führt der Nachfragerückgang sowohl zu Preisniveausenkungen als auch zu einem Rückgang des Gleichgewichtseinkommens und der Beschäftigung.
11. „Stabilitätsoptimisten" vertreten die Auffassung, dass eine sich selbst überlassene Marktwirtschaft nach „Störungen" von außen wieder automatisch zu gesamtwirt-

schaftlichem Gleichgewicht und damit zu Vollbeschäftigung führt. Die AS- und die AD-Kurve verlaufen wie in Abb. 15.8a.

Den „Stabilitätspessimisten“ zu Folge kann es in marktwirtschaftlichen Systemen zu lang anhaltenden Phasen der Unterbeschäftigung kommen, weil die Löhne nach unten nicht flexibel sind; so dass beim Schnittpunkt von AS- und AD-Kurve keine Vollbeschäftigung herrscht (wie in Abb. 15.8b). Weiterhin kann die Geldnachfrage unendlich zinselastisch bzw. die Investitionsnachfrage vollkommen zinsunelastisch sein, so dass die AD-Kurve senkrecht verläuft und trotz vollkommen flexibler Löhne die AS-Kurve nicht schneidet (wie in Abb. 15.9).

Verschiedene makroökonomische Theorien und neuere Entwicklungen im Überblick 16

Brigitte Hewel und Renate Neubäumer

Inhaltsverzeichnis

Lernziele

In diesem Kapitel erhalten Sie einen Überblick über zwei grundlegende Richtungen in der Makroökonomie, die „Stabilitätsoptimisten" und die „Stabilitätspessimisten".

Dabei sollte Ihnen deutlich werden,

- dass makroökonomische Theorien nicht losgelöst von dem historischen Kontext, in dem sie entstanden sind, gesehen werden können;
- dass das makroökonomische Grundmodell je nach den zugrundegelegten Annahmen zu unterschiedlichen Ergebnissen führt;
- dass unterschiedliche Annahmen auch zu abweichenden wirtschaftspolitischen Empfehlungen führen.

B. Hewel (✉)
vorm. Frankfurt University of Applied Sciences
Frankfurt am Main, Bad Soden am Taunus, Deutschland

R. Neubäumer
Abteilung für Wirtschaftswissenschaft, Universität Koblenz-Landau
Landau, Deutschland

R. Neubäumer et al. (Hrsg.), *Volkswirtschaftslehre*, DOI 10.1007/978-3-658-16523-9_16

Im Folgenden geben wir einen Überblick über die verschiedenen makroökonomischen Lehrmeinungen[1] und ordnen sie zwei grundlegende Richtungen, den „Stabilitätsoptimisten" und den „Stabilitätspessimisten" zu. Dabei stehen die grundlegenden Aussagen und wirtschaftspolitischen Empfehlungen der verschiedenen makroökonomischen Richtungen oder „Schulen" im Vordergrund sowie die Annahmen, aus denen sich diese Aussagen und wirtschaftspolitischen Konzepte ableiten lassen.

16.1 Anwendung der makroökonomischen Theorie

Makroökonomische Theorien wurden nicht im „luftleeren Raum" entwickelt, sondern sind im Zusammenhang mit Problemen der gesamtwirtschaftlichen Entwicklung einer Volkswirtschaft zu sehen, insbesondere Produktionseinbrüchen, lang anhaltenden Phasen der Unterbeschäftigung und Deflation oder einer „galoppierenden Inflation" oder Stagflation, der Kombination aus stark steigenden Preisen und wirtschaftlicher Stagnation.

Vor diesem Hintergrund waren und sind die zentralen Fragen, die an die makroökonomische Theorie gerichtet werden:

- Was sind die Ursachen für die ungleichmäßige Auslastung des Produktionspotenzials? Wie kommt es zu Konjunkturschwankungen und damit zu Arbeitslosigkeit und/oder Inflation? Im ersten Schritt geht es um die Ursachen und die *Diagnose* makroökonomischer Entwicklungen.
- Was können und sollten Wirtschaftspolitiker tun, um makroökonomischen Fehlentwicklungen zu begegnen? Sollten sie anstreben, durch eine antizyklische Wirtschaftspolitik die konjunkturellen Schwankungen zu glätten, oder sind solche Interventionen überflüssig oder sogar schädlich? Lässt sich die Konjunktur effizienter durch fiskalpolitische Maßnahmen, wie höhere Staatsausgaben oder Steuersenkungen, beeinflussen oder ist die Geldpolitik, d. h. Variationen der Geldmenge durch die Zentralbank, wirksamer? Im zweiten Schritt geht es um die *richtige wirtschaftspolitische Therapie*.

Die verschiedenen makroökonomischen Schulen beantworten diese Fragen in unterschiedlicher Weise und geben abweichende wirtschaftspolitische Empfehlungen, obwohl sie weitgehend auf das gleiche, hier dargestellte makroökonomische Grundmodell zurückgreifen.

Wie ist das möglich? Die Antwort ist, dass die verschiedenen Ökonomen von *unterschiedlichen Verhaltensannahmen* ausgehen. (Viele dieser Verhaltensannahmen wurden

[1] Ein solch knapper Überblick ist nicht ohne Vereinfachungen möglich. Deshalb sei verwiesen auf die Aufsatzsammlung Starbatty, J. (Hrsg.) (2008). *Klassiker des ökonomischen Denkens*, Gesamtausgabe von Teil 1 (Von Platon bis John Stuart Mill) und Teil 2 (Von Karl Marx bis John Maynard Keynes). Hamburg: Nikol. Eine detaillierte Darstellung der unterschiedlichen Modelle verschiedener makroökonomischer Schulen bieten Felderer, B., & Homburg, S. (1985). *Makroökonomik und neue Makroökonomik* (2. Aufl.). Berlin: Springer. (Die 2. Aufl. bietet zum Vergleich verschiedener Modelle einen besseren Überblick als neuere Auflagen.)

bereits in den bisherigen Ausführungen thematisiert.) Dies ist zum einen darauf zurückzuführen, dass Makroökonomen im Laufe der Zeit mit verschiedenen wirtschaftlichen (Fehl-)Entwicklungen konfrontiert wurden. So waren z. B. nach der Weltwirtschaftskrise von 1929 der Fast-Zusammenbruch der Produktion und die sehr hohe und lang andauernde Arbeitslosigkeit „das" zentrale wirtschaftliche Problem, das Keynes „auf den Plan rief". Ab Ender der 1970er-Jahre führten die weltweit sehr hohen Inflationsraten, die von einer Stagnation der Wirtschaft begleitet waren, zum Siegeszug der Monetaristen, die den Geldbereich der Volkswirtschaft stärker in den Blickpunkt rückten. Zum anderen sind die Ökonomen häufig auch von der grundlegenden Einstellung gegenüber dem Staat in ihrem Land geprägt. Herrscht, wie in den USA und im angelsächsischen Raum, die Vorstellung vor, dass jeder selbst „seines Glückes Schmied" ist, so werden staatliche Interventionen und Regulierungen kritisch(er) gesehen. Werden dagegen, wie in vielen europäischen und insbesondere nordeuropäischen Ländern, der Staat und die Gesellschaft als mitverantwortlich für das Wohlergehen des Einzelnen angesehen, so werden mehr staatliche Eingriffe gefordert.

16.2 Stabilitätsoptimisten

Für alle makroökonomischen Konzepte, die wir den Stabilitätsoptimisten zuordnen, ist charakteristisch:

- Das *Vertrauen* in die *„unsichtbare Hand des Marktes"*: Ein System von Märkten löst die Grundfragen des Wirtschaftens – was, wie viel, wie und wo produziert wird und wie das Produzierte verteilt wird – am besten, indem es über flexible Preise die dezentralen Entscheidungen der Produzenten und Konsumenten koordiniert.
- *Exogene Ursachen von Konjunkturschwankungen* und *stabile Wirtschaft*: Schwankungen im Auslastungsgrad des Produktionspotenzials werden durch „Störungen" von außen, wie Kriege, zentrale Erfindungen, Ölpreisschocks oder die Finanzkrise ab Herbst 2008, verursacht und *nicht* durch das *Zusammenspiel der Märkte*. Im Gegenteil führen die *Selbstheilungskräfte* der Märkte dazu, dass sich nach einer solchen Störung automatisch wieder Gleichgewicht einstellt. Eine Marktwirtschaft gleich einem Stehaufmännchen, das nach einem Stoß von außen zunehmend weniger schwankt und sich schließlich stabilisiert.
- Die *Ablehnung staatlicher Eingriffe* in das Wirtschaftsleben: Die Wirtschaftspolitiker sollen zum einen *nicht intervenieren*, um den Konjunkturablauf zu verstetigen, weil das die Märkte besser können. Zum anderen sollte der Staat verlässliche Rahmenbedingungen setzen und die Wirtschaft möglichst *wenig regulieren*, um die Selbstheilungskräfte der Märkte nicht zu schwächen.

16.2.1 Klassik und Neoklassik

16.2.1.1 Grundaussagen

Der Beginn der *Klassik* wird oft auf das Jahr 1780 datiert, als Adam Smith sein Hauptwerk „An Inquiry into the Nature and Causes of the Wealth of Nations" veröffentlichte. Die Entwicklung der klassischen ökonomischen Theorie ist untrennbar mit der *Aufklärung* verbunden, die Kritik an der aboluten Monarchie übte und insbesondere vom Bürgertum getragen wurde. In diesem Kontext wurde der Mensch als „vernunftbegabtes Wesen" gesehen. Auf den wirtschaftlichen Bereich angewandt führte das zum Menschenbild des „*homo oeconomicus*".

Entsprechend dem *Harmonieprinzip* von Adam Smith, seines Zeichens Professor für Moralphilosophie, bewirkt ein System wettbewerblich organisierter Märkte, die „invisible hand", dass die *eigennützigen Handlungsweisen* der einzelnen Menschen zur *größtmöglichen Wohlfahrt aller* führen. So betont Adam Smith:

> Nicht vom Wohlwollen des Metzgers, Brauers oder Bäckers erwarten wir das, was wir zum Essen brauchen, sondern davon, dass sie ihre eigenen Interessen wahrnehmen.

Zudem führt dieses System von Märkten *automatisch* zu *Vollbeschäftigung* und zur Auslastung des Produktionspotentials. Voraussetzung dafür ist allerdings *vollkommener Wettbewerb* an allen Märkten, d. h., es wird von – insbesondere in der heutigen Zeit – sehr unrealistischen Annahmen ausgegangen: vielen kleinen Anbietern und Nachfragern, homogenen Gütern, vollkommener Markttransparenz und sehr hoher Reaktionsgeschwindigkeit (vgl. Abschn. 6.1.1 im Beitrag „Mikroökonomie"). In der zweiten Hälfte des 18. Jahrhunderts, als die Wirtschaft durch Landwirtschaft, Handwerk und Handel geprägt war, waren diese Annahmen weit realistischer.

Die zentrale Forderung der Klassiker war, dass der *Staat* – sprich der absolutistische Herrscher – sich aus dem *Wirtschaftsleben heraushält*: Er soll nur für innere und äußere Sicherheit sorgen und ein Rechtssystem schaffen, das vor allem Privateigentum und Handelsfreiheit garantiert. Dieses Staatsverständnis wird oft als „Nachtwächterstaat" oder „Laissez faire" bezeichnet.

Schließlich stand im klassischen Ansatz die mittel- und längerfristige Entwicklung im Mittelpunkt und damit das Wachstum (und die Verteilung) des wirtschaftlichen Reichtums eines Landes.

Der Beginn der *Neoklassik* wird etwa 100 Jahre später datiert und ist eng mit dem Namen des französischen Ökonomen und Mathematikers Léon Walras (1834–1910) verknüpft.[2] Sie ist durch die Einführung des *marginalistischen Prinzips* chrakterisiert, d. h. das Treffen wirtschaftlicher Entscheidungen auf der Basis von Grenznutzen bzw. Grenzkosten, und leitet auf der Basis eines stringenten mathematischen Modells weitgehend die gleichen Ergebnisse und wirtschaftspolitischen Empfehlungen wie die Klassik ab: Ein

[2] Weitere Vertreter der Neoklassik sind: Vilfredo Pareto (1848–1923), Alfred Marshall (1842–1924) und Irvin Fisher (1867–1947).

System von Märkten führt zu *Allgemeinem Gleichgewicht* auf allen Märkten und macht staatliche Interventionen überflüssig.

16.2.1.2 Die (neo-)klassische Ausgestaltung des makroökonomischen Grundmodells

Im Mittelpunkt des klassischen Modells steht der *Arbeitsmarkt*, der entscheidend für das gesamtwirtschaftliche Gleichgewicht ist. Das exogene Arbeitsangebot bestimmt die Arbeitsmenge und den Reallohn, bei dem Gleichgewicht am Arbeitsmarkt herrscht. Diese Arbeitsmenge bestimmt (über die Produktionsfunktion) das gesamtwirtschaftliche Güterangebot.

► Im **klassischen Modell** führt vollkommener Wettbewerb am Arbeitsmarkt automatisch zu dem Reallohn, bei dem **Vollbeschäftigung** herrscht, sowie zu einem Güterangebot in Höhe der durch das Produktionspotenzial vorgegebenen „**natürlichen Produktion**".

Am *Gütermarkt* steht diesem Angebot nach dem Say'schen Theorem quasi automatisch eine gleich hohe Güternachfrage gegenüber, d. h. es kann *nicht* zu einer zu niedrigen (oder zu hohen) gesamtwirtschaftlichen Nachfrage kommen.

► Das **Say'sche Theorem** besagt, dass jedes Güterangebot sich seine eigene Nachfrage schafft, denn durch die Produktion entsteht Einkommen, das wieder vollständig zu Nachfrage nach Konsum- und Investitionsgütern wird.

Das setzt *voll flexible Preise* voraus. Steigt das Produktionspotenzial (z. B. durch den technischen Fortschritt oder durch ein höheres Arbeitsangebot) und damit das Güterangebot, so führt das zu niedrigeren Preisen, die eine höhere Güternachfrage hervorrufen.

Über die Höhe des Preisniveaus wird allerdings am *Geldmarkt* entschieden: Es hängt von der Höhe der exogenen Geldmenge (M) in Relation zum – durch das Einkommen (Y) bestimmten – Transaktionsvolumen sowie von der Umlaufgeschwindigkeit des Geldes (U) ab.

Nach der *Quantitätsgleichung* gilt:[3]

$$\mathrm{M} \cdot \mathrm{U} = \mathrm{P} \cdot \mathrm{Y}. \tag{16.1}$$

Dabei wird unterstellt, dass die Umlaufgeschwindigkeit des Geldes konstant ist und dass das Einkommen durch das Arbeitsangebot und den Kapitalstock vorgegeben ist und ebenfalls konstant ist. Damit wird aus der Quantitätsgleichung die Quantitätstheorie, nach der gilt:

$$\mathrm{M} \cdot \bar{\mathrm{U}} = \mathrm{P} \cdot \bar{\mathrm{Y}}. \tag{16.2}$$

[3] Die Quantitätsgleichung oder Verkehrsgleichung geht auf Irvin Fisher zurück. Dabei wird – anders als in unserer vereinheitlichenden Darstellung – das Transaktionsvolumen durch das Handelsvolumen und nicht durch das Einkommen bestimmt.

Damit führt jede *Erhöhung der Geldmenge* zu einem proportionalen Anstieg des Preisniveaus und hat – qua Annahme – *keine Auswirkungen* auf Einkommen und Beschäftigung. Über die Höhe der Produktion und damit über die Höhe des Einkommens wird am Arbeitsmarkt entschieden. Deshalb wird im Zusammenhang mit der Klassik vom so genannten „Geldschleier“ gesprochen.

Im (neo-)klassischen Modell wird Geld nur als *Tauschmittel*, nicht aber als Wertaufbewahrungsmittel verwendet, d. h., es gibt keine Geldnachfrage zur Vermögenshaltung. Die Folge ist eine *vollkommen zinsunelastische Geldnachfrage* und ein senkrechter Verlauf der LM-Kurve.

Am *Kreditmarkt* bringt der Zinssatz das Angebot und die Nachfrage nach Krediten zum Ausgleich. Die Kreditnachfrage resultiert aus den zinsabhängigen Investitionen der Unternehmen und das Kreditangebot aus den Ersparnissen der Haushalte, die ebenfalls zinsabhängig sind. Damit wird – anders als im makroökonomischen Grundmodell – unterstellt, dass der Konsum von der Höhe der Zinsen abhängig ist.

Das hat weitreichende Folgen. Die Veränderung einer exogenen Nachfragegröße, z. B. der autonomen Investitionen oder des Exports, löst *keinen Multiplikatorprozess* mehr aus. Denn die so hervorgerufene Zinssenkung führt zu höheren Ersparnissen und damit zu einer höheren Konsumnachfrage. Somit werden „Störungen von außen“ nicht durch die Märkte verstärkt.

16.2.1.3 Wirtschaftspolitische Schlussfolgerungen

Die Analyse im letzten Abschnitt hat zunächst deutlich gemacht, dass *Interventionen des Staates* zur Sicherung von Vollbeschäftigung *überflüssig* sind.

Zudem sind *fiskalpolitische Maßnahmen unwirksam*. Denn werden *höhere Staatsausgaben* aus Steuergeldern finanziert, so entziehen sie den Haushalten und Unternehmen Mittel, die diese für Konsum oder Investitionen ausgegeben hätten. Werden die zusätzlichen Staatsausgaben aus Krediten finanziert, so führen sie zu höheren Zinsen und „verdrängen“ damit private Investitionen („crowding-out“). (In Abb. 14.8b führt die Rechts-oben-Verschiebung der IS-Kurve nur zu höheren Zinsen (bei unverändertem Gleichgewichtseinkommen). In Abb. 15.8a würde sich die AD-Kurve nicht verschieben.)

Eine Erhöhung der *Geldmenge* im Rahmen der *Geldpolitik* ist ebenfalls nicht notwendig und nicht sinnvoll, um Unterbeschäftigung zu beseitigen. Da der Lohnmechanismus bereits zu Vollbeschäftigung führt, bewirkt eine steigende Geldmenge nur steigende Preise, aber keine höhere Produktion („Geldschleier“).

Nach klassischer Auffassung reicht somit der *Lohn-*, *Preis-* und *Zinsmechanismus* völlig aus, um

- ein Überangebot auf dem *Arbeitsmarkt* durch Lohnsenkungen,
- ein Überangebot auf dem *Kreditmarkt* (aufgrund höherer Ersparnisse oder niedrigerer Investitionen) durch Zinssenkungen und
- ein Überangebot auf dem *Gütermarkt* durch sinkende Preise

zu beseitigen.

Diese Hypothesen wurden bereits im 19. Jahrhundert durch *Malthus* und *Marx* [4] scharf kritisiert. Die Marx'sche Theorie lehnte die Hypothese von der beschäftigungsstabilisierenden Wirkung des Marktmechanismus ab und kam zu dem Ergebnis, dass ein marktwirtschaftliches System auf Grund des Gegensatzes zwischen Arbeit und Kapital in immer tiefere Krisen mit wachsender Arbeitslosigkeit gerät und schließlich ganz „zusammenbricht". Eine Lösung gab es nach dieser Theorie nur durch die Abschaffung des Privateigentums und den Übergang zu einem anderen Wirtschaftssystem.

Demgegenüber wollte *Keynes* das marktwirtschaftliche System nicht abschaffen, sondern nur eine seiner „zentralen Schwächen", das Auftreten von langen Phasen der Unterbeschäftigung mit hohen Anpassungsverlusten, bekämpfen (vgl. Abschn. 16.3.2).

16.2.2 Monetarismus

Lernziele
In diesem Abschnitt erfahren Sie über die monetaristische Theorie,

- dass sie von den gleichen grundsätzlichen Vorstellungen über das Funktionieren einer Marktwirtschaft ausgeht wie die (Neo-)Klassik;
- dass sie den Geldbereich einer Volkswirtschaft stärker in den Blickpunkt rückt und auf der Basis eines Portfolioansatzes modelliert;
- dass sie das auf die mittlere und längere Sicht ausgerichtete klassische Konzept um die Analyse kurzfristiger Entwicklungen ergänzt;
- dass sie das Konzept automatischer Vollbeschäftigung durch das Konzept einer „natürlichen Rate der Arbeitslosigkeit" ersetzt;
- zu welchen wirtschaftspolitischen Schlussfolgerungen sie führt.

Die Weltwirtschaftskrise hatte zur „*keynesianischen Revolution*" geführt, die hohen Inflationsraten der späten 1960er-Jahre sowie die zunehmende Reglementierung der Wirtschaft leiteten die „*monetaristische Gegenrevolution*" ein, die eine Rückbesinnung auf die Ideen der Klassiker bedeutete.

Wir definieren hier den *Monetarismus*, indem wir die Ansichten seines wohl bekanntesten Vertreters, *Milton Friedman*[5], wiedergegeben. (Von den zahlreichen Weiterentwick-

[4] Thomas Robert Malthus (1766–1834), Bevölkerungstheoretiker, und Karl Heinrich Marx (1818–1883), der wohl einflussreichste Theoretiker des Sozialismus und Kommunismus. Sein Hauptwerk ist die drei Bände umfassende Publikation „Das Kapital".

[5] Milton Friedman (1912–1834), amerikanischer Nationalökonom und Nobelpreisträger. Seine bekanntesten Aufsätze sind unter dem Titel „Die optimale Geldmenge und andere Essays" zusammengefasst (Friedman, M. (1970). *Die optimale Geldmenge und andere Essays*. München: Moderne Industrie). Neben ihm waren zahlreiche Wirtschaftswissenschaftler an der Entstehung und Weiter-

lungen dieses theoretischen Ansatzes gehen wir hier nur auf die *Theorie der rationalen Erwartungen* ein[6]; vgl. Abschn. 16.2.3).

16.2.2.1 Grundlegende Auffassungen und Übersicht

Die Monetaristen knüpfen an die klassische Vorstellung an, dass eine sich selbst überlassene Marktwirtschaft am besten funktioniert. Entsprechend plädieren sie – nach mehr als 20 Jahren interventionistisch orientierter keynesianischer Wirtschaftspolitik – wieder gegen staatliche Eingriffe in den Wirtschaftsablauf, z. B. in Form von Konjunkturprogrammen, aus und lehnen „gut gemeinte" Regulierungen ab, denn sie würden den davon Betroffenen meist mehr schaden als nutzen. So führte eine Kündigungsschutzregelung für Ältere dazu, dass ihnen der Wechsel zu einem anderen Unternehmen verbaut werde und sie im Fall von Arbeitslosigkeit keine Stelle mehr fänden.

Neu an der monetaristischen Theorie ist vor allem,

- dass sie – nicht zuletzt vor dem Hintergrund sehr hoher Inflationsraten – den *Geldbereich* und die Auswirkungen von *Geldmengeänderungen* genauer analysiert und dabei zwischen den kurzfristigen und mittel- und längerfristigen Entwicklungen unterscheidet;
- dass sie mit der *„natürlichen Rate der Arbeitslosigkeit"* eine Erklärung für die empirisch zu beobachtende Arbeitslosigkeit gibt;
- dass ihre wirtschaftspolitischen Empfehlungen ein *neues Konzept für die Geldpolitik* enthalten, das auf eine Verstetigung der Geldmengeentwicklung abstellt und viele Jahre die praktische Geldpolitik in einer Vielzahl von Ländern geprägt hat.

16.2.2.2 Geldtheoretische Aussagen

Die Nachfrage nach Geld orientiert sich bei *Friedman nicht* an den *Motiven* der Kassenhaltung, sondern ist von den Entscheidungen der Wirtschaftssubjekte über die Aufteilung ihres Vermögens auf die verschiedenen Anlageformen, die man als *Portfolio* bezeichnet, abhängig.

Für welches Portfolio und damit für welche Geldnachfrage sich die Wirtschaftssubjekte entscheiden, wird im Wesentlichen durch die folgenden Größen bestimmt:

Das *Gesamtvermögen* (V) eines Wirtschaftssubjekts

Das Gesamtvermögen bildet die *Obergrenze* für die *Geldnachfrage*. Es ergibt sich aus dem permanenten Einkommen Y_p, dem durchschnittlich von einem Haushalt mittel- bis

entwicklung des Monetarismus beteiligt, von denen Karl Brunner und Alan Metzler, Phillip Cagan und David Laidler zu den bekanntesten zählen.

[6] Wir betrachten hier die Anwendung rationaler Erwartungen auf das Allgemeine Gleichgewichtsmodell, die auch als Neuklassik bezeichnet und von Robert J. Barro, Robert E. Lucas, Thomas J. Sargent und Neil Wallace vertreten wird.

längerfristig erzielbaren Einkommen, durch Abdiskontieren mit dem langfristigen Zinssatz (i):

$$V = \frac{1}{i} \cdot Y_p. \tag{16.3}$$

Dabei fasst *Friedman* den Vermögensbegriff und den damit verbundenen Einkommensbegriff sehr weit, wie die Tab. 16.1 zeigt.

Tab. 16.1 Der monetaristische Vermögens- und Einkommensbegriff

Vermögen		Einkommen bzw. Nutzen aus dem Vermögen
Geld	⇒	Vorteil, „liquide zu sein“
Wertpapiere (Aktien und Renten)	⇒	Renditen, Zinsen
Sachvermögen (Maschinen, Haus oder Auto)	⇒	Erträge aus Maschinennutzung, Nutzung des Hauses oder Autos
Arbeitsvermögen (human capital)	⇒	Lohn und Gehalt

Die Höhe des *Preisniveaus* P und die *Preissteigerungsrate* ΔP[7]

Das Preisniveau bestimmt den Realwert des Geldes. Ein hohes Preisniveau bedeutet bei gegebener nominaler Geldmenge einen niedrigen Realwert dieser Geldmenge (und umgekehrt).

Preissteigerungen führen bei der Haltung von Geld zu einem Kaufkraftverlust, den die Wirtschaftssubjekte – insbesondere bei hohen Preissteigerungsraten – durch eine geringe Kassenhaltung möglichst klein zu halten versuchen.

Den *Ertrag der Geldhaltung* und die *Erträge anderer Vermögensformen* wie die Renditen von Aktien (i_e) und von Obligationen (i_b).

Den Ertrag von Geld sieht Friedman darin, dass Geld einen Nutzen in Form von Bequemlichkeit, Sicherheit usw. erbringt.

Die Erträge der anderen Vermögensformen, auf die bei der Geldhaltung verzichtet werden muss, sind die Opportunitätskosten der Kassenhaltung.

Die Präferenz der Wirtschaftssubjekte

Damit sollen spezielle Vorlieben der Wirtschaftssubjekte erfasst werden, z. B. dass sie relativ mehr Geld halten, wenn sie verreisen, als wenn sie zu Hause sind.

Von diesem mikroökonomischen portfoliotheoretischen Ansatz gelangte Friedman zu seiner makroökonomischen Geldnachfragefunktion, die er dann bei seinen empirischen Untersuchungen stark vereinfachte. Er ließ diejenigen Einflussgrößen weg, die sich in

[7] ΔP steht verkürzend für $\frac{dP}{dt} \cdot \frac{1}{P}$. Diese Schreibweise wird analog für alle Wachstumsraten verwandt.

der Praxis nicht messen lassen oder quantitativ kaum von Bedeutung sind, und kam zu folgender *monetaristischer Geldnachfragefunktion* (L_M):

$$L_M = L_M(Y_p^r, \Delta P, i, i_b, i_e) \cdot Y_p = k(Y_p^r, \Delta P, i, i_b, i_e) \cdot Y_p. \tag{16.4}$$

Dabei ist der Kassenhaltungskoeffizient k eine *stabile Funktion* weniger Größen: des realen permanenten Einkommens, der Preissteigerungsrate, des langfristigen Zinssatzes und der Renditen von Aktien und Obligationen.

Für das Geldangebot M wird weiterhin vereinfachend unterstellt, dass es *exogen* durch das Bankensystem bestimmt ist. *Gleichgewicht am Geldmarkt* ist erreicht, wenn Geldangebot und Geldnachfrage übereinstimmen, wenn gilt:

$$L_M = k \cdot Y_p = M. \tag{16.5}$$

Die Bedingung für das Geldmarktgleichgewicht kann man auch wie folgt schreiben:

$$\begin{array}{ccc} M \cdot 1/k & = & P \cdot Y_p^r \\ M \cdot U_Y & = & P \cdot Y_p^r \\ \text{Geldseite} & & \text{Güterseite} \end{array} \tag{16.6}$$

Dabei ist

- M die Geldmenge;
- U_Y die Einkommensumlaufgeschwindigkeit des Geldes, die angibt, wie häufig die Geldmenge in einer Periode für Zahlungen bei der Entstehung des Nationaleinkommens eingesetzt wird, beispielsweise für Konsumausgaben oder für Lohn- und Gehaltszahlungen; sie entspricht dem Kehrwert des Kassenhaltungskoeffizienten;
- P das allgemeine Preisniveau und
- Y_p^r das reale permanente Einkommen, das die Monetaristen häufig durch das reale Nationaleinkommens ersetzen (wie wir im Folgenden auch).

Gl. 16.6 steht für die *Neo-Quantitätstheorie*, die große formale Ähnlichkeit mit der älteren Quantitätstheorie (Gl. 16.2 in Abschn. 16.2.2) aufweist, von der sie sich jedoch in zwei zentralen Punkten unterscheidet:[8]

- Die *Umlaufgeschwindigkeit* ist *nicht konstant*, sondern ist eine Funktion des realen permanenten Einkommens, der Preissteigerungsrate und verschiedener Zinssätze.
- Das *Einkommen ist kurzfristig nicht konstant* (und damit kurzfristig nicht durch die „natürliche Produktion" vorgegeben).

[8] Zudem enthält die ältere Quantitätstheorie als Maß für das Transaktionsvolumen das Handelsvolumen, das durch das reale permanente Einkommen ersetzt wurde, und die entsprechende Umlaufgeschwindigkeit.

Entsprechend gilt – zumindest kurzfristig – nicht die Hypothese, dass eine Geldmengenausweitung nur zu einem Anstieg des Preisniveaus führt. Eine *expansive Geldpolitik* hat bei den Monetaristen *reale Effekte* auf Produktion und Beschäftigung.

Allerdings erwies sich bei empirischen Untersuchungen die *Zinselastizität der Geldnachfrage* als verhältnismäßig *gering* und *Preisänderungen* waren *nur* in Zeiten sich *beschleunigender Inflation* von Bedeutung. Damit fand eine starke Annäherung an die klassische Geldnachfragefunktion statt. Vor allem längerfristig sind die Ergebnisse einer Geldmengeausweitung ähnlich. Im klassischen Modell wird weiterhin die durch das Arbeitsangebot determinierte „natürliche Produktion" (oder das Vollbeschäftigungseinkommen) erzielt, im monetaristischen Modell wird kurzfristig ein Einkommen oberhalb (oder unterhalb) der „natürlichen Produktion"[9] möglich, aber längerfristig wird wieder das natürliche Produktionsniveau erreicht.

Insgesamt begründet die *Neoquantitätstheorie* den engen Zusammenhang zwischen Änderungen der Geldmenge (Geldseite) und der Entwicklung des nominalen Nationaleinkommens (Güterseite), der „die" *zentrale These* des Monetarismus darstellt:

► Jede Änderung der Geldmenge bewirkt eine Änderung des nominalen Volkseinkommens:

- langfristig ergibt sich nur ein anderes Preisniveau,
- kurzfristig ändern sich Preisniveau, Realeinkommen und Beschäftigung.

Dabei versteht *Friedman* unter kurzfristig einen Zeitraum von 5 bis maximal 10 Jahren.

Da in Volkswirtschaften mit wachsendem Realeinkommen eine ständige Ausweitung der Geldmenge erforderlich ist, stellen die Monetaristen *nicht* auf die *absolute* Veränderungen ab, sondern auf Änderungen der *Wachstumsraten* von Geldmenge, Preisniveau und Realeinkommen.

Beispiel

In der Ausgangsperiode waren die Preise stabil, d. h., die Inflationsrate hatte einen Wert von Null. Die Zunahme des Produktionpotenzials durch technischen Fortschritt ließ ein reales Wirtschaftswachstum von 5 % zu.

Dann steht bei einem Wachstum der Geldmenge um 5 % genau so viel zusätzliches Geld bereit, um ein 5-prozentiges Wirtschaftswachstum zu finanzieren. Dagegen führt ein 10-prozentiges Geldmengewachstum *kurzfristig* zu einem realen Wachstum von mehr als 5 % und zu einem Preisanstieg, z. B. steigt das reale Nationaleinkommen um 7 % und das Preisniveau um 2,8 % (bei konstanter Einkommensumlaufgeschwindigkeit).

[9] Bei den Monetaristen wird die „natürlichen Produktion" durch das Arbeitsangebot abzüglich der „natürlichen Arbeitslosigkeit", die wir in Abschn. 16.2.2.4 erläutern, determiniert.

Bei diesem Beispiel ist zu beachten, dass die Größen in der Neo-Quantitätsgleichung *multiplikativ* verknüpft sind, so dass gilt:

$$1{,}10 \cdot 1 = 1{,}028 \cdot 1{,}07.$$

Auf Dauer kann allerdings das Wirtschaftswachstum nicht über dem Wachstum des Produktionspotenzials von 5 % liegen. Entsprechend führt *längerfristig* ein Geldmengenwachstum von 10 % nur zu einem realen Wachstum von 5 % und einem Preisniveauanstieg von 4,8 %.

Friedman stützt seine Aussage auf empirische Untersuchungen über den Zusammenhang zwischen Geldmengen- und Einkommensentwicklungen in den USA[10], die zu folgenden Ergebnissen führten:

- Es gibt eine feste Beziehung zwischen der Wachstumsrate der Geldmenge und der Wachstumsrate des Nominaleinkommens.
- Zwischen der Variation des Geldmengenwachstums und der Wirkung auf das nominale Einkommen vergeht unterschiedlich viel Zeit. Diese *Wirkungsverzögerung*, der so genannte „*time-lag*", variiert zwischen sechs Monaten und zwei Jahren.
- Welcher Teil einer Ausweitung des Geldmengenwachstums zu einem größeren realen Output und welcher Teil zu einer höheren Preissteigerungsrate führt, ist unterschiedlich. Beispielsweise bleibt bei weitgehend ausgelasteten Kapazitäten wenig Spielraum für eine Produktionsausweitung, sodass vor allem die Preise steigen, während in Zeiten hoher Arbeitslosigkeit eher mit einer Mehrproduktion gerechnet werden kann.

16.2.2.3 Transmissionsmechanismus der relativen Preise

Auf *welchem* Weg werden nun Änderungen der Geldmenge auf die reale Produktion und/oder das Preisniveau übertragen?

Dieser so genannte *Transmissionsmechanismus*[11] lässt sich im makroökonomischen Grundmodell einfach beschreiben: Ein höheres Geldangebot führt zu niedrigeren Zinsen, die die (zinsabhängigen) Investitionen erhöhen und damit zu einem Anstieg der Produktion und der Beschäftigung bzw. bei ausgelasteten Kapazitäten zu Preissteigerungen führen. Der „Transmissionsriemen" ist der Zinssatz.

Ausgangspunkt des monetaristischen Transmissionsmechanismus ist die Vorstellung, dass die Wirtschaftssubjekte die Aufteilung ihres Gesamtvermögens auf die verschiedenen Anlageformen nach Maßgabe der Erträge (z. B. Wertpapierzinsen oder Sachrendite) und der Risiken so gewählt haben, dass sie keinerlei Umstrukturierung ihres Portfolios mehr wünschen; sie haben ihr *optimales Portfolio* realisiert.

[10] Friedman verfasste zusammen mit Anna Schwartz vom National Bureau of Economic Research „A History of the United States, 1867–1960" (Friedman, M., & Schwartz, A. (1963). *A History of the United States, 1867–1960*. Princeton: Princeton University Press.

[11] Transmission = Übertragung.

Tab. 16.2 Der Transmissionsmechanismus der relativen Preise

M ↑	⇒	Kasse ↑
	⇒	Kauf festverzinslicher Wertpapiere, deren Kurs ↑, und ihre (Effektiv-)Verzinsung ↓ (i_b ↓)
	⇒	Kauf von Aktien, deren Kurs ↑, und ihre (Effektiv-)Verzinsung ↓ (i_e ↓)
	⇒	Kauf von Sachvermögen = Nachfrage ↑

Eine *Geldmengenausweitung* führt nun bei einigen Wirtschaftssubjekten zu einem „zu viel" an Geld, das sie ertragbringend in festverzinslichen Wertpapieren anlegen wollen; die Nachfrage nach Festverzinslichen und deren Kurs steigt. Die damit einhergehende Zinssenkung veranlasst die Wirtschaftssubjekte, sich nach Anlagen umzusehen, deren Ertragsrate (noch) nicht gefallen ist. Das können Aktien sein, die dann gleichfalls im Kurs steigen und damit im Hinblick auf den Ertrag uninteressant werden. Auf der Suche nach nunmehr noch attraktiven Anlagen stoßen die Wirtschaftssubjekte auf Sachvermögen, insbesondere in Form von Investitionsgütern und langlebigen Konsumgütern. Zuerst werden die Preise bereits vorhandener Güter steigen und damit die Herstellung neuer Güter interessant machen, weil deren Produktionskosten noch nicht gestiegen sind. Im Ergebnis werden das Preisniveau, die Produktion und die Beschäftigung steigen.

Da die Übertragung auf den güterwirtschaftlichen Bereich darauf zurückzuführen ist, dass sich (nacheinander) die Preisrelationen zwischen den einzelnen finanziellen und realen Vermögensarten verändern, wobei zu den Preisen auch die Wertpapier- und Aktienkurse gerechnet werden müssen, bezeichnet man diese Wirkungskette auch als *Transmissionsmechanismus der relativen Preise*, der in dem folgenden Schema zusammengefasst wird (vgl. Tab. 16.2).

16.2.2.4 Die „natürliche Rate der Arbeitslosigkeit"

Mit dem Konzept der „*natürlichen Arbeitslosigkeit*" geben die Monetaristen eine Erklärung für die in der Realität zu beobachtende Unterbeschäftigung. Sie begründen damit zum einen, warum staatliche Regulierungen, insbesondere der Arbeitsmärkte, abgebaut werden müssen, und zum anderen, warum der Versuch, durch eine expansive Geldpolitik Vollbeschäftigung zu erreichen, mittel- bis längerfristig erfolglos bleibt und nur zu Inflation führt.

Ausgehend von der Idee der Klassiker, dass sich bei vollkommenem Wettbewerb am Arbeitsmarkt automatisch Vollbeschäftigung einstellt, führt Friedman die im mittel- bis längerfristigen Trend herrschende Unterbeschäftigung auf Unvollkommenheiten der Arbeitsmärkte zurück.

► Die Höhe der **Arbeitslosenquote**, die unter Berücksichtigung der Unvollkommenheiten der Arbeitsmärkte als **mit Vollbeschäftigung vereinbar** angesehen wird, bezeichnen die Monetaristen als „**natürliche Rate der Arbeitslosigkeit**".

Zunächst führten insbesondere die Macht von Gewerkschaften und die Arbeitsmarkt- und Sozialgesetzgebung des Staates dazu, dass das *Reallohnniveau zu hoch* ist und es zu Arbeitslosigkeit kommt. Beispielsweise können die Gewerkschaften zu hohe Tariflöhne aushandeln.

Darüber hinaus tritt die so genannte „*Mismatch-Arbeitslosigkeit*" auf. „Der" Arbeitsmarkt setzt sich in der Realität aus einer Vielzahl von z. B. nach Qualifikationsniveau, Branche und Region unterschiedlichen Teilarbeitsmärkten zusammen, auf denen zum Teil erhebliche Diskrepanzen zwischen dem Arbeitsangebot und der Arbeitsnachfrage auftreten. Dies würde bei vollkommenen Arbeitsmärkten zu erheblichen Lohnunterschieden je nach Qualifikation und Region führen und die Arbeitnehmer veranlassen, in Regionen mit Arbeitskräftemangel umzuziehen und/oder sich weiter- oder umzuqualifizieren. Damit würde die „Mismatch-Arbeitslosigkeit" auf Dauer abgebaut werden. In der Realität steht dem aber eine *inflexible* und zu wenig regional und/oder qualifikatorisch differenzierte *Lohnstruktur* entgegen.

Schließlich tritt so genannte *friktionelle oder Such-Arbeitslosigkeit* auf, weil bei einer Vielzahl von Mobilitätsprozessen am Arbeitsmarkt Stellenwechsler vorübergehend arbeitslos werden und (zu) hohe staatliche Transferleistungen an Arbeitslose dazu führen, dass sich diese bei der Suche Zeit lassen.

Entscheidend für die „natürliche Arbeitslosigkeit" sind somit insbesondere zu hohe Löhne und eine zu wenig differenzierte und flexible Lohnstruktur sowie – eng damit verknüpft – staatliche Regulierungen. An diesen Ursachen muss angesetzt werden, um die Unterbeschäftigung abzubauen.

Durch eine expansive Geldpolitik kann dagegen *nur kurzfristig* ein Rückgang der Arbeitslosenquote zu Lasten höherer Preissteigerungsraten erreicht werden. Ohne ständig zunehmende Inflationsraten würde die Rate der Arbeitslosigkeit *mittel- und längerfristig* wieder auf ihr „natürliches Niveau" steigen.

► Deshalb wird die **„natürliche Rate der Unterbeschäftigung"** auch als „Non Accelerating Inflation Rate of Unemployment" oder kurz als „NAIRU" bezeichnet.

16.2.2.5 Wirtschaftspolitische Schlussfolgerungen

Für die mittlere und längere Frist kommen die Monetaristen – wieder – zu sehr ähnlichen Ergebnissen wie die (Neo-)Klassiker:

- Eine sich selbst überlassene *Marktwirtschaft* ist *stabil*. „Störungen von außen" werden durch die Märkte nicht verstärkt, sondern abgeschwächt.
- Wirtschaftspolitische *Eingriffe des Staates* zur Erreichung von Vollbeschäftigung sind *überflüssig*. Denn die „natürliche Rate der Arbeitslosigkeit" ist auf Unvollkommenheiten der Arbeitsmärkte zurückzuführen.
- *Staatliche Regulierungen* der Wirtschaft sollten *abgebaut* werden. Beispielsweise seien *Mindestlöhne* und *zu hohe staatliche Transferleistungen* wesentliche Ursachen für zu hohe Löhne und eine zu wenig differenzierte Lohnstruktur.

Aber anders als die Klassiker beziehen die Monetaristen die *kurze Frist* in ihre Analyse ein und bestreiten nicht, dass sich durch geldpolitische Maßnahmen Einfluss auf Produktion und Beschäftigung nehmen lässt. Allerdings lehnen sie eine *kurzfristig orientierte fallweise Geldpolitik* strikt ab. Denn geldpolitische Maßnahmen hätten in der Vergangenheit häufig konjunkturelle Schwankungen verstärkt oder sogar erst hervorgerufen.

- Erstens kann der Zeitpunkt, zu dem die Wirkung einer geldpolitischen Maßnahme eintritt, nicht genau genug prognostiziert werden (Problem des *unbekannten „time-lags“* der Geldpolitik). Die Folge kann sein, dass eine expansive Geldpolitik zum falschen Zeitpunkt wirkt und so Produktionsschwankungen erst hervorruft oder verstärkt.
- Zweitens lässt sich eine Geldmengenausweitung nicht richtig dosieren, weil vorher nicht abgeschätzt werden kann, wie viel davon „in die Menge“ und „wie viel in die Preise“ geht.

Stattdessen plädiert *Friedman* für eine *weitgehend gleichbleibende Wachstumsrate der Geldmenge*, die sich vor allem an der *Wachstumsrate des Produktionspotenzials orientiert*[12] und den Wirtschaftssubjekten durch Vorankündigung der Zentralbank bekannt sein sollte.

Dieser Vorschlag der Geldmengensteuerung und der Vorankündigung eines Geldmengenziels wurde von 1975 bis 1998 von der Deutschen Bundesbank praktiziert und hat auch das geldpolitische Konzept der Europäischen Zentralbank beeinflusst (vgl. dazu den Beitrag „Geld und Währung“). In anderen Ländern, wie beispielsweise den Vereinigten Staaten und Großbritannien, wurde eine – am Monetarismus orientierte – Geldmengensteuerung inzwischen längst von anderen geldpolitischen Konzepten abgelöst und auch das „Zwei-Säulen-Konzept“ der Europäischen Zentralbank enthält allenfalls noch monetaristische Ansätze.

Schließlich lehnen die Monetaristen eine *diskretionäre Fiskalpolitik* nicht nur als unwirksam ab, sondern bezeichnen sie als *schädlich*, weil ständige fiskalpolitische Änderungen, z. B. der Steuersätze, die Wirtschaftssubjekte verunsichern. Stattdessen schlagen sie eine *längerfristig orientierte* und damit für die Wirtschaftssubjekte voraussehbare *Fiskalpolitik* vor.

16.2.3 Theorie rationaler Erwartungen

Die Anwendung der Theorie rationaler Erwartungen auf den Friedman'schen Ansatz hat dessen Ergebnisse teils theoretisch begründet, teils modifiziert und zum Teil auch verschärft. Sie wird deshalb auch bisweilen als *Monetarismus der zweiten Art* bezeichnet.

[12] Friedman hat in einigen seiner Veröffentlichungen vorgeschlagen, bei der Wachstumsrate der Geldmenge zusätzlich noch eine allgemein akzeptierte, niedrige (und gleich bleibende) Preissteigerungsrate sowie eine erwartete Veränderung der Umlaufgeschwindigkeit zu berücksichtigen.

16.2.3.1 Rationale Erwartungen

Der Unsicherheit der Zukunft und damit eng verknüpft den *Erwartungen der Wirtschaftssubjekte* wurde bereits von den Stabilitätspessimisten große Bedeutung beigemessen. Es wurden allerdings *keine* Aussagen darüber gemacht, *wie* die Wirtschaftssubjekte ihre Erwartungen bilden.

Dies ist Inhalt der *Hypothese rationaler Erwartungen*. Sie wurde für eine moderne Volkswirtschaft aufgestellt, denn sie geht davon aus, dass eine ökonomische Theorie und Wirtschaftsdaten zur Verfügung stehen, die die Wirtschaftssubjekte bei der Bildung ihrer Erwartungen über die zukünftige Entwicklung von Preisen, Zinsen und Löhnen nutzen.

So wissen die Unternehmen und die Haushalte aus der monetaristischen Theorie, dass eine Ausweitung der Geldmenge über das Wachstum des realen Inlandsprodukts hinaus auf Dauer zu Preissteigerungen führt. Wird die Geldmenge jetzt überproportional ausgeweitet – beispielsweise um die reale Produktion anzukurbeln –, so erwarten die Wirtschaftssubjekte eine höhere Inflationsrate und berücksichtigen dies bei ihren Entscheidungen. Beispielsweise wird eine Geschäftsbank einem Investor keinen langfristigen Kredit zum bisherigen Zinssatz gewähren. Sie wird dazu nur zu einem höheren Nominalzins bereit sein, der die erwartete Inflationsrate bereits enthält.

Auch rationale Erwartungsbildung kann die Wirtschaftssubjekte nicht davor schützen, dass ihre Erwartungen *im Einzelfall* enttäuscht werden (z. B. steigen die Zinsen stärker als erwartet). *Auf Dauer* gesehen werden die Individuen allerdings richtig liegen, d. h., sie werden beispielsweise die zukünftigen Zinsänderungen nicht *systematisch* unter- oder überschätzen. Dabei ist *nicht* erforderlich, dass *jeder* wirtschaftlich Handelnde die volkswirtschaftlichen Theorien und Daten kennt. Es reicht vollkommen aus, wenn alle Bescheid wissen, die „strategisch wichtig“ sind, wie der Finanzierungsfachmann des Unternehmens und der Bank oder die Verhandlungsführer von Gewerkschaften und Arbeitgebern.

16.2.3.2 Gleichgewicht an allen Märkten

Die Theorie rationaler Erwartungen unterstellt *Gleichgewicht* an *allen* Märkten: Es stellt sich immer der (Gleichgewichts-)Preis ein, bei dem die geplante Angebotsmenge *gleich* der geplanten Nachfragemenge ist.

Dazu müssen die Preise und Löhne *flexibel* auf Veränderungen in der Wirtschaft reagieren. Nach unten *starre* Preise oder Löhne in Folge von *Marktunvollkommenheiten* sind *ausgeschlossen*.

Das bedeutet für den Arbeitsmarkt, dass es *keine unfreiwillige Arbeitslosigkeit* gibt: Jeder, der arbeitslos ist und gerne arbeiten möchte, kann eine Stelle finden, indem er einen Lohn fordert, der unter dem herrschenden Lohnsatz liegt. Tut er dies nicht, so ist er freiwillig ohne Beschäftigung. Berücksichtigt man zusätzlich eine gewisse Sucharbeitslosigkeit, so ergibt sich die – aus der monetaristischen Theorie bekannte – *„natürliche Rate der Unterbeschäftigung“*. Sie kann auf Dauer ebenfalls nicht durch geld- oder fiskalpolitische Maßnahmen verringert werden.

16.2.3.3 Wirtschaftspolitische Schlussfolgerungen

Die Anwendung rationaler Erwartungen führt weitgehend zu den gleichen wirtschaftspolitischen Schlussfolgerungen für die kurze Frist wie der Monetarismus Friedman'scher Prägung:

- Ablehnung einer kurzfristig orientierten Wirtschaftspolitik,
- Empfehlung einer regelgebundenen Geldpolitik (und Fiskalpolitik).

Dahinter stehen jedoch *andere* theoretische Begründungen.

Eine *kurzfristig orientierte* Wirtschaftspolitik wird abgelehnt, weil sie *keine* Auswirkungen auf die reale Produktion und Beschäftigung hat (*Ineffektivität der Wirtschaftspolitik*). Der Grund ist in der Bildung rationaler Erwartungen zu sehen, wodurch die Auswirkungen wirtschaftspolitischer Maßnahmen vorweggenommen werden. Ist beispielsweise bekannt, dass die Geldmenge gestiegen ist, dann wissen die Individuen, dass das Preisniveau steigen wird und passen folglich ihre Preise und Löhne an, sodass „augenblicklich" wieder das alte Produktions- und Beschäftigungsniveau erreicht wird. Oder wissen die Leute beispielsweise, dass konjunkturpolitisch motivierte Steuersenkungen rückgängig gemacht werden, sobald eine höhere Beschäftigung erreicht ist, so werden sie daraufhin ihr Ausgabenverhalten nicht grundsätzlich ändern.

Wirkung zeigt die Wirtschaftspolitik nur, wenn sie für die Wirtschaftssubjekte *nichtvoraussehbar* ist, und sie führt dann – wie bei *Friedman* auch – zu Einkommens- und Beschäftigungsschwankungen. (Während allerdings bei den Monetaristen eine Geldmengenausweitung *kurzfristig* die reale Produktion erhöht, zeigt sie unter der Annahme rationaler Erwartungen *nur* eine Wirkung, wenn sie *unvorhersehbar* war.)

Da solche Schwankungen im Wirtschaftsablauf *nicht* erwünscht sind, wird eine *voraussehbare* und *verlässliche* Wirtschaftspolitik gefordert. Die Zentralbank soll zur Einhaltung einer *Geldmengenregel* verpflichtet und auch die Fiskalpolitik soll an bestimmte Regeln gebunden werden. (Im Unterschied zu *Friedman* ist dabei die Ausgestaltung der Geldmengenregel ohne Bedeutung.)

16.3 Stabilitätspessimisten

Insbesondere vor dem Hintergrund, dass im Wirtschaftsablauf immer wieder lang anhaltende Phasen der Arbeitslosigkeit auftraten, wurden makroökonomische Konzepte entwickelt, die durch Stabilitätspessimismus gekennzeichnet sind und für die charakteristisch ist:

- *Instabilität der Wirtschaft*: Eine Marktwirtschaft verursacht „aus sich selbst heraus" immer wieder starke Schwankungen im Wirtschaftsablauf, nicht zuletzt weil sich vor dem Hintergrund einer unsicheren Zukunft Pessimismus oder Optimismus hinsichtlich der Wirtschaftsentwicklung verbreitet. Zudem werden exogene „Störungen", z. B.

durch Ölpreisschocks oder Finanzkrisen, durch das Zusammenspiel der Märkte verstärkt.

- *Notwendigkeit einer staatlichen Steuerung der Wirtschaft*: Der Staat muss mit einer *antizyklischen Konjunkturpolitik* den Wirtschaftsablauf verstetigen. Dazu sollte er in Zeiten einer rückläufigen gesamtwirtschaftlichen Nachfrage, die zu Unterbeschäftigung führt, „gegen den Zyklus" die Staatsausgaben erhöhen und dabei eine höhere Staatsverschuldung in Kauf nehmen. (Umgekehrt sollte er im Boom einer überhöhten gesamtwirtschaftlichen Nachfrage, die zu Inflation führt, entgegenwirken, indem er die Staatsausgaben reduziert und die Steuern erhöht.)

Zentral für diese stabilitätspessimistischen Ansätze ist, dass die *Annahme von vollkommenem Wettbewerb* an den verschiedenen Märkten als *unrealistisch* eingestuft wird. Entsprechend sind Preise, Löhne und Zinsen nicht vollkommen flexibel, so dass es nicht automatisch zu Markträumung kommt und die empirisch beobachtete Unterbeschäftigung erklärt werden kann.

Wir stellen hier nur Ansätze von Stabilitätspessimisten dar, die von einer marktwirtschaftlichen Ordnung ausgehen und wirtschaftspolitische Empfehlungen geben, um die Ergebnisse von Marktprozessen zu verbessern.

Diese Ansätze lassen sich auf John Maynard Keynes zurückführen, der die Vorherrschaft der klassisch-neoklassischen Lehre, der „ersten Orthodoxie", beendete und ihr mit einer „zweiter Orthodoxie", dem Keynesianismus, Konkurrenz machte. Dessen Beginn wird oft auf 1936 datiert, als Keynes' Hauptwerk „The General Theory of Employment, Interest and Money" publiziert wurde.

Dieser *Keynesianismus* muss unter zwei Aspekten gesehen werden. Zum einen entwickelte Keynes ein *System von Definitionen und Zusammenhängen* zur Beschreibung und Analyse der ökonomischen Realität, das *makroökonomisches Grundmodell*. Es bildet die Grundlage für die zahlenmäßige Erfassung einer Volkswirtschaft im Rahmen der Volkswirtschaftliche Gesamtrechnung und – nachdem das System mit Annahmen „gefüllt wurde" – für die Ableitung wirtschaftspolitischer Konzepte. Zum anderen handelt es sich um ein *System von Realaussagen* über die volkswirtschaftlichen Zusammenhänge in einer bestimmten historischen Situation, das auf bestimmten Verhaltensannahmen basiert und daraus konkrete wirtschaftspolitische Empfehlungen abgeleitet.

In Abschn. 16.3.1 wird die *Keynesianische Lehre* dargestellt, die vor allem in der Interpretation von Hicks und Hansen[13] Verbreitung fand und in dem in Kap. 14 dargestellten IS-LM-Diagramm mündete. Teil 2 geht auf an das Werk von Keynes anknüpfende Weiterentwicklungen ein, die unter dem Begriff *Neue Keynesianische Makroökonomie* zusammenfasst werden. Dazu zählen vor allem die *Ungleichgewichtstheorie* und der *Post-Keynesianismus*.

[13] John Hicks (1904–1989) und Alvin Hansen (1887–1975).

16.3.1 Die Keynesianische Lehre

16.3.1.1 Historischer Hintergrund und Grundaussagen

Die „keynesianische Revolution" kann nicht losgelöst von der 1929 einsetzenden *Weltwirtschaftskrise* gesehen werden.

▶ Als **Weltwirtschaftskrise** wird der weitgehende Zusammenbruch der industriellen Produktion und des internationalen Handels sowie die lang anhaltende Arbeitslosigkeit im Zeitraum 1929 bis 1932 bezeichnet.

Beispielsweise schrumpfte damals das Volkseinkommen in den Vereinigten Staaten auf weniger als die Hälfte und im Deutschen Reich auf 60 %. Die Exporte der großen Industrieländer nahmen um rund ein Drittel ab, und in Deutschland erreichte die Zahl der Arbeitslosen 1932 fast 6 Mio., denen nur 12 Mio. Beschäftigte gegenüberstanden.

Auch wenn der Auslöser der Weltwirtschaftskrise der Zusammenbruch *spekulativ überhöhter Kurse* an der New Yorker Börse war, gab es eine Vielzahl von Ursachen für die Krise: Nach dem lang anhaltenden Aufschwung in den „goldenen zwanziger Jahren" hatte bereits 1928 ein *starker Abschwung* eingesetzt. Hinzu kamen insbesondere der *weltweite Preisverfall auf den Agrar- und Rohstoffmärkten* und die Behinderung des internationalen Handels durch (Zoll-)*Protektionismus*. Im Deutschen Reich spielten zudem *hohe Reparationszahlungen* sowie die *Brünning'sche Sparpolitik* eine Rolle, die prozyklisch wirkte und zu einer Verstärkung der Krise führte.

Vor diesem Hintergrund ist Keynes' Hauptwerk zu sehen, mit dem er die herrschende klassische Vollbeschäftigungstheorie durch eine *Allgemeine(re) Theorie* ersetzt, die sowohl Gleichgewicht bei Vollbeschäftigung als auch Gleichgewicht bei Unterbeschäftigung (und Gleichgewicht bei Überbeschäftigung) erklären kann.

Charakteristisch für die Keynesianische Lehre ist:

- Die *Dominanz der Makroökonomie* und des *Beschäftigungsproblems*: Sie rückt die Entwicklung der Gesamtwirtschaft in den Mittelpunkt und fragt insbesondere, wie es zu länger anhaltender Arbeitslosigkeit kommen kann.
- Die *Ausrichtung auf die kurze Frist*: Sie erklärt, wie es zu Konjunkturschwankungen kommt und wie sich die konjunkturelle Arbeitslosigkeit bekämpfen lässt und stellt damit auf kurzfristige (Fehl-)Entwicklungen ab. Dem Argument der (Neo-)Klassik, dass mittel- bis längerfristig wieder Vollbeschäftigung erreicht wird, begenete Keynes mit seiner berühmt gewordenen Aussage: „In the long run we are all dead."
- Die Einführung *unvollkommenen Wettbewerbs*: Sie trägt der Verhandlungsmacht, über die z. B. große Unternehmen und Gewerkschaftenen verfügen, Rechnung. Die Folge sind nicht mehr vollkommen flexible Preise und Löhne.
- Die *erstmalige* Berücksichtigung der *Unsicherheit der Zukunft*: Sie bezieht ein, dass die Wirtschaftssubjekte pessimistische oder optimistische Erwartungen bilden. Dadurch

kommt es zu zum Teil erratischen Schwankungen der Konsumnachfrage und insbesondere der Investitionsnachfrage.

- Die *Instabilität einer Marktwirtschaft*: Sie geht davon aus, dass diese erratischen Nachfrageänderungen (sowie „Störungen von außen“) durch *Multiplikatorprozesse* noch verstärkt werden, d. h. eine sich selbst überlassene Marktwirtschaft aus sich selbst heraus Schwankungen erzeugt.
- Die *Überzeugung von der Steuerungsnotwendigkeit der Wirtschaft*: Sie hält wirtschaftspolitische Maßnahmen für notwendig, um diesen Konjunkturschwankungen entgegenzuwirken und den Wirtschaftsablauf zu verstetigen, d. h., sie plädiert für eine *antizyklische Wirtschaftspolitik*.

16.3.1.2 Die keynesianische Ausgestaltung des makroökonomischen Grundmodells

Unsere kurzfirstige Analyse makroökonomischer Zusammenhänge in Kap. 12 bis 14 entspricht weitgehend dem keynesianischen Grundmodell in der Interpretation von Hicks und Hansen. Deshalb fassen wir hier nur noch einmal die wichtigsten Merkmale dieses Modells zusammen.

► Im Mittelpunkt des keynesianischen Grundmodells steht die **gesamtwirtschaftliche Güternachfrage**, die das gesamtwirtschaftliche Güterangebot bestimmt.

Der Grund dafür ist, dass sich die Unternehmen bei ihrer Produktionsplanung an den Absatzmöglichkeiten in der Vorperiode und damit an der Güternachfrage orientieren. Sie hängt zum einen von der Konsumnachfrage und damit vom *laufenden Einkommen* der Haushalte ab. Entsprechend kommt es bei einem exogenen Nachfragerückgang zu dem in Abschn. 12.4.2 beschriebenen *Multiplikatorprozess*, der eine wesentliche *Ursache* für die *Instabilität einer Marktwirtschaft* ist. Zum anderen wird die Güternachfrage von der Investitionsnachfrage und damit vom Marktzins bestimmt.

Über die Höhe des Marktzinses wird im keynesianischen Grundmodell am *Geldmarkt* entschieden. Denn die Geldnachfrage hängt nicht nur (wie bei den Klassikern) vom Einkommen, sondern auch vom Zinssatz ab.

► Entsprechend hat eine **Erhöhung der Geldmenge** im keynesianischen Modell **realwirtschaftliche Effekte**: Sie führt zu sinkenden Zinsen und einer höheren Investitionsnachfrage und damit zu einer Ausweitung der Produktion und der Einkommen. Der Zinssatz ist der „Transmissionsriemen“ zwischen dem geldwirtschaftlichen und dem güterwirtschaftlichen Bereich.

Im keynesianischen Modell ergibt sich die gesamtwirtschaftliche Güternachfrage und damit die Produktion aus dem Zusammenspiel von Güter- und Geldmarkt, d. h. graphisch aus dem Schnittpunkt von IS- und LM-Kurve. (Dagegen resultiert im neoklassischen Modell die Höhe der Produktion aus dem Arbeitsmarkt.)

Das Gleichgewichtseinkommen bestimmt die *Arbeitsnachfrage*. Die Unternehmen fragen so viele Arbeitskräfte nach, dass sie bei gegebenem Kapitalstock das Gleichgewichtseinkommen produzieren können. Dagegen hängt das *Arbeitsangebot* von exogenen Größen ab und bestimmt das Vollbeschäftigungseinkommen, d. h. das Nationaleinkommen, dessen Produktion genau das gesamte Arbeitsangebot der Haushalte erfordert.

▶ **Gesamtwirtschaftliches Gleichgewicht** liegt nur vor, wenn das Gleichgewicht am Güter- und Geldmarkt auch zu Gleichgewicht am Arbeitsmarkt führt. Dann geht an allen drei Märkten die Planung der Wirtschaftssubjekte auf; insbesondere finden alle Anbieter von Arbeitsleistungen zum herrschenden Lohn eine Beschäftigung. (Dies ist bei $Y_{VB\,2} > Y_0$ in Abb. 14.3 in Abschn. 14.2 der Fall.)

▶ Ein Gleichgewicht auf dem Güter- und Geldmarkt, das zu einem Angebotsüberschuss am Arbeitsmarkt führt, bezeichnet Keynes als **Unterbeschäftigungsgleichgewicht**. (Dies ist bei $Y_{VB\,3} > Y_0$ in Abb. 14.2 der Fall.)

Entscheidend für die keynesianische Lehre ist, dass ein solches Unterbeschäftigungsgleichgewicht längere Zeit bestehen bleibt, d. h. Arbeitslosigkeit kein „vorübergehendes Phänomen“ ist. Weil die Planung der Unternehmen und der Haushalte am Gütermarkt und am Geldmarkt „aufgeht“, haben sie keinen Anlass für Verhaltensänderungen.

Dem würden die (Neo-)Klassiker entgegenhalten, dass die Unterbeschäftigung – bei vollkommenem Wettbewerb am Arbeitsmarkt – zu sinkenden Reallöhnen und steigender Arbeitsnachfrage führen würde. Um das zusätzlich produzierte Güterangebot absetzen zu können, würden die Unternehmen – bei vollkommenem Wettbewerb am Gütermarkt – die Preise senken. Dies führte (nach Keynes) zu weniger Geldnachfrage für Transaktionszwecke und zu sinkenden Zinsen, die wiederum eine höhere Nachfrage nach Investitionsgütern auslöste.

Nach Keynes ist dieser *„quasi automatische“* Weg zur *Vollbeschäftigung* jedoch an eine Reihe von *Bedingungen* geknüpft, die in der Realität nicht erfüllt sind:

So lässt sich empirisch beobachten, dass die *Nominallöhne* (und damit auch die Reallöhne) nach unten *nicht flexibel* sind. Keynes sieht das allerdings nicht (wie die (Neo-)Klassiker) als zu beseitigende Unvollkommenheit des Arbeitsmarktes an, sondern als das Ergebnis z. T. sehr sinnvoller institutioneller Regelungen, die im Interesse von Arbeitnehmern und Unternehmen liegen. Sie können sowohl das Ergebnis von Tarifverhandlungen als auch von „stillschweigenden“ Abkommen zwischen Unternehmen und ihren Belegschaften sein.

Zum gleichen Ergebnis führen *nach unten nicht flexible Preise*, die sich gleichermaßen in der Realität beobachten lassen. Sie können zum einen aus Unvollkommenheiten der Gütermärkte, vor allem einem zu geringen Wettbewerb, resultieren. Zum anderen können sie ebenfalls das Ergebnis sinnvoller institutioneller Regelungen sein, weil sehr häufige Preisänderungen zu hohen (Transaktions-)Kosten führen (vgl. Abschn. 7.1 im Beitrag „Mikroökonomie“).

Des Weiteren kann es trotz sinkender Preise nicht zu einer höheren Investitionsnachfrage kommen, weil in einer starken Rezession die *Zinsen nach unten nicht flexibel* sind, sodass die „frei gewordene“ Kasse für Transaktionszwecke vollständig in die Kasse für Anlagezwecke[14], d. h. in die schon beschriebene *Liquiditätsfalle*, fließt, oder weil die *Investitionsnachfrage zinsunelastisch* ist.

Insgesamt kommt *Keynes* zu dem Ergebnis, dass ein *Unterbeschäftigungsgleichgewicht längere Zeit bestehen* wird, d. h., der Marktmechanismus zur Erreichung von Vollbeschäftigung in einem volkswirtschaftlich vertretbaren Zeitraum nicht ausreicht. Deshalb sieht er es als *Aufgabe des Staates* an, die *Nachfragelücke zu schließen.*

Die keynesianische Analyse wurde – vor dem Hintergrund der Weltwirtschaftskrise – vor allem für eine *Depression* durchgeführt. Grundsätzlich gelten die gleichen Überlegungen aber auch, wenn es um die Beseitigung von Überbeschäftigung geht. Aufgrund der überausgelasteten Kapazitäten und des Arbeitskräftemangels besteht dann die Gefahr von *Inflation*, der durch eine Dämpfung der Nachfrage entgegengewirkt werden sollte.

16.3.1.3 Wirtschaftspolitische Schlussfolgerungen

Keynes zieht aus seiner „Allgemeinen Theorie“ die Schlussfolgerung, dass der *Staat* in die Märkte eingreifen, *intervenieren*, muss, um die Reibungsverluste durch starke Konjunkturschwankungen sowie soziale Probleme und Wachstumsverluste durch länger anhaltende Arbeitslosigkeit zu vermeiden.

Dabei setzt Keynes vor allem auf eine *fallweise, antizyklische Fiskalpolitik.* So soll in der Rezession die gesamtwirtschaftliche Nachfrage ausgeweitet werden. Dazu können die Wirtschaftspolitiker gezielt die Staatsausgaben erhöhen, z. B. durch zusätzliche Baumaßnahmen oder das Vorziehen schon geplanter Projekte, sie können Unternehmen Investitionszuschüsse, z. B. für energieeffizientere Anlagen, gewähren oder die Steuern der Unternehmen und/oder der privaten Haushalte reduzieren.

Solche Maßnahmen sollen nicht durch Einsparungen an anderer Stelle oder Steuererhöhungen finanziert werden, sondern der Staat soll in der Rezession bewusst höhere Haushaltsdefizite und damit eine höhere Staatsverschuldung zulassen. Dies wird als *„deficit spending“* bezeichnet. (Allerdings soll der Staat im Boom bei hohen Steuereinnahmen Ausgabendisziplin üben, um durch Haushaltsüberschüsse seine Verschuldung wieder abzubauen.)

Mit der Verabschiedung des *Gesetzes zur Förderung der Stabilität und des Wachstums der Wirtschaft*, des so genannte Stabilitäts- und Wachstumsgesetzes, wurde in der Bundesrepublik Deutschland 1967 ein Instrumentenkasten für solche *Konjunkturprogramme* nach keneysianischem Muster bereitgestellt. Gleichzeitig wurden die Träger der Finanzpolitik – i. S. von Keynes – verpflichtet, ihre Entscheidungen so zu treffen, dass sie „zur Stabilität des Preisniveaus, zu einem hohen Beschäftigungsstand und außenwirtschaftlichem Gleichgewicht bei stetigem und angemessenem Wirtschaftswachstum beitragen“.

[14] Keynes bezeichnet die Kasse für Anlagezwecke als *„Spekulationskasse“*.

Eine expansive Geldpolitik in der Rezession kann die antizyklische Fiskalpolitik allenfalls unterstützen, aber nicht ersetzen. Im Extremfall kann sie sich sogar als unwirksam erweisen: Wenn die Geldnachfrage vollkommen zinselastisch wird, d. h. das zusätzliche Geldangebot vollständig in die Kasse zur Vermögenshaltung fließt, die damit zur „Liquiditätsfalle“ wird, oder wenn die Investitionen vollkommen zinsunelastisch reagieren.

Im Fall eines Booms ist es Aufgabe der Wirtschaftspolitik, die zu hohe gesamtwirtschaftliche Nachfrage zu dämpfen, um einer „Überhitzung“ der Wirtschaft und steigenden Preisen entgegen zu wirken. Dafür ist – anders als in der Rezession – nicht nur eine restriktive Fiskalpolitik, sondern auch eine restriktive Geldpolitik geeignet („Asymmetrie der Geldpolitik“).

Diese wirtschaftspolitischen Empfehlungen von Keynes hatten nach dem Zweiten Weltkrieg fast 25 Jahre die praktische Wirtschaftspolitik geprägt. Anschließend wurden sie durch den Monetarismus und eine stärker an der Angebotsseite der Wirtschaft (und mehr Wachstum) orientierte Wirtschaftspolitik abgelöst.

Die Theorie von Keynes wurde zum einen zur *Neuen keynesianischen Makroökonomie* weiterentwickelt, deren Grundzüge und wirtschaftspolitische Schlussfolgerungen nachfolgend dargestellt werden. Zum anderen wurden 2008/09 nach der schweren Finanzkrise die wirtschaftspolitischen Empfehlungen von Keynes wieder aufgegriffen: In den meisten westlichen Industrienationen, allen voran in den Vereinigten Staaten, wurden umfangreiche Konjunkturprogramme verabschiedet, um zu vermeiden, dass die Finanzkrise zu einer schweren Wirtschaftskrise führte.

16.3.2 Neue Keynesianische Makroökonomie

Lernziele
In diesem Abschnitt erhalten Sie Informationen über

- das Marktmodell der Ungleichgewichtstheorie;
- die Übertragungseffekte einer Marktrationierung;
- die Bedeutung der Ungleichgewichtstheorie für die makroökonomische Theorie;
- die Synthese zwischen der keynesianischen und der klassischen Theorie der Arbeitslosigkeit;
- die wirtschaftspolitischen Schlussfolgerungen der Ungleichgewichtstheorie;
- die mikroökonomischen Modellansätze des Post-Keynesianismus.

Das keynesianische *Standardmodell* beruht auf stark vereinfachenden Annahmen über den Güter-, Geld- und Arbeitsmarkt einer Volkswirtschaft. Dennoch lassen sich aus ihm grundlegende Beziehungen zwischen Volkseinkommen, Beschäftigung, Geldmenge, Zinsen, Preisen und Löhnen ableiten.

Zweifel an der Realitätsnähe des Standardmodells und seiner Interpretation wurden bereits in den 1950er-Jahren geäußert (Patinki 1956). In den 1960er und 1970er-Jahren wurden dann die Grundlagen für eine Neuinterpretation des keynesianischen Systems gelegt.

Die Modellansätze der Neuen keynesianischen Makroökonomie lassen sich in zwei Gruppen unterteilen:

- *Die Ungleichgewichts- oder Rationierungstheorie*, die sich auf der Basis der Preistheorie mit den Problemen der Unter- und Überbeschäftigung im keynesianischen System beschäftigt. Sie wird auch als Theorie der *„Nicht-Räumung von Märkten“* bezeichnet.
- *Der Post-Keynesianismus*, der die *Bedeutung der Unsicherheit* für ökonomische Entscheidungen untersucht und aus diesem Ansatz eine allgemeine Tendenz zur Instabilität marktwirtschaftlicher Systeme ableitet, die noch verstärkt wird durch institutionelle und historische Starrheiten und Ungleichgewichte.

16.3.2.1 Ungleichgewichtstheorie

Die Ungleichgewichtstheorie knüpft an die keynesianische Vorstellung nicht flexibler Preise und Löhne an. Ausgangspunkt ist die Beobachtung, dass *Angebots- und Nachfrageüberschüsse* auf einzelnen Märkten *nicht* durch *Preisänderungen*, sondern zunächst durch *Mengenanpassungen* abgebaut werden. Preisreaktionen erfolgen im Allgemeinen erst mit einer zeitlichen Verzögerung und sind weniger stark ausgeprägt als Mengenänderungen.

Die Ungleichgewichtstheorie, die auf Arbeiten von Patinkin (1956), Clower (1965), Leijonhufvud (1968), Barro und Grossman (1971) und Malinvaud (1977) zurückgeht, untersucht das Verhalten von Anbietern und Nachfragen bei Marktungleichgewicht und die Konsequenzen dieses Verhaltens in einem System verbundener Märkte.

16.3.2.1.1 Marktmodell der Ungleichgewichtstheorie

Der Grundgedanke der Ungleichgewichtstheorie wird an einem einfachen Gütermarktmodell dargestellt (vgl. Abb. 16.1).

Auf einem Markt, auf dem der Preis p_1 herrscht, werden – entsprechend der Angebots- und Nachfragekurve – die Nachfragemenge x_1 und die Angebotsmenge x_2 geplant. Es herrscht also ein *Angebotsüberschuss (Käufermarkt)*. Realisiert wird in der Planungsperiode die Preis-Mengen-Kombination x_1/p_1, wenn man unterstellt, dass der Preis nicht gesenkt wird.

Für ihre weitere Angebotsplanung werden die Unternehmen nun realistischerweise nicht die Angebotsmenge x_2 auf ihrer Angebotskurve wählen, sondern die *tatsächliche* abgesetzte Menge x_1. Das heißt, die Anbieter reagieren auf das Marktungleichgewicht zwischen Angebot und Nachfrage mit einer *Mengenanpassung*, der Preismechanismus wird nicht wirksam. Damit bestimmt die *kürzere* Marktseite – hier die Nachfrage – die Transaktionsmenge. Man sagt auch, sie *„rationiert“* das Angebot, und man bezeichnet daher die Ungleichgewichtstheorie auch als *Rationierungstheorie*.

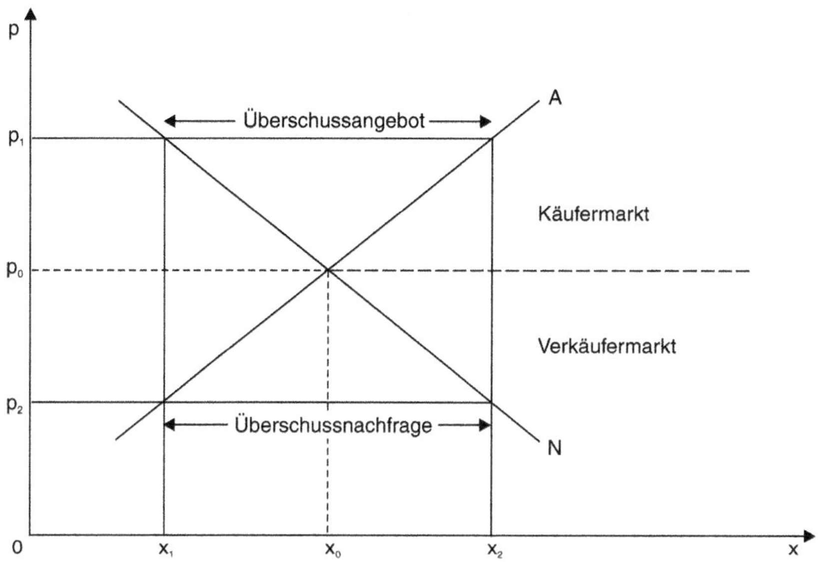

Abb. 16.1 Ungleichgewicht auf einem Gütermarkt

Unterhalb des Gleichgewichtspreises rationiert das Angebot die Nachfrage, es liegt ein *Verkäufermarkt* vor. Auch dieser Nachfrageüberhang wird nicht durch Preissteigerungen abgebaut, sondern durch längere Lieferfristen und Warteschlangen.

► Im Gegensatz zu den Ansätzen der Gleichgewichtstheorie, in der allein die Preise die Signale für die Planungen der Wirtschaftssubjekte setzen, zeigt die **Ungleichgewichtstheorie**, dass auch **Mengenbeschränkungen** die Entscheidungen beeinflussen. Man spricht daher auch von einer „dualen Entscheidungshypothese".

Folgt man diesen Überlegungen, so kommt man zu einem überraschenden, aber einleuchtenden Ergebnis:

Die Unternehmen bieten im Ungleichgewicht die – im Sinne der traditionellen Preistheorie – falsche Menge zum falschen Preis an. Mit anderen Worten, sie verfehlen ihr Gewinnmaximum. Dennoch haben sie keinen unmittelbaren Grund zu Änderungen ihrer Planung, denn sie erleben keine Überraschung, da geplante und realisierte Absatzmengen übereinstimmen. Es herrscht also ein *„Gleichgewicht im Ungleichgewicht"*.

Die Mengenrationierung auf *einem* Markt hat in einem marktwirtschaftlichen System, in dem die Märkte voneinander abhängig (interdependent) sind, *Rückwirkungen* auf andere Märkte. Nimmt man z. B. an, dass auf einem Markt das Güterangebot im Punkt x_1 rationiert wird, so reduzieren die Unternehmen auch ihre Nachfrage nach *Produktionsfaktoren*, z. B. nach Arbeitskräften.

Auf den betroffenen Faktormärkten entsteht damit ebenfalls ein Angebotsüberschuss, das bei den Anbietern der Produktionsfaktoren zu Einnahmeausfällen führt, sodass sie ihrerseits ihre Nachfrage einschränken müssen. Diese *Übertragungseffekte* werden auch als *Spillover-Effekt* bezeichnet, die – in den Begriffen des makroökonomischen Grundmodells – zu *Multiplikatorprozessen* führen.

16.3.2.1.2 Keynesianische und klassische Arbeitslosigkeit

Was bedeutet die Aussage der Ungleichgewichtstheorie für die Theorie von Keynes? Zur Erläuterung und Veranschaulichung dient Abb. 16.2, die das makroökonomische Grundmodell zusammenfasst. Um die Darstellung zu vereinfachen, beschränken wir uns auf die realwirtschaftlichen Zusammenhänge zwischen *Güter- und Arbeitsmarkt*, vernachlässigen also den Geldmarkt.

In Abb. 16.2 ist Y_0 als *Vollbeschäftigungsgleichgewicht* zu erkennen: Auf dem Gütermarkt besteht keine Diskrepanz zwischen Güterangebot und Güternachfrage. Zur Produktion von Y_0 werden entsprechend der Produktionsfunktion N_{A0} Arbeitskräfte nachgefragt, so dass am Arbeitsmarkt die Arbeitsnachfrage dem exogenen Arbeitsangebot ($\bar{A}_A$) entspricht und mit $(W/P)_0$ der Gleichgewichtslohn erreicht wird.

Können die Unternehmen am Gütermarkt nun auf Grund eines *Nachfragerückgangs* nur eine geringe Produktionsmenge absetzen, so passen sie die *Produktionsmenge* nach unten an. Das Nationaleinkommen fällt bei konstanten Preisen, z. B. auf Y_1 in Abb. 16.2. Diese *Rationierung* auf dem Gütermarkt führt zu einer *sinkenden Arbeitsnachfrage* (N_{A1}).

Damit entsteht *unfreiwillige Arbeitslosigkeit* am Arbeitsmarkt, wenn das Arbeitsangebot $\bar{A}_A$ aufrechterhalten wird. Diese Arbeitslosigkeit ist nicht auf einen zu hohen Reallohn zurückzuführen, sondern allein auf die Rationierung am Gütermarkt. Die Ungleichgewichtstheorie liefert damit eine Erklärung für die keynesianische Hypothese, dass (Real-)Lohnsenkung nicht in allen Situationen der geeignete Weg zur Sicherung und Wiedergewinnung der Vollbeschäftigung sind. Man spricht bei dieser Marktkonstellation auch von einer *„keynesianischen Arbeitslosigkeit"*, die durch Impulse auf die *Nachfrageseite des Gütermarktes* abgebaut werden muss.

Die Ungleichgewichtstheorie vermag aber auch die so genannte *„klassische Arbeitslosigkeit"* zu erklären, die durch *zu hohe Reallöhne* verursacht wird: Die Unternehmen können zwar am Gütermarkt Nationaleinkommen von Y_0 absetzen, sodass das Volkseinkommen von Y_1 auf Y_0 steigen würde und die Arbeitsnachfrage von N_{A1} auf N_{A0}. Liegt der Reallohn aber über $(W/P)_0$, so wird die Produktion nicht ausreichend ausgeweitet, weil das Lohnniveau zu hoch ist. Somit *rationiert* bei zu hohem Reallohn *die Arbeitsnachfrage* das *Arbeitsangebot*: Die Beschäftigungssteigerung wird nicht realisiert. In diesem Fall wäre eine *Reallohnsenkung* die notwendige Voraussetzung für die Erhöhung der Beschäftigung.

Für die *Wirtschaftspolitik* bedeutet dies, dass weder die Tarifvertragsparteien noch der Staat allein die Verantwortung für die Sicherung des Vollbeschäftigungsgleichgewichts haben, sondern dass die geeigneten Maßnahmen nur nach einer genauen Diagnose der Konstellationen am Güter- und Arbeitsmarkt ausgewählt werden können.

Die *wichtigsten Aussagen* der *Ungleichgewichtstheorie* lassen sich wie folgt zusammenfassen:

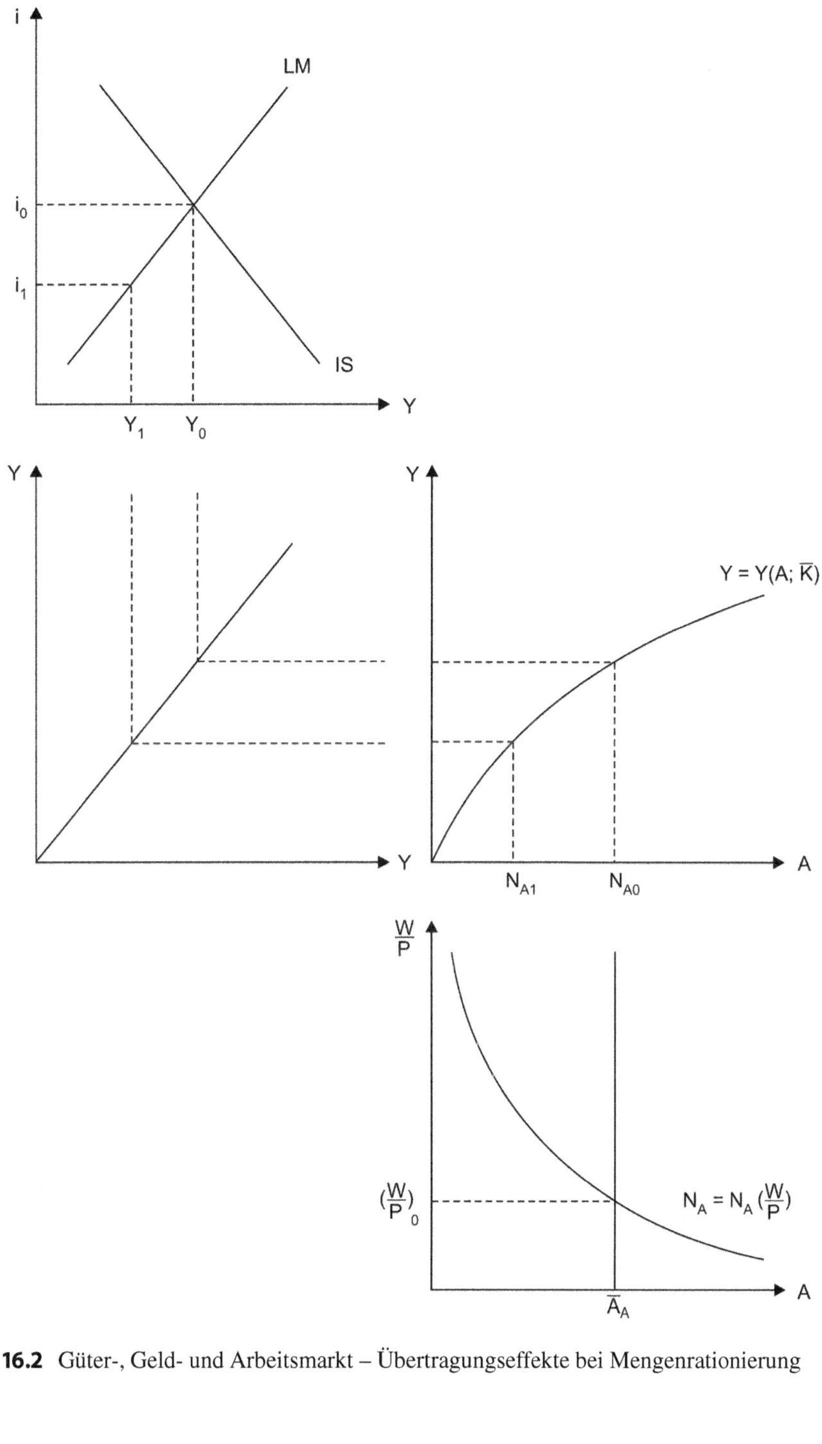

Abb. 16.2 Güter-, Geld- und Arbeitsmarkt – Übertragungseffekte bei Mengenrationierung

- Bei Ungleichgewichten zwischen Angebot und Nachfrage erfolgen *Mengenänderungen vor* Preisänderungen.
- Wegen der *Interdependenz* der Märkte hat die Rationierung auf einem Markt Konsequenzen für andere Märkte (Spillover-Effekte).
- Die Marktrationierung im Ungleichgewicht ist nicht auf bestimmte Marktformen und auf Unvollkommenheiten des Wettbewerbs zurückzuführen. Sie tritt in jeder Marktform auf, ist damit ein *Systembestandteil* der *Marktwirtschaft* und durch ordnungspolitische Maßnahmen nicht zu verhindern.

Die *Bedeutung* der Ungleichgewichtstheorie für die *makroökonomische Theorie* liegt darin, dass sie

- eine *mikroökonomische,* preistheoretische *Basis* für die makroökonomische Theorie von *Keynes* entwickelt,
- eine *Synthese* der gegensätzlichen Erklärungen für *Arbeitslosigkeit* darstellt. Sowohl überhöhte Löhne (klassische bzw. neoklassische Erklärung) als auch ein Mangel an gesamtwirtschaftlicher Güternachfrage (keynesianische Erklärung) sind Unterfälle des gleichen Theoriesystems – eben der Ungleichgewichtstheorie.

Die Erklärungsansätze der Ungleichgewichtstheorie sind nicht unumstritten:

- *Post-Keynesianer* kritisieren die mangelnde Berücksichtigung der *Unsicherheit* wirtschaftlicher Entscheidungen, die ihrer Meinung nach zu einer völligen *Abkehr* vom Gleichgewichtsdenken führen muss. (Welche Konsequenzen Post-Keynesianer daraus ziehen, stellen wir in den folgenden Abschnitten dar.)
- Die Neoklassiker werfen der Ungleichgewichtstheorie vor, dass die Preis- und Lohnstarrheit an den Märkten einfach *festgestellt*, aber nicht theoretisch begründet und *erklärt* wird. Sie wenden ein, dass das so genannte „Gleichgewicht im Ungleichgewicht" (Rationierungsgleichgewicht) letztlich nach Veränderung strebe. Es beinhalte faktische *Nachteile* für Unternehmen und Haushalte – beide verfehlen ihr Gewinnmaximum bzw. ihr Nutzenmaximum – sodass sich letztlich doch – wenn auch mit zeitlicher Verzögerung – über den *Preismechanismus* eine Tendenz zum *Gleichgewicht* durchsetzen werde.

16.3.2.2 Post-Keynesianismus

Die Vertreter des *Post-Keynesianismus* lehnen die Gleichgewichtstheorie generell ab und sehen *ungleichgewichtige Märkte als Normalfall* an. Für sie sind gleichgewichtige Märkte im Sinne der klassischen und keynesianischen Theorie Sondererscheinung ohne besondere Bedeutung. (Damit unterscheiden sie sich auch von den Anhängern der Rationierungstheorie, die die Grundlage des Gleichgewichtsansatzes nicht in Frage stellen, sondern lediglich bestimmte Annahmen, wie Preisflexibilität, aufheben.)

Von einer *geschlossenen Theorie* des Post-Keynesianismus kann man nicht sprechen. Die Ansätze und Modelle versuchen, bestimmte typische einzel- und gesamtwirtschaftliche Phänomene moderner Volkswirtschaften zu deuten und zu erklären. Die wichtigsten Arbeiten, die dem Post-Keynesianismus zugerechnet werden, stammen von Kalecki, Joan Robinson, Kaldor, Kahn, Shackle, Davidson, um nur einige zu nennen.[15]

Als typische *Elemente* des Post-Keynesianismus werden in der Literatur genannt:

- die Theorie der Unsicherheit,
- die Theorie der administrierten Preise und
- Modelle zum Zusammenhang zwischen Einkommensverteilung und Wachstum.

Unsere Darstellung konzentriert auf die beiden erstgenannten Themenbereiche. (Zum Thema Wachstum vgl. Kap. 17.)

16.3.2.2.1 Theorie der Unsicherheit

Die Post-Keynesianer knüpfen an die Überlegungen von *Keynes* an, dass vor allem die Investitionsentscheidungen der Unternehmen sehr stark von ihren Erwartungen für die Zukunft geprägt werden. Sie formulieren daraus die allgemeine Frage, welche Bedeutung Unsicherheit, fehlende Markttransparenz und unvollständige Information für die Entscheidung der Wirtschaftssubjekte haben.

Der Begriff der *Unsicherheit* kennzeichnet Situationen, in denen man vor *neuen* oder *einmaligen* Konstellationen steht, für die mit Hilfe der Wahrscheinlichkeitstheorie weder Erwartungswerte noch die Streuung der möglichen Ergebnisse angegeben werden kann. So weiß man z. B. nicht, wie die Arbeitsmärkte in 5 oder 10 Jahren aussehen werden oder wie hoch der Ölpreis oder der Eurokurs sein werden, und die Finanzkrise 2008/09 war so nicht voraussehbar. Diese Unsicherheit über die Zukunft kann auch durch das Einholen von Informationen über die Vergangenheit und Gegenwart oder durch das Erarbeiten von Prognosen für die Zukunft prinzipiell nicht beseitigt werden.

Hinzu kommt das Problem der *Zeit*. Ein allgemeines Gleichgewicht erfordert die *simultane* Abwägung der Daten auf allen Märkten und entsprechende Angebots- und Nachfrageentscheidungen. Dies ist aber in der Realität nicht möglich. Dort müssen z. B. *Entscheidungen* über Investitionen, Produktion, Angebotsmengen und -preise getroffen werden, *bevor* die Nachfrager entscheiden können. Bildlich gesprochen, gibt es *keinen Auktionator*, der Angebots- und Nachfragepläne entgegennimmt, den Gleichgewichtspreis ermittelt und erst dann Transaktionen zulässt, wenn die Markträumung sichergestellt ist. In der Realität kann die Idee eines Gleichgewichts nur dann aufrecht erhalten werden, wenn man eine sehr *hohe Beweglichkeit* aller Marktteilnehmer und eine schnelle Reaktion auf Datenänderungen unterstellt. Beide Voraussetzungen sind aber nur unzureichend erfüllt.

---

[15] Vgl. Rothschild, K. W. (1981). *Einführung in die Ungleichgewichtstheorie* (S. 165). Berlin, Heidelberg, New York: Springer.

Unter realistischen Bedingungen ergibt sich daraus für die Post-Keynesianer Folgendes:

- *Ungleichgewichte* zwischen Angebot und Nachfrage sind in einem marktwirtschaftlichen System eine *Dauererscheinung* und nicht nur Zwischenstationen auf dem Weg von einem Gleichgewicht zum anderen. Sie sind aber auch unabhängig von der Marktform und von der Intensität des Wettbewerbs, können also auch durch *ordnungs- und wettbewerbspolitische Maßnahmen* nicht beseitigt werden. Werden Ungleichgewichte als störend empfunden, so müssen sie durch stabilitätspolitische Eingriffe des Staates beseitigt werden.
- *Unsicherheit* bewirkt, dass sich *Erwartungen* und *Verhalten* der Wirtschaftssubjekte *schnell* und *unvorhersehbar* ändern können. Dies gilt sowohl für die Investitionsgüternachfrage der Unternehmen als auch für die Konsumgüter- und Geldnachfrage. Die entsprechenden makroökonomischen *Nachfragefunktionen* sind also *nicht stabil*, ihre Parameter ändern sich relativ kurzfristig. Auch diese Überlegung führt dazu, eine Stabilisierung des Wirtschaftsablaufs mit Hilfe der Geld- und Fiskalpolitik zu fordern.
- Unternehmen und Haushalte reagieren auf die *Unsicherheit* mit zwei gegensätzlichen Verhaltensweisen: Auf der einen Seite halten sie sich *Handlungsmöglichkeiten* offen, z. B. durch flexible Unternehmensorganisation oder Geldbestände, auf der anderen Seite versuchen sie, durch *Verträge* eine gewisse Sicherheit zu erlangen. So werden z. B. Preise, Löhne und andere Konditionen über längere Zeit festgelegt. Diese *Starrheiten* werden von den Post-Keynesianern nicht als Ausdruck einer unerwünschten Abweichung vom Marktmodell des vollkommenen Wettbewerbs angesehen, sondern sie sind geradezu die *Voraussetzung* dafür, dass die Wirtschaftssubjekte eine Basis für *in die Zukunft gerichtete Entscheidungen* haben.

16.3.2.2.2 Theorie der administrierten Preise

Die Post-Keynesianer verweisen darauf, dass große *Organisationen*, wie z. B. Private und Öffentliche Unternehmen, aber auch der Staat und die Sozialversicherungen erheblichen Einfluss auf die Preise ausüben. An die Stelle der Preisbildung durch Angebot und Nachfrage auf den Wettbewerbsmärkten tritt die *Preisfixierung* durch Verhandlungen zwischen den Marktteilnehmern (z. B. bei Tarifverträgen am Arbeitsmarkt) oder durch oligopolistische oder monopolistische Verhaltensweisen. Neben die flexiblen Preise der Wettbewerbsmärkte treten demnach die „gesetzten" oder „administrierten" Preise. Auch dadurch entstehen *Preisstarrheiten* und *Ungleichgewichte* an den Märkten, die den Wirtschaftsablauf *instabiler* machen, die aber auch die Einkommensverteilung und den Wachstumsprozess beeinflussen. In diesem Punkt verbinden die Post-Keynesianer ihre *mikroökonomischen* Ansätze mit *sozial- und gesellschaftspolitischer Kritik*, wie die Verteilungs- und Wachstumsmodelle zeigen.

Die wirtschaftspolitischen Konsequenzen des Post-Keynesianismus sind nicht einheitlich. Zusätzlich zur keynesianischen Stabilisierungspolitik verlangen einige Vertreter Maßnahmen zur Einkommens- und Vermögensumverteilung, während andere zur Sicherung der Stabilität des marktwirtschaftlichen Systems eine staatliche Investitionslenkung bzw. ganz allgemein eine Ausdehnung des staatlichen Sektors für notwendig ansehen.

Fragen

1. Warum herrscht nach dem (neo-)klassischen Modell in der mittleren und längeren Sicht immer Vollbeschäftigung?
2. Was besagt das Say'sche Theorem?
3. Wie wirkt sich eine Erhöhung der Geldmenge M im klassischen Modell aus?
4. Erläutern Sie den Begriff der „natürlichen Rate der Unterbeschäftigung".
5. Warum lehnen die Monetaristen eine kurzfristig orientierte Geldpolitik ab und was schlagen sie stattdessen vor?
6. Erklären Sie,
   a) was man unter der Bildung rationaler Erwartungen versteht und
   b) warum rationale Erwartungen zur Ineffektivität der Geldpolitik führen (am Beispiel einer Geldmengenausweitung).
7. Warum bezeichnete Keynes sein Hauptwerk als *Allgemeine* Theorie der Beschäftigung?
8. Was war neu an der Keynesianischen Lehre?
9. a) Was ist ein Unterbeschäftigungsgleichgewicht?
   b) Welche wirtschaftspolitischen Schlussfolgerung zieht Keynes aus der Existenz eines Unterbeschäftigungsgleichgewichts?
10. Warum spricht man in der Ungleichgewichtstheorie von einer dualen Entscheidungshypothese?
11. Erläutern Sie den Begriff der Rationierung.
12. Was versteht man unter den Übertragungseffekten einer Mengenrationierung?
13. Wann spricht man von einer keynesianischen und wann von klassischer Arbeitslosigkeit?
14. Erklären Sie, warum Unsicherheit über die zukünftige wirtschaftliche Entwicklung
    a) zu instabilen gesamtwirtschaftlichen Nachfragefunktionen führt,
    b) zu Starrheiten im Wirtschaftsablauf führt.

Antworten

1. Im (neo-)klassischen Modell wird durch vollkommenen Wettbewerb am Arbeitsmarkt und damit durch vollkommen flexible Löhne auf mittlere und längere Sicht automatisch Vollbeschäftigung erreicht.
2. Nach dem Say'schen Theorem schafft sich jedes Güterangebot seine Nachfrage, denn durch die Produktion entsteht Einkommen, das wieder vollständig zu Nachfrage nach Konsum- und Investitionsgütern wird.
3. Eine Erhöhung der Geldmenge führt im klassischen Modell zu einem proportionalen Anstieg des Preisniveaus. Dies ergibt sich aus der Quantitätstheorie.

4. Unter der „natürlichen Rate der Unterbeschäftigung" verstehen die Monetaristen die Höhe der Arbeitslosenquote, die unter Berücksichtigung der Unvollkommenheiten der Arbeitsmärkte als mit Vollbeschäftigung vereinbar anzusehen ist. Sie kann durch die geld- und fiskalpolitische Maßnahmen nicht dauerhaft beeinflusst werden.
5. Friedman lehnt eine kurzfristig orientierte Geldpolitik ab, weil der unbekannte „time-lag" dazu führen kann, dass eine expansive Geldpolitik zum falschen Zeitpunkt wirkt und so Produktionsschwankungen erst hervorruft oder verstärkt. Zudem ist die richtige Dosierung der Geldmengeausweitung schwierig. Er schlägt daher vor, die Geldmenge entsprechend dem Wachstum des Produktpotenzials auszuweiten und dieses Geldmengenwachstum bekannt zu geben.
6. a) Die Privaten berücksichtigen bei ihrer Erwartungsbildung die vorhandenen volkswirtschaftlichen Theorien und Daten. Als Folge werden ihre Erwartungen zwar im Einzelfall nicht immer zutreffen, aber auf Dauer werden sie die Entwicklung volkswirtschaftlicher Größen, wie der Preise und Zinsen, nicht systematisch unter- oder überschätzen.
   b) Die Wirtschaftssubjekte wissen auf Grund der monetaristischen Theorie, dass eine Geldmengenausweitung über das Wachstum des Produktionspotenzials hinaus zu Preisniveausteigerungen führt. Sie nehmen diese Preiserhöhung in ihren Entscheidungen vorweg, sodass Einkommen und Beschäftigung unverändert bleiben.
7. Keynes wollte die damals herrschende Vollbeschäftigungstheorie durch eine *Allgemeine(re) Theorie* ersetzen, die sowohl Gleichgewicht bei Vollbeschäftigung als auch Gleichgewicht bei Unterbeschäftigung bzw. Überbeschäftigung erklären kann.
8. Keynes berücksichtigte erstmals die *Unsicherheit der Zukunft*, die dazu führt, dass die Wirtschaftssubjekte pessimistische oder optimistische Erwartungen bilden.
9. a) Unter einem Unterbeschäftigungsgleichgewicht versteht man ein Gleichgewicht auf dem Güter- und Geldmarkt, das zu einem Angebotsüberschuss am Arbeitsmarkt führt.
   b) Weil die Marktkräfte nicht ausreichen, um zu Vollbeschäftigung zurückzukehren, hält Keynes antizyklische fiskalpolitische Maßnahmen, wie zusätzliche Staatsausgaben oder Steuersenkungen, für erforderlich.
10. Anbieter und Nachfrager reagieren nicht nur auf Preisänderungen, sondern berücksichtigen auch Mengenänderungen als Daten in ihren Wirtschaftsplänen.
11. Wenn Anbieter oder Nachfrager zu den herrschenden Preisen die gewünschte Menge nicht verkaufen bzw. kaufen können, so wird die Überschussseite des Marktes mengenmäßig durch die kürzere Seite rationiert (begrenzt). Die tatsächliche Transaktionsmenge entspricht immer der kürzeren Marktseite: Die Marktteilnehmer können zu geringeren als den geplanten Mengen gezwungen werden, nicht aber zu größeren.
12. Liegt auf dem Markt eine Rationierung vor, z. B. auf dem Gütermarkt, so reduzieren die Unternehmen ihre Nachfrage nach Produktionsfaktoren. Auf dem Arbeitsmarkt entsteht so unfreiwillige Arbeitslosigkeit.
13. Man spricht von einer keynesianischen Arbeitslosigkeit, wenn die Arbeitslosigkeit auf einem Mangel an gesamtwirtschaftlicher Güternachfrage beruht. Das ist dann der

Fall, wenn auf dem Gütermarkt eine Mengenrationierung vorliegt, die nicht durch Preissenkungen abgebaut wird. Von einer klassischen Arbeitslosigkeit spricht man, wenn der Reallohn in einer Volkswirtschaft zu hoch ist. Hier rationiert die Arbeitsnachfrage der Unternehmen das Angebot.

14. a) Die Unsicherheit, unter der die Wirtschaftssubjekte ihre Entscheidungen zu treffen haben, führt zu Verhaltensänderungen, sobald sich die subjektiven Erwartungen der Wirtschaftssubjekte ändert. Dadurch ändern sich die Parameter der Nachfragefunktionen, z. B. die marginale Konsumquote, die Investitionsneigung oder die Liquiditätspräferenz.
    b) Um einen Teil der Unsicherheit abzubauen, schließen die Wirtschaftssubjekte Verträge ab, die nicht bei jeder Datenänderung sofort geändert werden. Beispiele dafür sind Tarifverträge, Arbeitsverträge, Mietverträge. Aber auch ohne vertragliche Bindung werden z. B. die Preise nicht sofort an die jeweilige Marktlage angepasst, weil die Unternehmen sich nicht über die Reaktionen der Nachfrager und der Konkurrenten sicher sind.

Das Wachstum einer Volkswirtschaft – die längerfristige Sicht

17

Brigitte Hewel und Renate Neubäumer

Inhaltsverzeichnis

Lernziele

In diesem Abschnitt erhalten Sie einen Überblick über die verschiedenen Ansätze der Wachstumsforschung und lernen verschiedene Wachstumsmodelle und ihre wirtschaftspolitischen Implikationen kennen:

- Postkeynesianische Wachstumstheorien stellen die Ableitung einer *gleichgewichtigen Wachstumsrate* in den Mittelpunkt und stehen damit in der Tradition der Stabilitätspessimisten. Entsprechend empfehlen sie die Stimulierung der Investitionstätigkeit, denn nur bei *ausreichender Ausweitung der (Investitions)Nachfrage* ist ein stabiler Wachstumsprozess möglich.
- Neoklassische Wachstumstheorien gehen von einer stabilitätsoptimistischen Sichtweise der Wirtschaft aus und leiten ab, dass unter marktwirtschaftlichen Bedingungen das *gleichgewichtige Wachstum stabil* ist und entsprechend wirtschaftspolitische Maßnahmen überflüssig sind. Das Ausmaß des Wirtschafts-

B. Hewel (✉)
vorm. Frankfurt University of Applied Sciences
Frankfurt am Main, Bad Soden am Taunus, Deutschland

R. Neubäumer
Abteilung für Wirtschaftswissenschaft, Universität Koblenz-Landau
Landau, Deutschland

R. Neubäumer et al. (Hrsg.), *Volkswirtschaftslehre*, DOI 10.1007/978-3-658-16523-9_17

wachstums hängt von der *exogenen* Entwicklung des Arbeitsangebots und vor allem dem *exogenen* technischen Fortschritt ab.

- *Neue* (neoklassische) Wachstumstheorien stellen darauf ab, Wirtschaftswachstum *endogen*, d. h. aus den Modellen heraus, zu erklären und geben Empfehlungen, wie das Wirtschaftswachstum – durch Einflussnahme auf die Angebots- *und* Nachfrageseite der Volkswirtschaft – erhöht werden kann.

17.1 Grundlagen

Aus längerfristiger Perspektive interessieren im Rahmen der Makroökonomie, wie sich die *wirtschaftliche Leistungsfähigkeit einer Volkswirtschaft* entwickelt, d. h. wie stark die Volkswirtschaft wächst.

► Das Wachstum einer Volkswirtschaft wird i. d. R. an der Wachstumsrate des realen Bruttoinlandsprodukts oder des realen Bruttoinlandsprodukt pro Kopf festgemacht.[1]

Dabei ist Wachstum „das Ergebnis komplizierter, zeit- und raumabhängiger Prozesse ..., das von einem schwer durchschaubaren System ineinander greifender Einzelursachen bewirkt wird. Ursachen des Wachstums sind nicht allein oder primär wirtschaftlicher Natur“[2]. So haben beispielsweise folgende Faktoren wesentlichen Einfluss auf das Wirtschaftswachstum:

- Einstellungen zur Leistung und Motivation in einer Gesellschaft,
- Beurteilung der Chancen und Risiken des technischen Fortschritts,
- sozialer Status und Image, die mit verschiedenen Berufen verbunden sind,
- Regierungssystem und Rechtsordnung, von denen Ausmaß und Grenzen freier wirtschaftlicher Aktivitäten abhängen,
- Zugang gesellschaftlicher Gruppen zu bestimmten Bildungs- und Ausbildungsgängen (z. B. Frauen, Angehörige unterer sozialer Schichten).

Daher stellt es eine starke und bewusste Vereinfachung dar, wenn die Wachstumsforschung nur auf jene Wachstumsdeterminanten abstellt, die einer *ökonomischen* Analyse zugänglich sind. Danach ist für das Wachstum einer Volkswirtschaft entscheidend:

- Wie viele Produktionsfaktoren eingesetzt werden. Damit kommt der Akkumulation von Kapital (und damit der Investitionstätigkeit) zentrale Bedeutung für das Wirtschaftswachstum zu. Zudem kann z. B. das Arbeitsangebot sinken, wenn die Bevölkerung

[1] Zur Kritik an der Verwendung des realen Bruttoinlandsprodukts als „Wohlstandsindikator“ vgl. Kap. 10 im Beitrag „Volkswirtschaftliches Rechnungswesen“.
[2] Woll, A. (1996). *Allgemeine Volkswirtschaftslehre* (12. Aufl., S. 428). München: Vahlen.

im erwerbsfähigen Alter abnimmt. Dies kann allerdings durch höhere Erwerbsquoten (teilweise) kompensiert oder überkompensiert werden.
- Ob die Qualität der eingesetzten Produktionsfaktoren steigt und die Produktionsfaktoren besser kombiniert werden. Damit kommt dem technisch-organisatorischen Fortschritt und – eng damit verknüpft – der Bildung von Humankapital zentrale Bedeutung zu.

Die Ansätze der *Wachstumsforschung* lassen sich in drei Gruppen einordnen, die von unterschiedlichen Leitfragen ausgehen und sich hinsichtlich der methodischen Vorgehensweisen unterscheiden:

- Die *deskriptive Wachstumsforschung* (Kuznets, Goldsmith, Lewis, Hoffmann) stellt darauf ab, möglichst umfassend zu beschrieben, welche wirtschaftlichen, soziologischen, demographischen und institutionellen Einflussfaktoren auf den Wachstumsprozess einwirken, und diese Faktoren statistisch zu erfassen.
- Die *historisch-statistisch geprägte Wachstumstheorie* geht davon aus, dass jedes Land in seiner wirtschaftlichen Entwicklung verschiedene Stadien von der Stufe der traditionellen oder statischen Gesellschaft über die Stufe des Massenkonsums bis hin zur Stufe der Dienstleistungsgesellschaft durchläuft, sodass Prognosen für die weitere Entwicklung derjenigen Länder möglich sind, die heute noch auf einer niedrigeren Entwicklungsstufe stehen.
- *Wachstumsmodelle* (Harrod, Domar; Solow; Romer, Lucas), die im Gegensatz zu den beiden anderen Ansätzen keine Aussagen über den Ablauf *realer* Wachstumsprozesse machen wollen, sondern fragen, unter welchen *Bedingungen* ein *gleichgewichtiges Wachstum* auftritt und – insbesondere in jüngerer Zeit – inwieweit Wachstumsprozesse und Wachstumsraten durch geeignete Maßnahmen beeinflusst werden können. Dies steht in diesem Kapitel im Mittelpunkt.

17.2 Wachstumsmodelle

Auch die verschiedenen Wachstumsmodelle sind durch die unterschiedlichen Einstellungen der sie vertretenden Ökonomen zur Stabilität einer Marktwirtschaft geprägt:

- Die Modelle der *postkeynesianischen Wachstumstheorie* wurden unabhängig voneinander von Domar und Harrod entwickelt. Sie stehen in der Tradition der *Stabilitätspessimisten*. Entsprechend hat in diesen Modellen die *Nachfrage* auch für die langfristige Wirtschaftsentwicklung eine entscheidende Bedeutung: Sie muss stabilisiert werden, damit es zu gleichgewichtigem Wachstum kommt.
- Die *neoklassische Variante der Wachstumstheorie* geht auf Solow zurück und ist vor dem Hintergrund von *Stabilitätsoptimismus* zu sehen. Sie erklärt das Wachstum unter Vernachlässigung der Nachfrageseite ausschließlich von der *Angebotsseite* her. Dies

folgt aus der Überlegung, dass das Wachstum einer Volkswirtschaft letztlich durch die *Knappheit der Ressourcen* bestimmt und begrenzt wird. Es gilt somit das Say'sche Theorem, nach dem sich (unter bestimmten Voraussetzungen) das gesamte Angebot seine Nachfrage selbst schafft. Vor diesem Hintergrund kommt die traditionelle neoklassische Wachstumstheorie zu dem Ergebnis, dass die langfristige Wachstumsrate unabhängig von der Sparquote ist und sich allein aus dem *exogenen* technischen Fortschritt und der Veränderung des *exogenen* Arbeitsangebots ergibt.

- Dagegen führen Weiterentwicklungen des neoklassischen Wachstumsmodells, die durch die Arbeiten von Romer und Lucas ausgelöst wurde, zu den *neuen* (neoklassische) *Wachstumstheorien*. Sie erklären die längerfristigen Wachstumsraten *endogen*, d. h. aus den Modellen heraus, mit Faktoren, wie der Sparneigung, der Bildung von Humankapital oder der Intensität von Forschung und Entwicklung. Bei diesen Wachstumstheorien werden die Ansatzmöglichkeiten für eine auf mehr Wachstum ausgerichtete Wirtschaftspolitik auf der Angebots- *und* Nachfrageseite gesehen.

17.2.1 Postkeynesianische Wachstumsmodelle

Die Wachstumsmodelle vom Typ Harrod-Domar – auf Unterschiede im Aufbau der einzelnen Modelle wird hier nicht eingegangen – berücksichtigen im Unterschied zur bisherigen kurz- und mittelfristig ausgerichteten Analyse neben dem Einkommenseffekt auch den Kapazitätseffekt von Investitionen (vgl. Abschn. 12.2.2).

Im Rahmen einer *kurzfristigen* Analyse wird nach den Determinanten des Inlandsprodukts bei gegebenem Produktionsapparat, gegebener Technik und gegebener Bevölkerung gefragt. Dann wirken zusätzliche Investitionen *nur* auf die *Nachfrageseite* des Gütermarktes. Sie führen dort über den Multiplikatorprozess zu einem höheren Volkseinkommen (*Einkommenseffekt* von Investitionen).

► Auf der **Angebotsseite** erhöhen Investitionen den **Kapitalbestand der Volkswirtschaft** und schaffen dadurch zusätzliche Kapazitäten, mit denen mehr produziert werden kann (**Kapazitätseffekt** von Investitionen).

Im Rahmen der *längerfristigen* Wachstumsanalyse müssen Einkommens- *und* Kapazitätseffekt berücksichtigt werden. Eine *gleichgewichtige Entwicklung* der Volkswirtschaft ist längerfristig nur dann gesichert, wenn *Einkommens-* und *Kapazitätseffekt* einander entsprechen, wenn also der Nachfrage- bzw. Einkommenszuwachs dem Angebots- bzw. Produktionszuwachs entspricht. Andernfalls entsteht ein Nachfrageüberschuss oder Angebotsüberschuss.

Im Rahmen der Wachstumstheorie wird dieser Zusammenhang mit dem folgenden Gleichungssystem abgeleitet.

Aufgrund des *Multiplikatoreffekts* erhöht eine Investition (I) das Volkseinkommen (Y) um:

$$\Delta Y = \frac{1}{s_1} \cdot \Delta I. \tag{17.1}$$

Für die Ermittlung des *Kapazitätseffekts* einer Investition wird unterstellt, dass zwischen dem Kapitalbestand einer Wirtschaft und dem damit erzeugbaren Inlandsprodukt (Y^s)[3], dem Produktionspotenzial, eine proportionale Beziehung besteht:

$$K = v \cdot Y^s \text{ bzw. } v = \frac{K}{Y^s}. \tag{17.2}$$

Die Größe v wird als Kapitalkoeffizient bezeichnet, ihr Kehrwert g

$$g = \frac{1}{v} = \frac{Y^s}{K} \tag{17.3}$$

ist die Kapitalproduktivität (vgl. Abschn. 9.2.3.3 im Beitrag „Volkswirtschaftliches Rechnungswesen").

Durch eine Investition steigt der Kapitalbestand ($\Delta K = I$); ihr Kapazitätseffekt[4] beträgt

$$\Delta Y^s = \frac{1}{v} \cdot \Delta K. \tag{17.4}$$

Ein *Gleichgewicht* auf dem Gütermarkt ist in einer wachsenden Wirtschaft erreicht, wenn sich die Nachfrageerhöhung durch den Einkommenseffekt (ΔY) und die Angebotserhöhung durch den Kapazitätseffekt (ΔY^s) die Waage halten:

$$\Delta Y = \Delta Y^s. \tag{17.5}$$

Durch Einsetzen der Gln. 17.1 und 17.4 in Gl. 17.5 erhält man

$$\frac{1}{s_1} \cdot \Delta I = \frac{1}{v} \cdot \Delta K. \tag{17.6}$$

Da $\Delta K = I$ gilt, ergibt sich für die gleichgewichtige Wachstumsrate der Investitionen

$$\frac{1}{s_1} \cdot \Delta I = \frac{1}{v} \cdot I \text{ und } \frac{\Delta I}{I} = \frac{s_1}{v}. \tag{17.7}$$

[3] Y^s steht gleichzeitig für das gesamtwirtschaftliche Angebot, worauf der Index s (für supply) hinweist.

[4] Dabei wird unterstellt, dass der durchschnittliche Kapitalkoeffizient K/Y^s und der marginale Kapitalkoeffizient $\Delta K/\Delta Y^s$ übereinstimmen. Ebenso wird angenommen, dass marginale und durchschnittliche Sparquote gleich sind.

Während Domar die *gleichgewichtige Wachstumsrate der Investitionen* bestimmt, kann nach dem Harrod'schen Ansatz direkt die *Zuwachsrate des Volkseinkommens* ermittelt werden. Harrods Ausgangspunkt bildet die *Gleichgewichtsbedingung des Gütermarktes*

$$S = I. \tag{17.8}$$

Unter Verwendung der Sparfunktion $S = s_1 \cdot Y$ und der Umformung von Gl. 16.4 (unter Berücksichtigung von $\Delta K = I$) erhält man als Gleichgewichtsbedingung

$$s_1 \cdot Y = v \cdot \Delta Y^s. \tag{17.9}$$

Durch Umformen ergibt sich die *gleichgewichtige Zuwachsrate des Volkseinkommens*, die, wie Gl. 17.7 zeigt, mit der gleichgewichtigen Wachstumsrate der Investitionen übereinstimmt

$$\frac{\Delta Y}{Y} = \frac{s_1}{v} = \frac{\Delta I}{I}. \tag{17.10}$$

Harrod und Domar kommen somit beide zu dem Ergebnis, dass eine Volkswirtschaft nur dann störungsfrei wächst, wenn die Wachstumsrate des Volkseinkommens mit der durch die marginale Sparneigung und den Kapitalkoeffizienten bestimmten Wachstumsrate der Investitionen und des Produktionspotenzials übereinstimmt. Diese Wachstumsrate wird als *gleichgewichtige* oder „*Golden-age*"-*Wachstumsrate* bezeichnet.[5]

Beispiel

In einer Volkswirtschaft gilt für die marginale Sparquote $s = 0{,}2$ und den Kapitalkoeffizienten $v = 4$. Dann ergibt sich als gleichgewichtige Wachstumsrate für das Volkseinkommen

$$\frac{\Delta Y}{Y} = \frac{0{,}2}{4} = 0{,}05 \text{ bzw. } 5\,\%. \tag{17.11}$$

Kennzeichnend für das Harrod-Domar-Modell ist, dass der Kapitalkoeffizient als konstante Größe angesehen wird, die durch den *gegebenen Stand der Technik* bestimmt ist, d. h., es gibt keinen technischen Fortschritt. Entsprechend sind die *Sparneigung* in einer Volkswirtschaft und damit verbunden die *Investitionen* der *entscheidende Wachstumsfaktor*: Bei gegebenem Kapitalkoeffizienten steigt die Zuwachsrate der Investitionen mit steigender Sparneigung und damit auch die Zuwachsrate des Volkseinkommens.

Damit wird *Sparen* in den längerfristigen Analysen der Wachstumstheorien anders bewertet als in den kurzfristig ausgerichteten (keynesianischen) Analysen, bei denen es um die Höhe des Gleichgewichtseinkommens und der Beschäftigung geht. *Kurzfristig*

[5] Die Entwicklung des Produktionspotenzials und damit des Inlandsprodukts bei Auslastung der Kapazitäten lässt sich durch den Exponentialtrend $Y_t = Y_0 \cdot e^{(s/v) \cdot t}$ beschreiben, d. h., das Inlandsprodukt in t hängt vom Anfangswert des Inlandsprodukts, der Sparquote und dem Kapitalkoeffizienten ab.

führt ein Anstieg der Sparneigung zu einem Ausfall von (Konsum-)Nachfrage und löst einen Multiplikatorprozess aus, der zu einem niedrigeren Volkseinkommen und weniger Beschäftigung führt. Dagegen ist in den *längerfristigen Wachstumsmodellen,* die vom Zustand der Vollbeschäftigung ausgehen, eine *höhere Ersparnis,* d. h. ein höherer *Verzicht auf Konsum in der Gegenwart,* eine notwendige Voraussetzung für *höhere Investitionen.* Nur so lässt sich das Wachstum des Produktionspotenzials beschleunigen; das eröffnet wiederum mehr Konsummöglichkeiten in der Zukunft.

Auch in der Betrachtung der *Investitionsrate* gibt es einen entscheidenden Unterschied zwischen Wachstums- und Beschäftigungstheorie. Gehen wir von einer Wirtschaft aus, in der bei voller oder normaler Auslastung des Produktionspotenzials Jahr für Jahr positive *Netto-Investitionen* in bestimmter Höhe durchgeführt werden. Bei *gegebener Sparneigung* existiert dann ein bestimmtes *Gleichgewichtseinkommen.* Es bleibt bestehen, solange sich I, S und C nicht verändern. Das heißt aber, dass das Realeinkommen und damit die *Gesamtnachfrage* der Volkswirtschaft *konstant* bleiben, während sich das *Produktionspotenzial* durch den Kapazitätseffekt der Investitionen laufend *erhöht.* Auf der Angebotsseite ist demnach ein Anstieg des Inlandsprodukts möglich, von der Nachfrageseite her bleibt aber ein steigender Teil der Kapazitäten unterbeschäftigt.

Entsprechend bedarf es einer *ständig steigenden Nachfrage,* um die durch die Netto-Investitionen gestiegenen Kapazitäten auszulasten. Dieses Nachfrageproblem ist für die postkeynesianische Wachstumstheorie die Kernfrage. Das Ausmaß der *Nachfragelücke* bzw. der Überkapazitäten wird durch die Höhe der *Investitionen,* den *Kapitalkoeffizienten* und die *Sparneigung* bestimmt. Die erforderliche zusätzliche Nachfrage muss umso größer sein, je größer die marginale Sparquote und je kleiner der marginale Kapitalkoeffizient ist (und vice versa).

Die *Lösung,* die Domar und Harrod zur Schließung bzw. Vermeidung der Nachfragelücke anbieten, sind *zusätzliche Investitionen.* Da diese wiederum nicht nur neue Nachfrage schaffen, sondern zusätzliche Kapazitäten, müssen die Investitionen von Periode zu Periode ständig größer werden.

Gelingt es nicht, die Investitionen ausreichend zu stimulieren oder die Nachfragelücke anderweitig durch eine steigende Nachfrage des Staates, des Auslandes oder der Privaten (z. B. durch Einkommensumverteilung) zu schließen, so verläuft das Wachstum nicht störungsfrei. Es kommt zu Überproduktion bzw. Unterbeschäftigung. Diese *fehlende Stabilität des Wachstumsprozesses* wurde insbesondere von Harrod betont.

Aus dem Harrod-Domar-Modell wurde die *wirtschaftspolitische Empfehlung* abgeleitet, dass die Wachstumspolitik vor allem die *Investitionen* fördern muss, um ein *gleichgewichtiges Wachstum* zu erreichen. Dabei hängen allerdings die Investitionsentscheidungen von den erwarteten Gewinnen der Unternehmen und damit letztlich von der erwarteten Nachfrage ab. Somit sollen wirtschaftspolitische Maßnahmen nicht auf die Förderung von Wachstum abstellen, sondern darauf, dass die Nachfrage mit dem steigenden Angebot Schritt hält.

17.2.2 Neoklassische Wachstumstheorien

Die neoklassische Variante der Wachstumstheorie geht vor allem auf Arbeiten von Solow, Meade, Phelps und von Weizsäcker zurück. Sie weist nach, dass bei vollkommener Konkurrenz und somit *flexiblen Preisen* auf allen Güter- und Faktormärkten (sowie bei neoklassischer Produktionsfunktion) das *gleichgewichtige Wachstum stabil* ist. Gleichzeitig sieht sie das Wachstum der Ressourcen als Voraussetzung für Wirtschaftswachstum und rückt damit den *Angebotsaspekt* in den Mittelpunkt.

Formal kommt das darin zum Ausdruck, dass sie auf einer *makroökonomischen Produktionsfunktion* basiert, bei der die Produktion (Y) vom Kapitalbestand (K), dem Arbeitskräftepotenzial (A) und dem technischen Fortschritt (T) abhängt:

$$Y = f(A, K, T). \tag{17.12}$$

Es handelt sich um eine neoklassische Produktionsfunktion, die durch vollständige Teilbarkeit und Substituierbarkeit der einzelnen Produktionsfaktoren gekennzeichnet ist und bei der das Ertragsgesetz Gültigkeit hat.[6] Das Arbeitsangebot und der technische Fortschritt sind *exogen* gegeben. Beim Arbeitsangebot wird von einer Wachstumsrate von $\Delta A/A$ ausgegangen, während beim technischen Fortschritt unterstellt wird, dass er gleichsam „wie Manna vom Himmel fällt" und mit allein zeitabhängiger Rate λ wächst.[7]

Daraus lässt sich in analoger Weise wie im postkeynesianischen Modell eine *gleichgewichtige Wachstumsrate* für den Kapitalbestand bzw. das *Inlandsprodukt* ableiten: Sie hängt auf längere Sicht, im „steady state", allein vom exogenen *Wachstum der Bevölkerung* $\Delta A/A$ und von der exogenen zeitabhängigen *Änderung des technischen Fortschritts* λ ab:[8]

$$\frac{\Delta Y}{Y} = \frac{\Delta K}{K} = f\left(\frac{\Delta A}{A}, \lambda\right). \tag{17.13}$$

Dagegen wird die Wachstumsrate von Änderungen der Spar- bzw. Investitionsquote *nicht* beeinflusst. Dieses Ergebnis ist unter dem Begriff „neoklassisches Theorem" bekannt.

Im Unterschied zum Harrod-Domar-Modell erweist sich dieser *Wachstumspfad* längerfristig als sehr *stabil,* d. h., es kann nur vorübergehend zu Unter- bzw. Überbeschäftigung kommen. Der Grund ist die Gültigkeit des Ertragsgesetzes in Kombination mit der Flexibilität der Preise. Nach einer sprunghaften Zunahme der Sparquote im Zeitpunkt t_1 (vgl.

---

[6] Konstante Skalenerträge; positive, aber gegen Null abnehmende Grenzprodukte in den einzelnen Faktoren. Diese Eigenschaften hat beispielsweise eine linear-homogene Cobb-Douglas-Produktionsfunktion. Vgl. Abschn. 5.3 im Beitrag „Mikroökonomie".

[7] Dieser autonome technische Fortschritt „stört" die funktionalen Beziehungen zwischen dem Input und dem Output nicht; der Output erhöht sich jeweils um den zeitabhängigen Faktor $e^{\lambda \cdot t}$.

[8] Zusätzlich haben noch die Produktionselastizitäten Einfluss, die angeben, wie stark der Output auf Veränderungen des Inputs an Kapital bzw. Arbeit reagiert. In der in Abschn. 5.3 im Beitrag „Mikroökonomie" dargestellten Cobb-Douglas-Produktionsfunktion entsprechen die Produktionselastizitäten den beiden Exponenten b und c.

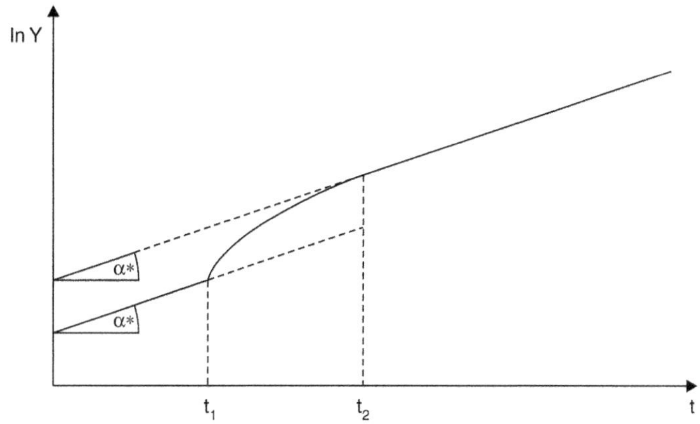

* Die Steigung des logarithmierten Inlandsprodukts gibt die gleichgewichtige Wachstumsrate (1 + w^r) wieder, die in t_2 wieder mit der Wachstumsrate in t_1 übereinstimmt.

Abb. 17.1 Die Wirkung einer Erhöhung der Sparquote in t_1 auf den Gleichgewichtspfad. (Das Inlandsprodukt wird logarithmiert, damit man bei konstanter Wachstumsrate (w^r), z. B. 0,1 oder 10 %, eine Gerade erhält: Aus $Y_t = Y_0 \cdot (1 + w^r)^t = Y_0 \cdot 1{,}1^t$ wird $\ln Y_t = \ln Y_0 + 1{,}1 \cdot t$.)

Abb. 17.1) führen sinkende Zinsen zu einer restlosen Absorption der zusätzlichen Sparbeträge durch höhere Investitionen und somit zu einer Zunahme der Wachstumsrate des Kapitalstocks ($\Delta K/K$) um den gleichen Betrag. Aufgrund des (neo-)klassischen Ertragsgesetzes steigt die Wachstumsrate des Inlandsprodukts ($\Delta Y/Y$) nicht ganz so stark:

$$\frac{\Delta K}{K} > \frac{\Delta Y}{Y}. \tag{17.14}$$

Es kommt zu einer niedrigeren Kapitalproduktivität und einer abnehmenden Gewinnrate. Daraufhin senken die Unternehmen ihre Investitionsquote wieder und zwar so lange, bis die Wachstumsrate des Kapitalstocks nicht mehr über der des Inlandsprodukts liegt, sodass sich schließlich wieder die *alte gleichgewichtige Wachstumsrate* einstellt (t_2).

Dabei wird allerdings ein neuer Wachstumspfad erreicht, der gegenüber dem alten Gleichgewichtspfad ein höheres Niveau mit höherem absolutem Inlandsprodukt pro Kopf aufweist. Das neoklassische Theorem, das die Unabhängigkeit der Wachstumsrate von der Sparquote postuliert, ist also nur auf die langfristige Gleichgewichtsrate anwendbar, während die tatsächliche Wachstumsrate durchaus von der jeweiligen Sparquote mitbestimmt wird (zwischen t_1 und t_2); die Sparquote determiniert zudem das Niveau des Wachstumspfads.

Neoklassischen Wachstumsmodelle führen zu der *wirtschaftspolitischen Schlussfolgerung*, dass staatliche Maßnahmen zur Verstetigung des Wachstumsprozesses überflüssig sind, weil sich automatisch ein gleichgewichtiger Wachstumsprozess einstellt. Die Höhe des Wachstums hängt vom exogenen technischen Fortschritt und von der ebenfalls exogenen Entwicklung des Arbeitsangebots ab und wird nicht (wie in den postkeynesianischen

Modellen) von den Investitionsentscheidungen der Unternehmen „getrieben". Entsprechend kann eine auf mehr Wachstum abzielende Wirtschaftspolitik nur an der Förderung des exogenen technischen Fortschritts und der Ausweitung des Arbeitsangebots ansetzen.

Schließlich führt die These der langfristigen Irrelevanz von Spar- und Investitionsquote zu dem Ergebnis, dass sich in der Empirie die Wachstumsraten der verschiedenen Volkswirtschaften einander annähern müssten. Eine solche *Konvergenz des Wirtschaftswachstums* lässt sich jedoch allenfalls für die Gruppe der entwickelten Länder beobachten. Zudem zeigen empirische Untersuchungen, dass langfristig sehr wohl eine positive Korrelation zwischen Sparquote und Wachstumsrate besteht.

17.2.3 Neue neoklassische Wachstumstheorien

Vor diesem Hintergrund sind die Arbeiten von Romer und Lucas zu sehen, die Ende der 1980er-Jahre eine Renaissance dieses Ansatzes einleiteten. Die *neue* neoklassische Wachstumstheorie rückt von der These des exogen bestimmten Wachstums ab und zielt stattdessen darauf ab, die Bildung von Sach- und Humankapital und den Prozess des technischen und organisatorischen Fortschritts *endogen* aus dem Wirken eines dezentralen Marktmechanismus abzuleiten.

Dazu werden in einer Fülle von Ansätzen, insbesondere

- das Sparverhalten der Individuen,
- die Bildung von Humankapital,
- die Innovationsaktivitäten der Unternehmen,

in das jeweilige Modell einbezogen; daraus wird dann das Wirtschaftswachstum abgeleitet.

Diese neuen Erklärungen für das Wachstum haben die *wirtschaftspolitische Diskussion* belebt, denn sie rücken mögliche Ansatzpunkte für wachstumsfördernde Maßnahmen (wieder) in den Vordergrund:

- die Schaffung zusätzlicher Anreize für eine höhere Ersparnisbildung und mehr Investitionen in Sachkapital (z. B. Ausgestaltung des Steuersystems, stärkere Förderung der Vermögensbildung),
- mehr Unterstützung der Forschungs- und Innovationsaktivitäten von Hochschulen, Forschungsinstituten und Unternehmen,
- eine stärkere Förderung von Bildung und Ausbildung, um den Bestand an Humankapital zu erhöhen.

Diese wirtschaftspolitischen Empfehlungen verlieren auch dadurch nicht an Relevanz, dass die neueren neoklassischen Wachstumstheorien weitgehend noch der empirischen Überprüfung bedürfen.

Fragen

1. a) Was versteht man unter dem Einkommens- und dem Kapazitätseffekt einer Investition?
   b) Was ist die Bedingung dafür, dass eine Volkswirtschaft *gleichgewichtig* wächst und welche wirtschaftspolitische Empfehlung wird daraus abgeleitet?
2. a) Warum tritt das Problem eines Nachfragemangels und von Unterbeschäftigung in neoklassischen Wachstumsmodellen nicht auf?
   b) Was spricht aus empirischer Sicht gegen die neoklassische Wachstumstheorie?
3. Was unterscheidet die „neue" neoklassische Wachstumstheorie von der „alten"?

Antworten

1. a) Einkommenseffekt: Eine höhere Investitionsnachfrage bewirkt eine höhere Produktion von Investitionsgütern und löst damit einen Multiplikatorprozess aus, der zu einem um $1/s_1 \cdot \Delta I$ höheren Volkseinkommen führt.
   Kapazitätseffekt: Durch die Investition steigt der Kapitalbestand der Volkswirtschaft, sodass mit der gleichen Ausstattung an anderen Produktionsfaktoren *mehr* produziert werden kann.
   b) Die Bedingung dafür, dass eine Volkswirtschaft gleichgewichtig wächst, ist, dass der Angebotserhöhung durch den Kapazitätseffekt eine gleichgroße Nachfrageausweitung durch mehr Investitionen gegenübersteht. Dies ist der Fall, wenn die Investitionen (und das Volkseinkommen) mit der Rate

$$\frac{\Delta I}{I} = \frac{s_1}{v}$$

   steigen. Entsprechend wurde aus dem Harrod-Domar-Modell die wirtschaftspolitische Empfehlung abgeleitet, dass die Wachstumspolitik die *Investitionen* fördern soll. (Die Nachfrage könnte auch durch höhere Staatsausgaben und Exporte ausgeweitet werden.)
2. a) In neoklassischen Wachstumsmodellen werden vollkommene Märkte und damit unter anderem *voll flexible Preise* unterstellt, sodass das Say'sche Theorem gilt, dass sich jedes Angebot seine Nachfrage schafft. Zudem wird die *Gültigkeit des Ertragsgesetzes* und damit vollständige Teilbarkeit und Substituierbarkeit der Produktionsfaktoren unterstellt.
   b) Nach dem neoklassischen Wachstumsmodell hätten sich die Wachstumsraten der verschiedenen Länder annähern müssen. Empirisch ließ sich das jedoch allenfalls für die entwickelten Länder beobachten. Zudem lässt sich empirisch eine Korrelation zwischen den Sparquoten und den Wachstumsraten der verschiedenen Länder nachweisen.
3. Während bei den „alten" neoklassischen Wachstumstheorien die Wachstumsraten vom exogenen technischen Fortschritt (und der Entwicklung des Arbeitsangebots) abhingen, wurden „neue" neoklassische Wachstumsmodelle dahingehend modifiziert bzw.

erweitert, dass sich die längerfristige Wachstumsrate endogen mit Faktoren, wie der Sparneigung, der Bildung von Humankapital oder der Intensität von Forschung und Entwicklung, erklären lässt.

Literatur

Baßeler, U., Heinrich, J., & Utecht, B. (2012). *Grundlagen und Probleme der Volkswirtschaft* (6. Aufl.). Stuttgart: Schäffer-Poeschel.

Blanchard, O., & Illing, G. (2016). *Makroökonomie* (6. Aufl.). Hallbergmoos: Pearson.

Dornbusch, R., Fischer, S., & Startz, R. (2003). *Makroökonomik* (8. Aufl.). München/Wien: Oldenbourg.

Felderer, B., & Homburg, S. (2005). *Makroökonomik und neue Makroökonomik* (9. Aufl.). Berlin: Springer.

Mankiw, N. K. (2017). *Makroökonomik* (7. Aufl.). Stuttgart: Schäffer-Poeschel.

Rittenbruch, K. (2000). *Makroökonomie* (11. Aufl.). München, Wien: Oldenbourg.

Samuelson, P. A., & Nordhaus, W. D. (2010). *Volkswirtschaftslehre: das internationale Standardwerk der Makro- und Mikroökonomie* (4. Aufl.). München: mi-Fachverlag.

Woll, A. (2003). *Allgemeine Volkswirtschaftslehre* (14. Aufl.). München: Vahlen. (In der 15. und 16. Aufl., die 2007 und 2014 unter dem Titel „Volkswirtschaftslehre“ erschienen sind, wurde der makroökonomische Teil stark verkleinert.)

Teil V
Nationale Finanz- und Wirtschaftspolitik

Finanzwissenschaft – eine Einführung 18

Thomas Lenk und Werner Sesselmeier

Inhaltsverzeichnis

Lernziele

In diesem Kapitel soll vermittelt werden

- was unter Finanzwissenschaft zu verstehen ist und welche historischen Wurzeln zugrunde liegen;
- in welche Verwaltungsebenen die Bundesrepublik Deutschland untergliedert werden kann;

T. Lenk (✉)
Institut für Öffentliche Finanzen und Public Management/Finanzwissenschaft, Universität Leipzig
Leipzig, Deutschland
E-Mail: fiwi@wifa.uni-leipzig.de

W. Sesselmeier
Universität Koblenz-Landau
Landau, Deutschland
E-Mail: sesselmeier@uni-landau.de

R. Neubäumer et al. (Hrsg.), *Volkswirtschaftslehre*, DOI 10.1007/978-3-658-16523-9_18

- wie Einnahmen und Ausgaben des Staates mittels unterschiedlicher Quoten dargestellt werden;
- welche Erklärungen hinsichtlich des Entwicklungsausmaßes der Staatstätigkeit historisch vorgelegt wurden.

Das erste Kapitel dieses Beitrags soll dem Leser einführend vermitteln, was Gegenstand der Finanzwissenschaft ist. Dafür wird zunächst dargestellt, wie sich die Finanzwissenschaft entwickelte, Abschn. 18.1. Anschließend wird in Abschn. 18.2 ein Überblick gegeben, wie der Begriff „Staat" in der Finanzwissenschaft verwendet wird, bevor in Abschn. 18.3 auf die Staatstätigkeit eingegangen wird. Abschließend zu diesem ersten Kapitel werden in Abschn. 18.4 Erklärungsansätze für die Entwicklung der Staatstätigkeit gegeben.

18.1 Was ist Finanzwissenschaft?

► Die Finanzwissenschaft ist der Teil der Volkswirtschaftslehre, welcher die öffentlichen Haushalte zum Untersuchungsgegenstand hat.

Dabei umfasst Finanzwissenschaft im weitesten Sinne die ökonomische Analyse des öffentlichen Sektors. Dieser umfasst dabei eine ganze Reihe staatlicher und quasistaatlicher Gebilde, welche später noch erörtert werden. Dabei lässt sich Finanzwissenschaft in die beiden Analysezweige positive und normative Finanzwissenschaft unterteilen. Die positive Finanzwissenschaft untersucht dabei das „Sein", es geht hier also um eine Analyse der tatsächlichen Staatstätigkeit. Die normative Finanzwissenschaft hingegen widmet sich grundsätzlichen Fragen, also dem „Sein-Sollen", hier geht es demnach darum, wie die Staatstätigkeit aussehen sollte, um gewisse Normen und Ziele erreichen zu können.

Da sich die Finanzwissenschaft parallel zum gesellschaftlichen Verständnis von der Rolle des Staates entwickelte, soll nachfolgend ein historischer Abriss der ökonomischen Debatte mit der Staatstätigkeit gegeben werden.

18.2 Ursprünge der Finanzwissenschaft

In diesem Abschnitt sollen die unterschiedlichen Theorien der Finanzwissenschaft holzschnittartig angesprochen werden. Vor allem in Hinblick auf die Institution *Staat* sind in der Vergangenheit zahlreiche Sichtweisen und Definitionen entwickelt worden. Einerseits wurde in kontrakttheoretischen und evolutorischen Modellen von einem allgemeinen ökonomischen Verhalten ausgegangen und der Staat als Institution gesehen, in der die

Individuen (nicht notwendigerweise alle Individuen) ihre Präferenzen äußern und in kollektive Aktionen umsetzen.

Vertreter einer anderen Denkrichtung haben die kollektive Entscheidungsfindung, also das Innere des Staates, als exogen betrachtet. Sie haben selbst nach kollektiven Werten gesucht oder solche unterstellt, um aus diesen eine aus ihrer Sicht wünschenswerte Finanzpolitik abzuleiten. Der Staat wurde mit einem benevolenten Diktator gleichgesetzt.

Trotz der Differenzen zwischen beiden Ansätzen verliefen sie historisch nicht getrennt voneinander. Vielmehr gingen zahlreiche Impulse von dieser Gegensätzlichkeit aus. Ein Einblick in diese historischen Ansätze ist unabdingbar, um das aktuelle Handeln in der Finanzpolitik verstehen und erklären zu können.

18.2.1 Kameralistik und Klassiker

Die deutschen Kameralisten des 17. und 18. Jahrhunderts vollzogen die erste systematische Analyse der Staatswirtschaft. Vor allem Namen wie *Justi*, *Becher* oder *Sonnenfels* sind heute beinah in Vergessenheit geraten. Sie verstanden den Staat als Planungsobjekt – in Anlehnung an ein Unternehmen, welches seine Aktivitäten zu planen hat. Unter den damaligen institutionellen Bedingungen war dieser Betrachtungsweise auch zuzustimmen. Die absolutistischen Landesfürsten besaßen die uneingeschränkte Befehlsgewalt über den Staat und seine Einwohner. Einzige Begrenzung dieser landesfürstlichen Macht war die Möglichkeit der Auswanderung. Die Kameralisten verstanden sich als Berater der jeweiligen Landesfürsten, insbesondere hinsichtlich der Unterbreitung finanzpolitischer Vorschläge zur Förderung des fürstlichen Wohlstandes. Wenn durch die Fürsten eine Erhöhung der Steuern beabsichtigt wurde, so gaben die Kameralisten beispielsweise zu bedenken, dass dies nur unter der Maßgabe eines langfristigen Wirtschaftswachstums und frei von Willkür zu erfolgen habe. Allerdings war dies aus ihrer Sicht durch eine moderate Besteuerungspolitik in Verbindung mit dadurch hervorgerufener Zuwanderung und gleichzeitiger Verbreiterung der Besteuerungsbasis besser erreichbar.

Auf Anraten der Kameralisten wurden Staatsausgaben als Mittel der Wirtschaftsförderung eingesetzt, beispielsweise um die Infrastruktur zu verbessern und die Ausgaben infolge dessen mit einer längerfristigen Erhöhung der Staatseinnahmen zu verbinden.

In Staaten wie Frankreich oder England, in denen auf Grund ihrer territorialen Ausdehnung eine Auswanderung mit hohen persönlichen Kosten verbunden war, stellte der staatliche Machtmissbrauch ein vorrangiges Problem dar. Die Bürger erkämpften sich daher parlamentarische Mitspracherechte, um die fiskalische Ausbeutung zu begrenzen.

Diese neuen institutionellen Rahmenbedingungen prägten die frühen klassischen Nationalökonomen des 18. und 19. Jahrhunderts vor allem in Großbritannien. Noch immer standen sie dem Staat mit Misstrauen gegenüber, doch sahen die sogenannten Klassiker aufgrund der parlamentarischen Absicherung keinen Anlass, eine besondere Theorie des Staates zu entwickeln. Vielmehr galt ihr Interesse dem Markt statt dem Staat.

Smith, der wohl bekannteste ökonomische Denker im England jener Zeit, brachte zahlreiche Überlegungen zu den Prinzipien staatlichen Handelns hervor.

Nach *Smith* sollte sich der Staat jeglicher Form des Protektionismus verwehren; stattdessen bestünde seine Aufgabe darin, sich in die Marktwirtschaft einzupassen, um deren Eigenschaften zu stärken und diese möglichst nicht zu gefährden („Nachtwächterstaat"). Zu den staatlichen Aufgaben zählte er die Landesverteidigung, die Rechtsprechung, die öffentliche Ordnung sowie den Betrieb von Bildungseinrichtungen, ferner die Erstellung von Infrastruktureinrichtungen wie Straßen, Brücken und Kanälen. Sie dienen dazu, den Markt, das Wirtschaftswachstum und damit den Wohlstand zu fördern.

Die Steuererhebung soll möglichst marktkonform erfolgen. Darunter versteht *Smith*, dass öffentliche Leistungen, die dem Nutzer (anteilig) direkt zurechenbar sind, auch von diesem in Form von Gebühren oder Beiträgen (anteilig) finanziert werden (Äquivalenzprinzip)[1]. Leistungen, die Kosten für allgemeine Dienste hervorrufen, sollen den Bürgern entsprechend ihrer finanziellen Leistungsfähigkeit in Rechnung gestellt werden (Leistungsfähigkeitsprinzip).

Grundsätzlich ist *Smith* der Ansicht, dass die Leistungsfähigkeit proportional zu dem aus einer öffentlichen Leistung erzielten Nutzen für den Einzelnen steigt. Grund dafür ist der erhöhte Ertrag einer privaten Tätigkeit infolge öffentlicher Ausgaben. Damit steigt auch die Leistungsfähigkeit der Bürger. Andererseits bestimmen die öffentlichen Ausgaben auch den Nutzen der staatlichen Leistung. Daher können Einnahmen und Ausgaben des Staates nicht unabhängig voneinander betrachtet werden.

Neben *Smith* zählt auch *Ricardo* zu den ökonomischen Klassikern, welcher vor allem die Wirkung staatlicher Einnahmen thematisierte. 1817 ging er in seiner Theorie der Einkommensverteilung Problemen der Steuer- und Schuldenfinanzierung staatlicher Ausgaben sowie der Inzidenz von Steuern nach. Im Rahmen seiner Inzidenzüberlegungen kommt er zu dem Schluss, dass die Steuern letztlich von den Nicht-Lohneinkommensbeziehern[2] getragen werden müssten. Der Grund dafür liegt in der Entlohnung der Lohneinkommensbezieher in Höhe des Existenzminimums[3], welches eine Steuerentrichtung nicht zulässt.

Diese Sichtweise war seitens der Klassiker weit verbreitet. Lohnsenkungen führten in deren Überlegungen zu Geburtenrückgängen. Aus diesem Bevölkerungsrückgang schlossen die Klassiker eine Verknappung des Arbeitsangebots und somit einen Anstieg der Löhne. Würden die Löhne jedoch über dem Existenzminimum liegen, so würden die Geburtenzahlen ansteigen und die Löhne wieder sinken. Langfristig, so *Ricardo*, werden die Löhne um das Existenzminimum pendeln. Würde den Lohneinkommensbeziehern eine Steuer auferlegt werden, hätte dies Anpassungsreaktionen in Form einer sinkenden Bevölkerungszahl und in Verbindung damit eines rückläufigen Arbeitsangebotes zur Folge. Die Steuer wäre auf die Nicht-Lohneinkommensbezieher zu überwälzen.

[1] Vgl. Abschn. 20.2.1.

[2] Grundeigentümer und Kapitalisten.

[3] Das heißt entsprechend ihrer Produktionskosten.

18.2.2 Neoklassiker

Mit der Grenznutzenschule rückt in der zweiten Hälfte des 19. Jahrhunderts der aus Gütern ableitbare subjektive Nutzen in den Mittelpunkt der Nationalökonomie. Vertreter dieser Grenznutzenschule waren *Walras* oder *Gossen*, der vor allem durch seine *Gossen*'schen Gesetze Bekanntheit erlang. Die Preisbildungsprozesse auf dem Markt konnten infolge der Lösung des Wertparadoxons der Klassik unter einheitlichen Gesichtspunkten erörtert werden.

Als Vorläufer der neoklassischen Denkweise gilt *Mill*. Er forderte bereits in der Mitte des 19. Jahrhunderts in seiner „*Theorie der Besteuerung*" eine Belastung nach der Leistungsfähigkeit. Jeder solle das gleiche „Opfer" in Hinblick auf sein Einkommen tragen, d. h. den gleichen Nutzenverlust erleiden. Dabei fasst *Mill* die Begriffe *Opfer* bzw. *Nutzenverlust* nur ungenau.

Erst *Edgeworth* präzisiert den Grenznutzengedanken am Ende des Jahrhunderts dahin gehend, dass durch die Steuererhebung das marginale Opfer/der marginale Nutzenverlust für alle Bürgerinnen und Bürger gleich sei. In dieser Situation wird das Gesamtopfer – gemessen in Nutzenverlusten – minimiert.

Ein weiterer Vertreter der neoklassischen Theorie ist *Pigou*. Er entwickelte das in der Finanzwissenschaft wichtige Konzept der *externen Effekte* und stellt damit einen wichtigen Ausgangspunkt für die moderne Umweltökonomie dar. Seinen Überlegungen zufolge sollte ein Zwang bestehen, diese Effekte in die Kostenrechnung der Unternehmen einfließen zu lassen. Die Eigennutz- bzw. Gewinnmaximierung des Unternehmens führt dann wieder zum Wohlfahrtsmaximum.

Auch für die Theorie der öffentlichen Güter hat das Konzept der externen Effekte Bedeutung; dies vor allem dann, wenn positive externe Effekte selbst zu öffentlichen Gütern werden.

Die Analyse der öffentlichen Güter fand ihren Ausgang seitens der italienischen Schule der Finanzwissenschaft. Vor allem *Mazzola* wies auf die spezifischen Eigenschaften öffentlicher Güter und die daraus resultierenden Probleme hin. Er stellte die Unteilbarkeit und die gemeinsame Inanspruchnahme dieser Güter fest. Je mehr ein Individuum bereitstellt, umso mehr steht auch den anderen Individuen zur Verfügung. Allerdings werden die Güter in unterschiedlichem Maße genutzt. Daraus resultiert, dass sich die zu entrichtenden Preise am individuellen Grenznutzen orientieren müssen. Diese Preisdifferenzierung wird sich, so *Mazzola*, auf dem Markt ohne formalen Entscheidungsmechanismus von selbst einstellen. An diesem Punkt knüpft *Wicksell* an.

18.2.3 Wicksell

In seiner Analyse aus dem Jahre 1896 zweifelte *Wicksell* an einer freiwilligen Offenbarung der Präferenzen durch die Individuen. Dies wäre jedoch für eine automatische Preisdifferenzierung unabdingbar. Vielmehr ging er von einem Freerider-Verhalten der

Wirtschaftssubjekte aus, was ein Verbergen der Präferenzen bedeute. Es muss somit ein zentral koordinierender Mechanismus (beispielsweise der Staat) eingesetzt werden und als Vermittler zwischen Angebot und Nachfrage fungieren, d. h. ein öffentliches Angebot herbeiführen. Allerdings sollte es nicht möglich sein, dass ein Individuum, welches ein bestimmtes öffentliches Gut nicht nutzt, für dieses eine Abgabe zu entrichten hat. Stattdessen ist das Äquivalenzprinzip anzuwenden. Dabei müssen Leistung und Gegenleistung übereinstimmen. Dies ist nur unter Beachtung der Einstimmigkeitsregel möglich, deren Umsetzung wiederum nur dann erfolgen kann, wenn zum einen im Parlament die Fragen der Ausgabenentscheidung und Mittelaufbringung miteinander gekoppelt werden und zum anderen die Projekte und deren Finanzierungsschlüssel so lange modifiziert werden, bis eine annähernd einstimmige Annahme erfolgen kann. Vollständige Einstimmigkeit ist zwar das Ziel dieses Prozesses, doch kann dies aufgrund möglichen strategischen Verhaltens der Abstimmenden kaum erreicht werden. Eine relative Einstimmigkeit von 75, 80 oder 90 % ist somit wahrscheinlicher.

Der Grundsatz des freiwilligen Tausches auf dem Markt wird mit diesem Konzept auf kollektive Entscheidungen des Staates übertragen. Da bei Einstimmigkeit für die Beteiligten kein Annahmezwang vorliegt, kann das oben beschriebene *Wicksell*'sche Verfahren als Tausch bezeichnet werden, solange von der Einstimmigkeitsregel nicht abgewichen wird.

Lange Zeit wurde die Bedeutung dieses Ansatzes nicht erkannt, da zahlreiche Finanzwissenschaftler von einer organischen Staatsauffassung ausgingen. Sie beachteten nicht, dass eine Erklärung und Rechtfertigung der Staatstätigkeit von einer dualistischen Grundlage ausgehen muss. Erst als *Richard Abel Musgrave* die *Wicksell*'schen Theorien 1949 in Amerika publizierte, trat der Zusammenhang von Fiskalmaßnahmen und Entscheidungsverfahren verstärkt in den Vordergrund und hat bis in die Gegenwart große Bedeutung.

18.2.4 Keynesianische Revolution

Das keynesianische Denken war unter den Finanzwissenschaftlern lange Zeit vorherrschend und ein Grund dafür, weshalb die Überlegungen *Wicksells* nur langsam an Bedeutung gewannen. Die Arbeitslosigkeit der 30er-Jahre des 20. Jahrhunderts stellte die Suche nach einer wissenschaftlichen Erklärung und Lösung des Problems ins Zentrum der Forschung. Mit seiner Aufforderung an die Politiker, die Staatsausgaben zu erhöhen und damit die rezessionsbedingte Nachfragelücke zu schließen, schien *Keynes* 1936 einen Ausweg aus der Krise gefunden zu haben. Die von *Wicksell* geforderte Verbindung von Einnahmen und Ausgaben galt als weniger dienlich. Finanzwissenschaft wurde vielmehr zur Erreichung einer Vollbeschäftigungssituation angewandt. Dies sollte durch gesteigerte Nachfrage des Staates erreicht werden.

Herausragender Vertreter dieses Ansatzes ist *Lerner* mit seinem Konzept der „functional finance". Diese besagt, dass Steuern nicht zur Mittelbeschaffung erhoben und Staatsausgaben nicht auf Steuereinnahmen ausgerichtet, sondern zur Beschäftigungspolitik verwandt werden sollten. Defizite im Budget könnten über Staatsschulden oder den zusätzlichen Druck von Banknoten überwunden werden.

Vollbeschäftigung lediglich durch die Dosierung von Staatseinnahmen und Staatsausgaben aufrecht zu erhalten, erwies sich später allerdings als Utopie.

Nachdem die Budgetausgleichsregel aufgegeben wurde, änderte sich auch die institutionelle Umwelt, in der die Individuen und Gruppen über den Staat ihre Interessen verfolgen. „To spend without to tax“ wurde möglich, was zu Verhaltensänderungen der Individuen im Staat und im Markt führte.

18.2.5 Neuere Tendenzen in der Finanzwissenschaft seit dem Zweiten Weltkrieg

Im Folgenden sollen einige Denkrichtungen vorgestellt werden, die in den Überlegungen der Neoklassiker aus der Zeit vor dem Zweiten Weltkrieg wurzeln und die in den folgenden Kapiteln ausführlicher dargestellt werden.

18.2.5.1 Theorie der öffentlichen Güter

Die Grundlagen der Theorie öffentlicher Güter[4] sind später von *Samuelson* und *Richard Abel Musgrave* präzisiert und formalisiert worden. Beide verfolgten das Ziel, den Umfang des Angebotes zu bestimmen, der zum Wohlstandsmaximum führt. Aufbauend auf diesen Erkenntnissen versuchte *Poussin* 1971 formale Bedingungen abzuleiten, unter denen in einem Suchprozess das optimale Angebot öffentlicher Güter erreicht werden kann. Kennzeichnend für seine Modelle ist der Gedanke eines zentralen Auktionators, der Preise und Mengen nennt und entsprechende Rückmeldungen von den Individuen bekommt. Diese Vorgehensweise stellt die Anwendung des allgemeinen Gleichgewichtskonzepts nach *Walras* auf den Bereich der öffentlichen Güter dar.

Bei derartigen dynamischen Modellen ist allerdings zu beachten, wie der Annäherungsprozess organisiert ist. In Abhängigkeit davon werden die Individuen in ihre Rückmeldungen unterschiedliche Strategien einfließen lassen.

18.2.5.2 Theorie der öffentlichen Unternehmen

Die Theorie der öffentlichen Unternehmen baut sowohl auf dem Äquivalenzprinzip der Entgeltfinanzierung nach *Wicksell* als auch auf der neoklassischen Wohlfahrtsökonomik auf.

Wicksells Theorien spiegeln sich in der Grenzkostenpreisregel wider, wonach die Preise öffentlicher Unternehmen an den Grenzkosten ausgerichtet sind. Diese Preise erfüllen die Bedingung „Leistung gleich Gegenleistung“ und genügen somit dem Äquivalenzprinzip.

[4] Maßgeblich beeinflusst von *Mazzola* und *Wicksell*.

Wohlfahrtstheoretisch wird im Rahmen der Theorie öffentlicher Unternehmen die Abweichung von der Grenzkostenpreisregel diskutiert.[5] In jüngerer Zeit trat die Diskussion über die Vereinbarung einer solchen Abweichung mit dem Ziel eines freien Marktzutritts verstärkt in den Vordergrund. Ist eine solche Abweichung nicht vertretbar, so muss über einen Monopolschutz für das Unternehmen nachgedacht werden, was wiederum aus Gründen der betrieblichen und allokativen Effizienz nicht wünschenswert sein kann.

18.2.5.3 Ökonomische Theorie der Verfassung und der Entscheidungsregeln

Die Einstimmigkeitstheorie nach *Wicksell*, die jedem Individuum bei einer Abstimmung quasi ein Vetorecht zuordnet, wurde auf politisch-ökonomischer Ebene vor allem durch *Buchanan* und *Tullock* in den 60er-Jahren des 20. Jahrhunderts weiterentwickelt. Aus den Vor- und Nachteilen des Modells leiten sie das folgende zweistufige Verfahren ab:

Es sollte einstimmig auf Verfassungsebene eine Regel verabschiedet werden (1. Stufe), welche auf nachkonstitutioneller Ebene bei Entscheidungen über Sachfragen zur Anwendung kommt (2. Stufe). Diese einstimmig verabschiedete Regel kann dann auch eine Nichteinstimmigkeitsregel sein (mit all ihren Vorzügen und Mängeln).

Die Unterschiede zwischen Einstimmigkeits- und Nichteinstimmigkeitsregeln zeigt *Arrow* 1963. Es gibt keine Nichteinstimmigkeitsregel, die einigen von der individualistischen Logik geforderten Minimalbedingungen genügt. Vor allem kann es zu inkonsistenten Entscheidungen kommen, d. h. deren Ergebnis von der Reihenfolge ihrer Zustimmung abhängt.

18.2.5.4 Ökonomische Theorie der Demokratie

Downs lieferte den wichtigsten Beitrag zur Theorie der Demokratie: Politiker befolgen die Präferenzen der Wähler nicht, weil sie deren Wünsche aus einem übergeordneten Sinn für richtig halten, sondern um ihre Regierungsmacht zu erhalten. Sie verfolgen das Ziel der Stimmenmaximierung.

Downs unterstellt in seinem Modell ein Zwei-Parteien-System und einen so genannten „Medianwähler" (vgl. Abb. 18.1). Von dessen politischer Einstellung ausgehend, sind links und rechts gleich viele Wählerstimmen zu finden. Die Stimme des Medianwählers ist folglich entscheidend für die zukünftige Finanzpolitik der Regierung und führt auf Dauer zur Abgleichung der Wahlprogramme.

Der amerikanische Wirtschaftswissenschaftler *Nordhaus* erweiterte die Theorie von *Downs* um politisch-ökonomische Konjunkturzyklen. Demnach verfolgt Finanzpolitik nicht nur das Ziel der Milderung regierungsexogener Konjunkturzyklen, sondern auch die Erzeugung regierungsendogener Zyklen, beispielsweise im Vorfeld von Wahlen.

Durch dieses Modell soll die Abhängigkeit sowie der Zusammenhang zwischen den Institutionen der Demokratie und der verfolgten Finanzpolitik verdeutlicht werden.

---

[5] Ein solches Abweichen kann infolge zunehmender Skalenerträge notwendig werden oder aus politischen Gegebenheiten erfolgen.

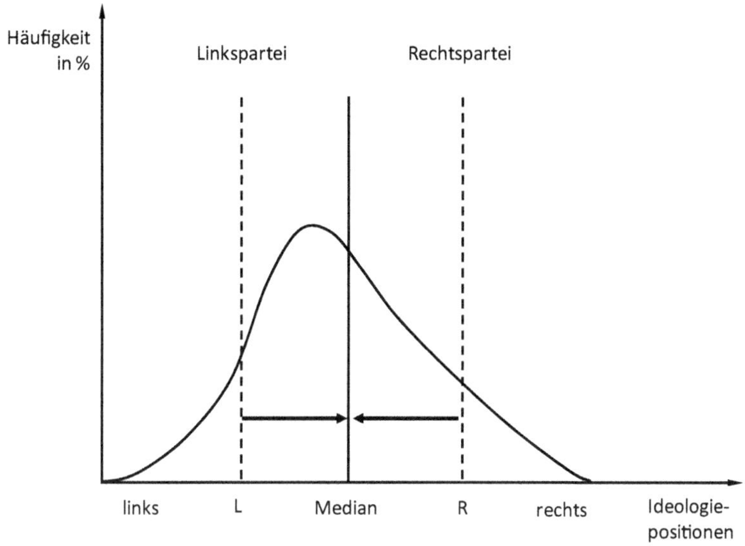

Abb. 18.1 Das Medianwählermodell nach *Downs*

18.2.5.5 Rationale Erwartungen an die Finanzpolitik

Vor allem die Vertreter der neoklassischen Makroökonomie haben Kritik an der Möglichkeit einer stabilitätsorientierten Fiskalpolitik geäußert. Sie stellen vor allem die Wirkungen eines solchen Handelns in Frage.

Die Theorie rationaler Erwartungen besagt, dass unter Annahme flexibler Preise und rationaler Erwartungen eine Budgetpolitik des Staates unter der Maßgabe der Konjunkturstabilisierung keine realen Wirkungen aufweist. Die Handlungen der Politiker werden vielmehr von den Individuen durchschaut, welche ihre Handlungen an die zu erwartenden Entwicklungen anpassen. Das angestrebte staatliche Handeln verfehlt sein Ziel. Nur unvorhersehbare konjunkturpolitische Maßnahmen haben tatsächlich eine Wirkung.

Die Anhänger der neuen Makroökonomik lehnen dies ab. Sie glauben nicht an markträumende Preise, so dass sich Arbeitslosigkeit durchaus mit staatlicher Konjunkturpolitik bekämpfen lässt.

18.2.5.6 Theorie der optimalen Besteuerung

Die Theorie der optimalen Besteuerung baut auf der neoklassischen Besteuerungstheorie *Mills* und *Marshalls* auf. Unter Beachtung wohlfahrtsökonomischer Grundlagen wird gefragt, wie ein aufzubringender Steuerbetrag unter Allokations- und Verteilungsgesichtspunkten am besten auf Güter, Produktionsfaktoren und Individuen aufzuteilen ist. Da eine Pauschalsteuer, welche bei unveränderten Preisen zu keinerlei Nachfrageverschiebungen führt, aus sozialpolitischen Gründen nicht realisierbar ist, wird eine second-best-Lösung bei möglichst geringer Verzerrung der Allokation angestrebt. Dies hat die Untersuchung aller Steuerarten auf ihre Verzerrungswirkungen zur Folge (Inzidenzanalyse).

Aufgrund der Tatsache, dass die Theorie von den Institutionen abstrahiert, in denen ausgaben- und steuerpolitische Entscheidungen zustande kommen, fehlt ihr die politische Dimension der Besteuerung. So werden beispielsweise Veränderungen des Ausgabeverhaltens der Regierung infolge der postulierten Besteuerungsregeln häufig übersehen. Zudem bleibt unklar, wer der interessierte Politiker ist, an den sich die Botschaft der optimalen Besteuerung richtet.

18.3 „Der Staat" – Untergliederung in Gebietskörperschaften und Parafisci

„Der Staat" kann als Begriff im engeren und im weiteren Sinne verstanden werden. Zum Staat i. e. S. zählt man die Gesamtheit der Gebietskörperschaften. Gebietskörperschaften sind infolge eines Hoheitsaktes entstandene juristische Personen des öffentlichen Rechts, deren Zuständigkeiten und Vollmachten sich auf einen festgelegten Teil des Staatsgebietes und dessen Bewohner beziehen. Durch den gewählten Wohnsitz gehört man dieser Körperschaft an. Jeder Gebietskörperschaft sind hoheitliche Aufgaben und eine hoheitliche Gewalt über die ihr zugehörigen Einwohner übertragen. Es besteht somit der Grundsatz der Selbstverwaltung und Selbstorganisation.

In der Bundesrepublik unterscheidet man in drei Gebietskörperschaftsebenen: Bund, Länder und Gemeinden, wobei letztere verfassungsrechtlich als Bestandteile der Länder angesehen werden.

Die Gemeinden bilden die unterste Ebene der öffentlichen Verwaltung. Sie besitzen eine eigene Gemeindeordnung, führen einen eigenständigen Haushalt und verfügen über Dienstherrenfähigkeit[6]. Darüber hinaus ist in Art. 28 Abs. 2 GG den Gemeinden ihre kommunale Selbstverwaltung garantiert.

Die Länder bilden auf der Grundlage des Föderalismusgedankens die mittlere Verwaltungsebene zwischen den Gemeinden und der Bundesebene. Sie verfügen über eine völkerrechtliche Vertragsfreiheit sowie eigene Legislative, Exekutive und Judikative; darüber hinaus besitzen sie jeweils eigenständige Landesverfassungen. Dennoch sind sie der Bundesebene untergeordnet, was sich beispielsweise in deren Weisungsbefugnis in ausgewählten Zuständigkeitsbereichen wie Fragen der Verteidigung oder der Außenpolitik widerspiegelt.

Die Bundesebene oder der Bund bildet die höchste Körperschaftsebene im bundesdeutschen Verwaltungsaufbau. Mit dem deutschen Bundestag als Legislative erlässt sie Normen, die dem Landesrecht (teilweise) übergeordnet sind oder als Rahmengesetzgebung dienen, die durch Landesrecht allerdings an die jeweiligen Gegebenheiten anzupassen ist.

Mit den obersten Bundesgerichten ist auch die höchste Instanz der Exekutive auf Bundesebene angesiedelt. Deren Entscheidungen stehen über denen der Landes- oder Amts-

[6] Auf Art. 33 Abs. 4 GG beruhende Fähigkeit einer Gemeinde, Beamte zu beschäftigen.

gerichte und können diese somit entkräften oder bestätigen. Die Länder können über den Bundesrat an der Gesetzgebung mitwirken, soweit deren Zustimmungspflicht geboten ist.

Neben den genannten drei nationalen Gebietskörperschaftsebenen ist Deutschland in den letzten Jahrzehnten verstärkt insbesondere in die EU eingebunden worden.

Aus den bisherigen Darstellungen wird deutlich, dass Teile eines Staatsgebietes mehreren Gebietskörperschaften gleichzeitig angehören können. Dabei ist jedoch jeder Körperschaftsebene eindeutig zugewiesen, in welchen Bereichen sie die ausschließliche Gesetzgebungskompetenz besitzt bzw. der konkurrierenden Gesetzgebung unterliegt. Auch ist festzuschreiben, welche Aufgaben sie zu erfüllen hat und welche Einnahmen ihr dazu zur Verfügung stehen.

Der Staat i. w. S. umfasst neben den Gebietskörperschaften auch die Parafisci. Zu diesen meist öffentlich-rechtlichen Körperschaften zählen Kirchen, Sozialversicherungen, Ständefisci[7] und die öffentlich-rechtlichen Rundfunkanstalten.

Der Beitritt zu einem Parafiskus ist meist in einer Pflichtmitgliedschaft begründet, wenn entsprechende Merkmale vorliegen. So verpflichtet das Merkmal unselbstständige Arbeit zur Mitgliedschaft beispielsweise in der Rentenversicherung[8] oder der Besitz eines Rundfunkempfängers bedingt die Zahlung von GEZ-Gebühren. Somit kann die Finanzierung über eigene, vom staatlichen Sektor unabhängige Haushalte mit eigenen Finanzquellen in Form von Zwangsabgaben erfolgen.[9] Diese Form der Finanzierung ist möglich, obwohl die Parafisci selbst nicht über Hoheitsrechte verfügen. Zudem werden staatliche Zuschüsse unter anderem an Sozialfisci, Sozialverbände oder die Kammern gewährt (diagonaler Finanzausgleich). Aus dieser kollektiven Finanzierung resultiert die weitgehende finanzielle Unabhängigkeit der Parafisci.

Weiterhin zählen zum Staat die Sondervermögen der öffentlichen Haushalte wie beispielsweise das ERP-Sondervermögen oder der Lastenausgleichsfonds sowie öffentlich-rechtliche Unternehmen wie z. B. Bundesbank oder kommunale Versorgungsunternehmen.

Bereits diese kurzen Ausführungen zeigen, dass sich der Staat nicht ohne weiteres exakt abgrenzen lässt. Begründet ist dies unter anderem darin, dass er durch seine ökonomischen Aktivitäten auch überall dort auftritt, wo privatwirtschaftliche Akteure vertreten sind. Daher sollen abschließend einige grundsätzlichen Merkmale genannt werden, welche den Staat von allen übrigen ökonomischen Akteuren differenzieren:

- **Zwang:** Als einziger Akteur kann der Staat legal (wirtschaftlichen) Zwang ausüben, also private Akteure zwingen, etwas zu tun. Hingegen beruhen (ökonomische) Interaktionen zwischen privaten Akteuren auf Freiwilligkeit.
- **Legitimation:** Die Zwangsmittel des Staates sind nicht unbegrenzt und willkürlich. Das darauf basierende staatliche Handeln ist durch die Verfassung und durch Gesetze

[7] Beispielsweise Handwerks- oder Ärztekammern sowie die Industrie- und Handelskammern.

[8] Ausgenommen hiervon sind nur die Beamten.

[9] Beispiele hierfür wären die Beiträge zur gesetzlichen Kranken-, Pflege-, Arbeitslosen-, Renten- und Unfallversicherung, Zwangsumlagen an Kammern oder die Kirchensteuer.

legitimiert und zugleich beschränkt. Dabei erfahren die Vertreter des Staates regelmäßig durch Wahlen eine Legitimation durch die Bürger.

- **Kollektive Entscheidungen:** Die Basis staatlichen Handelns stellen Entscheidungen dar, welche von Kollektiven (Wählerschaft, Parlamente, Gremien) getroffen werden.

Nachdem kurz erörtert wurde, was unter Finanzwissenschaft und Staat zu verstehen ist, erfolgt anschließend ein Abriss zur Staatstätigkeit.

18.4 Staatsausgaben-, Steuer- und Abgabenquoten

Quoten dienen in vielen Bereichen der Verdeutlichung von Sachverhalten. Durch die Angabe eines Verhältnisses können unterschiedliche Situationen analysiert und objektiv bewertet werden. Dabei ist die Abgrenzung der Teilmenge von der Gesamtmenge primäre Voraussetzung, um die gewünschte Aussage zu erhalten.

Im Zähler wird dabei die im Zentrum der jeweiligen volkswirtschaftlichen Betrachtung stehende Zielgröße abgetragen, im Nenner meist das Bruttoinlandsprodukt (BIP) zu Marktpreisen oder die Einwohnerzahl als gemeinsame Basis. Das BIP zu Marktpreisen wird besonders häufig verwendet, da es als vornehmlich geeignet erscheint, die gesamtwirtschaftlichen Aktivitäten wiederzugeben[10]. Ziel der Quotenbildung ist es oft, im Querschnittvergleich verschiedene Untersuchungsobjekte, beispielsweise verschiedene Länder, zu einem bestimmten Zeitpunkt zu vergleichen oder im Längsschnittvergleich die Veränderung der Größen im Zeitablauf zu betrachten.

18.4.1 Allgemeine und spezielle Quoten

Wie soeben gezeigt, bestimmt der Zweck einer Quote den Inhalt des Zählers. Dieser Zähler kann beispielsweise die gesamten Staatsausgaben oder nur einen Teil dieser Ausgaben beinhalten. Des Weiteren ist es möglich, bestimmte Bereiche des öffentlichen Haushaltes zur volkswirtschaftlichen Gesamtleistung ins Verhältnis zu setzen. Will man die staatlichen Aktivitäten beschreiben, wird zunächst die sogenannte **allgemeine Staatsausgabenquote** (verkürzt Staatsquote) herangezogen. Andernfalls ergeben sich **spezielle Quoten,** wie beispielsweise die Steuer- oder Abgabenquote.

18.4.1.1 Staatsausgabenquote

Für die Untersuchung verschiedener Teilaspekte staatlichen Handelns ist es notwendig, unterschiedliche Daten in eine Quote einzubeziehen bzw. außen vor zu lassen.

Um zunächst ein umfassendes Bild staatlichen Handelns zu erhalten, soll an dieser Stelle die Staatsquote eingeführt werden. Diese beinhaltet im Zähler die mit Inputkosten

[10] Vgl. Wissenschaftlicher Beirat beim BMF (1976): Gutachten zur Aussagefähigkeit staatswirtschaftlicher Quoten, S. 849–863.

bewerteten staatlichen Ausgaben:[11]

$$\text{Staatsquote} = \frac{\text{öffentliche Ausgaben}}{\text{Bruttoinlandsprodukt}} = \frac{\text{Ausgaben (Gebietskörperschaften und Parafisci)}}{\text{Bruttoinlandsprodukt}}.$$

Die Entwicklung dieser allgemeinen Quote zwischen 1960 und 2014 kann der Abb. 18.2 entnommen werden.

Nachdem zunächst die Staatsquote definiert und deren Entwicklung aufgezeigt wurde, sollen anschließend methodische und materielle Aspekte angeführt werden, welche bei der Interpretation der Staatsquote berücksichtigt werden müssen:

- In der Festlegung der Bezugsperiode bzw. des Basisjahres der Quoten liegt eine grundsätzliche Schwierigkeit. Nachträgliche Änderungen des zuvor festgelegten Zeithorizontes können zu Komplikationen bei der anschließenden Datenauswertung bzw. einem nachfolgenden Datenvergleich führen.
- Die Abgrenzung zwischen privatem und öffentlichem Sektor ist von zentraler Bedeutung. Die Zugehörigkeit der Gebietskörperschaften zum Staat ist unbestritten. Ob Parafisci oder Staatsbeteiligungen an privatwirtschaftlichen Unternehmen zum Staat gezählt werden, hängt von der Abgrenzung ab. So kann beispielsweise die Energieerzeugung in einem Land komplett privatwirtschaftlich organisiert sein, während in Deutschland auch öffentliche Unternehmen (Stadtwerke) daran beteiligt sind. Vergleicht man nun diese Länder, wäre die deutsche Staatsquote c. p. höher. Je nach Fragestellung muss

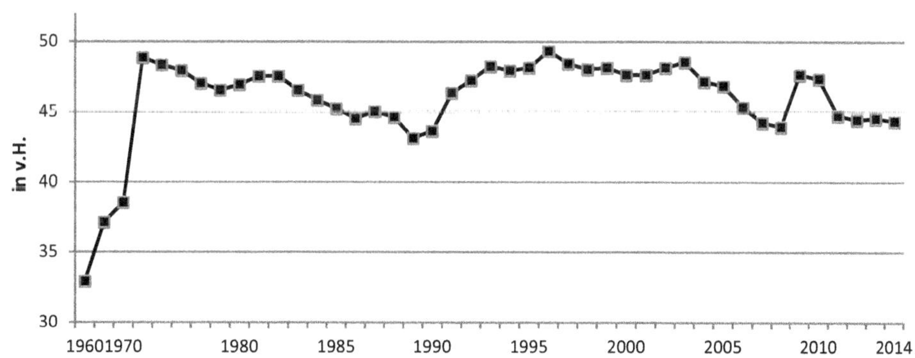

Abb. 18.2 Entwicklung der Staatsquote 1960 bis 2014 in der Bundesrepublik Deutschland. (Quelle: Eigene Darstellung nach Daten des BMF)

[11] Zwar könnte mit einer Quote, welche die staatliche Leistungserstellung darstellt, eine höhere Aussagefähigkeit erreicht werden, doch beinhaltet diese den Staatsverbrauch, welcher die unentgeltliche Bereitstellung von Gütern und Dienstleistungen durch den Staat einschließt. Da dies ohne Festsetzung von Marktpreisen geschieht, ist eine monetäre Bewertung schwierig bis unmöglich.

also darauf geachtet werden, was in den zu vergleichenden Ländern zum Staat gezählt wird und was nicht.
Selbst bei der Betrachtung eines einzelnen Landes muss beachtet werden, dass sich die Auffassung, was der Staat leisten soll, über die Zeit hinweg ändern kann.[12]
Auch verändern sich im Zeitverlauf internationale Konventionen und Zuständigkeiten. Daher sind grundsätzliche Mängel der Aussagefähigkeit und Interpretation von Staatsquoten im Zeitablauf möglich.

- Staatliche Aktivitäten werden *nur dann* bei der Bestimmung der Staatsquoten berücksichtigt, wenn sie Bestandteil der öffentlichen Haushaltsrechnung sind. Als Beispiel kann hier die Familienpolitik genannt werden. Fördert der Staat Familien durch Kinderfreibeträge bei der Einkommensteuer, verzichtet er auf Einnahmen. Diese Mindereinnahmen schlagen sich nicht in der Staatsquote nieder, da es ja keine Ausgaben sind. Zahlt dagegen der Staat Kindergeld in gleicher Höhe, würde bei gleichem politischem Ziel die Staatsquote ansteigen. Deshalb kann es angebracht sein, auch Steuererleichterungen im Rahmen einer Staatsquotenberechnung zu berücksichtigen.
- Die Nichterfassung quasistaatlichen Handelns stellt darüber hinaus einen Bereich dar, der aufgrund seiner unzureichenden Erfassung nicht im gewünschten Maße berücksichtigt werden kann. Unter quasistaatlichem Handeln wird beispielsweise die unentgeltliche Erbringung von Leistungen an den Staat durch Privatpersonen auf der Grundlage von Gesetzen oder Verordnungen verstanden (beispielsweise das Ausfüllen der Steuererklärung oder das Ableisten des Wehr-/Zivildienstes).
- Auch die Tatsache, dass Transferzahlungen und Subventionen kein Bestandteil des Bruttosozialproduktes sind und daher deren Berücksichtigung in den Staatsausgaben zu einem überdimensionierten Staatsanteil führt, bringt eine eingeschränkte Aussagefähigkeit der Staatsquote mit sich.
- Die Definition bzw. der Umfang von *Einnahmen* und *Ausgaben* sind nicht in jedem Fall eindeutig und abschließend. Beispielweise kann die Gesamtheit aller Steuern, Abgaben, Krediteinnahmen etc. zu Einnahmen zusammengefasst werden. Häufig ist es hilfreich, nur einzelne Einnahmearten als Grundlage der Quotenbildung zu verwenden, um gezielt ausgewählte Bereiche diskutieren zu können.

Neben dieser allgemeinen Quote, welche alle Bereiche staatlichen Handelns umfasst, bilden funktionsbezogene Staatsquoten den Ausgabenanteil eines bestimmten Ressorts bzw. eines bestimmten Aufgabenspektrums ab (beispielsweise Anteil der Gesundheitsausgaben am BIP oder der Anteil öffentlicher Investitionen am BIP). Allerdings sind diese in ihrer Aussagefähigkeit nur bedingt nutzbar, da zahlreiche Aufwendungen unterschied-

[12] Als Beispiel sei an dieser Stelle die Entwicklung der staatlich gewährten Sozialleistungen genannt. Hatte der Staat im 19. Jahrhundert ausschließlich die Funktion eines Nachtwächterstaates (d. h. Sicherstellung äußerer und innerer Sicherheit sowie der persönlichen Freiheit und des Eigentums), änderte sich dies unter anderem mit der Bismarck'schen Sozialgesetzgebung. Diese führte einen Wandel hin zum Sozialstaat herbei, welcher bis in die Gegenwart Bestand hat und sich auch in der erhöhten Staatsquote im Vergleich zum Nachtwächterstaat ausdrückt.

lichen Zwecken gleichzeitig zuordenbar sind[13] und es somit zu Mehrfachzählungen oder Willkürlichkeiten kommen kann. Infolge dessen sollte auch bei der Arbeit mit entsprechenden Statistiken auf entsprechende Umstände geachtet werden.

18.4.1.2 Steuerquote

► Das Verhältnis der Summe aller Steuereinnahmen innerhalb eines Landes und dem Bruttoinlandsprodukt wird als Steuerquote bezeichnet:

$$\text{Steuerquote} = \frac{\text{Summe aller vereinnahmten Steuern}}{\text{Bruttoinlandsprodukt}}.$$

Mit anderen Worten: Die Steuerquote bildet den Quotienten aus steuerlicher Gesamtleistung und volkswirtschaftlicher Wertschöpfung innerhalb einer genau definierten Periode.

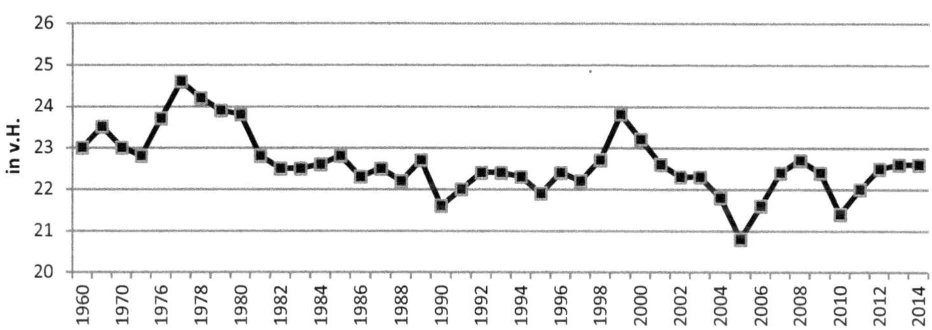

Abb. 18.3 Entwicklung der bundesdeutschen Steuerquote in den Jahren 1960 bis 2014. (Quelle: Eigene Darstellung nach Daten des Sachverständigenrates)

Tab. 18.1 Steuerquoten ausgewählter Länder im Vergleich (in %). (Quelle: Eigene Darstellung nach Daten des BMF)

Staat	1970	1980	1990	1995	2000	2005	2010	2011	2012
Frankreich	21,7	23,0	23,5	24,4	28,4	27,7	26,3	27,4	28,3
Japan	15,3	18,0	21,4	17,6	17,3	17,3	16,3	16,8	–
Italien	16,0	18,4	25,4	27,4	30,0	28,3	29,5	29,6	30,9
Deutschland	**22,0**	**23,9**	**21,8**	**22,7**	**22,8**	**20,9**	**22,0**	**22,7**	**23,2**
Vereinigte Staaten	22,7	20,6	20,5	20,1	21,8	20,6	17,6	18,5	18,9
Vereinigtes Königreich	31,9	29,3	30,0	27,7	30,2	29,5	28,2	29,1	28,4
Dänemark	37,1	42,5	45,6	47,7	47,6	49,6	46,4	46,7	47,1

[13] So können die Ausgaben für Bundeswehrkrankenhäuser sowohl dem Verteidigungsetat zugerechnet werden als auch als Gesundheitsausgaben dem Bereich Soziales zugeordnet sein.

Im internationalen Vergleich stellen sich die jährlichen Steuerquoten der Bundesrepublik (vgl. Abb. 18.3) als im Durchschnitt liegend dar, wie Tab. 18.1 zu entnehmen ist.

Es bleibt anzumerken, dass durch den Ausschluss von Sozialbeiträgen ein internationaler Vergleich nur bedingt zielführend ist. Vielmehr sollte die im Folgenden vorgestellte Abgabenquote herangezogen werden.

18.4.1.3 Abgabenquote

Die Abgabenquote bezieht neben den vereinnahmten Steuern auch Abgaben an die Sozialversicherungsträger ein. Die jeweilige Leistungsgewährung eines Landes bzw. dessen sozialpolitische Schwerpunktsetzung hat maßgeblichen Anteil an der Höhe der Beiträge und somit an der Höhe der Abgabenquote, welche sich definiert aus:

$$\text{Abgabenquote} = \frac{\text{Summe aller Steuern und Sozialabgaben}}{\text{Bruttoinlandsprodukt}}.$$

Ein Blick auf die Quotenentwicklung der letzten Jahre in der Bundesrepublik zeigt einen konstanten Verlauf (vgl. Abb. 18.4).

International ist vor allem die Abgabenstruktur unterschiedlich (Tab. 18.2). Besonders die parafiskalischen Abgaben (SV-Beiträge) haben sich zu einer bedeutsamen Komponente der Abgabenquote entwickelt. Dies zeigen insbesondere die Werte für Deutschland, Frankreich und Japan.

Die Unterschiede in den Abgabenstrukturen zeigen zunächst einmal, dass die verglichenen Länder unterschiedliche Wege in der Finanzierung ihres Systems der sozialen Sicherung gehen. Über die Höhe der damit verbundenen Ausgaben kann man an dieser Stelle aber noch keine Aussage treffen.

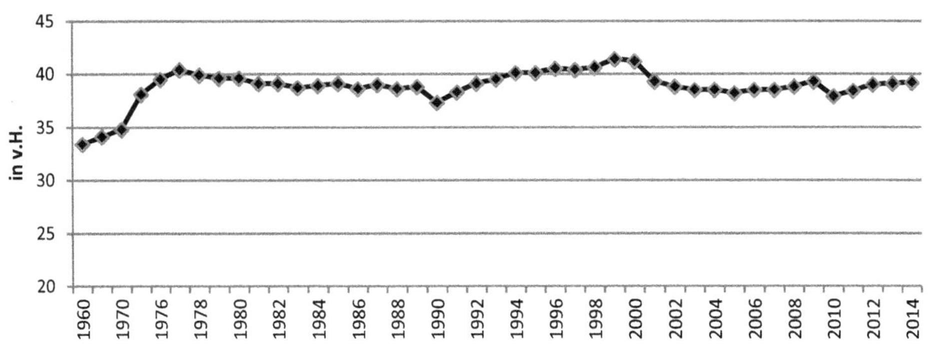

Abb. 18.4 Entwicklung der Abgabenquote in der Bundesrepublik Deutschland 1960 bis 2014. (Quelle: Eigene Darstellung nach Daten des BMF)

Tab. 18.2 Struktur der Abgaben 2003 (in %). (Quelle: Eigene Darstellung in Anlehnung an Homburg 2007)

Staat	Einkommensteuern	Verbrauchsteuern	SV-Beiträge	Andere Steuern
Frankreich	23,2	25,5	37,7	13,6
Japan	30,6	20,3	38,5	10,6
Italien	30,9	25,7	29,5	13,9
Deutschland	**27,4**	**29,4**	**40,5**	**2,7**
Vereinigte Staaten	43,3	18,2	26,4	12,1
Vereinigtes Königreich	36,5	32,7	18,5	12,3
Dänemark	59,9	33,0	2,5	4,6

18.4.2 Nominale und reale Quoten

Neben der Unterscheidung in allgemeine und spezielle Quoten erscheint eine Differenzierung in nominale und reale Quoten zweckmäßig.

Nominale Quoten beinhalten im Zähler und Nenner Größen in jeweiligen Preisen, die im Erhebungszeitraum für die Betrachtungen herangezogen werden. Die Änderung nominaler Quoten im Zeitablauf kann eine Mengen- oder eine Preisänderung als Ursache haben, die sich sowohl im Zähler aus auch im Nenner der Quote widerspiegeln kann. Um die „realen" Zusammenhänge erkennen zu können, sind die nominalen Quoten vom Einfluss möglicher Preisänderungen zu befreien – eine Preisbereinigung bzw. Deflationierung ist notwendig, da von einem gestiegenen BIP nicht ohne Weiteres auf eine erhöhte volkswirtschaftliche Leistung geschlossen werden kann. Vielmehr ist es möglich, dass inflationäre Tendenzen für eine solche Entwicklung verantwortlich sein können, beispielsweise wenn die Preisentwicklung für Staatsausgaben (insbesondere C_{St} und I_{St}) stärker verläuft als die Entwicklung des Preisindizes für das BIP (als Maßgröße für die allgemeine Preisentwicklung). Dieses Phänomen wird als Preisstruktureffekt bezeichnet.[14] Durch reale Staatsquoten kann diesem Problem begegnet und eine gesteigerte Aussagefähigkeit der Quoten erreicht werden.

Die Deflationierung des Staatsverbrauches, also die Bereinigung der Preise von inflationären Einflüssen, ist allerdings auch mit Problemen behaftet. Staatliche Leistungen können in der Regel nicht in eine Preiskomponente und den Mengenoutput gegliedert werden, da ihre Bewertung durch Kosten und nicht mittels Marktpreisen erfolgt. Besteht keine Möglichkeit einer mengenmäßigen Größenfindung ist eine Deflationierung des nominellen Staatsverbrauches nicht möglich. Aufgrund dieses Umstandes wird der staatliche Input zur Preisbereinigung herangezogen, da zwischen diesem und den Kosten für öffentliche

[14] In einem solchen Fall nimmt die nominale Staatsquote überproportional zu. Dies hat Verzerrungen bei der Beurteilung des tatsächlichen Ausmaßes staatlicher Tätigkeit zur Folge.

Leistungen ein gewisses Maß an Gleichartigkeit besteht. Auf der Basis von Preisreihen für öffentliche Güter werden die Vorleistungen des Staates bewertet.[15]

Da für den staatlichen Output keine Zeitreihen existieren und der Output öffentlicher Leistungen nicht nachgewiesen werden kann, liefern reale Staatsquoten nur einen bedingten Informationsgehalt.[16]

18.5 Erklärung über Umfang und Entwicklung der Staatstätigkeit – Entwicklungs-„Gesetze" der Staatstätigkeit

Die gegenwärtig diskutierten Erklärungsansätze zur Entwicklung des Umfangs der Staatstätigkeit lassen sich in zwei unterschiedliche Betrachtungsweisen untergliedern: Zum einen wird dem Wachstum staatlicher Aktivitäten ein gesetzmäßiger Charakter unterstellt. Zum anderen steht die Annahme, dass die Ausgaben des Staates auf unterschiedliche Ursachen zurückzuführen sind.

18.5.1 Adolph Wagner und sein „Gesetz der wachsenden Staatstätigkeit"

In der finanzwissenschaftlichen Diskussion um die Ausweitung der Staatstätigkeit stellen die Überlegungen *Adolph Wagners*[17], besonders sein 1864 formuliertes „Gesetz der wachsenden Ausdehnung der öffentlichen bzw. Staatstätigkeiten bei fortschreitenden Culturvölkern" und die sich daraus ergebende Konsequenz eines „Gesetzes des wachsenden Staatsbedarfes" (später „Wagner'sches Gesetz" bzw. „Gesetz der wachsenden Staatsausgaben" genannt), noch immer ein zentrales Element dar. In diesem, sich mit der Erhöhung der Staatsquote auseinandersetzenden Gesetz, postuliert *Wagner* die Gesetzmäßigkeiten, indem er staatliche Aktivitäten in zwei Bereiche untergliedert:

Einerseits besteht der Bereich der Rechts- und Machtzwecke. Darunter zählen nach *Wagner* die Justiz, die Polizei sowie das Militär und die diplomatischen Dienste. Es ist davon auszugehen, dass in Zukunft immer „compliziertere Verkehrs- und Rechtsverhältnisse" entstehen werden, was auf ein „System der freien Concurrenz" und eine steigende „Bevölkerungs- und Volksdichte" zurückzuführen ist.

---

[15] Der Problematik der Bewertung des Personals hinsichtlich einer Leistungs-/Qualitätssteigerung wird mit einer pauschalen Annahme von einem Produktivitätswachstum von jährlich 0,5 % (Vorgabe des Statistischen Bundesamtes) begegnet. International wird von Veränderungen von Null ausgegangen.

[16] Sofern im Zähler deflationierte und hinsichtlich der Produktivitätssteigerung berichtigte Staatsausgaben für Güter und Dienstleistungen stehen, im Nenner preisbereinigte Werte des BIP (vgl. Wissenschaftlicher Beirat beim BMBF 1988).

[17] 1835–1917; deutscher Ökonom und Finanzwissenschaftler.

Zum anderen ist der Bereich der „Cultur- und Wohlfahrtszwecke" einzubeziehen, bei dem vor allem Ausgaben für die Produktion von Sachgütern, aber auch für das Gesundheitswesen, die soziale Fürsorge, Unterricht und Bildung angesiedelt sind. Dieser Bereich nimmt laut *Wagner* die zentrale Position ein, da es hier in der Vergangenheit zu einer Ansammlung staatlicher Funktionen gekommen ist und sich somit ein Wandel vom Ordnungsstaat[18] über den Sozialstaat hin zum Wohlfahrtsstaat eingestellt hat. Infolge dessen ist von überproportional wachsenden Ausgaben für kulturelle und Wohlfahrtszwecke auszugehen.

Diese Einflüsse und Veränderungen führen laut *Wagner* zu einem Anstieg der Staatsquote. Nach seiner Auffassung würden sich die Gesetze „beobachtungsgemäß", d. h. historisch und statistisch nachweisbar bestätigen, jedoch verzichtete er auf empirische Untersuchungen.

Die reale Entwicklung wies ab dem Beginn des 19. Jahrhunderts bis 1883 eine fallende und anschließend bis 1914 eine gleichbleibende Tendenz auf. Dies kehrte sich bis 1939 in einen starken Anstieg der Staatsausgaben um. Abb. 18.2 zeigt, dass sich seit den 60ern kein klarer Trend hinsichtlich der Entwicklung der Staatsquote abzeichnet. In den letzten zwei Jahrzehnten entwickelte sich die Staatsquote leicht rückläufig. Die Abgabenquote folgt hingegen, wie bereits erläutert, einem relativ konstanten Verlauf.

Können *Wagners* Überlegungen in der damaligen Zeit auch nicht empirisch belegt werden, so machen sie doch seine Überzeugungen als Kathedersozialist deutlich.

18.5.2 Brecht'sche Gesetz

Brecht[19] veröffentlichte 1932 seine Beobachtung, dass die Gemeindeausgaben pro Kopf mit zunehmender Bevölkerungszahl der Kommune ansteigen. Er leitete daraus ab, dass eine zunehmende Verstädterung zu einem Wachstum der Staatsausgaben führt. Dieser von ihm als *Gesetz der progressiven Parallelität von Ausgaben und Bevölkerungsmassierung* bezeichnete Sachverhalt ging später als *Brecht*'sches Gesetz in die Literatur ein.

Städte erfüllen für ihr Umland zentralörtliche Funktionen. Darunter sind vor allem kulturelle, schulische oder gesundheitspolitische Aufgaben zu verstehen, die nicht nur von den Einwohnern der Stadt selbst, sondern auch von den Bürgerinnen und Bürgern des Umlandes genutzt werden. Diese umliegenden Regionen müssten daher an der Finanzierung der Großstadt-Aufgaben nach Maßgabe ihrer Nutzung beteiligt werden.

Da auch *Wagner* eine steigende Bevölkerungszahl als Indiz für wachsende Staatsausgaben sah, kann darin eine Parallele zum *Brecht*'schen Gesetz gesehen werden.

Allerdings wird in der gegenwärtigen Forschung zunehmend die Frage diskutiert, ob in Folge umweltpolitischer Vorgaben die Kosten je Einwohner in Deglomerationsgebieten nicht sogar höher sind als in einwohnerstarken Städten.

[18] Mit einer Betonung der Rechts- und Machtzwecke.
[19] 1884–1977; deutsch-amerikanischer Jurist und Politikwissenschaftler.

18.5.3 Popitz'sche Gesetz

Der ehemalige preußische Finanzminister *Popitz*[20], ein Verfechter des staatlichen Zentralismus, formulierte 1927 in seinem „Gesetz", dass in föderal aufgebauten Staaten zunehmend mehr Funktionen und damit Ausgaben aus den Länderhaushalten in den Reichs- bzw. Bundeshaushalt übertragen werden sollten. Dies würde eine Aufgabenentleerung der Länderhaushalte mit sich bringen. Diesen Vorgang bezeichnete *Popitz* als „Anziehungskraft des größten Etats", die in Deutschland besonders deutlich werde.

Da das Gesetz argumentativ schwach begründet wurde und vor dem Hintergrund der tatsächlichen Entwicklungen kaum fundiert erscheint, soll es an dieser Stelle aus Gründen der Vollständigkeit nur erwähnt werden.

18.5.4 Lag-Theorie von Timm

Bei genauerer Betrachtung der Staatsausgaben ist festzustellen, dass deren Entwicklung bis 1914 nicht kontinuierlich erfolgte. Vielmehr ist die Quote langsamer oder allenfalls mit der gleichen Rate wie das Volkseinkommen gestiegen. Erst mit Beginn des 20. Jahrhunderts erhöhten sich die staatlichen Ausgaben im Vergleich zum Sozialprodukt schneller.

Diese Beobachtung veranlasste *Timm*, das Wachstum der Staatsquote zu untersuchen. Er unterstellte einen funktionalen Zusammenhang zwischen der Höhe und Struktur der Staatsausgaben und der gesellschaftlichen Nachfrage nach öffentlichen Leistungen. Die Tatsache, dass die Staatsquote zunächst konstant war, später jedoch umso schneller anstieg, deutete er als Ergebnis einer Änderung des Nachfrageverhaltens nach öffentlichen Leistungen. Damit verbunden ist eine zunächst geringe Einkommenselastizität der Nachfrage nach staatlichen Leistungen bzw. superioren Gütern. Diese geringe Einkommenselastizität hat ihre Ursache im geringen Einkommen der Bevölkerung, welches zunächst existenzielle Bedürfnisse zu befriedigen hatte.

In einem Zustand höherer wirtschaftlicher Aktivität, verbunden mit zunehmender Industrialisierung sowie Bevölkerungs- und Einkommensexpansion[21], würde sich die Nachfrage nach diesen superioren Gütern erhöhen. Bis jedoch diese Situation eingetreten ist, sind verschiedene Verzögerungen, so genannte „Lags", zu überwinden.

18.5.4.1 Natürlicher Lag

Als natürlichen Lag bezeichnet *Timm* den Umstand, dass sich die Bedürfnisse nach besserer Bildung, medizinischer Versorgung, Vorsorge für das Alter und Unglücksfälle des Lebens sowie innerer und äußerer Sicherheit erst dann einstellen, wenn die elementaren Grundbedürfnisse befriedigt sind. Mit anderen Worten muss das Realeinkommen eine bestimmte Höhe erreicht haben, damit die nächste Stufe der Bedürfnispyramide angestrebt

[20] 1884–1945.

[21] Unabhängige Variablen in *Timms* Erklärungsansatz.

werden kann. Somit konnten sich die Bedürfnisse nach superioren Gütern nicht bereits zu Beginn der wirtschaftlichen Expansion einstellen, sondern mit einer Verzögerung.

18.5.4.2 Systembedingter Lag

Die kapitalistisch geprägte und soziale Ungleichgewichte hervorrufende Wirtschaftsordnung des 19. Jahrhunderts führte zu starken Divergenzen zwischen dem geringen Wachstum der Masseneinkommen auf der einen Seite und einem expandierenden Volkseinkommen verbunden mit einer auf einen geringen Personenkreis beschränkten Gewinnkonzentration auf der anderen Seite. Dies führte dazu, dass die geringe Anzahl potenziell fähiger Nutzer (Unternehmer) den Staat nicht dazu veranlasste, superiore Güter in einem größeren Umfang bereitzustellen.

18.5.4.3 Institutioneller Lag

Grund für das Entstehen eines institutionellen Lags war zum einen der lang andauernde Wandel der zähen und rückständigen Auffassungen über Einkommensverteilung und die Wahrung des „sozialen Besitzstandes" und zum anderen das Bestehen institutioneller Hemmnisse. Auch unter Einbeziehung einer fortschreitenden Demokratisierung der politischen Willensbildung nimmt der Prozess von der Bedürfnisentstehung bis zu ihrer Realisierung bzw. Befriedigung durch den Staat einen gewissen Zeitablauf in Anspruch.

Sowohl die Expansion der Einkommen als auch die Entwicklung des Verfassungsstaates waren in diesem Zusammenhang der Bereitschaft zu Umverteilungsmaßnahmen voraus.

18.5.4.4 Ideologischer Lag

Dieser Lag zeichnet sich schließlich durch den Übergang vom „Nachtwächterstaat" über den Sozialstaat bis hin zum Wohlfahrtsstaat aus. Die Ursache dieses Lag liegt in den lange geltenden angelsächsischen Lehren und ihren finanzpolitischen Konsequenzen. Vor allem der Satz von *Say*[22] trug maßgeblich zu dieser Entwicklung bei: Das beste Budget sei das kleinste Budget. Lange wurde die staatliche Aktivität von dieser Maxime gehemmt und somit alle Arten von Staatsausgaben gebremst.

Nach Ansicht *Timms* waren die Lags zu Beginn des 20. Jahrhunderts überwunden, so dass eine Phase relativ steigender Staatsausgaben (infolge eines vorhandenen Nachholbedarfes) und anschließend eine nur noch tendenzielle Steigerung der Staatsanteile einsetzte.

Auch wenn die Lag-Theorie plausibel erscheint, sind kritische Bemerkungen anzubringen: Einerseits wird nicht begründet, ob und warum superiore Leistungen infolge der wirtschaftlichen Entwicklung nur durch den Staat bereitgestellt werden, d. h. warum eine private Produktion ausgeschlossen ist. Zum anderen werden mögliche Expansionsursachen der Staatsausgaben, wie beispielsweise Kriege, Kriegsfolgen und -vorbereitungen in die Überlegungen nicht einbezogen. Darüber hinaus ist eine empirische Überprüfung der Annahmen über die verschiedenen Lags nicht erfolgt.

[22] 1767–1832; französischer Ökonom.

18.5.5 Niveauverschiebungsansatz von Peacock und Wiseman

Timm hat in seiner Theorie erklärt, wieso es nach anfänglich moderaten Staatsausgaben zu einem beschleunigten bis dramatischen Wachstum zu Beginn der 1930er-Jahre kam. In den folgenden Jahren nahm dieser Trend allerdings wieder ab. Die in dieser Entwicklung enthaltenen Sprünge vermochte *Timm* jedoch nicht zu begründen.

Peacock und *Wiseman* versuchten, die Ursache derartiger Verläufe zu beschreiben. Beide formulierten 1961 ihren als finanzsoziologisch zu charakterisierenden Ansatz, in dem sie den Militärausgaben die Rolle des dominierenden Impulsfaktors zuwiesen. Sie analysierten die Ausgabenentwicklung im England der vergangenen 200 Jahre und kamen zu der Erkenntnis, dass die Staatsquote nicht kontinuierlich anstieg, sondern vielmehr eine schubweise bzw. treppenförmige Erhöhung zu beobachten war. Bei intensiver Auseinandersetzung stellten sie fest, dass zu Beginn bzw. am Ende jeder dieser Stufen soziale Unruhen („social disturbance") – meist in Form eines Krieges – stattfanden und finanzielle Mittel erforderten.

Aus dieser Erkenntnis gewannen *Peacock* und *Wiseman* zunächst folgende Prämissen:

1. Regierungshandeln ist ohne die Berücksichtigung der Bürgerinteressen nicht möglich,
2. die Höhe der Staatsausgaben ist abhängig von der Höhe der Steuereinnahmen und
3. die Vorstellungen über „tragbare Steuerlasten", d. h. von der Bevölkerung akzeptierte steuerliche Belastungen, sind meist ziemlich stabil.

Aus diesen drei Annahmen leiteten sie ihren **Niveauverschiebungsansatz der Staatsausgaben** ab:

In ruhigen, normalen Zeiten, so genannte „settled times", ist der Wunsch nach unveränderter Steuerbelastung besonders ausgeprägt. Dieser Widerstand gegen Steuererhöhungen in der Bevölkerung hat zur Folge, dass die Staatsausgaben allenfalls in gleicher Höhe wie das Volkseinkommen wachsen können (Konstanz der Staatsquote).

Hingegen führen Zeiten sozialer Unruhen bzw. die Erkenntnis der Notwendigkeit ihrer Überwindung zu einer Einsicht, welche steigende Steuersätze ermöglicht. Steuern und Steuererhebungsmethoden werden toleriert, die in ruhigen Zeiten auf breite Ablehnung gestoßen wären. Somit können die zur Bewältigung der Krise erforderlichen Maßnahmen vollzogen werden, d. h. die Staatsausgaben erfahren eine schubartige Erhöhung. Die zu beobachtende Treppenform dieser Entwicklung ist dem Umstand geschuldet, dass sich die Bevölkerung während der Krise an die gestiegene Belastung gewöhnt hat und somit ein Rückgang der Ausgaben auf das vorherige Niveau umgangen werden kann. Die freigewordenen „Krisenmittel" werden zur Befriedigung neuer Kollektivbedürfnisse verwand („inspection effect").

Es kommt zu einem relativen Anstieg der Staatsausgaben, die bis zur nächsten „social disturbance" konstant gehalten werden.

Die Abb. 18.5 illustriert das bisher beschriebene. In jeder Situation t_1 ist die Erhöhung der staatlichen Ausgaben A_{St} infolge von Kriegen o. Ä. zu beobachten. Da diese Erhö-

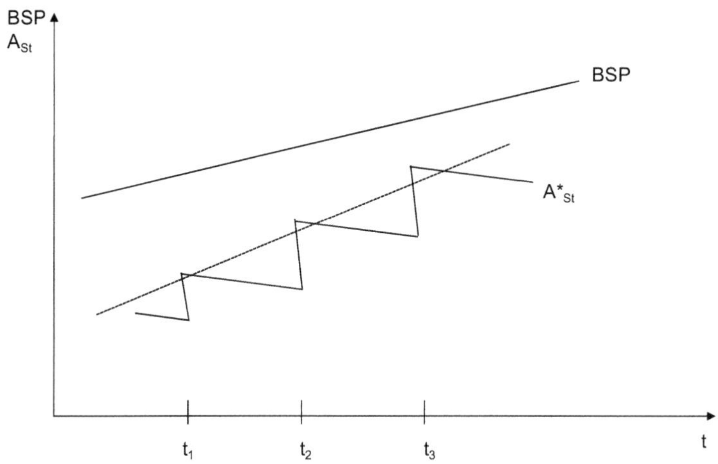

Abb. 18.5 Niveauverschiebungsansatz nach Peacock und Wiseman

hungen nach den Krisen nicht zurückgenommen werden, ist ein wachsender Trend zu beobachten.

Trotz der Bedeutung, die diesem Ansatz in der Literatur entgegen gebracht wird und der zahlreichen Beispiele, welche die Niveauverschiebungshypothese belegen, muss bedacht werden, dass Kriege und Krisen nicht die alleinige Ursache von Expansionen der Staatsausgaben darstellen können. Dies wird vor allem am Beispiel Schwedens oder der Schweiz deutlich, also Ländern, die nicht an Weltkriegen beteiligt waren. Deren Staatsquoten weisen ebenfalls ein kontinuierliches Wachstum auf, obwohl keine „displacements effects" vorlagen. Zudem war in der Bundesrepublik nach dem Zweiten Weltkrieg – im Gegensatz zu der Zeit nach 1918 – keine Niveauverschiebung zu beobachten, was ebenfalls den Überlegungen des Ansatzes von *Peacock* und *Wiseman* entgegen gerichtet ist.

An dieser Stelle wird deutlich, dass Theorie und Praxis nicht immer im Einklang stehen müssen, sondern häufig Abweichungen infolge empirischer Untersuchungen festzustellen sind.

Fragen

1. Nennen Sie die Eigenschaften der Parafisci und deren Rolle im bundesdeutschen Staatsaufbau!
2. Welche Probleme können sich bei der Anwendung nominaler Quoten ergeben? Wie wird dem begegnet?
3. Welchen zentralen Aussagen liegen dem Brecht'schen Gesetz zugrunde?
4. Welche Begründung wachsender Staatstätigkeit lieferten Peacock und Wiseman in ihrem 1961 formulierten Ansatz?

Antworten

1. Parafisci sind Finanzintermediäre zwischen dem privaten und öffentlichen Sektor. Zu ihnen zählen die Sozialversicherungen und Kirchen sowie die öffentlich-rechtlichen Rundfunkanstalten und die Ständefisci. In ihrer Rechtsform als öffentlich-rechtliche Körperschaft mit organisatorischer Selbstverwaltung arbeiten sie finanziell weitgehend autonom. Die Finanzierung erfolgt über eigene, vom staatlichen Sektor unabhängige Haushalte mit zugehörigen Finanzquellen in Form von Zwangsabgaben. Trotz fehlender Hoheitsrechte ist diese Form der Finanzierung möglich. Darüber hinaus haben die Parafisci Anspruch auf staatliche Zuschüsse, unter anderem an Sozialfisci, Sozialverbände oder die Kammern.
   Parafisci bieten für ihre Mitglieder kollektive Güter an und nehmen darüber hinaus Aufgaben wahr, die als gruppenexterne Effekte auch Vorteile für die Öffentlichkeit mit sich bringen.
2. Zähler und Nenner nominaler Quoten beinhalten Größen in jeweiligen Preisen, die im jeweiligen Erhebungszeitraum für die Betrachtungen genutzt werden. Kommt es im Zeitablauf zu Änderungen dieser nominalen Quoten, kann eine Mengen- oder eine Preisänderung als Ursache vorliegen. Diese wiederum kann sich im Zähler oder im Nenner der Quote widerspiegeln. Um die „realen" Zusammenhänge zu erkennen, sind mögliche Preisänderungen aus den nominalen Quoten heraus zurechnen – eine Preisbereinigung bzw. Deflationierung ist notwendig. Ursache für Preisschwankungen können inflationäre Tendenzen sein, beispielsweise wenn die Preisentwicklung für Staatsausgaben (insbesondere C_{St} und I_{St}) oberhalb der Entwicklung des Preisindizes für das BIP (als Maßgröße für die allgemeine Preisentwicklung) liegt. Dies wird als Preisstruktureffekt bezeichnet. Durch reale Staatsquoten kann dieses Problem gelöst und eine gesteigerte Aussagefähigkeit der Quoten erreicht werden.
3. Brecht beobachtete, dass die Ausgaben einer Gemeinde mit zunehmender Einwohnerzahl ansteigen und schlussfolgerte daraus, dass eine zunehmende Verstädterung zu einem Anstieg der Staatsausgaben führt. Da die Städte zahlreiche zentralörtliche Funktionen, wie beispielsweise kulturelle, schulische oder gesundheitspolitische Aufgaben auch für das Umland erfüllen, sind umliegende Regionen nach Brecht ebenfalls im Rahmen ihrer Nutzung zur Finanzierung der Staatstätigkeit heranzuziehen.
4. Peacock und Wiseman wiesen den Militärausgaben die dominierende Rolle im Wachstum staatlicher Ausgaben zu. Im Zusammenhang mit der von ihnen in England beobachteten schubweisen bzw. treppenförmigen Erhöhung der Ausgaben stellten sie fest, dass zu Beginn bzw. am Ende jeder dieser Stufen soziale Unruhen („social disturbance") – meist in Form eines Krieges – stattfanden und finanzielle Mittel erforderten. Folgende Prämissen schlussfolgerten sie aus ihren Beobachtungen:
   a) Regierungshandeln ist ohne die Berücksichtigung der Bürgerinteressen nicht möglich,
   b) die Höhe der Staatsausgaben ist abhängig von der Höhe der Steuereinnahmen und

c) die Vorstellungen über „tragbare Steuerlasten", d. h. von der Bevölkerung akzeptierte steuerliche Belastungen, sind meist ziemlich stabil.

Infolge dieser Annahmen formulierten sie den Niveauverschiebungsansatz der Staatsausgaben:

In ruhigen Zeiten, so genannte „settled times", ist der Widerstand gegen Steuererhöhungen besonders intensiv. Die Bevölkerung akzeptiert allenfalls Steuererhöhungen, die mit dem Wachstum des Volkseinkommens korrespondieren (Konstanz der Staatsquote).

Soziale Unruhen bzw. die Erkenntnis der Notwendigkeit ihrer Überwindung ermöglichen hingegen den Anstieg der Steuersätze. Steuern und Steuererhebungsmethoden werden toleriert, die in ruhigen Zeiten auf breite Ablehnung gestoßen wären. Die Staatsausgaben steigen schubartig an. Da sich die Bevölkerung während der Krise an die erhöhte Abgabenbelastung gewöhnt hat und ein Rückgang der Ausgaben auf das vorherige Niveau somit umgangen werden kann, ergibt sich für den langfristigen Trend der Staatsausgaben eine Treppenform.

Bestimmungsgründe für Marktversagen 19

Thomas Lenk und Werner Sesselmeier

Inhaltsverzeichnis

Lernziele
In diesem Kapitel soll vermittelt werden

- was unter „natürlichen" Monopolen zu verstehen ist,
- welche Güterarten unterschieden werden,
- welchen Einfluss externe Effekte auf den Wirtschaftsablauf ausüben,
- wie Informationsasymmetrien auf den Markt einwirken,
- welche Rolle meritorische Güter zwischen Staat und Markt einnehmen,
- was unter Primär- und Sekundärverteilung des Einkommens zu verstehen ist und wie diese Verteilung gemessen werden kann.

T. Lenk (✉)
Institut für Öffentliche Finanzen und Public Management/Finanzwissenschaft, Universität Leipzig
Leipzig, Deutschland
E-Mail: fiwi@wifa.uni-leipzig.de

W. Sesselmeier
Universität Koblenz-Landau
Landau, Deutschland
E-Mail: sesselmeier@uni-landau.de

R. Neubäumer et al. (Hrsg.), *Volkswirtschaftslehre*, DOI 10.1007/978-3-658-16523-9_19

Im Rahmen der älteren Finanzwissenschaft wird von staatlichem Handeln mit dem Ziel einer Maximierung der Gesamtwohlfahrt ausgegangen. Da die Entscheidungsverfahren in diesem wohlfahrtsmaximierenden Staat nicht betrachtet werden, kann vom Staat als „wohlmeinendem Diktator" gesprochen werden. Die Gesamtwohlfahrt hängt von der Wohlfahrt der einzelnen Individuen innerhalb des Staates ab. Es besteht ein funktionaler Zusammenhang zwischen der Gesamtwohlfahrt einer Volkswirtschaft und dem Eigennutz ihrer Mitglieder.

Da die Individuen nach der Eigennutzannahme versuchen, diesen individuell zu maximieren, besteht genau dann kein Handlungsbedarf für den Staat, wenn aus der Eigennutzmaximierung seiner Mitglieder die Maximierung der Gesamtwohlfahrt folgt.

Dies ist unter der Annahme der vollkommenen Konkurrenz der Fall, da in dieser Situation

- die Konsumenten Güter und Dienstleistungen nachfragen, die ihren Nutzen erhöhen und sie dadurch ihre Präferenzen vollständig enthüllen müssen,
- die Produzenten unter der Maßgabe der Gewinnmaximierung versuchen, diese Güter und Dienstleistungen unter minimalen Kosten zu produzieren und
- der Wettbewerb auf den Märkten für einen Ausgleich zwischen produzierten und nachgefragten Gütern sorgt.

Staatliches Handeln ist jedoch immer dann notwendig, wenn der Markt, aufgrund entsprechender Rahmenbedingungen diesen Ausgleich nicht bewirken kann, wenn Marktversagen vorliegt, d. h. eine pareto-ineffiziente Situation vorliegt.

Im Folgenden sollen die wesentlichen Bestimmungsgründe von Marktversagen vorgestellt und erläutert werden.

19.1 Allokatives Marktversagen

19.1.1 Natürliche Monopole

In einzelnen Wirtschaftszweigen ist zu beobachten, dass die Stückkosten mit zunehmender Produktionszahl sinken[1]. Diese Erscheinung wird als „zunehmende Skalenerträge" bezeichnet. Grund dafür ist das Überwiegen der Fix- und Gemeinkosten zur Kapazitätsvorhaltung. Das heißt, dass es *einem* Anbieter möglich ist, die gesamte Nachfrage kostengünstiger zu befriedigen, als mehreren Produzenten. Infolge dieser Subadditivität der Kostenfunktion tendiert ein solcher Markt zur Monopolform.

▸ Hat ein Versorger durch diese Skalenerträge eine monopolistische Stellung im Wettbewerb entwickelt, wird von einem **natürlichen Monopol** gesprochen.

[1] Es wird von einer degressiven Entwicklung der Durchschnittskosten über den gesamten Outputbereich gesprochen.

Als Beispiel kann ein Wasserversorger angeführt werden, für den es kostengünstiger ist, sein vorhandenes Leitungsnetz in einer ausgedehnten Region anzubieten, statt nur ausgewählte Wirtschaftssubjekte zu versorgen.

Diese Tendenz wird verstärkt, wenn Investitionen zur Bereitstellung dieser Güter und Dienstleistungen notwendig werden, die nicht rückgängig zu machen sind (*sunk costs* – versunkene Kosten). Dies tritt vor allem bei Anlagen, die zu keinem anderen Zweck als der Produktion genau dieser Güter oder Dienstleistungen verwandt werden können (z. B. ein kommunales Trinkwasserversorgungssystem), ein. Es besteht folglich ein nur sehr geringer Liquidationswert im Fall eines Marktaustritts.

Lediglich die Grenzkosten sind für etablierte Unternehmen relevant, da die sunk costs nicht mehr periodenwirksam werden. Befolgt ein natürliches Monopol allerdings die mikroökonomisch effiziente Grenzkosten-Preis-Regel, so macht es Verluste, da in diesem Falle die Grenzkosten immer unter den Durchschnittskosten liegen; potentielle Wettbewerber hingegen müssen die gesamten Kosten des Markteintrittes[2] sowie die Fix- und Gemeinkosten berücksichtigen. Dies kann abschreckend wirken. Mit steigender Lebensdauer der Investitionsgüter erhöhen sich die Marktaustrittsbarrieren und mit wachsender mindestoptimaler Betriebsgröße sinkt die Wahrscheinlichkeit eines Markteintritts. Die Disziplinierungswirkung potentieller Konkurrenten verringert sich, was zum Versagen des Marktes führt.

Wenn es aus den genannten technischen Gründen zu einer (natürlichen) Monopolstellung kommt, dann muss der Staat durch geeignete Eingriffe dieses Marktversagen (= Monopolpreise und mengenmäßige Unterversorgung) verhindern. Dies kann er durch verschiedene Varianten der Preisregulierung:

Kostenorientierte Preisregulierung

Diese Form der Regulierung kann verschiedenartig ausgestaltet werden. Eine Möglichkeit besteht darin, dass der Monopolist infolge staatlicher Vorgaben die Grenzkosten als Preis ansetzt[3], dadurch eine große Anzahl von Nachfragern versorgt werden kann und der Staat das entstehende Defizit abdeckt (First-best-Regulierung – Grenzkosten-Prinzip). Es erfolgt demnach eine staatliche Subvention in Höhe der Differenz zwischen Durchschnitts- und Grenzkosten, welche in der Regel aus Steuermitteln finanziert wird.[4] Graphisch ergibt sich folgendes Bild (vgl. Abb. 19.1).

Gemäß der Annahme, dass der Preis den Grenzkosten entspricht, wird der Punkt D realisiert. Bei einem Angebot der Menge q_1 zu einem Preis A resultiert ein Verlust pro Mengeneinheit gemäß der Strecke CD, da die Grenzkosten unterhalb der für die Produktion maßgeblichen Durchschnittskosten liegen. Wird dieser Verlustbetrag mit der ausgebrach-

[2] Zum Beispiel Investitionen zur Anschaffung der notwendigen Anlagen, Marketingkosten etc.

[3] Analog zum Polypol.

[4] Ausgangssituation ist hier, dass im natürlichen Monopol die Grenzkosten immer unter den Durchschnittskosten liegen. Das heißt, bei einer gesamtwirtschaftlich optimalen Preissetzung kann der Monopolist seine Kosten nicht decken. In der Praxis ist diese Form der Regulierung – zumindest in den westlichen Industrieländern – nicht üblich.

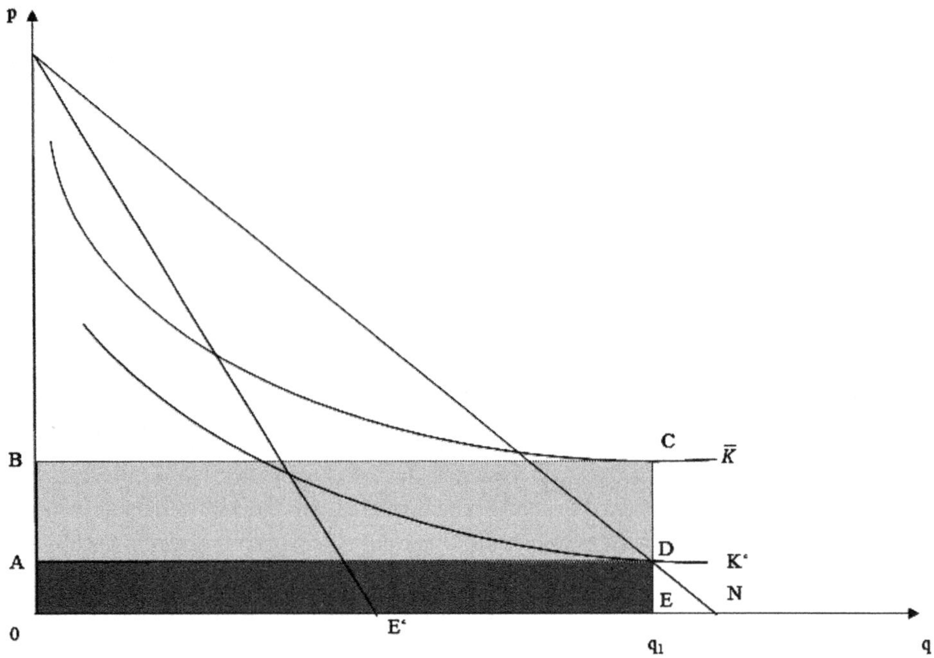

Abb. 19.1 Möglichkeiten der Preisbildung im natürlichen Monopol (1)

ten Menge q_1 multipliziert, so folgt der Gesamtverlust aus der Fläche ABCD. Dieser ist durch den Staat, beispielsweise durch Subventionen, auszugleichen. Ohne dieses Vorgehen würde der Monopolist den Markt verlassen.

Eine weitere Möglichkeit der Preisregulierung ist, dass man dem Monopolisten einen Preis in Höhe der Durchschnittskostendeckung zugesteht (Second-best-Regulierung – Durchschnittskosten-Prinzip).

Unter der Maßgabe Preis = Durchschnittskosten handelt der Monopolist kostendeckend, d. h. die bei einer angebotenen Menge q_2 und einem Preis A resultierende Fläche ABC entspricht sowohl dem Umsatzerlös des monopolistischen Anbieters als auch den durchschnittlichen Gesamtkosten (vgl. Abb. 19.2). Ein Gewinn ist folglich nicht möglich. Zu beachten ist bei dieser Form der Preisfestsetzung, dass sich im Vergleich zum vollständigen Wettbewerb ein statischer Wohlfahrtsverlust in Höhe der Fläche EBF ergibt.

Weiter fallen hierunter die sogenannten *Ramsey-Preise*. Sie berücksichtigen die Nachfragerheterogenität und damit unterschiedliche Verbraucherverhalten. Es kommt zu einer optimalen Preisdifferenzierung unter Berücksichtigung unterschiedlicher Preiselastizitäten der Nachfrager: eine elastische Nachfrage erfährt eine geringfügigeren Aufschlag auf die Grenzkosten als eine unelastische Nachfrage. Die Preisaufschläge sollen hier nur so hoch sein, dass gerade kein Defizit zwischen Durchschnitts- und Grenzkosten entsteht.

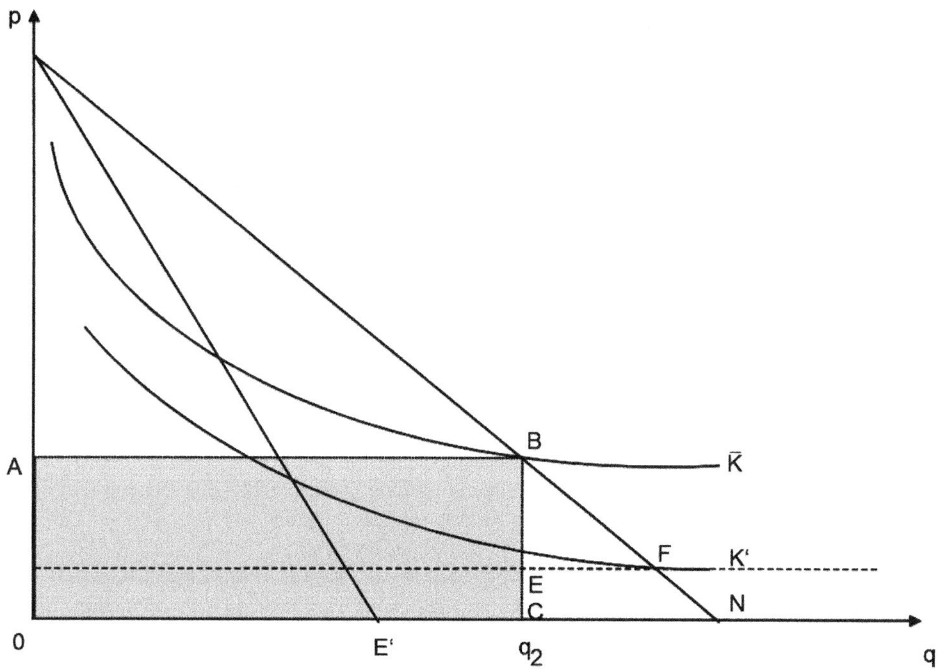

Abb. 19.2 Möglichkeiten der Preisbildung im natürlichen Monopol (2)

Renditeorientierte Preisregulierung
Durch die Regulierungsbehörde werden die Preise so gesetzt, dass dem Unternehmen eine angemessene Verzinsung des eingesetzten Kapitals gewährleistet wird. Problematisch für die Berechnung der angemessenen Kapitalrendite ist hier vor allem die Ermittlung des eingesetzten Kapitals. Für dieses sind verlässliche Informationen erforderlich. Zudem besteht hier dann ein klarer Anreiz zu einer relativ kapitalintensiven Produktion.

19.1.2 Öffentliche Güter

Öffentliche Güter werden vom Markt kaum oder gar nicht bereitgestellt. Ursache dafür ist die Möglichkeit des unentgeltlichen Mitkonsums durch andere Individuen. Die eigenen Präferenzen müssen dabei nicht offenbart werden. Ein solches Verhalten wird als free-rider-position oder Trittbrettfahrerverhalten bezeichnet.

Als Beispiele können die Bereitstellung innerer und äußerer Sicherheit genannt werden.

Öffentliche Güter können anhand zweier Eigenschaften umfassend beschrieben werden: Zum einen entstehen bei der Nutzung öffentlicher Güter durch zusätzliche Individuen keine Mehrkosten. Wird beispielsweise in Deutschland innere und äußere Sicherheit

Tab. 19.1 Private und Öffentliche Güter

Privates Gut	Öffentliches Gut
Rivalität im Konsum	
Konsum ist auf einen bestimmten Konsumenten begrenzt und damit rivalisierend Da der Konsum Nutzen stiftet, ist auch dieser rivalisierend	Konsum ist nicht auf einen bestimmten Konsumenten begrenzt und damit nicht rivalisierend Der Nutzen eines Gutes ist externalisiert, er kommt anderen Individuen ebenfalls zugute, ohne dass dadurch der Nutzen eines anderen beeinträchtigt wird
Ausschlussprinzip	
Austausch am Markt geschieht durch Übertragung des Eigentumsrechts Preis wirkt als Knappheitssignal Konsumenten ohne Zahlungsbereitschaft für ein Gut werden automatisch vom Konsum ausgeschlossen	Kein Markt: Übertragung eines Eigentumsrechts ohne Entgelt Preis kann nicht ermittelt werden Konsumenten ohne tatsächlich geleistete Zahlung können nicht vom Konsum ausgeschlossen werden a) Ausschluss nicht möglich – Eigentumsrechte können nicht – oder nur mit sehr hohen Kosten – definiert werden b) Ausschluss unerwünscht – Wegen Nichtrivalität im Konsum kann die Gesamtwohlfahrt gesteigert werden, denn ein zusätzlicher Nutzer verursacht keine Kosten: $K' = p = 0$, nachdem das Gut bereitgestellt wurde

gewährleistet, so ist dies auch bei schwankender Einwohnerzahl der Fall und jeder partizipiert an dieser staatlichen Dienstleistung, ob er will oder nicht. Bei öffentlichen Gütern ist also ein Ausschluss einzelner Individuen von der Nutzung (ökonomisch sinnvoll) nicht möglich.

Da zahlreiche Güter durch den Markt nicht bereitgestellt werden, ist das Eingreifen durch den Staat unabwendbar.

Tabellarisch gegenübergestellt unterscheiden sich private von öffentlichen Gütern in folgender Weise (Tab. 19.1).

Unterscheidung öffentliche, private und Mischgüter

Da in der Realität nur wenige reine öffentliche Güter vorkommen, sollen öffentliche, private und Mischgüter anhand der Kriterien „Ausschließbarkeit vom Konsum" und „Rivalität im Konsum" voneinander unterschieden werden. Die Abb. 19.3 soll zunächst einen graphischen Überblick geben.

Reine private Güter

Reine private Güter sind sowohl durch das Ausschlussprinzip als auch durch Rivalität im Konsum gekennzeichnet. Besteht Rivalität im Konsum, so beeinträchtigt der Konsum eines Gutes den zeitgleichen Konsum dieses Gutes durch eine zweite Person. Wenn beispielsweise eine Person mit einem Fahrrad fährt, kann eine zweite Person dieses Fahrrad nicht zeitgleich nutzen.

		Ausschlussprinzip	
		kann angewendet werden	kann *nicht* angewendet werden
Rivalität im Konsum	besteht	*rein private Güter* (Individualgüter)	*Allmendegüter* (Mischgüter)
	besteht *nicht*	*Klub- bzw. Mautgüter* (Mischgüter)	*rein öffentliche Güter* (Kollektivgüter)

Abb. 19.3 Öffentliche, private und Mischgüter

Rein öffentliche Güter

Bei rein öffentlichen Gütern ist weder das Kriterium der Rivalität im Konsum noch das Ausschlussprinzip erfüllt. So profitieren alle Bürgerinnen und Bürger gleichzeitig von der inneren und äußeren Sicherheit, ohne dass es dabei zu gegenseitiger Einschränkung kommen würde (siehe oben).

Allmende- oder Mischgüter

Auf Allmendegüter, eine Art der Mischgüter, kann das Ausschlussprinzip nicht angewandt werden. Trittbrettfahrerverhalten ist somit möglich. Allerdings besteht Rivalität im Konsum, d. h. die Nutzer beeinträchtigen sich gegenseitig. Dies ist beispielsweise der Fall, wenn eine Person auf einer Parkbank sitzt. Niemand wird davon ausgeschlossen, doch wenn die Bank besetzt ist, kann kein anderer Platz nehmen. Gleiches gilt für Innenstadtstraßen. Jeder kann von der Straße Gebrauch machen, doch Staus können den Konsum der Autofahrer beeinträchtigen. Darüber hinaus kann die Hochseefischerei als weiteres Beispiel angeführt werden.

Klub- oder Mautgüter (Mischgüter)

Die Klub- oder Mautgüter, die zweite Art der Mischgüter, sind durch das Ausschlussprinzip gekennzeichnet. Rivalität im Konsum besteht nicht. Als Beispiele gelten vor allem Mitgliedschaften in Klubs, deren Vorteile allen zur Verfügung stehen (keine Rivalität im Konsum), die den jeweiligen Mitgliedsbeitrag gezahlt haben (Ausschlussprinzip). Weitere Beispiele sind Kabelfernsehen oder Autobahnen mit Mautpflicht.

Eigennutzmaximierung aller am Markt Beteiligten führt nicht zum Wohlfahrtsmaximum, wenn andere nicht vom Konsum ausgeschlossen werden, d. h. wenn Trittbrettfahrerverhalten auftreten kann. Dies ist wie oben gezeigt bei rein öffentlichen Gütern und Allmendegütern der Fall. Problematisch in diesem Zusammenhang ist, dass kein Individuum öffentliche Güter (in optimalem Umfang) bereitstellen wird. Somit muss der Staat diese Aufgabe übernehmen und diese durch die Erhebung von Steuern finanzieren. Dieses Angebot sollte dann bis zum Wohlfahrtsoptimum ausgedehnt werden.

Die Abwesenheit des Ausschlussprinzips ist neben mangelndem Wettbewerb somit ein zweiter Grund staatlicher Eingriffe, da für entsprechende Güter kein Markt existiert oder wie im Fall der Allmendegüter aufgrund ihrer Rivalität im Konsum erhebliche Probleme auftreten.

19.1.3 Externe Effekte

Auch bei privaten Gütern, für die ein Markt existiert, muss eine Eigennutzmaximierung nicht notwendigerweise zu einer Maximierung der Gesamtwohlfahrt führen. Eine solche Situation kann eintreten, wenn während der Produktion oder dem Konsum privater Güter Auswirkungen auf Wirtschaftssubjekte auftreten, die primär nicht am Konsum oder der Produktion beteiligt sind. Dies hat zur Folge, dass der Gesamtnutzen oder die Gesamtkosten aus diesem Gut verschieden vom individuellen Nutzen bzw. Kosten sind, was sich im Produktions- bzw. Konsumniveau dieses Gutes äußert. Es kann also externe Effekte sowohl im Konsum als auch in der Produktion sowie zwischen diesen beiden Bereichen geben.

Negative externe Effekte
Wenn infolge der Inanspruchnahme eines privaten Gutes eine weitere, an der Nutzung dieses Gutes nicht beteiligte Personen eine Nutzen**einbuße** erfährt, so spricht man von negativen externen Effekten.

Als Beispiel sei an dieser Stelle die Minderung der Wohnqualität für Anwohner infolge eines Kraftwerkbaus in der näheren Umgebung genannt. Das Kraftwerk verschmutzt beispielsweise die Luft und die Anwohner haben jenen externen Effekt in Form einer Nutzeneinbuße zu tragen. Ein weiteres Beispiel ist die Gesamtnachfrage nach Individualverkehr, die sich aus den Nutzeneinschätzungen der Autofahrer bestimmt. Dabei werden die Nutzeneinbußen der anderen Verkehrsteilnehmer infolge der negativen externen Effekte (Abgase, Lärm) nicht berücksichtigt.

Die Allokation der Ressourcen durch den Markt ist nicht mehr gegeben. Da von den Produzenten mögliche negative Folgekosten nicht übernommen werden, wird die Produktion unverhältnismäßig ausgedehnt. Staatliche Eingriffe sind somit notwendig, um beispielsweise Umweltschutzbestrebungen voranzubringen und umzusetzen.

Positive externe Effekte
Wenn infolge der Inanspruchnahme eines privaten Gutes eine weitere, an der Nutzung dieses Gutes nicht beteiligte Personen eine Nutzen**steigerung** erfährt, so spricht man von positiven externen Effekten.

In diesem Fall besteht eine zu geringe (monetäre) Nachfrage nach diesem Gut.

Die Ursache liegt darin, dass die Konsumenten die nutzensteigernden Effekte bei anderen Personen nicht in ihr eigenes Nutzenmaximierungskalkül mit einbeziehen. Die Gesamtnachfrage bei individueller Nutzenmaximierung liegt unterhalb der Nachfrage, die zum Wohlfahrtsmaximum der Gesellschaft führt. Als einfaches Beispiel kann die sanierte Hausfassade angeführt werden. Der Eigentümer eines Gebäudes investiert in ein neues Erscheinungsbild, von dem alle Individuen einen Vorteil in Form eines schöneren Anblicks haben.

Mit Hilfe des Preismechanismus könnten die Verursacher positiver externer Effekte im Maße der vorteilhaften Wirkung für die Gesellschaft finanziell bessergestellt werden. Demgegenüber besteht für den Staat die Möglichkeit, Erzeuger negativer externer Effekte in Höhe des verursachten Schadens zu belasten.

Der Staat hat nun eine ganze Palette mehr oder weniger ökonomischer Instrumente zur Verfügung, mit denen externe Effekte internalisiert werden können:

- Moralische Appelle
- Fusion der Beteiligten bzw. kollektive Bereitstellung
- Haftungsrecht
- Ge- und Verbote, Auflagen
- Steuern bzw. Subventionen
- Verhandlungen (Coase-Theorem)
- Handelbare Schädigungsrechte (Zertifikate).

Internalisierung externer Effekte durch kollektive Bereitstellung

Ist der Ausschluss einzelner Nutzer nicht oder nur unter großen Kosten möglich, so ist ein kollektives Angebot erforderlich. Dieses Angebot kann durch den Staat (in Form *öffentlicher Güter*) oder durch private Kollektive (als *Klubgüter*) bereitgestellt werden, wobei das optimale Angebot an kollektiv genutzten Gütern dann erreicht ist, wenn die Grenzkosten der Bereitstellung der Summe der individuellen Grenznutzen der Nutzer entspricht (Regel von *Samuelson*). Es geht also nicht um eine maximale, sondern um eine optimale Bereitstellungsmenge.

Mit dieser Möglichkeit der Internalisierung werden jedoch keine externen Effekte vermieden, sie werden nur anders „verbucht", was insbesondere zu Problemen führt, wenn die Externalitäten sektorübergreifend sind. Daneben können Monopolstrukturen entstehen, die wiederum mit ökonomischen Ineffizienzen verbunden sind. Und es ist nach den Transaktionskosten des Zusammenschlusses zu fragen.

Beispiel

Zwischen Produktion und Konsum sind zahlreiche Bereiche vorstellbar, in denen sowohl positive als auch negative externe Effekte auftreten können. Die folgende Matrix stellt die möglichen Kombinationen vor. Im Anschluss werden diese erläutert.

		Einfluss-richtung	Betroffener Bereich	
			Produktion	Konsum
Bereich der Entstehung	Produktion	negativ	Fall 1	Fall 2
		positiv	Fall 3	Fall 4
	Konsum	negativ	Fall 5	Fall 6
		positiv	Fall 7	Fall 8

Fall 1 *Papierfabrik / Fischer*
Die Produktion einer Papierfabrik am oberen Flusslauf beeinträchtigt die Anzahl der Fische und somit den Ertrag des Fischers am unteren Flusslauf

Fall 2 *Kohlekraftwerk / Wohngebiet*
Die Produktion eines Kohlekraftwerkes mindert durch Emissionen die Luft- und damit die Wohnqualität der umliegenden Anwohner

Fall 3 *Obstplantage / Imker*
Eine blühende Obstplantage kann von einem Imker zur Aufstellung seines Bienenwagens genutzt werden

Fall 4 *Rapsfeld / schöne Natur*
Ein blühendes Rapsfeld steigert den Erholungswert der Region

Fall 5 *Kommune / Fischer*
Die Kommune, die ihre Abwässer in einen Fluss einleitet, mindert den Fischbestand und damit den Ertrag des Fischers

Fall 6 *Kommune / Kommune*
Eine die Umwelt belastende Kommune beeinträchtigt die Lebensqualität der Nachbarkommune

Fall 7 *Hobbygärtner / Imker*
Ein Hobbygärtner kann einem Imker die Aufstellung seines Bienenwagens ermöglichen

Fall 8 *Außenfassade / schöne Nachbarschaft*
Eine gepflegte Außenfassade trägt zu einer angenehmen Wohn- und Lebensumgebung bei

Internalisierung externer Effekte durch das Haftungsrecht

Umfassende und jederzeit durchsetzbare Haftungsregeln, die auf dem Verursacherprinzip aufbauen, würden die Externalitäten beseitigen. Das Haftungsrecht soll dabei wirkungsvolle Anreize zur frühzeitigen Schadensverhinderung schaffen. Dabei ist zwischen der Gefährdungshaftung und der Verschuldenshaftung zu unterscheiden. Die größeren Vermeidungsanreize schafft das *Prinzip der Gefährdungshaftung* mit einer generellen Ersatzpflicht für alle Schäden. Geringere Anreize schafft dagegen das *Prinzip der Verschuldenshaftung*, nach dem kein Ersatz anfällt, wenn der Schaden weder vorsätzlich noch fahrlässig herbeigeführt wurde.

Internalisierung externer Effekte durch das Ordnungsrecht

Gebote, Verbote oder Auflagen wirken zwar unmittelbar auf Produktion oder Konsum. Da sie jedoch ökonomische Anreize vernachlässigen, ist ihre Wirkung häufig ungenau und ihr Einsatz kostspielig. Zudem werden Innovationen in weniger schädigende Technologien durch das Ordnungsrecht in der Regel nicht gefördert.

Internalisierung durch Steuern oder Subventionen

Nach *Pigou* sollten die privatrechtlichen und sozialen Grenznutzen bzw. Grenzkosten durch korrigierende Steuern und Subventionen angeglichen werden. Ansatzpunkt der *Pigou-Lösung* sind im Prinzip alle Determinanten von Angebot und Nachfrage (beispielsweise Öko-, Mineralöl-, Kfz-Steuer). Die Anpassung an die veränderten Preise bleibt den Marktteilnehmern selbst überlassen und erfolgt daher nach Effizienzgesichtspunkten. Die *Pigou-Lösung* fördert zudem Innovationen zur Vermeidung von Schäden.

Für die Umsetzung dieses ökonomisch effizienten Instruments ergeben sich allerdings hohe Kosten durch den damit verbundenen Informationsaufwand, der zur monetären Bewertung der Externalitäten notwendig ist.

Internalisierung externer Effekte durch Verhandlungen

Nach *Ronald Coase* kann es eine effiziente Internalisierung auch allein durch rein private Verhandlungen zwischen den Betroffenen geben. Die *Coase-Lösung* ist dabei unabhängig von der Verteilung der Haftungsrechte, die Rechte müssen nur eindeutig zugeordnet sein.

Wenn keine Schadenshaftung besteht, hat der Geschädigte einen Anreiz, den Schädiger durch Zahlung eines Transfers zu einer Verringerung der Schädigung zu bewegen. Existiert dagegen eine vollständige Schadenshaftung, hat der Schädiger einen Anreiz, dem Geschädigten durch die Zahlung eines Transfers das Recht der Schädigung abzukaufen. In beiden Varianten ist ein gesellschaftlicher Wohlfahrtsgewinn möglich, ohne dass der Staat auf den Verlauf der Verhandlungen direkten Einfluss nimmt. Innovations- und Gerechtigkeitsüberlegungen sprechen für den Vorrang der Schadenshaftung.

Eine Konkretisierung der *Coase-Lösung* erfolgt durch die Zuteilung von handelbaren Schädigungsrechten (Zertifikaten) an potenziell Geschädigte: Es bilden sich dann Marktpreise für Schädigungsrechte heraus. Durch die anfängliche Zuteilung der Schädigungsrechte können Verteilungsaspekte berücksichtigt werden. Die Preisentwicklung für die Zertifikate ist ein wirkungsvolles Instrument zur Förderung und Lenkung von Innovationen.

Beispiele für die Verhandlungslösung sind die handelbaren Umweltzertifikate in den USA nach dem Clean Air Act von 1990 oder der Emissionshandel nach dem Nationalen Allokationsplan in den Ländern der Europäischen Union.

Diese verschiedenen Internalisierungsinstrumente unterscheiden sich vor allem hinsichtlich ihrer statischen und dynamischen Effizienz (gegenwärtige und zukünftige Vermeidung von Externalitäten) sowie ihrer Treffsicherheit. Aus ökonomischer Sicht sind Verhandlungslösungen und Zertifikatehandel zu präferieren, gefolgt von Steuerlösungen.

Es kann abschließend konstatiert werden, dass externe Effekte bei Nutzenmaximierung jedes einzelnen Marktteilnehmers nicht zum Wohlfahrtsmaximum führen. Damit ist ein dritter Rechtfertigungsgrund für Staatseingriffe gegeben.

19.1.4 Informationsasymmetrien

Eine asymmetrische Verteilung der Informationen zwischen den Marktteilnehmern lässt den Preismechanismus nicht mehr funktionieren und führt somit zu allokativem Marktversagen. Es handelt sich hierbei um typische Prinzipal-Agent-Probleme, denen zu Folge der Agent etwas weiß oder tut, was der Prinzipal nicht beobachten kann. Daraus erwirbt der Agent einen strategischen Vorteil, den er zu seinen Gunsten ausnutzen kann. Die asymmetrische Informationsverteilung kann vor- oder nachvertraglicher Art sein. Im vorvertraglichen Fall kann der Prinzipal bestimmte Eigenschaften des Agenten nicht beobachten, man spricht von adverser Selektion. Im nachvertraglichen Fall kann der Prinzipal bestimmte Handlungen des Agenten nicht beobachten, man spricht von moralischem Risiko. Der Grad der Informationsasymmetrie hängt vom Typ des zu handelnden Guts ab und ist umso größer, je weiter entfernt ein Gut von einem typisch neoklassischen ist (Tab. 19.2).

Adverse Selektion
Bei adverser Selektion spielen, wie bereits genannt, unbeobachtbare Eigenschaften eine wichtige Rolle für die Produktions- oder Konsumentscheidung. Tritt der Prinzipal als Nachfrager eines Gutes auf, kann dieser die Qualität der angebotenen Waren nicht beobachten, während der Agent als Anbieter die Qualität der von ihm angebotenen Ware kennt. Das klassische Beispiel aus der Literatur hierfür ist der von *Akerlof* untersuchte Gebrauchtwarenmarkt. Dort werden zu höheren Preisen Gebrauchtwagen in guter und zu niedrigeren Preisen Gebrauchtwagen in schlechter Qualität angeboten. Der Prinzipal als Anbieter kennt dabei die Qualität jedes einzelnen Gebrauchtwagens, während die Nachfrager die Qualität im Einzelnen nicht beobachten können. Sie wissen nur, dass zur Hälfte Gebrauchtwagen in guter und in schlechter Qualität angeboten werden; sie können die Angebote diesbezüglich aber nicht unterscheiden (die Qualität ist für den Nachfrager demnach erst im Nachhinein feststellbar). Die Nachfrager haben daher eine

Tab. 19.2 Klassifikation von Gütern

Art der Güter	Charakteristika	Grad der potenziellen Informationsasymmetrie
Neoklassisch-homogenes Gut	Qualität ist bereits vor Vertragsabschluss vollständig bekannt	Null
Such- bzw. Inspektionsgut (Möbel)	Qualität ist vor Vertragsabschluss zu geringen Kosten erkennbar	Gering
Erfahrungsgut (Doseninhalt, Restaurant-essen)	Qualität ist erst nach dem Konsum des Gutes vollständig bekannt, vor Vertrags-schluss ist sie nur unter relativ hohen Kosten zu beurteilen	Mittel
Vertrauens- oder Glaubensgut	Qualität kann weder vor Vertragsschluss eingeschätzt werden, noch ist sie nach dem Konsum des Gutes bekannt	Hoch

Zahlungsbereitschaft, die sich als mit den entsprechenden Wahrscheinlichkeiten gemittelter Durschnitt ergibt. Diese durchschnittliche Preisvorstellung wird unter dem Wert der qualitativ hochwertigen Gebrauchtwagen liegen, da die Wahrscheinlichkeit diese nicht zu erhalten mit eingepreist wird. Es wird unterstellt, dass die Anbieter ebenfalls wissen, dass die Nachfrager diese Unterscheidung nicht treffen können. Sie geben nun vor, Gebrauchtwagen ebenfalls in guter Qualität anzubieten und verlangen einen höheren Preis. Die Preisvorstellungen der Anbieter mit guter Qualität liegen über dem Preis, welchen die Nachfrager bereit sind auszugeben, da sie aufgrund der Unsicherheit nur bereit sind, einen durchschnittlichen Preis zu zahlen. Die Anbieter hochwertiger Gebrauchtwagen haben folglich keinen Anreiz am Markt anzubieten. Als Ergebnis ist zu beobachten, dass nur schlechte Gebrauchtwagen gehandelt werden und der Markt für gute Gebrauchtwagen zusammenbricht.

Moralisches Risiko bzw. Moral Hazard

Im Falle von moralischem Risiko, also dem nachvertraglichen Informationsproblem, hat der Prinzipal Schwierigkeiten, das Verhalten des Agenten zu beobachten oder zu kontrollieren und aufgrund unbeobachtbarer Zufallseinflüsse ist er zudem nicht in der Lage ein schlechtes Ergebnis eindeutig dem Agenten zuzuordnen. Dabei können wiederum zwei Fälle unterschieden werden:

Ex ante moral hazard: Hierunter wird eine versicherungsbedingte Verhaltensveränderungen **vor** Eintritt eines Schadens verstanden. Dabei wird der Anreiz den Schaden zu vermeiden (Krankheitsvorbeugung) durch die Versicherung selber unterminiert. Ein Beispiel wäre, dass aufgrund der Übernahme der Kosten einer Zahnbehandlung durch die Versicherung der Anreiz des Versicherten gemindert wird, selber ausreichend Zahnpflege zu übernehmen. Ursächlich ist, dass der Prinzipal (der Versicherer) nicht beobachten kann, welche Anstrengungen der Agent (Versicherungsnehmer) unternimmt, um den Eintritt eines Schadens zu vermeiden.

Ex post moral hazard: Dieses bezeichnet (hier wieder im Kontext der Krankenversicherung) eine Verhaltensveränderung **nach** Eintritt des Schadens. Hier wird der Anreiz zum kostenbewussten Verhalten nach dem Krankheitseintritt durch den Versicherer unterminiert: Eine Ausprägung wäre beispielsweise ein übermäßiger Therapieaufwand. Indem die Kosten für eine Therapie mit aufwendigen Arztbesuchen durch den Versicherer übernommen werden, kommt es dazu, dass selbst bei unerheblichen Erkrankungen wie beispielsweise einer Erkältung dieses sofort in Anspruch genommen wird, anstatt zunächst auf bewährte „Hausmittel" zurückzugreifen.

Das Problem asymmetrischer Informationen kann folgendermaßen gelöst werden:

- Zum einen durch Screening: Der Prinzipal verbessert seinen Informationsstand durch größere Selbstinformation oder Einschaltung darauf spezialisierter Dritter.
- Und zum anderen durch Signalling: Der Agent stellt selbst Informationen bereit, indem er versucht eine Reputation aufzubauen, Garantieversprechungen gibt, Selbstbehalte oder Schadensfreiheitsrabatte akzeptiert bzw. anbietet.

Die aufgezeigten Formen des Marktversagens können nicht nur einzeln, sondern auch in Kombination auftreten. Einerseits sind Informationsmängel häufig Ursache fehlender Märkte; andererseits verhindern externe Effekte deren Entstehung.

Die zentrale Eigenschaft öffentlicher Güter – die Nichtausschließbarkeit der Wirtschaftssubjekte vom Konsum – hindert den Markt an deren Bereitstellung und fordert im Gegenzug den Staat auf, korrigierend einzugreifen. Dies kommt dem Einzelnen als Konsument durch die Steigerung seines individuellen Nutzens und der Gesellschaft aufgrund einer erhöhten Gesamtwohlfahrt zugute.

19.2 Meritorische Güter

Eine Vielzahl öffentlicher Güter werden vom Staat angeboten, obwohl bei ihnen kein Marktversagen vorliegt, so beispielsweise Bildung, Leistungen des Gesundheitswesens oder im Kulturbereich. Gründe dieser staatlichen Eingriffe sind das *Versagen der Konsumentensouveränität.* Hauptursachen hierfür sind Unkenntnis bzw. unvollständige Information oder verzerrte Präferenzen. So bewerten Individuen systematisch sowohl den Gegenwartskonsum höher als den zukünftig möglichen Konsum als auch kleinere Risiken stärker als größere.

Es wird bei diesen Gütern und Dienstleistungen unterstellt, dass die Konsumenten nach ihrem Nutzenmaximierungskalkül nicht ihr eigenes Nutzenmaximum realisieren können. Auch daher ist das Erreichen des Wohlfahrtsmaximums nicht möglich.

Unter den beschriebenen Gegebenheiten wird staatliches Eingreifen in den Markt als Meritorisierung bezeichnet, d. h. es kommt zu einer Nachfrageausweitung. Meritorische

Güter verdienen es folglich aus der Sicht des Staates, in qualitativ und/oder quantitativ besserer Form angeboten zu werden, als dies durch den Markt geschehen würde.[5]

Ausgehend von den genannten Ursachen für Meritorisierung können Pflichtversicherungen als ein typischer staatlicher Eingriff in den Markt angesehen werden. Dies gilt für die Altersversorgung, da unterstellt wird, dass die Individuen aufgrund des langen Zeithorizontes bis zum Erreichen des Rentenalters unzureichende Ersparnisse bilden. Dies gilt analog für die Kranken-, Pflege- und Arbeitslosenversicherung, wobei hier noch eine verzerrte Risikobewertung durch die Individuen hinzukommt. In gleicher Weise lässt sich die Kfz-Haftpflichtversicherung begründen. Schulpflicht wäre aus ökonomischer Sicht ebenfalls ein meritorischer Akt, der die individuelle Wettbewerbsfähigkeit stärkt und positive Externalitäten für die gesamte Volkswirtschaft mit sich bringt.

Das Defizit des Konzepts der meritorischen Güter besteht darin, dass bisher keine eindeutigen ökonomischen Beurteilungsmerkmale gefunden worden sind, die ein meritorisches Gut umfassend und abschließend beschreiben könnten.

Somit besteht die Gefahr dass staatliche Markteingriffe immer gerechtfertigt werden – wegen Marktversagens oder aus meritorischen Gründen. Des Weiteren sind meritorische Güter nicht, wie typische öffentliche Güter, ökonomisch-analytisch bestimmbar, sondern vielmehr die Folge politisch-situativer Entscheidungen von Eliten (catch-all-Variable).

Öffentliche Güter werden infolge von Marktversagen mit dem Ziel, dieses zu beheben, bereitgestellt. Ursache dieses Versagens ist das fehlende Ausschlussprinzip und die nicht vorhandene Rivalität im Konsum. Durch rein ökonomische Kriterien sind öffentliche Güter exakt von anderen Güterarten abgrenzbar. Das Angebot meritorischer Güter ist nicht im Versagen des Marktes zu suchen. Vielmehr liegt hierbei ein Versagen der Konsumentensouveränität zu Grunde.

19.3 Verteilungsprobleme in der Marktwirtschaft

Neben allokativem und konjunkturellem Marktversagen kann auch eine unerwünschte Einkommens- und Vermögensverteilung durch den Marktmechanismus ein Grund für staatliche Eingriffe darstellen. Als Instrumente stehen unter anderem Steuern, Transferzahlungen, gesetzlicher Zwang oder Mindestlöhne zur Verfügung.

Bisher ist zur Rechtfertigung staatlichen Handelns von einem Modell ausgegangen worden, in dem der Staat als gegeben angenommen wurde und den übergeordneten Auftrag der Wohlstandsmaximierung besaß. Die daraus resultierenden Probleme sollen im Folgenden kurz thematisiert werden:

[5] Staatlich induzierte Nachfrageeinschränkungen z. B. bei Marihuana werden als Demeritorisierung bezeichnet.

19.3.1 Wohlfahrtsmaximum

Mit Wohlfahrtsmaximum wird eine Funktion des individuellen Nutzens verbunden. Die Messung des Nutzens kann allerdings nach zwei unterschiedlichen Methoden erfolgen: Im engeren Sinne wird die Frage verfolgt, ob Geldeinheiten sinnvoll in Nutzeneinheiten übertragen werden können. Eine Maßeinheit des Nutzens existiert jedoch nicht.

Im weiteren Sinne wird mit Messbarkeit die Möglichkeit verbunden, eine Aussage über die (positive) Entsprechung zwischen der Einkommenshöhe und dem damit verbundenen Umfang einer Bedürfnisbefriedigung im Sinne einer Rangfolge von „mehr" oder „weniger" zu treffen. Das heißt, es wäre ein Nutzenvergleich ohne Nutzeneinheiten möglich.

Beide Vorgehensweisen besitzen erhebliche Mängel. Damit werden eine Nutzenmessung und die Einbindung des Nutzens in eine Funktion, in deren Ergebnis das Wohlstandsmaximum resultiert, problematisch.

19.3.2 Der wohlmeinende Diktator

Im Modell wird von einem wohlmeinenden Diktator ausgegangen, welcher abschätzen kann,

- dass das Wohlstandsmaximum nicht erreicht ist,
- welche Ursachen dies hat und
- wie ein solcher Umstand behoben werden kann.

Dies setzt jedoch einen besseren Kenntnisstand des wohlmeinenden Diktators im Vergleich zu den Individuen des Staates voraus. Darüber hinaus hat er im Fall verzerrter Präferenzen geeignetere Handlungsalternativen. Seine Entscheidungen werden bedingungslos umgesetzt, ohne auf Kompromisse Rücksicht nehmen zu müssen. Ein solches Vorgehen entspricht nicht den Grundsätzen einer Demokratie.

19.3.3 Einkommensverteilung

Die Distribution der Einkommen erfolgt zunächst durch die so genannte primäre Einkommensverteilung. Dabei ist eine funktionelle und eine personelle Unterscheidung möglich. Im ersten Fall wird analysiert, wie sich das Volkseinkommen auf die VGR[6]-Positionen „Arbeitnehmerentgelt" sowie „Unternehmens- und Vermögenseinkommen" aufteilt, d. h. es erfolgt eine Unterscheidung in Arbeits- und Kapitaleinkommen. Von Querverteilung wird gesprochen, wenn Arbeitnehmer auch Kapitaleinkommen beziehen und umgekehrt.

Im Jahr 2014 wurde in der Bundesrepublik Deutschland ein Volkseinkommen in Höhe von 2.176,19 Mrd. € erwirtschaftet. Davon entfielen 1.485,29 Mrd. € auf den Bereich

[6] Volkswirtschaftliche Gesamtrechnung.

der Arbeitnehmerentgelte. Dies entspricht etwa 68 %. Die verbleibenden ca. 32 %. sind den Unternehmens- und Vermögenseinkommen zuzurechnen.[7] Aus dem Verhältnis zwischen Arbeitseinkommen und Volkseinkommen lässt sich die Arbeitseinkommensquote ermitteln. Analog kann aus dem Quotienten zwischen Kapitaleinkommen und Volkseinkommen die Kapitaleinkommensquote bestimmt werden. Mit Hilfe beider Kennzahlen ist ein intertemporaler Vergleich der funktionellen Einkommensverteilung möglich.

Die Verteilung der Gesamteinkommen oder Markteinkommen auf natürliche Personen und Haushalte steht im Mittelpunkt der personellen Einkommensverteilung. Diese ist abhängig von der Aufteilung der Arbeitsvermögen und der sachlichen Produktivvermögen. Darüber hinaus haben die Höhe und Struktur der Löhne sowie andere Indikatoren Einfluss auf die Verteilung. Der Staat sowie die Unternehmen sind in diese Betrachtung zunächst nicht einbezogen. In die VGR ist eine solche Verteilungsbetrachtung derzeit ebenfalls nicht eingeschlossen.

Graphisch ist es möglich, durch die *Lorenz*[8]-Kurve die Verteilung der Gesamtlohneinkommen abzubilden. Diese Kurve ist konvex und stetig; auf ihrer x-Achse wird der Bevölkerungsanteil, auf der y-Achse das anteilige Einkommen der Haushalte abgetragen. Es entsteht eine Verteilung der kumulierten Häufigkeiten von Einkommensbeziehern und Einkommen. Dadurch wird es ersichtlich, wie viel Prozent des Gesamteinkommens von einem bestimmten Anteil der Bevölkerung vereinnahmt wird.

Die lineare Kurve im Diagramm verdeutlicht die Gleichverteilung, bei der beispielsweise 40 % der Bevölkerung auch 40 % des Einkommens beziehen usw. – zwischen dem Bevölkerungs- und Einkommensanteil besteht Äquivalenz. Die konvexe Kurve zeigt die realistischen Gegebenheiten und somit die unterproportionale Einkommensverteilung an. Als Beispiel wäre dies der Fall, wenn 60 % der Bevölkerung nur 20 % des Gesamteinkommens auf sich vereinen (vgl. Abb. 19.4). Als Maß dieser Ungleichverteilung wird der Gini-Koeffizient[9] herangezogen. Dieser beschreibt die Fläche zwischen der Gleichverteilung und der Lorenz-Kurve. Zudem können Aussagen und Ziele hinsichtlich einer optimalen personellen Einkommensverteilung mit dessen Hilfe getroffen werden.

Da die ausschließliche Verteilung der Einkommen an die Beteiligten des Produktionsprozesses von der Gesellschaft als ungerecht erachtet wird, sind staatliche Umverteilungsinstrumente notwendig, welche durch Bewilligung von Transferzahlungen die Primärverteilung in eine Sekundärverteilung überführen. Zahlreiche Personengruppen (Rentner, Arbeitslose, Studenten, Kranke etc.) sind Empfänger dieser Leistungen, welche die durch den Markt gesteuerte Verteilung korrigieren sollen; sie verfolgen somit redistributionssowie sozialpolitische Ziele, also unter anderem die Gewährung von Renten, Wohn- und Kindergeld sowie Arbeitslosengeld oder BAföG. Die Ergebnisse der Sekundärverteilung lassen sich folglich nicht mehr ausschließlich von den Marktprozessen ableiten.

[7] Daten gemäß dem Statistischen Bundesamt.

[8] Benannt nach Max Otto Lorenz (1876–1959); US-amerikanischer Mathematiker.

[9] Entwickelt vom italienischen Statistiker, Demographen und Soziologen Corrado Gini (1884–1965).

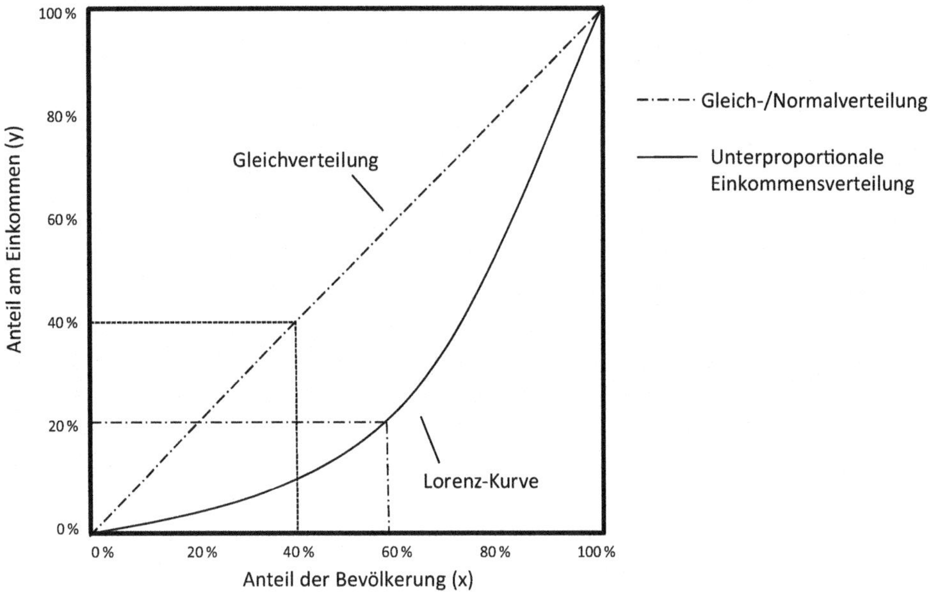

Abb. 19.4 Darstellung der personellen Einkommensverteilung anhand der Lorenz-Kurve

Das Sekundäreinkommen (also das Einkommen nach staatlicher Intervention) bzw. Masseneinkommen bestimmt sich wie folgt:

	Primäreinkommen
./.	freiwillige Sozialversicherungsbeiträge der Selbständigen
./.	Sozialversicherungsbeiträge von Arbeitnehmern und Arbeitgebern
./.	Vermögenssteuern (Körperschafts-, Quellensteuer u. a.)
./.	direkte Steuern (Lohn-/Einkommensteuer)
+	Transfereinkommen als staatliches Korrekturinstrument

Durch die personelle Einkommensverteilung kann es zur Verletzung des Gleichheitsgrundsatzes kommen, da, wie bereits gezeigt, nur die an der volkswirtschaftlichen Produktion beteiligten Wirtschaftssubjekte Einkünfte erhalten würden und Bedürftige ausgeschlossen bleiben. In Extremfällen kann die soziale Kohäsion gefährdet werden. Durch Transferzahlungen im Rahmen der Sekundärverteilung wird diesen Gefahren begegnet, indem eine Angleichung der ökonomischen Verhältnisse aller Wirtschaftssubjekte angestrebt wird.

Die Abb. 19.5 soll abschließend den Zusammenhang zwischen funktioneller und personeller Einkommensverteilung verdeutlichen und die Stellung des Instruments der staatlichen Umverteilung mit dem Ergebnis einer Sekundärverteilung darstellen.

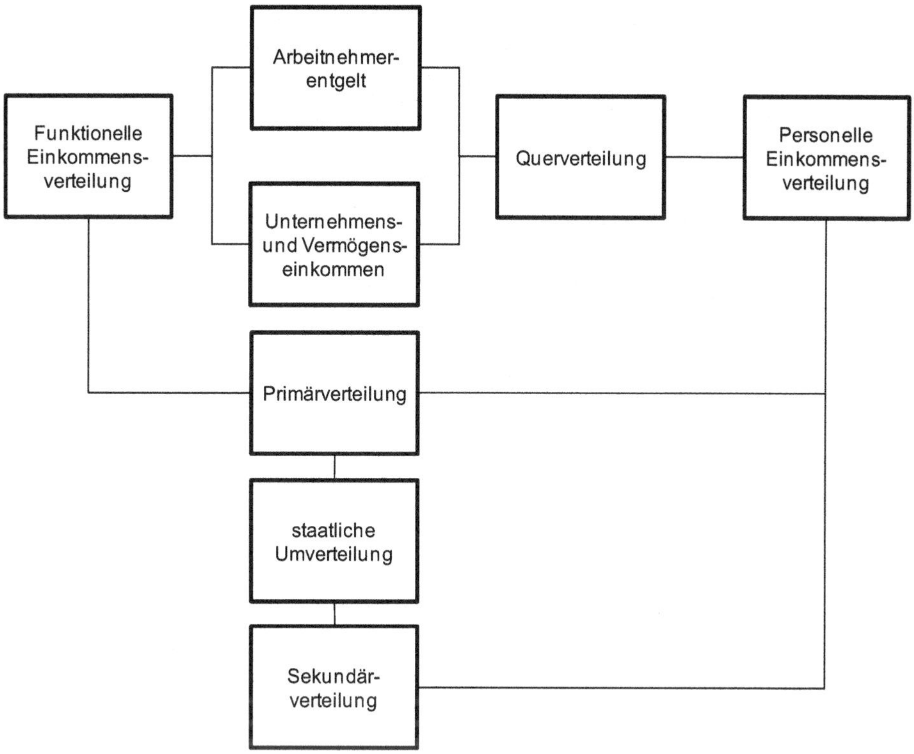

Abb. 19.5 Zusammenhang zwischen Primär- und Sekundärverteilung. (Quelle: Eigene Darstellung in Anlehnung an Cezanne 1993)

Fragen

1. Worin liegt die Hauptursache der Entstehung natürlicher Monopole?
2. Nennen und erläutern Sie die vorgestellten Formen der kostenorientierten Preisregulierung im natürlichen Monopol durch den Staat!
3. Unter welchen Umständen ist staatliches Eingreifen in den Marktprozess gerechtfertigt?
4. Ordnen Sie die Ihnen bekannten Gütergruppen
   - Öffentliches Gut
   - Privates Gut
   - Allmendegut sowie
   - Maut-/Klubgut

   anhand der Kriterien Rivalität im Konsum und Ausschließbarkeit vom Konsum!

Weisen Sie die folgenden Güter den jeweiligen Gütergruppen zu:
eine Parkbank, ein Brot, nicht ausgelastete Autobahn mit Mautgebühr, Mendelssohnbrunnen vor dem Leipziger Gewandhaus, Hochwasserschutz, Jahresmitgliedschaft im Fitnessstudio, ein kostenfreier öffentlicher Parkplatz, Deckenfresko in einer Kirche, Privatwohnung, eine Lesebrille mit individueller Sehstärke, ausgelastete Autobahn mit Maut, Kabelfernsehen.

5. Erläutern Sie das Phänomen der externen Effekten!
6. Wozu dient die Lorenz-Kurve bei der Betrachtung der Einkommensverteilung?

Antworten

1. Vereinzelt ist es möglich, dass die Stückkosten mit zunehmender Produktionszahl sinken. Es kommt folglich zu einer degressiven Entwicklung der Durchschnittskosten über den gesamten Output, was als „zunehmende Skalenerträge" bezeichnet wird. Ursache dafür ist die hohe Bedeutung der Fix- und Gemeinkosten zur Kapazitätsvorhaltung. Das heißt, ein Anbieter ist in der Lage, die gesamte Nachfrage kostengünstiger zu befriedigen, als mehrere Produzenten. Ein solcher Markt tendiert durch diese Subadditivität der Kostenfunktion zur Monopolform, speziell zum natürlichen Monopol.
2. 1. Variante: Preis = Grenzkosten
   Im natürlichen Monopol liegen die Grenzkosten immer unterhalb der Durchschnittskosten. Gibt der Staat dem Monopolisten die Preissetzung „Preis = Grenzkosten" vor, wird das angestrebte Ziel einer Nachfrageausweitung erreicht. Für den Monopolisten entsteht jedoch in Höhe der Differenz zwischen Durchschnitts- und Grenzkosten ein Verlust, da bei dieser gesamtwirtschaftlich optimalen Preissetzung Kostendeckung nicht möglich ist. Das Defizit ist durch den Staat in Form von Subventionen auszugleichen.
   2. Variante: Preis = Durchschnittskosten
   In diesem Fall ermöglicht der Staat dem Monopolisten einen Preis in Höhe der Durchschnittskosten. Dabei handelt der Anbieter kostendeckend, d. h. der Umsatzerlös entspricht den durchschnittlichen Gesamtkosten. Allerdings ist in dieser Situation ein Gewinn nicht möglich. Zudem stellt sich ein statischer Wohlfahrtsverlust im Vergleich zum vollständigen Wettbewerb ein.
3. Die Gesamtwohlfahrt eines Staates hängt zunächst von der Wohlfahrt der einzelnen Individuen ab. Der Staat ist folglich genau dann zu Eingriffen in die Marktprozesse angehalten, wenn das Ziel der individuellen Nutzenmaximierung nicht die Maximierung der Gesamtwohlfahrt mit sich bringt. Ursache für dieses Vorgehen ist ein funktionaler Zusammenhang zwischen der Gesamtwohlfahrt einer Volkswirtschaft und dem Eigennutz ihrer Mitglieder.
   Zunächst sind in der Regel folgende Prämissen auf Märkten beobachtbar
   - die Konsumenten fragen Güter und Dienstleistungen nach, die ihren Nutzen erhöhen und sie dadurch ihre Präferenzen vollständig enthüllen müssen,

- die Produzenten versuchen unter der Maßgabe der Gewinnmaximierung diese Güter und Dienstleistungen unter minimalen Kosten zu produzieren.

Im idealen Fall sorgt der Wettbewerb auf den Märkten für einen Ausgleich zwischen produzierten und nachgefragten Gütern. Ist dies aufgrund entsprechender Rahmenbedingungen nicht gegeben, ist staatliches Handeln notwendig, da Marktversagen, d. h. eine pareto-ineffiziente Situation, vorliegt.

4.

	Ausschlussprinzip anwendbar	Ausschlussprinzip nicht anwendbar
Rivalität im Konsum besteht	**Rein private Güter**	**Allmendegüter**
	Ein Brot Privatwohnung Eine Lesebrille mit individueller Sehstärke	Eine Parkbank Ein kostenfreier öffentlicher Parkplatz Ausgelastete Autobahn ohne Maut
Rivalität im Konsum besteht nicht	**Klub-/Mautgüter**	**Rein öffentliche Güter**
	Nicht ausgelastete Autobahn mit Mautgebühr Jahresmitgliedschaft im Fitnessstudio Kabelfernsehen	Mendelssohnbrunnen vor dem Leipziger Gewandhaus Hochwasserschutz Deckenfresko in einer Kirche

5. Treten während der Produktion oder dem Konsum privater Güter Auswirkungen auf Wirtschaftssubjekte auf, die primär nicht am Konsum oder der Produktion beteiligt sind, werden diese Auswirkungen als externe Effekte bezeichnet.
   Kommt es durch die Inanspruchnahme eines privaten Gutes bei einer weiteren, nicht an der Produktion oder Nutzung dieses Gutes beteiligten Personen zu einer Nutzen*einbuße*, so liegt ein *negativer* externer Effekt vor. Erfährt allerdings eine weitere, nicht an der Produktion oder Nutzung eines Gutes beteiligte Person infolge der Inanspruchnahme dieses Gutes eine Nutzen*steigerung*, so handelt es sich um einen **positiven** externen Effekt.
   Eine Eigennutzmaximierung muss folglich nicht notwendigerweise zu einer Maximierung der Gesamtwohlfahrt führen.
6. Die Lorenz-Kurve gibt bei der Betrachtung der Einkommensverteilung die Distribution der Gesamtlohneinkommen graphisch wieder. Auf der Abszisse des Koordinatensystems ist der Bevölkerungsanteil abgetragen, auf der Ordinate das anteilige Einkommen der Haushalte. Anhand statistischer Daten entsteht eine Verteilung der kumulierten Häufigkeiten von Einkommensbeziehern und Einkommen. Dadurch wird verdeutlicht, welcher Anteil des Gesamteinkommens von einem bestimmten Prozentsatz der Bevölkerung vereinnahmt wird. Der sich dabei ergebende Kurvenverlauf ist konvex und stetig.
   Mit Hilfe einer linearen Kurve im Diagramm wird die Gleich- oder Normalverteilung verdeutlicht, bei der beispielsweise 40 % der Bevölkerung auch 40 % des Einkommens beziehen. Die Fläche zwischen der Gleichverteilung und der Lorenz-Kurve gilt als Maß der Ungleichverteilung; sie kann mit Hilfe des Gini-Koeffizienten gemessen werden (Abb. 19.4).

Öffentliche Einnahmen 20

Thomas Lenk und Werner Sesselmeier

Inhaltsverzeichnis

Lernziele

In diesem Kapitel soll vermittelt werden

- wie sich das Steuersystem sowie die öffentlichen Einnahmen historisch entwickelt haben,
- was unter dem Äquivalenzprinzip zu verstehen ist und welche Formen der Entgeltfinanzierung öffentlicher Leistungen vorhanden sind,
- warum und in welcher Ausgestaltung das Leistungsfähigkeitsprinzip parallel zum Äquivalenzprinzip als Maßstab öffentlicher Abgabenerhebung besteht,
- wie Steuersätze ausgestaltet sein können, um konkrete Ziele zu erreichen,

T. Lenk (✉)
Institut für Öffentliche Finanzen und Public Management/Finanzwissenschaft, Universität Leipzig
Leipzig, Deutschland
E-Mail: fiwi@wifa.uni-leipzig.de

W. Sesselmeier
Universität Koblenz-Landau
Landau, Deutschland
E-Mail: sesselmeier@uni-landau.de

R. Neubäumer et al. (Hrsg.), *Volkswirtschaftslehre*, DOI 10.1007/978-3-658-16523-9_20

- welche Anpassungsreaktionen eine Besteuerung bei den betroffenen Wirtschaftssubjekten hervorrufen kann und
- wie eine Steuerlast in unterschiedlichen Marktformen auf andere Wirtschaftssubjekte überwälzt werden kann (Steuerinzidenzanalyse i. e. S.).

20.1 Entwicklung, Struktur und Umfang öffentlicher Einnahmen

20.1.1 Historische Entwicklung des Steuersystems

Zwischen der historischen Entwicklung und Ausgestaltung von Steuer- und Einnahmesystemen und den gesellschaftlichen sowie politischen Entwicklungsprozessen ist ein enger Zusammenhang zu sehen. Vor allem die wirtschaftliche Entwicklung, die Gewaltenteilung zwischen Zentralinstanzen und Bundesstaat, zwischen Königen und Parlamenten sowie zwischen Adel, Klerus und Bürgertum innerhalb einer geographischen Region nahmen und nehmen Einfluss auf die Ausgestaltung des Steuer- und Abgabensystems.[1]

20.1.1.1 Steuergeschichte Deutschlands

Die Kaiser des Deutschen Reiches verfolgten immer wieder das Ziel, allgemeine Reichssteuern einzuführen. Dies scheiterte jedoch häufig an den erstarkten Reichsständen (Kurfürsten, geistliche und weltliche Reichsfürsten sowie Städten).

Die Reichsstände wehrten sich beispielsweise 1522 gegen den „Gemeinen Pfennig" oder „Türkenpfennig", der zur Abwehr der Türken verwendet wurde. Auch ein Reichsgrenzzoll stieß auf Ablehnung. Bis zum Ende des „Heiligen Römischen Reiches deutscher Nation" 1806 wurden nur noch sogenannte Matrikularbeiträge an das Reich gezahlt. Diese wurden nach einem Verteilungsschlüssel umgelegt und zur Finanzierung des Reichsheeres und des Reichskammergerichtes verwandt. Bereits seit dieser Zeit ist die Aufsplitterung des Steuerwesens auf eine Vielzahl von Hoheitsträgern, verbunden mit mannigfaltigen Steuerarten, kennzeichnend für das deutsche Steuer- und Abgabensystem.[2]

Mit dem Aufblühen der Reichsstände im 13. Jahrhundert verfolgten die Städte zunehmend den Ausbau des deutschen Steuersystems. Vor allem mit der vom Kaiser geforderten Pauschalsteuer übernahmen die Städte diesbezüglich die Autonomie, indem sie die Verfahren der Umlage auf die Bürger selbst bestimmen konnten.

[1] In der Umkehrung haben z. T. auch steuerliche Lasten die politische Entwicklung maßgeblich beeinflusst, beispielsweise trug die Boston-Tea-Party am 16. Dezember 1773 zur Unabhängigkeit Amerikas von Großbritannien bei.

[2] In England und Frankreich wurde dies bereits frühzeitig zentralisiert, was zu einer einheitlichen Besteuerung positiv beiträgt.

Direkte Steuern dienten der Befriedigung gemeinsamer Stadtbedürfnisse. Als Bemessungsgrundlage dienten zunächst Grundstücks- und Gebäudewerte; später auch Kapital und Renten, woraus sich schließlich die Vermögenssteuern entwickelten.

Ab dem 14./15. Jahrhundert wurden indirekte Steuern erhoben, so beispielsweise Stadtzölle oder Abgaben mit Verbrauchscharakter.

Im absolutistischen Zeitalter verstärkte sich infolge des Merkantilismus auf Landes- und Reichsebene der Einfluss indirekter, von ständischen Vorgaben freier Steuern. Bis ins 17./18. Jahrhundert wurden sie zum Hauptbestandteil der Landessteuersysteme.

Einen wichtigen Entwicklungsschritt der jüngeren Steuergeschichte ist die *Miquel*'sche Steuerreform. Der Preußische Staats- und Finanzminister *Miquel* reformierte 1891/93 die seit 1820 bestehende Klassensteuer, indem er diese durch eine moderne Einkommensteuer ablöste und durch eine zeitgemäße Vermögensteuer ergänzte. Dies hatte um die Jahrhundertwende Vorbildcharakter für die übrigen deutschen Staaten.

Mit dem Ziel einer gemeinsamen Zoll- und Verbrauchsteuerpolitik begannen 1842 erste Versuche der Errichtung eines deutschen Zollvereins. Aufgrund des Scheiterns des Verfassungswerkes 1849 gelang es erst 1871 mit der Gründung des Deutschen Reiches ein föderatives Steuersystem zu errichten.

Erst nach der Jahrhundertwende konnte das Reich an direkten Steuern partizipieren, so an der Erbschaftsteuer ab 1906, an der Wertzuwachsteuer ab 1911 und ab 1913 an einem einmaligen Wehrbeitrag sowie an laufenden Besitzsteuern.

Der Erste Weltkrieg brachte eine dramatische Finanznot mit sich, welche zu einer grundlegenden Neuausrichtung des Steuersystems führte. Durch die Weimarer Verfassung wurde die Steuerkompetenz des Reiches deutlich erweitert. Mit der Finanzreform des damaligen Reichsfinanzministers *Erzberger* 1919/20 wurde neben einer Reichsfinanzverwaltung ein einheitliches Steuerrecht eingeführt.

Große direkte Ländersteuern wurden in Reichssteuern umgewandelt und aufgrund der Kriegsfolgelasten erheblich erhöht.[3] Den Ländern und Gemeinden wurden Anteile an diesen Reichssteuern zugewiesen. Darüber hinaus erhielten sie das Aufkommen der Gewerbe-, Grund- und Gebäudesteuer sowie die örtlichen Verbrauch- und Aufwandsteuern.

Für die Zeit nach 1945 sind in der damaligen Bundesrepublik vor allem die Steuerreformen der Jahre 1952 bis 1956 sowie 1969 bis 1972 wegweisend. Beschäftigte sich die erste Phase vor allem mit der Verteilung der Einnahmen, hatte die zweite die Aufgabenerfüllung zum Inhalt. Beide Reformen hatten zahlreiche Änderungen des Kapitels X des Grundgesetzes[4] zur Folge, die in weiten Teilen bis in die Gegenwart Bestand haben.

[3] Die wichtigsten Reichssteuern jener Zeit waren die 1918 eingeführte Umsatzsteuer, die Einkommensteuer, die neu begründete Körperschaftsteuer, die Vermögens- und die Erbschaftsteuer.

[4] Kapitel X des Grundgesetzes hat die Finanzverfassung zum Inhalt.

20.1.2 Struktur und Umfang öffentlicher Einnahmen

Die zur Durchführung staatlicher Aufgaben notwendigen finanziellen Mittel kann der Staat durch unterschiedliche Instrumente beschaffen. Öffentliche Einnahmen werden in Steuern nach § 3 Abs. 1 AO und sonstige Abgaben unterschieden, wobei die Steuereinnahmen mit rund 90 %. den Großteil des Gesamtaufkommens darstellen.

Im Folgenden sollen die wichtigsten Abgabenarten vorgestellt werden.

20.1.2.1 Steuern

► Steuern werden in § 3 Abs. 1 AO definiert als

> ... Geldleistungen, die nicht eine Gegenleistung für eine besondere Leistung darstellen und von einem öffentlich-rechtlichen Gemeinwesen zur Erzielung von Einnahmen allen auferlegt werden, bei denen der Tatbestand zutrifft, an den das Gesetz die Leistungspflicht knüpft; die Erzielung von Einnahmen kann Nebenzweck sein.

Folgende Merkmale können Steuern somit zugewiesen werden:

- auferlegte Zwangsabgaben in Form von Geldzahlungen,
- es besteht kein Anspruch auf eine direkte Gegenleistung[5],
- die Steuererhebung bedarf einer gesetzlichen Grundlage,
- Steuern dürfen ausschließlich von einem öffentlich-rechtlichen Gemeinwesen, d. h. von den Gebietskörperschaften oder den Amtskirchen erhoben werden und
- zu den Steuern zählen Zölle und Abschöpfungen, nicht aber Sozialversicherungsbeiträge.[6]

20.1.2.2 Sozialversichtungsbeiträge

Das Aufkommen der steuerähnlichen Abgaben wird infolge der obigen Definition vor allem von den Sozialversicherungsbeiträgen gebildet.[7] Da es sich dabei meist um Zwangsabgaben handelt, die sich an der individuellen Einkommenshöhe orientieren, kann ein steuerähnlicher Charakter unterstellt werden. Jedoch besteht ein Anspruch auf Gegenleistung, so kann nur jemand Leistungen aus der gesetzlichen Rentenversicherung erhalten, der vorher in die Rentenversicherung eingezahlt hat.

---

[5] Das heißt, eine Zahlung kann nicht mit dem Argument verweigert werden, dass die vom Staat angebotene Leistung nicht in Anspruch genommen werden. Der Anspruch auf staatliche Leistungen wird durch die Staatsbürgerschaft, nicht durch die Steuerzahlung begründet.

[6] Das Gegenteil gilt für US-amerikanische und die meisten internationalen Statistiken.

[7] Beispiele für Sozialversicherungsbeiträge sind die Beiträge zur Arbeitslosenversicherung, zur gesetzlichen Unfallversicherung sowie zur Kranken-, Renten- und Pflegeversicherung.

20.1.2.3 Gebühren

Wird eine staatliche Leistung individuell in Anspruch genommen, so fallen Gebühren an. Daher kann die Zahlung der Gebühr vermieden werden, wenn eine bestimmte Leistung nicht genutzt wird. Besonders auf kommunaler Ebene spielen Gebühren eine wichtige Rolle, wohingegen sie auf Landes- oder Bundesebene nur geringe fiskalische Bedeutung besitzen.

Gebührenerhebung ist für Leistungen anwendbar, bei denen Ausschließbarkeit vom Konsum möglich und gewollt ist.

Gebühren werden unterschieden in Verwaltungs- und Benutzungsgebühren. Während Verwaltungsgebühren Entgelte für Amtshandlungen, wie beispielsweise das Ausstellen von Bescheinigungen oder Genehmigungen darstellen, fallen Benutzungsgebühren bei der Inanspruchnahme öffentlicher Einrichtungen wie Bibliotheken oder Schwimmbäder an.

20.1.2.4 Erwerbseinkünfte

Durch das staatliche Angebot von Gütern und Dienstleistungen erzielt der Staat auch Erwerbseinkünfte. Für diese fehlt weitgehend der hoheitliche Zwang. Dieser kann allerdings durch die Festlegung öffentlicher Finanzmonopole ausgeübt werden. Hierbei wird der Nachfrager gezwungen, die betreffende Leistung beim Staat nachzufragen. Nutzt dieser seine monopolistische Marktstellung aus, kann die sich ergebende Preiserhöhung als Quasisteuer interpretiert werden.

Beispiele sind Einnahmen der öffentlichen Versorgungs- und Verkehrsbetriebe, der gewerblichen Unternehmen wie öffentliche Banken und Sparkassen sowie Einnahmen aus öffentlichen Beteiligungen oder Vermietung und Verpachtung.

20.1.2.5 Öffentliche Schuldenaufnahme

Auch die öffentliche Schuldenaufnahme ist neben den Erwerbseinkünften ein marktnahes Finanzierungsinstrument. Konkurriert der Staat am Kapitalmarkt mit anderen Nachfragern, so handelt es sich um Kredite, die dem Staat freiwillig gewährt werden. Finanziert sich der Staat allerdings über eine Zwangsanleihe[8], d. h. die Höhe und/oder die Kreditkonditionen werden seitens des Staates festgeschrieben, dann muss von einer steuernahen Finanzierung ausgegangen werden.

20.2 Prinzipien öffentlicher Abgabenerhebung

20.2.1 Äquivalenzprinzip

In der sozialen Marktwirtschaft soll die Allokation und Distribution der Güter und Dienstleistungen über den Markt erfolgen. Staatseingriffe sind nur dann erwünscht, wenn ein

[8] Als Beispiel für eine solche Zwangsanleihe kann der von 1970–1972 erhobene Konjunkturzuschlag erwähnt werden.

Marktversagen vorliegt und davon ausgegangen werden kann, dass es durch den Staatseingriff zu einer Verbesserung kommt bzw. kommen kann. Das Äquivalenzprinzip[9] kann angewandt werden, sofern sich staatliche Aktivitäten aus technischer Sicht für eine Entgeltfinanzierung eignen und dieses Vorgehen nicht im Konflikt zu politisch vorgegebenen Zielen steht. Es wird versucht, marktliche Mechanismen auf die Finanzierung der Staatstätigkeit zu übertragen:

Derjenige, der aus einer staatlichen Leistung einen Vorteil zieht, wird nach Maßgabe dieses Vorteils über ein entsprechendes Entgelt zur Finanzierung herangezogen.

Die Orientierung am individuellen Vorteil bzw. am Nutzen für den Einzelnen setzt allerdings dessen Bestimmbarkeit voraus. Hierfür muss der Nutzen messbar und die Voraussetzung der Ausschließbarkeit vom Konsum gegeben sein.[10] Aus dieser Annahme wird deutlich, dass rein öffentliche Güter nicht unter Anwendung des Äquivalenzprinzips finanziert werden können, da bei diesen ein Konsumausschluss nicht möglich ist. Private Güter sollten der Neoklassik folgend dem Markt überlassen bleiben, folglich eignet sich dieses Vorgehen nur für Mischgüter bzw. meritorische Güter.

Eine weitere Grenze der Anwendbarkeit besteht darin, dass bestimmte staatliche Aktivitäten (beispielsweise Sozialleistungen oder Transfers) nicht über Entgelte finanziert werden können, da hier die Einheit von Nutzer und Zahler vorausgesetzt wird.

20.2.1.1 Gründe einer Entgeltfinanzierung öffentlicher Leistungen

Ein erster Grund ist verteilungspolitischer Natur. Wenn öffentliche Leistungen ausschließlich für bestimmte Bevölkerungsgruppen oder Individuen Sondervorteile hervorbringen, sind entgeltliche Finanzierungsmodi angebracht. Eine Finanzierung dieser durch Steuern, die der Allgemeinheit auferlegt werden, scheint in diesem Fall als nicht angebracht.[11] Allerdings gilt dies nur, wenn diese Sondervorteile nicht als Instrument zur Erreichung verteilungspolitischer Zielsetzungen eingesetzt werden, d. h. wenn bestimmte Güter möglichst von allen Bürgern genutzt werden sollen. Besteht darüber hinaus die Pflicht zur Inanspruchnahme[12], erscheint eine Entgeltfinanzierung als gänzlich unangemessen.

Eine weitere Gruppe von Argumenten, welche für eine Entgeltfinanzierung öffentlicher Leistungen spricht, sind allokationspolitisch motivierte Gründe. Dazu zählen Überlegungen der Nachfragedämpfung sowie der Vermeidung von Verschwendung und Steuerwiderständen.

Nachfragedämpfung durch Entgelterhebung kann beispielsweise angewandt werden, indem die Nutzung von Parkplätzen in Innenstädten kostenpflichtig ausgestaltet wird. Da eine unbegrenzte Angebotsausweitung nicht möglich ist, kann erreicht werden, dass ein Nachfragerückgang, verbunden mit einer gesteigerten Inanspruchnahme öffentlicher Verkehrsmittel, einsetzt.

[9] Auch Vorteilsprinzip, Nutzenprinzip oder benefit principle genannt.
[10] Wenn beide Kriterien nicht erfüllt sind, ist eine marktmäßige Entgeltfinanzierung nicht möglich.
[11] Beispielsweise das Angebot öffentlicher Museen oder Theater.
[12] Beispielsweise Schulbesuch.

Die Vermeidung von Verschwendung betrifft beispielsweise die Bereiche Energie, Wasser und Mülldeponieraum. Wäre die Nutzung von Energie und Wasser unentgeltlich oder verbrauchsunabhängig finanziert, so würde das notwendige Maß häufig überschritten werden. Analog gilt dies für die Müllabfuhr und den damit verbundenen begrenzten Bedarf an knappem Deponieraum. Vorausgesetzt werden muss allerdings eine hinreichend große Preiselastizität der Nachfrage nach den betreffenden Leistungen.

Die Vermeidung von Steuerwiderständen fokussiert die Entgeltlösung, um den Widerstand der Steuerzahler gegenüber steigenden Belastungen durch Steuern zu verhindern. Steuerwiderstände können zu legalen und illegalen Vermeidungshandlungen und somit zu wachsendem Druck auf die politischen Entscheidungsträger führen. Je näher die Obergrenze der als erträglich empfundenen Steuerbelastung rückt, umso angebrachter erscheint die Lösung einer Entgeltfinanzierung. Die Bindung einer öffentlichen Leistung an eine bestimmte Abgabe kann zu erhöhter Rationalität des Entscheidungsprozesses und besserer Akzeptanz seitens der Bevölkerung führen.

20.2.1.2 Verzerrungs- oder Lenkungswirkungen der Äquivalenzabgabe

Um die Verzerrungs- oder Lenkungswirkungen einer Äquivalenzabgabe zu analysieren, wird eine Vergleichsgröße benötigt, mit deren Hilfe das Szenario beschrieben werden kann: die Pauschalabgabe. Eine Pauschalabgabe ist als fixe Abgabe zu verstehen, die ein Individuum unabhängig von seinem Einkommen, dem Konsum öffentlicher Güter oder dem Gesundheitszustand leisten muss. Pauschalabgaben verändern die gesellschaftlichen Kosten oder Nutzen eines Gutes nicht, sondern reduzieren die Fähigkeit der Bürger zu konsumieren und zu sparen; sie besitzen lediglich einen Einkommenseffekt, der zu einem Nachfragerückgang führt. Somit besteht auch kein Anlass, das bisherige Gut durch ein anderes zu substituieren.

In Abb. 20.1 sind private (Gut 1) und öffentliche Güter (Gut 2) abgebildet. Mit B1 als Budgetgerade werden alle für den Haushalt finanzierbaren Güterbündel verdeutlicht (Ausgangssituation). In E_1 besteht das Haushaltsoptimum, da an dieser Stelle die Budgetgerade die Tangente zur höchsten Indifferenzkurve U_1 und damit zum höchsten Nutzenniveau bildet.

Wird in dieser Situation eine Pauschalsteuer T_P eingeführt, folgt eine Parallelverschiebung der Budgetgerade auf das Niveau B_3. In E_3 wird von beiden Gütern in gleichem Maße weniger konsumiert. Damit verbunden ist schließlich ein geringeres Nutzenniveau U_3.

Wird in der Ausgangssituation das öffentliche Gut mit einer Äquivalenzsteuer T_A belastet, die in gleicher Höhe wie die Pauschalsteuer ausgestaltet ist ($T_P = T_A$), kommt es zur Drehung der Budgetgeraden ($B_1 \rightarrow B_2$). Das hat zur Folge, dass für den Konsum einer zusätzlichen Einheit des öffentlichen Gutes auf mehrere Einheiten des privaten Gutes verzichtet werden muss. Zu dem Einkommenseffekt tritt ein Substitutionseffekt. Das Haushaltsoptimum kann nur über ein geringeres Nutzenniveau U_2 erreicht werden.

Die Äquivalenzsteuer führt folglich laut Modell im Vergleich zur Pauschalsteuer für den Steuerzahler zu einem Wohlfahrtsverlust.

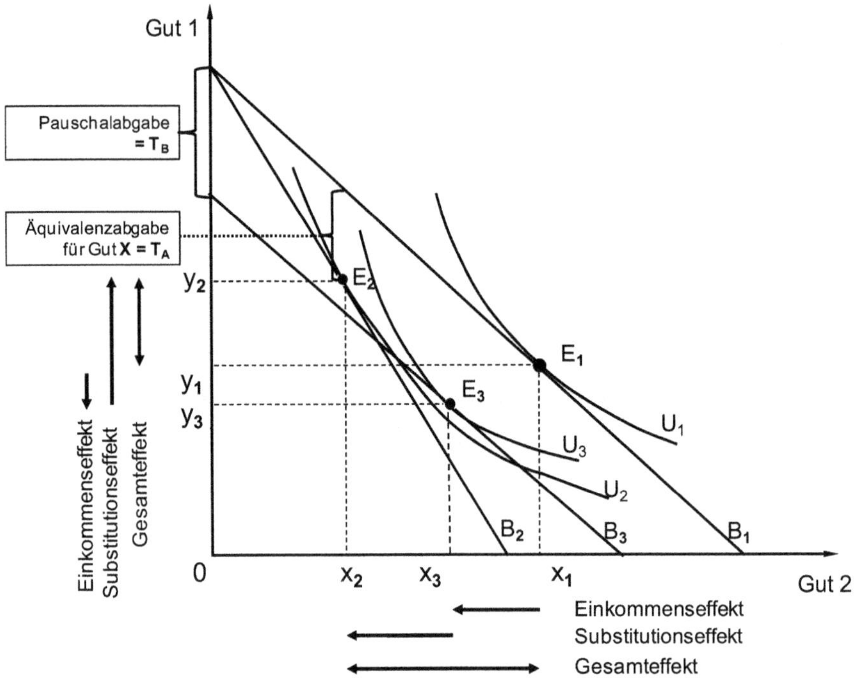

Abb. 20.1 Darstellung der Äquivalenz- und Pauschalsteuer

20.2.1.3 Formen der Entgeltfinanzierung

Die Formen der Entgeltfinanzierung werden nach der Art ihrer Ermittlung und den Verteilungsverfahren auf tatsächliche oder unterstellte Nutzer unterschieden.

Als Arten der Ermittlung von Finanzierungsbeiträgen sind das marktmäßige und das kostenmäßige Äquivalenzprinzip zu unterscheiden.

Das marktmäßige Äquivalenzprinzip sieht einen individuellen Finanzierungsbeitrag vor, welcher monetärer Gegenwert des Nutzens ist, den der jeweilige Nutzer aus der Inanspruchnahme einer Leistung zieht, und entspricht somit seiner Zahlungsbereitschaft.

Kann diese Zahlungsbereitschaft nicht ermittelt werden und sollen dennoch nur die Nutzer eines staatlichen Angebotes zur Finanzierung herangezogen werden, besteht die Möglichkeit der kostenmäßigen Äquivalenz.

Das kostenmäßige Äquivalenzprinzip sieht vor, dass die Kosten einer öffentlichen Leistung entsprechend der Nutzungsintensität bzw. -häufigkeit des Gutes auf die Nutzer verteilt werden sollen.

Es kommt immer zu einem Ausgleich der Kosten und Finanzierungsbeiträge. Vor allem die Gebührenerhebung in der Bundesrepublik unterliegt diesem Prinzip.

Die Verteilung der Kosten kann einerseits gleichmäßig, in Anlehnung an eine Steuer, auf alle potentiellen und tatsächlichen Nutzer erfolgen oder es werden die individuellen

Vorteile als Grundlage herangezogen. Bei letzterem Vorgehen besteht allerdings auch hier das Problem der ungenügenden Messbarkeit und Quantifizierung.

Es ist jedoch möglich, dass das Äquivalenzprinzip politischen Absichten entgegensteht. So kann es beispielsweise aus verteilungspolitischem Aspekt angebracht sein, die Entgelte nach sozialen Kriterien zu staffeln. Soll unter dieser Maßgabe weiter am Äquivalenzprinzip festgehalten werden, würde dies eine unterproportionale Belastung der Geringverdiener und eine überproportionale Heranziehung der Besserverdienenden zur Finanzierung öffentlicher Leistungen bedeuten. Vor allem das Defizit der Besserverdienenden zwischen ihrem Beitrag und der niedrigeren Leistung ist kritisch zu betrachten. Das die Grenzkosten übersteigende Entgelt wirkt analog einer speziellen Verbrauchsteuer, was eine Abkehr vom Äquivalenzprinzip bedeuten würde. Daher beinhalten die Gemeindeordnungen eine Pflicht, die in den Gebührensatzungen enthaltenen sozialpolitisch motivierten Gebührennachlässe[13] nicht anderen Nutzern zu übertragen, sondern von der Allgemeinheit, d. h. über den allgemeinen Steuerhaushalt oder über Kreditaufnahme zu finanzieren.

20.2.2 Leistungsfähigkeitsprinzip

Die Darstellungen zum Äquivalenzprinzip haben gezeigt, dass eine Entgeltfinanzierung zwar wünschenswert, jedoch nicht in jedem Fall realisierbar ist.[14] Daher stellt sich die Frage nach einem alternativen System, mit dem die Kosten öffentlicher Leistungserstellung gedeckt werden können.

Ein solches alternatives Verteilungsverfahren muss sich auf breite Zustimmung der Bürger berufen können. Nach dem Leistungsfähigkeitsprinzip soll *jeder nach Maßgabe seiner individuellen ökonomischen Leistungsfähigkeit* zur Finanzierung staatlicher Leistungen beitragen.

Dieses gerechtigkeitsorientierte Postulat ist, im Gegensatz zum Äquivalenzprinzip, nicht an die persönliche Leistungsentnahme bzw. an die persönliche Inanspruchnahme der öffentlichen Leistung geknüpft. Es wird vielmehr ein exogenes Finanzvolumen auf die einzelnen Bürger umgelegt, wobei der „Umlageschlüssel" die persönliche Leistungsfähigkeit darstellt. Hierbei werden zwei Gerechtigkeitsmerkmale unterschieden:

20.2.2.1 Horizontale Gerechtigkeit

Demnach sind Wirtschaftssubjekte in gleichen ökonomischen Verhältnissen, d. h. von gleicher ökonomischer Leistungsfähigkeit, in gleichem Maße zur Finanzierung öffentlicher Leistungen heranzuziehen.

[13] Beispielsweise in Schwimmbädern oder Bibliotheken.
[14] Als ein Beispiel können verteilungspolitische Gründe genannt werden.

20.2.2.2 Vertikale Gerechtigkeit

Dies besagt, dass Wirtschaftssubjekte in unterschiedlichen ökonomischen Verhältnissen, d. h. von unterschiedlicher ökonomischer Leistungsfähigkeit, unterschiedliche Finanzierungsbeiträge zu leisten haben.

Allerdings ist bis zur praktischen Anwendung dieses Prinzips eine Hürde zu nehmen: Die Leistungsfähigkeit muss messbar werden! Die Interpretation der ökonomischen Leistungsfähigkeit ist maßgeblich von der Bemessungsgrundlage abhängig. Geht es zunächst um die Bestimmung der horizontalen Gerechtigkeit, wird im Rahmen der Ausgestaltung eines Steuertarifs die vertikale Gerechtigkeit im Mittelpunkt stehen.

20.2.2.3 Indikatoren der Leistungsfähigkeit – Die horizontale Gerechtigkeit

Allgemein kann höhere Leistungsfähigkeit dadurch ausgedrückt werden, dass es einer Bevölkerungsgruppe „besser geht" bzw. dass diese „besser gestellt ist" als eine andere. Die „Bessergestellten" sollen einen höheren Steuer- bzw. Abgabenbetrag entrichten. Nur wie kann diese Besserstellung bestimmt werden?

Zunächst darf diese Besserstellung bzw. der Wohlstand nicht mit Wohlbefinden gleichgesetzt werden. Ein Workaholic mit persönlichen Problemen wird dennoch höheren Wohlstand haben als ein glücklicher Strandgutjäger. Allerdings wird Letzterer sicher ein besseres Wohlbefinden haben. Dies darf aber keinen Einfluss auf die Höhe der individuellen Abgabenquote haben.

Ein zweites Beispiel: Zwei Brüder haben die gleiche Ausbildung genossen. Der eine eröffnet ein Wirtschaftsberatungsbüro und arbeitet 70 h pro Woche. Der andere arbeitet 20 h pro Woche als Hausmeister. Beide Brüder haben die gleichen Möglichkeiten, Einkommen zu erzielen, doch haben sie sich unterschiedlich entschieden. Ist es gerecht, dass der Wirtschaftsberater höhere Abgaben zahlen muss?

Aus beiden Beispielen wird ersichtlich, dass ein umfassendes Maß für die Besteuerung nach der Leistungsfähigkeit in der Praxis nicht zu finden ist.

aa) Einkommen als Indikator der individuellen Leistungsfähigkeit

Das Einkommen ist meist die Bemessungsgrundlage für die Festsetzung der Abgabenhöhe. Damit wird zudem eine Aussage für die Einkommensteuer als bedeutendste Abgabenart getroffen. Die Feststellung, was als steuerpflichtiges Einkommen anzugeben ist, erweist sich allerdings häufig als problematisch.

Historisch kann zwischen der Einkommensdefinition nach *Fuisting* und der nach *Schanz* unterschieden werden.

Fuisting entwickelte in diesem Zusammenhang 1907 seine Quellentheorie. Darin grenzt er Einkommen von jeglichen anderweitigen Einnahmen des Einzelnen ab. Demnach zählen nur die **regelmäßig aus dauernden Einkommensquellen fließenden monetären Einkünfte** (z. B. Löhne, Gehälter) **und marktwerte Naturalleisten** (z. B. Dienstfahrzeuge oder Dienstwohnungen), **nicht** aber **Erbschaften, Schenkungen oder Spekulationsgewinne** zur Bemessungsgrundlage.

Schanz definierte 1896 das Einkommen nach der Reinvermögenszugangstheorie. In diese fließen

- Löhne und Gehälter inkl. Arbeitgeberbeiträge zur Sozialversicherung und andere Sozialleistungen,
- Gewinne, Renten, Habenzinsen abzüglich Schuldzinsen, Abschreibungen, Betriebskosten,
- Transfers (Erbschaften, Schenkungen, Sozialhilfen),
- alle Nichtgeldeinkommen (z. B. Eigenproduktion, selbstgenutzter Wohnraum, Dienstwagen) und
- realisierte und nicht realisierte Kapitalgewinne abzüglich realisierter und nicht realisierter Kapitalverluste ein.

Zusammenfassend kann man die Theorie von *Schanz* darstellen als

	Vermögen am Ende des Steuerjahres
./.	Vermögen zu Beginn des Steuerjahres
+	Konsum innerhalb des Steuerjahres
=	gesamtes Reinvermögen

Die zur Bestimmung der Bemessungsgrundlage einbezogenen Einkommensbestandteile machen eine Klärung notwendig,

- wie Naturaleinkünfte (beispielsweise das Wohnen im eigenen Wohnraum) steuerlich zu behandeln sind,
- ob nominale oder reale Einkommen besteuert werden, d. h. ob die Einkommensteuer inflationär bereinigt werden soll,
- ob nur realisierte Kapitalgewinne als Realeinkommenszuwachs während der Haltungszeit der Wertanlage berücksichtigt werden sollen oder auch nicht realisierte Gewinne,
- ob das Individual- oder das Familieneinkommen die Bemessungsgrundlage bilden soll,
- ob Anknüpfungspunkt der Besteuerung das Faktoreinkommen[15] oder das persönlich verfügbare Einkommen[16] sein soll und
- welche Abschreibungsmethode anzuwenden ist; Abschreibungen müssten gemäß ihrem Ertragswert angesetzt werden[17]. Verfahren der linearen bzw. degressiven Abschreibungen beruhen auf Annahmen darüber, wie ein Abschreibungspfad im Durchschnitt aussehen wird.

[15] Löhne, Mieten, Pacht, Zinsen sowie Gewinne.

[16] Unterhaltszahlungen und geleistete Schenkungen; werden Letztere auf der Geberseite besteuert, handelt es sich um das Zahlungsfähigkeitsprinzip (Ability to Pay Principle), andernfalls um das Lebensstandardprinzip (Standard of Living Principle).

[17] Ökonomische Abschreibung.

ab) Freizeit als Indikator der individuellen Leistungsfähigkeit

Die zum Teil problematische Anwendung des Einkommens als Bemessungsgrundlage kann zudem zu Diskriminierung führen. Dies vor allem derart, dass über die Einkommensteuer die (Erwerbs-)Arbeitszeit belastet wird, die Freizeit aber unversteuert bleibt. Da Freizeit jedoch für die Befriedigung individueller Bedürfnisse relevant ist, stiftet sie (analog zum Geldeinkommen) Nutzen, während die Arbeitszeit „Arbeitsleid" hervorruft, welches den Gesamtnutzen negativ beeinflusst. Dieses „Arbeitsleid" wird allerdings durch die Entlohnung und die damit verbundenen Möglichkeiten der Bedürfnisbefriedigung abgegolten. So gesehen kann es als ungerecht empfunden werden, das Einkommen, nicht aber die Freizeit zu versteuern. Daher wurde die Besteuerung des Freizeitnutzens vorgeschlagen, d. h. eine Einbeziehung der Freizeit als Bemessungsgrundlage der Leistungsfähigkeit.

Dagegen ist anzuführen, dass Arbeitszeit in Bezug auf die Befriedigung von Bedürfnissen nicht immer in Konkurrenz zur Freizeit steht; dies zeigt sich beispielsweise bei Individuen, die ihr Hobby zum Beruf machen. Deren Einkommen müsste folglich eher höher als niedriger sein, da die Mehrarbeit für sie nicht Leid, sondern Nutzengewinn bedeutet.

ac) Vermögen als Indikator der individuellen Leistungsfähigkeit

Der Ansatz, dass Vermögen ein Merkmal der Leistungsfähigkeit darstellt, unterliegt einem breiten Konsens. Vermögen wird zudem selbst als nutzenstiftende Größe angesehen, da es in Form von Macht und/oder eines befriedigten Sicherheitsbedürfnisses als „Psychic Income" interpretiert werden kann.

Allerdings ist auch hier die Ermittlung der Bemessungsgrundlage problematisch:

- Die Erfassung des Vermögens, vor allem, wenn sich dieses im Ausland ohne viel Mühe verbergen lässt, bereitet zum Teil immense Schwierigkeiten.
- Unterschiedliche Bewertungsvarianten führen zu teilweise sehr verschiedenen Ergebnissen. In der Bundesrepublik sind daher die einheitswertabhängigen Steuern, allen voran die 1995 als verfassungswidrig erklärte und 1997 abgeschaffte Vermögensteuer, zu den ungerechtesten Steuerarten geworden.
- Die Ermittlung des individuellen „Psychic Income", an dem sich die Steuerhöhe schließlich ausrichten müsste, ist kaum möglich.
- Vermögensbestände versus Vermögenserträge: Es ist zu klären, ob das gesamte Vermögen als Indikator der Leistungsfähigkeit herangezogen werden soll oder nur ein Teil, beispielsweise das produktiv genutzte Vermögen. Im letzteren Fall können die Vermögenserträge im Rahmen der Einkommensteuer höher belastet werden. Wird hingegen das gesamte Vermögen als Bemessungsgrundlage herangezogen, ist eine besondere Vermögensteuer zu erheben. Nur auf diesem Wege lässt sich das konsumtiv genutzte Vermögen, wie z. B. Kunstwerke oder nicht wirtschaftlich genutzte Grundstücke einbeziehen.

- Sach- und Finanzvermögen versus Humankapital: Wird Vermögen als Quelle der Leistungsfähigkeit diskutiert, so muss neben dem Sach- und Finanzvermögen auch das Humankapital in die Überlegungen einbezogen werden. Die Bestimmung des Wertes von Humankapital gestaltet sich allerdings äußerst schwierig. Würden die Aufwendungen zur Erlangung dieses Humankapitals (Studiengebühren o. Ä.) herangezogen, so wären auch „Fehlinvestitionen", beispielsweise Ausgaben von Studenten, die ihr Studium abbrechen oder ihr Examen nicht bestehen, einzubeziehen. Wird an den Erfolg als Ergebnis eines abgeschlossenen Studiums angeknüpft, müsste auch das konsumtiv genutzte Humankapital erfasst werden, was sich als schwierig erweist. Dies wäre lediglich in einer derart unpräzisen Weise möglich, dass die Gleichbehandlung darunter Leiden würde.

ad) Konsum als Indikator der individuellen Leistungsfähigkeit

Der Konsum als Indikator individueller Leistungsfähigkeit ist ein ernster Konkurrent des Einkommens geworden. Konsum knüpft an der Einkommensverwendung an, während die Basis für Einkommensteuern die Einkommensentstehung ist. Dienen einerseits die Ausgaben für bestimmte Güter als Bemessungsgrundlage spezieller Ausgabensteuern, werden andererseits für die Bemessung einer allgemeinen Ausgabensteuer alle Verwendungsarten des Einkommens (außer dem Sparen) einbezogen.

Hier muss zwischen einer allgemeinen Ausgabensteuer (in Form der Mehrwertsteuer) und einer persönlichen Ausgabensteuer unterschieden werden. Diese berücksichtigt die subjektiven Umstände des Konsumenten.

Der jährliche Konsum ist demnach zu ermitteln als:

	Vermögen zum Jahresbeginn
+	Jahreseinkommen
+	aufgenommene Kredite
./.	Schuldzinsen, Tilgungszahlungen
./.	Vermögen zum Jahresende

Häufig wird gegen den Konsum als Maßstab eingewandt, dass er zu schmal sei, um die Leistungsfähigkeit eines Einzelnen zu bestimmen, denn Sparen stifte schon für sich genommen Nutzen, indem es insbesondere das Sicherheitsbedürfnis befriedige. Dagegen spricht aber, dass bei konsequenter Einbeziehung des Sicherheitsbedürfnisses dieses auch im Rahmen der Einkommensteuerfestsetzung Beachtung finden müsste. Somit wären sichere Einkünfte höher zu besteuern als unsichere, da erstgenannte für sich schon einen Nutzen darstellen.

Auch sozialpolitisch motivierte Bedenken richten sich gegen den Konsum als Bemessungsgrundlage. Werden persönliche Verhältnisse nicht beachtet, so kann eine Besteuerung des Konsums zu einer regressiven Belastung führen, d. h. mit steigendem Einkommen nimmt die prozentuale Belastung ab. Geringverdiener hätten demnach prozentual mehr Steuern zu entrichten, wie die Tab. 20.1 verdeutlicht.

Tab. 20.1 Regressive Wirkung einer allgemeinen Konsumsteuer

Einkommen Y	Konsum C	Darin enthaltene MWSt (T)	Steuer/Einkommen
		(t = 19 %)	T / Y
1.000	1.000	159,66 €	15,97 %
5.000	4.000	638,66 €	12,77 %
10.000	6.000	957,98 €	9,58 %

Im Zusammenhang mit der deutschen Mehrwertsteuer ist jedoch zu beachten, dass vielmehr bestehende Steuerbefreiungen des Wohnungs- und Gesundheitswesens sowie eine geringere Besteuerung von Gütern des Grundbedarfes existieren, die eine Entlastung für Geringverdiener mit sich bringen, da diese Güter einen höheren Anteil in deren Warenkorb darstellen.

20.2.2.4 Opfertheorien – Die vertikale Gerechtigkeit

Durch individuell hinzunehmende Nutzenkürzungen bzw. Opfer kann im Rahmen des Leistungsfähigkeitsprinzips vertikale Gerechtigkeit erreicht werden. Die Möglichkeiten der Umsetzungen werden in den Opfertheorien beschrieben, denen die folgenden Annahmen zugrunde liegen:

- der Nutzen U lässt sich als Funktion des Einkommens Y darstellen: $U = U(Y)$; der Nutzen eines Individuums ist somit von seinem Einkommen abhängig,
- die Nutzenfunktion ist bekannt; sie besitzt die Eigenschaft, dass der Nutzen jeder zusätzlichen Einheit abnimmt (Gesetz vom abnehmenden Grenznutzen: $U'(Y) > 0$ und $U''(Y) < 0$),
- der Nutzen ist kardinal messbar,
- alle Wirtschaftssubjekte haben dieselbe Nutzenfunktion und
- es wird eine Einkommensteuer mit dem Ziel einer Nutzenreduktion erhoben.

ba) Gleiches absolutes Opfer

Gemäß der Vorgabe eines gleichen absoluten Opfers sollen alle Betroffenen durch die Besteuerung eine Nutzeneinbuße in gleicher Höhe erleiden[18]. Die gleichen Längen der Strecken AB und CD in Abb. 20.2 symbolisieren eine gleiche Nutzeneinbuße bei unterschiedlichen Einkommen E_1 und E_2. Sollen beide Steuerzahler das absolut gleiche Opfer erbringen, so muss sich der Steuerbetrag mit der Einkommenshöhe ändern. Bei *gleicher Nutzeneinbuße* zahlen die Individuen folglich *unterschiedlich hohe Steuerbeträge*. Diese Steuer (T) bzw. dieses Opfer hat bei einem Einkommen in Höhe von E_1 den Wert der Strecke E_1E_1' bzw. AG, bei einem Einkommen von E_2 beträgt die zu zahlende Steuer (T_2) die Strecke E_2E_2' bzw. DH. Bei abweichendem Nutzenniveau aber gleichem absolutem Nutzenentzug ergeben sich somit unterschiedliche Steuersätze $t_i = \frac{T_i}{Y_i}$.

[18] $U(Yi) - U(Yi - Ti) = \text{konst.}$ für alle Haushalte $i = 1, 2, \ldots, n$.

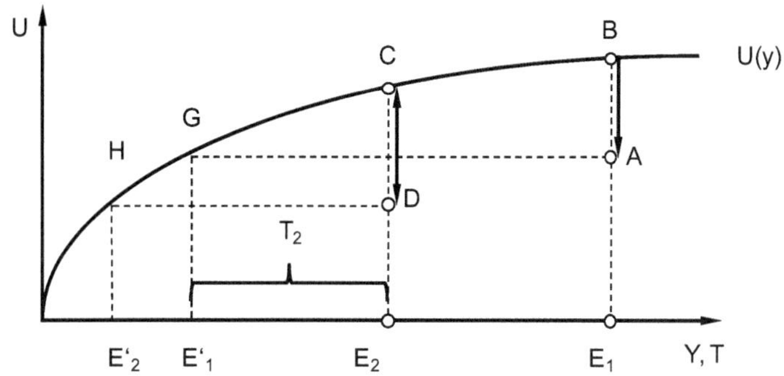

Abb. 20.2 Gleiches absolutes Opfer

bb) Gleiches relatives Opfer

Beim Prinzip des gleichen relativen Opfers wird das Verhältnis zwischen Opfer und ursprünglichem Nutzen konstant gehalten.

Für Abb. 20.3 bedeutet dies, dass die Streckenverhältnisse $\frac{BA}{BE_1}$ und $\frac{CD}{CE_2}$ gleich sind. Auch hier ergeben sich in der Regel unterschiedliche Steuersätze.

bc) Gleiches Grenzopfer

Wenn durch die Besteuerung alle Betroffenen eine Nutzeneinbuße derart erleiden, dass die letzte Einheit des verbleibenden Einkommens für alle Individuen den gleichen Nutzen stiftet, wird vom gleichen Grenzopfer gesprochen[19]. Da annahmegemäß alle Individuen derselben Nutzenfunktion unterliegen, muss der Grenznutzen für alle auch in einem gemeinsamen Punkt liegen (beispielsweise im Punkt F in Abb. 20.4).

Alle darüber liegenden Nutzen (und damit Einkommen) werden durch Steuern auf das Niveau von F gekürzt; alle darunter liegenden Nutzen bzw. Einkommen werden bis zum

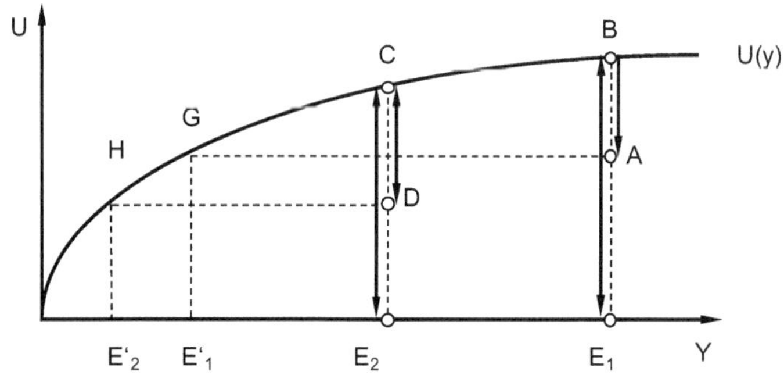

Abb. 20.3 Gleiches relatives Opfer

[19] $U'(Y_i - T_i) = \text{konst.}$ für alle $i = 1, 2, \ldots, n$.

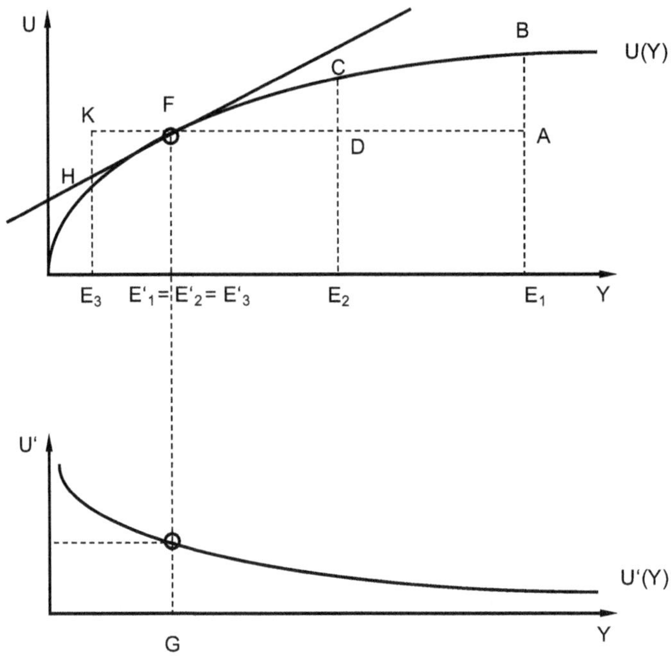

Abb. 20.4 Gleiches Grenzopfer

Erreichen des Punktes F durch Transferzahlungen aufgestockt. Im Ergebnis kommt es zu einer Angleichung der Nettoeinkommen (Y – T). Der Bezieher des Einkommens E_1 müsste beispielsweise Steuern in Höhe von E_1E_1' bzw. AF zahlen, der Einkommensbezieher E_2 Steuern in Höhe von E_2E_2' bzw. DF. Der Bezieher des Einkommens E_3 erhält Transferzahlungen in Höhe von E_3E_3' bzw. KF.

bd) Bemessung der Abgabenlast

Für das *gleiche Grenzopfer* ist in jedem Fall eine progressive Besteuerung zu beobachten, da jedes über dem „Einheitseinkommen nach Besteuerung" (Punkt F) liegende Einkommen zu 100 % zu versteuern ist. Infolge der monoton zunehmenden Nutzenfunktion (vgl. Annahmen) können die Anforderungen an das gleiche Grenzopfer nur erfüllt sein, wenn nach Besteuerung alle Haushalte über ein identisches Einkommen verfügen. Damit ist allerdings verbunden, dass Haushalte, die vor der Besteuerung ein höheres Einkommen besaßen, dies im Zuge der Steuererhebung vollständig einbüßen. Andererseits werden Haushalte, die zunächst unter dem „Einheitseinkommen" liegen (Punkt F), subventioniert.

Der durchschnittliche Steuersatz steigt mit zunehmendem Einkommen an. Das marginale Opfer versucht die Theorie einer additiven, ungewichteten Wohlfahrtsfunktion $W(U_1, U_2, \ldots, U_n) = U_1 + U_2 + \ldots + U_n$ zu realisieren, die den Nutzen aller Bürger für gleich wichtig erachtet. Diese Wohlfahrtsfunktion wird bei vorliegendem Grenznutzen, der mit dem Einkommen abnimmt, genau dann maximal, wenn $U_1 = U_2 = \ldots = U_n$.

Zudem ist aufgrund der vollkommen nivellierenden Wirkung hinsichtlich des Nutzens und der Einkommen eine extrem leistungsfeindliche Ausprägung dieses Opferansatzes festzustellen. Der individuelle Leistungsanreiz ist umso geringer, je größer die Gesellschaft ist, d. h. je mehr Haushalte am erwirtschafteten Mehreinkommen infolge des Umverteilungsprozesses beteiligt werden.

Unter den obigen Annahmen lassen sich für das *gleiche absolute Opfer* keine eindeutigen Aussagen treffen. Die Ausgestaltung des Tarifs hängt maßgeblich von der Elastizität des Grenznutzens in Bezug auf das Einkommen ab:

$$\varepsilon_{U',Y} = \frac{\frac{U'_1-U'_0}{U'_0}}{\frac{Y_1-Y_0}{Y_0}} = \frac{\text{Prozentuale Änderung des Grenznutzens}}{\text{Prozentuale Änderung des Einkommens}}.$$

- Nimmt der Grenznutzen der letzen Einkommenseinheit langsamer zu als das Einkommen, dann muss mehr Einkommen geopfert werden, um die gleiche Nutzeneinbuße zu erringen. Es folgt ein progressiver Steuersatz ($\varepsilon < 1$).
- Sinkt der Grenznutzen der letzen Einkommenseinheit schneller als das Einkommen abnimmt, dann ist für die gleiche Nutzeneinbuße weniger Einkommen notwendig. Es folgt ein regressiver Tarifverlauf ($\varepsilon > 1$).
- Entwickeln sich beide Größen proportional, also mit gleicher prozentualer Veränderung, liegt ein proportionaler Verlauf vor ($\varepsilon = 1$).

Das gleiche absolute Opfer ist zwar horizontal gerecht, nicht aber vertikal, da alle Haushalte unabhängig von ihrer individuellen wirtschaftlichen Lage eine gleich hohe Nutzenkürzung erfahren.

Das *gleiche relative Opfer* entspricht den durch das Leistungsfähigkeitsprinzip induzierten Gerechtigkeitsvorstellungen am ehesten. Allerdings ist bei dieser Opfertheorie die Tarifgestaltung am wenigsten bestimmt. Sie ist von der Summe der Einkommenselastizität des Grenznutzens und der Einkommenselastizität des Nutzens abhängig. Ist diese Summe kleiner eins, liegt ein regressiver Tarif vor, bei einem Wert größer eins ein progressiver Tarif und bei einer Summe von eins handelt es sich um einen proportionalen Tarifverlauf.

be) Kritische Anmerkungen zu den Opfertheorien

Abschließend sollen die Opfertheorien kritisch betrachtet werden.

Nutzenspendende Größen sind weniger das Einkommen, sondern vielmehr die mit diesem erwerbbaren Güter und Dienstleistungen. Da das Einkommen aber für eine unendliche Vielzahl solcher Güter- und Dienstleistungsbündel ausgegeben werden kann, die alle unterschiedliche Nutzenniveaus repräsentieren, ist es zumindest schwierig, Ergebnisse, die für Güter im Mehrgüterfall abgeleitet worden sind, in einer einzelnen monetären Größe abzubilden. Abnehmende Grenznutzen werden in der Regel aus der Zunahme des Verbrauchs eines Gutes bei Konstanz aller anderen Güter hergeleitet. In diesem Fall wird jedoch das Einkommen herangezogen, welches zudem das einzige Argument der zugrundeliegenden Nutzenfunktion darstellt.

Gleiche Nutzenfunktionen für alle Individuen sind weder technisch erforderlich noch wahrscheinlich. Würde diese Annahme aber aufgegeben, so wäre für jeden Haushalt ein individueller Steuertarif notwendig.

Die Annahme einer sozialen Nutzenkurve ist in diesem Zusammenhang dahingehend realistischer, dass mittels einer solchen die Gesellschaft **insgesamt** sukzessive Einkommenseinheiten bewerten kann. Somit kann der Gesetzgeber durch eine bestimmte beschlossene Einkommensstruktur nach Besteuerung eine bestimmte Opferregel realisieren. Eine explizite Einkommen-Nutzen-Kurve wäre festsetzbar und somit könnte eine entsprechende Formulierung der Steuer- und Abgabenpolitik erfolgen.

20.3 Steuerinzidenzanalyse

Grundbegriffe

Steuergegenstand oder Steuerobjekt
Sache, Handlung oder Geldsumme, auf die sich der Zugriff richtet. Der Steuergegenstand begründet die Steuerpflicht.

Beispiele: Das Halten von Kraftfahrzeugen für die Kraftfahrzeugsteuer, der Gewerbebetrieb für die Gewerbesteuer, das Einkommen für die Einkommensteuer.

Steuerbemessungsgrundlage
Die technisch-physische oder monetäre Größe, die der Ermittlung der Steuerschuld zugrunde gelegt wird.

Beispiele: Der Ertragswert bei der Grundsteuer, Hubraum oder Gewicht bei der Kraftfahrzeugsteuer, das zu versteuernde Einkommen bei der Einkommensteuer.

Besteuerungseinheit
Die vom Gesetzgeber festgelegte Einheit der Bemessungsgrundlage, auf die der Steuertarif angewandt wird.

Beispiele: € Einkommen, m^2 Boden.

Steuerbetrag oder Steuerschuld
Absoluter Betrag der zu entrichtenden Steuer. Zur Ermittlung wird für jede Besteuerungseinheit (Einheit der Bemessungsgrundlage), z. B. € oder kg, ein zu zahlender Steuerbetrag für einen bestimmten Besteuerungszeitraum festgesetzt.

Steuersatz
Verhältnis von Steuerbetrag zu Bemessungsgrundlage.

Steuerschuldner (oder -pflichtiger oder -subjekt)
Natürliche oder juristische Personen, die für eine Steuer schulden, für eine Steuer haften, eine Steuer für Rechnung eines Dritten einzubehalten oder abzuführen haben oder andere durch die Steuergesetze auferlegte Verpflichtungen zu erfüllen haben.

Steuerzahler
Derjenige, der die Steuern an das Finanzamt abführt (zahlt).

Steuerträger
Derjenige, der ökonomisch den Steuerbetrag zu leisten hat, d. h. dessen Einkommen oder Vermögen durch die Besteuerung gekürzt wird. Aufgrund von Steuerüberwälzungsvorgängen fallen Steuerschuldner und -träger nicht immer zusammen. Sofern eine Steuerüberwälzung vom Gesetzgeber gewollt wird, bezeichnet man denjenigen, dem die definitive Steuerbelastung gesetzlich zugedacht ist, als Steuerdestinatar.

Steuergläubiger
Diejenige Fiskalgewalt, die die Ertragshoheit über die Abgabe besitzt.

Beispiele: Bei direkten Steuern fallen Steuerschuldner und Steuerträger zusammen. Im Falle der Einkommensteuer ist der Arbeitnehmer Steuerträger und Steuerschuldner. Der Steuerzahler ist jedoch im Normalfall der Arbeitgeber.

Bei indirekten Steuern fallen Steuerschuldner und Träger auseinander. Die Umsatzsteuer wird von den Unternehmen geschuldet, jedoch ist der Endverbraucher der Steuerträger.

Steuersystem
Die Gesamtheit der in einem Land jeweils nebeneinander bestehenden Steuern. Man unterscheidet historische Steuersysteme, die tatsächlich in Kraft waren oder sind, und rationale (oder optimale) Steuersysteme als Denkmodelle eines zielgerichteten, geordneten Nebeneinanders verschiedener Einzelsteuern. Die Bezeichnung Steuersystem ist bei historischen Steuersystemen allerdings selten berechtigt, da das systembildende gemeinsame Ordnungsprinzip in der Regel fehlt.

20.3.1 Formen der Besteuerung

20.3.1.1 Vorbemerkungen

Bevor auf die steuerlichen Tarifformen im Einzelnen eingegangen werden soll, sind zunächst die Begriffe Steuertarif sowie Grenz- und Durchschnittssteuersatz näher zu erläutern:

Unter einem *Steuertarif* wird die für eine Einzelsteuer vorgenommene vollständige Zuordnung von Bemessungsgrundlagen und Steuerbeträgen verstanden. Dabei kann zwischen Steuerbetragstarif und Steuersatztarif unterschieden werden.[20]

Im Fall des Steuerbetragstarifs wird die Steuerschuld auf die Besteuerungseinheit in absoluten Geldbeträgen bezogen[21]. Bei einem Steuersatztarif hingegen ist die Steuerschuld prozentual aus der Bemessungsgrundlage abzuleiten[22].

Die in beiden Fällen zugehörige Steuerbetragsfunktion bezeichnet den funktionalen Zusammenhang zwischen Bemessungsrundlage x und Steuerbetrag T: $T = T(x)$. Diese muss nicht zwingend stetig und differenzierbar sein. Aus der Steuerbetragsfunktion kann der Durchschnittsteuersatz für einen bestimmten Wert x der Bemessungsgrundlage bestimmt werden als

$$\bar{t}(x) = \tan\alpha = \frac{T(x)}{x}.$$

α ist hierbei der Winkel des Fahrstrahls durch den zur jeweiligen Bemessungsgrundlage gehörenden Punkt in der Steuerbetragsfunktion (Abb. 20.5).

Mit anderen Worten: Für $\{T_1, x_1\}$ lässt sich der Durchschnittsteuersatz als Tangens des Winkels darstellen und visualisiert, wie hoch der Steuersatz auf eine Einheit der Bemessungsgrundlage im Durchschnitt ist.

Darüber hinaus lässt sich der Grenzsteuersatz bestimmen als

$$t'(x) = \tan\beta = \frac{dT(x)}{dx} \text{ (stetig) oder } t'(x) = \frac{\Delta T(x)}{\Delta x} \text{ (diskret)},$$

wobei β den Winkel der Tangente an einem bestimmten Punkt innerhalb der Steuerbetragsfunktion wiedergibt (Abb. 20.6).

Abb. 20.5 Der Durchschnittsteuersatz

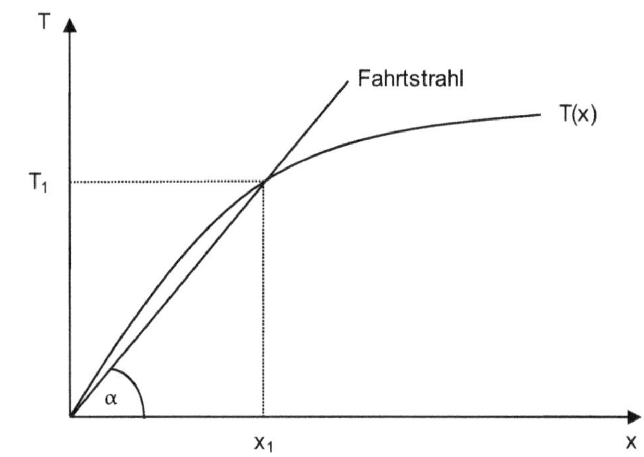

[20] T steht hier für den (absoluten) Steuerbetrag, t für den (prozentualen) Steuersatz.

[21] Beispielsweise 0,05 € je kg (Mengensteuer – siehe dort).

[22] Beispielsweise 1 % vom jeweiligen Preis (Wertsteuer – siehe dort).

Abb. 20.6 Der Grenzsteuersatz

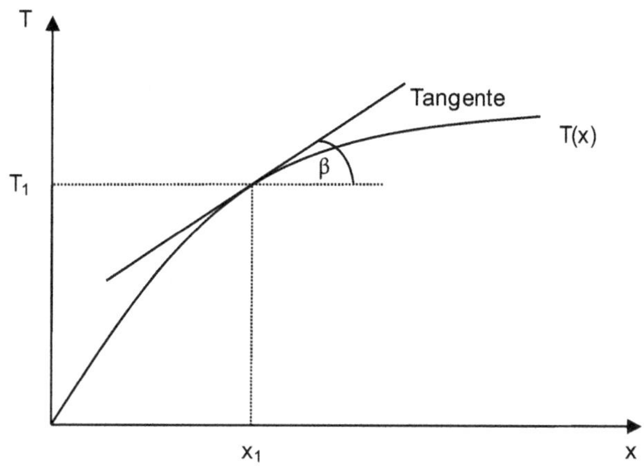

Mit anderen Worten: Der Grenzsteuersatz lässt sich für $\{T_1, x_1\}$ als Tangens des Winkels β darstellen und zeigt die Änderung des Steuerbetrages bei veränderter Bemessungsgrundlage.

20.3.1.2 Progressiver Steuertarif

Der progressive Steuertarif ist durch eine überproportionale Zunahme der steuerlichen Belastung bei steigender Bemessungsgrundlage gekennzeichnet. Dieser Sachverhalt wird durch Abb. 20.7 verdeutlicht.

Für das Verhältnis zwischen Grenz- und Durchschnittsteuersatz gilt bei progressiven Steuertarifen grundsätzlich: $t(x) < t'(x) = dT/dx$.

Allerdings ist zu beachten, dass diese Tarifform drei Unterfälle unterscheidet, für die jeweils gilt[23]: $\overline{t}'(x)$ und $t''(x) > 0$.

Abb. 20.7 Progressiver Steuertarif

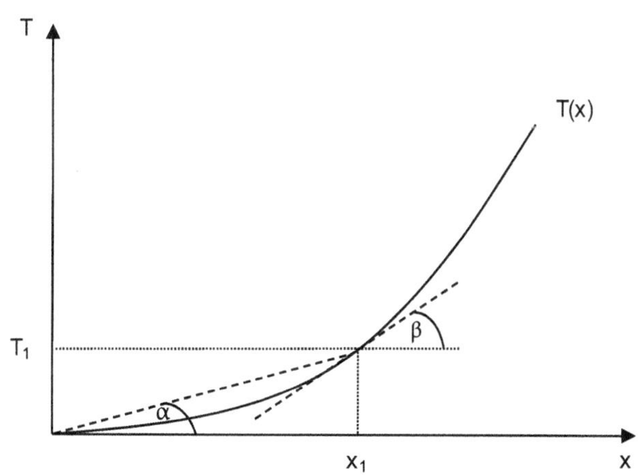

[23] $t'' = d^2T / dx^2$.

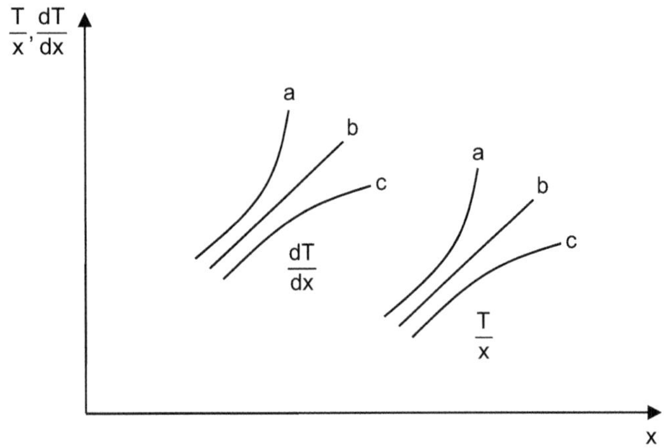

Abb. 20.8 Unterfälle des progressiven Steuertarifs

Diese Unterfälle sind (vgl. Abb. 20.8[24]):

- die beschleunigte Progression: $\overline{t''}(x)$ und $t'''(x) > 0$ (Kurve a),
- die gleichmäßige Progression: $\overline{t''}(x)$ und $t'''(x) = 0$ (Kurve b) und
- die verzögerte Progression $\overline{t''}(x)$ und $t'''(x) < 0$ (Kurve c).

20.3.1.3 Regressiver Steuertarif

Liegt ein regressiver Steuertarif vor, nimmt bei steigender Bemessungsgrundlage die steuerliche Belastung ab, wie Abb. 20.9 veranschaulicht.

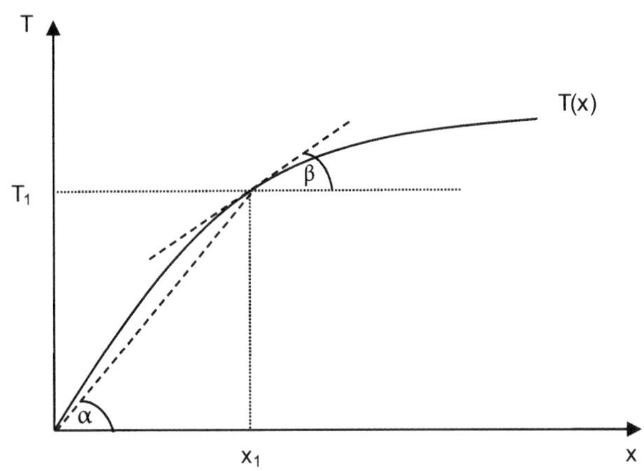

Abb. 20.9 Regressiver Steuertarif

[24] Zur besseren Intuition wird in den folgenden Abbildungen der Durchschnittssteuersatz als $\frac{T}{x}$ und der Grenzsteuersatz als $\frac{dT}{dx}$ dargestellt.

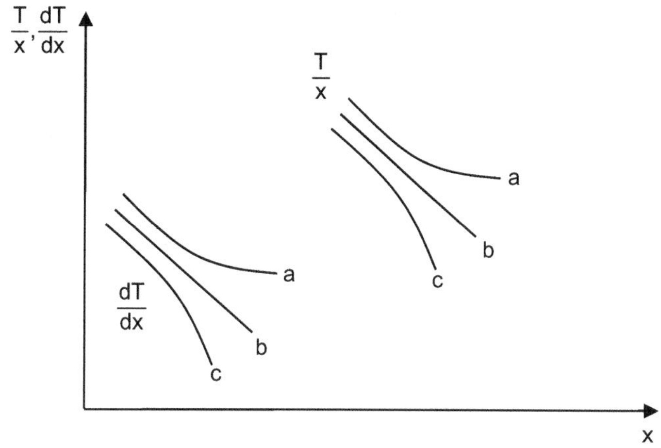

Abb. 20.10 Die Unterformen des regressiven Steuertarifs

Grenz- und Durchschnittsteuersatz sind durch das Verhältnis $\bar{t}(x) > t'(x)$ gekennzeichnet. Zudem liegt auch bei dieser Steuertarifform eine Untergliederung in drei Unterfälle vor, für die zunächst gilt: $\bar{t}'(x)$ und $t''(x) < 0$.

Die Unterfälle sind zu unterscheiden in (vgl. Abb. 20.10):

- die verzögerte Regression: $\overline{t''}(x)$ und $t'''(x) > 0$ (Kurve a),
- die gleichmäßige Regression: $\overline{t''}(x)$ und $t'''(x) = 0$ (Kurve b) und
- die beschleunigte Regression: $\overline{t''}(x)$ und $t'''(x) < 0$ (Kurve c).

20.3.1.4 Proportionaler Steuertarif

Bei proportionalen Tarifverläufen entspricht der Durchschnittsteuersatz grundsätzlich dem Grenzsteuersatz: $\bar{t}(x) = t'(x)$. Da $\bar{t}'(x)$ und $t''(x) = 0$ existieren die o. g. Unterfälle nicht (vgl. Abb. 20.11).

20.3.1.5 Freibeträge, Freigrenzen und Festbeträge

Freibeträge, Freigrenzen und Festbeträge dienen der Umsetzung verteilungspolitischer Zielsetzungen.

Freibeträge sind festgeschriebene Werte, die von einer Bemessungsgrundlage abgezogen werden können, bevor diese zu versteuern ist. Die Steuerlast sinkt. Ein Freibetrag wird in der Regel mit einem proportionalen Tarif kombiniert, woraus sich die so genannte indirekte Progression ergibt. Sowohl der Verlauf des Steuertarifs als auch der des Grenzsteuer- und Durchschnittsatztarifs sind in Abb. 20.12 dargestellt.

Vor allem im Rahmen der Einkommensbesteuerung, bei der das Existenzminimum von der Besteuerung freigestellt ist, findet die indirekte Progression bzw. der Freibetrag seine Anwendung. Gleiches gilt für Kinderfreibeträge oder Ausbildungsfreibeträge.

Anstelle des Freibetrages kann auch eine Freigrenze in den Steuertarif integriert werden. Liegt das individuelle Einkommen unterhalb der Freigrenze, so bleibt dieses vollstän-

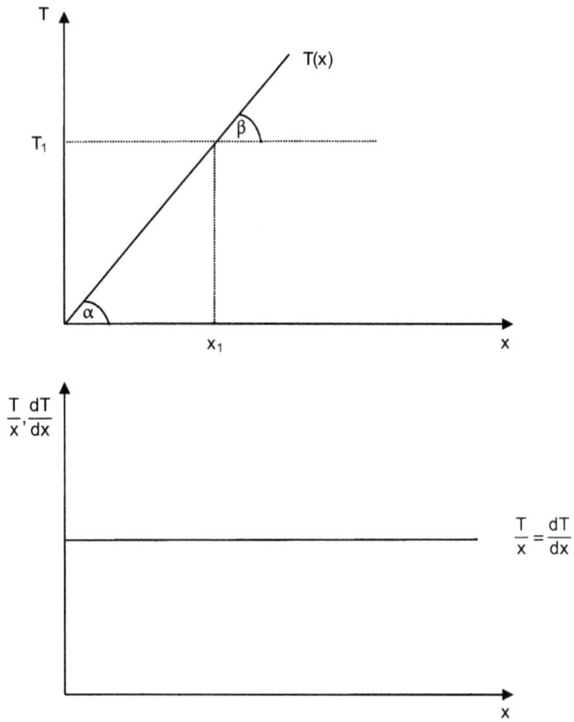

Abb. 20.11 Proportionaler Steuertarif

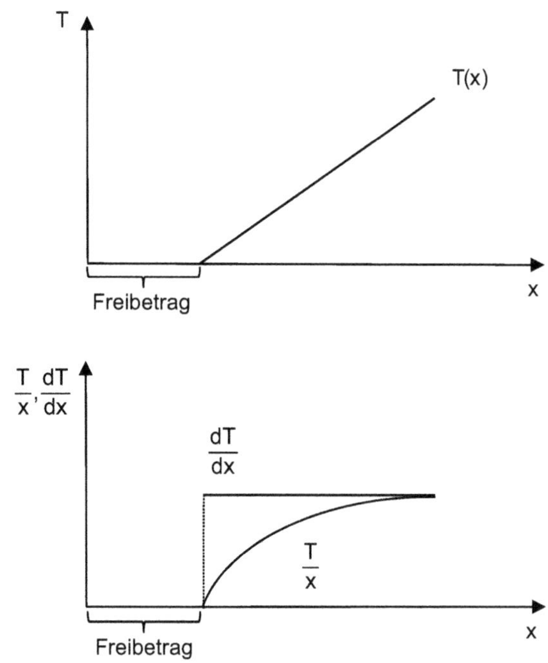

Abb. 20.12 Tarifverläufe unter Anwendung des Freibetrages

dig steuerfrei. Sobald die Freigrenze aber überschritten wird, ist das **gesamte** Einkommen steuerpflichtig. Abb. 20.13 zeigt die Anwendung einer Freigrenze bei einem proportional verlaufenden Tarif.

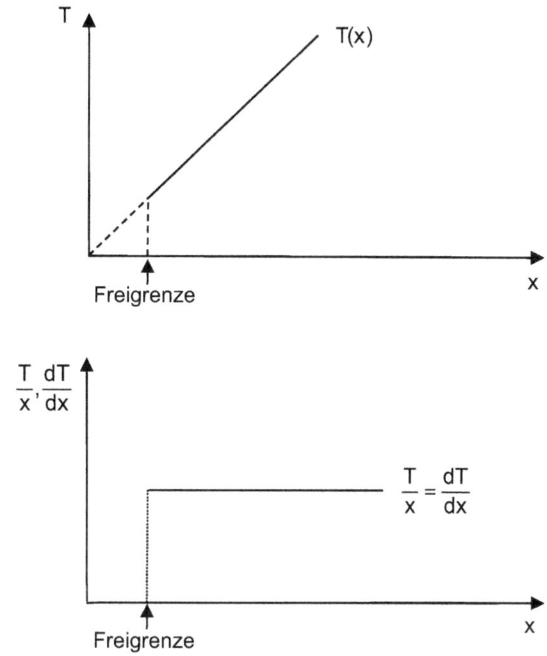

Abb. 20.13 Tarifverläufe unter Anwendung einer Freigrenze

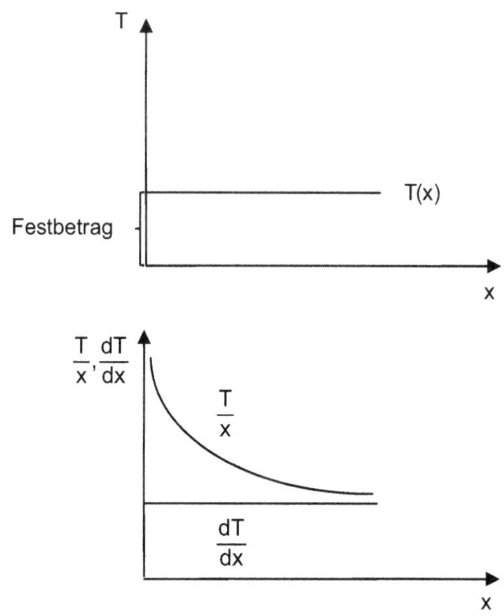

Abb. 20.14 Tarifverläufe bei Anwendung eines Festbetrages

Festbeträge haben schließlich die Eigenschaft, dass sie bereits für die unterste Einkommenskategorie einen zu entrichtenden Steuerbetrag festlegen. Dieser muss folglich unabhängig vom erwirtschafteten Einkommen in jedem Fall entrichtet werden (vgl. Abb. 20.14). Ein solcher Tarifverlauf wird auch als indirekte Regression bezeichnet.

20.3.1.6 Zusammengesetzte Tarifverläufe

Häufig reichen auch Freibeträge, Freigrenzen und Festbeträge nicht aus, um die gestellten distributiven Ziele zu erreichen. Es ist auf zusammengesetzte Tarifverläufe zurückzugreifen. Beispielhaft soll hier ein Stufenbetragstarif dargestellt werden. Kommt dieser zur Anwendung, ändert sich der Steuerbetrag T immer dann, wenn die Bemessungsgrundlage eine bestimmte Höhe überschreitet und bleibt bis zur nächsten Sprungstelle konstant (vgl. Abb. 20.15).

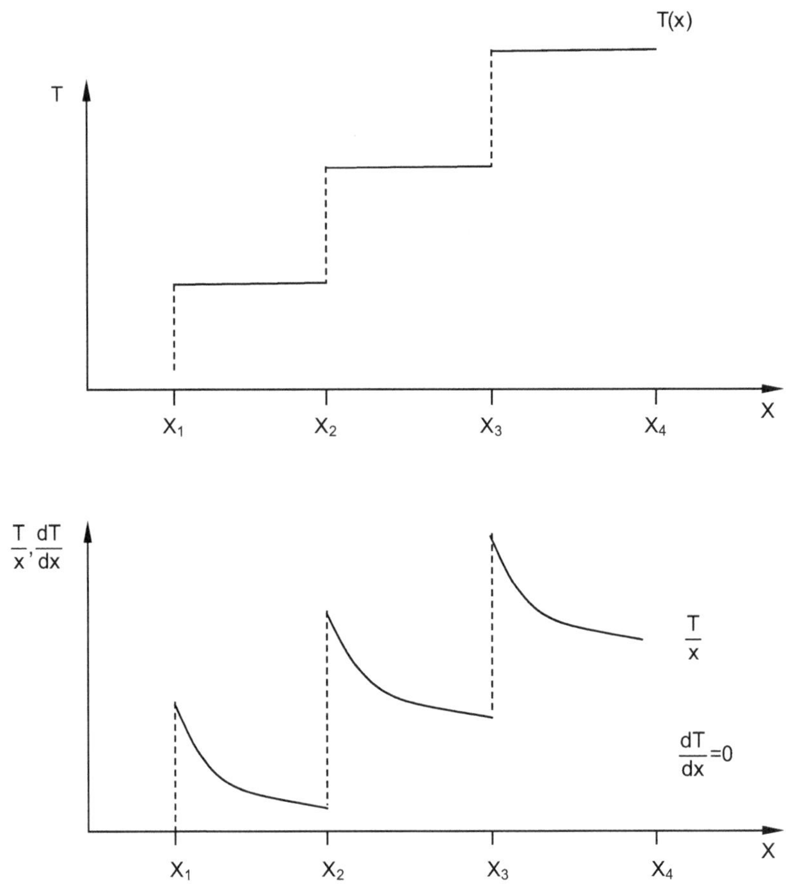

Abb. 20.15 Stufenbetragstarif

Stufenbetragsfunktionen können proportional, progressiv oder regressiv ausgestaltet sein. Dies hängt davon ab, ob die Durchschnittssteuersätze von Stufenmitte zu Stufenmitte gleichbleiben, steigen oder sinken. Allerdings ergibt sich in jedem Fall eine innere Regression, d. h. der Durchschnittssteuersatz nimmt innerhalb einer Stufe mit steigender Bemessungsgrundlage ab.

20.3.2 Steuerinzidenzanalyse

Die Einführung einer Steuer wird bei rational handelnden Wirtschaftssubjekten zu Überlegungen hinsichtlich der Vermeidung dieser Steuer führen. Sie werden versuchen, ihr Verhalten derart an die veränderte Situation anzupassen, dass sich ihr Nutzen mit der Neueinführung der Abgabe so wenig wie möglich vermindert.

Die Inzidenz bzw. Lastverteilung einer Steuer hängt zunächst davon ab,

- wie sie auferlegt wird,
- welcher Tarifverlauf unterstellt wird,
- wie die Steuerbemessungsgrundlage definiert ist und
- wie allgemein ihre Reichweite ausgestaltet wurde.

Bei näherer Betrachtung ist für die Ausgestaltung der Inzidenz allerdings auch entscheidend, welche gesamtwirtschaftlichen Reaktionen hervorgerufen werden. Vor allem Angebots- und Nachfragebedingungen, Marktstrukturen sowie der zur Verfügung stehende Anpassungszeitraum sind diesbezüglich bestimmend.

Infolge der Anpassungsreaktionen wird es zu Änderungen der Faktor- und Produktpreise kommen. Dies tangiert die Entstehungs- und Verwendungsseite der Haushalte, was wiederum Folgen für die Bestimmung der Lastverteilung hat. Schlussendlich hängt das Ergebnis nur vom Zusammenspiel dieser Änderungen innerhalb eines allgemeinen Gleichgewichtssystems ab.

Die Aufgabe der Inzidenztheorie, wie auch jeder anderen ökonomischen Theorie, besteht in der Zergliederung der komplexen Wirkungsmechanismen sowie der Identifikation strategischer Elemente.

Durch die Inzidenzanalyse sollen folgende Fragen beantwortet werden:

- Welche Anpassungsreaktionen werden durch Steuereinführung oder -veränderungen seitens der Steuersubjekte hervorgerufen?
- Welche Reaktionen rufen die Verhaltensänderungen bei den anderen – primär nicht besteuerten – Wirtschaftssubjekten hervor?
- Welche Auswirkungen hat die Gesamtheit aller Verhaltensänderungen auf die Steuer**trag**last?

- Inwiefern lässt sich zeigen, dass die Gesamtbelastung der Volkswirtschaft größer ist, als das Steueraufkommen?[25]

20.3.2.1 Anpassungsformen an Besteuerung

Änderungen im Steuersystem können zum einen durch Einführung einer neuen Steuer und zum anderen durch Veränderung einer bestehenden Steuer bedingt sein. Beide Szenarien sollen im Folgenden als impact point bezeichnet werden. Die durch den impact point bedingten Verhaltensänderungen liegen meist schon vor dem Zeitpunkt der ersten Steuerzahlung. Diese Anpassungsreaktionen können nach *Schmölders/Hansmeyer* in drei Phasen unterschieden werden:

- die Wahrnehmungsphase,
- die Zahlungsphase und
- die Kompensationsphase.

aa) Wahrnehmungsphase

Die Wahrnehmungsphase von Steuer(rechts)änderungen ist vor allem durch Signalwirkungen gekennzeichnet. In dieser Phase geht es um Reaktionen der Steuerpflichtigen, die auf eine mögliche Vermeidung der Belastungen abzielen. Es handelt sich dabei um Substitutionseffekte im ökonomischen Sinne. Diese Substitutionseffekte lassen sich differenzieren in

- sachliche Anpassung,
- räumliche Anpassung,
- zeitliche Anpassung,
- rechtliche Anpassung sowie
- persönliche Anpassung.

Unter *sachlicher Anpassung* ist die Vermeidung eines besteuerten Tatbestandes und dessen Substitution durch einen anderen, weniger oder gar nicht besteuerten Sachverhalt zu verstehen. Dieses Vorgehen ist besonders bei der Besteuerung einzelner Güter von Bedeutung. Um die sachliche Substitution zu vermeiden werden häufig Folgesteuern erhoben, welche die Einnahmeverluste des Staates kompensieren sollen. So können z. B. einer Erbschaft- eine Schenkungsteuer oder der Kaffee- eine Teesteuer folgen. Wird allerdings durch die Besteuerung primär das Ziel einer Substitution verfolgt, sind also Verhaltensänderungen politisch erwünscht, so wird von einer Lenkungs- oder Ordnungssteuer gesprochen. Die bekannteste Lenkungssteuer ist die Tabaksteuer, welche aus gesundheitspolitischen Gründen den Tabakkonsum minimieren soll.

Unter *räumlicher Anpassung* ist eine Konsum- oder Produktionsverlagerung in von der betreffenden Steuer(rechts)änderung nicht betroffene Regionen, beispielsweise ins

[25] Hiermit soll auch der Frage nach möglichen Zusatzlasten nachgegangen werden.

Ausland, zu verstehen. So können die Verlagerung des Firmensitzes oder der Konsum bestimmter Güter und Dienstleistungen (Tanktourismus) als Beispiele genannt werden. Eine Unterbindung dieser Anpassungsform ist infolge zunehmender Globalisierung sehr schwer umsetzbar.

Sowohl den Unternehmen als auch den privaten Haushalten steht die Möglichkeit einer *zeitlichen Anpassung* offen. Durch Vorratskäufe vor der Steuereinführung/-änderung oder Veränderungen der Abschreibungsmodalitäten[26] kann die Höhe der zu zahlenden Steuer verringert werden.

Im Rahmen der Unternehmensbesteuerung ist eine Änderung der Rechtsform mit dem Ziel der Steuerersparnis denkbar, was als *rechtliche Substitution* bezeichnet wird.

In privaten Haushalten entspricht dies einer Veränderung der persönlichen Verhältnisse. Durch Heirat ändern sich beispielsweise die steuerlichen Regelungen zur Berechnung der Einkommensteuer, dieses entspricht einer *persönlichen Anpassung*.

ab) Zahlungsphase

Die Substitutionseffekte der Wahrnehmungsphase waren auf die Vermeidung oder Verminderung einer bevorstehenden Steuerbelastung ausgerichtet. Neben diesen Vermeidungsmöglichkeiten wird das Steuersubjekt versuchen die Zahllast, zumindest teilweise, an andere weiterzugeben (so genannte Steuerüberwälzung), um somit seine eigenen Belastungen so gering wie möglich zu halten. Es können folgende Formen unterschieden werden:

Durch *Vorwälzen* versucht beispielsweise ein Anbieter, die Abgabe an seine Nachfrager weiterzugeben. Dies erfolgt meist durch eine Anhebung der Preise.

In einem zweiten Szenario werden die für ein bestimmtes Gut zu leistenden Steuern in Form einer Preiserhöhung einem anderen Gut auferlegt. Diese Form der Anpassung wird als *Quer- oder Schrägwälzung* bezeichnet und findet vor allem bei der Mischkalkulation seine Anwendung.

Als dritte Form sei in diesem Zusammenhang die *Rückwälzung* erwähnt. Diese liegt vor, wenn ein Unternehmer seine durch die Steuer gestiegenen Güterpreise zu kompensieren versucht, indem er in Verhandlungen mit seinen Lieferanten niedrigere Produktionsgüterpreise und geringere Lohnkosten für seine Arbeitnehmer durchsetzt.

Die Analyse der Steuerüberwälzung sollte für verschiedene Steuerarten getrennt erfolgen, da diese bzw. der Anknüpfungspunkt der Besteuerung einen wichtigen Bestimmungsfaktor darstellt. Auch die herrschende Marktform muss als Variable in die Betrachtungen einbezogen werden. Darüber hinaus sind mögliche Konsequenzen einzelwirtschaftlicher Vorgänge[27] in Verbindung mit ihren Wirkungen auf gesamtwirtschaftliche Größen[28] zu beachten. Dabei ist zu unterscheiden in

[26] Mit dem Ziel, Steuerbelastungen vorzuziehen oder hinauszuzögern. Letzteres bedeutet zwar eine Steueraufschiebung, kommt aber einem zinslosen Kredit gleich.

[27] Institutionelle, güterwirtschaftliche oder monetäre.

[28] Sparen, Konsum, Investition, Preisniveau, Produktionsstruktur etc.

- die Analyse der Variation einer Steuer bei sonst gleichen Bedingungen (spezifische Inzidenz),
- die Substitution einer Steuer durch eine andere bei gleichbleibendem Budgetvolumen (differentiale Inzidenz) und
- die Variation einer Steuer und der korrespondierenden Änderung auf der Ausgabenseite (Budgetinzidenz).

Die makroökonomische Steuerwirkungslehre erfährt dadurch eine Erweiterung hin zu einer Budgetwirkungslehre. Wird bei der makroökonomischen Steuerlehre die Frage der individuellen Belastung verfolgt, hängt ein makroökonomisches Wirkungsschema für den öffentlichen Haushalt vom Ziel der Analyse ab.

ac) Kompensationsphase

In dieser Phase ist bereits eine Besteuerung erfolgt, der auch nicht ausgewichen werden konnte – der Steuerzahler hat eine Belastung erfahren. Private Haushalte und Unterneh-

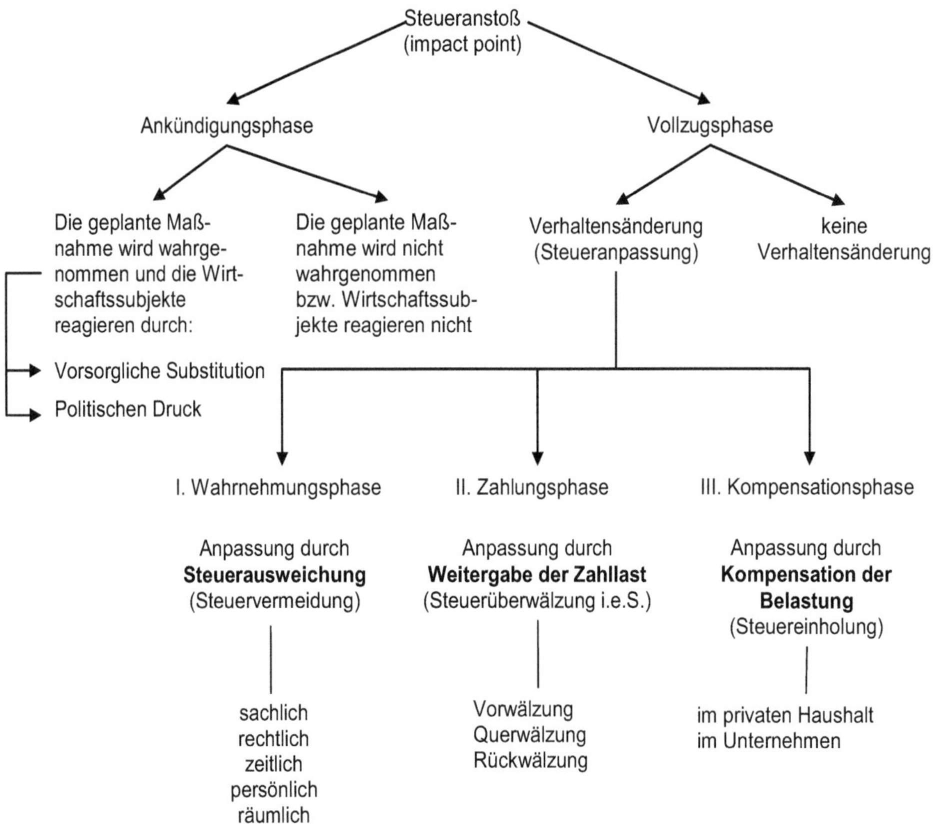

Abb. 20.16 Übersicht der Anpassungsformen an eine Besteuerung

men sehen sich in dieser Situation lediglich zwei Verhaltensänderungen gegenüber: Einer Steuereinholung oder der passiven Hinnahme der Last.

Private Haushalte können versuchen, das durch die Besteuerung verringerte Einkommen durch Mehrarbeit auszugleichen. Unternehmen müssen durch Rationalisierungsmaßnahmen versuchen, ihre ursprüngliche finanzielle Situation vor der Steuer(rechts)änderung wiederzuerlangen.

In ihrer reinen Form ist die Steuereinholung dadurch gekennzeichnet, dass sie zu keinen Steuereinbußen auf staatlicher Seite führt und im Falle von Mehrarbeit, Rationalisierung o. Ä. sogar ein erhöhtes Steueraufkommen mit sich bringt.

Steueranpassungen können folglich auch wirtschaftspolitisch beabsichtigt sein, um beispielsweise Effizienzsteigerungen in Unternehmen zu induzieren (Anspornsteuer).

Zusammenfassend ist festzustellen, dass die Steuerzahllast nur dann der Steuertraglast entspricht, wenn der Steuerzahler sein Verhalten nach dem Steueranstoß (impact point) nicht ändert (vgl. Abb. 20.16).

20.3.2.2 Überwälzung von Produktsteuern

Eine Produktsteuer kann als Wertsteuer oder als Mengensteuer auferlegt werden. Wertsteuern besitzen die Eigenschaft, dass sie als Prozentsatz des Preises in Erscheinung treten, wie beispielsweise die Umsatzsteuer oder Einkommensteuer. Durch die Mengensteuer erfolgt die Besteuerung pro Mengeneinheit eines Gutes bzw. einer Dienstleistung, z. B. Grundsteuer.

Im Folgenden sollen einige ausgewählte Beispiele die Möglichkeiten einer Steuerüberwälzung in verschiedenen Marktformen verdeutlichen.

ba) Überwälzung einer Mengensteuer im Polypol

Abb. 20.17 gibt die Überwälzung einer dem Anbieter auferlegten Mengensteuer im Polypol wieder.

Es wird eine Mengensteuer in Höhe von t eingeführt. Dies führt zu einer Differenz zwischen dem Marktpreis[29], den die Verkäufer erhalten und dem Nettopreis[30], den sie behalten können. Da für die Verkäufer der Nettopreis relevant ist, verschiebt sich die Angebotskurve parallel von A_v nach A_n. Bei unveränderter Nachfrage ergibt sich ein neues Marktgleichgewicht (G), welches im Vergleich zum ursprünglichen Marktgleichgewicht mit einem Mengenrückgang von q_v nach q_n bei gleichzeitigem Preisanstieg verbunden ist.

Das gesamte Steueraufkommen berechnet sich aus der Multiplikation der Steuer t mit der neuen Menge q_n.

Der vom Konsumenten zu tragende Anteil der Steuer (Konsumentenanteil) bestimmt sich aus der Preissteigerung mal der neuen Gleichgewichtsmenge: $(p_n - p_v) * q_n$. Der Anteil des Produzenten an der Steuerlast (Produzentenanteil) ergibt sich aus der Differenz zwischen Steuerbetrag und Konsumentenanteil.

---

[29] Verkäuferanteil plus Steueranteil.

[30] Marktpreis abzgl. abzuführender Steuer.

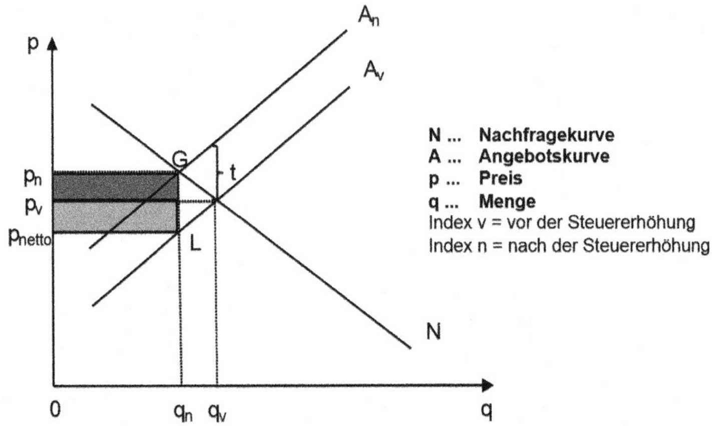

Abb. 20.17 Dem Anbieter auferlegte Mengensteuer im Polypol

Wird die Steuer dem Konsumenten auferlegt, verschiebt sich die Nachfragekurve, wie in Abb. 20.18 gezeigt.

Die Verschiebung der Nachfragekurve symbolisiert den Rückgang der (Netto-)Nachfrage aus Sicht des Unternehmers infolge der Steuerhebung. Da für den Unternehmer wiederum der Nettopreis relevant ist, bestimmt sich die Marktgleichgewichtsmenge durch den Schnittpunkt L. Der zugehörige Bruttopreis (Nettopreis + Steuer) liegt im Punkt G. Auch hier wird das gesamte Steueraufkommen durch (q_n * t) bestimmt. Konsumentenanteil und Produzentenanteil werden analog dem obigen Beispiel berechnet.

Ist eine Wertsteuer am Preis eines Gutes orientiert, so ändert sich wiederum (aus Unternehmersicht) die Nettonachfrage entsprechend dem Steuersatz. Die (Netto-)Nachfrage wird infolge der Steueränderung nicht parallel verschoben, sondern es kommt zu einer Drehung. Der Steuerbetrag pro Einheit fällt, wenn die verkaufte Menge steigt, da mit einem Mengenanstieg der als Bemessungsgrundlage dienende Preis sinkt (vgl. Abb. 20.19).

Abb. 20.18 Dem Nachfrager auferlegte Mengensteuer im Polypol

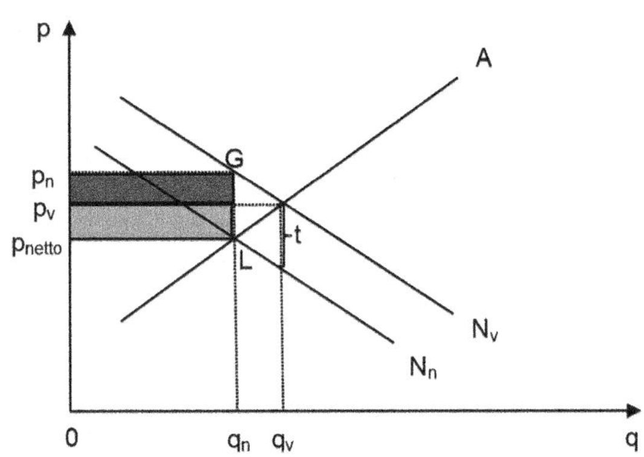

Abb. 20.19 Überwälzung einer Wertsteuer im Polypol

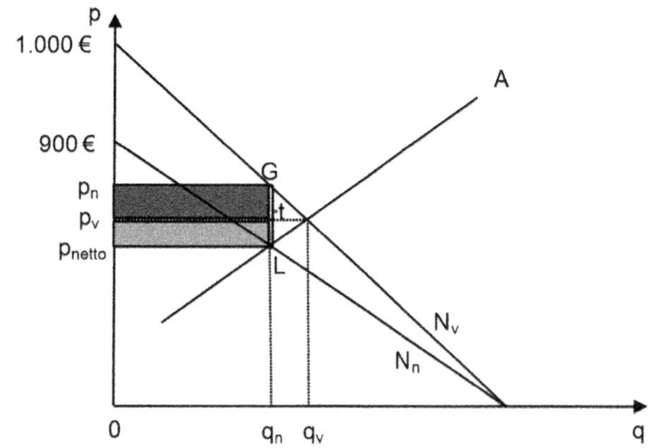

Die Nachfragekurve erfährt eine Linksdrehung, da aufgrund der Steuererhebung zu einem bestimmten Preis eine geringere Menge nachgefragt wird. Wird z. B. eine Wertsteuer in Höhe von 20 % erhoben, so liegt der Bruttopreis bei einem Nettopreis von 1.000 € um 200 € höher, bei der Sättigungsmenge, d. h. bei einem Preis von 0 €, fällt keine Steuer an.

Der Käufer hat nach der Steuererhöhung den Preis p_n der zugleich der Bruttopreis ist, zu zahlen; der Verkäufer erhält nach Abzug der Steuer den Nettopreis p_{netto}. Auch bei der Wertsteuer kann nun wieder der Steuerertrag ermittelt werden, indem bei der Gleichgewichtsmenge die zugehörige Steuerhöhe ermittelt wird und mit der Gleichgewichtsmenge multipliziert wird. Der Steuertrag kann dann in einen Konsumenten- und Produzentenanteil unterschieden werden. Die Konsumenten müssen einen Preisanstieg in Höhe der Differenz zwischen p_n und p_v hinnehmen; die Produzenten tragen den Unterschiedbetrag zwischen p_{netto} und p_v.[31]

bb) Mengensteuerüberwälzung im Angebotsmonopol

Im Zeitpunkt vor einer Steuereinführung kann ein Monopolist entsprechend der Gewinnmaximierungsregel ($K' = E'$) einen Preis in Höhe von p_v mit der zugehörigen Menge q_v realisieren (vgl. Abb. 20.20).[32]

Nachdem eine Mengensteuer des Betrages t eingeführt wurde, verschiebt sich die Grenzkostenkurve nach oben (K'_n). Somit ergibt sich ein neuer Cournot'scher Punkt, verbunden mit einer neuen Preis-Mengen-Kombination (q_n, p_n). Die durch die Menge q_n und die Preisdifferenz $p_n - p_v$ beschriebene Fläche symbolisiert den Konsumentenanteil ($p_v p_n AB$). Die Fläche CEFH stellt das *gesamte* Steueraufkommen dar. Wird die Konsumentenrente innerhalb der Fläche des Gesamtsteueraufkommens abgetragen (d. h. gedanklich nach unten verschoben), kann dies durch die Fläche DEFG dargestellt wer-

[31] Im Polypol liegt der Konsumentenanteil immer über dem ursprünglichen Gleichgewichtspreis, der Produzentenanteil immer darunter.

[32] Vgl. Abschn. 6.3.2 „Monopolpreisbildung" im Teil „Mikroökonomik".

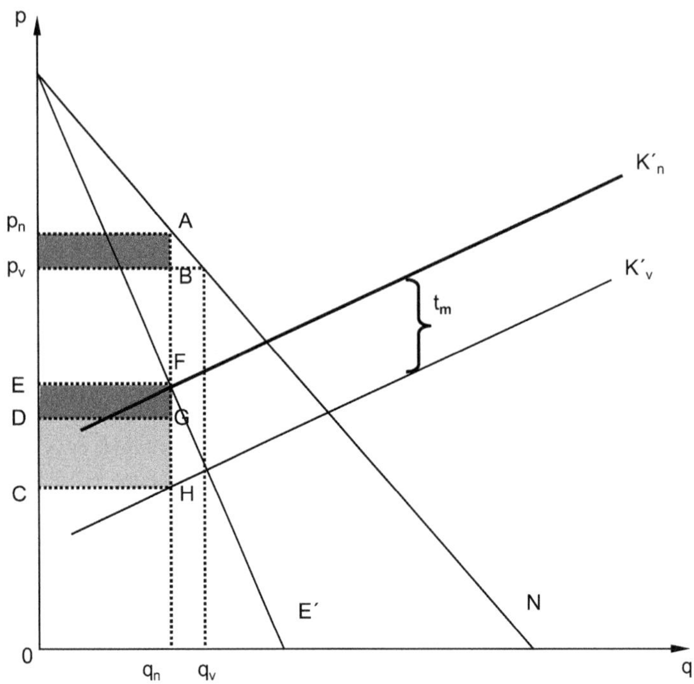

Abb. 20.20 Mengensteuerüberwälzung im Angebotsmonopol

den.[33] Die Differenz aus Gesamtsteueraufkommen (Fläche CEFH) und Konsumentenrente (Fläche p_vp_nAB bzw. DEFG) ist die Produzentenrente (Fläche CDGH).

bc) Bedeutung der Nachfrage- und Angebotselastizität

Nachdem einem Gut eine Steuer auferlegt wurde, steigt dessen Preis und die abgesetzte Menge sinkt. In welchem Maße dies erfolgt, hängt von den Elastizitäten des Angebots und der Nachfrage ab.

Im Folgenden werden vier Extremfälle unterschieden, in denen verschiedene Formen der Elastizität diskutiert werden.

Zunächst wird eine vollkommen elastische Angebotsfunktion unterstellt (vgl. Abb. 20.21). Wird eine Mengensteuer t_M auferlegt, welche zu einer Verschiebung der Angebotskurve von A_v nach A_n führt, ergibt sich in B ein neues Gleichgewicht bei höherem Preis p_n und geringerer Menge q_n. In einem solchen Fall hat der Nachfrager die Steuer vollständig zu tragen, da die Preisdifferenz der Steuererhöhung entspricht.

Ein *zweiter Fall* beschreibt die Situation bei vollkommen unelastischem Angebot (vgl. Abb. 20.22). Die Anbieter haben in diesem Fall die Steuer vollständig zu tragen, da andernfalls Nachfrager abwandern würden. Das alte Gleichgewicht ist auch das neue

[33] Es gilt folglich: Fläche p_vp_nAB = Fläche DEFG.

Abb. 20.21 Steuerüberwälzung bei vollkommen elastischem Angebot

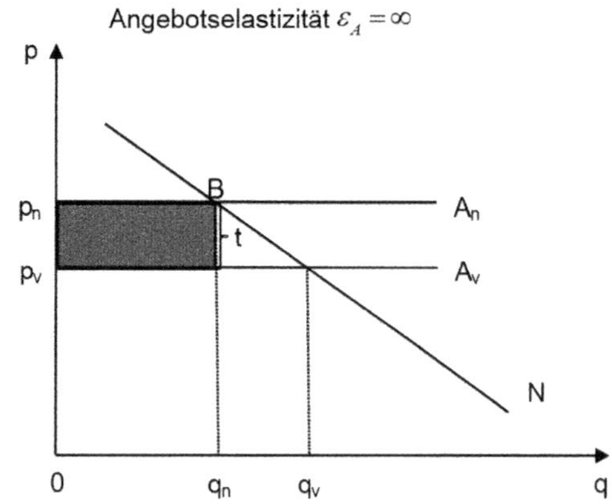

Abb. 20.22 Steuerüberwälzung bei vollkommen unelastischem Angebot

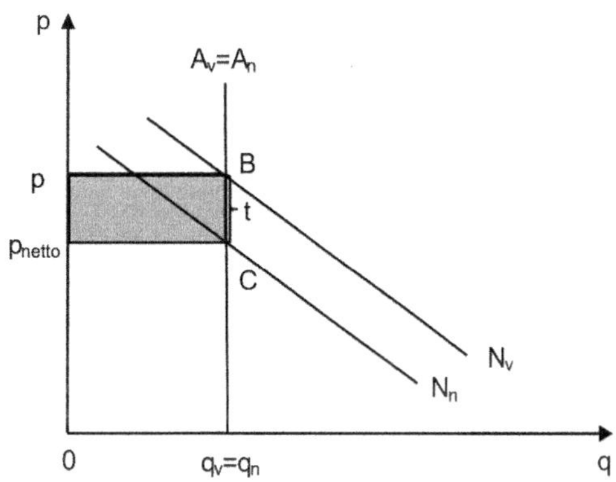

Gleichgewicht – der Marktpreis (= Bruttopreis) steigt nicht, jedoch sinkt durch die Steuer der Nettopreis.

Aus diesen beiden Extremfällen lässt sich die Vermutung ableiten, dass der Produzentenanteil am Steueraufkommen umso höher ist, je geringer die Angebotselastizität ausfällt.

Der *dritte zu betrachtende Fall* beinhaltet eine vollkommen elastische Nachfrage (vgl. Abb. 20.23). Auch hier ist die Steuer vollständig von den Produzenten zu tragen, da andernfalls die Konsumenten mit Abwanderung reagieren würden. Eine Überwälzung ist folglich nicht möglich.

Im *letzten Fall* einer vollkommen unelastischen Nachfrage kann die Steuer uneingeschränkt auf die Nachfrager überwälzt werden (vgl. Abb. 20.24).

Auch hier zeigt sich: Je unelastischer die Nachfrage ist, umso mehr muss sie von der Steuererhöhung tragen.

Allgemein kann man formulieren, dass die unelastischere Marktseite den größeren Teil einer Steuererhöhung zu tragen hat. Sind die Elastizitäten von Angebot und Nachfrage bekannt, lässt sich über das

$$\text{Lastenverteilungsmaß:} = \frac{\varepsilon_A}{\varepsilon_A - \varepsilon_N}$$

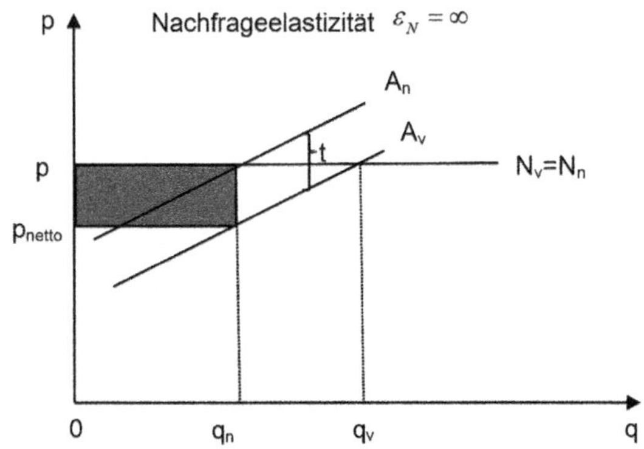

Abb. 20.23 Steuerüberwälzung bei vollkommen elastischer Nachfrage

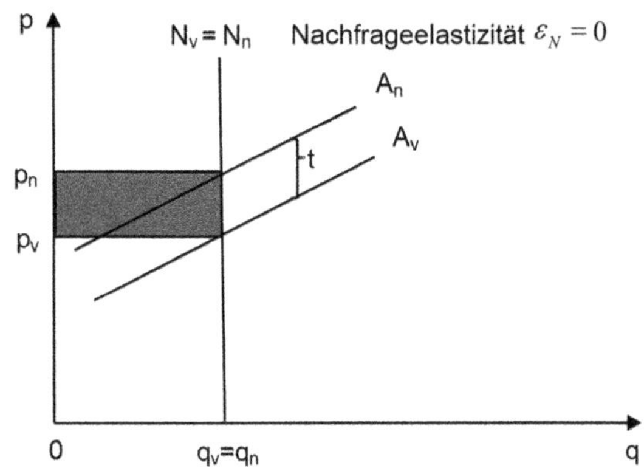

Abb. 20.24 Steuerüberwälzung bei vollkommen unelastischer Nachfrage

der Produzentenanteil direkt berechnen. Nimmt das Lastenverteilungsmaß den Wert Null an, muss der Produzent die Steuer alleine tragen; bei einem Wert von Eins, kann die Steuer komplett auf den Nachfrager überwälzt werden.

20.3.2.3 Inzidenz einer Gewinnsteuer im Rahmen eines mikroökonomischen Partialmodells

Da Gewinne langfristig nur auf wettbewerbsbeschränkten Märkten – vor allem im Monopol – auftreten, kann eine Unternehmensbesteuerung auch nur unter diesen Bedingungen erfolgreich sein.

Neben der bisher unterstellten Gewinnmaximierung sind weitere Unternehmensziele denkbar und realistisch, so beispielsweise der Erhalt des Unternehmens auf neuen Märkten oder der Gewinn größerer Marktanteile. Diese Unternehmen verfolgen primär meist das Ziel einer Umsatzmaximierung. Auch eine Kombination zwischen angemessenem Gewinn und Umsatz ist als Zielvariable denkbar.

Oft wird vermutet, dass ein Monopolist eine Gewinnsteuer auf die Nachfrager überwälzen kann. Dies ist jedoch bei einer mikroökonomischen, statischen Betrachtung nicht der Fall. Der Grund liegt darin, dass ein gewinnmaximierender Monopolist die angebotene Menge entsprechend der Regel Grenzkosten = Grenzerlös festlegt. Da weder der Erlös

Abb. 20.25 Gewinnsteuerüberwälzung bei Gewinnmaximierung im Angebotsmonopol

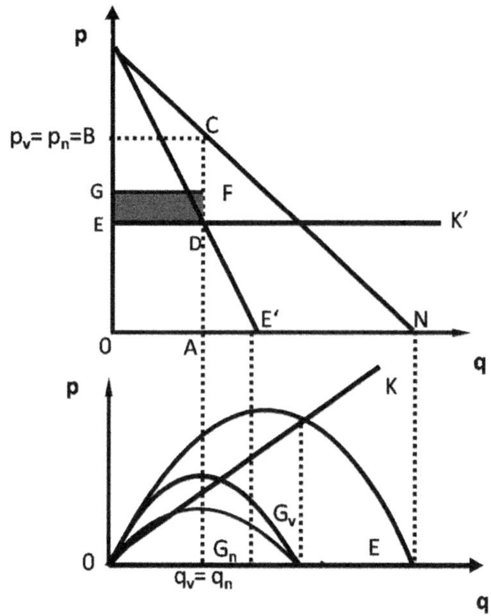

noch die Kosten und damit auch der Grenzerlös bzw. die Grenzkosten sich durch eine Gewinnsteuer ändern, ändert sich auch die gewinnmaximale Preis-/Mengenkombination nicht. Eine Gewinnsteuer ist demnach nicht überwälzbar, schmälert den Gewinn und muss vom Produzenten getragen werden (vgl. Abb. 20.25).

Die Strecke OA verdeutlicht die Gewinne vor einer Besteuerung (E′ = K′). Bei einem Preis OB ergeben sich Gewinne, die durch die Fläche EBCD verdeutlicht werden, da die Grenzkosten konstant und damit gleich den Stückkosten sind. Auch nach der Erhebung einer Steuer bleiben Grenzertrag- und Grenzkostenkurve unverändert; die Nettogewinne sinken allerdings auf die Fläche GBCF.

Fragen

1. Grenzen Sie das Äquivalenz- und Leistungsfähigkeitsprinzip umfassend voneinander ab!
2. Erläutern Sie die Funktion des Einkommens als Indikator der Leistungsfähigkeit und beschreiben Sie die Zurechnungsmethoden!
3. Zeigen Sie die regressive Wirkung einer Konsumsteuer (t = 19 %) anhand des nachstehenden Beispiels! Was spricht gegen den Konsum als Kriterium zur Messung der Leistungsfähigkeit?

Einkommen Y	Konsum C	Konsumsteuer T	Steuer/Einkommen (T / Y)
1.000	1.000		
5.000	4.500		
10.000	8.000		
50.000	35.000		

4. Welche Annahmen liegen den Opfertheorien zugrunde?
5. Unterscheiden Sie Steuerschuldner und Steuerzahler!
6. Zeigen Sie anhand eines regressiven Tarifverlaufes und unter Zuhilfenahme einer geeigneten Graphik, wie Durchschnitts- und Grenzsteuersatz mathematisch bestimmt werden! Was sagen beide Tarife aus?
7. Grenzen Sie den steuerlichen Freibetrag, die steuerliche Freigrenze und den steuerlichen Festbetrag voneinander ab! Illustrieren Sie Ihre Ausführungen graphisch!
8. Erläutern Sie die Begriffe Vorwälzen, Rückwälzen und Querwälzen im Zusammenhang mit der Steuerinzidenzanalyse!
9. Erläutern Sie die Überwälzung einer Wertsteuer im vollständigen Wettbewerb! Nutzen Sie zur Verdeutlichung eine geeignete Graphik!
10. Illustrieren und erläutern Sie die Steuerüberwälzung bei vollständig unelastischem Angebot im Polypol unter Anwendung einer geeigneten Graphik!

Antworten

1. Gemäß dem *Äquivalenzprinzip* wird derjenige, der aus einer staatlichen Leistung einen individuellen Vorteil/Nutzen zieht, nach Maßgabe dieses individuellen Vorteils/Nutzens über ein entsprechendes Entgelt zur Finanzierung der staatlichen Leistung herangezogen. Voraussetzung für die Anwendung des Äquivalenzprinzips ist die Messbarkeit des Nutzens sowie die Eigenschaft der Ausschließbarkeit vom Konsum der staatlichen Leistung.
   Die Finanzierungsbeiträge sind unter Anwendung des marktmäßigen oder des kostenmäßigen Äquivalenzprinzips zu ermitteln:
   Das *marktmäßige Äquivalenzprinzip* sieht einen individuellen Finanzierungsbeitrag vor, der monetärer Gegenwert des Nutzens ist, den der jeweilige Nutzer aus der Inanspruchnahme einer staatlichen Leistung zieht und entspricht somit seiner Zahlungsbereitschaft. Kann diese Zahlungsbereitschaft nicht ermittelt werden und sollen dennoch nur die Nutzer eines staatlichen Angebotes zur Finanzierung herangezogen werden, besteht die Möglichkeit der kostenmäßigen Äquivalenz.
   Das *kostenmäßige Äquivalenzprinzip* sieht vor, dass die Kosten einer öffentlichen Leistung entsprechend der Nutzungsintensität bzw. -häufigkeit des Gutes auf die Nutzer verteilt werden.
   Das *Leistungsfähigkeitsprinzip* besagt, dass jeder nach Maßgabe seiner individuellen, ökonomischen Leistungsfähigkeit zur Finanzierung staatlicher Leistungen beitragen soll.

Es werden zwei Gerechtigkeitskonzepte unterschieden:
Gemäß dem Konzept der *horizontalen Gerechtigkeit* sind Wirtschaftssubjekte in gleichen ökonomischen Verhältnissen, d. h. von gleicher ökonomischer Leistungsfähigkeit, in gleichem Maße zur Finanzierung öffentlicher Leistungen heranzuziehen. Das Konzept der *vertikalen Gerechtigkeit* besagt, dass Wirtschaftssubjekte in unterschiedlichen ökonomischen Verhältnissen, d. h. von unterschiedlicher ökonomischer Leistungsfähigkeit, unterschiedliche Finanzierungsbeiträge zu leisten haben.

2. Das Einkommen wird meist als Bemessungsgrundlage für die Festsetzung der Abgabenhöhe herangezogen. Somit kann die Einkommensteuer als bedeutendste Abgabenart angesehen werden. Die Zurechnung, welches Einkommen als steuerpflichtig anzusehen ist, erweist sich in der Praxis allerdings häufig als schwierig. Daher wird auf zwei historische Verfahren zurückgegriffen.
1. Quellentheorie nach Fuisting
Nach Fusiting zählen nur
   - regelmäßig aus dauernden Einkommensquellen fließende monetäre Einkünfte (z. B. Löhne, Gehälter) und
   - marktwerte Naturalleistungen (z. B. Dienstfahrzeuge oder Dienstwohnungen)

   Zu den steuerpflichtigen Einkommen. Erbschaften, Schenkungen oder Spekulationsgewinne gehen demnach nicht in die Bemessungsgrundlage ein.
2. Reinvermögenszugangstheorie nach Schanz
Schanz fasst den Katalog steuerpflichtiger Einkommen weiter. Nach seiner Auffassung zählen
   - Löhne und Gehälter inkl. Arbeitgeberbeiträge zur Sozialversicherung und andere Sozialleistungen,
   - Gewinne, Renten, Habenzinsen abzüglich Schuldzinsen, Abschreibungen, Betriebskosten,
   - Transfers (Erbschaften, Schenkungen, Sozialhilfen),
   - alle Nichtgeldeinkommen (z. B. Eigenproduktion, selbstgenutzter Wohnraum, Dienstwagen) und
   - realisierte und nicht realisierte Kapitalgewinne abzüglich realisierter und nicht realisierter Kapitalverluste

   in diese Kategorie.
Zusammenfassend kann diese Auflistung dargestellt werden als:

	Vermögen am Ende des Steuerjahres
./.	Vermögen zu Beginn des Steuerjahres
+	Konsum innerhalb des Steuerjahres
=	gesamtes Reinvermögen

3. Wird der Konsum, der an die Einkommensverwendung anknüpft, zur Bestimmung der Leistungsfähigkeit eines Wirtschaftssubjektes herangezogen, dienen einerseits die Ausgaben für bestimmte Güter als Bemessungsgrundlage spezieller Ausgaben-

steuern, andererseits werden für die Bemessung einer allgemeinen Ausgabensteuer alle Verwendungsarten des Einkommens (außer dem Sparen) in die Betrachtung einbezogen.

Einkommen Y	Konsum C	Konsumsteuer T (t * C)	Steuer/Einkommen (T / Y)
1.000	1.000	190	0,19
5.000	4.500	855	0,17
10.000	8.000	1.520	0,15
50.000	35.000	6.650	0,13

Die berechneten Werte machen deutlich, dass mit zunehmendem Einkommen eine regressive Tendenz des Verhältnisses zwischen abzuführender Konsumsteuer T und Gesamteinkommen Y zu beobachten ist. Das bedeutet: Je größer das Einkommen, umso geringer der relative Anteil einer zu zahlenden Konsumsteuer. Dieser Zusammenhang wird unter sozialpolitisch motivierten Gerechtigkeitsaspekten kritisch betrachtet. Geringverdiener hätten in diesem Modell eine relativ höhere Steuerbelastung.

Zudem wird der Konsum als zu schmal angesehen, um als Maßstab für die Leistungsfähigkeit des Einzelnen angewandt zu werden. Begründung dieser Annahme ist, dass auch Sparen nutzenstiftend wirke, indem es vor allem das Bedürfnis nach Sicherheit befriedige. Gegen diese These spricht, dass bei konsequenter Einbeziehung des Sicherheitsbedürfnisses dieses auch in die Einkommensteuerfestsetzung Eingang finden müsste. Sichere Einkünfte wären folglich höher zu besteuern als unsichere, da erstere für sich schon einen Nutzen darstellen.

4. Im Rahmen der Opfertheorien geht man davon aus, dass individuelle Nutzenkürzungen bzw. Opfer zur Erreichung vertikaler Gerechtigkeit im Rahmen des Leistungsfähigkeitsprinzips beitragen können. Die Opfertheorien beruhen auf Folgenden Annahmen:
   - der Nutzen U lässt sich als Funktion des Einkommens Y darstellen: $U = U(Y)$; der Nutzen eines Individuums ist somit von seinem Einkommen abhängig,
   - die Nutzenfunktion ist bekannt; sie besitzt die Eigenschaft, dass der Nutzen jeder zusätzlichen Einheit abnimmt (Gesetz vom abnehmenden Grenznutzen: $U'(Y) > 0$ und $U''(Y) < 0$),
   - der Nutzen ist kardinal messbar,
   - alle Wirtschaftssubjekte haben dieselbe Nutzenfunktion und
   - es wird eine Einkommensteuer mit dem Ziel einer Nutzenreduktion erhoben.

5. *Steuerschuldner (oder -pflichtiger oder -subjekt)*
   Natürliche oder juristische Personen, die für eine Steuer schulden, für eine Steuer haften, eine Steuer für Rechnung eines Dritten einzubehalten oder abzuführen haben oder andere durch die Steuergesetze auferlegte Verpflichtungen zu erfüllen haben.
   Steuerzahler
   Derjenige, der die Steuern tatsächlich an das Finanzamt abführt (zahlt).
6. *Durchschnittsteuersatz*
   Der Durchschnittsteuersatz $\bar{t}(x)$ gibt die durchschnittlich zu zahlende Steuer in einem bestimmten Punkt der Steuerbetragsfunktion an (Abb. 20.5). Mathematisch kann der Durchschnittsteuersatz als Winkel des Fahrstrahls in einem bestimmten Punkt der Steuerbetragsfunktion dargestellt werden:

$$\tan\alpha = \frac{T(x)}{x}.$$

   Grenzsteuersatz
   Der Grenzsteuersatz t' zeigt die Änderung des Steuerbetrages bei veränderter Bemessungsgrundlage in einem bestimmten Punkt der Steuerbetragsfunktion (Abb. 20.6). Er lässt sich mathematisch bestimmen als Winkel der Tangente in einem bestimmten Punkt der Steuerbetragsfunktion:

$$\tan\beta = \frac{dT(x)}{dx}.$$

7. *Freibetrag (indirekte Progression)*
   Ein Freibetrag ist ein (steuerrechtlich) festgeschriebener Wert, der von der Bemessungsgrundlage abgezogen wird, bevor diese zu versteuern ist. Erst das über der Freigrenze liegende Einkommen ist zu versteuern. Dadurch wird eine Verringerung der Steuerlast erreicht. Ein Freibetrag wird gewöhnlich mit einem proportionalen Tarif kombiniert; es ergibt sich die so genannte indirekte Progression (Abb. 20.12).
   Freigrenze
   Eine Freigrenze ist ein (steuerrechtlich) festgeschriebener Wert der Bemessungsgrundlage, bis zu dem das individuelle Einkommen vollständig steuerfrei bleibt. Wird diese Freigrenze allerdings überschritten, so ist das gesamte Einkommen zu versteuern (Abb. 20.13).
   Festbetrag (indirekte Regression)
   Unter einem Festbetrag ist ein (steuerrechtlich) festgeschriebener Steuerbetrag zu verstehen, welcher unabhängig vom individuell erwirtschafteten Einkommen in jedem Fall zu entrichten ist. Der Festbetrag wird auch als indirekte Regression bezeichnet (Abb. 20.14)
8. Vor-, Rück- und Querwälzen beschreiben das Verhalten eines Steuerpflichtigen, die Steuerschuld in ihrer jeweils ursprünglichen Form zu vermeiden.
   Vorwälzen
   Der Steuerschuldner gibt die Steuerlast an Wirtschaftssubjekte weiter, die im Produktionsprozess vorgelagert sind. Ein zur Steuerzahlung verpflichteter Anbieter kann

beispielsweise durch Erhöhung seiner Preise die Steuerlast an die Nachfrager übertragen und somit die Steuerzahlung umgehen.
Quer- oder Schrägwälzen
Die Steuerschuld für ein bestimmtes Gut wird auf ein anderes Gut der gleichen Produktionsstufe übertragen. Dieses Vorgehen findet vor allem bei der Mischkalkulation Anwendung.
Rückwälzen
Von Rückwälzen wird gesprochen, wenn zurückliegende Produktionsstufen die Steuererhöhung zu tragen haben. So kann beispielsweise die Einführung einer Steuer für ein Gut durch niedrigere Einkaufspreise kompensiert werden. Trotz Steuererhöhung bleiben die Preise für den Käufer konstant. Der Verkäufer trägt infolge seiner gesunkenen Verkaufspreise die Steuer.

9. Eine Wertsteuer ist eine Steuer auf den Preis eines Gutes oder einer Dienstleistung. Vor Einführung der Steuer liegt im Punkt H ein Gleichgewicht mit der Menge q_v und dem Preis p_v vor. Kommt es zur Einführung einer Steuer in Höhe des Wertes t, dreht sich die Nachfragekurve im Punkt K; es ergibt sich die Nachfragekurve nach Steuereinführung N_n. Diese Drehung resultiert aus dem mit wachsendem Güterpreis ansteigenden Steuerbetrag, d. h. in jedem Punkt der Nachfragekurve N_n existiert ein anderer Wertsteuerbetrag. Infolge dessen stellt sich im Punkt L das neue Marktgleichgewicht mit der Menge q_n und dem Preis p_n ein. Der Preis p_{netto} gibt die Situation im neuen Gleichgewicht L ohne Steueranteil wieder. Das Rechteck $p_{netto}p_nGL$ symbolisiert das gesamte Steueraufkommen bzw. die gesamte Steuerlast. Diese ist zwischen Konsumenten und Produzenten aufzuteilen. Der Konsumentenanteil berechnet sich allgemein aus der Differenz zwischen dem Preis vor der Steuereinführung und dem Preis nach der Steuereinführung multipliziert mit der Menge nach Steuereinführung, d. h. $(p_n - p_v) * q_n$ (Fläche p_vp_nGI). Aus der Differenz zwischen Gesamtsteueraufkommen und Konsumentenanteil errechnet sich der Produzentenanteil, der durch die Fläche $p_{netto}p_vIL$ dargestellt ist (vgl. Abb. 20.19).
10. Liegt ein vollständig unelastisches Angebot vor, ist der Anbieter gezwungen, zu jedem Marktpreis anzubieten (beispielsweise im Fall schnell verderblicher Ware). Die Angebotskurve verläuft im rechten Winkel zur Abszisse. In der Gleichgewichtssituation B vor Steuereinführung wird das Gut in der Menge q_v zum Preis p angeboten. Nach Einführung der Steuer in Höhe t verschiebt sich die Nachfragekurve zunächst nach unten. Aufgrund des vertikalen Verlaufes der Angebotskurve kann die Steuer allerdings nicht auf die Konsumenten übertragen werden, da eine entsprechende Reaktion der Anbieter infolge der fixen Angebotsmenge nicht möglich ist. Die Anbieter haben somit den Steuerbetrag, dargestellt durch die Fläche $p_{netto}pBC$, in voller Höhe selbst zu tragen. Dies führt dazu, dass sowohl vor als auch nach der Abgabeneinführung in B das Marktgleichgewicht bei unveränderter Preis-Mengen-Kombination zu finden ist (vgl. Abb. 20.22).

Konjunkturpolitik/Fiskalpolitik/ Stabilisierungspolitik 21

Thomas Lenk und Werner Sesselmeier

Geldtheorie + Geldpolitik
-Grundlagen d. Geldtheorie
-Geldangebot, Geldnachfrage, Zinsbildung
-Geld in der Außenwirtschaft

Inhaltsverzeichnis

Grundsätzlich verläuft die Wirtschaftsaktivität einer Volkswirtschaft nicht gleichmäßig, sondern unterliegt zyklischen Schwankungen, den Konjunkturen. Dabei wechseln sich im Rahmen eines Konjunkturzyklus Phasen unterschiedlicher Dauer ab. Allgemein unterscheidet man vier wesentliche Zeitabschnitte: Konjunkturaufschwung, Hochkonjunktur (Boom), Konjunkturabschwung und Depression. Die Abb. 21.1 zeigt, dass in der Phase des Konjunkturaufschwungs die Wirtschaft wächst, also Produktion und Absatz steigen. Dieser kann in einer Hochkonjunktur mit voller Kapazitätsauslastung münden. Die nächste Phase des Konjunkturabschwungs kann aufgrund pessimistischer Erwartungen sehr plötzlich erfolgen und sowohl zu einer Normalisierung oder zu einem starken Rückgang

T. Lenk (✉)
Institut für Öffentliche Finanzen und Public Management/Finanzwissenschaft, Universität Leipzig
Leipzig, Deutschland
E-Mail: fiwi@wifa.uni-leipzig.de

W. Sesselmeier
Universität Koblenz-Landau
Landau, Deutschland
E-Mail: sesselmeier@uni-landau.de

R. Neubäumer et al. (Hrsg.), *Volkswirtschaftslehre*, DOI 10.1007/978-3-658-16523-9_21

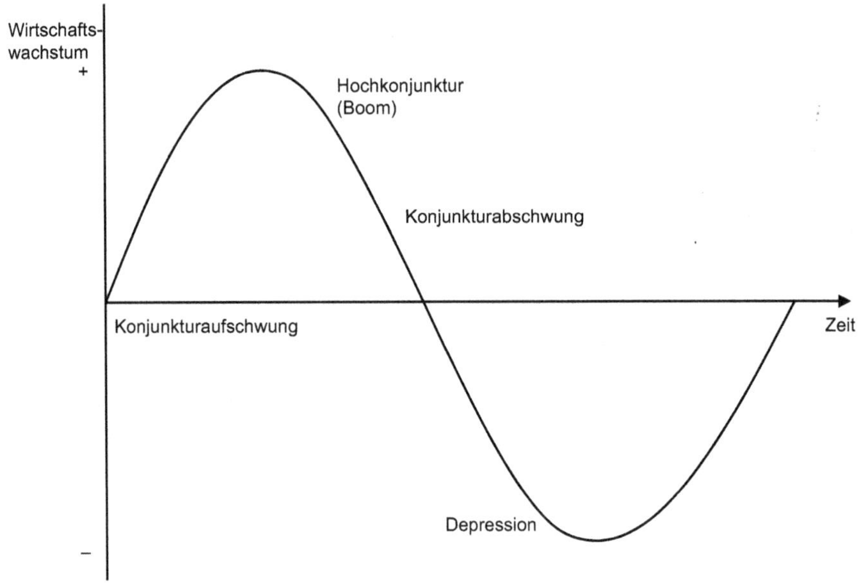

Abb. 21.1 Konjunkturzyklus

der Nachfrage führen. Zuletzt kann die gesamte Volkswirtschaft in einen Zustand der Depression gelangen, die normalerweise mit niedriger Produktion, hoher Arbeitslosigkeit, sinkenden Löhnen und einer niedrigen Investitionstätigkeit einhergeht.

Diese Phasen wirken sich durch die Verflechtungen über den Wirtschaftskreislauf letztlich auf alle Märkte der Volkswirtschaft aus. Im Rahmen von makroökonomischen Maßnahmen wird daher seitens des Staats versucht die gesamtwirtschaftliche Nachfrage oder ihre einzelnen Komponenten zu beeinflussen, um so konjunkturelle Schwankungen zu glätten. Allgemeines Ziel ist es, die Konjunktur so zu steuern, dass die ggf. auftretenden Auswirkungen und Probleme verhindert oder zumindest in ihrer Ausprägung reduziert werden.

Die Diskussion um staatliche makroökonomische Eingriffe in das Marktgeschehen ist nun im Wesentlichen durch das Gegeneinander von angebots- und nachfrageorientierter Wirtschaftspolitik, oft auch als (Neo-)Klassik und Keynesianismus bzw. Stabilitätsoptimismus und Stabilitätspessimismus bezeichnet, geprägt. Beide Theoriebündel unterscheiden sich insbesondere durch ihre unterschiedliche Einschätzung der Marktkräfte und ihrer inhärenten Stabilität. Darüber hinaus folgten beide Sichtweisen und ihre Befürwortung auch immer zeitlich hintereinander, indem sie jeweils die Reaktion auf das Versagen der anderen Seite waren. So versagte beispielsweise die neoklassische Wirtschaftspolitik in der Weltwirtschaftskrise Ende der 1920er-Jahre. Angesichts der Großen Depression der 1930er-Jahre, die zu einem beträchtlichen Anstieg der Arbeitslosigkeit in den USA und Europa führte, kam es zu großem sozialen Unfrieden (dies ermöglichte z. B. in Deutschland das Erstarken des Nationalismus und der damit verbundenen Machtergreifung durch die NSDAP). Geprägt durch die neoklassischen Fehlentwicklungen wurde der britische Ökonom und Mathematiker *Keynes* zu einem Fürsprecher einer expansiven Nachfragepolitik. Grundlage seiner Allgemeinen Theorie der Beschäftigung bildet der Gedanke, dass ein Staat zur Verringerung der Arbeitslosigkeit seine Ausgaben im Ausgleich zu den sinkenden privaten Konsum- und Investitionsausgaben erhöhen muss, da nur so die gesamtwirtschaftliche Nachfrage stabilisiert bzw. erhöht werden kann.

Bis in die Mitte der 1970er-Jahre war der Keynesianismus die vorherrschende wirtschaftspolitische Denkrichtung, welche jedoch wiederum nach dem Zusammenbruch des Bretton-Woods-Währungssystems und der ersten Ölkrise bei der Bekämpfung des gleichzeitigen Anstiegs von Inflation und Arbeitslosigkeit versagte. Zudem wurden zahlreiche theoretische Mängel der verschiedenen keynesianischen Theoriestränge deutlich. Dies führte zu einem Wiedererstarken von neoklassischen Ansätzen der Stabilisierungspolitik, welche im Bereich der makroökonomischen Steuerung insbesondere unter dem Begriff der angebotsorientierten Wirtschaftspolitik bekannt wurden. Prominente Beispiele hierfür sind die sogenannten Reaganomics in den USA und der Thatcherismus in Großbritannien. Grundlage dieser konjunkturpolitischen Konzeption ist die Idee, dass Wachstum und Beschäftigung einer Volkswirtschaft vorrangig von den Rahmenbedingungen auf der Angebotsseite abhängig sind. Konjunkturschwankungen sind in diesem stabilen System also auf partielle Störungen und kurzfristige Unvollkommenheiten des Marktes zurückzuführen, die langfristig über Veränderungen der Preise wieder ausgeglichen werden. Aufgrund dieser „Selbstheilungskräfte des Marktes“ sollte daher auf ein Eingreifen des Staates in die Wirtschaftsprozesse weitgehend verzichtet werden. Unter dem Eindruck der aktuellen Finanz- und Wirtschaftskrise verschieben sich die wirtschaftspolitischen Akzente nun wieder in Richtung des Keynesianismus.

21.1 Ziele und Träger

Ziel jeglicher Stabilisierungspolitik ist die Sicherstellung des gesamtwirtschaftlichen Gleichgewichts, das für die Bundesrepublik Deutschland im Gesetz zur Förderung der Stabilität und des Wachstums (StabG) von 1967 (Stabilitätsgesetz) mit einem Zielbündel aus hohem Beschäftigungsstand, hoher Preisniveaustabilität, stetigem und angemessenem Wachstum sowie einem außenwirtschaftlichen Gleichgewicht konkretisiert wird. Das als „Magisches Viereck“ – wenn man weitere Zielsetzungen, wie z. B. Verteilungsgerechtigkeit oder die Erhaltung unserer natürlichen Umwelt, hinzunimmt, auch als „Magisches Vieleck“ – bezeichnete Zielbündel soll ausdrücken, dass man die gleichzeitige Realisierung aller Ziele aufgrund von konfliktären Zielbeziehungen für nicht erreichbar hält und folglich Prioritäten setzen muss.

Auf der Ebene der Europäischen Union findet sich der Grundsatz der Stabilisierung der Finanzpolitik auch in den Regelungen zur Europäischen Wirtschafts- und Währungsunion (EWWU) wieder. So können die Mitgliedsstaaten Haushaltsdefizite von bis zu 3 % und einen absoluten Schuldenstand von 60 % des nominalen BIP im Rahmen ihrer nationalstaatlichen Finanzautonomie aufweisen, die bei einer schweren Rezession kurzzeitig auch überschritten werden können. Gleichzeitig verpflichten sich die Mitgliedsstaaten im Stabilitäts- und Wachstumspakt, mittelfristig die öffentlichen Defizite deutlich zu begrenzen und eine dauerhafte Konsolidierung der Staatsfinanzen zu betreiben. Somit finden sich hier sowohl nachfrage- wie angebotsorientierte Elemente.

Die bereits erwähnte gezielte Konjunktursteuerung durch Maßnahmen der staatlichen Haushaltspolitik wird als Fiskalpolitik bezeichnet. Es handelt sich dabei um einen Teilbereich der Finanzpolitik, ist also nicht automatisch mit dieser gleichzusetzen.

Die Trägerschaft der Fiskalpolitik ist abhängig von der föderalen Struktur eines Landes sehr komplex. Der Staat steuert mit der Vorgabe eines ordnungspolitischen Rahmens die Wirtschaftsprozesse wesentlich. Zum Sektor Staat gehören in Deutschland die Gebietskörperschaften (Bund, Länder, Gemeinden und Gemeindeverbände) sowie die Parafisci (Sozialversicherungsträger der gesetzlichen Sozialversicherung). Diese föderale Vielschichtigkeit erschwert die Durchführung einer konsistenten Fiskalpolitik.

21.2 Nachfrageorientierte Fiskalpolitik als diskretionäre Stabilisierungspolitik

Durch ausgaben- und einnahmenpolitische Maßnahmen stehen der Fiskalpolitik umfangreiche Möglichkeiten zur Beeinflussung der gesamtwirtschaftlichen Nachfrage und ihrer Komponenten zur Verfügung. Eine nachfrageorientierte Fiskalpolitik greift im keynesianischen Sinne diskretionär, also fallweise und dem Ermessen der Träger der Wirtschaftspolitik überlassen, in die marktwirtschaftlichen Abläufe zur Glättung konjunktureller Schwankungen ein. Dazu werden die staatlichen Einnahmen- und Ausgaben gezielt zur Steuerung der gesamtwirtschaftlichen Aktivität eingesetzt. Der Funktionsbereich der Fiskalpolitik wird damit erweitert, da zusätzlich zu den Allokations- und Verteilungsaufgaben die Stabilisierungsfunktion aufgenommen (und zum Teil sogar höher bewertet) wird. Die Stabilisierungsfunktion hat, wie bereits kurz erwähnt, zum Ziel die Konjunkturzyklen zu glätten und den Wachstumsprozess zu verstetigen bzw. zu verstärken.

Eine nachfrageorientierte Steuerung der gesamtwirtschaftlichen Aktivität durch die Fiskalpolitik beschränkt sich nicht nur auf kurz- und mittelfristig wirkende Nachfrageeffekte. Ein nachfrageorientiertes Maßnahmenbündel kann beispielsweise durch die Verbesserung der Infrastruktur auf Basis von staatlichen Investitionen oder innovationsfördernden Maßnahmen einen langfristig wichtigen Einfluss auf die Wachstumspolitik und damit auf zukünftige Entwicklungen der Volkswirtschaft nehmen.

21.2.1 Multiplikatortheorie als Grundlage

Ausgangspunkt der Multiplikatortheorie ist das Bruttoinlandsprodukt (BIP) nach der Verwendungsrechnung. Dabei handelt es sich um einen Teilbereich der volkswirtschaftlichen

Gesamtrechnung. Das Volkseinkommen bzw. die Gesamtnachfrage (Y) ergibt sich damit als Summe des privaten Konsums (C), der Investitionen (I), der Staatsnachfrage (G), sowie dem Außenbeitrag (X-IM), der Differenz aus Exporten (X) und Importen (IM).

$$Y = C + I + G + X - IM$$

Als Multiplikator kommen nun theoretisch alle Bestandteile der gesamtwirtschaftlichen Nachfrage in Betracht. Im Allgemeinen steht jedoch die Staatsnachfrage (G) im Vorgrund. So kann beispielsweise untersucht werden, in welchem Ausmaß es zu einer Erhöhung des Volkseinkommens (Y) kommt, wenn z. B. die Staatsausgaben um einen bestimmten Betrag steigen. Der Grundgedanke dabei ist, dass staatliche Ausgaben, die zu Einkommen werden, im Falle der Verausgabung wieder erneut Einkommen schaffen. Der Wert $\frac{1}{s1}$ bzw. $\frac{1}{1-c1}$, mit dem die Staatsausgaben zu multiplizieren sind, wird als Multiplikator bezeichnet. Der Multiplikator als Mechanismus gibt an, in welchem Umfang sich ein ursprünglicher wirtschaftlicher Impuls auf eine abhängige Variable auswirkt. Die Wirkung des Multiplikators wird umso größer, je mehr sich c_1 dem Wert 1 nähert.

$$\Delta Y = \frac{\Delta G}{s_1} = \frac{1}{s_1}\Delta G \text{ oder auch: } \Delta Y = \frac{\Delta G}{1 - c_1} = \frac{1}{1 - c_1}\Delta G$$

Es seien:

Y = Volkseinkommen
ΔG = Veränderung der Staatsausgaben
s_1 = marginale Sparquote
c_1 = marginale Konsumquote

Die marginale Sparquote s_1 gibt an, wie hoch das nicht für den Konsum verausgabte Einkommen ist. Die marginale Konsumquote c_1 gibt den Effekt an, den eine zusätzliche Einheit verfügbares Einkommen auf den Konsum hat, z. B. um wie viele Euro die Haushalte ihren Konsum erhöhen (reduzieren), wenn das Volkseinkommen um einen Euro steigt (fällt). Marginale Sparquote s_1 und marginale Konsumquote c_1 sind komplementä re Größen, die sich zu 1 ergänzen. Es wird allgemein angenommen, dass die marginale Konsumquote zwischen 0 und 1 liegt (fundamental-psychologisches Gesetz von *Keynes*). Die Konsumausgaben steigen demnach mit wachsendem Einkommen, allerdings fließen die Erhöhungen nicht vollständig dem Konsum zu.

Mathematisch handelt es sich bei der marginalen Konsumquote um die erste Ableitung der privaten Konsumnachfrage (Konsumfunktion), also um die Steigung der Konsumfunktion.

$$C = c_0 + c_1 Y \text{ abgeleitet nach } c_1\text{: } c_1 = \frac{\partial C}{\partial Y}$$

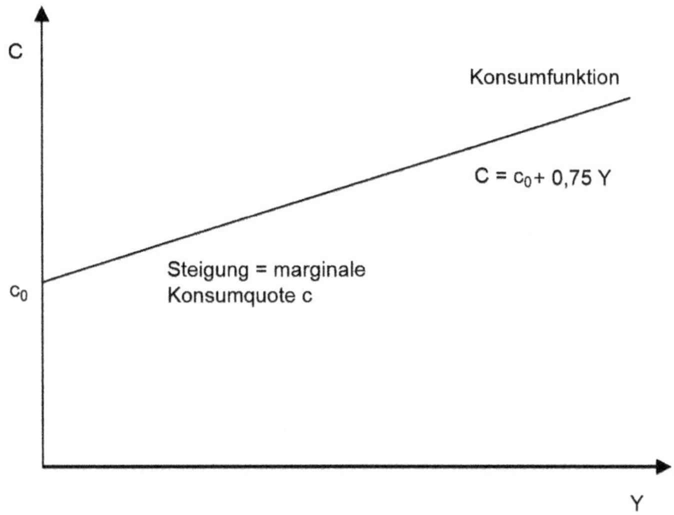

Abb. 21.2 Beispiel zur Konsumfunktion und marginaler Konsumquote

c_0 = autonomer Konsum (der Teil des Konsums, der einkommensunabhängig ist und somit auch bei $Y = 0$ getätigt wird)

Ist beispielsweise $c_1 = 0{,}75$, dann steigt bei jedem Euro Einkommensanstieg der Konsum um 0,75 € (vgl. Abb. 21.2). Die marginale Sparquote s_1 beträgt demnach 0,25, es werden bei einem Euro Einkommensanstieg also 0,25 € gespart ($s_1 = 1{,}00 - 0{,}75 = 0{,}25$).

Nun kann man also die Frage stellen, wie sich das Volkseinkommen nach einer diskretionären Änderung der Staatsausgaben entsprechend ändert.

Exkurs: Mathematisches Konzept zum Zustandekommen des Multiplikatoreffekts

Mathematisch handelt es sich dabei um das Prinzip einer geometrischen Reihe. Das ist eine Reihe (Zahlenfolge), deren Glieder den Gesetzen einer geometrischen Folge gehorchen, d. h., dass der Quotient zweier beliebiger aufeinanderfolgender Glieder der Reihe konstant ist.

Die Nachfrage hängt sowohl vom autonomen Konsum c_0 als auch vom Einkommen ab. Erfolgt nun ein Anstieg der Ausgaben um ΔG, erhöht sich auch die Produktion um ΔG. Dieser Produktionsanstieg führt zu einem Einkommensanstieg. Der private Konsum erhöht sich so um $c_1 \Delta G$ (Zweitrundeneffekt). Die Produktion weitet sich um $c_1 \Delta G$ aus. Dies führt wiederum zu einem Anstieg des privaten Konsums, diesmal um $c_1(c_1 \Delta G) = c_1{}^2 \Delta G$ (Drittrundeneffekt). In der vierten Runde ergibt sich ein Anstieg um $c_1{}^3 \Delta G$.

Zusammenfassend bedeutet dies:

$$\Delta G = \Delta G + c_1 \Delta G + c_1^2 \Delta G + c_1^3 \Delta G + \ldots = \Delta G(1 + c_1 + c_1^2 + c_1^3 + \ldots).$$

Da $c_1 < 1$ ist, nehmen die induzierten Ausgaben mit der Zeit ab. Da eine geometrische Reihe vorliegt, lässt sich die Gleichung zusammenfassen zu (siehe oben):

$$\Delta Y = \frac{\Delta G}{s_1} = \frac{1}{s_1}\Delta G \quad \text{oder auch: } \Delta Y = \frac{\Delta G}{1 - c_1} = \frac{1}{1 - c_1}\Delta G.$$

Entsprechend der obigen Gleichung wird deutlich, dass die Wirkung der erhöhten Investitionsausgaben von der Höhe der marginalen Konsumquote und damit des Multiplikators abhängig ist. Beträgt die marginale Konsumquote wiederum 0,75, dann nimmt der Multiplikator den Wert 4 an, folglich steigt bei einer zusätzlichen diskretionären Investition von 1 Mrd. € (Erstrundeneffekt) das gesamte Volkseinkommen über alle Perioden um 4 Mrd. €. Der Grund für die Multiplikatorwirkung ist, dass eine zusätzliche Investition das Volkseinkommen zunächst nur um diesen Zusatzbetrag erhöht. Für den Fall, dass die marginale Konsumquote größer als Null ist, werden aus dem Einkommenszuwachs zusätzliche Konsumausgaben getätigt, die wiederum das Volkseinkommen vergrößern usw.

21.2.2 Maßnahmen auf der Ausgabenseite

Wie bereits kurz erwähnt, stehen der Fiskalpolitik ausgabenpolitische Maßnahmen zur Verfügung, um so die gesamtwirtschaftliche Nachfrage und ihre Komponenten zu steuern. Diese Einflussnahme auf die Staatsausgaben führt zu einer direkten und/oder indirekten Beeinflussung der Auslastung des Produktionspotenzials der Volkswirtschaft. Diese Maßnahmen und die sich daraus ergebenden Multiplikatorwirkungen der Staatsausgaben auf das Sozialprodukt (Y) werden im Folgenden dargestellt.

Ausgaben des Staates für Güter und Dienste (Staatsausgabenmultiplikator)
Durch eine Erhöhung der Ausgaben des Staates für Güter und Dienstleistungen (G) werden diese direkt und in vollem Umfang auf den Gütermärkten nachfragewirksam. Dies gilt sowohl für staatliche Investitionen als auch für konsumtive Sachausgaben.

$$\Delta Y = \frac{1}{1 - c_1} \Delta G$$

Bei einer marginalen Konsumquote von 0,75 würde der Staatsausgabenmultiplikator 4 betragen. Multipliziert mit zusätzlichen Ausgaben des Staates für Güter und Dienstleis tungen in Höhe von beispielsweise 1 Mrd. € würde dies zu einer Erhöhung der Gesamtnachfrage um 4 Mrd. € führen.

Transfers an private Haushalte (Transferausgabenmultiplikator)
Transferausgaben an private Haushalte (Tr_H) – z. B. durch die Zahlung von Renten oder Arbeitslosengeld – beeinflussen die gesamtwirtschaftliche Nachfrage erst dann, wenn sie von den Empfängern für Konsumgüterkäufe ausgegeben werden. Daher ergibt sich die Multiplikatorwirkung nur aus der zusätzlichen Konsumgüternachfrage der Empfänger:

$$\Delta Y = \frac{1}{1 - c_1} \Delta T_{rH}.$$

Für den Fall von $c_1 = 0{,}75$ würde die Erhöhung der Transferzahlungen an private Haushalte um 1 Mrd. € zu einer Erhöhung der Gesamtnachfrage um 3 Mrd. € führen.

Transfers an private Unternehmen (Transferausgabenmultiplikator)
Durch Transfers an private Unternehmen (Tr_U) – z. B. im Rahmen von Investitionssubventionen – kann die private Investitionstätigkeit positiv beeinflusst werden.

$$\Delta Y = \frac{1}{1-c_1}\Delta T_{rU}$$

Für den Fall von $c_1 = 0{,}75$ würde die Erhöhung der Transferzahlungen an private Unternehmen um 1 Mrd. € ebenfalls zu einer Erhöhung der Gesamtnachfrage um 3 Mrd. € führen.

21.2.3 Maßnahmen auf der Einnahmenseite

Neben der Ausgabenseite stehen der Fiskalpolitik auch auf der Einnahmenseite umfangreiche wirtschaftspolitische Maßnahmen zur diskretionären Beeinflussung der gesamtwirtschaftlichen Nachfrage zur Verfügung. Durch die Variation von Steuern und Abgaben kommt es zu einer Veränderung des verfügbaren Einkommens der Haushalte und Unternehmen. Diese Steuerung der privaten Konsum- und Investitionsgüternachfrage wird im Folgenden dargestellt.

Variation von Steuersätzen und Steuerbemessungsgrundlagen bzw. Abgaben (Steuereinnahmenmultiplikator)
Durch die diskretionäre Variation von Steuersätzen und Steuerbemessungsgrundlagen bzw. Abgaben kommt es zu Veränderungen der Einnahmen des Staates. Auf diese Weise erhöht oder vermindert sich das Volkseinkommen und die private Konsum- und Investitionsgüternachfrage wird beeinflusst. Die Wirkung einer Steueränderung (T) besteht also in einer indirekten Erhöhung oder Verminderung der gesamtwirtschaftlichen Nachfrage. Die daraus resultierenden Auswirkungen auf das volkswirtschaftliche Gesamteinkommen ergeben sich aus der Multiplikatorformel:

$$\Delta Y = -\frac{1}{1-c_1}\Delta T.$$

Der Steuereinnahmen- und Transferausgabenmultiplikator sind also gleich groß, weisen jedoch unterschiedliche Vorzeichen auf. Daraus geht hervor, dass die Variation der Steuersätze und Abgaben entsprechend der Konsum- und Spargewohnheiten das Volkseinkommen in entgegengesetzter Richtung verändern.

Für den Fall von $c_1 = 0{,}75$ würde die Erhöhung der Steuern um 1 Mrd. € zu einem Rückgang der Gesamtnachfrage um 3 Mrd. € führen, da der Steuermultiplikator −3 beträgt.

Eine realitätsnahe Analyse der Auswirkungen einer antizyklischen Steuerpolitik auf den privaten Konsum muss berücksichtigen, dass bei den mittleren und höheren Einkommen ein Spielraum für Reaktionen auf Steueränderungen existiert. Wollen die Steuerzahler ihren Lebensstandard erhalten, führt eine Steuererhöhung zu einer entsprechenden Verminderung der Spartätigkeit. Das ist vor allem dann zu erwarten, wenn Steuererhöhungen nur vorübergehend erfolgen. Sind die Steuerzahler durch langfristige Steuererhöhungen bereit oder gezwungen, ihren Konsum einzuschränken, ist die Kontraktionswirkung einer Steueränderung wesentlich größer als bei einer kurzfristigen Variation. Bei den unteren Einkommensschichten wird die Steuererhöhung fast vollständig auf den Konsum durchschlagen; die kontraktiven oder expansiven Wirkungen werden hier am größten sein. Für die oberen Einkommensschichten ist anzunehmen, dass sie auf „normale" Steueränderungen kaum reagieren. Eine Steueränderung, die aus sozialpolitischen Gründen nur diese Einkommen stärker besteuert, ist demnach konjunkturpolitisch nicht sehr wirkungsvoll.

21.2.4 Kritik der antizyklischen Nachfragesteuerung

Kommt es zur Entstehung von massiven konjunkturellen Schwankungen, die ggf. mit einer Rezession einhergehen und kann dies mithilfe der antizyklischen Fiskalpolitik nicht verhindert bzw. abgeschwächt werden, werden auch stets kritische Stimmen laut. Diese sehen insbesondere erhebliche Probleme in der praktischen Durchführung dieser wirtschaftspolitischen Einflussnahme. Die wesentlichen Kritikpunkte gegenüber der antizyklischen Nachfragesteuerung werden im Folgenden dargestellt und erläutert:

Grenzen der Flexibilität auf der Ausgabenseite

Ein wesentlicher Vorteil der Erhöhung der Staatsausgaben liegt in der direkten Steuerbarkeit durch den Staat. Zudem werden die Variationen aufgrund des Staatsausgabenmultiplikators in vollem Umfang nachfragewirksam. Kritiker wenden hingegen ein, dass eine Vielzahl an staatlichen Aufgaben kontinuierlich erfüllt werden müssen. Weiterhin führt eine Konzentration der Ausgaben auf bestimmte Branchen (z. B. die Bauindustrie) zu strukturellen Effekten. Gegen die staatliche Einflussnahme mithilfe von Transferausgaben auf der Ausgabenseite sprechen die im Vergleich zu den Staatsausgaben geringeren multiplikativen Wirkungen. Der Gesamteffekt der Ausgaben des Staates für Güter und Dienstleistungen ist daher am größten.

Voraussetzung für eine Konjunkturstabilisierung durch staatliche diskretionäre Ausgabenmaßnahmen ist die Flexibilität der öffentlichen Ausgaben. Diese ist jedoch aus verschiedenen Gründen begrenzt: Eine antizyklische Variation der Personal- und laufenden Sachausgaben ist ökonomisch nicht sinnvoll und aus juristischer Sicht kaum möglich. In der Rezession steht ihre Erhöhung im Gegensatz zur Forderung nach einer sparsamen Mittelverwendung. In der Hochkonjunktur können diese Ausgaben dagegen nicht durch Entlassungen und/oder Lohnkürzungen abgebaut werden. Ein steigender Anteil der Konsumausgaben des Staates behindert daher die antizyklische Fiskalpolitik und zugleich die Wachstumspolitik, die durch öffentliche Infrastrukturinvestitionen wesentliche Impulse erhält.

Auch bei den staatlichen Investitionen gibt es daher Grenzen der Flexibilität. Ein großer Teil der Investitionen dient der Erfüllung von Aufgaben, die stetig anfallen und nicht antizyklisch im kurzfristigen Rhythmus der Konjunktur (z. B. Investitionen im Bildungssektor, im Gesundheitswesen). Selbst wenn Planung und Vergabe von Investitionsvorhaben beschleunigt oder verzögert werden können, ist dies in der Durchführungsphase kaum noch möglich.

Vernachlässigung der Angebotsseite und Effekte rationaler Erwartungen
Eine erste Kritik an der Effizienz der Fiskalpolitik ergibt sich aus der Crowding-Out-Hypothese. Danach verdrängt eine höhere kreditfinanzierte staatliche Nachfrage nach Ressourcen (z. B. auf dem Arbeitsmarkt und/oder auf dem Kapitalmarkt) in einer Rezession private (Investitions-)Aktivitäten, sodass letztlich das Bruttoinlandsprodukt nicht wächst. Diese Gefahr besteht, wenn die zusätzlichen Staatsausgaben in einer Rezession durch eine Kreditaufnahme auf dem Kapitalmarkt und nicht durch – eine in der EWWU verbotene – direkte Kreditaufnahme bei der Zentralbank finanziert werden. Bei einer Kreditaufnahme am Kapitalmarkt kommt es bei unverändertem Kreditangebot zu einem Zinsanstieg, der sich negativ auf die privaten Investitionen auswirken kann. Dabei ist jedoch zu berücksichtigen, dass das zinsbedingte Crowding-Out umso geringer ist, je größer der Kapitalmarkt ist. Eine steigende Kreditnachfrage des Staates kann sich darüber hinaus auch psychologisch ungünstig auf die private Investitionstätigkeit auswirken, wenn die Unternehmen befürchten, dass die höhere Staatsverschuldung auch mittelfristig bestehen bleibt und entweder zu Zinssteigerungen am Kapitalmarkt oder zu zukünftigen Belastungen bei der Schuldentilgung, z. B. durch Steuererhöhungen oder Inflationstendenzen mit der Gefahr einer Stabilisierungskrise führen kann. Für die bisherigen Rezessionsphasen wurde die Wirksamkeit des Crowding-Out nicht nachgewiesen, da nach allgemein vertretener Auffassung der Staat nur die ausfallende private Kreditnachfrage ersetzte.

Weiterhin lässt sich generell feststellen, dass sich die Haushalte allgemein prozyklisch verhalten und die Erwartungen über die weitere Entwicklung am Arbeits- und Gütermarkt häufig eine größere Rolle spielen als Veränderungen des verfügbaren Einkommens durch die Fiskalpolitik. Über diese Nachfrage- und Einkommensänderungen ergeben sich weitere Wirkungen auf die Investitionsgüternachfrage nach der Akzeleratortheorie. Diese besagt, dass bereits geringfügige Nachfrageänderungen überproportional verstärkte (akzelerierte) Veränderungen in der Investitionsgüternachfrage bewirken. Der Akzelerator a lässt sich definieren als Quotient aus der Nettoinvestition (I) und einer Änderung der Konsumgüternachfrage (ΔC).

$$a = \frac{I}{\Delta C}$$

Durch Umstellung der Formel kann also berechnet werden, wie hoch die Nettoinvestition sein muss, damit eine weitere Konsumgütereinheit produziert wird.

$$I = a\Delta C$$

Staatsverschuldung und Effekte der Motivation der Politiker

Kritisiert wird weiterhin die zunehmende Staatsverschuldung durch eine nachfrageorientierte Wirtschaftspolitik. So lässt sich eine steuer- oder kreditfinanzierte Erhöhung der Staatsausgaben zur Nachfragebelebung noch vergleichsweise leicht durchsetzen. Problematisch bleibt hingegen die Tatsache, dass eine entsprechende Schuldentilgung und Reduzierung der staatlich induzierten Nachfrage in Phasen der Hochkonjunktur zumeist unterbleibt. Dies führt mit jeder nachfrageorientierten Nachfragesteuerung zu einer Ausweitung der Staatsverschuldung und der Zunahme der Steuerbelastung. Der Handlungsspielraum der öffentlichen Haushalte wird damit stetig verringert.

Der Grund für diese Entwicklung ist in der Asymmetrie der politischen Durchsetzbarkeit expansiver und restriktiver Maßnahmen zu suchen. Aus verschiedenen Gründen – z. B. Wahltermine und -versprechen – ist die Verständigung über expansiv wirkende Maßnahmen zur Überwindung einer Rezession leichter zu erreichen als ein Konsens über dämpfende Maßnahmen in der Hochkonjunktur. Die steigenden Steuereinnahmen in der Hochkonjunktur wurden nicht konsequent genug zum Abbau der Staatsverschuldung und zum Aufbau einer Konjunkturausgleichsrücklage genutzt. Sowohl in der Rezession 1982/83 als auch 1992/93 musste die Verschuldung der öffentlichen Haushalte abgebaut werden, sodass kein finanzieller Spielraum für expansive, konjunkturankurbelnde Maßnahmen bestand, eine Situation, die sich auch in der Rezession 2002/2003 wiederholte. Vor diesem Hintergrund ist die Befürchtung zu verstehen, dass fiskalpolitische Stabilisierungspolitik letztlich faktisch zu einer im Verhältnis zum Bruttoinlandsprodukt überproportional steigenden Staatsverschuldung führt, und dass die steigende Zinsbelastung der öffentlichen Haushalte die für das Wachstum wichtigen Infrastrukturinvestitionen behindert.

Probleme der Abstimmung verschiedener föderaler Ebenen

Kritiker sehen zudem gerade in föderalistisch strukturierten Staaten erhebliche Probleme bei der praktischen Durchführung einer nachfrageorientierten Wirtschaftspolitik, da die Entscheidungsbefugnis über Änderungen des staatlichen Ausgabenbudgets dort in der Regel nicht zentral bei einer einzelnen Instanz liegen, sondern dezentral auf zahlreiche Ebenen und Entscheidungsträger verteilt werden. Nachhaltige Wirkungen auf die Konjunktur setzen daher Abstimmungen auf allen Ebenen voraus. Dies gestaltet insbesondere den Koordinierungsprozess sehr zeitaufwändig und politische Entscheidungsprozesse langwierig. In Deutschland gibt es z. B. Gemeinschaftssteuern, die Bund, Ländern und Kommunen gemeinschaftlich zufließen. Dazu gehören die aufkommensstärksten Steuern Einkommensteuer, Körperschaftssteuer und Umsatzsteuer. Zudem gibt es auch Steuern, wie die Gewerbe- und der Grundsteuer, die den Gemeinden zustehen. Deren Hebesätze können in jeder Gemeinde individuell festgelegt werden. Kritische Stimmen merken daher an, dass so stets die Gefahr besteht, dass konjunkturpolitisch notwendige Maßnahmen zu spät beschlossen und durchgeführt werden, da auf Bundes-, Landes- und Kommunalebene entsprechende Haushaltsgesetze zu Steuergesetzänderungen verabschiedet werden müssen. Zuletzt sei noch angemerkt, dass nicht alle Gebietskörperschaften über die Mittel für eine antizyklische Investitionssteuerung verfügen. Vor allem den Gemeinden fehlen oft die Finanzquellen für eine Beschleunigung ihrer Investitionsvorhaben und die Deckung der Folgekosten.

Strukturelle Effekte der Politik
Einige Kritiker gehen noch weiter und vertreten die Auffassung, dass die Fiskalpolitik die Konjunkturzyklen, die sie glätten soll, selbst hervorruft bzw. verstärkt. Sie sprechen von einer destabilisierenden „Stop-and-go-Politik“ oder sogar von Interventionszyklen als Folge der Fiskalpolitik: Die Vermeidung bzw. der Abbau von Arbeitslosigkeit erfordern expansive Maßnahmen. Unternehmen und Haushalte erhöhen ihre Nachfrage aber erst dann, wenn ihre Erwartungen über den weiteren Konjunkturverlauf positiv sind – d. h. mit einer zeitlichen Verzögerung. Diese Verzögerung und der politische Widerstand gegen dämpfende Maßnahmen tragen im Wirtschaftsaufschwung zur Übersteigerung der Nachfrage bei. Die dann eintretende Beschleunigung des Inflationsprozesses erzwingt kontraktive Maßnahmen („stop“), die die Nachfrage drosseln und zu Gewinneinbrüchen und – nicht zuletzt wegen der kurzfristig relativ starren Löhne – zu Entlassungen führen. Verstärkt wird der Prozess durch die pessimistischen Erwartungen der privaten Sektoren. Die steigende Arbeitslosigkeit wiederum löst dann den nächsten staatlichen Nachfrageschub („go“) – und damit einen neuen Interventionszyklus – aus.

Problem durch Zeitbedarf und Verzögerungen
Unter dem Aspekt der Konjunkturstabilisierung ist die Zeitspanne, innerhalb derer die Fiskalpolitik wirksam wird, von großer Bedeutung. Der Zeitbedarf in der Politik, der auch als Verzögerung oder time-lags bezeichnet wird, lässt sich in fünf Phasen gliedern:

Störungs-Lag (disturbance lag) die Störungsverzögerung, die dadurch entsteht, dass zwischen dem Eintritt und dem Zeitpunkt, zu dem die Störung überhaupt messbar wird, stets ein bestimmter Zeitraum liegt.

Diagnose-Lag (recognition lag) die Erkenntnisverzögerung, die dadurch entsteht, dass zunächst der Stand der Konjunkturindikatoren erfasst und eine Prognose über die erwartete Entwicklung erstellt werden muss.

Entscheidungs-Lag (decision lag) die Entscheidungsverzögerung, die aus dem Zeitbedarf für die Diskussion und die Entscheidungen über die Notwendigkeit, die Art, den Umfang und den Zeitpunkt von fiskalpolitischen Maßnahmen entsteht.

Durchführungs-Lag (administrative lag) die Durchführungsverzögerung, die durch die Ausführung der beschlossenen Maßnahmen entsteht und die insbesondere bei Bauvorhaben beträchtlich sein kann.

Wirkungs-Lag (operational lag) die Wirkungsverzögerung zwischen der Entscheidung über Maßnahmen, ihrer verwaltungsmäßigen Durchführung und ihrer Wirkung auf den Arbeits- und Gütermärkten.

Diese Zeitverzögerungen lassen sich nicht vollständig beseitigen, sondern nur – allerdings in unterschiedlichem Ausmaß – verkürzen. So ist z. B. die Erkenntnisverzögerung durch verbesserte Prognoseverfahren und die Durchführungsverzögerung durch vorsorglich erstellte Planungen („Schubladenprojekte") verkürzt worden, während die Wirkungsverzögerung kaum zu beeinflussen ist. Auch das Stabilitätsgesetz, das vor allem die Entscheidungsverzögerung reduzieren sollte, hat damals nur geringe Erfolge gebracht. Das bedeutet in der Realität, dass expansive Maßnahmen, die in der Rezession geplant und realisiert werden, unter Umständen erst im Aufschwung voll wirksam werden, mit der Gefahr einer destabilisierenden Wirkung. Umgekehrt können restriktive Maßnahmen z. B. zur Bekämpfung der Inflationsgefahr in der Hochkonjunktur noch in den Abschwung hinein wirken und ihn verstärken, also prozyklisch wirken.

21.3 Fiskalpolitik mit nicht-diskretionären Maßnahmen

Die umfassende Kritik an einer diskretionären Stabilisierungspolitik führte zu einer stärkeren Berücksichtigung fiskalpolitischer Maßnahmen, die automatisch wirken und deshalb nicht eigens in Gang gesetzt werden müssen. Dieser Einsatz automatischer Stabilisatoren und regelgebundener Politik wird im Folgenden erläutert.

21.3.1 Automatische Stabilisatoren

Grundsätzlich gehen von den öffentlichen Haushalten auch ohne fallweise Ad-hoc-Maßnahmen gewisse stabilisierende Wirkungen aus. Diese werden als automatische Stabilisatoren bezeichnet. Es muss also nicht zwingend eine aktive Fiskalpolitik betrieben werden, um eine gleichmäßigere Wirtschaftsentwicklung zu erreichen.

Der Mechanismus hinter diesen „eingebauten" fiskalischen Stabilisatoren basiert im Wesentlichen auf drei Voraussetzungen. Zunächst variieren die staatlichen Einnahmen bzw. Ausgaben automatisch mit der Konjunkturentwicklung, d. h., dass z. B. die Ausgaben „automatisch" hoch sind im Falle der Rezession und niedrig im Falle einer Hochkonjunktur. Diese Wirkung wird auch als „built-in-flexibility" bezeichnet. Weiterhin kann von den „automatisch" schwankenden Ein- und Ausgaben eine dämpfende Wirkung ausgehen. Der Konjunkturverlauf wird also stabilisiert. Dies wird als „built-in-stability" bezeichnet. Zuletzt muss außerdem gelten, dass die automatischen Stabilisierungsmechanismen nicht durch diskretionäre Maßnahmen außer Kraft gesetzt werden. Die automatischen Stabilisatoren würden in diesem Falle zu Destabilisatoren werden.

Ein besonders relevantes Beispiel eines automatischen Stabilisators ist ein System der gesetzlichen Arbeitslosenversicherung. Im Falle einer Hochkonjunktur steigen die staatlichen Einnahmen, da vergleichsweise viele erwerbsfähige Personen erwerbstätig sind und Beiträge abführen. Durch den Abzug der Beiträge fällt das jeweils verfügbare Einkommen niedriger aus als ohne Abzüge. Dies dämpft die Nachfrage entsprechend. Darüber hinaus fallen auch die staatlichen Transferzahlungen in einer Hochkonjunktur geringer aus, was ebenfalls nachfragedämpfend wirkt. Für den Fall der Rezession wirkt der automatische Stabilisator in entsprechend umgekehrter Richtung. Durch geringere Einnahmen und erhöhte Ausgaben der Arbeitslosenversicherung wird der Nachfrageeinbruch wesentlich stärker gedämpft als in einer Volkswirtschaft, bei der kein gesetzliches System der Arbeitslosenversicherung vorliegt. Dabei muss unbedingt berücksichtigt werden, dass automatische Stabilisatoren die Ausschläge des Konjunkturzyklus glätten, aber auf keinen Fall vollständig verhindern können.

Eine weitere stabilisierende Wirkung entsteht durch das, in Abhängigkeit von der Konjunkturentwicklung, schwankende Steueraufkommen. So kann mithilfe von Aufkommenselastizitäten (ε) beispielsweise gemessen werden, wie sich das Steueraufkommen einer Steuerart oder des Gesamtsteuersystems im Verhältnis zum Wachstum des BIP verändert.

$$\varepsilon = \frac{\Delta T}{\Delta Y}$$

Bei Steuern mit progressiven Elementen ist die Aufkommenselastizität ($\Delta T / \Delta Y$) größer 1. Eine Aufkommenselastizität von 1,3 weist z. B. darauf hin, dass das Steueraufkommen 1,3-mal so stark steigt wie das BIP. Dies führt also zu einem überproportional steigenden Steueraufkommen in einer Hochkonjunkturphase und einem entsprechend sinkenden Aufkommen in einer Depressionsphase. Dies zeigt auch, dass konjunkturelle Schwankungen umso ausgeprägter sind, je höher die Aufkommenselastizität ist. Bei einkommensabhängigen Steuern ist diese besonders hoch. Proportionale Steuern entwickeln sich entsprechend dem BIP und Verbrauchssteuern liegen zumeist hinter dem BIP-Wachstum zurück. Der Vorteil von Steuerarten mit hohen Aufkommenselastizitäten liegt in der nachfragedämpfenden Wirkung in einer Phase der Hochkonjunktur und der nachfragefördernden Wirkung in einer Depression, da bei geringeren Einkommen auch proportional weniger Steuern zu zahlen sind.

Exkurs: Staatsverschuldung

Zur Interpretation der Staatsverschuldung, die für Deutschland die Gesamtschulden der Gebietskörperschaften sowie der Parafisci angibt, können drei wesentliche Kennzahlen zur Messung der Verschuldung herangezogen werden. Diese sind die Verschuldungsquote, die Neuverschuldungsquote und die Zinsausgabenquote.

Die Verschuldungsquote (VQ) ergibt sich als Quotient von Staatsverschuldung und BIP und wird z. B. im Anhang „Statistik des Euro-Währungsgebiets" der Monatsberichte der Europäischen Zentralbank ausführlich dargestellt. Für die Mitgliedsstaaten der EWWU darf die Verschuldungsquote gemäß des Stabilitäts- und Wachstumspakts maximal 60 % des BIP betragen.

$$VQ = \frac{\text{Staatsverschuldung}}{\text{BIP}}$$

Die Neuverschuldungsquote (NVQ) ergibt sich als Quotient von Neuverschuldung und BIP. Für die Mitgliedsstaaten der EWWU darf die jährliche Neuverschuldung gemäß des Stabilitäts- und Wachstumspakts maximal 3 % des BIP betragen.

$$\text{NVQ} = \frac{\text{Neuverschuldung}}{\text{BIP}}$$

Die Zinsausgabenquote (ZQ) ergibt sich als Quotient von Zinsausgaben und Gesamtausgaben des Staates. Die Quote gibt also an, wie hoch der Anteil der Ausgaben für Zinsen ist, den der Staat aufgrund öffentlicher Schulden zahlen muss.

$$\text{ZQ} = \frac{\text{Zinsausgaben}}{\text{Gesamtausgaben des Staates}}$$

Bei der Analyse des Gesamtdefizits wird zwischen drei Defizitkomponenten unterschieden, der Normalverschuldung, dem konjunkturbedingten Defizit und dem strukturellen Defizit.

Die Normalverschuldung gibt den im langfristigen Durchschnitt üblichen Anteil der Staatsschulden am Sozialprodukt an, da erfahrungsgemäß auch bei einer normalen Auslastung der Produktionskapazität ein Teil der Staatsausgaben durch Verschuldung finanziert wird. In Deutschland liegt die Normalverschuldung bei 1,5 %.

Das konjunkturbedingte Defizit bezeichnet die nur in der Phase der Rezession existierende, also nur vorübergehende, Staatsverschuldung und entsteht infolge von diskretionären antizyklischen Maßnahmen. Die Tilgung erfolgt automatisch in den Phasen des Aufschwungs und der Hochkonjunktur. Der Defizitausgleich erfolgt also über den gesamten Konjunkturzyklus hinweg.

Ein strukturelles Defizit entsteht, wenn die Staatausgaben im Trend stärker ansteigen als die Staatseinnahmen, und hat somit einen dauerhaften Charakter, da es den staatlichen Konsolidierungsbedarf kennzeichnet. Es wird teilweise damit gerechtfertigt, dass dadurch die Finanzierung investiver Aufgaben, die einen Nutzen für zukünftige Generationen beinhalten, ermöglicht wird.

Strukturelle Defizite sind jedoch in vielerlei Hinsicht problematisch, da es z. B. aus finanzpolitischer Sicht zum Crowding-Out, also dem Zurückdrängen privater Kreditaufnahmen am Kapitalmarkt kommt, da es aufgrund höherer staatlicher Aktivitäten zu Zinssteigerungen kommt. Weiterhin führt es zu einer Verlagerung der Schuldenlast auf zukünftige Generationen und damit zu einer Einengung zukünftiger Handlungsspielräume. Zuletzt schafft eine hohe Staatsverschuldung Anreize zur Stimulierung von Inflation.

Befürworter legitimieren eine Verschuldung z. B. mit dem „Pay as you use"-Prinzip, nachdem es durchaus „gerecht" sein kann, zukünftige Generationen an den Kosten für langfristig wirksame Investitionen zu beteiligen. Weiterhin zeigt die Selbstfinanzierungsthese, dass die Multiplikatoreffekte von zusätzlichen Staatsausgaben so hoch sein können, dass sich die Staatsausgaben durch zusätzliche Steuereinnahmen finanzieren.

21.3.2 Regelgebundene Politik

Grundgedanke der regelgebundenen Konjunkturpolitik ist die Bindung der Politik an zuvor vereinbarte und konkret festgelegte Stabilitätsindikatoren. So kann z. B. festgelegt werden, dass eine Erhöhung der Staatsausgaben um x Prozent erfolgt, wenn die Zuwächse zum BIP über drei Quartale saisonbereinigt sinken.

Die Einhaltung bindender Vereinbarungen, die mithilfe von Stabilitätsindikatoren gemessen werden, hat den Vorteil, dass die Maßnahmen nicht diskretionär getroffen werden.

Durch die vereinbarte Regel sind die Maßnahmen per se legitimiert und können sofort umgesetzt werden, da keine Abstimmungen mehr getroffen werden müssen.

Kritiker weisen jedoch darauf hin, dass diese Form der Konjunkturpolitik ein empirisch hochgradig bewährtes Modell voraussetzt und bei wesentlichen Strukturbrüchen die große Gefahr inadäquater Maßnahmen besteht. Zuletzt kann auch die Entstehung rationaler Erwartungen zu wesentlichen Veränderungen der Funktionsweise des Systems führen.

21.4 Angebotsorientierte Wirtschaftspolitik

Während regelgebundene Fiskalpolitik und automatische Stabilisatoren immer noch prinzipiell Staatseingriffe zur Stabilisierung der Märkte betonen, sieht die Angebotspolitik keine Notwendigkeit für kurzfristige Eingriffe in das Marktgeschehen, da sie letzteres als generell inhärent stabil einschätzt. Statt kurzfristiger Stabilisierungspolitik brauchen die Märkte demnach langfristig stabile Rahmenbedingungen, die den Marktakteuren Sicherheit vermitteln. Angebotsorientierte Wirtschaftspolitik, auch als Angebotspolitik oder Supply Side Policy bezeichnet, zielt daher auf eine Verbesserung der Angebotsbedingungen ab.

Wesentliche Elemente sind die Förderung von privaten Investitionen, die über Steuersenkungen erwirkt werden, die Sanierung der staatlichen Haushalte durch eine Verringerung öffentlicher Ausgaben und dem Abbau der Staatsschulden. Darüber hinaus wird von den Vertretern der angebotsorientierten Wirtschaftspolitik eine Intensivierung des privaten Wettbewerbs betont und der dazu notwendige deutliche Abbau staatlicher Eingriffe in die Wirtschaft hervorgehoben. Entsprechend handelt es sich bei den hier relevanten Politikfeldern um langfristig angelegte Maßnahmen, die das Potentialwachstum der Volkswirtschaft fördern sollen. In neoklassischer Tradition erfolgt eine Arbeitsteilung zwischen den Trägern der Wirtschaftspolitik. Jeder ist für einen Politikbereich verantwortlich und es herrscht die Grundüberzeugung, dass, wenn jeder Träger in seinem eine „richtige" Politik macht, die Volkswirtschaft auch insgesamt im Gleichgewicht ist.

21.5 Fazit

Beide Wirtschaftspolitiken haben abhängig von der ökonomischen Situation ihre Berechtigung. Jeweilige Übertreibungen und die Nichtbeachtung von Restriktionen bzw. neue Erkenntnisse haben zu der in der Realität feststellbaren zeitlichen Abfolge geführt. Für die Wirtschaftspolitik ist jedoch neben der für die Glaubwürdigkeit notwendigen Prinzipientreue auch ein gehöriger Schuss Pragmatismus notwendig, weshalb Angebots- und Nachfragepolitik auch immer gleichberechtigt nebeneinander stehen sollten.

Fragen

1. Erläutern Sie den Begriff Konjunkturzyklus und grenzen Sie die vier wesentlichen Phasen voneinander ab!
2. Unterscheiden Sie die Begriffe Fiskalpolitik und Finanzpolitik!
3. Die Keynesianische Theorie kennt verschiedene Multiplikatoren. Nennen Sie diese. Welcher Multiplikator ist c. p. absolut am größten?

Antworten

1. Grundsätzlich verläuft die Wirtschaftsaktivität einer Volkswirtschaft nicht gleichmäßig, sondern unterliegt zyklischen Schwankungen. Diese Auf- und Abwärtsbewegungen nennt man Konjunkturen. Im Rahmen eines Konjunkturzyklus wechseln sich Konjunkturphasen unterschiedlicher Dauer und Tiefe ab, z. B. von einem Aufschwung bis zum nächsten Aufschwung.
   Allgemein unterscheidet man vier wesentliche Phasen: 1. Der Konjunkturaufschwung mit einer wachsenden Wirtschaft (Produktion und Absatz steigen), 2. Die Hochkonjunktur (Boom) mit einer vollen Kapazitätsauslastung. 3. Die Phase des Konjunkturabschwungs, welche aufgrund pessimistischer Erwartungen sehr plötzlich erfolgen und sowohl zu einer Normalisierung oder zu einem starken Rückgang der Nachfrage führen kann und 4. Die Phase der Depression mit niedriger Produktion, hoher Arbeitslosigkeit, sinkenden Löhnen und einer niedrigen Investitionstätigkeit.
2. Als Fiskalpolitik bezeichnet man die gezielte Konjunktursteuerung durch Maßnahmen der staatlichen Haushaltspolitik. Ziel ist es die gesamtwirtschaftliche Nachfrage oder ihre einzelnen Komponenten so zu beeinflussen, dass die Konjunktur so gesteuert werden kann, dass die ggf. auftretenden Auswirkungen und Probleme verhindert oder zumindest in ihrer Ausprägung reduziert werden, um den Wachstumsprozess zu verstetigen bzw. zu verstärken.
   Bei der Fiskalpolitik handelt es sich damit nur um einen Teilbereich der Finanzpolitik und ist also nicht automatisch mit dieser gleichzusetzen. Die Finanzpolitik umfasst alle Maßnahmen des Staates, mit denen über die Veränderung der öffentlichen Einnahmen und Ausgaben (Staatsfinanzen) die wirtschaftliche und soziale Entwicklung beeinflusst werden soll. Ein anderer Teilbereich der Finanzpolitik ist daher neben der Fiskalpolitik z. B. die Sozialpolitik mit verteilungspolitischen Zielsetzungen wie sozialer Sicherheit und Gerechtigkeit.
3. Ausgangspunkt der Multiplikatortheorie ist das Bruttoinlandsprodukt (BIP) nach der Verwendungsrechnung.

   $$Y = C + I + G + X - IM$$

   Das Volkseinkommen bzw. die Gesamtnachfrage (Y) ergibt sich damit als Summe des privaten Konsums (C), der Investitionen (I), der Staatsnachfrage (G), sowie dem Außenbeitrag (X-IM), der Differenz aus Exporten (X) und Importen (IM). Als Multiplikator kommen nun theoretisch alle Bestandteile der gesamtwirtschaftlichen Nachfrage in Betracht.

C. p. absolut am größten ist jedoch der Staatsausgabenmultiplikator (ΔG), da eine Erhöhung der Ausgaben des Staates direkt und in vollem Umfang auf den Gütermärkten nachfragewirksam wird. Dies gilt sowohl für staatliche Investitionen als auch für konsumtive Sachausgaben.

$$\Delta Y = \frac{1}{1 - c_1} \Delta G$$

Bei einer marginalen Konsumquote (c_1) von 0,75 würde der Staatsausgabenmultiplikator 4 betragen. Multipliziert mit zusätzlichen Ausgaben des Staates für Güter und Dienstleistungen in Höhe von beispielsweise 1 Mrd. € würde dies zu einer Erhöhung der Gesamtnachfrage um 4 Mrd. € führen. Damit steht im Allgemeinen die Staatsnachfrage (G) im Vordergrund der nachfrageorientierten Fiskalpolitik.

Ökonomische Theorie der Politik: Staatsversagen

22

Thomas Lenk und Werner Sesselmeier

Inhaltsverzeichnis

Die Funktionen politisch-staatlicher Institutionen sind insbesondere der Schutz von Eigentums- und Verfügungsrechten und die Bereitstellung öffentlicher Güter wie einer notwendigen Infrastruktur (z. B. durch Straßenbau, Bildung und Sozialpolitik). Weiterhin werden staatliche Eingriffe in die Ordnungspolitik mit der Regulierungsaufgabe im Falle eines Marktversagens begründet. Unter Marktversagen (siehe Kap. 19) versteht man dabei Fälle, bei denen ein System von Märkten zu politisch und wirtschaftlich nicht erwünschten Ergebnissen führt. So würden öffentliche Güter beispielsweise nicht oder nicht in ausreichender Menge produziert werden. Gleiches gilt für Umweltgüter und die daraus resultierende Konsequenz einer Umweltpolitik.

Generell ist neben dem Marktversagen aber auch ein Staatsversagen möglich, das grundsätzlich dann auftritt, wenn der Staat nicht effizienter als der Markt arbeitet. Entgegen den Ideen Max Webers, der Staat und Bürokratie als zweckrationale Instrumente zur

T. Lenk (✉)
Institut für Öffentliche Finanzen und Public Management/Finanzwissenschaft, Universität Leipzig
Leipzig, Deutschland
E-Mail: fiwi@wifa.uni-leipzig.de

W. Sesselmeier
Universität Koblenz-Landau
Landau, Deutschland
E-Mail: sesselmeier@uni-landau.de

R. Neubäumer et al. (Hrsg.), *Volkswirtschaftslehre*, DOI 10.1007/978-3-658-16523-9_22

Erreichung politisch vorgegebener Ziele betrachtet, geht es hier um die Eigenziele dieser Institutionen bzw. der darin agierenden Individuen.

Der Einfluss des „Innenlebens“ von Trägern der Wirtschaftspolitik auf deren wirtschaftpolitische Entscheidungen drückt sich aus in der Berücksichtigung hierarchischer und bürokratischer Strukturen, institutioneller Pfadabhängigkeiten sowie der Berücksichtigung besonderer Prinzipal-Agenten-Probleme durch Informationsasymmetrien zwischen Politik und Bürokratie. Dies bedeutet, dass ein Prinzipal-Agent-Problem in der Abstimmung zwischen den vier für eine Demokratie prägenden Gruppen (Wähler, Politiker, Bürokraten und Interessengruppen) besteht.

Die Neue Politische Ökonomie bzw. Ökonomische Theorie der Politik wendet das Instrumentarium der modernen Wirtschaftstheorie, insbesondere der (neoklassischen) Mikroökonomie, in der Analyse kollektiver (politischer) Entscheidungsprozesse an, da der idealistische Ansatz, wonach die Träger der Wirtschaftspolitik in erster Linie das Allgemeinwohl vor Augen haben, für naiv gehalten wird. Grundsätzlich bestehen nämlich zahlreiche Analogien zwischen dem ökonomischem und dem politischem System. So sind Konsumenten gleich Wähler, die Stimmen gegen politische Güter tauschen. Der gewinnmaximierende Unternehmer maximiert analog zum Politiker seine Stimmen bzw. seinen Nutzen und Politiker konkurrieren auf dem Wählerstimmenmarkt. Weiterhin herrscht Ungewissheit über das Wahlverhalten und vollkommene politische Informiertheit ist prohibitiv teuer, da die einzelne Stimme nur wenig bewirken kann und nur über politische Güterbündel abgestimmt wird.

Die Besonderheiten der Neuen Politischen Ökonomie sind der methodologische Individualismus, das Rationalverhalten der Individuen und die Heterogenität der Individuen, welche ex ante unterschiedliche Präferenzen oder unterschiedliche Ausgangsverteilungen und ex post unterschiedlich Endverteilungen haben.

Ein erster Ansatz der neuen Methode findet sich bei *Schumpeters* Buch „Kapitalismus, Sozialismus und Demokratie“ von 1942.

Im Folgenden werden zunächst allgemein demokratische Abstimmungsmechanismen und Mehrheitsregeln erläutert. Anschließend werden das ökonomische Grundmodell der Demokratie, das sogenannte Medianwähler-Modell eingeführt und Modifikationsmöglichkeiten aufgezeigt. Weiterhin werden die Phänomene Bürokratie und Interessengruppen beschrieben.

22.1 Demokratische Abstimmungen und Mehrheitsregeln

Auch zwischen dem staatlichen Ordnungsprinzip der Demokratie und dem ökonomischen System der Marktwirtschaft bestehen zahlreiche Analogien. So stellt die Demokratie die Freiheit der Individuen sicher und die Marktwirtschaft überlässt den Wirtschaftssubjekten analog verhältnismäßig viele Freiheiten. Wenn also die beiden politischen und ökonomischen Ordnungsprinzipien ordnungsgemäß funktionieren, kann so der gesamtgesellschaftliche Wohlfahrtsgewinn maximiert werden.

Der Neuen Politischen Ökonomie folgend sind innerhalb einer Demokratie Wahlen und Abstimmungen der geeignete Mechanismus, um Informationen über die Präferenzen der Bürger zu erhalten. Darüber hinaus können so zudem viele Einzelentscheidungen und Präferenzen der Individuen aggregiert werden. Dabei muss jedoch zuerst berücksichtigt werden, ob Entscheidungen durch eine direkte oder indirekte Demokratie getroffen werden.

In einer direkten Demokratie (z. B. in der Schweiz) wird im Regelfall über Einzelfragen abgestimmt, wobei diese Abstimmungen je nach Bedarf und ohne feste Terminstruktur erfolgen. In einer indirekten Demokratie (z. B. in Deutschland) werden hingegen durch die Individuen Volksvertreter, die im Regelfall in Parteien organisiert sind, in ein Parlament gewählt. Diese Volksvertreter setzen anschließend für einen bestimmten Zeitraum den Wählerwillen um, welcher durch feste Wahltermine und Legislaturperioden geprägt ist. In den meisten Ländern herrscht die Form der indirekten Demokratie vor, da dies nicht nur aus ökonomischer Sicht sinnvoll ist. So ist beispielsweise die vollkommene politische Informiertheit für die Individuen prohibitiv teuer und der Informationsaufwand zu einzelnen Sachentscheidungen in einer direkten Demokratie verhältnismäßig hoch. Diese positiven Informationskosten machen es dem Wähler ineffizient vollkommen über Entscheidungsobjekte informiert zu sein. Dieser Zustand wird als „rationale Ignoranz" bezeichnet und bedeutet, dass es rational ausreicht nur über ein gewisses Informationsniveau zu verfügen. Hinsichtlich der Informationskosten ist es deshalb für die Individuen vorteilhaft, wenn Parteien als Informationsmittler fungieren und damit die Transaktionskosten der Wähler senken. So werden folglich keine Einzelsachentscheidungen sondern eine Parteienwahl getroffen. Aus ökonomischer Sicht führt dies zu Kostenvorteilen einer indirekten Demokratie.

Auch in Bezug auf die Abstimmung durch fallweise Einzelentscheidungen oder feste Legislaturperioden zeigen sich Kostenvorteile der indirekten Demokratie. Die Kosten des Wählens setzen sich aus den oben genannten Informationskosten und den direkten Kosten der Wahlteilnahme zusammen. Diese Kosten der eigentlichen Wahlteilnahme sind Opportunitätskosten der Zeit. In einer direkten Demokratie mit Einzelabstimmungen ist zudem die Summe der Kosten einer höheren Wahlfrequenz in einer Periode verglichen mit den Kosten bei einer indirekten Demokratie höher. Die institutionelle Ausgestaltung der indirekten Demokratie mit festen Legislaturperioden senkt daher die Transaktionskosten des Wahlmechanismus.

Ein Problem, dass insbesondere bei direkten Demokratien auftritt, ist das Aufstellen widerspruchsfreier, transitiver Präferenzordnungen. Die Eigenschaft der Transitivität ist gegeben, wenn die Alternative A vor B vorgezogen wird und B vor C vorgezogen wird und somit gilt, dass die Alternative A auch C vorgezogen wird. Diese Transitivitätsforderung kann jedoch bei demokratischen Abstimmungen verletzt werden und die Legitimität gefährden.

So kann ein Abstimmungsergebnis z. B. durch Faktoren wie die Abstimmungsreihenfolge beeinflusst werden. Eingipfelige Präferenzordnungen liegen vor, wenn ausgehend von der besten Alternative (dem Gipfel) die nächstbesten Möglichkeiten monoton abfallend dargestellt werden können. Problematisch sind dabei mehrgipflige Präferenzordnungen, die zu zyklischer Majorität führen. Die Reihenfolge der Abstimmungen ist daher entscheidend.

Weitere Faktoren, die das Abstimmungsergebnis beeinflussen können, sind die Anzahl der Wähler und die Anzahl der zur Verfügung stehenden Wahlalternativen. Je größer die Anzahl der Wähler bzw. Alternativen, desto eher führen Mehrheitsabstimmungen zu intransitiven Rangfolgen. Zusammengefasst sprechen die genannten Argumente daher eher für Formen der indirekten denn der direkten Demokratie.

22.2 Medianwähler-Modell

Das Medianwähler-Modell (auch Medianwählertheorem, ökonomisches Modell der Demokratie oder ökonomisches Grundmodell des politischen Wettbewerbs) wurde aufbauend auf Joseph A. Schumpeter 1957 von *Downs* entwickelt.

Dabei konkurrieren im Modell zwei Parteien („Anbieter") mit der Hilfe von Parteiprogrammen („Güter") um Wählerstimmen („Nachfrager"), um ihr Hauptziel, den Wahlsieg, zu erreichen. Mithilfe der Wahlprogramme versuchen rationale Parteien daher die Maximierung der für sie abgegebenen Stimmen. Wahlenthaltung gibt es dabei nicht. Weiterhin sind die Parteiprogramme der Einfachheit halber eindimensional, d. h. sie beschäftigen sich nur mit einem Thema, z. B. der Wirtschaftsordnung. Das Angebot jeder Partei beschreibt genau einen Punkt auf einer programmatischen Skala. Zudem wird angenommen, dass die Wähler vollkommen informiert sind und sich für das Programm entscheiden, das ihren Präferenzen am nächsten kommt. Die Wahlstrategien der Parteien hängen also von den Wählerpräferenzen ab.

Idee des Modells ist es, dass der Medianwähler (von Median, dem mittleren Wert einer Zahlenreihe) mit seinen Präferenzen die Ausgestaltung der Politik im Zwei-Parteien-System bestimmt (vgl. Abb. 22.1).

So wird anhand der Abb. 22.1 zunächst deutlich, dass die Wählergemeinschaft unterschiedliche Präferenzen in Bezug auf die Menge des öffentlichen Gutes hat. Der Medianwähler teilt die Gemeinschaft dabei in zwei Hälften, eine Hälfte möchte „mehr" des öffentlichen Gutes als der Medianwähler, die andere Hälfte möchte „weniger" des Gutes.

In einem ersten Schritt setzt sich bei einem Zwei-Parteien-System mit Links- und Rechtspartei bei einer einfachen Mehrheitsregel entsprechend der Abbildung die Linkspartei mit ihrem Programm B gegen die Rechtspartei durch, die das Programm C vertritt. Der Punkt X halbiert dabei stets die Strecke zwischen den beiden Parteiprogrammen.

Anschließend verändert nun die Rechtspartei ihr Wahlprogramm nach links von C nach C′. Das Wahlprogramm der Linkspartei bleibt hingegen unverändert, was dazu führt, dass ein Teil derjenigen Wähler, die bisher die Linkspartei gewählt haben, zur Rechtspartei wechseln. Die Rechtspartei gewinnt damit die Wahl (vgl. Abb. 22.2).

In einem dritten Schritt richtet nun die Linkspartei ihr Wahlprogramm weiter nach rechts aus und bietet statt B das veränderte Programm B′ an. Die Rechtspartei bleibt bei

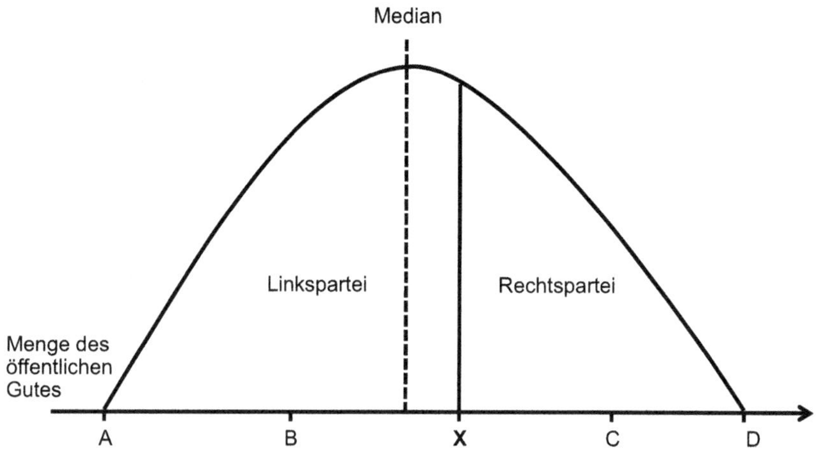

Abb. 22.1 Medianwählermodell I. (Quelle: in Anlehnung an Fritsch et al. 2007, S. 399 f.)

ihrem bisherigen Programm C′. Die Linkspartei gewinnt so einen Teil der vorher verlorenen Wählerstimmen zurück und so auch die Wahl (vgl. Abb. 22.3).

Das Ergebnis dieses Medianwähler-Modells ist also, dass in einem Zwei-Parteien-System eigennützige Politiker beider politischer Seiten, Links- und Rechtspartei, versuchen werden, mit ihren Wahlprogrammen möglichst den Präferenzen des Medianwählers nahe zu kommen. Ihr politisches Kalkül führt zur Ausrichtung der Wahlprogramme an den Präferenzen der Wähler und orientiert sich so immer mehr zur Mitte. Am Ende des Anpassungsprozesses weisen dann beide Parteien identische (austauschbare) Wahlprogramme auf, die den Präferenzen des Medianwählers entsprechen. Wer die Wahl gewinnt, ist nun

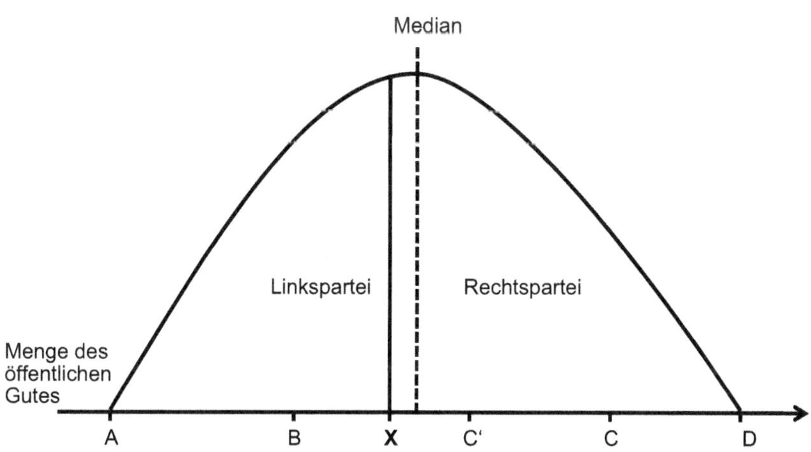

Abb. 22.2 Medianwählermodell II

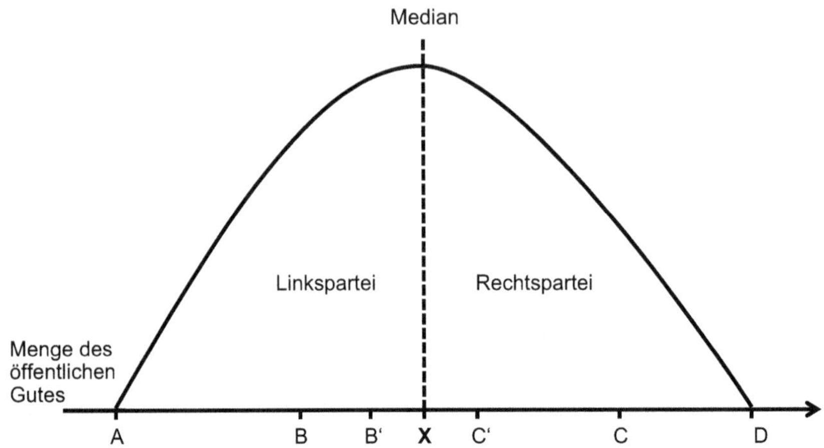

Abb. 22.3 Medianwählermodell III

allein vom Zufall abhängig. Der Parteienwettbewerb bewirkt nicht zuletzt, dass relativ effiziente Verfahren zur Bereitstellung des öffentlichen Gutes eingesetzt werden, da die Partei gewinnt, die relativ geringe Kosten für den Wähler (in Form von Steuern) anbieten kann. Eine Zweckentfremdung von Steuermitteln für private Zwecke der Politiker ist daher laut Modell auf Dauer nicht möglich, da dies die Kosten für den Wähler erhöhen würde und so zum Wahlsieg der anderen Partei führen würde.

Modifikationen des Medianwähler-Modells führen zur Berücksichtigung von Faktoren, die im Grundmodell ausgeblendet wurden, aber durchaus relevant sind. So kann beispielsweise der Einfluss von Geldgebern betrachtet werden. Dabei ist die Partei bei den Wahlen im Vorteil, die in geringerem Maße ihr Programm an den Wünschen der Geldgeber (Mitglieder/Spender) ausrichten muss. Darüber hinaus kann z. B. der Einfluss loyaler Wähler untersucht werden. Beim Einfluss loyaler Wähler weicht das gleichgewichtige Programm in Richtung der Ziele derjenigen Partei von der Position des Medianwählers ab, die gegenüber der anderen Partei über mehr loyale Wähler verfügt.

Weitere Varianten und Modifikationsmöglichkeiten des Grundmodells sind beispielsweise die Auswirkungen von Informationsproblemen sowohl auf der Seite der Parteien als auch der Wähler. Ist das Wahlprogramm bei den Wählern nicht ausreichend bekannt, kann durch Fehlbeurteilungen keine adäquate Entscheidung getroffen werden. Zugleich können Defizite auf der Seite der Parteien dazu führen, dass sich das Wahlprogramm nicht ausreichend an den Wählerwünschen orientiert.

Die Beachtung von Glaubwürdigkeits- und Distanzproblemen schließt weiterhin aus, dass extreme Wechsel im Parteiprogramm eintreten, da dies zur Unglaubwürdigkeit führen würde. So kann sich eine Partei nur innerhalb von glaubwürdigen Grenzen bewegen. Weiterhin könnten die Phänomene des Stimmentauschs (logrolling) zur Erzielung von Mehrheitskoalitionen oder der Stimmenthaltung im Medianwähler-Modell berücksichtigt und in die Analyse mit einbezogen werden. Nicht zuletzt ist auch eine Modellveränderung in Richtung eines Mehr-Parteien-Modells möglich.

Wichtig ist nun im Kontext des Medianwähler-Modells stets das Wissen darum, dass die Präferenzen des Medianwählers nicht unbedingt die Präferenzen sind, die auch das Gemeinwohl maximieren. So lässt sich beispielsweise auch eine Erklärung der Sozialpolitik in vielen Industrieländern finden. So wird durch sozialpolitische Instrumente häufig die Mittelschicht begünstigt. Eine gezielte Begünstigung von besonders Bedürftigen der Gesellschaft erfolgt somit nicht, wenngleich diese eigentlich am meisten von sozialpolitischen Maßnahmen profitieren sollten.

22.3 Bürokratie

Ausgangspunkt der Bürokratiebetrachtung ist Max Webers ideale Staatsbürokratie mit einem hierarchischen Behördenaufbau, innerhalb der der idealtypische Staatsbürokrat über folgende Merkmale legaler Herkunft verfügt:

- Bindung der Bürokratie an Normen, Regeln und Amtsdisziplin
- Amtsausübung gemäß der behördlichen Arbeitsteilung
- Hauptberufliche Tätigkeit und Beamtenstatus
- Amtsübertragung und Beförderung nur aufgrund von Fachqualifikationen
- Aufstiegsmöglichkeiten gemäß der Laufbahngliederung und Laufbahnvorschriften sowie einer aktenmäßigen Verwaltungstätigkeit

Allerdings deutet bereits Max Weber an, dass es spezifische Machtpositionen der Bürokratie gibt als Folge ihres Fachwissens.

Bei einer Analyse einer Bürokratie handelt es sich um ein zweistufiges Prinzipal-Agent-Verhältnis, bei dem die Wähler als Auftraggeber (Prinzipal 1) durch ihre Wahlentscheidung Politiker mit der Wahrnehmung ihrer Präferenzen betrauen. Die Politiker sind nun sowohl Agent der Wähler als auch Prinzipal der Bürokratie (Agent 1 und Prinzipal 2), welche Sie benötigen, um ihre Wahlaufträge durchzusetzen. Dazu wird ein Verwaltungsleiter (Agent 2) mit der Maßnahmendurchführung betraut. Nun besteht auch hier das generelle Problem von Informationsasymmetrien bei Prinzipal-Agent-Verhältnissen, wobei der Agent einen Informationsvorsprung gegenüber dem Prinzipal hat. Da der Prinzipal den Agenten weder vollständig noch transaktionskostenfrei überwachen kann, besitzt der Agent stets Handlungs- und Entscheidungsspielräume.

Überträgt man die ökonomische Annahme der Nutzenmaximierung auf die Bürokratie, handelt es sich bei den Zielen eines Bürokraten (bei fest vorgegebenem Einkommen) um ein höheres Prestige und damit verbundener Leistungsanerkennung sowie größerer Macht. Die Mittel zum Erreichen der Ziele sind die Erhöhung sowohl des verwalteten Budgets als auch die Zahl der untergebenen Mitarbeiter. Auch die Zahl der Hierarchieebenen ist für die Nutzenmaximierung entscheidend. Grundsätzlich unterstellt man der Bürokratie daher eine Budgetmaximierung.

Die Konsequenzen dieses bürokratischen Handelns sind zum einen eine allokative Ineffizienz (überhöhtes Angebot) und eine X-Ineffizienz (überhöhte Kosten). Dies lässt sich mithilfe einer graphischen Darstellung wie in Abb. 22.4 verdeutlichen.

Dabei wird angenommen, dass die Gesellschaft mit einem bestimmten öffentlichen Gut G (z. B. Straßenbeleuchtung) versorgt werden soll. Dabei steigen die Grenzkosten bei zunehmender Menge des Gutes, wobei die Fläche unterhalb der Grenzkostenkurve die anfallenden Kosten darstellt und damit der Angebotskurve entspricht. Die Kurve der marginalen Zahlungsbereitschaft entspricht der Nachfragekurve der Politiker nach dem Gut G und gibt somit den Brutto-Nutzen des öffentlichen Gutes an.

Gesamtwirtschaftlich effizient wäre nun eine Bereitstellung des Gutes G in Höhe von G*, da hier der Nutzen (Fläche ABC) maximiert wird. Dasselbe Gleichgewicht würde sich auch auf einem funktionsfähigen Markt einstellen. Mengen des Gutes G links oder rechts von G* würden den Nutzen verringern (Reduzierung der Fläche ABC) oder die Kosten gegenüber dem Nutzen ansteigen lassen.

Ein Staatsbürokrat im Sinne von Max Webers Bürokratiebetrachtung würde daher im Sinne der gesamtgesellschaftlichen Wohlfahrt genau die Menge G* des Gutes G anbieten.

Da nun aber der Bürokratie eine grundsätzliche Budgetmaximierung unterstellt wird, wird der Staatsbürokrat versuchen eine möglichst große Menge des Gutes G bereitzustellen. Diese geht über die optimale Menge G* hinaus. Dabei nutzt er Handlungs- und Entscheidungsspielräume durch seinen Informationsvorsprung als Agent gegenüber dem Prinzipal (Politiker und Wähler). Der Prinzipal ist nicht in der Lage die Grenzkostenfunktion transaktionskostenfrei zu ermitteln und kann so auch nicht ohne Weiteres die optimale Menge des Gutes G bestimmen.

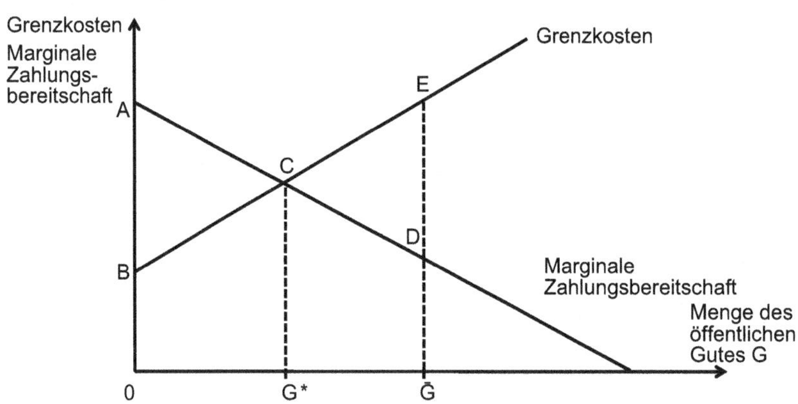

Abb. 22.4 Allokative Ineffizienz und X-Ineffizienz. (Quelle: in Anlehnung an Fritsch et al. 2007, S. 409)

Der Politiker wird daher eine Menge des Gutes akzeptieren, bei der die Kosten nicht höher als der Gesamtnutzen sind. Dies ist in der Abb. 22.4 die Menge $\bar{G}$. Dort entsprechen die angefallenen Kosten gerade dem Nutzen. Der soziale Überschuss der Fläche ABC wird genau durch den Verlust durch die Ausweitung von G* nach $\bar{G}$ in Höhe von CDE aufgebraucht. Eine Menge des Gutes G, die höher als der Punkt $\bar{G}$ ist, würde der Politiker nicht akzeptieren, da hier die Kosten den Nutzen übersteigen. Staatsbürokraten und Politiker einigen sich daher auf eine Bereitstellung des Gutes in Höhe von $\bar{G}$, die jedoch gesamtgesellschaftlich nicht effizient ist.

Dieses Verhaltensmodell der Bürokratie zeigt also deutlich, dass die Unterstellung der Budgetmaximierung letztlich zu einem zu hohen Angebot eines Gutes seitens der Bürokratie (allokative Ineffizienz) bei gleichzeitig überhöhten Kosten (X-Ineffizienz) führt. Ein funktionsfähiger Markt würde zu einer effizienteren Allokation führen.

Nun kann die Einführung von zahlreichen Maßnahmen die Macht der Bürokratie eindämmen. Eine klare Zuordnung von Aufgaben und Kosten (z. B. durch Subsidiarität) sowie die strikte Kontrolle der Bürokraten durch Aufsichtsgremien (z. B. durch Rechnungshöfe) können effiziente Instrumente darstellen. Durch den Wettbewerb zwischen Bürokratien (z. B. durch Dezentralisierung und Föderalismus) erhalten sowohl Politiker als auch Wähler die Möglichkeit die Effizienz der Verwaltungsarbeit zu überprüfen, da Vergleiche zu anderen Bürokratien möglich werden. Dies wäre im Falle einer Monopolstellung, d. h. die Betrauung einer Behörde mit einer Aufgabe nicht möglich. Darüber hinaus können auch die einzelnen Verwaltungen voneinander lernen. Der Wettbewerb zwischen Bürokratien reduziert Informationsasymmetrien und verringert die Ineffizienz der Arbeit.

Ähnliches gilt für den Wettbewerb zwischen Bürokratien und privaten Anbietern. Auch auf diese Weise lässt sich voneinander lernen. Die Konkurrenz und die Vergleichsmöglichkeiten reduzieren ebenfalls Asymmetrien und Ineffizienz.

Ein grundsätzliches Problem des Grundmodells der Bürokratie besteht allerdings darin, dass es von einer klaren Trennung zwischen Politik und Bürokratie ausgeht, welche in der Realität aber nicht in dieser Form gegeben ist. So werden zahlreiche Entscheidungen zugunsten der Bürokratie getroffen, da sich Politiker nach Ablauf der Wahlperiode so bessere persönliche Berufsaussichten versprechen.

Weiterhin besagt die „Capture"-Theorie der Regulierung, dass Bürokratien langfristig dazu neigen, ihre Kontrollfunktion zugunsten eines friedlichen und konfliktfreien Miteinanders zu tauschen, da der Überwacher sein Konfliktpotential möglichst minimieren möchte. Empirische Analysen sprechen dabei von einem Lebenszyklus des Regulierungsverhaltens.

Dies erfordert die aufmerksame Kontrolle und Überwachung durch Medien und Verbraucherverbände, die gegebenenfalls auf diese Missstände aufmerksam machen.

22.4 Interessengruppen

Bei Interessengruppen bzw. -verbänden handelt es sich um einen auf formaler Mitgliedschaft und ausdifferenzierter Binnenstruktur beruhenden Verband, der vor allem die Berufs- und Standesinteressen einer bestimmten Gesellschaftsgruppe artikuliert, bündelt und gegenüber den Mitgliedern, anderen Organisationen, der Öffentlichkeit und vor allem gegenüber der Regierung und der Verwaltung durch direkte oder indirekte Einflussnahme oder Druckausübung vertritt (Schmidt 1995, S. 435 f.).

Interessengruppen, Interessenverbände und Lobbyisten richten daher ihr Handeln an den vielschichtigen Bedürfnissen von den Akteuren aus, deren Interessen sie vertreten. Wichtige wirtschaftsbezogene Beispiele für Interessenvertreter sind Gewerkschaften, Arbeitgeberverbände, Branchenvereinigungen und Sozialverbände. In Deutschland hat jeder Mensch nach Art. 9 Grundgesetz das Recht Interessenverbände zu gründen.

Nun stellt sich jedoch die Frage, warum es Interessenverbände gibt und womit ihre enorme politische Macht begründet wird. Die theoretische Begründung erfolgte durch *Mancur Olson* (1965). Sein wichtigstes Werk war das Buch „Aufstieg und Niedergang von Nationen" (The Rise and Decline of Nations). Darin erläuterte er, warum das Wirtschaftswachstum in einigen Ländern hoch, in anderen hingegen niedrig ist. Olson geht dabei davon aus, dass das Wirtschaftswachstum einer Volkswirtschaft wesentliche Kennzeichen eines Kollektivgutes aufweist.

Als Folge asymmetrischer Informationsverteilung zwischen Politikern und Wählern zeigt sich der Nutzen von Lobbyismus in der Politik insbesondere in der Bereitstellung von Informationen für Wähler, Politiker und Bürokratie. Diese sind jedoch stets kritisch zu betrachten, da die Informationsvermittlung zumeist gezielt und einseitig auf bestimmte Interessen ausgerichtet ist. Durch die beschriebenen Informationsasymmetrien entsteht eine eigenständige politische Macht der Verbände.

Umgekehrt kann der Interessenverband auch gezielt Informationen über politische Maßnahmen an seine Mitglieder übermitteln. Davon profitieren auch Politiker und Bürokratie, da sie sich nicht mit einzelnen, zumeist sehr kleinen Gruppen auseinandersetzen müssen, sondern über die Interessenverbände eine Vielzahl von Gruppen erreichen. Darüber hinaus leisten Interessengruppen finanzielle Zuwendungen und wirken in Parteien und Parlamenten mit.

Der Einfluss von Interessen und ihren Vertretern im politischen System unterscheidet sich maßgeblich. Einige Verbände können ihre Interessen besser organisieren als andere. Von diesem Organisationsgrad der Interessen hängt sehr stark ab, wie gut diese im politischen System vertreten werden. Die Verbandsvertreter wiederum kalkulieren rational, wie sie Informationen einbringen und argumentieren stets für ihre Interessen und nicht für das gesamtgesellschaftliche Allgemeinwohl.

(Gemäß der pluralistischen Theorie dient der Wettbewerb der Verbände schlussendlich dem Allgemeinwohl, da sich unter idealen Wettbewerbs- und Transparenzbedingungen das beste Argument durchsetzt. In einer indirekten Demokratie läuft es auf eine Parlamentsentscheidung hinaus. Das heißt, die Mehrheit entscheidet. Die Minderheit ist dann aber immer noch durch die Bürger- und Grundrechte der Verfassung geschützt.)

Diffuse Interessen lassen sich im Allgemeinen schwerer organisieren als solche, die sehr homogen sind. Bei Interessengruppen mit einer überschaubaren und homogenen Mitgliederzahl, lässt sich leichter Konsens über die zu vertretenden Positionen erreichen. Verbandsarbeit und ein geschlossenes Auftreten nach außen lassen sich so leichter erreichen. Die Interessen der Nachfrager sind auf den Märkten in der Regel schwerer zu vertreten als die Anbieterinteressen, da die Verbraucher (Nachfrager) eine sehr große Gruppe mit sehr vielen unterschiedlichen Akteure umfasst. Die Anbieter (z. B. Wirtschafts- oder Branchenverbände) haben klare gemeinsame Interessen, welche einfacher zu bündeln sind. Auch die Interessen der Einkommenserzielung sind leichter zu organisieren als die Interessen der Einkommensverwendung, da bei der Verwendung von Mitteln mehr Akteure involviert sind.

Da der Organisationsgrad von Interessengruppen über die Durchsetzungsfähigkeit im politischen Raum entscheidet, können sich gut organisierte Gruppen im Wettbewerb auch dann durchsetzten, wenn sie nur sehr klein sind und ihr politisches Gewicht verhältnismäßig gering sein sollte. Das Verhältnis von Gruppengröße und Relevanz im Entscheidungsprozess wird somit verzerrt.

Zahlreiche Verbände sind nicht nur Interessenvertreter im politischen System. Sie bieten ihren Mitgliedern oft auch andere Dienstleistungen an (z. B. Beratungen und Publikationen). Dadurch können sie mehr Menschen und Gruppen an sich binden, gewinnen Einfluss in der Öffentlichkeit und steigern so ihre Marktmacht.

Das politische System bietet aber auch Möglichkeiten, die Macht der Verbände einzudämmen. Zunächst gibt es gemäß dem Countervailing Powers-Ansatz in einer pluralistischen Gesellschaft zu jedem Interesse immer auch Interessen, die diesementgegen gesetzt sind. Wird die eine Seite gestärkt, dann wird der Einfluss der anderen, gegenläufigen Interessen eingeschränkt. Ein weiterer wichtiger Punkt ist der freie Informationsfluss über unabhängige Kanäle. Das können z. B. freie Medien oder auch eine aktive und umfassende Informationspolitik und Öffentlichkeitsarbeit der Parlamente und anderer Institutionen sein, die die Öffentlichkeit über ihre Tätigkeit informieren. Dann kann sich der Wähler ausführlich informieren und mehr Positionen in seine Entscheidungsfindung einfließen lassen.

Auch ein strikter rechtlicher Rahmen für die Gründung von Verbänden ist wichtig. Jeder muss klar erkennen können, zu welchem Zweck ein Verband gegründet wurde und für wessen Interessen er handelt. Nur dann können Abgeordnete und Bürger dessen Argumente und Positionen bewerten.

Zuletzt ist in einer pluralistischen Gesellschaft eine allgemein wettbewerbsfördernde politische und wirtschaftliche Ordnung wichtig, um den Ausgleich der Interessen kontinuierlich zu ermöglichen. Ein Beispiel für Maßnahmen zur Förderung ökonomischen und politischen Wettbewerbs ist die Reform der Agrarpolitik in der EU. So zwang der Druck von GATT und WTO die EU nach 1990 dazu, gegen den Widerstand der Bauernverbände ihre Agrarpolitik zu reformieren und der Wechsel von einer allgemeinen Preisstützung hin zu Direkthilfen wurde vollzogen.

Fragen

1. Was versteht man unter dem Begriff Staatsversagen? Geben Sie ein Beispiel an.
2. Erläutern Sie das Medianwähler-Modell. Nutzen Sie zur Verdeutlichung geeignete Graphiken.

Antworten

1. Generell ist neben dem bekannten Marktversagen auch ein Staatsversagen möglich. Dieses tritt grundsätzlich dann auf, wenn der Staat nicht effizienter als der Markt arbeitet. Der Grund dafür ist, dass der Staat und die Bürokratie keine zweckrationalen Instrumente zur Erreichung politisch vorgegebener Ziele sind. Vielmehr werden Eigenziele dieser Institutionen bzw. der darin agierenden Individuen angenommen.
   Beispiele für Staatsversagen: Stützung schrumpfender und ineffizienter Industrien (Bergbau), teure Umverteilungsaktivitäten im Interesse von Partikularinteressen.
2. Im Medianwähler-Modell konkurrieren zwei Parteien mithilfe von Parteiprogrammen um Wählerstimmen, um den Wahlsieg zu erreichen. Mithilfe der Wahlprogramme versuchen rationale Parteien daher die Maximierung der für sie abgegebenen Stimmen. Zudem wird angenommen, dass es keine Wahlenthaltung gibt, die Parteiprogramme eindimensional und die Wähler vollkommen informiert sind und sich für das Programm entscheiden, das ihren Präferenzen am nächsten kommt. Idee des Modells ist es, dass der Medianwähler mit seinen Präferenzen die Ausgestaltung der Politik im Zwei-Parteien-System bestimmt (vgl. Abb. 22.1).
   Zunächst zeigt sich, dass die Wählergemeinschaft unterschiedliche Präferenzen in Bezug auf die Menge des öffentlichen Gutes hat. Der Medianwähler teilt die Gemeinschaft dabei in zwei Hälften. In einem ersten Schritt setzt sich bei einem Zwei-Parteien-System mit Links- und Rechtspartei bei einer einfachen Mehrheitsregel entsprechend der Abbildung die Linkspartei mit ihrem Programm B gegen die Rechtspartei durch, die das Programm C vertritt. Der Punkt X halbiert dabei stets die Strecke zwischen den beiden Parteiprogrammen. Anschließend verändert nun die Rechtspartei ihr Wahlprogramm nach links von C nach C′. Das Wahlprogramm der Linkspartei bleibt hingegen unverändert, was dazu führt, dass ein Teil derjenigen Wähler, die bisher die Linkspartei gewählt haben, zur Rechtspartei wechseln. Die Rechtspartei gewinnt damit die Wahl. In einem dritten Schritt richtet sich nun die Linkspartei ihr Wahlprogramm weiter nach rechts aus und bietet statt B das veränderte Programm B′ an. Die Rechtspartei bleibt bei ihrem bisherigen Programm C′. Die Linkspartei gewinnt so einen Teil der vorher verlorenen Wählerstimmen zurück und so auch die Wahl.
   Das Ergebnis dieses Medianwähler-Modells ist es also, dass in einem Zwei-Parteien-System eigennützige Politiker beider politischer Seiten, Links- und Rechtspartei, ver-

suchen werden, mit ihren Wahlprogrammen möglichst den Präferenzen des Medianwählers nahe zu kommen (vgl. Abb. 22.3). Ihr politisches Kalkül führt zur Ausrichtung der Wahlprogramme an den Präferenzen der Wähler und orientiert sich so immer mehr zur Mitte.

Literatur

Cezanne, W. (1993). *Allgemeine Volkswirtschaftslehre*. München: Oldenbourg.

Fritsch, Wein, & Ewers (2007). *Marktversagen und Wirtschaftspolitik* (7. Aufl.). München: Vahlen.

Schmidt, M. G. (1995). *Wörterbuch zur Politik*. Stuttgart: Alfred Kröner Verlag.

Wissenschaftlicher Beirat beim Bundesministerium der Finanzen (1976). *Gutachten zur Aussagefähigkeit staatswirtschaftlicher Quoten vom 2. Juli 1976*.

23 Fazit

Thomas Lenk und Werner Sesselmeier

Finanzwissenschaft ist das Teilgebiet der Volkswirtschaftslehre, das wohl den größten Wandel hinter sich hat. So zeigte dieses Kapitel, dass es sowohl im Längsschnitt eine gewaltige methodische Entwicklung gab als auch die thematische Breite mittlerweile eine ganz andere ist als früher. Begann die Finanzwissenschaft als Kameralistik mit insbesondere institutionell orientierten Fragestellungen als eigenständiges Fach, so ist sie heute ein Teil der Volkswirtschaftslehre, der auf den theoretischen und empirischen Fortschritten der Mikro- und Makroökonomie sowie der empirischen Wirtschaftsforschung fußt. Damit unterliegt die Finanzwissenschaft auch dem Wandel der Volkswirtschaftslehre selbst. Nach einer jahrzehntelangen Konzentration auf die ökonomische Modellabwicklung verbunden mit einem Abrücken von den eigenen Wurzeln kann die Finanzwissenschaft gegenwärtig von den Öffnungen der Volkswirtschaftslehre hin etwa zur Neuen Institutionenökonomik oder der Verhaltens- und Sozialpsychologie auch und gerade hinsichtlich ihrer wirtschaftspolitischen Kompetenz profitieren. Letztlich behandelt die Finanzwissenschaft traditionell, wenn auch mit unterschiedlichen Methoden, schon immer die Felder, die die Politikwissenschaft neuerdings unter dem Begriff Governance entdeckt hat.

T. Lenk (✉)
Institut für Öffentliche Finanzen und Public Management/Finanzwissenschaft, Universität Leipzig
Leipzig, Deutschland
E-Mail: fiwi@wifa.uni-leipzig.de

W. Sesselmeier
Universität Koblenz-Landau
Landau, Deutschland
E-Mail: sesselmeier@uni-landau.de

R. Neubäumer et al. (Hrsg.), *Volkswirtschaftslehre*, DOI 10.1007/978-3-658-16523-9_23

Weiterführende Literatur

Bauer, T., Fertig, M., & Schmidt, C. (2009). *Empirische Wirtschaftsforschung. Eine Einführung*. Berlin: Springer.

Berlemann, M. (2005). *Makroökonomik, Modellierung, Paradigmen und Politik*. Berlin: Springer.

Blanchard, O., & Illing, G. (2014). *Makroökonomie* (6. Aufl.). München: Pearson Studium.

Blankart, C. (2011). *Öffentliche Finanzen in der Demokratie* (8. Aufl.). München: Vahlen.

Bohnet, A. (1999). *Finanzwissenschaft: Grundlagen staatlicher Verteilungspolitik*. München/Wien: Oldenbourg.

Breyer, F., & Buchholz, W. (2009). *Ökonomie des Sozialstaats* (2. Aufl.). Berlin: Springer.

Brümmerhoff, D. (2007). *Finanzwissenschaft* (9. Aufl.). München/Wien: Oldenbourg.

Cullis, J., & Jones, P. (2009). *Public Finance and Public Choice* (3. Aufl.). Oxford: Oxford University Press.

Fritsch (2011). *Marktversagen und Wirtschaftspolitik* (8. Aufl.). München: Vahlen.

Homburg, S. (2015). *Allgemeine Steuerlehre* (7. Aufl.). München: Vahlen.

Nowotny, E., & Zagler, M. (2009). *Der öffentliche Sektor. Einführung in die Finanzwissenschaft* (5. Aufl.). Berlin: Springer.

Scherf, W. (2011). *Öffentliche Finanzen. Einführung in die Finanzwissenschaft* (2. Aufl.). Konstanz/München: UTB.

Teil VI

Geldtheorie und Geldpolitik

Geld- und Kreditangebot

24

Ansgar Belke und Ingo Bordon

Inhaltsverzeichnis

Lernziele

Die Lektüre dieses Kapitels führt Sie in das Geld- und Kreditangebot ein. Nachdem Sie das erste Kapitel gelesen haben sind Sie in der Lage,

- die Funktionen des Geldes zu benennen und zu erläutern, warum die Verwendung von Geld als allgemein akzeptiertes Zahlungsmittel den Wirtschaftsablauf stark vereinfacht,
- die verschiedenen Arten von Geld zu unterscheiden und darzustellen, wie der heutige Papiergeldstandard entstanden ist,
- den Geldschöpfungsprozess über die Zentralbank und die Geschäftsbanken zu erklären,
- darzustellen, was man unter dem Geld- bzw. Kreditmultiplikator versteht,

A. Belke (✉) · I. Bordon
Universität Duisburg-Essen
Essen, Deutschland
E-Mail: ansgar.belke@uni-due.de

I. Bordon
E-Mail: ingo.bordon@uni-due.de

R. Neubäumer et al. (Hrsg.), *Volkswirtschaftslehre*, DOI 10.1007/978-3-658-16523-9_24

- die Offenmarktoperationen der Zentralbanken zu erläutern,
- die Nachfrage nach Basisgeld zu erklären,
- die verschiedenen Zinssätze und Geldmengenaggregate der internationalen Zentralbanken zu unterscheiden.

24.1 Geld: Definition, Funktionen, Arten und Ursprung

24.1.1 Definition und Funktionen

„Money is a little like an airplane – marvellous when it works, frustrating when it is immobilised, and tragic when it crashes" (Harriss 1961, S. 3). Geld ist eine der großen Erfindungen der Menschheit und es stellt einen zentralen Bestandteil einer markwirtschaftlich organisierten Gesellschaft – mit *Privateigentum, Arbeitsteilung* und *Freihandel* – dar. Es ist übliche Praxis geworden, Geld als das *allgemein akzeptierte Tauschmittel* zu betrachten. In diesem Sinn repräsentiert *Geld alles, was allgemein bei Tauschtransaktionen akzeptiert wird.*

Wirtschaftssubjekte verwenden Geld als Reaktion auf *Unsicherheit.* Bestünde Gewissheit über zukünftige Entwicklungen, gäbe es für Wirtschaftssubjekte keine Notwendigkeit, Geld zu halten. Sie könnten ihre Dispositionen heute treffen – wie unter Sicherheit würden sie ihre zukünftigen Einkommen, Präferenzen und Bedarfe aus der Gegenwart ableiten und exakt abschätzen. In einer Welt der Sicherheit gäbe es für Niemanden einen tatsächlichen Bedarf, Geld als Tauschmittel zu halten.

Als ein allgemein akzeptiertes Tauschmittel ist Geld *das liquideste Gut* in der Volkswirtschaft. Die Bezeichnung *Liquidität* wird im Folgenden üblicherweise verwendet, um die Fähigkeit zu beschreiben, mit der ein Vermögenswert (im Folgenden umgangssprachlich „Asset" genannt) konvertiert werden kann, d. h. gegen andere Güter und Dienstleistungen eingetauscht werden kann. Andere den Finanzmärkten entstammende Vermögenswerte weisen stark unterschiedliche Grade der Liquidität auf. Zum Beispiel sind Aktien und Anleihen (im Folgenden umgangssprachlich „Bonds" genannt) als relativ homogene auf Primär- und Sekundärmärkten gehandelte Arten von Vermögensgegenständen („Assets") liquider als Vermögenswerte wie z. B. Vieh und Immobilien.[1]

[1] Der *Sekundärmarkt* (auch Umlaufmarkt, im englischen auch „aftermarket") ist der Finanzmarkt zum Handel von bereits emittierten Wertpapieren, vor allem von Aktien und Anleihen. Der *Primärmarkt* hingegen ist ein Markt mit Mengenanpassung (bei gegebenem Emissionspreis), der Sekundärmarkt ein Markt mit Preisanpassung (bei gegebenem Bestand). Am Primärmarkt wird somit (durch die Nachfrage) entschieden, wie viele Wertpapiere ein Emittent ausgeben kann; am Sekundärmarkt wird dann bestimmt, zu welchem Preis diese gehandelt werden.

Wenn Marktteilnehmer darüber entscheiden, in welcher Form sie ihr Vermögen halten, müssen sie den Aspekt der *Liquidität* eines jeden möglichen Aktivums gegen die Eigenschaft dieses Vermögenswertes, als ein *Wertaufbewahrungsmittel* zu dienen, abwägen. Geld ist der liquideste Vermögensgegenstand. Es erfüllt jedoch nur sehr unvollständig die Funktion eines *Wertspeichers*, da sich die Präferenzen der Wirtschaftssubjekte über die Zeit häufig ändern. Als Ergebnis variiert der Tauschwert der Güter und Dienstleistungen, auch derjenige des Geldes, ebenfalls über die Zeit hinweg.

Geld wird häufig durch die Funktionen, die es erfüllt und durch die es auf unterschiedlichste Weise zur Funktionsfähigkeit einer Volkswirtschaft beiträgt, definiert:

- Erstens und am wichtigsten: Geld stellt ein *Tauschmittel* dar; dies ist die offensichtlichste Funktion des Geldes. Die Verwendung von Geld beim Kauf und Verkauf befreit die Wirtschaftssubjekte von der Notwendigkeit, reale Güter zu tauschen, d. h. *direkte* Tauschakte in Gestalt von „Güter für Güter" durchzuführen. Die Verwendung von Geld ermöglicht *indirekten* Tausch. Dies vermeidet das Problem der so genannten *doppelten Koinzidenz* als notwendige Voraussetzung für Naturaltauschhandel („Barter trade").
- Zweitens dient Geld als eine *Recheneinheit* („Numéraire"). Tauschvorgänge am Markt (Käufe, Kredit-, Lohnkontrakte etc.) werden üblicherweise eher in Geldeinheiten als in Mengen von Gütern und Dienstleistungen bemessen. Dies trägt einem allgemeinen *Anstieg der Produktivität* Rechnung. Nehmen wir beispielsweise an, dass es n Güter gibt, so dass ein Individuum in einer Naturaltauschwirtschaft $(n^2 - n)/2$ unabhängige Austauschverhältnisse kennen müsste. Wird jedoch Geld als Recheneinheit verwendet, müsste dieses Individuum lediglich $n - 1$ Austauschverhältnisse kennen.
  Um zu zeigen, dass die Verwendung von Geld die Produktivität der Wirtschaftssubjekte erhöht, unterstellen wir eine Volkswirtschaft mit 4 Gütern. Gemäß der vorstehend eingeführten Formel müssten Wirtschaftssubjekte mit 6 individuellen Austauschverhältnissen zurechtkommen, nämlich:
  $X1 : X2 = 1 : 2 \qquad X2 : X3 = 2 : 3,$
  $X1 : X3 = 1 : 3 \qquad X2 : X4 = 2 : 4,$
  $X1 : X4 = 1 : 4 \qquad X3 : X4 = 3 : 4.$
  Lassen Sie uns nun das Gut X1 als Recheneinheit verwenden. Dann erhalten wir:
  $X2 = 2\,X1,$
  $X3 = 3/2\,X2 = 3\,X1,$
  $X4 = 4/3\,X3 = 4\,X1.$
  Die Verwendung von Geld als ein *Numéraire* verringert die Zahl der Tauschverhältnisse von Sechs auf Drei. Falls wir es mit 100 Gütern zu tun hätten, müssten die Wirtschaftssubjekte in einer Naturaltauschwirtschaft („Barter economy") 4.950 individuelle Austauschverhältnisse kennen. Verwendet man hingegen Geld als Recheneinheit, verringert sich diese Zahl auf 99.
- Drittens dient Geld als ein *Wertaufbewahrungsmittel*. Tauschakte, für die sich Geld als Tauschmittel eignet, finden nicht zeitgleich statt. Recht häufig erhalten Wirtschaftssubjekte zu einem bestimmten Zeitpunkt Geld und zahlen es zu einem späteren Zeitpunkt

wieder aus. Falls der Preis eines erwerbbaren Gutes gemessen in einer Recheneinheit fixiert ist und falls die Recheneinheit zukünftig ohne Einschränkung als Tauschmittel akzeptiert wird, kann dieses Gut auch als Wertaufbewahrungsmittel dienen Geld als Wertaufbewahrungsmittel erlaubt seinem Halter somit ökonomische Freiheit über die Zeit: das Halten von Geld ist dann eine Option, später etwas damit zu kaufen. Es gibt seinem Halter die Fähigkeit, den Erwerb von Gütern und Dienstleistungen bis zu einem passenden Zeitpunkt aufzuschieben.
- Viertens, und diese Funktion folgt unmittelbar aus seinen anderen drei Funktionen, kann Geld auch als ein *Standard für eine verzögerte Zahlung* („Standard of deferred payment") dienen. Da es gegenwärtige Transaktionen gibt, deren Nutzen weit in die Zukunft streut (wie z. B. der Auf- und Ausbau von Fabriken, Schienennetzen etc.), benötigen Wirtschaftssubjekte etwas, das als Standardmedium für Zahlungen dienen kann, die erst in der Zukunft erfolgen sollen. In entwickelten Volkswirtschaften legen Wirtschaftssubjekte Geld zurück (sie „sparen" es also) und verleihen es, häufig über Finanzinstitutionen, an ein Unternehmen oder an den Staat. Dabei ziehen es die Wirtschaftssubjekte vor, das dabei getroffene Agreement in Geldeinheiten auszudrücken.

Im Gegensatz zu dieser den wirtschaftswissenschaftlichen *Hauptströmungen zuzurechnenden* ökonomischen Charakterisierung der Funktion des Geldes führte Ludwig von Mises (1981–1971), einer der bedeutendsten Vertreter der Österreichischen Schule der Nationalökonomie aus, dass die Tauschmittelfunktion die einzige Funktion des Geldes sei. Alle anderen Funktionen, die Wirtschaftssubjekte dem Geld zuschreiben – Recheneinheit und Wertspeicher – seien „bloß besondere Aspekte seiner vorrangigen und einzigen Funktion, der eines Tauschmittels" (Mises 1981, S. 34–37). Wie schon von Mises anmerkte, können die Funktionen von Geld als eine Recheneinheit und als ein Wertübertragungsmittel über Zeit und Raum in der Tat auf seine Funktion als Tauschmittel zurückgeführt werden.

Es wird häufig gesagt, dass Geld *Wert misst*. Aus der Perspektive der *subjektivistischen Werttheorie* erscheint eine derartige Schlussfolgerung jedoch irreführend. Auf einem freien Markt geschieht Tausch freiwillig und nutzenstiftend. Wirtschaftssubjekte tauschen die Güter und Dienstleistungen, denen sie weniger Wert beimessen, gegen wohlfeile Güter, die sie höher bewerten. In diesem Sinn ist „Human action" ein Ausdruck von *Präferenzen*. Tatsächlich bewertet jede Person das, was sie erwirbt, höher als das, was sie abgibt. Tausch hat deshalb nichts mit einer *Wertidentität* oder *Wertäquivalenz* zu tun.

Nehmen wir z. B. den Fall, in dem Herr Müller in einem Lebensmittelladen freiwillig 1 € gegen einen Apfel tauscht. Offensichtlich bewertet er den Apfel höher als einen Euro. Umgekehrt tauscht der Ladeninhaber einen Apfel gegen 1 €, da aus seiner Perspektive ein Euro *mehr* wert ist als der Apfel. Folglich ist für Herrn Müller der Apfel *mehr* wert als 1 €, während für den Verkäufer 1 € *mehr* wert als der abgegebene Apfel ist. In diesem Sinn misst der Europreis des Apfels nicht den Wert des Apfels – und zwar weder aus der Perspektive des Käufers noch aus derjenigen des Verkäufers.

Falls der Wert des Euros dem Wert des Apfels aus der Perspektive des Käufers und derjenigen des Verkäufers entsprechen würde, was wäre dann überhaupt noch der Anlass für ein Engagement im Handel? In einem solchen Fall könnten nämlich weder der Käufer, noch der Verkäufer des Apfels ihren individuellen Nutzen verbessern. Tatsächlich würde es keinerlei ökonomischen Anreiz geben, in eine Transaktion einzutreten, falls der Euro und der Apfel aus ihrer Perspektive von identischem Wert wären.

In diesem Zusammenhang ist es von Interesse, die Frage zu stellen: *Gibt es so etwas wie eine konstante Kaufkraft des Geldes?* Aus ökonomischer Perspektive gibt es wenig Zweifel darüber, dass Geld ein Gut darstellt, da es ökonomischen Wert für Marktteilnehmer hat. Tatsächlich ist Geld das liquideste Gut. Es kann schnell und ohne viele Umstände gegen jedes andere Gut oder Dienstleistung getauscht werden. Falls Geld ein Gut ist, muss es jedoch unter das wohl bekannte *Gesetz des abnehmenden Grenznutzens* fallen. Dieses Gesetz besagt, dass der marginale Nutzen einer gegebenen Einheit eines käuflichen Gutes fällt (steigt), wenn das Angebot einer Einheit dieses Gutes ansteigt (fällt). Mit anderen Worten: eine Änderung des Angebots eines Gutes einschließlich des *Gutes Geld* führt zu einer Änderung des marginalen Nutzens dieses Gutes.

Eine Änderung des Angebots an Geld M, wie es von Frau Schmidt wahrgenommen wird, führt aus ihrer Sicht zu einer Neubewertung von M. In dem Umfang, wie sich das Angebot von M ändert, wird Frau Schmidt einer Einheit von M jeweils einen anderen Wert beimessen. Aus der Sicht von Frau Schmidt beinhaltet der erste verdiente Euro einen höheren Wert als ein zusätzlich verdienter Euro, wenn Frau Schmidt bereits eine Million Euro besitzt. Vor diesem Hintergrund stellt die Suche nach einem ein für alle Male stabilen, d. h. konstant bewerteten Gut, allgemein ausgedrückt von Anfang an ein illusionäres Unterfangen dar – und sogar Geld als das liquideste Gut überhaupt kann eine derartige Bedingung nicht erfüllen.

24.1.2 Geldvarianten

Die Geschichte des Geldes ist faszinierend – nicht zuletzt wegen seiner Entwicklung und den verschiedenen Arten von Gütern, die als Geld dienten. Unglücklicherweise ist diese Geschichte viel zu umfangreich, um sie hier vollständig zusammenfassen zu können. Stattdessen müssen wir uns hier auf eine kurze Übersicht über die unterschiedlichen Arten von Geld beschränken, die in der jüngeren Vergangenheit entstanden sind:

- *Rohstoffgeld* stellt einen physischen Rohstoff dar – ein Gut produziert und ursprünglich wertgeschätzt für seine kommerzielle Nutzung (wie z. B. Gold und Silber) –, der als das allgemein akzeptierte Tauschmittel verwendet wurde.
- *Papiergeld ohne Deckung* („*Fiat money*") ist eine Münze oder ein Stück Papier von nicht signifikantem Rohstoffwert, das eine Regierung oder ein Staat zu Geld erklärt hat und dem ebendiese die *Qualität eines gesetzlichen Zahlungsmittels* verliehen haben. Typischerweise stellt Papiergeld ohne Deckung weder Rohstoffgeld, noch einen

Anspruch auf Rohstoffe dar. Es wird ausgegeben ohne jegliche Absicht, es wieder zurückzunehmen. Folglich werden auch keine Reserven für diesen Zweck gehalten.

- *Kreditgeld* wird durch eine Kredittransaktion wie z. B. einen Bankkredit an eine Nichtbank[2] geschaffen. In der Regel ist Kreditgeld nicht physisch durch einen (wertvollen) Rohstoff gedeckt und garantiert.
- *Tokens* sind kleine oder subsidiäre Münzen. Sie werden üblicherweise als Material definiert, das zirkuliert und dessen Geldwert seinen Rohstoffwert übersteigt.
- *Zentralbankgeld* ist Geld, das durch eine Zentralbank in der Form von Sichteinlagen und Bargeld (Münzen und Banknoten) ausgegeben wird.
- *Geschäftsbankengeld* stellt Geld dar, das von einer Geschäftsbank ausgegeben wird – heutzutage üblicherweise in der Gestalt von Sichteinlagen.
- *Geldsubstitute* sind jegliche Güter, von denen allgemein bekannt ist, dass man sie frei und schnell in Geld umtauschen kann und zwar unabhängig davon, ob ein gesetzliches Erfordernis hierfür besteht oder nicht.

Geld, das die Gestalt eines Rohstoffes annimmt, hat einen *intrinsischen Wert*. Der Ausdruck „intrinsischer Wert" impliziert, dass ein Tauschmittel aus der Sicht der Marktakteure selbst dann einen Wert aufweist, wenn es gerade nicht als Geld verwendet wird. Zum Beispiel weisen Gold und Silber, die beide in der Vergangenheit als Geld fungierten, intrinsischen Wert auf – sie werden verwendet für industrielle und/oder Juwelierzwecke. Wenn Gold als Geld (oder Papiergeld, das auf Verlangen jederzeit in Gold konvertibel ist) verwendet wird, spricht man davon, dass die Volkswirtschaft unter einem *Goldstandard* operiert (Belke und Polleit 2009, S. 11 ff.).

Heutige Geldsysteme repräsentieren *nicht einlösbares Papiergeld* („*Non-redeemable paper*") oder *Papiergeld ohne Deckung* („*Fiat money*"), für welches der Staat ein *Angebotsmonopol* inne hat. Es handelt sich dabei um Geld ohne jeglichen intrinsischen Wert. Es wurde durch staatliche Verfügung etabliert und nicht, wie es beim rohstoffbasierten Geld der Fall war, durch die freie Wahl der Marktakteure. Ein Teil der Akzeptanz von Papiergeld ohne Deckung ist das Resultat staatlicher Rechtssetzung. Ein *legales Zahlungsmittel* („*Legal tender*") oder auch verpflichtender Tender ist ein Zahlungsmittel, das gesetzlich verordnet beim Eingehen einer Schuld, die in derselben Währung denominiert ist, nicht abgelehnt werden kann. Gesetzliches Zahlungsmittel („Legal tender") zu sein, ist ein Status, der einer bestimmten Art von Geld in Abhängigkeit verschiedener Umstände (einschließlich der betroffenen Menge an Geld) verliehen werden kann. Der Begriff „gesetzliches Zahlungsmittel" bezieht sich dabei nicht auf das Geld selbst.

[2] Nichtbanken sind typischerweise die Unternehmen oder Einzelpersonen einer Volkswirtschaft, die nicht in der Kreditwirtschaft tätig sind.

Currency School versus Banking School

Die Debatte darüber, was Geld eigentlich darstellt, hängt eng mit der Debatte zwischen der Currency School und der Banking School zusammen.

Die *Currency School* entstammt den Werken von David Ricardo (1772–1823). Sie argumentierte, dass eine exzessive Ausgabe von Banknoten die Hauptursache von Inflation darstellt. Die Currency School unterstützte die Britische Bankakte von 1844 (oder auch Peel'sche Bankakte, so bezeichnet nach Robert Peel (1788–1850)), die die Ausgabe von weiteren Banknoten nur gegen 100 % Goldreserven erlaubte. Jedoch ließ die Akte die Expansion von *Sichteinlagen* zu, vorausgesetzt ein Transfer oder die Abhebung per Scheck erfolgte gegen kurzfristige Wertpapiere wie sie vom Banking Principle zugelassen wurden (wie z. B. Handelswechsel). Dies bereitete dem *Fractional Reserve Banking*, welches es den Banken erlaubte, ihr Kreditangebot über die Goldreserven hinaus auszudehnen und der *Elastic Currency* (bei der das Geldangebot ausgedehnt wurde, wenn die Handelsaktivitäten ansteigen und vice versa) den Weg.

Die Hauptaussagen der Currency School wurden durch die *Banking School* angegriffen. Unter Bezugnahme auf die Schriften von Adam Smith (1723–1790), schuf sie das *Banking Principle* oder auch *Fullarton Principle* (so bezeichnet nach John Fullarton (1780–1849)). Die Banking School vertrat die Sicht, dass es – solange, wie eine Bank die Konvertibilität ihrer Banknoten in Hartgeld (Gold) beibehält, für die sie auch *adäquate Reserven* halten sollte – für die Notenbank eigentlich unmöglich ist, zu viele Banknoten (gegen hochwertige Wertpapiere mit fixierter Laufzeit) auszugeben. Die Banking School argumentierte weiter, dass die Ausgabe von goldunterlegten Banknoten die wirtschaftliche Aktivität zwar stimuliere, jedoch dabei die Preise nicht erhöhe und dass die Menge der ausgegebenen Banknoten eher durch die Bedürfnisse des Handels als von den Wünschen der ausgebenden Bank beschränkt werde. Sie behauptete, dass die Halter von Banknoten sofort alle Banknoten, die über die Finanzierung des Handels hinaus ausgegeben wurden, unter dem sogenannten *Law of reflux* zum Rücktausch anbieten würden.

24.1.3 Der Ursprung des Geldes

Woher kommt das Geld eigentlich? Gemäß der Österreichischen Schule der Nationalökonomie zeigt die historische Erfahrung, dass Geld, das *allgemein akzeptierte Tauschmittel*, den Übergang von direktem Handel („Barter trade") auf indirekten Handel und somit einen höheren Lebensstandard erlaubt. Es geht dabei um den Austausch nachgefragter Güter gegen ein Gut, das nicht notwendigerweise in erster Linie für Konsum- oder Produktionszwecke nachgefragt wird.

Getrieben durch das Eigeninteresse der Wirtschaftssubjekte und die Einsicht, dass direkt gehandelte Güter unterschiedliche Grade der Vermarktbarkeit besitzen, begannen einige Marktakteure damit, spezifische Güter nicht um ihrer selbst willen (Konsum oder Produktion), sondern zum Zweck ihrer Nutzung als Tauschmittel nachzufragen. So zu verfahren, wies eine Reihe von Vorteilen auf.

Falls Geld als Tauschmittel verwendet wird, ist man nicht mehr auf die „doppelte Koinzidenz der Bedürfnisse" angewiesen, um Handel möglich zu machen. In einer Realtausch-Volkswirtschaft, müsste Frau/Herr *A* das von Frau/Herrn *B* angebotene Gut nachfragen, und Frau/Herr *B* müsste gleichzeitig das Gut, das Frau/Herr *A* einzutauschen wünscht und deshalb anbietet, nachfragen. Durch Akzeptanz nicht nur der direkt für Konsum und Produktion nützlichen Güter, sondern auch der Güter mit einer höheren Vermarktbarkeit, können Individuen noch stärker von den ökonomischen Vorteilen der Arbeitsteilung und des freien Handels profitieren.

Indem mehr und mehr Wirtschaftssubjekte ein bestimmtes Tauschmittel beim Handel verwendeten, entstand ein universell akzeptiertes und eingesetztes Tauschmittel: das Geld. Dies war zumeist Gold (und, in einem geringeren Umfang, auch Silber), das international akzeptiertes Tauschmittel wurde. Geld war aus einem Rohstoff entstanden.

Im Zeitablauf zogen die Marktakteure das Halten des marktfähigsten Rohstoffes den weniger marktfähigen Rohstoffen vor: „(...) there would be an inevitable tendency for the less marketable of the series of goods used as a media of exchange to be one by one rejected until at least only a single commodity remained, which was universally employed as a medium of exchange; in a word, money" (Mises 1981, S. 32).

Heute hingegen ist staatlich kontrolliertes Papiergeld oder Papiergeld ohne Deckung das allgemein akzeptierte Tauschmittel. Es ist nicht gedeckt oder zumindest an einen knappen Rohstoff gekoppelt, der frei durch den Markt gewählt wurde. Aber wie erlangte ein intrinsisch wertloses Stück Papier, ausgegeben durch Staaten, den Status von Geld?

Die *Österreichische Schule* der Nationalökonomie hat, aufbauend auf den grundlegenden Arbeiten von Carl Menger (1840–1921), die umfassendste Erklärung des historischen Ursprungs von Geld entwickelt:

- Zwar erkennt zunächst jeder den Nutzen eines allgemein akzeptierten Tauschmittels. Aber wie könnte Geld entstanden sein?
- In einer auf Tauschhandel basierenden Volkswirtschaft würden eigennutzorientierte Individuen zögern, realwirtschaftliche Güter und Dienstleistungen in Tausch für intrinsisch wertlose Stücke Papier oder vergleichsweise nutzloses Metall abzugeben.
- Wahr ist jedoch auch, dass sobald *jedes andere Individuum* Geld beim Tausch akzeptiert, ein bestimmtes Individuum ebenfalls unmittelbar dazu bereit ist. Aber wie könnten Menschen überhaupt in eine solche Lage kommen?
- Menger folgend entstand Geld spontan durch die eigennutzorientierten Handlungen von Individuen. Keine Person musste sich zurückziehen, um ein universelles Tauschmittel zu konzipieren, und kein Staatszwang war notwendig, um den Übergang von einer Barter zu einer Geld Volkswirtschaft sicherzustellen.
- Menger zeigte, dass Güter sogar bei Vorliegen einer reinen Tauschwirtschaft unterschiedliche Grade der *Verkäuflichkeit* aufweisen können. Je verkäuflicher ein Gut ist, desto leichter könnte es sein Besitzer gegen andere Güter zu einem ökonomischen Preis tauschen.
- Über die Zeit, so Menger, würden die verkäuflichsten Güter wegen dieses Vorteils von mehr und mehr Händlern gewünscht. Je mehr Wirtschaftssubjekte diese Güter beim Tausch akzeptierten, desto marktfähiger wurden sie.
- Schließlich stachen bestimmte Güter alle anderen in dieser Hinsicht aus und wurden von den Verkäufern aller anderen Güter beim Tausch *allgemein* akzeptiert. Genau zu diesem Zeitpunkt ist *Geld* auf dem Markt entstanden. Dies war die Geburtsstunde des Geldes.

Auf freien Märkten haben Wirtschaftssubjekte Gold (und manchmal auch Silber) als das ultimative und allgemein akzeptierte Zahlungsmittel oder zur Hinterlegung und Absicherung anderer weniger wertvoller Zahlungsmittel gewählt (für eine ausführliche Beschreibung des Goldstandards vgl. Belke und Polleit 2009, S. 11 ff.).

24.2 Geld- und Kreditschöpfung

Wir unterscheiden *Basisgeld* (oder *Zentralbankgeld bzw. „High powered money"*), das durch die Zentralbank geschaffen wird, und *Buchgeld* (oder *Giralgeld*), das durch die Geschäftsbanken geschaffen wird. Basisgeld umfasst Banknoten und Münzen der Banken und Nichtbanken (*Bargeld*) und Sichteinlagen der Geschäftsbanken, die bei der Zentralbank gehalten werden. Buchgeld besteht aus den (verschiedenen) Einlagen der Nichtbanken, die beim Geschäftsbankensektor gehalten werden.

24.2.1 Schaffung von Basisgeld

Eine Zentralbank *schafft* immer dann Basisgeld, wenn sie einen Vermögenswert von Banken und Nichtbanken kauft oder einen Kredit an diese vergibt. Umgekehrt *vernichtet* sie Basisgeld immer dann, wenn sie einen Vermögenswert an Banken und Nichtbanken verkauft oder die Rückzahlung von Krediten verlangt. Ein einfaches Beispiel mag zur Illustration dieses wichtigen Punktes beitragen.

Die Zentralbank kauft den Geschäftsbanken festverzinsliche Wertpapiere (sagen wir einen kurzfristigen Schatzwechsel, einen „US Treasury bill") im Wert von US$ 100 ab. Die Zentralbank verzeichnet die Wertpapiere auf der Aktivseite ihrer Bilanz und gibt im gleichen Zuge eine Verbindlichkeit gegenüber dem Bankensektor in Form einer Sichteinlage aus. Dies ergibt einen entsprechenden Zugang auf der Passivseite der Zentralbankbilanz (Abb. 24.1). In der Bilanz des Geschäftsbankensektors werden folglich Wertpapiere gegen eine Sichteinlage bei der Zentralbank, d. h. Basis- oder Zentralbankgeld, getauscht (Abb. 24.2).

Forderungen	Bilanz der Zentralbank		Verbindlichkeiten
Wertpapiere	+100	Sichteinlagen der Geschäftsbanken	+100
	100		100

Abb. 24.1 Zentralbank kauft Wertpapiere

Forderungen	Bilanz des Geschäftsbankensektors		Verbindlichkeiten
Wertpapiere	100	Verbindlichkeiten	100
	-100		
Sichteinlage von Basisgeld bei der Zentralbank	+100		
	100		100

Abb. 24.2 Geschäftsbankensektor verkauft Wertpapiere

24.2.2 Zentralbankbilanzen

In der Regel interagieren Zentralbanken mit Geschäftsbanken. Die Interaktionen zwischen der geldpolitischen Instanz und dem Bankensystem schlagen sich in der Bilanz der Zentralbank nieder. Im Folgenden schauen wir uns die Strukturen der Bilanzen der US Federal Reserve und des Eurosystems genauer an.

24.2.3 Die Federal Reserve

24.2.3.1 Aktivseite der Fed-Bilanz

Abb. 24.3 weist die konsolidierte Bilanz der US Federal Reserve-Banken in US-Dollar zum Stand Ende Oktober 2007 aus. Um mit der *Aktivseite* der Bilanz zu beginnen: der Posten „*Wertpapiere, Rückkaufvereinbarungen und Kredite*" ist mit Abstand die größte Kategorie unter den Aktiva der US-Fed. Er repräsentiert die Wertpapierhaltung der Fed, die vorwiegend aus Wertpapieren des US-Schatzamts (in der Vergangenheit enthielt er auch Bankakzepte) besteht. Die gesamte Menge der Wertpapiere wird durch die Offenmarktgeschäfte (d. h. durch die Käufe und Verkäufe dieser Wertpapiere durch die Fed) kontrolliert. Die Kredite stellen Ausleihungen der Fed an die Geschäftsbanken dar. Deren Ausmaß wird durch das Festlegen des Diskontsatzes durch die Fed (d. h. den Zinssatz, den die Fed den Banken für diese Kredite in Rechnung stellt) bestimmt. Diese beiden Vermögenswerte der Fed – Wertpapiere und Diskontkredite – werfen *Zinsen* ab. Da die Verbindlichkeiten der Fed im Gegensatz hierzu nicht zinstragend sind, macht die Fed jedes Jahr einen ordentlichen *Gewinn.*

Die Posten „*Gold certificate accounts*" und „*SDR certificate account*" repräsentieren die Goldhaltung der Fed sowie die Menge der Sonderziehungsrechte (SZR), ausgegeben an Staaten durch den Internationalen Währungsfonds (IWF), um internationale Schulden zu tilgen. Diese haben das Gold in internationalen Finanztransaktionen ersetzt. Wenn das US-Schatzamt Gold oder SZR erwirbt, gibt es Zertifikate an die Fed aus, die Forderungen auf die Herausgabe von Gold oder SZR darstellen und umgekehrt per Einlage bei der Fed gutgeschrieben wird. Die Gold und SZR Positionen umfassen genau diese Zertifikate, die vom US-Schatzamt ausgegeben wurden.

Assets		Liabilities	
1 Gold certificate account	11,037	24 Federal Reserve notes,	1,408,488
2 Special drawing rights certificate	5,200	net of F.R. Bank holdings	
3 Coin		25 Reverse repurchase agreements	311,723
4 Securities	1,837	26 Deposits	2,694,437
5 Securities held outright	4,396,845	27 Depository institutions	2,406,807
6 US Treasury Securities	4,229,807	28 U.S. Treasury, general account	257,092
7 Bills	2,461,637	29 Foreign official	5,179
8 Notes and bonds, nominal	0	30 Other	25,359
9 Notes and bonds, inflation-	2,342,092	31 Deferred availability cash items	275
indexed		32 Other liabilities and accrued	6,095
10 Inflation compensation	103,134	dividends	
11 Federal agency debt securities			
12 Mortgage-backed securities	16,411	33 **Total liabilities**	**4,421,018**
13 Unamortized premiums on	25,096		
securities held outright		**Capital accounts**	
14 Unarmotized discounts on	1,743,074	34 Capital paid in	30,094
securities held outright	182,397	35 Surplus	10,000
15 Repurchase agreements		36 Other capital accounts	0
16 Loans	-16,089		
17 Net portfolio holdings of Maiden			
Lane LLC	610		
18 Items in process of collection	120		
19 Bank premises	1,713		
20 Central Bank Liquidity Swaps			
21 Denominated in foreign	144		
currencies	2,220		
22 Other assets	1,006		
	20,667		
	20,442		
23 **Total assets**	**4,461,111**	37 **Total capital**	**40,094**

Abb. 24.3 Konsolidierte Bilanz der Federal Reserve-Banken, Millionen US-$, Monatsende Mai 2016. (Quelle: Federal Reserve, Statistical Release, Mai 2016, Tabelle 5 Consolidated Statement of Condition of All Federal Reserve Banks)

Der Posten „*Coin*" ist gegenwärtig der kleinste Posten in der Bilanz, besteht aus Bargeld des Schatzamtes (überwiegend Münzen) und wird von der Fed gehalten.

Der Posten „*Items in process of collection*" stammt aus dem Scheck-Einlösungsverfahren der Fed. Wenn ein Scheck an die Fed für Clearingzwecke weitergereicht wird, wird die Fed ihn der Geschäftsbank präsentieren, auf die dieser Scheck gezogen ist, und wird die Finanzmittel einsammeln, indem sie die Summe des Schecks von den bei der Fed gehaltenen Einlagen dieser Bank (Reserven) abzieht. Bevor diese Finanzmittel eingesammelt werden, stellt der Scheck einen Bargeldposten „in process of collection" dar und ist ein Asset der Fed und damit auf der Aktivseite der Bilanz zu verbuchen.

„*Andere Vermögenswerte*" auf der Aktivseite der Fed-Bilanz schließen Einlagen und Anleihen denominiert in ausländischen Währungen genauso ein wie physische Güter, z. B. Computer, Büroausstattung und Gebäude im Eigentum der Fed.

24.2.3.2 Passivseite der Fed-Bilanz

Wenden wir uns nun der *Passivseite* der Fed-Bilanz zu. Der Posten „*Federal Reserve notes, net of F.R. Bank holdings*" umfasst die aktuell von der Fed ausgegebenen Banknoten, die von der Öffentlichkeit gehalten werden. Man beachte, dass die von Finanzinstituten wie Banken und Sparkassen gehaltene Währung ebenfalls eine Verbindlichkeit der Fed darstellt, aber als Teil der Reserveverbindlichkeiten gezählt wird.[3]

Der Posten „*Einlagen der Banken und Sparkassen (‚Depository Institutions')*" bei der Fed ist Bestandteil der so genannten Reserven. Reserven bestehen aus Einlagen bei der Fed plus Bargeld, das physisch von den Banken gehalten wird (Tresor-Bargeld). Reserven stellen für Geschäftsbanken Vermögenswerte, für die Fed aber Verbindlichkeiten dar, da die Banken zu jeder Zeit ihre Liquidierung verlangen können und die Fed verpflichtet ist, ihrer Verpflichtung durch Zahlung von Federal Reserve Notes nachzukommen.

Die gesamten Reserven können in zwei Kategorien aufgeteilt werden: die Reserven, welche die Fed den Banken zu halten auferlegt hat (*Pflichtreserven*) und jegliche zusätzliche Reserven, welche die Geschäftsbanken freiwillig zu halten wünschen (*Überschussreserven*). Zum Beispiel könnte die Fed verlangen, dass für jeden Dollar von Einlagen bei einem Finanzinstitut ein bestimmter Teil (sagen wir 10 Cents) als Reserven gehalten werden muss. Dieser Anteil (10 %) wird der verpflichtende Reservesatz genannt.

Darüber hinaus gibt es den Posten „*US Treasury Deposits*". Hierbei handelt es sich um Einlagen, die vom US-amerikanischen Schatzamt bei der Fed gehalten werden.

Die „*Ausländischen und anderen Einlagen*" umfassen die Einlagen ausländischer Staaten, ausländischer Zentralbanken, internationaler Institutionen (wie der Weltbank und den Vereinten Nationen) und von US-Behörden (wie dem FDIC und den FHLBs) bei der Fed.[4]

Der „*Deferred-availability*" (d. h. Zahlungsaufschubs-)*Bargeldposten* entsteht aus dem Zahlungsausgleichsprozess der Fed für Schecks. Wenn ein Scheck für Clearing-Zwecke eingereicht wird, schreibt ihn die Fed der einreichenden Bank nicht sofort gut. Stattdessen

[3] Durch die Fed ausgegebene Banknoten sind im Prinzip *IOUs der Fed* an den Abnehmer der Banknoten. IOU ist ein englischer Ausdruck für Schuldschein (phonetisch sind I-O-U und „I owe you" identisch). Sie stellen Verbindlichkeiten der Fed dar. Anders als die meisten Verbindlichkeiten jedoch verspricht die Fed im Fall der Banknoten dem Halter lediglich, diese allein in anderen Fed-Banknoten zurückzuzahlen. Zum Beispiel: Falls jemand der Fed einen 100-$-Schein überreicht und Auszahlung verlangt, wird er im Gegenzug zwei 50-$-Scheine oder fünf 20-$-Scheine, zehn 10-$-Scheine oder einhundert 1-$-Scheine erhalten. Dies bedeutet, dass die Fed IOUs mit anderen IOUs begleicht!

[4] Die Federal Deposit Insurance Corporation (FDIC) ist ein durch den Glass-Steagall Act von 1933 ins Leben gerufener Einlagensicherungsfonds der Vereinigten Staaten. Die Federal Home Loan Banks (FHL-Banken) stellen die größte kollektive Quelle für Hypothekenkredite für privaten Wohnraum sowie Genossenschaftskredite in den Vereinigten Staaten. Diese Banken vergeben keine direkten Kredite an Individuen, sondern nur an andere Banken.

verspricht sie der Bank die Gutschrift innerhalb eines vorher abgesprochenen Zeitlimits, das zwei Tage nicht überschreitet. Diese Versprechen stellen die „Deferred-availability"-Positionen und folglich eine Verbindlichkeit der Fed dar.

Die Posten *„Andere Federal Reserve-Verbindlichkeiten und Kapitalkonten"* schließen alle verbleibenden Federal Reserve Verbindlichkeiten ein, die nicht schon anderswo in der Bilanz Berücksichtigung finden. Zum Beispiel werden hier Aktien im Federal Reserve System, die durch Mitgliedsbanken gekauft wurden, berücksichtigt.

24.2.4 Das Eurosystem

24.2.4.1 Aktivseite der Bilanz des Eurosystems

Abb. 24.4 zeigt eine stilisierte Bilanz des Eurosystems. Sie wird als standardisierte Zentralbank-Bilanz bezeichnet. Es gibt dort *drei bedeutende liquiditätszuführende Posten* – verbucht auf der Aktivseite der Bilanz: die „Refinanzierung der Kreditinstitute", die „Spitzenrefinanzierungsfazilität" und die „Ausländischen Vermögensgegenstände (netto)". Der Posten „Refinanzierung der Kreditinstitute" bezieht sich auf die Menge der laufenden liquiditätszuführenden Offenmarktgeschäfte. Im Fall des Eurosystems schließen diese Ge-

Standardisierte Zentralbank-Bilanz

Forderungen	**Verbindlichkeiten**
– Refinanzierung der Kreditinstitute – Spitzenrefinanzierungsfazilität – Ausländische Vermögensgegenstände (netto)	– Einlagen der Kreditinstitute auf Girokonten (Reserven) – Einlagefazilität – Banknoten im Umlauf – Staatseinlagen – Andere Faktoren (netto)

Kann wie folgt neu geordnet werden:

Liquiditätsangebot durch geldpolitische Operationen
„Refinanzierung der Kreditinstitute"
plus „Spitzenrefinanzierungsfazilität"
minus „Einlagefazilität"

entspricht

Autonome Faktoren
„Banknoten im Umlauf"
plus „Staatseinlagen"
minus „Ausländische Vermögensgegenstände (netto)"
plus „andere Faktoren (netto)"

plus

Reserven

Geld- und Kreditangebot

„Einlagen der Kreditinstitute auf Girokonten"

Abb. 24.4 Standardisierte Bilanz des Eurosystems. (Quelle: Belke und Polleit 2009, S. 28) schäfte immer die Hauptrefinanzierungssgeschäfte und die langfristigen Refinanzierungsgeschäfte ein.

Liquiditätszuführende Feinsteuerungsoperationen und strukturelle Operationen werden ebenfalls unter diesem Posten geführt. Die Spitzenrefinanzierungsfazilität bezieht sich auf den „Über Nacht"-Kredit, den die Zentralbank den Kreditinstituten, die Zugang zu dieser Fazilität haben, gewährt. Die Position „Ausländische Vermögensgegenstände (netto)" umfasst in ausländischer Währung denominierte Vermögenswerte, die sich im Besitz des Eurosystems befinden.

24.2.4.2 Passivseite der Bilanz des Eurosystems

Auf der Passivseite der konsolidierten Bilanz des Eurosystems befinden sich *fünf Hauptpositionen*. Diese sind die „Einlagen der Kreditinstitute auf Girokonten (Reserven)", die „Einlagefazilität", die „im Umlauf befindlichen Banknoten", „staatliche Einlagen" und andere „Faktoren (netto)". Der Posten „Einlagen der Kreditinstitute auf Girokonten (Reserven)" bezieht sich auf Salden im Besitz der Kreditinstitute, die von diesen bei der Zentralbank gehalten werden, um Verpflichtungen zum Kontenausgleich aus Interbanken-Transaktionen und Reserveverpflichtungen zu erfüllen. Diese Position wird deshalb häufig auch nur als „Reserven" bezeichnet. Die „Einlagefazilität" umfasst die gesamte „Über-Nacht"-Inanspruchnahme dieser ständigen Fazilität. Die Position „Banknoten" zeigt den Wert der Banknoten an, die von der Zentralbank auf Anforderung der Kreditinstitute in Umlauf gesetzt wurden. Hierbei handelt es sich üblicherweise um den größten Posten auf der Passivseite der Bilanz des Eurosystems. Die Position „Staatliche Einlagen" umfasst die von nationalen Schatzämtern bei den nationalen Zentralbanken (NZBs) gehaltenen Salden auf Girokonten. Schließlich stellt „Andere Faktoren (netto)" einen Ausgleichsposten dar, der die verbleibenden Posten der Bilanz umfasst.

24.2.4.3 Illustration

Zur Illustration wird die konsolidierte Bilanz des Europäischen Systems der Zentralbanken (ESZB) in Abb. 24.5 beschrieben. Sie weist die wichtigsten Forderungen und Verbindlichkeiten des Eurosystems, Stand 31. Dezember 2015, aus. Auf der Aktivseite stellt der Posten 5. „Forderungen in Euro aus geldpolitischen Operationen an Kreditinstitute im Euro-Währungsgebiet" das wichtigste Instrument zur Beeinflussung des Umfangs des Basisgeldes im Portfolio der Geschäftsbanken dar.

Auf der Passivseite, repräsentiert der Posten 2. „Verbindlichkeiten in Euro aus geldpolitischen Operationen gegenüber Kreditinstituten im Euro-Währungsgebiet" überwiegend die verpflichtende Mindestreservehaltung der Geschäftsbanken. Die gesamte Menge an Basisgeld außerhalb der Zentralbank wären dann die Einlagen der Geschäftsbanken bei der Zentralbank plus dem Bestand an Bargeld (Münzen und Banknoten).

Offenmarktoperationen stellen das wichtigste Instrument für Zentralbanken zur Beeinflussung der Liquiditätssituation im Bankensektor dar. Ein *Wertpapierkauf* der Zentralbank erhöht die Menge von Basisgeld, da die Zentralbank die Salden, mit denen sie den Verkäufer bezahlt, selber dadurch schafft, dass sie den Betrag dem Konto des Verkäufers

Forderungen		Verbindlichkeiten	
1. Gold und Goldforderungen	338.713	1. Banknotenumlauf	1083.539
2. Forderungen in Fremdwährung an Ansässige außerhalb des Euro-Währungsgebiets	307.115	2. Verbindlichkeiten in Euro aus geldpolitischen Operationen gegenüber Kreditinstituten im Euro-Währungsgebiet	768.419
3. Forderungen in Fremdwährung an Ansässige im Euro-Währungsgebiet	31.109	3. Sonstige Verbindlichkeiten in Euro gegenüber Kreditinstituten im Euro-Währungsgebiet	5.202
4. Forderungen in Euro an Ansässige außerhalb des Euro-Währungsgebiets	20.242	4. Verbindlichkeiten aus der Begebung von Schuldverschreibungen	0.0
5. Forderungen in Euro aus geldpolitischen Operationen an Kreditinstitute im Euro-Währungsgebiet	558.989	5. Verbindlichkeiten in Euro gegenüber sonstigen Ansässigen im Euro-Währungsgebiet	141.805
6. Sonstige Forderungen in Euro an Kreditinstitute im Euro-Währungsgebiet	107.863	6. Verbindlichkeiten in Euro gegenüber Ansässigen außerhalb des Euro-Währungsgebiets	54.529
7. Wertpapiere in Euro von Ansässigen im Euro-Währungsgebiet	1161.159	7. Verbindlichkeiten in Fremdwährung gegenüber Ansässigen im Euro-Währungsgebiet	2.803
8. Forderungen in Euro an öffentliche Haushalte	25.145	8. Verbindlichkeiten in Fremdwährung gegenüber Ansässigen außerhalb des Euro-Währungsgebiets	3.677
9. Andere Vermögensgegenstände	230.810	9. Gegenposten von Sonderziehungsrechten, zugeteilt vom IWF	59.179
		10. Sonstige Verbindlichkeiten	218.618
		11. Ausgleichsposten aus Neubewertung	346.172
		12. Kapital und Rücklagen	97.201
Gesamt	**2781.145**		**2781.145**

Abb. 24.5 Konsolidierter Ausweis des Eurosystems zum 01. Januar 2016 (in Mrd. €). (Quelle: EZB 2016; Differenzen sind auf Rundungen zurückzuführen)

bei dessen Kreditinstitut bei der Zentralbank gutschreibt. Umgekehrt verringern *Verkäufe von Wertpapieren* die Menge von Basisgeld, da die Zentralbank Salden vernichtet, wenn sie das Konto des Finanzinstituts des Käufers bei der Zentralbank belastet. Wenn hingegen Finanzinstitutionen, Unternehmen oder Individuen Transaktionen *untereinander* durchführen, verteilen sie einfach bestehende Salden, die bei der Zentralbank gehalten werden, ohne das aggregierte Niveau dieser Salden zu verändern.

24.2.5 Multiple Geld- und Kreditschöpfung

Geschäftsbanken benötigen aus mindestens drei Gründen Geld: (i) Der bargeldlose Inter-Banken-Zahlungsausgleich wird unter Nutzung des Basisgeldes durchgeführt; (ii) Nichtbanken halten einen Anteil ihrer Einlagen bei Banken in Form von Bargeld (Banknoten und Münzen); und (iii) Banken sind üblicherweise verpflichtet, einen bestimmten Anteil ihrer Verbindlichkeiten in Gestalt von Basisgeld bei der Zentralbank zu halten. Dies sind die so genannten Mindestreserven.

Als Ausgangspunkt nehmen wir zunächst an, dass es nur eine Geschäftsbank in der Volkswirtschaft gibt. Darüber hinaus werden alle Zahlungen bargeldlos durchgeführt. Geld wird beispielsweise geschaffen, wenn die Geschäftsbank ein Wertpapier von Nichtbanken kauft (Anleihen, Aktien, Devisen etc.) und im Gegenzug ihre eigenen Verbindlichkeiten erhöht (die hier als Geld betrachtet werden). Zum Beispiel kauft die Geschäftsbank in unserem Beispiel den Nichtbanken Bonds im Wert von US$ 100 ab.

Das Bilanzvolumen der Geschäftsbank steigt genau im Umfang der gekauften Wertpapiere an (siehe Abb. 24.6). Die Bilanz des Nichtbankensektors verzeichnet eine Änderung der Struktur der Aktivseite: Die Wertpapierhaltung sinkt in dem Umfang, wie die Menge der bei der Bank gehaltenen Sichteinlagen steigt (siehe Abb. 24.7).

Alternativ kann die Bank Geld schöpfen, indem sie Kredite an den Nichtbankensektor vergibt. Beispielsweise gewährt eine Bank einem Unternehmen einen Kredit in Höhe von US$ 1.000. Dadurch steigen die Forderungen der Geschäftsbank aus Krediten und ihre Verbindlichkeiten in Form von Sichteinlagen der Nichtbanken erhöhen sich; es kommt zu einer Bilanzverlängerung (siehe Abb. 24.8). Gleichzeitig wachsen die Forderungen des Nichtbankensektors in Form von Sichteinlagen und seine Verbindlichkeiten nehmen aufgrund von Krediten zu (siehe Abb. 24.9).

Forderungen	Bilanz der Geschäftsbank		Verbindlichkeiten
Wertpapiere	+100	Sichteinlagen	+100
Sonstige Forderungen	600	Eigenkapital	600
	700		700

Abb. 24.6 Geschäftsbank kauft festverzinsliche Wertpapiere (Bonds) von Nichtbanken: Geschäftsbankensektor

Forderungen	Bilanz des Nichtbankensektors		Verbindlichkeiten
Wertpapiere	−100		
Sichteinlagen bei der Geschäftsbank	+100		

Abb. 24.7 Geschäftsbank kauft festverzinsliche Wertpapiere von Nichtbanken: Nichtbankensektor

Forderungen	Bilanz der Geschäftsbank		Verbindlichkeiten
Kredite an Nichtbanken	1.000	Sichteinlagen	1.000
Sonstige Forderungen	600	Eigenkapital	600
	1.600		1.600

Abb. 24.8 Geschäftsbank vergibt Kredit an Nichtbanken: Geschäftsbank

Forderungen	Bilanz des Nichtbankensektors		Verbindlichkeiten
Sichteinlagen bei der Geschäftsbank	+1.000	Verbindlichkeiten	+1.000

Abb. 24.9 Geschäftsbank vergibt Kredit an Nichtbanken: Nichtbankensektor

24.2.6 Geld- und Kreditmultiplikator

Falls es in der Volkswirtschaft nur eine Geschäftsbank gibt und alle Bezahlvorgänge über Girokonten oder Sichteinlagen bargeldlos abgewickelt werden, wäre die Fähigkeit der einzigen Bank zur Schaffung von Geld und Kredit tatsächlich unbegrenzt. Dies entspricht natürlich nicht der Realität. Deshalb ändern wir unsere Annahmen wie folgt. Erstens unterstellen wir, dass es nicht nur eine, sondern mehrere Geschäftsbanken gibt. Zweitens nehmen wir nicht länger an, dass Zahlungen ausschließlich bargeldlos erfolgen, sondern berücksichtigen, dass die Nichtbanken Bargeld für die Abwicklung von Zahlungen halten und deshalb einen Teil ihrer Guthaben bei den Geschäftsbanken abheben, d. h. in Münzen und Banknoten „umwandeln". In einer solchen realistischeren Welt wird die Fähigkeit der Geschäftsbanken, Geld und Kredit zu schöpfen, beschränkt durch:

- *die Bargeldhaltung der Nichtbanken*: Banken halten einen bestimmten Bestandteil ihrer Verbindlichkeiten gegenüber Nichtbanken in Bargeld vor („Working balances" in Gestalt von Münzen und Banknoten); und
- *die Verpflichtung der Geschäftsbanken zur Haltung von Mindestreserven*: Banken müssen einen bestimmten Anteil der bei Ihnen gehaltenen Sichteinlagen (und anderer Einlagen) bei der Zentralbank vorhalten (Zentralbankgeld).

In einem ersten Schritt werden wir nun die Kapazität des Bankensektors zur Schaffung von Geld und Kredit betrachten, die Nichtbanken ihre Guthaben bei den Geschäftsbanken vollständig in Form von Sichteinlagen halten und kein Bargeld abheben. Dazu gehen wir davon aus, dass die Nichtbanken Bargeld und Münzen im Umfang von US$ 100 zur Bank bringen und ihnen die Geschäftsbanken dafür Sichteinlagen in gleicher Höhe gut schreiben. Die Geschäftsbanken erhalten damit zusätzliches Zentralbankgeld (so genannte *Überschussreserven*), das sie i. d. R. in Form von Sichteinlagen bei der Zentralbank halten (siehe Abb. 24.10).

Nehmen wir einen Mindestreservesatz von 2 % an, wird der Bankensektor gezwungen, US$ 2 seiner Sichteinlagen als Mindestreservehaltung bei der Zentralbank zu halten. Die Überschussreserve in Form von Zentralbankgeld beträgt somit US$ 98 (siehe Abb. 24.11). Ausgehend hiervon wäre der Bankensektor in seiner Gesamtheit in der Lage, Kredite an den privaten Sektor auszureichen, bis die Überschussreserven vollständig in der Mindestreserve aufgegangen sind. Dies wäre genau dann der Fall, wenn die Überschussreserven, ER, dem Produkt des Mindestreservesatzes, r, multipliziert mit dem Bestand an zusätzlichen Krediten, ΔL, entsprechen, d. h.:

$$\Delta L \cdot r = ER \quad \text{oder}$$

$$\Delta L = \frac{1}{r} \cdot ER.$$

Ziehen wir das Beispiel von oben heran, sieht die Bilanz wie folgt aus (siehe Abb. 24.12): ausgehend von einer Überschussreserve von US$ 98, kann der Bankensektor zusätzliche Kredite und gleichzeitig einen Anstieg des Bestandes an Zahlungsmitteln (d. h. M1) in Höhe von US$ 4.900 schaffen.

Vor dem Hintergrund der vorstehend beschriebenen Transaktionen wird die Fähigkeit des Bankensektors zur Geldschöpfung durch die Beziehung:

$$M \cdot r = B^{cbk} \text{ oder}$$

$$M = \frac{1}{r} \cdot B^{cbk}$$

beschrieben, wobei $1/r = m$ den Geldschöpfungsmultiplikator darstellt.

Das maximale Geldschöpfungspotenzial des Bankensektors M^{pot}, hängt von der den Geschäftsbanken ursprünglich verfügbaren Zentralbankgeldmenge, B^{cbk}, und der Zentral-

Forderungen	Bilanz des Geschäftsbankensektors		Verbindlichkeiten
Zentralbankgeld in Form von Münzen und Banknoten	100	Sichteinlagen	100
Sonstige Forderungen	600	Eigenkapital	600
	700		700

Abb. 24.10 Schaffung von Buchgeld

Forderungen	Bilanz des Geschäftsbankensektors		Verbindlichkeiten
Zentralbankgeld in Form von			
– Überschussreserven	98	Sichteinlagen	100
– Mindestreserven	2		
Sonstige Forderungen	600	Eigenkapital	600
	700		700

Abb. 24.11 Mindest- und Überschussreserven

bankmenge, die die Geschäftsbanken von den Nichtbanken abziehen konnten, B^{nbk}, ab, sodass gilt:

$$M^{pot} = m \cdot B, \text{mit } B = B^{nbk} + B^{cbk}.$$

Die Analyse wird nun erweitert, indem berücksichtigt wird, dass Nichtbanken einen bestimmten Teil ihrer Guthaben in Form von Münzen und Banknoten halten, d. h. die Geschäftsbanken bei einer Kreditvergabe mit einem *Bargeldabfluss* („Cash drain“) rechnen müssen. In diesem Fall sind die Banken nicht nur gezwungen, Mindestreserven zu halten, sondern sie müssen auch Bargeld für die Abhebungen der Nichtbanken („Working balances“) bereithalten. Betragen z. B. die „Working balances“ $c = 5\,\%$ der Kreditvergabe und der Mindestreservesatz $r = 2\,\%$, so muss der Bankensektor $c + r = 7\,\%$ der Sichteinlagen der Nichtbanken in Gestalt von Zentralbankgeld vorhalten. Damit die Geschäftsbanken liquide bleiben, muss ihre Menge an Zentralbankgeld die folgende Bedingung erfüllen:

$$ER - c \cdot L \geq 0.$$

Im Lichte dieser Beschränkung beschreibt $L \cdot (1 - c)$ das verbleibende Potenzial für zusätzliche Kredit- und Geldschöpfung. Um dies anders auszudrücken, können wir auch

Forderungen	Bilanz des Geschäftsbankensektors		Verbindlichkeiten
Mindestreserven	100	Sichteinlagen	5.000
zusätzliche Kredite (ΔL)	4.900		
Sonstiges	600	Eigenkapital	600
	5.600		5.600

Abb. 24.12 Bilanz des Bankensektors

schreiben:

$$\text{ER} - \underbrace{\text{c} \cdot \Delta\text{L}}_{\text{Cash holdings}} = \underbrace{\underbrace{\Delta\text{L}}_{\text{Sight deposits}} \cdot \text{r}}_{\Delta\text{MR}} \quad \text{oder}$$

$$\text{ER} = \Delta\text{L} \cdot (\text{r} + \text{c}) \quad \text{oder}$$

$$\Delta\text{L} = \frac{1}{0{,}07} \cdot 93 \approx 1.329.$$

Modifiziert um die Haltung der „Working balances" der Geschäftsbanken lautet der modifizierte Geldschöpfungsmultiplikator nunmehr:

$$\text{m} = \frac{1}{\text{r} + \text{c}}.$$

Lassen Sie uns zu unserem Beispiel zurückkehren und annehmen, dass Nichtbanken Banknoten und Münzen in Höhe von US$ 100 in Periode t = 0 bei dem Geschäftsbankensektor einlegen (siehe Abb. 24.13).

In Periode t = 1 werden dann die entstehenden Überschussreserven für die multiple Geld- und Kreditschöpfung verwendet (siehe Abb. 24.14).

Unter Verwendung des modifizierten Geldschöpfungsmultiplikators m kann man nun das maximale Kreditschöpfungs- (im Gegensatz zum Geldschöpfungs-)potenzial des Bankensektors ableiten. Im Prozess der multiplen Geld- und Kreditschöpfung muss der Bestand an Sichteinlagen, M, der Summe der Mindestreservehaltung und „Working balances", B^{cbk}, plus der Menge der vergebenen Kredite (L) entsprechen:

$$\text{M} = \text{B}^{\text{cbk}} + \text{L}, \text{oder mit M} = \text{m} \cdot \text{B}^{\text{cbk}}:$$

$$\text{L} = \text{m} \cdot \text{B}^{\text{cbk}} - \text{B}^{\text{cbk}} = \text{B}^{\text{cbk}}(\text{m} - 1),$$

wobei m − 1 den Kreditmultiplikator darstellt.

Ausgehend von einem bestimmten Bestand an Zentralbankgeld, schwankt die Kapazität des Bankensektors zur Schaffung von Geld und Kredit mit Änderungen von c und r.

Forderungen	Bilanz des Geschäftsbankensektors		Verbindlichkeiten
Zentralbankgeld	+100	Sichteinlagen	+100
Davon:			
(a) Mindestreserven	+2		
(b) Working balances	+5		
(c) Überschussreserven	+93		
Sonstige Forderungen	600	Eigenkapital	600
	700		700

Abb. 24.13 Banken erhalten Zentralbankgeld (t = 0)

Forderungen	Bilanz des Geschäftsbankensektors		Verbindlichkeiten
Zentralbankgeld	100	Sichteinlagen	1.429
Davon:			
(a) Mindestreserven	+28.6		
(b) Working balances	+71.4		
(c) Überschussreserven	+0		
Kredite (ΔL)	1.329		
Sonstige Forderungen	600	Eigenkapital	600
	2.029		2.029

Abb. 24.14 Multiple Geld- und Kreditschöpfung (t = 1)

Falls z. B. die Präferenz der Nichtbanken für die Bargeldhaltung fällt, oder die Zentralbank den Reservesatz r verringert, steigt das Potenzial der Banken für eine Ausdehnung des Geld- und Kreditangebot an. Natürlich kann die Zentralbank den Umfang des Zentralbankgeldes in den Händen des Bankensektors unter anderem durch Offenmarktpolitiken ändern.

Die ursprüngliche Theorie des Geld- und Kreditmultiplikators sah sich verschiedener Kritik ausgesetzt. Vor allem halten Marktakteure nicht nur Sichteinlagen, sondern neigen auch dazu, aus Sicht- in Termin- und Spareinlagen umzuschichten. *Moderne Ansätze des Geldschöpfungsmultiplikators* versuchen, diese Umschichtungsprozesse zu berücksichtigen, indem sie die den Bargeldabzug und die Mindestreservehaltung und damit den gesamten klassischen Geld- und Kreditschöpfungsmultiplikator endogenisieren.[5]

24.2.7 Der Markt für Basisgeld

Heutzutage sind die Betriebsabläufe der Zentralbankenuntereinander recht ähnlich, obwohl sich die Details immer noch von Land zu Land unterscheiden. Im Allgemeinen gelten *Offenmarktoperationen* als das wichtigste Instrument für die Versorgung des Geschäftsbankensektors mit Zentralbankgeld.

24.2.7.1 Offenmarktoperationen in den USA

In den USA werden Offenmarktoperationen vom Domestic Trading Desk (Desk) bei der Federal Reserve Bank von New York unter Ermächtigung durch das Federal Open Market Committee (FOMC) organisiert. Das FOMC wurde per Gesetz eingerichtet, um bei Offenmarktoperationen Regie zu führen (Edwards (1997), Akhtar (1997)). Jeden Morgen

[5] Belke und Polleit (2009, S. 34 ff.), stellen in dies dem Zudammenhang den *Tinbergen-Ansatz des Geldschöpfungsmultiplikators* vor und illustrieren diesen durch ausführliche Buchungsbeispiele.

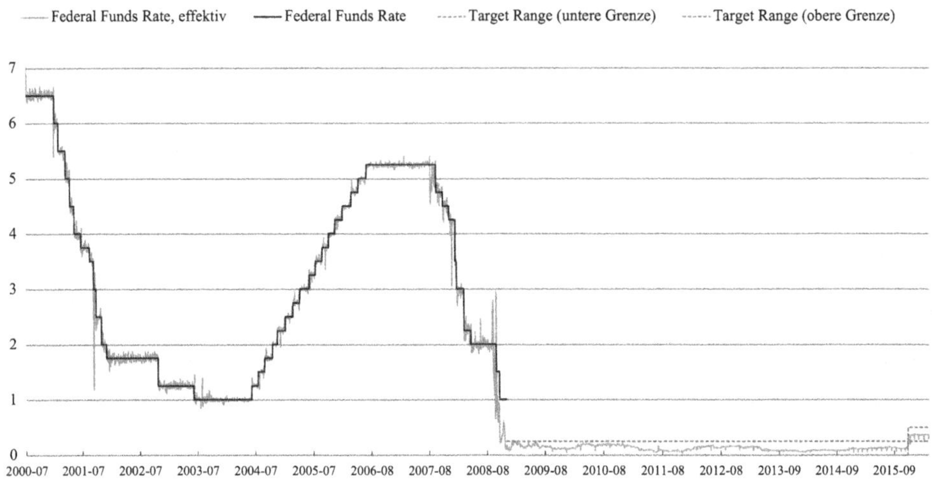

Abb. 24.15 Federal Funds Rate, Target Rate und Target Range (Prozent). (Quelle: Datenarchiv der Federal Reserve Bank of New York)

entscheidet der Desk, ob ein neues Offenmarktgeschäft notwendig ist, und, wenn dies der Fall ist, ob es ein endgültiges („Outright") oder ein temporäres Geschäft sein soll.

Falls die Projektionen der Fed auf ein großes und anhaltendes Ungleichgewicht zwischen Reservenachfrage und -angebot hindeuten, z. B. für eine längere Periode wie einen Monat oder mehr, kann der Desk einen endgültigen Kauf oder Verkauf von Wertpapieren durchführen. Derartige Transaktionen erhöhen oder verringern das Ausmaß des Portfolios der Federal Reserve (und fügen Reservesalden hinzu oder entziehen sie) permanent. Falls die „Staff projections" nur einen kurzfristigen Bedarf nahe legen, Reservesalden hinzuzufügen oder abzuziehen, führt der Desk üblicherweise nur ein temporäres Geschäft durch. Derartige Geschäfte kommen wie auch beim Eurosystem viel häufiger vor als endgültige Käufe und Verkäufe.

Dadurch, dass sie mit staatlichen Wertpapieren handelt, beeinflusst die New York Fed die *Federal Funds Rate*. Die Federal Funds Rate (oft mit Fed Rate abgekürzt) ist derjenige Zinssatz, zu dem sich die amerikanischen Finanzinstitute (u. a. Banken und Sparkassen) Geld untereinander leihen, um ihre Salden im Rahmen der Mindestreserveverpflichtungen bei der Zentralbank auszugleichen. Da dies täglich geschieht, spricht man auch von einem „*Über-Nacht-Kredit*". Als Monopolanbieter von Basisgeld setzt das FOMC die Target rate der Federal Funds Rate für den Handel im Federal Funds-Markt. In der Regel verläuft die Federal Funds Rate sehr eng um die Federal Funds Target Rate (Abb. 24.15).

24.2.7.2 Offenmarktgeschäfte in der Eurozone

Für das Eurosystem spielen *Offenmarktgeschäfte* eine wichtige Rolle in der Geldpolitik, um die Zinssätze sowie die Liquidität am Markt zu steuern und Signale hinsichtlich des geldpolitischen Kurses zu geben. Im Hinblick auf die mit ihnen verfolgten Ziele können

Offenmarktoperationen in die folgenden *vier Kategorien* unterteilt werden (ECB 2006, EZB 2008):

Hauptrefinanzierungsgeschäfte sind regelmäßig stattfindende liquiditätszuführende befristete Transaktionen in wöchentlichem Abstand und mit einer Laufzeit von in der Regel einer Woche. Diese Transaktionen werden von den nationalen Zentralbanken im Rahmen von Standardtendern durchgeführt. Den Hauptrefinanzierungsgeschäften kommt bei der Verfolgung der Ziele der Offenmarktgeschäfte des Eurosystems eine Schlüsselrolle zu. Denn sie stellen den Großteil der Refinanzierung für den Finanzsektor zur Verfügung.

Längerfristige Refinanzierungsgeschäfte sind liquiditätszuführende befristete Transaktionen in monatlichem Abstand und typischerweise mit einer Laufzeit von drei Monaten. Über diese Geschäfte sollen den Geschäftspartnern zusätzliche längerfristige Refinanzierungsmittel zur Verfügung gestellt werden. Sie werden von den nationalen Zentralbanken im Wege von Standardtendern durchgeführt. Im Allgemeinen verfolgt das Eurosystem mit diesen Geschäften nicht die Absicht, dem Markt Signale zu geben, und tritt deshalb im Regelfall als Preisnehmer auf.

Feinsteuerungsoperationen werden von Fall zu Fall zur Steuerung der Marktliquidität und der Zinssätze durchgeführt, und zwar insbesondere, um die Auswirkungen unerwarteter marktmäßiger Liquiditätsschwankungen auf die Zinssätze auszugleichen. Feinsteuerungsoperationen können am letzten Tag der Mindestreserve-Erfüllungsperiode durchgeführt werden, um Liquiditätsungleichgewichten zu begegnen, die sich seit der Zuteilung des letzten Hauptrefinanzierungsgeschäfts akkumuliert haben dürften. Die Feinsteuerung erfolgt in erster Linie über befristete Transaktionen, unter Umständen aber auch entweder in Form von Devisenswapgeschäften oder der Hereinnahme von Termineinlagen. Die Feinsteuerungsinstrumente und -verfahren werden der jeweiligen Art der Transaktionen und den dabei verfolgten speziellen Zielen angepasst. Feinsteuerungsoperationen werden üblicherweise von den nationalen Zentralbanken über Schnelltender oder bilaterale Geschäfte durchgeführt. Der EZB-Rat kann entscheiden, ob in Ausnahmefällen bilaterale Feinsteuerungsoperationen von der EZB selbst durchgeführt werden.

Strukturelle Operationen werden über die Emission von Schuldverschreibungen, befristete Transaktionen („Reverse transactions") und endgültige Käufe bzw. Verkäufe („Outright operations") durchgeführt. Diese Operationen werden genutzt, wann immer die EZB die strukturelle Liquiditätsposition des Finanzsektors gegenüber dem Eurosystem (in regelmäßigen oder unregelmäßigen Abständen) anpassen möchte, d. h. das Liquiditätsdefizit groß genug machen möchte, um das Bankensystem en gros abhängig von den liquiditätszuführenden Marktoperationen zu machen.[6] Strukturelle Operationen in Form von befristeten Transaktionen oder im Wege der Emission von Schuldtiteln werden von den nationalen Zentralbanken über Standardtender durchgeführt. Strukturelle Operationen mittels endgültiger Käufe bzw. Verkäufe erfolgen im Wege bilateraler Geschäfte.

[6] Der Hauptfokus liegt dabei auf der strukturellen Liquiditätsdefizitposition des Bankensystems der Eurozone (d. h. seiner Position gegenüber dem Eurosystem, bereinigt um geldpolitische Operationen). Siehe ECB (1999, S. 41).

Das wichtigste Instrument sind die *befristeten Transaktionen* (in Form von Pensionsgeschäften oder besicherten Krediten). Weitere Instrumente, die das Eurosystem nutzen kann, sind *endgültige Käufe bzw. Verkäufe*, die *Emission von Schuldverschreibungen*, *Devisenswapgeschäfte* und die *Hereinnahme von Termineinlagen*. Bei Offenmarktgeschäften geht die Initiative von der EZB aus, die auch über das einzusetzende Instrument und die Bedingungen für die Durchführung der Geschäfte entscheidet. Offenmarktgeschäfte können in Form von Standardtendern, Schnelltendern oder bilateralen Geschäften durchgeführt werden.

24.2.7.3 Ständige Fazilitäten

Die ständigen Fazilitäten der EZB dienen dazu, Übernachtliquidität bereitzustellen oder zu absorbieren. Sie setzen Signale bezüglich des allgemeinen Kurses der Geldpolitik und stecken die Ober- und Untergrenze für Tagesgeldsätze ab. Die zugelassenen Geschäftspartner können zwei ständige Fazilitäten auf eigene Initiative in Anspruch nehmen, sofern sie gewisse operationale Zugangskriterien erfüllen.

Zwei ständige Fazilitäten stehen ausgewählten Vertragsparteien auf deren eigene Initiative zur Verfügung – unter der Voraussetzung, dass sie bestimmte operationale Zugangsbedingungen erfüllen.

Die Geschäftspartner können zum einen die *Spitzenrefinanzierungsfazilität* nutzen, um sich von den nationalen Zentralbanken Über-Nacht-Liquidität gegen notenbankfähige Sicherheiten zu beschaffen. In der Regel gibt es keine Kredithöchstgrenzen, und die Inanspruchnahme dieser Fazilität durch die Geschäftspartner unterliegt auch keinen sonstigen Beschränkungen mit Ausnahme der Bedingung, dass ausreichende Sicherheiten zur Verfügung stehen müssen. Der Zinssatz für die Spitzenrefinanzierungsfazilität bildet im Allgemeinen die Obergrenze des Tagesgeldsatzes. Denn keine gewinnmaximierende Geschäftsbank möchte zu einem Zinssatz ausleihen, der oberhalb des garantierten Zinssatzes der EZB liegt.

Die Vertragspartner können zum anderen die *Einlagefazilität* nutzen, um bei den nationalen Zentralbanken Guthaben bis zum nächsten Geschäftstag anzulegen. In der Regel gibt es keine Betragsbegrenzungen für die entsprechenden Einlagekonten, und die Inanspruchnahme dieser Fazilität durch die Geschäftspartner unterliegt auch keinen sonstigen Beschränkungen. Der Zinssatz für die Einlagefazilität bildet im Allgemeinen die Untergrenze des Tagesgeldsatzes. Denn keine Geschäftsbank möchte zu einem Zinssatz einlegen, der unterhalb des garantierten Zinssatzes der EZB liegt (EZB 2008).

Beispiel: Mengentender und Zinstender der EZB

Was die EZB betrifft, können Offenmarktoperationen darauf ausgerichtet werden, ein von ihr gewünschtes Angebot an Geldbasis bereitzustellen oder einen gewünschten Zinssatz für Basisgeld zu erreichen. Sie können jedoch nicht beide Zielsetzungen gleichzeitig erreichen. Je stärker nämlich der Fokus auf einem Mengenziel liegt, desto mehr werden kurzfristige Änderungen der Nachfrage nach Basisgeldsalden den Zinssatz beeinflussen. Umgekehrt: je größer die Betonung eines Zinsziels, desto stärker

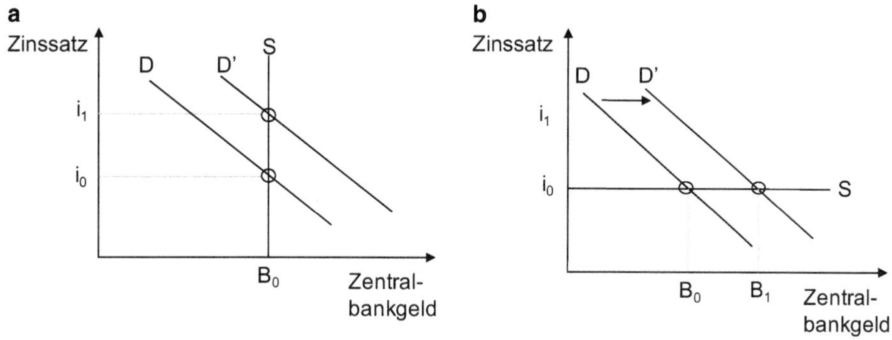

Abb. 24.16 Zins- und Mengentender. *i* Zinssatz, *B* Basisgeld, *D* Nachfrage nach Basisgeld, *S* Angebot an Basisgeld; **a** Zinstender („Variable rate tender"), **b** Mengentender („Fixed rate tender")

werden Änderungen der Nachfrage die Menge des Basisgeld-Angebots beeinflussen. Aus technischer Sicht gibt es *zwei wichtige Prozeduren für Offenmarktgeschäfte* (Abb. 24.16).

Zum einen gibt es den *Mengentender* (Festsatztender) („Fixed rate tender", „Volume tender"). Hierbei handelt es sich um ein Tenderverfahren, bei dem der Zinssatz im Voraus von der Zentralbank festgelegt wird. Die Menge an Basisgeld wird hier allein durch die Zentralbank bestimmt.

Zum anderen kann das ESZB auf den *Zinstender* („Variable rate tender") zurückgreifen. Hierbei handelt es sich um ein Tenderverfahren, bei dem die Geschäftspartner den Betrag sowie den Zinssatz des Geschäfts bieten, das sie mit der Zentralbank tätigen wollen.

Nur um ein Beispiel zu geben: betrachten Sie einen Fall, in dem die Zentralbank sich dazu entschließt, dem Markt mit einer befristeten Transaktion und einem Mengentender Liquidität zuzuführen. Drei Vertragsparteien reichen die folgenden Angebote ein:

Vertragspartner	Angebot (€mn)
Bank 1	30
Bank 2	40
Bank 3	70
Total	**140**

Die Zentralbank entscheidet, den Geschäftsbanken insgesamt 105 Mio. € zuzuteilen. Die prozentuale Zuteilung beträgt: $105/(30+40+70)\times 100=75\,\%$. Die spezifischen Zuteilungen an die Vertragspartner belaufen sich auf:

Vertragspartner	Gebot (€mn)	Zuteilung (€mn)
Bank 1	30	22,5
Bank 2	40	30,0
Bank 3	70	52,5
Total	**140**	**105,0**

24.2.8 Das Offenmarkt-Regime des Eurosystems

Die EZB beeinflusst aktiv die Nachfrage nach Basisgeld, da sie Kreditinstitute dazu nötigt, verpflichtende Einlagen bzw. Mindestreserven bei den NZBs zu halten. Die Menge der benötigten Reserven, die von jeder Institution zu halten ist, wird bestimmt durch seine so genannte *Reservebasis*. Die Reservebasis wird definiert in Relation zu den Elementen der Bilanz des betreffenden Kreditinstituts. Um das *Mindestreserve-Soll* – also die Höhe des bei der Zentralbank zu haltenden Guthabens – zu ermitteln, ist die Reservebasis mit dem *Mindestreservesatz* („Reserve ratio") zu multiplizieren. Das Eurosystem wendet einen einheitlichen positiven Reservesatz auf die meisten Verbindlichkeiten an, die in der Reservebasis enthalten sind. Der Mindestreservesatz für die in die Mindestreservebasis einbezogenen Verbindlichkeiten mit positivem Reservesatz wurde zu Beginn der Europäischen Währungsunion bei 2 % festgelegt.

Die erste Schlüsselfunktion des Mindestreservesystems ist die *Stabilisierung des Geldmarktzinses*. Um diese zu erreichen, ist es den Instituten im Rahmen des Mindestreservesystems des Eurosystems gestattet, von den Bestimmungen über die Durchschnittserfüllung Gebrauch zu machen, d. h. ihre Mindestreservepflicht unter Zugrundelegung der tagesdurchschnittlichen Reserveguthaben innerhalb der Erfüllungsperiode zu erfüllen. Die Mindestreserveguthaben der Institute werden zum Satz für die Hauptrefinanzierungsgeschäfte des Eurosystems verzinst.

Die Möglichkeit der Durchschnittserfüllung erlaubt es den Kreditinstituten, tägliche Schwankungen der Liquidität zu glätten (diese rühren aus Schwankungen der Nachfrage nach Banknoten), da vorübergehende Reserveungleichgewichte (d. h. Unter- und Übererfüllungen) durch entgegen gerichtete Ungleichgewichte innerhalb derselben Erfüllungsperiode kompensiert werden können. Eine zweite wichtige Funktion, die dem Mindestreservesystem zukommt, ist die *Erhöhung der strukturellen Liquiditätsknappheit* des Bankensystems. Der Bedarf der Kreditinstitute, Reserven bei den nationalen Zentralbanken zu halten, trägt dazu bei, die Nachfrage nach Refinanzierung bei der Zentralbank zu erhöhen. Dies wiederum erleichtert es der EZB, die Geldmarktzinsen durch reguläre liquiditätszuführende Operationen zu steuern.

Wenden wir uns nun dem Angebot von Basisgeld zu. Hier sind die sogenannten *Hauptrefinanzierungsgeschäfte* die wichtigsten Offenmarktgeschäfte und stellen in „normalen“ Zeiten das geldpolitische Schlüsselinstrument des Eurosystems dar.[7] Der Preis, den die Geschäftsbanken für die Inanspruchnahme dieses Geschäfts zahlen müssen, ist der so genannte *Leitzins*. Durch die Hauptrefinanzierungsgeschäfte verleiht die EZB Finanzmittel an die Vertragspartner. Die Kreditvergabe erfolgt immer gegen Besicherung, um das Eurosystem gegen finanzielle Risiken zu schützen. Eine Kreditgewährung der EZB an die Geschäftsbanken über Offenmarktgeschäfte findet normalerweise in Gestalt befristeter Transaktionen statt (siehe Box „Befristete Transaktionen des Eurosystems“). Bei befristeten Transaktionen dieser Art kauft die Europäische Zentralbank Vermögenswerte unter einer Rückkaufsvereinbarung oder vergibt einen Kredit gegen die Hergabe von bestimmten Vermögenswerten als Besicherung. Befristete Transaktionen stellen deshalb temporäre Offenmarktoperationen dar, die nur für eine begrenzte und vorab spezifizierte Periode Finanzmittel bereitstellen.

Befristete Transaktionen des Eurosystems

Befristete Transaktionen („Reverse transactions“) sind die wichtigsten Offenmarktgeschäfte des Eurosystems und können für alle Arten von Liquiditätszuführenden Offenmarktgeschäften verwendet werden. Das Eurosystem verfügt über drei andere Instrumente für die Durchführung von *Feinsteuerungsgeschäften* („Fine-tuning operations“): Endgültige Käufe/Verkäufe („Outright transactions“), Devisenswapgeschäfte und die Hereinnahme von Termineinlagen. Schließlich kann die EZB für strukturelle Operationen eigene Schuldverschreibungen emittieren.

1. Befristete Transaktionen. Als befristete Transaktionen werden Geschäfte bezeichnet, bei denen das Eurosystem notenbankfähige Sicherheiten im Rahmen von Rückkaufsvereinbarungen kauft oder verkauft oder Kreditgeschäfte gegen Verpfändung notenbankfähiger Sicherheiten durchführt. Befristete Transaktionen kommen bei Hauptrefinanzierungsgeschäften und längerfristigen Refinanzierungsgeschäften zum Einsatz. Darüber hinaus kann sich das Eurosystem für strukturelle Operationen und Feinsteuerungsoperationen befristeter Transaktionen bedienen. Wenn eine befristete Transaktion die Form einer Rückkaufsvereinbarung annimmt, entspricht die Differenz zwischen Kaufpreis und Rückkaufspreis bei Pensionsgeschäften den für die Laufzeit des Geschäfts anfallenden Zinsen für den aufgenommenen oder ausgeliehenen Betrag, d. h., der Rückkaufspreis schließt die jeweils zu zahlenden Zinsen ein. Bei befristeten Transaktionen in Form von besicherten Krediten werden die Zinsen aus dem festgesetzten Zinssatz auf den ausstehenden Kreditbetrag und der Laufzeit des Geschäfts berechnet.

[7] Unter Offenmarktgeschäften versteht man den Kauf und Verkauf von Wertpapieren durch die Zentralbank auf eigene Rechnung am *offenen Markt*. Als offener Markt wird der allen Teilnehmern zugängige allgemeine Geld- und Kapitalmarkt oder die Börse bezeichnet.

2. Endgültige Käufe/Verkäufe. Diese so genannten „Outright"-Offenmarkttransaktionen sind Transaktionen, bei denen die Zentralbank Vermögenswerte endgültig am Markt (per Kasse oder Termin) kauft oder verkauft. Sie sind nur für strukturelle und Feinsteuerungszwecke verfügbar.

3. Devisenswapgeschäfte. Gleichzeitiger Kassakauf/-verkauf und Terminverkauf/-kauf einer Währung gegen eine andere. Das Eurosystem führt geldpolitische Offenmarktgeschäfte in Form von Devisenswapgeschäften durch, bei denen die nationalen Zentralbanken (oder die EZB) Euro gegen eine Fremdwährung per Kasse kaufen (oder verkaufen) und sie gleichzeitig per Termin verkaufen (oder kaufen).

4. Hereinnahme von Termineinlagen. Das Eurosystem kann den Geschäftspartnern die Hereinnahme verzinslicher Termineinlagen bei der nationalen Zentralbank des Mitgliedstaats anbieten, in dem sich die Niederlassung des Geschäftspartners befindet. Termineinlagen sollen nur für Zwecke der Feinsteuerung („Fine-tuning") eingesetzt werden, um im Markt befindliche Liquidität zu absorbieren.

5. Emission eigener Schuldverschreibungen. Die EZB kann eigene Schuldverschreibungen mit dem Ziel ausgeben, die strukturelle Position des Eurosystems gegenüber dem Finanzsektors anzupassen, um eine Liquiditätsknappheit im Markt zu schaffen oder zu vergrößern.

Quelle: ECB (2006), The Implementation of Monetary Policy in the Eurozone, General Document of the Eurosystem Monetary Policy Instruments und Procedures, September

Für den Zweck einer Kontrolle des kurzfristigen Zinssatzes auf dem Geldmarkt und vor allem zur Einschränkung ihrer Volatilität bietet das Eurosystem seinen Vertragspartners auch zwei *ständige Fazilitäten* an: die *Spitzenrefinanzierungsfazilität* und die *Einlagefazilität*. Beide Fazilitäten haben eine „Über Nacht"-Fälligkeit und stehen den Vertragsparteien auf ihre eigene Initiative zur Verfügung. Der Zinssatz der Spitzenrefinanzierungsfazilität liegt im Normalfall deutlich höher als der korrespondierende Marktzins und der Zinssatz der Einlagefazilität befindet sich normalerweise deutlich unterhalb des Geldmarktzinses. Deshalb nutzen Kreditinstitute die ständigen Fazilitäten nur, wenn keine Alternativen zur Verfügung stehen. Da es mit Ausnahme der spezifischen Anforderungen an die Besicherungen im Rahmen der Spitzenrefinanzierungsfazilität keine Zugangsbeschränkungen gibt, stellen die Zinssätze im Normalfall die Ober- und Untergrenze für den „Über Nacht"-Geldmarktzins dar.

Durch die Setzung der Zinssätze für die ständigen Fazilitäten bestimmt der EZB-Rat den Korridor, innerhalb dessen der Über-Nacht-Geldmarktzins schwanken kann. Die folgende Grafik beschreibt die Entwicklung der EZB-Schlüsselzinssätze von Januar 1999 bis August 2007 (Wochendaten). Sie zeigt auch, wie die Zinssätze der ständigen Fazilitäten in der Tat eine Ober- und eine Untergrenze für den Über-Nacht-Geldmarktzins (EONIA) eingezogen haben. Dieser „Euro Overnight Index Average“ wird durch die European Banking Federation (EBF) vertrieben und stellt den gewichteten Durchschnitt aller nicht mit Sicherheiten unterlegter Über-Nacht-Kredite dar, die von einer Gruppe der am Geldmarkt aktivsten Banken ausgegeben wird.

Wie aus Abb. 24.17 hervorgeht, verlief der EONIA weitestgehend nahe am Zins der Hauptrefinanzierungsgeschäfte. Dies verdeutlicht einmal mehr die Bedeutung dieser Operationen als das wichtigste geldpolitische Instrument des Eurosystems. Darüber hinaus weist der Verlauf des EONIA gelegentliche Ausschläge auf. Diese beiden Charakteristika des EONIA liegen im Mindestreservesystem des Eurosystems begründet. Schließlich zeigen die Abbildungen, dass die Unterschiede zwischen den Zinssätzen der ständigen Fazilitäten und dem Zins der Hauptrefinanzierungsoperationen zwischen April 1999 und Dezember 2005 nahezu unverändert blieben (± 1 Prozentpunkt).

Warum befindet sich der Zins auf den 10-Jahres-Bund nicht durchgehend innerhalb des Korridors? Die Antwort lautet: Erwartungen spielen eine Rolle! Zur Jahreswende 2000/01 erwarteten die Märkte ursprünglich, dass sich die Erhöhungen der EZB-Zinssätze fortsetzen würden. Die Finanzkrise belehrte sie jedoch später eines Besseren. Daher befand sich der Zins auf den 10-Jahres Bund für eine Weile oberhalb des Korridors, bis die Märkte zu antizipieren begannen, dass die EZB dem Zinssetzungszyklus der Fed folgen würde, d. h. ihre Leitzinsen schrittweise senken würde. Letztendlich bewegte sich der Langfristzins dann doch wieder in den Korridor zurück.

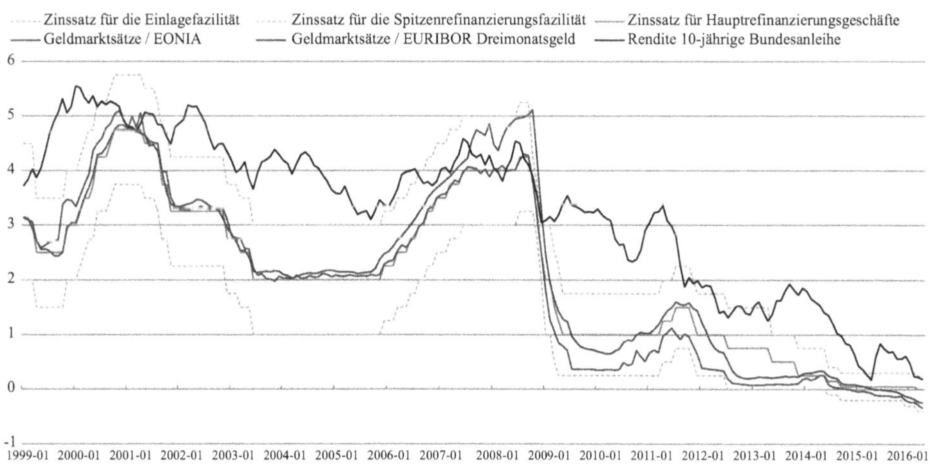

Abb. 24.17 EZB-Schlüsselzinssätze und Geldmarkt-Zinssätze (in Prozent). (Quelle: Bundesbank, Thomson Financial)

24.2.9 Nachfrage nach Basisgeld

Die Nachfrage des Geschäftsbankensektors nach Basisgeld wird üblicherweise von drei wichtigen Faktoren getrieben: (i) Mindestreservebestimmungen, (ii) Bargeldabfluss und (iii) Zentralbankgeld-Salden.

Im Folgenden werden diese Faktoren näher bestimmt.

24.2.9.1 Ad (i): Mindestreserven

Um die (strukturelle) Nachfrage nach Zentralbankgeld zu beeinflussen, sind die meisten Zentralbanken darauf angewiesen, dass Kreditinstitutionen verpflichtende Einlagen in Zentralbankgeld bei ihnen halten. Diese Einlagen werden *Mindestreserven* genannt. Der Umfang der Reserven, der von einer spezifischen Institution gehalten werden muss, wird durch deren mindestreservepflichtigen Verbindlichkeiten bestimmt. Diese so genannte Reservebasis wird typischerweise in Relation zu den in der Bilanz notierten Verbindlichkeiten eines Instituts definiert, üblicherweise deren Verbindlichkeiten gegenüber Nichtbanken. Um die Mindestreserveverpflichtung einer Institution zu bestimmen, muss die Reservebasis mit dem Reservesatz multipliziert werden.

In den meisten Fällen können Mindestreserveverpflichtungen nur durch die Haltung von Basisgeld-Einlagen bei der Zentralbank bedient werden. Für die US Fed z. B. muss bei der Berechnung des Niveaus der gesamten erforderlichen Salden, auch dem Anteil Rechnung getragen werden, der mit Tresor-Bargeld („Vault cash") erfüllt werden kann (Blenck et al. 2001, S. 25). Banken innerhalb des Federal Reserve-Systems können ebenfalls einen verpflichtenden Verrechnungssaldo einrichten, was die Nachfrage nach entsprechenden Salden auf analoge Weise wie eine Mindestreserveverpflichtung beeinflusst.

Die meisten Zentralbanken erlauben es den Geschäftsbanken, von der Möglichkeit einer Durchschnittserfüllung der Mindestreserveverpflichtungen Gebrauch zu machen. Dies bedeutet, dass die Erfüllung der Mindestreserveverpflichtungen bestimmt wird auf Grundlage des Durchschnitts der täglichen Salden auf den Reservekonten der Vertragspartner über eine Erfüllungsperiode von einem Monat. Die Fähigkeit der Geschäftsbanken, ihre Kassenhaltung innerhalb einer Erfüllungsperiode zu glätten, trägt entscheidend dazu bei, die Auswirkungen täglicher Schwankungen von Angebot und Nachfrage auf dem Geldmarkt, die sich jenseits der Kontrolle der Zentralbank befinden, auf die Geldmarkt-Zinssätze tendenziell auszugleichen.

Um sicherzustellen, dass das Mindestreservesystem weder eine Belastung für das Bankensystem darstellt, noch eine effiziente Allokation der Ressourcen verhindert, bieten einige Zentralbanken eine *Verzinsung der Mindestreservehaltung* der Geschäftsbanken. Zum Beispiel entspricht diese in der Eurozone der Verzinsung der marginalen Zuteilung (gewichtet gemäß der Zahl der Kalendertage) der Hauptrefinanzierungsgeschäfte im Durchschnitt einer Erfüllungsperiode. Da sich die marginalen Tender-Sätze im Allgemeinen sehr nah am kurzfristigen Geldmarktzins bewegen, werden die erforderlichen Mindestreserven in der Eurozone marktnah verzinst.

In der Regel streben Banken als Gewinnmaximierer eine minimale Basisgeldhaltung an. Abb. 24.18a zeigt die Haltung von Überschussreserven der monetären Finanzinstitute. Dabei handelt es sich um die laufenden Einlagesalden von Basisgeld über die Mindestreserveverpflichtung hinaus in der Eurozone von Februar 1999 bis Januar 2008 (Monatsdurchschnitte). Abb. 24.18b weist die Überschussreserven in Prozent der Mindestreserven aus, die im Durchschnitt der Periode von 2001 bis 2008 allerdings nicht mehr als 0,5 % betrugen.

Abb. 24.19 veranschaulicht die tägliche Haltung von Basisgeld durch monetäre Finanzinstitutionen in der Eurozone von Januar 2007 bis Januar 2008. Bis zum Beginn der internationalen Finanz- und Wirtschaftskrise, die im August 2007 ihren Anfang nahm, waren die laufenden Einlagen der Geschäftsbanken bei der EZB sehr nah an die Mindestreserveverpflichtungen angenähert. In der Periode starker Finanzmarktunruhen hingegen begann diese Einlagehaltung stark zu schwanken – getrieben durch signifikante Änderungen der Nachfrage nach und des Angebots an Basisgeld.

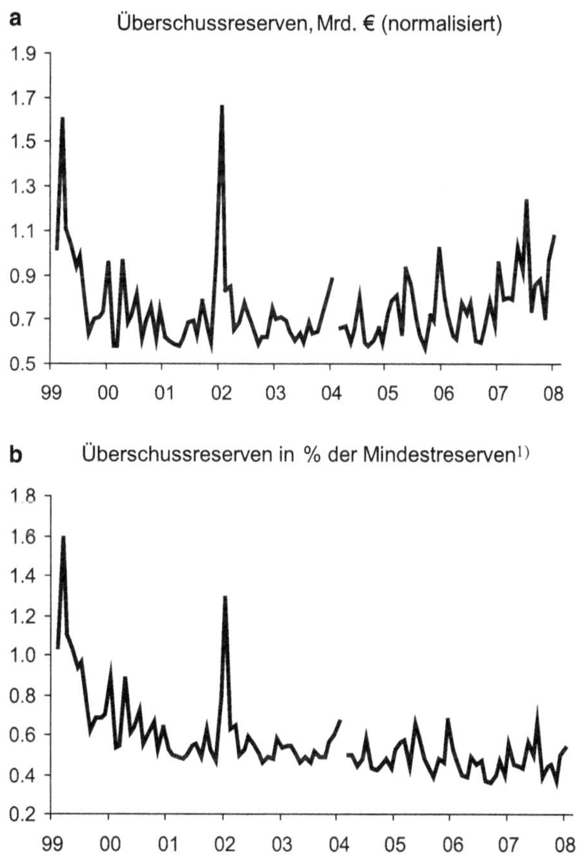

Abb. 24.18 Haltung von Basisgeld in der Eurozone (Monatsdurchschnitt). *1* Laufende Einlagesalden minus Mindestreserven. (Quelle: EZB, eigene Berechnungen)

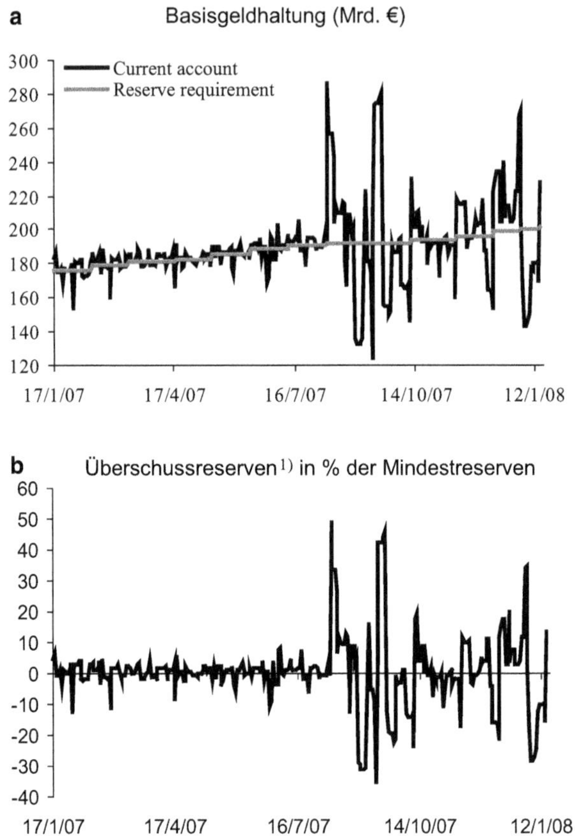

Abb. 24.19 Haltung von Basisgeld in der Eurozone (Tagesbasis). *1* Laufende Einlagesalden minus Mindestreserven. (Quelle: EZB, eigene Berechnungen)

24.2.9.2 Ad (ii): Bargeldabfluss

Jedoch wird die Nachfrage nach Basisgeld nicht nur durch die Mindestreserven bestimmt, sondern auch durch den so genannten *Bargeldabfluss* („Cash drain"). Tab. 24.1 liefert eine Übersicht über die empirischen Bargeldhaltungskoeffizienten in verschiedenen Ländern sowohl in Prozent des BIP als auch in Prozent des eng definierten Geldbestands. Zu Illustrationszwecken wird der Zeitraum von 1997 bis 2001 betrachtet. Demnach unterscheidet sich das Ausmaß, in welchem Wirtschaftssubjekte Zentralbankgeld halten, deutlich über unterschiedliche Länder hinweg. Zusätzlich weist es von Jahr zu Jahr merkliche Variabilität auf.

In den USA z. B. fiel der Geldmengenbestand im Verhältnis zum nominalen BIP seit den späten 1950er-Jahren – mit Ausnahme der Periode bis zur ersten Hälfte der 90er-Jahre (Abb. 24.20). *Finanzmarktinnovationen* könnten die Wirtschaftssubjekte dazu veranlasst haben, über die Jahre hinweg weniger Zahlungsmittel relativ zu ihren Einkommen zu halten. Der Bargeldumlauf in Prozent des BIPs fiel bis in die frühen 80er-Jahre, stieg bis 2003 wieder an, nur um danach weiter zu fallen. Dieser Befund könnte die Verringerung

Tab. 24.1 Banknoten und Münzen im Umlauf. (Quelle: Bank für Internationalen Zahlungsausgleich (2003), Tabelle 1)

	'97	'98	'99	'00	'01	'97	'98	'99	'00	'01
	I. In % von BIP					II. In % von eng definiertem Geld				
Belgien	5,0	4,8	5,1	4,8	2,8	26,5	23,8	20,4	19,3	11,8
Kanada	3,4	3,5	3,8	3,3	3,5	14,2	14,5	15,6	13,7	13,0
Frankreich	3,3	3,2	3,3	3,1	2,0	13,1	12,9	12,7	11,9	7,4
Deutschland	6,7	6,4	6,6	6,2	3,3	27,1	24,1	23,5	21,9	11,3
Hong Kong	6,1	6,4	8,1	7,2	7,9	42,8	45,5	48,5	45,0	44,2
Italien	5,4	5,5	5,9	6,0	4,7	16,1	16,1	14,4	14,3	11,3
Japan	10,1	10,5	11,7	12,1	13,1	25,8	25,3	24,8	25,0	23,7
Niederlande	5,3	4,8	4,6	4,2	2,1	15,7	14,1	12,8	11,4	5,7
Singapur	7,6	7,4	8,0	7,1	7,7	38,9	37,2	36,4	33,9	32,9
Schweden	4,1	4,1	4,3	4,3	4,5	...	...	...	...	...
Schweiz	7,8	7,9	8,2	7,9	8,7	15,6	15,5	15,3	15,8	16,7
Großbritannien	3,0	3,0	3,1	3,2	3,3	5,0	5,0	5,0	5,0	5,0
USA	5,1	5,3	5,6	5,4	5,8	39,0	41,4	45,4	48,1	48,6
CPSS	5,9	6,4	6,8	6,5	6,2	23,3	23,1	23,6	23,7	21,9

Konvertiert auf Endjahreswechselkurse.
CPSS repräsentiert den Durchschnitt der Länder, deren Daten nicht verfügbar sind.

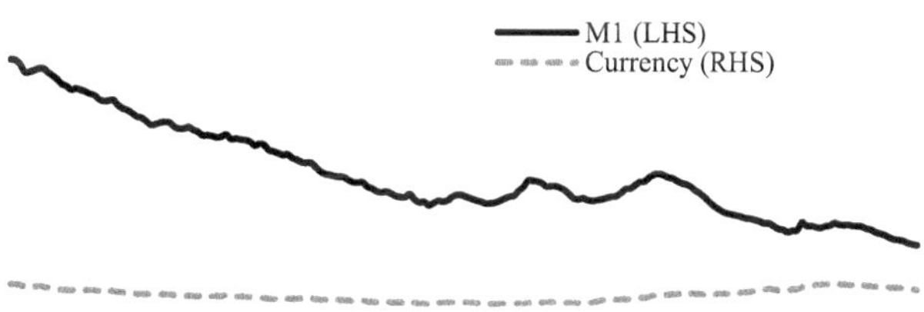

Abb. 24.20 US-Zahlungsmittel in Prozent des nominalen BIP. (Quelle: US Federal Reserve Bank von St. Louis, eigene Berechnungen. Periode: 1959-Q1 bis 2007-Q4)

der Verbraucherpreisinflation seit den frühen 1980ern und auch Änderungen der Nachfrage nach im Ausland gehaltener US-Währung widerspiegeln, denn hierdurch verringerten sich die Opportunitätskosten der Bargeldhaltung (Porter und Judson 1996).

24.2.9.3 Ad (iii): Zentralbankgeld-Salden

Eine weitere Determinante der Nachfrage nach Basisgeld sind die so genannten „Working balances". Geschäftsbanken fragen Zentralbankgeld-Salden („Working balances") für Zwecke des Inter-Banken-Zahlungsverkehrs, also des Zahlungsverkehrs zwischen Geschäftsbanken, nach (BIS 2003). Während Nichtbanken den Ausgleich von Forderungen und Verbindlichkeiten üblicherweise durch Transfers von Geschäftsbankengeld herbeiführen, werden Inter-Bank-Zahlungen durch Transfers von bei der Zentralbank gehaltenen Einlagen unter Geschäftsbanken durchgeführt (siehe das Beispiel in Abb. 24.21).

Forderungen	Bilanz der Zentralbank		Verbindlichkeiten
Wertpapiere	100	Sichteinlagen (Bank 1)	100
			–100
		Sichteinlagen (Bank 2)	+100
	100		100

Forderungen	Bilanz der Bank 1		Verbindlichkeiten
Einlage bei Zentralbank	100	Sichteinlagen (Nichtbank A)	100
	–100		–100
	0		0

Forderungen	Bilanz der Bank 1		Verbindlichkeiten
Einlage bei Zentralbank	+100	Sichteinlagen (Nichtbank B)	+100
	100		100

Abb. 24.21 Einlagentransfers unter Geschäftsbanken

Offizielle Zinssätze der Zentralbanken

Die Zentralbank ist der Monopolanbieter von Zentralbankgeld. Gleichzeitig kann sie durch die Auferlegung von Mindestreserveverpflichtungen ausüben einen dominierenden Einfluss auf die Nachfrage nach Zentralbankgeld ausüben. Im Ergebnis kann die Zentralbank die Liquiditätssituation im Markt für Zentralbankgeld (der üblicherweise Geldmarkt genannt wird) vergleichsweise gut kontrollieren und die Bedingungen am Geldmarkt gezielt beeinflussen.

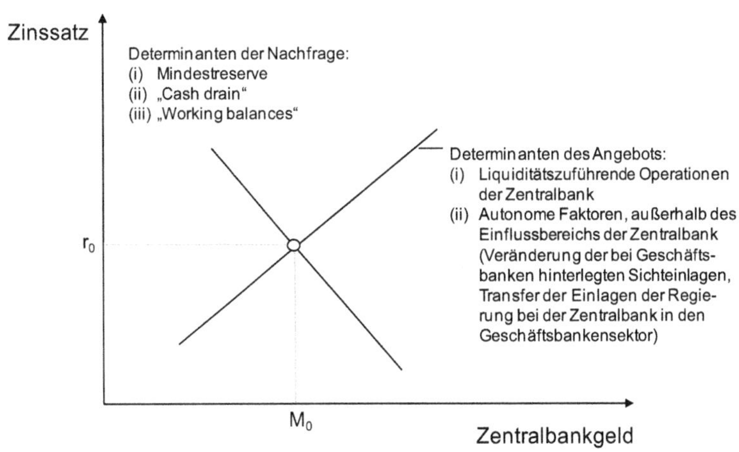

Abb. 24.22 Angebot und Nachfrage nach Zentralbankgeld

Tab. 24.2 Ausgewählte internationale offizielle Zinssätze. (Quelle: Verschiedene Zentralbanken)

Zentralbank	Offizieller Zinssatz	Typ
US Federal Reserve	Federal Funds Rate	Rate charged to depository institutions on an *overnight* sale von immediately available funds (balances at the Federal Reserve) to another depository institution
	Federal Funds Target Rate	Federal Funds Rate set by the US Federal Reserve
	Discount rate	Rate charged to commercial banks and other deposity institutions on (*overnight*) loans they receive from their regional Fed's lending facility (*discount window*), of which there are three types: primary credit, secondary credit, und seasonal credit, each with its own interest rate. All discount window loans are fully secured
Bank of Japan[a]	Uncollateralized overnight call rate	In recent years, the Bank of Japan has targeted a specific level of the uncollateralized overnight call rate, with open market operations aimed at increasing the provision of funds when the overnight call rate is above target, and at decreasing the provision of funds when the overnight call rate is below target. The funds whose provision the Bank modifies in its day-to-day open market operations are the current account balances that private financial institutions hold at the central bank
Europäische Zentralbank	Main refinancing rate	Rate of regular open market operation with counterparties in the form of a reverse transaction using weekly standard tenders
	Marginal lending facility rate	Rate at which counterparties may receive *overnight* credit from a national central bank; usually 50 bp higher than main refinancing rate
	Deposit facility rate	Rate at which counterparties may make *overnight deposits* at a national central bank; usually 50 bp lower than main refinancing rate
Bank of England	Bank's offiziell (repo) rate	Rate charged to commercial banks borrowing funds (via repo transactions) from the Bank of England
	Standing lending facility rate	Rate at which counterparties can *borrow overnight funds* from the Bank of England. Usually the rate is set at a 100 bp spread over the Bank's official rate. On the final day von the Reserve maintenance period the rate is 25 bp above the Bank's official rate
	Standing deposit facility rate	Rate at which counterparties can make overnight deposits with the Bank of England. The rate is set 100 bp below the Bank's official rate. On the final day of the maintenance period, the rate on the standing deposit facility is 25 bp below the Bank's official rate

Tab. 24.2 (Fortsetzung)

Zentralbank	Offizieller Zinssatz	Typ
Bank of Canada[b]	Target for the Overnight Rate	Rate at which major financial institutions borrow and lend one-day funds among themselves in the Large Value Transfer System (LVS). It has an *operating band*, which is 0,5 percentage point wide, with the target for the Overnight Rate at its centre
	Bank Rate	The Bank Rate is always at the top end of the operating band. The upper and lower limits of the operating band are the rates at which the Bank von Canada will, respectively, loan one-day funds to financial institutions that operate in the LVTS, or pay interest on one-day funds deposited at the Bank by financial institutions
Swedish Riksbank	Repo rate	The rate that banks receive or pay when depositing or borrowing funds at the Riksbank for a period of seven days
	Lending rate	*Overnight* rate of interest paid by banks on money borrowed from the Riksbank
	Deposit rate	*Overnight* rate of interest paid by the Riksbank on money held in accounts with banks
Swiss National Bank[c]	3-months Libor target rate	Money market rate (with a bandwidth of ± 100 bp) that is steered/targeted by open market (repo) operations
	Repo rate	Rate of (weekly) repurchase operations with commercial banks, through which the Swiss National Bank seeks to affect the 3-months Libor target rate

[a] Seit September 2000.
[b] Seit Oktober 2000.
[c] Stand: März 2006.

Zusätzlich zur Steuerung der Zinssätze durch das Management von Liquidität kann die Zentralbank dem Geldmarkt auch die Ausrichtung ihrer Geldpolitik *signalisieren* (vgl. Abb. 24.22). Dies geschieht üblicherweise durch eine Veränderung der Bedingungen, unter denen die Zentralbank gewillt ist, in Transaktionen mit den Geschäftsbanken einzutreten. Bei ihren Geschäften zielt die Zentralbank auch darauf ab, ein ordentliches Funktionieren des Geldmarkts sicherzustellen und Kreditinstitute dabei zu unterstützen, ihre Liquiditätsbedürfnisse in einer möglichst friktionslosen Weise zu befriedigen. Dies wird dadurch erreicht, dass den Kreditinstituten eine regelmäßige Refinanzierung zukommt und ihnen gleichzeitig die Möglichkeit gegeben wird, mit Tages-Endsalden zu handeln und vorübergehende Liquiditätsschwankungen zu puffern.

Praktisch alle bedeutenden Zentralbanken haben eine Art kurzfristigen Zinssatz als ihr operationales Ziel der Geldpolitik definiert. In vielen Fällen wird das operationale Ziel durch einen „Über Nacht"-Zinssatz repräsentiert, der den Banken in Rechnung gestellt wird, die „Über Nacht" von der Zentralbank leihen. „Über Nacht" bedeutet in diesem

Zusammenhang „sehr kurzfristig". Dadurch, dass sie einen dominanten Einfluss auf den „Über Nacht"-Zinssatz ausübt, ist die Zentralbank üblicherweise in der Lage, die Zinssätze für Kredittransaktionen mit einer längeren Laufzeit, sagen wir von einem Monat, drei Monaten oder mehr, zu beeinflussen. Tab. 24.2 liefert eine Übersicht über verschiedene offizielle Zentralbank-Zinssätze.

24.2.9.4 Steuerung von Zinssätzen – Kurze versus lange Frist

In der Regel neigen die meisten Zentralbanken dazu, sich eher auf *kurzfristige* („über Nacht") Zinssätze als auf langfristige Zinssätze zu fokussieren, wenn sie ihre Geldpolitik implementieren. Der Grund hierfür besteht darin, dass ein Anpeilen („Targeting") langfristiger Zinsen zu einer *Anomalie* in der Zeitreihe der Kurzfristzinsen und somit auch der Zinsstrukturkurve führen würde.[8]

Um dies zu zeigen, betrachten wir den Fall, in dem eine Zentralbank den 90-Tages-Geldmarktzins (d. h. ungefähr den 3-Monats-Zins) als Zielgröße verwendet. Wir nehmen an, dass die Zentralbank ihre Zinspolitik ausschließlich in vorhersehbarer Weise ändert und somit die Marktzinsen mit einem vergleichsweise hohen Grad an Präzision in der Nähe ihres Zielniveaus hält. Zusätzlich nehmen wir an, dass die Zentralbank am Tage τ erwartungsgemäß ihren mittelfristigen 90-Tages-Zinssatz vom laufenden Niveau von 5 % auf 4 % verringert. Was wäre zumindest in der Theorie die Konsequenz hieraus für den „Über-Nacht"-Zins am Tage τ, wenn die *Erwartungshypothese* der zeitlichen *Zinsstruktur* gilt?

Die 90-Tage-Horizonte zum Tage $\tau - 1$ und zum Tage τ überlappen sich offensichtlich genau um 89 Tage. Die *Erwartungshypothese* der Zinsstruktur in einer vereinfachten linearen Form besagt, dass:

$$i_{90,t} = \sum_{j=0}^{89} i_{1,t+j}/90,$$

wobei $i_{90,t}$ der 90-Tages-Zinssatz und $i_{1,t}$ der Über-Nacht-Zins zum Tage t ist. Die Differenz des 90-Tages-Zinses zwischen $\tau - 1$ und τ kann in Über-Nacht-Zinsen ausgedrückt werden durch den Über-Nacht-Zins am Tage $\tau - 1$ (der nicht in der Formel für τ enthalten ist) und den Über-Nacht-Zins am Tage $\tau + 89$ (der wiederum nicht in der Berechnung für

[8] Als *Zinsstruktur* oder Zinsspread bezeichnet man das Verhältnis verschiedener Zinssätze zueinander. Bei der zeitlichen Zinsstruktur steht die Abhängigkeit des Zinssatzes von der Bindungsdauer einer Anlage (verzinsliches Wertpapier) im Vordergrund. Typischerweise erhält ein Anleger für Geld, das für einen *langfristigen* Zeitraum fest angelegt wird, einen *höheren* Zinssatz als für *kurzfristig* angelegtes Geld. Der Zinssatz steigt also mit der Bindungsdauer. Eine solche Zinsstruktur wird folglich als ansteigend bzw. *normal* bezeichnet.
Seltener tritt in der Realität die *inverse* (fallende) *Zinsstruktur* auf, wenn für langlaufende Titel (wie Anleihen) ein geringerer Zinsen bezahlt wird als für kurzfristige Titel. Werden steigende Zinsen am Markt erwartet, so investieren die Anleger vorzugsweise in „Kurzläufer", d. h. die Nachfrage am so genannten kurzen Ende der Zinskurve steigt. Dies schmälert folglich die Renditen für Titel kurzer Laufzeit und die Zinskurve wird steiler. Es stellt sich wieder die *normale Zinsstruktur* ein.

$\tau - 1$ berücksichtigt wird), sodass gilt:

$$i_{1,\tau-1} - i_{1,\tau+89} = (i_{90,\tau-1} - i_{90,\tau})90.$$

Wenn $i_{1,\tau+89} = 4\,\%$, würde dies $i_{1,\tau-1} = 94\,\%$ implizieren, was in der Tat eine Anomalie darstellen würde. Das Ergebnis würde einen *starken Anstieg des Über-Nacht-Zinses* nahe legen, obwohl das Niveau der Zinsen eigentlich verringert wurde.

Nun betrachten wir den Fall, in dem die Zentralbank bis zur Periode $\tau - 1$ einen Über-Nacht-Zins von 5 % anstrebt, und dann, am Tage τ, ihren kurzfristigen Zins auf 4 % herabsetzt. Der 90-Tages-Zins würde dann einfach am Tag $\tau - 89$ von 5 % auf ungefähr 4,99 % fallen und würde dann an jedem der Folgetage um einen Basispunkt fallen. Die Anpassung des Langfristzinses findet folglich in einer kontinuierlichen Weise statt, falls statt des 3-Monats-Zinses der *Über-Nacht-Zins* das *Zinsziel* darstellt und in vorhersehbarer Weise geändert wird.

24.2.10 Exogenes versus endogenes Geldangebot

24.2.10.1 Das theoretische Problem

Makroökonomische Modelle des Mainstreams – basierend auf dem keynesianischen IS-LM-AS-Rahmen zur Beschreibung der kurzen Frist und dem klassisch/neoklassischen Modell für die Abbildung der langen Frist – nehmen an, dass die Geldmenge durch die Zentralbank *exogen* bestimmt wird. Im Gegensatz dazu argumentieren (post-)keynesianische und eine so genannte heterodoxe Schule von Ökonomen, dass das Geldangebot, einschließlich der Geldbasis, *endogen* ist (Kaldor und Trevithick 1981; Kaldor 1982; Lavoie 1984; Moore 1988, 1989; Arestis und Sawyer 2002). Diese Autoren vertreten die These, dass Geld in der Tat *die Konsequenz und nicht die Ursache* ökonomischer Aktivität ist.[9]

In der Tat scheint diese Sicht auf den ersten Blick die gegenwärtige Praxis des Verhaltens von Zentralbanken auf Geldmärkten gut zu beschreiben. Die meisten Zentralbanken fixieren einen Zinssatz und akkommodieren die Nachfrage nach „high-powered money"; dann folgt natürlich, dass das Geldangebot ein Resultat und nicht die Ursache von Änderungen des nominalen Einkommens ist, und dass es in Relation zu Preisen und Output variiert (Kaldor und Trevithick 1981).

Im Prinzip wird die Akkomodierungs-Sicht eines endogenen Geldangebots durch die so genannten Strukturalisten bestätigt. Im Gegensatz zur ersteren jedoch argumentieren

[9] Heterodoxe Ökonomen gehen davon aus, dass das Gewinnmotiv gerade derjenigen, die Finanzinnovationen hervorbringen, bei der Geldschöpfung durch das Bankensystem eine Rolle spielt. In einem Überblicksbeitrag über endogenes Geld („Strukturalisten versus Horizontalisten") argumentiert Wray (2007) auch entsprechen, dass der Einfluss der Zentralbank auf die Geldmenge nur indirekt und unvorhersehbar sei und deshalb für Makroökonomen nur von geringem Interesse sein sollte.

Letztere, dass die Kreditangebotskurve der Banken gegen the Zinssatz auf der Ordinate positiv geneigt sei, d. h. nicht horizontal verlaufe (Pollin 1991; Palley 1994).[10] Weiter wird ausgeführt, dass Zentralbanken bei einem Geldangebotsmonopol durchaus das Geldangebot einschränken können, sodass eine vollständige Akkomodierung unrealistisch erscheine, und dass ein Anstieg der Bankkredit- und Geldschöpfung letztlich durch höhere Zinssätze begleitet würde (Palley 1994).

Normativ gesehen, stellen postkeynesianische Ansätze die monetaristische These, dass (ungewollte) ökonomische Fluktuationen das Produkt fehlgeleiteter monetärer Kontrolle durch Zentralbanken ist, in Frage. Sie bezweifeln auch die Effektivität monetaristischer Politik – d. h. das „Targeting" monetärer Aggregate. Stattdessen empfehlen Vertreter dieser Denkschule eine *Zinssteuerung* und regulatorische Kontrollen wie Asset-basierte Reserveverpflichtungen, die quasi-automatisch die Fähigkeit des Finanzsektors beschränken, seine Kreditvergabe auszudehnen.[11]

Ist somit der Bestand an Geldangebot *endogen* oder *exogen*? Es erscheint zweckmäßig, diese Frage im Lichte des gegenwärtig vorherrschenden geldpolitischen Regimes zu beantworten. Hierin ist der Geldbestand einer Volkswirtschaft unter dem heutigen staatlich kontrollierten Geldangebotsmonopol nach allem Dafürhalten *exogen*. Ausschließlich die Zentralbank hat die Macht und Fähigkeit den Geldbestand in den Händen der Öffentlichkeit zu bestimmen. Es mag zwar kurz- bis mittelfristige Kontrollprobleme geben, die Geschäftsbanken aber müssen sich bei ihrer zusätzlichen Giralgeld- (d. h. Buchgeld-)schöpfung immer im Rahmen dessen bewegen, was die Zentralbank an Geldbasis vorgibt. Nur unter einem monetären Regime, das *freien Marktkräften* ausgesetzt ist, würde sich der Geldmengenbestand als *endogen* herausstellen.

24.3 Geldmengenaggregate

Im Prinzip umfasst der Geldbestand einer Volkswirtschaft sämtliche Vermögenswerte, welche die Funktion von Geld erfüllen können. In der Praxis werden jedoch verschiedene (ungewichtete Summen-)Aggregationen von Zahlungsmitteln und ausgewählter Verbindlichkeiten des Bankensektors (und manchmal sogar verschiedene andere Finanz-Vermö-

[10] Davidson (1988) verbindet ein exogenes Geldangebot mit einer vollständig unelastischen Geldangebotsfunktion und ein endogenes Geldangebot mit einer weniger als vollständig elastischen Geldangebotsfunktion. Vgl. in diesem Kontext auch Davidson (1989) und Goodhart (1989).

[11] Was ist dann mit dem offiziellen Zinssatz der Zentralbank? Für die meisten Mainstream-Ökonomen, basiert die Reaktionsfunktion der Zentralbank, soweit sie als eine *Taylor-Regel* (Taylor 1993; Belke und Polleit 2009, S. 716 ff.) modelliert wird, auf einer Zielrate der Inflation und einer Zielrate des Outputwachstums. Aber sobald diese Ziele fixiert worden sind, werden die realisierte Inflationsrate und das Wirtschaftswachstum zu den dominierenden exogenen Variablen in der Reaktionsfunktion der Zentralbank. Man könnte sagen, dass die einzige Autonomie, die der Zentralbank gestattet wird, die Entscheidung über das Timing von Änderungen des Zinssatzes ist.

genswerte wie z. B. Geldmarktfonds) als *monetäre Aggregate* bezeichnet. Dabei unterscheiden sich die Definitionen dieser monetären Aggregate von Land zu Land.

24.3.1 Internationale Definitionen von Geldmengenaggregaten

24.3.1.1 Vereinigte Staaten von Amerika

Die Federal Reserve publiziert wöchentliche und monatliche Daten zu *drei Maßen des Geldangebots* – M1, M2, und (bis Februar 2006) M3 – genauso wie Daten über die gesamte Menge an Verschuldung des Nicht-Finanzsektors der US-Volkswirtschaft (siehe Tab. 24.3). Die Geldangebotsmaße reflektieren die unterschiedlichen Grade der Liquidität, die unterschiedliche Typen von Bankverbindlichkeiten aufweisen.

Das *engste Maß*, M1, ist auf die liquidesten Formen von Geld beschränkt. *M2 schließt M1 mit ein*, aber berücksichtigt zusätzlich Spareinlagen, Termineinlagen von unter US$ 100.000, und „Retail money market mutual funds". *M3 schließt M2 mit ein*, genauso wie Termineinlagen höherer Wertigkeit (US$ 100.000 oder mehr), Salden von „Institutional money funds", Rückkaufs-Verbindlichkeiten ausgegeben durch Finanzinstitute (Banken, Sparkassen etc.) und Eurodollars, die von US-Bürgern bei ausländischen Töchtern von US Banken und bei allen Banken in Großbritannien und Kanada gehalten werden.

William Poole (1991) schuf erstmals den Ausdruck *MZM*, als er ein Maß für Geld vorschlug, das *alle monetären Instrumente mit einer Restlaufzeit von Null* umfasst (Carlson und Keen 1996). Die in MZM berücksichtigten Vermögenswerte sind grundsätzlich auf Nachfrage zum Gleichgewichtswert erstattbar. Dies gilt sowohl für die Instrumente, die direkt an dritte Parteien transferierbar sind und solche, für die dies nicht gilt (vgl. ausführlich Belke und Polleit 2009, S. 58 ff.). Dieses Konzept schließt alle Wertpapiere aus, die dem Risiko eines Kapitalverlustes ausgesetzt sind, und Termineinlagen, die bestimmte Sanktionen für eine vorzeitige Einlösung auferlegen. Motley (1988) hat schon früher ein ähnliches Maß vorgeschlagen. Er nannte es „Non-term M3". Zusammengefasst enthält MZM alle Gattungen von Finanzinstrumenten, die bereits Transaktionskasse darstellen oder leicht in Transaktionskasse ohne Sanktionen oder Risko eines Kapitalverlustes umgewandelt werden können.

24.3.1.2 Eurozone

In der Eurozone der gegenwärtig neunzehn Länder hat das Eurosystem ein *enges Aggregat* (M1), ein *dazwischen liegendes Aggregat* (M2) und ein *weites Aggregat* (M3) definiert. Diese Aggregate, publiziert auf einer monatlichen Basis, unterscheiden sich im Hinblick auf den *Geldgrad* („Moneyness") der berücksichtigen Vermögenswerte. Tab. 24.4 führt die Definitionen der Eurozone monetären Aggregate auf – unter Verwendung der Definition der Verbindlichkeiten nach Maßgabe der *Monetären Finanzinstitute* (MFI) und der

Tab. 24.3 Geldmengenaggregate in den USA. (Quelle: Federal Reserve Bank von St. Louis. Monetary Trends)

Indikator	Definition
Adjusted Monetary Base	The sum of currency in circulation outside Federal Reserve Banks and the U.S. Treasury, deposits of depository financial institutions at Federal Reserve Banks, and an adjustment for the effects of changes in statutory reserve requirements on the quantity of base money held by depositories[a]
Adjusted Reserves	The sum of vault cash and Federal Reserve Bank deposits held by depository institutions and an adjustment for the effects of changes in statutory reserve requirements on the quantity of base money held by depositories. This spliced chain index is numerically larger than the Board of Governors' measure, which excludes vault cash not used to satisfy statutory reserve requirements and Federal Reserve Bank deposits used to satisfy required clearing balance contracts[b]
M1	The sum of currency held outside the vaults of depository institutions, Federal Reserve Banks, and the U.S. Treasury; travelers checks; and demand and other checkable deposits issued by financial institutions (except demand deposits due to the Treasury and depository institutions), minus cash items in process of collection and Federal Reserve float
MZM	M2 minus small-denomination time deposits, plus institutional money market mutual funds (that is, those included in M3 but excluded from M2).1 The label MZM was coined by William Poole (1991); the aggregate itself was proposed earlier by Motley (1988)
M2	M1 plus savings deposits (including money market deposit accounts) and small-denomination (under $ 100.000) time deposits issued by financial institutions; and shares in retail money market mutual funds (funds with initial investments under $ 50.000), net of retirement accounts
M3	M2 plus large-denomination ($ 100.000 or more) time deposits; repurchase agreements issued by depository institutions; Eurodollar deposits, specifically, dollar-denominated deposits due to nonbank US addresses held at foreign offices of U.S. banks worldwide and all banking offices in Canada and the United Kingdom; and institutional money market mutual funds(funds with initial investment of $ 50.000 or more)

[a] Diese Zeitreihe ist ein gespleißter/verbundener Kettenindex; siehe Anderson und Rasche (1996a, 1996b, 2001; Anderson et al. 2003).

[b] Anderson und Rasche (1996a, 2001), Anderson et al. (2003).

Organisationen, die zum zentralstaatlichen Sektor gehören (Postämter, Finanzministerien, Schatzämter).[12]

Diese Aggregate beinhalten nur Positionen von Ansässigen in der Eurozone, die bei den in der Eurozone angesiedelten MFIs gehalten werden. Von Eurozonenansässigen gehaltene liquide Vermögenswerte, die in ausländischer Währung denominiert sind, können aber

[12] Als *Monetäre Finanzinstitute* (MFIs) gelten nach EZB-Definition alle Institute, die vom Publikum Einlagen oder den Einlagen nahestehende Substitute (z. B. durch Emission von Wertpapieren) entgegennehmen und Kredite (auch in Form des Wertpapierkaufs) auf eigene Rechnung gewähren.

Tab. 24.4 Geldmengenaggregate in der Eurozone. (Quelle: ECB 1999, S. 35)

Verbindlichkeiten[a]	M1	M2	M3
Bargeldumlauf	X	X	X
Täglich fällige Einlagen	X	X	X
Einlagen mit vereinbarter Laufzeit von bis zu 2 Jahren		X	X
Einlagen mit vereinbarter Kündigungsfrist von bis zu 3 Monaten		X	X
Geschäfte mit Rückkaufsvereinbarung (Repogeschäfte)			X
Geldmarktfondsanteile und Geldmarktpapiere			X
Schuldverschreibungen bis zu 2 Jahren			X

[a] Verbindlichkeiten des Geldschöpfungssektors und Verbindlichkeiten der Zentralregierung mit monetärem Charakter in den Händen des Geldhaltungssektors. Spezifischer ausgedrückt definiert das Eurosystem seine Geldmengenaggregate wie folgt:
Die *eng gefasste Geldmenge* (M1) umfasst Bargeld, d. h. Banknoten und Münzen, sowie Guthaben, die ohne weiteres in Bargeld umgewandelt oder für bargeldlose Zahlungen eingesetzt werden können, also täglich fällige Einlagen.
Die *„mittlere" Geldmenge* (M2) umfasst neben der eng gefassten Geldmenge (M1) Einlagen mit einer Laufzeit von bis zu zwei Jahren sowie Einlagen mit vereinbarter Kündigungsfrist von bis zu drei Monaten. Je nach Geldgrad können solche Einlagen in Komponenten der eng gefassten Geldmenge umgewandelt werden; teilweise können sie jedoch Einschränkungen unterliegen, wie z. B. einer Kündigungsfrist, Verzögerungen, Strafzinsen oder Gebühren. In der Abgrenzung von M2 kommt der besondere Nutzen der Analyse und Beobachtung eines monetären Aggregats, das aus Bargeld und liquiden Einlagen besteht, zum Ausdruck.
Die *weit abgegrenzte Geldmenge* (M3) umfasst neben M2 vom MFI-Sektor ausgegebene marktfähige Instrumente. Zu diesem Aggregat zählen bestimmte Geldmarktinstrumente, insbesondere Geldmarktfondsanteile, Geldmarktpapiere und Repogeschäfte. Aufgrund des hohen Liquiditätsgrads und der Kurssicherheit dieser Instrumente handelt es sich bei ihnen um enge Substitute für Einlagen. Durch ihre Einbeziehung ist M3 von der Substitution zwischen verschiedenen Forderungskategorien weniger betroffen als engere Geldmengenabgrenzungen und erweist sich als stabiler.

enge Substitute für in Euro denominierte Vermögensgegenstände sein. Das Eurosystem hat deshalb letztlich beschlossen, solche Vermögenswerte in die monetären Aggregate mit einzubeziehen, wenn sie bei den in der Eurozone angesiedelten MFIs gehalten werden.

Abb. 24.23 weist die jährlichen Wachstumsraten der monetären Aggregate in der Eurozone seit den frühen 1980ern aus. Mit dem Beginn der Europäischen Währungsunion am 1. Januar 1999 hat die Europäische Zentralbank (EZB) *dem monetären Aggregat M3* eine *prominente Rolle* in ihrer geldpolitischen Strategie zur Bewahrung einer niedrigen und stabilen Inflationsrate gegeben. Tatsächlich hat der EZB-Rat entschieden, einen Referenzwert für die jährliche Wachstumsrate von M3 anzukündigen. Dieser wurde ursprünglich auf 4,5 %/a fixiert (ECB 1999). Die prominente Rolle von M3 in der EZB-Strategie fand

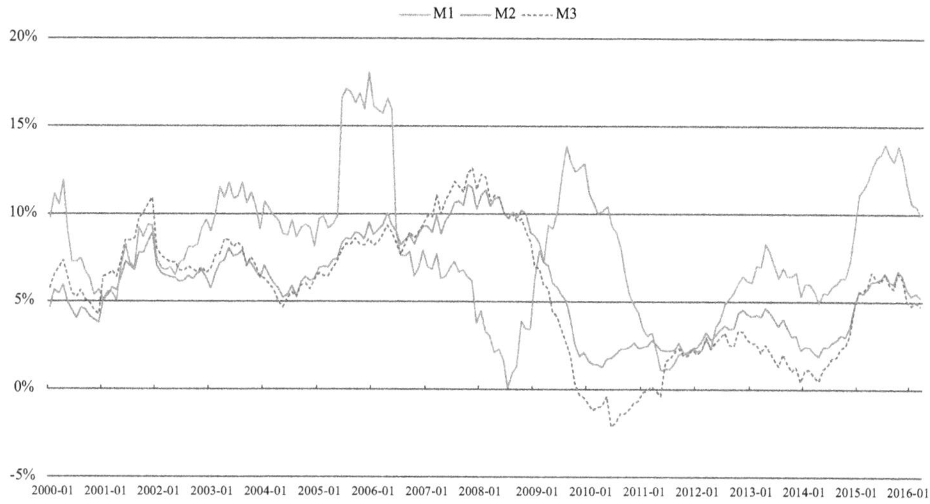

Abb. 24.23 Geldmengenaggregate – Wachstum in der Eurozone (% y/y). „y/y" steht für „year-on-year" und bezeichnet die Jahreswachstumsrate. (Quelle: EZB Daten; eigene Berechnungen. – Periode: Januar 2000 bis Januar 2016)

jedoch de facto mit der Strategierevision vom Mai 2003 ihr so plötzliches wie umstrittenes Ende (EZB 2003, S. 5, 8 ff.).[13]

Fragen

1. Nennen und erläutern Sie die unterschiedlichen Funktionen von Geld. Warum vereinfacht das Vorhandensein von Geld den Wirtschaftsablauf erheblich?
2. Beschreiben Sie den Vorgang der Geldschöpfung. Unterscheiden Sie dabei zwischen Zentralbank- und Geschäftsbankengeld.
3. Erläutern Sie die konsolidierten Bilanzen des Eurosystems und der Federal Reserve Banken.
4. Stellen Sie die unterschiedlichen Tenderverfahren der EZB dar. Verwenden Sie dazu auch geeignete Grafiken.
5. Was versteht man unter Mindestreservepflicht? Welche Rolle spielt dabei die Durchschnittserfüllung?
6. Welche verschiedenen Geldmengenaggregate gibt es in der Eurozone? Worin bestehen die Unterschiede und welchem Aggregat wurde von der EZB eine besondere Rolle zugewiesen?

[13] Die Geldmenge M3 wurde von einer mittelfristigen Informations- und Zielvariable der Geldpolitik auf eine bloße Variable für einen „Cross-check" herabgestuft.

Antworten

1. Zu den einzelnen Funktionen von Geld vergleichen Sie Abschn. 24.1. Dort finden Sie auch die Erläuterung, warum Geld zu einer Vereinfachung des Wirtschaftskreislaufes führt.
2. Der Prozess der Geldschöpfung und der Unterschied zwischen Zentralbank- und Geschäftsbankengeld werden im Abschn. 24.2 beschrieben.
3. Die konsolidierte Bilanz des Federal Reserve Systems ist in Abb. 24.3 in Abschn. 24.2 veranschaulicht. Für das Eurosystem finden Sie in Abb. 24.5 eine entsprechende Darstellung.
4. Die Tenderverfahren der EZB werden im Abschn. 24.2 erläutert. Abb. 24.16 stellt die entsprechenden Methoden grafisch dar.
5. Zur Bedeutung der Mindestreserve vergleichen Sie die Ausführungen im Abschn. 24.2. Dort finden Sie auch eine Definition dessen was unter Durchschnittserfüllung zu verstehen ist.
6. Die Geldmengenaggregate werden in Abschn. 24.3 behandelt.

Literatur

Anderson, R. G., & Rasche, R. H. (1996a). A revised measure of the St. Louis adjusted monetary base. *Federal Reserve Bank of St. Louis Review*, *78*(2), 3–13.

Anderson, R. G., & Rasche, R. H. (1996b). Measuring the adjusted monetary base in an era of financial change. *Federal Reserve Bank of St. Louis Review*, *78*(6), 3–37.

Anderson, R. G., & Rasche, R. H. (2001). Retail sweep programs and bank reserves, 1994–1999. *Federal Reserve Bank of St. Louis Review*, *83*(1), 51–72.

Anderson, R. G., Rasche, R. H., & Loesel, J. (2003). A reconstruction of the Federal Reserve Bank of St. Louis adjusted monetary base and reserves. *Federal Reserve Bank of St. Louis Review*, *85*(5), 39–70.

Arestis, P., & Sawyer, M. (2002). *Can monetary policy affect the real economy?, international conference on economic policies: perspectives from the Keynesian heterodoxy*. Dijon: Université de Bourgogne.

BIS (Bank for International Settlements) (2003). *Annual Report*. Basel.

Belke, A., & Polleit, T. (2009). *Monetary Economics in Globalised Financial Markets*. Berlin/Heidelberg: Springer.

Blenck, D., Hasko, H., Hilton, S., & Masaki, K. (2001). *The main features of the monetary policy frameworks of the Bank of Japan, the Federal Reserve and the Eurosystem*. BIS Papers, Bd. 9. Basel: Bank for International Settlements.

Carlson, J. B., & Keen, B. D. (1996). MZM: a monetary aggregate for the 1990s? *Economic Review Federal Reserve Bank of Cleveland*, *Q II*, 15–23.

Davidson, P. (1988). Endogenous money, the production process, and inflation analysis. *Economie Appliquee*, *XLI*(1), 151–169.

Davidson, P. (1989). On the endogeneity of money once more. *Journal of Post Keynesian Economics*, *XI*(3), 488–490.

ECB (1999). Euro area monetary aggregates and their role in the eurosystem's monetary policy strategy. *Monthly Bulletin*, 29–46.

EZB (2003). Monatsbericht Mai 2003.

ECB (2006). *The accumulation of foreign reserves*. Occasional Paper Series, Bd. 43. Frankfurt/Main: European Central Bank.

EZB (2008). *Durchführung der Geldpolitik im Euro-Währungsgebiet – Allgemeine Regelungen für die geldpolitischen Instrumente und Verfahren des Eurosystems*. Frankfurt/Main: Europäische Zentralbank.

EZB (2016). Weekly financial statements – 2016. https://www.ecb.europa.eu/press/pr/wfs/2016/html/fs160106.de.html. Zugegriffen: 01.03.2016.

Goodhart, C. A. E. (1989). Has Moore become too horizontal? *Journal of Post Keynesian Economics*, *12*(1), 29–34.

Harriss, C. L. (1961). *Money and banking*. Boston: ALLYN and BACON.

Kaldor, N. (1982). *The scourge of monetarism*. New York: Oxford University Press.

Kaldor, N., & Trevithick, J. A. (1981). A Keynesian perspective on money. *Lloyds Bank Review*, *139*, 1–19.

Lavoie, M. (1984). The endogenous flow of credit and the post Keynesian theory of money. *Journal of Economic Issues*, *XVIII*(3), 771–797.

von Mises, L. (1981). *The theory of money and credit*. Indianapolis: Liberty Fund.

Moore, B. J. (1988). *Horizontalists and verticalists*. Cambridge: Cambridge University Press.

Moore, B. J. (1989). A simple model of bank intermediation. *Journal of Post Keynesian Economics*, *12*(1), 10–28.

Motley, B. (1988). Should M2 Be Redefined? Federal Reserve Bank of San Francisco. Economic Review, Winter 1988, pp. 33–51.

Palley, T. I. (1994). Competing views of the money supply process. *Metroeconomica*, *45*(1), 397–403.

Pollin, R. (1991). Two theories of money supply endogeneity: Some empirical evidence. *Journal of Post Keynesian Economics*, *13*(3), 366–396.

Poole, W. (1991). Congressional testimony before the subcommittee on domestic monetary policy of the Committee on Banking. *Finance and Urban Affairs*.

Porter, R. D., & Judson, R. A. (1996). The location of U.S. currency: How much is abroad? *Federal Reserve Bulletin*, 883–903.

Taylor, J. B. (1993). Discretion versus policy rules in practice. *Carnegie-Rochester Conference Series on Public Policy*, *39*, 195–214.

Wray, R. (2007). *Endogenous money: Structuralist and horizontalist*. Levy Working Paper, Bd. 512. New York: The Levy Economics Institute of Bard College.

Geld- und Kreditnachfrage

25

Ansgar Belke und Ingo Bordon

Inhaltsverzeichnis

Lernziele

Das zweite Kapitel widmet sich der Geld- und Kreditnachfrage. Wenn Sie dieses Kapitel bearbeitet haben, können Sie:

- die unterschiedlichen Theorien der Geldnachfrage darstellen und die Unterschiede aufzeigen.
- beschreiben, was unter der Neutralität des Geldes zu verstehen ist.
- erläutern, warum Wirtschaftssubjekte nach der keynesianischen Geldnachfragetheorie entweder Geld oder Wertpapiere halten und was die Transaktions- bzw. Spekulationskasse beschreibt.

A. Belke (✉) · I. Bordon
Universität Duisburg-Essen
Essen, Deutschland
E-Mail: ansgar.belke@uni-due.de

I. Bordon
E-Mail: ingo.bordon@uni-due.de

R. Neubäumer et al. (Hrsg.), *Volkswirtschaftslehre*, DOI 10.1007/978-3-658-16523-9_25

- darstellen, wie Friedman die keynesianische Geldnachfragetheorie erweiterte.
- den Lagerhaltungs- und Portfolioansatz der Geldnachfrage veranschaulichen und erklären, warum im letzteren die Wirtschaftssubjekte sowohl Geld als auch Wertpapiere halten.

25.1 Klassische Geldnachfragetheorie

Die Quantitätstheorie des Geldes, findet als eine der ältesten ökonomischen Theorien ihren Ursprung in Beiträgen der spanischen Scholastiker der *Salamanca-Schule* in der Mitte des sechzehnten Jahrhunderts (de Soto 2006, S. 603). In seinem Buch „The Purchasing Power of Money" (1911), verlieh Fisher der Quantitätstheorie, abgeleitet von seinen Vordenkern der Klassik, ihre moderne Formulierung. Fishers Variante des Zusammenhangs, welche typischerweise als *Verkehrsgleichung* oder *Transaktionsansatz* bezeichnet wird, kann wie folgt formuliert werden:

$$M \cdot V_T = T \cdot P_T, \tag{25.1}$$

wobei M den Bestand an Geld, V_T die Umlaufgeschwindigkeit des Geldbestandes zur Finanzierung des Transaktionsvolumens, T, und P_T das Preisniveau darstellen.

Gemäß der neo-klassischen Annahmen – nämlich, dass die Volkswirtschaft ihre Kapazitäten voll auslaste und V konstant sei – würde das Preisniveau P sich proportional zu Änderungen der Geldmenge M *ändern*: Ein Anstieg (Sinken) des Geldbestandes in der Volkswirtschaft würde einen Anstieg (ein Sinken) des Preisniveaus zur Folge haben. In diesem theoretischen Rahmen *ist Geld neutral*, was seine Auswirkungen auf den Output betrifft. Änderungen von M beeinflussen P, aber haben keine Auswirkungen auf Y oder V.

Der Cambridge-Ansatz

Der *Cambridge-Ansatz* oder *„cash balance"-Ansatz* ist aufs Engste verbunden mit Arthur C. Pigou (1917) und Alfred Marshall (1923).[1] Er unterscheidet sich von Fishers Ansatz in dreierlei Hinsichten. *Erstens* ist der Cambridge-Ansatz als ein mikroökonomischer Ansatz zu charakterisieren, indem er eher die Entscheidung des einzelnen Individuums als ein tatsächliches Marktgleichgewicht beschreibt. Er wirft die Frage auf: welche Menge an Geld wünscht das einzelne Individuum zu halten – und zwar vor dem Hintergrund der Transaktionen, die es durchzuführen wünscht.

Der Cambridge-Ansatz entfernte sich mit seinem analytischen Fokus von einem Modell, in dem die Umlaufgeschwindigkeit des Geldes von Zahlungsvorgängen bestimmt wird, und betonte stattdessen die *Nachfrage der Marktakteure nach Geld* (Cuthbertson und

[1] Humphrey (2004) weist darauf hin, dass Marshall in seinem frühen Manuskript „Money" (1871) sowie in seinem Buch „Economics of Industry" (1879) der Quantitätstheorie, in der Tradition der Klassiker, ihre charakteristische „Cambridge cash-balance" Formulierung gab.

Barlow 1991, S. 16). *Zweitens* wird Geld nicht wie im Fisher-Ansatz nur als Tauschmittel zur Durchführung von Transaktionen gehalten, sondern auch als *Wertaufbewahrungsmittel*, das seinem Halter Nutzen beispielsweise in Form von Sicherheit und Zweckmäßigkeit bei seiner Verwendung stiftet. *Drittens* wird das Konzept der Geldnachfrage *deutlicher akzentuiert*, worauf weiter unten noch detaillierter einzugehen sein wird. Cambridge-Ökonomen unterstreichen die Bedeutung von *Vermögen* und *Zinssatz* in der Bestimmung der Geldnachfrage.

Um den Cambridge-Ansatz zu formalisieren, *nahm* Pigou *an*, dass sich für ein gegebenes Individuum das Niveau des Vermögens, das Volumen der Transaktionen und das Niveau des Einkommens – zumindest in einem kurzen Betrachtungszeitraum – in stabilen Verhältnissen zueinander entwickeln. Die nominale Nachfrage nach Geld, M_d, verhält sich dann ceteris paribus proportional zum nominalen Niveau des Transaktionsvolumens, PT:

$$M_d = kPT, \tag{25.2}$$

wobei k den Bargeldhaltungskoeffizienten repräsentiert. Letzterer ist einfach der Reziprokwert der Umlaufgeschwindigkeit des Geldes, d. h.: $V = 1/k$. Falls das Geldangebot M_s der Geldnachfrage M_d entspricht, gilt:

$$\begin{aligned} M_S &= M_d = kPT, \\ M &= \frac{1}{V}PT, \\ MV &= PT, \end{aligned} \tag{25.3}$$

wobei der letztgenannte Zusammenhang die bekannte *Verkehrsgleichung* darstellt.

Die Cambridge-Formulierung der Quantitäts-Theorie liefert eine Beschreibung des monetären Gleichgewichts innerhalb des neo-klassischen Modells unter Betonung der Geldnachfrage der Wirtschaftssubjekte, insbesondere auf die Nachfrage nach realer Kassenhaltung als einem wichtigen Faktor, der das gleichgewichtige Preisniveau konsistent bei einer gegebenen Geldmenge bestimmt. Den Schwerpunkt, den die Cambridge-Formulierung auf die Nachfrage nach Geld und implizit auch auf deren Determinanten wie z. B. die Zinssätze legt, hat in erheblichem Maße sowohl die keynesianische als auch die monetaristische Theorie beeinflusst.

Die Bedeutung von Vermögen im Transaktionsansatz

In den meisten empirischen Analysen wird die Umlaufgeschwindigkeit des Geldes auf der Grundlage des aktuellen Outputs oder des Bruttoinlandsprodukts (BIP) errechnet. Jedoch berücksichtigt dies nicht den *Vermögensbestand* der Volkswirtschaft (wie beispielsweise Anleihen, Aktien, Immobilien etc.). Um die Bedeutung des Vermögensbestandes einer Volkswirtschaft für die Umlaufgeschwindigkeit des Geldes zu unterstreichen, kann die Verkehrsgleichung (Gl. 25.1) wie folgt umgeschrieben werden:

$$M \cdot V_T = \left(Y^{\alpha} \cdot S^{1-\alpha}\right) \cdot \left(P_Y^{\beta} \cdot P_S^{1-\beta}\right), \tag{25.4}$$

wobei M den Bestand an Geld, V_T die Umlaufgeschwindigkeit des Geldbestandes, um das gesamte Transaktionsvolumen der Volkswirtschaft zu finanzieren, Y den realen Output und S den Bestand an (Finanz-)Vermögen repräsentiert, während P_Y und P_S das Preisniveau des realen Outputs und des (Finanz)Vermögens darstellen. $\alpha(1-\alpha)$ ist der Anteil des realen Outputs (der Finanzaktiva) am gesamten volkswirtschaftlichen Transaktionsvolumen und β stellt den Anteil des Outputs (der Finanzaktiva) am gesamten Preisniveau dar. Logarithmieren und Auflösen nach der *Umlaufgeschwindigkeit des Transaktionsvolumens* führt zu folgender Darstellung der Gl. 25.4:

$$v_T = \alpha \cdot y + (1-\alpha) \cdot s + \beta \cdot p_Y + (1-\beta) \cdot p_S - m. \tag{25.5}$$

In den meisten Analysen jedoch basiert die Transaktionsgleichung auf dem laufenden realen Output (d. h. dem BIP) statt auf dem vollständigen Transaktionsvolumen einer Volkswirtschaft:

$$M \cdot V_Y = Y \cdot P_Y, \tag{25.6}$$

oder nach Logarithmieren und Auflösen nach der Umlaufgeschwindigkeit

$$v_Y = y + p_y - m. \tag{25.7}$$

Gemäß dieser Darstellung ist die ursprüngliche *Einkommens-Umlaufgeschwindigkeit* des Geldes in logarithmierter Form negativ (positiv), falls das nominale Geldangebot größer (kleiner) ist als das Nominaleinkommen. Die *Differenz* zwischen der Umlaufgeschwindigkeit des Transaktionsvolumens und der Umlaufgeschwindigkeit des laufenden Einkommens beträgt:

$$v_T - v_y = (y - s) \cdot (\alpha - 1) + (p_Y - p_S) \cdot (\beta - 1). \tag{25.8}$$

Unter der Annahme, dass $0 < \alpha, \beta < 1$, was äquivalent ist mit $\alpha - 1, \beta - 1 < 0$, legt Gl. 25.8 nahe, dass die Transaktionsvolumens-Umlaufgeschwindigkeit des Geldes die Einkommens-Umlaufgeschwindigkeit des Geldes übersteigt, falls das Finanzvermögen den Output übersteigt ($y < s$) und/oder das Preisniveau des Finanzvermögens größer ist als das Preisniveau des laufenden Outputs ($p_Y < p_S$).

Zum Beispiel begann die Einkommens-Umlaufgeschwindigkeit der Geldmenge M3 in der Eurozone – nachdem sie einer mehr oder weniger stabilen linearen Verringerung seit den frühen 1980er-Jahren gehorchte – seit 2001 stärker zu fallen (Abb. 25.1). Dieser Befund könnte ein Indikator dafür sein, dass der Anstieg der Geldmenge M3 zunehmend eher das nominale Vermögen (wie z. B. Aktienkurse und Immobilienpreise) als das nominale Einkommen beeinflusst hat.

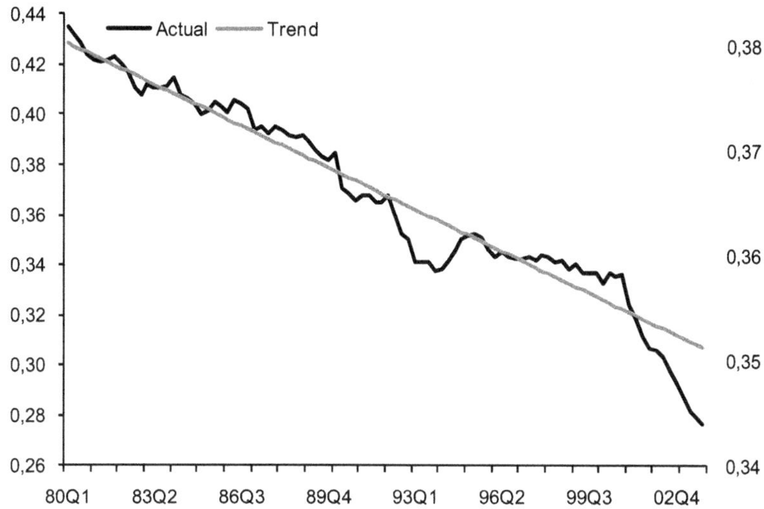

Abb. 25.1 Einkommens-Umlaufgeschwindigkeit von M3 in der Eurozone – Tatsächliche Realisation und Trend. Die Einkommens-Umlaufgeschwindigkeit von M3 wurde berechnet durch Division des nominalen BIPs durch den Bestand von M3. Periode: 1980-Q1 bis 2008-Q1. (Quelle: Thomson Financial, EZB; eigene Berechnungen)

25.2 Keynesianische Geldnachfragetheorie

Die keynesianische Theorie der Geldnachfrage (oder auch *Liquiditätspräferenz-Theorie*) richtet ihr Augenmerk auf die Motive, die Wirtschaftssubjekte zur Geldhaltung veranlassen. Konkreter: John Maynard Keynes (1936) unterschied zwischen der Nachfrage nach *Transaktionskasse* (einschließlich der Nachfrage nach *Vorsichtskasse*, L_T) und der Nachfrage nach *Spekulationskasse*, L_S:[2]

$$L_T = L_t(Y) = kY, \text{ mit } \partial L_T/\partial Y > 0 \text{ und} \tag{25.9}$$

$$L_S = L_S(r) = R - dr, \text{ mit } \partial L_S/\partial r < 0 \text{ und } \partial^2 L_S/\partial r^2 < 0, \tag{25.10}$$

wobei k = Kassenhaltungskoeffizient, Y = nominaler Output, R = autonome Spekulationskasse, d = Zinselastizität und r den repräsentativen Zinssatz darstellt.

Eine Kombination der Nachfrage nach Transaktionskasse (Gl. 25.9) und Spekulationskasse (Gl. 25.10) ergibt die *keynesianische Geldnachfrage*:

$$L = L_T + L_S = kY + L_S(r). \tag{25.11}$$

[2] „Money held for each of the three purposes forms, nevertheless a single pool, which the holder is under no necessity to segregate into three water-tight compartments; for they need not be sharply divided even in his own mind, and the same sum can be held primarily for one purpose and secondarily for another" (Keynes 1973, S. 195).

Im Gleichgewicht entspricht das Geldangebot, M, der Geldnachfrage, d. h. in realen Größen gilt, $M/P = L$. Ähnlich wie die Quantitätstheorie betonen Vertreter der Transaktionsnachfrage nach Geld die Bedeutung von Geld als Zahlungsmittel. Dies impliziert, dass die Transaktionsnachfrage nach Geld vom Niveau des laufenden Einkommens abhängt. Die Wertaufbewahrungsfunktion des Geldes hingegen wird im Spekulationsmotiv der Geldhaltung reflektiert.

In der keynesianischen Theorie werden die Portfolioentscheidungen der Marktakteure durch Erwartungen bezüglich zukünftiger Bondpreise, d. h. der Bonderträge getrieben. Bonds werden freiwillig gehalten, falls der erwartete gesamte Ertrag (definiert als die Summe der Verzinsung des Bonds und der erwarteten Kapitalerträgen) größer als Null ist.[3]

Die Bepreisungs-Formel am Anleihemarkt (also für die so genannten Bonds oder „*Consols*“) lautet wie folgt:

$$BP = \frac{n}{r} \cdot NV, \tag{25.12}$$

wobei BP = Marktpreis eines Bonds, n = Nominaler Coupon des Bonds (in Prozent seines nominalen Werts), r = effektive Rendite am Bondmarkt (Marktzins), und NV = Nominalwert des Bonds. Zum Beispiel, falls $n = 5\,\%$ p. a., $NV = US\$\ 100$ und $r = 5\,\%$ p. a., dann beläuft sich der Marktpreis des Bonds auf $BP = US\$\ 100$. Falls r auf 10 % steigt, sinkt BP auf US$ 50.

Wir nehmen nun an, dass jeder Investor eine Einschätzung des *normalen* Marktertrags hat, die durchaus von der gegenwärtigen Marktrendite abweichen kann. In Abhängigkeit vom subjektiv wahrgenommenen normalen Ertrag erwartet ein individueller Investor einen Kapitalertrag oder -verlust aus der Haltung von Bonds:

$$\text{erwarteter Verlust der Bondhaltung} = BP - BP^e, \tag{25.13}$$

mit BP^e als erwartetem zukünftigem Bondpreis. Wir können Gl. 25.13 nun wie folgt umformulieren:

$$\text{erwarteter Verlust aus Bondhaltung} = \frac{n}{r} \cdot NV - \frac{n}{r^{normal}} \cdot NV. \tag{25.14}$$

Das Einkommen aus Couponzahlungen auf den Bond beträgt:

$$\text{Zinseinkommen} = n \cdot NV. \tag{25.15}$$

Somit wird ein Investor zinstragende Bonds halten, falls das Zinseinkommen höher ist als der erwartete Kapitalverlust aus dem Halten von Bonds:

$$\underbrace{n \cdot NV}_{\text{Zinseinkommen}} > \underbrace{\frac{n}{r} \cdot NV - \frac{n}{r^{normal}} \cdot NV,}_{\text{erwarteter Kapitalverlust}} \tag{25.16}$$

[3] Falls der Marktpreis der Bonds seinem par Wert entspricht, entspricht der Ertrag des Bonds der Nominalverzinsung. Falls der Marktpreis der Bonds höher (niedriger) ist als sein Gleichgewichtswert, ist der Ertrag der Bonds niedriger (höher) als sein nominaler Coupon.

oder gleichbedeutend hiermit:

$$1 > \frac{1}{r} - \frac{1}{r^{\text{normal}}} \text{ oder} \qquad (25.17)$$

$$r > \frac{r^{\text{normal}}}{1 + r^{\text{normal}}}. \qquad (25.18)$$

Das spezifische Niveau von r, das Gl. 25.18 erfüllt, wird als kritische Marktrendite bezeichnet. Bei diesem kritischen Ertrag ist der Investor indifferent bezüglich beider alternativer Anlageformen, da das Einkommen aus dem Halten von Bonds dem erwarteten Kapitalverlust aus dem Halten von Bonds exakt entspricht. Hieraus lassen sich die folgenden Schlussfolgerungen ziehen:

Falls sich die Marktrendite *oberhalb des kritischen Zinsniveaus* befindet, ist das Zinseinkommen höher als die erwarteten Kapitalverluste, sodass der Investor sich dafür entscheidet, sein gesamtes Vermögen in Bonds zu halten.

Falls sich die Marktrendite *unterhalb der kritischen Marktrendite* befindet, würde ein Investor sich dafür entscheiden, sein gesamtes Vermögen in Geld zu halten, der er im Fall eines zukünftig erwarteten Anstiegs der Marktrendite Kapitalverluste befürchtet.

Die keynesianische Nachfrage nach Spekulationskasse ist deshalb eine Entscheidung, *entweder* Geld *oder* zinstragende Bonds zu halten (Abb. 25.2a). Unter der Annahme, dass unterschiedliche Wirtschaftssubjekte voneinander abweichende Einschätzungen der *normalen* Rendite und folglich auch der *kritischen* Rendite haben, lässt sich schließlich die *aggregierte* Nachfrage nach Spekulationskasse konstruieren (Abb. 25.2b). Die resultierende aggregierte Geldnachfragekurve weist einen kontinuierlichen Verlauf mit negativer Steigung auf, da bei fallendem Marktzins mehr und mehr Investoren einen zukünftigen Anstieg dieses Zinses erwarten und es folglich präferieren, Geld an Stelle von Bonds zu halten.

In unserem Beispiel nehmen wir an, dass die normale Rendite 10 % p. a. beträgt. Gemäß Gl. 25.18 beläuft sich die kritische Marktrendite dann auf:

$$r^{\text{critical}} = \frac{0{,}1}{1 + 0{,}1} \approx 9\,\%. \qquad (25.19)$$

Falls die Marktrendite also geringer als 9 % ausfällt, würde ein Investor keinerlei Bonds mehr halten wollen, da die erwarteten Kapitalverluste größer als die Zinseinkommen sind.

Zu beachten ist, dass im Rahmen der keynesianischen Liquiditätstheorie *die spekulative Nachfrage nach Geld immer dem Angebot an Bonds entspricht und umgekehrt.*[4] Da dieser Aspekt wichtig für das Verständnis des Portfolio-Ansatzes ist, welcher der keynesianischen Theorie zugrunde liegt, soll er im Folgenden detaillierter erklärt werden.

In einem *ersten Schritt* lassen Sie uns annehmen, dass die ausstehende Menge an Bonds einer Volkswirtschaft, b_0, zu jeder Zeit gehandelt werden kann. Darüber hinaus beläuft

[4] Vgl. Borchert (2001, S. 120).

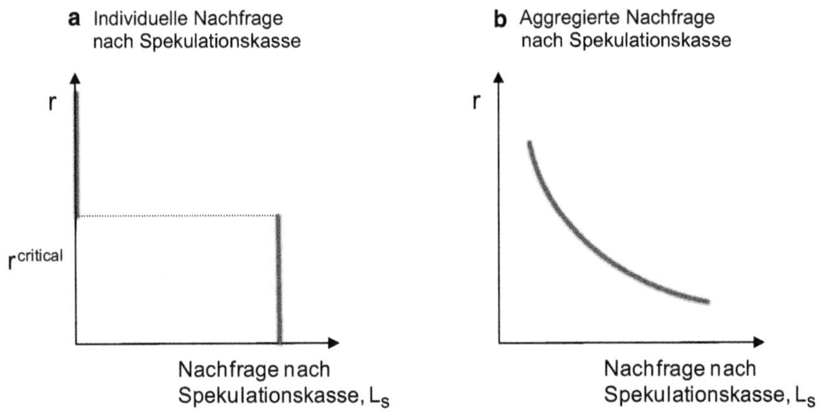

Abb. 25.2 Keynesianische Nachfrage nach Spekulationskasse

sich die wertmäßige Nachfrage nach Bonds, B_D, von der angenommen wird, dass sie unabhängig vom Bondpreis ist, auf US$ 100. Geht man von einem Bondangebot in Höhe von $b_0 = 1$ (z. B. 1 Mio. offene Bonds) aus, beträgt der Gleichgewichtspreis US$ 100 (Abb. 25.3a). Alternativ, falls die Zahl der angebotenen Bonds auf, bspw. $b_1 = 2$ ansteigen würde, würde der Gleichgewichtspreis von Bonds, P_B, auf US$ 50 fallen.

In einem *zweiten Schritt* stellen wir die Beziehung zwischen Bondpreisen (vertikale Achse) und der Marktkapitalisierung von Bonds (horizontale Achse), d. h. b mal P_B, dar (siehe Abb. 25.3b). Die gesamte Bondnachfrage in der Volkswirtschaft, B_D = US$ 100, ist annahmegemäß gegeben und wird durch die vertikale Linie dargestellt. Das Bondangebot, BS_0, wird durch eine Linie mit einer 45°-Steigung ($tg\alpha = 1$, falls $b_1 = 1$) repräsentiert; Nimmt man nunmehr $b_1 = 2$ an, würde das höhere Bondangebot durch BS_1 (mit $tg\alpha = 0{,}5$)

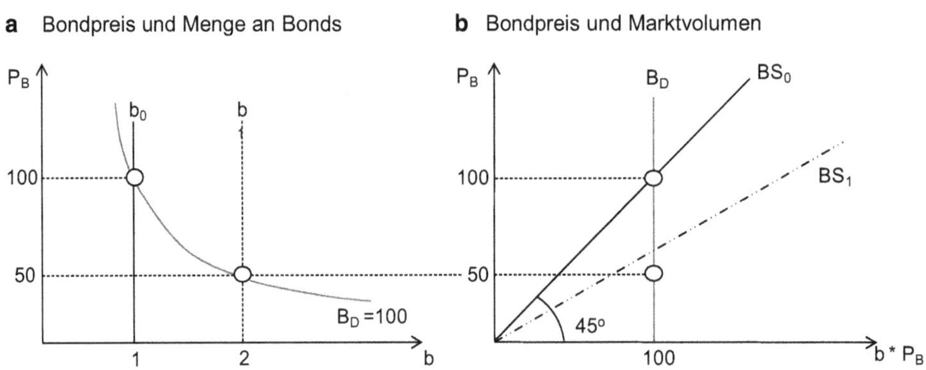

Abb. 25.3 Bondnachfrage und -angebot in der Keynesianischen Liquiditätspräferenztheorie

dargestellt, da sich das Marktvolumen in diesem Fall für jeden gegebenen Marktpreis verdoppeln würde (im Vergleich zu BS_0).

In einem dritten Schritt ersetzen wir den Bondpreis auf der vertikalen Achse von Abb. 25.3b durch den Bondertrag r, wobei gilt:

$$r = \frac{NV \cdot n}{P_B},$$

mit NV = nominaler Wert des Bonds, n = Coupon und P_B = Marktpreis des Bonds.

Aus der Sicht der vorstehenden Bepreisungs-Formel bleibt die *Bondnachfragekurve* dieselbe wie vorher und die Bondangebotskurve konvergiert asymptotisch gegen die vertikale und horizontale Achse (Abb. 25.4).[5] Der höhere Bondpreis $P_B = 100$ in Abb. 25.3b korrespondiert mit dem niedrigeren Bondertrag r_0 in Abb. 25.4, und der geringere Bondpreis $P_B = 50$ mit dem höheren Bondertrag r_1. In Abb. 25.4 *entspricht die Bondnachfrage dem Geldangebot* (und vice versa), d. h. $B_D = M_S$, wobei BS = LS die Nachfrage nach Spekulationskasse repräsentiert.

Eine gegebene Liquiditätspräferenz-Funktion wird definiert auf der Grundlage eines gegebenen Bestands an Bonds *und* eines gegebenen Bestands an Geld, wobei Bonds und Geld den gesamten Vermögensbestand einer Volkswirtschaft, W, darstellen.

$$L_s = L_s(r, W), \text{ mit } \partial L_s/\partial W > 0 \tag{25.20}$$

Ein Anstieg des Angebots an Bonds würde die Liquiditätspräferenzkurve nach rechts oben verschieben: Bei gegebenem Bestand an Geld würde ein Anstieg des Bondangebots mit einem höheren Zinssatz einhergehen. Folglich würde jegliches Offenmarktgeschäft der Zentralbank, das eine Änderung des Geldangebots bewirkt, auch die Lage der Liquiditätspräferenz-Funktion verändern.

Abb. 25.4 Keynesianische Liquiditätspräferenz

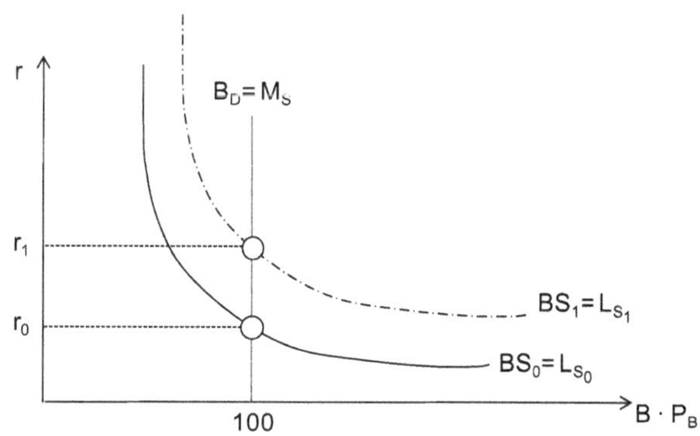

[5] Falls die oben erläuterte Bondpreis-Formel gilt und der Preis der Bonds, P_B, gegen Null konvergiert, tendiert der Zinssatz r gegen Unendlich und vice versa. Daher hat die Kurve, die das Bondangebot beschreibt, genau die oben beschriebene Form.

Trend der Einkommens-Umlaufgeschwindigkeit des Geldes – Erklärungen
Die keynesianische Geldnachfragetheorie kann in den quantitätstheoretischen Rahmen zur Analyse des Verhaltens der Einkommens-Umlaufgeschwindigkeit des Geldes integriert werden. Die langfristige Nachfrage nach realer Geldhaltung beläuft sich auf:

$$m_t - p_t = \beta_0 + \beta_1 y_t - \beta_2 r_t + \varepsilon_t, \tag{25.21}$$

wobei y_t der log des realen Einkommens in Periode t und β_0 ein konstanter Term ist, β_1 und β_2 die Einkommens- und Zinselastiziten der Geldnachfrage darstellen, und r_t den Zinssatz repräsentiert. Falls ε_t einen stationären stochastischen Prozess mit dem Mittelwert Null darstellt und damit der Unsicherheit hinsichtlich der zukünftigen Entwicklung Rechnung trägt, beschreibt Gl. 25.21 eine kointegrierte langfristige Beziehung (King und Watson 1997).

Kombiniert man Gl. 25.21 mit der logarithmierten Version der Verkehrsgleichung, d. h. $m - p = y - v_Y$, erhält man folgenden Ausdruck für die *Umlaufgeschwindigkeit des Geldes*:

$$v_{y,t} = -\beta_0 + (1 - \beta_1) \cdot y_t + \beta_2 \cdot r_t - \varepsilon_t. \tag{25.22}$$

Unter Berücksichtigung von r_t wäre es angemessen, ein weit definiertes Geldmengenaggregat zu verwenden, das die Differenz zwischen den Opportunitätskosten der Geldhaltung und dem (gewichteten) Ertrag der Einlagen bei der Definition von Geld berücksichtigt. Falls die Differenz der Erträge jedoch stationär ist, könnte die Zinskomponente in Gl. 25.22 nicht verantwortlich gemacht werden für das Trendverhalten der Umlaufgeschwindigkeit des Geldes. Unter dieser Annahme wäre die funktionale Spezifikation der Geldnachfrage vorrangig *auf das laufende Einkommen* zu beziehen, da der Zinssatz r herausfällt:

$$v_{y,t} = -\beta_0 + (1 - \beta_1) \cdot y_t - \varepsilon_t. \tag{25.23}$$

Falls die logarithmierte Umlaufgeschwindigkeit in der Zeit t zufällig um einen konstanten Term schwankt, folgt sie dem Prozess $v_{y,t} = v_0 + \varepsilon_t$. Wäre ε_t ein Prozess mit stationärem Mittelwert, wäre das Gleichgewichtsniveau der logarithmierten Umlaufgeschwindigkeit $v^* = v_0$. Daher ergibt die Ermittlung der Trend-Umlaufgeschwindigkeit als Erwartungswert der Gl. 25.23 schließlich:

$$v^* = v_0 + (1 - \beta_1) \cdot y^*, \tag{25.24}$$

mit y^* als Logarithmus des potentiellen Outputs. Falls, z. B., β_1 größer Eins ist, würde die Einkommens-Umlaufgeschwindigkeit des Geldes einen über die Zeit fallenden Trend vorhersagen, so lange wie der potenzielle Output wächst (unter der zeitreihen-analytischen Annahme, dass die Opportunitätskosten der Geldhaltung integriert von der Ordnung Null, also stationär, sind (I(0))).

Tab. 25.1 Funktionalformen der Geldnachfrage

Modell	Gleichung	Steigung $\left(=\frac{dY}{dX}\right)$	Elastizität $\left(=\frac{dY}{dX}\frac{X}{Y}\right)$
Linear	$Y=\beta_1+\beta_2 X$	β_2	$\beta_2\left(\frac{X}{Y}\right)^*$
Log-linear oder log-log	$\ln Y=\beta_1+\beta_2\ln X$	$\beta_2\left(\frac{Y}{X}\right)$	β_2
Log-lin	$\ln=\beta_1+\beta_2 X$	$\beta_2(Y)$	$\beta_2(X)^*$
Lin-log	$Y=\beta_1+\beta_2\ln X$	$\beta_2\left(\frac{1}{X}\right)$	$\beta_2\left(\frac{1}{Y}\right)^*$
Reziprok	$Y=\beta_1+\beta_2\left(\frac{1}{X}\right)$	$-\beta_2\left(\frac{1}{X^2}\right)$	$-\beta_2\left(\frac{1}{XY}\right)^*$

Anmerkung: Ein Stern zeigt an, dass der Elastizitätskoeffizient variabel ist, d. h. dass er von der Realisation von X oder Y oder beiden abhängt.

25.2.1 Übersicht über funktionale Zusammenhänge der Geldnachfrage

Tab. 25.1 bietet eine Übersicht der wichtigsten Eigenschaften verschiedener funktionaler Zusammenhänge, die gegenwärtig bei der Schätzung von Geldnachfragefunktionen zugrunde gelegt werden (Gujarati 1995, S. 167–178).

Die Elastizität E einer Variable M (wie z. B. Geld) in Bezug auf eine andere Variable X (wie den Zinssatz) wird definiert als:

$$E=\frac{\%\ \text{Änderung von Y}}{\%\ \text{Änderung von X}},$$
$$E=\frac{(\Delta Y/Y)\cdot 100}{(\Delta X/X)\cdot 100},$$
$$E=\frac{\Delta Y}{\Delta X}\frac{X}{Y},$$
$$E=\text{Steigung}\cdot(X/Y),$$

wobei Δ eine (kleine) Änderung darstellt. Falls Δ hinreichend klein ist, kann es durch die algebraische Notation der Ableitungen dY / dX ersetzt werden.

Nehmen wir z. B. die folgende Geldnachfragefunktion (Quelle: Gujarati 1995, S. 167–178):

$$\ln M=\beta_1+\beta_2\ln Y+\beta_3\ln r+e, \tag{25.25}$$

wobei M = (realer) Geldbestand, Y = realer Output, r = Zinssatz und e = i. i. d. Fehlerterm. Diese Gleichung kann auch unter Verwendung des Niveaus statt des Logarithmus des Zinssatzes wie folgt geschätzt werden:

$$\ln M=\beta_1+\beta_2\ln Y+\beta_3 r+e. \tag{25.26}$$

In Gl. 25.26 repräsentiert der Koeffizient von r die Semi-Elastizität. Sie zeigt, um wieviel Prozent sich die reale Nachfrage nach Geld in Reaktion auf eine Änderung des Zinssatzes von einem Prozentpunkt ändert (d. h. z. B. auf einen Anstieg des Zinssatzes von 5 % auf 6 %).

Im Gegensatz dazu zeigt Gl. 25.25, wie sich die Nachfrage nach Geld in Reaktion auf eine gegebene prozentuale Änderung des Zinssatzes (bspw. eine einprozentige Änderung von 5,0 % auf 5,05 %) ändert. Schließlich wird die *Semi-Elastizität* definiert als:

$$\beta_2 = \frac{d \ln M}{dr} = \frac{dM/M}{dr}. \tag{25.27}$$

25.3 Portfolio-orientierte Geldnachfragetheorie

Monetaristische Geldnachfrage

Milton Friedman (1956) erweiterte Keynes' spekulative Geldnachfrage innerhalb des Rahmens der Vermögenspreistheorie. Dabei behandelte er Geld als ein Gut wie jedes andere langlebige Konsumgut. Nach Friedman ist die Nachfrage nach Geld eine Funktion einer Vielzahl von Faktoren. Seine Analyse bezieht sich in erster Linie auf nominale Größen. Hiervon ausgehend leitete er die *reale* Geldnachfrage unter bestimmten Annahmen aus der nominalen Geldnachfrage her.

Vielleicht am wichtigsten: Friedman vertrat die These, dass es das *permanente Einkommen* – und *nicht* wie in der keynesianischen Theorie das *laufende Einkommen* ist, das die Nachfrage nach Geld bestimmt. Falls W^n das Gesamtvermögen der Wirtschaftssubjekte repräsentiert, welches alle Quellen von Einkommen umfasst – darunter Humankapital und alle konsumierbaren Dienstleistungen –, und r den repräsentativen Marktertrag darstellt, lässt sich das nominale Einkommen pro Periode wie folgt schreiben:[6]

$$Y^n = W^n \cdot r.$$

Unter der Annahme, dass W^n und r vergleichsweise stabil sind, kann auch erwartet werden, dass das permanente Einkommen der Marktakteure verglichen mit dem laufenden Einkommen relativ stabil ist.

Spezifischer ausgedrückt kann Friedmans *monetaristische Geldnachfragefunktion* wie folgt zusammengefasst werden (Felderer und Homburg 2005, S. 244):

$$L^n = f\left(\underset{(+)}{P}, \underset{(-)}{r_B}, \underset{(-)}{r_E}, \underset{(-)}{\frac{\dot{P}}{P}}, \underset{(+)}{\frac{Y^n}{r}}, \upsilon \right). \tag{25.28}$$

[6] Eine derartige Spezifikation als Annuität kann als eine Einkommens- oder Vermögenshypothese interpretiert werden. Vgl. Meltzer (1963, S. 220).

Gemäß Gl. 25.28, gilt für die nominale Geldnachfrage:

- Sie ist positiv mit dem Preisniveau, P, korreliert, da die Marktakteure erwartungsgemäß eher einen bestimmten Bestand an realer als an nominalen Geldbeständen zu halten wünschen. Falls das Preisniveau ansteigt (sinkt), steigt (sinkt) die Nachfrage nach Geld.
- Sie steigt (sinkt), falls die Opportunitätskosten der Geldhaltung – d. h. die Erträge von Anleihen und Aktien, r_B und r_E – sinken (steigen).
- Sie wird durch Inflation, $\dot{P}/P$ (oder: dP/dt), beeinflusst. Eine positive (negative) Inflationsrate verringert (erhöht) den realen Wert der Kassenhaltung, wodurch sich die Opportunitätskosten der Geldhaltung erhöhen (verringern). Während ein *einmaliger* Anstieg des Preisniveaus die Nachfrage nach Geld erhöhen würde, führt Inflation – d. h. ein *anhaltender* Anstieg des gesamtwirtschaftlichen Preisniveaus – zu einer Verringerung der Geldnachfrage.
- Sie ist eine Funktion des Gesamtvermögens, repräsentiert durch das permanente Einkommen, geteilt durch den Diskontierungssatz r. Dieser wird definiert als der durchschnittliche Ertrag der fünf Vermögensklassen in der monetaristischen Theorie, nämlich Geld, Anleihen, Aktienvermögen, physisches Kapital und Humankapital, υ (das zur Verdeutlichung in Gl. 25.28 explizit aufgeführt wird).

Darüber hinaus nimmt Friedman an, dass r, welches nicht direkt gemessen werden kann, mehr oder weniger mit r_B und r_E korrespondiert, sodass r (und υ) aus der Gl. 25.28 eliminiert werden kann:

$$L^n = f\left(P, r_B, r_E, \frac{\dot{P}}{P}, Y^n\right). \tag{25.29}$$

Falls Marktakteure *nicht* einer *Geldillusion* unterliegen, werden eine Änderung von P und eine Änderung von Y^n multipliziert mit λ die Nachfrage nach Geld in demselben Umfang ändern (Hypothese der *Homogenität der Geldnachfrage*):

$$\lambda \cdot L^n = f\left(\lambda \cdot P, r_B, r_E, \frac{\dot{P}}{P}, \lambda \cdot Y^n\right). \tag{25.30}$$

Falls Gl. 25.30 für jede beliebige Realisation des Parameters λ gilt, können wir z. B. $\lambda = 1/Y^n$ definieren. Einsetzen dieses Ausdrucks in Gl. 25.30 ergibt:

$$\frac{1}{Y^n} \cdot L^n = f\left(\frac{P}{Y^n}, r_B, r_E, \frac{\dot{P}}{P}, 1\right) \tag{25.31}$$

und, nach weiterer Umformung,

$$L^n = f\left(\frac{P}{Y^n}, r_B, r_E, \frac{\dot{P}}{P}, 1\right) \cdot Y^n. \tag{25.32}$$

Gemäß Gl. 25.32 ist Friedmans Geldnachfrage eine stabile Funktion (d. h., f(.) Y^n) verschiedener Variablen – eher als eine numerisch konstante Zahl, wie in der (neo-)klassischen Theorie unterstellt. Die Umlaufgeschwindigkeit des Geldes v (= Y^n / L^n) ist der Reziprokwert von f(.), der gemäß Gl. 25.32 dem Term L^n / Y^n entspricht. Dann können wir schreiben (unter Weglassen der „1"):

$$v\left(\frac{Y^n}{P}, r_B, r_E, \frac{\dot{P}}{P}\right) = 1/f\left(\frac{P}{Y^n}, r_B, r_E\frac{\dot{P}}{P}, 1\right). \tag{25.33}$$

Unterstellen wir ein Marktgleichgewicht, $M = L^n$, erreichen wir eine neue Formulierung der Verkehrsgleichung:

$$M \cdot v\left(\frac{Y^n}{P}, r_B, r_E\frac{\dot{P}}{P}\right) = Y^n, \tag{25.34}$$

was im Kern die *ursprüngliche* Spezifikation der Quantitätstheorie *neu formuliert.*

In diesem Kontext scheint es interessant, den Effekt eines einmaligen Geldangebots-Anstiegs auf die reale Volkswirtschaft aus Sicht der Monetaristen zu analysieren. Wenn die Volkswirtschaft sich bei voller Kapazitätsauslastung befindet, kann erwartet werden, dass ein einmaliger Anstieg des Geldangebots von, sagen wir, 5 %, zu einem Anstieg der (zukünftigen) Inflation führt. Dies wiederum reduziert die Nachfrage der Wirtschaftssubjekte nach Geld, was zu einer Senkung der Geldnachfrage und folglich zur Erhöhung der Umlaufgeschwindigkeit des Geldes $v = Y^N / M$ um, sagen wir, 2 % führt.

Als ein Ergebnis legt die Friedmansche Geldnachfragefunktion nahe, dass der prozentuale Anstieg des nominalen Einkommens höher ausfallen sollte als ein gegebener prozentualer Anstieg des Geldangebots, nämlich um 7 % in unserem Beispiel (d. h. 5 % Geldmengenwachstum plus einen 2-Prozent-Anstieg der Umlaufgeschwindigkeit). Sobald sich das zusätzliche Geldangebot voll in einem Anstieg des Preisniveaus niedergeschlagen hat, kehrt die Inflation jedoch auf ihr vorheriges Niveau zurück. Hierdurch steigt die Nachfrage nach Geld, was die Umlaufgeschwindigkeit des Geldes wieder um 2 % reduziert. Schließlich, wenn alle Anpassungen vollendet sind, ist zu erwarten, dass der nominale Output um 5 % angestiegen ist. Dies entspricht exakt dem Anstieg des Geldbestandes. Zusammenfassend ausgedrückt: Monetaristen würden erwarten, dass ein einmaliger Anstieg des Geldangebots *zyklische Schwankungen* des volkswirtschaftlichen Nominaleinkommens verursacht.

Postkeynesianische Geldnachfragetheorie

Zwei Charakteristika des Geldes stellen den Ausgangspunkt für *Post-keynesianische* Theorien der Geldnachfrage dar. Erstens hat die Analyse der Transaktionsfunktion des Geldes *Lagerhaltungs*-Modelle hervorgebracht. Zweitens hat das Studium der Wertaufbewahrungsfunktion des Geldes *Asset- oder Portfoliomodell*-Ansätze inspiriert, in denen Geld als Teil eines vollständigen Wertpapier-Portfolios der Marktakteure gehalten wird.

Unsere Diskussion beginnt mit dem *Lagerhaltungsansatz* zur Erklärung der Transaktionskasse.

25.3.1 Der Lagerhaltungsansatz der Transaktionskasse

Baumol (1952) und Tobin (1956) entwickelten eine deterministische Theorie der Geldnachfrage, in der Geld als ein für Transaktionszwecke gehaltener *Vorrat* („inventory") gesehen wird. Obwohl vergleichsweise liquide Finanz-Vermögenswerte außer Geld (wie z. B. Sicht- und Spareinlagen) einen positiven Ertrag bieten, rechtfertigt der Anfall von *Transaktionskosten* beim Übergang zwischen der Geld- und der Asset-Haltung die Haltung von Geld. Lagerhaltungs-Modelle unterscheiden zwischen zwei Medien zur Speicherung des Wertes: Geld und ein zinstragendes alternatives Asset. Darüber hinaus wird in Lagerhaltungsmodellen postuliert, dass bei Transfers zwischen Geld und dem alternativen Asset Fixkosten anfallen. Schließlich wird angenommen, dass sämtliche Transaktionen Geld als Tauschmittel involvieren und dass alle relevanten Informationen mit Sicherheit bekannt sind.

Nehmen wir nun an, dass ein privater Haushalt ein nominales Einkommen von PY in jeder Periode (sagen wir, einen Monat) erhält und es mit einer über die Periode hinweg konstanten Rate ausgibt. Der Anteil des Einkommens, welcher nicht für Konsum verwendet wird, wird in eine zinstragende Einlage gegeben. Da Güter mit Bargeld gekauft werden, muss der Haushalt mindestens einmal zu seiner Bank gehen (um Sichteinlagen in Bargeld umzuwandeln). Jeder Besuch bei der Bank führt zu nominalen Kosten c, die als Opportunitätskosten (wie z. B. die in einer Warteschlange verbrachte Zeit, Schuhsohlenkosten, Gebühren für die Nutzung von Online-Bankdienstleistungen) betrachtet werden sollten. Falls n die Zahl der Besuche bei der Bank während eines Monats darstellt, betragen die monatlichen Kosten $n \cdot c$. Um die Kosten zu reduzieren, könnte der Haushalt mehr Bargeld zu halten wünschen. Jedoch, führt eine höhere Bargeldhaltung zu Kosten in Gestalt von entgangenem Zinseinkommen. Falls i den monatlichen Zinssatz auf die Spareinlagen (die Alternative zur Bargeldhaltung) darstellt, verursacht das Halten einer durchschnittlichen nominalen Geldmenge M über den ganzen Monat Opportunitätskosten in Höhe von $i \cdot M$. Abb. 25.5 illustriert die durchschnittliche Transaktionskassenhaltung als eine Funktion von n. Der Term PY bezeichnet die pro Monat hereinkommende Zahlung. Falls der Haushalt z. B. sein Geld *kontinuierlich* über die Periode für Auszahlungen verwendet, wird sein Kontostand am Monatesende genau Null betragen.

Bei gleichmäßig über die Zeit verteilten Bankbesuchen beträgt die durchschnittliche *Geldhaltung* PY/n. Diese n Besuche finden jeden 1/n-ten Monat statt. Die Fläche unter jedem Dreieck stellt die durchschnittliche Geldmenge dar, die zwischen zwei Besuchen gehalten wird. Die durchschnittliche Geldhaltung als eine Funktion der Zahl der Bankbe-

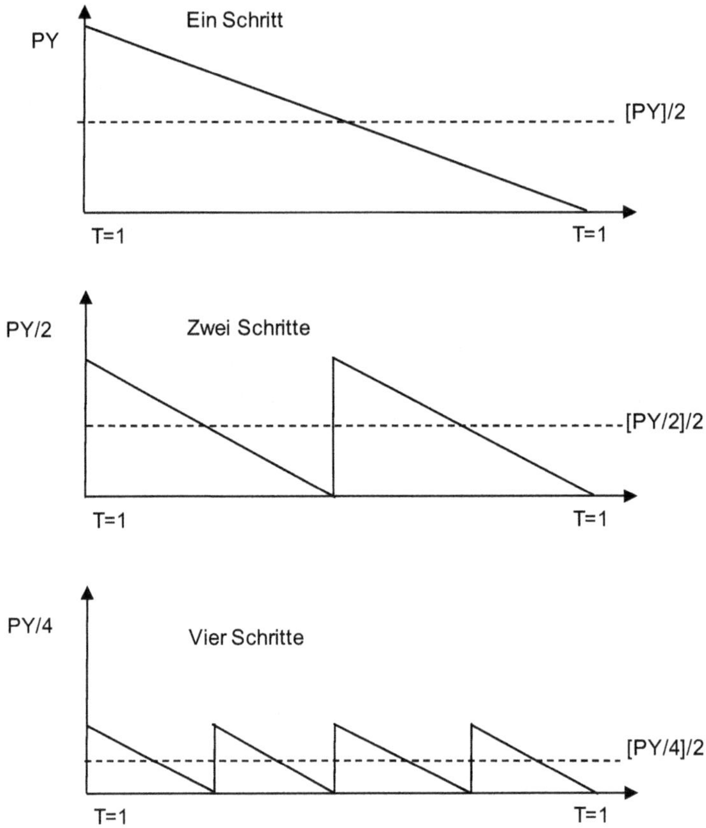

Abb. 25.5 Zahl der Bankabhebungen und durchschnittliche Geldhaltung

suche, n, beträgt also:

$$\text{Durchschnittliche Geldhaltung zwischen n Bankbesuchen, } M = \frac{PY}{2n}. \tag{25.35}$$

Die Opportunitätskosten bestehen im entgangenen Zins auf die durchschnittliche Geldhaltung:

$$\text{Opportunitätskosten} = M \cdot i. \tag{25.36}$$

Die Transaktionskosten sind eine Funktion der Transaktionskosten pro Bankabhebung, c, und n:

$$\text{Transaktionskosten} = c \cdot n. \tag{25.37}$$

Die Gesamtkosten, TC, unter Einschluss der Opportunitätskosten der Geldhaltung und der Transaktionskosten, betragen folglich:

$$TC = M \cdot i + cn. \tag{25.38}$$

Da $n = \frac{PY}{2M}$ lässt sich mit Gl. 25.35 schreiben:

$$TC = M \cdot i + c \cdot \frac{PY}{2M}. \tag{25.39}$$

Die Optimierung der Geldhaltung entspricht der Minimierung der Kosten der Geldhaltung:

$$TC = M \cdot i + c \cdot \frac{PY}{2M} \to \min. \tag{25.40}$$

Die minimalen Kosten der Geldhaltung erhält man durch Bilden der ersten Ableitung der Gl. 25.40 nach M, und Nullsetzen des Ergebnisses.

$$\frac{\partial TC}{\partial M} = i - \frac{cPY}{2M^2} = 0 \tag{25.41}$$

Da die hinreichende Bedingung für ein Kostenminimum erfüllt ist (man beachte, dass die zweite Ableitung positiv ist), lässt sich die optimale Transaktionskassenhaltung gemäß der folgenden *Quadratwurzel-Formel* berechnen:

$$M^* = \sqrt{\frac{cPY}{2i}}. \tag{25.42}$$

Gl. 25.42 drückt aus, dass die optimale durchschnittliche Geldhaltung

- eine positive Funktion der realwirtschaftlichen Aktivität Y,
- eine positive Funktion des Preisniveaus P,
- eine positive Funktion der Transaktionskosten c und
- eine negative Funktion des nominalen Zinssatzes i

ist.

Falls wir die Transaktionskosten als reale Transaktionskosten c^{real}, d. h. als $c^{real} = c/P$, definieren, kann die Quadratwurzel-Formel unter Ausweis der realen Geldnachfrage wie folgt formuliert werden:

$$\left(\frac{M}{P}\right)^* = \sqrt{\frac{c^{real}Y}{2i}}. \tag{25.43}$$

Die *reale* Nachfrage nach Transaktionskasse kann, ausgedrückt in natürlichen Logarithmen, m – p, geschrieben werden als:

$$m - p = 0{,}5 \ln\left(\frac{c^{real}}{2}\right) + 0{,}5 \ln Y - 0{,}5 \ln i. \tag{25.44}$$

Sie wird bestimmt durch die Konstante $c^{real}/2$, das reale Einkommen und den Zinssatz. Entsprechend beläuft sich die Einkommenselastizität des Geldes auf:

$$\varepsilon_{m-p,Y} = \frac{d(M/P)}{M/P} : \frac{dY}{Y} = \frac{d\ln(m-p)}{d\ln Y} = 0{,}5. \tag{25.45}$$

Die Zinselastizität der Geldnachfrage kann geschrieben werden als:

$$\varepsilon_{m-p,i} = \frac{d(M/P)}{M/P} : \frac{di}{i} = \frac{d\ln(m-p)}{d\ln i} = -0{,}5. \qquad (25.46)$$

Um zusammenzufassen: im Gegensatz zur keynesianischen *Nachfrage nach Transaktionskasse* ist die Transaktionsnachfrage von Baumol und Tobin darüber hinaus auch eine Funktion des Zinssatzes. Darüber hinaus legt die Einkommenselastizität „*economies of scale*" der Transaktionskassenhaltung nahe. Ein Anstieg des realen Einkommens um, sagen wir, 1 Prozentpunkt würde gemäß Tobin und Baumol einen Anstieg der Realkassenhaltung von 0,5 Prozentpunkten nach sich ziehen – statt eines proportionalen Anstiegs, wie er durch die Transaktionsgleichung nahe gelegt wird.[7]

25.3.2 Tobins Nachfrage nach Spekulationskasse

Tobins „*Mean-variance"-Analyse* der Nachfrage nach spekulativer Geldhaltung ist in der Tat eine Anwendung der Theorie der Portfolio Choice. Tobin (1958) nimmt an, dass der Nutzen, den Wirtschaftssubjekte aus ihrer Asset-Haltung ziehen, *positiv mit dem erwarteten Ertrag des Portfolios* und *negativ mit dem Risiko des Portfolios* korreliert ist. Dabei wird das Risiko durch die Varianz (oder die Standardabweichung) der Asset-Erträge gemessen.

Das Profil der Präferenz eines Individuums für Ertrag und Risiko kann – wie in Abb. 25.6 gezeigt – durch seine geeignete Schar an *Indifferenzkurven* illustriert werden. In dem *erwarteten Ertrag-Risiko-Raum* verlaufen die Indifferenzkurven aufwärts gerichtet (bzw. ihre Steigung ist positiv), da ein Individuum nur dann bereit ist, ein höheres Risiko zu akzeptieren, falls diese durch einen höheren erwarteten Ertrag begleitet wird. Wenn wir uns nun höheren Indifferenzkurven zuwenden, ist der Nutzen höher, da für dasselbe Niveau des Risikos der erwartete Ertrag nunmehr höher ausfällt. Vor diesem Hintergrund betrachten wir nun das „Mean-variance"-Modell zur Erklärung der Nachfrage nach Spekulationskasse genauer.

Als Ausgangspunkt nehmen wir an, dass das *Gesamtvermögen,* W, aus dem Bestand an Geld, M, und dem Bestand an Bonds, B, besteht:

$$\bar{W} = M + B, \qquad (25.47)$$

wobei B den Marktwert der Bonds darstellt, d. h. den Bondkurs, P_X, multipliziert mit der Anzahl an (ausstehenden) Bonds, b. Der erwartete Ertrag eines Bondportfolios, R^e, wird bestimmt durch die Zinszahlung, r, und den erwarteten Kapitalertrag, g:

$$R^e = r \cdot B + g \cdot B = (r + g) \cdot B. \qquad (25.48)$$

[7] Der in diesem Abschnitt entwickelte Ansatz zur Erklärung der Geldnachfrage kann z. B. auch auf professionelle Bargeldmanager in großen Unternehmen und insbesondere auf das Management der Basisgeldhaltung der Investmentbanken und Geschäftsbanken angewendet werden.

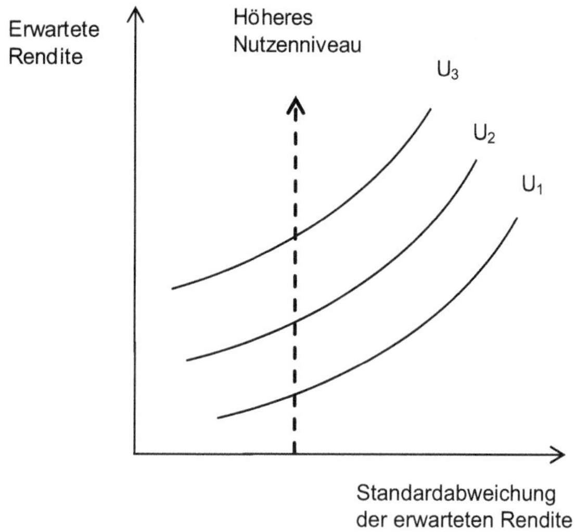

Abb. 25.6 Indifferenzkurven im „Mean-variance"-Modell

Im Gegensatz zu Keynes wird hier *nicht mehr* angenommen, dass die erwarteten Kapitalerträge *mit Sicherheit* bekannt sind. Vielmehr lassen sie sich durch ein Maß der Verteilung möglicher Erträge um ihren Mittelwert charakterisieren:

$$g \sim N(\bar{g}, \sigma_g^2),$$

wobei für den erwarteten Kapitalertrag $E(g) = \bar{g}$ gilt und die Varianz des Kapitalertrags $\mathrm{var}(g) = \sigma_g^2$ ist.

Unter der Annahme, dass alle Bonds dasselbe Risiko, σ_g, aufweisen, beträgt das gesamte Portfoliorisiko:

$$\sigma_P = \sigma_g \cdot B. \tag{25.49}$$

Auflösen der Gl. 25.47 nach B und Einsetzen in Gl. 25.46 ergibt die *Transformationskurve*. Diese zeigt die Orte aller möglichen Kombinationen von R^e und σ_p für alternative Asset-Allokationen:

$$R^e = \frac{r + \bar{g}}{\sigma_g} \cdot \sigma_P. \tag{25.50}$$

Die Nutzenfunktion eines *risiko-aversen* Wirtschaftssubjekts kann wie folgt geschrieben werden:

$$U = U(R^e, \sigma_p), \text{ wobei } \frac{\partial U}{\partial R^e} > 0, \frac{\partial U}{\partial \sigma_P} < 0, \frac{\partial^2 U}{\partial^2 \sigma_P} > 0. \tag{25.51}$$

Die letzte Ungleichung impliziert, dass der Nutzenverlust durch das Eingehen von Risiko zunehmend größer wird – und das bei gegebenem Ertragsniveau.

Das optimale Portfolio kann durch Anwendung der *Lagrange-Technik* wie folgt berechnet werden:

$$L = U(R^e, \sigma_P) + \lambda \left(R^e - \frac{r + \bar{g}}{\sigma_g} \sigma_P \right) \stackrel{!}{\longrightarrow} \max. \tag{25.52}$$

Ableiten Gl. 25.52 nach R^e und σ_P, Gleich Null setzen der ersten Ableitungen und Auflösen nach λ ergibt:

$$\lambda = -\frac{\partial U}{\partial R^e} \text{ und} \tag{25.53}$$

$$\lambda = \frac{\partial U}{\partial \sigma_P} \cdot \frac{\sigma_g}{r + \bar{g}}. \tag{25.54}$$

Gleichsetzen von Gln. 25.53 und 25.54 und Umstellen ergibt die Optimalbedingung:

$$-\frac{\partial U}{\partial R^e} = \frac{\partial U}{\partial \sigma_P} \cdot \frac{\sigma_g}{r + \bar{g}} \text{ oder } -\frac{\partial U}{\partial R^e} \cdot (r + \bar{g}) = \frac{\partial U}{\partial \sigma_P} \cdot \sigma_g. \tag{25.55}$$

Gl. 25.55 zeigt, dass die Steigung der Indifferenzkurve im Optimum der Steigung der Transformationskurve entspricht: der Anstieg des Nutzens der Haltung einer zusätzlichen Bond-Einheit $[(r + \bar{g}) \cdot (\partial U/\partial R^e)]$ entspricht der Verringerung des Nutzens des Eingehens zusätzlichen Risikos $[\sigma_g \cdot \partial U/\partial \sigma_P]$.

Um die Struktur des aktuellen Portfolios zu berechnen, greifen wir auf die Gesamtvermögensbeschränkung (Gl. 25.47) $\bar{W} = M + B$ zurück. Auflösen nach M und Ersetzen von B durch den Term $\sigma_P/\sigma_g = B$ ergibt:

$$M = \bar{W} - \frac{1}{\sigma_g}\sigma_P. \tag{25.56}$$

Diese Gleichung zeigt die *Geldnachfrage* als eine Funktion des Gesamtvermögens, des individuellen Risikos von Bonds und des gesamten Bondportfolio-Risikos.

In Tobins Theorie der Nachfrage nach Spekulationskasse können Individuen *gleichzeitig* Geld und Bonds halten (gemischte Portfolios). Dies weicht von Keynes und seiner Liquiditätspräferenztheorie ab, in der ein Individuum *entweder* Geld *oder* Bonds hält; in der Liquiditätspräferenztheorie ist die Möglichkeit der Haltung gemischter Portfolios auf die makroökonomische Ebene beschränkt.

Diese Ergebnisse werden in Abb. 25.7 illustriert. Der Quadrant 1 zeigt die Nachfrage nach Spekulationskasse als eine (negative) Funktion des erwarteten Ertrags (nach Einsetzen der Gl. 25.52 in Gl. 25.56). In Quadrant 2 wird die Transformationskurve (Gl. 25.52), durch die Linie T_0 beschrieben. Quadrant 3 trägt die Beziehung zwischen Risiko und der Bondhaltung ab.

In Punkt $C(U_0)$ entspricht die Steigung der Indifferenzkurve der Steigung der Transformationskurve, was die optimale Portfoliowahl des Investors darstellt. Hier beläuft sich die Bondhaltung auf $B(r^*, \sigma_g)$. Die optimale Geldhaltung beträgt L_C, korrespondierend mit Punkt C'. Im Folgenden werden die Implikationen von *drei Szenarien* für die Nachfrage nach Geld und die Bondhaltung analysiert, nämlich (i) eine Änderung der Einschätzung des Ertrags durch den Investor, (ii) eine Änderung der Einschätzung des Risikos durch den Investor und (iii) eine Änderung der Besteuerung.

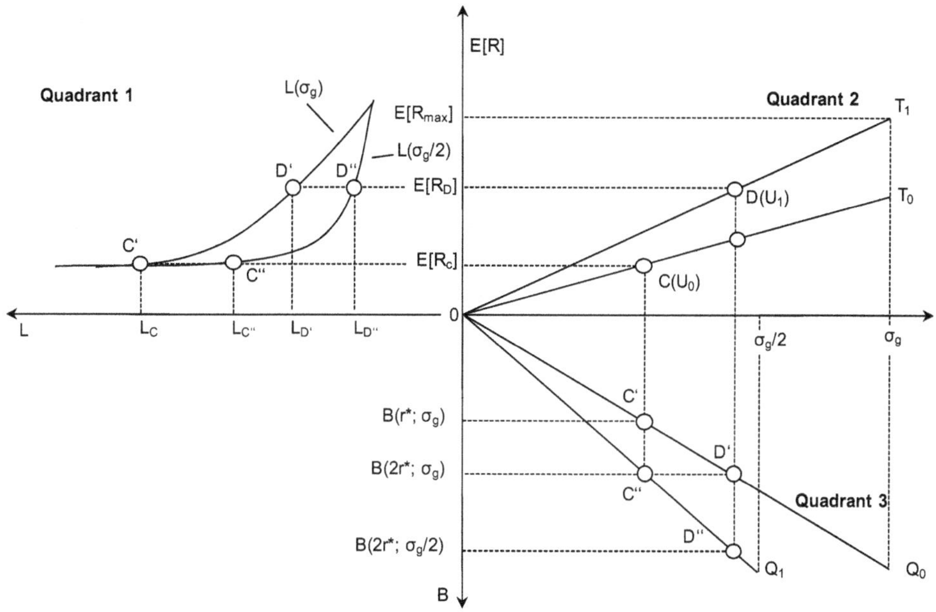

Abb. 25.7 Optimales Portfolio und Geldnachfrage

25.3.2.1 Ad (i): Änderung des erwarteten Ertrags

Lassen Sie uns annehmen, dass – beginnend in Punkt $C(U_0)$ – der Bond-Ertrag von r* auf 2r. ansteigt. Im Ergebnis wird die Transformationskurve steiler (von $0T_0$ auf $0T_1$). Das neue Optimum liegt im Punkt $D(U_1)$. Die Bondhaltung steigt auf $B(2r^*, \sigma_g)$, wobei die Risiko-Bond-Relation unverändert bleibt. Dies führt zu einem neuen Risiko-Bond-Verhältnis gemäß Punkt D″ im Quadranten 3. Entsprechend verringert sich die Nachfrage nach Geld mit einem wachsenden Anteil von Bonds im Portfolio – *entlang der* Liquiditätspräferenzkurve im Quadranten 1 L(σg) – von L_C auf $L_{D'}$. Somit gibt eine gegebene Liquiditätspräferenzkurve unterschiedliche Niveaus von Ertragserwartungen bei einer gegebenen Risikowahrnehmung wider.

25.3.2.2 Ad (ii): Änderung des Risikos

Beginnend mit dem optimalen Portfolio in $C(U_0)$, halbieren Investoren annahmegemäß ihre Risikoeinschätzung von σg auf σg / 2. Folglich verdoppelt sich die Steigung der Transformationskurve in Quadrant 2 von $0T_0$ auf $0T_1$. Der neue Optimalpunkt $D(U_1)$ entspricht einer Bondhaltung in Höhe von $B(r^*, \sigma_g/2)$, ausgedrückt durch D″ im Quadranten 3. Bei einem höheren Anteil von Bonds im optimalen Portfolio impliziert ein unveränderter erwarteter Ertrag von r* eine entsprechende Verringerung der Liquiditätspräferenz von L_C auf $L_{D''}$. Die *Liquiditätspräferenzkurve wird steiler*, was zu einem neuen Gleichgewicht D″ in Quadrant 1 führt. Die Änderung der Risikowahrnehmung bringt eine *Änderung der Zinselastizität* der Liquiditätspräferenz-Kurve mit sich (man beachte, dass dabei eine unveränderte Nachfrage nach Transaktionskasse angenommen wird). Allgemeiner ausgedrückt legt das Tobin-Modell nahe, dass die Zinselastizität der spekulativen Geldnachfrage für einen gegebenen erwarteten Ertrag fällt (ansteigt), wenn die Risikowahrnehmung sinkt (wächst).

25.3.3 Erhöhte Unsicherheit der Investoren und Geldhaltung

Die Periode zwischen 2000 und 2003 illustriert, wie Änderungen der Wahrnehmung von Ertrag und Risko durch Investoren die Nachfrage nach Geld (temporär) beeinflussen kann – genau wie von Tobins Theorie der Nachfrage nach Spekulationskasse prognostiziert. Die ersten Jahre des 21. Jahrhundert waren durch deutlich *erhöhte Finanzmarktunsicherheit* charakterisiert.

Die hierfür verantwortlichen Schlüsselereignisse schließen das Platzen der IT-Blase nach dem „New Economy" Boom, die terroristischen Attacken auf die USA am 11. September 2001, die Flut der Rechnungslegungsskandale (Enron etc.) auf beiden Seiten des Atlantiks nach der Kapitalmarktkorrektur und den Beginn der Kriege in Afghanistan im späten Jahr 2001 und im Irak im frühen Jahr 2003 ein. Alle diese Ereignisse trugen auf die eine oder andere Weise zu einem signifikanten und anhaltenden Verfall und zu der seitdem anhaltend hohen Volatilität globaler Aktienkurse bei.

Als Konsequenz einer stark angestiegenen Risikowahrnehmung der Investoren, fanden gravierende *Portfolioumschichtungen* mit bedeutenden *Auswirkungen auf Geldmengenaggregate* statt. Diese Umschichtungen beeinflussten das Geldmengenwachstum in vielen Ländern in einer Weise und in einem Umfang, der nicht einfach durch konventionelle Determinanten der Geldnachfrage wie z. B. Preise, Einkommen und Zinssätze erklärt werden kann.

Auf globalem Niveau beeinflussten *Vorsorge- und Spekulationsmotive* die gesamte Nachfrage nach Geld während dieser Periode signifikant. Die Tatsache, dass globale Schocks die Nachfrage nach Geld in verschiedenen Weltregionen stark beeinflusst haben, lässt sich anhand der recht engen zeitlichen *Parallelbewegung der Wachstumsraten breiter Geldmengenaggregate und der Risiko-Indizes* während der Periode starker Finanzmarktturbulenzen belegen.

Die Abb. 25.8a bis d zeigen die jährlichen Wachstumsraten des Geldangebotes sowie Maße der Aktienmarktvolatilität in den USA, der Eurozone, der Schweiz und Großbritannien für die Periode von Januar 1996 bis April 2008.[8] In den betrachteten Währungsräumen scheint *der (drastische) Anstieg der Aktienmarktvolatilität in der Tat von einer wachsenden Nachfrage nach Geld begleitet* worden zu sein. Die ECB (2005, S. 73) schließt daraus, dass die Krisenperiode von 2000 bis 2003 „triggered considerable flows into safe haven investments, especially monetary assets. Money demand therefore increased signi-

[8] In den Fällen der USA, der Schweiz und Großbritanniens wird die *Aktienmarktvolatilität* durch die am Markt gehandelte Volatilität des S&P 500 ausgedrückt. Im Fall der Eurozone ist es der V-DAX.

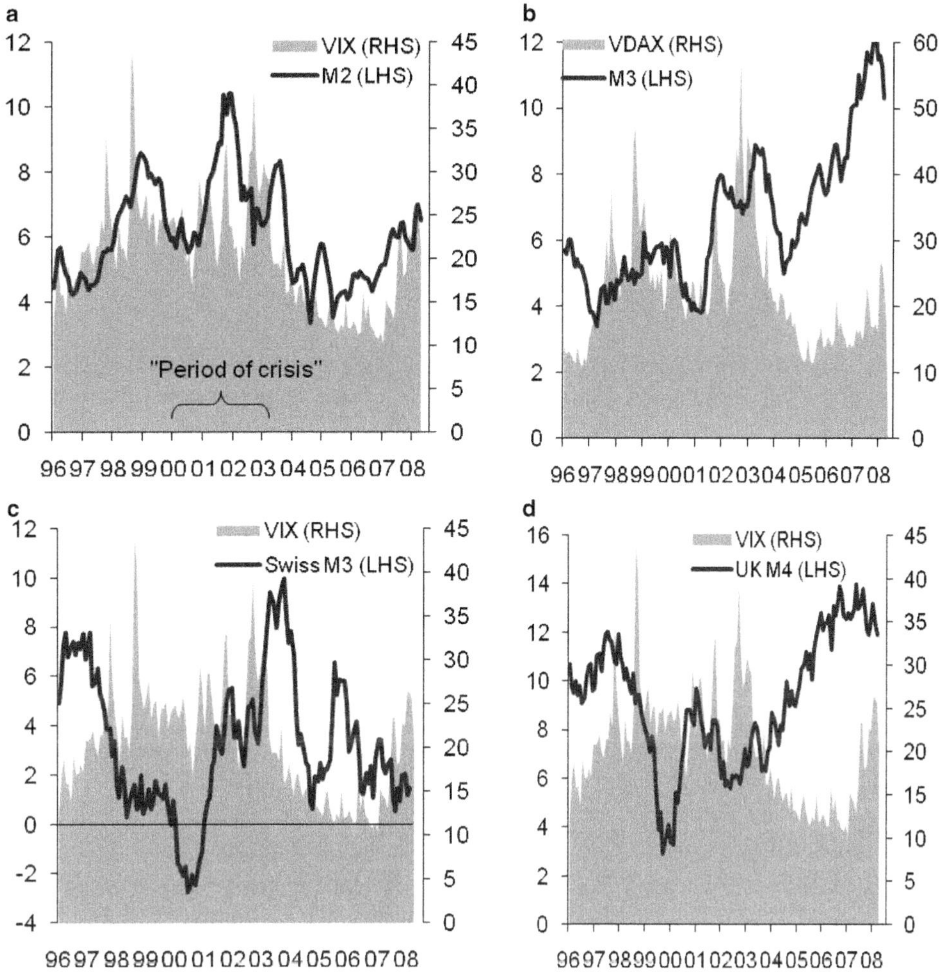

Abb. 25.8 Geldnachfrage in Krisenzeiten. **a** USA M2 (% y/y) und Aktienmarktvolatilität, **b** Eurozone M3 (% y/y) und Aktienmarktvolatilität, **c** Schweiz M3 (% y/y) und Aktienmarktvolatilität, **d** Großbritannien M4 (% y/y) und Aktienmarktvolatilität. (Quelle: Bloomberg und Thomson Financial; eigene Berechnungen)

ficantly. Due to the increasing globalization of financial markets, shocks that increase global uncertainty are likely to have a considerably stronger effect on euro area monetary holdings than in previous decades."

25.3.3.1 Ad (iii): Anstieg der Besteuerung

Nehmen wir an, die Ausgangssituation des Investors sei $D(U_1)$ auf der Transformationskurve $0T_1$ mit einer Bondhaltung von $B(2r^*, \sigma_g)$ und einer Geldnachfrage in Höhe von $L_{D'}$ beschrieben. Nun halbieren die Investoren die erwarteten Erträge (von $2r^*$ auf r^*)

und das wahrgenommene Risiko (von σ_g bis $\sigma_g/2$). Die Transformationskurve verbleibt unverändert bei $0T_1$, und Investoren streben nach wie vor nach der durch $D(U_1)$ beschriebenen Kombination von Risiko und Rendite. Diese Kombination verlangt jedoch von den Investoren, ihre Bondhaltung zu verdoppeln, d. h. sich nach $B(r^*, \sigma_g/2)$ zu bewegen; die Steuererhöhung bewegt die „risk-consol"-Beziehung von $0Q_0$ nach $0Q_1$. Entsprechend sinkt die Nachfrage nach Bargeld von $L_{D'}$ auf $L_{D''}$.

25.4 Kreditnachfrage

Wenn es um die Formulierung von Modellen für die Kreditnachfrage geht, schließen die meisten Studien eine ökonomische Aktivitätsvariable (wie das reale BIP oder die Industrieproduktion) und Finanzierungskosten (Marktzinssätze oder Banenzinssätze) als ihre wichtigsten Bestimmungsfaktoren ein.[9] Es besteht jedoch in der Literatur kein Konsens darüber, *wie* die ökonomische Aktivität die Kreditnachfrage beeinflusst. Einige empirische Befunde verweisen auf eine positive Beziehung zwischen den beiden Variablen: Ökonomisches Wachstum hat demnach einen positiven Effekt auf das erwartete Einkommen und den erwarteten Gewinn. Nach diesem Argument befähigt eine hohe Unternehmensprofitabilität private Akteure dazu, höhere Verschuldungsgrade einzugehen und Konsum- und Investitionsausgaben per Kredit zu bestreiten (Kashyap et al. 1993). Ein zusätzlicher Aspekt ist dabei, dass Erwartungen höherer wirtschaftlicher Aktivität und Produktivität zu einer größeren Zahl an profitablen Projekten führen kann, was zu einer höheren Nachfrage nach Kredit, um diese zu finanzieren, führt.

Im Gegensatz hierzu untersuchen Studien mit einem Fokus auf die US-amerikanische Volkswirtschaft die Existenz einer stabilen Beziehung zwischen Kredit und ökonomischer Aktivität. Einige gehen sogar noch weiter und argumentieren, dass eine derartige Beziehung, wenn sie denn überhaupt existiert, ein *negatives* Vorzeichen aufweist (Bernanke und Gertler 1995; Friedman und Kuttner 1993). Das Hauptargument hierfür besteht darin, dass ein Anstieg der heutigen Produktivität (im Gegensatz zur zukünftig erwarteten Produktivität) zu einem Anstieg des Outputs und letztlich auch des Gewinns führt. Während es Unternehmen in Boomphasen vorziehen, sich mehr auf interne Finanzierungsquellen zu verlassen und externe Finanzierungen verringern, tendieren Haushalte in derartigen Phasen dazu, ihre höheren Einkommen für eine Verringerung ihrer Schulden zu verwenden. In Rezessionen dagegen – wenn das verfügbare Einkommen der Haushalte und die Profitabilität der Unternehmen zurückgehen, erhöhen Haushalte und Unternehmen ihre Nachfrage nach Bankkredit, um die Auswirkung geringerer Einkommens und Gewinne zu glätten.

[9] Im Folgenden betrachten wir die USA. Für Kreditnachfrageanalysen in der Eurozone vgl. z. B. De Nederlandsche Bank (2000), die nationale Gleichungen für Bankkredite an den privaten Sektor in verschiedenen EU-Ländern, Japan und den USA schätzt. Vega (1989) richtet sein Augenmerk auf die aggregierte Kreditnachfrage in Spanien. Siehe auch Calza et al. (2001) für eine Analyse der Nachfrage nach Bankkrediten an den privaten Sektor in der Eurozone.

Die meisten empirischen Studien der Kreditnachfrage schließen ein Maß der *Kreditkosten* als erklärende Variable ein und kommen in vielen Fällen zu einem *negativen* Vorzeichen des empirisch geschätzten Koeffizienten. Die gefundene negative Beziehung zwischen der Nachfrage nach Krediten und ihrer Kosten scheint nicht wirklich kontrovers diskutiert zu werden. Einige Studien haben lediglich ergänzend herausgestellt, dass der Preis der Kredite angepasst werden sollte, um die Opportunitätskosten von Bankkrediten sichtbar zu machen (d. h. die Kosten alternativer Quellen der Finanzierung sollten wie bei Friedman und Kuttner (1993) heraus gerechnet werden). Das zugrunde liegende Argument ist, dass die Nachfrage nach Krediten nicht nur vom Zinssatz auf die geliehenen Finanzmittel abhängt, sondern *auch von ihrem relativen Preis* (d. h. relativ zu den Kosten der aus anderen internen oder externen Quellen erhaltenen Finanzmittel). Jedoch ist dieser Aspekt mehr für Nichtfinanz-Unternehmen als für Haushalte relevant, da letztere nur beschränkten Zugang zur Finanzierung aus anderen Quellen als dem Bankensektor haben. Belke und Polleit (2009, S. 139 ff.) beispielsweise geben einen ausführlichen Überblick über die empirische Evidenz der Kreditnachfrage in der Eurozone.

Fragen

1. Erläutern Sie das Verhältnis von Umlaufgeschwindigkeit und Geldnachfrage im Rahmen der Friedman'schen Theorie der Geldnachfrage.
2. Warum ist die Stabilität der Geldnachfrage für den Monetarismus so zentral?
3. Unterscheiden Sie die beiden wesentlichen Motive der Geldhaltung gemäß der keynesianischen Geldnachfragetheorie.
4. Welche Bedeutung haben der normale und der kritische Zins für die Nachfrage nach Spekulationskasse? Welche Konsequenzen ergeben sich bei der Übertragung mikroökonomischer Überlegungen auf die makroökonomische Ebene?
5. Worin liegt der wesentliche Unterschied zwischen der keynesianischen und der monetaristischen Geldnachfragetheorie?

Antworten

1. In Friedmans Theorie der Geldnachfrage ist diese eine stabile Funktion verschiedener Makro-Variablen im Gegensatz zu einer numerischen Konstante, wie sie in der (neo-)klassischen Theorie unterstellt wird. Die Umlaufgeschwindigkeit entspricht dem reziproken Wert der nominalen Geldnachfragefunktion (vgl. hierzu Abschn. 25.3 (Portfolio-orientierte Geldnachfragetheorie), Gln. 25.32 ff.).
2. Die Umlaufgeschwindigkeit und damit die Geldnachfrage sind stabile Funktionen der in Gl. 25.32 genannten Argumente. Vor diesem Hintergrund kann durch eine Steuerung der Geldmenge (bzw. des Geldangebots) durch die Zentralbank das nominale Einkommen gesteuert werden.
3. Die keynesianische Liquiditätspräferenz-Theorie unterscheidet in der Motivation der Wirtschaftssubjekte zur Gelhaltung das Transaktions- und Spekulationsmotiv (vgl.

hierzu Abschn. 25.2). Die Geldnachfrage setzt sich somit aus einer einkommensabhängigen Transaktionskasse (einschließlich der Nachfrage nach Vorsichtskasse) und einer zinsabhängigen Spekulationskasse zusammen.

4. Der kritische Zins ist das Ertragsniveau, bei dem ein Investor angesichts der erwarteten Bonderträge in seiner Portfolioentscheidung indifferent ist, sein Vermögen in Bonds oder in Geld zu halten (vgl. Gln. 25.17 f.). Der normale Zins als der von einem Investor individuell erwartete Kapitalertrag aus der Haltung von Bonds bestimmt das Niveau des kritischen Zinssatzes. Unter der Annahme, dass Wirtschaftssubjekte keine homogenen Einschätzungen bezüglich des normalen und damit des kritischen Zinses treffen, ergibt sich bei Aggregation der individuellen Investitionsentscheidungen eine kontinuierliche Geldnachfragefunktion die den negativen Zusammenhang zwischen Zins und Nachfrage nach Spekulationskasse verdeutlicht (vgl. Abb. 25.2).
5. Die durch Milton Friedman geprägte monetaristische Geldnachfragetheorie betont insbesondere die Bedeutung des permanenten Einkommens im Gegensatz zum laufenden Einkommen als Determinante der Geldnachfrage. Hierzu finden Sie weitere ausführliche Erläuterungen in Abschn. 25.3.

Literatur

Baumol, W. J. (1952). The transactions demand for cash: An inventory theoretic approach. *Quarterly Journal of Economics*, *66*, 545–556.

Belke, A., & Polleit, T. (2009). *Monetary Economics in Globalised Financial Markets*. Berlin/Heidelberg.: Springer.

Bernanke, B., & Gertler, M. (1995). *Inside the black box: The credit channel of monetary policy transmission*. NBER Working Paper, Bd. 5146. Cambridge: National Bureau of Economics Research.

Borchert, M. (2001). *Geld und Kredit* (7. Aufl.). Oldenbourg Wissenschaftsverlag.

Calza, A., Gartner, C., & Sousa, J. (2001). Modelling the demand for loans in the privatesector in the Euro Area. European Central Bank, Working Paper, No. 55 Frankfurt/Main.

Cuthbertson, K., & Barlow, D. (1991). Disequilibrium, buffer stocks and consumers expenditure on non-durables. *Review of Economics and Statistics*, *73*(4), 643–653.

De Nederlandsche Bank (2000). *EUROMON – The Nederlandsche Bank's multi-country model for policy analysis in Europe* (S. 83–85). Amsterdam: De Nederlandsche Bank.

De Soto, J. H. (2006). *Money, bank credit, and economic cycles*. US Alabama: Ludwig von Mises Institute.

ECB (2005). *Money demand and uncertainty. Monthly Bulletin* (S. 57–73). Frankfurt/Main: European Central Bank.

Felderer, B., & Homburg, S. (2005). *Makroökonomik und Neue Makroökonomik* (9. Aufl.). Berlin: Springer.

Friedman, B., & Kuttner, K. N. (1993). Economic activity and the short-term credit markets: An analysis of prices and quantities. *Brookings Papers on Economic Activity*, *2*, 193–283.

Friedman, M. (1956). The quantity theory of money – a restatement. In M. Friedman (Hrsg.), *Studies in the quantity theory of money*. Chicago: University of Chicago Press.

Gurajati, N. D. (1995). *Basic econometrics* (3. Aufl., S. 167–178). New York: MacGraw-Hill.

Humphrey, T. M. (2004). *Alfred Marshall and the quantity theory*. Federal Reserve Bank of Richmond Working Paper, Bd. 04

Kashyap, A., Stein, J., & Wilcox, D. (1993). Monetary policy and credit conditions: evidence from the composition of external finance. *American Economic Review*, *83*, 8–98.

Keynes, J. M. (1973). *1936), The general theory of employment, interest, and money*. London: Macmillan, Cambridge University Press.

King, R. G., & Watson, M. W. (1997). Testing long-run neutrality, economic quarterly. *Federal Reserve Bank of Richmond*, *83*, 69–101.

Marshall, A. (1923). *Money, credit and commerce*. London: Macmillan.

Meltzer, A. H. (1963). The demand for money: The evidence from time series. *Journal of Political Economy*, *71*, 219–246.

Pigou, A. C. (1917). The value of money. *Quarterly Journal of Economics*, *32*. (1917–1918), Reprinted in: Readings in Monetary Theory, F. A. Lutz, L. W. Mints (Eds.), Philadelphia, 1951, S. 162–183.

Tobin, J. (1956). The interest-elasticity of transactions demand for cash. *Review of Economics and Statistics*, *38*, 241–247.

Tobin, J. (1958). Liquidity preference as behavior towards risk. *Review of Economic Studies*, *25*(2), 65–86.

Vega, J. L. (1989). Money demand stability: Evidence from Spain. In H. Lütkepohl, J. Wolters (Hrsg.), Money in Europe. Berlin Heidelberg: Springer Verlag.

Wertstabiles Geld: Determinanten, Kosten und Nutzen

26

Ansgar Belke und Ingo Bordon

Inhaltsverzeichnis

Lernziele

Das dritte Kapitel beschäftigt sich mit den Gründen, Kosten und Nutzen der Inflation. Nach dem Lesen dieses Kapitels wissen Sie,

- dass die internationalen Zentralbanken in der Regel Preisniveaustabilität als oberstes Ziel verfolgen.
- was man unter Preisniveaustabilität bzw. Inflation versteht und wie diese von den Zentralbanken definiert wird.
- welche unterschiedlichen Ansätze es zur Messung der Inflation gibt und wodurch sich die Kerninflation von der Headline-Inflation unterscheidet.
- welche Vor- und Nachteile die Benennung eines konkreten Inflationsziels durch die Zentralbank mit sich bringt.

A. Belke (✉) · I. Bordon
Universität Duisburg-Essen
Essen, Deutschland
E-Mail: ansgar.belke@uni-due.de

I. Bordon
E-Mail: ingo.bordon@uni-due.de

R. Neubäumer et al. (Hrsg.), *Volkswirtschaftslehre*, DOI 10.1007/978-3-658-16523-9_26

- warum die Inflation langfristig ein monetäres Phänomen ist.
- wieso die Stabilität der Umlaufgeschwindigkeit des Geldes wichtig ist, damit ein Zusammenhang zwischen Geldmengenwachstum und Inflation besteht.
- worin die Unterschiede zwischen einer angebots- und nachfrageseitigen Inflation bestehen.
- dass auch die Fiskalpolitik eine Rolle für die Inflation spielt.
- was die Kosten der Inflation sind und weshalb man zwischen antizipierter und nicht antizipierter Inflation unterscheiden sollte.
- was die Phillipskurve ist und welcher Nutzen sich aus dem Zusammenhang zwischen Arbeitslosigkeit und Inflation ergibt.

26.1 Das Ziel der Preisniveaustabilität

In den meisten Ländern ist Preisniveaustabilität das vorrangige Ziel der Geldpolitik geworden. Im Jahr 2006 sagte der US Fed Chairman Ben S. Bernanke: „Price stability plays a dual role in modern central banking: It is both an *end* and a *means* of monetary policy". (...) „Central bankers, economists, and other knowledgeable observers around the world agree that price stability both contributes importantly to the economy's growth and employment prospects in the longer term and moderates the variability of output and employment in the short to medium term".

Preisstabilität wird in der Regel als eine Situation definiert, in der das gesamtwirtschaftliche Preisniveau über die Zeit weder ansteigt noch fällt; Preisniveaustabilität wird also als eine Situation betrachtet, in der weder Inflation (d. h. ein anhaltender Anstieg des gesamtwirtschaftlichen Preisniveaus) noch Deflation (d. h. eine fortlaufende Verringerung des gesamtwirtschaftlichen Preisniveaus) vorherrscht, oder, anders ausgedrückt: Preisniveaustabilität stellt eine Situation dar, in der die Kaufkraft des Geldes im Zeitablauf unverändert bleibt.

Die Idee der Bewahrung des Geldwerts durch die Stabilisierung des gesamtwirtschaftlichen Preisniveaus – das typischerweise durch einen Verbraucherpreisindex dargestellt wird – basiert im Wesentlichen auf den wegweisenden Arbeiten von Irving Fisher (1867–1947) zwischen 1895 und 1922, insbesondere auf Fishers „The Making of Index Numbers" aus dem Jahr 1922. Fisher war einer der ersten Experten der Berechnung von Preisindexzahlen, und er begann die erste Zeitungspublikation eines umfassenden Preisindex im Jahr 1923. Vorher war der Wert der Währung gegen eine bestimmte Menge von Gold fixiert. Und tatsächlich findet Fishers Indexregime auch heute immer noch Anwendung in der Geldpolitik.

Das Indexregime – Messung der Preisniveaustabilität

Die Messung von Preisniveaustabilität verlangt die Lösung des Indexzahlenproblems. Die beiden bekanntesten Arten von Indizes für die Messung von Änderungen der Kaufkraft des Geldes werden nach zwei Statistikern benannt, die in deren Entwicklung involviert waren: Ernst Louis Étienne Laspeyres (1834–1913) und Hermann Paasche (1851–1925).

Die gebräuchlichste Indexformel ist der Index nach Laspeyres. Er misst die Änderung der Kosten des Kaufs eines bestimmten Korbes von Gütern und Dienstleistungen in der laufenden Periode, verglichen mit einer konkreten Basisperiode. Die Preise werden dabei mit den Mengen der *Basis*periode gewichtet:

$$\text{Index nach Laspeyres} = \frac{\sum (P_{i,t}Q_{i,0})}{\sum (P_{i,0}Q_{i,0})},$$

wobei

$P_{i,t}$ = Preis des Gutes i (i = 1, ..., m) in Periode t,
$P_{i,0}$ = Preis des Gutes i (i = 1, ..., m) in der Basisperiode und
$Q_{i,0}$ = Menge des Gutes i (i = 1, ..., m), gekauft in der Basisperiode.

Der Paasche-Index vergleicht die Kosten des Kaufs eines gegebenen Korbes von Gütern und Dienstleistungen mit den Kosten des Kaufs desselben Korbes in einer früheren Periode. Die Preise werden dabei mit den Mengen der *laufenden* Periode gewichtet. Dies bedeutet, dass die Gewichte für jeden Zeitpunkt seiner Berechnung *unterschiedlich* ausfallen. Die Formel für den Paasche-Index lautet wie folgt:

$$\text{Index nach Paasche} = \frac{\sum (P_{i,t}Q_{i,t})}{\sum (P_{i,0}Q_{i,t})},$$

wobei

$P_{i,t}$ = Preis des Gutes i (i = 1, ..., m) in Periode t,
$P_{i,0}$ = Preis des Gutes i (i = 1, ..., m) in der Basisperiode und
$Q_{i,t}$ = Menge des Gutes i (i = 1, ..., m), gekauft in Periode t.

Der Paasche-Index, der eine Formel mit sich ändernden Gewichten darstellt, verlangt die Sammlung von substanziellen (zusätzlichen) Daten, da Informationen über die Konsummuster der Individuen und über die relevanten Preise laufend erhoben werden müssen. Üblicherweise verhindert der für die Verarbeitung laufender Ausgaben-Daten und die Revision der Gewichte notwendige Zeitaufwand häufig die rechtzeitige Bereitstellung eines zeitnahen Paasche-Index.

Wegen der unterschiedlichen Gewichtungen im Laspeyres-Index und dem Paasche-Index liefern die beiden Indizes auch unterschiedliche Ergebnisse für dieselbe Betrachtungsperiode. Dies gilt insbesondere, da sich im realen Leben die Konsummuster von

Periode zu Periode ändern, sobald neue Güter(varianten) verfügbar sind und sich Präferenzen ändern. Derartige Änderungen erfolgen häufig auch als Reaktion auf Preisänderungen. Die Käufer versuchen, ihre Gesamtausgaben konstant zu halten und dabei denselben Lebensstandard beizubehalten. Erwartungsgemäß kaufen sie dann zunehmend die Güter und Dienstleistungen (sofern diese ein Substitut darstellen), die billiger als in der Basisperiode geworden sind.

Wenn dies der Fall ist, werden Güter, deren Preise stärker gestiegen sind als beim Durchschnitt aller Güter, in der laufenden Periode tendenziell niedrigere Gewichte haben als in der Basisperiode. Somit werden diese Güter beim Paasche-Index ein vergleichsweise kleineres Gewicht als im Laspeyres-Index haben. Dies bedeutet, dass der Paasche-Index dazu neigt, geringere Änderungen des Preisniveaus anzuzeigen als ein Laspeyres-Index, wenn die Preise ansteigen (und natürlich höhere, wenn die Preise fallen).

In der Praxis sollten der Laspeyres-Index und der Paasche-Index recht ähnliche Ergebnisse bringen, falls die berücksichtigten Perioden nicht zu weit voneinander entfernt sind (sagen wir, maximal einen Monat). Je größer der Zeitraum zwischen den beiden Perioden ist, desto mehr Spielraum gibt es für voneinander abweichende Preis- und Mengenentwicklungen und Unterschiede der Inflationsmessungen durch Laspeyres- und den Paasche-Index.

„Headline" Inflation versus Kerninflationsrate

In der Vergangenheit wurde die Entscheidung, einen Verbraucherpreisindex (VPI) zur Messung der Inflation zu verwenden, kontrovers diskutiert (Motely 1997; Deutsche Bundesbank 2000). Es wurde argumentiert, dass „Headline" Änderungen des VPI die tatsächliche Inflation überzeichnen. Zum Beispiel können die Preise saisonaler Nahrungsmittel und Energiepreise (von Monat zu Monat) stark schwanken – häufig aufgrund von temporären Angebots- und Nachfragekonstellationen. In dieser Hinsicht seien Maße der „Headline" Inflation, die volatile Nahrungsmittel- und Energiepreiskomponenten beinhalten, weniger repräsentativ für die „wahre" Inflation. Es wird deshalb weiter argumentiert, dass die zugrunde liegende Inflation („underlying inflation") viel besser durch ein Maß der Kerninflation erfasst werden kann (Bryan und Cecchetti 1994).

Die Diskussion über die Betrachtung der „Headline" oder der Kerninflation ist insbesondere dann für die Durchführung der Geldpolitik wichtig, wenn die Änderungen des Zinssatzes als Reaktion auf Abweichungen der Inflation vom angestrebten Zielwert erfolgen (Mishkin 2007). Zum Beispiel besteht ein gängiges Argument zugunsten der Vernachlässigung der Veränderung von Nahrungsmittel- und Energiepreisen in Inflationsmessziffern darin, dass sie sich trotz ihrer substanziellen Auswirkungen auf den Gesamtindex häufig und schnell in ihrer Wirkung umkehren (einmalige Auswirkungen) und desshalb einfach keine geldpolitische Reaktion notwendig machen.

Negative (positive) Angebotsschocks sind plötzliche Anstiege (Rückgänge) der durchschnittlichen Güterpreise. Zum Beispiel kann erwartet werden, dass ein negativer angebotsseitiger Schock wie z. B. ein ungewöhnlich trockenes oder feuchtes Wetter oder Rückgänge der Ölexporte durch die OPEC das gesamtwirtschaftliche Preisniveau erhöht, nicht aber in einen anhaltenden Anstieg des gesamtwirtschaftlichen Preisniveaus mündet. Falls das Ziel der Geldpolitik die Inflationskontrolle ist, könnte Sie diesen einmaligen Änderungen des Preisniveaus (und folglich der Kaufkraft des Geldes) also ruhig „vergeben" und sich von jeglicher korrigierender geldpolitischer Aktivität fernhalten.

Aus dieser Sicht wird das Interesse der Politiker an der Kerninflation durch die Einsicht getrieben, dass die Kerninflation ein (viel) angemesseneres Ziel für die Geldpolitik darstellt, da Kerninflation den zugrunde liegenden trendmäßigen Verlust der Kaufkraft des Geldes – der wiederum entscheidend durch monetäre Entwicklungen getrieben wird – (viel) besser misst als ein Maß der „Headline" Inflation (Bryan et al. 1997; Cecchetti 1997).

Darüber hinaus sind Ökonomen und Geldpolitiker am Konzept der Kerninflation interessiert, da ein derartiges Maß die Komponente von allgemeinen Änderungen des Preisniveaus nachzeichnet, die erwartungsgemäß über einen *längeren* Zeithorizont anhalten werden (verglichen mit Änderungen des „Headline" Preisniveaus). Vor diesem Hintergrund, hofft man, dass Maße für die Kerninflation für kurz- und mittelfristige Inflationsprognosen von Nutzen sind (Blinder 1997; Bryan und Cecchetti 1993, 1994).

Der Startpunkt für nahezu alle Maße der Kerninflation ist die Beobachtung, dass Änderungen der „Headline" Inflation zwischen zwei Perioden aus einer Trend- und einer vorübergehenden Komponente bestehen, die nicht dauerhafte Auswirkungen widerspiegelt:[1]

$$\Delta P_t^{\text{headline}} = \Delta P_t^{\text{trend}} + \varepsilon_t, \tag{26.1}$$

wobei Δ eine Änderung gegenüber der vorherigen Periode bezeichnet (sagen wir, auf monatlicher oder jährlicher Basis), P den Preisindex repräsentiert und ε den üblichen Fehlerterm darstellt. Temporäre Störungen der „Headline" Inflation können durch Auswirkungen von Wetterbedingungen (Trockenperioden oder Sturmfluten) auf Güterpreise verursacht werden, während die Trendkomponente anhaltende Änderungen der „Headline" Inflation widerspiegelt. Selbstverständlich besteht die Herausforderung darin, Maße für die Kerninflation zu entwickeln, die die temporären von den dauerhaften Einflüssen trennen (die also die „Verunreinigungen" beseitigen) und nur die dauerhafte Komponente herausdestillieren.[2]

Prognosegüte der Kerninflation

Man könnte argumentieren, dass die heutige *Kern*inflationsrate *mehr* Information über den zukünftigen Trend der „Headline" Inflation beinhaltet als die gesamte Inflation selber, falls die Kerninflation den zugrunde liegenden Trend der „Headline" Inflation reflektiert (Laflèche und Armour 2006). Obendrein könnte man die Ansicht vertreten, dass jegliche Divergenzen zwischen der „Headline" Inflation und der Kerninflation temporär sind (und

[1] Roger (1998) enthält eine Diskussion der verschiedenen Sichtweisen der Kerninflation. Wynne (1999) befasst sich ebenfalls ausführlich mit diesem Problembereich.

[2] Belke und Polleit (2009), Tab. 5.1, liefern einen ausführlichen Überblick über die in der Praxis gebräuchlichsten Konzepte.

deshalb früher oder später korrigiert und eliminiert werden): Die Inflation wird dann kurz-, aber nicht langfristig von der Kerninflation abweichen.

Ein üblicher Weg, die Hypothese zu testen, dass *Abweichungen* zwischen „Headline" Inflation und Kerninflation eher *temporär* als permanent sind, besteht darin, die folgenden Gleichungen zu schätzen (Hogan et al. 2001):

$$(\pi_{t+h} - \pi_t) = \alpha + \beta(\pi_t^{core} - \pi_t) + u_t, \tag{26.2}$$

und

$$(\pi_{t+h}^{core} - \pi_t^{core}) = a + B(\pi_t - \pi_t^{core}) + v_t, \tag{26.3}$$

wobei $\pi_{t+h} - \pi_t$ die Änderung der „Headline" Inflation von Periode t bis t + h ist, $\pi_{t+h}^{core} - \pi_t^{core}$ die Änderung der Kerninflation darstellt, und u und v zufällige Fehlerterme darstellen. Falls sich z. B. die Kerninflationsrate oberhalb der „Headline" Inflation befindet, muss die „Headline" Inflation von einem spezifischen Schock getroffen worden sein, der sich später wieder umkehren wird. Die „Headline" Inflation sollte daher in der Zukunft ansteigen ($\beta > 0$), aber die Kerninflation sollte hiervon unberührt bleiben ($B = 0$).

Falls die Restriktionen $\alpha = 0$ und $\beta = 1$ gelten, wird Gl. 26.2 unmittelbar zu:

$$\pi_{t+h} = \pi_t^{core} + u_t. \tag{26.4}$$

In diesem Fall wäre die laufende Kerninflationsrate ein unverzerrter *Prediktor* für die zukünftige „Headline" Inflation. Wenn dies der Fall ist, würde ein Anstieg der laufenden Kerninflation (über das Niveau hinaus, das aus der Perspektive der Geldpolitik als akzeptabel bezeichnet würde) tatsächlich eine restriktive Geldpolitik nahelegen, selbst dann wenn die „Headline" Inflation in der laufenden Periode immer noch niedrig ist, um letztere vor einem (zu schnellen) Anstieg zu bewahren.

Bedeutung der Kerninflation in der Geldpolitik

Eine stattliche Zahl von Zentralbanken verwendet das Konzept der Kerninflation, um die angemessene Ausrichtung ihrer Geldpolitiken abzuleiten (Tab. 26.1). Jedoch weisen auch Maße der Kerninflation spezifisch Einschränkungen ihrer Aussagefähigkeit auf. Die Kerninflation kann über den wirklichen Inflationstrend allerdings auch fehlerhafte Angaben machen, da ein derartiges Maß nicht allen Arten von Schocks Rechnung tragen kann. In der Tat: das Identifizieren der Faktoren, die Änderungen des umfassenden VPI (in der Zukunft) treiben, kann eine recht anspruchsvolle Aufgabe darstellen.

Zum Beispiel kann ein starker Anstieg der Ölpreise die „Headline" Inflation in die Höhe treiben, aber Maße der Kerninflation dabei mehr oder weniger unverändert lassen. Falls sich Tarifverhandlungsparteien als Reaktion auf höhere Energiepreise auf höhere Löhne einigen und Unternehmen höhere Inputkosten auf die Güterpreise überwälzen können, könnte ein Maß gegenwärtiger Kerninflation bei Nichtberücksichtigung von Lohn-Preis-Spiralen eine stark fragwürdige Indikation darüber geben, in welche Richtung sich die umfassend gemessene Inflation in Zukunft bewegen wird.

Tab. 26.1 Kerninflationsmaße der Zentralbanken (Beispiele). (Quelle: Cutler 2001, p. 4; publiziert gemeinsam mit dem „Headline" Inflationsmaß und Zielintervall im Monetary Policy Report)

Zentralbank	Maß für Kerninflation	Use
Bank of Canada	CPI ohne Nahrungsmittel Energie und indirekte Steuern	Indikator
Bank of England	Einzelhandelspreise ohne Hypothekenzinssätze	Zielgröße
US Federal Reserve Board	CPI ohne Energie und Nahrungsmittel	Indikator
Europäische Zentralbank	HICP ohne Energie und Nahrungsmittel	Indikator
Reserve Bank of New Zealand	CPI ohne Kreditdienstleistungen	Indikator
Reserve Bank of Australia	Verschiedene Größen	Indikator
Swedish Riksbank	CPI ohne Hypothekenzinssätze, indirekte Steuern und Subventionen	Indikator
Bank of Thailand	CPI ohne nicht verarbeitete Lebensmittel und Energie	Zielgröße

In diesem Zusammenhang sollte betont werden, dass es bis jetzt zu keiner Übereinkunft bezüglich des „richtigen" Maßes der Kerninflation gekommen ist. Vielmehr ist die Definition der Kerninflation ein recht willkürliches Unterfangen. Darüber hinaus sollte jeder Unterschied zwischen der Kern- und der „Headline" Inflation kurzlebig sein, da die Kerninflation volatilen Komponenten weniger Beachtung schenkt als die „Headline" Inflation. Insofern ist die Erstellung eines Maßes für die Kerninflation weniger eine konzeptionelle als eine empirische Frage.

Grundsätzlich ist die Frage nach dem richtigen Maß für die Kerninflation zu vernachlässigen, wenn die Inflation keine relevante Größe für geldpolitische Entscheidungen darstellt. Falls also die Zentralbank ihre Zinsentscheidungen von sogenannten Zwischenzielvariablen (wie dem Geldmengenwachstum) und nicht von der Endzielgröße (also der Preisniveaustabilität) abhängig macht, entfällt die Notwendigkeit für eine Unterscheidung der Inflation in „Headline" und Kerninflation.

Definitionen der Preisniveaustabilität

In den vergangenen Jahren haben viele Zentralbanken explizit numerische Ziele für ihr Ziel der Wahrung von Preisniveaustabilität angekündigt. Allgemein ausgedrückt traut man der Ankündigung einer numerischen oder quantitativen Zielvariable der Geldpolitik zu, ein machtvolles Instrument zur Verankerung der *Inflationserwartungen* der Marktakteure zu sein und deshalb einen verlässlichen *Referenzpunkt* für die Koordinierung von Preisen und Löhnen in der Volkswirtschaft darzustellen.

Zum Beispiel analysieren Orphanides und Williams (2003) den Effekt der Ankündigung eines numerischen Inflationsziels in einem Modell, in dem die Agenten unvollständiges Wissen über die Struktur der Volkswirtschaft haben und Marktakteure einem Prozess des adaptiven Lernens folgen. In einem derartigen Rahmen kann die effektive *Kommunikation* eines expliziten Inflationsziels (und einer starken Betonung des Primats des Ziels der Preisniveaustabilität) durch die Zentralbank in der Tat dazu beitragen, die Inflationserwartungen zu verankern und hierdurch die mit unvollständigem Wissen einhergehenden Kosten zu verringern. Während in allen von den Autoren untersuchten Volkswirtschaften die Preisniveaustabilität als das primäre Ziel der Geldpolitik angesehen wird, variieren die aktuellen Praktiken der Definition und Ankündigung der Preisniveaustabilitätsziele über die Länder. Unter Rückgriff auf die angekündigten Definitionen von Preisniveaustabilität kann man zwischen den folgenden *Arrangements* unterscheiden:

- Zentralbanken, die kein quantitatives *Ziel* angekündigt haben;
- Zentralbanken die eine quantitative Definition der *Preisniveaustabilität* bereit halten; und
- Zentralbanken, die *Inflationsziele* spezifizieren und veröffentlichen.[3]

Die US Federal Reserve hat beispielsweise auf eine explizite Ankündigung ihrer Definition von Preisniveaustabilität verzichtet. Der ehemalige US-Fed Chairman Alan Greenspan (2001) führt hierzu aus: „By price stability, however, I do not refer to a single number as measured by a particular price index. In fact, it has become increasingly difficult to pin down the notion of what constitutes a stable general price level“ [...]. „For all these conceptual uncertainties and measurement problems, a specific numerical inflation target would represent an unhelpful and false precision. Rather price stability is best thought as an environment in which inflation is so low and stable over time that it does not materially enter into the decisions of households and firms.“

Im Gegensatz dazu hat die Europäische Zentralbank (EZB) große Anstrengungen unternommen, eine präzise *Definition* davon zu geben, was sie unter Preisniveaustabilität versteht – dem primären Ziel der EZB, das im Maastrichter Vertrag festgehalten ist. Schon zu Beginn der Europäischen Währungsunion hatte der EZB-Rat seine quantitative Definition der *Preisniveaustabilität* spezifiziert: „Price stability is defined as a year-on-year increase in the Harmonised Index of Consumer Prices (HICP) for the euro area of below 2 %“. Im Mai 2003 stellte der EZB-Rat klar, dass er bei der Verfolgung des Ziels der Preisniveaustabilität darauf abzielt, die Inflation mittelfristig unterhalb von, aber nahe *an* 2 % halten will, sodass Deflation nicht mit Preisniveaustabilität vereinbar ist. Die explizite Ankündigung des Preisniveaustabilitätsziels soll die Geldpolitik der EZB transparent machen. Sie soll eine klare und quantifizierbare Messlatte liefern, anhand derer die EZB *rechenschaftspflichtig* gehalten werden kann („Accountability“). Gleichzeitig soll sie eine Leitschnur für die Öffentlichkeit darstellen, anhand derer sie Erwartungen über zukünftige Preisentwicklungen bilden kann.

Viele Zentralbanken lassen zu, dass die Inflation sich innerhalb eines bestimmten *Bandes* oder Intervalls bewegt. Die Ankündigung eines Intervalls –anstelle eines Punktwertes – für akzeptable Inflation signalisiert Unsicherheit über zukünftige Preisentwicklungen und trägt der unvollständigen *Kontrollierbarkeit* von Inflation durch die Geldpolitik bei kurzfristigem Zeithorizont Rechnung. In der Tat gibt die Vorgabe eines Bandes für die

[3] Einen Überblick über die Definitionen von Preisstabilität der internationalen Zentralbanken liefern z. B. Castelnuovo et al. (2003, S. 10), und Tab. 5.4 in Belke und Polleit (2009).

Zielinflation der Geldpolitik mehr Flexibilität, moderate und graduelle Änderungen (einmalige Schocks) der Inflation über die Zeit abzupuffern („Escape clause").

Ein möglicher Nachteil eines Intervalls für das Inflationsziel besteht darin, dass die Unter- und Obergrenzen des Bandes als harte Grenzen angesehen werden: dies könnte Marktakteure dazu verleiten zu glauben, dass es sich dabei um *Schwellenwerte* handelt, deren Überschreiten quasi-automatische Politikreaktionen auslöst. In dieser Beziehung mag ein *Punktziel* vorteilhafter sein. Darüber hinaus bietet ein Punktziel einen präziseren Bezugspunkt („focal point") für die Bildung von Markterwartungen zukünftiger (durchschnittlicher) Inflation.

Über kurze Zeitperioden können Abweichungen von einem Punktziel durchaus substanziell sein – mit möglichen negativen Auswirkungen auf die Glaubwürdigkeit der Zentralbank. Währenddessen erhöht die Verwendung eines Intervalls die Wahrscheinlichkeit, dass die Inflation innerhalb des angekündigten Ziels verbleibt. Diese Sichtweise wird jedoch kontrovers diskutiert. Bernanke et al. (1999) argumentieren, dass die Verfehlung eines Intervallziels (was unausweichlich von Zeit zu Zeit stattfinden dürfte) von der Öffentlichkeit weitestgehend als ein gravierenderes Politikversagen wahrgenommen werden dürfte als die Verfehlung eines Punktziels (was laufend und unausweichlich passiert).

Darüber hinaus fokussiert die Öffentlichkeit bei Vorliegen eines Inflationsziel-Intervalls ihre Aufmerksamkeit auf die Frage, ob sich die laufende Inflationsrate unter- oder oberhalb des vorher angekündigten Intervalls bewegt, statt sich auf das Ausmaß der Abweichungen vom Mittelpunkt des Intervalls zu konzentrieren. Dies wiederum mag den Druck auf die Zentralbank erhöhen, entschieden so zu agieren, dass die Inflation (zu jeder Zeit) innerhalb des vorher angekündigten Intervalls gehalten wird. Die Konsequenz wäre eine Geldpolitik, die unter Umständen exzessive Volatilität in der realen Volkswirtschaft erzeugen kann.

Ein Grund der häufig zur Verteidigung eines Inflationsintervalls angeführt wird, ist die Notwendigkeit, die *Flexibilität* der Geldpolitik zu bewahren. Ein Intervall reflektiert das Anliegen der Zentralbank, für makroökonomische Stabilisierung zu sorgen und dabei besonders exzessive Schwankungen des Outputs und der Beschäftigung zu vermeiden, wenn sie auf Bedrohungen der Preisniveaustabilität reagiert.[4] Schließlich lässt sich argumentieren, dass ein Intervall immer dann vorzuziehen ist, wenn die Möglichkeit besteht, dass die optimale *Inflation* für die Volkswirtschaft *unbekannt* ist und zusätzlich (graduell und moderat) über die Zeit hinweg schwankt. Für eine ausführliche Diskussion des Themas „Inflationsziel versus Preisniveauziel" siehe Belke und Polleit (2009, Kap. 5).

[4] In dieser Beziehung besteht eine wichtige Verbindung zwischen der Wahl eines Intervalls und dem Horizont der Durchführung der Geldpolitik.

26.2 Ursachen der Inflation

Allgemein kann Inflation definiert werden als ein kontinuierlicher Anstieg des gesamtwirtschaftlichen Preisniveaus. Eine derartige Definition beinhaltet drei wichtige Merkmale. Erstens wird Inflation im Wesentlichen als ein *Prozess* gesehen. Als ein solcher bezieht sich Inflation *nicht* auf einen *einmaligen* Anstieg der Preise, sondern auf einen *anhaltenden* Anstieg der Preise über die Zeit.

Zweitens stellt Inflation nicht nur einen anhaltenden Anstieg des Preises eines besonderen Gutes, sondern einen anhaltenden Anstieg *sämtlicher* Preise dar. Natürlich, selbst wenn das gesamte Niveau der Preise über die Zeit konstant ist, steigen einige Güterpreise typischerweise an, während andere Güterpreise fallen – jeweils in Reaktion auf Änderungen von Angebot und Nachfrage. Aber Inflation tritt nur dann auf, wenn die Preise der meisten oder sogar von allen Gütern und Dienstleistungen über die Zeit hinweg steigen.

Drittens ist die vorstehende Definition von Inflation neutral in dem Sinne, dass keine explizite *Ursache* für einen anhaltenden Anstiegs des gesamtwirtschaftlichen Preisniveaus genannt wird. Zum Beispiel kann ein exzessiver Anstieg des Geldangebots oder eine das Angebot übersteigende Nachfrage für Inflation verantwortlich gemacht werden. Diese so genannten kausalen *Definitionen* der Inflation resultieren üblicherweise in der Formulierung von Politiken der Inflationsbekämpfung.

Im Folgenden werden die Gründe von Inflation, wie sie in der monetären Ökonomie diskutiert werden, im Detail analysiert. Zu diesem Zweck untersuchen wir die monetäre Inflationstheorie (Abschn. 26.2.1), die nicht-monetäre Inflationstheorie (Abschn. 26.2.2) und, als ein Spezialfall, die fiskalische Theorie des Preisniveaus (Abschn. 26.2.3).

26.2.1 Monetäre Inflationstheorie

Die Verbindung zwischen Geldmengenwachstum und Inflation stellt ein Beispiel für eine der grundlegenden monetaristischen Thesen dar, wie sie durch Milton Friedmans berühmtes Diktum zum Ausdruck kommt: Inflation ist immer und überall ein monetäres Phänomen. Ein anhaltendes Geldmengenwachstum über das Wachstum des Outputs hinaus, bereinigt um die trendmäßige Änderung der Einkommens-Umlaufgeschwindigkeit des Geldes, produziert Inflation. Um die Inflation zu stoppen, muss das Geldmengenwachstum mit der Wachstumsrate des realen Outputs, bereinigt um die trendmäßige Änderung der der Umlaufgeschwindigkeit, in Einklang gebracht werden. Dieser Gedankengang kann durch die Verkehrsgleichung formalisiert.

Die Verkehrsgleichung
Die Verkehrsgleichung kann wie folgt formalisiert dargestellt werden:

$$M \cdot V = Y \cdot P, \tag{26.5}$$

wobei M für die Geldmenge steht, V die Einkommens-Umlaufgeschwindigkeit des Geldes und Y bzw. P den realen Output bzw. das Preisniveau bezeichnen. Verwendet man logarithmierte Werte (angedeutet durch Kleinbuchstaben) und Differenzen (Δ) kann man die Veränderung des Preisniveaus folgendermaßen darstellen:

$$\Delta p = \Delta m + \Delta v - \Delta y. \tag{26.6}$$

Gemäß Gl. 26.6 ist Inflation – definiert als ein anhaltender Anstieg des Preisniveaus – eine Funktion des Geldmengenwachstums, bereinigt um die Trendänderung der Einkommens-Umlaufgeschwindigkeit des Geldes, abzüglich des realen Outputwachstums. Falls die Einkommens-Umlaufgeschwindigkeit des Geldes über die Zeit konstant ist, d. h. Δv Null ist, entsteht Inflation nur dann, wenn der Bestand an Geld stärker wächst als der reale Output expandiert.

Die (neo-)klassische makroökonomische Theorie betont eine ganze Reihe von langfristigen Kerneigenschaften der Volkswirtschaft, einschließlich der Neutralität (und sogar der Superneutralität) des Geldes *und* der Quantitätstheorie des *Geldes*. Die Neutralitätshypothese gilt, falls die Gleichgewichtswerte der realen Variablen in der langen Frist unabhängig vom Niveau des Geldangebots sind. Superneutralität liegt vor, wenn die Wachstumsrate des Outputs langfristig unabhängig von der Wachstumsrate des Geldangebots ist.

Die Quantitätstheorie des Geldes besagt, dass sich Preise *proportional* zu Änderungen des Geldangebots ändern, sodass Inflation unmittelbar an das Geldmengenwachstum gekoppelt ist. Dabei wird angenommen, dass die Einkommens-Umlaufgeschwindigkeit des Geldes im Zeitablauf konstant ist und sich der reale Output durchgehend auf seinem Gleichgewichtsniveau befindet. Zusammen genommen identifizieren diese Lehrsätze, was die Geldpolitik erreichen kann und was nicht. Dabei bezeichnen sie genau die *Verantwortlichkeiten* von Zentralbanken: Zentralbanken können in der langen Frist weder das Niveau, noch die Wachstumstrate des Outputs beeinflussen, aber sie bestimmen das Niveau der Inflation.

Es gibt jedoch auch Denkschulen der ökonomischen Theorie – wie z. B. die Vertreter zeitpfadabhängiger (d. h. hysteretischer) Arbeitslosenraten, die die Gültigkeit der Hypothese der langfristigen Neutralität des Geldes bestreiten, d. h. dass eine Injektion zusätzlichen Geldes in die Volkswirtschaft langfristig realwirtschaftliche Größen nicht beeinflusst.[5] Ein einmaliger, aber permanenter Anstieg der Geldmenge wird (gemäß der Quantitätstheorie) die Preise gegebenenfalls proportional zum Anstieg der Geldmenge erhöhen, und die Realisationen sämtlicher realwirtschaftlicher Variablen werden auf ihre ursprünglichen Werte zurückkehren. Genau dies macht die Hypothese der langfristigen Neutralität des Geldes aus.

[5] *Hysterese* ist ein Begriff aus dem Griechischen und bedeutet ein Zurückbleiben der Wirkung hinter ihrer Ursache. Es ist mit dem Begriff der Remanenz verwandt. Für Beispiele im Rahmen der Phillipskurvendebatte vgl. Belke und Polleit (2009, S. 394 ff.).

Gemäß der Hypothese der langfristigen Superneutralität des Geldes beeinflusst ein permanenter Anstieg der Wachstumsrate der Geldmenge (von, sagen wir, 5 % p. a. auf 7 % p. a.) den realen Output in der langen Frist nicht. Natürlich kann dabei kurzfristig ein gewisser Effekt auf realwirtschaftliche Größen auftreten, da Marktakteure ihre Dispositionen an die höhere Geldmengenwachstumsrate anpassen. Aber in der langen Frist hat eine Erhöhung der Geldmengenwachstumsrate keinerlei Effekt auf realwirtschaftliche Größen. Für eine ausführliche Diskussion der Super-Neutralität des Geldes vgl. Belke und Polleit (2009, S. 350 ff.).

Milton Friedmans mittlerweile berühmtes Verdikt, dass Inflation immer und überall ein monetäres Phänomen ist, beruht auf einer Reihe von Annahmen. Erstens und in Übereinstimmung mit der (neo-)klassischen Denktradition ist der reale Output unabhängig von der Höhe des Geldangebots. Er wird alleine bestimmt durch die Ausstattung („Endowment") der Volkswirtschaft (d. h. Arbeit, Kapital und technologischer Fortschritt). Ohne makropolitische Intervention verharren Output und Beschäftigung im Gleichgewicht.[6]

Zweitens, gegeben der Zeit, die eine Volkswirtschaft zur Anpassung an neue Entwicklungen braucht, ist die Einkommens-Umlaufgeschwindigkeit des Geldes nicht zwangsläufig konstant, sondern schwankt kurz- bis mittelfristig um einen bestimmten Trendwert. Somit wird ein Anstieg der Geldmenge das Preisniveau nicht unmittelbar, sondern erst langfristig erhöhen, was die langfristige Neutralität des Geldes widerspiegelt. Diese wiederum stellt einen wesentlichen Grundsatz der Friedman'schen Interpretation der Quantitätstheorie dar.

Drittens wird angenommen, dass das Geldangebot M exogen ist und deshalb unter vollständiger *Kontrolle* der Zentralbank ist: in einer Welt, in der nur staatlich kontrolliertes Geld zirkuliert, ist es in der Tat der Staat oder sein Agent, die Zentralbank, die die ausgegebenen Zahlungsmittel kontrolliert.

Und viertens impliziert Friedmans Monetarismus, dass Änderungen der Geldmenge für Änderungen des nominalen Einkommens verantwortlich sind: die Kausalität erstreckt sich dabei von MV auf PY. Jedoch spezifizierte Friedman nicht, in welchem Ausmaß der reale Output und/oder die Preise kurz- bis mittelfristig durch einen Anstieg des Geldangebots beeinflusst werden. Da er annimmt, dass der Output um sein Potenzial herum expandiert, und die Einkommens-Umlaufgeschwindigkeit eine im Zeitablauf konstante Funktion einer Vielzahl von Variablen darstellt, sollte ein dauerhafter Anstieg der Geldmenge über den Output hinaus eine Überschussgeldmenge erzeugen und zu Inflation führen.

Geldmengenwachstum und Inflation

Die Idee, dass dauerhafte Änderungen des Preisniveaus mit Änderungen des Geldangebots in Verbindung gebracht werden, ist eine der ältesten und etabliertesten Thesen in der Volkswirtschaftslehre. Eine frühe und einflussreiche Analyse erschien vor fast 250 Jahren:

[6] Man beachte Friedmans Weigerung anzunehmen, dass der Output konstant ist bzw. mit einer konstanten Rate wächst. Hierin ist auch ein Hauptgrund dafür zu sehen, dass seine Theorie nicht bloß eine pure Neuauflage der Quantitätstheorie darstellt.

David Humes Essay aus dem Jahr 1752 „Of Money“ analysiert die Verbindung zwischen dem Anstieg der Geldmenge und dem folgenden Anstieg der Preise. Ökonomen seit Hume haben wiederholt beobachtet, dass anhaltende Anstiege der Preise mit Anstiegen der nominalen Geldmenge verbunden sind.

Im Rahmen aktuellerer Analysen haben Lucas (1980), Dwyer und Hafer (1988), McCandless und Weber (1995), Dewald (1998), Rolnick und Weber (1995, 1997), Dwyer und Hafner (1998) und andere gefunden, dass Änderungen der nominalen Geldmenge und des Preisniveaus eng miteinander verbunden sind. Tatsächlich haben einige Ökonomen aus dieser Evidenz gefolgert, dass das Problem der Inflationskontrolle eigentlich bereits erfolgreich gelöst wurde – zumindest in der Theorie (Lucas 1986): mit Blick auf die starke empirische Verbindung zwischen Geldmengenwachstum und Inflation besteht eine nahe liegende Strategie zur Wahrung niedriger Inflation darin, eine Wachstumsrate der Geldmenge zu wählen, die mit der gewünschten langfristigen Inflationsrate übereinstimmt.

Dwyer und Hafer (1999) verwenden Daten unter Einbeziehung der Beobachtungen des Geldmengenwachstums relativ zum Einkommen und der Inflation für alle Länder, für die Daten verfügbar waren. In der Studie werden Daten für zwei Fünf-Jahres-Perioden, nämlich 1987 bis 1992 und 1992 bis 1997, untersucht. Die Autoren identifizieren eine positive proportionale Beziehung zwischen dem Preisniveau und der Geldmenge relativ zum Realeinkommen. Die Beziehung zwischen Inflation und Geldmengenwachstum wird in den Daten generell für längere Perioden und für viele Länder auch über kürzere Perioden evident.

In seinem Essay „No Money no Inflation“ folgert Mervyn King (2002) dann auch entsprechend: „Evidence of the differences in inflation across countries, and changes in inflation over time, reveal the intimate link between money and prices. Economists and central bankers understand this link, but conduct their conversations in terms of interest rates and not the quantity of money. In large part, this is because unpredictable shifts in the demand for money mean that central banks choose to set interest rates and allow the public to determine the quantity of money which is supplied elastically at the given interest rate.“

Trotz ihrer schon lang währenden Geschichte und substanzieller positiver Evidenz ist die postulierte Beziehung zwischen Geldmengenwachstum und Inflation umstritten geblieben. Einige Ökonomen mögen sogar behaupten, dass das Geldmengenwachstum größtenteils, wenn nicht gar vollständig, irrelevant für Inflation ist. Eine mögliche Erklärung dieser Sichtweise besteht darin, dass die empirische Beziehung zwischen Geldmengenwachstum und Inflation nur für Zeitperioden bestätigt wird, die so lang sind, dass die Beziehung für Praktiker und Politiker, die mehr von Inflation im nächsten Monat oder Jahr betroffen sind, eigentlich weniger informativ sind.

Und in der Tat sollte man nicht erwarten, dass Änderungen des Geldangebots einen unmittelbaren Effekt auf die Höhe der Inflation haben. Denn trägt man Anpassungsprozessen Rechnung, kann es einige Zeit beanspruchen, bis dass sich eine Änderung des Geldangebots (vollständig) in Preisänderungen niedergeschlagen hat. *Wie lang ist aber der Zeithorizont, über den die Verbindung zwischen dem Geldmengenwachstum und der*

Verbraucherpreisinflation besteht? Um diese Frage zu beantworten, wird die Beziehung zwischen dem Geldmengenwachstum und der Höhe der Inflation im Folgenden über unterschiedliche Zeithorizonte untersucht (Belke und Polleit 2009; Fitzgerald 1999).

In Bezug auf die Eurozone zeigt Abb. 26.1 die Beziehung zwischen dem jährlichen Geldmengenwachstum, gemessen als jährliche Änderung im Bestand von M3, und jährlicher Verbraucherpreisinflation für die Periode von Januar 1971 bis August 2007.[7] Beide Zeitreihen weisen in den betrachteten Perioden eine positive Korrelation auf, was bedeutet, dass höheres Geldmengenwachstum mit höherer CPI Inflation einhergeht und umgekehrt. Die Beziehung scheint am ausgeprägtesten zu sein, wenn man gleitende 6-Jahres-Durchschnitte der Wachstumsraten verwendet, wobei der Korrelationskoeffizient dann

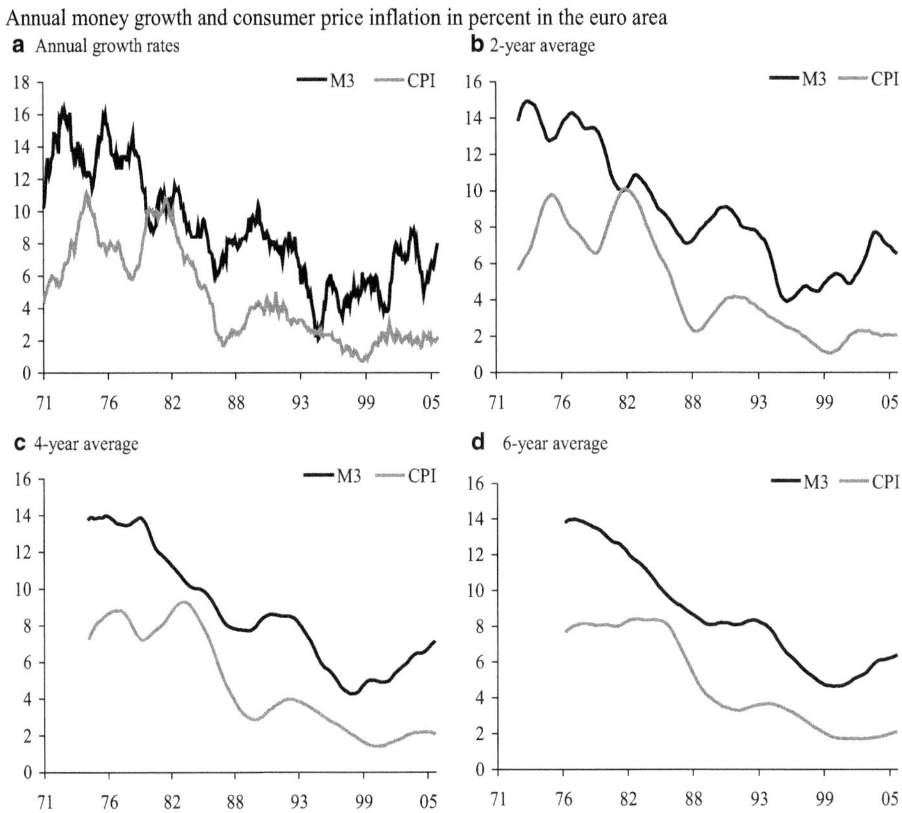

Abb. 26.1 Geldmengenwachstum und Inflation in der Eurozone. Der einfache Korrelationskoeffizient für die kontemporäre Relation beträgt 0,78 (**a**), für den 2-Jahres-Durchschnitt 0,83 (**b**), für den 4-Jahres-Durchschnitt 0,90 (**c**) und den 6-Jahres-Durchschnitt 0,93 (**d**). (Quelle: EZB, Thomson Financial, Bloomberg. Periode: Januar 1971 bis Juli 2005, Monatsdaten; eigene Berechnungen)

[7] Für analoge Darstellungen für die USA und Japan vgl. Belke und Polleit (2009), Abb. 5.8 und 5.10.

Werte von bis zu 0,93 annimmt. Wiederum weisen bei kurzfristiger Betrachtungsweise Änderungen in M3 keine enge empirische Beziehung zu Änderungen der Verbraucherpreise auf.

Die Analysen legen nahe, dass in den untersuchten Ländern in der längeren Frist eine vergleichsweise enge Beziehung zwischen den Verläufen des Geldmengenwachstums und der Verbraucherpreisinflation existiert. Dieser Befund sollte uns immer daran erinnern, dass die Vernachlässigung des Geldmengenwachstums über eine zu lange Zeit politisch unklug wäre. Während das Geldmengenwachstum zugegebenermaßen keine besonders nützliche Leitschnur für die kurzfristige Geldpolitik darstellt, legt die empirische Evidenz nahe, dass der langfristige Trend der Verbraucherpreisinflation durch die langfristige Wachstumsrate des Geldangebots bestimmt zu sein scheint. Demnach erweist es sich als sehr schwierig, die konventionelle Einsicht in Frage zu stellen, dass Inflation ein monetäres Phänomenon darstellt und dass Zentralbanken deshalb immer ein Auge auf die lange Frist haben sollten (vgl. beispielsweise Pill und Rautanen (2006)).

Natürlich hängt eine verlässliche Beziehung zwischen dem Wachstum des Geldangebots und der Verbraucherpreisinflation von einer (trend)stabilen Umlaufgeschwindigkeit des Geldes ab. Die US-Fed hat vor Kurzem die kurzfristige Beziehung zwischen Geldmengenwachstum und Inflation als viel zu unzuverlässig dargestellt, als dass das Geldmengenwachstum viel Aufmerksamkeit verdient hätte. Im Humphrey–Hawkins Report, der am 23. Februar 1999 vorgestellt wurde, bemerkte die Fed: „Given continued uncertainty (. . .), the [Federal Reserve Open Market] Committee would have little confidence that money growth within any particular range selected for the year would be associated with the economic performance itexpected or desired.“

Zwei Aspekte können den Befund eines langfristigen Zusammenhangs zwischen Geldmengenwachstum und CPI Inflation und dem Desinteresse von Politikern an Geldmengenwachstumsraten in Einklang bringen. Erstens verwenden die meisten Studien Daten für eine Vielzahl von Ländern und es wird manchmal betont, dass der Zusammenhang vor allem dadurch zustande kommt, da Länder mit hohen Geldmengenwachstumsraten und hoher Inflation vertreten sind. Es ist auch viel weniger klar, dass eine enge Beziehung innerhalb von Ländern mit vergleichsweise geringen Änderungen des Geldmengenwachstums vorliegt.

Zweitens: selbst wenn in der langen Frist eine enge Beziehung zwischen Geldmengenwachstum und Inflation existiert, entzieht sich diese Beziehung weitestgehend der Sichtbarkeit, wenn man vergleichsweise kurze Zeithorizonte wie ein Jahr oder ein Quartal wählt. Bei der Durchführung der Geldpolitik überwachen Zentralbanken die Verbraucherpreisinflation und möchten diese und andere makroökonomische Variablen über Jahres- und Quartalsintervalle beeinflussen. Eine enge Beziehung zwischen Geldmengenwachstum und Inflation, die nur über längere Zeithorizonte existiert, scheint deshalb für Politiker, die eine Inflationskontrolle über das nächste Quartal oder Jahr anstreben, wenig nützlich zu sein.

Für eine genauere Analyse des Informationsgehaltes der Geldmenge in einer Umgebung niedriger Inflation vgl. De Grauwe und Polan (2005) sowie Belke und Polleit (2009, S. 359 f.).

26.2.2 Nicht-monetäre Inflationstheorie

Die nicht-monetäre Inflationstheorie basiert auf der Nachfragesog- („demand pull") und der Kostendruck- („cost push") Erklärung der Inflation (Belke und Polleit 2009). Nachfragesog-Inflation tritt auf, wenn die gesamte Nachfrage nach Gütern und Dienstleistungen das gesamte Angebot übersteigt, was zu höheren Gleichgewichtpreisen führt. Sie kann ausgelöst werden durch verschiedene Faktoren wie z. B.:

- eine Abwertung der heimischen Währung, welche die preisliche Wettbewerbsfähigkeit der im Inland produzierten Güter und Dienstleistungen erhöht. Falls sich die Volkswirtschaft bereits in einem Zustand der Vollbeschäftigung befindet, erhöht der Anstieg der ausländischen Nachfrage nach heimischen Produkten die Preise.
- eine Naturkatastrophe, welche die Produktionskapazität der Volkswirtschaft verringert. Wenn dann die Nachfrage das Angebot an Gütern übersteigt, wird als Reaktion hierauf das gesamtwirtschaftliche Preisniveau nach oben gedrückt.

Kostendruck-Inflation hingegen ist eine Art von aufwärts gerichtetem Druck auf das gesamtwirtschaftliche Preisniveau, verursacht durch Anstiege der Kosten von Gütern und Dienstleistungen, für die keine geeignete Alternative verfügbar ist. Ein in diesem Zusammenhang häufig zitiertes Szenario ist ein *Ölpreisanstieg* wie in den frühen und den späten 1970er-Jahren. Auch andere Entwicklungen, die sich in Kostendruck-Inflation niederschlagen können, sind denkbar:

- Unternehmen überwälzen höhere Produktionskosten wie z. B. höhere Löhne auf die Produktpreise;
- der Staat erhöht Steuern für Umweltschutzzwecke, was wiederum die Kosten der Produktion und somit die Output-Preise erhöht;
- die heimische Währung wertet gegenüber wichtigen Handelspartnern ab, was zu höheren Importpreisen für Rohstoffe und Zwischengütern und Halbfertigwaren führt.

Die Abb. 26.2a und b illustrieren Kostendruck- und Nachfragesog-Auswirkungen auf das Preisniveau. Die aggregierte Nachfragefunktion (*AD*) hat annahmegemäß eine negative Steigung im Preisniveau-Output-Raum, während die aggregierte Angebotsfunktion (*AS*) eine positive Steigung aufweist.

Einmaliger Preisniveau-Effekt versus Inflation

Von besonderem Interesse in diesem Kontext ist die Frage: führen Kostendruck- und Nachfragesogeffekte zu einem anhaltenden Anstieg des gesamtwirtschaftlichen Preisni-

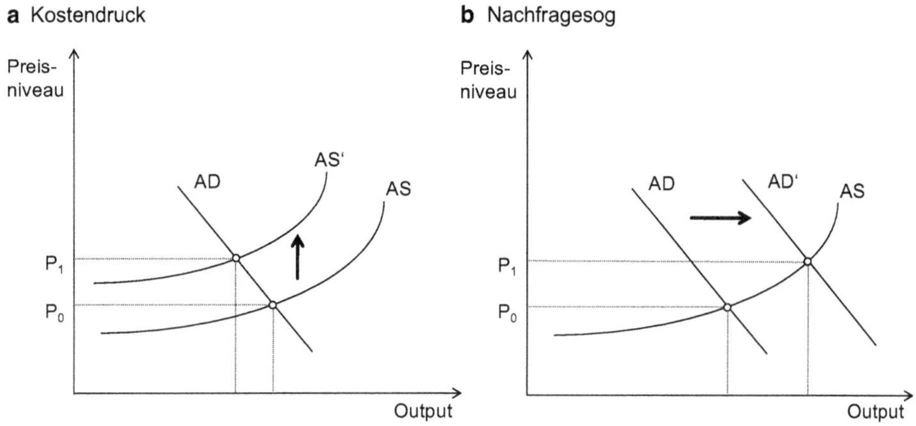

Abb. 26.2 Inflation – Kostendruck und Nachfragesog. **a** Beginnend mit P_0, bewegt ein (negativer) Kostendruckschock die aggregierte Angebotskurve (AS) nach oben auf AS′. Gegeben eine unveränderte Nachfrage, steigt das gleichgewichtige Preisniveau auf P_1, begleitet von einer Verringerung des Outputs. **b** Ein (positiver) Nachfragesog-Effekt bewegt die aggregierte Nachfrage (AD) Kurve nach rechts (AD′). Gegeben eine positiv geneigte AS-Kurve, steigt das gleichgewichtige Preisniveau auf P_1, begleitet durch einen Anstieg des gleichgewichtigen Outputs

veaus oder üben sie nur einen *vorübergehenden* Effekt aus? Im ersten Fall würden sich Kostendruck- und Nachfragesog als Quellen von Inflation herausstellen. Im zweiten Fall würden sie lediglich einen einmaligen Effekt auf das Preisniveau ausüben, ohne die Veränderungsrate der Preise über die Zeit hinweg zu beeinflussen.

Monetaristen argumentieren, dass Kostendruck- und Nachfragesog-Effekte per se nicht zu einem anhaltenden Anstieg des gesamtwirtschaftlichen Preisniveaus führen können. Denn aus ihrer Sicht implizieren Kostendruck und Nachfragesog lediglich *einmalige* Auswirkungen auf das gesamtwirtschaftliche Preisniveau – vorausgesetzt, diese Effekte werden nicht durch einen Anstieg des Geldbestandes gefüttert („akkomodiert"). Keynesianisch orientierte Ökonomen hingegen argumentieren eher, dass Kostendruck- und Nachfragesog-Entwicklungen ihrem Wesen nach inflationsfördernd wirken.

In diesem Kontext ist es hilfreich, einen *einmaligen* Anstieg mit einem *anhaltenden* Anstieg des Preisniveaus und deren Auswirkungen auf die Inflation zu vergleichen. Nehmen wir an, eine Periode entspreche einem Monat. Nehmen wir weiter an, das gesamtwirtschaftliches Preisniveau (nachdem es zuvor in den Perioden 1 bis 12 konstant bei, sagen wir, 100, gelegen habe) steige, verursacht durch einen Kostendruck- und/oder Nachfragesog-Effekt auf einen Wert von 160 in Periode (= Monat) 13 an. Es verharre dann anschließend auf diesem Niveau (Abb. 26.3a). Folglich springt die jährliche Änderung des Preisniveaus, nachdem sie zuvor Null betrug, von Periode 13 bis 24 auf 60 %, um danach wieder auf Null zurückzufallen (Abb. 26.3b). Technisch ausgedrückt, führt ein einmaliger (positiver) Nachfragesog- und/oder ein Kostendruck-Impuls nicht zu einem anhaltenden

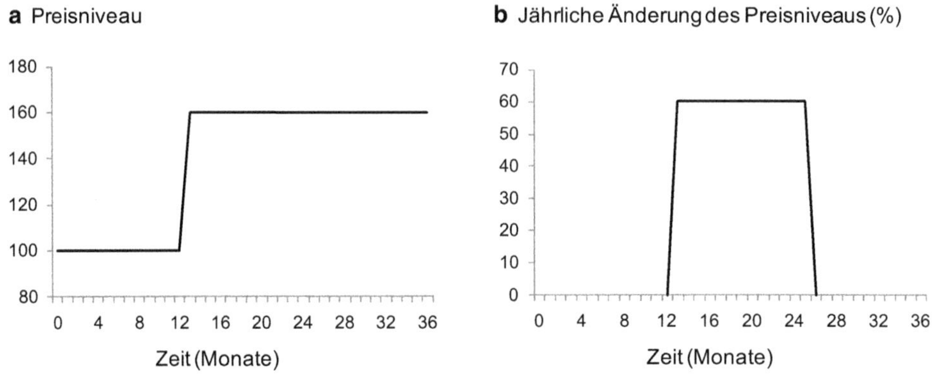

Abb. 26.3 Einmaliger Anstieg des Preisniveaus und der Inflation

Anstieg der jährlichen Änderung des gesamtwirtschaftlichen Preisniveaus, d. h. zu Inflation.

Im Gegensatz dazu wird in Abb. 26.4b ein *anhaltender* Anstieg des gesamtwirtschaftlichen Preisniveaus in Abb. 26.4a grafisch beschrieben. Eine derartige Entwicklung wäre mit anhaltend positiver Inflation konsistent; in diesem Fall ist die jährliche Änderung des gesamtwirtschaftlichen Preisniveaus über die betrachtete Periode hinweg positiv (siehe Abb. 26.4b). Diese Schlussfolgerung ist gültig, falls das gesamtwirtschaftliche Preisniveau mit einer konstanten Rate je Periode oder sogar mit im Zeitablauf zunehmender Geschwindigkeit ansteigt (wie durch die gestrichelten Linien in Abb. 26.4a und b angedeutet).

Viele Phänomene – wie z. B. eine Verringerung der Produktivität, ansteigende Ölpreise, wachsende Gewerkschaftsmacht und damit einhergehendes Lohnwachstum sowie ansteigende Importpreise – können kurzfristig aufwärts gerichteten Druck auf das Preisniveau ausüben. Jedoch ist es in den meisten Fällen nicht eindeutig, dass derartige Entwicklungen einen anhaltenden Effekt auf das Preisniveau ausüben. Aus theoretischer Perspektive lässt sich nur schwer ein persistenter Anstieg des Preisniveaus im Gefolge von Kostendruck oder Nachfragesog vorstellen, falls letztere nicht durch einen Anstieg des Geldbestands begleitet werden – was wiederum nahe legt, dass Inflation tatsächlich ein monetäres Phänomen ist.

26.2.3 Fiskalische Theorie des Preisniveaus

Wie in diesem Beitrag schon verschiedentlich betont wurde, besteht die originäre Funktion einer Zentralbank darin, das Preisniveau zu kontrollieren. Diese Funktion ist eine natürliche Implikation der ökonomischen Theorie: Die gefeierte Quantitätstheorie des Geldes kann mit Milton Friedmans geflügeltem Wort zusammengefasst werden, dass nämlich „In-

Abb. 26.4 Anhaltender Anstieg des Preisniveaus und der Inflation

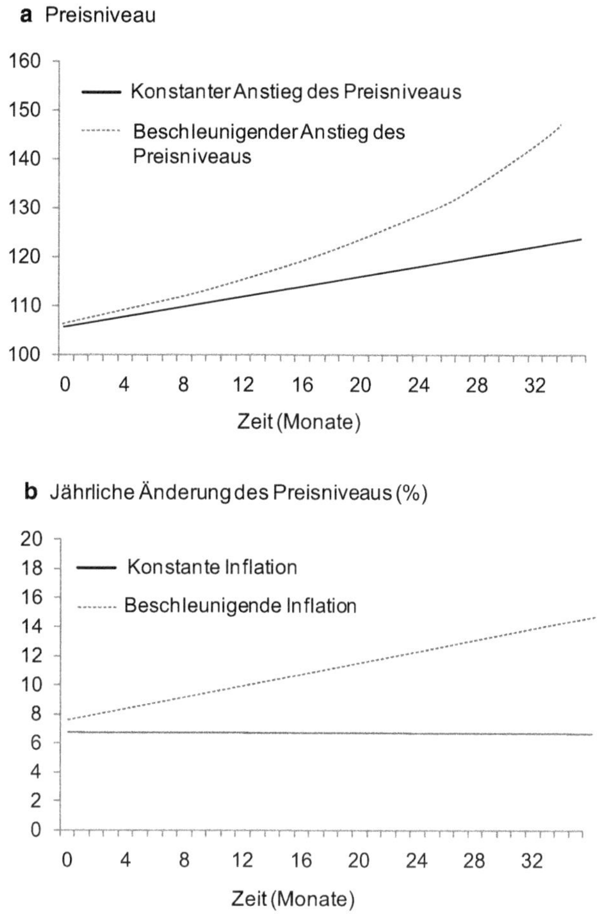

flation is always und everywhere a monetary phenomenon." Wie unter anderem in der Nobelpreisrede von Robert Lucas (1996) nochmals betrachtet, belegt die empirische Evidenz eine klare Verbindung von Preisbewegungen und Veränderungen des Geldbestandes einer Volkswirtschaft. Die monetaristische Denktradition in ihrer Standardausprägung leitet hieraus eine einfache Schlussfolgerung ab: stelle sicher, dass die Zentralbank mit einer felsenfesten und glaubwürdigen Selbstverpflichtung („Commitment") zur Wahrung von Preisniveaustabilität ausgestattet ist.

Kürzlich erst haben aber einige Ökonomen damit begonnen, die Grundlagen dieser Doktrin in Frage zu stellen und eine alternative Sicht der Dinge zu entwickeln. Gemäß dieser ist eine nüchterne und unabhängige Zentralbank nicht hinreichend dafür, Preisniveaustabilität zu garantieren. Dieser Sicht folgend verlangt die Wahrung von Preisniveaustabilität nicht nur eine angemessene Ausrichtung der Geldpolitik, sondern gleichzeitig auch eine angemessene Dosierung der Fiskalpolitik.[8] Da die Fiskalpolitik in dieser neuen Sicht der Bestimmung des Preisniveaus eine so herausragende Stellung genießt, hat Michael Woodford diese als *Fiskalische Theorie des Preisniveaus* bezeichnet.[9] In der Literatur wird sie häufig auch mit der Kürzel FTPL („Fiscal Theory of the Price Level") versehen. Im Wesentlichen wird mit ihr die These vertreten, dass das Preisniveau (zumindest teilweise) durch die Budgetpolitiken der fiskalpolitischen Autorität bestimmt wird. Die Höhe des Haushaltsdefizits eines Staates kann auf die Inflationsentwicklung einen entscheidenden Einfluss ausüben. Geht die Haushaltsdisziplin für längere Zeit beispielsweise aufgrund der Schwere einer Wirtschafts- und Finanzkrise verloren, dann droht eine massive Inflation aufgrund der nicht durch den Kapitalmarkt gedeckten Haushaltsdefizite und deren Finanzierung durch die Notenbank über die Notenpresse zu entstehen.

Die monetaristische Lehrmeinung beinhaltet auch die Forderung, dass sowohl die Fiskal- als auch die Geldpolitik angemessen und aufeinander abgestimmt agieren müssen, um wirklich Preisniveaustabilität zu erreichen. Aus monetaristischer Sicht gilt weiterhin: falls die Zentralbank sich wirklich hart („wie ein Falke") verhält, wird die fiskalpolitische Autorität fast automatisch gezwungen, ebenfalls eine angemessene preisniveaustabilitätsorientierte Politik durchzuführen.[10] Vertreter der FTPL verneinen jedoch einen derartigen Automatismus. Stattdessen vertreten sie die Ansicht, dass das Ziel der Preisniveaustabilität bei Ausbleiben einer glaubwürdigen Implementierung einer preisniveaustabilitätsorientierten Fiskalpolitik trügerisch bleibt und nur schwer zu erreichen ist, unabhängig davon, wie „tough" (die Public Choice-Literatur nennt dies auch „hard-nosed") und unabhängig die Zentralbank ist. Der Angriff auf die konventionelle Position wurde in zwei Wellen vorgetragen, in der „weak-Form FTPL" und der „strong-Form FTPL" (Carlstrom und Fuerst 1999).

26.3 Kosten und Nutzen der Inflation

Die Inflation der Verbraucherpreise verringerte sich in den meisten westlichen Industrieländern in den letzten Jahrzehnten wesentlich (Dowd 1994). Diese Beobachtung wurde auch zu Beginn der globalen Finanzkrise im Sommer 2007 und der im Herbst des darauffolgenden Jahres einsetzenden Wirtschaftskrise gemacht. Dieses Muster könnte erklären, warum sich der Fokus ökonomischer Analysen der Inflation von mit hoher Inflation ein-

[8] Cochrane (2000) geht so weit zu konstatieren, dass Geldpolitik sogar irrelevant für die Preisbestimmung sei.

[9] Benhabib et al. (2002), Cochrane (1998, 2000), Dupor (2000), Leeper (1991), Sims (1994, 2001) und Woodford (1994, 1995, 1996, 1998a, 1998b, 1998c, 2003) sind alles Fürsprecher der FTPL, während Buiter (1999), Carlstrom und Fuerst (1999), Kocherlakota und Phelan (1999) und McCallum (1998) kritische Ansichten liefern. Andere Beiträge unterstützen die theoretischen Fundierungen der FTPL, so z. B. Bassetto (2002), Cochrane (1998, 2003a, 2003b), Daniel (2003, 2004), Davig et al. (2004), Gordon und Leeper (2002) und Woodford (2001).

[10] Siehe das letzte Kapitel in Sargent und Wallace (1981).

hergehenden Problemen auf eine Untersuchung der Kosten und Nutzen der Verringerung von Inflation (in Richtung Nullinflation) richtete. Es wird häufig argumentiert, dass der Nutzen zusätzlicher Prozentpunkte an Inflation geringer sei als die damit verbundenen Kosten – gemessen an entgangenem Output und/oder Beschäftigung (Blanchard et al. 2010).

Die einschlägige Literatur hat versucht, das Wesen dieser Kosten und Nutzen zu identifizieren und eine Indikation der empirischen Größenordnung dieser Effekte zu liefern (Akerlof et al. 1996; Hess und Morris 1996; Feldstein 1997; Pakko 1998; Chadha et al. 1998). Diese Studien lieferten eine Reihe von theoretischen und empirischen Resultaten. Jedoch hat sich bislang noch kein deutlicher Konsens darüber herausgebildet, ob weitere Versuche, ein vergleichsweise niedriges gegen Null tendierendes Niveau von Inflation noch weiter zu verringern, aus Wohlfahrtsmotiven gerechtfertigt sind.

Eine größere Schwierigkeit, der sich viele dieser Studien gegenüber sehen, besteht darin, dass sie die Kosten von Inflation ableiten, indem sie auf die Art und Weise abstellen, in der Inflation die Bargeldhaltung besteuert (Bailey 1956). Denn diese Perspektive mag sich als zu eng erweisen. Änderungen in der ökonomischen Theorie der letzten Jahrzehnte machen eine erneute Untersuchung der Kosten von Inflation zu einem lohnenswerten Unterfangen (Horwitz 2003). Insbesondere das Aufkommen der Public Choice-Theorie (Belke 2000), die zunehmende Bedeutung des Neuen Institutionalismus sowie das Wiederaufleben der Österreichischen Schule der Volkswirtschaftslehre haben zu einer sorgfältigeren und gründlicheren Betrachtung der Wirkungsweise von Märkten und Institutionen sowie der Interaktion zwischen ihnen geführt – und zwar vor allem dann, wenn es um eine Analyse der Kosten der Inflation geht.

26.3.1 Kosten der Inflation

Wenn es um eine Analyse der Kosten von Inflation geht, sollten die Kosten *nicht-antizipierter* Inflation zuerst betrachtet werden, gefolgt von den Kosten *antizipierter* Inflation. So verfahren wir auch hier. Anschließend sollen die politökonomischen Kosten von Inflation detaillierter analysiert werden. Der Abschnitt endet mit der Ausarbeitung einiger zentraler Argumente, warum Inflation als ein „soziales Übel" angesehen werden sollte.

Kosten nicht antizipierter Inflation

Das erste, und vielleicht offensichtlichste Problem besteht darin, dass Inflation zu einer Steuer auf die *Geldhaltung* wird und dabei den Tauschwert des Geldes zerstört. Im Ergebnis halten die Wirtschaftssubjekte real weniger Geld als bei Abwesenheit von Inflation. Das Ergebnis ist also suboptimal. Verschiedene Studien haben versucht, diesen inflationsgenerierten Wohlfahrtsverlust zu quantifizieren. Zu diesem Zweck schätzen sie eine Geldnachfragefunktion und messen denjenigen Teil der Fläche unterhalb der Geldnachfrage-Kurve, der durch Inflation „weggefressen" wird.

Ein recht schneller und ausgeprägter Verfall des Geldwerts wird den Nutzern von Geld weitere Kosten auferlegen. In Reaktion auf steigende Preise müssen Wirtschaftssubjekte, die mit ihrer Geldhaltung haushalten (müssen), ihrer Bank zusätzliche Besuche abstatten, um ihre gewünschten nominalen Geldsalden aufzufüllen. Diese Kosten werden häufig als „Schuhsohlenkosten" bezeichnet. Innerhalb von Geschäftsbanken bezeichnet man diese Kosten im Zeitalter des Internets auch als Banking-Transaktionskosten.

Eine zweite Kostenkomponente der Inflation ist die *Umverteilung* von Vermögen von Gläubigern hin zu den Schuldnern (Alchian und Kessel 1959). Falls der Anstieg des Preisniveaus von den Gläubigern nicht antizipiert wird, werden Schuldner ihre nominellen Schulden zwar zurückzahlen, allerdings wären diese real immer weniger wert. Nicht antizipierte Inflation verringert die Belastung der Schuldner und schädigt die Gläubiger. Man könnte vielleicht einwenden, dass dieser Effekt nicht wirklich Kosten darstellt, da er auf einen vertragsgemäßen Transfer hinausläuft und deshalb keinen Schaden für die Gesellschaft insgesamt verursacht. Jedoch kann Inflation durchaus, und besonders falls die Inflationsraten variabel und nicht vorherzusagen sind, Kreditgeber veranlassen, die von ihnen angebotene Gesamtmenge an Kredit zu reduzieren. Dies würde in der Tat einen realen gesellschaftlichen Verlust im Vergleich zu einer Volkswirtschaft mit nicht-inflationärem Geld bedeuten.

Drittens zwingt Inflation die Verkäufer dazu, in zusätzliche Ressourcen zu *investieren*, um Preise häufiger ändern zu können. Diese so genannten Menü-Kosten schwanken häufig direkt mit Änderungen der Inflation. Je schneller die Preise ansteigen, desto häufiger müssen die Verkäufer ihre Preise anpassen. Die bei der Veränderung der Lagerhaltung oder bei der Neuprogrammierung von Computern verbrachte Zeit reflektiert dabei die Kosten der Inflation. Man beachte jedoch, dass diese Kosten selbst dann auftreten, wenn Inflation vollständig antizipiert wird: Eine Anpassung der Preise von ihrem Vor-Inflationsgleichgewicht auf ihren Nach-Inflationsgleichgewichtswert verlangt dann immer noch Ressourcenkosten.

Die ersten drei genannten Probleme bezogen sich sämtlich auf Änderungen des *Niveaus* der Preise. Ein viertes Problem besteht darin, dass Änderungen des Preisniveaus die Verteilung der relativen Preise auf gesamtwirtschaftlicher Ebene verändert. Falls Inflation alle nominalen Preise zur selben Zeit und in demselben Umfang verändert und relative Preise unverändert lässt, würde sie „nur" das Spektrum der zuvor genannten Kosten verursachen. Falls Inflation jedoch auch *relative Preise* beeinflusst, würde eine Fehlallokation von *Ressourcen* auftreten, da einige relative Preise nicht länger mit ihrem Gleichgewichtswert übereinstimmen. Während die ersten drei mit Inflation verbundenen Kostenkomponenten die Volkswirtschaft in ein neues Preisniveau-Gleichgewicht mit geringerer Gesamtwohlfahrt bewegen, kann das vierte Problem die Volkswirtschaft gleich ganz aus ihrem Gleichgewicht bringen – und dies kommt zu allen anderen Wohlfahrtsverlusten hinzu!

Die Literatur bietet eine Vielzahl von Erklärungen dafür, wie relative Preise durch Inflation beeinflusst werden.[11] Der erste Effekt beruht auf den *Menü-Kosten*. Falls Preise nicht unmittelbar verändert werden können, wenn das Geldangebot steigt – z. B. wegen der Kosten, die entstehen, um Preise zu ändern –, werden Preise nur in zeitlich diskreten Intervallen geändert. Die Natur der Menü-Kosten und anderer institutioneller Faktoren auf den Märkten werden zu Verzerrungen relativer Preise führen, sobald Unternehmen Preisänderungen durchführen. Zu jeder Zeit während des Inflationsprozesses werden sich einige Preise nach oben anpassen, andere aber (noch) nicht (Caplin und Spulber 1987). Als ein Resultat wird der Vektor relativer Preise zu keinem Zeitpunkt der gleichgewichtige sein. Die Konsequenz ist eine Fehlallokation von *Ressourcen*.

Der zweite Effekt von Inflation auf relative Preise ist im Prinzip eine Variante des *Signalextraktionsproblems*. Preise liefern Marktakteuren wertvolle Informationen. Diese Erkenntnis wird üblicherweise von Hayek (1945) zugeschrieben und hat einen ganzen Literaturstrang über die Informationseffizienz von Preisen hervorgebracht. Danach macht Inflation Preissignale informationsineffizient, indem sie statistisches „Rauschen" in den andernfalls voll informativen Gleichgewichtspreis injiziert. Das Rauschen verursacht das Signalextraktionsproblem und die resultierenden relativen Preisauswirkungen und Fehlallokation von Ressourcen. In seinem 1970 veröffentlichten Essay „Can We Still Avoid Inflation?" schrieb Hayek:

„There is of course, no doubt that temporarily the production of capital goods (as a result of inflation, insertion by the authors) can be increased by what is called ‚forced saving' – that is, credit expansion can be used to direct a greater part of the current services of resources to the production of capital goods. At the end of such a period the physical quantity of capital goods existing will be greater than it would otherwise have been. Some of this may be a lasting gain – people may get houses in return for what they were not allowed to consume. But I am not so sure that such a forced growth of the stock of industrial equipment always makes a country richer, that is, that the value of its capital stock will afterwards be greater – or by its assistance of all-round productivity be increased more than would otherwise have been the case. If investment was guided by the expectation of a higher rate of continued investment (or a lower rate of interest, or a higher rate of real wages, which all come to the same thing) in the future than in fact will exist, this higher rate of investment may have done less to enhance overall productivity than a lower rate of investment would have done if it had taken more appropriate forms" (Hayek 1970).

In Phasen nicht antizipierter Inflation können Marktakteure nur schwer zwischen Änderungen des *Durchschnittsniveaus* der Preise und Änderungen der *relativen Preise* unterscheiden. Für Automobilproduzenten z. B. reflektiert ein Anstieg des Preises der Automobile einen inflationären Anstieg der aggregierten Nachfrage, oder eine Substitution weg von anderen Gütern hin zu Automobilen, oder sogar beides. In dem Ausmaß, wie Marktakteure einen Anstieg des allgemeinen Preisniveaus als einen Anstieg der relativen Preise fehlinterpretieren und die Produktion in Reaktion hierauf ausweiten, entfernen sie

[11] Vgl. die von Dowd (1996) gelieferte Übersicht.

das Güterangebot vom tatsächlichen ökonomischen Gleichgewicht. Zusätzlich müssen die Wirtschaftssubjekte herausfinden, welcher Anteil der Preisänderung permanent und welcher temporär ist. Jeder dabei begangene Fehler hat Auswirkungen auf relative Preise und es resultieren, da die Struktur relativer Preise vom Gleichgewicht abweicht, Ressourcenfehlallokation und ökonomische Verschwendung.

Kosten antizipierter Inflation

Wenn Inflation antizipiert wird, sind ihre Kosten substanziell *geringer* als diejenigen nicht antizipierter Inflation – so zumindest die Standardsicht. Was bleibt, sind dann die Schuhsohlenkosten und die Menükosten. Jedoch müssen selbst im Fall antizipierter Inflation zusätzliche Kosten in Rechnung gestellt werden.

Zunächst: Inflation erhöht die Opportunitätskosten der Geldhaltung – da die Geldhaltung (Münzen, Banknoten und Sichteinlagen) typischerweise keinen Zinssatz tragen. Dann wird erwartet, dass Marktakteure ihre Geldhaltung verringern. Durch dieses Verhalten sind sie allerdings weniger flexibel bei ihrer Reaktion auf sich ändernde Marktbedingungen – eine weitere Kostenkomponente suboptimaler Bargeldhaltung (Friedman 1969; McCallum und Goodfriend 1987).

Falls die Inflation stark ansteigt, oder sich dem Status der Hyperinflation annähert, ist durchaus vorstellbar, dass die Marktakteure ganz damit aufhören, Geld zu halten und sich anderen *Medien* zuwenden, die als Geld Verwendung finden können (wie z. B. Zigaretten). Die (Transaktions-)Kosten eines derartigen Substitutionsprozesses sind allerdings (recht) substanziell.

Falls nominale Einkommens- und Kapitalerträge der Besteuerung unterliegen, erhöht Inflation die Steuerlast; dies trifft sowohl bei progressiven (Steuerprogression) als auch bei konstanten Steuersätzen zu.[12] Geht man z. B. von einem konstanten Steuersatz t aus, während i_r der reale Ertrag einer Investition ist, i_n ist der nominale Ertrag, i_{eff} ist der effektive reale Ertrag (nach Steuern), π stellt die Inflation dar und Q ist der nominale Wert der Investition. Der nominale Ertrag kann folgendermaßen ausgedrückt werden: $i_n = i_r + \pi + \pi i_r$. Unterstellt man einen einperiodigen Investitionshorizont, ergibt sich der reale Wert der Investition als:

$$Q_r = \frac{Q(1 + i_n) - Q \cdot i_n \cdot t}{1 + \pi} \Leftrightarrow Q_r = \frac{Q(1 + (1 - t)(i_r + \pi + \pi \cdot i_r))}{1 + \pi}. \tag{26.7}$$

Der reale effektive Ertrag nach Steuern beläuft sich auf:

$$i_{eff} = \frac{(Q_r - Q)}{Q} = \frac{Q_r}{Q} - 1 = \frac{(1 - t) \cdot i_r - \pi(t - (1 - t) \cdot i_r)}{1 - \pi}. \tag{26.8}$$

[12] Die Steuerprogression ist eine Situation in der die nominalen Einkommen aufgrund von Inflation ansteigen und damit in höhere Steuersätze herein wachsen. Das Ergebnis ist ein Anstieg des realen Steuerertrages. Dies ist insbesondere in Hochinflationsphasen ein Problem, da Anpassungen der Einkommensteuer üblicherweise eine gewisse Zeit benötigen.

Die erste Ableitung von i_{eff} nach π ist:

$$\frac{\partial i_{eff}}{\partial \pi} = \frac{-t}{(1+\pi)^2} < 0. \tag{26.9}$$

Demnach ist der reale Ertrag einer Investition umso geringer (gegeben einen konstanten Steuersatz), je höher die Inflation ist.

Darüber hinaus ist Inflation ein gutes Beispiel für *Interventionismus*, wie er von Ludwig von Mises (1966, S. 716) identifiziert wurde. Tritt Inflation erst einmal auf, setzt sie eine Reihe von Ereignissen in Gang, die zu vermehrten Staatseingriffen in den Markt führen. Die Unzufriedenheit, die mit Inflation einhergeht (z. B. durch Wirtschaftssubjekte, die sich über steigende Preise beklagen), rührt daher, dass es die Öffentlichkeit nicht schafft, die Auswirkungen mit den Ursachen korrekt in Verbindung zu bringen, woraus Interventionsmöglichkeiten für die politischen Akteure entstehen. Falls die politischen Forderungen recht konkret sind, z. B. hinsichtlich Arbeitslosigkeit, bestehen nur geringe Chancen, zwischen verschiedenen Alternativen zu wählen. Die Politiker müssen sich nach den konkreten Forderungen richten. Der politische Nutzen der Inflation tritt nicht nur durch seine Entstehung auf, sondern vor allem auch durch die stärkeren Forderungen weiterer Programme. Allerdings hört dieser Prozess hier nicht auf. Sind die Programme als Antwort auf die Inflation erst mal gestartet, ergeben sich weitere Konsequenzen. Wie bei jedem anderen staatlichen Programm gibt es auch hier Wirtschaftssubjekte, die den Wegfall des sie unterstützenden Programms nicht wollen. Es entstehen also zusätzliche Möglichkeiten für rentensuchendes Verhalten, wenn es um eine Verlängerung bzw. Neuauflage der entsprechenden Programme geht. Indem man die Forderungen einer einzelnen Gruppe befriedigt, entstehen zwei weitere Probleme. Erstens werden andere Gruppen erwarten, dass ihre Forderungen nun auch Berücksichtigung finden und dementsprechend werden sie ihre „Rent Seeking"-Aktivitäten erhöhen (Tullock 1967, S. 48). Dies wird umso mehr zutreffen, je höher die Inflation ist, da die Preissignale dann zunehmend ungenauer werden. Zweitens werden die staatlichen Programme höchstwahrscheinlich weitere nicht wünschenswerte Konsequenzen für den Marktprozess mit sich bringen, nämlich verstärkte Forderungen der „Rent Seeker" und neue Forderungen durch die Opfer der neuen Programme.

Inflation – ein soziales Übel

Zahlreiche ökonomische Argumente zeigen den Vorteil von wertstabilem Geld, wenn man Output und Beschäftigung betrachtet. Als Hauptargumente lassen sich identifizieren:

- Preisstabilität erhöht die Transparenz des relativen Preismechanismus, sodass Verzerrungen vermieden werden und die effiziente Allokation durch den Markt unterstützt wird. Eine effiziente Ressourcenallokation steigert das Produktionspotential einer Volkswirtschaft. Preisstabilität schafft also ein Umfeld, in dem strukturelle Reformen der Regierungen zur Steigerung von Flexibilität und Effizienz, am besten wirken können.

- Stabile Preise minimieren den Risikoaufschlag auf die langfristigen Zinssätze, so dass die Langfristzinssätze insgesamt niedriger ausfallen, was Investitionen und Wachstum unterstützt.
- Falls das zukünftige Preisniveau unsicher ist, werden Ressourcen eingesetzt, um sich gegen Inflation oder Deflation abzusichern, anstatt dass diese Ressourcen zu produktiveren Zwecken eingesetzt werden. Bei Preisstabilität entfallen diese Kosten und es ergibt sich ein Umfeld für effiziente Investitionen. Zudem entfallen auch die Kosten aufgrund von Verzerrungen im Steuer- und Transfersystem.
- Die Wahrung von Preisniveaustabilität vermeidet die willkürliche Umverteilung von Einkommen und Vermögen, die in einem inflationären Umfeld entsteht, so dass sozialer Zusammenhalt und Stabilität gefördert wird.

Zahlreiche Studien für eine Vielzahl von Ländern haben gezeigt, dass Länder mit niedrigen Inflationsraten im Durchschnitt schneller wachsen (Barro 1995, 1997). Mehrere Studien weisen die enormen Kosten der Inflation durch Steuerverzerrungen nach (Feldstein 1999). Erweiterungen dieser Untersuchungen zeigen, dass der Nutzen der Preisstabilität für die Eurozone sogar noch höher sein könnte als der Nutzen für die Vereinigten Staaten.

26.3.2 Nutzen der Inflation – die Phillipskurve

In den späten 1950er-Jahren entwickelte der Britische Ökonom Arthur W. Phillips (1958) eine inverse statistische Beziehung zwischen den durchschnittlichen jährlichen Änderungen der Löhne und der Arbeitslosenrate: Trägt man die jährlichen Lohnänderungen gegen die Arbeitslosenrate für Großbritannien im Zeitraum 1861 bis 1957 ab, stellen sie näherungsweise eine zum Ursprung hin konvexe Kurve dar (Abb. 26.5). In den Jahren mit niedrigen Arbeitslosenraten wird ein recht starkes Lohnwachstum beobachtet und umgekehrt.

Keynesianische Ökonomen schlossen aus diesem Befund, dass die Ziele der Politik, niedrige Inflation und niedrige Arbeitslosigkeit durchzusetzen, miteinander in Konflikt stehen. Denn die Arbeitslosenrate und die Wachstumsrate der Nominallöhne stünden offensichtlich in einer inversen Beziehung zueinander. Da Löhne einen großen Teil der Produktionskosten ausmachen, führen rapide Anstiege der Nominallöhne zu einem ebensolchen Anstieg des gesamtwirtschaftlichen Preisniveaus. Noch wichtiger: sie kamen zu der Schlussfolgerung, dass eine *Austauschbeziehung*, also ein Trade-off, zwischen Inflation und Arbeitslosigkeit existiert und dass Wirtschaftspolitiker auf dieser Grundlage genau die Kombination von Inflation und Arbeitslosigkeit wählen können, die sie entsprechend ihren politischen und ideologischen Zielen akzeptabel finden.

Spezifischer ausgedrückt könnte man argumentieren, dass *konservative* („rechte") Politiker dazu neigen, niedrige Inflation selbst dann zu präferieren, wenn dies zu hoher Arbeitslosigkeit führt. Währenddessen erwartet man von *sozialistischen* („linken") Politi-

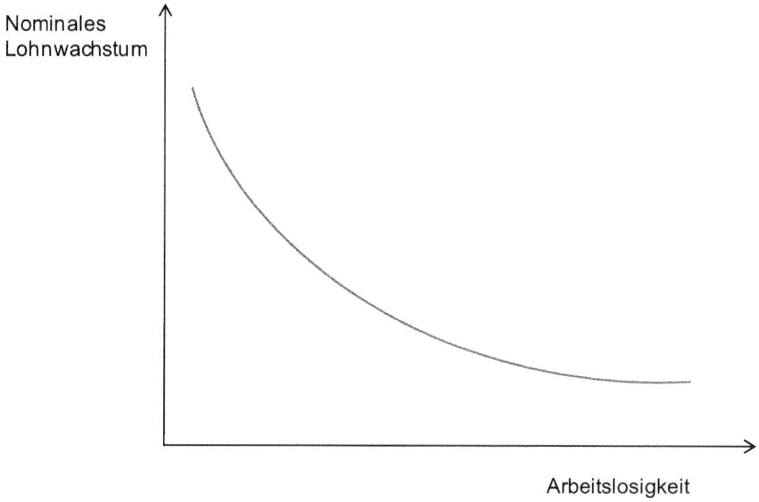

Abb. 26.5 Ursprüngliche Phillipskurve

kern, dass sie wegen ihrer stärkeren Verpflichtungen auf das Vollbeschäftigungsziel eher inflationäre Politiken durchführen. Die Phillipskurve schien aus dieser Sicht – unter der Annahme ihrer zeitlichen Stabilität – eine *Menükarte* numerischer Kombinationen von Inflation und Arbeitslosigkeit darzustellen, aus der die Politik beliebig wählen kann.

Ein Ergebnis der (Diskussion um die) Phillipskurven Trade-off-Theorie bestand darin, Inflation politisch hoffähig zu machen. Hohe Inflation wurde nicht mehr als ein Versagen der Wirtschaftspolitik angesehen, sondern schlichtweg als der Preis, der für geringe Arbeitslosigkeit zu zahlen ist. Politische Kritiker von Inflation könnten vor diesem Hintergrund sogar als Advokaten steigender Arbeitslosigkeit bezeichnet werden, die den Beschäftigten Schaden zufügen. Unter dem Regime der Phillipskurvendebatte mündete die Nachkriegsphase niedriger Inflation in den meisten westlichen Industrieländern in den 1960er und besonders in den 1970er-Jahren in eine länger währende Periode höherer Inflation.

Hohe Inflation begann sich dann schließlich gleichzeitig mit anhaltend hoher Arbeitslosigkeit zu etablieren. Darüber hinaus wurden immer höhere Dosen von Inflation notwendig, um die Arbeitslosigkeit auf politisch gewünschte Niveaus herunter zu bringen. Über die Zeit jedoch wurde offensichtlich, dass hohe Inflation gleichzeitig auch von hoher Arbeitslosigkeit und geringerem Outputwachstum begleitet wurde – genau das Gegenteil von dem, was durch die Theorie des Phillipskurven-Trade-off nahe gelegt wurde. Was lief falsch? Um diese Frage zu beantworten, beginnen wir mit einer genaueren Analyse der ursprünglichen Phillipskurve.

Die ursprüngliche Phillipskurve

Gemäß der ursprünglichen Phillipskurve, kann die Relation zwischen nominalem Lohnwachstum und Arbeitslosigkeit wie folgt formalisiert werden:

$$\Delta \ln W_t = f(U_{t-1}) \text{ mit } \frac{\partial f}{\partial U_{t-1}} < 0. \tag{26.10}$$

Gemäß Gl. 26.10 ist die Änderung des nominalen Lohnwachstums ($\Delta \ln W_t$) zwischen den Perioden t und t − 1 eine negative Funktion der Arbeitslosigkeit in der vorhergehenden Periode (U_{t-1}).

Die modifizierte Phillipskurve

Die modifizierte Phillipskurve, die von Samuelson und Solow (1960) entwickelt wurde, drückt die Beziehung zwischen Arbeitslosigkeit und Inflation (statt dem nominalen Lohnwachstum) aus. Sie basiert auf der Annahme, dass Unternehmen Preise gemäß einer Aufschlagskalkulation gestalten („mark-up pricing"), sodass sich das gesamtwirtschaftliche Preisniveau wie folgt ergibt:

$$P_t = (1 + \varphi)\frac{L_t}{Y_t} W_t. \tag{26.11}$$

Das Preisniveau wird dabei bestimmt durch den Gewinnaufschlag, φ, und die totalen Lohnkosten, $(L_t/Y_t) \cdot W_t$, wobei L Arbeit, Y Output und W den nominalen (Durchschnitts-)Lohn darstellen. Wir erinnern uns, dass L_t/Y_t der reziproke Wert der Arbeitsproduktivität ist.

Nach Umstellen der Gl. 26.11 lautet die Beziehung zwischen der Arbeitsproduktivität und dem Reallohn:

$$\frac{1}{(1 + \varphi)} \frac{Y_t}{L_t} = \frac{W_t}{P_t}. \tag{26.12}$$

Unter der Annahme einer Preisaufschlagskalkulation der Unternehmen entspricht eine Änderung der Arbeitsproduktivität dann einer proportionalen Änderung des Reallohns:

$$\Delta \ln \left(\frac{Y_t}{L_t}\right) = \Delta \ln \left(\frac{W_t}{P_t}\right) \text{ oder} \tag{26.13}$$

$$= \ln W_t - \ln P_t - \ln W_{t-1} + \ln P_{t-1} \tag{26.14}$$

$$= \ln W_t - \ln P_t - \ln W_{t-1} + \ln P_{t-1} \tag{26.15}$$

$$= \Delta \ln W_t - \pi_t. \tag{26.16}$$

Die linke Seite der Gl. 26.16 zeigt das Wachstum der Arbeitsproduktivität, das durch den Parameter λ dargestellt wird. Die rechte Seite führt die Änderung des Reallohns auf, d. h. die Differenz zwischen nominalem Lohnwachstum und der Inflation (π). Unter der

Annahme eines im Zeitablauf konstanten Parameters λ existiert eine stabile Beziehung zwischen dem Wachstum des Nominallohns und der Inflation. Diese lautet wie folgt:

$$\Delta \ln W_t = \lambda + \pi_t. \tag{26.17}$$

Einfügen der Gl. 26.17 in Gl. 26.10 ergibt:

$$\pi_t = f(U_{t-1}) - \lambda. \tag{26.18}$$

Hieraus folgt, dass das Produktivitätswachstum (das hier als konstant angenommen wird) das Ausmaß der Inflation bestimmt. Jedoch hat das Produktivitätswachstum keinerlei Auswirkungen auf die Steigung der Phillipskurve. Ein permanenter Anstieg des Produktivitätswachstums würde die modifizierte Phillipskurve nach Rechts verschieben.

Die um Erwartungen erweiterte Phillipskurve

Gemäß einer von Milton Friedman (1968) und Edmund Phelps (1967) vertretenden Hypothese wird die ökonomisch relevante Beziehung zwischen Arbeitslosigkeit und Lohn eher durch den Reallohn als durch den Nominallohn bestimmt. Denn Arbeitnehmer sind daran interessiert, welche Mengen an Gütern und Dienstleistungen sie mit ihrem Lohn erwerben können, und Unternehmer fragen sich, ob sie höhere nominale Lohnkosten auf die Güterpreise abwälzen können. Deshalb ersetzen die genannten Ökonomen das Nominallohnwachstum in Gl. 26.10 durch das Reallohnwachstum, sodass wir folgende Beziehung erhalten:

$$\Delta \ln \left(\frac{W_t}{P_t}\right) = g(U_{t-1}) \text{ mit } \frac{\partial g}{\partial U_{t-1}} < 0. \tag{26.19}$$

Die Änderung des Reallohns entspricht dabei wie oben der Differenz zwischen nominalem Lohnwachstum und der Inflation:

$$\Delta \ln W_t - \pi_t = g(U_{t-1}). \tag{26.20}$$

Wichtig: Friedman (1968) und Phelps (1967, 1968) nehmen an, dass zukünftige Inflation zu dem frühen Zeitpunkt, zu dem die Lohnfindung stattfindet, nicht mit Sicherheit bekannt ist. Folglich fügen Friedman und Phelps die erwartete Inflation (π_t^e) in Gl. 26.20 ein, die nunmehr wie folgt geschrieben werden kann:

$$\Delta \ln W_t = g(U_{t-1}) + \pi_t^e. \tag{26.21}$$

Gemäß Gl. 26.21 hängt das nominale Lohnwachstum sowohl von der Beschäftigungssituation als auch von den Inflationserwartungen der Marktakteure ab.

Unter der Annahme eines konstanten Produktivitätswachstums kann Gl. 26.10 wie folgt umformuliert werden:

$$\pi_t = g(U_{t-1}) - \lambda + \pi_t^e. \tag{26.22}$$

Gl. 26.19 folgend beeinflussen Produktivitätswachstum und die erwartete Inflation die *Lage* der um Erwartungen erweiterten Phillipskurve, haben aber *keine* Auswirkung auf deren *Steigung*.

Abb. 26.6 zeigt negativ geneigte Phillipskurven für alternative Inflationserwartungen. Die Phillipskurve bewegt sich mit steigenden Inflationserwartungen weiter nach rechts. Hieraus folgt, dass der angenommene langfristige Trade-off zwischen Arbeitslosigkeit und Inflation, wie er von der ursprünglichen und der modifizierten Phillipskurve suggeriert wird, nicht langfristig existiert. Die Austauschbeziehung zwischen Arbeitslosigkeit und Inflation gilt nur in der kurzen Frist, und nur, falls die tatsächliche Inflation höher ausfällt als die erwartete Inflation.

Unter variablen Inflationserwartungen (und auch bei Änderungen der Produktivität) gibt es keine stabile langfristige Austauschbeziehung mehr zwischen der Höhe der Arbeitslosigkeit und dem Ausmaß der Inflation. Nehmen wir adaptive Erwartungen und ein konstantes Produktivitätswachstum an, ist ein langfristiger Trade-off zwischen Arbeitslosigkeit und Inflation nur möglich bei sich im Zeitablauf beschleunigender (d. h. akzelerierender) Inflation, was letztlich zu Hyperinflation führt.

Um dies zu zeigen, nehmen wir an, dass die tatsächliche aktuelle und die ex ante erwartete Inflationsrate einander gleich sind, d. h. $\pi = \pi^e$. In diesem Fall folgt aus der

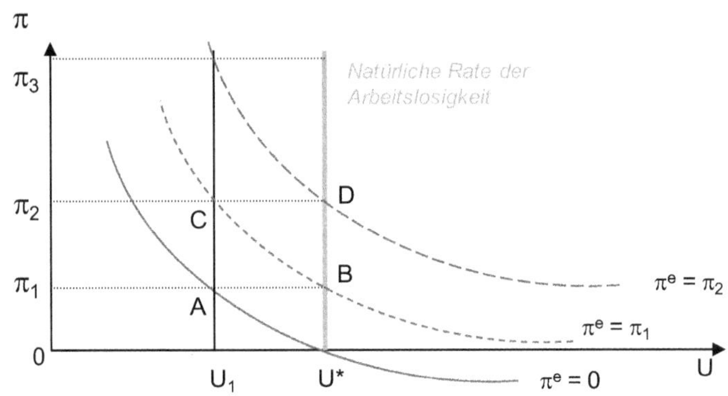

Abb. 26.6 Um Erwartungen erweiterte Phillipskurve – Die kurze und die lange Frist. Wir nehmen an, die Volkswirtschaft befinde sich im Gleichgewicht; die Arbeitslosigkeit betrage U* und die Inflationserwartungen Null. Darüber hinaus versuche die Regierung, die Arbeitslosigkeit unter U* (sagen wir, auf U_1) zu drücken. Die Zentralbank erhöhe nun das Geldmengenwachstum, sodass, mit einer Zeitverzögerung auch die Inflation über das gegenwärtig erwartete Niveau hinaus ansteigt (in diesem Fall übersteigt die Inflation den Wert Null). Die hierdurch ausgelöste Verringerung des Reallohns veranlasst die Unternehmen, ihre Nachfrage nach Arbeit auszuweiten. Die Arbeitslosigkeit sinkt in der Folge auf das Niveau U_1, da die Inflation auf π_1 ansteigt. Jedoch verlangen die Beschäftigten hierfür eine Kompensation und fordern höhere Nominallöhne, die sie auch (mindestens zum Teil) durchsetzen. Im Ergebnis steigen die Reallöhne; die Nachfrage nach Arbeit fällt und die Arbeitslosigkeit bewegt sich zurück auf das wieder höhere Niveau U*. Das neue Gleichgewicht liegt in B, wo die Höhe der Arbeitslosigkeit unverändert ist – begleitet von höherer Inflation

Verwendung der Gl. 26.22:

$$\lambda = g(U). \tag{26.23}$$

Die Umkehrfunktion von Gl. 26.23 zeigt, dass die Höhe der Arbeitslosigkeit (U) ausschließlich durch die reale Wirtschaft bestimmt wird und unter der von uns getroffenen Annahme konstanter Produktivität numerisch fixiert ist:

$$U = g^{-1}(\lambda). \tag{26.24}$$

Gemäß Gl. 26.24 ist die langfristige Phillipskurve eine vertikale Linie. In diesem Fall hängt die Arbeitslosenrate nicht länger von der empirischen Realisation der geldpolitischen Variablen ab. Die langfristige Phillipskurve repräsentiert die so genannte *Natürliche Arbeitslosenrate* (Friedman 1968), die unter Friedmans Annahmen nicht permanent durch die Geldpolitik verringert werden kann und so als Benchmark für die konjunkturelle Arbeitslosenrate verstanden werden muss. Die natürliche Arbeitslosenrate wurde auch bekannt als die „Non-accelerating Inflation Rate of Unemployment“ oder abgekürzt als die NAIRU und spiegelt strukturelle Arbeitslosigkeit wider.[13]

Fragen

1. Nennen Sie kurz einige Argumente die für und gegen die Verwendung einer Kerninflationsrate sprechen.
2. Erläutern Sie die Bestandteile der klassischen Quantitätsgleichung.
3. Worin liegt der wesentliche Unterschied zwischen monetärer und nicht monetärer Inflationstheorie?
4. Unterscheiden Sie zwischen antizipierter und nicht antizipierter Inflation.
5. Auf welche Weise und warum wurde die ursprüngliche Phillipskurve erweitert?

Antworten

1. „Headline“ Inflation, die volatile Nahrungs- und Energiepreisekomponenten beinhaltet, wird in einer kontrovers geführten Diskussion über die Entscheidung der Verwendung eines geeigneten Verbraucherpreisindexes zur Inflationsmessung als weniger repräsentativ für die „wahre“ Inflation betrachtet. Stattdessen wird argumentiert, dass die zugrunde liegende Inflation durch ein Maß der Kerninflation erfasst wird. Insbesondere für die effektive Durchführung der Geldpolitik wird in diesem Zusammenhang die Vernachlässigung saisonal volatiler Komponenten wie der Energie- und Nahrungsmittelpreise befürwortet, da sich Abweichungen in diesen Preisen häufig schnell wieder umkehren und keine geldpolitische Reaktion erfordern (vgl. hierzu auch Abschn. 26.1: „Headline“ Inflation versus Kerninflation).

[13] Für eine ausführliche Ableitung einer zeitpfadabhängigen, d. h. hysteretischen, Phillipskurve und die wirtschaftspolitischen Implikationen dieser Abkehr von der Annahme einer lediglich strukturell bestimmten langfristigen Phillipskurve siehe Belke und Polleit (2009, S. 394 ff.).

2. Die klassische Quantitätsgleichung stellt einen tautologischen Zusammenhang zwischen Geld und Gütertransaktionen innerhalb einer Ökonomie dar. Dieser findet seinen Ausdruck in der Verkehrsgleichung (vgl. Gl. 26.5), wonach das Produkt der Geldmenge (M) und der Einkommens-Umlaufgeschwindigkeit (V) dem Produkt des realen Outputs (Y) und dem Preisniveau (P) entspricht. Gemäß der Quantitätstheorie des Geldes ändern sich Preise langfristig proportional zu Änderungen des Geldangebots, sodass Inflation unmittelbar an das Geldmengenwachstum gekoppelt ist (vgl. hierzu Abschn. 26.2).
3. Während die monetäre Inflationstheorie die Bedeutung der Ausdehnung der nachfragewirksamen Geldmenge für das Preisniveau betont, stehen Nachfragesog- und Kostendruck-Erklärungen im Zentrum der nicht-monetären Inflationstheorie. Von einem Nachfragesog wird in diesem Kontext gesprochen, wenn die gesamte Nachfrage nach Gütern und Dienstleistungen das gesamte Angebot übersteigt und damit zu höheren Gleichgewichtspreisen führt. Kostendruck-Inflation entsteht im Zusammenhang mit steigenden Angebotspreisen. Wälzen Unternehmen höhere Produktionskosten (beispielsweise aufgrund von Lohnanstiegen, Ölpreissteigerungen oder im Zuge einer Abwertung der heimischen Währung und damit gestiegenen Importpreisen) auf Produktpreise über, führt dies zu einem Anstieg des gesamten Preisniveaus.
4. Kosten nicht antizipierter Inflation entstehen, wenn durch die Geldentwertung und damit der Zerstörung des Tauschwertes des Geldes Inflation quasi zu einer Steuer auf die Geldhaltung wird. Wirtschaftssubjekte halten in der Folge real weniger Geld. Des Weiteren findet eine Umverteilung von Vermögen von Gläubigern hin zu Schuldnern statt, da bei nicht antizipierter Inflation und einer Rückzahlung nominell fixierter Schulden die Forderungen von Gläubigern real weniger wert sind. Schließlich führen steigende Preise und die damit erforderliche Anpassung der Geldhaltung bildhaft gesprochen zu häufigen Bankbesuchen und im Zuge dessen zu „Schuhsohlenkosten“ oder im Zeitalter des Internets treffender zu Banking-Transaktionskosten. Aus Sicht von Verkäufern und der ständigen Preisanpassungen, zu denen diese durch Inflation gezwungen werden, wird von „menu costs“ aufgrund der häufigen Änderungen der Preislisten gesprochen. Weitere volkswirtschaftliche Kosten ergeben sich aus der Verzerrung der relativen Preise auf gesamtwirtschaftlicher Ebenen. Denn es kann nicht davon ausgegangen werden, dass Inflation sämtliche Preise im selben Umfang beeinflusst und damit zu einer Fehlallokation von Ressourcen führt und Inflation damit Preissignale informationsineffizient werden lässt (vgl. hierzu ausführlich Abschn. 26.2.2: Nicht-monetäre Inflationstheorie).

   Wird Inflation hingegen antizipiert, sind die gesamtwirtschaftlichen Kosten substantiell geringer und setzen sich im Wesentlichen aus „Schuhsohlenkosten“ und „menu costs“ zusammen.
5. Die ursprüngliche Phillipskurve stellt einen formalen Zusammenhang zwischen nominalem Lohnwachstum und Arbeitslosigkeit her. Danach ist die Änderung des nominalen Lohnwachstums in der gegenwärtigen Periode eine negative Funktion der Arbeitslosigkeit in der vorhergehenden Periode. Die modifizierte Phillipskurve stellt,

unter der Annahme einer Zuschlagskalkulation der Unternehmen, die Relation zwischen Arbeitslosigkeit und Inflation dar. Um sowohl die kurzfristige Dynamik als auch den langfristigen Zusammenhang untersuchen zu können, wurde die modifizierte Phillipskurve ferner um Erwartungskomponenten und unter Berücksichtigung des Reallohns erweitert (vgl. hierzu ausführlich Abschn. 26.3.1: Kosten der Inflation).

Literatur

Akerlof, G. A., Dickens, W. T., & Perry, G. L. (1996). The Macroeconomics of Low Inflation. *Brookings Papers on Economic Activity*, *1*, 1–59.

Alchian, A. A., & Kessel, R. A. (1977). *Redistribution of Wealth Through Inflation, Reprinted in Alchian, A. A., Economic Forces at Work*. Indianapolis: Liberty Press.

Bailey, M. J. (1956). The Welfare Cost of Inflationary Finance. *Journal of Political Economy*, *64*, 93–110.

Barro, R. J. (1995). Inflation and Economic Growth. *Bank of England, Quarterly Bulletin*, *35*(2), 166–176.

Barro, R. J. (1997). *Macroeconomics* (5. Aufl.). Cambridge, MA.: MIT Press.

Bassetto, M. (2002). A Game-Theoretic View of the Fiscal Theory of the Price Level. *Econometrica*, *70*, 2167–2195.

Belke, A. (2000). Political Business Cycles in the German Labour Market? Empirical Tests in the Light of the Lucas-Critique. *Public Choice*, *104*, 225–283.

Belke, A., & Polleit, T. (2009). *Monetary Economics in Globalised Financial Markets*. Berlin/Heidelberg.: Springer.

Benhabib, J., Schmitt-Grohe, S., & Uribe, M. (2002). Avoiding Liquidity Traps. *Journal of Political Economy*, *110*(3), 535–563.

Bernanke, B. S., Gertler, M., & Gilchrist, S. (1999). The financial accelerator in a quantitative business cycle framework. In J. Taylor & M. Woodford (Hrsg.), *Handbook of Macroeconomics* (Bd. 10, S. 1341–1393). Amsterdam: Elsevier.

Blanchard, O., Dell'Ariccia, G., & Mauro, P. (2010). Rethinking Macroeconomic Policy, IMF Staff Position Note, February 2010.

Blinder, A. S. (1997). Measuring Short-run Inflation for Central Bankers – Commentary. *Federal Reserve Bank of St. Louis* (S. 157–160).

Bryan, M. F., & Cecchetti, S. G. (1993). *Measuring Core Inflation*. NBER Working Paper, Bd. 4303. Cambridge/MA: National Bureau of Economic Research.

Bryan, M. F., & Cecchetti, S. G. (1994). Measuring Core Inflation. In N. G. Mankiw (Hrsg.), *Monetary Policy* (S. 195–215). Chicago: University of Chicago Press.

Bryan, M. F., Cecchetti, S. G., & Wiggins, R. L. II (1997). *Efficient Inflation Estimation*. Working Paper, Bd. 9707. Cleveland: Federal Reserve Bank of Cleveland.

Buiter, W. H. (1999). *The fallacy of the fiscal theory of the price level*. NBER Working Paper, Bd. 7302. Cambridge, MA.: National Bureau of Economic Research.

Caplin, A. S., & Spulber, D. (1987). Menu Costs and the Neutrality of Money. *Quarterly Journal of Economics*, *102*(4), 703–725.

Carlstrom, C. T., & Fuerst, T. S. (1999). The Fiscal Theory of the Price Level. *The Federal Reserve Bank of Cleveland*, QI 22–32.

Castelnuovo, E., Nicoletti-Altimari, S., & Rodriguez-Palenzuela, D. (2003). Definition of Price Stability, Range and Point Inflation Targets: The Anchoring of Long-term Inflation Expectations. In O. Issing (Hrsg.), *Background Studies for the ECB's Evaluation of its Monetary Policy Strategy* (S. 43–90). Frankfurt/Main: European Central Bank Publisher.

Cecchetti, S. G. (1997). Measuring Short-Run Inflation for Central Bankers. *Federal Reserve Bank of St. Louis*, *79*, 143–155.

Chadha, J. S., Haldane, A. G., & Janssen, N. G. J. (1998). Shoe-Leather Costs Reconsidered. *Economic Journal*, *108*, 363–382.

Cochrane, J. (2003a). *Fiscal Foundations of Monetary Regimes, mimeo*. Chicago: University of Chicago.

Cochrane, J. (2003b). *Money as Stock, mimeo*. Chicago: University of Chicago.

Cochrane, J. H. (1998). A Frictionless View of U.S. Inflation. In B. S. Bernanke & J. Rotemberg (Hrsg.), *NBER Macroeconomics Annual* (S. 323–384). Cambridge, Mass.: MIT Press.

Cochrane, J. H. (2000). *Money as Stock: Price Level Determination with No Money Demand*. NBER Working Paper, Bd. 7498. Cambridge/MA: National Bureau of Economic Research.

Cutler, J. (2001). Core Inflation in the UK, Bank of England, Discussion Paper no. 3, March.

Daniel, B. C. (2003). *Fiscal Policy, Price Surprises, and Inflation, mimeo*. New York: University at Albany (SUNY).

Daniel, B. C. (2004). *Monetary Policy and Inflation in a Fiscal Theory Regime, mimeo*. New York: University at Albany (SUNY).

Davig, T., Leeper, E. M., & Chung, H. (2004). *Monetary and Fiscal Policy Switching*. NBER Working Paper, Bd. 10362. Cambridge/MA: National Bureau of Economic Research.

Deutsche Bundesbank (2000). Core inflation rates as a tool for price analysis. *Monthly Bulletin*, 45–58.

Dewald, W. G. (1998). Money Still Matters, Review. *Federal Reserve Bank of St. Louis*, *80*, 13–24.

Dowd, K. (1994). The Costs of Inflation and Disinflation. *Cato Journal*, *14*(2), 305–331.

Dowd, K. (1996). *Competition and Finance: A New Interpretation of Financial and Monetary Economics*. London: Macmillan.

Dupor, B. (2000). Exchange Rates and the Fiscal Theory of the Price Level. *Journal of Monetary Economics*, *45*, 613–630.

Dwyer, G. P. Jr., & Hafer, R. W. (1998). Is Money Irrelevant? *FRB St. Louis Review*, *70*(3), 3–17.

Dwyer, G. P. Jr., & Hafer, R. W. (1999). Are Money Growth and Inflation Still Related? *Federal Reserve Bank of Atlanta, Economic Review*, *84*, 32–43.

Feldstein, M. (1997). The Costs and Benefits of Going from Low Inflation to Price Stability. In C. Romer & D. H. Romer (Hrsg.), *Reducing Inflation: Motivation and Strategy* NBER Studies in Business Cycles, Bd. 30 Chicago: University of Chicago Press.

Feldstein, M. (1999). *The Costs and Benefits of Price Stability*. Chicago: University of Chicago Press.

Fitzgerald, T. J. (1999). Money Growth and Inflation: How Long is the Long Run? *Federal Reserve Bank of Cleveland*. Economic Commentary, August.

Friedman, M. (1968). The Role of Monetary Policy. *American Economic Review*, *58*, 1–17. Reprinted in Friedman 1969.

Friedman, M. (1969). *The Optimum Quantity of Money and Other Essays*. London: Macmillan.

Gordon, D. B., & Leeper, E. M. (2002). *The Price Level, the Quantity Theory of Money, and the Fiscal Theory of the Price Level*. NBER Working Paper, Bd. 9084. Cambridge/MA: National Bureau of Economic Research.

de Grauwe, P., & Polan, M. (2005). Is Inflation Always and Everywhere a Monetary Phenomenon? *Scandinavian Journal of Economics*, *107*(2), 239–259.

Greenspan, A. (2001). *Remarks by Chairman „Transparency in Monetary Policy" at the Federal Reserve Bank of St. Louis*. Economic Policy Conference, October 11.

Hayek, F. A. (1945). The Use of Knowledge in Society. *American Economic Review*, *XXXV*(4), 519–530.

Hayek, F. A. (1970). Can We Still Avoid Inflation?, essay originally given as a lecture before the Trustees and guests of the Foundation for Economic Education at Tarrytown, New York on May 18.

Hess, G. D., & Morris, C. S. (1996). The Long-Run Costs of Moderate Inflation. *Federal Reserve Bank of Kansas City Economic Review*, *81*(2), 71–88.

Hogan, S., Johnson, M., & Lafleche, T. (2001). Core Inflation. *Bank of Canada, Technical report, 89*.

Horwitz, S. (2003). The Costs of Inflation Revisited. *The Review of Austrian Economics*, *16*(1), 77–95.

King, M. (2002). Lecture to the First Economic Policy Forum held at the Banque de France, Paris, March 13th.

Kocherlakota, N. R., & Phelan, C. (1999). Explaining the Fiscal Theory of the Price Level. *Federal Reserve Bank of Minneapolis, Quarterly Review*, *23*(4), 14–23.

Laflèche, T., & Armour, J. (2006). Evaluating Measures of Core Inflation. *Bank of Canada Bulletin*, 19–29.

Leeper, E. M. (1991). Equilibria under "Active" and "Passive" Monetary and Fiscal Policies. *Journal of Monetary Economics*, *27*(1), 129–147.

Lucas, R. E. Jr. (1980). Two Illustrations of the Quantity Theory of Money. *American Economic Review*, *70*(5), 1005–1014.

Lucas, R. E. Jr. (1986). Adaptive Behavior and Economic Theory. *Journal of Business*, *59*(4), 401–426.

Lucas, R. E. Jr. (1996). Nobel Lecture: Monetary Neutrality. *Journal of Political Economy*, *104*(4), 661–682.

McCallum, B. T. (1998). *Indeterminacy, Bubbles, and the Fiscal Theory of Price Level Determination*. NBER Working Paper, Bd. 6456. Cambridge/MA: National Bureau of Economic Research.

McCallum, B. T., & Goodfriend, M. (1987). *Demand for Money: Theoretical Analysis, The New Palgrave Dictionary of Economics*

McCandless, G. T., & Weber, W. E. (1995). Some Monetary Facts. *Federal Reserve Bank of Minneapolis*, *19*, 2–11.

von Mises, L. (1996). *Human Action* (4. Aufl.). San Francisco: Fox Wilkes.

Mishkin, F. S. (2007). *Headline versus Core Inflation in the Conduct of Monetary Policy, Speech given at the Business Cycles*. International Transmission and Macroeconomic Policies Conference, HEC Montreal, Montreal, Canada, October 20.

Motley, B. (1997). Should Monetary Policy Focus on "Core" Inflation?, Economic Letter. *Federal Reserve Bank of San Francisco*, *1997*, 11.

Orphanides, A., & Williams, J. C. (2003). *Imperfect Knowledge, Inflation Expectations and Monetary Policy*. paper prepared for the NBER Conference on Inflation Targeting, January 23–25, 2003. Mimeo.

Pakko, M. R. (1998). Shoe-Leather Costs of Inflation and Policy Credibility. *Federal Reserve Bank of St. Louis Review*, *80*(6), 37–50.

Phelps, E. S. (1967). Phillips Curves, Expectations of Inflation and Optimal Unemployment over Time. *Economica*, *34*, 254–281.

Phelps, E. S. (1968). Money-Wage Dynamics and Labor Market Equilibrium. *Journal of Political Economy*, *76*(4), 678–711. part 2.

Phillips, A. W. (1958). The Relation between unemployment and the rate of change of money wage rates in the United Kingdom, 1861–1957. *Economica*, *25*(2), 283–299.

Pill, H., & Rautanen, T. (2006). *Monetary Analysis – The ECB Experience*. Paper presented at the 8th The ECB and Its Watchers Conference, Session ECB Watch – Review of the ECB's Strategy and Alternative Approaches, Frankfurt/Main, May 5th.

Roger, S. (1998). *Core Inflation: Concepts, Uses and Measurement*. Reserve Bank of New Zealand Discussion Paper Series G, Bd. 8

Rolnick, A. J., & Weber, W. E. (1995). *Inflation, Money, and Output under Alternative Monetary Standards*. Federal Reserve Bank of Minneapolis Research Department, Staff Report, Bd. 175

Rolnick, A. J., & Weber, W. E. (1997). Money, Inflation, and Output under Fiat and Commodity Standards. *Journal of Political Economy*, *105*(6), 1308–1321.

Samuelson, P. A., & Solow, R. M. (1960). Analytical Aspects of Anti-Inflation Policy. *American Economic Review*, *50*(2), 177–194.

Sargent, T. J., & Wallace, N. (1981). Some Unpleasant Monetarist Arithmetic. *Federal Reserve Bank of Minneapolis, Quarterly Review*, *5*(3), 1–17.

Sims, C. A. (1994). A Simple Model for the Study of the Determination of the Price Level and the Interaction of Monetary and Fiscal Policy. *Economic Theory*, *4*(3), 381–399.

Sims, C. A. (2001). Fiscal Consequences for Mexico of Adopting the Dollar, Proceedings. *Federal Reserve Bank of Cleveland*, *33*(2, Part 2), 597–625.

Tullock, G. (1980). The Welfare Costs of Tariffs, Monopolies, and Theft, Reprinted. In J. Buchanan, R. Tollison & G. Tullock (Hrsg.), *Toward a Theory of the Rent-Seeking Society*. College Station, TX: Texas A M University Press.

Woodford, M. (1994). Monetary Policy and Price Level Determinacy in a Cash-in-Advance Economy. *Economic Theory*, *4*(3), 345–380.

Woodford, M. (1995). Price Level Determinacy without Control of a Monetary Aggregate. *Carnegie–Rochester Conference Series on Public Policy*, *43*(3), 1–46.

Woodford, M. (1996). *Control of the Public Debt: A Requirement for Price Stability?* NBER Working Paper, Bd. 5684. Cambridge/MA: National Bureau of Economic Research.

Woodford, M. (1998a). *Public Debt and the Price Level.* Paper presented at the Conference on Government Debt Structure and Monetary Conditions, Bank of England, June 18–19, 1998. http://www.princeton.edu/~woodford/BOE.pdf

Woodford, M. (1998b). Comment on Cochrane. In B. S. Bernanke & J. Rotemberg (Hrsg.), *NBER Macroeconomics Annual* (S. 390–418). Cambridge, Mass.: MIT Press.

Woodford, M. (1998c). Doing without Money: Controlling Inflation in a Post-Monetary World. *Review of Economic Dynamics*, *1*(1), 173–219.

Woodford, M. (2001). Fiscal Requirements for Price Stability. *Journal of Money, Credit, and Banking*, *33*, 669–728.

Woodford, M. (2003). *Interest and Prices. Foundations of a theory of Monetary Policy*. Princeton: Princeton University Press.

Wynne, M. A. (1999). Core Inflation: A Review of Some Conceptual Issues, ECB Working Paper, 5, European Central Bank: Frankfurt/Main, and Federal Reserve Bank of Dallas Research Department Working Paper 99-03: Dallas.

Theorie der Geldpolitik

27

Ansgar Belke und Ingo Bordon

Inhaltsverzeichnis

Lernziele

Das vierte Kapitel befasst sich mit der Theorie der Geldpolitik. Im Einzelnen werden Sie nach der Lektüre dieses Kapitels in der Lage sein,

- zu erklären, warum sich Zentralbanken einer mehr oder weniger großen Unsicherheit gegenübersehen.
- die auftretenden Verzögerungen bei der Durchführung geldpolitischer Maßnahmen zu benennen.
- die Vor- und Nachteile einer regelgebundenen bzw. diskretionären Geldpolitik darzustellen.
- das Zeitinkonsistenzproblem der Geldpolitik zu erläutern.
- Lösungskonzepte für die Inflationsverzerrung aufzuzeigen.

A. Belke (✉) · I. Bordon
Universität Duisburg-Essen
Essen, Deutschland
E-Mail: ansgar.belke@uni-due.de

I. Bordon
E-Mail: ingo.bordon@uni-due.de

R. Neubäumer et al. (Hrsg.), *Volkswirtschaftslehre*, DOI 10.1007/978-3-658-16523-9_27

27.1 Unsicherheit bei der Durchführung der Geldpolitik

Zentralbanken, die sich auf das primäre Ziel der Wahrung von Preisniveaustabilität verpflichtet haben, sollten daran interessiert sein, mittel- bis langfristigen Inflationsrisiken frühzeitig entgegenzuwirken. Denn die Änderungen des Geldangebotes durch die Zentralbanken beeinflussen realwirtschaftliche Variablen und Preise mit *Zeitverzögerungen*. Als ein Resultat hieraus muss die Geldpolitik in vorausschauender Weise implementiert werden. Um die Angelegenheit noch brisanter zu machen: es existiert beträchtliche Unsicherheit über die exakten Auswirkungen von geldpolitischen Instrumentvariablen auf die Zielvariable. Und es gibt Unsicherheit über die genaue Lage der Volkswirtschaft im Konjunkturzyklus, wenn geldpolitische Entscheidungen getroffen werden (Issing 2002; Deutsche Bundesbank 2004).

Die Bedeutung von Zeitverzögerungen für die Geldpolitik

Annahmen über *Zeitverzögerungen* zwischen verschiedenen Ereignissen leiten unsere Urteile über Kausalketten. Nehmen wir z. B. an, Sie litten unter einem Schnupfen und Sie nähmen eine Medizin, von der Sie sich Linderung erhofften. Wie lange warten Sie, bis Sie noch mehr von dieser „Droge“ nehmen, weil Sie meinen, die erste Dosis habe nicht geholfen? Sie werden Ihre Entscheidung wahrscheinlich auf der Grundlage von Annahmen über die *erwartete Verzögerung* zwischen der Einnahme der Arznei (Ursache) und der Erfahrung der Linderung (Effekt) treffen. Nehmen wir nun an, Sie glauben, dass die Verzögerung 30 min beträgt. Falls jedoch 45 min vergangen sind, ohne dass sich irgendeine Wirkung eingestellt hat, würden Sie daraus möglicherweise schließen, dass das Heilmittel nicht effektiv war – und vielleicht entscheiden, noch mehr davon einzunehmen. Wenn wir jedoch annehmen, dass bis zur Linderung mehr als 45 min vergehen, dann warten wir länger, bevor wir weitere Aktivitäten unternehmen.

Das heißt, dass die gleiche Tatsache zu äußerst verschiedenen kausalen Beurteilungen und Handlungen führen kann. Denn wählt man den falschen Zeitpunkt zwischen der *Ursache* (Einnahme der Arznei) und der *Wirkung* (das Gefühl der Linderung) könnte dies im obigen Beispiel zu einem möglichen (gesundheitlichen) Schaden führen. Natürlich ist es in diesem Zusammenhang für die Zentralbanken außerordentlich wichtig, eine genaue Kenntnis über die Existenz und Funktionsweise der Zeitverzögerungen der Geldpolitik zu haben: d. h. die Zeit, die ein monetärer Impuls benötigt, den realwirtschaftlichen Output und die Preise zu beeinflussen.

Gemäß Milton Friedman (1961) beeinflussen Änderungen des Geldbestandes andere nominale volkswirtschaftliche Größen mit variablen und unsicheren Zeitverzögerungen (*Time lags*) (Abb. 27.1). Zunächst wird es Zeit beanspruchen, bis die Entscheidungsträger in einer Zentralbank erkennen, dass geldpolitische Maßnahmen notwendig sind, um beispielsweise eine unangemessen hohe Inflationsrate zu verhindern. Dies ist der *Recognition lag*. Daraufhin wird es für die wirtschaftspolitischen Entscheidungsträger Zeit brauchen, um tatsächlich eine Entscheidung über das, was zu tun ist, zu treffen (*Decision lag*). Diesem folgt der so genannte *Administrative lag*, der die nötige Zeitspanne zur Implementierung der geldpolitischen Maßnahme umfasst. Nachdem eine geldpolitische Aktion durchgeführt worden ist (wie z. B. eine Erhöhung des Leitzinses), benötigt der Bankensektor – typischerweise die Gegenseite und der erste Adressat der Geldpolitik – Zeit, um die Konditionen der Kreditvergabe an den privaten Sektor anzupassen (*Intermediate lag*). Schließlich wird von Marktakteuren Zeit dafür benötigt – und möglicherweise sogar sehr viel Zeit –, Änderungen des Geldangebots in Änderungen anderer nominaler Variablen zu übersetzen (*Outside lag*).

Die Debatte über Zeitverzögerungen birgt deshalb sehr wichtige Implikationen für das institutionelle Design von Geldpolitik. Zum Beispiel machte die Unsicherheit über die Zeitverzögerungen der Geldpolitik Milton Friedman zu einem Anhänger einer *vorweg angekündigten Regel zur Fixierung des Geldmengenwachstums*, mit welcher der Geldpolitik die Möglichkeit des Rückgriffs auf Ad-hoc-Aktionen genommen wird. Natürlich war sich Friedman der Tatsache bewusst, dass ein derartig striktes monetäres Arrangement nicht für jede Situation die bestmögliche Lösung darstellt. Jedoch betrachtete er solch eine *regelbasierte Politik* als einen *Schutz* gegen die Kosten eines *schlechten Timings* (und des vorhersehbaren *Missbrauchs*) von Geldpolitik; eine Abwägung von Pro und Contra bewegte Friedman dazu, eine *regelbasierte Geldpolitik* einer *diskretionären Geldpolitik* vorzuziehen.

Während die akademische ökonomische Profession einen enormen Fortschritt in der Analyse von Risiken in wohldefinierten stochastisch modellierten Volkswirtschaften gemacht hat, ist die „Knight'sche Unsicherheit", welche die Geldpolitik und manchmal auch die Märkte konfrontiert, von einer ganz anderen Dimension. Es war US Ökonom Frank Knight (1885–1972), der in seinem Buch „Risk, Uncertainty and Profit" seine Analyse auf der Unterscheidung von Risiko und Unsicherheit aufbaute (Knight 1921, S. 205)[1]: „Uncertainty must be taken in a sense radically distinct from the familiar notion of Risk, from which it has never been properly separated. (...) It will appear that a *measurable* uncertainty, or ‚risk' proper (...) is so far different from an *unmeasurable* one that it is not in effect an uncertainty at all."

Knight spricht von nichts Geringerem als dem Versagen des grundlegenden Konzepts der Wahrscheinlichkeitsrechnung. In seiner richtungsweisenden Arbeit „General Theory of Employment, Interest and Money", nahm John Maynard Keynes (1883–1946) eine ganz

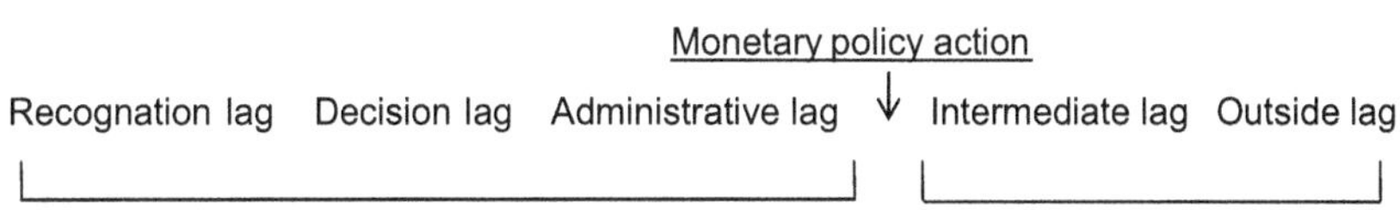

Abb. 27.1 Zeitverzögerungen der Geldpolitik

[1] Knights Betonung der Unsicherheit unterschied ihn von der dominierenden ökonomischen Theorie seiner Zeit. Diese betonte die Entscheidungsfindung unter Bedingungen von vollkommener Sicherheit über die Zukunft oder unter den etablierten Gesetzmäßigkeiten der Wahrscheinlichkeitsrechnung.

ähnliche Position ein (Keynes 1936, S. 161): „[Most of our decisions] to do something positive (...) can only be taken as a result of animal spirit (...) and not as the outcome of a weighted average of quantitative benefits multiplied by quantitative probabilities." Tatsächlich argumentierte Knight, dass die Schwierigkeiten des Prognoseprozesses weit über die Unmöglichkeit der Anwendung mathematischer Lehrsätze auf die Prognose zukünftiger Ereignisse hinaus reichen. „A priori reasoning", darauf bestand Knight, kann der Zukunft ihre Unbestimmtheit nicht nehmen. Letztendlich betrachtete er das Verlassen auf die Häufigkeit vergangener Ereignisse als extrem gewagt und riskant.

Issing (2002) unterscheidet *drei weite Kategorien von Unsicherheit*, die von der eher allgemeinen bis hin zu komplexeren und der „Knight'schen" Unsicherheit reichen, Er erkennt zu Recht an, dass die Unsicherheitsfaktoren, denen sich Zentralbanken gegenüber sehen, von unüberschaubarer Zahl und zudem interdependent sind. Sie werden z. B. durch den Wettbewerb unterschiedlicher theoretischer Modelle, permanenten strukturellen Änderungen ökonomischer Beziehungen und der begrenzten Verfügbarkeit und Verlässlichkeit ökonomischer Schlüsseldaten geschaffen. In diesem Kontext ist eine Unterscheidung zwischen (1) *Modellunsicherheit* und (2) *Datenunsicherheit* zu treffen.

Modellunsicherheit

Für Analysezwecke müssen Ökonomen die komplexe Realität vereinfachen. Solche Vereinfachungen, die nicht notwendigerweise formalistisch gehalten sein müssen, firmieren allgemein unter dem Begriff „Theoretische Modelle". Geldpolitiker sind auf diese Modelle angewiesen, um eine Idee von zukünftigen Inflationsentwicklungen zu bekommen und die Auswirkung geldpolitischer Aktionen im Hinblick auf Richtung, Größe und Timing einschätzen zu können. Die von ihnen verwendeten Modelle müssen die relevanten strukturellen Beziehungen zwischen dem Preisniveau, den geldpolitischen Instrumenten und anderen Faktoren, welche Preisänderungen beeinflussen, adäquat erfassen und darstellen; „andere Faktoren" schließen unter anderem Änderungen der Ölpreise oder Wechselkurse, die Einführung neuer Technologien oder Änderungen des politischen und institutionellen Rahmens ein. Da Modelle die Realität vereinfachen sollen, können sie lediglich spezifische Relationen herausarbeiten, während sie andere zwangsläufig vernachlässigen.

Die Antwort auf die Frage, welche Beziehungen *relevant* sind und welche Vereinfachungen *adäquat* sind, ist jedoch stark umstritten. Entsprechend existieren häufig *miteinander im Wettbewerb stehende theoretische Modelle*, die ein- und dasselbe Phänomen unterschiedlich erklären. Diese unterscheiden sich hinsichtlich der Auswahl explizit einbezogener Variablen und der Art der Beziehungen untereinander. Dies wird vor allem dann zu einem Problem für die Geldpolitiker, wenn die relevanten Modelle die gegenwärtige Situation unterschiedlich einschätzen und/oder voneinander abweichende geldpolitische Maßnahmen nahe legen. Es ist beispielsweise möglich, dass eine Einschätzung der zukünftigen Preisentwicklung auf der Grundlage der *Quantitätstheorie des Geldes*, welche die langfristige Beziehung zwischen Geldmengenwachstum und Inflation im Fokus hat, zu einer Politikempfehlung führt, die nicht mit derjenigen auf der Grundlage eines *Phil-*

lipskurvenmodells, das die Verbindung zwischen Inflation und der Outputlücke betont, übereinstimmt.

Wenn sich Ökonomen erst einmal auf das angemessene Modell geeinigt haben, besteht die nächste Schwierigkeit darin, die *Werte der Modellparameter*, welche Informationen über die Stärke und die Dynamik der Beziehungen zwischen den individuellen Variablen liefern, zu bestimmen. Da die Parameterwerte basierend auf einer empirischen Analyse geschätzt werden, unterliegen die Schätzresultate statistischer Unsicherheit. Darüber hinaus hängen die Resultate auch von der Wahl des Schätzverfahrens ab. Politiker sehen sich einem miteinander verschränkten System unterschiedlicher Formen der Modellunsicherheit gegenüber: Unsicherheit über das adäquate theoretische Modell und Unsicherheit darüber, welches empirische Modell geeignet ist, die theoretischen Beziehungen zu quantifizieren.

Zusätzlich sind theoretische Modelle häufig *nicht sehr präzise darin, ihre Schlüsselvariablen zu definieren*. So bleibt häufig unklar, wie der in einem theoretischen Modell verwendete Geldbestand oder das Preisniveau für eine weitergehende empirische Analyse operationalisiert werden soll. Dieses Problem ist auch relevant im Lichte der Tatsache, dass unterschiedliche Operationalisierungen (z. B. die Verwendung von M1 anstelle von M3, um Geld zu messen oder der Rückgriff auf den BIP-Deflator statt des VPI zur Messung des Preisniveaus) zu unterschiedlichen Resultaten bezüglich der Stärke und der Dynamik der empirisch geschätzten Beziehungen führen können. Die Tatsache, dass empirische Modelle nur grundlegende Merkmale und Verhaltensweisen innerhalb eines bestimmten Schätzzeitraums abbilden können, bleibt ein Problem. Die *Wahl der Beobachtungsperiode* kann unter bestimmten Umständen eine beträchtliche Auswirkung auf das Schätzresultat haben, besonders dann, wenn sich die in Rede stehenden Beziehungen zu einem Zeitpunkt fundamental geändert haben.

Dieses Problem erweist sich als *besonders gravierend* bei der Einschätzung der ökonomischen Situation am *„aktuellen Rand"* der Daten, da derartige „Strukturbrüche" häufig nicht rechtzeitig durch ökonometrische Tests identifiziert werden können und, selbst wenn ein Regimewechsel entdeckt worden ist, die Parameter der neuen Struktur so kurz nach dem Bruch nicht mit hinreichender Präzision geschätzt werden können – einfach, weil die Zahl der Beobachtungen und damit die Zahl der Freiheitsgrade noch zu gering ist. Man braucht nicht besonders zu betonen, dass das Ausmaß der Unsicherheit über makroökonomische Beziehungen in der Eurozone – als immer noch recht junger Institution – besonders groß war und immer noch ist. Nach einem Schlüsselereignis wie der Errichtung der Währungsunion zwischen sechzehn (!) souveränen Nationalstaaten, steigt die Wahrscheinlichkeit von Strukturbrüchen. Deren Auswirkung auf den monetären Transmissionsmechanismus dürfte angesichts der vorstehend beschriebenen Probleme anfänglich unmöglich sein.[2]

[2] Man beachte jedoch, dass diese mittel- und osteuropäischen Volkswirtschaften, die sich gegenwärtig im Warteraum für den Eintritt in die Europäische Währungsunion befinden (die sogenannten Mitglieder mit einer Ausnahmeregelung („Derogation"), ein Großteil von ihnen ist Mitglied des

Datenunsicherheit
Das Phänomen der Datenunsicherheit gewinnt in letzter Zeit zunehmend an Bedeutung, da die relevanten Statistiken (ökonomische, finanzwirtschaftliche und monetäre Statistiken) häufig unvollständige oder sogar unzuverlässige Informationen über den *wahren* Zustand der Volkswirtschaft bereitstellen. Datensätze können aus einer Vielzahl von Gründen *unvollständig* sein. Erstens werden nicht alle Daten, die für die Analyse der wirtschaftlichen Situation notwendig sind von den zuständigen statistischen Ämtern erhoben. Zweitens sind die relevanten Daten nur mit einer zeitlichen Verzögerung verfügbar, und Drittens können Schlüsseldaten (besonders reale ökonomische Daten) Messproblemen unterliegen, was dazu führt, dass frühere Schätzungen über die Zeit überarbeitet werden müssen. Tatsächlich stellen Lücken in den gesammelten Daten ein Problem dar, das im Prinzip alle Zentralbanken betrifft.

Neben den oben genannten Problemen der Verfügbarkeit, Pünktlichkeit und Zuverlässigkeit der zugrunde liegenden Daten existiert eine weitere Art der Datenunsicherheit, die relevant für das praktische Arbeiten ist. Sie tritt auf, da viele Variablen, die eine entscheidende Rolle in theoretischen Modellen spielen, in der Realität nicht direkt beobachtet werden können und deshalb empirisch geschätzt werden müssen. Die Schätzresultate für sich genommen hängen stark von dem zugrunde liegenden Model ab. Dies zeigt, wie eng Datenunsicherheit und Modellunsicherheit verknüpft sind.

Die vorstehenden Ausführungen gelten ebenfalls für die Berechnung gleichgewichtiger Wechselkurse sowie für die Bestimmung des Niveaus des natürlichen Zinssatzes oder die adequate Bewertung von Vermögenswerten. Die prominentesten Beispiele hierfür sind jedoch zweifellos der potenzielle Output und die Outputlücke, definiert als die Abweichung des realen Outputs vom potenziellen Output. Einige kürzlich veröffentlichte Forschungsarbeiten haben gezeigt, dass Schätzungen des Potentialoutputs und deshalb auch der Outputlücke mit beträchtlicher Unsicherheit versehen sind, was auch durch die Tatsache widergespiegelt wird, dass die relevanten Zeitreihen häufig Jahre, wenn nicht sogar Jahrzehnte später revidiert werden. Dies beruht nicht so sehr auf den Datenrevisionen, die den Schätzungen zugrunde liegen, als vielmehr auf der fundamentalen Schwierigkeit, die der korrekten Schätzung des Trendwachstums einer Volkswirtschaft und dessen Änderungen anhaftet.

Da derartige Trendumkehrungen lediglich Beispiele für die oben beschriebenen Strukturbrüche darstellen, handelt es sich hierbei um einen weiteren Bereich, in dem die Grenze zwischen Datenunsicherheit und Modellunsicherheit verschwimmt. Um ein Beispiel zu nennen: bis weit in die 1980er-Jahre war nicht klar, in welchem Ausmaß die Ölpreisschocks der 1970er-Jahre das Produktionspotenzial und die Trendwachstumsrate der entwickelten Industrienationen verringert hatten. Diese Unsicherheit erreichte ihren Höchst-

ERM II) sich darum bemühen dürften, mit den Volkswirtschaften des Euroraums zu konvergieren, bevor sie als volles Mitglied beitreten. Zum Beispiel passen sie ihre geldpolitischen Strategien an diejenige der EZB an und stabilisieren dadurch die Geldnachfrage. Daher sollte die Wahrscheinlichkeit struktureller Instabilitäten der Geldnachfrage im Hinblick auf den Beitritt neuer Mitglieder viel geringer als zum Start der EWU sein.

stand anscheinend Anfang 1975. Denn Orphanides (2003) zeigt, dass Schätzungen der Outputlücke der US-amerikanischen Wirtschaft für die frühen 1975er-Jahre, die ursprünglich bei $-16\,\%$ lag, in den Folgejahren schrittweise um mehr als 10 Prozentpunkte nach oben revidiert wurden. Ähnliche Studien für Großbritannien und Deutschland verdeutlichen, dass die Daten der Outputlücke für diese Länder in vergleichbarem Umfang revidiert wurden. Dieses Phänomen kann gravierende Auswirkungen auf die Qualität der geldpolitischen Entscheidungsfindung haben – besonders falls Outputlücken in „Echtzeit" („real time") stark übertrieben ausgewiesen werden. Denn dann wäre die ausgelöste geldpolitische Reaktion fälschlicherweise viel zu expansiv.

Um die Problematik der Datenunsicherheit weiter zu illustrieren, sei hier darauf verwiesen, dass das „US Bureau of Economic Analysis" drei aufeinander folgende „current quarterly" Schätzungen des BIP durchführt, d. h. „advance", „preliminary" (etwa einen Monat nach der „advance"-Publikation) und „final" (diese folgen der vorläufigen Veröffentlichung wiederum nach rund einem Monat). Jährliche Revisionen werden jeweils im Juli für die Schätzungen der BIP-Quartalsdaten für die drei vorhergehenden Jahre veröffentlicht; diese „Annual-vintage"-Schätzer werden „erste," „zweite," und „dritte" jährliche Schätzer genannt. Ungefähr alle fünf Jahre werden zudem umfangreiche Revisionen in Input-Output-Tabellen eingepflegt.

Aber selbst dann unterliegen Daten noch weiteren Prozessen von zeitweilig beträchtlicher Revision, die Jahre dauern können (Deutsche Bundesbank 2004). Zum Beispiel zeigt Abb. 27.2a grafisch die Beziehung zwischen „advance" und endgültiger Veröffentlichung des US-amerikanischen annualisierten realen BIP-Quartalswachstums (saisonbereinigte Reihen). Abb. 27.2b beschreibt die Beziehung zwischen vorläufigen und endgültigen Veröffentlichungen der Daten. Wie aus der Abbildung hervorgeht, gab es in der Vergangenheit substanzielle Unterschiede zwischen den endgültigen Realisationen und den Indiktionen, die durch die Vorweg vorgenommenen vorläufigen Schätzungen gegeben werden. Folglich riskieren die geldpolitischen Entscheidungsträger teils erhebliche Politikfehler, wenn sie ihre Entscheidungen (voreilig und ausschließlich) auf solche „Real-time"-Daten stützen.

Ein anderer einschlägiger Fall in diesem Kontext ist die Diskussion über das Phänomen der „New Economy". In der zweiten Hälfte der 1990er-Jahre herrschte wachsende Unsicherheit darüber, ob und um wie viel der Technologieboom die Trendwachstumsrate der US-amerikanischen Volkswirtschaft tatsächlich nach oben verschoben hatte und ob eine solche Verschiebung für einige Zeit anhalten würde.

Diese Beispiele belegen, wie schwierig es sein kann, die tatsächliche volkswirtschaftliche Lage zum Zeitpunkt der wirtschaftspolitischen Entscheidungsfindung korrekt einzuschätzen. Darüber hinaus illustrieren sie die inhaltliche Verbindung zwischen Datenunsicherheit und Modellunsicherheit. Folglich hängt die Eignung eines theoretischen Modells für die geldpolitische Entscheidungsfindung nicht nur davon ab, wie gut es vergangene zeitliche Variablenverläufe erklärt, sondern auch von dem Umfang, in dem die für die empirische Anwendung des Modells notwendigen Daten verlässlich und in Echtzeit verfügbar sind.

Abb. 27.2 Reales US-BIP: Schätzungen und tatsächliche Realisationen. *y* endgültige Veröffentlichung, *x* „advance"/vorläufige Publikation. Periode: 1996-Q4 bis 2007-Q2. – Quartalsänderungen, annualisiert, in Prozent. (Quelle: Bloomberg; eigene Berechnungen)

a Endgültige und Vorab-Veröffentlichung („advance release")

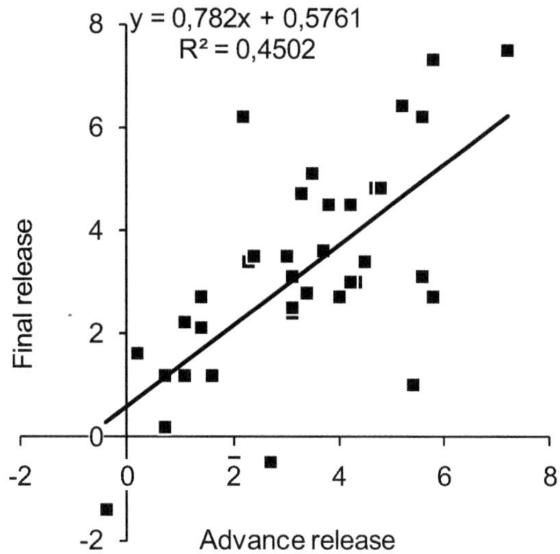

b Endgültige und vorläufige Veröffentlichung („preliminary release")

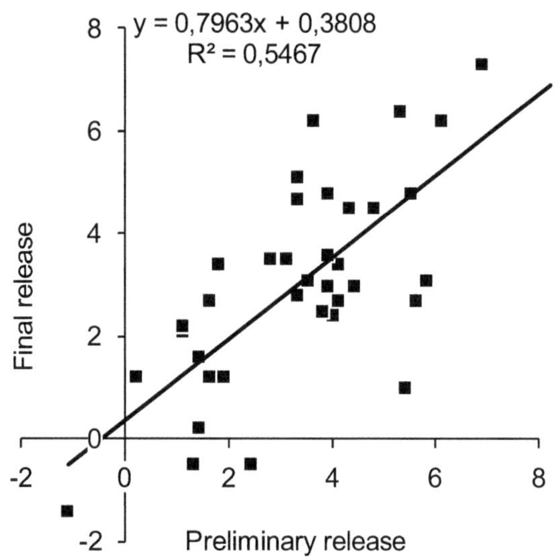

Beispielsweise hat die Datenunsicherheit in Bezug auf die Outputlücke wichtige Implikationen für die Geldpolitik. Viele Ökonomen vertreten nachdrücklich eine Geldpolitik der Minimierung der Outputlücke als eine Strategie, mit der die Inflation niedrig gehalten werden soll. Diese Ökonomen haben die Entscheidung der EZB, der Geldmenge eine prominente Rolle im Rahmen ihrer geldpolitischen Strategie beizumessen, als nicht notwendig und verwirrend kritisiert. Aus ihrer Perspektive sollten lediglich realwirtschaftliche ökonomische Variablen und Daten die Politik der EZB leiten.[3] Angesichts der Messprobleme und der erheblichen Prognosefehler für die Outputlücke hätte schon in der Vergangenheit eine ausschließlich auf die Outputlücke fokussierte Geldpolitik bedeutende Politikfehler verursacht – vor allem was das Ziel der Sicherung von Preisniveaustabilität angeht. Es kommt hinzu, dass monetäre Daten bekanntlich viel weniger empfänglich für Revisionen sind als realwirtschaftliche ökonomische Daten. Nicht zuletzt weil sie auf einer verlässlichen Grundlage basiert, hilft die monetäre Analyse der EZB dabei, schwere Politikfehler zu vermeiden. Gleichzeitig unterstützt sie eine mittelfristige Orientierung der Geldpolitik, die für die Bewahrung der Preisniveaustabilität unverzichtbar ist (siehe die Fallstudie bei Belke und Polleit 2009, S. 485 ff.).

27.2 Die Debatte um „Regeln versus Diskretion"

Die Debatte über Regeln versus Diskretion der Geldpolitik hat eine lange Tradition in der Geschichte ökonomischen Denkens.[4] Im Wesentlichen lässt sich die Diskussion auf folgende Frage reduzieren: „Sollte es der Geldpolitik erlaubt sein, nahezu jede beliebige Handlung durchzuführen, die unter den vorherrschenden Bedingungen als richtig erscheint oder sollte sie zwingend (strikten) Regeln folgen?" Letzteres könnte z. B. durch Milton Friedmans k-Prozent Regel operationalisiert werden, d. h. die Zentralbank sollte den Geldbestand mit einer konstanten Wachstumsrate über die Zeit erhöhen. Alternativ könnte von der Geldpolitik verlangt werden, dass sie die Zinssätze in Übereinstimmung mit einer flexiblen oder einer Feedback-(„open loop") Regel setzt.

Die Debatte mag zwar eine alte sein, sie ist aber gerade heute in einem vollständig staatlich kontrollierten Papiergeldstandard relevanter und wichtiger denn je. Wie Milton Friedman es ausdrückte: „(...) the world is now engaged in a great experiment to see wether it can fashion a different anchor, one that depends on government restraint rather than on the costs of acquiring a physical commodity" (Friedman 1994, S. 42). Irving Fisher (1929, S. 131), schrieb bei seiner eigenen Einschätzung vergangener Erfahrungen über genau diesen Aspekt: „Irredeemable paper money has almost invariably proved a curse to the country employing it". Im Folgenden werden wir vor diesem Hintergrund auf die Debatte über Regeln versus Diskretion (d. h. fallweise Ad-hoc-Entscheidungen) bei geldpolitischen Entscheidungen eingehen. Vor diesem Hintergrund werden wir näher betrachten, wo genau die gegenwärtige internationale Geldpolitik „steht" und welche

[3] Für einen umfassenden Überblick über die gegen die monetäre Säule der EZB vorgebrachte Kritik vgl. beispielsweise Fischer et al. (2006) und Woodford (2006). Belke und Gros (2007) liefern eine kritische Würdigung der Entscheidung der EZB, die Bedeutung von Geld und Kredit bei der Politikfindung in den letzten Jahren herabzustufen.

[4] Für ein klassisches Statement hierzu siehe Simons (1948). Vgl. auch Shaw (1958) und Fisher (1990).

Herausforderungen auf sie warten, wenn es darauf ankommt, ein gesundes und kaufkraftstabiles Geld zu bewahren.

Argumente für geldpolitische Diskretion

Das erste Argument zugunsten fallweiser diskretionärer Entscheidungen in der Geldpolitik ist, dass ein geldpolitischer Spielraum von der Zentralbank im Prinzip klug genutzt werden kann, um dem Bedarf an geldpolitischer Intervention nachzukommen, wenn dies nötig wird. Denn keine zwei Szenarien ökonomischer Bedingungen sind in der Realität identisch; die Zukunft ist unsicher. Wie können Zentralbanker überhaupt mit all ihren „Beschränkungen als menschliche Wesen" eine allgemeine Regel für ihr zukünftiges Verhalten setzen, die für die Gesellschaft insgesamt optimal ist? Man weiß nicht genug über die Fähigkeit von Politikern und Bürokraten, eine Regel so zu implementieren, dass sie zum Erfolg wird. Erreichen wir nicht das Beste für die Gesamtheit und die optimale Kombination geldpolitischer Änderungen, wenn wir das monetäre System anpassungsfähig (z. B. an Schocks) gestalten?

Diskretionäre geldpolitische Aktionen werden allgemein hoch geschätzt, da man glaubt, dass die Geldpolitik am meisten zum gesellschaftlichen Nutzen beitragen kann, wenn sie im Lichte der Ereignisse, wie sie gerade kommen, geplant und verwaltet wird. Konkreter ausgedrückt: die Geldpolitik oder eine Änderung des Geldangebots wird als ein angemessenes Instrument zur Bekämpfung einer Rezession angesehen. Dies ist eine Sicht, die eng mit der Perspektive keynesianischer Ökonomik verknüpft ist.

Zweitens würde eine feste Regel die geldpolitischen Ziele in Stein meißeln. Es könnte aber gesellschaftlich erwünscht sein, dass sich die geldpolitischen Ziele über die Zeit ändern. Eine Politik, die durch eine Regel fixiert ist, eignet sich gut zur Erreichung eines einzigen Zieles (z. B. Preisniveaustabilität), aber sie lässt sich kaum auf andere Größen anwenden (wirtschaftliches Wachstum), welche an relativer Bedeutung hinzugewinnen oder sogar höhere Priorität erlangen können. Zum Beispiel könnte eine Abkoppelung von den ökonomischen Problemen anderer Volkswirtschaften eine flexible Geldpolitik und flexible Wechselkurse nötig machen. Eine Übertragung („spillover") ausländischer Schocks auf die heimische Volkswirtschaft, die Output- und Beschäftigungsverluste bedeuten könnte, würde so möglicherweise verhindert.

Drittens ziehen diejenigen, die Politik konzipieren und vor allem diejenigen, die mit ihrer Durchführung beauftragt sind, in der Regel nicht zuletzt aus Eigennutz einen beträchtlichen Grad an Diskretion im Sinne von mehr Autonomie vor. Und tatsächlich scheint es aus individueller Sicht viel lohnender (in Gestalt von Prestige, Zufriedenheit am Arbeitsplatz und Wiederwahlkalkül), für Entscheidungen auf diskretionärer Basis verantwortlich zu sein als sklavisch eine strikt regelgebundene Politik zu implementieren (wie der berühmte häufig als phantasielos bezeichnete „Auto-Pilot").

Argumente für Regeln

Der erste wichtige Grund für eine (strikte) Regel ist, dass sie eine Versicherung gegen menschliche Irrtümer darstellt. Selbst wenn die Regel nicht die beste für jede Situation ist, existiert nicht die Gefahr der Wahl einer schlechteren Alternative oder eines schlechten Timings, wenn die verantwortlichen Regierungsinstanzen auf sich ändernde Umstände reagieren möchten. Folglich vermeidet die Öffentlichkeit bei einer Regelbindung nicht nur die Kosten von Unsicherheit politischer Handlungen bezüglich Timing und Dosierung, sondern auch einige der mit „schlechter" Politik verbundenen Risiken. Schlimmstenfalls würde viel geopfert, um wenig zu gewinnen, da die potenzielle Überlegenheit flexibler gegenüber fixierter Geldpolitik nicht groß sein dürfte, während die Verluste eines Übergangs zu einer unangemessenen Politik substanziell sein können.[5]

Zweitens setzt die Auswahl einer fixen Regel eine sorgfältige Analyse und eine extensive öffentliche Debatte voraus. Obwohl die finale Definition der Politik nicht perfekt sein dürfte, wäre sie zweifellos gründlicher und vorsichtiger überlegt als es die Entscheidungen einer Autorität mit Autonomie und Diskretion zur Änderung von Politiken je sein können. Die Regel könnte auf einen allgemeinen öffentlichen Zins gemünzt werden, während die geldpolitische Instanz im Falle diskretionärer Geldpolitik dem Druck von Interessengruppen ausgesetzt wäre, spezifische Zinsen gezielt zu beeinflussen.

Und drittens zeigt die Erfahrung, dass eine Orientierung an Regeln einfach zu optimaleren Ergebnissen führt als ein Abstellen auf politische Diskretion, wenn es darum geht, Preisniveaustabilität zu bewahren. Die historische Bilanz diskretionären geldpolitischen Managements ist nämlich alles andere als brillant. Man könnte sogar den Eindruck gewinnen, sie war noch nicht einmal gut. Zugegeben: endgültig Bilanz zu ziehen ist natürlich schwierig. In diesem Zusammenhang ist es problematisch kontrafaktisch zu argumentieren, da wir nicht sicher wissen können, was in der heutigen Welt faktisch diskretionärer Geldpolitik die Durchführung der Alternative „strikte Regel" gebracht hätte. Nichtsdestotrotz liefert das bloße Zustandekommen diskretionärer Politik für sich genommen bei weitem noch keinen Beleg für die Überlegenheit geldpolitischer Autonomie über eine Regel.

27.3 Das Problem der Zeitinkonsistenz

Die alte Debatte über Regeln versus Diskretion erfuhr neuen Schwung durch die von Kydland und Prescott (1977) forcierte Diskussion über die Problematik der Zeitinkonsistenz optimaler geldpolitischer Entscheidungen.[6] Später zeigten Barro und Gordon (1983a,

[5] Belke und Rees (2009) zeigen z. B., dass flexible Wechselkurse und damit auch geldpolitische Autonomie nicht zwingend Übertragungen internationaler Liquidität vom Ausland ins Inland verhindern können.

[6] Vgl. Kydland und Prescott (1977). Die frühe Literatur fokussierte ihre Betrachtungen auf die Zeitinkonsistenz als Ursache für die wohlbekannte inflationäre Verzerrung und auf die Mittel, mit denen Politikunvollkommenheiten überwunden werden können. In jüngerer Zeit wurde dem Problem der Zeitinkonsistenz wieder mehr Aufmerksamkeit geschenkt – nicht zuletzt wegen des steigenden Einflusses des neukeynesianisch geprägten theoretischen Rahmens, aber auch wegen der langfristig drohenden höheren Inflation im Gefolge der aktuellen krisenbedingt und weltweit beispiellos laxen (unkonventionellen) Geldpolitik. Vgl. beispielsweise Belke und Gokus (2009), Calvo (1978) und Clarida et al. (1999).

1983c), dass sogar bei Vorliegen idealer Bedingungen für die Durchführung einer diskretionären Geldpolitik eine glaubwürdige Selbstverpflichtung („Commitment“) der Zentralbank auf eine (monetäre) Regel einer diskretionären Geldpolitik überlegen ist. Im Folgenden werden wir einen kurzen Blick auf das Problem der Zeitinkonsistenz werfen – und zwar in einer Zwei-Perioden-Welt. Schließlich werden wir die Diskussion über das bedeutsame Phänomen der Zeitinkonsistenz optimaler Geldpolitiken zusammenfassen.

Worum geht es bei dem Zeitinkonsistenz-Problem?
Zur Veranschaulichung, wie die Zeitinkonsistenz optimaler Geldpolitik zu exzessiv hoher Inflation führen kann, nehmen wir an, dass die Zentralbank die „Zwillingsziele“ verfolgt, einerseits die Inflation nahe an einem Inflationszielwert zu halten und andererseits die Arbeitslosigkeit nahe an ihrem natürlichen Niveau zu führen.[7] Nehmen wir weiter mit Blick auf die Realität an, dass Marktunvollkommenheiten wie z. B. monopolistischer Wettbewerb oder strategisches Gewerkschaftsverhalten bestehen, sodass die markträumende Arbeitslosenrate ineffizient hoch ist und über der natürlichen Rate der Arbeitslosigkeit liegt. Um die Arbeitslosigkeit nahe der natürlichen Rate zu halten, muss die Zentralbank versuchen, die Arbeitslosigkeit unter die ineffizient hohe Rate zu drücken, die andernfalls den Arbeitsmarkt räumen würde. In diesem Modell verhandeln die Arbeitnehmer ihren Lohnsatz mit Unternehmen auf der Grundlage der von ihnen antizipierten Inflation. In dem Ausmaß, wie Arbeitnehmer die Inflationsrate korrekt antizipieren, entspricht die vorherrschende Arbeitslosenrate der (ineffizient hohen) markträumenden Arbeitslosenrate.

Kydland und Prescott zeigen in ihrem Modell, dass der Wunsch der Zentralbank, die Arbeitslosigkeit auf das natürliche Niveau herunter zu bringen, zu zeitlich inkonsistentem Verhalten der geldpolitischen Agenten, d. h. der Zentralbank, führt. Nehmen wir an, das Inflationsziel betrage 2 %; dann erkennt eine gesellschaftlich optimale Geldpolitik, dass Arbeitnehmer nicht systematisch getäuscht werden können und dass folglich auch die (annahmegemäß neoklassisch reallohngetriebene) Arbeitslosenrate nicht systematisch von der markträumenden Rate abweichen kann. Trotz ihrer doppelten Zielsetzung – Sicherung der Vollbeschäftigung und Wahrung von Preisniveaustabilität – ist das Beste, was die Zentralbank tun kann, die Geldpolitik so zu setzen, dass die hieraus entstehende Inflation 2 % entspricht, und dann dieser Ankündigung ohne Einschränkungen Folge zu leisten und den Arbeitsmarkt bei seinem markträumenden Niveau einpendeln zu lassen.

Aber diese optimale Politik ist zeitinkonsistent und wird nicht realisiert werden – trotz ihrer zuvor erfolgten Ankündigung. Falls die Arbeitnehmer der Politikankündigung der Zentralbank Glauben schenken und deshalb mit den Unternehmen 2-prozentige nominale Lohnsteigerungen aushandeln, ändert sich plötzlich die Menge der Optionen der Zentralbank. Statt der angekündigten Politik zu folgen und diese zu implementieren, kann die Zentralbank ein wenig mehr Inflation schaffen (Überraschungsinflation), welche die Reallöhne der Arbeitnehmer senkt und deshalb die Nachfrage der Unternehmer nach Arbeit stimuliert. Bei fixiertem Reallohn wird der Arbeitsmarkt nunmehr bei einer geringeren Arbeitslosenrate kurzfristig geräumt. Somit erntet die Volkswirtschaft den Nutzen niedrigerer Arbeitslosigkeit auf Kosten einer etwas höheren Inflationsrate. Kydland und Prescott zeigen dann, dass es die Zentralbank nach Abwägen dieser Nutzen und Kosten vorteilhaft findet, eine Inflationsüberraschung zu generieren und die angekündigte Politik nicht zu implementieren.

Natürlich werden Arbeitnehmer bald realisieren, dass die Ankündigungen der Zentralbank nicht glaubwürdig sind und sie werden eine höhere als die angekündigte Inflationsrate erwarten. Wenn die Arbeitnehmer aber höhere Inflation erwarten, wird es für die Notenbank immer kostenträchtiger, eine Überraschungsinflation zu entfachen. Im Gleichgewicht steigt die Inflation bis zu dem Punkt,

[7] Vgl. in diesem Kontext beispielsweise Dennis (2003).

in dem die Zentralbank findet, dass der Nutzen jeder zusätzlichen Inflationsüberraschung vollständig durch ihre Kosten absorbiert wird. Bei genau diesem Niveau der Inflation hat die Zentralbank keinen Anreiz mehr, für zusätzliche Inflationsüberraschungen zu sorgen. Da es keine Inflationsüberraschungen mehr gibt, antizipieren Arbeitnehmer die Inflation vollständig (d. h. sie erwarten diese korrekt und berücksichtigen diese in ihren Verträgen), und der Arbeitsmarkt wird nicht mehr bei der natürlichen Arbeitslosenrate geräumt: stattdessen befindet sich der Arbeitsmarkt bei der höheren markträumenden Arbeitslosenrate im Gleichgewicht. Leider lässt die Tatsache, dass die Zentralbank ihre zuvor angekündigte Politik wieder revidieren kann, nachdem die Löhne gesetzt wurden, die Volkswirtschaft mit ineffizient hoher Inflation ohne Verringerung der Arbeitslosenquote zurück. Die resultierende Diskrepanz zwischen der durchschnittlichen tatsächlich verwirklichten Inflationsrate und dem Inflationsziel wird die diskretionäre *inflationäre Verzerrung* genannt.

Zeitinkonsistenz in einem Zwei-Perioden-Modell

Die Kostenfunktion, die die Zentralbank minimieren möchte, kann wie folgt beschrieben werden: Inflation, π, und die Abweichung des tatsächlichen realen Outputs, Y, von dem von der Notenbank angestrebten Produktionsniveau, $(Y^* + \varphi)$, führen zu Kosten. Dabei stellt Y^* den potenziellen realen Output und φ den marginalen Betrag dar, um den die Zentralbank den tatsächlichen realen Output über sein potenzielles Niveau hinaus bewegen möchte. Es wird dabei angenommen, dass Y^* das reale Outputniveau ist, das erreicht würde, wenn die Marktakteure keinerlei Fehler bei ihrer Inflationsprognose machen würden. In einfachen linearen Termen ausgedrückt lässt sich die Kostenfunktion dann schreiben als:

$$L = \pi + \eta\,(Y - (Y^* + \varphi))\,, \tag{27.1}$$

wobei $\eta > 0$ und $\varphi > 0$.

Falls wir weiter annehmen, dass die gesamten Kosten mit ansteigender Inflation und wachsender Abweichung des tatsächlichen Outputs von dem gewünschten Output-Niveau zunehmend schmerzhaft werden, können wir schreiben:

$$L = \pi^2 + \eta\,(Y - (Y^* + \varphi))^2\,, \tag{27.2}$$

mit $\eta > 0$ und $\varphi > 1$.

Gl. 27.1 stellt gleichsam eine Iso-Kosten-Kurve im Inflations-Output-Raum dar.

Wie oben schon ausgeführt, befindet sich die Volkswirtschaft beim natürlichen Output Y^*, falls Marktakteure keine Inflations-Prognosefehler begehen. In diesem Sinn korrespondiert Y^* mit der natürlichen Arbeitslosenrate wie sie in der Phillipskurven-Theorie analysiert wird. Wenn die Notenbank den tatsächlichen laufenden realen Output über Y^* bringen will, verfolgt die Zentralbank offensichtlich das Ziel, die Auswirkungen struktureller Rigiditäten (Regulierungen etc.) auf den Output mittels der Geldpolitik zu bekämpfen.

Um dieses zu ermöglichen, muss die Lage der aggregierten Angebotskurve, AS, wenigstens in der kurzen Frist positiv mit der Inflationsrate korreliert sein, d. h.:

$$\pi = \pi^e + \alpha\,(Y - Y^*)\,, \tag{27.3}$$

Abb. 27.3 Aggregierte Nachfrage, Angebot und Inflationserwartungen

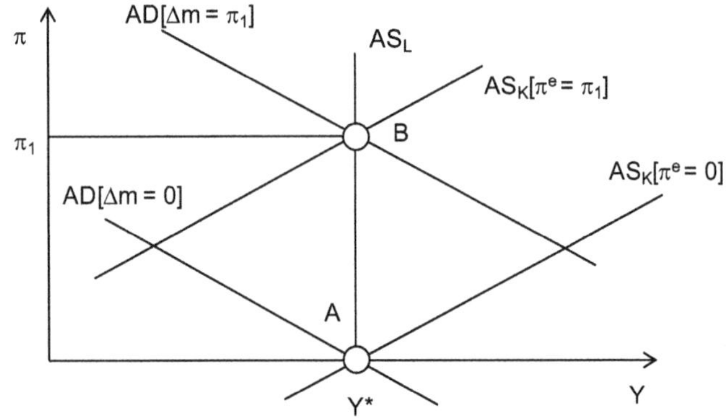

wobei wir aus Gründen der Vereinfachung annehmen, dass $\alpha = 1$. Umstellung der Gl. 27.3 ergibt:

$$Y = \pi - \pi^e + Y^*. \tag{27.4}$$

Gl. 27.4 ist eine Version der Angebotsfunktion nach Robert E. Lucas: der aktuelle tatsächliche Output übersteigt den potenziellen Output dann und nur dann, falls die aktuelle Inflationsrate höher ausfällt als die erwartete Rate. In einem derartigen (keynesianischen) Fall fallen die Reallöhne, wodurch die Produktionskosten fallen. Dies stimuliert einen Anstieg des Outputs; d. h., der Output würde tatsächlich durch eine Überraschungsinflation ansteigen.

Die aggregierte Nachfragefunktion der Volkswirtschaft kann geschrieben werden als:

$$Y_t = Y_{t-1} + \beta\,(\Delta m - \pi)\,, \tag{27.5}$$

wobei $ß > 0$, hier nehmen wir aus Vereinfachungsgründen an, dass $ß = 1$. Gleichung 27.5 besagt dann, dass die aggregierte Nachfrage in Periode t nur dann von dem Niveau abweicht, das sich in Periode $t - 1$ einstellen wird, falls das Wachstum des Geldangebots die tatsächliche Inflation übersteigt. In diesem Sinn ist die aggregierte Nachfrage eine Funktion der realen Geldmenge. Abb. 27.3 stellt die entsprechenden AS- und AD-Kurven in dem (erwarteten) Inflations-Output-Raum dar; man beachte dabei, dass AS_L die langfristige Angebotskurve darstellt, während AS_K für die Angebotskurven in der kurzen Frist steht.

Es wird nunmehr angenommen, dass die Variable Y_{t-1} den potenziellen Output in Periode $t - 1$ darstellt. Falls die aktuelle Inflation durch das Geldmengenwachstum bestimmt wird und letzteres Null beträgt ($AD[\Delta m = 0]$), entspricht der tatsächliche laufende Output dem potenziellen Output (und führt in Abb. 27.3 zur Realisierung von Punkt A). Falls das Geldmengenwachstum jedoch positiv ist ($AD[\Delta m = \pi_1]$) und die Inflation korrekt vorhergesagt wird ($\pi^e = \pi_1$), verbleibt der Output bei Y^*, während die Inflation auf π_1 ansteigt (Punkt B).

Schließlich nehmen wir an, dass die Marktakteure in der laufenden Periode untereinander Mehrperioden-Verträge abschließen, die bestimmte Erwartungen über die zukünftige Entwicklung der Inflationsraten beinhalten. Vor diesem Hintergrund unterliegt die Zentralbank dem Anreiz (gemäß den Gln. 27.2 und 27.3), die tatsächlich realisierte Inflationsrate von dem erwarteten und in den Mehrperioden-Kontrakten berücksichtigten Niveau abweichen zu lassen: Die Zentralbank kann also durch die Erzeugung von Überraschungsinflation den tatsächlichen Output (zunächst) über sein langfristiges Potenzial heben (und hierdurch ihre Kostenfunktion minimieren).

Die entscheidende Frage in diesem Kontext lautet: Woher rühren die Inflationserwartungen der Marktakteure? Nehmen wir beispielsweise an, dass die Zentralbank, bevor Lohn- und andere Kontrakte abgeschlossen werden, verspricht, eine Inflation von Null zu produzieren (d. h. sich darauf festlegt, ein Geldmengenwachstum von Null zu fahren). Wäre ein derartiges Versprechen aus der Sicht der Marktakteure wirklich glaubwürdig? Falls diese über die Kostenfunktion der Zentralbank informiert sind, erscheint es fair zu konstatieren, dass jegliches Versprechen der Zentralbank einer preisniveaustabilitätsorientierten Politik aus der Perspektive der Marktakteure nicht glaubwürdig wäre. Und zwar deshalb, weil Marktakteure erwarten dürften, dass die Zentralbank eine inflationäre Politik verfolgen wird, sobald die Kontrakte in Kraft getreten sind. Dies ist genau die Stelle, an der das Problem der Zeitinkonsistenz ins Spiel kommt.

Wir sprechen von Zeitinkonsistenz, falls jemand verspricht, zukünftig eine bestimmte Maßnahme durchzuführen, und wir dabei nicht erwarten, dass diese Person ihr Versprechen hält – da wir wissen, dass eine derartige Aktion ex-post nicht länger für denjenigen, der das Versprechen abgelegt hat, optimal sein wird. Vor diesem Hintergrund ist in unserem Beispiel die Ankündigung der Zentralbank, Nullinflation zu produzieren, zeitinkonsistent. Wenn Marktakteure rationale Erwartungen haben, haben sie gute Gründe dafür, der Ankündigung keinen Glauben zu schenken. Folglich sind Inflationserwartungen von Null, wie sie von der Zentralbank erzeugt wurden, einfach nicht rational.

Abb. 27.4 zeigt unter anderem die Iso-Kostenkurven für die Zentralbank. Die minimalen Kosten implizieren einen Output in Höhe von $(Y^* + \varphi)$ und eine Inflationsrate in Höhe von Null. Je größer die Distanz der Isokostenkurve von diesem Punkt ist, desto höher fallen die Kosten für die Zentralbank aus. Falls z. B. die Zentralbank eine Null-Inflation – d. h. ein Geldmengenwachstum von Null – ankündigt, würde Punkt A realisiert. Dort können die realisierte Inflation und der tatsächliche Output berechnet werden durch Minimierung der Gl. 27.1, unter der Nebenbedingung Gl. 27.3:

$$L = \pi^2 + \bar{\omega}(\pi - \pi^e + Y - Y^* - \varphi)^2 = \pi^2 + \bar{\omega}(\pi - \pi^e - \varphi)^2 . \qquad (27.6)$$

Falls $\pi^e = \pi = 0$, gilt:

$$\frac{\partial L}{\partial \pi} = 2\pi = 0. \qquad (27.7)$$

In diesem Fall finden wir, dass $Y = Y^*$.

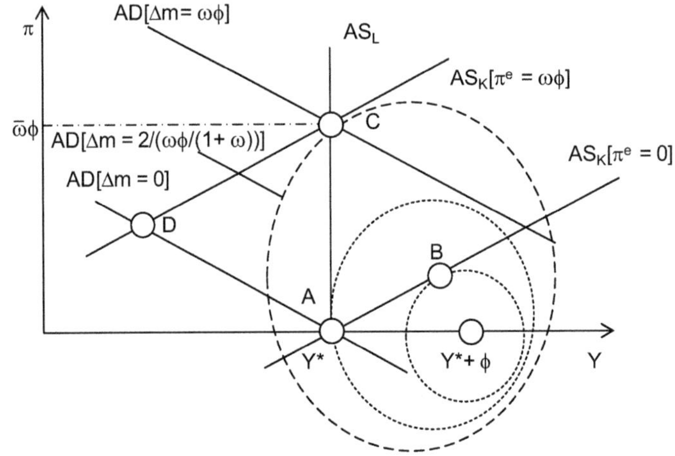

Abb. 27.4 Aggregierte Nachfrage, Angebot und Zeitinkonsistenz

Gegeben die Anreizstrukturen ist Punkt A ein unwahrscheinliches Ergebnis, denn die Marktakteure kennen annahmegemäß die Kostenfunktion der Zentralbank. Sobald die Marktakteure wirklich Nullinflation erwarten, ist es für die Notenbank optimal, eine positive Inflationsrate zu spielen, d. h. eine Geldpolitik der Überraschungsinflation zu betreiben. Hierdurch bewegen wir uns in den Punkt B der Abb. 27.4. Die Minimalkosten-Lösung für die Überraschungsinflation kann wie folgt berechnet werden:

$$\frac{\partial L}{\partial \pi} = 2\pi + 2\bar{\omega}\,(\pi - \pi^e - \varphi) = 0, \tag{27.8}$$

sodass wir den folgenden Ausdruck erhalten

$$\pi = \frac{\bar{\omega}(\pi^e + \varphi)}{1 + \pi}. \tag{27.9}$$

Falls die Inflationserwartungen Null betragen, beträgt das Niveau der Inflation, das die Kostenfunktion der Notenbank minimiert:

$$\pi = \frac{\bar{\omega}\varphi}{1 + \pi} > \pi^e = 0. \tag{27.10}$$

Falls die Marktakteure jedoch positive Inflationserwartungen hegen (d. h. die erwartete Inflationsrate ist höher als die „versprochene" Rate), bleibt es aus Sicht der geldpolitischen Instanz optimal, das Geldmengenwachstum zu erhöhen. Eine derartige Politik würde einen Punkt C realisieren. Hier gibt es zwar keinerlei Output-Zuwächse, jedoch kann ein (viel) weniger vorteilhaftes Politikergebnis wie es durch Punkt D repräsentiert wird, vermieden werden.

Sobald Marktakteure die Logik der Anreizstruktur seitens der Zentralbank erfassen, wissen sie, dass der Punkt A nicht realisiert wird, aber dass sich ein stabiles Gleichgewicht in Punkt C einstellt. Dort ist die Inflation höher als in Punkt A, ohne dass der Output über den potentiellen Output hinausgehen würde. Mit anderen Worten: ohne explizite Maßnahmen, die das Zentralbankversprechen glaubwürdig machen, resultieren Kosten in Gestalt höherer Inflation ohne jeglichen Nutzen eines gestiegenen tatsächlichen Outputs.

Wie kann die Inflationsankündigung der Zentralbank aus Sicht der Marktakteure glaubwürdig gemacht werden? Relativ einfach: die Diskretion von Seiten der Geldpolitiker könnte in der Tat stark reduziert oder ganz beseitigt werden. Zum Beispiel könnte die Autonomie einer Zentralbank durch die Verfassung eines Landes verringert werden, indem ihr vorgeschrieben wird, das Geldangebot mit einer konstanten und vorbestimmten Rate über die Zeit wachsen zu lassen (was in der Tat direkt in die Friedman'sche k-Prozent-Geldangebots-Wachstumsregel mündet). Für die Behandlung der dynamischen Inkonsistenz in einem mehr als Zwei-Perioden-Rahmen siehe Belke und Polleit (2009, S. 493 ff.).[8]

Alternative Lösungen zur Beseitigung der inflationären Verzerrung
Anknüpfend an die Beiträge von Barro und Gordon entstand ein eigenständiger Literaturstrang, der nach alternativen Lösungen der inflationären Verzerrung, die bei diskretionärer Geldpolitik in westlichen Demokratien stark anstieg, suchte (Persson und Tabellini 1990, 1994). Im Folgenden werden kurze Übersichten über (i) das Konzept des konservativen Zentralbankers, (ii) die Gestaltung optimaler anreizorientierter Verträge für Zentralbanker und (iii) die Implementierung ökonomischer Reformen geliefert.

27.3.1 Das Konzept des konservativen Zentralbankers

Man könnte von einer Lösung des Problems der inflationären Verzerrung sprechen, wenn die Zentralbank *ihre Reputation* auch unter dem Regime einer diskretionären Geldpolitik *verdienen* kann, sodass die Marktakteure im Zeitablauf eine Inflationsrate erwarten, die mit dem Versprechen der Zentralbank, die Inflation niedrig zu halten, konform geht. Rogoff (1985) analysiert in diesem Zusammenhang die Präferenzen von Zentralbankern. Er schlussfolgert, dass die Regierung eine Persönlichkeit als Zentralbanker ernennen sollte, die dem Inflationsziel ein größeres relatives Gewicht beimisst als die Gesellschaft als Ganzes. Dieses Konzept wurde sehr bald als das *Konzept des konservativen Zentral-*

[8] Es gilt hier, einen Unterschied zu machen zwischen Vorhersehbarkeit und Glaubwürdigkeit der Geldpolitik. Vorhersehbarkeit kann verstanden werden als die Fähigkeit von Marktakteuren zukünftige geldpolitische Handlungen korrekt zu prognostizieren. Der Begriff Glaubwürdigkeit bezieht sich auf die Vertrauenswürdigkeit eines Versprechens. Ein Politikversprechen (sagen wir, die zukünftige Inflation niedrig zu halten) könnte aus der Perspektive der Marktakteure glaubwürdig sein, während die Politikaktionen, die die Zentralbank durchführt, um ihr Ziel zu erreichen (und ihr Versprechen zu erfüllen) im Hinblick auf das Timing und die Größe nicht (immer) vorhersehbar sein müssen. Vgl. Belke und Polleit (2009, S. 495 f.).

bankers bezeichnet. Svensson (1997) führte in diesem Zusammenhang den Begriff des Zentralbanker-Konservatismus ein.

Die Intuition des Konzepts erschließt sich leicht durch eine Betrachtung der Verlustfunktion der Zentralbank. Indem man seinem Output-Ziel im Vergleich zum Ziel, die Inflation konstant zu halten, ein geringeres Gewicht verleiht, sollte der konservative Zentralbanker wenig Verdacht erregen, dass er versucht sein könnte, eine Politik der Überraschungsinflation durchzuführen. In einem extremen Fall würde der Parameter η in Gl. 27.1 den Wert Null annehmen, falls der Zentralbanker ausschließlich auf die Vermeidung von Inflation fokussiert ist.

27.3.2 Optimale Verträge für Zentralbanker

Walsh (1995) legt nahe, dass ein konservativer Zentralbanker, wie er in der Rogoff-Lösung benötigt wird, die Volkswirtschaft nach öffentlicher Einschätzung zu häufig in eine Rezession schickt, um niedrige Inflation beizubehalten. Er schlägt deshalb anreizkompatible Kontrakte für Zentralbanker vor, die die Vergütung explizit an die Inflations-Performance koppeln.[9] Walsh zeigt, dass relativ einfache Vergütungsformen – d. h. z. B. die Bindung des Einkommens an die Abweichungen der Inflation von dem angestrebten Ziel hinreichend dafür sind, ein Verhalten des Zentralbankers zu bewirken, das eine inflationäre Verzerrung der Geldpolitik vermeidet.

Jedoch stellt McCallum (1995) heraus, dass diese so genannte Walsh-Kontraktlösung zur Vermeidung einer inflationären Verzerrung die Anreize für diese einfach verlagert, nämlich von den geldpolitischen Entscheidungsträgern auf die Regierung, die mit der Implementierung des Kontrakts beauftragt ist. Die Logik, die hier bisher auf eine Zentralbank angewendet wurde, lässt sich dann ebenfalls auf eine Regierung beziehen. Der Anreiz für den Staat, die Einhaltung dieser Walsh-Kontrakte durchzusetzen könnte angesichts der Versuchung beschäftigungserhöhender Inflationsschocks wieder mit einer inflationären Verzerrung enden.

27.3.3 Implementierung von Strukturreformen

Das drängende Problem der Arbeitslosigkeit und die Wahl einer angemessenen geldpolitischen Strategie zählen gegenwärtig zu den entscheidenden Herausforderungen in akademischen und wirtschaftspolitischen Debatten. Obwohl beide Themenkreise in öffentlichen Diskussionen üblicherweise miteinander verbunden wurden, hat es der akademische Diskurs bis Mitte der 1990er-Jahre vernachlässigt, rationale Argumente für eine Wechselbeziehung herauszuarbeiten. Vorher wurden die (fehlenden) Anreize für Arbeit,

[9] Eine angemessene Perspektive zur Behandlung derartiger Probleme kann in der Prinzipal-Agenten-Literatur gefunden werden. Vgl. beispielsweise Persson und Tabellini (1993).

Produktmarkt- und Finanzmarktreformen auf der einen Seite und die Nutzen und Kosten von geldpolitischen Regeln auf der anderen Seite typischerweise isoliert betrachtet und analysiert.

Die Vor- und Nachteile unterschiedlicher geldpolitischer Strategien wurden und werden immer noch üblicherweise im Rahmen von Barro und Gordon (1983a, 1983b) und Kydland und Prescott (1977) untersucht. Beide Beiträge rücken die Zeitinkonsistenz – die häufig auch als dynamische Inkonsistenz bezeichnet wird – diskretionärer Geldpolitik (was geldpolitische Autonomie voraussetzt) in das Zentrum ihrer Betrachtungen und vergleichen die Effizienz alternativer geldpolitischer Regeln mit den potenziellen Verlusten, die auf die Inflexibilität von Regeln bei Auftreten exogener Schocks zurückzuführen sind. Als mögliche Lösungen des Trade-offs zwischen dem Zeitinkonsistenzproblem diskretionärer Geldpolitik und der Inflexibilität regel-basierter Geldpolitik, wurden verschiedene Regeln vorgeschlagen. Prominente Beispiele solcher Beschränkungen der politischen Autonomie sind so genannte Feedback-Regeln in Verbindung mit bestimmten Technologien zur glaubwürdigen Selbstbindung („commitment"), d. h. die Unabhängigkeit von Zentralbanken oder Anreizmechanismen für Zentralbanker (Crowe und Meade 2007; Persson und Tabellini 1993; Svensson 1997; Walsh 1995).

Jedoch besteht die erstbeste Lösung des Zeitinkonsistenzproblems darin, Arbeitsmarktrigiditäten zu beseitigen, die fundamentale Ursache von hoher struktureller Arbeitslosigkeit (Berthold und Fehn 2006; Svensson 1997, S. 104, 109; Duval und Elmeskov 2005, S. 5).[10] Eine solche Lösung könnte zumindest aus der Public Choice-Perspektive als ziemlich naiv betrachtet werden. Eher sollten Arbeitsmarktinstitutionen als Resultate des politökonomischen Entscheidungsprozesses als zusätzliche Variable in die Verlustfunktion von Politikern eingesetzt werden. Belke und Polleit (2009, S. 497 ff.), argumentieren dementsprechend, dass das Design von Arbeitsmarktinstitutionen als das Resultat nutzenmaximierender politischer Entscheidungsträger interpretiert werden sollte. Daher erscheint es sinnvoll, die Zeitinkonsistenzmodelle durch eine explizite Einbeziehung der Arbeitsmarktreformen zu erweitern (Herrendorf und Neumann 2003).

Belke et al. (2006, 2007) gehören zu den ersten wissenschaftlichen Studien, die inhaltliche Verbindungen zwischen der Geldpolitik und Strukturreformen in offenen Volkswirtschaften untersucht haben. Sie testen drei Hypothesen: (i) die Calmfors-Hypothese, nach der der Grad an Reformen bei geldpolitischer Autonomie höher ist als der Reformgrad bei einem währungspolitischen „Commitment", (ii) die TINA-Hypothese, die eine positive Auswirkung einer geldpolitischen Regel auf das Ausmaß an Reformen impliziert, und (iii) eine „Dritte-Faktor"-Hypothese: Falls dritte Faktoren die Beziehung dominieren, sollte das monetäre „Commitment" nur einen geringen Effekt auf Reformen haben.

[10] Die OECD (2005) wendet ein konsistentes Verfahren an, um Prioritäten ihrer Politik abzuleiten, die Wachstum in den OECD Ländern unterstützen und identifiziert Arbeitsmarktreformen, die besonders wichtig in der Eurozone sind. Jedoch bedeutet dies keineswegs, dass Reformen in anderen Gebieten unwichtig sind. Deshalb untersuchen Belke and Polleit (2009) eine ganze Reihe verschiedener Reformmaßnahmen im empirischen Teil des entsprechenden Abschnitts zu Reformen und Geldpolitik.

Um diese Hypothesen zu validieren oder zu falsifizieren, führen die Autoren empirische Schätzungen mit Paneldaten für 23 OECD-Länder für den Zeitraum von 1980 bis 2000 durch. Strukturreformen wurden durch den Economic Freedom of the World-Index approximiert – während die Beschränkung der Geldpolitik durch einen monetären Commitment-Index und alternativ das Wechselkursregime (fest oder flexibel) gemessen wird. Die Autoren finden wenig Evidenz für die Calmfors Hypothese, aber Evidenz zugunsten des TINA-Arguments für Arbeitsmarkt- und Regulierungsreformen (für eine Zusammenfassung vgl. Belke und Polleit 2009, S. 513 ff.).

Es gibt drei wichtige Faktoren, die in modernen Zeiten der Geldpolitik den Wert einer Währung sichern sollen: (1) die Unabhängigkeit der Zentralbanken, (2) ihr explizites Mandat, niedrige und stabile Inflation zu gewähren und (3) institutionelle Maßnahmen, die verhindern sollen, dass öffentliche Haushalte insolvent werden – da letzteres die Zentralbank aller Erfahrung nach zwingen würde, eine Inflationierungspolitik zu fahren (für Institutionen zur Sicherung der Preisniveaustabilität siehe ausführlich Belke und Polleit 2009, Kap. VI.4).

Fragen

1. Was versteht man unter diskretionärer Geldpolitik? Worin liegt der Unterschied zur Regelbindung?
2. Erläutern Sie den Begriff der Zeitinkonsistenz anhand eines Beispiels.
3. Welche Bestandteile weist die Zielfunktion der Zentralbank im Modell von Barro und Gordon auf?
4. Auf welche Weise kann das Zeitinkonsistenzproblem überwunden werden?
5. Worin besteht die Grundidee des optimalen Zentralbankvertrags gemäß der Idee von Walsh?

Antworten

1. Unter diskretionärer Geldpolitik versteht man die Möglichkeit, seitens der Zentralbank ad-hoc Entscheidungen zu treffen und nahezu jede beliebige Handlung durchzuführen, die unter den vorherrschenden Bedingungen als richtig erachtet werden. Folgt die Geldpolitik jedoch strikten Regeln, sind ihr in manchen Situationen die Hände gebunden. Jedoch erlangt sie dadurch eine höhere Glaubwürdigkeit (zu den jeweiligen Vorteilen von Regeln und geldpolitischer Diskretion vergleiche Abschn. 27.1).
2. In dem Beispiel zur Zeitinkonsistenz nehmen wir an, dass die Zentralbank zwei Ziele verfolgt: Eine Inflationsrate von 2 % sowie eine Arbeitslosigkeit möglichst nahe an ihrem natürlichen Niveau. Weiterhin verhandeln die Arbeitnehmer ihren Lohnsatz auf der Grundlage antizipierter Inflation.
   Die Verfolgung beider Ziele wird zu inkonsistenten Verhalten seitens der Zentralbank führen, denn Arbeitnehmer können nicht systematisch getäuscht werden. Schenken

die Arbeitnehmer den geldpolitischen Akteuren Glauben, verhandeln sie mit den Unternehmen 2-prozentige nominale Lohnsteigerungen aus. Dies erhöht den Spielraum der Geldpolitik. Sie kann durch eine Überraschungsinflation (d. h. eine von der Ankündigung abweichende höhere Inflationsrate) Beschäftigungseffekte generieren. Die Zentralbank wird folglich die Ankündigung nicht implementieren und durch die Überraschungsinflation eine niedrigere Arbeitslosigkeit auf Kosten höherer Inflation bevorzugen.

Die Arbeitnehmer werden sehr bald realisieren, dass die Ankündigungen der Zentralbank unglaubwürdig sind. Sie antizipieren im Folgenden eine höhere Inflationsrate und werden diese in den Lohnverhandlungen berücksichtigen. Für die Zentralbank wird es immer kostspieliger werden, eine Überraschungsinflation zu generieren. Dies hat im Endeffekt zur Folge, dass die Arbeitslosigkeit bei ineffizient hoher Inflation über ihrer natürlichen Rate liegt (vgl. dazu ausführlicher Abschn. 27.1 und 27.2).

3. Die Zentralbank möchte eine Kostenfunktion minimieren, die die Inflation, π, und die Abweichung des tatsächlichen realen Outputs, Y, von dem von der Notenbank angestrebten Produktionsniveau, $(Y^* + \varphi)$, als Bestandteile beinhaltet. Dabei stellt Y^* den potenziellen realen Output und φ den marginalen Betrag dar, um den die Zentralbank den tatsächlichen realen Output über sein potenzielles Niveau hinaus bewegen möchte (vgl. dazu Abschn. 27.2).
4. Das Zeitinkonsistenzproblem kann durch folgende Konzepte überwunden werden:
   - Das Konzept des konservativen Zentralbankers
   - Optimale Verträge für Zentralbanker
   - Implementierung von Strukturreformen

   (Vgl. zu den einzelnen Konzepten Abschn. 27.3)
5. Die Grundidee besteht darin, dass ein konservativer Zentralbankpolitiker eine Rezession in Kauf nehmen wird, um somit eine niedrige Inflationsrate beizubehalten. Walsh (1995) schlägt deshalb anreizkompatible Kontrakte vor, in denen die Vergütung an der Inflations-Performance ausgerichtet wird (vgl. dazu Abschn. 27.3).

Literatur

Barro, R. J., & Gordon, D. B. (1983a). A Positive Theory of Monetary Policy in a Natural Rate Model. *Journal of Political Economy*, *91*(4), 589–610.

Barro, R. J., & Gordon, D. B. (1983b). Rules, Discretion and Reputation in a Model of Monetary Policy. *Journal of Monetary Economics*, *12*(1), 101–121.

Barro, R. J., & Gordon, D. B. (1983c). Rules, Discretion, and Reputation in a Model of Monetary Policy. *Journal of Monetary Economics*, *17*(1), 101–122.

Belke, A., & Gokus, C. (2009). Unkonventionelle Geldpolitik. *wisu – Das Wirtschaftsstudium*, *38*(7), 934–939.

Belke, A., & Gros, D. (2007). Instability of the Eurozone? In M. Heise, R. Tilly & P. J. J. Welfens (Hrsg.), *50 Years of EU Dynamics – Integration, Financial Markets and Innovations* (S. 75–108). Berlin Heidelberg: Springer.

Belke, A., & Polleit, T. (2009). *Monetary Economics in Globalised Financial Markets*. Berlin/Heidelberg.: Springer.

Belke, A., & Rees, A. (2009). *The Importance of Global Shocks for National Policymakers: Rising Challenges for Central Banks*. DIW Discussion Paper, Bd. 922. Berlin: Deutsches Institut für Wirtschaftsforschung. September

Belke, A., Herz, B., & Vogel, L. (2006). Reforms, Exchange Rates and Monetary Commitment: A Panel Analysis for OECD Countries. *Open Economies Review*, *18*, 369–388.

Belke, A., Herz, B., & Vogel, L. (2007). Structural Reforms and European Monetary Union: What Can a Panel Analysis for the World versus OECD Countries Tell Us? In D. Cobham (Hrsg.), *The Travails of the Eurozone: Economic Policies and Economic Developments* (S. 179–204). Houndmills, Basingstoke: Palgrave Macmillan.

Berthold, N., & Fehn, R. (2006). Unemployment in Germany – Reasons and Remedies. In M. Werding (Hrsg.), *Unemployment in Europe* CESifo Seminar Series. Cambridge: MIT Press.

Calvo, G. A. (1978). On the Time Consistency of Optimal Policy in a Monetary Economy. *Econometrica*, *46*(6), 1411–1428.

Clarida, R., Gali, J., & Gertler, M. (1999). The Science of Monetary Policy: A New Keynesian Perspective. *Journal of Economic Literature*, *37*(4), 1661–1707.

Crowe, C., & Meade, E. E. (2007). The Evolution of Central Bank Governance around the World. *Journal of Economic Perspectives*, *21*(4), 69–90.

Dennis, R. (2003). Time-Inconsistent Monetary Policies: Recent Research, FRBSF Economic Letter, 2003-10 (April 11).

Deutsche Bundesbank (2004). Monetary Policy under Uncertainty. *Monthly Bulletin*, *2004*(June), 15–28.

Duval, R., & Elmeskov, J. (2005). *The Effects of EMU on Structural Reforms in Labor and Product Markets*. OECD Economics Department Working Papers, Bd. 438. Paris: Organization for Economic Co-operation and Development.

Fischer, B., Lenza, M., Pill, H., & Reichlin, L. (2006). *Money and Monetary Policy: ECB 1999–2006*. Paper prepared for the Fourth ECB Central Banking Conference „The Role of Money: Money and Monetary Policy in the Twenty-First Century", November 9–10. Frankfurt/Main: European Central Bank.

Fisher, I. (1929). *The Purchasing Power of Money*. New York: Macmillan. 1911, 2nd ed., New York, Macmillan, 1913, New ed.

Fisher, S. (1990). Rules versus Discretion in Monetary Policy. In B. Friedman & F. H. Hahn (Hrsg.), *Handbook of Monetary Economics* (Bd. II, S. 1155–1184). Amsterdam: North Holland.

Friedman, M. (1961). The Lag in Effect of Monetary Policy. *Journal of Political Economy*, *69*, 447–466.

Friedman, M. (1994). *Money Mischief*. San Diego: Harcourt Publishing Company.

Herrendorf, B., & Neumann, M. J. M. (2003). The Political Economy of Inflation, Labour Market Distortions, and Central Bank Independence. *Economic Journal*, *113*, 43–64.

Issing, O. (2002). *Monetary Policy in a World of Uncertainty, Fondation Banque de France Centre d'Etudes Prospectives et d*. Informations Internationales CEPII Université Aix-Marseille IDE, Paris, 9 December. http://www.banque-france.fr/gb/fondatio/telechar/issing.pdf.

Keynes, J. M. (1936). *The General Theory of Employment, Interest and Money*. New York: Harcourt, Brace.

Knight, F. (1964). *Risk, Uncertainty and Profit*. New York: Century Press.

Kydland, F., & Prescott, E. (1977). Rules Rather than Discretion: The Inconsistency of Optimal Plans. *Journal of Political Economy*, *87*, 473–492.

McCallum, B. (1995). Two Fallacies Concerning Central Bank Independence. *American Economic Review, Papers and Proceedings*, *85*(2), 207–211.

OECD (2005). *Economic Policy Reforms, Going for Growth*. Paris: OECD.

Orphanides, A. (2003). The Quest for Prosperity without Inflation. *Journal of Monetary Economics*, *50*(3), 633–663.

Persson, T., & Tabellini, G. (1990). *Macroeconomic Policy, Credibility and Politics, Fundamentals of Pure and Applied Economics*. Chur: Harwood Academic Publishers.

Persson, T., & Tabellini, G. (1993). *Designing Institutions for Monetary Stability*. Carnegie-Rochester Conference Series on Public Policy, Bd. 39 (S. 53–84).

Persson, T., & Tabellini, G. (1994). *Monetary and Fiscal Policy*. Politics, Bd. 2. Cambridge, MA: MIT Press.

Rogoff, K. S. (1985). The Optimal Commitment to an Intermediate Monetary Target. *Quarterly Journal of Economics*, *100*, 1169–1189.

Shaw, E. S. (1958). *Money Supply and Stable Economic Growth* (S. 49–71). New York: United States Monetary Policy.

Simons, H. C. (1948). *Rules versus Authorities in Monetary Policy* (S. 40–77). Chicago: Economic Policy for a Free Society.

Svensson, L. E. O. (1997). Optimal inflation targets, "conservative" Central Banks, and linear inflation contracts. *American Economic Review*, *87*, 98–114.

Walsh, C. E. (1995). Optimal Contracts for Central Bankers. *American Economic Review*, *85*, 150–167.

Woodford, M. (2006). *How Important is Money in the Conduct of Monetary Policy, Columbia University*. Paper prepared for the Fourth ECB Central Banking Conference „The Role of Money: Money and Monetary Policy in the Twenty-First Century", November 9–10. Frankfurt/Main: European Central Bank.

Geldpolitische Transmissionsmechanismen 28

Ansgar Belke und Ingo Bordon

Inhaltsverzeichnis

Lernziele

Im fünften Kapitel werden die verschiedenen Transmissionskanäle der Geldpolitik dargestellt. Sie können nach dem Bearbeiten dieses Kapitels:

- erläutern, was man unter dem Transmissionsmechanismus der Geldpolitik versteht und diesen darstellen.
- erklären, warum die Geldpolitik nicht in der Lage ist, das eigentliche Ziel der Preisniveaustabilität direkt zu kontrollieren.
- die einzelnen Transmissionskanäle der Geldpolitik benennen und beschreiben.
- die Problematik der „Nullgrenze" für den nominalen Zinssatz aufzeigen und argumentieren, warum man deswegen eine höhere Inflationsrate anstreben könnte.
- alternative Handlungsmöglichkeiten für die Geldpolitik bei Erreichung der Nullgrenze nennen und erklären.

A. Belke (✉) · I. Bordon
Universität Duisburg-Essen
Essen, Deutschland
E-Mail: ansgar.belke@uni-due.de

I. Bordon
E-Mail: ingo.bordon@uni-due.de

R. Neubäumer et al. (Hrsg.), *Volkswirtschaftslehre*, DOI 10.1007/978-3-658-16523-9_28

28.1 Die Auswirkungen von Änderungen des Geldangebots

Wenn Zentralbanken geldpolitisch aktiv werden, setzen sie vor dem Hintergrund menschlichen Handelns eine Reihe von Wirkungsketten in Gang. Unsicherheit besteht allerdings darüber, wann und wie Änderungen des Geldbestandes realwirtschaftliche und nominale Größen beeinflussen. Es wird allgemein angenommen, dass sich geldpolitische Impulse zuerst in einer Änderung der Finanzmarktbedingungen auswirken. Im Anschluss daran pflanzt sich der Impuls dann über Änderungen im Sparverhalten, Produktion und Beschäftigung fort und übt gegebenenfalls einen Einfluss auf das gesamtwirtschaftliche Preisniveau aus. Der gesamte Pfad der Konsequenzen einer Änderung des gesamtwirtschaftlichen Geldbestandes wird gemeinhin als *monetärer Transmissionsmechanismus* (MTM) bezeichnet.

Das Instrument, über das Zentralbanken zur Durchführung ihrer Geldpolitik verfügen, ist die Kontrolle über den Preis und die Menge von Basisgeld. Letzteres besteht aus im Umlauf befindlichen Banknoten und den Einlagen der Geschäftsbanken bei den Zentralbanken. Dies ist eine wichtige Einsicht, da beides zusammengenommen die ultimative Form des Geldes in den heutigen Geldsystemen darstellt. Wie schon zuvor erläutert halten Zentralbanken das Monopol des Geldangebots; Geschäftsbankengeld kann aber nur auf der Grundlage von Basisgeld geschaffen werden. Der Zinssatz, den die Zentralbank den Geschäftsbanken für die Bereitstellung von Basisgeld in Rechnung stellt, übt in der Regel einen bedeutenden Einfluss auf die Bereitschaft und die Möglichkeit des Geschäftsbankensektors aus, dem privaten Sektor Kredit und Geld bereitzustellen – und möglicherweise auch auf Output und Preise.

Der Transmissionsmechanismus der Geldpolitik funktioniert über verschiedene Kanäle und involviert verschiedene Variablen und Märkte mit unterschiedlichen Geschwindigkeiten und Intensitäten. Eine Identifikation dieser Transmissionskanäle ist wichtig, denn ihnen wird von Ökonomen, Politikern und Investoren gleichermaßen eine Menge Aufmerksamkeit geschenkt. Das tiefere Verständnis des Transmissionsmechanismus erlaubt eine genauere Bestimmung des effektivsten Satzes an Politikinstrumenten, ein genaueres Timing von Politikänderungen, also die wichtigsten Beschränkungen denen sich Zentralbanken gegenüber sehen, wenn sie ihre Entscheidungen treffen.

Abb. 28.1 liefert eine einfache Übersicht über potentielle Beziehungen zwischen geldpolitischen Aktionen – das sind Änderungen im (kurzfristigen) Zinssatz und der Quantität von Basisgeld – und verschiedenen Stadien des Transmissionsmechanismus. Zum Beispiel könnte ein Anstieg des Angebots an Basisgeld zu einem Sinken der Marktzinsen und einem Anstieg der Assetpreise führen, also auch das Unternehmervertrauen erhöhen. Hierdurch würden die Binnennachfrage und der Output stimuliert und möglicherweise die Preise nach oben getrieben (Kuttner und Mosser 2002).

Zugegebenermaßen ist die Unsicherheit darüber, wie und wann geldpolitische Maßnahmen und Impulse realwirtschaftliche und nominale Größen beeinflussen, groß. Wertet man die ökonomische Literatur aus, so lassen sich vier bedeutende Kanäle identifizieren,

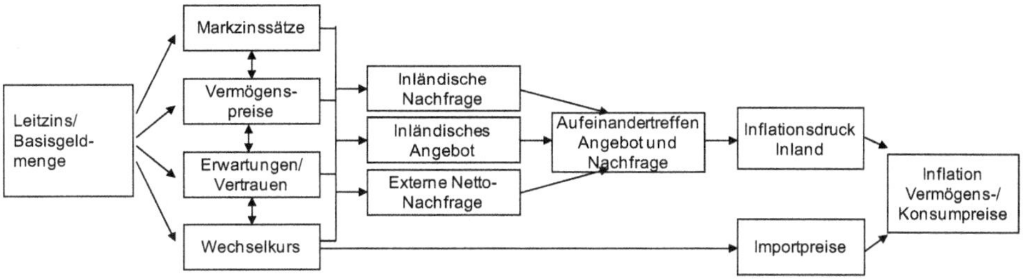

Abb. 28.1 Geldpolitischer Transmissionsmechanismus. Aus Gründen der Überschaubarkeit zeigt diese Abbildung nicht alle möglichen Interaktionen zwischen Variablen, obwohl diese ebenfalls von Wichtigkeit sein können. (Quelle: Bank of England (BoE))

über die die Geldpolitik die makroökonomische Performance beeinflussen kann. Nach Taylor (1995) gibt es die folgenden Transmissionskanäle: (Abschn. 28.1.1) den Zinskanal, (Abschn. 28.1.2) den Vermögenspreiskanal, (Abschn. 28.1.3) den Kreditkanal (in diesem Kontext wird auch die Theorie der Kreditrationierung näher erläutert werden) und (Abschn. 28.1.4) den Wechselkurskanal.

28.1.1 Zinskanal

Der konventionelle Zinskanal der geldpolitischen Transmission operiert innerhalb des keynesianischen *IS-LM* Modellrahmens. Beispielsweise verringert eine restriktive Geldpolitik den Geldbestand. Bei gegebener und somit unveränderter Geldnachfrage steigt dann der Zinssatz. Falls die Investitionsausgaben negativ vom Zinssatz abhängen, hemmt ein ansteigender Zinssatz die Investitionsaktivität und verringert hierdurch die aggregierte Nachfrage und den Output. Der herkömmliche Zinssatz-Transmissionsmechanismus kann in der üblichen Notation wie folgt beschrieben werden:

$$M\downarrow \Rightarrow i\uparrow \Rightarrow I\downarrow \Rightarrow Y\downarrow . \tag{28.1}$$

Es existieren zwei wichtige Annahmen, um den Zinskanal wirksam werden zu lassen. Erstens wird angenommen, dass Geld als Tauschmittel verwendet wird und dass es kein Substitut für den Bestand an Geld gibt, der von den Banken angeboten wird. Zweitens wird unterstellt, dass Banken sich nicht vollständig von Änderungen der offiziellen Zinssätze der Zentralbank abschirmen können, sodass ein Anstieg (Fallen) des offiziellen Zinssatzes zu einer Verringerung (Anstieg) des volkswirtschaftlichen Geldangebots führt.

Laut Bernanke und Gertler (1995) ist der konventionelle Zinskanal jedoch nicht sonderlich erfolgreich zur Erklärung der US-Datenlage und die Autoren liefern zwei Erklärungen, die die konventionelle Darstellung unvollständig erscheinen lassen. Erstens zeigt sich in empirischen Studien, dass sich das aggregierte Sparverhalten relativ zinsunempfindlich verhält. Zweitens haben geldpolitische Maßnahmen stärkere Auswirkungen auf kurzfristige Zinsen und nur einen abgeschwächten Effekt auf die langfristigen Zinssätze. Deshalb ist es für die Geldpolitik beispielsweise schwierig, die Käufe von langlebigen Gütern zu stimulieren, weil diese zumeist von den Langfristzinsen abhängen.

Jedoch rehabilitieren aktuellere Forschungen die Bedeutung des monetären Transmissionsmechanismus über den Zinssatz. Taylor (1995) argumentiert, dass Finanzmarktpreise Schlüsselkomponenten der Geldpolitik bei der Beeinflussung realer wirtschaftlicher Aktivität sind. Beispielsweise erhöht eine restriktive Geldpolitik kurzfristig die Zinssätze. Da angenommen wird, dass Preise und Löhne rigide sind, steigen die realen langfristigen Zinssätze ebenfalls. Diese höheren realen langfristigen Sätze dämpfen die reale Investitionsaktivität, den realen Konsum und hierdurch auch den realen Output.

28.1.2 Vermögenspreiskanal

Änderungen des offiziellen Zinssatzes, des Leitzinses, beeinflussen ebenfalls den Marktwert von Aktiva wie Bonds und Aktien. Zum Beispiel steht der Preis von Bonds in inverser Beziehung zum Zinssatz, insofern, als dass ein Anstieg der Zinssätze die Bondpreise verringert und vice versa. Höhere Zinssätze sollten auch Aktienkurse verringern: wenn Zinssätze steigen, werden zukünftig erwartete Zahlungsströme stärker diskontiert, sodass der Gegenwartswert eines gegebenen zukünftigen Einkommens sinkt (Belke und Polleit 2006a, 2006b, 2006c). Der über Aktienmarkt- und Immobilienpreise ablaufende Transmissionsmechanismus wird im Folgenden vertieft diskutiert.

Aktienmarkt-Preiseffekt

Das Finanzsystem bewegt die knappen Ressourcen einer Volkswirtschaft von den Sparern zu den Investoren. Dies ist seine elementare Aufgabe. Die beiden wichtigsten Finanzmärkte sind der Aktienmarkt und der Bondmarkt. Eine Aktie repräsentiert das (partielle) Eigentum an einem Unternehmen und stellt einen Anspruch auf den Gewinn eines Unternehmens dar. In einem informationseffizienten Aktienmarkt reflektieren Aktienkurse die Erwartungen der Marktakteure bezüglich der zukünftigen Profitabilität des betreffenden Unternehmens. Deshalb wird generell unterstellt, dass Fluktuationen auf dem Aktienmarkt eine hohe Bedeutung für eine Volkswirtschaft haben.

Ein Maß für die Bedeutung des Aktienmarktes für die Volkswirtschaft ist die Aktienmarktkapitalisierung in Prozent des BIP. Die hiermit einhergehende Hypothese ist: Je höher dieses Verhältnis ist, desto sensitiver reagiert die Volkswirtschaft auf Änderungen der Aktienkurse. Kapitalisierungsmessziffern in den USA, der Eurozone und Großbritannien in der Periode von den frühen 1970er-Jahren bis Anfang 2006 folgen seit den frühen 1970er-Jahren einem aufwärts gerichteten Trend – ein Zeichen dafür, dass das handelbare Unternehmensvermögen in den letzten Jahren angestiegen ist. In der angloamerikanischen Welt ist somit die (potenzielle) Elastizität der Volkswirtschaften in Bezug auf Änderungen der Aktienkurse stetig angestiegen. Für die Eurozone gilt dies ebenfalls – wenn auch auf einem immer noch niedrigeren Niveau. Abb. 28.2 zeigt zudem auf, dass in

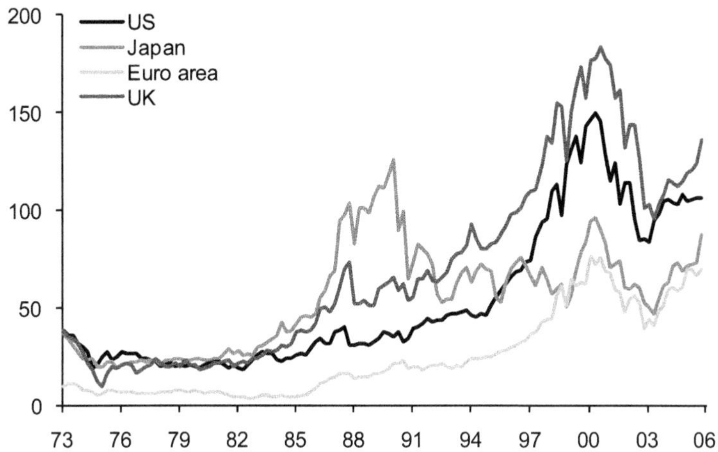

Abb. 28.2 Aktienmarktkapitalisierung in Prozent vom BIP. Marktkapitalisierung geteilt durch nominales BIP. 1973-Q2 bis 2006-Q1. (Quelle: IWF, Bloomberg, Thomson Financial)

Japan die Marktkapitalisierung im Verhältnis zum nominalen Einkommen der Volkswirtschaft bereits zu Beginn der 1990er-Jahre ihr Maximum erreichte, das sie seitdem nicht mehr überschritten hat.

(Wie) hängen Aktien-Performance und Geldpolitik zusammen?
In den USA weisen Änderungen des realen BIPs und Aktienkurse eine vergleichsweise enge und positive Korrelation für die Periode 1961 bis 2007 auf (Abb. 28.3). Gleichzeitig erweisen sich die kontemporäre Beziehung zwischen dem 3-Monats-Zinssatz (der im Wesentlichen durch die Geldpolitik bestimmt wird) und Änderungen der Aktienkurse als vergleichsweise gering – wenn diese auf der Grundlage des Bestimmtheitskoeffizienten bestimmt wird (Abb. 28.3b). Jedoch sind Änderungen des Kurzfristzinses, wenn überhaupt, im Durchschnitt negativ mit Aktienkursänderungen korreliert. Diese ersten Ergebnisse visueller Inspektion korrespondieren allerdings schon recht gut mit den Vermutungen, die wir auf der Grundlage unserer vorläufigen Theorie bereits weiter oben angestellt hatten.

Wie bedeutsam sind Aktienmarktschwankungen für das Wirtschaftswachstum? Können Zentralbanken Aktienkurse durch eine Änderung der Zinssätze beeinflussen, und sich damit auf die reale Volkswirtschaft und Verbraucherpreisinflation auswirken? Oder verhält es sich andersherum: Reagieren Zentralbanken auf Änderungen der Aktienkurse? All diese Fragen werden (immer noch) intensiv diskutiert. Zum Beispiel bemerken Rigobon und Sack (2002), dass Bewegungen des US-Aktienmarktes eine signifikante Auswirkung auf die US Volkswirtschaft haben können. Gleichzeitig führen die Autoren jedoch aus, dass es noch wenig Wissen über das Ausmaß der Reaktion der US Fed auf den Aktienmarkt gibt. Ein Grund dafür ist die Schwierigkeit, die konkrete Politikreaktion aufgrund der simultanen Reaktion der Wertpapierkurse auf Änderungen des Zinssatzes isoliert zu schätzen (für die Eurozone siehe Belke und Polleit (2006b, 2006d)). (Quelle: Rigobon und Sack 2002)

Kein Zweifel, die Frage nach den Konsequenzen von Aktienmarktentwicklungen auf makroökonomische Entwicklungen genießt eine große Aufmerksamkeit unter Ökonomen,

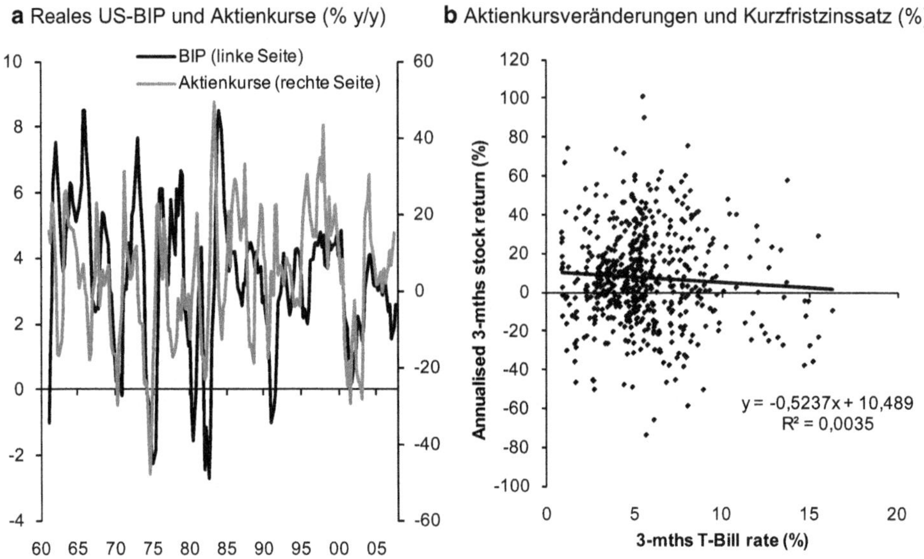

Abb. 28.3 US-Wachstum, Aktienkurse (% y/y) und der kurzfristige Zinssatz (%). (Quelle: Bloomberg; S&P 500 Aktienkursindex; eigene Berechnungen)

Geldpolitikern und der breiten Öffentlichkeit. Im Folgenden betrachten wir drei Transmissionskanäle mit Bezug zu Preisänderungen auf dem Aktienmarkt: (i) Auswirkungen der Aktienmarkt-Performance auf Investitionen, (ii) Auswirkungen auf das Haushaltsvermögen, und (iii) Auswirkungen auf die Liquidität der Haushalte.

28.1.2.1 Ad (i): Auswirkungen der Aktienmarkt-Performance auf Investitionen

Eine Variante des „Vermögenseffekts", die auf Unternehmen abstellt, bezieht sich auf die Inzidenz von Änderungen der Geldpolitik auf den Marktwert von Unternehmen. Da Änderungen der Zentralbankzinsen diesen Wert systematisch verringern oder erhöhen können, kann das Ergebnis eines Vergleichs des Marktwerts des Unternehmens mit den Kosten des Kapitalersatzes Investitionen in produktive Güter anregen oder dämpfen. Das Verhältnis aus dem Marktwert eines Unternehmens und den Kosten des Kapitalersatzes wird durch das Niveau des Zinssatzes bestimmt und „Tobin's q" genannt.

Die Tobin's q-Theorie (Tobin 1969) leitet einen Mechanismus dafür ab, wie Änderungen von Aktienkursen den Output beeinflussen können. Tobin's q wird dabei definiert als der Marktwert eines Unternehmens geteilt durch die „replacement costs" des im Unternehmen gebundenen Kapitals. Falls q hoch ist, ist auch der Marktpreis der Unternehmen relativ zu den „replacement costs" des Kapitals hoch. Neues Kapital ist dann – relativ zum Marktwert des Unternehmens – preiswert. Unternehmen können dann Aktien ausgeben und für diese einen hohen Preis erzielen – relativ zu den Kosten der Anlagen und

Ausrüstungen, die sie kaufen. Bei einem hohen q wird mit einem Anstieg der Investitionen gerechnet, da Unternehmen nun neue Investitionsgüter zu vergleichsweise günstigen Konditionen und mit einer relativ geringen Ausgabe von Aktien kaufen können. Falls q jedoch gering ist, wären auch die Investitionsausgaben geringer.

Tobin's q nimmt an, dass eine inhaltliche Verbindung zwischen Aktienkursen und den Investitionen existiert. Aber auf welche Weise sollte die Geldpolitik Aktienkurse überhaupt beeinflussen (können)? Man könnte sich dies wie folgt vorstellen: Ein Anstieg des Geldangebots (M↑), der die Zinssätze verringert, macht Bonds weniger attraktiv als Aktien und erhöht so die Nachfrage nach Aktien. Der Anstieg der Aktienkurse (P_s↑) erhöht Tobin's q (q↑). Kombiniert man diesen Anstieg mit der Tatsache, dass höhere Aktienkurse zu höheren Investitionen (I↑) und Outputzuwächsen (Y↑) führen, kann man die folgende Transmissionskette eines geldpolitischen Impulses ableiten:

$$M\uparrow \Rightarrow P_s\uparrow \Rightarrow q\uparrow \Rightarrow I\uparrow \Rightarrow Y\uparrow . \qquad (28.2)$$

Ein anderer Weg, um zu demselben Transmissionsmechanismus zu gelangen, besteht darin, dass Unternehmen ihre Investitionen nicht nur durch Bonds, sondern auch durch Ausgabe von Wertpapieren (üblicherweise Aktien) finanzieren. Wenn Aktienkurse steigen, wird es für Unternehmen billiger, ihre Investitionen zu finanzieren, da jede neu ausgegebene Aktie mehr Finanzmittel produziert. Folglich führt ein Anstieg der Aktienkurse zu höheren Investitionen. Deshalb besteht eine alternative Beschreibung dieses Mechanismus darin, dass ein Anstieg der Geldmenge (M↑) Aktienkurse erhöht (P_s↑), und damit die Kapitalkosten verringert (c↓). Reale Investition und Output wachsen (I↑ und Y↑)[1]:

$$M\uparrow \Rightarrow P_s\uparrow \Rightarrow c\downarrow \Rightarrow I\uparrow \Rightarrow Y\uparrow . \qquad (28.3)$$

28.1.2.2 Ad (ii): Auswirkungen auf das Haushaltsvermögen

Ein anderer Kanal, über den Assetpreise die reale Volkswirtschaft beeinflussen können, ist der Vermögenseffekt auf die Haushalte. Der „Vermögenseffekt" bezieht sich in diesem Fall auf die Auswirkungen der Geldpolitik auf den Wert des Portfolios der Wirtschaftssubjekte, insbesondere ihrer Wertpapierportfolios. Es wird angenommen, dass Änderungen des Zinssatzes die Marktwerte infolge einer Zinssenkung ansteigen lassen und umgekehrt reduziert werden, falls die Zinsen ansteigen. Infolgedessen sind die Wirtschaftssubjekte entweder mehr oder entsprechend weniger vermögend. Dementsprechend kann Geldpolitik auch einen Einfluss auf das Vermögen der Individuen haben und damit konsequenterweise auf inflationäre Prozesse.

Das Lebenszyklusmodell von Franco Modigliani (1966) besagt, dass der Konsum durch die Lebenszeit-Ressourcen der Konsumenten bestimmt wird. Eine wichtige Komponente der Lebenszeit-Ressourcen der Konsumenten ist das Finanzvermögen. Falls Aktien eine bedeutende Komponente des Gesamtvermögens darstellen, erhöht ein Anstieg des Geldangebots und damit einhergehend der Aktienkurse den Wert des Vermögens

[1] Für einen Vergleich mit Tobin's q Ansatz vgl. Bosworth (1975) und Hayashi (1982).

der Individuen. Hierdurch wachsen die Lebenszeit-Ressourcen der Konsumenten an, was für sich genommen den heutigen Konsum ansteigen lässt. Diese Überlegungen führen zur folgenden Transmissionskette eines monetären Impulses:

$$M\uparrow \Rightarrow P_s\uparrow \Rightarrow W\uparrow \Rightarrow C\uparrow \Rightarrow Y\uparrow, \tag{28.4}$$

wobei W↑ und C↑ Steigerungen des Haushaltsvermögens und des Haushaltskonsums darstellen. Forschungsarbeiten haben gezeigt, dass dieser Transmissionsmechanismus in den Vereinigten Staaten hoch signifikant ist. Die exakte Größe des Vermögenseffekts wird jedoch immer noch stark kontrovers diskutiert (Modigliani 1971; Steindel et al. 2001). Der Vermögenseffekt ist aber in der Eurozone sicherlich weniger bedeutsam als in den USA, da hier der Wertpapiermarkt weniger stark entwickelt ist.

28.1.2.3 Ad (iii): Auswirkungen auf die Liquidität der Haushalte

Geldpolitik kann ebenso Liquiditätsauswirkungen auf die Bilanzen der Haushalte ausüben, was umgekehrt wiederum die Konsumausgaben für langlebige Konsumgüter und Immobilien beeinflusst (Mishkin 1976, 1977). Im Rahmen dieses Erklärungsansatzes ergeben sich Bilanzauswirkungen vor allem durch Effekte eines geldpolitischen Impulses auf die Konsumneigung der Wirtschaftssubjekte und weniger durch einen Effekt auf die Neigung der Kreditgeber, Kredite zu vergeben. Langlebige Konsumgüter und Immobilien sind vergleichsweise illiquide Vermögensgegenstände. Falls Konsumenten im Gefolge eines negativen Einkommensschocks gezwungen würden, diese durch Verkauf zu Geld zu machen, hätten sie mit einem größeren Verlust zu rechnen, da sie bei einem Notverkauf („distress sale") nicht damit rechnen können, den vollen Wert dieser Aktiva erstattet zu bekommen. Wenn die Konsumenten aber Finanzvermögen wie Geld, Aktien und Bonds halten, können sie diese schnell zu ihrem vollen Marktwert verkaufen und dafür Bargeld erhalten.

Vor diesem Hintergrund sollte eine Konsumenten-Vermögensbilanz deshalb ein wichtiger Faktor zur Einschätzung der Wahrscheinlichkeit eines „financial distress"-Verkaufs darstellen. Falls die Konsumenten relativ zu ihren Schulden über eine große Menge von Finanzvermögen verfügen ist ihre Einschätzung der Wahrscheinlichkeit von „financial distress" gering und sie sind geneigter, weiter Konsumausgaben zu tätigen. Wenn Aktienkurse steigen, wächst der Wert finanzieller Aktiva (FA↑); Konsumausgaben erhöhen sich deshalb tendenziell auch, da die Konsumenten über eine abgesichertere Finanzposition verfügen und sich einer geringeren Einschätzung der Wahrscheinlichkeit von „financial distress" (FD↑) gegenüber sehen. Der Transmissionsmechanismus ließe sich dann wie folgt beschreiben:

$$M\uparrow \Rightarrow P_s\uparrow \Rightarrow FA\uparrow \Rightarrow FD\uparrow \Rightarrow C_d\uparrow, H\uparrow \Rightarrow Y\uparrow, \tag{28.5}$$

wobei C_d↑ einen Anstieg der Ausgaben für langlebige Konsumgüter und H↑ einen Anstieg der Ausgaben für Wohnimmobilien repräsentiert. Darauf aufbauend diskutieren wir nun den Transmissionsmechanismus über die Immobilienpreise.

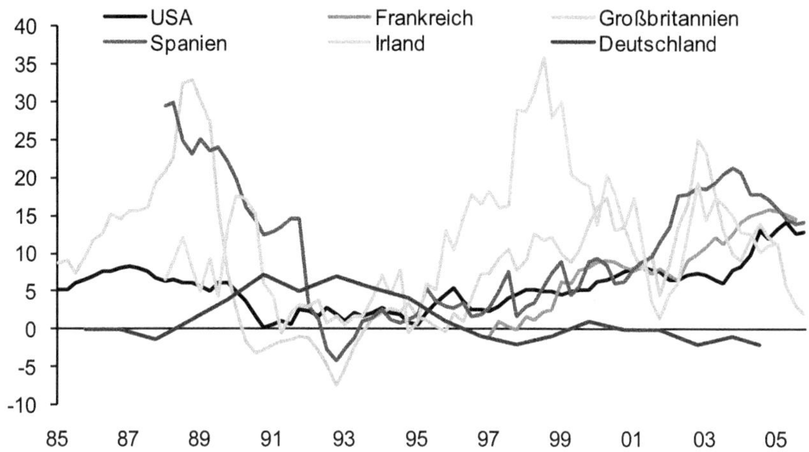

Abb. 28.4 Ausgewählte Maße für Immobilienpreisänderungen. Deutschland: Jahresdaten, interpoliert. Letzter Datenpunkt: 2004. Angaben in Prozent. (Quelle: Verschiedene Zentralbanken und nationale Statistikämter; eigene Berechnungen)

Immobilienpreise

In der Vergangenheit waren die Wachstumsraten der Immobilienpreise in vielen westlichen Industrieländern mehr oder weniger ausgeprägt und häufig durch volatile Schwünge gekennzeichnet, meistens nach oben und häufig oberhalb des Anstiegs der Verbraucherpreise (siehe Abb. 28.4). Eine genauere Inspektion der Immobilienpreis-Zeitreihen für die G3-Länder jedoch illustriert zwei Trends: Immobilienpreise scheinen (a) langfristigen Zyklen zu folgen und (b) viel glatter als beispielsweise Aktienkurszeitreihen zu verlaufen. Aus theoretischer Sicht können Immobilienpreisänderungen die aggregierte Nachfrage über zwei Kanäle beeinflussen: (i) direkte Auswirkungen auf Immobilienausgaben und (ii) Effekte auf das Haushaltsvermögen (Gros 2007).

28.1.2.4 Ad (i): Direkte Auswirkungen auf die Ausgaben für Immobilien

Ein Anstieg des Geldbestandes ($M\uparrow$), ein Resultat der Zinnsenkung der Zentralbank, verringert tendenziell auch die Kosten der Immobilienfinanzierung. Eine steigende Nachfrage nach Immobilien treibt die Hauspreise nach oben ($P_h\uparrow$). Mit einem höheren Preis der Immobilien relativ zu ihren Errichtungskosten betrachten es die Unternehmen der Baubranche nunmehr als profitabler, Immobilien zu errichten. Ein Anstieg der Immobilienpreise könnte zudem auch zu einem abrupten Wachstum von neuen Bauinvestitionen führen. Deshalb steigen auch die Ausgaben für Immobilien ($H\uparrow$). Der Transmissionsmechanismus eines geldpolitischen Impulses kann dann wie folgt beschrieben werden:

$$M\uparrow \Rightarrow P_h\uparrow \Rightarrow H\uparrow \Rightarrow Y\uparrow . \qquad (28.6)$$

28.1.2.5 Ad (ii): Auswirkungen auf das Haushaltsvermögen

In vielen Ländern stellen Immobilienpreise eine wichtige Komponente des Haushaltsvermögens dar, das eine wichtige Determinante der Konsumausgaben darstellt. Deshalb erhöht eine expansive Geldpolitik ($M\uparrow$), welche die Immobilienpreise in die Höhe treibt ($P_h\uparrow$), auch das Haushaltsvermögen ($W\uparrow$). Dieser Effekt wiederum stimuliert die Konsumausgaben ($C\uparrow$) und die aggregierte Nachfrage ($Y\uparrow$):

$$M\uparrow \Rightarrow P_h\uparrow \Rightarrow W\uparrow \Rightarrow C\uparrow \Rightarrow Y\uparrow . \tag{28.7}$$

Es wird üblicherweise angenommen, dass Immobilienpreise einen großen Einfluss auf den US-Konsum haben. Ist dies auch für Europa der Fall? Zwei wichtige Charakteristika von Immobilienmärkten sind auf beiden Seiten des Atlantiks in der Tat recht ähnlich ausgeprägt. 64 % der Haushalte in der Eurozone und 68 % in den USA sind Besitzer von Immobilien. Die Wirtschaftssubjekte investieren häufig als Faustregel das 6- bis 7-fache ihres Jahreseinkommens in Immobilien. Dies impliziert unmittelbar, dass eine Änderung der Immobilienpreise um 10 % starke Auswirkungen auf das tatsächliche oder subjektiv wahrgenommene Vermögen sowohl in den USA, als auch in Europa haben kann. Für den liquiditätsbeschränkten Teil der Bevölkerung könnte ein Verfall der Hauspreise um, sagen wir, 10 %, gleichbedeutend mit einem Verlust von mehr als der Hälfte eines Jahreseinkommens sein – mit den entsprechenden starken Auswirkungen auf die Konsumnachfrage (Gros 2007, S. 10).

Der Hauptunterschied zwischen beiden Regionen liegt in dem Potenzial zur raschen Wiedergewinnung („Extraktion") des Wertes der eigenen Immobilieninvestition, die in den meisten Ländern der Eurozone viel geringer als in den USA ist. Ausgedrückt in den Termini der zuvor diskutierten Auswirkungen auf die Haushaltsliquidität ist der „financial distress" in Europa viel höher. Dieser Unterschied ist teilweise auf Unterschiede in den mit Hypothekenkrediten verbundenen Transaktionskosten (und deren periodischen Neuverhandlungen), teilweise aber auch auf unterschiedliche Niveaus der Verschuldung der europäischen Konsumenten zurückzuführen. In der Eurozone, beträgt der Wert der Hypothekenkredite etwa 30 % des BIP, verglichen mit mehr als 60 % des BIPs in den USA (Selosse und Schrefler 2005). Für weitere Details zu geschätzten makroökonomischen Effekten des Immobilienvermögens und den Auswirkungen in verschiedenen Industrieländern sei auf Catte et al. (2004) verwiesen.

Das Spiegelbild dieser Variante der Transmission ist, dass fallende Hauspreise, wie in der Subprime-Krise von 2007/08, einen Teil der ausstehenden Kredite des Bankensektors gefährden und Banken zwingen könnte, ihre Reserven zu erhöhen. Dies könnte ihre Bereitschaft, Kredite an Unternehmen und Konsumenten zu vergeben, einschränken (siehe auch den folgenden Abschnitt zum Kreditkanal).

Fasst man die Transmissionsmechanismen (i) und (ii) zusammen, die beide auf Änderungen der Immobilienpreise basieren, lässt sich Folgendes konstatieren. Während einige wissenschaftliche Arbeiten über die Auswirkung von Immobilienpreisentwicklungen auf die Volkswirtschaft[2] und über die Bedeutung fundamentaler Faktoren außer der Geldpolitik für Immobilienpreisentwicklungen (Catte et al. 2004; Égert und Mihaljek 2007) verfügbar sind, sind spezifische Studien über die Auswirkungen von Geldpolitik auf Immobilienpreise immer noch recht selten (Belke und Orth 2007).

Goodhart und Hofmann (2007) zeigen, dass man in der Praxis ein einfaches neukeynesianisches Modell als einen theoretischen Referenzmaßstab zur Verdeutlichung dieser Gedankengänge nutzen könnte. Dieses gängige Modell besteht aus einer Phillipskurve, um die Angebotsseite der Volkswirtschaft zu beschreiben, und einer IS-Kurve zur Abbildung der Nachfrageseite. Aus geldpolitischer Perspektive sind die Stärke und die Signifikanz der Verbindungen im monetären Transmissionsmechanismus und die relative Bedeutung von rückwärtsschauenden und vorwärtsschauenden Erwartungen in der Phillipskurve und in der IS-Kurve die zentralen Parameter. Mittlerweile ist wohlbekannt, dass die empirische Literatur diverse und hoch kontroverse Ergebnisse zu beiden Aspekten geliefert hat. In einer aktuellen Erweiterung ihrer Mainstream-Spezifikation schließen Goodhart und Hofmann Immobilienpreise in die Spezifikation der IS-Kurve ein und zeigen, dass genau dies zu einem empirisch signifikanten monetären Transmissionsmechanismus führt.

Mishkin (2007) betont die Nutzungskosten des Kapitals als eine wichtige Determinante der Nachfrage nach selbstgenutzten Immobilien. In diesem Zusammenhang sollten geringere Zinssätze im Gefolge höheren Geldmengenwachstums auch die Hypothekenzinsen verringern und so die Nachfrage nach Immobilienkapital durch einer Verringerung der Nutzungskosten des Kapitals positiv beeinflussen. Mishkin betont jedoch die Auswirkungen *von Zinsänderungen* auf Immobilienpreise und bezieht sich *nicht* explizit auf Änderungen des Wachstums *monetärer Aggregate*. Er findet empirische Evidenz für eine stabile Beziehung zwischen einem Zinsschock und der Immobilienpreisentwicklungen im Rahmen von US Daten. Ein allgemeinerer Literaturstrang untersucht die Auswirkungen der Geldpolitik auf allgemeiner definierte Vermögenspreisentwicklungen. Ein Beispiel hierfür ist Congdon (2005), der die Beziehung zwischen Geldangebot (spezifiziert als breite Geldmenge) und Vermögenspreisbooms analysiert und hierfür breite empirische Unterstützung findet. Unter anderem analysiert er das Portfolio Management von Finanzinstitutionen wie z. B. Pensionsfonds. Für diese Fälle liefert er Evidenz für eine langfristige Stabilität des Geld/Vermögens-Verhältnisses (Prozentanteil des Geldes in ihren Portfolios) und argumentiert ähnlich wie Meltzer (1995), dass ein Anstieg des Geldangebots zu „too much money chasing too few assets“ führt. Dies bedeutet, dass Assetpreise ansteigen, um das (ursprüngliche) Geld/Asset-Verhältnis wieder herzustellen.

[2] Geldpolitisch getriebene Immobilienpreise treiben die Konsumausgaben und deshalb auch die aggregierte Nachfrage und die Inflation über Bilanz und Kredit-Kanal-Effekte nach oben. Gemäß Gros (2007) besteht die direkteste Verbindung zwischen Immobilienpreisen und der Inlandsnachfrage über die Bautätigkeit und insbesondere den Häuserbau (Wohnungen).

28.1.3 Kreditkanal

Der Kreditkanal monetärer Transmission bezieht sich vorwiegend auf die Auswirkungen geldpolitischer Aktivität auf Bank- und Unternehmensbilanzen. Dies ist zum einen der Bankenkanal und zum anderen der Bilanzkanal, die beide im Folgenden nun beschrieben werden.

Auswirkungen auf die Bankbilanz
Die Kredittheorie („credit view") des monetären Transmissionsmechanismus geht davon aus, dass Banken eine besondere Rolle im Finanzsystem spielen, da sie besonders geeignet sind, Probleme asymmetrischer Information auf Kreditmärkten zu lösen. Bestimmte Kreditnehmer bekommen einfach keinen Zugang zu den Kreditmärkten, wenn sie nicht von Geschäftsbanken leihen können (Kashyap und Stein 1994; Gertler und Gilchrist 1994). Banken engagieren sich bei der Kreditvergabe gegen Kreditsicherheiten („collateral") wie z. B. Immobilien. Falls die Preise der Kreditsicherheiten ($P_h\uparrow$) als Folge einer monetären Expansion ansteigen ($M\uparrow$) können die Banken Kapitalerträge gewinnen, was wiederum das Kapital der Banken erhöht ($NW_b\uparrow$). Ein Anstieg des Bankenkapitals wiederum erlaubt es den Banken, mehr Kredite auszureichen ($L\uparrow$). Dies erhöht den Umfang kreditfinanzierter Investitionen ($I\uparrow$) und schließlich auch den Output ($Y\uparrow$). Die Wirkungskette stellt sich dann wie folgt dar:

$$M\uparrow \Rightarrow P_h\uparrow \Rightarrow NW_b\uparrow \Rightarrow L\uparrow \Rightarrow I\uparrow \Rightarrow Y\uparrow . \qquad (28.8)$$

Falls die Preise der Kreditsicherheiten, gegen die Geschäftsbanken Kredite ausgegeben haben, fallen, könnten sich jedoch negative Effekte auf den Output einstellen, denn Banken würden dann vor dem Hintergrund einer dünner werdenden Eigenkapitaldecke versuchen, Kredite abzubauen. Ein solcher Transmissionsmechanismus wird häufig als ein *Credit Crunch* oder sogar als ein *Capital Crunch* beschrieben. Er wurde in den USA in den frühen 1990er-Jahren diagnostiziert (Bernanke et al. 1991), und ist häufig auch als eine wichtige Ursache der Stagnation in Japan in den 1990ern bezeichnet worden.

Auswirkungen auf die Unternehmensbilanz
Die Gegenwart asymmetrischer Information auf Kreditmärkten ist Aufhänger für einen anderen Transmissionsmechanismus der Geldpolitik. Dieser Mechanismus läuft im Wesentlichen über den Effekt von Aktienkursänderungen auf Unternehmensbilanzen ab; er wird auch als der Bilanzkanal bezeichnet (Bernanke und Gertler 1995; Cecchetti 1995; Hubbard 1995; Bernanke et al. 1999). Je geringer das Eigenkapital („net worth") der Unternehmen ist, desto bedeutender sind die Phänomene der *Adverse selection* und *Moral hazard* bei der Kreditvergabe an diese Unternehmen.

Ein geringeres Eigenkapital bedeutet, dass es effektiv weniger Kreditsicherheiten für die Kredite an Unternehmen gibt. Dies wiederum erhöht die Wahrscheinlichkeit einer adversen Selektion („Adverse selection"), da vorsichtige Schuldner in diesem Fall ihre

Kreditanträge zumindest teilweise zurücknehmen. Risiko-geneigtere Kreditnehmer hingegen bleiben im Markt, was die Gefahr des Zahlungsverzugs erhöht. Letztlich verringert adverse Selektion das Kreditangebot an Unternehmen zur Finanzierung von Investitionen. Geringeres Eigenkapital von Unternehmen verursacht auch eine moralische Versuchung, „Moral hazard" genannt: Unternehmenseigner verfügen dann über eine geringere Beteiligung an dem Unternehmen, was ihnen höhere Anreize verleiht, sich in riskanteren Investitionsprojekten zu engagieren. Da die Übernahme risikoreicherer Investitionsprojekte es wahrscheinlicher macht, dass ausgegebene Kredite nicht zurückbezahlt werden, dürfte eine Verringerung des Eigenkapitals in letzter Konsequenz zu sinkenden Krediten und Investitionen führen.

Dieser Argumentationslinie folgend verursacht eine expansive Geldpolitik ($M\uparrow$) einen Anstieg der Aktienkurse ($P_s\uparrow$) und erhöht hierdurch das Eigenkapital („Net worth") von Unternehmen ($NW\uparrow$). Ein Anstieg des Eigenkapitals verringert die Wahrscheinlichkeit des Auftretens von „Adverse selection" und „Moral hazard", und veranlasst eine höhere Kreditvergabe an Unternehmen ($L\uparrow$). Investitionen ($I\uparrow$) und aggregierte Ausgaben steigen ($Y\uparrow$):

$$M\uparrow \Rightarrow P_s\uparrow \Rightarrow NW\uparrow \Rightarrow L\uparrow \Rightarrow I\uparrow \Rightarrow Y\uparrow . \tag{28.9}$$

Exkurs: Kreditrationierung

Unvollständige Information und Kreditmärkte

Die moderne Kreditmarktanalyse basiert auf der Theorie unvollständiger Information (Jaffee und Russell 1976; Keeton 1979; Stiglitz und Weiss 1981). Modelle der Kreditrationierung beruhen auf der Annahme asymmetrisch verteilter Information zwischen Kreditgebern und -nehmern.

Ihre Vertreter nehmen an, dass sich ab einem bestimmten Punkt der erwartete Gewinn der Kreditgeber mit einem Anstieg des Zinssatzes gegenüber dem Kreditnehmer verringern wird. Dies kann auf *Adverse-Selektions-Effekte* (Kreditnehmer mit höherer Risikoneigung akzeptieren höhere Zinssätze) und/oder auf *Anreiz(Incentive)-Effekte* (Kreditnehmer sind bei steigenden Zinsätzen in risikoreicheren Investitionen engagiert) zurückgeführt werden. Im Ergebnis würden rationale Kreditgeber ihren Kreditzins nicht über den Zins hinaus erhöhen, bei dem die erwarteten Gewinne anfangen zu fallen, selbst wenn es Kreditnehmer gibt, die bereit wären, einen höheren Zins zu zahlen. Im Ergebnis kann dann ein Kreditmarktgleichgewicht als eine Situation beschrieben werden, in der eine Überschussnachfrage nach Krediten vorliegt.

„Kreditrationierung" versus Kreditklemme („Credit crunch")

Eine Kreditrationierung findet statt, wenn das Kreditangebot der Banken bei einem gegebenen Zinssatz unter die Kreditnachfrage bei diesem spezifischen Zins sinkt. Wie kann dies passieren? Da Banken nicht gewillt sind, ihr Kreditangebot auszuweiten, obwohl die Kreditnehmer bereit gewesen wären, einen höheren Zinssatz zu zahlen, stellt sich der Markt auf ein Gleichgewicht ein, in dem die Nachfrage nach Krediten L_2 das Kreditangebot L_1 übersteigt (siehe Abb. 28.5a).

Ein Credit Crunch bzw. eine Kreditklemme stellt eine Situation dar, in der – ausgehend von einem gegebenen Gleichgewicht – das Angebot von Kredit gegenüber der Nachfrage (scharf) zurückgeht und in ein neues Gleichgewicht übergeht. Dieses ist gekennzeichnet durch einen höheren Zinssatz r_1 und eine geringere Gleichgewichtsmenge an Kredit L_1 (siehe Abb. 28.5b).

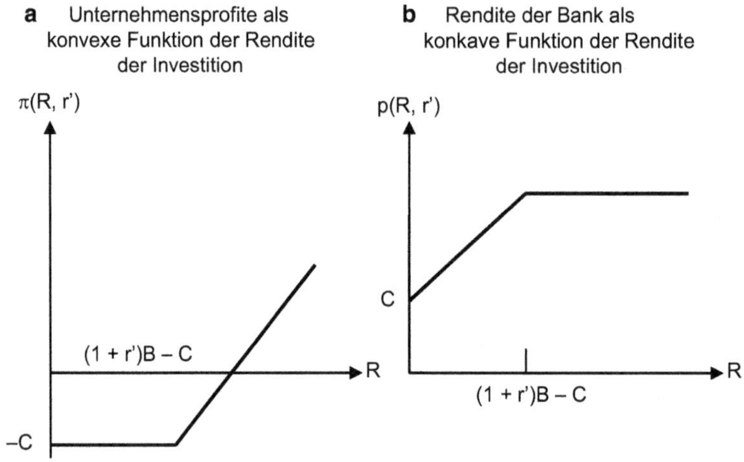

Abb. 28.5 Kreditrationierung versus Credit Crunch

Während bei einem Credit Crunch die Marktmechanismen in dem Sinne funktionieren, dass Anpassungen des Zinssatzes Angebot von und Nachfrage nach Krediten in ein Gleichgewicht bringen, impliziert die Kreditrationierung ein Gleichgewicht, in dem ein Überschuss der Nachfrage über das Angebot an Krediten vorliegt.

Es erscheint fair zu konstatieren, dass es aus einer analytischen Perspektive schwierig sein mag zwischen den beiden Szenarien einer Kreditrationierung und eines Credit Crunch zu unterscheiden, da in beiden Fällen das Kreditangebot ein vergleichsweise niedriges Niveau L_1 annimmt. Dies gilt selbst dann, wenn Daten über laufende Entwicklungen bekannt sind und die unterschiedlichen Ex-post-Niveaus des Zinssatzes r (r_0 im Fall der Kreditrationierung versus r_1 im Szenario eines Credit Crunch) als erstes Indiz zur exakten Identifikation dienen können. Belke und Polleit (2009, S. 600 ff.), betrachten eine Chronik der globalen Kreditmarktturbulenzen auf den Kreditmärkten, die ihren Ursprung in den USA hatten und Anfang August 2007 einsetzten – die zum Zeitpunkt des Verfassens dieses Beitrags in wachsendem Umfang Anzeichen eines Credit Crunch aufweisen und im Aktienmarktcrash kulminierten (gemessen z. B. durch den Verlauf des deutschen DAX am 21. Januar 2008).

28.1.4 Wechselkurskanal

Der Wechselkurskanal ist ein wichtiges Element in konventionellen makroökonomischen Modellen offener Volkswirtschaften, obwohl er häufig im Rahmen von Modellen geschlossener Volkswirtschaften, wie sie typischerweise auf die USA angewendet werden, vernachlässigt wird (siehe z. B. Kuttner und Mosser (2002)). Der Wechselkurskanal untersucht die Beziehung zwischen den Nettokapitalzuflüssen und der Geldpolitik unter der Voraussetzung liberalisierter Finanzmärkte. Taylor (1995) und Obstfeld und Rogoff (1995) betonen die Bedeutung internationaler Aspekte im Rahmen der Transmission monetärerer Impulse. Obstfeld und Rogoff (1995) entwickeln eine Erweiterung neukeynesianischer Modelle für die offene Volkswirtschaft, in dem der Wechselkurskanal gemeinsam mit dem Zinskanal der monetären Transmission operiert. Es gibt zwei wichtige Mechanismen der geldpolitischen Transmission, die über Wechselkurse ablaufen: (i) Wechselkurseffekte auf Nettoexporte und (ii) Wechselkursauswirkungen auf Bilanzsalden.

28.1.4.1 Ad (i): Wechselkurseffekte auf Nettoexporte

Mit der weltweit wachsenden Internationalisierung der Volkswirtschaften und einer zeitweise stärkeren Verbreitung flexibler Wechselkurssysteme nach dem Zusammenbruch des Bretton-Woods Fixkurssystems schenkte man der Frage mehr Beachtung, wie die Geldpolitik Wechselkurse beeinflusst. Denn, weiter gedacht, sollte dies auch die Nettoexporte und den aggregierten Output sowie die Preise beeinflussen. Zugegeben, dieser Kanal operiert nicht (auf diese einfache Weise), falls das betrachtete Land in ein Fixkurssystem eingebunden ist. Und es gilt zudem, dass der Kanal umso stärker zur Geltung kommt, je offener eine Volkswirtschaft, gemessen an ihrer Einbindung in die weltwirtschaftliche Arbeitsteilung, ist.

Eine Änderung der Geldpolitik – sei sie expansiv oder kontraktiv – hat immer dann einen Effekt auf den Wechselkurs der heimischen Währung, wenn sie die (wahrgenommene) Attraktivität einer Investition in die heimische Volkswirtschaft relativ zu einer Investition im Ausland beeinflusst. Zum Beispiel macht eine Zinssenkung die Haltung von Aktiva, die in heimischer Währung denominiert sind, weniger attraktiv als die Haltung von Vermögensgegenständen, die in ausländischer Währung denominiert sind. Da die Investoren auf dem Devisenmarkt heimische gegen ausländische Währung anbieten, wertet die heimische Währung ab ($E\downarrow$). Der niedrigere Außenwert der heimischen Währung macht inländische Güter billiger als ausländische und erzeugt einen Anstieg der Nettoexporte ($NX\uparrow$) und in der Folge auch der aggregierten Ausgaben ($Y\uparrow$):

$$M\uparrow \Rightarrow E\downarrow \Rightarrow NX\uparrow \Rightarrow Y\uparrow . \tag{28.10}$$

Die hier betrachtete Transmissionskette läuft von den Zinssätzen bis zum Wechselkurs über die Bedingung der ungedeckten Zinsparität, welche den Zinsunterschied des Inlands zum Ausland mit den erwarteten Wechselkursänderungen in Beziehung setzt. Ein Anstieg des inländischen Zinssatzes relativ zum ausländischen würde zu einer stärkeren heimischen Währung führen und das Niveau der Nettoexporte und der aggregierten Nachfrage absinken lassen.

28.1.4.2 Ad (ii): Wechselkurswirkungen auf Bilanzsalden

Geldpolitisch ausgelöste Schwankungen des Wechselkurses können auch bedeutende Auswirkungen auf die aggregierte Nachfrage haben – dadurch dass sie die Bilanzen sowohl von Finanzinstitutionen als auch von sonstigen Unternehmen beeinflussen – insbesondere, wenn ein bedeutender Anteil der inländischen Schuld in ausländischer Währung gehalten wird. In diesem Fall erhöht eine expansive Geldpolitik ($M\uparrow$), die zu einer Abwertung der heimischen Währung führt, die Schuldenlast der heimischen Unternehmen. Da Aktiva typischerweise in heimischer Währung denominiert sind und nicht im Wert ansteigen, ergibt sich bei ihnen eine Verringerung des Nettovermögens (NW↓). Diese Verschlechterung der Bilanzen kann zu „Adverse selection“ und „Moral hazard“ führen, was, wie weiter oben schon diskutiert wurde, zu einer Verringerung der Kredite an Unternehmen (L↓), weniger Investitionen (I↓) und daher zum Rückgang der gesamten ökonomischen Aktivität führt (Y↓)[3]:

$$M\uparrow \Rightarrow E\downarrow \Rightarrow NW_b\downarrow \Rightarrow L\downarrow \Rightarrow I\downarrow \Rightarrow Y\downarrow . \qquad (28.11)$$

Andere Mechanismen, über die eine Währungsabwertung den heimischen Output negativ beeinflussen kann, stellen sich über eine Verschlechterung der Bankbilanzen ein. Banken könnten unter finanziellen Druck geraten, falls ihre Verbindlichkeiten in bedeutendem Umfang in ausländischer Währung denominiert sind – so wie dies in vielen „Emerging Markets“ der Fall ist. Aber nicht nur dort: man denke nur an Länder wie Island. Die Konsequenz einer unerwarteten Verschlechterung der Bilanzen der Banken und anderer Finanzinstitutionen und deren erodierender Eigenkapitalbasis besteht darin, dass sie dann auch ihre Ausleihungen einschließlich ihrer Kredite einschränken. Der Effekt von Währungsabwertungen auf Bankbilanzen impliziert somit, dass eine expansive Geldpolitik (M↑) tatsächlich in Ländern restriktiv wirken kann, die signifikante Verbindlichkeiten in ausländischer Währung denominiert haben – und zwar über eine Verringerung des Nettovermögens des Bankensektors (NW_b↓). Dies führt zu einer Verringerung der Ausleihungen der Banken (L↓), was wiederum Investitionen und Output (I↓ und Y↓) verringert:

$$M\uparrow \Rightarrow E\downarrow \Rightarrow NW\downarrow \Rightarrow L\downarrow \Rightarrow I\downarrow \Rightarrow Y\downarrow . \qquad (28.12)$$

Insgesamt gesehen schenken viele Analysen des monetären Transmissionsmechanismus (MTM) der offenen Volkswirtschaft, der über den Wechselkurskanal läuft, immer noch weniger Aufmerksamkeit als nötig wäre. Diese Vernachlässigung bedeutet aber keinesfalls, dass dieser Kanal unwichtig ist; im Gegenteil. Denn Veränderungen der Nettoexporte haben eine zunehmende Rolle bei der Erklärung makroökonomischer Schwankungen rund um den Globus gespielt. Vielleicht hat dabei auch die Tatsache eine Rolle gespielt, dass die Forschung immer noch auf der Suche nach einer empirisch stabilen Beziehung zwischen makroökonomischen Fundamentaldaten und kurzfristigen Wechselkursschwankungen ist. Dies dürfte diejenigen eher frustrieren, die versuchen, den Wechselkurskanal empirisch abzubilden und auf Relevanz zu testen.[4]

[3] Mishkin (1996, 1999) stuft diesen Mechanismus als sehr wichtig für die vergangenen Finanzkrisen in Mexiko und Ostasien ein.

[4] Siehe z. B. Flood und Rose (1995, 1999), Kuttner und Mosser (2002) und Kuttner und Posen (2001).

28.2 Geldpolitik und die „Nullgrenze" für den nominalen Zinssatz

Nominale Zinssätze fallen üblicherweise nicht auf Werte unterhalb der Nullgrenze, da Bargeld als ein Wertspeicher angesehen werden kann.[5] Bargeld dominiert alle anderen nominalen Aktiva im Hinblick auf seinen hohen Grad an Liquidität, d. h. die Bequemlichkeit seines Tausches gegen andere Güter und Dienstleistungen. Typischerweise erhält man auf die Geldhaltung jedoch keinen Zins. Falls nun die Haltung anderer nominaler Vermögensgegenstände einen negativen Zinssatz verheißt (was deren Nominalwert im Zeitablauf verringern würde), würden Marktakteure einfach die Haltung dieser Aktiva verweigern bis deren Ertragsrate auf Null ansteigt.

In der ökonomischen Literatur wird die Existenz der Nullgrenze des nominalen Zinssatzes als eine bedeutende Beschränkung der Geldpolitik angesehen, die die Bewahrung der Preisniveaustabilität anstrebt. Diese Einschätzung beruht auf der Sichtweise, dass der kurzfristige Zinssatz die Schlüsselvariable für die Geldpolitik ist. Aus dieser Perspektive könnte die Null-Untergrenze zu einem Problem werden, wenn die Nominalzinssätze niedrig sind (was typischerweise der Fall ist, wenn auch die Inflationsrate gering ausfällt, siehe Johnson, Small and Tyron (1999)).

Falls die ökonomische Aktivität schwach positiv ist oder sich sogar negativ entwickelt und der Zinssatz gleichzeitig die Nullgrenze tangiert, kann eine gefährliche Dynamik in Gang gesetzt werden. Während der tatsächliche Output unter den Potenzialoutput fällt, dürfte auch die Inflation zurückgehen und der Realzins zunehmen. Letzteres wäre natürlich auch der Fall, wenn es um Deflation statt um fallende Inflation geht. Falls der resultierende reale Zinssatz höher ist als derjenige reale Zinssatz, der mit der Vollbeschäftigung der Volkswirtschaft kompatibel ist, könnte eine abwärts gerichtete deflationäre Spirale in Gang gesetzt werden: Es käme zu fallendem Output, sinkenden Preisen und hohen Realzinssätzen.

Man braucht dabei wohl nicht besonders zu betonen, dass die Thematik der Nullzinsgrenze größtenteils auf die Erfahrungen aus der großen Depression in den USA bezogen wird. Während nominale kurzfristige Zinssätze seit 1928 gefallen waren und im Jahr 1932 faktisch gegen Null strebten, stiegen die Realzinsen noch bis 1931, da die Verbraucherpreisinflation sogar noch stärker fiel (Abb. 28.6).

Um eine derartiges unvorteilhaftes Ergebnis zu vermeiden mag die Geldpolitik ein höheres Inflationsziel festlegen und anstreben, sodass im Durchschnitt nominale Zinssätze vergleichsweise hoch sind und damit mehr Raum für Verringerungen des Nominalzinssatzes bieten, wenn die Notwendigkeit hierzu auftritt (Phelps 1972; Summers 1991; Fischer 1996; Blanchard et al. 2010). Summers und Fischer schlussfolgern, basierend auf der Null-Untergrenze des nominalen Zinssatzes, dass die Inflation in einem Intervall von ein bis drei Prozent gehalten werden solle. Svensson (1999) plädiert in diesem Zusammenhang für ein Ziel von 2 % p. a. für Inflation.

[5] Johnson et al. (1999) führen aus, dass in den USA während der Großen Depression und in jüngerer Zeit auch in Japan nominale Zinssätze kurzzeitig auch unterhalb die Nullgrenze gefallen sind.

Das mit einem Erreichen der Nullzinsgrenze verbundene Risiko – und die Schwere der hiermit verbundenen Konsequenzen – wird üblicherweise auf der Grundlage von empirischen Analysen eingeschätzt. Detaillierte Studien der US-Volkswirtschaft werden von Fuhrer und Madigan (1997), Orphanides und Wieland (1998), Tetlow und Williams (1998) und Reifschneider und Williams (1999) vorgelegt. Sie legen nahe, dass das mit einer Nullinflation verbundene Risiko signifikant sein mag, aber Inflation von 1 bis 3 % per annum hinreichend ist, um einen Großteil dieses Risikos auszuschalten. Orphanides und Wieland (1998) zeigen, dass die Nullgrenze des nominalen Zinssatzes signifikant schädliche Auswirkungen auf die ökonomische Performance haben kann, falls die Geldpolitiker eine Inflationsrate von unterhalb 1 % anstreben. Rezessionen würden in diesem Fall häufiger auftreten und länger andauern.

Reifschneider und Williams (1999) verwenden das ökonometrische Modell der US-Volkswirtschaft des Federal Reserve Board und modellieren die Federal Reserve als eine Institution, die den kurzfristigen Zinssatz in Reaktion auf Abweichungen der Inflation von einem angenommenen Zielwert und der Abweichung des Outputs von seinem Potenzial setzt (d. h. gemäß der Taylor-Regel operiert). Sie kommen zu dem Ergebnis, dass die Nullgrenze für Inflationsziele von unter 1 % bedeutsam wird. Bei einem Inflationsziel von Null verorten die Autoren die „policy rate" ungefähr in einem Viertel der Gesamtperiode bei der Nullzinsgrenze (verglichen mit etwa 2 % der Periode, wenn der Inflationsdurchschnitt 3 % ist). Bei einem Inflationsziel von Null gilt darüber hinaus: Der prozentuale Anteil an der Gesamtperiode, in der sich die Volkswirtschaft in einem Status gedämpfter ökonomischer Aktivität befindet, beträgt 10 % (verglichen mit 2 %, wenn man eine Durchschnittsinflation von 3 % unterstellt).

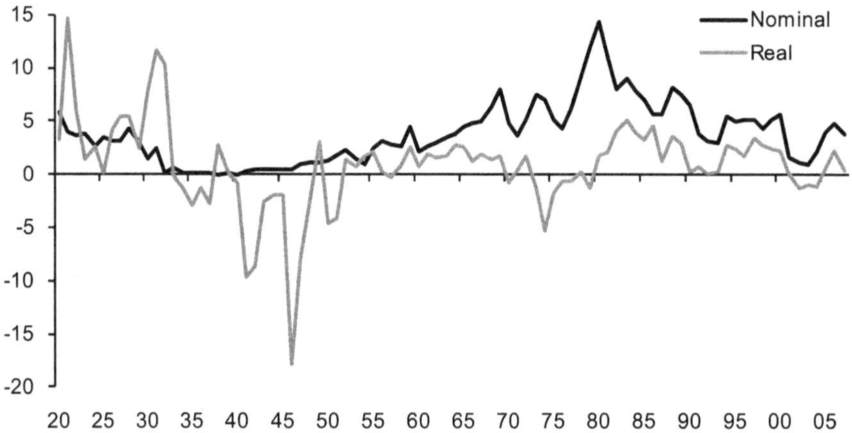

Abb. 28.6 US 3-Monats-Treasury-Bills, nominal und real (Prozent). Der reale Zinssatz ist der nominale Zins abzüglich der jährlichen Verbraucherpreisinflation. Letzter Datenpunkt: Oktober 2007. Angaben in Prozent. (Quelle: Global Financial Data; eigene Berechnungen)

Alle diese Studien wurden mit stochastischen Simulationen empirischer Makromodelle durchgeführt, die auf bestimmten Annahmen beruhen (Johnson et al. 1999). Wichtig ist dabei zu beachten, dass der Transmissionsmechanismus der Geldpolitik lediglich von den offiziellen kurzfristigen Zinsen bis zu den längerfristigen Bondzinsen („Treasury rates") läuft und dann erst über andere Assetpreise. Befremdlich wirkt in Bezug auf die überwiegende Mehrheit dieser Studien, dass die Geldmenge überhaupt keine Rolle spielt. Wenn die geldpolitischen Optionen verglichen und bewertet werden, werden Geldpolitikoptionen, die klare Alternativen zu einer Zinspolitik darstellen, überhaupt nicht in Erwägung gezogen.

Alternative Kanäle der Geldpolitik

Wenn nominale Zinssätze wirklich Null betragen, mag es aber immer noch eine Reihe von Instrumenten geben, durch die die Geldpolitik Einfluss auf Output und Preise ausüben kann (Johnson et al. 1999; Yates 2002; für einen Überblick Belke und Gokus 2009). Tatsächlich aber mag das Erreichen der Nullgrenze des Nominalzinses ein geringeres Problem darstellen als es in den vorstehend besprochenen Studien suggeriert wird; oder überhaupt kein Problem darstellen. Im Folgenden wird abschließend kurz betrachtet, wie die Zentralbank trotz Erreichen der Nullgrenze des nominalen Zinssatzes (1) die Menge des Geldes erhöhen und (2) die Inflationserwartungen der Marktakteure beeinflussen kann. Schließlich ziehen wir (3) einige wichtige Schlussfolgerungen aus der Diskussion über die Nullzinsgrenze. Diese erscheinen insbesondere vor dem Hintergrund der unkonventionellen Geldpolitik in der nunmehr auslaufenden Finanzkrise von hoher Bedeutung zu sein.

28.2.1 Ad (1): Erhöhung der Geldmenge

Selbst wenn kurzfristige Zinssätze Werte von Null annehmen würden, kann die Zentralbank den Bestand von Geld in den Portfolios – der Geschäftsbanken als auch Nichtbanken – einfach dadurch erhöhen, dass sie kurzfristige staatliche Wertpapiere kauft. Dadurch würde die Menge von Basisgeld in den Portfolios der Wirtschaftssubjekte ansteigen, während die Menge an Wertpapieren fällt.

Ist der Zins auf kurzfristige Papiere Null, werden Basisgeld und kurzlaufende Bonds zu vollständigen Substituten. Gegeben dem höheren Liquiditätsgrad von Geld, kann erwartet werden, dass Investoren die Haltung von Basisgeld gegenüber einer Bondhaltung präferieren. Steigt die Haltung von Basisgeld, könnte schließlich auch die Nachfrage nach zinstragenden Aktiva wachsen. Geschäftsbanken könnten beispielsweise damit beginnen, Wertpapiere zu kaufen und/oder Kredite zu vergeben (zu einem Zinssatz größer als Null).

Im Verlauf dieser Aktivität würde jedoch die Menge von Krediten angepasst bis der risikobereinigte Ertrag demjenigen von Treasury-Bills (Null) entspricht. Falls sich die Volkswirtschaft immer noch in der Rezession befindet, könnten sogar zusätzliche Offenmarktkäufe von Staatspapieren die kurzfristigen Erträge nicht noch weiter verringern und deshalb auch nicht die Gleichgewichtsmenge der Kredite beeinflussen; zusätzliche Offenmarktkäufe würden einfach das Niveau der Überschussreserven in die Höhe treiben.

28.2.1.1 Ankauf langfristiger Bonds

Die Zentralbank könnte sich natürlich auch beim Kauf langfristiger Schuldpapiere am offenen Markt engagieren. Die Auswirkungen derartiger Aktivitäten auf den Langfristzins hängen davon ab, wie man die Höhe des langfristigen Zinssatzes erklärt. Gemäß der Theorie der Zinsstruktur setzen sich langfristige Renditen aus den Erwartungen über die Höhe zukünftiger kurzfristiger Zinssätze und so genannten „Term premiums" (einschließlich der Inflationserwartungen) zusammen. Diese Theorie nimmt an, dass Arbitrage zwischen den Instrumenten unterschiedlicher Laufzeiten den Preis bestimmt. Um wirklich eine signifikante Auswirkung zu haben, sollten Offenmarktoperationen mindestens eine dieser beiden Komponenten beeinflussen.

Jedenfalls scheint es sinnvoll anzunehmen, dass es sehr schwierig ist, die Auswirkung geldpolitischer Aktionen auf langfristige Zinssätze genau abzuschätzen. Falls die Zentralbank beispielsweise langfristige Bonds kauft würden die Bondkurse wahrscheinlich noch steigen und hierdurch die Bonderträge reduzieren. Jedoch könnten sich Marktakteure dabei zu Recht zunehmend über zukünftige Inflation sorgen. Denn eine derartige Transaktion erhöht die im Umlauf befindliche Geldmenge. Da Inflationserwartungen ansteigen, könnten sich die Bondrenditen nach oben bewegen – entgegen der ursprünglichen Intention der Zentralbank, die es eher auf eine fallende Rendite abgesehen hatte.

28.2.1.2 Ankauf privater Anleihen

Falls Kurzfristzinsen Null sind und sich die Volkswirtschaft immer noch in einer Rezession befindet können Kreditrisikoprämien durchaus hoch sein. Falls dies eine Erholung der Konjunktur verhindert, könnte die Zentralbank möglicherweise die Kreditflüsse wieder beleben, indem sie dieses Kreditrisiko auf ihre Bilanz nimmt – beispielsweise durch Käufe riskanter nichtstaatlicher Wertpapiere („toxic assets"). Die Schlüsselfrage für jede Zentralbank, die eine derartige Aktion erwägt, ist, ob sie hierzu autorisiert ist und ob sie wirklich private Kreditrisiken in ihre Bilanz nehmen will. Denn schlimmstenfalls ist dann ihre politische und finanzielle Unabhängigkeit bedroht.

Federal Funds Rates und der langfristige Zinssatz

Über hinreichend lange Zeitperioden hinweg bewegen sich langfristige und kurzfristige Zinsen relativ nah und parallel zueinander. Abb. 28.7 zeigt dies durch eine Beschreibung des zeitlichen Verlaufs der Federal Funds Target Rate, der 10-jährigen Treasury Rendite und des Verhältnisses der 10-Jahres-Rendite zur Federal Funds Target Rate von Januar 1971 bis Oktober 2007. Bis in die frühen 1990er-Jahre fiel die Abweichung dieses Verhältnisses von dem Wert Eins in ein Band vergleichsweise geringen Umfangs.

Da die Zinsen in den frühen 1990er-Jahren weiterhin fielen (die Funds-Rate fiel mehr als die 10-Jahres-Rendite), stieg das Verhältnis im Dezember 1992 auf ein Maximum von annähernd 2,32. Die Abweichung des Verhältnisses von 1,0 stellte sich nun als dauerhaft heraus, wobei es oberhalb von 1,0 in der Periode von Mai 1991 bis Januar 1995 blieb. Das Verhältnis begann im frühen

Jahr 2001 dramatisch zu steigen, mit einem Maximum von 4,59 im Juni 2004, bevor es auf den Wert von 1,0 zurückfiel. Während dieser Zeit erhöhte das Federal Open Market Committee (FOMC) seine Federal Funds Target Rate relativ zu einer im Kern unveränderten 10-Jahres-Rendite.

Der vorstehende Befund legt nahe, dass der Einfluss des tatsächlichen kurzfristigen Zinssatzes auf langfristige Erträge seit den frühen 1990er-Jahren dramatisch gesunken ist. Die Fähigkeit der US Zentralbank, die Umgebung für Marktrenditen zu beeinflussen, ist, verglichen mit den vergangenen Jahrzehnten, offensichtlich geringer geworden.

In seiner Ansprache an den US-Kongress am 16. Februar 2005 charakterisierte der Federal Reserve Chairman Alan Greenspan das Verhalten der US-Langfristzinsen seit der Jahresmitte 2004 als ein Rätsel („conundrum", Greenspan 2005). Denn in der Regel tendieren Langfristzinsen dazu anzusteigen, wenn Geldpolitiker die Kurzfristzinsen anheben – aber nicht in der Episode des Jahres 2004. Trotz ständiger geldpolitischer Kontraktion seit Mitte 2004 fielen die Erträge auf langfristige U.S. Treasury-Wertpapiere bis zum Ende des hier gewählten Betrachtungszeitraums um etwa 50 Basispunkte. Vor diesem Hintergrund scheint das Niveau des langfristigen Zinssatzes deutlich unterhalb des Niveaus zu liegen, was angesichts der vorliegenden Daten angemessen erscheinen würde (Quelle: Greenspan 2005; Thornton 2007).

28.2.1.3 Optionen schreiben

Die Zentralbank könnte auch in Optionskontrakte einsteigen und diese könnten wie folgt ausgestaltet sein: falls zukünftige kurzfristige Zinssätze über ein vorab spezifiziertes Niveau steigen, wäre die Zentralbank verpflichtet, eine Zahlung an die Gegenpartei in Basisgeld zu leisten. Dies würde nicht nur Basisgeld in den Wirtschaftskreislauf injizieren, sondern würde auch die Zentralbank für jede Verfehlung, das Zinsniveau niedrig zu halten, bestrafen. Darüber hinaus würde der private Sektor finanziell von einer derartigen Regelung profitieren – die Optionen würden ihm eine Art Versicherung gegen steigende Zinsen verschaffen.

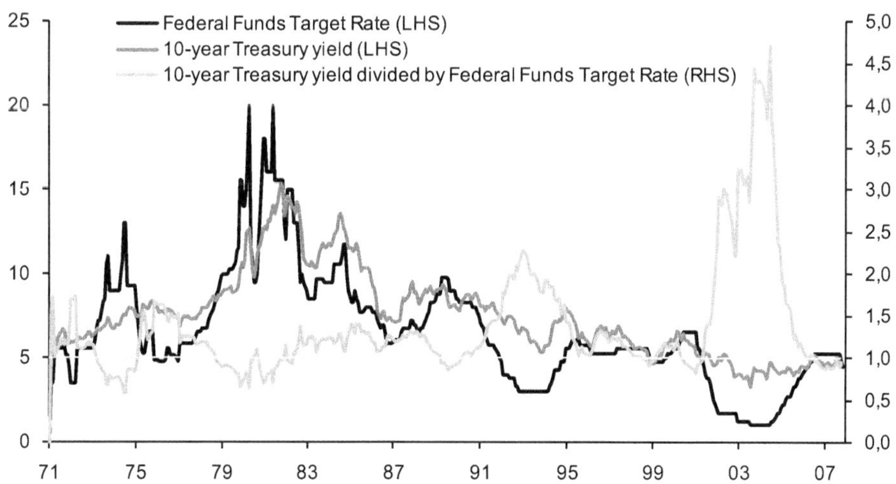

Abb. 28.7 Fed Funds-Zinsen und langfristiger Zinssatz (Prozent)

28.2.1.4 Devisen kaufen

Der Kauf von Devisen ist einfach eine andere Strategie für die Zentralbank, um das Angebot von Basisgeld zu erhöhen. Unabhängig davon, ob die Zentralbank ausländische Währung von In- oder Ausländern ankauft: sie würde in jedem Fall das Angebot an heimischem Basisgeld erhöhen. Ein Ankauf ausländischer Währung gegen die Ausgabe inländischen Basisgelds dürfte den Außenwert der heimischen Währung senken – da dies entweder Inflationsängste hervorrufen würde (falls die Intervention nicht sterilisiert wird)[6] oder weil sie einen Anstieg des heimischen Geldangebots relativ zum ausländischen Geldangebot verursacht.

28.2.2 Ad (2): Erhöhung der Inflation(serwartungen)

Beginnt man mit einem einfachen Modell von „Bonds/Fixed Income“ Wertpapieren, kann der nominale Zinssatz auf Bonds durch die marktliche Interaktion von Angebot und Nachfrage bestimmt werden als:

$$\text{Nominalzinssatz} = \text{Realer Zinssatz} + \text{Inflation(serwartung)}.$$

Angesichts eines fixierten nominalen Coupons auf die ausstehende nominale Staatsschuld würde die Zentralbank die realen Zinskosten der Kreditnehmer verringern, falls sie die tatsächliche Inflation erhöht, d. h. eine Geldpolitik durchführt, die auf Kosten der Gläubiger geht. Eine derartige Strategie würde allerdings eine Geldpolitik von Überraschungsinflation notwendig machen – und wäre verbunden mit all den wohlbekannten gesellschaftlichen Kosten von Inflation.

Jedoch dürfte es der Geldpolitik nur einmalig gelingen, Überraschungsinflation zu produzieren. Weitsichtige Marktakteure werden schnell herausfinden, dass es eine Diskrepanz zwischen den Versprechen der Zentralbank und ihrer nachfolgenden Aktionen gibt – und genau diese Einsicht schafft dann das weiter vorne schon besprochene Zeitinkonsistenzproblem. Wirtschaftssubjekte werden skeptisch und erwarten eine höhere Inflation als diejenige, die Geldpolitiker als zu verfolgendes Ziel angekündigt haben. Die Nominalzinsen auf neu ausgereichte Staatsschulden steigen dann, ohne dass der reale Zinssatz verringert würde. Die Volkswirtschaft findet sich dann in einer sehr unvorteilhaften Situation wieder. Es entstehen zusätzliche Kosten angesichts höherer Inflation ohne jeglichen Nutzen in Gestalt gestiegener Beschäftigung.

Vor dem Hintergrund dieser Betrachtungen sollten wir uns in „normalen“ Zeiten fragen: wie wahrscheinlich ist es überhaupt, dass nominale Marktzinssätze jemals auf Null

[6] Bei unsterilisierten Interventionen wechselt die Notenbank Geld oder Reserven für Wertpapiere in ausländischer Währung mit dem Ergebnis ein, dass sich die heimische monetäre Basis ändert und sich damit normalerweise auch die heimischen Zinssätze verändern. Bei sterilisierten Interventionen wird hingegen die Veränderung in der heimischen Geldbasis durch den Kauf oder Verkauf heimischer Wertpapiere kompensiert, wodurch inländische Zinssätze normalerweise unverändert bleiben.

fallen können? Es wird zudem eher selten vorkommen, dass der reale Zinssatz einer Volkswirtschaft die Nullgrenze erreichen wird. So lange wie menschliche Bedürfnisse nicht vollständig befriedigt sind, gibt es immer etwas aus der Investition von Teilen des laufenden Einkommens zu verdienen, um damit das zukünftige Einkommen zu erhöhen. Als eine Konsequenz hieraus sollte der reale Zinssatz in der Regel positiv sein.

Demzufolge können nominale Marktzinssätze nur auf Null fallen, wenn die Inflationserwartungen wirklich negativ werden (d. h., die Marktakteure erwarten ein Fallen des zukünftigen Preisniveaus). Falls die Zentralbank verspricht, die Inflation auf einem angenommenen Niveau von 2 % pro Jahr zu halten, würden nominale Marktzinssätze in Höhe von Null einfach nahe legen, dass das Inflationsversprechen der Notenbanken nicht glaubwürdig ist. Die Schaffung positiver Inflationserwartungen sollte jedoch eine der leichteren Übungen in einem staatlich kontrollierten Papiergeldregime sein. Es gibt kaum einen Zweifel daran, dass die Zentralbank jederzeit und in jedem gewünschten Umfang den Bestand an Geld manipulieren kann. Gegen Null tendierende nominale Marktzinssätze erscheinen deshalb im heutigen monetären Regime sehr unwahrscheinlich.

Akzeptieren wir für den Moment die Annahme, dass der nominale Marktzinssatz auf Null sinkt, da die Inflationserwartungen sinken – und zwar unter das Niveau, das zu jener Zeit vorherrschte, als die mit einem Nominal-Kupon tragenden Bonds ausgegeben wurden. Was passiert dann mit den realen Zinssätzen? Falls die tatsächliche Inflation unverändert bleibt, während die erwartete Inflation unter das Niveau der tatsächlichen aktuellen Inflation sinkt, bleiben die realen Kosten des Kreditnehmers für die Kreditaufnahme unverändert. Was für die realen Kosten der Kreditaufnahme und für die realen Erträge der Gläubiger zählt, ist aber die tatsächliche und nicht die erwartete Inflationsrate.

Um dies zu zeigen, nehmen wir an, dass ein US$ 100 Bond einen fixierten nominalen Ertrag („Coupon") von 5 % p. a. bringt, und dass die Marktrendite zum Zeitpunkt der Ausgabe 5 % betrug (d. h. der Realzins betrug 3 % p. a. und es lag eine Inflationserwartung von 2 % p. a. vor). Mit steigenden Inflationserwartungen auf, sagen wir, 4 %, steigt auch die laufende Marktrendite auf 7 % p. a. (und der Marktpreis des Bonds würde entsprechend unter US$ 100 fallen). So lange wie die tatsächliche Inflation bei 2 % p. a. verharrt, bleiben die realen Kreditkosten für Schuldner jedoch unverändert, wie auch immer sich der Bondmarktertrag darstellt; der Investor mag in der Zwischenzeit einen Kapitalverlust erleiden. Aber wenn sie oder er den Bond bis an das Ende seiner Laufzeit hält, streicht sie/er eine reale Rendite von 3 % per annum ein. Nur wenn die aktuelle Inflation auf 4 % per annum ansteigt, verringert der Verlust an Kaufkraft des Geldes die reale Schuldenlast des Schuldners. Dies geht allerdings auf Kosten des Gläubigers.

Lassen Sie uns nun abschließend ein Szenario betrachten, in dem der Marktzinssatz Null wird und sich die Volkswirtschaft in einer Rezession befindet. Einige Ökonomen empfehlen, dass Zentralbanken den realen Zinssatz durch eine Erhöhung der Inflationserwartungen nach unten drücken sollten (Blanchard et al. 2010), da dies die Volkswirtschaft zurück in Wachstumsregionen befördern würde. Um den aktuellen Realzinssatz zu reduzieren, müsste die Zentralbank jedoch bereits die laufende Inflationsrate erhöhen. Eine reine Erhöhung der Inflationserwartungen wäre nicht hinreichend. Reale Zinssätze auf

Staatsschulden verringern sich beispielsweise nicht nur deshalb, weil die Inflationserwartungen ansteigen, was jedoch vielfach vorgebracht wurde – z. B. von Paul Krugman (1998): „The way to make monetary policy effective, then, is for the central bank to credibly promise to be irresponsible – to make a persuasive case that it will permit inflation to occur, thereby producing the negative real interest rate the countries need."

28.2.3 Ad (3): Lektionen aus der Diskussion um die Nullzinsgrenze

Die Diskussion über potenzielle Probleme der geldpolitischen Steuerungsfähigkeit einer Volkswirtschaft bei Erreichen der Nullgrenze nominaler Zinssätze wird stark aus dem Blickwinkel der Keynesianischen Ökonomie geführt. Sie betrachtet den kurzfristigen Zinssatz als das einzig verfügbare Instrument, mit dem die Notenbank Output und Preise beeinflussen kann. Diese Diskussion übersieht aber alternative Kanäle, durch die Geldpolitik reale und nominale Variablen systematisch beeinflusst – darunter vor allem Änderungen des Angebots an Basisgeld.

Infolgedessen könnten die normativen Empfehlungen, die häufig aus der Nullzinsdebatte abgeleitet werden – nämlich lieber eine höhere als eine niedrigere Inflationsrate anzusteuern – sogar die Idee populär machen, dass eine hohe Inflation anstrebenswerter als eine niedrige sei. Hierdurch wird der Weg für eine Politik geebnet, die für die Gesellschaft insgesamt suboptimal ist. Es gibt deshalb wenig Anlass, dem Olivier Blanchard gemachten Vorschlag einer Erhöhung der EZB-Zielinflationsrate auf annähernd vier Prozent zuzustimmen (Blanchard et al. 2010). Erhöhte beispielsweise die EZB ihr implizites Preisniveaustabilitätsziel, würde sie mit zum Brandstifter – gerade vor dem Hintergrund der massiven Anreize der Regierungen, ihren krisenbedingt stark angewachsenen Schuldenstand durch Inflation real zu entwerten.

Während sich nominale kurzfristige Zinssätze in der Tat der Null nähern können – einfach deshalb, weil die Zentralbank unter einem Geldangebotsmonopol die Durchsetzungsmacht hierzu hat – liegt keinerlei Evidenz dafür vor, dass die Marktzinssätze unter einem staatlichen Papiergeldregime in normalen Zeiten jemals den Wert Null erreicht haben. Folglich beschränkte sich die Diskussion über Nullzinssätze – und der vermeintlichen Probleme, die damit einhergehen – bisher auf den Bereich des theoretischen keynesianischen ökonomischen Denkgebäudes und wurde vor der Finanzkrise mehrheitlich nicht für geldpolitische Empfehlungen genutzt.

Und tatsächlich scheint es so, dass das vermeintliche Problem eines Nullzinssatzes überhaupt keines ist, wie Ben S. Bernanke bereits 2002 konstatierte: „Indeed, unter a fiat (that is, paper) money system, a government (in practice, the central bank in cooperation with other agencies) should always be able to generate increased nominal spending and inflation, even if the short-term nominal interest rate is at zero" (Bernanke 2002).

Eine abschließende Mahnung zur Vorsicht scheint geboten. Die Gefahr heutiger staatlich kontrollierter Papiergeldregime besteht letztlich in einer zu hohen und nicht in einer zu niedrigen Inflation, da letztlich der Staat die Kontrolle über das Geldangebot hat. Dabei nur auf die Güterpreisinflation zu schauen, ist zu wenig. Vermögenspreisinflation ist möglicherweise sogar die relevante Größe. Wie Ben S. Bernanke es im Jahr 2002 ausdrückte: „(...) the U.S. government has a technology, called a printing press (or, today, its electronic equivalent), that allows it to produce as many U.S. dollars as it wishes at essentially no cost. By increasing the number of U.S. dollars in circulation, or even by credibly threatening to do so, the U.S. government can also reduce the value of a dollar in terms of goods and services, which is equivalent to raising the prices in dollars of these goods and services. We conclude that, under a paper-money system, a certain government can always generate higher spending und hence positive inflation“ (Bernanke 2002).

Fragen

1. Was versteht man unter dem Transmissionsmechanismus der Geldpolitik? Welche Kanäle lassen sich unterscheiden?
2. Erläutern Sie, was man unter „Tobin's q“ versteht und inwiefern es für die Transmission der Geldpolitik von Bedeutung ist.
3. Worin besteht der Unterschied zwischen Kreditrationierung und Kreditklemme?
4. Worin besteht das Problem, wenn eine Zentralbank den Kurzfristzins auf oder nahe null gesenkt hat?

Antworten

1. Der geldpolitische Transmissionsprozess wird schematisch in Abb. 28.1 mit entsprechenden Erläuterungen dargestellt (vgl. hierzu Abschn. 28.1).
   Für die Nennung der einzelnen Kanäle vergleichen Sie die folgenden Seiten des Kapitels bzw. auch das Inhaltsverzeichnis.
2. Die Definition von „Tobin's q“ finden Sie in Abschn. 28.1. Bei der Erklärung der geldpolitischen Transmission im Rahmen des Vermögenspreiskanals wird auf „Tobin's q“ Bezug genommen.
3. Der Unterschied zwischen Kreditrationierung und Kreditklemme wird in Abschn. 28.1.3: Kreditkanal verdeutlicht. Dort finden Sie auch in Abb. 28.5 eine grafische Darstellung des jeweiligen Phänomens.
4. Eine umfassende Beantwortung dieser Frage finden Sie in Abschn. 28.2. Im Wesentlichen sollte hier auf die Problematik des Verlustes des geldpolitischen Hauptinstrumentes eingegangen werden und die damit einhergehende Konstellation, unter Umständen steigenden Realzinsen nicht mehr mit Leitzinssenkungen begegnen zu können.

Literatur

Belke, A., & Gokus, C. (2009). Unkonventionelle Geldpolitik. *wisu – Das Wirtschaftsstudium, 38*(7), 934–939.

Belke, A. & Orth, W. (2007). Global Excess Liquidity and House Prices. A VAR Analysis for EOCD Countries. *Ruhr Economic Papers N. 37*. University Duisburg-Essen: Duisburg-Essen.

Belke, A., & Polleit, T. (2006a). Dividend yields for forecasting stock market returns: an ARDL cointegration analysis for Germany. *Ekonomia*, *9*(1), 86–116.

Belke, A., & Polleit, T. (2006b). (How) do stock market returns react to monetary policy? An ARDL cointegration analysis for Germany. *Kredit & Kapital*, *38*(3), 335–366.

Belke, A., & Polleit, T. (2006c). Monetary policy and dividend growth, in Germany: long-run structural modelling versus bounds testing approach. *Applied Economics*, *38*(12), 1409–1423.

Belke, A., & Polleit, T. (2006d). Money and Swedish inflation. *Journal of Policy Modeling*, *28*(8), 931–942.

Belke, A., & Polleit, T. (2009). *Monetary Economics in Globalised Financial Markets*. Berlin/Heidelberg: Springer.

Bernanke, B. S. (2002). Deflation: Making sure "It" doesn't happen here. Remarks by Governor before the national economists club, Washington, DC. http://www.federalreserve.gov/boardDocs/speeches/2002/20021121/default.htm (Erstellt: November 21).

Bernanke, B. S., & Gertler, M. (1995). Inside the black box: The credit channel of monetary policy transmission. *Journal of Economic Perspectives*, *9*, 27–48.

Bernanke, B. S., Lown, C. S., & Friedman, B. M. (1991). The credit crunch. *Brookings Papers on Economic Activity*, *2*, 205–239.

Bernanke, B. S., Gertler, M., & Gilchrist, S. (1999). The financial accelerator in a quantitative business cycle framework. In J. Taylor & M. Woodford (Hrsg.), *Handbook of Macroeconomics* (Bd. 10, S. 1341–1393). Amsterdam: Elsevier.

Blanchard, O., Dell'Ariccia, G., & Mauro, P. (2010). Rethinking Macroeconomic Policy, IMF Staff Position Note SPN/10/03, International Monetary Fund, Washington/DC, February 12.

Bosworth, B. (1975). The Stock Market and the Economy. *Brookings Papers on Economic Activity*, *2*, 257–290.

Catte, P., Girouard, N., Price, R., & Undré, C. (2004). *Housing Markets, Wealth und the Business Cycle*. OECD Economics Department Working Papers, Bd. 394. Paris: Organisation for Economic Cooperation and Development.

Cecchetti, S. G. (1995). Distinguishing theories of the monetary transmission mechanism. *Federal Reserve Bank of St. Louis Review*, *77*, 83–97.

Congdon, T. (2005). *Money and asset prices in boom and bust*. London: The Institute of Economic Affairs.

Égert, B., & Mihaljek, D. (2007). *Determinants of House Prices in Central and Eastern Europe*. CESifo Working Paper Series CESifo Working Paper, Bd. 152. Munich.

Fischer, S. (1996). Why Are Central Banks Pursuing Long-Run Price Stability? In Achieving Price Stability. Symposium. Federal Reserve Bank of Kansas City. Jackson Hole, WY. August 29–31, S. 7–34.

Flood, R., & Rose, A. (1995). Fixing Exchange Rates: A Virtual Quest for Fundamentals. *Journal of Monetary Economics*, *36*(1), 3–37.

Modigliani, F. & Sutch R. (1966). Innovation in Interest Rate Policy. *American Economic Review*, *56*, 178–197.

Modigliani, F. & Hossein, A. (1971). The Reform of the International Payments System. Princeton Essays in International Finance No. 89. Princeton.

Flood, R., & Rose, A. (1999). Understanding Exchange Rate Volatility Without the Contrivance of Macroeconomics. *Economic Journal, 109*, F660–F672.

Fuhrer, J., & Madigan, B. F. (1997). Monetary policy when interest rates are bounded at zero. *The Review of Economics and Statistics, 74*(4), 573–585.

Gertler, M., & Gilchrist, S. (1994). Monetary policy, business cycles and the behavior of small manufacturing firms. *Quarterly Journal of Economics, 109*, 309–340.

Goodhart, C. A. E., & Hofmann, B. (2007). *House prices and the macroeconomy: Implications for banking and price stability*. Oxford: Oxford University Press.

Greenspan, A. (2005). Testimony, Federal Reserve Board's semiannual Monetary Policy Report to the Congress Before the Committee on Banking, Housing, and Urban Affairs, U.S. Senate February 16, 2005.

Gros, D. (2007). *Bubbles in real estate? A longer-term comparative analysis of housing prices in Europe and the US*. CEPS Working Document, Bd. 276. Brussels: Centre for European Policy Studies.

Hayashi, F. (1982). Tobin's marginal q and average q: A neoclassical interpretation. *Econometrica, 50*(1), 213–224.

Hubbard, R. G. (1995). Is there a „credit channel" for monetary policy? *Federal Reserve Bank of St. Louis Review, 77*, 63–74.

Jaffee, D. M., & Russell, T. (1976). Imperfect information, uncertainty and credit rationing. *Quarterly Journal of Economics, 90*(4), 651–666.

Johnson, K., Small, D., & Tyron, R. (1999). *Monetary policy and price stability*. International Economics and Finance Discussion, Bd. 641. Washington, DC: Board of Governors of the Federal Reserve System.

Kashyap, A. K., & Stein, J. C. (1994). Monetary policy and bank lending. In N. G. Mankiw (Hrsg.), *Monetary policy*. Chicago: University of Chicago Press.

Keeton, W. R. (1979). *Equilibrium credit rationing*. London, New York: Massachusetts Institute of Technology.

Krugman, P. (1998). Japan's trap. http://web.mit.edu/krugman/www

Kuttner, K. N., & Mosser, P. C. (2002). The Monetary Transmission Mechanism: Some Answers and Further Questions. *FRBNY Economic Policy Review, Federal Reserve Bank of New York, 8*(1), 15–26.

Kuttner, K. N., & Posen, A. S. (2001). Inflation, monetary transparency, and G3 exchange rate volatility. In M. Balling, E. H. Hochreiter & E. Hennessy (Hrsg.), *Adapting to financial globalisation: international studies in monetary banking* (Bd. 14, S. 229–258). London: Routledge.

Meltzer, A. H. (1995). Monetary, Credit and (Other) Transmission Processes: A Monetarist Perspective. *Journal of Economic Perspectives, 9*(4), 49–72.

Mishkin, F. S. (1976). Illiquidity, consumer durable expenditure, and monetary policy. *American Economic Review, 66*(4), 642–654.

Mishkin, F. S. (1977). What depressed the consumer? The household balance-sheet and the 1973–75 recession. *Brookings Paper on Economic Activity, 1*, 123–164.

Mishkin, F. S. (1996). Understanding financial crises: A developing country perspective. In M. Bruno & B. Pleskovic (Hrsg.), *Annual world bank conference on Development Economics* (S. 29–62). Washington, DC: World Bank.

Mishkin, F. S. (1999). Lessons from the Asian crisis. *Journal of International Money and Finance, 18*(4), 709–723.

Mishkin, F. S. (2007). *Housing and the monetary transmission mechanism.* NBER Working, Bd. 13518. Cambridge, MA: National Bureau of Economic Research.

Obstfeld, M., & Rogoff, R. (1995). The mirage of fixed exchange rates. *Journal of EconomicPerspectives, 9*, 73–96.

Orphanides, A., & Wieland, V. (1998). *Price stability and monetary policy effectiveness when nominal interest rates are bounded at zero.* Finance and Economics Discussion Series, Bd. 1998–35. Washington, DC: Board of Governors of the Federal Reserve System.

Phelps, E. S. (1972). *Inflation policy and unemployment theory.* London: The McMillan Press Ltd.

Reifschneider, D., & Williams, J. C. (1999). *Three lessons for monetary policy in a low inflation era.* Board of Governors of the Federal Reserve System,Working Paper. Washington, DC: Board of Governors of the Federal Reserve System.

Rigobon, R., & Sack, B. (2002). *The impact of monetary policy on asset prices.* NBER Working Paper, Bd. 8794. Cambridge, Massachusetts: National Bureau of Economic Research.

Selosse, C., & Schrefler, L. (2005). *Consumer Credit and Lending to Households in Europe.* Brussels.: European Credit Research Institute (ECRI).

Steindel, C. et al. (2001). Monetary Policy Transmission Through the Consumption-Wealth Channel. Financial Innovation and Monetary Transmission. Federal Reserve Bank of New York.

Stiglitz, J. E., & Weiss, A. (1981). Credit rationing in markets with imperfect information. *American Economic Review, 71*, 393–410.

Summers, L. (1991). How should long-term monetary policy be determined? *Journal of Money,Credit and Banking, 23*(3), 625–631.

Svensson, L. E. O. (1999). *How should monetary policy be conducted in an Era of price stability?* Stockholm: Stockholm University: Institute for International Economic Studies.

Taylor, J. B. (1995). The monetary transmission mechanism: An empirical framework. *Journal of Economic Perspectives, 9*(4), 11–26.

Tetlow, R., & Williams, J. C. (1998). *Implementing price stability: Bands, boundaries and inflation targeting.* Federal Reserve Board Staff Working Paper.

Thornton, D. L. (2007). *The federal funds and long-term rates. Monetary Trends* (S. 1). Federal Reserve Bank of St. Louis.

Tobin, J. (1969). A general equilibrium approach to monetary theory. *Journal of Money,Credit, and Banking, 1*, 15–29.

Yates, T. (2002). *Monetary policy and the zero bound to nominal interest rates: a review.* ECB Working Paper, Bd. 190. Frankfurt/Main: European Central Bank.

Sachverzeichnis

R. Neubäumer et al. (Hrsg.), *Volkswirtschaftslehre*, DOI 10.1007/978-3-658-16523-9

H

T

Printed by Printforce, the Netherlands